U0786419

全国优秀教材二等奖
“十二五”普通高等教育本科国家级规划教材
普通高等教育“十一五”国家级规划教材

生物质复合材料学

（第二版）

李　坚　主编

科学出版社
北　京

内 容 简 介

本书是“十二五”普通高等教育本科国家级规划教材。全书共13章，主要介绍了生物质复合材料与生物质资源、生物质的结构及理化性质，以及生物质-聚合物、功能化木塑、木质-橡胶、生物质-金属、生物质-无机质复合材料，特别是采用纳米技术等制成的复合材料的组成、结构、性能、制法和应用，并介绍了生物质复合材料的耐久性。本书内容既注重基本概念、基础理论的介绍，又紧密结合了本学科的前沿进展和应用前景。

本书适用于高等学校木材科学与工程、林产化工、高分子材料与工程、材料化学、环境科学等专业学生学习，也可供相关生产企业的技术和管理人员学习和参考。

图书在版编目（CIP）数据

生物质复合材料学/李坚主编. —2版. —北京：科学出版社，2017.11
全国优秀教材二等奖 “十二五”普通高等教育本科国家级规划教材 普通高等教育“十一五”国家级规划教材
ISBN 978-7-03-055121-4

Ⅰ. ①生… Ⅱ. ①李… Ⅲ. ①生物材料-复合材料-高等学校-教材 Ⅳ. ①Q81

中国版本图书馆CIP数据核字（2017）第269321号

责任编辑：刘 丹 韩书云 / 责任校对：彭珍珍 王晓茜
责任印制：张 伟 / 封面设计：迷底书装

科学出版社 出版
北京东黄城根北街16号
邮政编码：100717
http://www.sciencep.com
保定市中画美凯印刷有限公司印刷
科学出版社发行 各地新华书店经销
*
2008年7月第 一 版 开本：880×1230 1/16
2017年11月第 二 版 印张：32 1/2
2025年12月第八次印刷 字数：917 000

定价：149.00元

（如有印装质量问题，我社负责调换）

第二版前言

根据教育部高等学校教学指导委员会林业工程类专业教学指导委员会的推荐和专家评审，经教育部批准，编者严格按照“十二五”普通高等教育本科国家级规划教材的要求编写了本书。

“生物质工程”已列入国家“十一五”重大科技支撑计划项目。其中，生物质复合材料是重要的研究内容之一，这为我国生物质科学与技术的进步开创了前所未有的发展机遇。我国生物质复合材料的研究起步较晚，与世界科技发达国家相比尚存在一定的差距。因此，必须瞄准国际科学研究前沿，针对我国国情，审时度势，认真规划，凝练研究方向，创新研究方法，提升产品质量，构建理论体系，标新研究成果，进而全面提升科技发展的国际竞争力。

生物质复合材料领域的高级专业技术人才培养是推动行业进步、促进区域经济发展、提升国际竞争力的关键。对此，教育部十分重视。编者期望通过本书的讲授与学习、讨论与延伸，使广大师生在辛勤耕耘中得到更多的收获。

本书内容广博，涉及诸多学科的交叉融合，大大拓展了“木材科学”的内涵。在编写过程中，编者在理念和立意上特别注重生物质资源的广泛性、复合材料的多样性、复合方法的先进性、生产应用的指导性、知识的综合性。由于篇幅有限，有关生物质与复合材料的现代分析方法，请阅读《木材波谱学》（李坚等，2003）一书，在此不再赘述。

本书由李坚教授任主编，王清文教授任副主编。编写人员分工如下：

李坚（东北林业大学），前言、第 1 章、第 9 章；王清文（东北林业大学），第 2 章、第 4 章、第 8 章、第 13 章；杨文斌（福建农林大学），第 3 章、第 5 章；许民（东北林业大学），第 3 章、第 6 章；宋永明（东北林业大学），第 4 章；潘明珠（南京林业大学），第 4 章；刘一星（东北林业大学），第 7 章；王立娟（东北林业大学），第 7 章；张显权（东北林业大学），第 7 章；韩福芹（东北林业大学），第 8 章；李建章（北京林业大学），第 8 章；邱坚（西南林学院），第 9 章；谢拥群（福建农林大学），第 10 章；吴义强（中南林业科技大学），第 11 章；孙庆丰（浙江农林大学），第 12 章；王伟宏（东北林业大学），第 13 章。

本书是生物质复合材料领域中的第一部教材。限于编者水平，不足之处在所难免，恳请读者不吝赐教，谨致谢忱！

编　者

2017 年 9 月于哈尔滨

目　录

1 生物质复合材料与生物质资源概述

本章重点阐述生物质材料的资源状况及其自然属性，为人们采用高新技术、科学的加工方法来创生新型生物质复合材料并进行合理利用提供技术依据。

21世纪以来，在世界范围内，人们十分注重生物质材料的开发与利用。我国林木资源短缺，因此将视角扩展到农作物秸秆、竹材、野生植物茎秆及木质废弃物的再加工和循环利用，具有十分重要的意义。

“生物质”泛指以二氧化碳通过光合作用产生的可再生资源为原料，生产并使用后，能够在自然界中被微生物或光降解为水和二氧化碳，或通过堆肥作为肥料再利用的天然聚合物。它们的主要化学组成与木材相同，是由纤维素、半纤维素和木质素组成的天然有机复合体，是由众多细胞组成的生物结构。

现在，人们愈来愈关注生物质复合材料的研究和实践，以生物质为原料，采用合理的加工和复合方法，将获得一系列高性能、多功能和高附加值的新型复合材料，应用于人民生活和国民经济各部门。

1.1 生物质复合材料概述

21世纪，世界普通关注的科学技术发展的重要焦点之一就是新型材料的创生。研究者已经将以木材为原料制造复合材料拓展到全部生物质材料，包括野生禾本科植物、农作物秸秆、竹材及木质废弃物等。

21世纪，全球木材供给量仍少于需求量，因此更有必要创生一些高性能、多功能、高附加值的新型材料，来满足人类生活和社会发展的需要。其中，木质复合材料既可弥补各自的缺点，又可实现木质资源的高效利用，将备受青睐。在复合材料中，由两种或两种以上异质材料组成，其中基体材料和增强材料中，至少有一相是生物质材料或其衍生物，则可称该复合材料为生物质复合材料。木质材料自身复合或与其他材料复合的形态一般分为三种类型：层积复合、混合复合和渗透（生成）复合。

下面就以木材为主要原料加工制得木质复合材料的方法、产品性能和应用价值予以描述，这些类型和方法也可作为除木材外其他生物质材料试制复合材料的依据和参考。

1.1.1 层积复合

这种是由一定形状的板材（短而薄或旋切的厚单板）、涂胶层积、加压胶合而成的具有层状结构和一定规格、形状的结构材料。

1.1.1.1 单板层积材

单板层积材（LVL）是用旋切的厚单板，经施胶、顺纹组坯、施压胶合而得到的一种结构材料。由于全部顺纹组坯，故又称为平行胶合板。

单板层积材具有木材缺陷分布均匀、强度性能变异系数小、抗蠕变和阻燃性能好等优点，所以可应用于木结构建筑中的结构材、家具、门窗和装饰材及其他工业材料。另外，与胶合板、金属管组合构成复合梁桁架弦杆，还可用于仓库、超级市场等大跨度建筑的构架材上。近年来，结构用LVL的利用开发分为两个方向：一是降低生产成本，主要措施是利用低质小径木；二是制造高性能产品，即将质地优良的薄单板层积在一起，使其具有高强度。

1.1.1.2 平行定向成材

平行定向成材（PSL）与单板层积材的不同之处在于，构成PSL的基本单元是把LVL用的宽单板裁成细长形，然后在一个方向上排列，用胶黏剂胶接而成的厚板材。在制造方法上介于单板层积材和定向刨花板（OSB）之间。强度变异小的特点与LVL相似。其用途也与LVL相同，也可制造出多种规格的产品。

1.1.1.3 集成材

集成材也称胶合木，是应森林资源结构变化

的需要而产生的一种层积复合材料。集成材使用短而窄的锯切板材进行层积胶压，其制造工艺与LVL大同小异。其技术重点在于用短窄材料在长、宽、厚3个方向分别加长、加宽、加厚。

集成材具有良好的物理力学性能，与成材相比，强度大，许用弯曲应力可提高50%，而且结构均匀；含水率比具有相同断面成材的含水率均匀，内应力小，不易开裂和变形，尺寸稳定性好；大断面的集成材还有良好的阻燃性能。此外，集成材不存在单板裂隙影响板材质量的问题，因而比LVL更适合做建筑梁材。我国北京亚运村康乐宫嬉水乐园的网状木结构屋顶就是由4cm厚的木板经防腐、阻燃、拒水处理后指接、层积胶压而成的胶合木构建的。

1.1.1.4　三合板

这是两种（或两种以上）木质人造板之间层积胶压形成的板材。在新西兰，把中密度纤维板作为表层，把定向刨花板作为芯层制成三合板，这种复合材料兼备定向刨花板的强度高和中密度纤维板表面性状好等综合优良性能。

上述几类层积复合材料均可以小径木为原料，制成规格大、强度高、材质变异小、耐久性能好、尺寸稳定性高的人造板材，使用性能比天然木材优越，可广泛应用于建筑工业。

1.1.2　混合复合

这种是以木材或木质材料为基质与其他物质如无机质、矿物质等相混合或木质纤维材料之间相混合，加压成板。

1.1.2.1　水泥刨花板

将刨花掺入水泥基质中，以水泥为胶黏剂，水泥凝固之后复合在一起形成的板材。水泥用量很高，一般为50%～80%。水泥刨花板的阻燃性、强度和密度随着水泥用量的增加而提高。

将刨花与水泥、水等按一定比例混合，然后在预先涂过油的钢垫板上铺装成板坯，送入压机中加压4～6min（时间长短取决于板坯厚度）。板坯压至规定厚度后，送入养护室养护6～8h，使水泥继续水化。然后再将板垛送回到压机内加压卸模，分离垫板与成品板，成品板单独堆垛在室内进行干燥或附加固化。最后进行调湿整形处理，板材最终含水率为9%～12%。这种板材兼有木材与水泥的双重特性，与普通建材相比有良好的耐候、阻燃和防腐性能。

1.1.2.2　石膏刨花板

石膏刨花板的制造方法与水泥刨花板相似。所不同的是此种复合板以石膏为胶黏剂。石膏具有质量轻、阻燃性好、传热系数小、价格低等优点；缺点是性脆易碎，因此用木质原料来弥补其不足。其生产方法有湿法和半干法，目前多以半干法为主。半干法用水量少，石膏和刨花的混合物具有可分散性，可用生产普通木质刨花板的铺装机铺装。

生产石膏刨花板用的石膏为建筑石膏，主要成分是半水硫酸钙（$CaSO_4 \cdot 1/2H_2O$），经水化后生成二水硫酸钙（$CaSO_4 \cdot 2H_2O$）。这些水化物互相交织成网状的结晶结构，具有一定的强度。刨花可采用小径木、枝丫材。刨花无需干燥，其所含水分可作为石膏水化用水。刨花、石膏与水按一定比例混合，在搅拌机中拌匀，根据要求有时还需加适量的促凝剂或缓凝剂，以调节石膏的凝固时间。一般绝干刨花与石膏质量比为0.2～0.3，水与石膏质量比为0.3～0.5。搅拌好后在铺装机上铺成均匀的板坯，送入压机中加压，压到规定厚度。压好后送入干燥机中干燥，终含水率为1%～2%，最后进行整形处理即得产品。

1.1.2.3　矿渣刨花板

矿渣刨花板也是一种无机质复合人造板。它是用矿渣粉末和刨花作原料，加入水和少量活性剂，经搅拌、成型、热压而成的一种新型刨花板。

生产时所用的矿渣是高炉炼铁的废渣，原料来源充足，成本低廉，此外，生产周期短、易于在普通刨花板生产线上推广应用。矿渣刨花板的物理力学性能与水泥刨花板相似，还具有良好的保温、隔热和吸声性能，可作为屋面板、简易房、高层建筑良好的轻型建筑材料。

1.1.2.4　芦苇麻屑复合板

这是将芦苇和麻屑以一定比例混合、热压制得的板材。为了充分利用芦苇资源，用90%芦苇与10%麻屑复合制板。

这种芦苇麻屑复合板的各项物理力学指标达

到了国家标准，可用于木材刨花板应用领域。我国现有芦苇面积达 84.97 万 hm^2，芦苇资源除用于造纸外，用于生产复合板尚有潜力。

我国农作物的剩余物资源十分丰富，如亚麻秆、棉秆、葵花秆、烟秆、豆秸等产量高达 4 亿 t/年。这些茎秆均可作为研制碎料板的原料。我国每年的森林采伐和木材加工剩余物为 760 万 m^3 和 610 万 m^3，“次、小、薪材”为 750 万 m^3；小径木的产量也在 1 亿 m^3 以上。所以，充分利用农作物的剩余物资源也是缓解我国森林资源危机的一大举措。

1.1.2.5 木质基碳纤维复合材料

碳纤维（CF）是 20 世纪 60 年代初发展起来的一种新型材料，是纤维状的碳素材料。它是利用各种有机纤维在惰性气体、高温状态下碳化而制得的。碳纤维不仅具有十分优异的力学性能，还具有一定的电学性能，是目前大量生产的高性能纤维中具有最高比强度和最高比模量及高导电性能的纤维［碳纤维的电阻率为（1.5～3）× $10^{-3}/(\Omega \cdot cm)$］，特别是在 2000℃以上的高温惰性环境中，碳材料是唯一强度不下降的物质，是其他主要结构材料（金属及其合金）所无法比拟的。除了优异的力学性能外，碳纤维还兼具其他多种优良性能，如低密度、耐高温、耐腐蚀、耐摩擦、抗疲劳、震动衰减性高、电及热传导性高、热膨胀系数低、光穿透性高、非磁体但有电磁屏蔽功能等。作为高性能纤维的一种，碳纤维既有碳材料的固有特性，又兼备纺织纤维的柔软可加工性，是先进复合材料最重要的增强材料，已在军事及民用工业的各个领域取得广泛应用。

碳纤维-木材复合材料作为新一代建筑材料、修补材料和装饰材料之一，不仅可以提高材料的抗拉强度、抗压强度等，还赋予木材防腐抗蛀、导电和电磁屏蔽等新的功能。

其复合方式有多种，具有灵活的工艺调整性及赋予复合材料以增强效果和电磁屏蔽功能的复合，应该是木材纤维与导电胶黏剂和碳纤维按一定比例共混，或者是木材碎料与热固性树脂和碳纤维长丝共混、热压成板。

1.1.2.6 木材-金属复合材料

这是利用不同形态的金属和木材纤维原料制造的复合材料。其基本制造工艺是首先对金属材料的表面进行处理，然后与木材纤维进行复合以制造复合材料，关键技术是解决木材与金属界面相容性及金属的腐蚀问题。拟研究开发以下 4 种木材-金属中密度纤维板：①木材纤维-金属网复合中密度纤维板；②木材纤维-金属纤维复合中密度纤维板；③木材纤维-金属箔复合中密度纤维板；④木材纤维-金属粉复合中密度纤维板。

这种复合材料具有良好的电磁屏蔽功能，可用于保障国家机密和通信安全的场所。

1.1.2.7 生物质-聚合物复合材料

生物质-聚合物复合材料是一种新型的绿色复合材料，它不同于过去的木材-聚合物复合材料（木材是型材），它是以生物质纤维或粉（木材、秸秆等）为基质，以热塑性聚合物（主要为高密度聚乙烯、低密度聚乙烯、聚丙烯、聚氯乙烯和聚苯乙烯及它们的回收再生料等）为介质，并加有各类添加剂，经过熔融挤出（或注塑）加工成型制备生产出生物质-聚合物复合材料。它是解决低质木材和秸秆利用率及废旧塑料再利用的新的有效途径。对生物质-聚合物复合材料的研究是材料科学中研究的重点领域之一，也是木材科学领域新的前沿研究课题之一。它是木材科学、高分子科学、高分子加工、界面科学、高分子流变学和化学等多门学科的相互交叉、渗透与融合。

生物质-聚合物复合材料是 20 世纪 70 年代发展起来的一类新型的多功能复合材料。它具有木材和塑料的优点，寿命长、外观好、价格低廉、耐腐、抗虫、防滑和可上油漆，比纯塑料材料的硬度大，它与木材一样，具有可粘接、用螺钉固定等特点。因此，它被广泛地应用于建筑、装饰、日常生活等许多领域，如建筑材料、门、窗、地板、扶手、汽车装饰材料、家庭用具等。它是 21 世纪最有活力的复合材料之一，堪称“绿色”复合材料。2016 年，我国总产量已达 200 万 t。该复合材料在全球的销售市场潜力很大。

此外，还可以用木材加工剩余物或废弃木质材料与废弃塑料经过预处理，按一定比例混合，并加入相应的添加剂，热压成板。

1.1.2.8 生物质-橡胶复合材料

生物质-橡胶复合材料泛指木材或其他生物

质的植物纤维单元或碎料与各种形态的橡胶单元复合而形成的材料。

这种复合材料具有阻尼减振、隔音吸音、隔热保温、防水、防腐、防蛀和防静电等多种性能，可以用作室内装饰、精密仪器包装、运动场馆地板和墙体吸音保温等材料。

橡胶制品承载着现代社会和工业的运转，伴随着人类日常生活的方方面面，是继石油、铁矿和有色金属之后的第四大战略资源。我国橡胶的进口量巨大，天然橡胶自给率低于25%，合成橡胶自给率约为60%。以石油为主要原料的合成橡胶及主要补给材料——炭黑的产能随着石油资源的枯竭而受到极大的影响。然而我国每年的废旧橡胶储量巨大，工业利用率低下，同时所造成的“黑色污染”正在迅速地吞噬着人类原有的生活环境。根据中国橡胶工业协会的统计数据，2013年我国废弃轮胎有2.99亿条，质量为1080万t；2015年达到3.3亿条，1200万t；预计到2020年，我国废弃轮胎数量会大大增加，其质量将超过2000万t。

可见，废旧橡胶能为生产生物质-橡胶复合材料提供较为充足的原料。采用先进的加工方法，科学地利用废旧橡胶资源生产高附加值的各类复合材料是环保低碳、绿色发展的有效途径。采用微纳米技术、有机-无机杂化技术与高分子技术相融合，还可以赋予这类复合材料某些特殊的功能，诸如超疏水性、降解有机挥发物和生物耐久性等。

1.1.3　渗透复合

这种是将某种物质（无机物、有机物、金属元素等）渗注入木材或木质材料中，并发生沉积或化学作用，从而改良木材性质或赋予木材某种功能。

1.1.3.1　无机复合

利用双重扩散法使两种可溶性无机化合物注入木材中，通过化学反应形成不溶性的无机物，沉积在木材的细胞腔中或细胞壁上，便成为一种含有无机物的新型复合材料。

方法：首先向木材内注入水，使细胞腔、细胞壁都充满水分，使木材处于膨胀状态。然后把木材浸入高浓度的无机化合物水溶液（Ⅰ液）中进行浸渍。由于扩散作用，无机化合物离子向木材内部移动，甚至到达细胞壁中，浸渍一定时间后，再移入另一种水溶性无机化合物溶液（Ⅱ液）中浸渍，于是两种无机物离子在木材结构内发生化学反应，形成一种新的不溶性无机物质。处理效果好的关键在于优选无机物的种类。研究发现，以氯化钡作为Ⅰ液，以磷酸氢二铵作为Ⅱ液时，二者发生反应生成磷酸氢钡（$BaHPO_4$），在抑制木材变色和提高阻燃性方面效果最佳。

性能：加工性能与普通木材相同，对层积、胶合、涂饰无不利影响；其力学强度除韧性有所下降外，弯曲强度、刚性有所增加，硬度、耐磨性明显提高；具有优良的阻燃性和天然耐久性；能最大限度地保留原本木材的视觉环境学特性。

1.1.3.2　金属复合

用熔融的合金或金属元素注入木材可制得木材-金属复合材料（或金属化木材料）。

方法：在一压力处理容器中，下部放有固化的用于浸注的合金，合金的组分为50%铋、31.2%铅和18.8%锡，合金熔点为97℃；在合金上放置窑干木材试件（试件尺寸5cm×5cm×0.3cm）。试件顶部压一不熔的金属重物以防试件上浮，然后将处理容器密封抽真空，加热到合金熔化。由于试材顶部压一重物，促使试材下沉于熔融的合金表面之下，这时解除真空而加压，压力为4～18MPa，处理时间为20min～1h。然后解除压力，打开处理器，开始冷却，在熔融的合金固化之前，将试材取出，刮去试材表面上黏附的合金。如果对金属整体浸注后的木材进行压缩，可制得金属化压缩木材。处理时根据木材树种、规格和金属复合后的用途选择不同的合金配方和浸注方法。

性能：木材-金属复合材料的相对密度明显提高，其相对密度较原本木材提高1.8～6.4倍，抗压强度、硬度、导热系数、耐磨性、冲击韧性均大幅度增加，耐久性、尺寸稳定性也明显改善，由于金属化木材具有独特的导热性和耐磨性，因此在第二次世界大战期间，德国人用含有3%润滑油的金属化木材代替愈创木（最致密材）做轴承。这种复合材料在当前虽然用途有限，但在特种材场合却有相当大的利用价值。

此外，采用木材表面镀镍（或铜等）方法制造木材-金属复合材料。

化学镀镍木材是基于“充分利用可再生的生物质资源，创生出具有特殊功能的新型复合材料”

的思想而开发出的一种新型复合材料。木材化学镀（wood chemical plating）又称为木材无电解电镀（wood electroless plating），是指在无外加电流的状态下，借助合适的还原剂，使镀液中的金属离子还原成金属，并沉积到木材表面的一种镀覆方法。化学镀后的木材表面性能将会得到大幅度改善，具有一定的导电性和电磁屏蔽性能。化学镀木材单板可以制成具有电磁屏蔽功能的胶合板，代替现在广泛使用的金属材料，成为需电磁屏蔽场所建筑装修的主要材料。

1.1.3.3　塑化复合

将乙烯基单体注入木材，然后采用电子静电加速器的电子束照射或者钴 60（^{60}Co）同位素的 γ 射线照射（辐射法），也可借助于引发剂和热能的作用（触媒法）及超声波法、触媒并辐射法等，使有机单体与木材组分产生接枝共聚反应或形成均聚物的一种复合材料，称为木塑复合材料（wood plastic composite，WPC）。其基本复合方法如下。

（1）注入工艺。首先要选择好单体和引发剂，配制处理液。常用的单体为含有不饱和双键的乙烯基化合物，如苯乙烯、甲基丙烯酸甲酯、丙烯酸、氯乙烯、丙烯腈等；常用的引发剂有两类，即有机过氧化合物（如过氧化苯甲酰）和偶氮化合物（如偶氮二异丁腈）；若处理难以浸注的木材，在单体溶液中加入膨胀剂，有甲醇、乙烯和二甲替甲酰胺等。若制造阻燃的木塑复合材料，在单体溶液中加入滞火剂；若加入染色剂，可制成有色木塑复合材料。处理液按要求配制好后按下列流程注入木材：

试材→预干燥→真空→吸入处理液→充氮→加压→加热→包装

（2）聚合处理。常用的聚合处理方法有两种：辐射法和触媒法。辐射法是用高能射线辐照注入单体溶液后的木材使之发生聚合反应；触媒法是借助单体溶液中的引发剂（加入量为单体的0.2%～1%）和热能的作用引发自由基聚合而形成木塑复合材料。

性能：木塑复合材料比原本木材的拒水性增强，尺寸稳定性明显提高；表面硬度和耐磨性明显改善；具有良好的耐腐性和耐候性；表观性状好，无需涂饰，具有独特的光泽；钉着、切削和胶合性能略差。由于这种新型材料具有良好的综合性能，因此广泛用作高档建筑材料、工艺材料、家具和文化体育用品材料。

1.1.3.4　酰化复合

用酰化剂（如酸酐、有机酸等）处理木材，在木材分子中引入酰基，置换了亲水性的羟基，改善木材的拒水性，称为木材酰化。

方法：用乙酐处理木材称为木材的乙酰化（参见《木材科学新篇》）。而另一种木材新型的酰化方法是用马来酸酐（M）和甘油（G）处理木材刨花，提高刨花板的尺寸稳定性，称为MG处理。首先配制MG溶液，即将马来酸酐和甘油按一定比例（一般质量比为3∶1）混合，在100℃条件下，不断搅拌，进行回流冷凝加热数小时，然后用水稀释MG溶液至浓度为60%。将MG溶液均匀地喷洒在刨花上，加入量为绝干刨花质量的5%～15%，然后经过加胶、铺装、热压等工序制成酰化刨花板。MG处理适合于刨花板生产，这是因为生产工艺不需大的变更，处理过程中不产生有害的副产物和不利影响。

性能：经MG处理后的刨花制得的板材比原本木材刨花板显示出许多优良性能。其拒水性、尺寸稳定性、抗拉强度、杨氏模量大幅度提高。由于MG处理能够对刨花起变形固定、固化交联等作用，因此刨花板兼有拒水和强化双重特性，可广泛应用于木材碎料的处理。

1.1.3.5　酯化复合

采用环酐和环氧衍生物分别处理或混合处理木材，发生低酯化反应形成低酯化木材。所生成的低酯化聚合物具有改良木材尺寸稳定性和木材热塑性等许多优良性能。

方法：①用琥珀酸酐处理。称取4.0g琥珀酸酐，溶解在预先放入烧瓶内的二甲替甲酰胺溶剂（50mL）中，然后将5块制备好的木材试件（6.5g）置入其中，在90～95℃条件下回流加热5h。取出后先用丙酮在室温下冲洗试件两次，然后将试件和丙酮溶剂一并放入带有回流冷凝器的烧瓶中加热（90～95℃）2h，取出后气干、烘干和称重。②用1, 2-环氧丁烷处理。取5块木材试件（5.4g）

连同1, 2-环氧丁烷(4.0g)和二甲替甲酰胺(50mL)一并放入烧瓶中，回流加热（90～95℃）2h，以后操作同①。③用琥珀酸酐与1, 2-环氧丁烷处理。将2.18g琥珀酸酐、2.18g 1, 2-环氧丁烷和50mL二甲替甲酰胺放入烧瓶中，待琥珀酸酐完全溶解后再放入10块木材试件（10.9g），然后在90～95℃条件下回流加热5h，以后操作同前。

性能：木材经琥珀酸酐处理时发生低酯化反应，形成含有羧基和羰基的低酯化木材，因此封闭了木材分子上的游离羟基，从而大大减少了木材的吸水（湿）性能，明显提高了木材的尺寸稳定性。经琥珀酸酐和1, 2-环氧丁烷结合处理时，首先木材分子与琥珀酸酐发生低酯化反应，生成低酯化木材，接着这些含有活性官能团（—COOH，—COO—）的木材再与1, 2-环氧丁烷反应，产生塑化并交联的低酯化木材。这种改性木材的吸水膨胀率低，而抗胀率高，表现出优良的尺寸稳定性和较高的热塑性。以此可以把这种低酯化木材进一步深加工，使之塑料化和溶液化，制出全新的产品。

1.1.3.6 醚化复合

将木材用甲醇、乙醇等膨胀剂进行膨胀处理，然后与碳酸氢盐发生作用，形成醚键结合，可制得醚化木材。

经醚化处理后，木材亲水性羟基变成疏水性的醚键结合基团，因此使木材吸湿性降低，但因在反应过程中形成的副产物带有吸湿性，因此与未醚化木材相比，醚化木材在低湿度环境下吸湿率低，在高湿度下吸湿率高，具有高的调湿性，因此应用于墙壁装饰材可起到室内小气候功能性调节作用；醚化木材具有优良的耐候性，由于木材中大部分酚羟基被甲基醚化，增强了抗紫外线劣化能力，减少了木材老化现象；醚化木材具有特殊的防霉功能，长期在浴室等潮湿环境中使用，不易发生腐朽和霉变。此外，通过适度醚化，可使木材表面活化，因此对涂料、胶黏剂的润湿性良好，具有高质量的涂膜密结性与胶着性，醚化处理不影响木材自身的色调，保留木材天然的视觉特性。

1.1.3.7 高温炼结

创生一种新型多孔炭材料——木陶瓷。

利用废弃可再生的生物资源制备高性能的新材料，逐步减少不可再生资源的消耗，对于保护环境具有重大意义。木陶瓷就是基于“利用废弃可再生材料，创生高性能新材料”的思想而开发出的一种新型炭材料。木陶瓷是日本学者冈部敏弘（Toshihiro Okabe）等于1990年提出的，将木质材料经酚醛树脂浸渍、干燥固化后在真空（或氮气保护）下高温烧结而成的新型多孔炭材料。原材料价格低廉，来源广泛，废纸、废弃木材等都可作为原材料，加工制造过程中没有环境污染，且强重比高，在力学、热学、电磁学和摩擦学等方面具有优异的特性，经加工后可广泛用作电极、发热体、电机炭刷、刹车衬里、耐腐蚀材料、绝热材料、过滤材料等，是21世纪某些不可再生材料的理想替代品，具有广阔的应用前景。

综上所述，经过各类复合形式制得的各种木质复合材料比原本木材具有许多优良性能，可按照人们的意愿和用途，改良天然木材固有的缺点或赋予木材新的功能。提高木材的使用价值，实现低质材的优化利用。因此在人类面临资源和环境挑战的21世纪，研制开发多种新型的木质复合材料，对高效利用木材资源，保护生态环境和促进社会持续发展均有重要意义。木质复合材料无疑是21世纪人类普遍关注的、不断创新和发展的主题之一。

1.1.4 构建多尺度结构的纳米界面

自然界中某些生物体的奇异性能给予人们新的启发。例如，荷叶的超疏水性，昆虫翅膀（如蝴蝶、蜻蜓等）的自清洁性，稻叶和鸭、鹅羽毛的水滴滚动的各向异性，软体动物壳体的坚硬性，壁虎与平滑墙壁或天花板的超强黏附力，变色龙、乌贼和章鱼的动态色等，不胜枚举。这些生命体所产生的各种性能源于它们自身特殊的微米-纳米结构。这种多尺度结构导致天然生物材料具有优异的综合性能及多功能性。

材料体系的分子结构、纳米结构、微米结构等的多尺度效应是形成材料新功能的内在本质。分子是体现材料功能的最基本结构单元，分子结构的多样性决定了材料千变万化的功能和性质。微米结构、纳米结构是以微米、纳米尺度的物质单元为基础，按照一定规律构筑或营造的介观体系，包括一维、二维、三维结构。其中，由于纳米结构具有纳米微粒的特性，如量子尺寸效应、小尺寸效应、表面效应等特点，又存在由纳米结构组合引起的新的效应，如量子耦合效应和协同效应等，因此，纳米结构体系很容易通过外场（光、电、磁）实现对其性能的控制。总之，材料体系的设计，不仅局限于块体材料，更重要的是，人们可以在多尺度范围内实现对材料的结构控制，即从分子、分子簇拓展到纳米结构和微米结构，使得材料本身在宏观上产生奇异的物性（江雷，2007）。

木材具有典型的由分子结构、微纳米结构和宏观结构构成的多尺度结构，所以表现出特殊的韧性和高强度。

以木材、加工剩余物、农作物秸秆等生物质废弃资源为原料与合成聚合物、无机质、橡胶或金属复合时，最关键的技术问题是解决各种材料间的界面相容性。若使复合材料的性能优化或产生新的优异性能或实现多功能化、智能化，那么必须采用多种高新技术相融合，构建多尺度结构的纳米界面。

1.1.5 运用增材制造技术

以生物质为原料，可以制造种类繁多的生物质复合材料。其中，有些复合材料及其制品可运用增材制造技术，即“3D 打印”来完成，如生物质-塑料复合材料、生物质-橡胶复合材料和生物质-无机质复合材料等。

3D 打印（乳名），专业术语称为“增材制造”。美国麦肯锡全球研究院预测，3D 打印是影响未来的颠覆性技术之一。

3D 打印是制造业领域的一项新兴技术，其依托信息技术、精密机构、材料科学等多学科尖端技术。近年来，3D 打印技术发展迅速，在各领域都取得长足进步，如在航空航天、汽车制造、生物医疗、教学科研等领域发挥了重要作用。以信息技术与制造技术深度融合为特征的智能制造模式正在引发整个制造业的深刻变革。3D 打印是制造业具有代表性的颠覆性技术。实现制造业从等材、减材到增材的重大转变，改变传统制造的理念和模式，具有重大价值。

增材制造技术是由信息技术、装备技术和材料技术深度融合的智能制造技术。迄今所使用的材料以金属材料、高分子材料和无机材料居多，以农林生物质为原料，采用相应配套技术生产的 3D 打印产品尚不多见。因此，积极开展以生物质资源为原料，发展增材制造技术的科学研究和产业化具有现实性、前瞻性和指导性。

以农林生物质及其废弃物为原料实现增材制造具有以下特点和优势。

1）符合国情，缓解木材供给的巨大压力 森林资源总量不足，木材供需矛盾紧张：据统计我国森林覆盖率远低于全球 31%的平均水平，人均森林面积仅约为世界平均水平的 1/4，人均森林蓄积量只有约世界平均水平的 1/7。我国森林资源总量不足，质量不高，木材产量满足不了国民经济发展的需要。近年来，木材年消费量约为 5 亿 m^3，木材供需制品很大。非木生物质资源丰富，我国每年农作物秸秆产量约为 7.2 亿 t，其中大量被废弃或焚烧，工业利用率很低。以农作物秸秆及其他非木生物质为原料进行增材制造是一种具有高附加值的利用途径。

2）变革生物质材料传统加工利用方式 生物质材料传统利用方式主要有三种：一是通过机械减材以锯解、刨切、砂光等损失部分原料为代价的加工方式；二是将生物质材料以刨花、碎料、纤维等单元形态组合成工程材料等；三是将生物质作为能量载体直接利用，或通过化学、生物等方法转化为生物能源。除此之外，还有制浆造纸和衍生制备的多种化学品。从农林生物质材料的生物结构、化学组成及物理力学性质和加工性能等方面综合考虑，比较适宜用作增材制造的原料。后续原料预加工模式应严格按照增材制造的某些主流技术的要求进行运作。

3）增材制造可使农林废弃物变废为宝 东北林业大学的研究团队以农林生物质及其废弃物为原料，采用激光烧结、熔融沉积技术获得成型精准、性能稳定的增材制造产品。这说明农作物秸秆、木（竹）粉、稻壳、玉米芯等农林废弃物同样适用于 3D 打印技术。

4）制造过程低碳环保，符合绿色发展理念

农林生物质是由自然界生长的绿色物质，通过光合作用产生的一类有机复合体。具有可加工、可降解和可再生的属性。在原料预处理和增材制造的过程中低碳、节能、低噪声、无排放，有益于环境保护，符合绿色发展理念。符合我国“十三五”规划纲要关于“发展绿色环保产业”的要求。

1.2 生物质资源要览

我国是农业大国，除了林地上的乔木、灌木、经济林和竹（藤）林外，农作物的秸秆储量也极为丰富；还有广阔的草地和湿地，其野生禾本科植物也取之不尽，用之不竭。然而目前对这些资源及其木质废弃物的开发利用还远远不够。因此，我国生物质资源的综合利用，尤其是以它们为原料创生各类复合材料将大有可为。

1.2.1 林木资源概况

森林中一切对人类产生效益的物质都属于森林资源的范畴。其中，人类最先注意到，也是最先开始利用的物质之一便是林木资源。人类的生存依靠着森林所提供的各种财富，而木材便是其中最重要的财富之一。

根据第八次全国森林资源清查（2009～2013年）结果报告（国家林业局，2014）：中国地大物博，孕育了生物种类繁多、植被类型多样的森林资源，为人类提供了丰富的生态产品、林产品和生态文化产品。中国森林覆盖率21.63%，森林面积2.08亿 hm^2，森林蓄积151.37亿 m^3。中国森林资源总量位居世界前列。森林面积占世界森林面积的5%，居俄罗斯、巴西、加拿大、美国之后，列第5位；森林蓄积占世界森林蓄积的3%，居巴西、俄罗斯、美国、刚果民主共和国、加拿大之后，列第6位。人工林面积继续保持世界首位。

●林种结构：根据主导功能不同，将森林划分为防护林、特用林、用材林、薪炭林、经济林五大林种。防护林面积9967万 hm^2，蓄积79.48亿 m^3；特用林面积1631万 hm^2，蓄积21.70亿 m^3；用材林面积6724万 hm^2，蓄积46.02亿 m^3；薪炭林面积177万 hm^2，蓄积0.59亿 m^3；经济林面积2056万 hm^2（图1-1）。

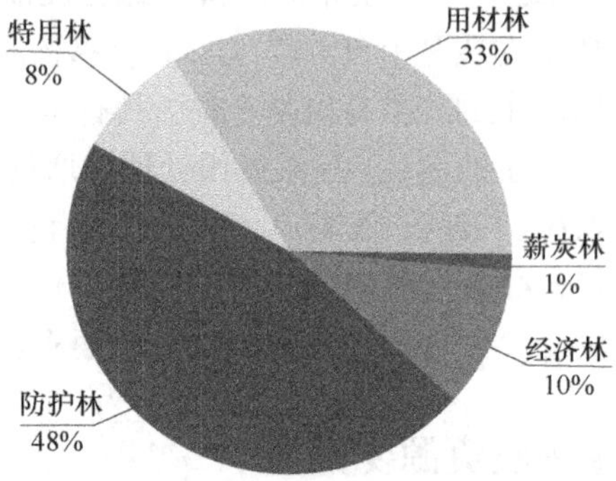

图1-1 森林各林种面积比例

●起源结构：根据起源不同，中国森林划分为天然林、人工林两大类。

天然林是自然界中结构最复杂、功能最完备的陆地生态系统，在维护生态平衡、应对气候变化、保护生物多样性中发挥着关键作用。中国实施了严格的天然林保护政策，大力开展封山育林，强化天然林管护，使天然林资源得到了有效保护和发展。

中国天然林面积12 184万 hm^2，占有林地面积的64%；天然林蓄积122.96亿 m^3，占森林蓄积的83%。天然林主要分布在东北、西南各省（区），其中黑龙江、内蒙古、云南、四川、西藏、江西、吉林7省（自治区）天然林面积合计7354万 hm^2，占全国的61%；天然林蓄积合计92.07亿 m^3，占全国的75%。

人工林是陆地生态系统的重要组成部分，在恢复和重建森林生态系统、提供林木产品、增加森林碳汇、改善生态环境等方面发挥着越来越大的作用。中国政府高度重视人工林资源的培育，采取了一系列政策措施，有力地促进了造林绿化工作的开展。通过几十年的不懈努力，人工林资源有了很大发展，人工林面积稳居世界第一位。

中国人工林面积6933万 hm^2，占有林地面积的36%；人工林蓄积24.83亿 m^3，占森林蓄积的17%。人工林面积较多的省（自治区）有广西、广东、湖南、四川、云南、福建，6省（自治区）人工林面积2908万 hm^2，蓄积10.37亿 m^3，均占全国的42%。广西人工林面积最大，占全国的9%；福建人工林蓄积最多，占全国的10%。

●龄组结构：根据树种生物学特性、生长过程及经营利用方向的不同，森林按年龄大小划分为幼龄林、中龄林、近熟林、成熟林和过熟林。幼龄林面积5332万 hm^2，蓄积16.30亿 m^3；中龄林面积5311万 hm^2，蓄积41.06亿 m^3；近熟林面积2583万 hm^2，蓄积30.34亿 m^3；成熟林面积2176万 hm^2，蓄积35.64亿 m^3；过熟林面积1058万 hm^2，蓄积24.45亿 m^3。中、幼龄林面积比例较大，占65%；成熟林和过熟林面积仅占19%，且主要分布在四川、西藏、内蒙古、黑龙江、云南、吉林，6省（自治区）合计占全国的70%。

●树种结构：中国森林类型多样，树种丰富。根据优势树种（组）不同，面积比例排名前10位的是栎类、桦木、杉木、落叶松、马尾松、杨树、云南松、桉树、云杉、柏木，面积合计 8649 万 hm^2，约占全国的 53%；蓄积合计 70.15 亿 m^3，约占全国的 47%（表 1-1）。

表 1-1 主要优势树种（组）的面积和蓄积

优势树种（组）	面积/万 hm^2	面积比例/%	蓄积/亿 m^3	蓄积比例/%
栎类	1672	10.15	12.94	8.76
桦木	1126	6.84	9.18	6.21
杉木	1096	6.66	7.26	4.91
落叶松	1069	6.50	10.01	6.77
马尾松	1001	6.08	5.91	4.00
杨树	997	6.06	6.24	4.22
云南松	455	2.76	5.02	3.40
桉树	446	2.71	1.60	1.09
云杉	421	2.56	9.99	6.76
柏木	366	2.22	2.00	1.35
10 个树种（组）合计	8649	52.54	70.15	47.47

森林资源质量：森林每公顷蓄积量为 87.79m^3，其中天然林 104.62m^3，人工林 52.76m^3。森林每公顷年均生长量为 4.23m^3，每公顷株数为 953 株，平均郁闭度为 0.57，平均林木胸径为 13.6cm。

经综合评价，森林质量好的占 19%，中等的占 68%，差的占 13%。质量较好的主要分布在东北的内蒙古大兴安岭、长白山林区，西南的川西林区和滇西北林区，西藏的林芝、波密林区，新疆的天山和阿尔泰山，陕西的秦岭，福建的武夷山，以及海南的五指山等林区。

遭受火灾、病虫害、气候灾害（风、雪、水、旱）等各类灾害的乔木林面积 2876 万 hm^2，占 17%。其中，受灾程度重度的占 11%，中度的占 23%，轻度的占 66%。

按林木生长发育状况和受灾情况，综合评定森林健康状况，处于健康等级的乔木林面积占 75%，处于亚健康、中健康和不健康等级的面积分别占 18%、5%和 2%。

森林功能效益：全国森林植被总生物量 170.02 亿 t，总碳储量 84.27 亿 t，森林在减排中发挥着重要作用。森林年涵养水源量 5807 亿 m^3，年固土量 81.91 亿 t，年保肥量 4.30 亿 t，年吸收污染物量 0.38 亿 t，年滞尘量 58.45 亿 t。林业在我国生态建设中的主体地位和在应对气候变化中的特殊地位不可替代。

森林资源变化：第八次清查结果表明，全国森林面积、蓄积增长，森林覆盖率提高；天然林逐步恢复，人工林快速发展；森林质量和结构有所改善，健康状况趋向好转，供给能力逐渐加大。我国森林资源总体上呈现数量持续增加、质量稳步提升、效能不断增强的发展态势。

根据 1973～2013 年开展的 8 次全国森林资源清查结果，自 20 世纪 90 年代初以来，中国的森林面积和蓄积连续 20 多年保持双增长。特别是进入 21 世纪后，我国森林资源进入快速增长时期。中国成为全球森林资源增长最快的国家之一，对于维护全球生态平衡，保护生物多样性，应对气候变化，促进全球经济、生态和社会的可持续发展发挥着重要作用（表 1-2）。

表 1-2 我国森林资源历次清查结果和林木碳素储存量情况

清查间隔期	森林面积/万 hm^2	森林蓄积/亿 m^3	森林覆盖率/%
第一次（1973～1976 年）	12 186	86.56	12.70
第二次（1977～1981 年）	11 528	90.28	12.00
第三次（1984～1988 年）	12 465	91.41	12.98
第四次（1989～1993 年）	13 370	101.37	13.92
第五次（1994～1998 年）	15 894	112.67	16.55
第六次（1999～2003 年）	17 491	124.56	18.21
第七次（2004～2008 年）	19 545	137.21	20.36
第八次（2009～2013 年）	20 769	151.37	21.63

总括来说，我国森林覆盖率还远低于全球 31%的平均水平，人均森林面积仅为世界人均水平的 1/4，人均森林蓄积只有世界人均水平的 1/7，森林资源总量相对不足、质量不高、分布不均的状况仍未得到根本改变。现有人工用材林树种单一，产材质量差，用途窄。根据第八次全国森林资源清查结果，我国人工林每公顷蓄积量只有 52.76m^3。林木平均胸径只有 13.6cm。现有人工林基本上是北方以杨树为主，南方以桉树、马尾松、杉木为主。适合作建筑和家具用材的大径材林木与珍贵用材树种非常少。

我国已成为世界木材加工与木制品制造大国。木材与人造板及家具等主要木制品产量已位居世界前列。每年全口径木材资源需求在 5 亿 m^3

左右。其中，建筑与工业消耗商品木材（原木+锯材）一般在 1.5 亿 m^3 左右，其资源 50%来自国产商品木材，50%来自进口木材。2014 年，我国商品木材对外依存度已超过 50%。到 2020 年，我国木材需求还将刚性增加。如果达到世界人均年消费木材 0.58m^3 水平，我国每年木材需求总量将超过 7 亿 m^3。木材刚性需求增加，短期内靠国内木材资源难以支撑。

因此，必须大力发展林业，增加森林蓄积量；必须运用高新技术，提高木材和相关生物质的综合利用率；必须注重废旧林产品和生物质的回收和循环利用……以缓解资源紧张，适应国民经济发展和满足提高人民生活质量的需求。

1.2.2 低碳环保，绿色保障

木材是人体健康绿色环境的贡献者。在加工和利用过程中，注意采用新技术、新方法，实现固碳减排，减少污染，保障绿色。

（1）研制无污染的胶黏剂，如非甲醛系列合成树脂胶黏剂、植物蛋白胶黏剂、水性高分子复合胶黏剂……日本和西欧的一些国家已部分取代了甲醛系列胶黏剂。我国研究者经过多年科技攻关，已成功地开发出异氰酸酯胶黏剂用于生产刨花板和湿木材胶接等，制造出用于木质材料和木材胶接的系列产品，这些产品用于室内家具制造和装修，彻底解决了室内环境污染和危害人体健康的弊端。

李建章和其课题组在非甲醛树脂胶黏剂、蛋白基生物质胶黏剂方面开展了一系列研究工作，特别是针对植物蛋白基无醛木材胶黏剂工业化应用过程中存在的耐水性差、固化温度高、黏度高、施胶困难及预压性差等一系列技术难题，以农产品加工剩余物豆粕、棉粕、花生粕、菜籽粕、小桐籽粕等为主要原料，以高活性环氧树脂、异氰酸酯类单体及改性单宁、木质素、生漆等生物质仿贻贝蛋白为交联增强剂，开展了植物蛋白基胶黏剂改性增强的基础理论与应用技术研究。

深入探讨植物蛋白基胶黏剂黏度影响机制，研究开发出低黏度高固体含量植物蛋白基胶黏剂制备技术，解决了蛋白基胶黏剂高黏度及低固体含量带来的一系列生产问题，有助于提高人造板的生产效率和产品合格率。解析植物蛋白基胶黏剂初黏性的影响因素，开发出高效增黏技术，攻克了蛋白基胶黏剂涂胶困难及预压性差的问题，保证了单板类人造板生产工艺的需要，有效提高了生产效率。同时，开发出环保高效防腐防霉技术，攻克了蛋白基胶黏剂易霉变问题，保证了胶接制品的耐久使用性能。

该系列研究成果较好地解决了植物蛋白基胶黏剂预压性差、施胶困难、贮存期短、热压温度高、耐水胶接强度差、生产成本高等技术与效益难题，与传统三醛类木材胶黏剂技术相比，具有如下特点：①产品不含甲醛，有助于彻底解决人居环境中人造板及其制品带来的甲醛污染问题；②主要原材料为大宗农副产品加工剩余物，成本低、可再生；③生产胶合板类人造板的工艺方法与普通脲醛树脂一致，易于工业化生产；④胶接产品耐水性好，胶合板产品能够满足Ⅱ类要求，且沸水蒸煮不开胶，耐沸水性能优于改性脲醛树脂。

该系列研究成果已在胶合板等单板类人造板上实现了工业化应用，有助于推动人造板企业技术升级，实现人造板及其制品的供给改革，解决人造板及其制品大量使用带来的人居环境甲醛污染问题，保障人居环境空气质量安全。

（2）创生自生胶接、无胶胶合的新方法。不依赖于含有甲醛的合成树脂胶黏剂，而通过表面活化、改性或物质转换的方法，使木材或生物质材料在催化剂和热压条件下胶接成板，人们称为无胶胶合或自生胶接。例如，一些研究者以树叶、树皮、树皮提取物、木质素或农业废料等天然产物作胶黏剂和填料将木质碎料热压成板。无胶胶合的方法很多，依据用于木材表面处理的化学药剂对其表面的活化作用不同可分为氧化结合法、自由基引发法、酸催化缩聚法、碱溶液活化法、天然物质转化法和酶降解法等。其中天然物质转化法越来越引人关注。这种方法是将木材或生物质材料本身所固有的物质或外加的某些天然物质，在特定的条件下经化学转换而变成具有胶黏剂或交联剂作用的另一些天然物质，在特定的条件下经化学转换而变成具有胶黏剂或交联剂作用的另一些新物质，在热压过程中实现自生胶接。蔡祖善等试制成功的无胶蔗渣碎料板就是基于这种方法，即利用蔗渣本身所含有的还原糖在酸性催化剂作用下形成的一种呋喃树脂，这是一种不溶于水的热固性树脂，从而在热压条件下将蔗渣原料胶接成板。

金春德等采用酸性蒸煮热磨法研制了无胶纤维板制板工艺，并在中密度纤维板生产线上中试成功。与宁波大世界集团有限公司合作，研究无胶木纤维异型模压多功能组合模具模压技术和试制了大曲率雕刻花纹无胶木纤维异形模压家具产品。

（3）研制绿色涂料。木器油漆是指各种木制品和家具采用涂饰与涂料进行的表面装饰。国内外历史最久而至今应用最广泛的仍属油漆装饰。油漆作业时所用的涂料常用相应的溶剂来配成。这些溶剂，诸如烃类溶剂、酯类溶剂、酮类溶剂、醇类溶剂和萜烯类溶剂等，含有大量具有毒性的有机挥发物（如苯类、汽油、酮类、醛类等），这些物质在室内会慢慢释放出来造成污染和危害，因此必须选用“绿色”涂料进行木制品和家具的涂饰。①木制品、家具用涂料和涂饰必须接受环境保护法规的制约，必须使用有利于室内环境、减少挥发性有机物（VOC）排放量的涂料；②考虑现实可能使用的涂料，如高固体分涂料（不挥发分的目标值为60%～70%）、紫外线固化型树脂涂料、水性涂料、粉末涂料、粘贴涂料等；③为了变革传统的涂饰技术，提高涂饰效果，采取科学环保型的木材前处理技术，如壳聚糖处理、聚乙二醇涂布、等离子体处理等。

总之，加强研究木材加工过程的低碳节能技术，进行工艺和设备的创新，以此发展木材低碳加工产业，走低碳经济发展之路已成为时代的必然选择。

1.3 木材的生态学属性与环境效应

在自然界生长的绿色植物尽管形态各异，但均有一个共同的特点——与人类和环境友好。同样，木材是树木生长过程中，通过光合作用和生物化学作用而形成的天然高分子聚合物的复合体，具有与生俱来的生态学属性。这一属性被人们广泛地、长久地应用于木质复合材料和家具制造、木结构建筑和人居环境等各个领域及人们的日常生活中。

木材生态学属性的内涵主要体现在：①由木材和木质复合材料构建的人居环境具有幽雅、舒适的可居住性。②木材、木质复合材料及其制品具有碳汇功能，潜在良好的生态效应。

1.3.1 木材的生态学属性与人居环境

亘古以来，人类的生活就与木材息息相关。祖先学会了钻木取火，秦始皇用木材修造阿房宫，现代建筑的室内装饰，都表明了人类与木材的紧密联系。随着人们生活质量的提高和回归自然的追求，人们愈来愈希望在人类生活的空间中更多地使用木材和木质复合材料，这是因为木材具有其他材料无法比拟的环境学特性。由木材构成的空间，可以调节室内小气候和进行生物生存及心理的调节。每当接触木材、注视木材时，人们便会产生稳静感和舒畅感，因为木材中的一些解剖元素，如生长轮，早、晚材的间隔分布所呈现的波动现象与人的心脏跳动形式相吻合。

由木材制品和木质材料所构成的人类生活环境，除了给人们一种自然感觉和美的享受外，还有益于人们休憩、娱乐和健康，因而深受人们喜爱。木材依树种不同，具有不同的香气与色调。花柏的香味很浓，用花柏建造的居室，几年内不见蚊子靠近，因为花柏中散发出来的松烯类化合物可以驱除蚊子。松木有消炎、镇静、止咳等作用，杉木会刺激大脑而使脑力活动更活跃，银杏可用于治疗高血压，白桦具有抗流行性感冒的功效，冷杉能杀灭金黄色葡萄球菌等，总之木材视觉和嗅觉特性使人感到舒服。木材中含有的挥发成分或抽提物质具有抗菌和杀菌作用，保障人们身体健康。因此，在木材和木质材料构成的居室中生活可以享受回归自然的感觉，体现“人+木=休”的意义。休息过后可以使人们重新精力充沛，提高工作效率和工作质量。

木材不仅是一种人们可以利用的天然材料，还有其他任何材料无法比拟的环境学特性——木材的视觉特性、触觉特性、听觉特性、嗅觉特性及调节特性。因此人们愿意把木材引入居室，这就是木质家具久盛不衰、受人喜爱的主要原因。

木材的环境学特性是木材表现和潜在的生态学属性的表征。例如，木材的感觉特性、调节特性等为构建人居空间营造了适宜的光环境、声环境、温湿环境和卫生环境……因而使居住者感到温馨、舒适，有益于身心健康。

1.3.2 木材的碳素储存与环境效应

森林是与人和谐、保护地球生态系统最重要

的自然资源，在形成木材的全过程中，树木在生态效益中发挥着固定CO_2、氧气供给、水土保持、益于健康等多种重要功能。

构成木材的元素有50%的C、42.6%的O和6.4%的H，可见木材是一个巨大的碳素储存库，是一种无公害、节能源、可再生、可循环利用的生态型材料。

木材取于自然，用于人类。作为家具、纸张、住宅之用，与人类活动、居住环境息息相关；作为木材基复合材料愈来愈备受关注。以这种方式加工、利用木材也是固定和储存碳素、提高生态效益的有效途径。

1.3.2.1 碳素的储存

树木是一种生命体，在生长过程中形成木质部（木材），这是生物质的主体。二氧化碳通过光合作用被转化成糖类，而糖类聚合成高分子化合物——纤维素和半纤维素，因此也是形成木材的主要高分子物质，为人类提供了可再生的永续利用的生物质和生物质能。

树木的光合作用：

$$6CO_2+6H_2O \xrightarrow{\text{光能}} C_6H_{12}O_6(\text{葡萄糖})+6O_2\uparrow$$

正是由于光合作用，树木吸收的CO_2才以有机物的形式储存起来，固定在树木的各个部分，木材是树木全部生物量中碳素储存最多的寄存体（碳汇）。

据文献记载，通过光合作用，树木每生产1t生物质（纤维素等）就要吸收1.6t CO_2，释放出1.1t氧气，可固定约0.5t碳，见图1-2。

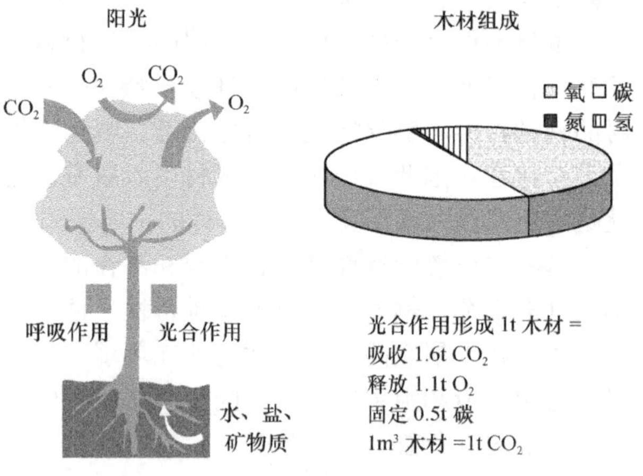

图1-2 树木碳吸收示意图

第八次全国森林资源清查结果表明：森林植被总碳储量为84.27亿t，比第七次清查的总碳储量（78.11亿t）有明显提升。但是，我国的森林覆盖率仅相当于世界平均水平的1/3，人均森林面积仅约为世界平均水平的1/4，人均森林蓄积仅约为世界平均水平的1/7，森林资源欠丰富，碳总储存量或碳汇总量不足。

1.3.2.2 碳素储存的生命周期

树木生长的主要产物是木材，碳素储存有相应的生命周期。从林地上植树造林开始到树木砍伐（轮伐期因树种和用途不同而异）是树木的生长阶段。在生长期内将吸收的CO_2，在树木体内以碳素加以固定，随着树龄的增加，其储存量增加，树木生长到一定年限后要进行采伐、制材、加工和利用。假定制材后的锯材被用来制作木结构住宅用材，此时，树木中所储存的碳素会保持在该状态下继续储存于住宅用材之中，使用数十年后，这些住宅解体，产生的废旧木材和木质材料可加工成碎料，由这些碎料再加工制成碎料板，这些板材又可作为家具材料制作成家具而使用。此间，碳素又被家具材料储存起来。家具使用若干年后，废旧解体而被弃掉。期间，树木生长过程所储存的碳素又全部回归自然。在木材加工和使用过程中，存在着碳素损失，特别是采伐和加工剩余物，未被再利用的部分（废弃物）会将储存的碳素释放。

综上所述，在木材生产和加工利用过程中，碳素储存在发生着变化，碳汇在不同阶段有相应的生命周期，如图1-3所示。

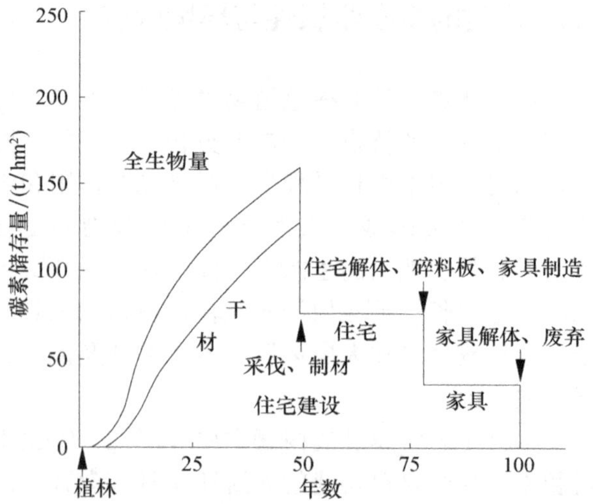

图1-3 1hm²柳杉树木生长期间和加工利用过程中碳素储存变化示意图

该研究设定，柳杉造林后50年采伐，作为木材加工成建材用于建筑住宅（制材利用率60%），供住宅使用33年后，住宅被废弃，其中废旧木材60%被再次加工成人造板（利用率80%），而被用来制造家具再次使用，家具使用17年后被废弃。

只有了解和掌握碳素储存在各个阶段的生命周期及其从植树造林到木材使用完结全过程中的变化，才能有力、有节、有效地保证碳素储存数量，提升和发挥树木的碳汇功能。

1.3.2.3　木材的科学利用与生态意义

与疆土相比，我国的森林资源比较贫乏，森林覆盖率仅相当于世界平均水平的61.52%，居世界第130位。因此林木的碳素储备总量不足，从维护生态平衡角度出发，须特别注意碳素的“储存库”——木材的科学保护与科学利用，以减少温室效应，维护生态安全。温室效应是由温室气体产生的，而CO_2是所有温室气体中数量最大、影响最直接的因素。树木生长中吸收的CO_2以木材的形式予以固定和储存，木材是林木生物量中储存碳素量最大的生物质。保护和利用木材，减少CO_2排放具有十分重要的生态意义。

木材作为生物质材料或制品的健康使用寿命越长，其固碳的生命周期就越长，就越发延长了“大气二氧化碳（吸收）→森林碳汇→木材（木制品）固碳→大气二氧化碳（排放）”的循环链。抑制二氧化碳的排放，就是减少排入大气中的“温室气体”。可见，木材的碳素储存功能与保护生态安全密切相关。

1）木质材料与制品的保存　因为木材具有独特的自然美感和环境学特性，所以常常用来制作室内家具和日常生活用品，装饰人居空间和建筑房屋；以木材为原料的各种加工形式制得的人造板、纸张广泛地应用于人们生活中和各个部门。木材制品及各种林产品则是将林木生长吸存的碳继续固定和储存，须予以科学管护，延长木材及林产品的使用年限及循环利用，减少或避免这些材料所储存的碳又会以各种形式回归到大气中去，增加CO_2浓度和温室效应。

当木材、木质材料和制品被燃烧和腐朽时，原本被封存在其中的以有机物形式储存的CO_2又会被释放出来，所以实施木材的阻燃处理和防腐处理是十分必要的。世界上科技发达国家非常重视木材防护技术的研究与开发；美国每年木材防腐处理量为1800万～2000万m^3，相当于每年减伐林木4000多万m^3；新西兰每年处理量约为270万m^3；英国约为230万m^3；美国、英国和新西兰每年处理量分别占木材消耗量的15.6%、20%和43%。我国每年防腐处理木材约为60万m^3，约占木材消耗量的0.3%，说明木材防护能力很低。并且每年约有60%的商品木材没被立即加工利用，要经过夏季储存。其中，又有40%的木材遭受真菌的腐蚀和虫蛀，严重影响木材品质和使用寿命。关于木材的阻燃处理量与木材消耗量相比更是微乎其微。木材燃烧不仅消耗资源，危害安全，更重要的是木材燃烧时，将储存的碳素又以CO_2等气体的形式排放到大气中，加剧破坏自然界的生态平衡。因此必须提高木材防护意识，加强木材阻燃和防腐处理能力，优化木材防腐、阻燃等防护处理技术。

此外，我国每年的废旧家具、木制品、包装物、房屋更新、城市园林和经济林木修枝等废旧木材约6000万t，利用潜力很大，要采取科学方法，有效地循环利用，以减少对环境的污染。

2）创生和发展生物质复合材料　除木材外，我国每年收获的农作物秸秆约7亿t，也是陆地植物体中储存碳素最多的物质之一。因此，木材的科学防护与利用要扩展到农作物废弃物等全部的生物质。以前对这类生物质的工业利用率很低，绝大部分弃掉或焚烧，燃烧时所释放的烟雾严重危害环境，甚至妨碍航空安全；燃烧过程是将生长时储存的碳素又转换成CO_2气体排放的过程。这样本来是碳汇的生物质转变为碳源，愈发使我国的碳汇能力不足。

对废旧的木材、加工剩余物和农作物秸秆等生物质的利用，国内外开展了大量的研究工作，重点着眼于新型生物质能和生物质复合材料。

生物质能是由植物的光合作用固定于地球上的太阳能，最有可能成为21世纪主要的新能源之一。据统计，植物每年储存的能量约相当于世界主要燃烧消耗的10倍；而作为能源的利用量还不到总量的1%。这些未加工利用的生物质，一部分可以通过生物质能转换技术发展成为新的能源，以代替石油、天然气和煤炭等传统燃料；

另一部分可以与相应的材料复合研制新型生物质复合材料等。

有关以木材为主体基质研制创生的复合材料国内外已取得诸多进展，如木材与芦苇（野生植物）复合、木材与聚合物复合、木材与金属复合、木材与无机物复合……以不同形态、不同组合方式和加工工艺制成具有不同功能的木质复合材料。例如，木材-塑料复合材料可提高原本木材的尺寸稳定性，木材-金属复合材料可赋予木材电磁屏蔽功能，木材-无机物复合材料可提高木材的阻燃性和抗生物危害性等。木材或生物质复合材料不但可以使低质木材、小径材、废旧木材及农业剩余物得以高效利用，而且具有鲜为人知的生态效应。因此，木材、木质材料和生物质资源经复合加工后，能使碳素进行再次固定和封存，并且在整个加工过程中少产生 CO_2，从而减轻“温室效应”，这是对人类生存环境的贡献。

主要参考文献

顾继友. 2002. 胶黏剂与涂料. 北京：中国林业出版社
顾继友. 2003. 胶接理论与胶接基础. 北京：科学出版社
韩广萍，王戈，刘振国. 1995. 芦苇特性与芦苇刨花板制板工艺关系的研究. 建筑人造板，(3)：7～10
黄书生. 1989. 木材商品手册. 北京：学术期刊出版社
李坚. 1995. 走向21世纪的木质复合材料. 世界林业研究，(3)：34～40
李坚. 2013. 木材保护学. 3版. 北京：科学出版社
李坚. 2014. 木材科学. 3版. 北京：科学出版社
李坚，李淑君. 2002. 新型多孔炭材料——木陶瓷. 哈尔滨：东北林业大学出版社
李坚，栾树杰. 1993. 生物木材学. 哈尔滨：东北林业大学出版社
李坚，吴玉章. 1995. 无机质复合木材与复合人造板. 北京木材工业，(2)：15～17
李坚，赵荣军. 2001. 木材与环境. 哈尔滨：东北林业大学出版社
李顺龙. 2006. 森林碳汇问题研究. 哈尔滨：东北林业大学出版社
刘一星. 2005. 木质废弃物再生循环利用技术. 北京：化学工业出版社
刘一星，于海鹏，赵荣军. 2007. 木质环境学. 北京：科学出版社
刘一星，赵广杰. 2004. 木质资源材料学. 北京：中国林业出版社
陆仁书. 2002. 人造板科学与技术. 哈尔滨：东北林业大学出版社
尹思慈. 1996. 木材学. 北京：中国林业出版社
国家林业局. 2014. 中国森林资源简况——第八次全国森林资源调查

2　生物质的结构及理化性质

生物质是由植物、动物和微生物生命体合成得到的物质的总称，分为植物生物质、动物生物质和微生物生物质。本书中的生物质主要是指植物生物质，如木材、竹材、藤材、灌木的根茎、主要农作物秸秆（稻草和稻壳、玉米秸、麦秸、麻秆、棉秆、烟秆、蔗渣等）等。其中，木材和竹材等性能优良的生物质可以直接或者经过简单加工而作为材料使用，本身就是重要的生物质材料，而秸秆等其他多数生物质通常作为生产生物质材料的基础原料。

本章主要介绍生物质的宏观结构、微观结构、物理力学性质和化学性质。通过阅读本章，读者对生物质的结构及理化性质等基础知识有一个基本的了解，为阅读以下各章关于各种生物质复合材料的内容打下必要基础。

2.1　生物质的宏观构造学特征

2.1.1　木材的宏观构造

木材的宏观构造是指肉眼或借助十倍放大镜所能看到的木材构造特征。木材的主要宏观特征是木材的构造特征。它包括生长轮的早材和晚材、边材和心材、管孔、轴向薄壁组织、木射线、胞间道等。

2.1.1.1　木材的三切面

木材的构造从不同的角度观察表现出不同的特征，通常从三个切面观察木材的结构，即木材的横切面、径切面、弦切面。通过三切面，可以全面了解木材的构造。木材的三切面如图 2-1 所示。横切面是与树干纵轴或木纹相垂直的切面，也称端面或横截面。在这个面上可以观察到木材的生长轮、早材和晚材、边材和心材、管孔、木射线、胞间道等构造。径切面是沿着树干的纵轴方向，与木射线平行或与生长轮相垂直的切面。在这个面上可以看到相互平行的生长轮或生长轮线、边材和心材的颜色、导管或管胞线沿纹理方向的排列、木射线等。

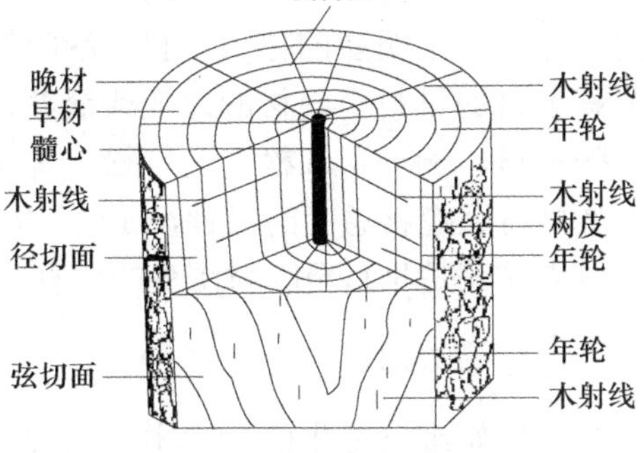

图 2-1　木材的三切面

弦切面是沿着树干的纵轴方向与木射线垂直或与生长轮相平行的切面。在弦切面上，生长轮呈抛物线状或倒“V”字形花纹。

2.1.1.2　生长轮、早材和晚材

1）生长轮（年轮）　形成层在每一个生长周期中向髓心一侧所产生的次生木质部，在横切面上呈现一个围绕髓心的同心圆，称为生长轮。在寒带和温带地区，气候四季变化相一致，树木在一年里只有一个生长季，故生长轮就是年轮。在热带地区，气候在一年内变化很小，树木生长几乎四季不间断，树木生长受雨季和旱季的影响，一年之间可以形成多个生长轮。

寒、温带树木在生长季节内，由于受气候突变（霜、雹、干旱危害）、生物因素（菌虫危害）和非生物因素（火灾等危害）等的影响，生长停止，一段时期以后，生长又重新开始，在同一生长周期内，形成两个或两个以上的生长轮，这种生长轮称为假年轮或伪年轮。伪年轮的界线不像正常年轮那样明显，往往也不形成完整的圆圈状。杉木、柏木、马尾松木材常出现伪年轮。

2）早材和晚材　树木在一年的生长初期形成的沿年轮靠近髓心的木材，细胞分裂速度快、细胞的体积较大、胞壁较薄，材质比较松软，颜

色较浅，称为早材。

沿年轮靠近树皮的部分是在一年的生长后期形成的木材，其细胞分裂速度变慢并逐渐停止，细胞体积小、胞壁厚，材质比较坚硬，颜色较深，称为晚材。

寒、温带树木由早、晚材构成了一个年轮，而热带树木由早、晚材构成了一个生长轮。在一个年轮或生长轮里，由于构成早、晚材细胞的形体及颜色等的差异，早材和晚材间形成了明显或不明显的分界线。将分界线明显的称为早材至晚材急变，分界线不明显的称为早材至晚材缓变。通过观察木材的早材至晚材的急变或缓变，可以鉴别一些木材。例如，油松、马尾松、樟子松、柳杉等是早材至晚材急变的树种，红松、华山松、杉木、白皮松等是早材至晚材缓变的树种。

2.1.1.3 边材和心材

形成层原始细胞分生的新生木质部细胞，在形成的最初数年内是有生机的、活的。这部分新生木质部称为边材。边材靠近树皮颜色较浅，在立木时期具有生理功能，但砍伐后因为含水率高，含有适于菌虫生活的养料，故易被腐朽和虫蛀。

心材由边材转化而来，是无生理功能的、死的。心材靠近髓心颜色较深，含水率较低，含有单宁、色素、树脂、芳香油或碳酸钙等沉积物，对菌类有毒害作用，故其天然耐久性较边材强，如图 2-2 所示。

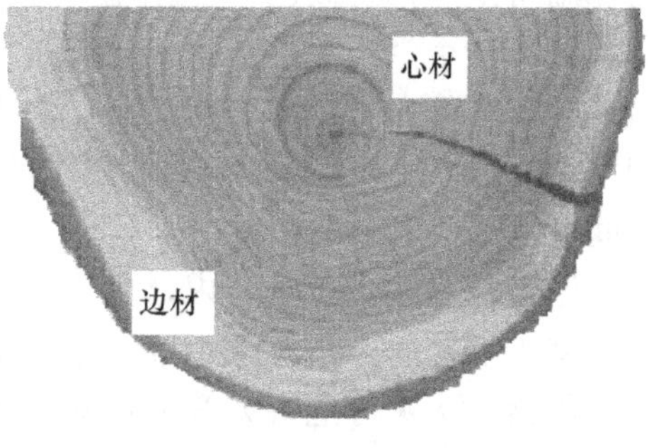

图 2-2 阔叶树材的心材和边材

2.1.1.4 木射线

从木材的横切面上看，有多数颜色较浅、从髓心向树皮呈辐射状排列的组织，称为木射线。起源于初生组织后来由形成层再向外延伸的射线，它从髓心穿过年轮直达内树皮，称为韧皮射线（髓射线）。起源于形成层的射线，达不到髓心，称为次生木射线。在木质部的射线部分称为木射线，在韧皮部的射线称为韧皮射线。

同一条木射线在不同的切面上，表现出不同的形状，如图 2-1 所示。在横切面上呈辐射线条状，显示其宽度和长度；在径切面上呈带状，显示其长度和高度；而在弦切面上呈短线或纺锤形状，显示其宽度和高度。

木射线由许多薄壁细胞组成。薄壁细胞的力学强度小，在木材干燥时最易沿木射线方向开裂而影响木材的利用。

2.1.1.5 管孔

1）管孔的概念　绝大多数阔叶树材由无数中空的管状细胞组成输导组织，即导管。导管在横切面上宏观下可见或略可见，呈孔穴状，称为管孔。导管在纵切面上呈沟槽状，称为导管线或导管槽。

具有导管的阔叶树材称为有孔材。不具有导管的针叶树材称为无孔材。管孔的有无是区别阔叶树材和针叶树材的重要依据。但阔叶树材中也有不具有导管的树种，如水青树属和昆栏树属的树种；针叶材中也有具有导管的树种，如麻黄属、百岁兰属、买麻藤属的树种。

2）管孔的类型　在一个生长轮中，管孔的大小和分布情况因树种而异，大体上可分为散孔材、环孔材和半环孔材（或称为半散孔材）三个类型，如图 2-3 所示。管孔的分布类型在木材的识别上是一个重要的特征。

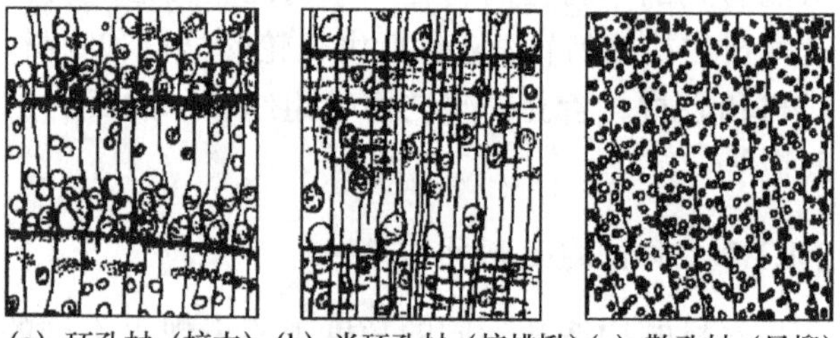

(a) 环孔材（梓木）(b) 半环孔材（核桃楸）(c) 散孔材（旱柳）

图 2-3 管孔的分布类型（李坚，2002）

（1）环孔材。在一个生长轮内，早材管孔和晚材管孔区别明显，早材硕大，晚材细小，并沿生长轮呈环形排列的树种称为环孔材，如刺楸、刺槐、麻栎、梓木等。

（2）散孔材。在一个生长轮内早、晚材管孔的大小没有明显区别，分布也比较均匀，如桦木、椴木、杨木、椴木等。

（3）半环孔材。在一个生长轮内，管孔的排列介于环孔材和散孔材之间，早材起始部分管孔明显大于晚材末端。早材管孔到晚材管孔由大到小逐渐变化，界限不明显，如核桃楸、枫杨、香樟、柿树等。

3）管孔内含物　管孔内含物有侵填体、树胶或无定形沉积物（矿物质或有机沉积物），如图 2-4 所示。

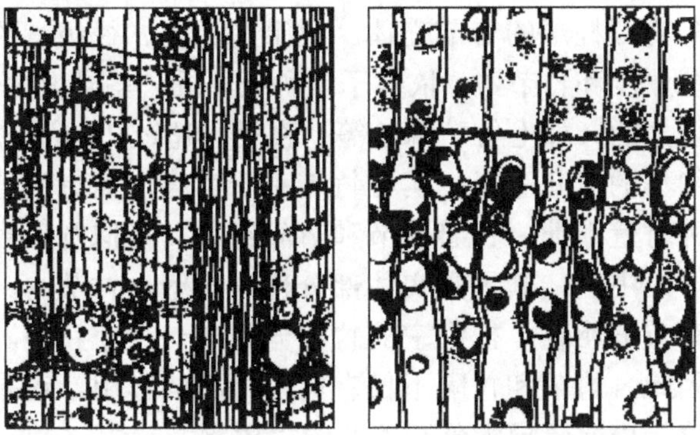

(a) 侵填体（麻栎）　(b) 树胶（苦楝）

图 2-4　管孔内含物（申宗圻，1993）

侵填体存在于某些阔叶树材的心材导管中，是一种泡沫状的填充物。侵填体来源于邻近的射线或轴向薄壁组织细胞，通过导管管壁的纹孔腔、局部或全部地将导管堵塞。具有侵填体的木材，因管孔堵塞，降低了气体和液体对木材的渗透性，但增加了木材的天然耐久性。例如，天然耐久性较好的刺槐、山槐、麻栎等均含较丰富的侵填体。侵填体的有无和数量的多少，有助于木材的识别和特殊利用。

树胶和其他沉积物是由不规则的暗褐色点状或块状物填塞在导管内，不像侵填体那样有光泽，如楝科、香椿、蔷薇科等。

2.1.1.6　轴向薄壁组织

轴向薄壁组织的细胞是由形成层纺锤形原始细胞分裂所形成的，细胞腔体大，沿树干纵轴方向成串排列。

针叶树材的轴向薄壁组织不发达或根本没有，仅在少数树种如杉木、柏木中存在，通常不易辨别。阔叶树材的轴向薄壁组织较多，在横切面上看，颜色淡，与具有厚壁的颜色较深的木纤维很容易区别，用水湿润后更容易看到。所以，轴向薄壁组织是宏观下识别阔叶树材的主要特征之一。

根据轴向薄壁组织与导管的连生关系，可将轴向薄壁组织分为离管型和傍管型两大类型，如图 2-5 所示。

1）离管型薄壁组织　是指在横切面上，轴向薄壁组织不依附于导管周围，而是独立分布于木质部。根据其分布又可具体细分为以下几种。

（1）星散-聚合状。轴向薄壁组织在木射线间聚集成短弦线，如大多数壳斗科树种。

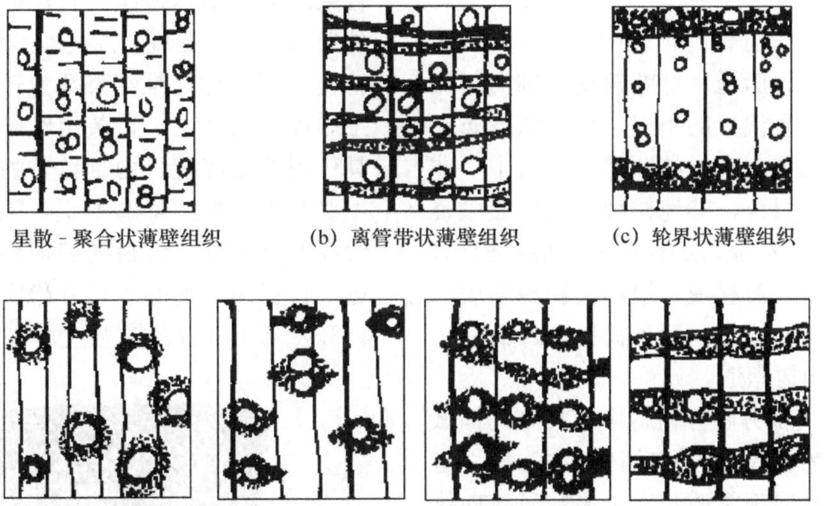

(a) 星散 - 聚合状薄壁组织　(b) 离管带状薄壁组织　(c) 轮界状薄壁组织

(d) 环管束状薄壁组织　(e) 翼状薄壁组织　(f) 聚翼状薄壁组织　(g) 傍管带状薄壁组织

图 2-5　阔叶树材的轴向薄壁组织（《木材学》编写组，1997）

（2）带状。轴向薄壁组织与年轮相平行，组成较宽的带状线，如榕树、红豆树等。

（3）网状。轴向薄壁组织在木射线间聚集成短弦线，其弦线间的距离与木射线间的距离大致相等，互相交织成网状分布，如青冈栎属、胭脂木属、柿树等。

（4）轮界状。轴向薄壁组织沿生长轮分布，单独或形成不同宽度的浅色的细线，如杨属、柳属、木兰、鹅掌楸等树种。

2）傍管型薄壁组织　是指轴向薄壁组织环绕于导管周围与导管相连生。有以下几种分布形式。

（1）环管束状。轴向薄壁组织围绕在导管周围呈不同宽度的鞘状，如水曲柳、红楠、香樟、白蜡木等。

（2）翼状。轴向薄壁组织环绕导管并向两侧展开，形似鸟翼状分布，如泡桐、皂角木、合欢等。

（3）聚翼状。上述的翼状轴向薄壁组织互相连生在一起，如洋槐、梧桐、红豆树等。

（4）带状。轴向薄壁组织在横切面上形成同心线或同心带，而导管包藏于此薄壁组织之中，如黄檀、榕树、铁刀木等。

轴向薄壁组织是树木的储藏组织，它的存在往往是木材干燥时容易开裂的重要原因，不过也可以借助它识别木材。

2.1.1.7　胞间道

胞间道是分泌细胞围绕而形成的狭长的细胞间隙。胞间道有轴向胞间道和径向胞间道（在木射线内）两种。有的树种只有一种胞间道，有的树种则两种胞间道都有。按针、阔叶树种分，胞间道有树脂道和树胶道两种。

1）树脂道　部分针叶树材中所具有的储藏树脂的胞间道称为树脂道。针叶树材的轴向树脂道在木材横切面上呈浅色的小点，星散状分布于年轮中；径向树脂道存在于纺锤状木射线中，非常细小，除松属木材外，其他树种只有用显微镜才能看见。具有正常树脂道的针叶材主要有松属、云杉属、落叶松属、黄杉属、银杉属和油杉属。前 5 属树种具有轴向与径向两种树脂道，而后一属树种仅具有轴向树脂道。

2）树胶道　部分阔叶树材中所具有的储藏树胶的胞间道称为树胶道。阔叶树材如油楠、青皮、柳桉等具有轴向正常树胶道，多数呈弦向排列，不如树脂道容易判别，易与管孔混淆。

活立木因受伤而形成的胞间道，称为创伤胞间道。针叶树材中可以见到轴向和径向创伤树脂道。轴向创伤树脂道常出现在早材带内，呈弦向排列。例如，冷杉属、铁杉和雪松等树种本无树脂道，但在其受气候因子影响或损伤后可生成创伤树脂道。阔叶树材通常只有轴向创伤树胶道，在横切面上呈长弦线排列，肉眼下容易看见，如枫香、山桃仁、木棉等。

2.1.2　竹材的宏观构造

竹材主要是指竹子的竹竿，是竹类植物地上茎的主干。它是竹子利用价值最高的部分。竹竿多为圆柱形的有节壳体。竹竿的长度、径级、竹壁厚度和竹节数，依竹子的种类不同，差异很大。粗大的（如毛竹、麻竹等）直径可超过 200mm，细小的仅几毫米；实心竹近乎于实心，而有的竹种竹壁很薄。竹竿由节和节间组成，形似圆形壳体，中空，其周围实体部分称为竹壁。竹节内部有节隔相连，把中空的竹竿分隔成一个个空腔。因此，竹节和竹隔不仅有巩固竹竿的作用，还是竹竿横向疏导水分和养料的“桥梁”。

竹壁从外向内由竹青、竹肉、竹黄三层组成，是竹材的主要部分，如图 2-6 所示。竹青是指竹壁横切面上不具维管束的最外侧部分，表面光滑，具蜡质。竹青一侧的维管束密集，纤维含量高，薄壁细胞较少。这一部分有纤维增强材料的特性，其密度、硬度、强度和模量较高，其力学性质与玻璃钢相差无几。竹肉是竹壁的中部，位于竹皮和髓外组织之间，在横切面上有维管束分布，维管束之间是基本组织。竹肉中维管束的分布，从外向内，由密变疏。竹黄即维管束少的内侧部分。竹黄一侧的竹材维管束数量较少，为薄壁细胞占主导地位的区域。竹黄组织细密，但质脆，在刀具作用下易碎裂。由于竹黄的黏结性差，工业上主要利用竹材的基本组织。除少量的维管束提供较高的强度外，竹材的其他性质与木材相近。不过，竹材薄壁细胞的尺寸稳定性好，可以利用竹材开发耐水性好的高强度产品。

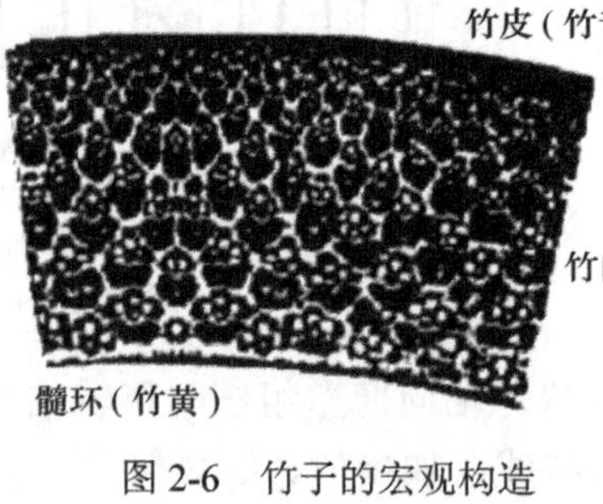

图 2-6　竹子的宏观构造

竹材构造对加工性能的影响如下。

（1）竹材整株表现为中空、多节、表皮光滑疏水。中空和多节为加工带来麻烦。在旋切、剖分或其他方式加工成小单元时，需要特殊机械设备，加工后的单元在保证平整度、均匀度和直线度等方面较木材困难。竹材表面的光滑疏水层对胶合有很大的不利影响，必须进行改性或去除才能进行胶合。

（2）从头尾方向看，存在径级差异、壁厚差异和材性差异。竹材头尾的径级差异远较木材为大，而且随材种、立地、株间等情况也有变化。头尾壁厚的差异达几倍，且头尾的硬度、含水率、力学性能等差异也很大，不仅造成加工困难，也造成出材率降低。

（3）从横断面看，竹青、竹肉、竹黄的材性差别很大。竹青韧性高、强度好而疏水，竹黄脆硬而吸水性强，仅竹肉适合于人造板的生产。竹黄给加工带来多工序的困难，还降低了竹材的利用率。

2.1.3 农作物秸秆的宏观构造

2.1.3.1 稻草和稻壳的宏观构造

稻是一年生草本植物，秆直立，丛生，高 1m 左右（矮秆稻 50～60cm）。

稻草主要由茎秆、叶片、叶舌、叶耳和叶鞘等构成，如图 2-7 所示。稻茎秆由节和节间组成，茎节间分伸长节间和未伸长节间，各节间集缩成约 20mm 地下茎，是分蘖发生的部位，称为分蘖节。茎秆的节部中实，节间是空心的，呈圆筒状，直径 6～8mm，表面有浅的纵沟，在茎秆横切面上观察，呈环形。茎秆中部的空腔为髓腔，稻秆的髓腔较大，四周是茎壁，茎壁厚约 1mm。

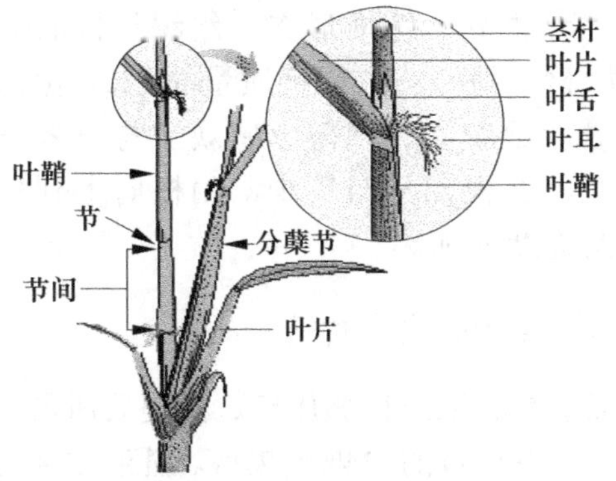

图 2-7 稻秆宏观组成图

稻壳主要由内、外颖构成，其两端相互钩合。

2.1.3.2 玉米秸的宏观构造

玉米秸主要由茎秆和叶组成。茎秆主要由叶、外皮和髓组成，比较粗壮、高大，直径 2.5～4cm，实心，高度为 0.8～3m。茎的高度因品种、土壤、气候及栽培条件不同而有很大差异。茎秆有许多很明显的节，各节生长一片叶，通常一株玉米的地上部分有 8～20 个节。

玉米叶子分叶片、叶鞘和叶舌三部分。叶子的质量比为 40%，纤维量为 30%，其特点是厚度小，相对表面积大，扁平，中央纵贯一条主脉，表面光滑，机械强度低，粉碎时易成粉末。叶片大小因品种或栽培条件不同有很大差别，一般叶片长 80～100cm。叶鞘基部着生于茎节上，包在茎秆的节间周围，其边缘彼此重叠，质地坚硬，结构与叶片相似。叶鞘与叶片交接处为叶舌，长 0.8～1mm，紧贴茎秆。

髓的质量比约为 15%，纤维量为 20%，髓密度很小，蓬松柔软，吸水性强，机械强度极低。

外皮的质量比约为 35%，其纤维含量在各部分中最高，达到 50%。外皮含量和秸秆最大平均径之间无明显的相关关系，但随着茎节的升高，外皮在茎秆中的含量和厚度均呈减小趋势。

2.1.3.3 麦秸的宏观构造

麦草由茎秆、叶子、叶梢、穗轴组成，麦秸主要是指由节间茎秆及节组成的部分，如图 2-8 所示。麦秸表面平滑，有一层蜡状物。茎秆的节间质量比为 52.4%，叶子为 29.1%，节为 9.2%，穗轴为 9.3%。地上节间有 4～6 个，一般为 5 节。高度为 29～97cm，秆直径为 2～3mm，秆壁厚为

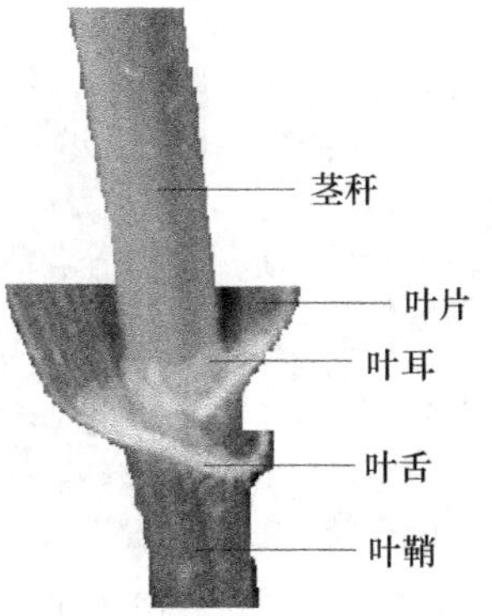

图 2-8 麦秸宏观组成图

0.3～0.7mm，髓腔直径为 0.9～1.9mm，秆壁厚度由下而上变薄，以基部第一节间壁最厚；同一节基部最厚，顶端最薄，中间介于两者之间。第一节较细，从第二、三节上加粗，最上一节又变细。叶鞘长度占全叶长的 30%～50%，基部第一叶鞘最短，越往上越长。

小麦的茎节是指地上部能够伸长的节和节间茎，是幼穗转入生殖生长前，伴随最后 5～6 片叶原基分化而成的地上部伸长节间的节，数目比较稳定，一般为 3～5 个节，基部第一个节间最短而细，向上依次增长，第二、三节间加粗，第四、五节间又逐渐变细加长，穗下节间最细最长，几乎占全部节间的一半。

茎壁厚度表现为基部一、二节间最厚，上部较薄，同一节间是基部壁厚，上部较薄。整秆茎壁厚度为 0.498～0.665mm，平均厚 0.556mm；外层厚 0.075～0.140mm，平均厚 0.113mm。可见麦秸结构不均，不论是整秆还是外层，厚度差别均较大。不同品种的株高也不同，最短的不足 30cm，最长的可超过 140cm。

2.1.3.4 麻秆的宏观构造

1）苎麻 苎麻为被子类一年生草本植物。壮龄苎麻地上茎丛生，由地下茎的芽或地上茎基部腋芽发育而成。苎麻地上茎一般株高 1.5～2m，生长前期为绿色或浅绿色，茎上有许多毛。成熟时，由于皮层木栓化，茎表皮逐渐变为褐色，表皮毛大多脱落。每根茎上着生 40～60 片叶。苎麻的麻纤维横截面呈腰圆形，有中腔，胞壁上有裂纹；纵向形态特征为比较平直，有横节，竖纹。麻茎木质部的颜色一般为白色、青白色或黄白色，因品种而有差异。苎麻的横向、纵向形态如图 2-9 和图 2-10 所示。

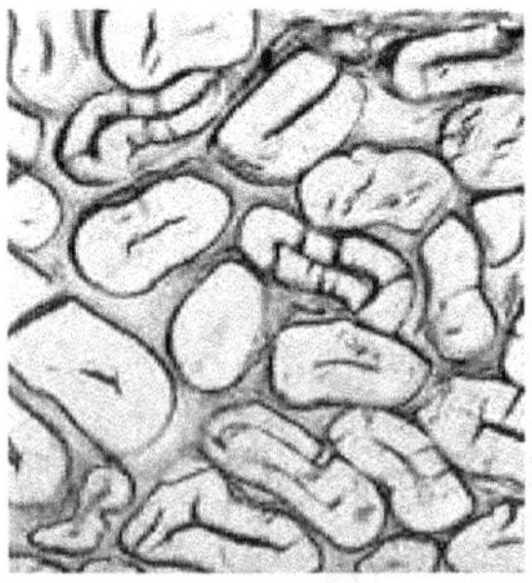

图 2-9 苎麻纤维的横向形态

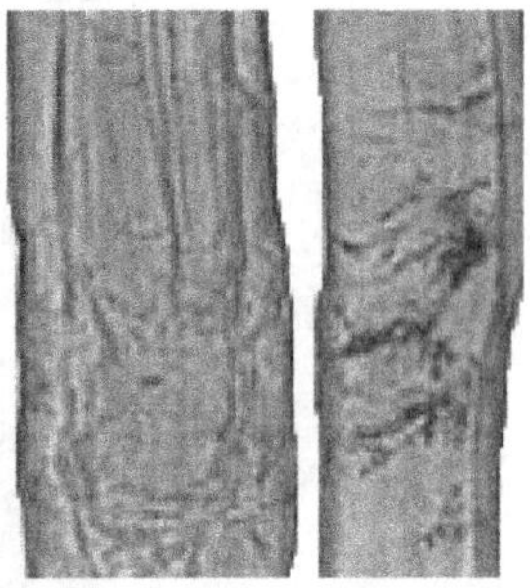

图 2-10 苎麻纤维的纵向形态

2）亚麻 亚麻为被子类一年生草本植物。亚麻的麻纤维横截面呈不规则多边形（多为五边或六边）；亚麻纤维纵向形态特征为细长的两端封闭的尖状体，表面比较平滑但有横向裂节（图 2-11，图 2-12）。

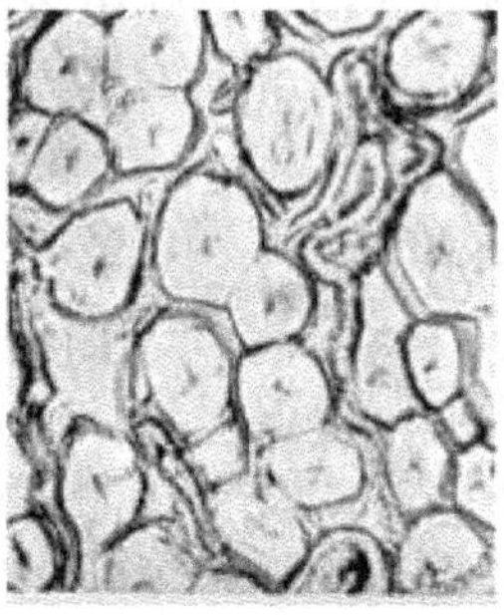

图 2-11 亚麻纤维的横向形态

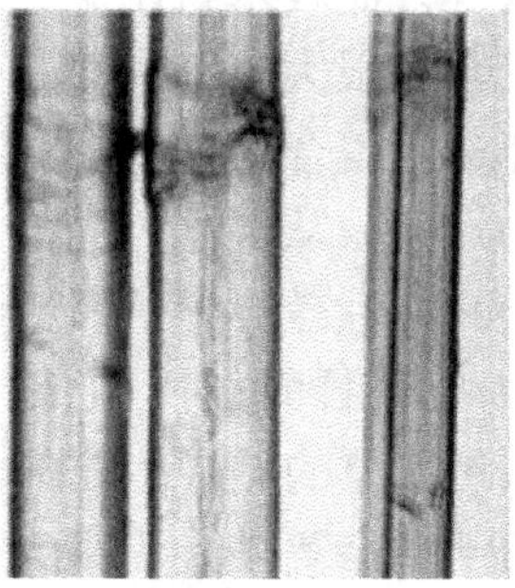

图 2-12 亚麻纤维的纵向形态

3）黄麻和红麻 黄麻、红麻茎高为 3～4m，有 50～100 多个节，茎粗为 1.2～2.0cm。红麻的株高、茎粗一般超过黄麻。黄麻茎面较光滑，多数品种分枝发达；红麻茎面粗糙，有棱，并有疏刺，一般不发生分枝，但腋芽发达，多分化簇生小叶片。黄麻和红麻的茎色有青（绿）、红两种。黄麻的麻纤维横截面呈不规则多边形（多为五边或六边）；黄麻纵向形态特征为单纤维细胞（多角形）是长管状，两端渐细成封闭钝角，表面光滑，无扭曲，有光泽。

2.1.3.5 棉秆的宏观构造

棉秆是质地坚硬的秸秆。从棉秆的横截面上看，具有两个不同的区域，即外部皮层和内部芯秆。皮层约占棉秆质量的 26%，皮层纤维属于韧皮纤维。芯秆由木质部和髓心组成。木质部占棉秆质量的 72%，是棉秆的主体部分，就其化学成分、纤维形态、组织结构而言接近阔叶树材；髓心约占棉秆质量的 2%，由薄壁细胞组成，胞腔大、壁薄，感观上与玉米秸秆芯秆相似，在根部分布较少，由根向上到枝条所占比例逐渐增加。

2.1.3.6 蔗渣的宏观构造

蔗渣是甘蔗经机械压榨、浸提后所得的主要副产物，占榨量的 24%～27%。蔗渣主要由纤维和蔗髓两部分组成，纤维呈长条状；蔗髓是多孔性海绵状物质，形态多呈球状。蔗渣的纤维长度为1.0～2.5mm，与阔叶木材的纤维长度相当，作为一种纤维原料具有很大的优越性。

甘蔗由根、茎和叶三部分组成，通常茎秆高2～4m，茎秆直径为30～40mm。甘蔗茎一般为圆柱形或略带弯曲，通常两端细、中间粗，有不同的颜色，有的还有花纹。甘蔗茎由节和节间组成。节的范围，下至叶痕上至生长带，包括叶痕、根带和生长带。甘蔗节间的形状大致可分为圆筒形、腰鼓形、细腰形、圆锥形、倒圆锥形和弯曲形。节间上还有蜡质、生长裂隙、木栓斑块和芽沟等附属物和特征。

2.2 生物质的微观构造学特征

2.2.1 木材的微观构造

2.2.1.1 木材的细胞壁结构

1）细胞壁的壁层结构 木材的细胞壁，根据其化学组成的不同和微纤丝排列方向的不同，可分为初生壁、次生壁和胞间层（图2-13）。

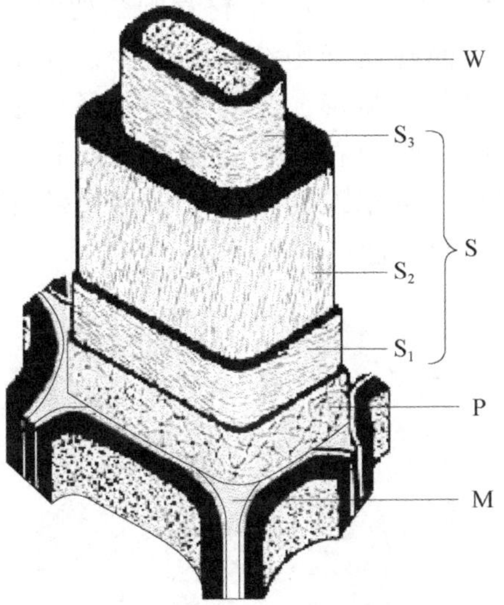

图2-13 木材细胞壁的壁层结构

M. 胞间层；P. 初生壁；S. 次生壁；S_1. 次生壁外层；S_2. 次生壁中层；S_3. 次生壁内层；W. 瘤层

（1）胞间层（M）：是细胞分裂以后，最早形成的分隔部分，形成后再在此层的两侧沉积形成初生壁。

（2）初生壁（P）：是在胞间层两侧最早沉积的壁层。初生壁一般较薄，为细胞壁厚度的1%。常把胞间层和两侧的初生壁合称为复合胞间层。管胞和纤维的初生壁微纤丝呈无定向松散交织的网状结构，微纤丝排列方向与细胞轴略成直角。

（3）次生壁（S）：是细胞停止生长以后，在初生壁上形成的胞壁层次，次生壁较厚，为细胞壁厚度的95%以上。次生壁上，由于微纤丝排列方向不同，又可分为次生壁外层（S_1）、次生壁中层（S_2）和次生壁内层（S_3）。S_1的微纤丝与细胞轴呈50°～70°排列，以S型或Z型缠绕；S_2的微纤丝与细胞轴呈10°～30°排列；S_3的微纤丝与细胞轴呈60°～90°排列。细胞壁的厚度主要取决于S_2层，它的微纤丝排列方向对木材的材质有直接影响。如果S_2的微纤丝较小，则木材的材性就较好。

（4）瘤层（W）：是针叶树材管胞次生壁S_3内表面上的一种细微的隆起物。瘤层结构的大小、形状和分布因树种而异。

2）细胞壁上的结构特征

（1）纹孔。纹孔是木材的细胞壁加厚时，在初生壁上产生的次生壁上未被加厚的部分，即次生壁上的凹陷。

纹孔的类别：根据纹孔的结构，将纹孔分为单纹孔和具缘纹孔两类。

单纹孔：不具拱形的纹孔缘，孔腔直径大致相等的纹孔。单纹孔是薄壁细胞上存在的纹孔类型，由纹孔膜和纹孔腔组成。纹孔膜由相邻两细胞的胞间层和初生壁构成；纹孔腔即次生壁上未加厚的部分。

具缘纹孔：次生壁在纹孔膜上方成拱形纹孔缘的纹孔。具缘纹孔是针叶材的管胞和阔叶材除薄壁细胞之外的细胞所共有的纹孔类型，由纹孔塞、纹孔环、纹孔腔和塞缘等组成。阔叶树材的具缘纹孔没有纹孔塞。塞缘是纹孔塞周围的部分，其上有许多间隙，尺寸为0.1～1μm，液体可以自由通过。针叶树材的晚材纹孔对的塞缘微纤丝排列极密，使得具缘纹孔的位置稳定，而早材的管胞上的纹孔塞易偏移而使纹孔口受阻。

纹孔对：细胞上的一个纹孔与其相邻细胞的纹孔构成对，即纹孔对。单纹孔之间构成的纹孔对称为单纹孔对；具缘纹孔之间构成的纹孔对称为具缘纹孔对（图2-14）；单纹孔与具缘纹孔构成的纹孔对称为半具缘纹孔对。

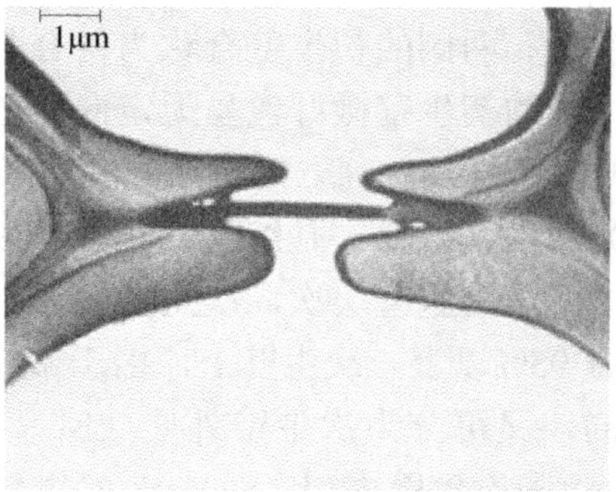

图 2-14　具缘纹孔对的电镜照片

（2）眉条和螺纹加厚。眉条是沿具缘纹孔对的上下边缘，由初生壁和胞间层形成的弧形加厚部分。眉条的功能是保持初生纹孔场的刚性。

螺纹加厚：是在次生壁的内表面，由于微纤丝的局部聚集而形成的屋脊状突起，呈螺旋状环绕着细胞内壁，称为螺纹加厚。它是 S_3 的延续。

2.2.1.2　针叶材的微观构造

针叶树材的主要细胞类型较单一，排列也较规则，主要有管胞、木射线、轴向薄壁组织和树脂道（图 2-15）。

图 2-15　针叶树材的三切面

1）管胞　管胞是组成针叶树材的主要细胞，约占总材积的 90%。管胞是轴向排列的厚壁细胞，两端封闭，内部中空，细而长，胞壁上具有纹孔。在针叶树材中同时起输导水分和机械支撑的作用，是决定针叶树材材性的主要因素。

（1）管胞的特征。管胞在横切面沿径向排列，相邻两列管胞位置前后略交错。早材管胞胞腔较大，两端钝阔，呈多角形，常为六角形；晚材管胞胞腔较小，胞壁较厚，两端呈尖削形，横断面呈扁平状，呈四边形（图 2-16），晚材管胞比早材管胞长。细胞壁的厚度由早材至晚材逐渐增大，在生长期终结前所形成的几排细胞的壁最厚，腔最小，因此针叶树材的生长轮界线都很明显。

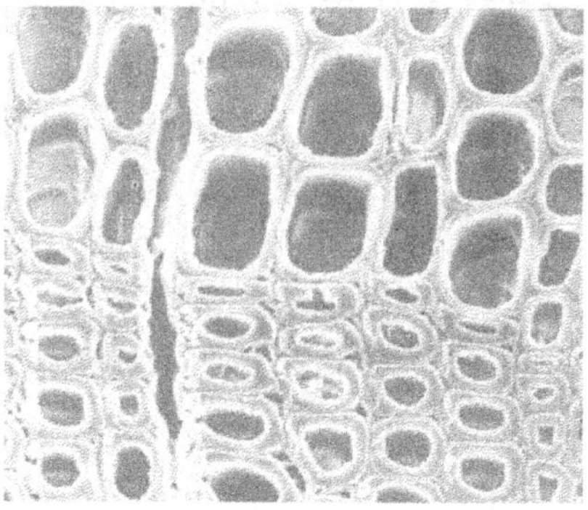

图 2-16　针叶树材（柏木）管胞形态（腰希申，1988）

（2）管胞壁上的特征。针叶树材管胞壁上的纹孔为具缘纹孔。管胞之间及管胞与射线薄壁细胞之间有不同类型的纹孔，这对木材鉴别有重大的意义。

早材管胞径切面上的纹孔大而多，一般分布在管胞两端，通常 1 列或 2 列，对于木材识别有价值（图 2-17）；早材管胞弦切面上的纹孔小而多。而晚材管胞纹孔小而少，通常 1 列，纹孔内口呈透镜形，分布均匀，径、弦切面都有。有些针叶树材早材管胞具缘纹孔对的纹孔塞易偏斜，阻塞纹孔口，形成闭塞纹孔，影响了木材的渗透性。

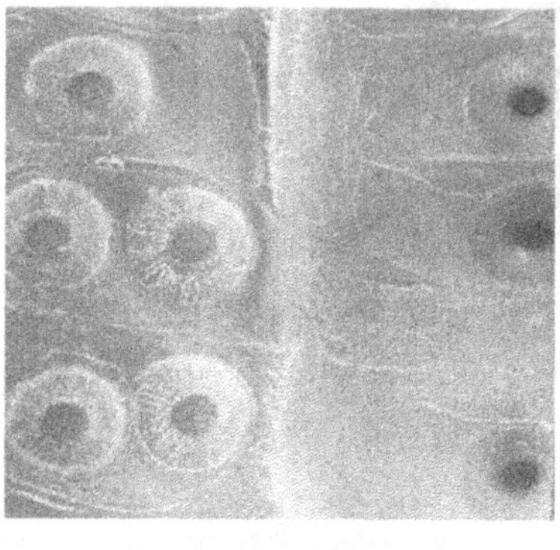

图 2-17　针叶树材（金钱松）径壁具缘纹孔（腰希申，1988）

螺纹加厚：螺纹加厚并非所有针叶树材都具有，在黄杉属、银杉属、紫杉属、穗花杉属等属中具有，为这些木材轴向管胞的固定特征。螺纹的倾斜度随树种和细胞壁的厚度而异。一般胞腔狭窄而壁厚，则螺纹倾斜角度大；反之，螺纹比较平缓。因此在一个生长轮中，晚材管胞的螺纹加厚比早材管胞的倾角大。

2）木射线 木射线存在于一切针叶树材中，由形成层射线原始细胞所形成，通常是由在径向伸展的带状细胞群组成的带状组织。在显微镜下观察，木射线由许多的横卧细胞组成，呈辐射状。每个单独细胞称为射线细胞，大部分木射线由射线薄壁细胞构成。有些树种木射线组成细胞中也具有厚壁细胞，这类厚壁细胞称为射线管胞。例如，松科的雪松、落叶松、云杉、铁杉和黄杉属树种的木射线均具有射线管胞。

（1）木射线的种类。根据针叶树材木射线在弦切面上的形态，可分为单列木射线和纺锤形木射线两种。

单列木射线：仅有 1 列或偶有 2 个细胞成对组成的射线，称为单列木射线。例如，冷杉、杉木、柏木、红豆杉等不含树脂道的针叶树材的木射线几乎都是单列木射线。

纺锤形木射线：在多列射线的中部，由于有横向树脂道，木射线呈纺锤形，故称纺锤形木射线。常见于具有横向树脂道的树种，如松科的云杉属、落叶松属、银杉属和黄杉属。

（2）木射线的组成。针叶树材的木射线主要由射线薄壁细胞、射线管胞和分泌细胞构成。

射线管胞：是木射线中的横向细胞，为厚壁管胞。它只存在于部分针叶树种中，是松科木材的重要特征（图 2-18）。射线管胞多数为不规则形状，长度较短，仅为轴向管胞的 1/10，细胞内不含树脂，胞壁上纹孔为具缘纹孔，但小而少。硬松类的短射线有时完全由射线管胞组成。

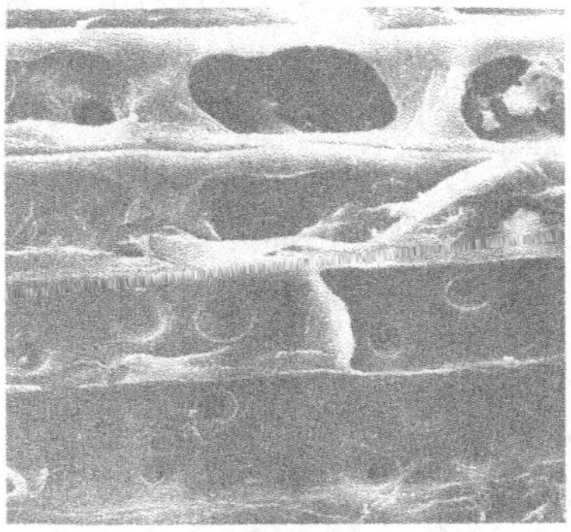

图 2-18 针叶树材（红松）射线管胞形态（腰希申，1988）

射线薄壁细胞：是组成木射线的主体，为横向生长的薄壁细胞。射线薄壁细胞形体较射线管胞大，矩形、砖形或不规则形，壁薄，胞壁上的纹孔类型为单纹孔，胞腔内常含有树脂。射线薄壁细胞与射线管胞相连接的纹孔为半具缘纹孔对（图 2-19）。

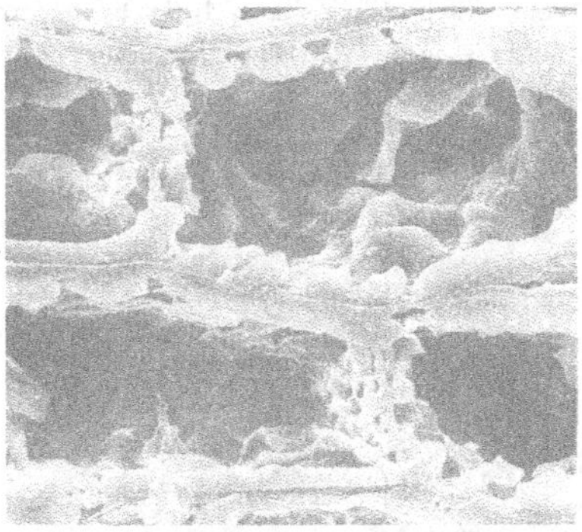

图 2-19 射线薄壁细胞（油杉）（腰希申，1988）

（3）交叉场纹孔。在针叶树材的径切面上，射线薄壁细胞与早材轴向管胞相交叉区域的纹孔称为交叉场纹孔。在一种树种中，交叉场纹孔的类型、大小和数目是相当一致的，故它是针叶树材识别中最重要的特征。

根据形状，交叉场纹孔可分为 5 种类型：窗格型、松木型、云杉型、杉木型和柏木型（图 2-20）。

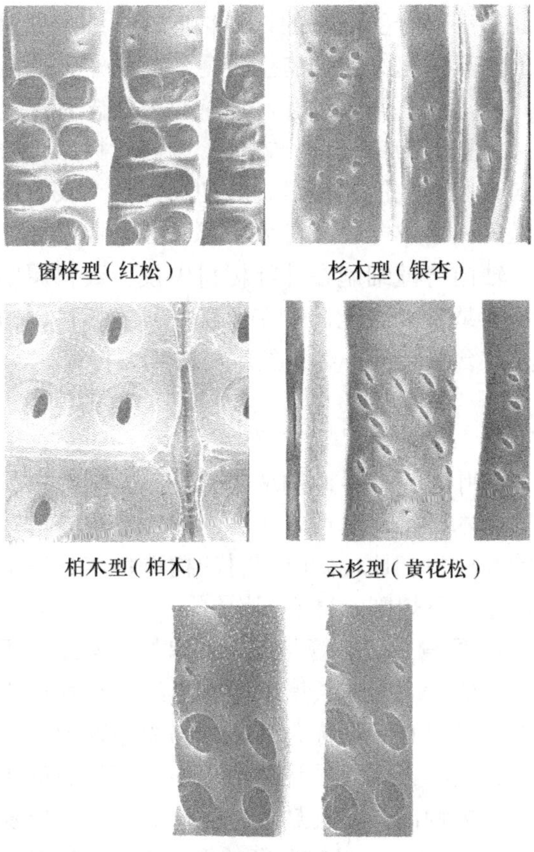

图 2-20 针叶树材交叉场纹孔的类型（腰希申，1988）

3）树脂道 树脂道是由薄壁的分泌细胞环绕而成的孔道，为针叶树材构造之一（图 2-21），平均占木材体积的 0.1%～0.7%。树脂道分轴向和径向树脂道，轴向树脂道分布在管胞组织周围，径向树脂道分布在木射线中。

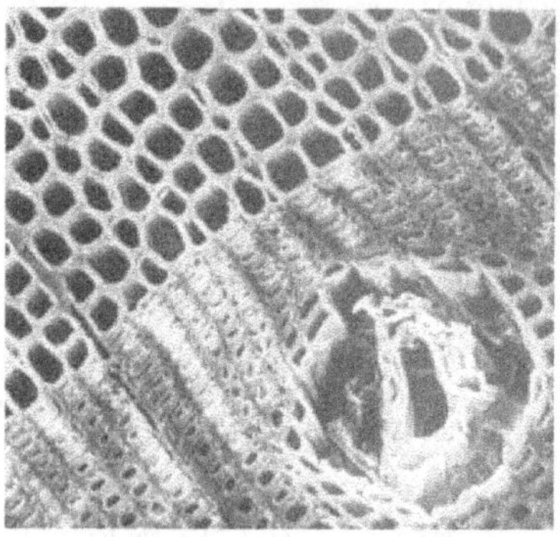

图 2-21 轴向树脂道（白皮松）（腰希申，1988）

根据树脂道发生和发展可分为正常树脂道和创伤树脂道，但并非所有针叶树材都具有正常树脂道，仅在松科的 6 个属即松属、云杉属、落叶松属、黄杉属、银杉属和油杉属中具有。

4）轴向薄壁组织 轴向薄壁组织是由纺锤形原始细胞分生而来的许多轴向薄壁细胞聚集而成的。其薄壁细胞的胞壁较薄，细胞短，两端水平，壁上纹孔为单纹孔，细胞腔内常含有深色树脂。横切面为方形或长方形，因内含树脂，故与轴向管胞颜色区别明显。纵切面为数个长方形细胞纵向相连成一串，其两端两个细胞端部尖削。

轴向薄壁细胞在针叶树材中仅少数科属中具有，含量甚少或无，仅在罗汉松科、杉科、柏科中相对含量较多，为该类木材的重要特征。

2.2.1.3 阔叶树材的微观构造

阔叶树材的显微构造包括导管、阔叶树材的管胞、木纤维、薄壁组织、木射线及树胶道等。与针叶树材相比，阔叶树材的构造特点是结构复杂，排列不规则，材质不均匀。

1）导管 导管是由一连串的轴向细胞顺纹相连形成的无一定长度的管状组织，在木材横切面上导管呈孔状，称为管孔。构成导管的单个细胞在解剖学上称为导管分子，导管分子的形状不一，随树种而异，有鼓形、圆柱形、纺锤形及矩形等（图 2-22）。导管分子的大小不一，随树种及所在部位而异。导管分子的长度在同一树种中因树龄部位而异，不同树种因遗传因子等的影响差异更大。立木中，导管的生理机能是输导。

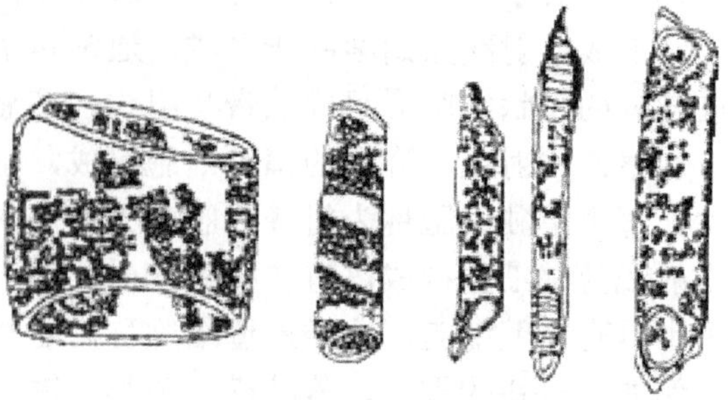

(a) 鼓形 (b) 圆柱形 (c) 纺锤形 (d) 矩形

图 2-22 导管分子的形态

（1）管孔的组合类型可分为如下两种。

单管孔：管孔周围全由其他组织包围，不与其他管孔相连，呈单一状的称为单管孔。

复管孔：指由两至数个管孔相连成扁平状或集团状挤在一起，犹如单管孔被隔膜所分割。

（2）导管分子的穿孔。在两个导管分子端壁间相互连接部分的细胞壁称为穿孔板。穿孔板上的孔隙称为穿孔，它起源于导管分子在发育过程中纹孔膜的消失。穿孔可分为两大类，即单穿孔和复穿孔（图 2-23）。

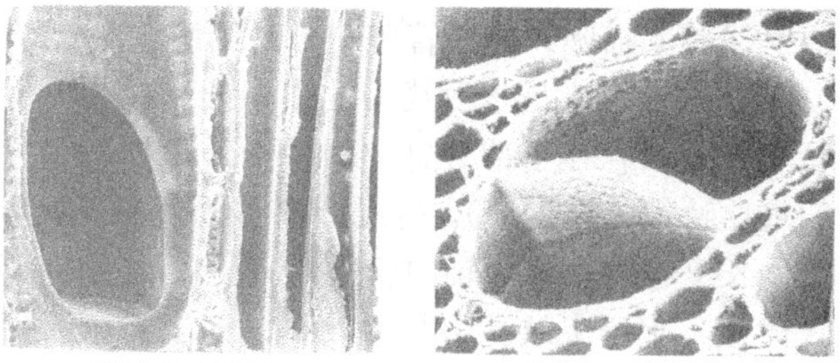

单穿孔（胡桃） 复穿孔（钻天柳）

图 2-23 导管穿孔类型（腰希申，1988）

单穿孔：导管分子在原始时期为一个大的纹孔，当导管发育成熟后，导管分子两端的穿孔板全部消失而形成的穿孔称为单穿孔。单穿孔在穿孔板上具有一个圆的或大致圆的开口。

复穿孔：导管分子发育成熟后，穿孔板上纹孔的纹孔膜消失，在穿孔板上留下很多开口，称为复穿孔。复穿孔又可分为梯状穿孔、网状穿孔和黄麻状穿孔三种。

（3）导管壁上的纹孔排列。导管与木纤维、管胞、轴向薄壁组织及射线薄壁组织之间的纹孔一般无固定的排列形式，但导管之间的纹孔排列形式主要呈梯状、对列和互列形式。

（4）导管的内含物。导管的内含物主要有侵填体与无定形树胶两类。侵填体形成于导管与薄壁组织相邻的地方，是在边材转变为心材时，由于压力差，导管周围的活薄壁细胞壁的原生质在细胞膜的包被下经纹孔进入导管的部分，其量多时能堵塞导管，常见于心材（图 2-24）。

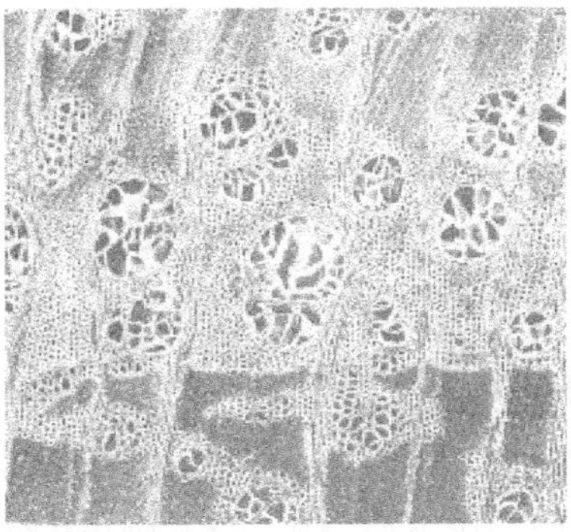

图 2-24 导管中的侵填体（洋槐）（腰希申，1988）

树胶是由泌胶细胞产生的，经纹孔进入导管也能将其堵塞，其颜色有红、褐、黄、黑等，树胶在穿孔板附近常呈隔膜状，在导管内则为不规则的块状。

2）木纤维 木纤维是两端尖锐，呈长纺锤形，壁厚腔小的细胞。木纤维是阔叶树材的主要组成分子之一，占木材总体积的 50%以上，主要起支持树体和承受机械力的作用。木材所含纤维的类别、数量及其排列方式与木材的物理力学性质密切相关。木材中所含木纤维的种类、排列方式和数量同木材的硬度、容积重及强度等物理力学性质有密切的关系。木纤维在木材中的含量增多，则其密度与力学强度也相应增加。在造纸与人造板生产中，如纤维的长宽越大，则产品的质量越高。

根据胞壁上的纹孔类型，木纤维可分为纤维状管胞和韧型纤维两种，有些树种中还有分隔木纤维和胶质纤维（图 2-25）。

（1）韧型纤维：是指细胞壁很厚，细胞腔较窄，末端略尖削，偶呈锯齿状或分枝状的细长纺锤形细胞。细胞壁上具有明显的单纹孔，且纹孔直径小。

（2）分隔木纤维：是指细胞腔内具有薄的横隔膜组织的韧型纤维。分隔的隔膜是木质部子细胞形成次生壁后，再进行分裂而产生的。

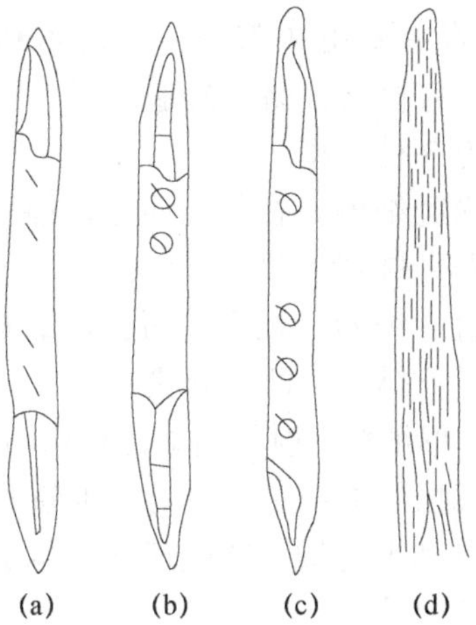

图 2-25 木纤维的类型

（a）韧型纤维；（b）分隔木纤维；（c）纤维状管胞；（d）胶质纤维

（3）纤维状管胞：是指细胞壁厚，胞腔狭小，两端尖削的细长细胞。细胞壁上具有明显的具缘纹孔，纹孔口呈凸透镜状或裂隙状。纤维状管胞除尖削细长外，其他特征与环管管胞、导管状管胞类似。

（4）胶质纤维：是指在细胞的次生壁内层具有未木质化胶质膜的纤维状管胞和韧型纤维。胶质层吸水膨胀，失水收缩，常造成与初生壁的分离现象。

3）木薄壁组织 阔叶树材的木薄壁组织是由形成层纺锤形原始细胞衍生的薄壁细胞纵向串联而成的组织。其细胞的形体短，具单纹孔。木薄壁细胞在立木中起储藏养料的作用。

阔叶树材的薄壁组织分为轴向与横向两类。横向薄壁组织为木射线的构成分子。轴向的薄壁组织有轴向薄壁细胞和薄壁分泌细胞。薄壁分泌细胞是环绕在树胶道周围的分泌细胞。轴向薄壁细胞根据轴向薄壁组织与导管的连生关系，可分为离管型薄壁细胞和傍管型薄壁细胞两大类。

4）木射线 木射线是位于形成层内部，呈带状并沿径向延长的薄壁细胞的集合体。木射线有初生木射线和次生木射线。初生木射线源于初生组织，并借形成层而向外伸长。从形成层所衍生的射线，向内不延伸到髓的射线称次生木射线。木材中绝大多数均为次生木射线。阔叶树材的木射线主要由射线薄壁细胞组成，仅极少数具聚合射线的树种，射线中才夹杂有木纤维和轴向薄壁组织。

阔叶树材的木射线比较发达，含量较多，为

阔叶树材的主要组成部分，约占木材总体积的17%。阔叶树材射线薄壁细胞按径切面排列方向和形状分为3种类型。

（1）横卧细胞。在径切面上，细胞的长轴与木纹方向垂直排列，即呈水平状。

（2）直立细胞。在径切面上，细胞的长轴与木纹方向平行排列，即直立状。

（3）方形细胞。射线细胞在径切面近似方形。

木射线按组成细胞列数的多少分为5种类型。

（1）单列木射线。在弦切面上木射线的宽度仅为1列细胞。

（2）双列木射线。在弦切面上木射线的宽度为1～2列，或仅为2列细胞。

（3）多列木射线。在弦切面上木射线的宽度为2列以上。

（4）聚合木射线。许多单独的射线组织相互聚集于一起，在肉眼下看似单一的宽射线，在显微镜下看，各小射线被不包含导管在内的其他轴向分子所分隔。

（5）栎式木射线。由射线宽度差别明显的单列木射线和极宽木射线这两类射线共同组成的射线。

阔叶树材木射线与针叶树材木射线相比，一般除无射线管胞外，具有单列木射线的树种较少，多数为双列木射线。

木射线按组成的细胞种类分为以下两种类型（图2-26）。

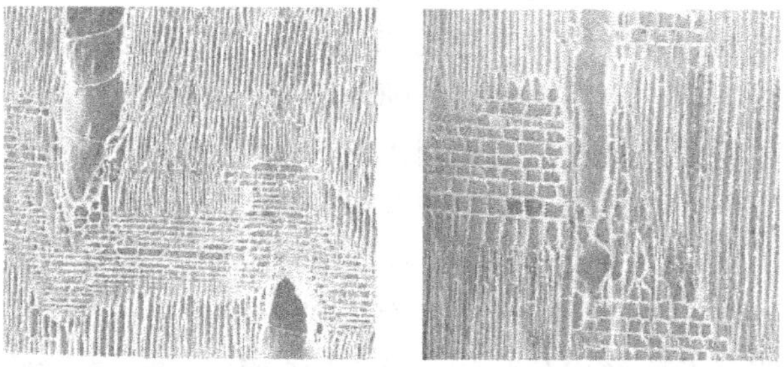

同形木射线（楝树）　　异形木射线（红罗）

图2-26　阔叶树材木射线的形态组成（腰希申，1988）

（1）同形木射线。仅由同一种射线细胞所组成的木射线。

（2）异形木射线。由横卧射线细胞与直立射线细胞所组成的木射线。

5）树胶道　阔叶树材的树胶道和针叶树材的树脂道一样，都是胞间道，也分轴向和径向两种，但阔叶树材中两种同时具有的树种极少。阔叶树材中也有正常树胶道和创伤树胶道。

2.2.1.4　针叶树材和阔叶树材组织构造的比较

针、阔叶树材的组织构造有明显差别，组成阔叶树材的细胞种类比针叶树材的多，而且进化程度高。主要表现在：针叶树材主要组成分子——管胞既有输导功能又具有对树体的支持机能；而阔叶树材是导管起输导作用，木纤维起机械支持作用。阔叶树材在构造和材性上比针叶树材要复杂多变。针、阔叶树材的最大差异是前者不具导管，而后者具有导管。阔叶树材比针叶树材的射线宽，射线和薄壁组织的类型丰富，含量多。

2.2.2　竹材的微观构造

竹材由节和节间组成，节间的竿茎由表层系统（表皮层、皮下层、皮层）、基本系统（基本组织、髓环和髓）和维管束系统组成。表层系统是竹皮，位于竿茎的最外方。髓环和髓位于最内侧。它们形成竹（竿）壁中的内外夹壁，把基本组织和维管束系统紧夹其间。

2.2.2.1　表层系统

1）表皮层　表皮层是竹壁最外面的一层细胞，由长形细胞、栓质细胞、硅质细胞和气孔器构成。长形细胞占大部分表面积，顺纹平行排列。栓质细胞和硅质细胞有规律地嵌在长形细胞之间，细胞切向面呈方形或长方形，径切面呈三角形，细胞壁较薄，为长形细胞壁的1/4～1/2。表层细胞的横切面多呈方形或长方形，排列紧密，没有缝隙，外壁通常增厚。表皮上穿插着许多小孔，是气孔。竹种不同，表皮细胞的形状、大小分布、壁厚及纹孔等均有差异，可作为分类的依据。

2）皮下层　紧接表皮层之下的是皮下层，由1～2层柱状细胞构成，纵向排列，横切面呈方形或矩形；一般的细胞壁稍厚或很厚。

3）皮层　位于皮下层与维管束之间，是无维管束分布的部分，细胞也呈柱状，纵向排列；横切面上呈椭圆形或矩形，其形状比皮下层细胞大。

2.2.2.2　基本系统

1）基本组织　基本组织位于皮层与髓环之间，在茎中占52%，其作用相当于填充物，是竹材构成中的基本部分。基本组织是薄壁细胞，细胞一般较大，大多数细胞壁较薄，细胞数量较少，常散生于长形细胞之间。基本组织细胞横切面多近于圆形，具明显的细胞间隙。其纵壁上的单纹孔多于横壁。从纵切面的形态来看，它可分为长形的和近于正立方形的短细胞两种，但以长细胞为主，短细胞散布于长细胞之间。

薄壁细胞超微结构为多层结构，可以分 8～9 个亚层，细胞次生壁也是由宽窄相间的薄层交替排列而成，薄壁细胞初生壁上的微纤丝为不规则的网状交叉排列，细胞壁上宽层微纤丝走向与轴向夹角为 45°～50°，呈 S 形或 Z 形螺旋，窄层上微纤维与轴向夹角为 80°～90°，呈 S 形螺旋。毛竹细胞内壁有一层瘤层结构，瘤状物分布很广。

2）髓环 髓环位于髓腔竹膜的外围，有的竹种髓环破裂（信宜石竹、撑篙竹、花孝顺竹等），但多数较完整。髓环的细胞排列整齐，横切面通常呈长方形或砖状横向排列，与基本组织细胞区别明显，其胞壁随竹龄加厚，或发展为石细胞。石细胞一般由薄壁组织细胞组成。当石细胞成熟时，次生壁具有特别的增厚过程，最后细胞壁变得很厚。

3）髓 一般由大型薄壁细胞组成。髓组织破坏后留下的间隙，即竹材的髓腔。髓呈一层半透明的薄膜黏附在秆腔内壁周围，俗称竹衣，但也有含髓的实心竹。

2.2.2.3 维管束系统

1）维管束结构 维管束是竹子的输导组织与强固组织的综合体。通过维管束的筛管与导管下连鞭根，上接枝叶。沟通整个植物体，并输送营养。在维管束之间，则具有薄壁组织细胞，它们比较疏松，起缓冲作用，以刚柔相济来增强竹竿弹性。从竹竿节间的横切面上看，一个典型的维管束由纤维帽、维管束鞘、木质部和韧皮部等部分构成。通常维管束鞘细胞在后生木质部两个大导管的外侧及原生质木质部和韧皮部的外侧，它们彼此分离或相互连接，起到支持和保护的作用。

纤维细胞和导管细胞是构成维管束的主要成分。竹材中的纤维细胞是一种梭形厚壁细胞，导管细胞是一种竖向排列的长形圆柱细胞。由于它们是组成维管束的主要成分，因此它们在竹材中的分布、变化规律基本上与维管束一致。维管束在横切面上略呈 4 瓣“梅花”（图 2-27），弦向左右 2 个“花瓣”是维管束内的后生木质部，外观像眼睛一样形状的两个大的孔状细胞，是后生木质部的梯纹导管。在径向，上、下也有个花瓣，其中一瓣中心为完整的网眼状，而另一瓣中心为破碎状，或有一中孔或两中孔。其网眼状部位为初生韧皮部，而破碎状部位或中孔处为原生木质部。按它们在竿壁中的方位，韧皮部位于外侧，原生木质部在内侧。竹材维管束四周是纤维鞘，向竿壁外侧的为外方纤维帽，向髓腔方向为内方纤维帽，位于维管束两侧的为侧方纤维帽。以上为散生竹壁中维管束的典型构成情况。

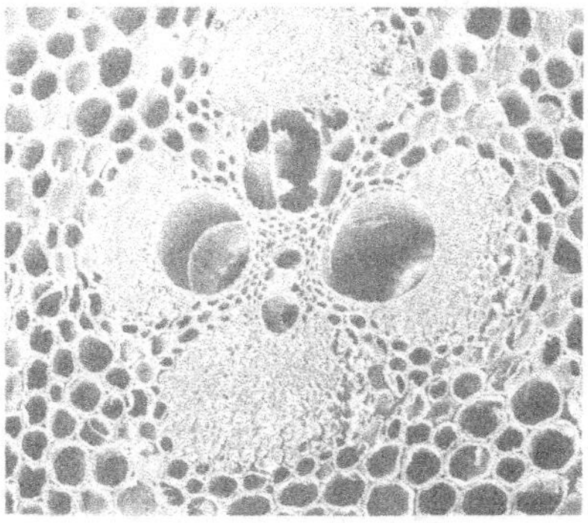

图 2-27 维管束（毛竹）（腰希申，1988）

从生竹与散生竹维管束的结构不同，丛生竹维管束由中心维管束和纤维股两部分构成，即在竹壁的内侧或内、外两侧还具有一个或两个分离的纤维股，位于外侧的为外纤维股，内侧的为内纤维股，这些纤维股的横断面积往往超过中心维管束的横断面积，有的超过一倍或一倍以上。

竹材维管束中的韧皮部，其结构相当于树木的韧皮部分，是维管束的原生木质部和后生木质部的总和，相当于针、阔叶树的木材部分。这样，一个维管束的结构就相当于一株树茎。但竹材维管束内没有形成层，所以竹材在完成高生长后也就不存在直径生长；竹材和木材另一点不同之处是，竹材中没有横向的射线组织。

2）维管束分布 在竹材的横切面上，维管束散布在竹壁的基本组织中。在近表层处，通常有 1～2 圈维管束，其输导组织的面积极小或未分化，厚壁纤维细胞构成的束状组织彼此相连，排列十分紧密，构成竹竿坚韧的外壁。接着向内为 1～3 圈半分化的维管束，开始出现了输导组织，而纤维组织的比例变小，排列比较紧密。典型的维管束类型通常位于竿壁的中部，其圈数常在10～20圈甚至以上，输导组织细胞的直径达到最大，纤维细胞数量相对减至最少。在接近竹腔处的维管束形态与排列往往出现混乱与颠倒现象，内维管束鞘向外侧偏转，有的还出现半分化的维管束，所以接近内竿壁处的维管束应为不典型的维管束。

2.2.2.4 竹材结构对渗透性能的影响

竹材的解剖特征有其自身的特点，其节间细胞组织全部纵向排列，不像木材那样有径向分布的薄壁细胞和射线细胞，因此，沿射线方向渗透性差。竹茎成熟后，由于胶状物质的沉积及侵填体的聚积，导管和筛管几乎不再具有横向渗透性。竹材的表面覆盖着富含硅和蜡质的坚硬薄层，所以药剂难以从径向渗入。由于上述结构的差异，竹材比木材更难处理。从纵向看，竹材的组织是由薄壁细胞和维管束（导管和厚壁纤维）组成的，首尾相连的导管使得新鲜的竹材中纵向流动非常迅速。但维管束在竹竿里分布不均匀，在竹竿的外围部分维管束小而多，在中央部分维管束大而少。离导管越远，渗透性越低，这一特性又造成在竹材中渗透性不均匀。

2.2.3 农作物秸秆的微观构造

2.2.3.1 稻草和稻壳的微观构造

稻茎秆的茎壁由表皮厚壁机械组织、薄壁组织和维管束构成，茎秆横切面的构造如图2-28所示。表皮下面是由4～6层厚壁细胞组成的纤维组织带，向内是基本薄壁组织。维管束排成两圈，外围维管束呈扁圆形，嵌在脊状突起的纤维组织带内。内圈维管束较大，呈椭圆形，维管束外面有由1～2层纤维细胞组成的维管束鞘。稻草茎部维管束的排列呈环状，维管束沿茎轴向环状排列。在茎秆下部的茎壁薄壁组织内含有若干个通气腔。

稻草纤维短而细，其平均长度不到1mm，宽度只有8μm左右。稻草纤维细胞壁上有明显的横节纹，胞腔较小。稻草的非纤维状细胞含量很大，达54%（面积比），其中主要是薄壁细胞，形状多为枕形、椭圆形、方形、球形、多面体形及不定

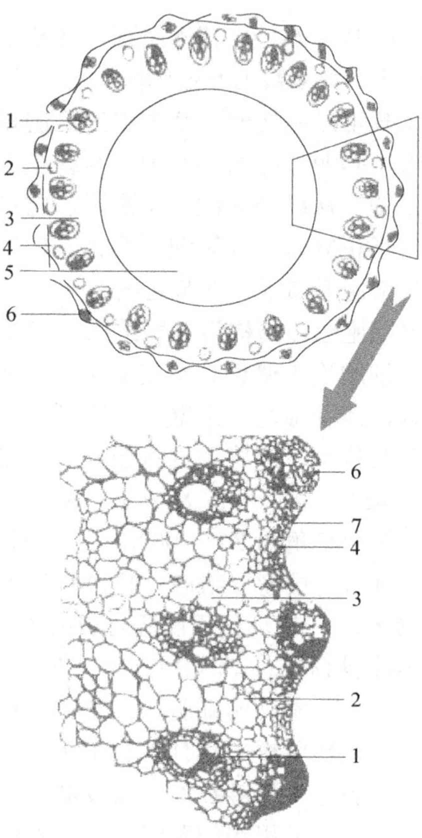

图2-28 稻茎秆节间横切面

1. 大维管束；2. 通气腔；3. 薄壁组织；4. 机械组织；5. 髓腔；6. 小维管束；7. 表皮

形的小细胞。表皮细胞体积小，呈锯齿状，齿距小，齿峰不高。表皮细胞的锯齿端不太尖削，不定形的小细胞较多，纤维较短、细，这些均是稻草较突出的特征。

由于薄壁细胞在植物体中的部位不同，形状变化较大，大多数为非杆状的枕形、椭圆形、方形、多面体形及不定形的小细胞。导管有螺纹、环纹及纹孔三种，纹孔导管平均长400μm左右，宽约40μm。表皮细胞体积小，表皮细胞中的长细胞多为锯齿状，齿距小，齿峰不高，也有边缘平滑的。稻草不定形的小细胞较多，纤维较短、细。稻草叶、草节和草穗中的非纤维细胞比茎部多，这些均是稻草的突出特征。

2.2.3.2 玉米秸的微观构造

在光学显微镜下，玉米茎秆的横切面可以看到三种组织：表皮组织、基本薄壁组织和维管组织。表皮组织由坚韧平滑的一个长细胞与两个短细胞交替排列组成，是玉米茎秆最外面的一层细胞。其中，几乎充满二氧化硅的称为硅细胞，有

栓质化的细胞称为木栓细胞。由于矿质化和栓质化的结果，表皮含有较多的玉米秸硅化物和蜡质。

玉米秸维管束散生于基本组织中，因而区别不出皮层和髓的界线；各维管束中不形成侧生形成层，无次生构造。维管束均由原形成层形成，分布不均匀，愈往外围愈小而密集，近中心则大而排列较为疏散。在近中部的放大维管束中，在茎尚未停止生长时就已成熟的原生木质部被撑破，留下空隙。导管是在茎停止生长后形成的，属于后生木质部，存在少量初生韧皮部，木质部和韧皮部的外围被纤维所包围。维管束散布在整个茎秆的断面上，呈星状排列，近表皮的排列较密，髓部较稀，维管束鞘较薄。在靠近表皮的边缘维管束中，围绕输导组织的纤维更多，具有机械支撑作用的组织延伸到表皮的内层，形成包围整个茎的一环，靠近茎外围的薄壁细胞要比内部的薄壁细胞厚些（图 2-29）。

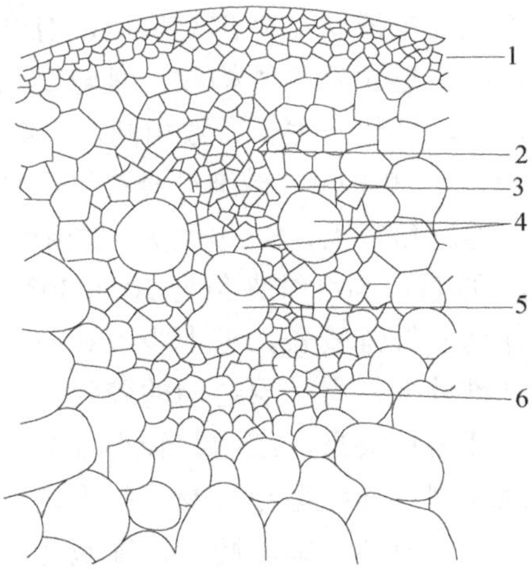

图 2-29　玉米茎维管束横切面

1. 厚壁组织；2. 挤毁的原生韧皮部；3. 后生韧皮部；4. 后生木质部腔隙；5. 原生木质部腔隙；6. 维管束鞘

玉米秸和其他秸秆的突出不同点是杂细胞含量大，占总体积比的 70%左右（未去髓），纤维长度一般为 520～1550μm，两端尖削，胞壁上有显著的节纹而少纹孔。纤维分布的情况和甘蔗近似，不过近心部的纤维更少。薄壁细胞的形状也和甘蔗渣中相似，只是数量较多，约为甘蔗渣的两倍。其表皮细胞和导管也都和甘蔗的相似，但体积较小。

玉米秸秆和其他植物相比，其外皮的纤维含量和纤维形态仍较为优良（表 2-1），外皮纤维形态不亚于蔗渣。

表 2-1　玉米秸秆的纤维形态、综纤维素含量及与其他植物的对比值

项目	玉米秸秆			麦秸	蔗渣	棉秆	稻草	白桦
	外皮	叶	髓					
纤维长度/mm	1.6	1.8		1.3	1.7	1.0	0.9	1.2
纤维宽度/mm	10.8	13.0		12.9	22.5	22.2	8.1	18.7
细长比	156.0	98.0		102.0	75.5	46.4	114.0	65.0
综纤维素含量/%		64.9		71.3	75.6	75.1	64.0	78.7

资料来源：杨中平等，1995

2.2.3.3　麦秸的微观构造

从麦秸的横截面上可见表皮组织、基本薄壁组织和维管组织，如图 2-30 所示。麦茎的基部、中部、梢部都清楚可见 1～2 个细胞构成的表皮层，其内侧是一层纤维组织带，结构比较紧密，接着是结构疏松的薄壁细胞，其中嵌埋着维管束。

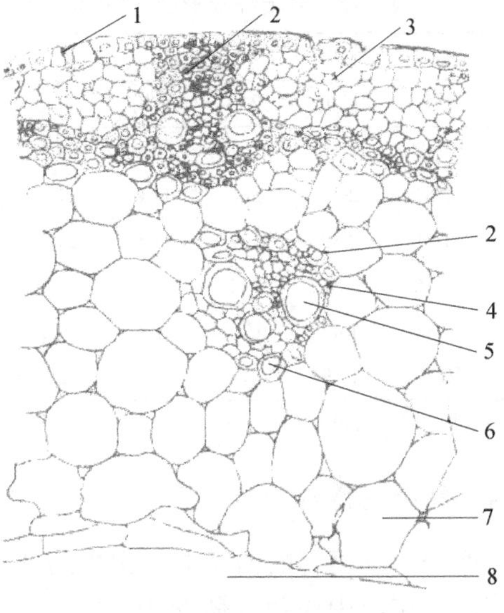

图 2-30　小麦茎一部分的横切面

1. 保卫细胞；2. 机械组织；3. 绿色同化薄壁组织；4. 韧皮部；5. 后生木质部；6. 原生木质部；7. 无色基本薄壁组织；8. 髓腔

麦秸由 4 种基本组织构成：表皮组织、机械组织、基本组织、维管束组织。

表皮组织：位于麦茎的最外层，结构比较紧密。

机械组织：位于表皮层内侧，由 3～5 层细胞组成纤维组织带，其中分布有少量的薄壁细胞群。

基本组织：此组织所占比例较大，结构疏松，均由薄壁细胞组成。

维管束组织：维管束组织有两圈，外圈的维管束嵌埋在纤维组织带中，这部分纤维细胞壁厚，胞腔较小；内圈的维管束呈展翅蝶状，零散地分布在基本组织之中，这部分纤维细胞壁薄，胞腔较大。

除了靠近表皮的纤维组织带和维管束内的纤维细胞外，其他都是杂细胞。从细胞组成看，麦秸的纤维细胞占 62.1%，薄壁细胞占 29.4%，导管占 4.8%，表皮细胞占 2.3%，另有 1.4%其他杂细胞。

麦秸纤维长度接近阔叶材纤维，只是纤维宽度较小，麦秸纤维的平均长度为 1.5mm，宽 14μm，壁厚 3μm。节间纤维最长，长宽比大，节的纤维最短，长宽比最小，各部分纤维形态见表 2-2。在麦秸的不同部位，其纤维长度不等，以节间部分的纤维最长，其次按叶鞘、穗轴、叶子、节的顺序逐渐减短。

表 2-2　麦秸纤维形态　（单位：mm）

部位	长度			宽度		
	平均	最大	最小	平均	最大	最小
全部	1.32	2.94	0.61	12.9	24.5	7.4
节间	1.52	2.63	0.66	14.0	27.9	8.3
穗轴	1.21	2.39	0.39	11.5	24.5	7.4
叶鞘	1.26	3.31	0.44	14.7	34.3	8.8
叶子	0.86	1.47	0.24	12.1	19.6	6.4
节	0.47	1.29	0.18	17.8	43.1	8.3

资料来源：陆熙娴和李琦，2001

2.2.3.4　麻秆的微观构造

从麻类植物茎秆的横切面上由里到外，可分为表皮、皮层、中柱鞘、韧皮部、形成层、木质部和髓等部分。茎成熟时，表皮组织便被木栓组织所替代。麻类植物的木质部，断面形态近似阔叶树材的散孔材，导管散布在纤维细胞及木射线细胞之间。射线细胞较多，从髓心一直延伸到皮部，并呈多行排列。麻类织物的木质部，一般薄壁细胞含量较高，往往高达 30%～40%（体积比），超过一般阔叶树材的杂细胞含量。

麻类植物的微观构造有一些差异。苎麻的纤维壁上有明显的横节纹，有明显的细胞腔及纵向节纹。细胞腔中余留着一些细粒状物质及原生质。与苎麻相比，大麻的纤维较短、细，细胞腔较小，但其胞腔比亚麻的大且连续。大麻纤维 S_2 的微纤丝基本上都平行于轴向排列。亚麻纤维有明显的横节纹和非常小的细胞腔，薄壁细胞少、体积小。黄麻纤维细胞壁较厚，胞腔较小，纤维多呈柱状，细胞腔呈圆形或椭圆形，细胞壁中的次生壁层不显多层结构。红麻纤维壁上有明显的横节纹，胞腔直径较小。红麻的薄壁细胞壁极薄，受外力后极易变形破损或卷曲，细胞壁上的纹孔明显，薄壁细胞直径为纤维直径的 2～3 倍，形状有圆形、椭圆形、方形、长方形等。一般麻类纤维 S_2 的纤丝角仅 0°～5°，而红麻的 S_2 与纤维轴交角为 30°～40°。

2.2.3.5　棉秆的微观构造

棉纤维的横切面可分为初生壁、次生壁、腔壁、腔室 4 个部分。初生壁是纤维细胞的原始壁，由果胶构成，初生壁厚 0.1～0.2μm，初生壁微细纤维交织成疏松网状。外部有蜡质，对纤维有保护作用。次生壁由纤维素构成，呈轮纹状层次，称纤维日轮，层数与生长日数相同，一般 20～30 层。S_1 厚度约 0.1μm，微细纤维绕纤维轴螺旋并行排列，螺旋角很大，S_2 厚度大，微细纤维走向与 S_1 几乎垂直，与纤维夹角为 20°～30°。

棉秆韧皮纤维较长，壁上少纹孔而有明显的节纹，纤维外壁常有一层透明的胶膜。纤维两端稍尖，端部为钝尖形，细胞腔较小。棉秆皮浆料中，有螺纹型和环纹型导管及一些不定形物。棉秆细胞壁比木材薄，细胞腔大，细胞之间的纹孔数量多。植物液体通路的体积与植物的容积重成反比，与压缩比成正比。例如，容积重低的植物，液体通路的体积可达 50%以上。棉秆的导管长度达几厘米，水分疏导很快，每小时可达 1m。

棉秆木质部木纤维平均长度比起韧皮纤维要短得多，一般为 0.8mm 左右。棉秆的木质化部分主要由导管、木纤维、射线和轴向薄壁组织等组成。其中，木纤维在棉秆内起骨架作用。棉秆芯纤维较短，枕形和球形薄壁细胞较多，导管分子两端开口，具有蛇状尾部，与阔叶树材导管形态相似。棉秆中还有一定量的果胶，主要分布在韧皮部及形成层中。

棉秆的髓心占棉秆总体积的 8%，由较大的薄壁细胞组成，呈多面体或椭圆形，细胞排列疏松，有明显的胞间隙，强度低而易碎，是复合材料、人造板和造纸的不利因素。

2.2.3.6 蔗渣的微观构造

蔗渣细胞组织为表皮组织、基本薄壁组织和维管组织，其含量为表皮 49%～56%、维管束 18%～36%、髓 20%～25%。由于蔗渣是利用甘蔗茎制糖的主要副产物，可从蔗茎的微观构造了解蔗渣的微观构造。

1）蔗皮 蔗皮由表皮层和皮下纤维层组成。表皮层为蔗茎的最外层，由若干层皮层细胞组成。皮层细胞由两种厚壁细胞组成，一种为长细胞，另一种为短细胞，长细胞和短细胞交错排列。长细胞呈长方形，长边为波浪形，相邻细胞间交错密接，可提高细胞间的结合力，使之不易裂开。短细胞又分为栓质细胞和硅质细胞，栓质细胞似有缓冲作用，可防表皮热胀冷缩；硅质细胞很小，能强烈反射紫外线，可防止蔗皮被烈日灼伤。

皮下纤维层是甘蔗茎纤维的主要来源，它由几层直径很小的纤维细胞所组成，纤维层由节间通过节部与相邻的节相连，是蔗皮的主要组成部分。

2）蔗肉 蔗肉是蔗茎的运输储藏中心，主要由维管束及基本组织（薄壁细胞）组成。前者的功能为运输，后者的功能为储藏，甘蔗光合作用所合成的蔗糖即储藏在该组织中。

（1）维管束。由木质部、韧皮部、纤维细胞组成，纤维细胞围绕在木质部、韧皮部外围，称维管束鞘，鞘的功能是保护束内的木质部和韧皮部，给蔗秆以支撑力。

维管束在甘蔗的生长过程中，起着输导和支撑作用。在蔗茎横断面上，维管束主要集中分布在茎的外围，愈向茎的中心，愈稀疏，茎的中央多由薄壁细胞所组成。维管束的韧皮部是外韧型的，其位于每一维管束靠近蔗皮一侧。韧皮部由筛管和伴胞组成，筛管和伴胞都是活细胞，由一个母细胞分裂而成。筛管和伴胞的细胞壁很薄、孔多。筛管和伴胞的功能是将蔗叶光合作用所产生的物质由上向下输送。木质部由两个大的后生导管和 1～3 个小原生导管组成“V”字状。两个大导管分别在“V”字的两壁，与韧皮部毗邻；原生小导管在“V”字的中间底部，指向节茎中心。原生导管上有环状或螺旋状增厚，因而为环纹导管或螺纹导管。后生导管为梯纹导管或网纹导管。蔗茎的维管束是纤维质的管，通过维管束达到节间与节间连接。在节间内，每一个维管束均被薄壁细胞包围着，彼此分开，与蔗茎平行，没有分歧。但在节内，维管束是相互连接的，且韧皮部与木质部的位置正好相反。此外，有研究表明，还存在着横向的维管束。

（2）基本组织。蔗肉中除维管束外，其余均由直径大而壁薄的薄壁细胞所组成，植物学上称之为基本组织，在蔗茎的组成中又称蔗髓。

薄壁细胞又称髓细胞，是甘蔗的储藏器官，甘蔗汁储藏在薄壁细胞的液泡之中，榨糖时，经压榨、破裂而流出。薄壁细胞具有弹性，当蔗汁被挤出后，即吸入空气、恢复原状，干燥后在搬运、备料过程中常形成蔗尘而污染环境。薄壁细胞有方形、球形、秆状等不同形状。由于甘蔗茎中薄壁细胞含量较高，细胞形态多为圆形、方形和枕形；长度短，仅 250～400μm，宽度大，达 54～87μm；长宽比值极小，作为纤维原料，交织能力差，吸水率为纤维细胞的 30 倍。

3）蔗茎细胞组成的特点 甘蔗品种不同，纤维细胞和薄壁细胞的比例也不同，由此将直接影响蔗茎的强度和产糖率。一般来说，竹蔗及其他硬皮蔗种，蔗茎皮较厚，纤维含量高，薄壁细胞含量低，蔗茎弹性好，抗风力强，蔗汁少，糖分含量低；而肉蔗、大茎蔗则皮较薄，薄壁细胞含量高，蔗汁多，纤维含量低，强度差，易被风折断。同一蔗秆的不同位置，纤维细胞的密度也不同。在蔗茎的高度方向，纤维细胞的含量由底部向梢部逐渐减少，底部的纤维细胞含量可比梢部高 23%左右。节部的纤维含量高于节间的纤维含量；茎外周的纤维含量则远远高于茎中心的纤维含量。

2.3 生物质的物理力学性质

本节简要介绍木材、竹材、稻草、蔗渣和棉秆等生物质的物理力学性质。

2.3.1 木材的物理力学性质

2.3.1.1 木材的物理性质

1）密度 木材密度是指单位体积木材的

质量，单位为 g/cm^3 或 kg/m^3。木材是由木材细胞壁实质物质、水分及空气组成的多孔性材料。其中空气对木材的质量影响甚微，但是木材中水分的含量与木材的密度有密切关系。因此，木材密度应标明在测定其体积时的木材含水率。木材的密度除极少数树种外，通常小于 $1g/cm^3$。

（1）空隙度。木材的空隙度也称空隙率，是指木材在绝干状态下，其空隙体积占总体积的百分率。木材空隙度分为体积空隙度和表面空隙度两种。体积空隙度是指木材在绝干状态时其空隙体积占总体积的百分率，表面空隙度则是其横切面上空隙面积占总表面积的百分率。一般空隙度是指体积空隙度。其计算公式为

$$P=\left(1-\frac{\rho_0}{\rho_W}\right)\times 100\% \qquad (2\text{-}1)$$

式中，P 为木材的空隙率（%）；ρ_0 为木材的绝干密度（g/cm^3）；ρ_W 为木材的实质密度（g/cm^3）。

（2）木材的实质密度。木材的实质密度是指木材细胞壁物质的密度，它是由木材的绝干质量和用液体置换法测出的体积来确定的。由于组成木材的细胞壁的有机组分相同，因而各树种的实质密度几乎相等，为 1.50～$1.56g/cm^3$，常取 $1.53g/cm^3$。

（3）不同含水率下木材的密度。根据木材在生产、加工过程中不同阶段的含水特点，木材密度分为生材密度、气干材密度、绝干材密度和基本密度。

A. 生材密度是指刚伐倒的新鲜木材的密度。

$$\rho_g=\frac{m_g}{V_g} \qquad (2\text{-}2)$$

式中，ρ_g 为生材密度（g/cm^3）；m_g 为生材的质量（g）；V_g 为生材的体积（cm^3）。

B. 气干材密度是指木材经自然大气长期干燥后木材的密度。

$$\rho_w=\frac{m_w}{V_w} \qquad (2\text{-}3)$$

式中，ρ_w 为气干材密度（g/cm^3）；m_w 为气干材的质量（g）；V_w 为气干材的体积（cm^3）。

C. 绝干材密度是指木材经人工 100～105℃烘箱干燥后，使含水率在理论上为零时的木材密度。

$$\rho_0=\frac{m_0}{V_0} \qquad (2\text{-}4)$$

式中，ρ_0 为绝干材密度（g/cm^3）；m_0 为绝干材的质量（g）；V_0 为绝干材的体积（cm^3）。

D. 基本密度是指绝干材的质量与生材的体积之比。

$$\rho_y=\frac{m_0}{V_g} \qquad (2\text{-}5)$$

式中，ρ_y 为基本密度（g/cm^3）；m_0 为绝干材的质量（g）；V_g 为生材的体积（cm^3）。

在上述 4 种密度中，最常用的是基本密度和气干材密度。不同树种间的材性比较时，常使用基本密度；在建筑和运输方面一般使用生材密度；在基础理论研究时，往往采用绝干材密度。再有，为了在树种间对气干材密度进行比较，我国规定气干材含水率为 12%。而通常气干材的含水率在 8%～15%，所以要换算成含水率为 12%时的密度值。

$$\rho_{12}=\rho_W[1-0.01(1-K)(w-12)] \qquad (2\text{-}6)$$

式中，ρ_{12} 为含水率为 12%时的气干材密度（g/cm^3）；ρ_W 为试样的含水率 w%时的木材密度（g/cm^3）；K 为试样的体积干缩系数（%）。

（4）木材密度的影响因素。影响木材密度的因素除了上述的含水率以外，还包括树种、年轮宽度、晚材率、抽提物含量、立地条件和树龄等。在同一棵树上，不同部位的木材密度也有较大的差异。

2）木材中的水分

（1）木材中水分存在的状态。木材中的水分按其与木材结合方式和存在的位置，可分为自由水和吸着水（有时也称结合水）两类。

自由水：是指以游离态存在于木材细胞的胞腔、细胞间隙和纹孔腔这类大毛细管中的水分，包括液态水和细胞腔内水蒸气两部分。自由水与木材呈物理结合，结合并不紧密。它的增减对木材的质量（轻重）、燃烧性、传热性、渗透性和耐久性有影响，对木材的体积稳定性、化学、力学、电学等性质影响不大。

吸着水：是指以吸附状态存在于细胞壁上和细胞壁微毛细管系统内的水分，其结合方式为水分子与细胞壁物质（主要是纤维素、半纤维素和木质素）的含氧基团（主要是游离羟基）形成氢键，对于结晶性的纤维素而言水分主要存在于它的无定形区。吸着水的多少对木材的物理力学性质和加工利用有着重要的影响。

（2）纤维饱和点。纤维饱和点是指木材内的吸着水处于饱和状态，而木材内无自由水的状态，此时的含水率为纤维饱和点含水率。纤维饱和点含水率平均约为30%。

纤维饱和点是一个临界状态，是木材的多种材性的转折点。当木材的含水率在纤维饱和点以下时，含水率的变化对木材的物理力学性质会产生很大影响。

（3）木材含水率的种类与测定方法。木材的含水率根据基准的不同分为两种：绝对含水率和相对含水率。

绝对含水率：是木材中水分质量与绝干材质量的百分比。

$$W_0 = \frac{m_1 - m_0}{m_0} \times 100\% \qquad (2\text{-}7)$$

式中，W_0为绝对含水率（%）；m_0为试件的绝干质量（g）；m_1为含水试件的质量（g）。

相对含水率：是木材中水分质量与湿材质量的百分比。

$$W_1 = \frac{m_1 - m_0}{m_1} \times 100\% \qquad (2\text{-}8)$$

式中，W_1为相对含水率（%）。

木材工业中多采用绝对含水率，造纸和纸浆工业中常用相对含水率。

由于绝对含水率的计算公式中分母为绝干质量，因此对于绝干密度低而含水率高的湿材，有可能出现含水率高于100%的情况。

测定木材含水率有多种方法。实验室中常采用烘干法，此方法虽然耗时较长，但是准确度较高；工业上常采用电测法和红外线法等测定木材含水率，生产线上适用的检测方法主要是微波法和高频法。

A. 烘干法：称取质量为m_1的含水木材试件，放入烘箱中，先于60℃低温下烘干2h，之后将温度调至（103±2）℃，再连续烘至试件质量不变（绝干），测定试件的绝干质量m_0。此方法简便易行，准确可靠，是公认的常用方法。

B. 电测法：使用含水率测定仪来测木材的含水率。含水率测定仪是利用木材电学性质（如电阻率、介电常数、功率和损耗因子等）与木材含水率的关系而设计制造的一种测湿仪器。此方法可用于工业上木材密度和水分的检测。

C. 微波法：这种方法是根据介质对微波的吸收与介质的介电常数成比例的原理，测定木材含水率变化。采用微波法测定木材的含水率、密度和木纹角，虽然计算较为复杂，但用计算机可同时计算出各项参数的结果。

D. 高频法：高频法测定木材含水率，是根据木材的介电常数和损耗角正切随木材含水率不同而变化的原理进行测定的。这种方法是近年来发展的一种方法，目前已在生产线上试用。

（4）木材的吸湿性和平衡含水率。木材的吸湿性是指木材从空气中吸收水分或向空气中蒸发水分的性质。木材吸湿的主要原因，一是组成木材的物质（纤维素、半纤维素、木质素、糖类抽提物等）分子中有许多自由羟基，它们在适当条件下与水分子形成氢键；二是具有微毛细管多孔体结构的木材对水分子具有强烈的吸附性和毛细管凝结现象。

当空气中的水蒸气压力大于木材表面水蒸气压力时，木材从空气中吸收水分的现象称为吸湿；相反，当空气中水蒸气的压力小于木材表面的水蒸气压力时，木材中水分向空气中蒸发的现象称为解吸。

在相同的大气温度和相对湿度条件下，干木材的吸湿过程所能达到的最大含水率，总是低于湿木材解吸过程所能达到的最小含水率，这种解吸稳定含水率大于吸湿稳定含水率的现象称为木材吸湿滞后。

木材在空气中会发生水分的蒸发和吸收。当木材水分的蒸发和吸收的速度相等，达到平衡状态时的含水率就称为平衡含水率。平衡含水率在木材加工利用上具有十分重要的意义。它使人们认识到，木材在制成木制品前，必须干燥至与所在地区空气温、湿度相适应的木材平衡含水率。这样才不会因空气条件的变化，而引起含水率的变化，也就不会引起木材尺寸或形状的变化。

3）木材的干缩湿胀

（1）木材干缩湿胀的原因。木材具有干缩性和湿胀性，是因为木材在失水或吸湿时，木材内所含水分向外蒸发，或干木材从空气中吸收水分，改变了木材细胞壁内纤维素结晶区的相邻纤丝之间、微纤丝之间和微晶区之间无定形区的聚集态结构。纤维素无定形区吸收水分后，纤维素链段内和大分子链之间原有的氢键结构被水分子破坏，链段更舒展，自由体积变大，表现为纤维素分子更为舒展而活动空间或体积变大，同时大分子间的相互作用减弱，进而造成细胞壁和整块木材尺寸变大，同时力学强度和模量降低；相反，当木材失去水分后，纤维素非结晶区原有的水-纤维素氢键被新产生的纤维素-纤维素氢键代替，纤维素大分子链段被新增的氢键束缚而造成运动受限，自由体积减小，分子链趋于卷曲，从而造成细胞壁乃至木材收缩。当木材的含水率高于纤维饱和点时，含水率的变化并不会使木材产生干缩和湿胀。

对于小尺寸、无应力的木材试件来说，在绝干状态下，其干缩和湿胀是可逆的。大尺寸的实木试件则由于内部干燥应力的存在，干缩和湿胀是不完全可逆的。纤维板和刨花板等木质材料的干缩和湿胀也是不完全可逆的，部分原因是制造工序中包括压缩这一过程。

木材的干缩率和湿胀率可以用尺寸（体积）变化量占原尺寸（体积）的百分率表示。

$$干缩率=\frac{原尺寸(体积)-干缩后尺寸(体积)}{原尺寸(体积)}\times 100\% \tag{2-9}$$

$$湿胀率=\frac{湿胀后尺寸(体积)-原尺寸(体积)}{原尺寸(体积)}\times 100\% \tag{2-10}$$

（2）木材干缩湿胀的向异性。木材的干缩湿胀，在不同方向上具有差异性。其原因主要有：木材的轴向、横向干缩湿胀的差异；木材径向、弦向干缩湿胀的差异。即由于木材纤维微纤丝的长度方向与垂直方向湿胀或干缩的不等性，初生壁与次生壁微观构造的差异性；次生壁各层厚度的不同，径向壁与弦向壁木质化程度的差异；各壁层之间的制约性，胞间层及其他细胞组织的相互影响作用等，导致木材的干缩或湿胀的各向异性。

4）木材的热学性质　木材在常温下是热稳定性材料。在温度变化较大时，木材的性质会相应发生变化。木材的热学性质参数主要有比热容、导热系数、热扩散系数、导温系数等，这些物理参数对指导木材软化、干燥、热压、胶合、防腐和改性等具有重要意义。

5）木材的电学性质　木材在湿材状态下，近于导电体；气干状态下，其导电性极小；在绝干状态下可视为绝缘体。木材电学性质包括直流电和交流电的导电性、电绝缘强度、介电常数、介电损耗等，这些特性的应用与研究对木材加工生产线上木材含水率连续无损检测技术、木材高频电热技术、木材微波干燥技术的发展与应用具有实用价值。

2.3.1.2　木材的力学性质

木材抵抗外部机械力作用的能力称为木材的力学性质，它主要讨论外力作用于木材及木材对外力的反作用。木材的主要力学性质包括应力与应变、弹性、黏弹性、强度、硬度、抗劈力及耐磨耗性等。

1）应力与应变　木材在受到外力时发生形变，其内部会产生相应的抵抗外力所致变形作用的内力，当外力与内力达到平衡状态时，内力与外力大小相等，方向相反。木材在外力作用下单位面积上的内力称为应力。在外力作用下，木材在单位长度上的尺寸或形状的变化称为应变。

以应力为纵坐标、应变为横坐标绘制的曲线图称为应力-应变图。图 2-31 为杉木的应力-应变曲线图。

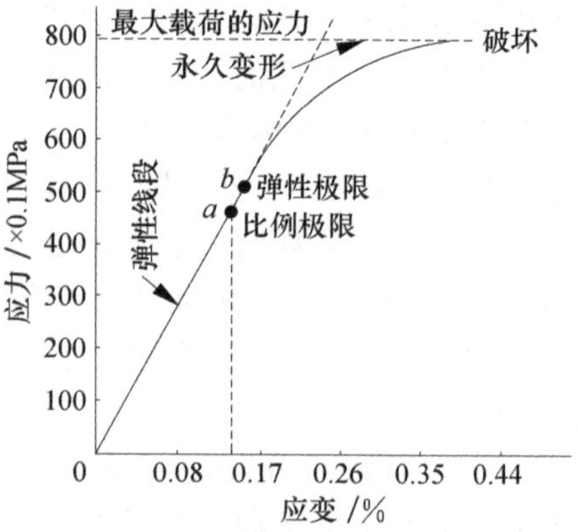

图 2-31　杉木的应力-应变曲线图

木材的应力-应变关系是非常复杂的，因为木材既不是真正的弹性材料，又不是真正的塑性材料，而属于黏弹性材料。

2）木材的弹性、黏弹性和塑性 弹性是指物体受到外力作用而发生变形，在卸载外力后，恢复其原有的形状、尺寸大小的性能。仅表现弹性的物体称为弹性体。对弹性体的弹性可以用弹性常数来表示。弹性模量是物体产生单位应变所需要的应力，它表征材料抵抗变形能力的大小，是表示材料力学性质的重要常数。一般来说，物体的弹性模量值愈大，在外力作用下愈不易变形。与弹性材料相对，还有一类黏性流体。黏性流体没有确定的形状，在应力（σ）作用下，产生应变（ε），应变随时间的增加而连续地增加，除去应力后应变不可回复，黏性流体所表现出的这个性质就称为黏性。

木材作为生物材料同时具有弹性和黏性两种不同机理的变形。木材在长期载荷下的变形将逐渐增加，若载荷很小，经过一段时间后，变形就不再增加；当载荷超过某极限值时，变形随时间而增加，直至木材破坏，木材这种变形如同流体的性质，在运动时受黏性和时间的影响。所以，讨论木材的变形时，需对木材的弹性和黏性同时予以考虑，将木材这种同时体现弹性固体和黏性流体的综合特性称为黏弹性。木材的黏弹性同样依赖于温度、荷载时间、加荷速率和应变幅值等条件。其中，温度和时间的影响尤为明显。

蠕变和松弛是黏弹性的主要特征。所谓蠕变就是在恒定应力下，木材应变随时间的延长而逐渐增大的现象，如图 2-32 所示。松弛是指在恒定应变条件下，维持该应变的应力随时间的延长而逐渐减小的现象，是应力松弛的简称，如图 2-33 所示。产生蠕变的材料必定会产生松弛，产生松弛的材料也必定会产生蠕变。

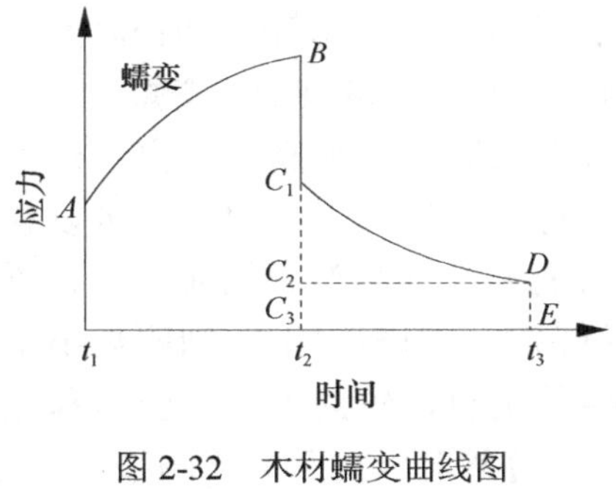

图 2-32 木材蠕变曲线图

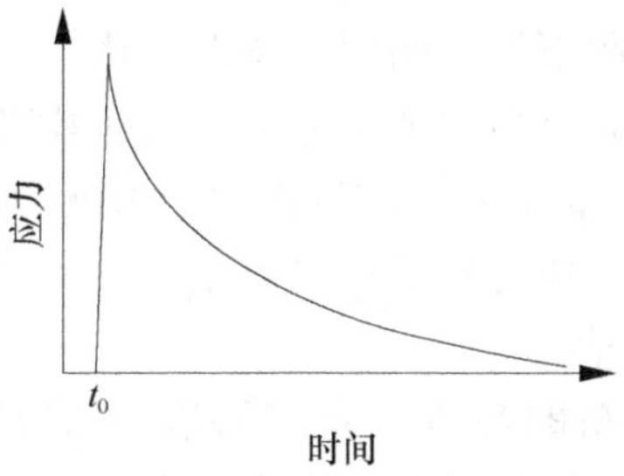

图 2-33 木材松弛曲线

当应力超过比例极限应力时，应变并不随着应力成比例增加，而是迅速增长，即使应力不再增大，应变也能增加，该点称为屈服点。材料的应力不变而变形继续的性质，称为塑性。塑性变形是指外力去除后，也不能恢复到原状的永久变形。木材的塑性变形是由于微纤丝内应力过大造成破坏，因共价键断裂，细胞壁壁层的变形使细胞间出现永久性微细开裂。

3）木材的强度、韧性与破坏 木材的强度是木材抵抗所施加应力而不致破坏的能力。木材抵御拉伸应力的最大临界能力称为木材的拉伸强度，抵御压缩应力的最大临界能力称为木材的抗压强度，抵御被弯曲的最大临界能力称为木材的抗弯强度等。当应力超过了木材的某项强度时，便会出现破坏。木材的强度以兆帕（MPa）为单位，表示木材单位截面积上的最大承载能力。

木材是一种低密度、各向异性、多孔性的高分子材料，具有不可避免的天然缺陷和相当大的变异性，又易受环境因素影响，因此其强度因施加应力的方式和方向的不同、木材的构造（微观、宏观构造）不同、施加应力的速度和荷载作用的不同而改变。根据所施加应力的方式和方向不同，木材具有顺纹抗拉强度、横纹抗拉强度、抗弯强度等多项力学强度指标。影响木材强度的主要因素有树种、体积密度、天然疵病、温度、时间和含水率等。

木材韧性是指木材在不致破坏的情况下所能抵御的瞬时最大冲击能量值。木材是具有一定韧性的材料，在国家标准中采用冲击韧性参数来表征其韧性。影响木材强度的各因素，对木材的韧性也产生相应的影响。木材的纹理角度对其韧性很敏感。木材顺纹理很容易劈开，所以木材顺纹理的韧性很低；木材横纹理的韧性则很高。

木材的结构破坏是指其组织结构在外力或外

部环境作用下发生断裂、扭曲、错位，造成木材宏观整体完全丧失或部分丧失原有物理力学性能的现象。木材的强度超过极限应力就会出现破坏。破坏是木材作为建筑材料等结构材料必须考虑的一个重要因素。

4）木材的各种力学性质及测试方法　木材的主要力学性质可分为抗拉、抗压、抗弯、抗剪、抗扭、抗劈、抗冲击、耐磨性和硬度等。木材是非均质性的各向异性材料，其纵向、径向和弦向三个方向的力学性质具有明显的差异。木材力学性质的测定主要采用静力荷载方式，按国家标准进行测试。

2.3.2 竹材的物理力学性质

2.3.2.1 竹材的物理性质

1）密度　各种竹材的实质密度十分接近，为 1.481～1.514g/cm^3，平均为 1.500g/cm^3。竹材的绝干密度平均为 0.79～0.83g/cm^3，不同部位绝干密度的变化均为基部和梢部内层和外层较小，中部和中层稍大；同龄丛生竹材绝干密度略大于散生竹。竹材基本密度主要取决于维管束密度及构成，其数值为 0.4～0.9g/cm^3。竹材的基本密度与纤维长度具有显著的相关性，与纤维体积比、壁腔比和长宽比之间有较显著的相关性，而与纤维宽度、壁厚度及纤维含量无显著相关性。一般，竹材上部和竹壁外侧的维管束密度大，导管直径小，因此竹材密度自内向外、自下向上逐渐增大。节部密度比节间密度稍大。不同竹种的密度有较大的差异，表 2-3 为一些竹种的基本密度和气干密度。

表 2-3　不同竹种的密度　（单位：g/cm^3）

竹种	基本密度	气干密度	竹种	基本密度	气干密度
毛竹	0.61	0.81	硬头黄竹	0.63	0.88
刚竹	0.63	0.83	撑篙竹	0.58	0.67
斗竹	0.39	0.55	车筒竹	0.67	0.92
水单竹	0.77	1.00	龙竹	0.52	0.64
簕竹	0.64	0.97	黄竹	0.83	1.01

资料来源：刘一星和赵广杰，2004

从竹笋长成幼竹，完成高生长后，竹竿的体积不再有明显的变化。但竹材的密度则随竹龄的增长而有变化。并且，产地不同，竹材的密度也有差异，见表 2-4。

表 2-4　毛竹竹材密度与竹龄的关系

产地	幼竹	1 年	2 年	3 年	4 年	5 年	6 年	7 年	8 年	9 年	10 年
下蜀	0.243	0.425	0.558	0.608	0.626	0.615	0.630	0.624	0.657	0.610	0.606
宜兴		0.574		0.610		0.635		0.623		0.619	
石门		0.543		0.585		0.637		0.618		0.563	
大茅山		0.506		0.573		0.613		0.620		0.608	
平均		0.529		0.596		0.627		0.626		0.600	

资料来源：周芳纯，1991

2）含水率　竹材中水分质量与绝干竹材质量之比称为竹材含水率，一般与竹龄、部位和季节有关，并在竹种间和竿茎内也有差别。新鲜竹材的含水率一般在 70%以上，最高可达 140%，平均为 80%～100%。竹竿自基部至梢部含水率逐步降低，如七年生毛竹新鲜材的基部含水率为 45.7%，而其梢部含水率可达 97.1%。

竹材气干后的平衡含水率随大气的温度和湿度的变化而增减。例如，毛竹在北京地区的平衡含水率为 15.7%。

3）干缩性　鲜竹在干燥过程中逐渐失去水分而引起收缩，竹材的收缩率小于木材，但不同方向有显著不同，一般是弦向和径向大，纵向小，因此失水收缩时竹竿变细而不变短。

竹材竿壁同一水平高度，内、外干缩也有差异。竹青部分纵向干缩很小，可以忽略，而横向干缩最大；竹黄部分纵向干缩较竹青大，而绝对值仍小，但横向干缩则明显小于竹青。不同竹龄的毛竹，竹龄愈小，弦向和径向干缩率愈大，而竹龄对纵向干缩影响很小。表 2-5 为几种竹材的全干缩率值。

表 2-5 几种竹种的全干缩率值

竹种	纵向干缩率	径向干缩率	弦向干缩率	体积干缩率
毛竹	0.32	3.0	4.5	
车筒竹	0.1	2.5	3.8	6.3
硬头黄竹		5.5	4.7	10.6
水单竹		4.3	5.5	10.0

2.3.2.2 竹材的力学性质

与木材类似，竹材也是非均质的各向异性材料。竹材的密度较低而强度较大，是一种轻质高强的材料，其顺纹抗拉强度约为相同密度木材的1.5倍。表2-6为毛竹的主要力学强度指标。

表 2-6 毛竹的主要力学强度指标

力学强度指标	四川产	浙江产	安徽产
顺纹抗拉强度/MPa	212	181	150～210
顺纹抗压强度/MPa	51	71	80～100
弯曲强度/MPa	135	154	150～180
顺纹抗剪强度/MPa	12	15	20～25
冲击韧性/(kJ/m^2)			100～230

资料来源：王朝晖，2001

竹材的物理、力学性质极不稳定，主要表现在以下几方面。

（1）密度、干缩和强度随竹竿部位不同而有差异，主要是由维管束分布不均匀所致。一般，竹材竿壁外侧维管束的分布较内侧密，故外侧的强度也较高；竹材竿壁的密度自下而上逐渐增大，故竹材的强度也自下而上逐渐升高。

（2）竹节部分与非竹节部分具有不同的物理力学性质。例如，竹节部分的抗拉强度较节间弱，而顺纹抗劈性能则好于节间。

（3）含水率变化引起力学性质的变化。竹材的顺纹抗压、顺纹抗拉、顺纹剪切、纵向弯曲强度及模量等力学性质，随含水率的升高而降低，但当竹材处于绝干条件下时，因质地变脆，其强度反而下降；而横纹抗拉、纵劈和弦向弯曲等强度与竹材含水率关系不大。

（4）不同部位竹材的力学性质的变化与竹子的品种有关。毛竹、撑篙竹和粉单竹的力学性质，基本是从基部至梢部逐步升高。红竹、淡竹、刚竹、青皮竹上下部位差异不大，无一定的规律性。

（5）不同竹龄竹材的力学性质不一致。竹材的力学强度一般随竹龄的增长而提高，至一定年龄后达到稳定，但当竹竿老化变脆时，其强度反而下降。不同竹种达到稳定的年限不一样，如毛竹需生长至6年以上；而淡竹、撑篙竹则仅生长至两年以上即趋于稳定。

（6）竹材三个方向上的物理力学性质也有差异。例如，竹材的顺纹抗劈性能极差，而横纹抗劈甚佳。

2.3.3 农作物秸秆的物理力学性质

1）麦秸 麦秸自身密度较小，节间的平均密度为 0.313g/cm^3，接近根部的节间壁厚，密度为 0.316g/cm^3；节的平均密度为 0.341g/cm^3；叶鞘的平均密度为 0.257g/cm^3；叶子的平均密度为 0.28g/cm^3。从节间的横切面看，表皮处坚实，平均密度为 0.383g/cm^3，中间层为 0.307g/cm^3，里层为 0.298g/cm^3。

麦秸的强度取决于收割时的成熟度和在收割地上放置的时间。在半成熟期麦秸的强度最佳，较晚收割的麦秸抗拉强度显著降低。有关学者的研究结果指出，麦秸的拉伸强度为21.2～31.2MPa，剪切强度为4.91～7.26MPa，杨氏模量为4.76～6.58GPa，刚性模量为267～547MPa；麦秸的成熟度、含水率、温度等对这些基本参数都有不同程度的影响。

秸秆的含水率是影响切断率的主要因素之一。含水率增加，所需要的切断速度大幅度提高。

2）稻草和稻壳 稻草因为含有果胶和灰分等物质，相对密度小于纤维素的相对密度。粒径为0～4mm、平均几何尺寸为(2～2.5)mm×10mm的稻草碎料，其堆积密度为59.3～59.6kg/m^3。

稻草自身的导热系数很小，仅为0.035W/(m·℃)，一种5mm厚稻草板的导热系数为0.108W/(m·℃)。

相对于麦秸而言，测试稻草的力学性能在操作上的难度更大。主要原因是稻草壁薄、干缩率高，很难制作力学试件。通常，在平均含水率50%左右时，稻草边缘便开始干缩。干缩的稻草往往卷成多层筒状，给准确测定试件的横截面积带来困难，而且测试时难以夹持牢固。稻草的纵向抗拉能力相当强，在适宜的含水率条件下，稻草的纵向抗拉强度甚至远高于南方松。

稻壳本身密度大（0.735g/cm^3），压缩比小，内外表皮不易胶合，容重为 110～120kg/m^3。

3）玉米秸 玉米秸外皮厚度约为 0.04mm，外皮质量比约为 35%，外皮含量为 50%，外皮机械强度较高，其纵向抗拉强度可达 90MPa，但横向抗拉强度仅为 3MPa 左右。表皮和束状组织间的接合力随含水率降低而减弱，干缩后下部茎节部分表皮会起皱脱落。

玉米秸的叶（叶片和叶鞘）的质量比约为 40%，纤维量为 30%，其特点是厚度小，相对表面积大，表面有光滑的蜡质层，其机械强度很低，粉碎时易形成粉末。髓的质量比约为 15%，纤维量为 20%，髓密度很小，蓬松柔软，吸水性强，机械强度极低。

玉米秸的叶、外皮和髓的组织结构及力学特性差异显著，其成分含量及特性如表 2-7 所示。

表 2-7 玉米秸主要部分成分的含量及特性

项目	叶	外皮	髓
密度/(g/cm^3)	0.230	0.390	0.045
纤维含量/%	30	50	20
质量比/%	40	35	15
容积比/%	47.5	29.7	22.9

资料来源：李凯夫等，1991

含水率对玉米秸秆的力学性质影响较大。当含水率较大时，玉米秸的特性类似于塑性材料，含水率在一定范围内，其柔韧性较好，不易断裂。而含水率减小时，其特性趋近脆性材料，柔韧性减弱，脆性增强，易断裂。当含水率为 30%左右，茎叶连接力最大，叶鞘抗冲击能量出现峰值；叶鞘含水率为 30%～40%时，叶鞘横向和纵向抗拉力最大；而且叶鞘纵向抗拉力的趋势与横向抗拉力大体一致，叶鞘纵向抗拉力是其横向抗拉力的 2～4 倍。

4）棉秆 棉秆是一种资源较丰富的秸秆，其纤维与木材纤维形态对照表见表 2-8。

表 2-8 棉秆纤维与木材纤维形态对照表

生物质	平均长度/μm	中径均值/μm	腔径均值/μm	壁厚均值/μm	长宽比	壁厚腔径比	pH
棉秆	1012（含皮）	22.2	15.96	3.12	46.4	0.39	6.05
69 杨	948	24.1	13.9	2.59	47.8	0.37	
72 杨	1130	22.9	12.2	2.78	49.3	0.46	
胡杨	941	22.8	12.2	5.3	41.2	0.86	
阔叶材	1000～2000	10～50			40～100		
针叶材	3000～5000	20～50			75～200		

棉秆的物理性质与木材相比差别较大，它的绝干密度只有 0.3g/cm^3，小于大多数木材（0.5～0.8g/cm^3）；吸湿性高于木材，吸湿速度快；pH 7.2，高于大多数木材（pH 5～6）。用棉秆制成的刨花板密度小，而弯曲强度（MOR）和弹性模量（MOE）都可与木质刨花板相媲美，不过棉秆刨花板的吸水厚度膨胀率较高。这一点对于以棉秆为原料制造生物质复合材料有参考价值。

由于棉秆的密度低、纤维长度较短，与一般木材相比，棉秆的力学性能较低，大约与杨木相当。

5）蔗渣 蔗渣的密度随堆放状态不同，变化很大。蔗渣是一种吸水性强的原料（吸水量可达其自身质量的 20 倍），尤其是蔗渣髓，它的细胞壁薄而且细胞腔大，更具吸水性。此外，蔗渣中残留的糖，无论对于无机胶凝材料的水化还是对于高温成型加工，都可能有影响。

2.4 生物质的化学性质

2.4.1 木材的化学性质

木材是一种天然生长的高分子有机材料，主要由高分子物质纤维素、半纤维素和木质素组成，此外，尚含有以低分子物质为主的抽提物和灰分。纤维素、半纤维素和木质素的大分子结构和性质及它们之间的关系决定了木材的各种性质，对木材的加工利用有很大影响。木材抽提物的种类繁多，因树种不同而有差异，对木材的加工利用也有一定影响。

纤维素、半纤维素和木质素三种高聚物共同构成木材的细胞壁，占多数木材质量的 97%～99%；抽提物属于细胞的内含物，多存在于细胞腔中，含量一般在 3%以下。但也有个别树种的抽提物含量很高，如落叶松木材的心材常含有 10%以上的水溶性阿拉伯半乳聚糖。

木材的化学性质主要取决于组成细胞壁的高

分子物质。有时木材内的微量物质也会影响木材的化学性质。

2.4.1.1 木材的主要成分及其化学性质

木材的主要化学成分即木材的高分子物质，包括纤维素、半纤维素和木质素。

1）纤维素 纤维素是木材的主要组分，含量为木材质量的40%～50%，既不溶于水也不能受热熔融，它是由D-吡喃葡萄糖基通过β-1, 4-糖苷键连接构成的直链型高分子化合物，最终水解为葡萄糖。

作为一种高分子化合物，纤维素的化学性质具有如下特征：其一，化学反应和降解作用能使纤维素大分子的聚合度和聚集态结构发生变化；其二，化学反应及其产物的不均一性；其三，每个葡萄糖残基 C_2、C_3 和 C_6 原子上的游离羟基能够发生同类醇羟基的典型反应，但是反应活性通常不如小分子多元醇。

（1）纤维素的降解。纤维素大分子中糖苷键断裂，导致聚合度降低，使纤维素纤维的化学、物理和机械性质发生变化。

（2）纤维素的酯化和醚化。纤维素大分子游离醇羟基，尤其 C_6 原子上醇羟基的存在，使纤维素有可能发生各种酯化和醚化反应，由此在很大程度上改变纤维素的性质，人们利用该性质已制造出一些很有价值的纤维素衍生物。

（3）纤维素的接枝和交联。接枝（接枝共聚的简称）是指在纤维素的分子链上接上另外一种单体，然后采用游离基或离子引发接枝聚合。人造板胶黏剂的胶合作用实际上是一种交联反应，利用三聚氰胺甲醛树脂、脲醛树脂预聚体处理木材，然后高温聚合发生交联反应是木材改性的重要方法。

2）半纤维素 半纤维素是一大类聚糖的统称，它水解时能分离出木糖、半乳糖、甘露糖、阿拉伯糖、葡萄糖等多种单糖、葡萄糖醛酸等糖衍生物和乙酸，是非均一的多聚糖。半纤维素是细胞壁中与纤维素紧密联结的物质，起黏结作用。大多数半纤维素虽然具有一定的分支度，但主要是线形的，其分子链的长度远比纤维素短，侧链上含有较多乙酰基。

半纤维素多糖易溶于水，而且支链较多，在水中的溶解度较高。纤维素和半纤维素分子链中都含有游离羟基，具有亲水性，但半纤维素的吸水性和润胀度均比纤维素高，因为半纤维素不能形成结晶区，水分子容易进入。

半纤维素能够发生与纤维素相似的降解、酯化与醚化、接枝与交联等反应，而且反应活性更高。

此外，半纤维素的热稳定性明显低于纤维素，因此当木材受到高温作用尤其是水热作用下，往往是半纤维素首先发生热解或水解反应，尤其是在酸性介质条件下半纤维素易于水解。

3）木质素 木质素在自然界不单独存在，而是与纤维素、半纤维素共同存在于植物细胞壁中，为结壳物质。木质素具有芳香族特性，是具有三维空间结构的无定形高聚物，由基本结构单元苯基丙烷骨架彼此以醚键和碳-碳键联结起来。结构单元不同形式的连接和基团（如苯环、羟基、羰基、甲氧基等）的存在，使木质素具有一定的化学反应活性，众多基团的差异性使木质素的化学反应性比纤维素和半纤维素复杂。

木质素的降解反应：木质素在水中一般不发生水解作用，当温度升高后，木质素能分解出少量的酸，从而降低介质的pH，使得木材原料发生酸性水解。

缩合反应：木质素受水、热作用而发生降解，但也有因木质素活化而发生缩合的可能。

木质素的磺化反应：木材的磺化是反应体系中存在多种离子的协同作用，产生磺化和水解两种反应，磺化使亲水性的磺酸基进入木质素高聚物内，而水解则打开醚键，产生新的酚羟基，降低分子质量，两者的共同作用是增加木质素的亲水性，使木质素从木材中不断溶解出来。

木质素的氧化反应：一般认为，漂白剂用于木材和纸浆的漂白，所发生的化学作用主要是对木质素的氧化反应。

碱对木质素的作用：在高温下，植物纤维原料中的木质素与氢氧化钠水溶液反应，木质素中的多种醚键受氢氧根离子的作用而发生水解降解。

2.4.1.2 木材的次要成分及其化学性质

木材的次要化学成分即木材的低分子物质，包括有机物和无机物。有机物为木材抽提物；无机物为灰分，或者燃烧后产生灰分的金属有机酸盐或者有机配体金属配合物。

木材抽提物多存在于木材的细胞腔内，部分存在于细胞壁和胞间层中，可以利用冷水、热水、碱溶液或者有机溶剂浸提出来。木材抽提物包含多种类型的天然高分子有机化合物。其中，最常见的是多元酚类，还有萜类、树脂酸类、脂肪类和碳水化合物类等。木材抽提物与木材的色、香、味和耐久性有关，也影响木材的加工工艺和利用。

木材中灰分的含量一般占绝干木材质量的0.3%～1.0%。灰分可分为两类，一类能溶于水，占全部灰分的10%～25%，其中主要是钾盐、硅酸盐和磷酸盐；另一类不溶于水，占全部灰分的75%～90%，主要为钙、镁的碳酸盐、硅酸盐和磷酸盐。由于磷、钾、镁及锌、铁等无机物的存在，也为木腐菌在木材中的生存繁殖提供了条件。

1）木材抽提物 木材中的抽提物包含多种类型的天然有机化合物。其中，最常见的是多元酚类，此外还有树脂酸类、萜类、酯类、糖类等。

许多木材包含酚类物质。其中，植物单宁属于多元酚的衍生物，使得含有单宁的木材具有很多特性。

树脂类化合物包括树脂酸、脂肪酸及其酯类、萜类、醇类等复杂的化合物。

木材中的生物碱是具有重要生理活性的一类化学物质。黄酮类化合物是木材中存在的另一类具有生理活性的化学物质，也是一类天然色素物质。

许多木材的抽提物中均含有可溶性的糖类物质，也包括淀粉和果胶等。

2）木材抽提物与木材颜色的关系 一般认为，木材颜色产生的原因有两个方面，一是与木质素有关，二是与木材的抽提物有关。实际上，从目前已经认识清楚的木质素结构看，木质素本身不具备直接产生颜色的分子结构基础，但是其进一步发生氧化、降解及其相关反应后可能产生颜色。产生木质素的前体或具有类似结构的化合物，很可能是木材颜色的重要原因。可以认为，具有不同颜色或者容易发生反应而产生颜色的木材抽提物，存在于细胞腔内或者沉积于细胞壁内使得木材显示一定的颜色。

3）木材抽提物对木材酸碱性质的影响 由于木材中含有乙酸、甲酸、树脂酸及其他酸性抽提物，木材储存过程中，也不断产生酸性物质，因此绝大多数木材呈弱酸性。

2.4.2 竹材的化学性质

竹材的化学成分及其分布是决定竹材化学性质的主要因素，同时也赋予竹材一定的强度和其他物理力学性质。竹材的化学成分因竹种、竹龄、竹竿部位、立地条件不同而稍有差异。竹龄是影响化学成分含量的主要因子，其次为竹竿部位；而造林方式和立地条件的影响较小。竹材的有机组成和木材相似，主要由纤维素（40%～60%）、半纤维素（14%～25%）和木质素（16%～34%）构成，其次是各类糖类、脂肪类和蛋白质类物质。此外，还有少量的抽提物和灰分元素。

1）纤维素 纤维素是组成竹材细胞壁的基本物质。不同竹种和不同竹龄竹材中，纤维素的含量是不同的。例如，毛竹竹材中的纤维素含量，嫩竹为75%，一年生竹为66%，三年生竹为58%；麻竹竹材中一年生竹为53.2%，二年生竹为52.8%，三年生竹为50.8%。随着竹龄的增加，不同的竹种，其纤维素含量逐步减少，数值虽然不同，但基本趋势是一致的。纤维素含量与竹龄、胸径、竹种及竹竿部位均有关系。

2）半纤维素 一般竹材中半纤维素的含量为14%～25%。同一竹种不同竹龄的竹材中，半纤维素的含量是不同的。例如，毛竹竹材中的半纤维素含量，二年生竹为24.9%，四年生竹为23.7%；淡竹竹材中，一年生竹为19.9%，二年生竹为19.8%，三年生竹为18.2%。不同竹种的竹材，半纤维素的含量也不同。

3）木质素 一般竹材中，木质素的含量为16%～34%。不同竹种或同种不同竹龄的竹材中，木质素的含量是不同的。例如，毛竹中木质素的含量，二年生竹为44.1%，四年生竹为45.6%；淡竹中，一年生竹为33.2%，二年生竹为33.5%，三年生竹为33.5%。

各种竹种的竹材，随着竹龄的增加，一般至6年后主要化学成分的含量趋于稳定，因而物理和力学性质也趋于稳定。作为工业用材的竹子，应使用6年生以上的竹子较为合理。竹子的生物学特征表明：砍伐6年生以下的嫩竹或留下10年生以上的老竹，都不利于竹林发笋成竹和竹林丰产。

4）抽提物 主要指用冷水、热水、乙醚、乙醇或1%氢氧化钠水溶液等溶剂浸泡竹材后，从竹材中抽提出的物质。竹材中抽提物质的成分十分复杂，但主要是一些可溶性的糖类、脂肪类、蛋白质类及部分半纤维素等。一般竹材中，冷水抽提物有2.5%～5.0%，热水抽提物有5.0%～12.5%，醚醇抽提物有3.5%～9.0%，1%氢氧化钠抽提物有21%～31%。

同一竹种不同竹龄的竹材中，各种抽提物的含量是不同的。例如，慈竹中1%氢氧化钠溶液的浸出物，嫩竹为34.82%，一年生竹为27.81%，二年生竹为24.93%，三年生竹为22.91%。

竹种不同，各种抽提物的含量也不同(表2-9)。

表2-9 不同竹种竹材的抽提物含量（%）

竹种	毛竹	淡竹	撑篙竹	慈竹	麻竹
冷水抽提物	2.60		4.29		
热水抽提物	5.65	7.65	5.30		12.41
醇、乙醚抽提物	3.67		5.44		
醇苯抽提物		5.74	3.55	8.91	6.66
1%NaOH抽提物	30.98	29.95	29.12	27.62	21.81

此外，一般竹材中的蛋白质含量为1.5%～6%，还原糖含量为2%左右；脂肪和蜡质的含量为2.0%～4.0%；淀粉类含量为2.0%～6.0%；灰分含量为1.0%～3.5%，其中含量较多的有五氧化二磷、氧化钾、二氧化硅等。

与木材相比，竹材纤维素、半纤维素和木质素的分布具有极大的不均匀性，纤维素由外及内逐渐减少，木质素由内向外逐渐增多。这种不均匀性，对加工过程及工艺性能有明显影响。竹材中的硅含量较高，影响竹材的制浆及切削性能。此外，竹材中淀粉含量比普通木材要高，因而容易发生虫害和霉变。

2.4.3 农作物秸秆的化学性质

与木材和竹材类似，组成农作物秸秆的主要物质也是纤维素、半纤维素和木质素三类天然高分子物质。其中，纤维素的平均聚合度低于木材纤维素；木质素与阔叶树材的木质素相似，是由G、S、H三种类型组成的，但其H型的比例远高于木材。

1）麦秸

（1）麦秸的化学组成及特点。麦秸的主要化学成分是纤维素、半纤维素和木质素，灰分的含量明显高于木材，详见表2-10。此外，麦秸表面含有较多的脂肪类化合物。

表2-10 麦秸原料的化学组成（%）

编号	产地	灰分	抽出物				木质素	戊聚糖	纤维素
			冷水	热水	1%NaOH	苯醇			
1	河北	6.04	5.36	23.20	44.56		22.34	25.56	22.34
2	山东	6.59					20.16	20.77	20.16
3	东北	4.99	5.95	9.08	43.93	5.80	22.75		22.75

资料来源：陆熙娴和李琦，2001

麦秸中纤维素的含量在节间部位最高。麦秸半纤维素中，戊聚糖含量相当于阔叶树木材的最高值。与整秆相比，麦秸外层各组分含量均有不同程度的差异。其中，灰分含量比整秆高17.2%，而灰分中SiO_2含量高出整秆一倍多。热水抽出物含量也较高。其中，含有果胶质、淀粉等。1%NaOH抽出物含量比木材高一倍，表明麦秸中低聚糖含量高。

麦秸中灰分的含量远高于木材，灰分中65%以上是SiO_2。麦秸各部分的灰分中SiO_2含量见表2-11。

表2-11 麦秸各部分的灰分中SiO_2含量（%）

部分项目	茎秆	叶子	叶梢	节	总计
原料质量	52.40	29.10	9.30	9.20	100.00
灰分	3.24	11.18	9.88	5.12	5.97
灰分中SiO_2	61.11	67.26	77.22	41.80	65.15

资料来源：陆熙娴和李琦，2001

麦秸表面的SiO_2是人造板制造中麦草不易粘接的主要原因，因为SiO_2对脲醛树脂、酚醛树脂等胶黏剂的胶合起很大的阻碍作用，影响板的强度，在新型生物质复合材料制备过程中，SiO_2也可能是重要的影响因素。

麦秸主要化学成分在细胞壁中的分布情况，既与纤维分离过程有密切的关系，也影响纤维的物理力学性质和化学反应的活性。在纤维细胞壁各形态中，纤维素的分布是不同的，纤维素在整个次生壁中近于均匀分布，胞间层没有发现微细纤维，初生壁有松散和凌乱的微细纤维。

在各种非木材植物纤维中，木质素在细胞壁中的分布规律基本相同。麦秸纤维中，木质素在细胞壁中的分布情况见表2-12。

表2-12 麦秸纤维原料木质素在细胞壁中的分布

纤维类型	形态区	校正体积分数/%	Mn计数	Mn相对计数	质量分数（g木质素/g组织）/%	木质素占总木质素比例/%
厚壁纤维	角隅区	5.4	2992	1.85	0.571	14.5
	复合胞间层	9.3	2156	1.35	0.412	18.0
	次生壁	83.5	1620	1.00	0.168	67.5
薄壁纤维	角隅区		3336	2.49	0.604	22.2
	复合胞间层		2004	1.50	0.339	20.3
	次生壁		1340	1.00	0.154	57.5

资料来源：刘一星和赵广杰，2004

麦秆中，木质素含量沿麦秆自下而上逐渐降低。这是因为乔草类植物的生长过程与木材完全不同，木材的木质化是均匀的，而乔草类自基部向梢部逐步木质化。对于麦秸的木质化过程而言，导管先木质化，以便输送水分和无机盐；其后是导管周围的纤维木质化，起支撑作用；最后是薄壁组织细胞的木质化。

（2）麦秸的化学结构与加工利用的关系。在利用麦秸制造人造板的过程中，从加工的碎料可明显看到光滑的表皮组织，其产生是由于原生质体分泌角质渗入细胞壁而形成角质化，这是麦秸不同于木材的最明显之处。表面形成的角质层为脂肪类化合物，多为高级脂肪酸与高级脂肪醇生成的脂类。宏观表现为表面光滑，碎料之间摩擦力小，施胶后，表皮处胶液极难浸入，形成疏水界面，阻碍了胶合层形成牢固的胶合力。去除麦秸内表面的角质层，有利于胶滴的湿润、扩散和渗透，从而提高胶合性能，这一点对于其他以麦秸为原料的生物质复合材料也有借鉴价值。

麦秸部分表皮细胞矿质化，分布着硅细胞和木栓细胞，这些细胞与长细胞交替排列，因此，碎料纵向强度较木材刨花低得多。麦秸的灰分含量（65%以上是SiO_2）远高于木材，主要存在于叶和穗，因此除去部分叶子对于获得较好质量的纤维是有利的。

麦秸热水抽提物含量较高，果胶质仅占10%左右，大部分为淀粉与低聚糖。1%NaOH抽提物含量也比木材高，说明低聚合度的糖类含量高，对于人造板和其他复合材料的强度与耐水性都是不利的，热压时这些抽提物易产生热解等作用而起黏板作用。

麦秸纤维素含量低于木材，木质素含量相当于阔叶材中的最低值，而戊聚糖含量则比针叶材高得多，相当于阔叶材最高值。这表明麦秸自身强度较低，较大尺寸的碎料不利于提高人造板与复合材料的强度。

2）玉米秸 玉米秸的主要成分是纤维素、半纤维素和木质素，此外粗蛋白含量较高（约4%）。玉米秸中主要成分的含量为：纤维素20%～30%，半纤维素（戊聚糖）17%～26%，木质素19%～23%。可见，与木材相比，玉米秸的纤维素含量较低，而半纤维素含量较高。此外，1%NaOH溶液抽提物、乙醚抽提物、苯醇抽提物和灰分含量均高于木材。

玉米秸的木质素属于愈创木基-紫丁香基木质素类（GS-木质素），基本结构单元为愈创木基和紫丁香基，含有少量的对羟苯基。紫丁香基与愈创木基之间的比例为0.5～1.0。木质素中含有7%～12%的酯基，其中对香豆酸和阿魏酸是酯基化合物的主要成分。木质素中氧含量达60%～66%，氢含量达5%～6.5%。

玉米秸的半纤维素由β-D-吡喃式木糖以1→4连接的长链为主链，有的也带短支链。玉米秸半纤维素支链上的糖基是L-呋喃阿拉伯糖基及D-吡喃木糖基。玉米穗轴半纤维素聚糖支链上的羰基是4-*O*-甲基-葡萄糖醛酸基或葡萄糖醛酸基，一般连接在主链木糖基的C_2上，数量是每100g木聚糖含0.7g 4-*O*-甲基-葡萄糖醛酸基及0.4g葡萄糖醛酸基，另在支链上还连有阿拉伯糖基，数量为木糖基∶阿拉伯糖基=（10～20）∶1。

表2-13给出了玉米全秆和玉米秸皮质部的化学成分。可见玉米秸皮质部含有较多的纤维素，而含有叶片和穰的全秆中含有较多的碱溶性抽提物，后者在制备秸秆纤维-无机质复合材料时，应充分注意水溶性抽提物对胶凝材料水化过程的影响（尤其是以强碱性的水泥为胶凝材料制备秸秆-水泥复合材料时）。

表 2-13 玉米全秆和玉米秸秆皮质部的化学成分（%）

原料	化学成分（质量分数）							
	灰分	1%NaOH抽提物	苯醇抽提物	硝酸乙醇纤维素	综纤维素	戊聚糖	酸溶木质素	木质素
玉米全秆	4.77	58.11	2.98	28.36	53.80	25.39	2.82	16.10
玉米秸	1.71	49.59	2.29	37.70	63.35	23.32	3.15	13.54

3）稻草和稻壳

（1）稻草。稻草的化学组成主要包括纤维素、半纤维素、木质素和各类抽提物，水稻品种和土壤条件对稻草化学成分组成的影响不显著，一般组成为纤维素约 36%，半纤维素约 18%，木质素约 14%，1%NaOH 抽提物约 48%，灰分约 14%。

稻草的木质素属于愈创木基-紫丁香基木质素类，基本结构单元为愈创木基和紫丁香基，含有少量的对羟苯基。紫丁香基与愈创木基的比例为 0.5～1.0。木质素含量较低，木质素中含有 7%～12%的酯基，其中对香豆酸和阿魏酸是酯基化合物的主要成分。木质素中碳含量达 60%～66%，氢含量达 5%～6.5%，相对分子质量较低，木质素的化学稳定性较差。

稻草的主要半纤维素是阿拉伯糖基葡萄糖醛酸基木糖。与许多草类分离的木聚糖相似，由 β-D-吡喃式木糖以 1→4 连接的长链为主链，有的也带短支链。α-L-呋喃阿拉伯糖基支链以 1→3 连接到木糖基的 C_3 位置上，还有 D-吡喃式葡萄糖醛酸基以 1→2 连接在主链木糖基的 C_2 位置上。

与木材相比，稻草具有以下特点：①灰分含量高，且灰分中主要成分是 SiO_2，在植物纤维中形成非极性表面，影响胶黏剂的吸附和氢键的形成，降低了与胶黏剂的结合力。②乙醚抽提物含量高，其主要成分是植物纤维中的脂肪、蜡和树脂，主要存在于稻草表面，这是影响稻草胶接性能的另一因素。③木质素和纤维素含量低。纤维素是植物纤维细胞的主要成分，性质稳定。木质素存在于纤维的四周，使纤维相互黏合固结。

（2）稻壳。稻壳的化学成分为：水分 10%～12%，戊聚糖 16%～20%，纤维素 26%～36%，粗脂肪 0.4%～0.8%，氮 0.2%～0.5%，灰分 18%～20%，木质素 20%～24%。稻壳的 pH 约为 7。

稻壳中含有的大量 SiO_2，以网状分布其中，起到骨架作用，而木质素、纤维素等填充在网格中，当纤维素等被部分降解后，SiO_2 网络暴露，成为理想的吸附剂原料。

由于 SiO_2 含量高，稻壳板具有良好的防火性，并可以抵抗白蚁的侵蚀，具有很好的防蛀、防腐朽能力。但 SiO_2 集中于稻壳表面，形成了表面疏水层，而且表面的物质只是疏松地与下面纤维相结合，不利于施胶和形成良好的胶合，通常需采取措施除掉表层的这部分物质。由于 SiO_2 的存在，稻壳板硬度高，机械加工困难，刀具磨损快。SiO_2 的密度大，随对稻壳的处理效果不同，稻壳板的密度变化也较大，使板材的物理力学性能受到影响。

4）麻秆 作为高强度优质天然纤维原料，麻类均含有较多的纤维素，除少数麻如黄麻、青麻外，其木质素含量较少，果胶质较多，常见麻类的化学组成见表 2-14。不过，相对于其他植物纤维原料，由于麻类的价格很高，除作为纺织原料外，麻类通常主要作为合成高分子材料的增强材料而用于生产高性能复合材料。

表 2-14 常见麻类的化学组成（%）

原料	水分	灰分	溶液抽提物					戊聚糖	木质素	酸溶木质素	果胶质	克贝纤维素
			冷水	热水	乙醚	苯醇	1%NaOH					
大麻	9.25	2.85	6.45	10.50	5.00	6.72	30.76	4.91	4.03		2.00	69.51
亚麻	10.56	1.32	5.94		2.34						9.29	70.75
苎麻	6.60	2.90	4.08	6.29			16.81		1.81		3.41	82.81
青麻	8.89	1.26	3.55	3.92	4.89	4.06	11.87	18.79	15.42		0.37	67.84
黄麻	9.40	5.15	8.94						11.78		0.38	65.32
红麻		2.41	3.45	8.18		1.85	24.35	15.80	18.83	3.56	1.96	46.83
红麻皮		4.13	13.31	13.36		3.23	29.74	20.33	9.31	4.50	2.60	49.50

作为麻类生产的副产品或废弃物，麻秆是廉价的生物质纤维原料，其化学组成与麦秸相似，主要成分是纤维素、半纤维素和木质素。麻秆中，戊聚糖含量相当于阔叶树材最高值；灰分含量远高于木材；热水抽提物含量也较高，为10%～25%，大部分为淀粉和其他低聚糖；1%NaOH抽提物含量高于木材。

5）棉秆　不同品种的棉秆化学成分有所区别，但差别较小，表2-15给出了棉秆木质部、皮、髓和全棉秆的化学成分，并与麦秆和杨木进行对比。

表2-15　棉秆化学组成对照表（%）

原料	水分	灰分	抽出物				综纤维素	戊聚糖	木质素	纤维素	果胶
			冷水	热水	苯醇	1%NaOH					
棉秆木质部	10.14	1.86	2.52	3.80	1.54	19.70	74.10	18.82	21.13	43.74	3.30
棉秆皮	13.60	5.32	8.12	10.21	3.07	37.82	72.25	16.20	19.22	41.45	9.31
棉秆髓	13.49	3.05	2.94	5.13	1.57	28.31	70.04	19.79	17.06	35.83	3.01
全棉秆	11.41	2.98	4.27	6.65	1.82	25.18	73.24	18.80	21.00	42.80	4.90
麦秸	10.65	6.04	5.36	23.15		44.56		25.56	22.34	40.40	0.30
杨木		0.32	1.38	3.64		15.61		22.61	17.10	43.24	1.76

木质部的灰分、抽出物、果胶较其他部位低，其综纤维素含量较高。髓心抽出物及戊聚糖含量高，纤维素含量低。全棉秆的灰分和戊聚糖含量比稻麦草低，木质素含量与麦草相近，纤维素含量略高于麦草。与杨木相比，棉秆的纤维素和戊聚糖含量较低，木质素和抽出物含量稍高。而棉秆的果胶含量均高于上述原料。在实际造纸生产中要注意减少泡沫干扰。

棉秆随着储存时间的延长和储存条件不同，化学成分、纤维质量及制成的产品的物理力学性能均有变化。棉皮中的棉皮纤维韧性好，适宜于作人造板和制浆造纸的原料，但不易切断，给刨花板制备、干燥、铺装等造成了困难。在棉秆刨花制备生产过程中，往往会出现一定量的纤维结团，这些球状刨花将会给施胶和铺装带来许多麻烦。而且过量的球团纤维置于板材中，也极易引起板材的厚度膨胀及破坏板材平面内部的性能均一性，在实验和生产中应当注意。

6）蔗渣　蔗渣的化学成分有纤维素、半纤维素、木质素等主要高分子物质，此外还有果胶、蜡质等其他成分，如表2-16所示。

表2-16　甘蔗渣与木材的化学成分比较（%）

化学成分	甘蔗渣	山毛榉	松木
纤维素	46	45	42
半纤维素	36	22	22
木质素	23	23	29
其他成分	5	10	7

资料来源：袁纳新和李重根，1999

蔗渣纤维素类似棉花纤维素，具有螺纹结构，是一种长链形聚葡萄糖，其平均聚合度约为1000，其中30～100个纤维素分子在氢键作用下，形成结晶的或类结晶的微纤丝。微纤丝的结晶部分是由纤维素分子整齐规则地折叠排列，在微纤丝的结晶部分里，葡萄糖分子的羟基与分子内部或分子外部的羟基以氢键相结合，没有游离的羟基存在而具有牢固的结晶结构。

蔗渣的半纤维素由多种糖基（戊糖基、己糖基）和糖醛酸基构成，是分子中往往带有支链的复合聚糖的总称。戊糖基以木糖基、阿拉伯糖基为主，己糖基是葡萄糖基、甘露糖基、半乳糖基、鼠李糖基。半纤维素含量一般为28%～36%。其中，大约70%为木聚糖，30%为聚阿拉伯糖。

蔗渣的木质素在甘蔗表皮组织部分含量较多，占19%～23%。蔗渣木质素由愈创木基、紫丁香基和对羟苯基结构单元构成，由酚醚、C-C连接，聚合度仅有几百。

蔗渣实际上是一种含有大小不同粒子的混合物。粒度12目以上的称为粗渣，12～45目为中渣，45目以上为细渣。通常粗渣粒子比表面积太小，在人造板制板过程中施胶难以均匀，制成产品后内结合强度差，故粗渣需经打磨后才能使用。细渣粒子小，并多呈球状体，缺乏纤维交织力，且粒子比表面积太大，要达到同样的施胶效果，细渣的施胶量就会比纤维的大得多。蔗渣的化学成分与蔗渣的颗粒大小有关。随蔗渣粒度的减小，纤维素含量降低，而灰分、抽出物和溶出物含量增加，是导致产品吸潮、润胀和吸水率升高的主要原因，故原料蔗渣在施胶以前必须先进行分选，除去粒度过小的部分后才能用于碎料板生产。

蔗渣的 pH（一般为 6.2～6.8）对生产工艺也有影响，除髓后的蔗渣用蒸馏水浸提法测定其 pH，通常采用的原料与蒸馏水比例为 1∶20。蔗渣的浸提液呈弱酸性，随浸渍时间延长，pH 略呈降低趋势。

除髓是蔗渣人造板生产中提高板材质量和改善生产工艺的措施。随除髓率的提高，生产中的工艺问题减少，板材质量好。但蔗髓占原料的 30%～40%，除髓率提高，原料利用率减小，而且除髓时会损失一些有用纤维。因此，只要工艺许可，板材能达到规定指标，应做到适当除髓。

为了便于直观了解生物质纤维材料的化学组成，表 2-17 列出了几种典型农作物秸秆和木材的化学成分对比分析结果。

表 2-17 几种典型农作物秸秆和木材的化学成分比较表(%)

种类	灰分	溶液抽出物				木质素	多聚糖	纤维素
		冷水	热水	1%NaOH	苯醇			
马尾松	0.27	2.46	4.05	21.57	9.93	24.69	9.78	56.14
白桦	0.33	1.80	2.11	16.48	3.08	20.37	30.37	60.00
玉米秸秆	4.66	10.65	20.40	45.62		18.38	24.58	37.68
麦秸秆	6.04	5.36	23.15	44.56		22.34	25.56	40.40
棉秆	9.47	8.12	25.65	40.23		23.16	20.76	41.26
稻草	15.50	6.85	28.50	47.70		14.05	18.06	36.20

资料来源：赵一兵，2005

主要参考文献

刁操铨. 2002. 作物栽培学各论. 北京：中国农业出版社
杜复元，张建顺，林文青. 1992. 竹材密度的研究. 竹子研究汇刊，11（1）：50～58
胡广斌. 2003. 我国稻草板发展的回顾和目前存在的问题. 林产工业，31（2）：7～10
江泽慧，于文吉，于养伦. 2006. 竹材化学成分分析和表面性能表征. 东北林业大学学报，34（4）：1～6
李坚. 2002. 木材科学. 北京：高等教育出版社
李凯夫，陆仁书，李兰亭，等. 1991. 玉米秸秆最佳制板工艺研究. 林产工业，（1）：7～12
李扬汉. 1976. 禾本科作物的形态与解剖. 上海：上海科学技术出版社
连海兰，周定国，尤纪雪，等. 2005. 麦秸秆成分剖析及其胶合性能的研究. 林产化学与工业，25（1）：69～72
林金国. 2002. 麻竹化学成分的研究. 植物资源与环境学报，9（1）：55～56
刘一星，赵广杰. 2004. 木质资源材料学. 北京：中国林业出版社
刘志明. 2002. 小麦草各部位纤维形态和化学组成的分析. 哈尔滨：东北林业大学博士学位论文
鲁博，张林文，曾竟成，等. 2005. 天然纤维复合材料. 北京：化学工业出版社
陆熙娴，李琦. 2001. 麦秸的特性分析及其工业利用. 林业科技通讯，（7）：30～31
马灵飞，马乃训. 1997. 毛竹材性变异的研究. 林业科学，33（4）：356～363
《木材学》编写组. 1997. 木材学. 北京：中国林业出版社
申宗圻. 1993. 木材学(木材机械加工专业用). 2 版. 北京：中国林业出版社
苏文会，顾小平，马灵飞. 2005. 大木竹化学成分的研究. 浙江林学院学报，22（2）：180～184
王荣栋，尹经章. 2005. 作物栽培学. 北京：高等教育出版社
王少光，武书彬，郭秀强，等. 2006. 玉米秸秆木质素的化学结构及热解特性. 华南理工大学学报（自然科学版），34（3）：39～42
王思群. 1990. 竹材酸含量及其对脲醛胶固化时间的影响. 竹子研究汇刊，9（3）：1～8
王朝晖. 2001. 竹材材性变异规律及其加工利用关系研究. 北京：中国林业科学研究院博士学位论文
吴炳升，夏玉芳，傅懋毅，等. 1995. 料慈竹化学成分的研究. 浙江林学院学报，12（3）：281～285
杨文钰，屠乃美. 2003. 作物栽培学各论（南方本）. 北京：中国农业出版社
杨中平，杨林青，郭康权，等. 1995. 玉米秸外皮碎料板制板工艺的初步研究. 西北林学院学报，10（3）：67～72
杨淑敏，江泽慧，任海青. 2006. 竹类解剖特性研究现状及展望. 世界竹藤通讯，14（3）：1～3
腰希申. 1988. 中国主要木材构造——扫描电子显微镜. 北京：中国林业出版社
腰希申，梁景森，麻左力，等. 1987. 竹材表皮细胞的观察（一）. 竹子研究汇刊，6（3）：38～48
腰希申，梁景森，马乃训. 1990. 竹竿表面微形态的扫描电镜观察. 竹子研究汇刊，9（1）：13～26
尹思慈. 2001. 木材学. 北京：中国林业出版社
于文吉，江泽慧，业克林，等. 2002. 竹材特性研究及其进展. 世界林业研究，5（2）：50～55
于文吉，余养伦，江泽慧. 2007. 不同处理竹材的表面性能分析. 北京林业大学学报，29（1）：136～140
虞华强. 2003. 竹材材性研究概述. 世界竹藤通讯，1（4）：5～9
袁纳新，李重根. 1999. 蔗渣刨花板的物理力学性能分析.

林业实用技术，（8）：35～36
张大同，刘学斌，李忠正. 1990. 小麦草各部位纤维形态和化学组成的分析. 中国造纸，4：16～21
张静文，王华忠，马乃训. 1995. 刚竹属部分丛生竹纤维形态与主要理化性质. 林业科学研究，8（1）：54～61
张齐生. 1995. 中国竹材工业化利用. 北京：中国林业出版社
赵仁杰，喻云水. 2003. 木质材料学. 北京：中国林业出版社
赵一兵. 2005. 玉米秸秆板加工特性试验研究. 长春：吉林农业大学硕士学位论文
郑蓉. 2001. 不同海拔毛竹竹材化学组成成分分析. 浙江林业科技，21（1）：17～20
周定国，张洋，宇文杰，等. 2003. 高中密度稻草人造板制造技术与产业化. 林业工业，30（4）：17～21
周芳纯. 1991. 竹材的物理力学性质. 竹类研究，10（1）：27～44
朱爱国. 2001. 苎麻主要品质性状的研究. 北京：中国农业科学院硕士学位论文：1～10
Ahmad M，Kamke F A. 2000. Analysis of calcutta bamboo for structural composite materials：surface characteristics. Wood Science and Technology，37：233～240
Dogherty M J. 1995. A study of the physical and mechanical properties of wheat straw. Agric Engng Res，62：133
Pandey A，Soccol C R，Nigam P，et al. 2000. Biotechnological potential of agro-industrial residues. Ⅰ：sugarcane bagasses. Bioresource Technology，74：69～80

3 生物质-聚合物复合材料的热压成型技术

在众多材料学领域中，生物质材料最具发展前景。国际上生物质材料研究兴起于20世纪60年代，在80年代得到高速发展。人们采用物理的、化学的或机械的诸多方法加工和处理，从而赋予材料某些新的性能或改良其功能，由此创生了许多新型生物质材料，如塑合木、重组木、层积木、稻草板等。塑合木是1961年问世的一种新型木材，由于来自各种原子能机构的支持，在美国、加拿大、芬兰、苏联、瑞典和南美一些国家有关塑合木的研制均取得了进展。过去的几十年里，世界许多国家对塑合木的单体选择、聚合物接枝木材、生产方法、工艺流程、物理力学性质和加工性能等方面进行了实验研究，取得了较大的技术进展。重组木的设想起源于1973年的澳大利亚联邦科学与工业研究院科学家John Douglas Coleman，在以后的十几年里，先后在很多国家申请了专利。1985～1988年开始在澳大利亚投资建厂，这标志着重组木工业化生产的开始。由美国兴起的单板层积材也引起了世人的关注，加拿大Macmillan有限公司，经20年的不懈努力研发了纵向定向板，从1985年开始在北美的建筑上开始使用。

生物质复合材料也是一类新型的多功能材料，不但具有生物质材料和合成高聚物的双重优点，而且被赋予了新的功能，树脂基、金属基、陶瓷基复合材料被称为先进的复合材料。目前以优质实体生物材料和热固性聚合物单体或低聚物为原料制作的WPC产品和以熔化的合金或金属元素注入生物质材料方式制得的金属木及陶瓷木已经出现。除此之外，国际上其他形式的生物质复合材料也得到了不同程度的开发与利用（李坚等，1993）。在木质与植物生物质材料的生产领域，新型人造板产品、模压制品得到了很大的发展，华夫板、模压成型刨花板、复合胶合板等广泛应用于建筑、运输等行业。随着经济、社会的发展，许多国家还把废弃物的回收利用作为充分利用自然资源、保护环境的重要措施，一些地方开始研究以废弃木质托盘、旧建筑物木质材料、稻草麦秸等植物纤维材料和废旧聚合物为原料，用挤出、模压、热压等不同方式生产生物质-聚合物复合材料的方法。进入21世纪后，随着人类对自身赖以生存环境的愈加重视，绿色环保型、智能型生物质复合材料和制品的设计制作已渐渐成为本行业研究的主题，对上述产品制造工艺过程、生产参数、原料选择、成品质量检验的研究正不断深化。

3.1 生物质-聚合物复合材料概述

复合方式创生新的材料是21世纪重大科学问题之一。目前，关于塑料、金属等组成和结构相对简单的均质材料与非生物材料的复合已形成初步产品，高分子、碳、陶瓷或金属纤维强化复合材料技术基本成熟。然而，我国在生物质-聚合物复合材料领域的研究刚刚起步，技术水平和基础还比较落后，采用可再生资源——生物质（木材、竹材、农作物剩余物等）与聚合物复合，创生新的复合材料，实现生物质复合材料的高性能化、多功能化和环境友好特性，可获得高附加值产品。

采用木材、竹材、农作物剩余物等生物质材料与合成高聚物等非生物质材料进行复合，制造新型生物质-聚合物复合材料，实现生物质材料的高性能化、多功能化和环境友好特性，从而获得高附加值产品；利用来源广泛、性质差异较大的生物质材料（如亚麻屑、玉米秆、棉秆、芦苇、烟秆、麦秸、稻壳等农作物剩余物及竹材）为原料，通过热压方式复合制造新型高性能生物质材料。重点解决生物质-合成高聚物复合材料的生产工艺、制造设备及由不同种类生物质原料构成的新型生物质-聚合物复合材料的基础理论和关键技术问题，建立配套的理论和技术体系。

3.1.1 生物质-聚合物复合材料

在生物质-聚合物复合材料大家族中，木材-聚合物复合材料最具发展潜力，是一类新型的绿色复合材料。与过去的木塑复合材料（WPC：以优质实体木材和热固性聚合物单体或低聚物为原料）不同，它是以生物质（木材、竹材、农作物秸秆等）纤维、粉末、碎料或细小刨花等形态的保持细胞结构特征的生物质材料为增强体或填料，以热塑性聚合物（主要为高密度聚乙烯、低密度聚乙烯、聚丙烯、聚氯乙烯和聚苯乙烯及它们的回收再生料等）为基体，并加有各类添加剂经过熔融（挤出、混炼、注塑和热压）加工成型，是提高低质木材、木材加工剩余物、竹材和农作物秸秆等利用率的有效途径（Balatinecz，1993）。此外，传统的加工废弃塑料可回收量巨大，若用之于生物质-聚合物复合材料，实现废弃合成聚合物的再利用，其资源环境效益巨大。生物质-聚合物复合材料在我国将有巨大的市场，成为国民经济新的重要增长点。

生物质-聚合物复合材料的研究已有 50 多年历史，但一直未能实现工业化。1964 年，木塑复合材料曾被誉为当年世界十大科学成就之一。1965 年，在美国纽约举行了木塑复合材料的专题座谈会，发表了在单体中加入化学引发剂，用热引发法制造 WPC 的论文。1967 年，国际原子能协会在曼谷召开了大型国际会议，木塑复合材料被列为和平利用原子能的研究项目。20 世纪 80 年代初，木塑复合材料在国外就已有研究成果和实际应用。日本阿特隆公司于 1980 年发表了专利且在世界范围推广，是近年来国外发展较快且经济效益显著的实用新技术。1983 年，美国 Woodstock 公司开始用意大利挤出技术生产汽车内部底板装置，用聚丙烯和 50%的木粉挤出成型，这种产品是美国对 WPC 的较早应用。90 年代初，美国 Trex 公司开始生产由聚氯乙烯（PVC）和 50%木材纤维构成的复合材料，主要用于建筑门窗（Leaversuch，2000）。

生物质-聚合物热压混合复合指的是生物质与聚合物之间的结合是通过适当的胶黏剂进行胶合，生物质和聚合物在固化后仍然保持各自的状态。对于此类复合材料，常用热塑性聚合物如聚乙烯、聚丙烯、聚苯乙烯、聚酯等。Youngquist 等在 1989 年对木材与各种非木质材料包括塑料的复合情况进行了概述，并对其市场前景进行了讨论。Youngquist 等（1992）使用三种不同的木材纤维与合成纤维配方制造复合板，结果表明：复合板的抗弯强度、抗拉强度、内结合力及耐水性得到全面提高。美国林务局林产品研究所为保护环境和充分利用木材资源，利用铁杉纤维（HF）、聚酯纤维（VPET）、废木材纤维（DF）、高密度聚乙烯（VHDPE）等废旧木质纤维与塑料，采用 PET 和高密度聚乙烯（HDPE）两种塑料加工 AL 系列木塑复合薄板。试验表明：使用 60%HF、5%VPET、30%VHDPE、5%非极性聚乙烯蜡（E10）为添加剂，采用 HDPE 塑料加工的 AL 系列Ⅱ型木材复合薄板，其弯曲断裂模数为 19.1MPa，拉伸强度为 12.4MPa，浸水 24h 后厚度膨胀率为 0.15%～0.17%、吸水率为 54.9%～58.7%，30%相对湿度时的线膨胀率为 0.15%～0.17%、65%相对湿度时为 0.39%～0.40%、90%相对湿度时为 0.64%～0.68%；使用 60%HF、5%VPET、30%VHDPE，采用 HDPE 塑料加工的 AL 系列Ⅱ型木材复合薄板，其弯曲断裂模数为 18.7MPa，拉伸强度为 11.5MPa，浸水 24h 后厚度膨胀率为 42.7%～52.8%、吸水率为 61.8%～65.8%，30%相对湿度时的线膨胀率为 0.16%～0.17%、65%相对湿度时为 0.42%～0.44%、90%相对湿度时为 0.69%～0.74%。Liang 等研究了木材纤维与聚苯乙烯的复合，初步结果表明，复合材料的性能受木材纤维的含量及偶联剂类型的影响。中国林业科学研究院木材工业研究所木质纤维复合材料专题组使用红松纤维与聚丙烯纤维进行复合，结果表明：添加聚丙烯纤维虽改善了材料的模压性能，但导致材料的各项物理力学性能下降，对聚丙烯进行预处理后的复合材料模压制品各项技术指标可以达到一汽大众 TL-VW94 标准。杨庆贤（1992）利用木屑与 PVC 塑料进行复合，结果表明：层压成型的硬质板材比其他成型工艺有较好的力学强度。

迄今为止，我国农作物秸秆资源的综合利用主要以造纸、饲料为主，而且每年所消耗的数量相对于产量来说要少得多。剩余的大量农作物秸秆资源由于缺乏科学、合理的应用，既造成了资源的浪费和环境污染，同时又使秸秆资源被大量浪费。秸秆纤维与不同基体的聚合物复合可以制成不同用途的复合材料，用于不同的场合。以秸秆纤维为增强体制成的复合材料完全符合现代复合材料的发展方向——环境友好复合材料。环境友好复合材料所具有的特点是：充分利用污染环境的废品为资源，制成具有某些功能的复合材料，减少对地球的压力，同时又充分利用了资源。在森林、土地均较为富有的发达国家，利用农作物秸秆制成各种板材及性能各异的复合材料在不同的场合已有应用。在森林覆盖率低、耕地逐年递减的我国，用农作物秸秆代替木材生产人造板的研究与技术正在发展之中；但对于用秸秆纤维与热塑性聚合物复合，制成高性能复合材料的研究还处于起始阶段。随着天然林资源保护工程的实施和一系列环保政策法规的制定，开发农作物秸秆与不同聚合物基体复合制成具有使用性能的复合材料，必将成为高效利用农作物资源、缓解木材供需矛盾的一条有效途径。

秸秆纤维-热塑性聚合物复合材料使用的原料属于农作物剩余物和废弃塑料，生产出的复合材料性价比具有很强的优势，符合国家的环保政策。如果解决了界面问题，掌握了复合材料的结合机理，就可以根据使用要求对复合材料工艺进行设计，那么，既可以代替传统的“三板”，又可开拓复合材料新的应用领域（如交通工具的内装修、墙体及地板用材料），发展空间很大。对于实施天然林资源保护工程、充分开发合理利用天然资源和再生资源、彻底解决人造板甲醛释放问题、加强环境保护、提高生物质材料工业的经济效益、促进林业产业的健康发展，具有一定的生态效益、经济效益和社会效益（许民，2006）。

3.1.2　生物质-聚合物复合材料热压成型工艺

热压成型工艺适合于高比例生物质材料含量的复合材料制造，一般生物质材料在 50%以上，甚至可达 70%。该工艺的加工过程是将生物质纤维素材料经简单的常温复合方式混合（组坯）后再热压成复合材料。其特点是可加工各种不同纤维素纤维材料形态的生物质-聚合物复合材料板材及型材，如木质单板与塑料薄膜层压复合材料、木材纤维-聚合物复合板材及模压制品、木塑复合刨花板材等。在此种复合材料板压制中，塑料既可以作为传统人造板的改性剂，也可以完全或部分替代传统人造板的黏合剂形成生物质-聚合物复合材料板材。例如，Bernard 等为了克服普通脲醛刨花板芯层强度差的弱点，用 50%聚丙烯纤维来增强刨花板芯层，从而使脲醛刨花板的内结合强度得到明显提高。Hwang 等则直接用聚乙烯与木刨花复合，但加入脲醛胶作改性剂，其结果是用脲醛改性的刨花板性能好于直接的木塑复合刨花板。

生物质-聚合物复合材料热压成型工艺流程如图 3-1 所示。

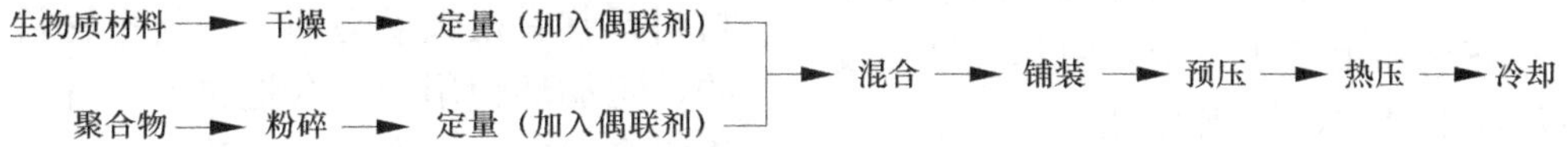

图 3-1　生物质-聚合物复合材料热压成型工艺流程

生物质-聚合物复合材料热压成型工艺特点如下。

（1）考虑到环保，不采用甲醛系胶黏剂。

（2）考虑到现有加工企业闲置的设备，采用人造板的制造工艺，有利于中密度纤维板和刨花板企业的转产。

（3）考虑到现今市场对密度板的需求和应用，具有方便加工、力学强度高、利于贴面装饰等优点。

生物质材料与聚合物是两种极性不同的材料，如果只是普通的混合，然后再热压制成板材，通过这种方法压出的板材，板材内的木材纤维和塑料颗粒之间不能很好地结合在一起，界面结合较差，制成的复合板材的内结合强度也较差，不能够作为板材应用，没有使用价值。为了使它们能够更好地结合在一起，必须采用一些方法来提高木材纤维与塑料的亲和性（许民，2005）。

3.1.2.1　选用改性剂

改性剂可以分成无机、有机、无机-有机三大类，有机改性剂包括异氰酸酯、酸酐、氨类、酰亚胺、丙烯酸酯、环氧类、有机酸、单体、聚合物、共聚物。只有少数的几种无机盐类被用作改性剂。

最广泛使用的改性剂是马来酸酐（MA）和改

性的聚丙烯（MAPP）、聚乙烯（MAPE）、聚苯乙烯（MAPS）。这些材料都是相对便宜并且易于得到的，而且对于木塑复合材料的机械性能有所改善。改性剂可以和正在聚合的聚合物聚合生成自由的聚合物（MAPS），或者接枝共聚到已经聚合了的聚合物上（MAPP）。改性剂单体和木质材料反应时，同时和塑料的聚合物缠绕在一起，此时MA的作用就显现出来，同时又决定着MA和木材的化学结合情况，与温度和反应时间有关。有机改性剂和木质纤维上的极性基团进行反应，另外，有机改性剂通过接枝共聚可以改性聚合物基体，增加胶合能力。无机改性剂的作用可能是分散剂和改善木材与塑料的相容性。

3.1.2.2 接枝共聚

在木材和聚合物之间，接枝共聚使得它们有共价键连接的机会。这种聚合物可以为基体物质或者用来涂于纤维表面，用以改善相容能力的涂层。两种主要的药品是阳离子聚合接枝共聚和游离基接枝共聚。

自由基接枝共聚要求在纤维表面产生自由基，这些自由基必须存在足够长的时间，从而促使表面的链增长。植物纤维中木质素将延迟甚至阻止自由基的接枝共聚，因为它阻止了分子中醌型基团的反应，对于在木质纤维表面产生自由基的方法是：过氧化物产生羟基自由基，羟基自由基从含有纤维素和木质素成分的羟基基团上吸引一个质子，并在表面上产生一个自由基，这种技术也要求有洁净的基质，较难做到。

3.1.2.3 化学改性

化学改性能使天然的物质发生永久的改变，从而使木质纤维更适合于基质相容，在对各种化学试剂的研究中，酸酐、异氰酸酯、过氧化物是研究最多的三种化学药品。对乙酰化反应的研究最多，它相对便宜而且毒性较低。当一些直接改性的方法主要在于提高木质纤维素表面的能量来改善界面特性时，另一些研究着力于将一些改性基团用于为接枝共聚的聚合物聚合到木材表面提供结合点。这样的改性使用甘氨酸甲基丙烯酸酯和甲基丙烯酸酯来接枝共聚。

使用马来酸酐改性后再使过氧化物进行酯化反应。烷基化木材试件通过热压形成，目的是希望通过这种手段可以使聚丙烯在催化剂作用下和木材发生交联，起到交联剂的作用。由此可以得出结论，用这种方法是可能产生接枝共聚反应的。

3.1.2.4 加入引发剂

引发剂通常和改性剂一起使用，特别是在接枝共聚时。通常选用的引发剂是有机过氧化物，我们选用的是过氧化二异丙苯（DCP），因为DCP自由基有较好的热稳定性，从而可以进行更好的接枝。在接枝反应中，过氧化物的用量一般是总质量的1%～3%。引发剂加量过低，产生的自由基数量不够；加量过高，则副反应加剧，从而使接枝率降低。

近年来，利用聚乙烯、聚丙烯等热塑性聚合物与木材纤维复合制造复合材料已成为木材工业材料研究中的新领域。这种复合材料在尺寸稳定性、成型性、抗张和抗冲击方面都有优势。但是由于聚烯烃塑料分子由非极性分子构成，分子质量又非常大，而木材纤维主要由极性分子构成，因而在一般情况下两种材料制成的复合材料的物理力学指标难以取得大的提高，必须进行适当处理（许民等，2004）。

3.2 生物质纤维-聚合物复合材料制造工艺

在以农作物秸秆植物纤维为原料的高技术新材料研究方面，秸秆纤维与废旧热塑性塑料复合材料是具有很大潜力的一种新型材料。这种新型的、可循环使用的耐久性材料，既能克服秸秆纤维本身强度低和变异性大等使用局限性，又具有比单一高分子聚合物材料更好的综合性能。但是，在秸秆纤维-废旧热塑性塑料体系复合材料的研制过程中，需要解决的最大问题是如何使亲水的极性秸秆纤维表面与疏水的非极性热塑性塑料基材界面之间具有良好的相容性，从而使秸秆纤维材料的表面层与热塑性塑料的表面层之间达到分子间的融合，在分子水平上研究把两种不同性质的材料充分地复合在一起、产生比原来单一材料性能更加优良的新材料的结合机制。

3.2.1 原材料预处理

3.2.1.1 木材

木材主要由纤维素、半纤维素和木质素组成，是一种毛细管-多孔性-胶体材料，表面具有极性、吸附性和渗透性；它们在外界的物理和化学作用下既能被降解产生劣化，又可被活化，提高反应性能。木材具有强度高、易加工和修饰、质轻、强重比高、传导性小、具有丰富多彩的天然纹理和色泽、加工简易、生产过程能耗低的优点，但又存在胀缩性大、易受虫侵蚀等缺点。

木材作为工业材料，其环境协调性最好，在国民经济中起十分重要的作用。同时木材是一种天然的高聚物，它既有生物学特征，也有化学和物理特征，是一种不均匀的各向异性的材料。树种不同，其材性变异很大；即使是同一树种的木材，由于切面不同，所裸露的解剖分子的形态、比率及其纤维素、半纤维素、木质素和抽提物的含量均有变化，这些变化对界面特性有明显的影响。因为木材与塑料复合时，它们的形态、大小、树种对复合材料的强度均有影响，所以要求细长木纤维占大多数，通常采用云杉、冷杉、松木等针叶树材，也可少量混用阔叶树材或其他长纤维植物，如麻类等。

木材是天然高分子材料。天然高分子材料作为一种可持续发展的资源，来源丰富，因此其地位会越来越重要。地球上每年生长的植物所含纤维素高达千亿吨，超过了现有石油总储量，这是大自然给我们的一种既廉价又取之不尽的可再生资源。要迎接今后石油危机、能源危机可能给高分子原料来源带来的挑战，重要出路之一在于对天然高分子的开发和利用（李坚，2002）。

木材纤维采用热磨法制造，与中密度纤维板厂生产 MDF 用的纤维制造方法相同，可以为单一树种或混合树种，使用前进行不同的加工处理。

3.2.1.2 农作物生物质材料

农业剩余物的性能和成分与木材有许多相似之处，但又有许多不同之处。木材是一种已经使用了几千年的性能优良的天然材料，几乎没有一种材料可以完全替代它，而只能接近它。如果希望农业剩余物制造人造板全面达到木质人造板的性能，就必须付出更大的努力，工业生产就表现为在某一方面成本增加，这是不可回避的问题。麦秸表面有一层光滑的高级脂肪族构成的蜡状膜，在植物生理上具有防止茎内水分蒸发的作用，但在制造人造板时，这一层蜡状膜影响了常规脲醛胶或酚醛胶的胶合，目前不得不采用价格昂贵的异氰酸酯（MDI）来进行胶合。

与木质人造板相比，秸秆人造板在生产技术上存在一些难点。

（1）由于秸秆细胞的结构特征和化学组分与木材不尽相同，故采用传统的办法进行物料破碎或纤维分离，纤维得率低，形态差，影响了产品的物理力学性能。

（2）由于秸秆表面多含有不利于胶合的物质，故采用传统的脲醛树脂或酚醛树脂胶，难以得到满意的胶合强度（尤其是内结合强度）。因此，到目前为止，国内外已建成的碎料板厂几乎都以异氰酸酯为胶黏剂。但仍存在两个问题：①成本。因为异氰酸酯价格为脲醛树脂的 8～10 倍。尽管前者施胶量比后者低得多，但绝对成本还是比后者高。②粘板。如果直接采用异氰酸酯胶黏剂，将会产生严重的粘板现象。

对于上述问题，目前可以用以下方法来解决。

（1）用聚四氟乙烯垫板。

（2）使用内、外脱模剂。

（3）采用隔离法（纸隔离或木质材料隔离等）。

因为存在上述难点，导致了目前国内对于秸秆人造板产生“实验室研究多，产业化推广少；做可行性报告多，实际投资建厂少；对产品舆论支持多，实际应用少”的现象。科技人员通过研究，提出了应从以下几个方面去突破，以解决上述难点。

（1）应用分子生物学理论，高度解离秸秆纤维，改变纤维形状，减少以上难点对产品性能所造成的影响。目前，从实践上做到这一点，还有一定难度。

（2）采用蒸汽加热处理、生物处理、化学处理和热水处理等方法，改变秸秆表面性能，消除秸秆表面不利于胶合物质对产品性能造成的负影响。

（3）通过创新，改进生产工艺。着力降低异氰酸酯的价格，优化施胶工艺。减小胶黏剂的用量，降低产品所用胶黏剂的成本。

（4）探索秸秆人造板的复合方案，将秸秆与木材、竹材和无机物等原料按比例混合使用，或者将异氰酸酯与无机胶黏剂混合使用。

3.2.1.3 热塑性聚合物

生物质-聚合物复合材料所用的塑料品种，比较常见的有聚乙烯（PE、HDPE）、聚丙烯（PP）及聚苯乙烯（PS）等。进入20世纪80年代以后，利用各种废塑料特别是城市废弃物中的塑料组分来加工木塑复合材料的研究明显增加，体现了生物质-聚合物复合材料技术在加强废塑料的回收利用、控制环境污染方面的功能及应用前景。

1）聚乙烯 聚乙烯（polyethylene，PE）是工业生产中非常重要的，也是常见的聚合物之一，其分子结构通式为 $\left[CH_2—CH_2 \right]_n$。聚乙烯因具有分子极性小、结晶程度高、成本低、加工方便等优点而被广泛用于制作各种塑料制品。但非极性的聚乙烯与其他材料的黏附力低，与极性聚合物的相容性差，使其应用范围的扩大受到了限制。利用高聚物与其他单体共混或接枝改性来制备官能化的聚合物，是扩大高分子材料用途的一种简单而行之有效的方法。

线性PE包括超低密度PE（ULDPE）、线性低密度PE（LLDPE）、高密度PE（HDPE）、高分子高密度PE（HMW-HDPE）和超高分子质量PE（UHMW-PE），它在聚合反应器中压力远低于制造支化PE所用的压力。在制造支化PE时，聚合物决定性参数是密度，从某种意义上说，它表述了聚合物长支链组合时的紧密度和规整度（或结晶度）。密度可通过反应器的压力和热量的变化而改变；另外，线性PE的密度随乙烯共聚的单体用量而异。共聚单体生成的短支链随着乙烯主链一起生成，由于支链使聚合物产生分离，共聚单体数量越多，聚合物密度越低。

相反，支化PE同时具有短支链和长支链。因此，LLDPE特性有些不同于其支化同类物低密度PE（LDPE）。如其名字所示，LLDPE是更“线性”，更结晶性物质，因此加工方法不同且表现出不同的最终应用性能。通常这种差别不是很大，但在一些加工中如吹塑薄膜中，如由生产LDPE改为生产LLDPE，则需对加工工艺做相当显著的修改。自从LLDPE开始广泛采用并证明其最终应用性质有显著不同以来，在过去的20年中像这样的替代频繁增加。

线性和支化PE之间的其他不同特性是由于化学构成的不同。虽然它们的单体都是乙烯，但在共聚单体类型上有差别。尽管线性PE是以均聚物形式存在（最高密度等级的HDPE，如用于牛奶瓶的，是均聚物），大多数的线性等级是共聚物，其共聚单体是α-烯烃类原料如丁烯、己烯、4-甲基-1-戊烯和辛烯。相反，所有的LDPE都是均聚物，支化PE共聚物一般具有极性分子单体如乙酸乙烯（生成EVA）、丙烯酸（生成EAA）等，可赋予其诸如黏性的特殊性能。

密度为0.92g/cm^{3}的LLDPE树脂（一种强力的薄膜等级）通常共聚单体含量为8%～10%。聚合物特性随使用不同类型的α-烯烃而各异。一般来说，增加短支链长度可改进性能。从丙烯（C3）、丁烯（C4），到己烯和4-甲基-1-戊烯（C6），再到辛烯，增加碳含量，短支链长度依次增加。用丙烯作共聚单体，其性能不会显著高于100%乙烯（C2）生成的PE。然而，由于聚合过程和其他的聚合物生产的参数不同，单体类型不应被认为是树脂特性形成的单一指标。

商业用的低密度聚乙烯（PE-LD）材料的密度为0.91～0.94g/cm^3，对气体和水蒸气具有渗透性，热膨胀系数很高，不适合于加工长期使用的制品。如果PE-LD的密度为0.910～0.925g/cm^3，那么其收缩率为2%～5%；如果密度为0.926～0.940g/cm^3，那么其收缩率为1.5%～4%。当然实际的收缩率还要取决于注塑工艺参数。PE-LD在室温下可以抵抗多种溶剂，但是芳香烃和氯化烃溶剂可使其膨胀。同PE-HD类似，PE-LD容易发生环境应力开裂现象。

聚乙烯接枝改性的方法很多，如溶液接枝、熔融接枝、固相接枝、单体直接共聚反应、辐射接枝、表面接枝等（黄锐，1997）。

根据生产方式及密度的差异，通常把聚乙烯分为低密度聚乙烯（LDPE）和高密度聚乙烯（HDPE），其性能如表3-1所示。

表3-1 聚乙烯性能

性能	低密度聚乙烯	高密度聚乙烯
密度/(g/cm^3)	0.91～0.93	0.94～0.96
拉伸断裂伸长率/%	100～300	15～100
邵氏硬度	41～46	60～70
软化温度/℃	140	180
拉伸强度/MPa	10～16	20～30
弯曲强度/MPa		20～30
缺口冲击强度/(kJ/m^2)		10～30
耐热性/℃	80～100	121

2）聚丙烯 聚丙烯（polypropylene，PP）是以丙烯为主要单体聚合而成的高分子化合物，是聚烯烃家族中的重要成员之一，其分子结构通式为 $\left[CH_2—CH(CH_3) \right]_n$。根据高分子链立体结构不同，聚丙烯有三个品种：等规聚丙烯（IPP）、间规聚丙烯（SPP）和无规聚丙烯（APP）。

聚丙烯由于原料来源丰富、价格便宜、易于加工成型、产品综合性能优良，用途非常广泛，已成为通用树脂中发展最快的品种。聚丙烯与聚氯乙烯、聚乙烯、聚苯乙烯、丙烯腈-丁二烯-苯乙烯共聚物（ABS）等其他通用热塑性塑料相比，密度最低，力学性能均较优异，并有突出的耐应力开裂性和刚性。聚丙烯几乎不吸水，具有良好的化学稳定性，除发烟硫酸及强氧化剂外，与大多数介质均不起化学反应。此外，它还有良好的电绝缘性和较小的介电率。聚丙烯成型加工容易，可用注射、挤出和中空成型等多种方法高效率地成型各种制品。其性能如表 3-2 所示。

表 3-2 聚丙烯的性能

性能	数值	性能	数值
密度/(g/cm^3)	0.89～0.91	拉伸强度/MPa	21～39
拉伸断裂伸长率/%	200～400	压缩强度/MPa	39～56
洛氏硬度（*R*）	95～105	弯曲强度/MPa	42～56
熔融指数	0.1～30	缺口冲击强度/(kJ/m^2)	2.2～5
熔点/℃	164	低温缺口冲击强度/(kJ/m^2)	1～2

尽管聚丙烯有众多优点，但是也存在一些不足之处。其最大缺点是耐寒性差，低温易脆断；其次是收缩率大，抗蠕变性差，制品尺寸稳定性差，容易产生翘曲变形；与传统工程塑料相比，聚丙烯还存在耐候性差，耐光、热及抗老化性差，亲水及抗静电性能差，涂饰、黏合等二次加工性能差，与其他极性聚合物和无机填料的相容性差，从而限制了它的进一步应用。

3）聚苯乙烯 聚苯乙烯（polystyrene，PS）是通用塑料的五大品种之一，是世界上应用最广泛的热塑性塑料。其分子结构通式为

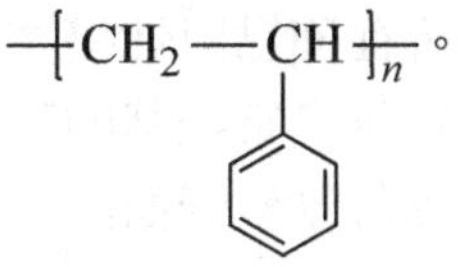

。聚苯乙烯为无定形、非极性线性高聚物，无色透明粒状热塑性树脂。聚苯乙烯的透明度为 88%～92%，折射率高，具有良好的光泽；加工性能好、绝缘性优、易印刷与着色，用途广泛。

但是它的缺点是韧性差，耐热性低，耐化学试剂、耐溶剂性欠佳。在寻求克服这些缺点的过程中，对聚苯乙烯进行了改性。例如，抗冲击性聚苯乙烯，代号为 HIPS，它主要是加入韧性优异的顺丁橡胶来改善其脆性，从而达到比较理想的增韧效果。因为顺丁橡胶与聚苯乙烯具有最适宜的混容性，而且橡胶与 PS 的溶解度参数值应接近，又有一较小的差值，所以顺丁橡胶是最理想的选择。HIPS 的加工性能良好，其流动性虽比 PS 有所减小，但优于丙烯酸塑料和绝大部分热塑性工程塑料，与 ABS 成型性能接近，可以进行注塑、挤出、吹塑等（王国建，2004）。

聚苯乙烯塑料为无定形、非极性线性高聚物，是无色透明粒状热塑性树脂。由于其价廉易得、透明、加工性能好、绝缘性优、易印刷与着色，用途广泛，主要应用在以下几方面。

（1）制备装饰、照明制品、仪器仪表壳罩、仪表板、汽车灯罩等。

（2）一般电绝缘用品、高频电容器、高频绝缘用品及传输器件、光导纤维。

（3）绝热保温材料、冷藏冷冻装置绝热层、建筑用绝热构件。

（4）防震、抗冲击的泡沫包装垫层。

（5）日用杂品、玩具、一次性餐具、透明模型等。

4）偶联剂 在以热塑聚合物作为基体物质时，MAPP 作为偶联剂一直和乙酸作为改善纤维表面亲水性的方法进行对比。试件由精磨纸浆（RGP）制得。对于用 RGP 和聚丙烯为原料制成的复合材料，材料的机械性能随着纤维含量的增加而降低。添加 MAPP 后，机械性能有很大提高，而将纤维表面乙酰化后并没有发现复合材料性能有所提高。

要想研究纤维的类型、压力条件和偶联剂对木材和聚苯乙烯复合材料的机械特性方面的影响，我们需要更多地了解复合材料的原材料：化学热机械纸浆（漂白的和未漂白的）和用亚硫酸盐漂白的纸浆、偶联剂［包括三硅烷基的偶联剂和聚亚甲基聚苯基异氰酸酯（polymethylenepolyphenyl isocyanate，PMPPIC）］。另外，采用磺酸盐将聚苯

乙烯接枝到纸浆上。聚合物和纤维利用滚磨在145～225℃温度进行混合。在150～190℃、1.1～4.34MPa条件下来模压试件。在实验中发现，超过190℃时，复合材料的机械性能下降，这是纤维素降解的缘故。此时拉伸模量有所增加。未漂白纤维制成的复合材料效果较好，原因是它改善了纤维中木质素和聚苯乙烯的相容性，添加质量分数为52%的聚亚甲基多苯基异氰酸酯或者4%的硅烷，也会使复合材料的机械性能有等量的提高。使用3%的PMPPIC处理，当聚苯乙烯接枝质量分数达56%时也能很好地改善制品的机械性能。一个相似的研究表明，使用PMPPIC比使用硅烷进行处理更加有效，但是模压的板型对复合材料的性质也有影响。作为有潜力的偶联剂，其他不同分子质量的聚合物是在木材-聚苯乙烯复合材料中的探索中得出的。其中，包括聚苯乙烯-聚丙烯酸（PSMAA）（高分子质量和低分子质量）和聚苯乙烯-聚乙酸乙酯（PSPVA）（Liang et al.，1994）。同时得出低分子质量的PSMAA是所有研究的偶联剂中最佳的。低分子质量的聚合物更有利于木材表面和高分子的充分接触。

5）引发剂 在用偶联剂处理期间，引发剂通常和偶联剂一起使用，特别是在接枝共聚时。通常所用的引发剂是有机过氧化物，如二异丙基过氧化物（DCP）、苯基过氧化物（BPO）、月桂酸、十二烷酰过氧化物（LPO）等，在接枝反应中，过氧化物的用量通常是原料质量的0.5%～1%。过分的氧化对复合材料的机械性能有不好的影响。因为聚合物和木纤维的链由于过氧化物很多而导致了断裂。和BPO比较可以得出对MA来说，DCP是较好的引发剂，因为DCP自由基有较好的热稳定性，从而可以进行更好的接枝。

引发剂以选用过氧化二异丙苯（DCP）为好，DCP的接枝率高于平均接枝率0.0123，认为主要是由于同一温度下DCP的半衰期比过氧化苯甲酰（BPO）长得多，如在140℃和180℃时BPO的半衰期分别为25s和1s，而DCP的半衰期分别为3000s和50s。DCP能在较长时间内稳定地向反应提供自由基。

6）异氰酸酯 异氰酸酯作为偶联剂可以与纤维素之间形成较强的共价键：

$$\text{R—N}=\text{C}=\text{O+H—O—Cell} \longrightarrow \text{R—NH—CO—O—Cell}$$

Joseph和Thomas用异氰酸酯（甲苯二异氰酸酯和天然聚合物腰果酚的反应物）处理剑麻纤维后，改善了剑麻纤维-PP复合材料的电学和力学性能。剑麻纤维中的—OH基团与异氰酸酯中的—N＝C＝O发生反应，形成共价键，而且异氰酸酯处理剑麻纤维表面后，剑麻纤维表面的亲水性—OH基团数减少，PE与剑麻纤维表面之间有更强的界面结合；同时，异氰酸酯的长链结构降低了纤维的吸水性，提高了剑麻纤维与PE的相容性与分散性。用异氰酸酯处理剑麻纤维后的剑麻纤维-PE复合材料显示出比未经处理的剑麻纤维复合材料高得多的拉伸强度和弹性模量，尺寸稳定性也更高。

此外，Felix等（1989）指出，纤维素纤维与聚酯复合时，加入氯化三嗪（chlorinate triazine）作为偶联剂，增加了两种聚合物之间的黏附性，耐湿强度提高60%；烷基乙烯酮二聚物（alkyketene dimer）作为木纤维素与聚丙烯复合的添加剂，也可以改善其性能。近年来，国外正研究各种新的偶联剂用于纤维素纤维的表面处理，然后与合成聚合物复合，取得很大进展，据报道，经表面处理的亚硫酸盐木浆纤维用于与精细石墨纤维等复合可用作航天飞机轻质隔热罩。

对纤维进行接枝处理比较复杂，但接枝纤维与基体树脂间的相容性明显改善。接枝方法常见的有游离基引发、光引发、辐射引发。引发剂有四价铈离子、五价矾、三价锰及高锰酸钾、过硫酸盐等。接枝可以改善界面状况，但也可能引起纤维强度的下降。

Shukla等（1990）将苯乙烯接枝到棉纤维上，结果表明：随苯乙烯接枝率的提高，纤维吸水率下降，有利于改善与基树脂间的界面性能。Host等（1993）研究用乙烯腈接枝黄麻纤维，得到的复合材料挠曲强度和挠曲模量提高10%～30%。Felix等（1997）研究了木纤维用聚丙烯-马来酸酐共聚物（MAH-PP）涂覆处理，然后与PP复合，研究表明：由于MAH-PP接枝共聚物与PP结构相似，这样MAH-PP间发生链段结晶，产生内聚耦合，界面间黏附性提高。另外，MAH-PP中的羧基可与纤维素富羟基的表面发生共价键合，涂覆MAH-PP后纤维素表面游离羟基减少8%，完全疏水，避免重新形成氢键，表面能下降，使其与PP具有良好的黏合性、相容性和分散性。揣成智等（2000）也研究了用马来酸酐对木纤维进行化学接枝处理，红外光谱分析表明，木纤维和马来酸酐接枝聚丙烯发生了酯化反应，应用差示扫描量热分析（DSC）和扫描电子显微镜（SEM）技术发现：与未处理的相比，聚丙烯-MAPP 接枝木纤维复合材料的拉伸性能、冲击性能和加工流动性有了明显的改善。

据报道，使用高锰酸钾或有机过氧化物处理剑麻纤维，可以将聚合物接枝到剑麻纤维表面。Joseph 和 Thomas 等曾分别用高锰酸钾和有机过氧化物对剑麻纤维进行表面改性，提高了剑麻纤维-PE 复合材料的力学性能和表面电性能，其作用机理是：由于过氧化物或高锰酸钾的引发作用，诱导了 PE 在剑麻纤维表面接枝聚合，同时剑麻纤维表面的羟基数目减少，因而剑麻纤维-PE 复合材料的拉伸强度和弹性模量均有明显提高。

3.2.2 生物质-聚合物复合材料的生产特点

生物质材料既包括木材类多年生植物，又包括稻草、麦草、玉米秸秆等农作物秸秆，农作物秸秆类材料除了在运输、储存、保管等方面存在着许多困难外，还表现在原材料处理、铺装成型和热压制板时存在一定的差别，有以下技术特点。

3.2.2.1 原材料处理技术

木材纤维原料必须经过蒸煮或在高温高压条件下解纤。而一年生植物纤维的强度较低，可溶性物质含量较大，纤维素含量有的也低，有时还含有一定数量的腐烂材料，所以磨浆时纤维获得率低，浆料滤水困难，细小纤维易堵塞机器，废水多，污染问题突出。因此除棉秆、芦苇、麻秆等少数农作物秸秆可用磨浆法制造纤维外，大多数材料不采用该法生产。

农作物秸秆大多来自田间地头，材料中一般都夹杂砂、石和泥块等，这类材料用磁铁检不出来。并且这类材料一般是在自然环境中风干，含水率较低（约 17%），组织结构疏松，着火点低，因此生产时极易着火，以致烧毁材料和处理设备。德、美等国利用棉秆时，在刨片前必须喷水加湿，并要求将棉秆的枝丫、根须切除，中段剥皮，以消除失火和铺装不匀的隐患，这不仅浪费能源，原材料利用率也仅有 50%～55%。邹惟前和邱昌兰（1997）的专利中对传统的制板技术做了改变，原材料处理工序是：切断→捶碎→蒸汽烘干→筛选，与传统木材纤维工艺相比更加适合于农作物秸秆类原料。

3.2.2.2 铺装成型技术

大多数农作物秸秆的皮绒多、软、细、长，易在原材料混合时结团并堵塞铺装机气孔，降低复合材料的表面质量。因此铺装成型技术要求对皮绒较多的农作物秸秆（如棉秆）皮绒的长度应不超过 10mm。其次，农作物秸秆组织疏松，体积大，在压制厚度相同的复合材料时，毛坯的厚度比木材纤维原料的高，因而输送板坯时易塌边。

3.2.2.3 压制技术

农作物秸秆组织疏松，预压很困难，易塌边。化学成分中冷、热水抽出物和氢氧化钠抽出物较高，杂质多，在高温高压时粘垫板问题严重。在温度较高、时间较长时，纤维易变黄发脆，甚至焦化。例如，玉米秸秆材料的热压最高温度为 160℃，超过此温度材料的强度将下降。但是聚合物类材料熔融温度差别较大，如聚丙烯熔点为 164℃，这样两种材料进行热压复合就会出现矛盾，如何去解决呢？一是尽量选择熔点温度低的聚合物材料，如聚乙烯；二是当使用木材纤维时，可以选择聚丙烯；三是使用聚四氟乙烯垫板，既可以防止粘板，又减缓板坯温度的快速上升，压机温度不宜过高。

3.2.3 纤维形态与复合材料强度的关系

物料的形状和尺寸（简称形态），是材料制备工作中必须特别注意的问题，因为它直接影响复合板的几个主要性能，如弯曲强度、平面抗拉强度、握钉力、吸水率和吸水厚度膨胀率。它也对复合材料的外观质量、胶合性能和饰面性能都有影响。

3.2.3.1 对复合材料弯曲强度的影响

植物在经过捶碎、热磨后（或其他加工方法），将有部分纤维被切断、撕裂或压溃，但大部分纤维形态被保存下来，因此原料中的纤维形态和板坯中的纤维形态虽概念不同，但关系极为密切。纤维复合材料的强度取决于单根纤维本身的强度、纤维与纤维之间的结合强度、黏合剂与纤维之间界面结合强度等。

1）单根纤维自身的强度　该强度取决于原料中纤维细胞的强度和它在生产过程中所受到的破坏程度。一般经破坏试验后，有 60%～70%单体纤维将受到破坏。植物纤维细胞的强度，除与纤维素的聚合度和结晶度有关外，与细胞本身的微观形态也有直接关系。细胞壁厚度与壁腔比愈大，细胞强度愈高；纤维丝与纤维轴之间的夹角愈小，纤维的拉伸强度愈高。

2）纤维与纤维之间的结合强度　该强度取决于长细纤维的交织性能和结合时的工艺条件。

（1）纤维长度大、长宽比大，则结合强度高，如表 3-3 所示。

表 3-3　一年生植物纤维形态特征

纤维种类	特征植物名称	平均长度/mm	平均宽度/mm	长宽比	平均壁厚/mm
茎秆纤维	荻	1.79	0.016 80	106.6	0.005 00
	芦苇	1.69	0.014 16	116.9	0.005 04
	玉米	1.18	0.014 45	81.7	0.003 15
	甘蔗渣	1.99	0.018 37	108.3	0.001 90
	高粱	1.96	0.010 86	180.4	0.004 29
	稻草	1.26	0.007 26	173.5	0.001 83
	麦草	1.66	0.014 20	116.9	0.003 21
	芒秆	1.49	0.010 36	144.6	0.004 17
韧皮纤维	大麻	15～25	0.015～0.025	1 000	
	亚麻	21～35	0.019～0.028	1 200～1 600	
	苎麻	120～180	0.020～0.050	2 000 以上	
	黄麻	2～3	0.020	100	
	檀皮	39～5.52	0.009 8～0.186 0	276	
	构皮	5.00～7.80	0.014 7～0.026 0	290	
	桑皮	3.86～10.80	0.018 0～0.022 1	463	
	棉花皮	1.40～3.50	0.057 0～0.022 9	113	
叶纤维	龙须草	1.34～2.85	0.012 7～0.008 3	202	
	西班牙草	1.30～1.50	0.010	130～150	
	剑麻	1.50～4.00	0.020～0.022	131	
种毛纤维	棉短绒	2～12		100～600	
	废棉花	12～50		1 000～4 000	

（2）细胞壁较薄、壁腔较小，在加工中（如热压）较易压扁成带状，使柔软性增加，因而具有较大的接触面积，结合强度增加。

（3）将长、短、粗、细纤维合理搭配，可填补纤维之间的间隙，从而扩大接触面，既能提高产品的密度，也能提高结合强度。

（4）纤维素分子链之间的氢键结合力和纤维与纤维间的范德瓦耳斯力增大，也能提高结合强度。

3）黏合剂自身强度和黏合剂与纤维界面的结合强度　黏合剂自身强度对结合强度影响很大，黏合剂自身强度大，结合强度也大，但有一最佳值，即最佳施胶量，超过最佳施胶量，结合强度反而会降低。当黏合剂加入纤维内后，黏合剂将通过纤维的毛细管渗透并填充细胞腔，从而提高单根纤维的强度，因为黏合剂已渗入细胞腔，所以也就提高了界面结合强度。

由上述分析看出，纤维形态对复合板强度的影响很大，关系比较复杂。例如，稻草纤维和麻屑纤维相比，稻草纤维最细、胞腔窄，而麻屑的细胞壁厚、胞腔小；但稻草纤维短，而麻屑纤维长且交织性能好，单根纤维强度大，因而麻屑纤维制出的板材远远优于稻草板。提高纤维自身强度及黏合剂和纤维间的界面结合强度的关系很复杂，有时为保留纤维本身强度所要求的条件，经常与为提高纤维之间的结合强度所要求的条件相互矛盾，此时应找出主要矛盾，全面分析，就能生产出优质的板材。

3.2.3.2　对耐水性和厚度膨胀率的影响

细胞腔（毛细管）和细胞壁内纤维丝之间的空隙（微毛细管），不仅是水分传递转移的渠道，也是水分的储存机构，各种毛细管的尺寸和数量，以及细胞壁上纹孔的构造，都影响着纤维对水的吸着能力。细胞壁主要组织及部分次生壁中层的纤维丝与纤维轴所成角的大小，也影响吸水率。当纤维丝与纤维轴之间的夹角很小时，原料在纤维吸湿或吸水时，横向（包括径向或弦向）的膨胀率很大，而轴向膨胀很小。由此纤维板（复合板）内纤维轴向和板面平行，在长度和宽度两个方向的排列基本均匀。因此，平压法制成的板材，厚度膨胀率较长度和宽度方向大得多，而长度和宽度两个方向的线性膨胀率相差不大。例如，纤维板的密度愈大，则在同一厚度内排列的纤维数目愈多，厚度膨胀率也愈大。相反，密度较小的板材（低压力板），厚度膨胀率也小。注意，此结论是在黏合剂用量较小时，即在最佳施胶量以内时的结论。在黏合剂用量很大，接近 40%～50%时，吸水率和厚度膨胀率的分析都不符合此规律，此时黏合剂将填满细胞腔（如水泥纤维板），受纤维形态的影响就很小。

3.2.3.3 对表面质量的影响

纤维形态（粗细、长短）将影响施加黏合剂的均匀度，纤维的均匀和细腻程度对表面的界面强度和外观质量有较大的影响。

3.3 生物质碎料-聚合物复合材料制造工艺

植物原料碎料（主要指农作物剩余物）要能很好地满足制板的要求，必须对原材料进行加工和处理，原材料形态和质量的好坏，将直接影响到产品的质量。

一年生植物和多年生植物（如木材）不同，它的体积大，密度小，运输困难，绒皮和髓部多。原材料大多来自田间地头，混杂有各种沙、石、水泥块和碗碴碎块等不易用设备挑出的物质，因而给原材料制备带来极大困难。这类原材料生长期短，着火点低，原材料分离时易发生火灾，但不需采用动力很大的设备即可将材料分离，从而可使设备投资减少，耗电降低。如原材料制备工艺选择得当，上述缺点和困难也会克服。

原材料的选择原则如下。

（1）所选原材料的化学成分应符合产品质量要求，尽量减少添加剂用量和品种，从而降低产品的成本。

（2）所选原材料的制备工艺应简单，设备投资和动力消耗应尽可能少。

（3）所选原材料的来源多，价格便宜，保管费用低。

（4）必须除去影响板材的物理力学性能和外观的腐烂材料和发霉材料。

3.3.1 生物质原料及其性质

3.3.1.1 麦草碎料

麦草一般都保留着麦穗而没有根须，秆中空。麦秸的外表有一层植物蜡，又称麦蜡，它影响树脂基麦秸复合板碎料与碎料间的黏接，因而影响复合板的弯曲强度和平面抗拉强度。虽可以用碱液浸泡脱蜡，但代价太高，一般不直接利用麦秸生产复合板。以水泥为胶黏剂时，麦秸蜡在水泥碱性作用下能生产出优质水泥复合板。麦秸所占比例较大，较硬，利用锤碎机很易捶碎成所需要的长度。

3.3.1.2 稻草秆碎料

稻草秆的髓腔和麦秸类似，都很大。紧挨着表皮内侧的基本组织中，有几层厚壁细胞，厚壁细胞连成一环，形成坚强的机械组织。

3.3.1.3 稻壳碎料

稻子的谷粒在植物学中属于被子植物，颖果、果皮与种皮愈合不易分开，加外力可使种皮脱落，种皮即稻壳。稻壳是一种密度为 0.125g/cm^3 的松散材料，它含有大量的 SiO_2，因此不可能被碱液软化和解纤，故不能制浆，不能生产出硬质纤维板和湿法生产的其他材料，然而可以用它来生产复合板。该板质硬、防潮、防水并含有大量的 SiO_2 成分，因而阻燃性能也较好。

利用稻壳制造出的稻壳复合板，早在1984年，在菲律宾就建起了世界第一条生产线，以后东南亚许多国家都陆续生产了一批用于家具业和建筑业的稻壳复合板。稻壳作为添加增强材料，与回收的聚乙烯、聚丙烯通过熔融挤出制造复合材料，在国内已经有两条生产线。

3.3.1.4 玉米秆碎料

初看起来，玉米秆酷似甘蔗茎，其实差别却很大，不仅化学成分上较甘蔗茎不同，微观结构上差别也很大，除了外部为坚硬的厚壁组织外，大部为细胞间隙（空腔）。由于靠近表面的维管束小、数目较多、排列紧密、强度大，而内部特别是越靠近中部的维管束越大、数目越少，因此虽为实心，但大部分为疏松的心层，这些维管束分散在整个组织中。

玉米秆外表有一层蜡，但蜡质薄，一般不另加化学助剂，在热压过程中蜡质就被熔化，重新分布，因而对强度影响不大。然而玉米秆中部的髓，组织疏松，吸胶严重，强度很差，吸水率和厚度膨胀率都将增加，因此在制备碎料时必须筛去。

除了上面介绍的农作物秸秆外，还有芦苇、麻类等其他植物纤维材料，表 3-4 给出了常见的一年生植物纤维的化学成分。

表 3-4 常见的一年生植物纤维的化学成分（%）

植物名称	灰分	冷水抽出物	热水抽出物	乙醚抽出物	1%NaOH 抽出物	戊聚糖	木质素	纤维素	果胶	其他
茎秆纤维	荻	2.72	10.82	12.52	1.07	40.12	21.79	18.88	48.52	
	芦苇	5.82				38.36	25.13	19.26	41.57	
	高粱秆	4.76	8.08	13.99		25.12	24.40	22.52	39.70	
	蔗渣（四川）	3.66	7.63	15.88	0.85	26.26	23.51	19.30	42.16	
	蔗渣（广东）	2.47	0.37	2.74		34.46	27.13	21.12	42.31	（树脂）1.68
	稻草	15.50	6.85	28.50	0.65	47.70	18.06	14.05	36.20	
	麦草	6.04	5.36	23.15	0.51	44.56	25.56	22.34	40.40	
	玉米秆	4.66	10.65	20.40		45.62	24.58	18.38	37.68	0.50～1.00
	棉秆	9.47	8.12	25.65		40.23	20.76	23.16	41.26	
韧皮纤维	大麻屑	2.85	6.45	10.50	5.03	30.76	4.91	4.03	69.51	2.00
	亚麻屑	1.32	5.94		2.34				70.75	3.41
	苎麻屑	2.93	4.08	6.29		116.81		1.81	82.81	3.41
	黄麻	5.15	8.94					11.78	65.32	0.38
	檀皮	4.79	6.45	20.18	4.75	32.45	8.14	10.31	40.02	5.61
	构皮	3.25	7.25	18.91	4.63	35.42	10.12	12.15	40.52	8.81
	桑皮	4.40		2.39	3.37	35.47	10.42	8.74	54.81	8.84
	棉秆皮	5.64	5.99	7.25	0.64	33.94	17.24	22.78	62.76	8.84
叶纤维	龙须草	6.09				43.80	22.75	12.62	44.53	
	剑麻	0.69					18.87	8.51	59.78	
种毛纤维	棉屑	0.10～0.20							95.00～97.00	1.00
	棉短绒	0.18～0.30							98.00～98.60	1.00～1.20
果壳碎粒	稻壳	19.21	SiO_2 占灰分中 90.64%		苯醇油抽出物 1.79			34.11	48.00～50.00	

3.3.2 生物质碎料形态对复合材料性能的影响

一年生植物与木材的差别，是它的茎秆较短，粗细不等，直径小，枝丫多，根须比例大，大多数均为空心。因此，要想使一年生植物在加工中获得的碎料形态与木材的刨花形态相同或类似是不可能的。不论是采用锤碎机、刨片机或者是削片机加工，都不能获得与木材相同的刨花形态。所以，这类碎料形态对复合板性能的影响必须重视。

3.3.2.1 扁平碎料

采用刨片机或削片机对一年生植物的茎秆或根部大料进行加工，可以获得较为扁平的碎料，但长度较短，长度和宽度都没有规律。图 3-2 是碎料的厚度对弯曲强度、平面抗拉和握钉力的影响。由图 3-2 可以看出，碎料的厚度增加，板材的弯曲强度明显下降，因为碎料的厚度减小时，碎料的塑性增加。压制中，扁平碎料相互间的接触面积增加，板材的性能增加。一般一年生植物只有根部或粗茎秆采用刨片机才能获得厚度较薄的碎料。

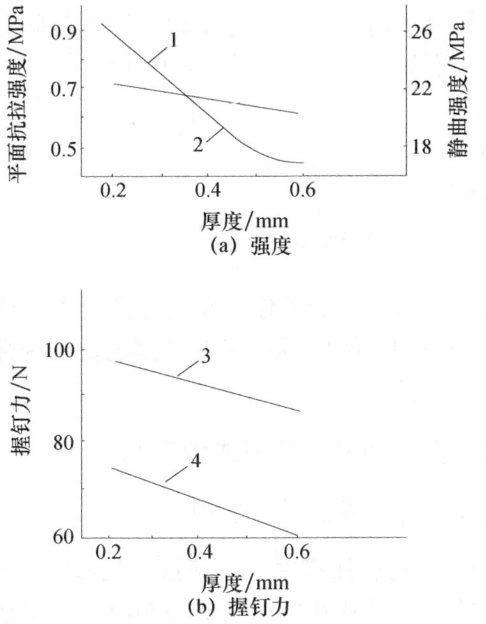

图 3-2 扁平碎料厚度对力学性能的影响

1. 弯曲强度；2. 平面抗拉强度；3. 平面上握钉力；4. 边部上握钉力

3.3.2.2 杆状碎料

一年生植物碎料杆状形态的比例较大。杆状碎料的特点是宽度和厚度尺寸接近，断面有各种不同的形状，但长度较宽度和厚度大数倍，外形像折断的火柴杆状，称为杆状碎料。一年生植物因其生长期短，多数茎截面中央均为空心，所以经锤碎后的碎料中杆状碎料仅为 40%左右，且断面很不规则，由杆状碎料压制的板材弯曲强度和吸水率虽较扁平碎料小，但较颗粒状碎料的性能为好。

3.3.2.3 颗粒状碎料

长度、宽度和厚度 3 个方向尺寸基本相似的碎料，称为颗粒状碎料。这种颗粒有大有小，颗粒大于 4mm×4mm 的碎粒压制的板材，几乎所有的性能都差，且随着颗粒的尺寸增加，性能降低。然而颗粒在 1mm×1mm 左右时，用途反而广泛。

（1）因颗粒较小，吸胶量大，作复合板表面材料时表面细致、平滑。

（2）细小的颗粒可填充板坯内材料之间的缝隙，从而使板坯密实，除提高板材的强度和表面硬度外，还在一定程度上会使吸水率和厚度膨胀率减小。

（3）细小的颗粒作为复合板的浮雕层。

（4）细小的颗粒作为水泥复合板、钙塑板、石膏板等填料，将改善板材的物理力学性能，如密度降低、拔钉力增加、机械加工性能变好等。但如 1mm×1mm 颗粒状的数量太多，反而会使板材的物理力学性能降低。合适的数量为占总数量的 20%左右。

3.3.2.4 粉尘碎料

碎料的直径在 0.2mm 以下的碎料，称为粉尘碎料。在复合板中粉尘碎料应尽可能少，因为它将吸收大量的胶液而不会使板材的性能提高，因此应采取筛选或风选的办法及时将其清除。

3.4 生物质–聚合物复合材料的无纺编织与模压成型工艺

无纺编织也就是无纺布成型，是将纺织短纤维或者长丝进行随机排列（平行或杂乱而呈各向同性）形成纤网结构，然后用机械、加热或者化学等方法加固，构成纤维结构的无纺布制品。

将综合了纺织、造纸、塑料及皮革四大柔性材料优点的无纺布与聚合物通过各种成型加工方式使它们复合在一起，就获得无纺布增强的聚合物复合材料。无纺布增强的聚合物复合材料由于其强度高、质量轻，被广泛应用于国家建设各领域中。

无纺编织复合材料中，生物质纤维的质量百分比可高达 95%。与挤出成型的复合材料制品相比，无纺编织复合材料更有潜力获得好的机械性能，同时该复合材料具有更大的生物可降解性和更适合于加工形状复杂的各种制品等优点（Andrzej et al.，1991）。

3.4.1 生物质纤维的无纺编织制品

（1）生物质纤维毡。首先将生物质纤维（若该纤维的成毡性较差，可在生物质纤维中加一些成毡性好的长纤维）利用无纺编织技术制成纤维毡，这样的半成品既可作为复合材料的表面毡使用，又可作为复合材料增强毡使用，像玻璃纤维布一样适用于手糊、预浸料制备、模压和树脂传递模塑（RTM）等工艺。

（2）生物质纤维与聚合物纤维先混合，再通过气流铺装、针刺成平面纤维毡材料，收卷备用。由于该纤维毡中含有一定数量的热塑性数量纤维，因此可直接根据需要，将纤维毡裁剪成制品的尺寸放入模具进行热压成型，再经冷却后即得所需的复合材料制品。中国林业科学研究院木材工业研究所对该工艺进行了较为深入的研究，其工艺流程如下（郭文静等，2007）。

PP纤维束 → 开松、梳理 → 成网
麻纤维束 → 开松、梳理
→ 定量混合
木纤维
→ 定量混合开松
↓
压板 ← 裁截 ← 主针刺 ← 预针刺 ← 混合纤维气流铺装

板材的目标密度为 1.0g/cm^3，热压工艺：温度 190℃，时间 5min，压力 2MPa。热压后进行冷处理，以防止板材变形。

由于混合纤维在气流铺装之后，纤网非常蓬松，因此在针刺之前应首先经过预刺，使之成为具有一定强力、初具形态的纤层，便于进一步针刺加工。

在这类的无纺编织复合材料中，麻纤维和木纤维的含量对复合材料的性能有非常显著的影响，增加 PP 纤维含量，可以提高复合材料的 MOR 和改善 TS，但对 MOE 影响不显著；麻纤维作为一种天然的长纤维材料，对提高复合材料的强度有显著效果，但麻纤维含量过高，复合材料的耐水性会有所下降；在该研究中，当 PP 纤维含量 40%，麻纤维 30%，木纤维 30%配比时，复合材料的物理力学性能最佳。在实际应用中，选择适合的 PP 和麻纤维含量，可制备出满足各种性能要求的复合材料。

3.4.2 复合材料的模压成型工艺

3.4.2.1 人造板的模压成型

1）刨花模压技术 该技术是将竹、木质或其他植物材料及其加工剩余物制成一定规格的刨花，施以一定数量的树脂和其他添加剂，在模具中热压成具有三维立体形状和规格的产品。中国林业科学研究院木材工业研究所通过长期研究，发明一种两步法刨花模压工艺，该工艺适用于我国很多设备、资金不足，生产工艺落后的小型企业的技术改造和产品更新换代（王正等，2006）。两步法刨花模压工艺流程如下。

第一步：

木片 → 刨片 → 湿料仓 → 干燥 → 筛分 → 干料仓 → 拌胶 → 计量 → 铺装 → 预压 → 模压板坯
↑
EVA → 调胶 ← PF

第二步：

模压板坯 → 热压模压 → 修边 → 成品库

在上述工艺中，首先将木材加工剩余物经过削片制成木片，然后再经过刨片、干燥、施胶、铺装、预热压等工序制成模压用板坯。该种板坯具有一定的强度，可以搬运和切割，其另一个特点是可以通过进一步热压模压形成具有一定强度和三维形状的模压板材（图 3-3）。

图 3-3 模压成型刨花板托盘

树种对模压制品的性能会产生影响，相思树刨花模压制品的性能优于桉树，相思树原料的刨花模压制品的性能完全达到国标要求。如果利用桉树刨花为原料，则还需在板材耐水性和刨花形态方面进一步探索。除此之外，目标密度对模压板表观性能、板材内结合强度、板材弯曲强度具有显著性影响，在模压板材制备时，应选择较高的板材密度。热压温度和热压时间对板材吸水厚度膨胀率表现出较显著的影响。施胶量增加，板材的各种力学性能都有提高，尤其对吸水厚度膨胀率影响最为显著。但从经济性考虑，施胶量应在保证性能的条件下尽量减少，以降低生产成本。

研究结果表明：通过刨花预压再进行模压的两步法刨花模压工艺制备各种具有三维立体结构的刨花模压装饰板技术路线是可行的。该工艺充分利用了木材加工剩余物，产品附加值高。工艺方法有利于中小型刨花板厂的技术改造和产品更新换代，将产生良好的经济效益和社会效益。通过该工艺生产的刨花模压制品外观和力学性能均能达到国家相关标准的要求。

2）纤维板的模压成型 神龙公司成功地利用模压成型技术，生产出尺寸性能稳定、无变形、能满足成型工艺要求的木纤维板坯（邱俊贤和孟长华，2001）。用该板坯所生产的富康轿车门护板衬板，经检测各项性能均满足神龙公司原材料标准（B67 3510，表 3-5）要求，其生产工艺流程如下：

原材料 → 下料 → 模压成型 → 浸胶 → 冲孔

修边 → 检验 → 成品

表 3-5 神龙富康标准 B67-3510

技术标准	神龙富康 B67-3510
弯曲-断裂复合	≥30N
尺寸变化量 ΔL ΔT	≤0.4% ≤0.4%
尺寸稳定性 水浸：ΔL–ΔT 外观 ΔE 干燥后：ΔL–ΔT 外观 ΔE	 ≤1% ≤30% ≤1% ≤12%
高频热合剪切强度 新状态 循环老化后	 ≥150N ≥120N
单位面积质量	2100～2400g/m^2

续表

技术标准	神龙富康 B67-3510
厚度	（2.4±0.15）mm
弯曲性能（Φ150）	（1）
阻燃性	≤75mm/min

模压阶段的热压曲线如图 3-4 所示。

生产性能试验结果表明，所开发、研制的衬板原材料能够成功地应用于轿车门护板衬板，其各项性能指标均达到神龙汽车有限公司产品标准要求，部分性能指标如高频焊接性能、弯曲-断裂负荷、尺寸变化量优于进口衬板；该技术实现了轿车衬板国产化，有效地节约了专有技术转让、使用费用。

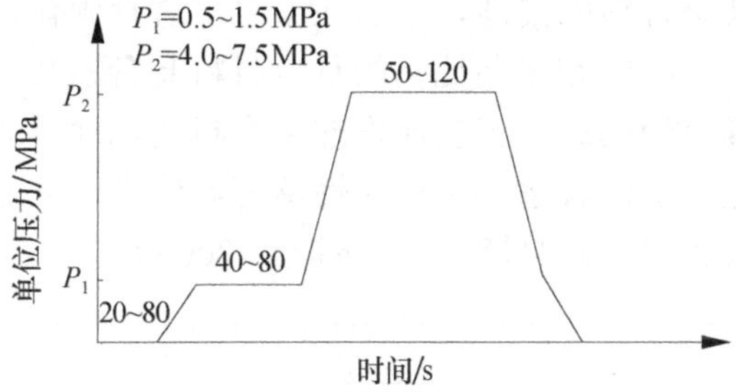

图 3-4 轿车门护板衬板的热压曲线

3.4.2.2 无纺编织-聚合物复合材料的模压成型

（1）预浸料是复合材料生产过程中由增强纤维与树脂系统浸渍而成的半成品形式，可以直接通过模压成型工艺制成最终构件或产品。

（2）树脂传递成型（RTM）将配有固化系统的树脂在一定压力下（或伴有真空辅助）注入已铺覆增强材料的模具内（增强材料为生物质纤维无纺织毡，预覆于下模内），经固化后脱模。此法制品两面光、尺寸与树脂含量较稳定，工艺装备投资少，劳动环境好。其工艺流程如图 3-5 所示，工艺示意图如图 3-6 所示。

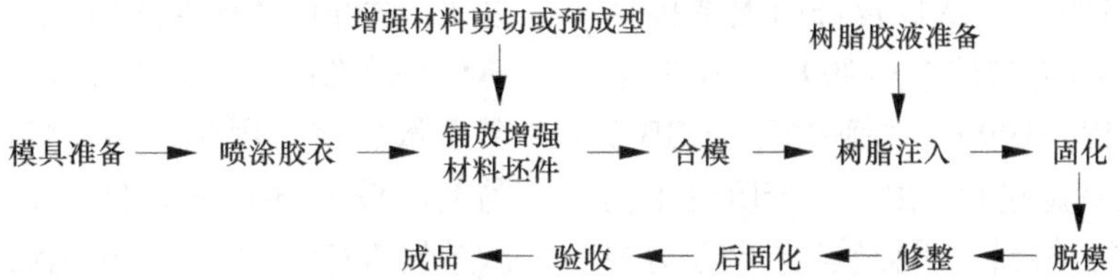

图 3-5 树脂传递成型工艺流程

在 RTM 的基础上，为了强化复合效果，也可以利用真空辅助系统排除纤维增强体中的空气，这样的工艺称作真空辅助树脂传递模塑法（vacuum assisted resin transfer molding，VARTM）（图 3-7）。

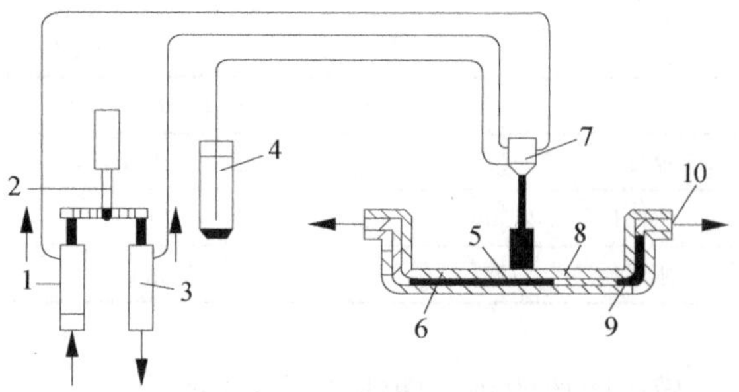

图 3-6 树脂传递成型工艺示意图

1. 比例泵；2. 树脂泵；3. 催化剂泵；4. 冲洗剂；5. 树脂基体；6. 增强材料（生物质纤维毡）；7. 混合器；8. 阳模；9. 阴模；10. 排气孔

该工艺是一种新型的低成本复合材料成型技术，在真空状态下纤维增强体中的气体排除完全，同时也有利于树脂的流动、渗透，从而实现对纤维及其集合体的浸渍，最后在室温下进行固化，形成一定纤维和树脂比例的复合材料制备方法。采用真空辅助成型工艺制作的复合材料制件具有成本低、空隙含量小、产品性能好等优点，并且工艺具有很大的灵活性（王瑞等，2005）。

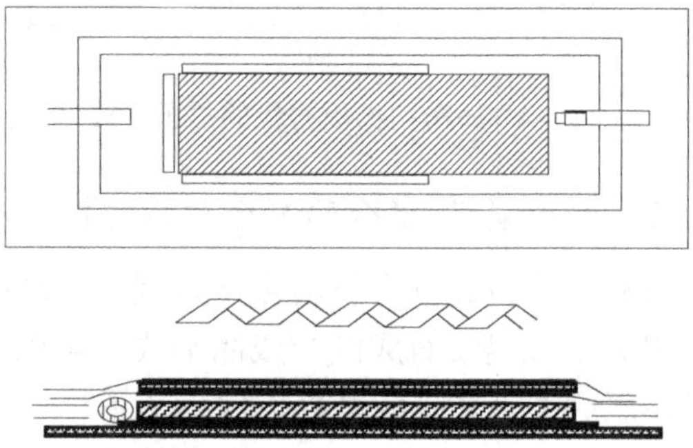

图 3-7 真空辅助成型工艺（刘丽妍等，2004）

3.5 热压成型产品的检测及性能

3.5.1 热压成型产品的检测

热压成型产品的检测包括人造板和无纺编织制品增强的聚合物复合材料两大类制品的检测。人造板产品的检测可参照《人造板及饰面人造板理化性能试验方法》（GB/T 17657—1999）、《中密度纤维板》（GB/T 11718—1999）、《刨花板》（GB/T 4897—2015）中相关规定进行。由于系统研究生物质纤维增强聚合物复合材料的历史较短，至今对生物质纤维复合材料的性能仍无统一的测试标准，我国在 2006 年底对木塑复合材料的检测制定了《奥运工程木塑复合板材/型材性能检测技术规程》，但该技术规程中所罗列的聚合物主要是热塑性聚合物，故各种工艺成型的生物质纤维增强热塑性聚合物复合材料的性能指标可以参照该检测规程进行检测，而由于生物质纤维增强的热固性聚合物复合材料的生产工艺及加工方法类似于玻璃钢，故可参照玻璃钢材料的测试标准进行测试。下面就一些常见热压成型人造板的指标测试方法进行介绍。

3.5.1.1 密度测定

确定试件质量与其体积之比。试件尺寸为长 l=（100±1）mm，宽 b=（100±1）mm。将试件在（20±2）℃、相对湿度 65%±5%条件下放至质量恒定。称量每一试件质量，精确至 0.01g。试件厚度为四点厚度的算术平均值，精确至 0.01mm，则

$$\rho = \frac{m}{a \times b \times h} \times 1000 \tag{3-1}$$

式中，ρ 为试件的密度（g/cm^3）；m 为试件的质量（g）；a 为试件长度（mm）；b 为试件宽度（mm）；h 为试件厚度（mm）。

3.5.1.2 含水率测定

确定试件在干燥前后质量之差与干燥后质量之比。试件尺寸与密度试件尺寸同。测定含水率时，试件在锯割后应立即进行称量，精确至 0.01g。如果不可能，应避免试件含水率在锯割到称量期间发生变化。试件在温度（103±2）℃条件下干燥至质量恒定，干燥后的试件应立即置于干燥器内冷却，防止从空气中吸收水分。冷却后称量，精确至 0.01g。试件的含水率按式(3-2)计算，精确至 0.1%。

$$H = \frac{m_u - m_0}{m_0} \times 100 \tag{3-2}$$

式中，H 为试件的含水率（%）；m_u 为试件干燥前的质量（g）；m_0 为试件干燥后的质量（g）。

3.5.1.3 内结合强度

确定垂直于试件表面最大破坏拉力与试件面积之比。试件尺寸长 l=(50±1)mm；宽 b=(50±1)mm。将试件在(20±2)℃、相对湿度 65%±5%条件下放至质量恒定。用聚乙酸乙烯酯乳胶或热熔胶等胶黏剂，按图 3-8 将试件和卡头黏结在一起，并再次放置在(20±2)℃、相对湿度 65%±5%条件下，待胶接牢固后进行检测。测试时应均匀加载荷，从加荷开始在（60±30）s 内使试件破坏，记下最大载荷值，精确至 10N，若测试时在胶层破坏，则应在原试样上另取试件重做。

试件内结合强度按式（3-3）计算，精确至0.01MPa。

$$\sigma_{\perp}=\frac{P_{max}}{l\times b} \quad (3\text{-}3)$$

式中，$\sigma_{\perp}$为试件内结合强度（MPa）；P_{max}为试件破坏时最大载荷（N）；l为试件长度（mm）；b为试件宽度（mm）。

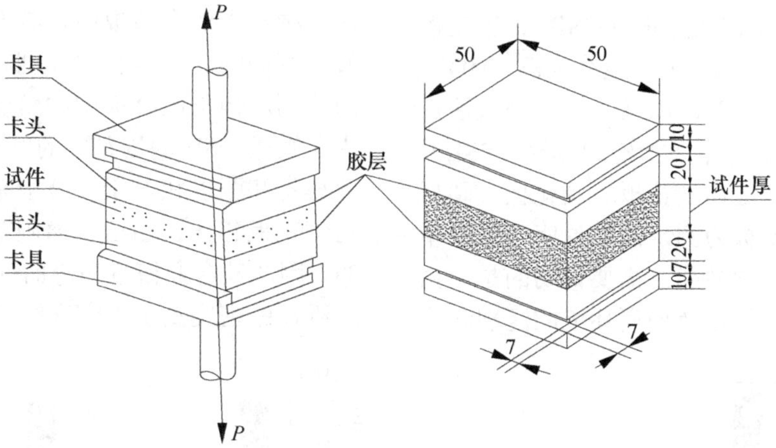

图3-8　内结合强度测定示意图（单位：mm）

3.5.1.4　弯曲强度和弹性模量测定

弯曲强度是确定试件在最大载荷作用时的弯矩和抗弯截面模量之比；弹性模量是确定试件在材料的弹性极限范围内，载荷产生的应力与应变之比。试件尺寸为长L=（$20h$+50±2）mm，h为试件公称厚度，试件长度L不得小于150mm；宽b=(50±1)mm。将试件在(20±2)℃、相对湿度65%±5%条件下放至质量恒定。调节两支座跨距为试件公称厚度的20倍，最小为100mm，用三点支撑法测定弯曲强度和弹性模量。弯曲强度按下式计算，精确至0.1MPa。

$$\sigma_b=\frac{3\times P_{max}\times l}{2\times b\times h^2} \quad (3\text{-}4)$$

式中，σ_b为试件的弯曲强度（MPa）；P_{max}为试件破坏时最大载荷（N）；l为两支座间距离（mm）；b为试件宽度（mm）；h为试件厚度（mm）。

试件的弹性模量按下式计算。

$$E_b=\frac{l^3}{4bh^3}\times\frac{\Delta f}{\Delta s} \quad (3\text{-}5)$$

式中，E_b为试件的弹性模量；l为两支座间距离（mm）；b为试件宽度（mm）；h为试件厚度（mm）；Δf为在载荷-变形图中直线段内力的增加量（N）；Δs为在力f_2～f_1的变形量（mm）。

3.5.1.5　握钉力测定

确定拔出拧入规定深度的自攻螺钉所需的力，图3-9为握钉力测定示意图。

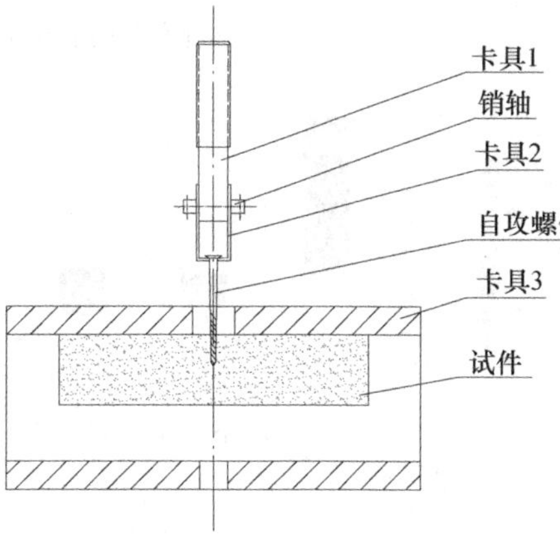

图3-9　握钉力测定示意图

3.5.1.6　吸水厚度膨胀率测定

确定试件吸水后厚度的增加与吸水前厚度之比。试件尺寸为长=（50±1）mm，宽=（50±1）mm；将试件浸在pH为7±1、温度为(20±2)℃的水槽中，试件垂直于水平面并保持水面高于试件上表面，完成浸泡后，取出试件，擦去表面附水，在原测量点测其厚度，测量工作必须在30min内完成。结果可用下式计算。

$$T=\frac{h_2-h_1}{h_1}\times 100\% \quad (3\text{-}6)$$

式中，T为吸水厚度膨胀率（%）；h_1为吸水前厚度（mm）；h_2为吸水后厚度（mm）。

3.5.2 热压成型产品的性能

3.5.2.1 木质人造板产品

大部分的人造板制品是热压成型的产品，包括胶合板（PLY）、定向刨花板（OSB）、刨花板（PB）、硬质纤维板（HB）、中密度纤维板（MDF）和细木工板（blockboard），以及各类新型人造板如单板层积材（LVL）、木条状定向成材（PSL）等。本节以胶合板、定向刨花板、刨花板、硬质纤维板和中密度纤维板为例，简要说明热压成型人造板的主要物理力学性能。需要说明的是，由于生产厂商的不同、用途及使用环境的区别和生产原料的差别，即使是同一类型的人造板，其物理力学性能都会有所差别。因此，本节所介绍的人造板性能都在一定的范围内波动。

1）力学性能 从图 3-10（a）、（b）可知，在几种常见的人造板中，胶合板有较大的弯曲模量和弯曲强度。尽管定向刨花板中的刨花经过定向排列，但与胶合板中的组成单元即单板相比，由于组成 OSB 的刨花中的纤维更多地被切断，因此模量和强度相对于胶合板来说较小，然而与普通刨花板相比，由于普通刨花板中的刨花随机分布，因此其弯曲模量和弯曲强度较 OSB 低。硬质纤维板的密度高于中密度纤维板，所以硬质纤维

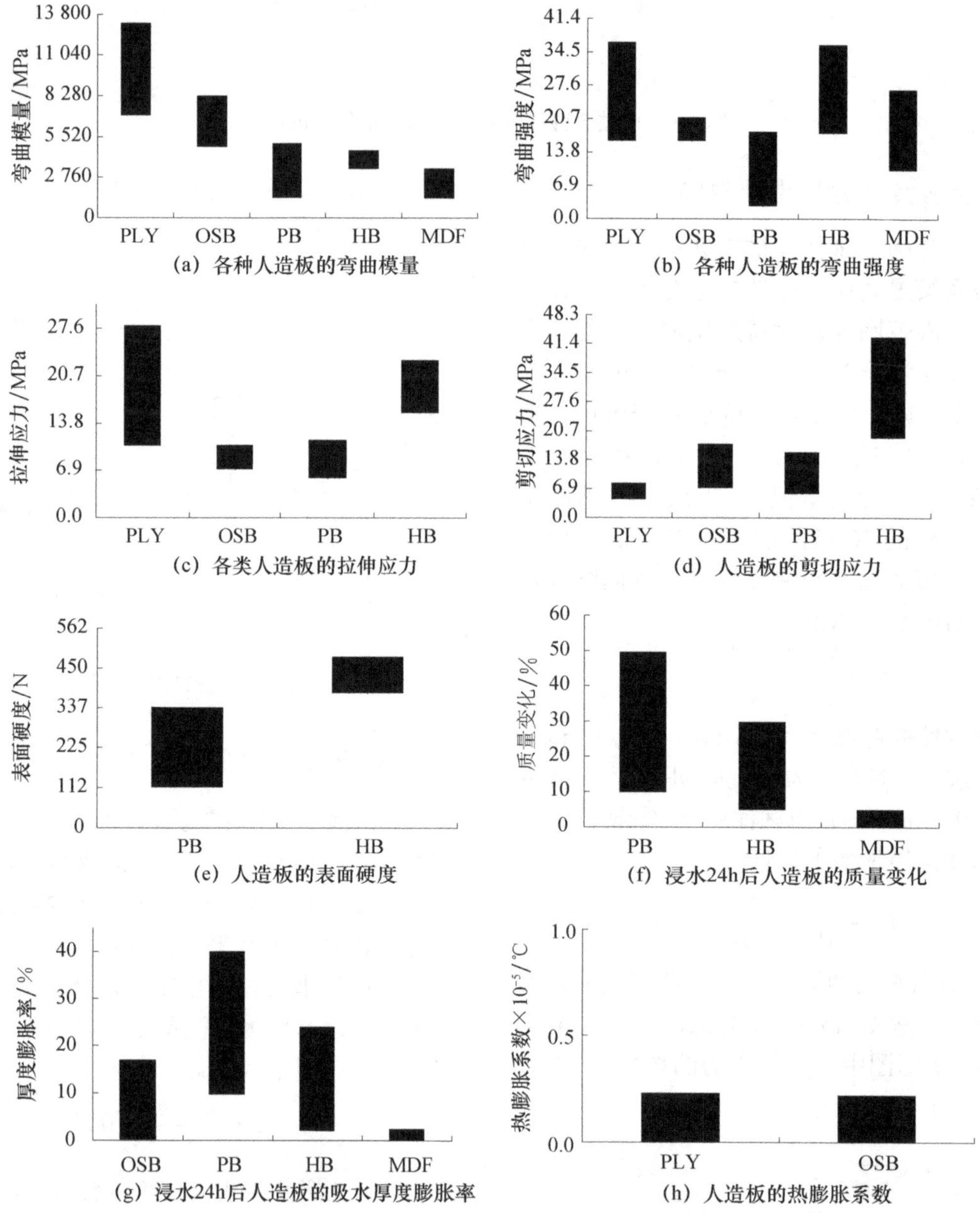

图 3-10 各类人造板的主要物理力学性能（Falk et al.，1999）

板的弯曲模量和弯曲强度高于中密度纤维板，二者的弯曲模量均明显低于胶合板与定向刨花板，但是就弯曲强度而言，硬质纤维板与胶合板都在同一水平，中密度纤维板次之。

就拉伸强度［图 3-10（c）］来说，胶合板最高，硬质纤维板次之，定向刨花板和普通刨花板的拉伸强度基本上处于同一水平，均明显地小于胶合板和硬质纤维板。然而，这几类人造板中，胶合板的剪切强度却最低［图 3-10（d）］。胶合板的剪切破坏多发生在胶合板单板层之间，如果胶层强度高，则破坏发生在单板侧，反之发生在胶层。由于单板侧的剪切破坏实际上是木材中平行于纹理轴向的剪切破坏，而该方向的强度远小于垂直于纹理方向的强度。而由于硬质纤维板的密度较高，纤维交织紧密，纤维不仅有平行于板面方向的分布，还有垂直于板面方向的分布，有效地提高了板材层间的剪切，因此其剪切强度最高。定向刨花板和普通刨花板板内均有不同程度的刨花并与板面呈一定的角度分布，因此与垂直于板面方向没有木质材料联系的胶合板相比，其剪切强度较高。

2）物理性能

（1）表面硬度。表面硬度与材料表面的密度有关，由于硬质纤维板表面的密度较大，因此其表面硬度比普通刨花板高［图 3-10（e）］。

（2）尺寸稳定性。人造板的尺寸稳定性常用吸水厚度膨胀率来表征。在相同浸泡条件下，吸水厚度膨胀率越大，尺寸稳定性越差。从图 3-10（g）可以看出，中密度纤维板浸水 24h 后的吸水厚度膨胀率最小，定向刨花板其次，普通刨花板的吸水厚度膨胀率最高。另外，比较图 3-10（g）和图 3-10（f）可以发现，人造板的吸水量与吸水厚度膨胀率之间呈现一定的比例关系，即吸水量越大，其吸水厚度膨胀率相应越高。

（3）热性能。干的木材是热的不良导体，其热膨胀系数很小，在 10^{-6}～10^{-5} 的数量级，明显小于其他建筑材料（刘一星和赵广杰，2004）。因此利用木质单元组成的人造板的热膨胀系数也很小［图 3-10（h）］。

3.5.2.2 无纺布材料-聚合物产品

1）生物质纤维-热塑性塑料复合材料

Andrzej 等（1991）研究了木材纤维与聚丙烯纤维的混合纤维经气流铺装成型之后，在最高单位压力 2.95MPa、温度 213℃条件下热压 6min，然后冷却至 38℃而获得的复合板材的尺寸稳定性和力学性能。

（1）尺寸稳定性。高生物质纤维含量的复合材料对水的尺寸稳定性，特别是厚度方向的稳定性很可能对制品的最终使用产生影响。复合材料的膨胀来自于两个方面，一方面是可逆的膨胀，如吸水膨胀、干燥收缩；另一方面是由于在压制过程中残留在制品中应力释放造成的，这方面的膨胀是不可逆的。

图 3-11 和图 3-12 分别是无纺编织复合材料在水中浸泡 24h 及沸水蒸煮 2h 后的吸水厚度膨胀率。从图 3-11 和图 3-12 中可以看出，尽管沸水蒸煮 2h 的复合材料的膨胀率是水中浸泡 24h 对应复合材料膨胀率的 2 倍，但偶联剂（MAPP）不同测试条件下所起的作用是相似的。在纤维含量为 70%的复合材料中，添加 3%MAPP 的复合材料的厚度膨胀率都出现了明显的增加，然而，当复合材料中的纤维含量升高到 85%时，偶联剂的添加则能显著降低复合材料的吸水厚度膨胀率。从图 3-11 和图 3-12 中还可发现，当复合材料体系中聚丙烯的质量百分比增加 1 倍时（从 15%到 30%），相应的吸水厚度膨胀率都降低了一半。

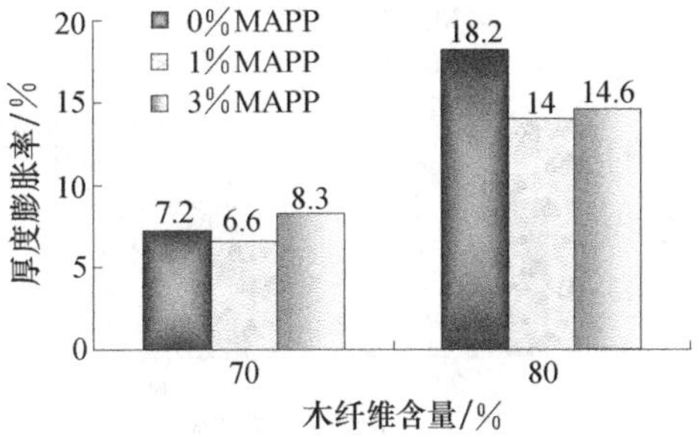

图 3-11 浸泡 24h 后的吸水厚度膨胀率

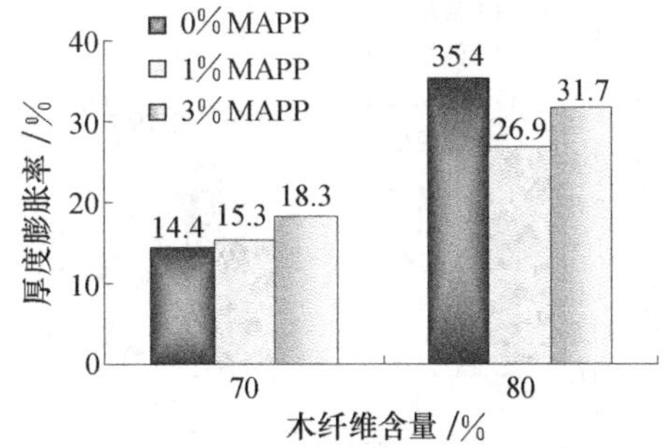

图 3-12 沸水蒸煮 2h 后的吸水厚度膨胀率

（2）力学性能。当纤维含量为 70%时，1%MAPP 偶联剂的添加对复合材料体系的冲击性能并没有带来实质性的影响（图 3-13），然而，3%MAPP 的添加量却能使冲击强度增加 45%左右。若纤维含量为 85%，添加 1%和 3%的 MAPP，复合材料的冲击性能都提高了 60%左右。

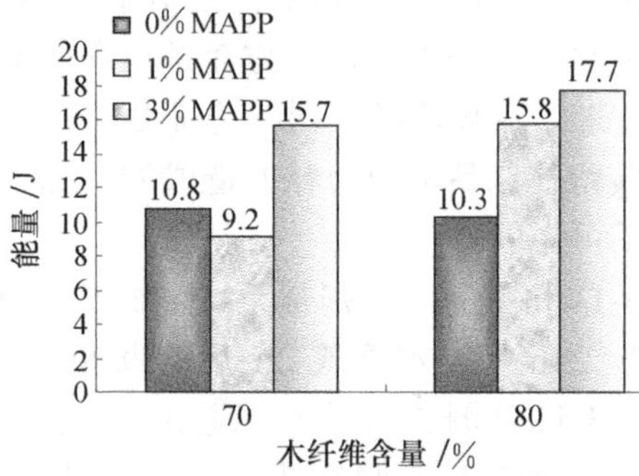

图 3-13 无纺编织复合材料的冲击强度

对于单悬臂梁弯曲强度而言，在两种木材纤维含量下，MAPP 偶联剂的使用都分别使弯曲强度提高了 47%～58%（图 3-14），而弯曲模量的增加幅度却比强度的增幅来得小，为 29%～42%。尽管添加偶联剂能显著改善弯曲强度和弯曲模量，但随着偶联剂的继续增加，弯曲强度和弯曲模量（图 3-15）的增加值并未继续显著增加。

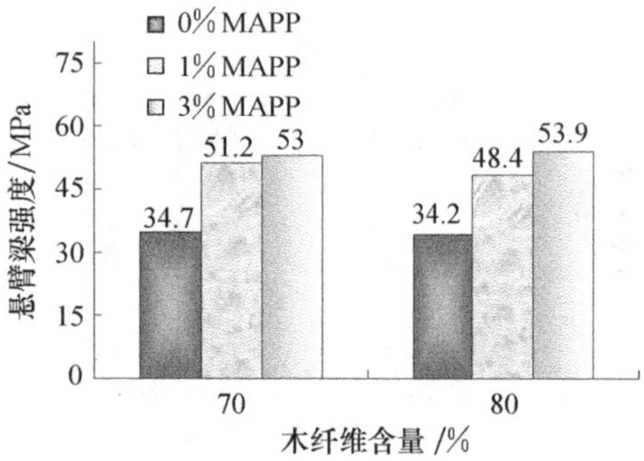

图 3-14 无纺编织复合材料最大悬臂梁强度

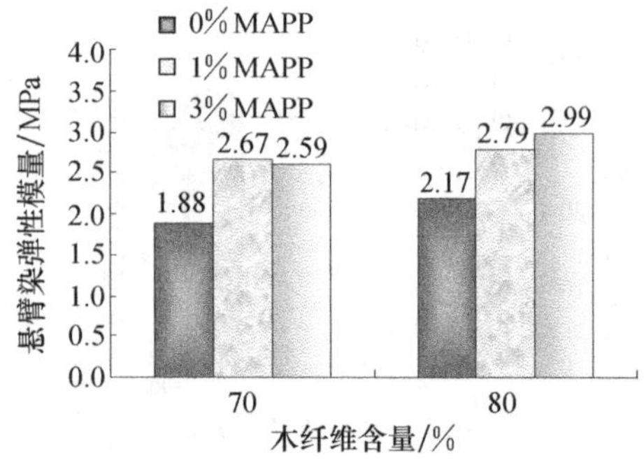

图 3-15 无纺编织复合材料的悬臂梁弹性模量

2）生物质纤维-热固性塑料复合材料

（1）亚麻无纺编织-不饱和树脂复合材料。采用亚麻纤维作为增强材料，利用针刺法将其加工成无纺布，再通过真空辅助树脂传递模塑法（VARTM）复合固化制成亚麻无纺布复合材料。由于作为增强体的纤维针刺毡的纤维大部分沿铺网方向（纵向）分布，在受到平行纤维轴向（纵向）载荷时，纤维能有效地分担载荷，从而使板材能够表现出较好的力学性能（刘丽妍等，2004），因此复合材料纵向的力学性能要明显好于横向的力学性能。从表 3-6 也能够看出，针刺数量会对亚麻无纺布作为增强材料本身的性能造成影响。其他工艺不变时，增加针刺次数，所得到无纺布增强制品的强度随之增加，这是由于纤网的层间结合力增大，复合材料中纤维与纤维间、纤维层与树脂间的结合力也随之增大，不易发生位移，从而减小了制品的变形。针刺数量不足，无纺布内部纤维之间的连接不够紧密、相互缠绕点数量少，垂直于纤网层的数量少，复合材料的三维效果差，无纺布的强度小，增强效果低；但如果针刺数量太多，又会损伤纤维，纤网不但得不到加固，反而产生很多弱点，严重影响无纺布的力学性能，进而影响了复合材料制品的性能。与此同时，还延长了加工时间及浪费了能耗。此外，针刺次数多时，纤网变形能力差，在成型过程中会大量起皱，从而增加了制品的缺陷和弱点，也使其在较小外力下即发生破坏，降低了制品的整体强度（尹志强和王瑞，2004）。因此选择合理的针刺数量是保证无纺布增强材料在复合材料中能否最大限度地发挥增强效果的关键。

表 3-6 不饱和树脂基复合材料板材纵、横向拉伸性能

针刺工艺	拉伸强度/MPa		拉伸弹性模量/GPa	
	纵向	横向	纵向	横向
平行铺网 1 刺	34.91	11.41	2.70	2.51
平行铺网 2 刺	58.59	23.63	4.27	3.12
平行铺网 3 刺	73.97	32.91	5.39	3.21
平行铺网 5 刺	58.64	17.75	4.10	2.06
平行铺网 7 刺	39.86	17.64	4.07	2.60

（2）苎麻落麻纤维-热固性树脂复合材料。我国是苎麻的主要产地，产量占世界的 90%以上，苎麻在纺织过程中，产生大量的落麻。利用落麻非编织材料增强热固性树脂，不但可以有效地提高麻原料的利用率，而且可以获得较好的增强效

果（张一甫和张长安，2002）。

从表 3-7 可以看出，没有采用毡制备复合材料时，纤维含量很难提高，仅为 8%左右，纤维增强的效果不明显。复合材料拉伸与弯曲强度及模量与树脂浇铸体相比几乎没有提高。制毡后纤维含量较大幅度增加，复合材料的力学性能得到改善。其中，模量提高的幅度较大，而对聚酯树脂的拉伸强度及两种树脂的弯曲强度提高幅度不大。这可能是落麻的加入增加了材料中的缺陷及复合材料界面性能较差的原因。另外，从表 3-7 还可以看出，落麻纤维对环氧树脂基体的增强效果比不饱和聚酯树脂好，这是由于落麻纤维含有大量—OH，与具有极性的树脂复合效果好。

通过对复合材料的断口分析可以知道，不饱和聚酯与落麻纤维的浸润性较好 [图 3-16（a）]，但制备复合材料时工艺性能差，纤维含量难以提高；胶少时，纤维不易被胶浸透，而胶多又致使压制时跑胶严重，造成胶的浪费。在采用落麻热压毡制备复合材料时，落麻热压毡中纤维分散不均匀，某些区域纤维致密，树脂不能渗透，存在局部缺胶现象 [图 3-16（b）]。尽管热压毡的纤维含量与无纺毡增强复合材料相比有较大提高，但两者力学性能差别不大，见表 3-7。无纺毡中的落麻经过工业开松机与铺网机后分散均匀，经针刺后纤维之间相互抱合，使毡具有一定的强度，因此在制备复合材料时，操作性能好。从图 3-16（c）和图 3-16（d）可见，与热压毡相比，其纤维分布均匀，局部缺胶现象较少，说明无纺制毡是一种好的分散方法。

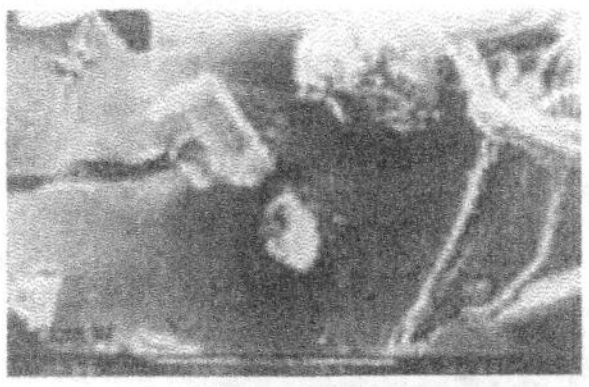

（a）落麻-聚酯断口

（b）热压毡-聚酯断口

（c）无纺毡-聚酯断口

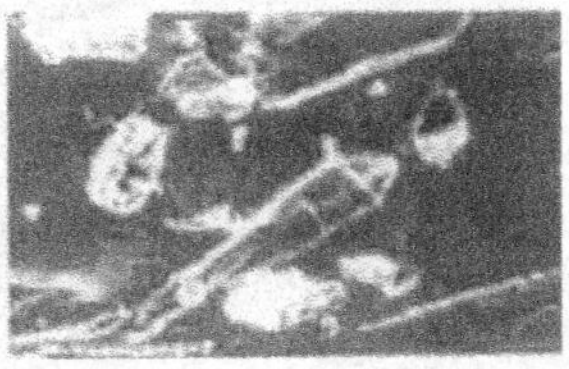

（d）无纺毡-环氧断口

图 3-16　苎麻落麻纤维增强热性树脂复合材料的断口形貌

表 3-7　复合材料拉伸性能

材料名称		纤维体积分数/%	拉伸性能		弯曲性能	
基体材料	增强材料		拉伸强度/MPa	拉伸模量/GPa	弯曲强度/MPa	弯曲模量/MPa
不饱和聚酯基体	落麻	8.15	45.34	3.29	77.48	4.08
	无纺毡	19.60	46.62	4.25	79.93	4.35
	热压毡	24.77	49.25	4.65	85.47	4.79
	无	0	44.38	3.22	72.66	3.36
环氧树脂基体	落麻	7.92	51.60	3.36	84.48	4.43
	无纺毡	19.41	71.25	6.12	94.65	5.61
	热压毡	24.44	76.56	6.72	96.41	5.75
	无	0	49.93	3.34	80.87	3.11

3.6　应用

3.6.1　木质人造板的应用

人造板产品在热压成型生物质-聚合物复合材料中占有较大的比例。目前，中国已成为林产工业制造大国，从 2007 年起今后 5～10 年，全球对林产品的需求呈持续强劲的增长（张森林，2007）。人造板总产量为 7428.856 万 m^3。其中，胶合板为 2728.78 万 m^3，纤维板为 2466.60 万 m^3，刨花板为 843.26 万 m^3，细木工板为 1155 万 m^3。2003～2007 年初，人造板总量、胶合板产量和中密度纤维板增加的生产能力均居世界第一位。人造板的应用范围极广，其应用领域涉及建筑、家具、包装、车船、乐器、航空等行业。

3.6.1.1　建筑领域

人造板在建筑中可用于内外墙板、房屋结构板或非结构板及水泥模板，如用作墙板的定向刨花板（OSB）（图 3-17～图 3-19）。

如果将 OSB 和胶合木或其他木质材料做成复合工字梁，还可以用作房屋的结构件即梁使用。如果将规格材在一定的条件下胶合在一起，就成为胶合层积材，由于它具有独特的承载性能，因此柱子、梁及同时承载弯曲和压缩应力的弯曲构件经常使用该制品（图 3-20）。

单板层积木是将多层单板在胶黏剂的帮助下层压获得的木材-高聚物复合材料，由于在制造时单板中的各种缺陷如节子、斜纹理、开裂等被重新分布到整个复合材料或被剔除，因此 LVL 是一种性能优良的结构用材（图 3-21）。

图 3-17 用于房屋墙体的 OSB

图 3-18 用于制作工字梁的 OSB

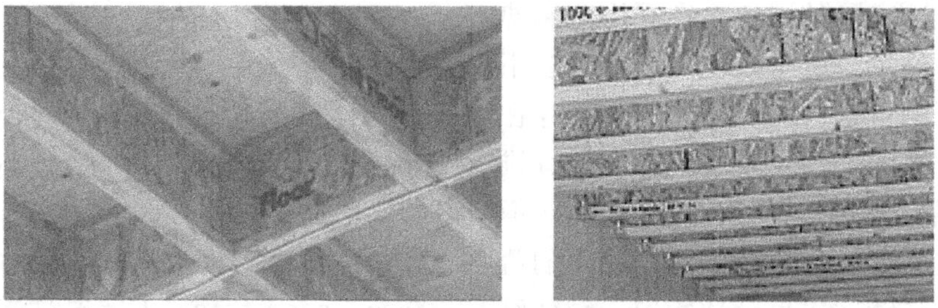

图 3-19 OSB 工字梁的施工现场

图 3-20 火车站台天棚的梁（胶合梁）和屋面板

图 3-21 用作结构用材的 LVL

木条定向成材（PSL）是由针叶材单板加工制得的长条刨花，其纤维方向基本平行，最后经胶合压制而成的高强度结构用复合材，理论上该制品可以任意长，但由于运输的限制，通常在 20m 以内。PSL 特别适合于作轻框架结构的梁、过梁和柱子等结构件（图 3-22）。

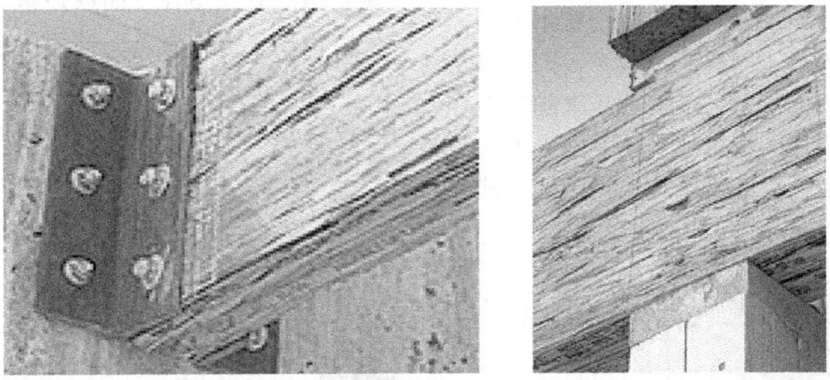

图 3-22 作梁（或柱子）用的 PSL

建筑行业需要大量的水泥模板。我国早在 20 世纪70年代的建筑施工中已开始采用胶合板水泥模板，由于胶合板水泥模板具有质量轻、性能好、拼装组合灵活、表面平整光滑、容易脱模、耐磨性强、能多次重复使用、使用范围广等优点，因此国内外越来越多的墙体、楼板、桥梁、隧道等建筑工程施工中采用胶合板水泥模板。实际应用证明，胶合板模板可大大提高墙、柱、梁、板等结构的观感质量（廖玉玲，2002）。胶合板水泥模板在小高层住宅全现浇剪力墙结构施工中也表现出比传统钢模板优越的特点（林玉珊，2007）。传统的模板工程施工方法一般选用大钢模板整支整拆，或者采用小钢模板散支散拆的方法施工。采用钢大模板施工时，由于大钢模板加工费时、费工又费料，施工成本直线上升，而且钢大模板在安装、校正和拆除过程中都离不开塔吊，周转过程中需要占用较大的施工场地，这就使施工场地狭小的工程项目选用大钢模板遇到困难。如果采用小钢模板散支散拆的方法支设大面的墙体时，不但劳动强度大，而且由于校正加固困难，导致混凝土墙体的表面平整度达不到规定的要求。利用胶合板模板施工制备全现浇剪力墙结构模板，不但经济、实用，而且可操作性强（图 3-23）。

图 3-23 竹胶板高层建筑楼群施工现场（鲁博等，2005）

进入 21 世纪以来，超高层建筑渐多，在超高层建筑筒体结构工程施工中，大模板施工方法被广泛采用，也是较先进的支模新工艺（赖远东，2007）。利用胶合板大模板施工，由于其质轻，可根据筒体结构实际尺寸进行拼装，整体刚度好，机械化程度高，施工工期快。一次性投资较少，可达到清水混凝土的功效，适用于劳动力中等密集程度地区，特别对于木材资源丰富的地区，经济效益更佳。如果将胶合板水泥模板与钢框组合，即成为钢框胶合板模板（图 3-24），具有面积大、清水混凝土效果好、板面易换的特点，如果使用合理，胶合板板面可重复使用 50 次以上。钢边框如正确维护保养，可以重复使用达一二十年之久。因此钢框胶合板模板在国外被广泛采用，国内近年来在一些对清水混凝土质量要求高的重点工程中对其优先考虑选用（仇铭华和刘国思，2007）。著名的国家体育场（鸟巢）的混凝土柱模板就是采用清水效果较好的钢框胶合板模板。

图 3-24 钢框竹胶板桥墩施工现场（鲁博等，2005）

3.6.1.2　家具领域

在人造板产品问世之前，家具的用料一直是以实木为主。由于大幅面的人造板可以方便地直接用于家具的面板、抽屉底板等传统实木家具需要拼接的场合，提高了家具制造效率，因此自从丰富多彩的人造板面世之后，其就越来越多地在家具制造中得以应用。板式家具就是指以人造板为主要基材、以板件为基本结构的拆装组合式家具。常见的人造板材有胶合板、细木工板、刨花板、中纤板等。胶合板（夹板）常用于制作需要弯曲变形的家具；细木工板性能有时会受板芯材质影响；刨花板（又叫微粒板、蔗渣板）材质疏松，仅用于低档家具。性价比最高、最常用的是中密度纤维板（MDF）。大多数板式家具是由中密度纤维板或刨花板进行表面贴面等工艺制成的家具（图 3-25）。

图 3-25　德国板式家具图片

3.6.1.3　包装材料

集装箱是国际远洋运输的重要包装工具，而集装箱底板是集装箱主要承载配件，它对材质要求强度和刚度高及耐久性较好，能够保证在复杂环境及复杂应力状态下具备高的安全性及必要的使用寿命。目前，国内外造箱业所使用的底板有75%以上为木底板，而这些木底板几乎全部是热带硬木阿必东等制成的胶合板底板，但因东南亚森林资源受限，势必考虑采用橡木、桦木、竹材、竹木混合材等新型底板（鲍逸培和文家孺，1997）。资料表明，利用竹木复合胶合板制造集装箱底板具有比热带硬木胶合板底板优越的耐老化性能（张齐生等，1997）（表 3-8）。

表 3-8　加速老化处理后集装箱底板的弯曲强度及弹性模量保留值　　（单位：MPa）

材料	弯曲强度		弹性模量	
	纵向	横向	纵向	横向
阿必东胶合板底板	20.3	7.5	3424	897
竹木复合集装箱底板	52.3	16.5	6422	2102

竹胶板是 20 世纪 70 年代末逐步发展起来的一种人造板材。它的制造工艺与木胶合板基本相同，所不同的是夹层不是木材卷板，而是用竹篾编织的纵横交错的竹席层合而成。它具备了优于木质人造板的特点，如含水率低，膨胀系数小，结构紧密，防潮防冻性能好；在物理性能方面，它克服了刨花板强度低、易吸潮变形、材质松散等弊病，为产品包装提供了较好的条件。该产品已成功地应用于制作电子产品和机电设备的包装材料（葛书春，1991；东方电机厂，2000）。图 3-26 展示了酚醛树脂和脲醛树脂竹胶合板的样品。

(a) 酚醛树脂竹胶合板

(b) 脲醛树脂竹胶合板

图 3-26　竹胶合板

由于在定向刨花板（图 3-27）的制造过程中，其刨花经过高温干燥和高温热压，已将木材内的寄生虫、真菌、腐朽菌等全部杀死，它具有优越的力学性能（表 3-9）（华毓坤，2004），被世界各国公认为免检包装材料，欧洲共同体（欧共体）应用大量的定向结构刨花板制造包装托盘、木质包装箱等（表 3-10）。

图 3-27 实验室压制的定向刨花板

表 3-9 OSB 与其他几种人造板的物理力学性能比较

性能		CDX 胶合板 S=12mm	杨木华夫板 3%PF	杨木 OSB 6%PF	刨花板
密度/(kg/m^3)		500	680	650	660
MOR/MPa	平行方向	50	20～80	55.50	18（20～30）
	垂直方向	15		18	16
MOE/MPa	平行方向	8000	3500～4000	8600	3000～4000
	垂直方向	1200		2100	
IB/MPa		0.85	0.40～0.55	0.51	0.60

表 3-10 欧共体定向结构刨花板的应用

应用	质量要求	推荐厚度/mm	优点
运输板条箱	DIN EN 300-3	12～15	稳定性高，工作性能好
海运板条箱	DIN EN 300-3	12～15	形式和尺寸范围广
仓库地板	DIN EN 300-3	22	高尺寸稳定性
托盘	DIN EN 300-3	22	高强度

3.6.1.4 交通运输工具

汽车是一种重要的交通运输工具，也是我国国民经济的支柱产业之一。2000 年以来，我国的汽车工业保持着持续发展的势头，据德国 ZDF（Zweites Deutsches Fernsehen）通讯社报道：随着中国汽车工业的迅速发展，2006 年中国汽车总产量达 720 万辆，与 2005 年相比增幅达 26.3%。作为承重构件的汽车车厢底板，特别是载货汽车的车厢底板，由于常年暴露于恶劣的气候环境之下，因此要求其具有很高的力学性能、良好的胶合强度、优越的耐候性能和耐腐蚀性能。中国第一汽车集团公司的实践表明（许刿家和刘文龙，1996），木胶合板在车厢底板上的应用是完全可行的。它不但不影响车厢的承载强度，而且有效地降低了车厢成本。2002 年 3 月初在南京汽车集团公司汽车车厢有限公司进行了装车试验。试验结果表明（蒋身学等，2002），多层竹帘胶合汽车车厢底板具有强度高、硬度大、耐磨、耐候性能好、厚度基本一致、表面平整、外观美观等优点，是传统竹、木胶合板汽车车厢底板的升级换代产品。可以相信，推广应用这种汽车车厢底板将对提高国产载货汽车的整车质量，迎接国际汽车行业挑战起积极的推动作用。

汽车部件的国产化是降低成本和企业拥有自主知识产权的必经之路，富康轿车生产企业的研究人员通过对进口衬板的特点分析，依据富康轿车门护板衬板的定义及性能要求，在国内外木质纤维板模压成型技术的基础上，结合东风汽车公司自身技术优势，研究、开发出模压成型木质纤维材料轿车门护板衬板，实现了衬板国产化，国产的模压成型件衬板质量优于进口衬板，填补了国内木质纤维板一次模压成型技术的空白（邱俊贤和孟长华，2001），为扩大木质纤维板在汽车部件中的应用打下了基础。

几十年来，木质材料一直是我国铁路客车的主要内装饰材料。耐水、耐候的高强度胶合板在铁路客车的地板、顶板、墙板、壁板也得以广泛应用，其厚度分别有 5mm、10mm、15mm、20mm、25mm 等。我国铁路运输发达，客车数量大，每年新造和大修的客车为 5000～6000 辆（董汉法，2000），胶合板作为一种高强优质材料，将继续发挥它在铁路客车配件中的重要作用。

胶合板由于具有高的强度和耐候性能，不仅在汽车与火车等交通工具中得到了广泛应用，也特别适用于水上交通工具。亚洲主要的液化天然气运输船制造商大宇集团（DAEWOO）从 1969 年就开始在运输船中使用胶合板，并与芬兰芬欧汇川集团（UPM）签订了合同，准备在 2006～2008 年继续使用 12 万 m^3 胶合板用于制造运输船的隔离层。

3.6.2 无纺布-聚合物复合材料的应用

无纺布是对高分子聚合物、无机非金属及天然植物等材料的纤维状集合体等通过物理或化学方法进行加工而形成的新型柔性平面材料。无纺布技术因工艺流程短、劳动生产率高、使用原料广泛及产品应用领域广阔而得到迅猛发展。

表 3-11 为美国无纺布协会（INDA）2004 年下半年发布的 2004～2009 年世界无纺布材料产量预测情况，表 3-11 中数据充分说明无纺布材料工业在当今世界经济发展中的重要性（陈夏生，2005）。

表 3-11 1994～2009 年世界无纺布材料产量预测

年增长率及产值、产量	1994～2005 年	2004～2009 年	1994 年	2004 年	2009 年
产值/×10^9USD	6.2	7.3	9.1	16.4	23.3
产量（面积）/×10^9m^2	18.4	8.2	49.0	440.0	163.0
产量（质量）/×10^6t	7.5	7.4	2.2	4.5	5.4

无纺布增强的聚合物复合材料由于其强度高、质量轻，被广泛应用于国家建设各领域中。

3.6.2.1 在汽车中的应用

汽车是一种重要的交通工具，每辆汽车大约需要 20m^2 的无纺布材料，包括发动机壳、轮胎帘子线、地毯、坐垫、座套、车门内饰面料等 40 多种汽车构件，但现在使用的多为合成纤维材料的无纺布，不易生物降解（杜敏，2003）。因此，鼓励在制成品中使用植物纤维类可回收、可再生材料，既满足汽车用无纺布对生物可降解性的需要，有利于环境保护，又增加了产品的附加值。由于具有不同的密度，含麻及其他廉价韧皮纤维等纤维素纤维的无纺布要比含玻璃纤维的无纺布质量轻且易加工，而纤维强力又与玻璃纤维相当，欧美汽车制造商纷纷进行麻复合材料汽车结构件的开发，这样制成的汽车内饰材料既质轻又“绿色”。而且，初步的研究结果表明，采用麻类纤维制造的无纺布能有效吸音，因此可减少汽车内的噪声，同时与玻璃纤维无纺布相比，由于植物纤维较柔软，因此利用其制造的无纺布在汽车发生交通事故后制品断裂部位暴露出的纤维对人体的伤害比玻纤无纺布低。通过实验测试结果表明，上述无纺布产品能够满足甚至超过规定的汽车构件应具有的阻燃、防臭、防霉、黏合强力、悬垂性、拉伸强力、伸长性和压缩性等性能要求（徐磊和王瑞，2005）。

自 1992 年以来，欧洲已将麻纤维复合材料广泛使用在汽车上，特别是德国汽车制造商使用这种复合材料更居领先水平，宝马、奥迪、克莱斯勒公司平均在每辆车上使用 7～10kg 这种复合材料，应用范围包括内衬件、标志板、座椅内板、货架及音响板材。其中奥迪已开发出由亚麻/剑麻非织毡增强的聚氨酯汽车内饰板，福特在科隆的材料机构研发出用注射模工艺生产的散热格、发动机罩的亚麻-PP 颗粒，一些组件要比传统的玻璃纤维毡增强复合材料 GMT 轻 30%左右。另外，通过气动注塑生产的密封垫、座椅部件和门把手也有报道。德国 BASF 公司采用黄麻、剑麻和亚麻纤维作为增强材料，与聚丙烯等热塑性塑料复合，制备出天然纤维毡增强热塑性树脂复合材料，其密度为 500～800g/m^2，厚度为 2～13mm，其加工方法简单，生产成本低，同时比玻璃纤维增强热塑性塑料轻 17%（兰红艳和勒向煜，2007）。

荷兰的供应厂商为福特公司的“Focus”牌汽车生产采用大麻纤维增强 PP 材料的发动机护罩，其质量比用玻璃纤维的材料轻 30%。PP 的工艺温度（190～250℃）与纤维素的降解温度（300℃）较为接近，基材的模压、面层复合和边料冲裁可一步完成，无需粘胶和二次（后续）加工。

位于德国南部城市乌尔姆的 Daimler-Chrysler 研究中心开发出天然纤维增强的外部结构件，产品包括 A 级汽车底盘、亚麻纤维增强聚酯的引擎、排气管罩和防噪声车身，这些模型都是由树脂传递模型（RTM）制作无纺布增强的复合材料，用这种工艺制作耐候性强的天然纤维复合材料商务车外部件。经试验证明，麻纤维复合材料部件具有很高的抗冲击强度，并且其尺寸稳定性和耐候性也很好。

美国的一些相关研究也追随着欧洲的步伐，采用压力模将红麻、亚麻、PP 纤维的混合毡压合制得产品，该产品可用于轿车门板和卡车衬垫。还有一种木纤维增强材料曾在伍德斯托克市生产，具有良好的抗冲击性能，而且质量较轻。

我国关于生物质材料无纺编织增强复合材料的研究起步比较晚，自 20 世纪 90 年代初期才开展高性能天然纤维复合材料的研究、开发工作。各科研部门尤其是一些高校已经开始研究制备不同麻纤维的复合材料。到目前为止，总的来说还处于研究阶段，制品至今还没有广泛应用。

3.6.2.2 公共设施和体育器材中的应用

苎麻落麻无纺针刺毡可作为手糊工艺的表

面毡使用，也可作为复合材料的增强毡。利用苎麻落麻纤维无纺毡作玻璃钢快餐椅的表面毡，此无纺毡可以有效地覆盖内部玻璃布的纹路，表面视觉效果完全可以与玻璃纤维表面毡制作的产品相媲美；也可利用苎麻落麻纤维无纺毡作增强材料，采用手糊工艺制作不饱和聚乙酸树脂快餐椅，该类产品外观类似大理石花纹，晶莹剔透，不做涂饰即可使用。由于纤维的可自然降解和良好的人体亲和性，无论在生产、使用，还是在废品处理过程中都不存在环境污染问题，此外，产品生产过程又可以节约能源，因此具有推广价值。

苎麻落麻纤维无纺针刺毡不仅可用于制作环氧、酚醛树脂预浸料，采用模压成型技术获得制品，还适用于 RTM 成型工艺。利用苎麻落麻纤维无纺毡制作增强环氧树脂滑板时，先将无纺毡进行预浸料处理，经模压成型后，压制的产品色泽均匀，无缺胶现象，外表美观；而采用 RTM 成型工艺制备苎麻落麻纤维无纺毡增强不饱和聚酯树脂滑板时，由于胶液在模具中流动，使其能够和纤维充分接触，纤维得到良好的浸渍，从而避免高温对苎麻落麻纤维强度的影响（张长安等，2002）。

主要参考文献

鲍逸培，文家孺. 1997. 竹木复合集装箱底板开发与研究. 建筑人造板，3：13～16
陈夏生. 2005. 无纺布材料与无纺布技术. 上海造纸，8：35～38
仇铭华，刘国恩. 2007. 奥宇钢框胶合板模板开发与工程应用. 施工技术，36（6）：71～73
东方电机厂. 2000. 复塑竹材复合板在发电设备包装上的应用. 现代包装，1：42～44
董汉法. 2000. 杨木混合型铁路客车专用胶合板的生产工艺. 林业科技开发，14（4）：50
杜敏. 2003. 新型汽车用热塑型复合材料. 无纺布，11（4）：26～29
葛书春. 1991. 竹胶板的性能及在电子产品包装上的应用. 通信与计算机，76（3）：64～66
郭文静，范留芬，陈正坤. 2007. 木/麻/PP 纤维含量对复合材料性能的影响. 木材工业，21（3）：8～10
华毓坤. 2004. 定向结构刨花板在我国包装行业的应用前景. 人造板通讯，2：6～7
黄锐. 1997. 塑料成型工艺学. 2 版. 北京：中国轻工业出版社
蒋身学，张齐生，张维均. 2002. 汽车车厢底板用多层竹帘胶合板的研制. 林产工业，29（6）：29～31
赖远东. 2007. 胶合板大模板工艺在高层筒体结构施工中的应用. 科技信息，11：93～94
兰红艳，靳向煜. 2007. 天然纤维非织造物增强复合材料概述. 中国麻业科学，29（1）：45～48
李坚. 2002. 木材科学. 北京：高等教育出版社
李坚，王金满，吴玉章，等. 1993. 新型木材. 哈尔滨：东北林业大学出版社
廖玉玲. 2002. 大模板在建筑施工中的应用和发展动向. 中外建筑，5：61～62
林玉珊. 2007. 竹胶合板大模板在全现浇剪力墙结构中的应用. 广东建材，5：81～83
刘丽妍，王瑞，焦晓宁. 2004. 亚麻针刺毡/不饱和树脂复合材料的制备与研究. 玻璃钢/复合材料，3：42～44
刘一星，赵广杰. 2004. 木质资源材料学. 北京：中国林业出版社
鲁博，张林文，曾竟成，等. 2005. 天然纤维复合材料. 北京：化学工业出版社
邱俊贤，孟长华. 2001. 富康轿车门护板衬板原材料开发与研究. 汽车工艺与材料，3：16～22
王国建. 2004. 高分子合成新技术. 北京：化学工业出版社：254～262
王瑞，刘丽妍，尹志强. 2005. 亚麻无纺布的缝合加固及其复合材料成型性研究. 中国塑料，19（5）：71～74
王正，高黎，郭文静. 2006. 相思、桉树刨花板两步法模压工艺的研究. 林业科学，42（3）：48～53
徐磊，王瑞. 2005. 麻无纺布复合材料的开发和应用. 无纺布，13（4）：24～27
许刿家，刘文龙. 1996. 木材胶合板在汽车车厢底板上开发应用的可行性研究. 汽车技术，10：33～36
许民. 2005. 木材纤维-热塑性聚合物复合工艺的研究. 哈尔滨：东北林业大学博士学位论文：80～100
许民. 2006. 生物质-塑料复合工学. 北京：科学出版社
许民，姜晓冰，王克奇. 2004. 木塑复合材料的研究现状与应用前景. 林业科技，29（3）：41～43
杨庆贤. 1992. 木塑复合材料及其增强机理的研究. 复合材料学报，9（4）：77～81
尹志强，王瑞. 2004. 亚麻无纺布成型性及其复合材料强度研究. 天津工业大学学报，23（1）：5～7
张长安，张一甫，曾竟成，等. 2002. 苎麻落麻无纺毡复合材料的研制. 工程塑料应用，30（3）：12～15
张齐生，孙丰文，李燕文. 1997. 竹木复合集装箱底板使用性能的研究——与阿必东胶合板底板的对比分析. 南京林业大学学报，21（1）：27～32
张森林. 2007. 林产工业当前面临问题的思考. 南宁：第六届全国人造板工业科技发展研讨会论文集
张一甫，张长安. 2002. 苎麻落麻纤维增强热固性树脂复合材料的制备及性能研究. 玻璃钢/复合材料，1：

13～14，35

邹惟前，邱昌兰. 1997. 一年生植物纤维复合板的生产与应用. 济南：山东科学技术出版社

Balatinecz J J. 1993. Wood-plastic composites. Journal of Forestry，91（11）：23～26

Falk R H，Dan V，Cramer S M. 1999. The comparative performance of woodfiber-plastic and wood-based panels. Madison：The 5th International Conference on Woodfiber-Plastic Composites：269～274

Falk R H，Vos D，Cramer S M，et al. 1999. The comparative performance of woodfiber-plastic and wood-based panels. Madison：Proceedings of the 5th International Conference on Woodfiber-Plastic Composites：269～274

Krzysik A M，Youngquist J A，Myers G E，et al. 1991. Wood- polymer bonding in extruded and nonwoven web composite panels. Proceedings of a symposium，Madison，WI：Forest Products Research Society：183～189

Leaversuch R D. 2000. Wood-fiber composites build promising role in extrusion. Modern Plastics，77（12）：56～60

Liang B H，Mott L，Shaler S M，et al. 1994. Properties of transfer-molded wood-fiber polystyrene composites. Wood and Fiber Science，26（3）：382～389

Peng W T，Huang Y S，Chen Y S. 1994. Research and development of wood/plastic composite materials. physical and mechanical properties of the composites of sander dust，sawdust，shaving fines and polypropylene. Bull Taiwan For Res Inst New Series，9（2）：161～190

Xu M，Cai Z. 2004. Research of different modifiers affecting on wood-polymer composites properties. Journal of Forestry Research，1：77～79

Youngquist J A，Drzysik A M，Muehl J H，et al. 1992. Mechanical and physical properties of air-formed wood-fiber/polymer-fiber composites. Forest Products Journal，42（6）：42～48

Youngquist J A，Myers G E，Muehi H J，et al. 1995. Project Summary：Composites from Recycled Wood and Plastics. Unite States Environmental Protect Agency：1～10

4　生物质-聚合物复合材料的挤出与注射成型技术

生物质-聚合物复合材料的挤出与注射成型技术，是以生物质材料作为增强材料（或填充材料），经过适当的处理后与聚合物混合，然后采用挤出或注射工艺进行成型加工的技术。生物质-聚合物复合材料的加工无论是采用挤出还是注射成型，常用的热塑性聚合物基体主要包括聚乙烯、聚丙烯、聚氯乙烯和聚苯乙烯等。除了采用原生的聚合物外，也可以利用回收的聚合物废弃物，这不仅降低了生物质-聚合物复合材料的生产成本，还促进了聚合物废弃物的回收再利用，是一种经济、环保和资源高效利用的有效方式。常用的生物质材料主要包括木材、竹材和其他天然植物纤维（如各种麻纤维、棉秆皮、农作物秸秆等），这些生物质材料具有密度小、比强度和比模量高、成本低、来源丰富、可再生等特点，是其他增强材料所无法比拟的。但是，生物质材料的耐热性差，过高的成型加工温度会导致其热降解，这是要特别予以注意的。

采用挤出成型工艺可以加工各种截面形状的生物质-聚合物复合材料异型材，具有生产周期短、效率高、产品质量稳定、成本较低和易于实现连续化生产的特点，因此发展较快，是目前普遍采用的工艺技术，其产品广泛应用于建筑、家具、汽车、园林景观、室内装饰和运输等行业。与挤出成型相比，注射成型是周期性地生产单个制件，可一次成型外形复杂、尺寸精确，甚至带有金属嵌件的制品，使之有良好的装配性能和可互换性，有利于制品的标准化、系列化，因此注射成型在生物质-聚合物复合材料成型加工方面有良好的发展前景。

虽然生物质-聚合物复合材料的注射成型也可以采用热固性聚合物作为基体，但鉴于目前产品的发展趋势主要是以可循环再生的热塑性聚合物为主，因此本章讨论的生物质-聚合物复合材料挤出和注射成型加工技术仅针对热塑性聚合物基体。

4.1　生物质材料的预处理

大多数生物质材料都可以用于生物质-聚合物复合材料的挤出与注射成型加工，但不同种类生物质材料的组成、结构和性质不相同，需要进行具有针对性的处理及改性。鉴于目前以木材（木粉或木纤维）作为生物质增强材料用于生物质-聚合物复合材料的研究和应用较多（有 80%以上的生物质-聚合物复合材料采用木纤维或木粉），只有少量使用其他植物纤维原料（主要是麻类）（Markarian，2003），因此本章主要以木材为例介绍生物质材料的典型预处理方法。

4.1.1　生物质材料的加工

无论是采用挤出还是注射成型工艺，生物质-聚合物复合材料的成型加工对生物质增强材料的颗粒尺寸均有要求，增强材料的形态通常呈粉状、纤维状或者是均匀的碎料。因此对于大块的原料需要经过粉碎或进一步的加工处理，获得粉状或纤维状的物料方能用于生物质-聚合物复合材料的生产。对于像木材加工产生的锯屑、砂光粉等，也可直接使用，但适当的研磨处理可以降低原料的颗粒度和提高颗粒的均匀性，有利于保证产品的质量和性能。对于纤维状生物质材料（如麻类植物纤维），大的长径比有利于提高复合材料的力学性能，尤其是抗拉强度和抗冲击性能。但是，在熔融加工的过程中，过长的纤维在聚合物基体中不易分散均匀，易结团，造成复合材料力学性能的下降，因此常制备成短纤维作为聚合物基体的增强材料。

一般情况下，用于挤出成型的生物质增强材料的颗粒度为 40～200 目，长径比为（2∶1）～（20∶1）；而用于注射成型时，则要求相对较小的颗粒度和长径比，以便获得好的熔体流动性和细腻的复合材料外观。

目前还没有特别适于加工生物质增强材料的专用设备，科研人员正在加紧研制。生产实践中主要选用饲料加工或矿用粉碎设备，或者采用塑料粉碎设备（详见 4.2.2.2）。

4.1.2 生物质材料的干燥

生物质增强材料在和热塑性聚合物挤出或注射加工之前，需要经过适当的干燥处理，以减少在加工过程中产生水蒸气和其他小分子挥发性物质。这些水蒸气和小分子挥发物质不仅会在生物质增强材料和聚合物之间产生弱界面层，还会在复合材料内部形成孔隙，严重劣化复合材料的力学性能。即便是对于配有排气孔的挤出机，在加工的过程中，生物质增强材料中的水分和挥发性物质可以通过排气孔排除一部分，但是既无法彻底排除所有挥发性物质，也难以准确判断排除的程度，因此预先的干燥处理对于保证生物质材料有效脱挥和较低的含水率非常重要。生物质增强材料的含水率 x（%）可按式（4-1）计算。

$$x(\%)=\frac{m_0-m}{m_0}\times 100 \qquad (4\text{-}1)$$

式中，m_0 为试样在烘干前的质量（g）；m 为试样在烘干后的质量（g）。

通常，生物质增强材料在挤出成型加工之前含水率不应高于 5%，常控制在 2%以下。而对于注射成型则要求尽可能低的含水率，通常含水率应控制在 1%以下。当然越低的含水率，则要求越高的干燥成本。另外，处于绝干（或近于绝干）状态下生物质材料相对较脆，这会影响其加工性能，剪切力会强化对绝干状态生物质纤维的碎断作用。因此，实际生产当中，要根据生物质材料的性质、加工设备及加工工艺、产品的性能要求等控制其含水率。

4.1.3 生物质材料的表面改性

生物质材料的化学成分十分复杂，是一类主要由纤维素、半纤维素、木质素等天然高分子化合物及树脂、脂肪、蜡质、淀粉、果胶、色素、灰分等组成的天然有机材料，表面性质十分复杂。同时，组成生物质材料的纤维素、半纤维素、木质素等主要成分中含有大量的醇羟基、酚羟基等极性基团，具有很强的极性和形成氢键的能力。这些生物质材料在和非极性的热塑性聚合物复合过程中，由于表面能和极性的差异，界面相容性较差。可利用物理或化学的方法，对生物质材料的表面进行预处理，改变生物质材料表面的状态，以达到改善界面相容性的目的。

4.1.3.1 物理方法

物理方法是指生物质材料表面改性处理采用的手段是物理的，这类方法能够改变生物质材料的结构和表面性质，有利于改善生物质材料与聚合物基体间的界面结合。

1）蒸汽爆破处理 蒸汽爆破是处理天然植物纤维的一种新方法，被认为是生物质再生利用过程中取得的重大进展之一。蒸汽爆破处理主要针对纤维素，其基本原理是：在密闭容器内处于高压状态的水蒸气先进入纤维素的非晶区，引发纤维素的润胀，在规定的极短时间内，使容器压力急剧降低到大气压，从而使纤维素的超分子结构破坏，分子内氢键断裂程度增加。这种方法使纤维素的形态结构发生变化，纤维长度变短，并发生部分原纤化，聚合度有不同程度的下降，从而使纤维素纤维的比表面积、强度和化学反应性能增加。

2）放电处理 放电处理包括溅射放电、电晕放电、低温等离子体处理技术等。溅射放电处理主要引起物理方面的变化，如纤维表面变得粗糙等以增强界面间的黏结性能；电晕放电可以大量激活纤维表面的醛基，改变纤维素纤维的表面能；低温等离子体处理技术依据所用气体的不同，可以进行系列化的纤维表面处理，使纤维表面产生自由基（Belgacem et al.，1994）和反应活性较高的基团（Wang et al.，1993），从而提高其与聚合物基体的粘接性能。

3）碱化处理 碱化处理是植物纤维改性的一个古老的方法，目前广泛用于植物纤维的表面处理。碱化处理使植物纤维中的部分果胶、木质素、半纤维素及其他低分子杂质等被溶解除去，使纤维表面变得粗糙，形成许多空腔，增强了纤维与聚合物的界面黏合力。而且碱化处理使纤维表面活性点增多，提高了与其他改性剂如硅烷偶联剂的反应能力。同时也使纤维原纤化，即纤维束变小，长径比增大，与基体的有效接触面积增加，纤维颗粒的分散性得到改善。碱化处理的常用实验室步骤是：先用乙醇或苯提取，然后用碱溶液如 NaOH 溶液浸泡，再用水洗至中性，然后烘干（赵义平等，2001）。

4）其他物理方法 其他如拉伸、压延、混纺等物理方法也可改变纤维的结构和表面性质，从而提高复合过程中纤维素纤维同聚合物间的界面黏结力（Bledzki and Gassan，1999）。

4.1.3.2 化学方法

化学方法改变了生物质材料纤维表面的化学结构，有利于生物质增强材料在聚合物基体中的均匀分散，可显著改善纤维与聚合物基体的界面粘接情况。

1）酯化、醚化改性处理 通过对植物纤维表面的羟基进行酯化、醚化，使其生成疏水的非极性化学官能团，以降低聚合物基体与生物质增强材料表面间的相斥性，从而改善纤维和聚合物的界面相容性。

最常用的木材酯化方法是乙酰化处理。经乙酸酐或烯酮处理后，木材表面极性羟基上的氢原子被非极性的乙酰基取代而生成乙酯。在工业上通常使用乙酸酐、冰醋酸、硫酸的混合液进行乙酰化处理。Thomas 等（1996）曾用苯酰化处理的方式对剑麻纤维进行处理，使剑麻纤维表面形成较多的非极性苯甲酰基团，从而提高了和聚苯乙烯树脂的相容性。

木材的醚化可以通过甲基醚和羟乙基醚的方式进行。木材表面甲基醚的生成，一般用甲基氯与经过碱化处理的木材反应。羟乙基醚是通过木材在碱存在条件下与环氧乙烷或 2-氯乙醇反应制得的（Youngquist et al.，1986；吴书泓和孙振鸢，1995）。

2）接枝共聚改性处理 植物纤维化学改性的一种有效方法是接枝共聚（Bledzki and Gassan，1999），由此方法可以改善生物质材料和聚合物之间的界面黏结性。纤维素接枝共聚方法主要有自由基接枝共聚、离子型接枝共聚、缩聚与开环聚合三种（鲁博等，2005）。

（1）自由基接枝共聚。几乎所有的自由基聚合引发剂都可以用于纤维素的自由基接枝共聚，如过氧化氢、过氧化苯甲酰、过渡金属离子及高能射线辐射等。根据接枝机理的不同，自由基接枝可以分为直接氧化、Fenton 试剂和高能射线辐射三类。

直接氧化采用合适的引发剂使单体在纤维表面直接接枝聚合，这种化学反应是由纤维素分子的自由基引发的。直接氧化自由基接枝所用引发剂有四价铈离子、五价钒离子、三价锰离子及高锰酸钾、过硫酸盐等。以四价铈（Ce^{4+}）为例，反应式如下。

$$Ce^{4+} + \text{Rcell—OH} \longrightarrow Ce^{3+} + H^{+} + \text{Rcell—O}\bullet$$

$$\text{Rcell—O}\bullet + \text{M} \longrightarrow \text{纤维素接枝产物}$$

其中，M 代表被接枝单体，可以是氯乙烯、丙烯腈、丙烯酰胺、甲基丙烯酸甲酯等。

Fenton 试剂是一种含有过氧化氢和亚铁离子的溶液，是一个氧化还原体系，其与纤维素的接枝聚合反应式如下。

$$Fe^{2+} + H_2O_2 \longrightarrow Fe^{3+} + OH^{-} + HO\bullet$$

$$\text{Rcell—OH} + HO\bullet \longrightarrow \text{Rcell—O}\bullet + H_2O$$

$$\text{Rcell—O}\bullet + \text{M} \longrightarrow \text{纤维素接枝共聚产物}$$

利用高能射线辐射（如 β 射线和 γ 射线）引发纤维素接枝共聚，是用含有特定离子的水溶液处理纤维，然后暴露于高能辐射下，纤维素分子链断裂，产生自由基。之后，用与聚合物基质相容的溶液（如乙烯基单体、丙烯腈、甲基丙烯酸甲酯、苯乙烯等）处理，产生的共聚物兼有纤维素和接枝共聚物的特性。即便在没有自由基引发剂存在下也可，如用钴 60（^{60}Co）即可引发乙烯基或苯乙烯单体与木材组分进行聚合。

（2）离子型接枝共聚。纤维素的离子型接枝共聚可以分为阳离子引发接枝和阴离子引发接枝。阳离子引发接枝是用 BF_3、$LiCl_4$ 等金属卤化物和微量的催化剂，通过形成纤维素碳正离子而进行接枝共聚。阴离子接枝共聚则是由纤维素与氨基钠、甲醇钠等作用形成纤维素钠盐，再与乙烯基单体反应，所用的单体有丙烯腈、甲基丙烯酸甲酯、甲基丙烯腈等，接枝共聚所用溶剂为液氨、四氢呋喃或二甲基亚砜等。

（3）缩聚与开环聚合。缩聚与开环聚合是利用官能团的缩合反应进行表面接枝，并且是一种颇为有效的方法。例如，采用经高温活化的马来酸酐接枝聚丙烯（MAPP）处理纤维素，在界面处形成共价键（Felix and Gatenholm，1991），其机理包括 MAPP 接枝共聚物的加热活化和纤维素的酯化两个步骤。

A. 共聚物的加热活化（170℃，纤维处理以前，图 4-1）。

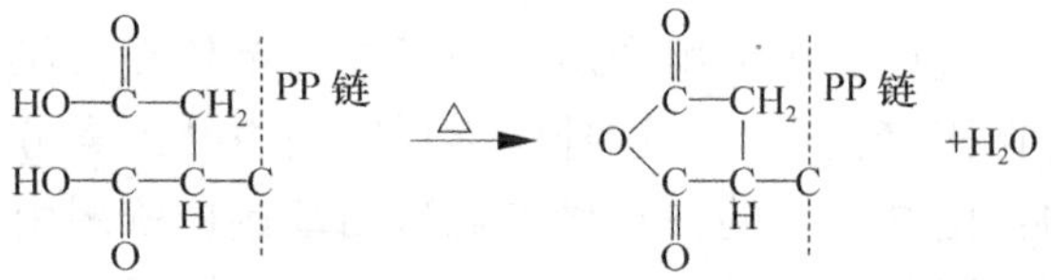

图 4-1 MAPP 接枝共聚物活化过程

B. 纤维素的酯化（图 4-2）。

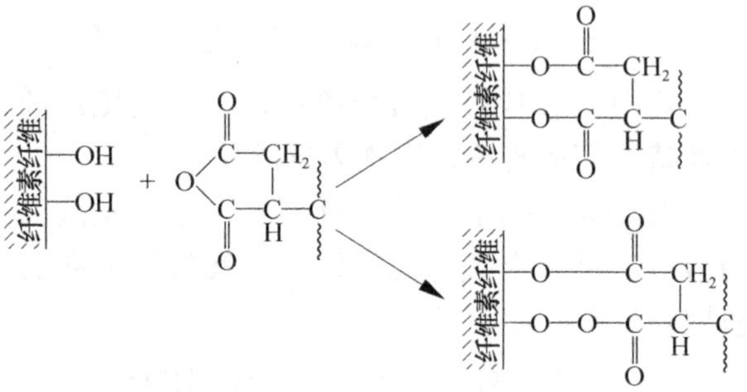

图 4-2 纤维素与 MAPP 的酯化反应

经过上述处理后，在纤维素的表面以化学键连接上分子结构和性质与基体聚合物相似的聚合物链，纤维素的表面能也被调整到更接近聚合物基体表面能的水平。这样就获得了更好的界面结合。

接枝共聚是一种有效的表面改性方法，但是比较复杂，往往成本较高。

3）用含羟甲基的化合物处理 含有羟甲基（—CH_2OH）的化合物能够与纤维素纤维形成稳定的化学键。这类化合物在纺织化学中已被广泛应用。在发生该类化学反应的同时，也会形成大量的氢键。

在形成纤维素增强不饱和聚酯树脂复合材料之前，用羟甲基三聚氰胺处理纤维素能够降低吸潮性，提高增强树脂的湿强度。

4）用异氰酸酯偶联剂处理 用异氰酸酯处理木纤维或者聚氯乙烯、聚苯乙烯树脂，能够改善木纤维增强聚苯乙烯或聚氯乙烯复合材料的力学性能。可以采用纯的或者溶于增塑剂中的 PMPPIC 溶液。PMPPIC 通过形成强共价键连接到纤维素上。

PMPPIC 和聚苯乙烯都含有大量苯环，它们的离域 π 电子发生强的相互作用，因而在聚苯乙烯与 PMPPIC 之间形成黏结，如图 4-3 所示。

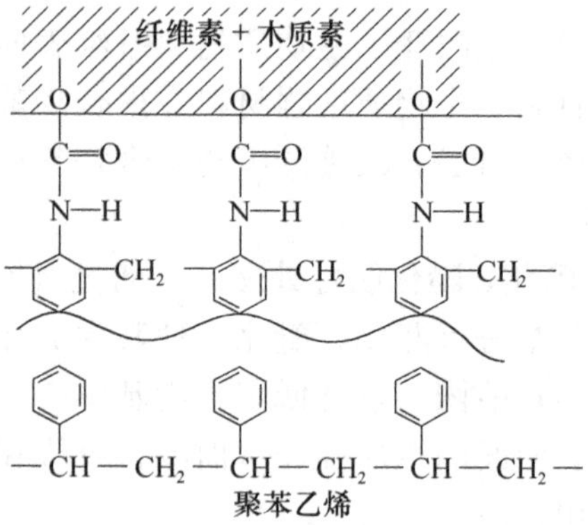

图 4-3 PMPPIC 改性木纤维与聚苯乙烯界面作用示意图

用适当的异氰酸酯偶联剂处理，是一种比较有效的木纤维改性方法。用 PMPPIC 处理其他天然有机纤维和聚合物基质，也有类似结果。

偶联剂可以是小分子化合物，也可以是高分子化合物，通常由两种具有不同功能的基团构成。这两种基团以化学键或者强烈的物理作用（如大分子链的相互缠绕、选择性吸附等）分别与复合材料的不同相牢固结合，从而起到连接两相的桥梁作用。目前已发现 40 余种化合物或混合物能够用于生物质-聚合物复合材料的偶联剂（Lu et al., 2000），下面再举两例。

5）用三嗪偶联剂处理 三嗪衍生物与纤维素纤维形成化学键的过程如图 4-4 所示。

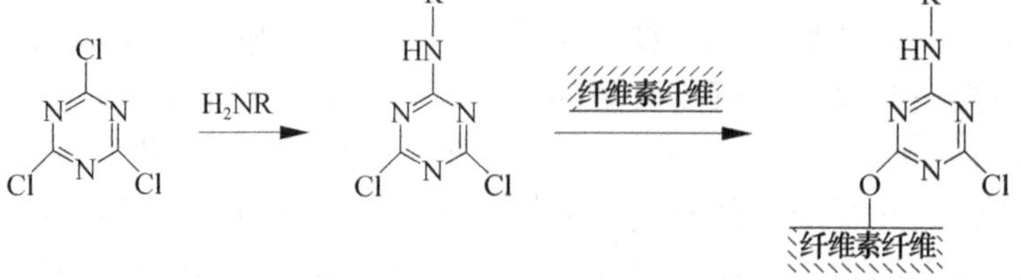

图 4-4 三嗪衍生物与纤维素纤维形成化学键的过程

用三嗪衍生物处理纤维素纤维，能够降低纤维素纤维及其与聚合物复合材料的吸湿性。其机理可解释为：减少了纤维素分子上易结合空气中水分子的羟基；降低了纤维表面的亲水性；通过产生纤维与基质之间的化学键交联网络，限制了纤维的膨胀。

6）有机硅烷偶联剂处理 有机硅烷是玻璃纤维增强聚合物复合材料常用的偶联剂，几乎可以作为所有矿物质增强聚合物复合材料的偶联剂。大部分有机硅烷偶联剂的结构式为 $R(CH_2)_nSi(OR')_3$，式中 n=0～3，OR′为可水解的烷氧基，R 是有机功能基。

硅烷偶联剂中的有机功能基（R）能够与聚合物发生化学反应。该反应可以是共聚，或者生成互穿网络。硅烷处理纤维的固化反应增强了树脂的润湿作用。

通过碱催化或酸催化机理，硅烷偶联剂发生水解、缩合（通常硅烷水解的催化剂也是缩合反应的催化剂），以及形成聚合物与纤维之间的化学键等反应。除了硅烷醇与纤维素表面羟基的反应外，也能反应形成聚合硅烷结构。

与应用于玻璃纤维类似，硅烷也能够用作生物质-聚合物复合材料的偶联剂。例如，用氨基硅烷处理丝光剑麻纤维，然后制备剑麻-环氧树脂复合材料，其耐潮湿性明显改善。

硅烷与含有羟基的纤维表面形成化学键的一般机理如图 4-5 所示。

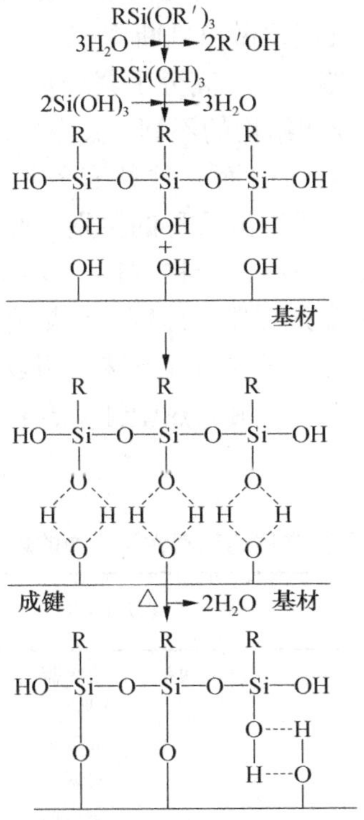

图 4-5 硅烷偶联剂与植物纤维的表面反应

4.2 聚合物废弃物的再生与改性

生物质-聚合物复合材料中的聚合物基体除了使用原生的聚合物之外，也可以采用聚合物废弃物作为原料，一方面降低生物质-聚合物复合材料的原料成本，另一方面减少了聚合物废弃物对环境所造成的污染，是一种资源高效利用的有效途径。

为了提高聚合物废弃物的再生利用价值，需要对聚合物废弃物再生料进行改性，以满足生物质-聚合物复合材料的质量要求。对于并未发生严重降解的聚合物废弃物，采用适当方法进行再生改性后用于制备生物质-聚合物复合材料，其产品的性能与采用原生聚合物相比并无显著差异。

如果采用聚合物废弃物作为生产原料，除了回收、分选、清洗、粉碎和干燥等预处理之外，进行适当的改性处理，对于获得高质量的生物质-聚合物复合材料产品至关重要。

4.2.1 聚合物废弃物的回收

4.2.1.1 聚合物废弃物的来源

1）合成过程中产生的废料 聚合物作为高分子是由单体经过加聚、缩聚等反应制得的，合成条件的变化或合成原料的突然变化引起聚合物的质量问题，致使形成聚合物废料；更换聚合物牌号时产生的废料；在聚合过程中粘在搅拌器和釜壁上的黏附料；聚合时产生的低分子质量副产物等。这类聚合物废弃物的性能较差并且往往不稳定，通常需要经过改性处理才能使用。

2）加工过程中产生的废料 从合成树脂变成塑料产品要经过加工制造这一环节，在加工过程中不可避免地要产生一些废料。对热塑性聚合物来说，加工过程中产生加工废料，如注射成型时产生的飞边；纺丝产生的废丝、废坯、引料等；制膜产生的引料、废品；热压和压延成型产生的切边；吹塑、发泡等成型过程均会产生废料。这些废料的特点是比较单一、干净。

3）在应用中产生的废料 聚合物材料的用途非常广泛，可用在各行各业，包括农业、商业、渔业、医用、家电、航天航空、机械等众多部门。在流通和使用过程中产生的废料是聚合物废弃物的主要来源，可以用作生物质-聚合物复合材料的原料。

（1）工业用聚合物废料。聚合物在工业上有着广泛的应用，工程塑料可用作机械零件，如齿轮、螺母、油箱等；在化学工业上用作防腐材料，如管道、阀门、储槽等；在建筑工业上用作塑料门窗、下水道、地板等；在电子电气行业，用作绝缘材料、电线电缆、开关、插座、印刷电路板、电视机、洗衣机、计算机等电器外壳和元件等；在交通运输上，汽车、火车、轮船的装饰装修、坐椅及卧具等均用到高分子聚合物材料。工业聚合物废料的聚合物品种繁多，往往性能差别较大，其中，有些聚合物废弃物用于生物质-聚合物复合材料的技术问题尚未获得很好解决。

（2）农用聚合物废料。聚合物在农业上的应用主要是农用地膜、棚膜、编织袋、各种输水管、排水管、塑料绳、网具等。目前农膜占塑料薄膜总量的大部分，主要以聚乙烯、聚丙烯、聚氯乙烯为主要原料。

（3）商用聚合物废料。聚合物在商业上应用最多的是包装材料，主要有薄膜、泡沫、编织袋、箱子等。市场上到处看到的包装产品、食物的盛装器具、瓶子、容器，如快餐盒、盘、匙等，它们往往是一次性使用塑料。用作包装材料的聚合物有 PP（聚丙烯）、PE（聚乙烯）、PS（聚苯乙烯）、PC（聚碳酸酯）、PET（聚对苯二甲酸乙二醇酯）等，并常用 EVA（乙烯-乙酸乙烯酯共聚物）、PVDC（聚偏二氯乙烯）、PA（聚酰胺，即尼龙）等作为隔氧和湿气等的材料。

（4）其他领域聚合物废料。聚合物的其他应用包括渔业上用的渔网、鱼袋、鱼箱、渔竿等；医学上用的手套、一次性针筒、试管和输液管等；日常生活方面的桶、盒、梳子、垃圾桶、玩具等；娱乐、体育行业等方面的废料。

聚合物材料很难自然降解，它应用的领域越广，应用量越多，产生的废弃物也就越多，由此产生的资源和环境压力也越来越大，因此聚合物废弃物的资源化高效利用，不仅具有经济效益，还具有重要的生态效益。

4.2.1.2 聚合物废弃物的鉴别

聚合物废弃物包括热塑性聚合物废弃物和热固性聚合物废弃物。常用的热塑性聚合物主要包括 PVC（聚氯乙烯）、PE、PP、PS、PET、ABS 等。而热固性聚合物由于不能采用加热熔融再生的方法，因此回收利用较困难。

1）外观鉴别 不同聚合物具有不同的外观性状，根据其外观可大致区别不同的聚合物废弃物品种，几种常见的热塑性聚合物材料的外观特征见表 4-1。

表 4-1 几种常见的热塑性聚合物材料的外观特征

聚合物名称	外观特征
聚乙烯	乳白色、半透明，有蜡状滑腻感、柔而韧，密度越高，手感越硬
聚丙烯	乳白色、半透明状，手感滑润，较聚乙烯硬
聚氯乙烯	本色为微黄色、透明状，透明度好于聚乙烯、聚丙烯，软制品柔软而有弹性，表面光滑；硬制品平直坚硬，表面光滑无蜡感
聚苯乙烯	无色透明状，性脆易断裂，敲打时有清脆的金属声
聚对苯二甲酸乙二醇酯	乳白色或浅黄色，表面平滑而有光泽
聚碳酸酯	透明的，无色或微黄色
聚甲醛	乳白色、不透明，表面有光泽
ABS	浅象牙色、不透明，表面有光泽

对于聚合物废弃物而言，由于加工方法、使用环境、污染程度、老化程度等众多因素都对其外观产生一定影响，因此在进行鉴别时应注意积累经验，并且慎重做出判断。

2）燃烧鉴别 高分子聚合物大部分都能燃烧，由于组成和结构的不同，其燃烧特征也不同，通过燃烧可以简便而且往往有效地判断属于哪类聚合物，甚至做出品种的鉴别。燃烧鉴别法非常简单，取一小块聚合物试样，放在燃烧的酒精灯上，观察燃烧的难易程度、火焰光泽、烟的浓淡、自熄情况，同时闻其气味，用以判断属于哪种聚合物。几种常用的热塑性聚合物的燃烧鉴别法见表 4-2。

表 4-2 几种常用的热塑性聚合物的燃烧鉴别法

聚合物名称	燃烧难易	气味	火焰特征	聚合物状态变化
聚乙烯	容易	类似石蜡燃烧气	黄橙色，边缘蓝色，无烟	熔融滴落后继续燃烧
聚丙烯	容易	石油气味，辛辣蜡味	上端黄，下端蓝，少量黑烟	熔融滴落
聚苯乙烯	容易	苯乙烯气味	橙黄色，浓黑烟，有黑炭灰	软化、起泡

续表

聚合物名称	燃烧难易	气味	火焰特征	聚合物状态变化
聚氯乙烯	难	氯化氢刺激性气味	黄色底部喷溅绿色或黄色火星，冒黑烟	软化能拉丝
ABS	容易	苯乙烯气味，带橡胶味	黄色，似红棕色，黑烟	软化，熔融，烧焦，无滴落
聚甲醛	容易	强烈甲醛气味，鱼腥臭味	顶端黄色，底部蓝色	燃烧时熔融滴落

3）密度鉴别　对于某些聚合物，可以通过材料的密度大致判定。通过此法可将密度相差显著的聚合物区别开来，如 PVC 与 PE、PP，浮在水面的为 PE、PP，沉在水下的是 PVC。但对密度相差很小的聚合物采用此种方法就难以鉴别了。为了更好地确定聚合物的密度，可采用不同密度的液体进行测定，常用甲醇水溶液（密度 0.84～1.08g/cm^3）和氯化钙水溶液（密度 1.0～1.4g/cm^3），利用二者在不同浓度下的密度，来区分 PP、LDPE（低密度聚乙烯）、HDPE（高密度聚乙烯）等。但此时需考虑聚合物材料中的颜料、矿物填料等组分对密度的影响。

4）溶解鉴别　聚合物材料浸在溶剂中，有的可以溶解，有的不溶解，根据聚合物的溶解性，可大致判断聚合物属于哪一种类，如热塑性聚合物可以溶胀、溶解在溶剂中，热固性聚合物不能溶胀或稍微溶胀、不能溶解在溶剂中，弹性体不发生溶解；在有机溶剂中能溶解的是非交联高分子聚合物，不能溶解的是交联高分子聚合物。几种常见热塑性聚合物的溶剂和非溶剂见表 4-3。

表 4-3　几种常见热塑性聚合物的溶剂和非溶剂

聚合物名称	溶剂	非溶剂
聚乙烯	甲苯（热）、二甲苯（105℃）、1-氯萘（≥130℃）、四氢萘（热）、二氯乙烷	汽油（溶胀）、醇类、醚类、环己酮
聚丙烯	芳香烃（甲苯，90℃），氯代烃（1-氯萘，130℃）、四氢萘（135℃）、十氢萘（120℃）	汽油、酯类、醇类、环己酮
无规聚丙烯	烃类、乙酸异戊酯	乙酸乙酯、丙醇
聚苯乙烯	苯、甲苯、三氯甲烷、二氯甲烷、环己酮、乙酸乙酯、乙酸丁酯、二硫化碳、甲乙酮、汽油、二氧六环、四氢呋喃、吡啶	脂肪烃、低级醇、乙醚
聚氯乙烯	甲苯、氯苯、环己酮、甲乙酮、四氢呋喃、二甲基甲酰胺	甲醇、丙酮、庚烷、乙酸丁酯、二氧六环

续表

聚合物名称	溶剂	非溶剂
氯化聚乙烯	乙酸乙酯、环己烷、二氯甲烷、二氯乙烷、甲苯、四氢呋喃、丁酮	乙醇
ABS	二氯乙烷、氯仿、三氯乙烷、乙酸乙酯、甲苯、四氢呋喃、环己酮	乙醇、乙醚
聚丁二烯	脂肪族、芳香族烃类	丙酮、乙醚、低级醇
聚异戊二烯	苯、甲苯、120#汽油	醇、酯、酮

5）仪器鉴别　简单的试验是非常有用的，可以对塑料进行初步识别，尤其对纯聚合物产品极为方便。但是对于共混物和共聚物就有困难了，识别过程就变得复杂。在这种情况下，借助于仪器手段进行分析，就显得非常重要。主要的仪器分析方法有红外光谱、核磁共振、热分析、热化学分析等。

（1）红外光谱法。红外光谱是最常用的仪器鉴别方法。对高分子来说，重要的红外光谱为 700～4000/cm，通常，官能团特征吸收区（1600～4000/cm）对于区别高分子的基本组成有价值，而通过光谱的指纹区（700～1800/cm）特征则往往能够帮助确定聚合物更精细的结构。指纹区非常重要，物质结构和组分的较小变化将会造成指纹区吸收光谱的巨大变化。红外光谱不仅可用来确定聚合物上存在的基团和基团在链上的位置，还可以判定聚合物的结晶状况及氢键等。如果有条件能够对未知聚合物的红外光谱和标准光谱进行比较，则通常能够准确地判定聚合物的种类。

（2）热分析或热化学分析。高分子聚合物也可通过热分析来鉴别，差示扫描量热分析（DSC）技术可以测定聚合物在升温或降温过程中的热量变化；热失重分析（TGA）可测定聚合物的热分解温度及该温度下的失重比例（与高分子结构有关）；热机械分析（TMA）可测定聚合物的热转变温度。通过这些技术可得到聚合物的熔点、软化点、玻璃化转变温度、热分解温度、结晶温度等，再根据已知的聚合物信息，从而可以确定是哪种聚合物。

4.2.1.3　聚合物废弃物的分选

聚合物废弃物的分选是再生利用的关键问题之一，目前我国聚合物废弃物的分选主要包括以下几种方法。

1）手工分选 手工分选是最简单、历史最悠久的方法。可以容易地将热塑性聚合物和热固性聚合物制品分开；可分开较易识别而树脂品种不同的同类制品，如PS发泡塑料制品与PU（聚氨酯）泡沫塑料制品、PVC膜与PE膜、PVC硬制品与PP制品、PVC鞋底与PE改性鞋底等；可以根据塑料制品的标识进行分类，如美国在塑料或其他高分子材料制品出厂前均印上标识，在其他发达国家这种标识也很常见，我国已开始注意这方面的问题。

2）风力分选法 此方法的基本原理是，将回收的聚合物废弃物切碎成体积相近的碎块，相对密度不同的碎块，其随风漂移的距离也不同，这样可将不同密度的碎料分离。此法不仅能分开相对密度差异较大的聚合物，也可将相对密度较大的碎石块、土沙块分离出去。这种方法适用于密度相差较大的材料的分离，如高分子材料与金属、砂石的分离等；对密度差较小的材料的分离效果较差。尤其是同一塑料品种会因添加剂的剂量不同等导致密度不同，结果被分离；更有甚者，不同塑料却因添加剂的剂量不同而具有相近甚至相同的密度，结果难以分离。

3）密度分选法 对混合的聚合物材料，一般进行粉碎之后再进行分选。将聚合物置于某些液体中，根据密度不同将其分离。但密度分选法受物料形状和大小的影响，主要是因为塑料表面不易为水所润湿，同时吸附气泡，造成表观密度与塑料实体密度不同，甚至会携带气泡而浮于液体表面，难以实现分离。因此，有时用表面活性剂做预处理，使塑料充分润湿。密度分选法可适用于密度相差较大的废材料，如铝箔塑料和不同塑料的分离。但此法容易受废弃物粒径、形状、表面污浊程度、表面改性和相互凝聚等因素的影响。

4）静电分选法 静电分选法是利用聚合物材料在静电感应后会具有不同的带电特性，根据物质不同的导电性、热电效应及带电特性可将聚合物废弃物分开。此种方法已成功地应用于将PVC从铜、铝等金属中分选出来，也可用于铝箔与PS、PVC和PS，橡胶与纤维纸，合成革与胶卷等的分离。温度、粒径和质量对分选的效果会有影响。

5）其他分选法 其他分选法还有漂浮分选，是利用聚合物表面的化学性质不同，有选择地加以处理使其具有疏水性或亲水性，然后进行分选。

此外，通常利用强磁铁将聚合物或生物质纤维原料中的铁系金属杂质除去，以免损坏加工设备。

4.2.2 聚合物废弃物的预处理

分选后的聚合物废弃物还必须经过破碎和清洗才能与生物质材料进行复合加工，当然，根据采用分选方法的不同，破碎工序也可能在分选之前，不过工艺方法是一致的。分选出来的聚合物废弃物通常分为两类：一类是污染不严重的聚合物废弃物；另一类是污染严重的聚合物废弃物。对于污染不严重的聚合物废弃物，宜先清洗，后破碎，再干燥；对于污染严重的聚合物废弃物，宜按照粗洗、破碎、精洗和干燥的顺序进行预处理。

4.2.2.1 清洗

聚合物废弃物往往在不同程度上含有污染物，应于再生利用之前进行必要的清洗。根据清洗达到的净化程度又分为粗洗和精洗。粗洗的目的就是除去沙土、石块和金属等异物，以防止损坏破碎机；而精洗则要求尽可能除去聚合物废弃物上的污染物，达到符合后续工艺要求的洁净程度。

清洗的方法是，将聚合物废弃物放入含有洗涤剂的热水中浸泡一段时间，再用机械搅拌，通过摩擦和撞击，除去杂质和污物。洗涤剂的加入量、水温、洗涤时间等根据洗涤效果而定。清洗的具体操作可以分为手工清洗和机械清洗。

4.2.2.2 粉碎

废旧塑料的粉碎一般分为剪切破碎和冲击破碎。当物料块太大时，不能直接使用破碎机，需先利用切割机把物料切割成可以装入破碎机进料口的尺寸。新型破碎机往往兼有剪切和冲击破碎的功能，可将主要功能为剪切作用的称为剪切破碎机，而将主要起冲击作用的称为冲击破碎机。相比之下，剪切破碎处理速度小，容易受到混入杂质的影响，但它具有破碎后物料粒度均匀的优点。破碎又分为常温破碎和低温破碎。

常温破碎：剪切破碎时，靠固定刀和可活动刀（有往复式刀、旋转刀等）之间的啮合作用来剪切物料，刀间的啮合可将废旧塑料切开或割裂。冲击破碎靠装在中心轴上高速旋转的旋转刀（也称冲击刀、转子或锤）强有力的冲击作用而破碎物料。经受一次冲击不能破碎的废料撞到固定刀（也称冲击板、剪切刀或切割刀具）进一步破碎，撞击弹回的物料被挤夹在旋转刀和固定刀之间靠剪切作用而破碎。

低温破碎：常温破碎具有噪声大、振动强、粉尘多、消耗动力大等缺点。为了解决这个问题，开发了冷冻低温破碎技术。该技术充分利用聚合物材料在低温下能发生脆化、破碎容易的特点，尤其对于常温下较软或韧性较大、难以破碎的热塑性废旧塑料特别适用。例如，聚乙烯的脆化温度为–135～–95℃，聚丙烯的脆化温度为–20～0℃，常温破碎时往往因摩擦生热而变软，很难破碎；而低温破碎就变得容易。

现介绍粉碎设备。

塑料的粉碎一般是在粉碎机中实现的。根据粉碎后物料粒径大小，粉碎机又分为破碎机和磨碎机两类。破碎机是一类实现破碎操作的机械，是将大块物料破碎成小块或粒状，其粒径一般在3mm以上者超过50%。而磨碎机则是一类实现磨碎操作的机器，它将粒料变成粉料，其粒径小于3mm者超过50%。

1）压缩式破碎机 颚式破碎机（jaw crusher）是在按某种角度闭合的一对齿板间，将物料压缩粉碎的一种设备，被粉碎物越向下移动就越细，最后从齿板的下端卸出，如图4-6所示。回转破碎机（gyratory crusher）、圆锥破碎机（cone crusher）是把齿制成圆锥形，并沿立轴偏心旋转的设备，它们既有压缩作用又有摩擦作用，所以工作效率高。还有辊式破碎机（roll crusher），利用滚筒和曲面冲击板或两个滚筒之间的压缩和冲击作用使塑料粉碎，如图4-7所示。

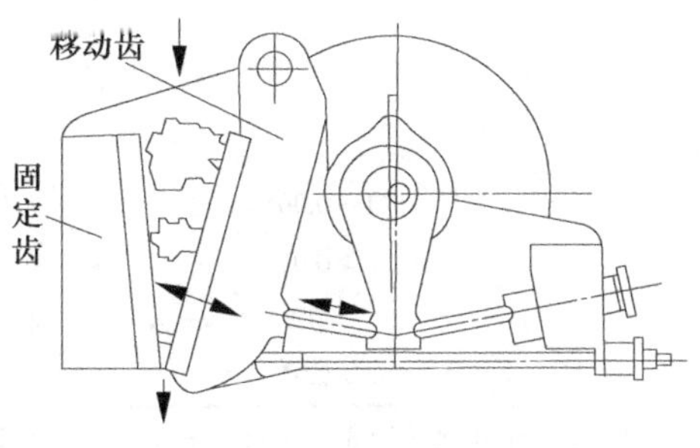

图4-6 颚式破碎机

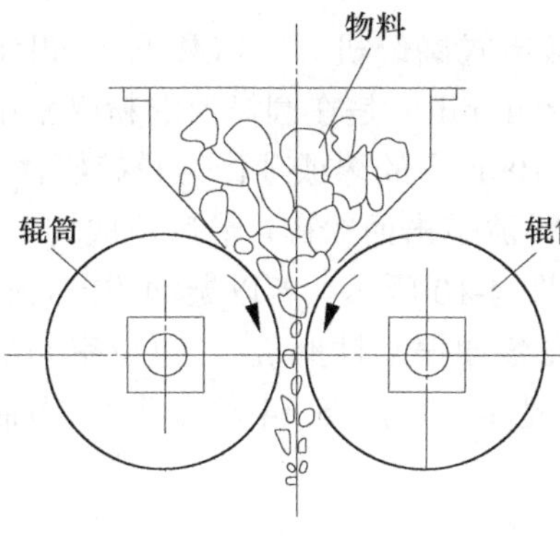

图4-7 辊式破碎机

2）冲击式破碎机 冲击式破碎机（impact crusher）和锤式破碎机（hammer crusher）是将塑料在高速旋转刀的打击下和固定刀、机内壁进行冲撞，加以粉碎。这种设备粉碎能力大，尤其是锤式破碎机，如图4-8所示，设备下配备有格栅，可控制破碎料的粒径，使粒径更加均匀。

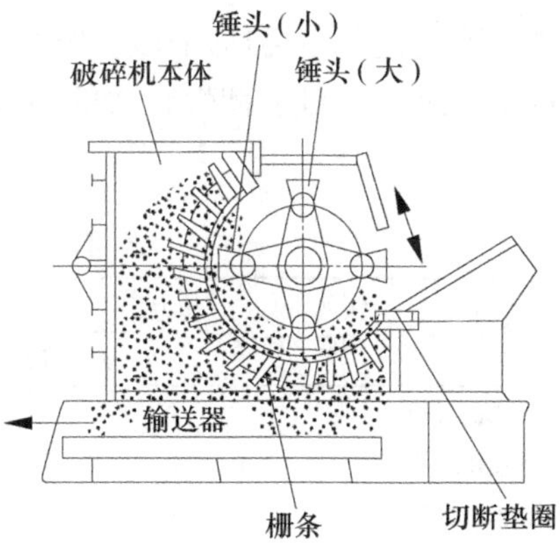

图4-8 锤式破碎机

3）切割（剪断）式粉碎机 切割研磨机（cutter mill）是利用高速旋转刀上的锐利刀刃将待碎物切割或剪断的设备。旋转刀刃与固定刀刃之间的间隙越小，则粉碎能力越强，即单位时间内的粉碎量越多。但是由于刀刃的负荷增加，刀刃易磨耗和损坏随之变得严重。切割式碾磨机如图4-9所示。

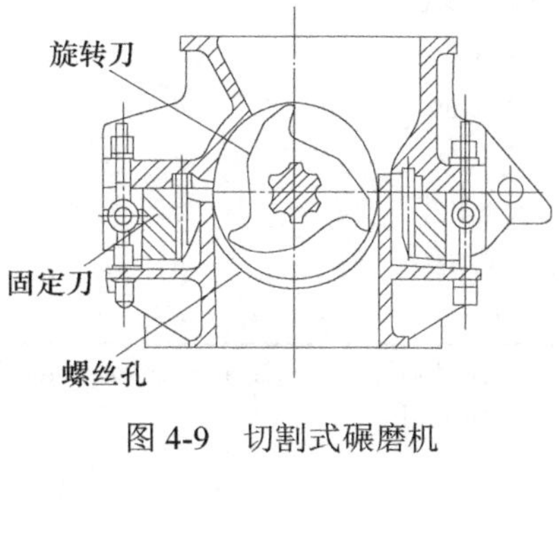

图4-9 切割式碾磨机

4）敲击式磨碎机 球磨机（ball mill）和棒磨机（rod mill）是在圆筒形的粉碎室中，以直径为 50～100mm 的棒或球作为粉碎媒体，粉碎室旋转，物料被敲击而粉碎，最后形成均匀的粉末。球磨机如图 4-10 所示。若以振动的方式代替旋转（相应的设备如振动球磨机），单位空间的处理能力大幅度提高（可提高 14 倍以上），可制得超细粉体。

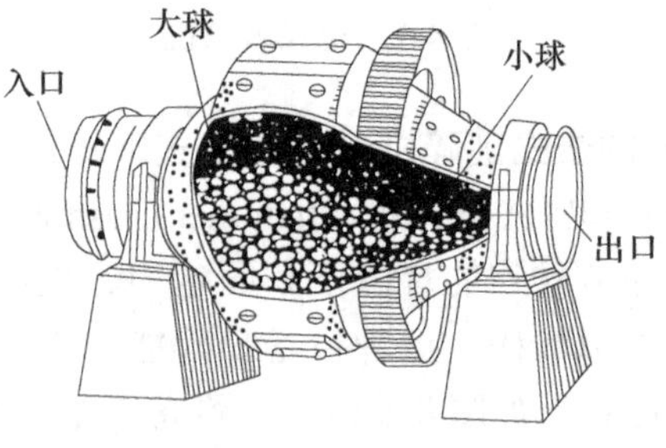

图 4-10 球磨机

不过，该类设备主要适用于将脆性物料研磨成细粉的加工过程，对于韧性较大的原料，效率不高。

5）摩擦式磨碎机 摩擦式磨碎机有很多种，研磨机（pan mill）和辊磨（roller mill）是在辊轮与相接触的盘或套环间将物料进行磨碎的设备。搅拌磨碎机是利用搅拌使被碎物相互摩擦而粉碎。气流粉碎机是利用高速气体使被碎物料高度加速，使之相互冲击和摩擦而粉碎的设备。

在实际工作中，选择粉碎机，除要考虑被碎物的特性外，还要注意以下几点。

（1）动力消耗小，这是节约能源和降低生产成本的重要保证。

（2）处理能力大小合适，应与前后工序相适应。

（3）物料粉碎后的颗粒尺寸、形状、均匀度好，粒径分布较窄，有利于提高复合材料的性能和产品质量。

（4）噪声小、粉尘少、安全、耐用，有利于改善生产环境，降低运营成本。

（5）粉碎过程中不发生物料的熔融和降解变质。

常用粉碎机的类型及使用特性如表 4-4 所示。

表 4-4 常用粉碎机的类型及使用特性

类型	粉碎机	干式粉碎	湿式粉碎	施力方式	被粉碎物特性							粉碎品粒度/mm	粒度分布			磨耗程度		
					脆	韧	橡胶状弹性	纤维状	柔软	非均质	复合体		宽	中	窄	大	中	小
粗粉碎	颚式破碎机	√		a	√							500～15		√				√
	环动压碎机	√		a	√							200～50		√				√
	圆锥破碎机	√		a	√							100～10		√			√	
	滚筒破碎机	√		a														
	平滑滚筒	√		a	√	√						20～10			√			√
	带齿滚筒	√	√	e	√	√		√	√	√	√	20～10			√		√	
	冲击式破碎机	√		e	√	√		√		√	√	>30		√			√	
	锤式破碎机	√		c		√						>20		√				√
	切割式碾磨机	√		b		√	√	√			√	10～1			√	√		
微粉碎	棒磨机	√		b	√							>1			√			√
	球磨机	√		b	√							>1		√				√
	振动棒磨机	√		b	√							>1		√	√		√	
	振动球磨机	√		b	√							>1				√		
	盘磨机	√		d	√							>10	√					√
	辊磨机	√		d	√						√	>1		√			√	
	冲击磨	√		e	√	√					√	1～0.005		√		√		
	圆盘形磨	√		c				√		√	√	>0.01			√	√		
	搅拌式磨碎机	√		d	√	√		√				>0.1	√	√		√		
	气能磨	√		e	√	√						>0.01						√

注：a～e 表示不同的施力方式：a. 压缩（0～0.4m/s）；b. 打击（0.7～8m/s）；c. 切割、剪断；d. 摩擦（8～20m/s）；e. 冲击（10～200m/s）

√代表此项可适用

4.2.2.3 干燥

干燥是将聚合物废弃物中所含的水分、溶剂等可挥发成分除去的操作，它在制备生物质-聚合物复合材料的加工过程中是很重要的环节，除了因为清洗之后存有的水分要及时排除之外，在环境存放的过程中也可能吸收一定的水分。尤其是在与生物质材料进行复合加工前，要确保聚合物材料的干燥。根据不同聚合物的材料特性、形态、干燥过程中的状态、干燥机理等情况，选择合适的干燥装置和干燥条件。干燥设备一般采用空气、氮气作为干燥介质，而常采用电加热空气法（因为操作简便，控制容易。对于生产量很大的企业，也可考虑采用成本较低的燃煤加热空气）。

常用的设备有热风干燥机、真空干燥机、去湿干燥机等。

4.2.2.4 塑化与造粒

分选后的聚合物废弃物经过破碎、清洗、干燥等一系列预处理之后，有的在一定助剂存在下可以直接与生物质材料混合后进行成型加工，有的需要进行混炼塑化、造粒而制成再生粒料。

聚合物废弃物混炼塑化是使物料在温度和剪切力的作用下熔融，获得剪切混合的作用，进一步去除其中的水分和挥发物，使各组分的分散更趋均匀，并且可以在此过程中实现改性处理，得到性能均一、塑化良好的再生料。塑化常用的设备主要是开炼机、密炼机和挤出机。使用开炼机塑化材料会与空气接触较多，一方面因冷却而使黏度上升，会提高剪切效果；另一方面与空气接触多了易引起氧化降解。使用密炼机塑化的物料为团状的，为便于粉碎和切粒，需通过开炼机压成片状物。在实际生产中，主要是选用挤出机作为塑炼造粒的主要设备，因为挤出机连续操作，生产效率高，并且混合塑化效果好。塑化后的物料一般为条状或片状，可直接切粒得到粒状再生料。作为造粒用的挤出机通常为大螺杆直径的同向啮合平行双螺杆挤出机。

造粒的方法根据塑化工艺的不同有以下三种。

1）开炼轧片造粒 开炼机塑化或密炼机塑化的物料经开炼机轧成片状物，经过风冷或水冷后进入平板切粒机，先被上、下圆辊切刀纵切成矩形断面的窄条，再被回转刀横切成方块状的粒料。

2）挤出冷切造粒 挤出机塑化的物料在有许多圆孔的口模中挤出料条，在水槽中冷却后引出并切成粒料，用这种方法可制得圆柱形粒料。

3）挤出热切造粒 此法是用装在挤出机机头前的旋转切刀切断由多孔口模挤出的塑化料条。切粒需在冷却介质中进行，以防物料相互黏结。

4.2.3 聚合物废弃物的改性

聚合物废弃物的改性目的主要基于两个方面，一方面回收聚合物废弃物的性能相对于原生聚合物有所下降，通过添加适量的助剂使其性能有所改善，以满足制品的要求；另一方面由于聚合物材料表面能低、化学惰性、表面被污染及存在弱边界层等原因，表面难以润湿和黏合。将生物质增强材料与聚合物复合制备生物质-聚合物复合材料时，常常需要对聚合物进行改性处理，以此来改变其表面化学组成，增加表面极性，提高表面能。

在生产生物质-聚合物复合材料时，聚合物废弃物改性的主要方法有聚合物共混改性和聚合物接枝共聚改性。对于高分子材料领域一些很有效的聚合物表面改性方法（电晕、等离子体、表面化学氧化等仅改变聚合物材料表面层物质的结构和性质），由于在熔融复合过程中聚合物材料原有的表面发生转变，这类改性方法对于生物质-聚合物复合材料的作用效果有限。

4.2.3.1 聚合物共混改性

不同种类聚合物共混是改善聚合物材料性能的重要途径，尤其对于回收的聚合物材料意义更大，首先回收聚合物的性能比原生聚合物的要差，通过加入其他聚合物可以改善聚合物的性能；其次回收的聚合物材料往往是多种聚合物的混合物，通过共混技术可获得性能良好的聚合物基体材料，避免因不同聚合物的相容性差而造成聚合物相之间相互分离的问题。通常，难以进行分选的聚合物废弃物的混合物价格很低，以此为生产原料是降低生物质-聚合物复合材料成本的有效途径，但是对改性技术要求较高。

常用的热塑性聚合物共混体系如 HDPE-LDPE、PE-EVA、PE-CPE（聚乙烯-氯化聚乙烯）、

LDPE-LLDPE（低密度聚乙烯-线性低密度聚乙烯）、PP-PE、聚苯乙烯-聚烯烃、聚乙烯-弹性体、聚苯乙烯-弹性体、聚丙烯-弹性体等。

4.2.3.2 聚合物接枝共聚改性

作为基体的热塑性聚合物多为 PP、PE、PVC 和 PS 等非极性或极性很小的聚合物，与极性的生物质材料相容性较差。对聚合物进行化学改性通常采用的方法是，在自由基引发剂存在的条件下，将马来酸酐（MA）分子在 CH_2 位置以形成 $C_{MA}—C_{Polymer}$ 单键的方式连接到聚合物大分子链上。这样，将 MA 的酸酐基团引入非极性的聚合物分子中，不仅使改性后的聚合物分子具有一定的极性，还能够与生物质增强材料发生酯化反应，能有效改善聚合物基体与生物质增强材料的相容性，提高复合材料的力学强度。

然而，采用上述改性方法在聚乙烯分子上极性基团的接枝率较低，同时，在改性过程中容易产生 MA 或聚乙烯的自聚，从而影响改性效果。Karnani 等（1997）使 MA 和 PP 在引发剂作用下于挤出机中进行接枝反应，随后与硅烷偶联剂改性的植物纤维一起进行共混挤出，所得复合材料的力学性能（模量、拉伸强度和缺口冲击强度）与 PP-植物纤维复合材料（简单共混）相比有显著提高。这种方法的工艺并不复杂，但接枝反应过程中存在着许多副反应，严重影响接枝效率，接枝反应的有效控制难度较大。

4.3 生物质-聚合物复合材料的挤出成型技术

生物质-聚合物复合材料的挤出成型，是指将热塑性聚合物和生物质增强材料及助剂的混合物，在挤出机中通过加热、搅拌，使受热熔化的聚合物和生物质材料充分混合、塑化，在一定压力下连续通过口模挤出、冷却、定型的技术方法。挤出成型是生物质-聚合物复合材料的主要成型加工方式，具有周期短、效率高、可实现连续化生产的优点，是一种低能耗高产出的生产工艺。

目前，生物质-聚合物复合材料的挤出成型基本上是利用传统的塑料挤出加工方式，所依赖的挤出成型设备也主要是在塑料挤出机的基础上通过改进，以满足生物质-聚合物复合材料的加工要求。然而，由于生物质增强材料的添加，聚合物的加工流变行为发生改变，同时生物质材料又是一种热敏性材料，传统的聚合物加工理论和设备不能完全满足需要，这些因素都对生物质-聚合物复合材料的挤出成型技术提出了新的要求和挑战。

目前挤出法生产生物质-聚合物复合材料的主要设备是螺杆挤出机，包括单螺杆挤出机和双螺杆挤出机，其中，双螺杆挤出机包括平行双螺杆挤出机和锥形双螺杆挤出机。此外，采用双螺杆挤出机和单螺杆挤出机串联所组成的双阶挤出机组，充分发挥了各自的优点，用于生物质-聚合物复合材料的成型加工表现出一定的优势。

生物质-聚合物复合材料的挤出成型工艺分为一步法和两步法，使用的加工设备类似，但不完全相同。一步法是指原料的配混、脱挥及制品挤出在一套设备或同一组设备内连续完成；而两步法通常分为原料混合造粒和挤出成型两个阶段。

4.3.1 挤出成型工艺原理

将生物质增强材料、聚合物原料和助剂的混合物料，通过喂料机连续而稳定地喂入挤出机的料筒。在料筒的外加热和螺杆对物料的剪切作用所产生的内摩擦热共同作用下，物料的温度上升，逐渐开始熔融。熔融的物料在螺杆的剪切、分散和挤压作用下完成塑化并混合均匀，通过挤出机机头，经模具成型而获得一定的截面几何形状和尺寸，再经过冷却定型得到生物质-聚合物复合材料型材，这是生物质-聚合物复合材料的一步法挤出成型工艺的基本原理。这种工艺具有产品性能好、生产成本低的优点，但是对设备的要求较高，不仅要求具有很好的脱挥、分散、塑化、减压等能力，而且要求整条生产线各个设备的运行必须有很好的协调性。

也可以先用造粒机将原料混合物造粒，然后通过型材设备挤出成型，这就是生物质-聚合物复合材料的两步法挤出成型生产工艺。这种两步法工艺的原理与一步法工艺相比，本质上并无很大区别，只不过将一步法工艺分为两个阶段，分割点选择在完成了物料的混合塑化之后和开始挤出成型之前。两步法工艺的优点是工艺控制比较容易，对设备的要求相对较低，但是增加了粒料挤出成型时再次热熔过程，能耗较高，同时增加了热敏性物料热降解的概率。

4.3.2 挤出成型设备

挤出成型设备主要由挤出机、模具和型材辅机组成，本节主要介绍挤出机，包括安装在挤出机上的模具部件口模。挤出机由挤出装置（螺杆和料筒）、传动机构和加热冷却系统等主要部分组成，常用的挤出机种类主要有单螺杆挤出机和双螺杆挤出机两类。

4.3.2.1 单螺杆挤出机

单螺杆挤出机的制造成本较低，是一种比较成熟的挤出成型设备，在生物质-聚合物复合材料成型加工中较为常用。单螺杆挤出机的基本结构如图 4-11 所示，由传动系统、加料系统（仅指加料装置）、料筒、螺杆与机头和口模等五大部分组成。

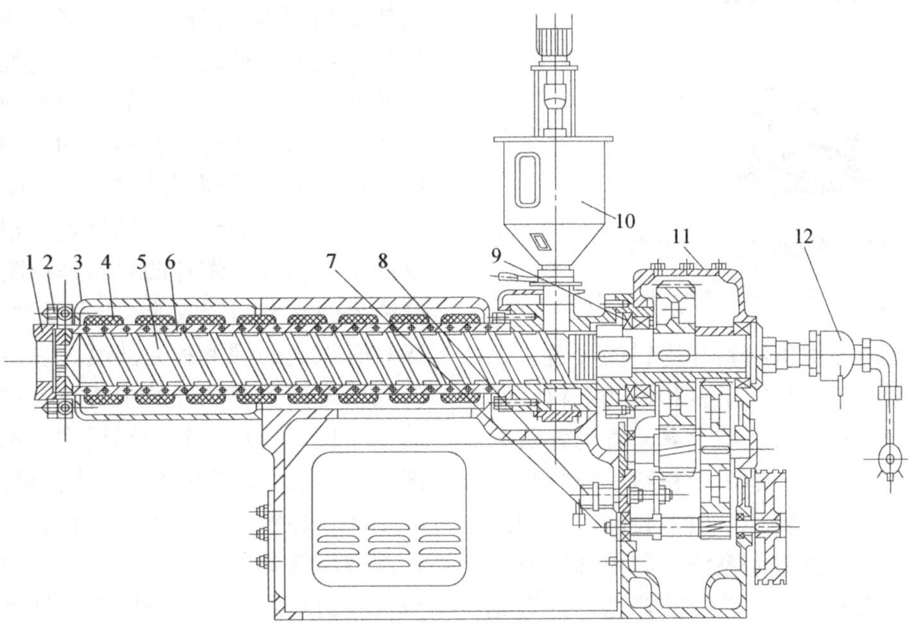

图 4-11 单螺杆挤出机的基本结构示意图

1. 机头连接法兰；2. 过滤板；3. 冷却水管；4. 加热装置；5. 螺杆；6. 料筒；7. 液压泵；8. 测速电机；9. 轴承；10. 料斗；11. 变速箱；12. 螺杆冷却装置

1）传动系统 传动系统是挤出机的重要组成部分之一。它的作用是在给定的工艺条件下，使螺杆按要求的扭矩和转速均匀地旋转，完成挤出过程。传动系统一般由电动机、减速箱和止推轴承组成。为了保证生物质-聚合物复合材料制品的质量均匀一致，传动系统要求具有调速范围宽、螺杆转速稳定、能够实现自动控制、维修简单的特点。一般采用交流变频电机和普通齿轮减速箱（立式或卧式）组成传动系统。

在挤出机中螺杆受到很大的轴向力，它是由螺杆在推挤出物料时动载产生的附加压力和克服摩擦阻力引起的，因此承受轴向力的止推轴承位置布置要合理，使轴承作用在料筒上的力与机头作用在料筒上的力相平衡。当然，齿轮要有足够的加工精度，传动声响要在规定的标准以内，使用寿命要达到要求，齿轮和轴承一定要有很好的润滑。

2）加料系统 加料系统的作用是给挤出机供料，一般由加料装置（也称喂料装置）和上料装置组成。

加料装置是向挤出机料筒连续供料的装置，形状有圆柱-圆锥结合型、棱柱-棱锥结合型。料斗的底部与料筒进料口连接，该处有截断装置，可以调整和截断料流。在加料孔的周围有冷却夹套，用以防止高温料筒向料斗传热，料斗侧面有视孔和标定计量的装置。加料方式有两种，一种是靠物料本身自重进料；另一种是强制性加料。靠自重进料的料斗结构简单、造价低，但是在加料的过程中易产生“架桥”现象，造成进料不均，甚至中断，影响挤出过程的稳定性，最终影响产品的质量。因此，采用重力加料方式的物料要有很好的流动性。强制加料是在料斗中设置搅拌器和螺旋桨叶，用来克服“架桥”，并对物料有压填的作用，保证加料的均匀性，强制加料装置如图 4-12 所示。

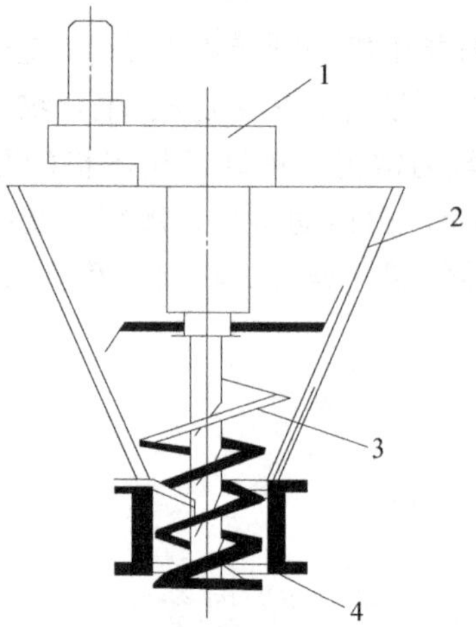

图 4-12　强制加料装置示意图

1. 驱动系统；2. 料斗；3. 锥形螺杆；4. 出料口

上料装置是能够提供给料斗用料的设备。上料的方式有弹簧上料、真空上料和风送上料。弹簧上料是利用安装在塑料（或金属）管内弹簧的旋转推动物料向上移动，适用于粉料、粒料和块状料，设备结构简单、轻巧、效率较高，应用广泛。真空上料是采用全封闭系统，利用真空发生器产生负压，完成对粉料、粒料的输送，具有无粉尘泄漏、清洁卫生的特点。风送上料是利用压缩空气管道输送上料，能同时给多台挤出机供料，可输送粉料和粒料，具有设备简单、投资少和效率高的特点。

3）料筒　料筒又叫机筒，是一个受热受压的金属圆筒。物料的混合、分散、塑化和压缩都是在料筒中进行的。在挤出过程中，料筒具有将热量传给物料或将热量从物料中传走的作用，为了满足料筒的工作要求，一般选用耐高温、耐高压、耐磨损和强度高的合金钢或碳钢内衬合金钢来制造，国内多用渗氮合金钢 38CrMoAl 制造。国外普遍采用在料筒内壁上浇铸 Xaloy 合金来制造，硬度值 R_c 可达 58～64，在 482℃时，硬度无明显下降，耐腐蚀能力比渗氮钢大 12 倍。在料筒的外面设有分段加热和冷却的装置，以便对物料加热和冷却。常用电阻或电感应加热，电阻加热又分为带状加热器、铸铝加热器和陶瓷加热器。冷却一般采用风冷或水冷。料筒的长度一般为其直径的 15～30 倍。

4）螺杆　螺杆是挤出机的心脏，是挤出机最重要的部件。通过螺杆的转动，对料筒内物料产生挤压作用，使物料发生移动，得到增压，获得由摩擦产生的热量，物料在移动的过程中得到混合和塑化，黏流态的熔融物料在被压实而通过口模后成型。挤出机的生产效率、塑化质量、填充物的分散性、熔体温度、动力消耗等，主要取决于螺杆的性能。螺杆设计或选用的是否合理，直接影响到挤出机的工作性能。由于生物质增强材料与塑料在挤出加工过程中的性质各不相同，因此在设计或选用螺杆的几何参数时，要充分考虑到生物质增强材料和塑料的各种因素，以加工出优质的生物质-聚合物复合材料制品。

（1）螺杆的结构。螺杆是一根笔直的带有螺纹的金属圆棒。螺杆的材料是用耐热、耐腐蚀、高强度的合金钢制成的，表面还要进行渗氮处理，应具有很高的硬度和光洁度，以减少物料与螺杆的表面摩擦力。螺杆的中心有孔道，可通水（或其他介质）冷却，防止螺杆因长期运转与物料摩擦过热而损坏，同时使螺杆表面温度略低于料筒，防止物料黏附其上，有利于物料的输送。螺杆用止推轴承悬支在料筒的中央，与料筒中心线吻合，与料筒的间隙很小，使物料受剪切作用而塑化。

（2）螺杆的几何参数。螺杆的几何参数有直径、长径比、压缩比、螺槽深度、螺旋角、螺杆与料筒的间隙等（图 4-13），对螺杆的工作特性有重大影响。

A. 螺杆直径（D）。螺杆直径是螺杆的基本参数之一，通常指螺纹的外径。增大螺杆直径，挤出机的生产能力显著提高。螺杆的直径一般为 30～200mm，生物质-聚合物复合材料生产中最为常用的是配备 65mm、90mm 和 150mm 三种螺杆的单螺杆挤出机。

B. 螺杆的长径比（L/D）。螺杆的长径比指螺杆工作部分的有效长度 L 与螺杆直径 D 之比，此值通常是 15～25，但近年来发展的挤出机有达 40 的，甚至更大。增大螺杆的长径比，能改善物料的温度分布，有利于物料的混合和塑化，使混合更均匀，并可减少挤出时的逆流和漏流，提高挤出机的生产能力，但是过大的长径比不但提高了螺杆加工难度，而且有可能造成物料在料筒内停留时间过长；过小的长径比，对物料的混合和塑化都不利，尤其是混合效果较差。因此，对生物质增强材料和热塑性塑料的混合物，既要求有足够长的时间混合和塑化，又要避免热敏性生物质增强材料因停留时间过长而受热分解。

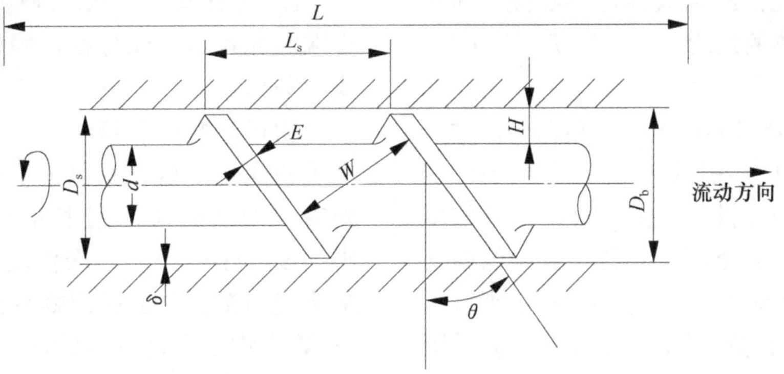

图 4-13 螺杆结构的主要参数

D_s. 螺杆外径；D_b. 料筒内径；L_s. 螺距；H. 螺槽深度；W. 螺槽宽度；θ. 螺旋升角；E. 螺棱宽度；δ. 螺杆料筒间隙；L. 螺杆长度；d. 螺杆根径

对于生产生物质-聚合物复合材料的单螺杆挤出机，建议采用的长径比为 25～32，而在加工含有聚氯乙烯组分的生物质-聚合物复合材料时，通常采用长径比为 20～25。合理地选择挤出机螺杆的长径比，对降低生物质-聚合物复合材料的制造成本也有一定的作用。

C. 螺杆的压缩比（A）。螺杆的压缩比指螺杆加料段第一个螺槽的容积与均化段最后一个螺槽的容积之比，它表示物料通过螺杆的全过程被压缩的程度。压缩比越大，物料受到的挤压作用也就越大，排除物料中所含空气的能力越强。但 A 值太大，螺杆本身的机械强度下降。塑料制品的压缩比一般多为 2～5。

生物质-聚合物复合材料制品压缩比的大小，取决于挤出工艺选用的生物质增强材料的形态和热塑性塑料的种类与形态。生物质增强材料的堆积密度小，夹带空气多，其压缩比应大于相应塑料的压缩比。表 4-5 是各种常用塑料采用的螺杆压缩比，可供确定生物质-聚合物复合材料压缩比时参考。压缩比的获得主要采用等距变深螺槽、等深变距螺槽和变深变距螺槽等方法。其中，等距变深螺槽是最常用的方法。

表 4-5 各种常用塑料采用的螺杆压缩比

名称	压缩比	名称	压缩比	名称	压缩比
聚乙烯	3～4	聚酯	3.5～3.7	聚苯醚	2（2～3.5）
聚丙烯	3.7～4（2.5～4）	聚三氟氯乙烯	2.5～3.3（2～4）	PA6	3.5
聚苯乙烯	2～2.5（2～4）	聚全氟乙丙烯	3.6	PA66	3.7

续表

名称	压缩比	名称	压缩比	名称	压缩比
硬聚氯乙烯（粒）	2.5（2～3）	聚甲醛	4（2.8～4）	PA11	2.8（2.6～4.7）
硬聚氯乙烯（粉）	3～4（2～5）	聚碳酸酯	2.5～3	PA1010	3
软聚氯乙烯（粒）	3.2～3.5（3～4）	聚砜（片）	2.8～3	PMMA	3
软聚氯乙烯（粉）	3～5	聚砜（膜）	3.7～4	ABS	1.8（1.6～2.5）
纤维素塑料	1.7～2	聚砜（管、型材）	3.3～3.6		

D. 螺槽深度（H）。螺槽深度 H 影响物料的塑化及挤出速率，H 较小时，对物料可产生较高的剪切速率，有利于传热和塑化，但挤出生产率较低。对于生物质-聚合物复合材料的挤出加工，不宜选用过浅的螺槽，尤其是热敏性塑料（如 PVC）宜用深螺槽螺杆，而对于熔体黏度低和热稳定性较高的塑料宜用浅槽螺杆。沿螺杆轴向各段的螺槽深度通常是不等的，加料段和均化段螺槽的深度是一个定值；压缩段的螺槽深度是变化的。

E. 螺旋升角（θ）。螺旋升角 θ 是螺纹与螺杆横截面之间的夹角，随着 θ 的增大，挤出机的生产能力提高，但螺杆对物料的挤压剪切作用减弱。通常 θ 为 10°～30°，螺杆中沿螺纹走向，螺旋角大小有变化。物料的形态不同，对加料段的螺旋角要求也不一样。根据挤出理论和试验证明：θ=30°最适合细粉状物料，θ=15°适于方块料，θ=17°适于圆柱料。在均化段 θ=30°时，挤出生产率最高。

F. 螺棱宽度（E）。螺棱宽度指螺棱的法向宽度。E 太小会使漏流增加，导致产量降低，对低黏度的熔体更是如此；E 太大会增加螺棱上的动力消耗，有局部过热的危险。一般取 E=（0.08～0.12）D。

G. 螺杆料筒间隙（δ）。螺杆与料筒的间隙 δ 等于料筒内径与螺杆直径差的一半，其大小影响挤出机的生产能力和物料的塑化。随着 δ 值的增大，生产效率降低，且不利于热传导并降低剪切速率，不利于物料的熔融和混合。但 δ 过小时，强烈的剪切作用易引起物料出现热降解和力学降解，易使螺杆被抱住或与料筒壁产生摩擦，而且 δ 太小时物料的漏流和逆流几乎没有，在一定程度上影响熔体的混合。一般 δ=0.1～0.6mm 为宜。

H. 螺杆头部形状。为避免物料因滞留在螺杆头端面死角处引起分解，螺杆头部常设计成锥形或半圆形。

物料沿螺杆前移时，经历着温度、压力、黏度等的变化；这种变化在螺杆全长范围内是不相同的，根据物料的变化特征可将螺杆分为加料段、压缩段（熔融段）和均化段（计量段）。图 4-14 是典型的塑料制品挤出螺杆的示意图，对于生物质-聚合物复合材料用螺杆，其各段所占比例有所不同。

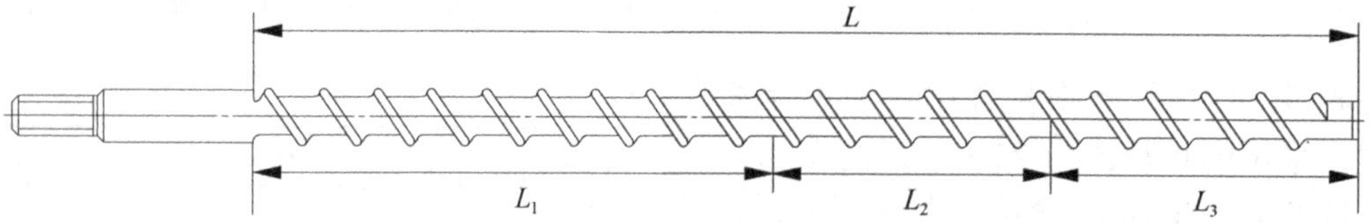

图 4-14　螺杆分段示意图

L. 螺杆有效长度；L_1. 加料段；L_2. 压缩段；L_3. 计量段

加料段的作用是对固体物料进行输送并压实，物料仍以固体状态存在，由于强烈的摩擦热作用，在接近加料段的末端，固体粒子表面有些发黏，但熔融仍未开始。加料段的长度为（2～10）D。

压缩段的作用是使物料进一步压实和熔融塑化，排除物料内的空气和挥发性成分。在该段，熔融料和未熔料以两相的形式存在。对于生物质聚合物复合材料用螺杆，其压缩段的长度一般为螺杆有效长度的 45%～50%。

计量段的作用是使熔体进一步塑化均匀，并使熔融物料定量、定压地送入机头使其在口模中成型。在该段螺杆对熔体进行输送。计量段的长度一般为（4～7）D。

螺杆这三段的长度与结构都应该结合所用物料的特性和所挤出制品的类型来考虑。

5）机头和口模　机头是口模与料筒的过渡连接部分，口模是制品的成型部件和模具的重要组成部分，通常机头和口模是一个整体，习惯上统称为机头。机头和口模的作用是将挤出机挤出的熔融物料由螺旋运动变为平行直线运动，产生必要的成型压力，使物料流进一步被压密并获得一定的截面形状，以便下一步经过冷却定型后获得结构密实、截面形状精确的型材。

在物料成型前为了获得必要的熔体压力，机头和口模的流道型腔应逐步连续地缩小，过渡到所要求的成型截面形状。同时应注意，生物质-聚合物复合材料在挤出成型时熔体压力较大，易造成在机头高温高压条件下生物质增强材料加速降解，因此机头要有合适的压缩比，并在保证物料流压力和流动稳定的情况下，尽量减少口模平直部分的长度。

合理布置机头的加热冷却装置，使得其加热和冷却速度快而平稳，温度控制精度高。机头内物料流道应光滑，呈流线形，不能有阻滞的部位，表面粗糙度 R_a 应小于 0.1μm。生物质-聚合物复合材料中纤维增强材料的取向程度对制品性能有较大的影响，要合理设计流道结构，以获得合适的纤维取向来满足制品的性能要求。

由于熔体在成型前后应力状态的变化，会产生离模膨胀现象，使型材长度收缩和截面形状尺寸发生变化。因此设计挤出机头时，要进行适当的补偿，保证挤出的制品具有正确的截面形状和尺寸。由于生物质材料略显酸性，口模应采用耐腐蚀的不锈钢材料。

4.3.2.2　双螺杆挤出机

双螺杆挤出机是在单螺杆挤出机的基础上发展起来的，由两根尺寸完全相同的并排螺杆安置在“∞”形截面的料筒中，如图4-15所示。主要由传动系统、加料系统、料筒、螺杆、机头和口模等几个部分组成，各部件的作用与单螺杆挤出机相似。

双螺杆挤出机的种类很多，根据两根螺杆的轴线距离相对位置，可分为啮合型和非啮合型；啮合型又按其啮合程度分为全啮合型（也称紧密啮合型）和部分啮合型，如图4-16所示。

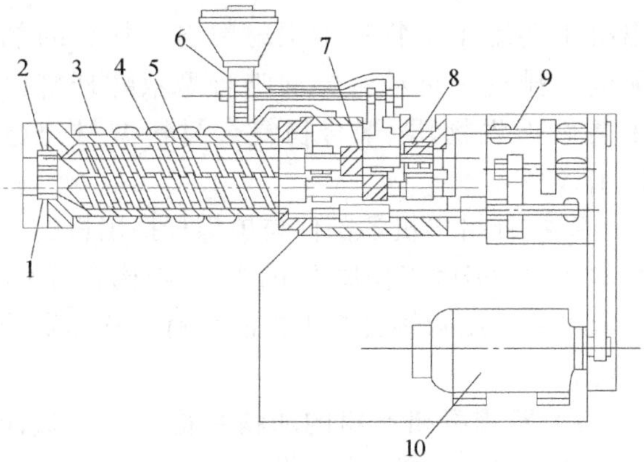

图4-15　双螺杆挤出机示意图

1. 连接器；2. 过滤器；3. 料筒；4. 螺杆；5. 加热器；6. 加料器；7. 支座；8. 上推轴承；9. 减速器；10. 电动机

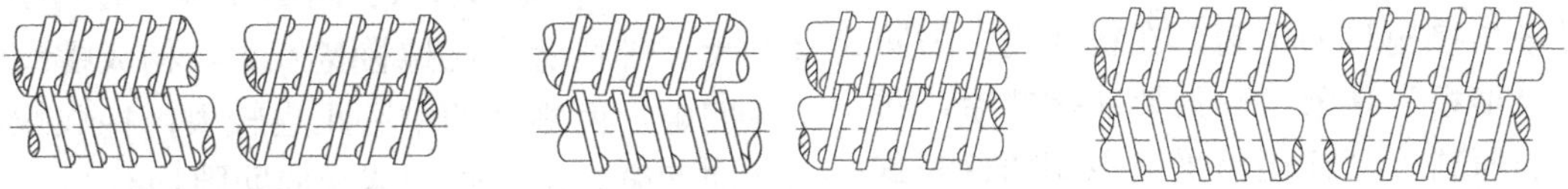

图4-16　双螺杆的啮合关系

双螺杆挤出机按螺杆旋转方向不同，可分为同向旋转和异向旋转两大类，其中异向旋转双螺杆挤出机又分为向内旋转和向外旋转两种，如图4-17所示。

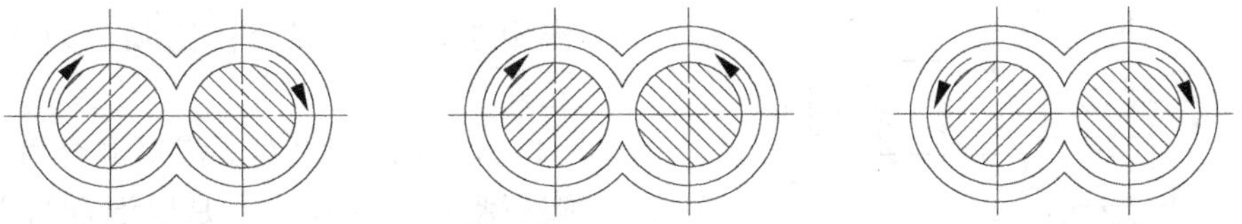

图4-17　双螺杆旋转方向

根据两根螺杆轴线平行还是相交可以分为平行双螺杆（也称圆柱形双螺杆）和锥形双螺杆。

常用的双螺杆通常是以上各种类型的组合，如图4-18所示。

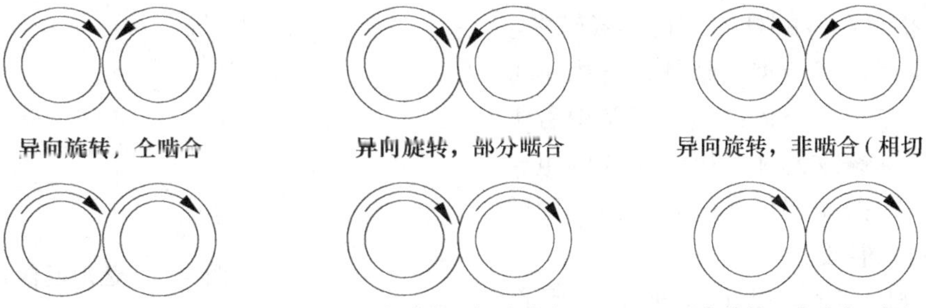

图4-18　双螺杆转向与啮合关系

螺杆结构、旋转方向和啮合程度的不同，决定了不同双螺杆挤出机具有不同的工作特性及适用范围。根据生物质-聚合物复合材料挤出成型的加工工艺和加工特性，主要采用两种双螺杆挤出机，即同向啮合型双螺杆挤出机和异向啮合型双螺杆挤出机。同向啮合型双螺杆挤出机主要用于生物质增强材料与塑料、助剂的配混、排气和造粒；异向啮合型双螺杆挤出机主要用于生物质-聚合物复合材料型材的连续挤出成型。

双螺杆挤出机各部件与单螺杆挤出机的功能基本相同，但因工作原理不同，其结构有所不同。这里主要介绍双螺杆挤出机的加料装置和螺杆的结构。

1）双螺杆挤出机的加料装置 双螺杆挤出机要求均匀定量加料，图 4-19 是普通的螺杆式计量加料装置。它是利用控制加料器中的送料螺杆的转速来控制加料量的，当改变螺杆的转速时，进料速度能在仪器上显示出来并可以跟踪调节，保证供料量与挤出量的平衡。在料斗内，为防止物料产生“架桥”现象，有的要加搅拌器，对于比较松散的原料，往往还需采用强制加料装置，以保证挤出机稳定正常的工作。

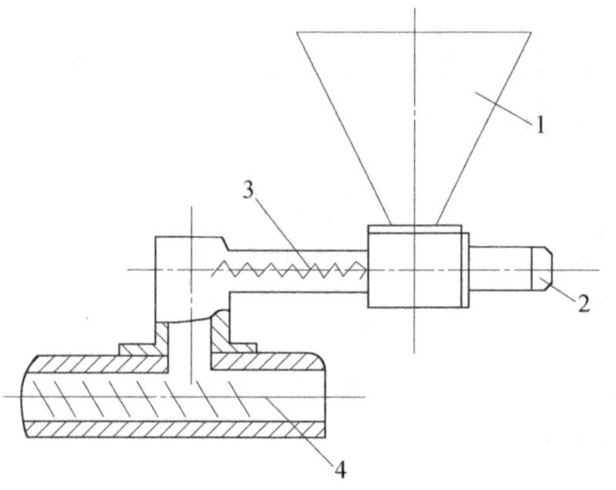

图 4-19 普通的螺杆式计量加料装置示意图

1. 料斗；2. 驱动系统；3. 螺杆；4. 挤出机

2）双螺杆结构 双螺杆的结构形式较多，但可分为整体型及组合式两类。整体螺杆由不可拆换的基本元件组成一个整体；组合式是由若干个单独结构元件（称螺纹元件）拼装而成的组合体，各螺纹元件可根据需要任意组合，由不同的螺纹元件组成不同职能段。

双螺杆挤出机一般由以下几种基本元件组成。

（1）输送元件。其主要职能是输送物料，给物料一定的推力，使物料能克服流道阻力向前移动。输送元件又分为全啮合式及普通啮合式，如图 4-20 所示。

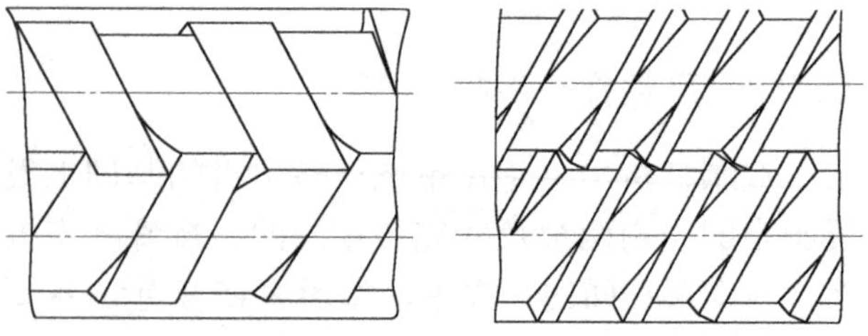

(a) 全啮合式　　(b) 普通啮合式

图 4-20 双螺杆输送元件

A. 全啮合式：两螺杆啮合处的啮合间隙很小，对物料有强制输送作用，很快建立高压，输送能力强。但是，非啮合区 C 形小室的物料混合较差。

B. 普通啮合式：两螺杆啮合处的啮合间隙较大。螺槽宽度比螺棱宽度大。构成螺纹间的轴向间隙；两螺杆的中心距也较大，构成螺纹间的径向间隙。增大轴向或径向间隙均有利于 C 形小室的物料混合，但因漏流和逆流的增加，会降低输送能力。

（2）混炼元件。物料在螺杆中的混炼过程，是剪切和混合的结合，剪切促进混合，混合必有剪切。根据混炼元件结构的不同，有的剪切作用强，有的混合作用强。以下是常见的混炼元件。

A. 齿形混合盘。齿形混合盘（图 4-21）主要起搅乱料流的作用，是以混合为主的混合元件，使物料加速均化，能使物料浓度很低的添加剂混合均匀。齿形混合盘的齿数、齿形根据加工对象选用，齿越多，混合作用越强。

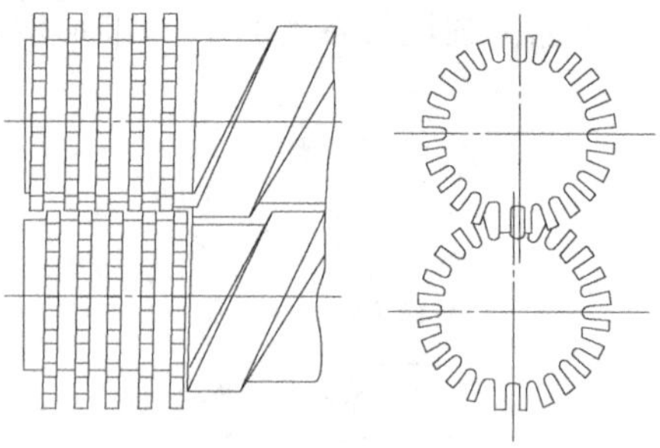

图 4-21 齿形混合盘

B. 捏合块。捏合块是双螺杆挤出机混炼元件中采用较多的一种，其混炼原理如图 4-22 所示。在两根螺杆同向旋转时，由输送元件送来的物料，被拉入捏合块和料筒内壁之间的空腔，空腔体积由大到小变化，将剪切力和正应力强制传给物料，使物料不仅绕螺杆轴形成环流，而且在两螺杆之间形成交换流。为适应不同的加工要求，需要不同形状的捏合块（如菱形或三角形等）。每个捏合块里还可组装若干个捏合片，相邻捏合片之间以一定的角度偏转卡紧，使每个捏合块内都有多级捏合作用。改变偏转角、捏合片厚度和捏合块里捏合片的数目，可以获得多种剪切与混合的效果，从而使高聚物物料彻底均匀地塑化。

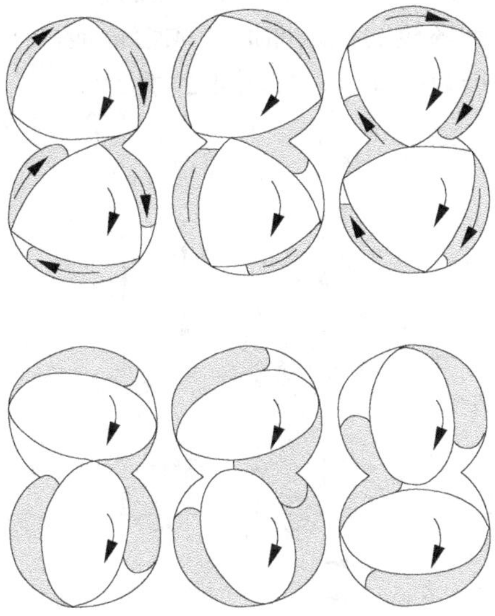

图 4-22 捏合块的混炼原理图

4.3.3 挤出机的工作原理

4.3.3.1 单螺杆挤出机的工作原理

在挤出成型的过程中，热塑性聚合物组分经历固态→高弹态→黏流态的变化，这种变化是复杂的，尤其是在添加生物质增强材料的条件下，诸多因素的影响很难形成完整的挤出理论，但是根据塑料在单螺杆三段（加料段、压缩段和均化段）中物理状态变化和流动行为来进行研究，建立的固体输送理论、熔融理论和熔体输送理论，对指导改进生物质-聚合物复合材料专用螺杆、料筒及机头的设计，合理控制生物质-聚合物复合材料挤出工艺条件，提高产品质量和生产率具有非常重要的实际意义。

1）固体输送理论 目前关于固体输送的理论有几种，此处重点介绍应用较广泛的以固体摩擦力的静平衡为基础建立起来的固体输送理论。该理论认为，当物料进入挤出机的螺槽和料筒内壁，即被压实形成具有弹性的固体塞子，并以恒定的速度移动。固体塞的移动受螺杆、料筒表面之间各种摩擦力的控制。当螺杆旋转时，物料受螺杆旋转时的推挤作用可以分解为旋转运动和轴向水平运动，旋转运动是由于物料与螺杆之间的摩擦力作用而被转动的螺杆带着运动，轴向水平运动则是由于螺杆旋转时螺棱对物料的推力产生的轴向分力使物料沿螺杆的轴向移动。如果物料螺杆之间的摩擦力小于物料与料筒之间的摩擦力，则物料沿轴向前进，否则物料与螺杆一起转动，挤出机不出料。Darnell 和 Mol 以固体的摩擦力静平衡为基础推导出的固体输送速率的公式如下。

$$Q_S = \pi^2 DH_1(D-H_1)N\frac{\tan\theta\tan\phi}{\tan\theta+\tan\phi} \quad (4\text{-}2)$$

式中，Q_S 为固体输送速率（体积）（m^3/min）；N 为螺杆转速（r/min）；D 为螺杆直径（m）；H_1 为螺杆加料段螺槽深度（m）；θ 为螺旋升角（rad）；ϕ 为固体输送角，它是固体塞移动方向与螺杆轴垂直面的夹角（rad）。

从式(4-2)可知，固体输送速率不仅与 $DH_1(D-H_1)N$ 成正比，也与正切函数$[\tan\theta\ \tan\phi/(\tan\theta+\tan\phi)]$成正比。$DH_1(D-H_1)N$ 增大，从挤出机结构的角度来考虑，增加加料段螺槽深度 H_1 和螺旋角 θ，对增大固体输送速率是有利的；而对于后者，使$[\tan\theta\tan\phi/(\tan\theta+\tan\phi)]$增大，只要能正确控制物料与螺杆及物料与料筒之间的静摩擦因数，即可提高固体输送能力。为了提高固体输送速率，应降低物料与螺杆的静摩擦因数，提高物料与料筒的径向静摩擦因数。要求螺杆表面有很高的光洁度，在螺杆中心通入冷却水，适当降低螺杆的表面温度，因为固体物料对金属的静摩擦是随温度的降低而减小的。在加料段的料筒内表面可开设一些纵向沟槽，以增加物料与料筒间的径向摩擦力。为提高固体输送速率，加料段可采用最佳螺旋升角（17°～20°）。

2）熔融理论 在挤出机中，从加料段送来的固体物料进入压缩段，一方面受到料筒的外加热作用；另一方面，物料与物料之间及物料与料筒之间的内摩擦作用使其升温，同时逐渐受到越来越大的压缩作用，固体物料逐渐熔化，最后完全转变成熔体。螺杆中固体和熔体共存的区域，称为熔化区或相变区，它与螺杆的压缩段并不一致，如图 4-23 所示。

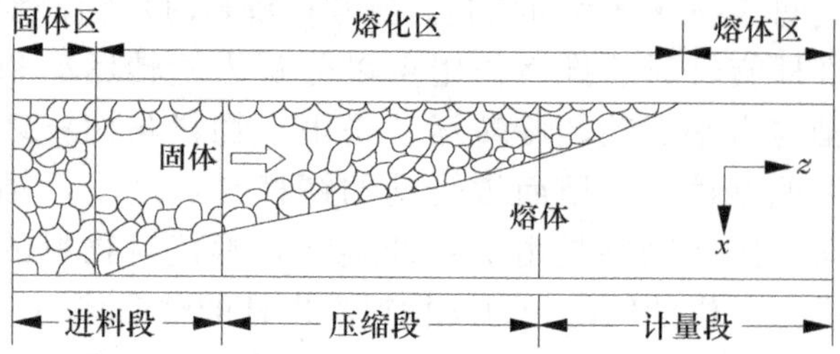

图 4-23 螺杆展开图

由图 4-23 可知，压缩段既存在固体物料又存在熔融物料，物料在流动过程中有相变化发生，因此在压缩段物料的熔化和流动情况十分复杂。下面简要介绍由 Tadmor 和 Klein 所提出的熔融理论。

（1）熔化过程。从加料段进入压缩段的固体物料是处在逐渐软化和相互黏结的状态，同时越来越大的压缩作用使固体粒子被挤压成密实的固体床。固体床在前进过程中受到料筒外加热和内摩擦热的作用，逐渐熔化。首先在靠近料筒表面处形成一层熔体膜，当熔体膜厚度超过螺棱与料筒之间的间隙时，熔体就会被旋转的螺棱刮下，并被送到螺棱的推进面而形成熔体池，而在螺棱的后侧仍为固体床，如图 4-24 所示。

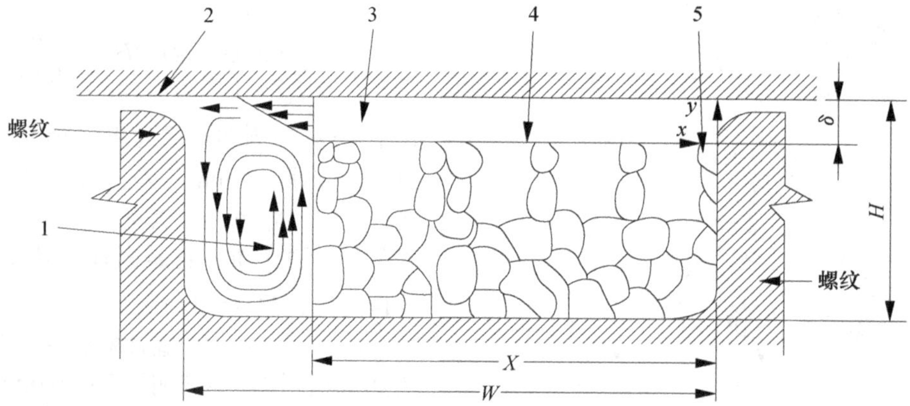

图 4-24 熔体模型

1. 未熔融聚合物环流；2. 加热套；3. 熔融聚合物膜；4. 固体与熔体转换面；5. 固体填充物

随着螺杆的转动，来自料筒的外加热和熔膜的剪切热不断传至未熔融的固体床，使与熔膜接触的固体粒子熔融。这样在沿螺槽向前移动的过程中，固体床的宽度逐渐减小，直至完全消失，即完成熔化过程。熔化区内固体相和熔体相的界面称为相迁移面，大多数熔化均发生在此分界面上，它实际是由固体相转变为熔体相的过渡区域。

（2）熔化长度。从熔化开始到固体床的宽度降到零为止的总长度，称为熔化长度。熔化长度的大小反映了固体的熔化速率。一般熔化速率越高则熔化长度越短，反之越长。确定熔融区长度的目的：一要保证塑料在压缩段内全部熔融，即保证挤出质量；二要提高熔融速率，即提高挤出产量。影响熔融长度的因素很多，一般与物料性能、螺杆设计参数及加工工艺条件有关。

3）熔体输送理论 从压缩段送入均化段的物料是具有恒定密度的黏流态物料，在该段物料的流动已成为黏性流体的流动，物料不仅受到旋转螺杆的挤压作用，同时受到由于机头口模的阻力所造成的反压作用，进一步的混合、塑化和加压，然后使其在合适的温度下，定压、定量地输送到机头。

均化段熔体输送理论是在 1953 年被提出，以流体力学为基础，将物料在熔体输送段的运动作为等温非牛顿黏性流体的流动，假定熔体在两块无限大的平行板之间流动为条件建立了计算公式。为了分析螺槽中熔体的流动情况，假设螺杆相对静止，料筒以原来螺杆的速度做反向运动，将螺槽展开，如图 4-25 所示，坐标 x 轴垂直于螺棱侧壁，y 轴为螺槽深度方向，z 轴为物料沿螺槽向前移动的方向。

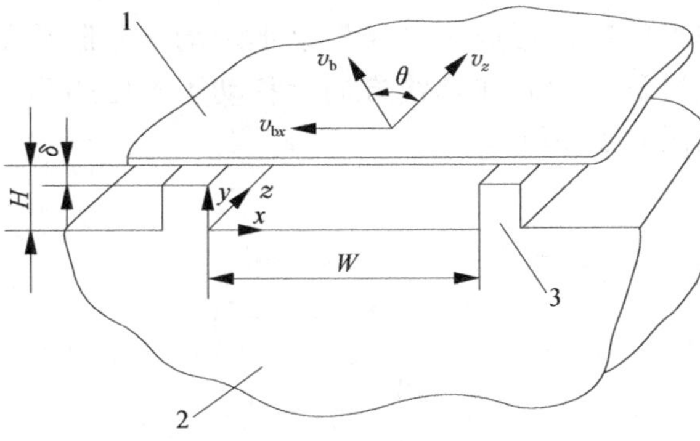

图 4-25　螺槽展开图

1. 料筒；2. 螺杆根部；3. 螺翅；v_b. 料筒的运动速度矢量；v_{bx}. 料筒运动速度沿 x 轴方向的运动速度矢量

料筒相对螺杆螺槽做运动，熔体被拖动沿 z 轴方向移动，同时由于机头口模的回压作用，物料又有反压流动，通常把物料在螺槽中的流动看成由下面 4 种类型的流动所组成。

正流（Q_D）：是物料沿螺槽方向（z 方向）向机头的流动，这是均化段熔体的主流，是由于螺杆旋转时螺棱的推力在螺槽 z 轴方向作用的结果，这种流动是由物料在螺槽中受机筒摩擦拖曳作用而产生的，故也称为拖曳流动，它起挤出物料的作用。正流在螺槽中沿螺槽深度方向的速度分布是线性变化的，如图 4-26（a）所示。

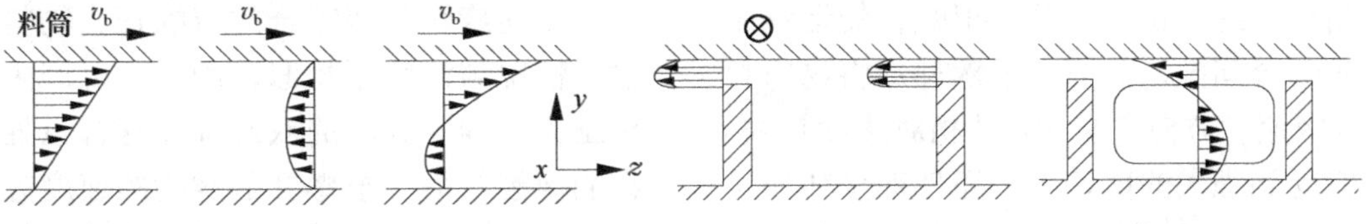

(a) 正流Q_D　(b) 逆流Q_P　(c) 净流$Q=Q_D-Q_P$　(d) 漏流Q_L　(e) 横流Q_T

图 4-26　正流、逆流、漏流和横流的速率分布示意图

逆流（Q_P）：逆流是流动方向与正流方向相反（$-z$ 方向）的流动，它是由机头口模、过滤网等对料流的阻碍所引起的反压流动，故又称压力流，它将引起挤出生产能力的损失。逆流的速度分布是按抛物线关系变化的，如图 4-26（b）所示。净流是正流和逆流两种速率的代数和，如图 4-26（c）所示。

漏流（Q_L）：由机头和口模对物料的阻力产生的反压流动，是从螺杆和料筒的间隙沿着螺杆的轴向往料斗方向的流动。由于螺杆和料筒间隙 δ 很小，故在一般情况下漏流速率要比正流和逆流小得多，如图 4-26（d）所示。

横流（Q_T）：物料沿 x 轴和 y 轴两方向在螺槽内往复流动，也是螺杆旋转时螺棱对料流的推挤和阻挡作用所造成的，仅限于在每个螺槽内形成的环流，因此对总的生产率影响不大，但对于物料的热交换、混合和进一步均匀塑化影响较大，其速率分布见图 4-26（e）。实际上，熔体在螺槽内的流动是上述 4 种流动的组合。

根据以上分析，挤出机的总生产率（Q）为

$$Q=Q_D-Q_P-Q_L \tag{4-3}$$

综上所述，单螺杆的三段各有不同的职能，但是要求它们能相平衡，即加料段的固体输送量、压缩段的熔化能力和均化段的熔体输送量应该相等，才能保证挤出机的高产量。对于普通单螺杆来说，加料段的固体输送速率是非常低的，只有理论计算的 20%～30%；压缩段也不能做到熔化全部物料；均化段在实际的输送过程当中波动也较大。因此在这样的情况下，各种新型的螺杆如分离型螺杆、分流型螺杆、屏障型螺杆等相继出现，使得单螺杆挤出机的功能有所改善和提高。然而无论采用哪种新型螺杆，都依据单螺杆挤出机靠摩擦输送的原理，因此不能从根本上避免上述缺点。

4.3.3.2　双螺杆挤出机的工作原理

从运动原理来看，双螺杆挤出机中同向啮合、异向啮合及非啮合型是不同的，在此主要讨论用于加工生物质-聚合物复合材料的同向啮合型双螺杆挤出机和异向啮合型双螺杆挤出机的挤出成型原理。

1）同向啮合双螺杆挤出机的工作原理　对于同向啮合型双螺杆挤出机，当物料由加料口加到一根螺杆上后，在摩擦拖曳下将沿着这根螺杆的螺槽向前输送至下方楔形区（C 形小室），在这里物料受到一定压缩。由于两个螺杆在楔形区有一大小相等、方向相反的速度梯度，故物料不会

进入啮合区绕同一根螺杆继续前进，而是被另一根螺杆托起并在机筒表面的摩擦拖曳下沿另一根螺杆的螺槽向前输送，当物料前进到上方楔形区时，形成了“∞”字形运动，不断重复此过程，同时在轴线方向上移动了一定距离，如图 4-27 所示。

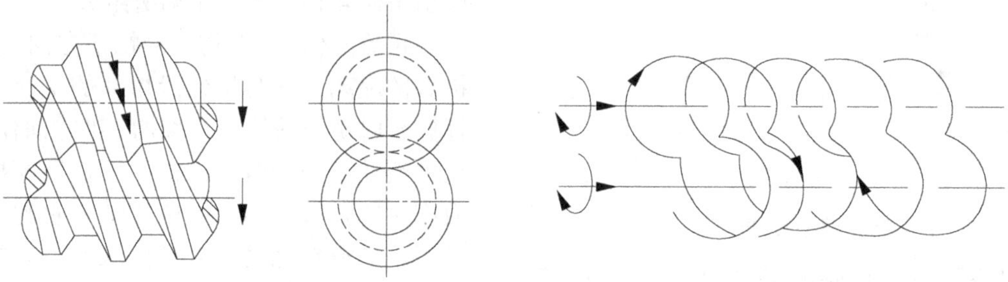

图 4-27　物料在啮合同向旋转的螺纹段中的运动情况

同向啮合双螺杆挤出机的一根螺杆的运动是将物料拉入啮合间隙，而另一根螺杆却将物料拉出，在啮合区速度方向完全相反，相对速度较大，不仅使物料受到强大的剪切力，还使部分料流呈“∞”字形运动，改变了料流方向，促进了物料的混合和均化。由于啮合区速度的方向相反，也使进入啮合间隙的料流很薄，不会产生明显的压延效应，对螺杆转速及超载的变化敏感性较小，因此同向啮合型双螺杆挤出机可以在较高的转速下工作。

此外，这种同向啮合的双螺杆，一根螺杆的外径与另外一根螺杆的根径的间隙一般很小，并且两根螺杆的螺棱与螺槽之间的速度差较大，使两根螺杆相互剥离黏附在螺杆上物料的作用更强，因此有很强的自洁作用。但是，这种螺杆的几何特征也决定了正位移输送能力较弱，物料停留时间较长，压力对挤出量敏感性增大。因此不太适用于直接挤出型材，而主要用于物料的混合塑化。

2）异向啮合双螺杆挤出机的工作原理　异向紧密啮合的双螺杆挤出机，其两根螺杆相互啮合时，一根螺杆的螺棱嵌入另一根螺杆的螺槽中，使一根螺杆中原本连续的螺槽，被另一根螺杆的螺棱隔离为一系列 C 形小室。螺杆旋转，两根螺杆之间形成的 C 形小室沿轴向前移，螺杆转一周，C 形小室就向前移动一个导程。理想的紧密啮合异向旋转双螺杆的 C 形小室是完全封闭的，小室中的物料就被向前推动一个导程的距离。这样，输送中不会产生滞留和漏流，所以异向旋转紧密啮合的双螺杆挤出机具有正位移的强制输送作用。

异向旋转紧密啮合的双螺杆，物料在其中的输送情况与齿轮泵相似，因此可以产生很高的机头压力。异向旋转的双螺杆在啮合点处，一根螺杆的螺棱与另一根螺杆的螺棱的速度方向相同，但存在速度差，所以一方面啮合区内的物料受到螺棱与螺槽间的剪切，而使物料得到混合与混炼；另一方面进入啮合区的物料有强制通过啮合区的趋势。如果两根螺杆之间的间隙很小，则通过啮合区的料流是很少的，这将在啮合区的入口处产生物料积累形成料垄，进入间隙的物料将对两螺杆产生很大的横向压力，致使螺杆挠曲。因此异向啮合双螺杆挤出机一般适合在较低速度下运转，以免在啮合区产生过大的压力。在使用大间隙来设计螺杆时，允许的螺杆速度可以提高，但螺杆的正位移输送特性会有所损失。异向啮合双螺杆挤出机的最大允许螺杆速度，常常是挤出机正位移输送特性的指标。低的最大螺杆速度（20～40r/min），挤出机具有正向输送特性，主要适用于型材挤出；高的最大螺杆速度（100～200r/min），则挤出机的正向输送特性较小，大多用于配混、反应挤出等。

4.3.3.3　串联双阶挤出机组的工作原理

串联双阶挤出机组指的是将两个不同挤出机进行串联之后所形成的复合机组。其组合方式不同于并联的方式，比如多台挤出机的共挤出。串联双阶挤出机组通常的组合方式是双螺杆挤出机和单螺杆挤出机的串联组合（如平行双螺杆挤出机和单螺杆挤出的组合），或者是双螺杆挤出机与双螺杆挤出机的串联组合（如平行双螺杆挤出机和锥形双螺杆挤出机的组合）。无论是哪种组合方式，其工作原理主要是在第一个挤出机内实现物料的混合、塑化和均化，在第二个挤出机内进一步实现均化和平稳挤出成型。串联双阶挤出机组由于综合了两个挤出机的优势和特点，在生物质-聚合物复合材料的挤出成型加工方法中表现出独特的优势。

4.3.4 挤出成型工艺

4.3.4.1 两种典型的挤出成型工艺路线

生物质-聚合物复合材料挤出的成型加工技术有两种典型的工艺路线，即一步法挤出成型工艺和两步法挤出成型工艺。

1）一步法挤出成型工艺 生物质-聚合物复合材料的一步法挤出成型，是指在生产复合材料的过程中，不经过中间造粒阶段，直接将处理过的生物质增强材料、热塑性聚合物（原生料或者经过处理的废旧塑料）及其他助剂加入挤出机中，实现脱挥、混合、塑化和挤出成型在一个或一组设备内连续完成。这种成型工艺可以实现连续化生产，效率高，能耗小，成本较低，产品市场竞争力强。其工艺流程如图 4-28 所示。

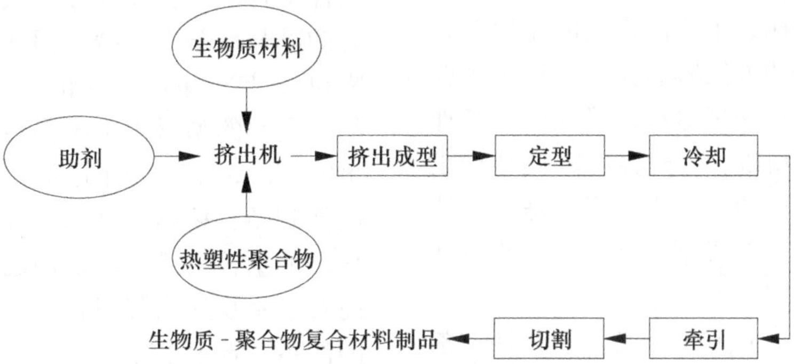

图 4-28 一步法挤出成型工艺流程

一步法挤出成型的设备常用的有异向啮合平行双螺杆挤出机、同向啮合平行双螺杆挤出机-单螺杆挤出机双阶机组、异向啮合锥形双螺杆挤出机。

2）两步法挤出成型工艺 生物质-聚合物复合材料两步法挤出成型工艺，将生产型材的整个工艺过程分解为两个阶段，即先将各种原料混合造粒，然后再利用粒料挤出型材产品。这样就可以使生产粒料过程和挤出成型过程分开进行，相对于一步法挤出成型工艺而言，其操作简单，灵活性较大，也是现今企业最为常用的成型工艺方法。

两步法成型工艺的两个工艺流程，即混炼造粒和挤出成型，分别如图 4-29 和图 4-30 所示。

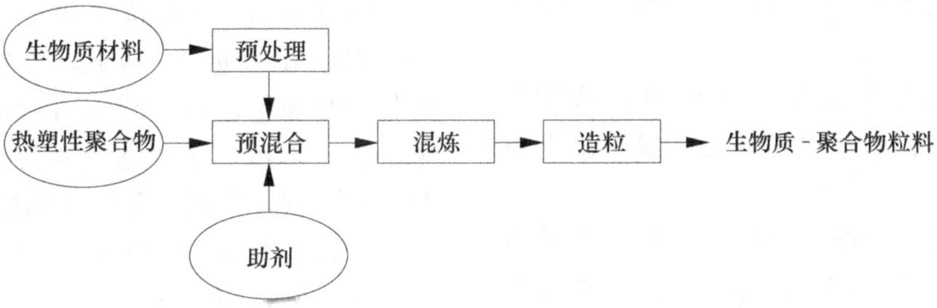

图 4-29 混炼造粒工艺流程

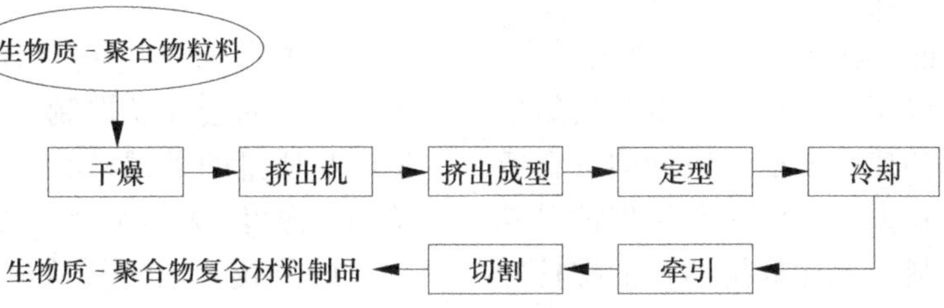

图 4-30 挤出成型工艺流程

两步法挤出成型设备主要有单螺杆挤出机、异向啮合平行双螺杆挤出机和锥形双螺杆挤出机；而混炼造粒的挤出设备主要有同向啮合双螺杆挤出机和锥形双螺杆挤出机。

4.3.4.2 挤出成型工艺过程分析

生物质-聚合物复合材料一步法和两步法挤出成型工艺的主要区别在于，一步法挤出成型工艺省去了混炼造粒步骤，甚至包括原料的干燥、计量混合均在线进行，具有连续、生产效率高的特点。但是一步法成型工艺对设备、工艺的要求较高，控制较难；相比之下，两步法的先配混、造粒，然后挤出成型的方法容易操作，对于企业来说，如果不愿意自己处理原料，又能够从其他企业获得所需要的生物质-聚合物粒料，则这种工艺的灵活性优点有一定的吸引力。无论是一步法还是两步法成型工艺，其成型工艺过程主要包括以下基本操作。

1）原料的准备 原料的准备主要包括三部分，一是生物质增强材料，二是热塑性聚合物，三是助剂。根据最终制品的外观质量和使用性能的需要，生物质原材料需要进行必要的加工、预处理和表面改性，获得所需粒度或长径比的生物质增强材料，并具有适当的表面性质；热塑性聚合物包括回收的聚合物废弃物，但是要求回收的聚合物废弃物来源稳定，质量有保证，并要特别注意熔体黏度等重要相关参数。生物质增强材料和热塑性聚合物的物理形态和尺寸应尽可能相近，整体物料的含水率应控制在适当范围，必要时应进行预干燥。

如采用两步法挤出成型生物质-聚合物复合材料型材，则在挤出成型前还需要完成混炼造粒的工序。

2）挤出成型 采用两步法工艺挤出成型时，将已经混炼造粒的生物质-聚合物复合材料作为原料，其成型过程主要是控制一个挤出机和与之配套的型材辅机。在配方合适的情况下，工艺控制的关键主要是保证足够而稳定的成型压力。

对于一步法挤出成型，如果采用双阶机组成型设备，则要求喂料的速度既要适应同向啮合双螺杆挤出机的饥饿喂料方式，同时又要保证单螺杆挤出机有充足的供料。双螺杆挤出机的螺杆转速要根据物料所需要的混炼和塑化效果进行调整，同时又要考虑不会引起生物质增强材料的过分受剪和在挤出机中停留时间不要过长。确保双阶机组的两台挤出机螺杆转速匹配、单螺杆挤出机熔体压力稳定，使物料在双螺杆挤出机中实现排气、脱挥和混炼塑化，在单螺杆挤出机中获得足够的成型压力。

3）型材的冷却定型 生物质-聚合物复合材料型材在被挤出机头口模后，仍需进一步冷却定型，以保证型材尺寸的精确性和稳定性。生物质-聚合物复合材料的冷却定型不同于传统的热塑性塑料，型材在通过口模时已经成型，经过模具的冷却后基本定型，但还具有较高的温度，尚需进一步冷却定型才能获得质量稳定的型材产品。实心的型材由于不易冷却充分，通常需要通水冷却；空心型材的定型还需配有真空定型装置，保证制品有精确的结构尺寸。对于生物质增强材料添加量较大或厚度较薄的制品，可采用风冷，而对于生物质增强材料添加量少或厚度相对较大的制品，宜用水冷。

4）型材的牵引和切割 通常挤出塑料型材时，当物料挤出口模后，会由于突然解除压力而产生离模膨胀现象，冷却后又会出现收缩。但对于生物质-聚合物复合材料，由于通常添加50%以上的生物质增强材料，其离模膨胀和收缩作用则小得多。因此，对于生物质-聚合物复合材料实心型材，如不需要采用真空定型，则需要较小的牵引力，主要靠螺杆顶出；而对于采用真空定型的中空型材，则需要较大的牵引力。由于型材被连续不断地挤出，自重越来越大，应加以适当引导，保证挤出顺利进行。因此，在冷却的同时，要连续均匀地牵引制件，牵引过程由挤出机辅机的牵引装置来实现。牵引速度要与挤出速度相适应。挤出的型材，根据需要定长切割，然后堆放入库。

堆放型材时，要特别注意确保型材码放平整，以免在应力作用下变形。

4.3.4.3 挤出成型工艺条件的选择及控制

在生物质-聚合物复合材料挤出成型过程中，工艺条件的选择及控制是保证挤出顺利进行和成型产品质量的关键，其中较为重要的影响因素有挤出机温度、机头压力、挤出速度、定型与冷却。

1）温度 物料从加入料筒到经过机头口模挤出型材经历了一个极为复杂的温度变化过程。

挤出成型过程中物料的热量来源于料筒的外部加热和螺杆旋转所产生的剪切摩擦热。挤出机温度的控制包括料筒温度和机头温度的控制。料筒温度对物料的混炼塑化效果具有决定性的影响，机头温度则对挤出成型有重要的影响。在挤出成型的过程中，为了保证固体输送段物料的顺利输送，加料口附近不产生搭桥现象，加料段的温度不宜过高，甚至还要冷却加料段，而压缩段和均化段的温度则可设定高一些。随着料筒温度的升高，生物质-聚合物体系的表观黏度下降，流动性提高，逐渐塑化。提高料筒温度有利于混炼，但要避免温度过高造成生物质增强材料发生降解，甚至是烧焦，一般情况下温度不要高于200℃。

机头温度对挤出型材的质量影响显著。如果温度较高，造成熔体黏度过低而不能产生足够高的机头压力，不利于挤出成型，挤出制品表面粗糙，强度也较差。此外，由于挤出物在横截面上受热历程不均，出口模后由于熔体的弹性恢复作用而出现波浪形，影响制品的外观质量，还经常出现物料不成型的现象，造成生产不连续。但是在机头的压缩段温度不能过低，过低的温度会造成熔融物料的黏度太大，流动困难，流道壁面处的料流就会过早冷却固化，使物料不能充满机头流道，难以挤出成型。熔融的物料通过压缩段进入平直段时，温度应适当有所降低以利于挤出成型。因此在生物质-聚合物复合材料挤出成型的过程中，温度是至关重要的因素，不仅需要精确的温度控制系统，同时温度参数的设置也要合理。

2）机头压力　机头压力对生物质-聚合物复合材料型材的内在品质和外观质量有非常重要的影响。物料在挤出成型的过程中受螺杆的挤压和机头的回压，产生较高的熔体压力，压力的大小决定被挤出型材是否密实。当机头压力较低时，很难得到质地均匀、致密并具有良好外观质量的型材产品。机头压力的建立主要与两方面的因素有关，一是机头本身的建压能力，主要取决于机头的压缩比；另一方面就是温度的控制，较低的温度对提高机头的压力有利，但是过低的温度会造成机头压力过大，使后面的熔融物料很难推动前面的硬物料，造成物料在均化段产生漏流和逆流，影响挤出产量，并使物料在料筒内停留时间过长，同时也会造成型材产品内应力较大。此外，机头的压力控制要确保稳定，这除了同螺杆转速的稳定性、均化段和机头平直段长度有关外，更重要的是喂料要均匀和稳定。

3）挤出速率　提高挤出速率可增加挤出产量，提高生产效率，降低生产成本，是工业化生产的需要。影响挤出速率的因素很多，如螺杆、料筒和机头的结构，螺杆转速，加热和冷却的效率，物料的性质和配方等。在其他条件一定的情况下，螺杆转速往往是决定挤出速率的主要可控参数，提高螺杆转速可提高挤出速率，但过高的螺杆转速将产生高剪切力，易导致热敏性的生物质增强材料降解，甚至丧失基本性能。而过低的螺杆转速既降低了生产率，也不能达到很好的分散混合效果，同时还会造成物料在料筒内停留时间过长，这也是造成生物质增强材料降解的重要因素。因此，对于特定的挤出机和型材产品，螺杆转速有一个合理的范围，需要通过试验进行螺杆转速的优化。

在实际生产过程中往往存在挤出速率波动现象，这对产品的质量有多方面的不良影响。为了保证均匀的挤出速率，应根据设备和产品的实际情况采取综合性措施并严格控制工艺条件，主要包括选用结构合理的螺杆、采用流动性良好的物料和稳定可靠的加料机、使用灵敏度和精度较高的自控系统、严格控制螺杆转速和挤出温度等。

4）冷却定型与后续冷却　从口模挤出的生物质-聚合物复合材料，虽然获得了需要的截面形状并具有一定强度，但温度较高，变形能力较大，需要在模具内冷却定型，这通常采用在定型模具内通入冷却水的方法来实现。模具内冷却水通道的布局和走向、冷却水的温度和流量等对冷却定型的效果均产生很大影响，前者应在模具的加工制造时进行科学设计，后者主要在试车和配方优化过程中试验摸索，并在生产过程中保持稳定控制。

冷却定型后从定型模具挤出来的型材还具有一定的塑性变形能力，为了获得更高的尺寸精度，还需要进一步冷却，对于中空型或异型材通常需要配备真空冷却定型装置。冷却是生物质-聚合物复合材料生产过程中必备的工序，冷却不均、冷却过慢或过快，都不利于获得高质量的产品。

4.3.5　单螺杆挤出机加工的工艺特点

单螺杆挤出机由于结构简单，设备成本低，

作为挤出成型设备具有建压能力强和挤出相对平稳的特点，被引入生物质-聚合物复合材料的挤出成型加工中较早。由于单螺杆挤出机的输送原理是靠料筒和螺杆对物料的摩擦力差来实现输送固体物料的，对于像木粉、木纤维类的生物质增强材料，其结构蓬松、堆积密度低、流动性差，很难直接喂料，因此在挤出成型之前需要对物料进行混炼造粒。混炼造粒不仅是保证单螺杆挤出机平稳喂料所需要的，也是实现形成生物质增强材料与聚合物良好界面结合，从而达到良好复合效果的重要工序。普通单螺杆挤出机的混合能力较差，通常采用双螺杆挤出机混炼造粒。

单螺杆挤出机主要是是靠料筒的加热、料筒对物料的摩擦和物料的内摩擦对物料的加热塑化，高速旋转的螺杆易造成生物质增强材料的烧焦，而单螺杆挤出机的自洁能力较差，需要经常清洗螺杆，以免螺杆粘料。因此，用于生物质-聚合物复合材料挤出成型加工的单螺杆挤出机需经过特殊的结构设计，螺杆应具有较强的物料输送、混合和塑化能力。图 4-31 是生物质-聚合物复合材料用单螺杆挤出机。

图 4-31　生物质-聚合物复合材料用单螺杆挤出机

此外，生物质增强材料中含有大量水分，而单螺杆挤出机排气效果不佳，这就要求挤出加工物料的含水率要尽可能低，以减少物料内的水分和挥发性物质对挤出工艺和产品性能的影响。

4.3.6 双螺杆挤出机加工的工艺特点

1）同向啮合平行双螺杆挤出机　同向啮合平行双螺杆挤出机的结构特点和工作原理表明，它具有混合均匀、分散效果好、自洁作用较强、可高速运转而产量高等优点，但输送效率较低，建压能力差。因此主要用于生物质增强材料与热塑性塑料和助剂的混炼造粒，也用于通过反应挤出法进行聚合物改性。由于同向啮合平行双螺杆挤出机一般采用组合式螺杆（也称为积木式螺杆），可以根据加工物料的特点，选择合适的螺纹元件，调节捏合块的位置、偏转角度、组合方法、捏合块数目，灵活设置排气口和侧向加料器的位置，因此在混炼造粒和聚合物改性方面具有明显优势。

在利用同向啮合平行双螺杆挤出机进行生物质-聚合物复合材料各组分混合物的混炼塑化或造粒时，可以采用以下三种加料及工作方式。

（1）生物质增强材料、热塑性聚合物和助剂经过预处理和预混合后，通过挤出机的主喂料口加料，所有物料经历相同的受热过程和受力作用。如果挤出机配有重力计量装置或体积计量装置则可省略预混合过程，直接由加料系统自动调节比例加料。

（2）为了减小对生物质增强材料的破坏，聚合物原料从主喂料口加入，而将经过预处理和干燥的生物质增强材料，通过下游的侧向喂料口加入已熔化的聚合物中进行混炼。根据助剂的性质特点，决定其与生物质增强材料一同加料，或者与聚合物一起加料。

（3）在挤出机的主喂料口加入生物质增强材料，这有利于生物质增强材料的干燥脱挥，然后通过下游侧向喂料口加入聚合物原料和助剂。对于这种加料方式，要求挤出机螺杆具有较大的长径比，其中 2/3 用于干燥脱挥，但要注意控制好温度，防止过分剪切或高温产生糊料、烧焦等问题。

2）异向啮合平行双螺杆挤出机　异向啮合平行双螺杆挤出机正位移输送能力比同向双螺杆挤出机强，压力建立能力较强，因而多用来挤出生物质-聚合物复合材料型材产品。但由于在啮合区物料对螺杆有分离作用，使螺杆产生变形，导致料筒内壁磨损，而且随螺杆转速升高而增强，所以此类挤出机转速受到限制，一般只能在低速下工作。

异向啮合平行双螺杆挤出机物料在机内停留时间较短，剪切发热小，径向温度梯度较小，分散充分，比较适合加工生物质材料等热敏性材料。

如果设计得当，将两螺杆设计为非共轭的，适当增大压延间隙及侧隙，则会有一部分输送到啮合区的物料，因受到较高的剪切速率和拉伸速率的作用，产生有效的表面更新，增强物料分散混合效果，提高熔融混炼效率，可实现一步法在线混炼并挤出生物质-聚合物复合材料型材产品。

对于采用异向啮合平行双螺杆挤出机生产生物质-聚合物复合材料型材，有如下要求：①要求螺杆设计能适应的加工范围宽，压缩和熔融快、计量段较短，对生物质纤维切断少、不易热降解，聚合物用量较低时仍能完全熔融并均匀分散；②由于生物质增强材料密度小、填充量大，与常规塑料用设备相比，加料区应有较大的体积；③齿轮箱和推力轴承的配置应确保设备可承受高背压，适于生物质增强材料添加量较多而流动性较低、需要较高成型压力的物料体系。

3）异向锥形双螺杆挤出机　异向锥形双螺杆挤出机与异向啮合平行双螺杆挤出机的工作原理基本相同，与“配混”型设备比，异向锥型双螺杆机被称为低速、低能耗“型材”设备。异向锥形双螺杆挤出机具有广泛的加工范围，加料段的螺杆直径较大，可对物料连续地进行压缩，尤其适于比较蓬松、堆积密度低的木粉、植物纤维等生物质增强材料，提高生物质增强材料的添加量。计量段直径小，对熔融物料的剪切力小，有利于保持植物纤维的完整性，并且剪切发热小，适宜加工低温挤出的制品，这对加工热敏性的生物质-聚合物复合材料而言是一大优势。在物料通过高温区时，停留时间短，既利于降低生物质材料的降解，又能保证聚合物较高的塑化温度要求。

由于两根螺杆排列成锥形，在相同机头压力下，轴向力只有平行双螺杆的一半，故止推轴承承受的轴向力减小，并且加料端两螺杆轴线间有较大的空间，可以采用大的止推轴承和扭矩分配齿轮，从而能承受高扭矩和高推力负荷，其输送能力和建压能力都很强，很适合生物质-聚合物复合材料的挤出成型。

然而，由于异向锥形双螺杆挤出机的螺杆结构是整体式的，并且其螺杆结构使其转速受到限制，混炼效果相对平行双螺杆挤出机差，对不同工艺配方的适应性偏低，因此在挤出成型过程中，所加物料多为经混炼造粒后的生物质-聚合物粒料。图 4-32（a）和（b）分别是奥地利辛辛那提挤出公司生产的配有强制喂料装置的 Fiberex T58 型锥形双螺杆挤出机和螺杆图片，专门用于木塑复合材料型材的挤出成型。

4）异向双螺杆挤出机与单螺杆挤出机的性能比较　虽然单螺杆挤出机具有明显的设备成本低的优势，但是采用异向双螺杆挤出机加工生物质-聚合物复合材料具有如下优点。

(a) 锥形双螺杆挤出机

(b) 锥形双螺杆

图 4-32　锥形双螺杆挤出机及其锥形双螺杆

（1）加料容易。由于异向双螺杆挤出机靠正位移原理输送物料，其正位移输送的程度取决于一根螺杆的螺棱与另一根螺杆螺槽封闭的程度，因此可以加入黏度很高或很低的物料及带状料、糊状料、粉料、颗粒料等，而单螺杆挤出机靠摩擦拖曳输送物料，固体物料与金属表面之间摩擦系数的大小及熔体物料的黏度在很大程度上决定了单螺杆挤出机输送能力的强弱，因此需要添加固体颗粒状物料。尤其异向平行双螺杆挤出机可直接加入粉料而省去造粒工序，可降低产品的加工成本。

（2）物料在异向啮合双螺杆挤出机中停留时间短，滞留时间分布窄，因此适于加工热敏性的生物质材料。

（3）优异的排气和自洁功能。可有效排除生物质增强材料中的水分和挥发物，并且具有啮合型双螺杆的自洁功能，减少物料在螺杆上的残留，以免在挤出机中停留时间过长而发生降解。

（4）优异的混合、塑化效果。由于发生在啮合区的复杂流动，异向双螺杆挤出机具有混合充分、热传递均匀、熔融能力强、塑化均匀的优点，可将植物纤维这类难混材料充分地与热塑性聚合物混合。

（5）生产能力大、比功耗低。在相同螺杆直径下，异向双螺杆挤出机的生产能力是单螺杆挤出机的 4 倍左右。异向双螺杆挤出机的比功耗比单螺杆挤出机低 30%～50%，这使得异向双螺杆挤出机在节能方面具有明显的优势。

4.3.7 串联双阶挤出机组加工的工艺特点

采用串联双阶挤出机组进行生物质-聚合物复合材料的挤出成型加工，可实现生物质增强材料与热塑性聚合物、助剂的一步法在线混合并连续挤出材料产品。常用的组合方式为同向平行啮合双螺杆挤出机与单螺杆挤出机的组合，也有用异向啮合平行双螺杆挤出机与单螺杆挤出机组合、同向平行啮合双螺杆挤出机与锥形双螺杆挤出机组合等。其中，同向平行啮合双螺杆挤出机和单螺杆挤出机进行串联组合，充分利用了同向平行啮合双螺杆挤出机的高效混合、分散、塑化和单螺杆挤出机的建压能力强、挤出平稳的特点，同时设备成本相对较低，因此在生物质-聚合物复合材料挤出成型方面有独特的优势。

由于采用连续挤出成型工艺，物料仅经历一次受热过程，不仅减少了能耗，还降低了物料的热降解，有利于提高产品质量、降低成本。双阶挤出机组中的双螺杆挤出机，不仅可以达到对物料优异的混炼塑化效果，还具有较强的对生物质材料进行干燥和脱挥的作用，因此常在双螺杆挤出机上布置多个排气口，乃至安装抽真空装置。对于双阶机组中与双螺杆挤出机串接的单螺杆挤出机，要求具有较强的建压和均化能力，尤其要求运行平稳。

图 4-33 和 4-34 分别是东北林业大学生物质复合材料研究中心用于制备生物质-聚合物复合材料的实验型和示范生产设备——同向平行双螺杆/单螺杆串联双阶挤出机组及配套的型材辅机。

图 4-33 双螺杆/单螺杆/型材挤出机组实验设备

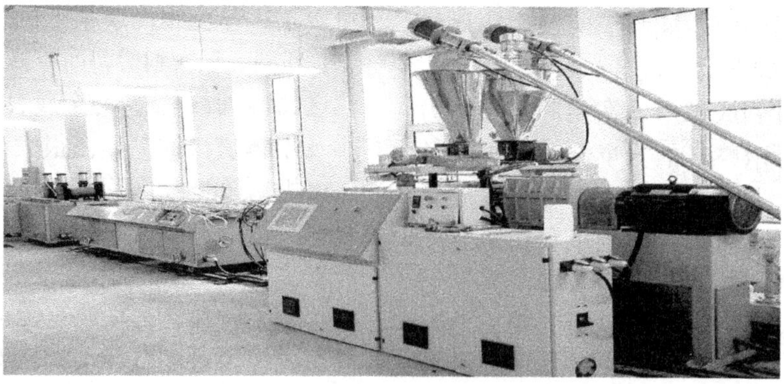

图 4-34 双螺杆/单螺杆/型材挤出机组生产设备

4.4 生物质-聚合物复合材料的注射成型技术

注射成型是一种注射兼模塑的成型方法，又称注塑成型，是一种重要的聚合物成型方法，在聚合物加工中占有极其重要的位置，几乎所有热塑性聚合物及多数热固性聚合物都可以采用此种方法成型。相对于挤出成型，生物质-聚合物复合材料注射成型产品的总量要小得多。但注射成型在加工外形复杂、尺寸精度高，甚至带有各种嵌件的制品，无需后加工和后装配等方面具有独特优势，此外，尚具有成型周期短、产品质量稳定、生产效率较高的优点，其制品可广泛用于建筑、家具、汽车和民用生活制品等领域。特别是随着注射成型工艺的不断进步，如气体辅助注射成型、结构发泡注射成型、反应注射成型、低压注射成型、熔芯注射成型等多种成型工艺的出现，注射成型技术在生物质-聚合物复合材料方面的应用将得到应有的发展。

然而，生物质-聚合物复合材料的注射成型技术对于生物质材料的含水率、纤维长度、添加量、混料均匀度及物料的熔体流动性等比挤出成型有更高要求，尤其是在热流道注射模或注射成型薄壁件的加工条件下更是如此，所以尽管生物质-聚合物复合材料的注射成型加工技术很有吸引力，但尚未形成很成熟的大规模工业生产技术。目前设备制造商和研究机构正在合作研究生物质-聚合物复合材料注射成型设备及配套的共混造粒设备。

4.4.1 注射成型原理

生物质-聚合物复合材料的注射成型是利用物料中聚合物的可挤压性和可模塑性，将固态的物料（通常是生物质增强材料或填料与聚合物、助剂混炼制备的粒料）从注射机料斗送入高温的料筒内加热熔融，使其达到塑化均匀，成为黏流态熔体；然后在螺杆（或柱塞）快速而又连续的高压下，以很大的流速通过料筒前端的喷嘴注入温度较低的闭合模具中，经过一段时间的保压冷却定型后，脱模即得到与模具型腔形状对应的制品。

4.4.2 注射成型设备

注射成型是间歇式生产，所用的设备是注射机，也称注塑机，是在19世纪中期金属压铸机原理的基础上逐渐形成的。根据注射系统的结构可分为柱塞式注射装置（图4-35）和螺杆式注射装置（图4-36），它们都由注射系统、锁模系统和注射成型模具三大部分组成。

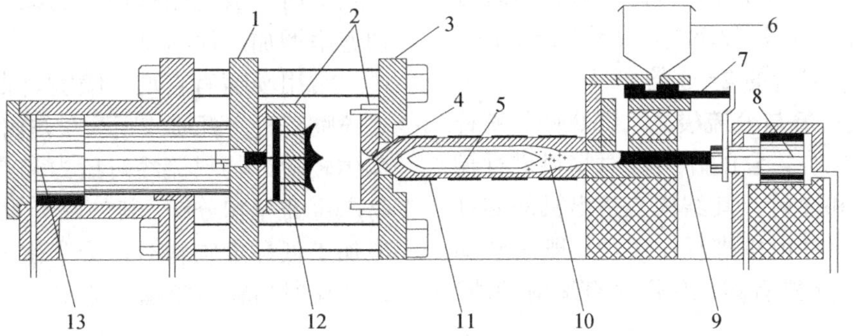

图4-35 柱塞式注射装置

1.动模板；2. 注射模具；3. 定模板；4. 喷嘴；5. 分流梭；6. 料斗；7. 加料调节装置；8. 注射油缸；9. 注射活塞；10. 加热器；11. 加热料筒；12. 顶出杆；13. 锁模油缸

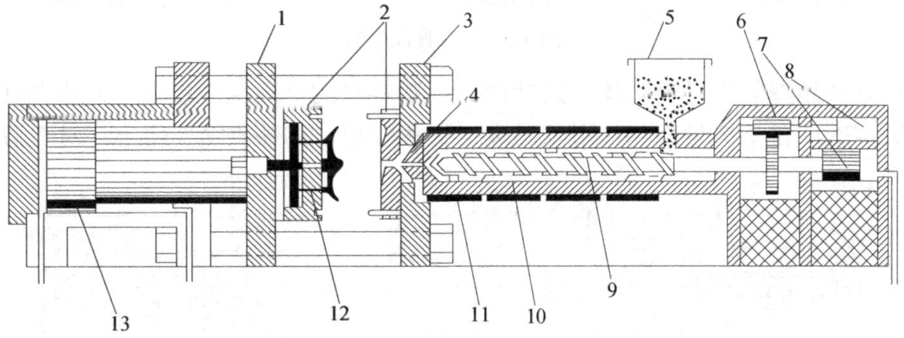

图4-36 螺杆式注射装置

1. 动模板；2. 注射模具；3. 定模板；4. 喷嘴；5. 料斗；6. 螺杆传动齿轮；7. 注射油缸；8. 液压泵；9. 螺杆；10. 加热料筒；11. 加热器；12. 顶出杆；13. 锁模油缸

4.4.2.1 注射系统

注射系统是注射机的主要部分，其功能是使物料塑化和均化成可注射出去的易流熔体，以足够高的压力和速度通过螺杆或柱塞注射到模腔中。一般包括加料装置、料筒、螺杆（柱塞式注射机则为柱塞和分流梭）、喷嘴、加压和驱动装置等部件。注射机的加料装置和料筒与挤出机相似，加料装置上设有计量装置，机筒外部配有加热冷却装置。

1）加料装置 加料装置由料斗、加料计量装置及其他辅助装置组成。料斗呈锥形，其容量一般可供注射机 1～2h 之用。由于每次从料斗加入料筒的料量与注射到模具中的料量相等，因此，通常注射机的料斗上配有加料计量装置，以便定量或定容地加料。大中型注射机应该备有自动上料装置。

2）料筒 料筒的结构与挤出机料筒相似，但内壁要求尽可能光滑，呈流线形，是物料的塑化室。料筒的大小决定了注射机的注射量，柱塞式注射机的料筒容积一般为最大注射量的 4～8 倍。螺杆式注射机因为螺杆在料筒内对物料进行搅拌，料层比较薄，传热效率高，塑化比较均匀，其容积多为最大注射量的 2～3 倍。

3）螺杆（或柱塞与分流梭） 螺杆是螺杆式注射机的重要部件，它的作用是对物料进行输送、压实、塑化和注射。其结构与挤出机的螺杆基本相同，但由于注射机螺杆在运动上既有转动又有平动，在功能上既有塑化作用又有注射功能，因此有其自身特点：①长径比和压缩比较小，一般 L/D=15～20，压缩比为 2～2.5；②螺槽较深；③加料段长，约为螺杆长度的一半；④注射螺杆的头部常为锥形尖头，对黏度较低的塑料配有止逆环，以防止物料回流。

柱塞与分流梭是柱塞式注射机的重要部件，柱塞是一根坚实、表面硬度高的金属圆棒，其作用是传递压力给物料并使熔体注射入模具内腔。注射机柱塞每次注射的最大容量是柱塞的冲程与柱塞截面积的乘积。分流梭是装在料筒前端中心部位、形状类似鱼雷体的一种金属部件，其作用是使料桶内的物料分层为薄层，减少料层厚度，以增加传热面积，提高塑化质量。

4）喷嘴 喷嘴是连接料筒和模具的过渡部分，喷嘴的结构形式、喷孔大小及制造精度将影响熔料的压力和温度损失、射程的远近、弥补收缩作用的优劣及是否产生“流涎”现象等。喷嘴的内径一般从进口到出口逐渐收敛，顶部呈半球形，以便能与模具紧密接触。当熔融物料高速流经喷嘴时，会因喷嘴内径的减小，速度增大，剪切速率增加，使物料进一步塑化。

常用喷嘴有直通式喷嘴、自锁式喷嘴和杠杆式喷嘴三种。直通式喷嘴呈短管状（图 4-37），喷嘴体较短，物料流经时压力和热量损失较小，不易产生滞料和分解，其外部一般都设有加热装置，但加工低黏度物料时，会产生“流涎”现象（即预塑化时熔料自喷嘴口流出）。

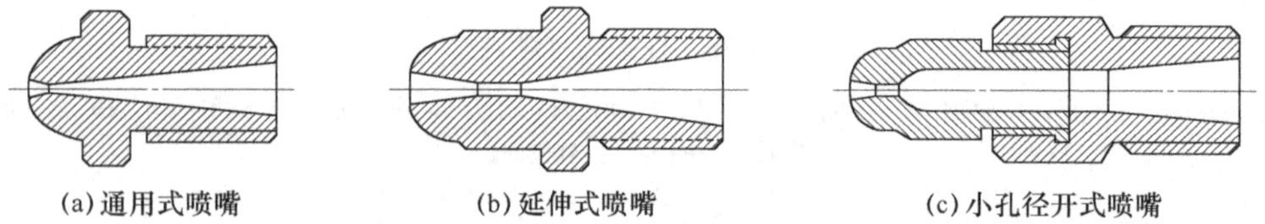

(a) 通用式喷嘴　(b) 延伸式喷嘴　(c) 小孔径开式喷嘴

图 4-37 直通式喷嘴

自锁式喷嘴是依靠弹簧压合喷嘴体内的针阀实现自锁的（图 4-38），能有效地杜绝注射低黏度塑料时的“流涎”现象，缺点是压力损失大，射程较短，弥补收缩作用小，对弹簧要求较高。

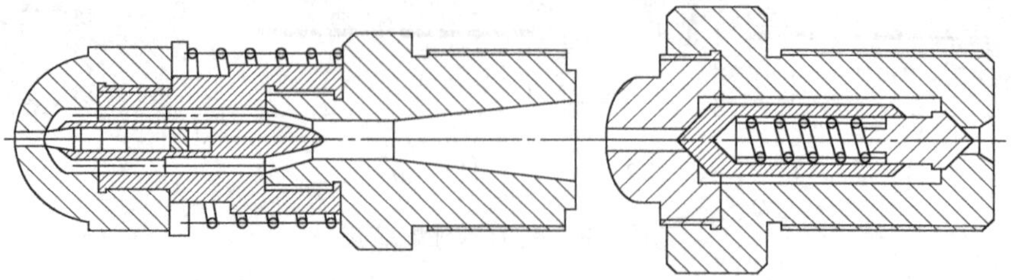

(a) 外弹簧针阀式喷嘴　(b) 内弹簧针阀式喷嘴

图 4-38 弹簧针阀自锁式喷嘴

杠杆针阀式喷嘴是用外在液压系统通过杠杆来控制联动机构启闭阀芯的（图 4-39），这种喷嘴使用方便，自锁可靠，压力损失小，计量准确，主要缺点是结构较复杂。

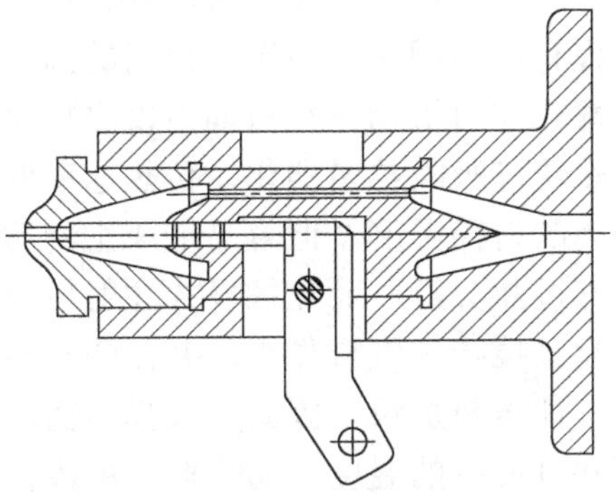

图 4-39 液控杠杆针阀式喷嘴

选择喷嘴应根据物料的性能和制品的特点来考虑，对于添加生物质增强材料的聚合物填充体系，其熔体黏度较高，流动性较差，而生物质增强材料的分解温度较低，不可过分提高温度来改善流动性，故通常选用直通式喷嘴。对于形状复杂的薄壁制品宜选用小孔径、射程远的喷嘴；而厚壁制品则最好选用大孔径、弥补收缩作用大的喷嘴。

5）加压和驱动装置 注射机加压装置的动力源于液压力和机械力两种，大多数采用液压力，且多用自给式油压系统供压。注射机的驱动装置有单速交流电机和液压马达两种，发展趋势是采用液压马达。

4.4.2.2 锁模系统

在注射机上实现锁合模具、启闭模具和顶出制件的机构总称为锁模系统。主要由导柱、固定模板、移动模板、调模装置、顶出装置和传动装置等部件组成。常用启闭模具的锁模装置有机械式、液压式和液压-机械组合式三种。机械式是以电动机通过齿轮或涡轮减速传动曲臂或以杠杆传动曲臂的机构来实现启闭模和锁模作用的，这种锁模装置结构简单，制造容易，使用和维修方便，但启动负荷大，噪声大，零部件易磨损，模板行程短，只用于小型注射机，目前已被其他锁模装置代替。液压式采用油缸和柱塞并依靠液压力推动柱塞做往复运动来实现启闭和锁模，其优点是移动模板和固定模板之间的开档较大，移动模板可在行程范围内的任意位置停留，工作平稳可靠，易实现紧急刹车，系统运行时零件能自润滑，磨损小；缺点是需要较大功率的液压系统。液压-机械组合式是由液压操作连杆或曲肘撑杆机构来达到启闭与锁合模具的，其优点是可以用较小的油缸推力，通过连杆机构的放大，得到较大的锁模力；缺点是装置容易磨损及调模比较麻烦。

调模装置是为实现模具厚度的变化而设置的，也可用来调节锁模力的大小，特别是液压-机械组合式锁模装置，由于动模板行程不能调节，为适应不同厚度模具的要求，必须设置调模装置，使动模板和定模板之间的距离能调节。

顶出装置是为顶出模内制品而设置的，要求装置应当具有足够的顶出力，以使制品能够顺利顶出模具。顶出装置的结构类型主要有三种：机械式顶出装置、液压式顶出装置和启动式顶出装置，生产中主要应用的是前两种。

4.4.2.3 注射成型模具

典型注射成型模具的结构如图 4-40 所示。

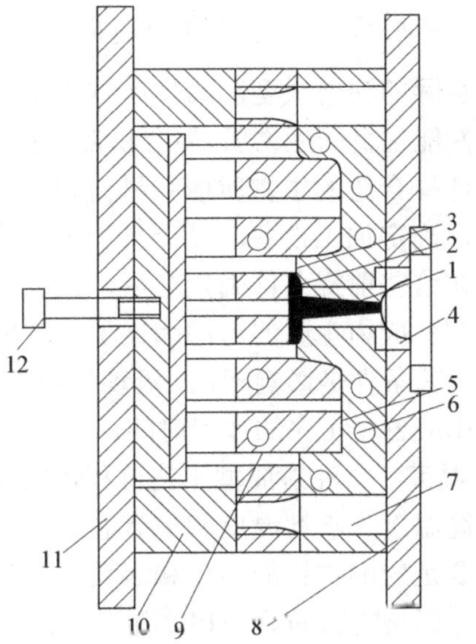

图 4-40 典型注射成型模具的结构图

1. 主流道；2. 分流道；3. 浇口；4. 浇道衬套；5. 制品；6. 冷却孔；7. 导销；8. 前夹模板；9. 脱模杆；10. 承压板；11. 后夹模板；12. 螺钉

注射成型模具是在成型中赋予塑件以形状和尺寸的部件，模具的结构随物料品种和性能、制品的形状和结构及注射机类型等的不同而可能多种多样，但基本结构主要由浇铸系统、成型零件和结构零件三部分组成。浇铸系统是指物料从喷嘴进入型腔前的流道部分，包括主流道、冷料穴、分流道和浇口等；成型零件是指构成模具型腔的各种零件，主要用来决定塑件的几何形状和尺寸，包括动模、定模和排气口等；结构零件是指构成模具结构的各种零件，包括导向柱、脱模装置、抽芯机构等。此外，还有加热冷却系统。

4.4.3 注射成型工艺

4.4.3.1 注射成型工艺过程

注射成型工艺过程主要包括加料、加热塑化、合模、加压注射、保压、冷却定型、开模、取出制品等工序，是一个循环过程。

注射成型工艺一般以合模作为注射机工作过程的开始，当模具被锁紧后，注射座整体前移，必须保证喷嘴中心与模具主浇道中心一致并完全吻合，随后由注射油缸推动螺杆向前移动，使料筒前端的熔融物料在螺杆的推挤作用下，以高压、高速注入模腔内，经一段时间的保压冷却后，模具开启，制品被顶出落下，然后又进行下一个周期的循环。

4.4.3.2 注射成型工艺参数的选择

在实际的注射成型制品生产过程中，要获得外观和性能优良的生物质-聚合物复合材料产品，首先是选择合适的生物质增强材料和聚合物原料及助剂，确定加工设备，设计与加工结构合理的模具，在这些前提条件确定之后，工艺参数的选择和控制就成为主要的考虑因素了。注射成型最重要的工艺条件是影响塑化、流动和冷却的温度、压力和相应各个工序的作用时间。

1）温度 注射成型工艺过程需要控制的温度有料筒温度、喷嘴温度和模具温度等。前两种温度主要是影响物料的塑化和流动，而后一种温度主要是影响物料的流动和冷却。

（1）料筒温度。料筒温度选择的原则是要保证物料得到良好的塑化，能顺利实现快速流动注射，同时不出现降解或分解现象。

首先，从原料的热性能考虑，不同聚合物基体具有不同的流动温度，因此料筒末端的最高温度，对于无定形聚合物（如 PS）应高于流动温度，而对于结晶性聚合物（如 PE、PP）则应高于熔点；同时，要考虑保证生物质增强材料不发生分解。料筒温度的分布，通常从料斗开始至喷嘴，呈由低到高的分布，以利于物料逐步塑化流动。但是，当增强材料或填料含量偏高时，也可适当提高料斗温度。

其次，不同类型的注射机，物料在料桶内的塑化过程有所不同，因而选择料筒的温度也不相同。柱塞式注射机物料在料桶内仅靠料筒壁和分流梭的热传导吸收热量塑化，传热速率低，因此需要较高的料筒温度，但容易造成生物质增强材料的局部过热分解。而在螺杆式注射机中，螺杆对物料起到搅拌、混合作用，并伴随有剪切摩擦热产生，使传热加快，因此，选择料筒温度可低一些，并且前端的温度不妨略低于中段，以防物料的过热分解。

最后，还要结合制品及模具结构特点来选择料筒温度。薄壁制品的模腔比较狭窄，熔体注入时阻力大，冷却又快，料筒温度应选择高一些。相反，在注射厚制品时，充模流动阻力小，制品在模腔中冷却时间延长，料筒温度则可选择低一些。对于形状复杂或带有嵌件的制品，对于熔体充模流程曲折或较长的情况，料筒温度也应该选择得高一些。

因为料筒温度与物料熔体温度直接相关，并对充模过程有控制作用，所以提高料筒温度有利于注射压力向模腔内传递，使模腔内的压力降低，熔料在模腔内的流动性增加，减少充模时间并使充模完善。在充模结束后，物料温度保持在玻璃化温度以上的时间延长，有利于取向大分子解取向，减小制品的收缩率，可提高制品表观质量。但是，受热时间延长，熔体将发生降解。因此，当采用热敏性生物质增强材料时，除严格控制料筒最高温度外，还应控制物料在料筒内的停留时间。

（2）喷嘴温度。喷嘴温度通常略低于料筒最高温度，喷嘴低温的影响可以从物料通过喷嘴注射时产生的较大摩擦热而得到补偿。当然，喷嘴温度也不能过低，否则会使得熔料早凝而将喷嘴堵死，或者将早凝料注射入模腔中影响制品质量。

喷嘴温度对成型条件及塑件的物理力学性能的影响十分显著。若喷嘴温度升高，使熔料的黏度下降，注射时熔料的压力将减小，塑件表观质量提高，熔接强度也增加。但温度过高，容易使熔料产生热分解，反而降低了制品的质量。喷嘴和料筒温度选择不是孤立的，它们还受到其工艺条件的影响。例如，选择较低的注射压力时，为保证物料的流动，应适当提高料筒温度；反之，料筒温度偏低就需要较高的注射压力。

（3）模具温度。模具温度对生物质-聚合物复合材料制品的内在性能和表观质量影响很大。模具温度的高低取决于聚合物基体是否结晶和制品的尺寸、结构、性能要求及其他工艺条件（熔料温度、注射速度、注射压力及模塑周期等）。

无定形聚合物熔体注入模腔后，随着温度的不断降低而固化，但并不发生相的转变。模具温度主要影响熔体的黏度，进而影响充模速率。如果充模顺利，可采用较低的模具温度，这样可以缩短冷却时间，提高生产效率，所以对于黏度较低或中等的熔体，模具温度通常偏低；反之偏高。

结晶性聚合物熔体注入模腔后，当温度降低到熔点以下时即开始结晶，结晶速率受冷却速率的控制，而冷却速率是由模具温度控制的，因此模具温度直接影响制品的结晶度和结晶结构。模具温度高，冷却速率小，结晶速率可能大，但高模温会延长成型周期，并使制品发脆，模温中等时冷却速度适宜，聚合物分子的取向和结晶也适中。但是，所谓的中等模温是一个范围，需要经过试验加以确定。如果模具温度过低时，冷却速率大，熔体的流动与结晶同时进行，但熔体在结晶温度区停留的时间短，不利于晶体的生长，致使制品的结晶度较低。如果聚合物本身的玻璃化温度不高，如聚烯烃等，就会出现后期结晶过程，从而引起制品的后收缩和性能的改变。

2）压力 注射成型过程中的压力包括塑化压力和注射压力，这两种压力都直接影响聚合物的塑化和制品的质量。

（1）塑化压力。采用螺杆式注射机时，塑化压力也称背压，是螺杆顶部熔料在螺杆转动后退时所受到的压力。塑化压力的大小可以通过调节油缸内的回油压力大小调节，使螺杆对物料产生不同的塑化压力。增加塑化压力既会提高熔体的温度，使熔体的温度分布均匀，各组分混合均匀，又易排出熔体中的气体。但过高的塑化压力，螺杆后退受到极大的阻碍，这时将使熔体在螺杆中的逆流和漏流增加，减少了塑化量，并易造成物料的降解等。如果塑化压力调得太低，螺杆后退太快，物料不密实，在注射时要消耗一部分注射压力来排除空气，更重要的是会造成物料的塑化效果较差。因此对于生物质-聚合物复合材料而言，塑化压力的高低要视螺杆的结构、聚合物和生物质增强材料的种类及制品的质量要求等具体情况而加以选择。

（2）注射压力。注射压力是指柱塞或螺杆轴向移动时，其头部对物料熔体施加的压力。注射压力的大小取决于物料品种、注射机类型、模具结构、塑件厚度和流程及其他工艺条件。从克服物料流动阻力来说，流道结构的几何因素是首要的影响因素，尤其是浇铸系统的结构和尺寸。对于尺寸较大、形状复杂的制品或薄壁制件，充模阻力大，冷却的比表面积大，采用较大的注射压力有利于提高物料的流动性；对于大面积、流程长的制件需要用高压，因为随流程的延长，熔料的温度越来越低，起始的通道变得越来越窄，模内空气受压缩的程度越来越大；注射成型制品的外形结构复杂、壁厚较薄时，应采用较高的注射压力；而对于大尺寸厚壁制品，注射压力可相应下降。

此外，不同的聚合物，其熔融黏度对压力和温度的敏感程度不同，如ABS熔融黏度对温度不敏感，应采用较高的注射压力。而聚乙烯、聚丙烯等熔融黏度对温度比较敏感，可采用较低的注射压力，增加料筒温度。

注射过程中，注射压力与物料温度是相互联系的，熔体温度高时可降低注射压力，反之所需注射压力较大。当型腔充满后，注射压力就体现在保压压力上，保压压力高，模腔内将流入更多的熔料，并使模腔内的料流更好地熔合，因而得到密度高、收缩量小、力学性能也较好的制品。但保压压力过高时，由于物料受压迫，冷凝会出现较大的残余应力，使强度反而下降，甚至易造成脱模困难或溢料。因此保压的压力也应适当。

3）成型周期 完成一次注射过程所需要的时间称为成型周期，它实际包括以下几部分：①注射加压时间，包括注射时间、保压时间（注射完毕至浇口凝封前）；②冷却时间，包括预塑化时间、浇口凝封后至开模前的冷却时间；③其他时间，包括开模、制品脱模、涂拭脱模剂、安放嵌件和闭模时间等。成型周期直接影响劳动生产效率和设备利用率，因此，生产中应在保证质量的前提下，尽量缩短成型周期中各段的相应时间。

在整个成型周期中，以注射时间和冷却时间最重要，对制品的质量有决定性的影响。注射时间又分为充模和保压时间，保压时间和闭模冷却时间总称冷却时间。注射时间中的充模时间反比于注射充模速度，而充模速度一方面受物料熔体在型腔内的流动行为、型腔压力和温度影响很大，另一方面对制品性能有很大影响。生产中，充模时间一般为 3～8s。

注射加压时间中的保压时间就是指在浇口凝封前对模腔内物料的压实时间，在整个注射时间内所占比例较大，一般为 10～150s（特厚制品可高达 5～10min）。保压时间的长短对制品尺寸精度有着直接影响。保压时间的长短取决于料温、模温及主流道和浇口的大小。如果主流道和浇口的尺寸及工艺条件均是正常的，通常以得到制品收缩率波动范围最小的时间作为保压时间的最佳值。

冷却时间主要取决于制品的厚度、聚合物的热性能与结晶性能及模具温度等。冷却时间的终点应以保证制品脱模时不引起翘曲变形，时间原则上要短，一般为 20～130s，不必要地延长冷却时间，不仅会降低生产率，对复杂制品还可能会造成脱模困难。

成型周期中的其他时间则与生产过程是否连续化和自动化程度有关。在保证生产安全、操作顺利和质量稳定的前提下，尽可能地缩短成型周期中的辅助时间，以提高生产率。

4.5 秸秆-热塑性塑料复合材料

生物质-热塑性塑料复合材料是指以热塑性塑料（如聚乙烯、聚丙烯等）为基体，以生物质材料为增强材料，按一定比例混合，并添加助剂，经高温挤压、成型等工艺制成一定形状的型材、片材或板材。该种材料可有效地解决单一原料的某些性能缺陷。生产过程中制成的产品具有与硬木相当的抗压、抗冲击等物理、机械性能，并且耐用性明显优于普通木质材料；可抗强酸碱、耐水、耐腐蚀；通过加入不同的助剂，可以达到抗老化、防静电、阻燃等特殊要求。此种复合材料主要应用于托盘、包装箱、集装箱等包装产品，底铺板、枕木等仓储用品，室外地板、护栏、园林椅等户外用品；还可用于制作汽车内装饰产品、装潢板贴面等。

在众多的生物质-热塑性塑料复合材料产品中，以木塑复合材料（wood plastic composite，WPC）的研发和利用为主。出于环境保护和资源利用，以农作物秸秆作为增强相的秸秆-热塑性塑料复合材料的研究和利用也在不断地受到重视。作为一项重要的生物资源，中国的秸秆资源拥有量居世界第一位，年产量约为 6.5 亿 t。与木材相比，农作物秸秆原料在细胞构成、化学组成、纤维形态、表面官能团和润湿性方面都存在着一定的差异，对秸秆-热塑性塑料复合材料的制备及性能也会产生相应的影响。因此，本节主要概述秸秆-热塑性塑料复合材料的制备及性能。

4.5.1 秸秆的特性及预处理

4.5.1.1 秸秆的种类

农作物秸秆是农业生产的副产品，可分为三大类：粮食作物秸秆（麦秸、稻秸、玉米秸秆和高粱秸秆等）、经济作物秸秆（棉秆、麻秆、蓖麻秆、芦苇秆、豆秸和油菜秆等）和农产品加工剩余物（稻壳、花生壳、油茶壳、甘蔗渣等）。由于麦秸与稻秸在全国的年产量大，且具备作为材料的一些基本特征，因此已被广泛应用于复合材料制备当中。

4.5.1.2 秸秆的特性

1）构造特性

（1）稻秸：水稻是一年生草本植物，秆直立，丛生，高 1m 左右（图 4-41）。稻秸由节和节间组成，茎节间分伸长节间和未伸长节间，各节间集缩成 20mm 地下茎。茎秆的节部中实，节间是空

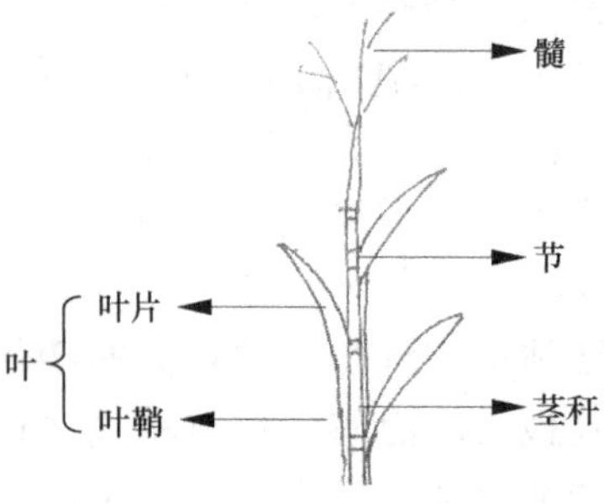

图 4-41　稻秸各组织示意图

心的，呈圆筒状，直径 6～8mm，表面有浅的纵沟，在茎秆横截面上观察，呈环形。茎秆中部的空腔为髓腔，稻秆的髓腔较大，四周是茎壁，茎壁厚约 1mm。

图 4-42 为稻秸横截面的扫描电子显微镜（scanning electric microscopy，SEM）图。稻秸的叶鞘、茎秆在横截面上呈同心环状分布，中间为中空的髓腔［图 4-42（a）］。叶鞘［图 4-42（b）］由表皮组织、薄壁组织和维管束构成，结构疏松，细胞排列不紧密。稻秸茎秆［图 4-42（c）］由表皮组织、机械组织、薄壁组织和维管束构成，细胞排列规整。沿稻秸横截面外层（上皮层）、中层和内层（下皮层）方向分别做元素的能谱分析（energy-dispersive spectroscopy，EDS），其结果见表 4-6。EDS 表明，稻秸叶鞘、茎秆的组成元素为 C、O、Si、Na、K、Ca、Mg、Cl 等（H 除外），主要组成为 C、O。Si 含量随分布位置的变化而变化。Si 在稻秸叶鞘外层、中层、内层的质量分数依次为 12.65%、0.22%、1.14%，在茎秆外层、中层、内层的质量分数依次为 8.98%、0.39%、0.52%。结合稻秸各组织中总硅含量（叶 7.2%、茎秆 2.7%、节 5.6%、穗 2.6%）可以看出，硅主要分布在叶鞘、茎秆的外层，其中叶鞘外层中的硅含量高于茎秆外层。

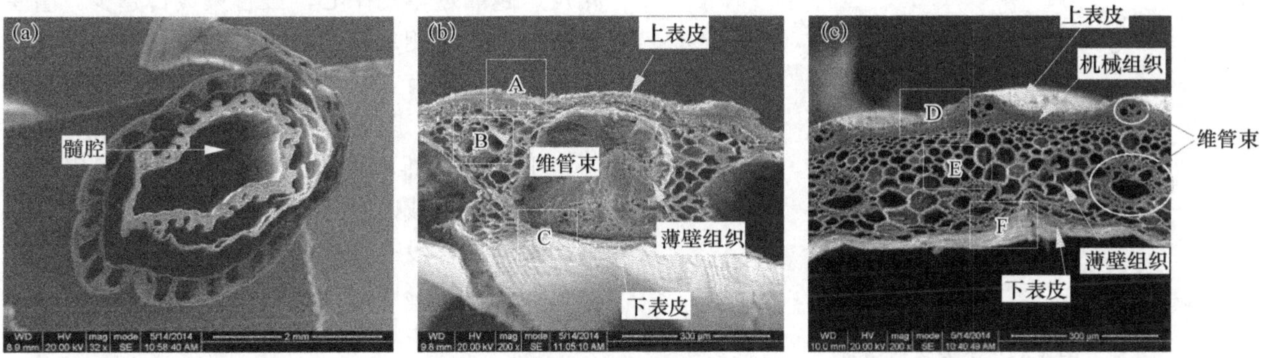

图 4-42 稻秸横截面的构造

（a）整体（32×）；（b）叶鞘（200×）；（c）茎秆（200×）；A～F 为能谱分析的测试点

表 4-6 稻秸皮层横截面上元素含量的能谱分析（%）

试样	C	O	Si	Na	K	Ca	Mg	Ni	Cl	测试点
叶鞘外层	35.48	47.77	12.65	0.20	2.34	0.04	—	—	1.52	图 4-42（b）中 A 点
叶鞘中层	39.49	49.62	0.22	0.24	6.00	0.12	0.40	—	3.03	图 4-42（b）中 B 点
叶鞘内层	45.58	45.99	1.14	0.26	3.82	0.10	0.58	0.22	2.30	图 4-42（b）中 C 点
茎秆外层	41.01	43.61	8.98	0.09	3.98	0.13	—	—	2.00	图 4-42（c）中 D 点
茎秆中层	36.77	45.01	0.39	0.19	12.79	0.20	—	—	4.65	图 4-42（c）中 E 点
茎秆内层	32.68	49.59	0.52	0.19	12.43	0.05	—	—	4.55	图 4-42（c）中 F 点

注：“—”表示未检出

稻秸纤维短而细，纤维细胞壁上有明显的横截纹，胞腔较小。稻秸的非纤维状细胞含量高达 54%，其中主要是薄壁细胞，形状多为枕形、椭圆形、方形、球形、多面体形及不定形的小细胞。表皮细胞体积小，呈锯齿状，齿锯小，齿缝不高。表皮细胞的锯齿端不太尖削，不定形的小细胞较多，纤维较短、较细，这些均是稻秸较突出的特征。

（2）麦秸：麦秸是指由节间茎秆及节组成的部分。麦秸表面平滑，有一层蜡状物。茎秆的节间质量比为 52.4%，叶子为 29.1%，节为 9.2%，穗轴为 9.3%。地上节间有 4～6 个，一般为 5 节。高度为 29～97cm，秆直径为 2～3mm，秆壁厚 0.3～0.7mm，髓腔直径为 0.9～1.9mm，秆壁厚度由下而上变薄。

从麦秸的横截面上可见表皮组织、基本薄壁组织和维管组织，如图 4-43 所示。麦秸基部、中部、梢部的表皮层由 1～2 层细胞组成，内侧是一层纤维组织带，结构比较紧密，接着是结构疏松的薄壁细胞，其中嵌埋着维管束。

麦秸由 4 种基本组织构成：表皮组织、机械组织、基本组织和维管束组织。

表皮组织：位于麦秸的最外层，结构比较致密。

机械组织：位于表皮层内侧，由 3～5 层细胞组成纤维组织带，其中分布有少量的薄壁细胞群。

基本组织：此组织所占比例较大，结构疏松，均由薄壁细胞组成。

维管束组织：维管束组织有两圈，外圈的维管束嵌埋在纤维组织带中，这部分纤维细胞壁厚，胞腔较小；内圈的维管束呈展翅蝶状，零散地分布在基本组织之中，这部分纤维细胞壁薄，胞腔较大。

除了靠近表皮细胞的纤维组织带和维管束内的纤维细胞外，其他都是杂细胞。从细胞组成来看，麦秸的纤维细胞占62.1%，薄壁细胞占29.4%，导管占4.8%，表皮细胞占2.3%，其他占1.4%。

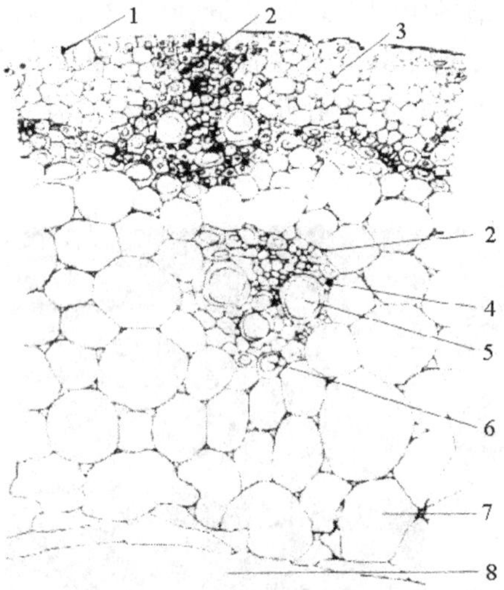

图4-43 小麦茎横切面

1. 表皮细胞；2. 机械组织；3. 绿色同化薄壁组织；4. 韧皮部；5. 后生木质部；6. 原生木质部；7. 无色基本薄壁组织；8. 髓腔

（3）玉米秸秆：玉米秸秆除了外部坚硬的厚壁组织外，其余大部分为细胞间隙（空腔），靠近表面的维管束小、数目较多、排列紧密、强度高；而越靠近中部，维管束越大、数目越小。因此，玉米秸秆虽为实心，但大部分为疏松的芯层，芯层组分主要为非纤维状的海绵髓体（又称髓心），如图4-44所示，它的存在给原料的制备工序及其产品性能带来潜在的不利影响。

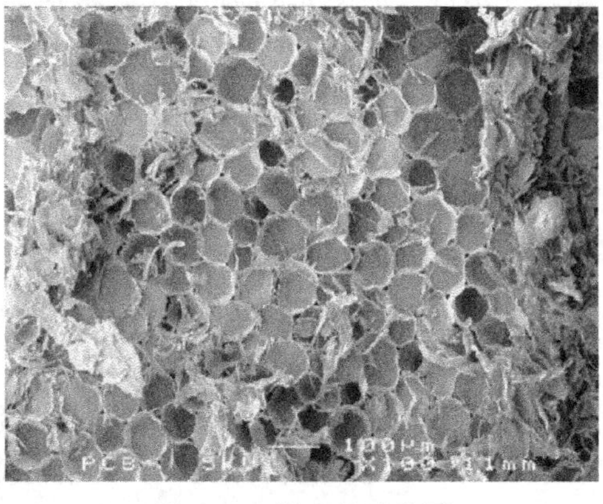
图4-44 髓心的形貌图

玉米茎秆粗壮、高大，直径为2～4cm，玉米茎秆多汁，髓部充实而疏松，富含水分和营养物质。玉米茎部节间横切面的最外一层为表皮，由体积较小、排列紧密、略呈方形的表皮细胞组成，其细胞外壁增厚，有角质层，表皮上还有为数较少的气孔。玉米茎秆细胞壁里含有大量的硅盐，可增加细胞壁的硬度。表皮内有2～3层小型厚壁组织，细胞壁往往角化，排列紧密，形成机械组织；茎中其余部分均为大型薄壁细胞，排列疏松，有细胞间隙，属基本组织，外层薄壁组织含有叶绿素，所以茎呈现绿色。茎的基本组织中分散着很多椭圆形的维管束，越靠近表皮，其数目越多；相反，越靠近茎的中心，维管束数目越少。着生果穗节及以下相邻节的维管束数目和节间茎秆尺寸与果穗大小有关。由于维管束分散，皮层、内皮层、中柱鞘、髓射线和髓均无明显的界限。

玉米茎的维管束主要由木质部和韧皮部组成，属有限（或闭合）维管束，没有形成层，只有初生结构，没有次生结构。所以，茎部除了依靠在初生结构形成过程中细胞体积的增长来加粗外，还借助初生增粗分生组织来增粗。在玉米茎尖的正中纵切面上，可以看到在叶原基的下面有许多扁平的细胞，称初生增粗分生组织。它们进行平周分裂时，可产生许多薄壁细胞，增大茎尖的直径。这些薄壁细胞再增大、分裂，可使茎的节间伸长并进一步增粗。通常这种初生增粗生长，可以在几个节间同时进行。玉米秸秆的横切面见图4-45。

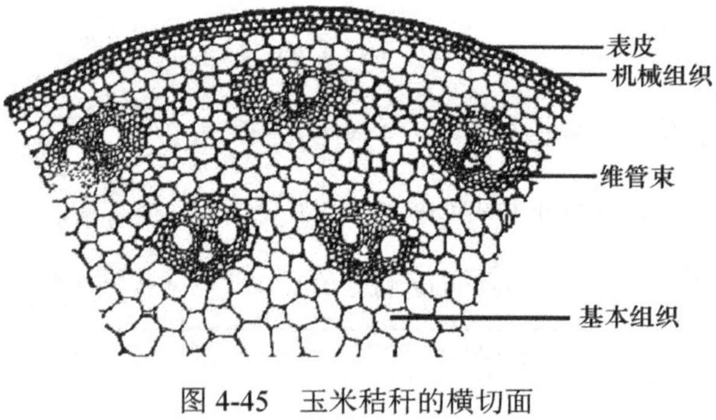

图4-45 玉米秸秆的横切面

2）纤维细胞 在秸秆细胞的构成中，纤维细胞是衡量原料质量的重要指标，纤维细胞的形态包括长度、宽度、长宽比和壁腔比等。从表4-7可知，针叶材平均纤维长度为3mm，阔叶材平均为1mm，棉、麻达18mm以上，竹材为1.0～3.0mm，草类小于 1mm。麦秸纤维长度接近阔叶材纤维，平均长度为 1.5mm，宽度为 14μm，壁厚 3μm。马尾松、落叶松及竹材纤维的细胞壁最厚（7～10μm），棉秆芯纤维细胞壁最薄（平均仅为 2.7μm）。细胞腔直径以针叶材早材最大（28～40μm），草类较小（平均 1.5～6μm），毛竹最小（仅为 2.9μm）。甘蔗渣和棉秆芯纤维平均腔径为 10～26μm，与木材相近。

表 4-7 农作物秸秆纤维细胞的参数

种类	长度/mm	宽度/μm	长宽比	壁腔比
稻秸	0.47～1.43	6.00～9.50	114.0	—
麦秸	1.03～1.60	9.30～15.70	102.0	—
蓖麻秆	0.95～1.38	21.80～30.11	45.0	0.13～0.22
芦苇	0.60～0.98	21.60～34.30	115.0	1.77
甘蔗渣	1.01～2.34	16.70～30.40	77.0	0.36～0.86
棉秆皮	1.40～3.50	15.70～22.90	113.0	2.70
高粱秆	0.59～1.77	7.40～15.70	109.0	—
玉米秆	0.52～1.55	8.30～18.60	75.0	—
马尾松	2.23～5.06	36.30～65.70	72.0	0.23～1.05
意杨-214	0.88	23.50	37.5	0.53

3）化学特性 秸秆材料的化学组成主要有纤维素、半纤维素和木质素。纤维素是秸秆纤维的主要成分，半纤维素和木质素在纤维细胞中起着“黏合剂”和“填充剂”的作用，分布在细纤维之间的间隙里，且均较易溶于碱。不同秸秆中各化学组分的含量有着一定的差异，其中芦苇秆、油菜秆、麦秆、豆秸的纤维素含量较高（42.78%～52.99%），而稻秆、玉米秆、高粱秆的纤维素含量相对较低（35.23%～39.70%）；对于其中的木质素而言，麦秆与玉米秆中的含量为 18.14%～21.21%，高粱秆、油菜秆、棉秆、豆秸中的含量较接近，为 22.06%～23.16%，而稻秆的含量较低（11.93%）。同种秸秆不同部位纤维素等主要成分的含量也有显著差异：秆部纤维素含量较高，穗部的半纤维素和木质素含量较高。因此，可以根据对复合材料性能需求的不同，选取不同的秸秆及秸秆的不同部位，以提高其利用价值。

需要注意的是，秸秆材料中，如稻秸、麦秸等禾本科单子叶植物表面富含硅物质。采用 SEM-EDS 技术对稻秸外表面的超微形貌和元素组成进行了分析（图 4-46），稻秸茎外表层由颗粒物区和光滑区交叉规则排列，颗粒物区附有一些瘤状物和毛状物，其主要组成元素为 Si、O，含少量 Al、K 等无机元素，其中 Si 的质量分数高达 56.69%。颗粒物区中存在少量大颗粒物，其直径约为 15μm，其周围遍布小颗粒物团，直径为 1～2μm。X 射线衍射（X-ray diffraction，XRD）研究表明，稻秸中的硅物质以无定型的形式存在。当分子态的单硅酸 $Si(OH)_4$ 从土壤中进入水稻体内时，其亲水羟基与纤维素、半纤维素、木质素发生复杂的反应，形成 Si-O-C、SiO_x、$Si(OR)_x$ 等结合形式（图 4-47）。从纳米材料化学角度来看，SiO_2 溶胶具有高的比表面积和微孔特性，可吸附和配合各种重金属离子形成不同的复合体。这些硅物质的存在将对材料的后续加工工艺和性能产生影响。

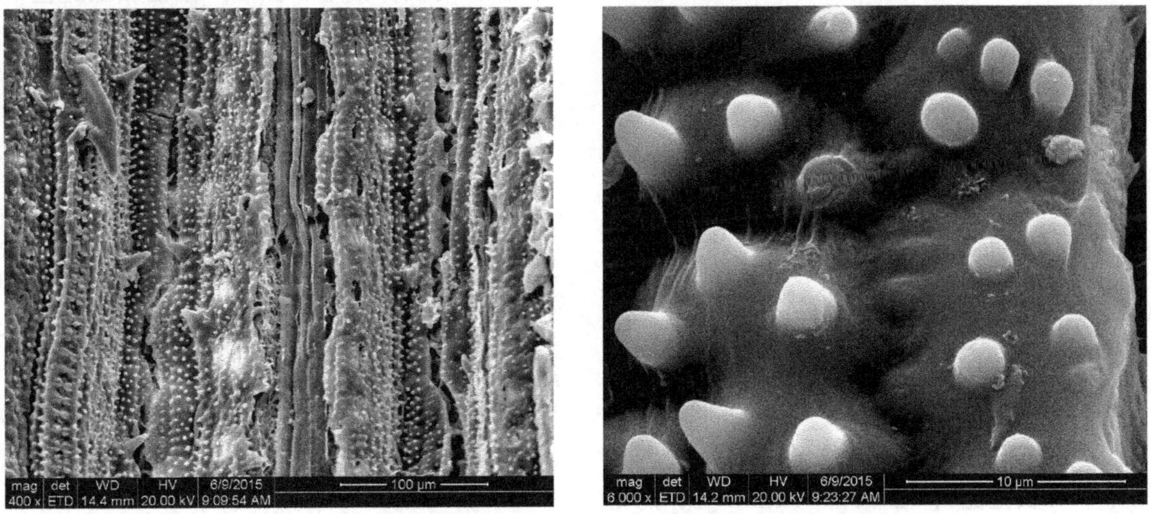

图 4-46 SiO_2 在稻秸表面的分布

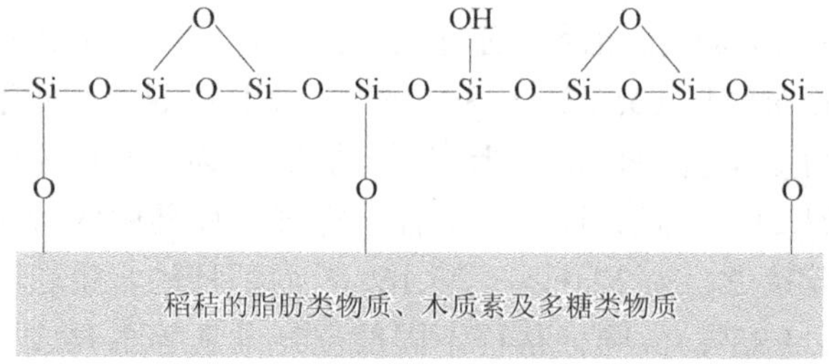

图 4-47　硅物质与稻秸各组分的联结模型预测

4.5.1.3　秸秆的预处理

1）秸秆材料的加工　无论是采用挤出还是注塑成型，秸秆-热塑性塑料复合材料的成型加工对秸秆的尺寸形态均有要求，其形态可加工成粉状、纤维状和碎料状。对于稻秸、麦秸，需要经过切割和进一步地粉碎、热磨制备成相应的碎料、纤维等，如图 4-48 所示，表 4-8 为相应的形态参数。

图 4-48　稻秸的增强形态

（a）稻秸；（b）纤维状；（c）碎料状；（d）片状

表 4-8　稻秸各增强形态的形态参数

增强形态		纤维状稻秸	碎料状稻秸	片状稻秸
长度/mm	最小值	0.179	0.355	2.811
	最大值	2.906	2.890	21.190
	平均值	1.137（0.610）	1.039（0.444）	10.545（4.152）
直径/μm	最小值	31.92	86.76	281.24
	最大值	223.26	395.16	1500.56
	平均值	82.50（37.77）	185.77（56.00）	809.78（270.47）
长径比		16.31（10.68）	6.19（3.44）	14.48（7.32）

注：括号内为标准偏差

一般情况下，用于挤出成型的秸秆形态为 40～200 目，长径比为（2∶1）～（20∶1）；而用于注射成型时，则要求相对较小的形态和长径比。长径比大如纤维状稻秸、片状稻秸有利于提高复合材料的拉伸模量和强度，但在加工过程中易受外力作用发生破坏。

2）秸秆材料的改性　包括秸秆在内的植物纤维，其结构与其他无机纤维有很大的不同，纤维表面大分子的重复单元每一个基环内含有 3 个羟基（图 4-49），这些羟基形成了分子内氢键或分子间氢键，使纤维表现出较强的极性和亲水性，而热塑性塑料多数为非极性，具有疏水性。当两者进行复合时，会影响基体与增强相之间的界面相容性，进而影响秸秆-热塑性塑料复合材料的力学性能，可以通过对秸秆进行表面改性，降低纤维的极性，使之与热塑性树脂产生良好的界面结合强度，从而改善复合材料的力学性能。

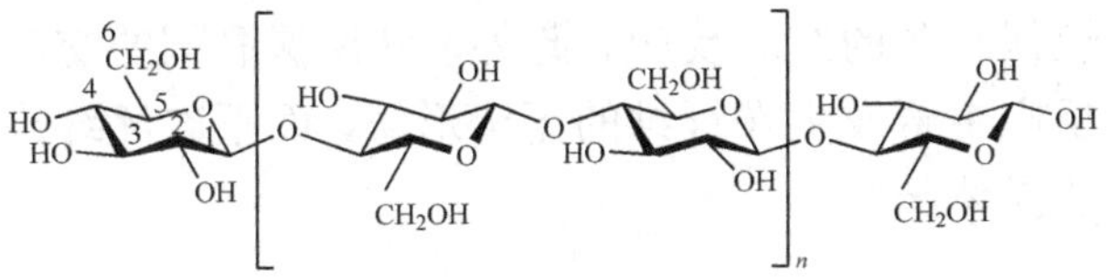

图 4-49 纤维素的结构

（1）乙酰化处理：乙酰化处理可以降低植物纤维的表面极性，使其易于在基体中分散，从而改善纤维和聚合物的界面相容性。乙酰化试剂一般为乙酸、乙酸酐、马来酸酐、甲基丙烯酸甲酯等低分子羧基化合物。乙酰化改性的原理是乙酰基团（CH_3CO—）与植物纤维表面的羟基（—OH）发生反应，即酯化反应，以降低植物纤维表面的极性。图 4-50 为采用乙酸酐改性麦秸纤维的衰减全反射红外光谱（ATR-IR）谱图。波数为 1740cm^{-1} 的吸收峰为酯键的特征吸收峰，存在于半纤维和木质素的某些官能团上。麦秸纤维经乙酰化处理后，吸收峰强度增加，并且在 1367cm^{-1} 处也出现一吸收峰，此峰为甲基上 C-H 的变形振动峰，此结果可以从 ATR-IR 谱图差上进一步得到证明。这表明，乙酰基已与羟基发生反应，接枝到麦秸纤维上。采用马来酸酐对亚麻纤维进行接枝处理后，亚麻纤维的质量增加了 15%～17%。反气相色谱研究发现乙酰化可以增加亚麻纤维表面的色散自由能和极化反应能力，这些表明亚麻纤维表面发生了酯化反应。另有研究表明，将马来酸酐接枝到纤维表面可以提高聚合物基体在纤维表面的浸润性，但是对提高两者的界面强度没有贡献。以硝酸铈铵为催化剂，将甲基丙烯甲酯通过酯化反应接枝到了剑麻纤维表面的研究表明，甲基丙烯酸甲酯可以降低剑麻纤维的吸水率，并且提高其纤维的热学性质，酯化处理可以使纤维表面微纤丝化。

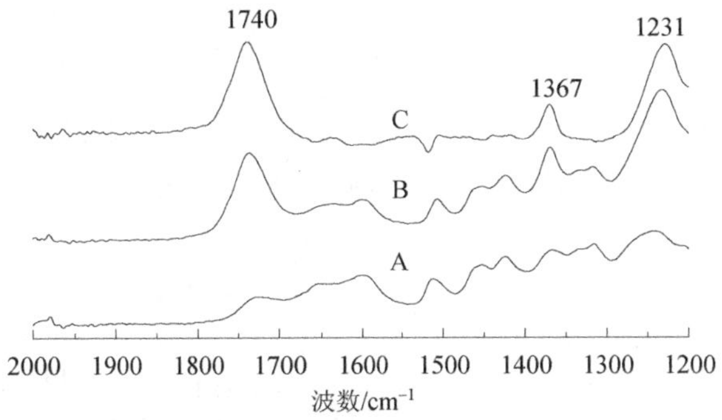

图 4-50 乙酰化处理后麦秸纤维的 ATR-IR 谱图

A. 空白试样；B. 乙酰化处理；C. 谱图差（B–A）

（2）马来酸酐接枝共聚物改性：在热塑性单体或聚烯烃表面接枝极性单体——马来酸酐，用于改善纤维和热塑性塑料界面间的相容性，提高复合材料的界面结合能力，进而改善复合材料的各种热学、力学性质。这类相容剂有马来酸酐接枝聚丙烯（MAPP）、马来酸酐接枝聚乙烯（MAPE）、马来酸酐接枝乙丙三元橡胶（EPDM-g-MA）、马来酸酐改性的苯乙烯-乙烯-丁烯（SEBS-g-MA）等。利用 MAPP 改性的作用机制普遍认为如下：MAPP 在复合体系中形成无数个中间相，将植物纤维颗粒包覆起来，接枝在聚合物上的马来酸酐与纤维表面的醇羟基发生酯化反应或与植物纤维形成氢键（图 4-51），降低纤维的极性和吸水性，同时长长的分子链可以插入聚合物基体中，从而在聚合物和植物纤维之间起到一个桥梁的作用，达到良好的界面黏合。

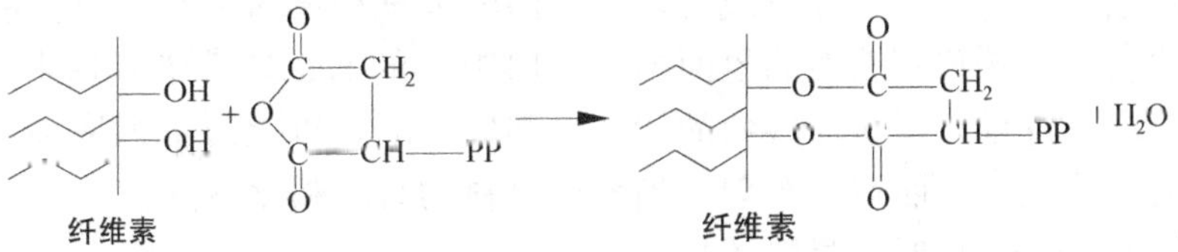

图 4-51 马来酸酐接枝的植物纤维与聚合物基体界面结构

（3）硅烷偶联剂改性：用于纤维表面改性的硅烷偶联剂有乙烯基三甲氧基硅烷、C-氨丙基三乙氧基硅烷、C-甲基丙烯酰氧基丙基三甲氧基硅烷等。利用硅烷偶联剂与植物纤维发生化学交联同样可以降低植物纤维表面的极性，提高植物纤维与基体的界面反应能力。以乙烯基三甲氧基硅烷为例，交联反应可以分为两步：①硅烷偶联剂发生水解，甲氧基官能团水解成甲醇和羟基；②水解生成的羟基与植物纤维表面的羟基发生缩聚反应。这样，偶联剂一端与亲水性的植物纤维通过共价键或氢键相连，另一端与疏水性的聚烯烃[如聚乙烯（PE）、聚丙烯（PP）]基体通过化学结合或范德瓦耳斯力相连，形成一个网状的交联结构，如图 4-52 所示。若此反应在以锡元素为主的催化剂或酸性水溶液中进行，将有利于硅烷偶联剂的交联反应。此外，硅烷偶联剂的交联反应主要发生在纤维的无定形区，而不破坏纤维的晶体结构。

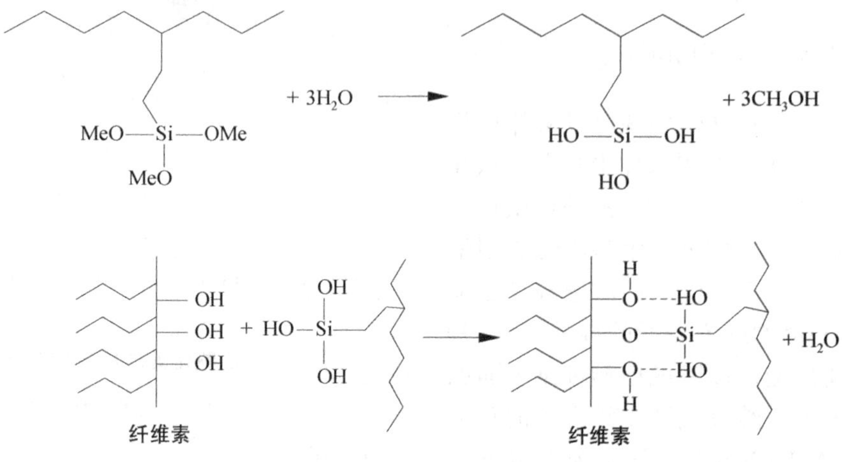

图 4-52　乙烯基三甲基硅烷的水解及与基体及植物纤维的交联作用

在复合材料的生产过程中，利用硅烷偶联剂对植物纤维进行改性处理，可以采用以下两种方法。①在挤塑成型前，用稀释的硅烷偶联剂溶液预处理塑料或植物纤维，然后再进行干燥，最后挤塑。这种方法需要使用溶剂，并且对挤塑工艺、时间也有要求。②在挤塑成型的过程中，直接将硅烷偶联剂的溶液用泵添加到体系中去，可以分两步完成：第一步将偶联剂接枝到纯塑料上，第二步使整个体系与植物纤维反应。这种方法有利于工业化生产。无论采用哪种方法，发生交联反应后复合体系的生产工艺均较为复杂。通过硅烷偶联剂的改性后，聚合物的黏度有所增加，在挤塑过程中，必然导致挤塑压力和设备动力的增加；但是聚合物黏度的增加有利于接枝上的硅烷偶联剂基团之间的反应。

利用硅烷偶联剂可明显地改善复合材料的力学性质，尤其是拉伸强度。材料受拉伸负载时，应力可以从较薄弱的基体上转移到改性的界面层和植物纤维上，界面层和纤维承受拉伸应力的能力较强，复合材料的拉伸强度从而得到改善。当硅烷偶联剂的添加量为 2%～3%时，材料的拉伸强度最佳，若添加量过高，强度反而下降。此外，通过硅烷偶联剂的交联作用，也可以改善复合材料在室外的抗老化能力和长期受负载能力。

（4）其他偶联剂改性：其他低分子型偶联剂如钛酸酯偶联剂、高级脂肪酸也常常被用来对植物纤维的表面进行预处理。典型的钛酸酯偶联剂如三异硬脂酰基钛酸异丙酯是通过酯基与纤维表面的醇羟基反应生成酯而键合到纤维表面。长链有机酸如油酸、硬脂酸、十一碳烯酸等也可用来改进纤维与聚烯烃的相容性，它们也是通过羧酸与纤维表面醇羟基的酯化来起作用的，由于硬脂酸的分子结构较大，表面活性较低，不容易渗透到纤维内部与羟基反应，故偶联效果不佳，纤维的接枝率较低。

（5）碱化处理：碱化处理使植物纤维中的部分果胶、木质素、半纤维素及其他低分子杂质等被溶解，在纤维表面形成许多空腔，使表面变得粗糙，同时也使纤维原纤化，即纤维束变小，长径比增大，与基体的有效接触面积增加，如图 4-53 所示。碱化处理也使得纤维表面活性点增多，提高了其他改性剂如硅烷偶联剂的反应能力。研究表明，NaOH 溶液的添加量对纤维及其复合材料的力学性能的影响很大：当用 4%～6%的 NaOH 溶液处理稻秸时，其力学性能达到最佳；但是当用 10%的 NaOH 溶液处理木材时，其所得纤维的强度变弱，以此纤维为增强剂与聚丙烯复合所得材料的力学强度下降。

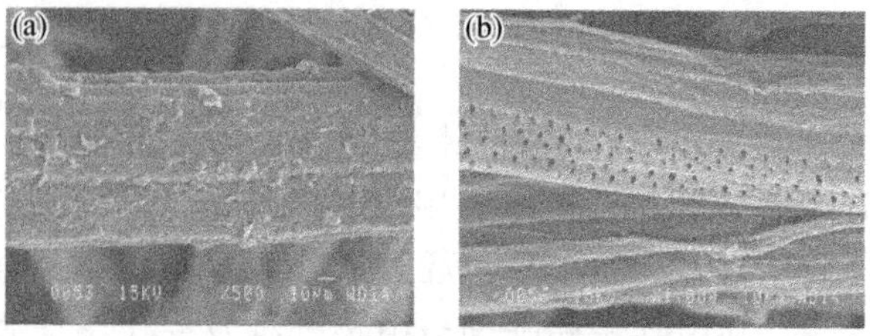

图 4-53　麦秸纤维的 SEM 形貌图

（a）未处理；（b）碱化处理

（6）物理改性：对植物纤维的表面进行物理处理的方法主要有：①拉伸、压延、热处理、混纺等，用以改变纤维的结构和表面性质，以有利于复合过程中纤维的机械交联作用。②放电技术，包括电晕、低温等离子体、电子束辐射等方法。电晕处理技术可以大量激活纤维表面的醛基，改变纤维的表面能量；低温等离子体处理技术，依据所用气体的不同，可以进行系列化的纤维表面处理，使纤维表面产生自由基和官能团；放电方法也是对惰性高分子聚合物[如 PE、PP、聚苯乙烯（PS）]改性行之有效的方法。此法需要专门的设备对植物纤维进行处理，投资较大，工艺也较为复杂，在工业化推广方面会受到影响。

单一的改性处理对界面的性能均有所贡献，但不能完全解决复合材料中基体与增强材料相互作用的问题，因此可以根据材料的使用性能来选择和设计界面改性剂及处理方法。例如，采用硅烷偶联剂和 MAPP 复配，复合材料获得极佳的力学性能，如高的拉伸强度和弯曲强度，高的尺寸稳定性和耐水性，以及较高的冲击强度；硅烷偶联剂和 SEBS-g-MA 相容剂复配，能促进延展性的 SEBS 表面层在复合界面上形成，增强其界面结合强度，降低 PP 的塑性变形，从而提高了复合材料的加工性能和力学性能。此外，聚异氰酸酯（PMDI）和 *N*-乙烯基甲酰胺接枝聚丙烯的复配也可以提高复合材料的强度和硬度。

3）改性处理对热稳定性的影响 在秸秆-热塑性塑料复合材料的复合工艺中，由于经共混、成型，纤维均需暴露在树脂的熔融温度下一定时间。秸秆纤维的热稳定性往往弱于木材纤维。当秸秆纤维置于高温环境中一段时间，由于热解过程中水解、氧化等原因，纤维颜色逐渐加深并且易于变脆，影响纤维的物理、化学及力学性能，进而将会对后续秸秆-热塑性塑料复合材料的制备工艺及性能产生重要影响。

图 4-54 为氮气气氛下麦秸纤维经碱化处理、乙酰化处理、MAPP 处理后的热重（TG）曲线和热重积分（DTG）曲线。在 170℃时，改性与未改性麦秸纤维的质量损失率均在 5.0%以下，主要成分为水蒸气；纤维素、半纤维素和木质素的热分解受到抑制。在此温度下纤维的热降解性主要体现在水分的失去，产生大量的水蒸气和不可燃烧的气体与液体，纤维的高分子结构的分解和变色现象均不严重。从 DTG 曲线上可以看到，未处理试样、碱化处理试样、乙酰化试样、MAPP 处理试样的热分解温度分别为 368℃、361℃、361℃、355℃。

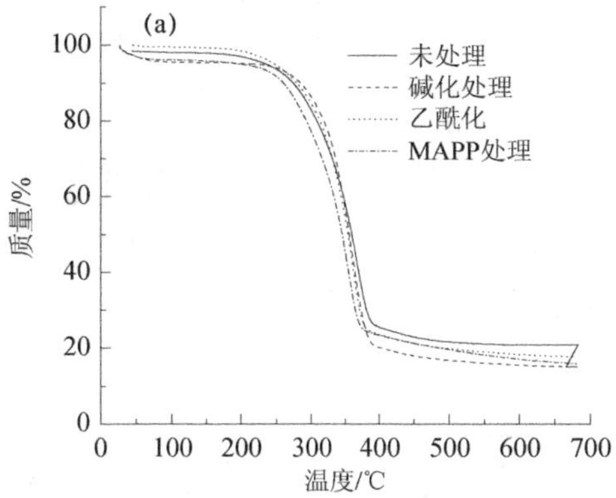

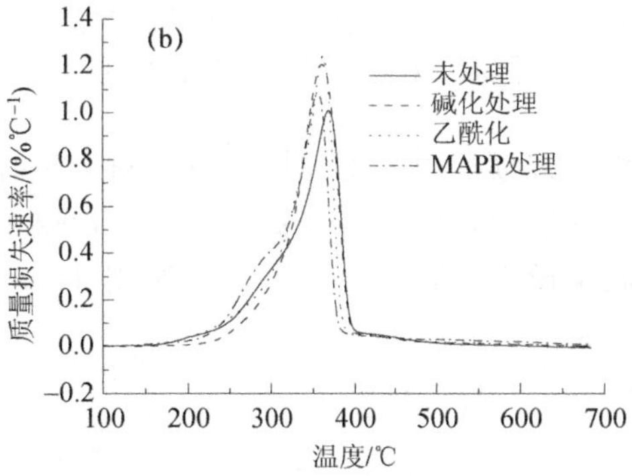

图 4-54 氮气气氛下改性处理前后麦秸纤维的热重曲线［（a）］和热重积分曲线［（b）］

图 4-55 为空气气氛下麦秸纤维的 TG 和 DTG 曲线。在图 4-55 上，存在两个热分解峰，在 320℃的热分解峰为纤维素的热分解峰，在 420℃的热分解峰为木质素的热分解峰。纤维未经改性处理前，木质素的热分解峰强度与纤维素的热分解峰强度相当，经三种不同的处理后，木质素的热分解峰强度迅速下降，因此，从这个方面上讲，改性处理对木质素的作用更大，这是因为纤维素的结构中含有结晶区，分子结构更为稳定。在 550℃时，麦秸纤维在空气中的燃烧剩余物为 2.71%，这表明，纤维的各成分基本已被氧化，无碳质剩余物。2.71%的剩余物主要为硅物质。表 4-9 总结了改性处理前后麦秸纤维的热降解参数。

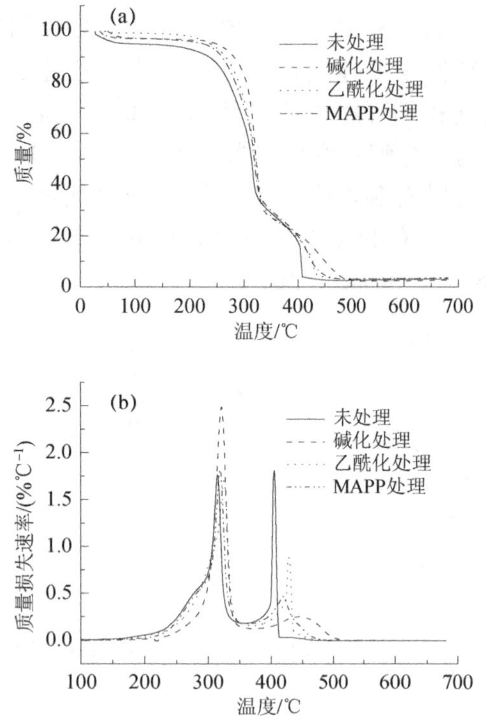

图 4-55　空气气氛下改性处理前后麦秸纤维的热重曲线［(a)］和热重积分曲线［(b)］

为了继续探讨温度和持续时间对麦秸纤维热稳定性的影响，将纤维先置于热重分析仪中经程序升温至设定的温度，保持 1h，利用 TG 研究麦秸纤维在高温下的热稳定性。

图 4-56（a）为未处理的麦秸纤维在 170℃、190℃、210℃和 230℃时等温 1h 后的 TG 曲线。从此 TG 曲线图上可以看到，在 170℃、190℃、210℃和 230℃时分别等温 1h 后，麦秸纤维的质量损失率分别为 6.1%、8.8%、11.6%和 19.7%。在此温度段，纤维由于热分解产生的主要为水蒸气、CO_2、蚁酸、乙酸、乙二醛等物质，这些气体均不具有可燃烧性，不会加剧纤维的热解。当纤维在 170～230℃燃烧 1h 后，纤维将逐渐变焦，但没有发生严重的热降解。

表 4-9　改性处理前后麦秸纤维的热降解参数

预处理	气氛	热解峰温度/℃	热解率/（%/min）	550℃热解残余物/%
未处理	氮气	368	3.26	21.13
	空气	315 405	4.36	2.71
碱化处理	氮气	361	4.63	15.20
	空气	321 449	3.08	2.38
乙酰化处理	氮气	361	4.95	19.04
	空气	325 429	3.46	3.31
MAPP 处理	氮气	355	4.01	18.21
	空气	319 419	3.68	3.18

注：碱化处理试样为 2%碱液处理试样，乙酰化处理试样为反应 2h 的试样

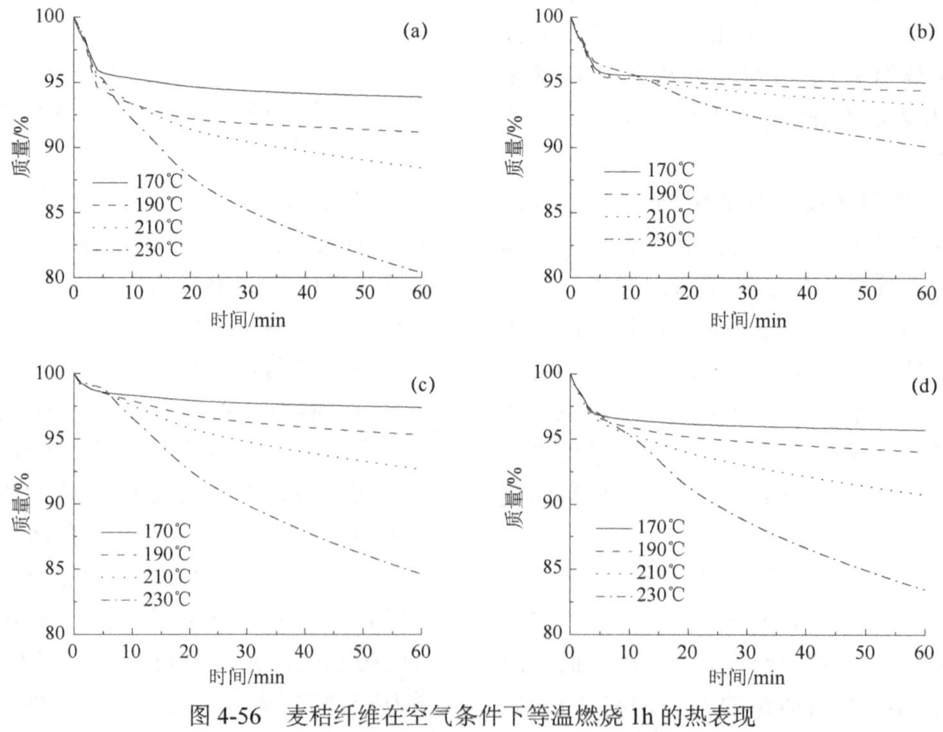

图 4-56　麦秸纤维在空气条件下等温燃烧 1h 的热表现

（a）空白试样；（b）碱化处理试样；（c）乙酰化处理试样；（d）MAPP 处理试样

碱化处理后，麦秸纤维在 170℃、190℃、210℃和 230℃时等温 1h 后的 TG 曲线见图 4-56（b）。等温 1h 后，麦秸纤维的质量损失率分别为 5.0%、5.6%、6.7%和 9.9%。碱化处理能清除麦秸纤维表面的油脂和灰分，溶解表面的部分半纤维素，纤维素含量就相对增加，由于纤维素具有结晶性，其热性质和化学性质更为稳定，故质量损失相对于未处理的麦秸纤维明显减少。乙酰化处理后，麦秸纤维在 170℃、190℃、210℃和 230℃时等温 1h 后的 TG 曲线见图 4-56（c）。等温 1h 后，由于纤维素、半纤维素和木质素在热解过程中的水解和氧化，麦秸纤维的质量损失率分别为 2.6%、4.7%、7.3%和 15.4%。经 MAPP 接枝改性处理后，麦秸纤维在 170℃、190℃、210℃和 230℃时等温 1h 后的 TG 曲线见图 4-56（d），其质量损失率分别为 4.3%、6.0%、9.3%和 16.5%，介于未处理与乙酰化处理的麦秸纤维质量损失率之间，表明 MAPP 接枝处理对热稳定性的效果介于两者之间，这主要是由 MAPP 接枝率低造成的。乙酰化和 MAPP 接枝处理的原理都是通过酯化作用，使酰基与麦秸纤维的羟基发生反应，取代部分羟基，提高分子结构的稳定性。

当纤维在 170℃、190℃、210℃和 230℃时分别等温燃烧 10min，未处理试样的质量损失率分别为 4.7%、6.7%、6.7%和 7.8%；经碱化处理后，试样的质量损失率为 4.5%、4.7%、4.7%和 4.3%；经乙酰化处理后，试样的质量损失率为 1.7%、2.1%、2.4%和 3.4%；而同等条件下，MAPP 处理后试样的质量损失率为 3.5%、4.1%、6.2%和 4.7%。由此可以看出，碱化处理后，在 170～230℃这一温度段，纤维的质量损失量保持一定，其热稳定性较为稳定，而经乙酰化处理的纤维，其质量损失率明显降低。这是由于在乙酰化过程中，乙酰基和纤维的羟基发生反应，形成酯键连接，而酰基比羟基更稳定，从而改善了纤维的化学稳定性。尽管从理论上讲，MAPP 的马来酸酐也与纤维的羟基发生酯化反应，但是在此试验中，由于 MAPP 的接枝率仅为 1.2%，故改善作用并不明显。

对麦秸纤维的恒温热稳定性分析表明，预处理前后的麦秸纤维分别在 170℃、190℃、210℃和 230℃时等温 1h 后，未经预处理的麦秸纤维的质量损失率为 6.1%、8.8%、11.6%和 19.7%；碱化处理的麦秸纤维的质量损失率为 5.0%、5.6%、6.7%和 9.9%；乙酰化处理的麦秸纤维的质量损失率为 2.6%、4.7%、7.3%和 15.4%；MAPP 预处理的麦秸纤维的质量损失率为 4.3%、6.0%、9.3%和 16.5%。预处理有利于提高麦秸纤维的热稳定性。

4.5.2 热塑性树脂

热塑性树脂具有受热软化、冷却硬化的性能，而且不起化学反应，无论加热和冷却重复进行多少次，均能保持这种性能。凡具有热塑性的树脂，其分子结构都属线型，它包括全部聚合树脂和部分缩合树脂。

4.5.2.1 聚乙烯

聚乙烯（polyethylene，PE）是乙烯经加成聚合制得的一种热塑性树脂，其结构式为 $\left[CH_2—CH_2 \right]_n$。聚乙烯树脂为无味、无毒的白色粉末或颗粒；外观呈乳白色，有似蜡的手感。聚乙烯是通用合成树脂中产量最大的品种，其特点是价格便宜、性能较好，可广泛应用于工业、农业及日常生活中，在塑料工业中占有举足轻重的地位。

PE 具有优良的耐低温性能（最低使用温度可达−100～−70℃），化学稳定性好，能耐大多数酸碱的侵蚀，常温下不溶于一般溶剂，吸水性小，电绝缘性能优良。聚乙烯对化学与机械作用敏感，耐热老化性差。力学性能一般，其拉伸强度较低。易燃，离火后继续燃烧，并放出与石蜡燃烧时相同的气味；燃烧时，火焰尖部呈黄色，底部呈蓝色，烟少；燃烧时，边熔、边燃、边滴落。

PE 是半结晶热塑性材料，其化学结构、分子质量、聚合度和性能很大程度上依赖于聚合方法。聚合方法决定了支链的类型和支链度。结晶度取决于聚合物的化学结构和加工条件。聚乙烯的性质因品种而异，主要取决于分子结构和密度。表 4-10 为聚乙烯的性质和用途。

表 4-10　聚乙烯的性质和用途

种类	聚合条件	性质	用途
高密度聚乙烯（HDPE）（又称低压聚乙烯）	中等压力（15～30atm，常压 10atm①和 60～80℃条件下），用以烷基铝和四氯化钛为主的催化剂	线型结构，密度 0.941～0.97g/cm³，熔点 126～137℃，具有较高的刚性、强度和硬度，但柔韧性、透明性较差。耐低温性能较好，在-60℃条件下仍具有较好的力学性能	主要用于制造绳索、打包带等，还可制作盒、桶、保温瓶壳等
中密度聚乙烯（MDPE）	在 30～70atm、温度为 100～250℃条件下，用氧化铬或氧化钼作催化剂	密度 0.916～0.940g/cm³，性能介于 HDPE 和 LDPE 之间	瓶类制品、中空制品、电缆用制品及高速自动包装用薄膜
低密度聚乙烯（LDPE）（又称高压聚乙烯）	在 1200～2000atm、温度为 100～300℃条件下，用氧、有机过氧化物或偶氮化合物为引发剂	支化结构，密度 0.91～0.925g/cm³，熔点 108～126℃，具有较好的柔软性、耐冲击性，但耐热、耐光、耐氧化能力差，易老化。使用温度在 80℃左右	用途非常广泛，用挤出吹塑法可以生产薄膜、中空容器；用挤出法可以生产管材；用注射法可以生产各种日用品，如奶瓶、皂盒、玩具、杯子、塑料花等
线性低密度聚乙烯（LLDPE）	属于低密度聚乙烯中的一种，是在聚乙烯的主链上共聚一些具有短支链的共聚物	抗冲击强度、耐应力开裂性与 HDPE 相近，而透明度、硬度和加工性能则在 HDPE 和 LDPE 之间，伸长率和耐穿刺性最佳	主要用于制造薄膜、膜塑件、管材及电线电缆

注：①$1atm=1.013\,25\times10^5Pa$

4.5.2.2　聚丙烯

聚丙烯（polypropylene，PP）是由丙烯聚合而制得的一种热塑性树脂。聚丙烯的结构通式为 $\left[CH_2-\underset{\displaystyle CH_3}{\underset{|}{CH}} \right]_n$，通常为半透明无色固体，无毒性，无味，密度小，为 $0.90g/cm^3$，是最轻的通用塑料。加工性能优良，强度、刚度、硬度、耐热性均优于低压聚乙烯。具有良好的电性能，高频绝缘性不受湿度影响，但低温时变脆、不耐磨、易老化。

PP 是一种半结晶性材料，熔点为 160～175℃，分解温度为 350℃，耐热。由于均聚物型的 PP 温度高于 0℃以上时非常脆，许多商业的 PP 材料是加入 1%～4%乙烯的无规共聚物或更高比率乙烯含量的嵌段共聚物。共聚物型的 PP 材料有较低的热变形温度（100℃）、低透明度、低光泽度、低刚性，但是有更强的抗冲击强度，PP 的冲击强度随着乙烯含量的增加而增大。PP 的维卡软化温度为 150℃。由于结晶度较高，这种材料的表面刚度和抗划痕特性很好。PP 不存在环境应力开裂问题。

4.5.2.3　聚氯乙烯

聚氯乙烯（polyvinyl chloride polymer，PVC）是一种使用一个氯原子取代聚乙烯中一个氢原子的高分子材料，结构通式为 $\left[CH_2-\underset{\displaystyle Cl}{\underset{|}{CH}} \right]_n$，是由氯乙烯在引发剂作用下聚合而成的热塑性树脂。PVC 是通用塑料的主要品种之一，具有价格便宜、透明性好、难燃、电绝缘性好和耐腐蚀等优点，可通过添加各种添加剂和运用多种成型方法制得性能各异、用途广泛的软质或硬质制品。氯乙烯均聚物和氯乙烯共聚物统称为氯乙烯树脂。

纯的 PVC 的密度为 $1.4g/cm^3$，为微黄色半透明状，有光泽。PVC 具有稳定的物理化学性质，不溶于水、乙醇、汽油，气体、水汽渗漏性低；在常温下可耐任何浓度的盐酸、90%以下的硫酸、50%～60%的硝酸和 20%以下的烧碱溶液，具有一定的抗化学腐蚀性；对盐类相当稳定，但能够溶解于醚、酮、氯化脂肪烃和芳香烃等有机溶剂；有较好的电气绝缘性能，可作低频绝缘材料。

4.5.2.4　聚苯乙烯

聚苯乙烯（polystyrene，PS）是通用塑料的五大品种之一，是世界上应用最广泛的热塑性塑料。其分子结构通式为

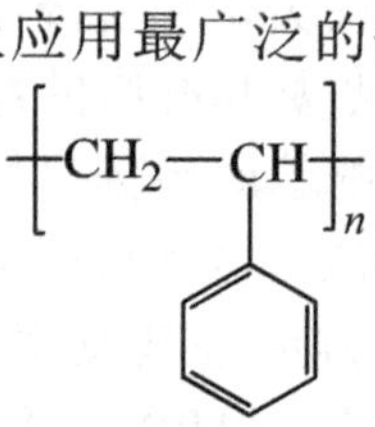

。聚苯乙烯为无定形、非极性线型高聚物，无色透明粒状热塑性树脂。密度为 1.04～$1.065g/cm^3$，熔点约为 120℃，热稳定性好，易燃烧。聚苯乙烯的透明度为 88%～92%，折射率高，具有良好的

光泽。加工性能好，绝缘性优，易印刷与着色，用途广泛。它的缺点是韧性差，耐热性低，耐化学试剂、耐溶剂性欠佳。为了克服这些缺点，对聚苯乙烯进行了改性。例如，抗冲击性聚苯乙烯的代号为 HIPS，它主要加入韧性优异的顺丁橡胶来改善其脆性，从而达到比较理想的增韧效果。HIPS 的加工性能良好，流动性虽然比 PS 有所减小，但优于丙烯酸塑料和绝大部分热塑性工程塑料，与 ABS 成型性能接近。其可用于注塑、挤出和吹塑等。

4.5.2.5 生物降解塑料

生物降解塑料是指一类由自然界存在的微生物如细菌、霉菌（真菌）和藻类的作用而引起降解的塑料。理想的生物降解塑料是一种具有优良的使用性能、废弃后可被环境微生物完全分解为 CO_2 和 H_2O、最终被无机化而成为自然界中碳素循环的一个组成部分的高分子材料。

1）聚己内酯 聚己内酯（polycaprolactone，PCL）是一种半晶型脂肪族聚酯材料，熔点约为 60℃，玻璃化温度约为–60℃，黏度很低，具有很好的热塑性和加工性，其拉伸断裂伸长率和弹性模量介于 LDPE 与 HDPE 之间，可以进行挤出、注塑、拉丝、吹膜等成型加工。分解它的微生物广泛地分布在喜气或厌气条件下。其作为可生物降解材料，可与淀粉、纤维素类的材料混合在一起，或与乳酸聚合使用。

2）聚丁二酸丁二醇酯及其共聚物 聚丁二酸丁二醇酯（polybutylene succinate，PBS）具有良好的热稳定性和较高的分子质量，将其与熔点较高的芳香族聚酯等共聚而制得比普通 PBS 熔点高又能保留其原来生物降解性的共聚降解塑料。熔点约为 114℃。另外，加入己二酸、乙二醇等共聚组分，还可改善 PBS 的生物降解性。以 PBS 为基体材料制造出的各种高分子质量聚酯的产品主要是发泡材料，常用作电子、电气等的包装材料。

3）聚乳酸 聚乳酸（polylactic acid，PLA）是一种无毒、无刺激性、强度高、加工性能优异的透明坚硬热塑性塑料，能用传统加工设备进行挤出、注塑、拉伸、纺丝、吹塑。其制品有农用地膜、一次性餐盒、包装材料和纺织品等。此外，PLA 还具有优良的生物相容性，其降解产物能参与人体代谢，可用作医用手术缝合线、注射用胶囊、骨科用固定材料、眼科用材料等新型功能性医用高分子材料。

4）聚羟基烷酸酯 聚羟基烷酸酯（PHA）是由微生物通过各种碳源发酵而合成的不同结构的脂肪族共聚聚酯。其中最常见的有聚-β-羟基丁酸酯（PHB）、聚羟基戊酸酯（PHV）、聚羟基丁酸酯和羟基戊酸酯共聚物（PHBV）。

PHB 是一种具有良好生物降解性能的热塑性聚酯，它的许多物理性能和力学性能与 PP 接近，且具有生物降解性和相容性。但与 PP 相比，PHB 质脆，通过 PHB 与 PHV 的单体即羟基丁酸酯和羟基戊酸酯共聚，得到共聚物 PHBV，以改善 PHB 结晶度高、韧性差的弱点，提高其力学性能、耐热和耐水性能。从世界范围看，PHB 及 PHBV 是公认的最有希望的生物降解塑料之一，也是正在开发的新产品。

4.5.2.6 废旧塑料

在秸秆-热塑性塑料复合材料的制备过程中最常用的塑料主要是 HDPE、PP 和 PVC 三种。根据成本、原料来源和性价比的要求，回收塑料和新塑料都会在复合材料制备中用到。如果采用回收塑料，需要进行回收、分选、清洗、粉碎、干燥和适当的预处理。图 4-57 和图 4-58 为常用的粉碎设备。

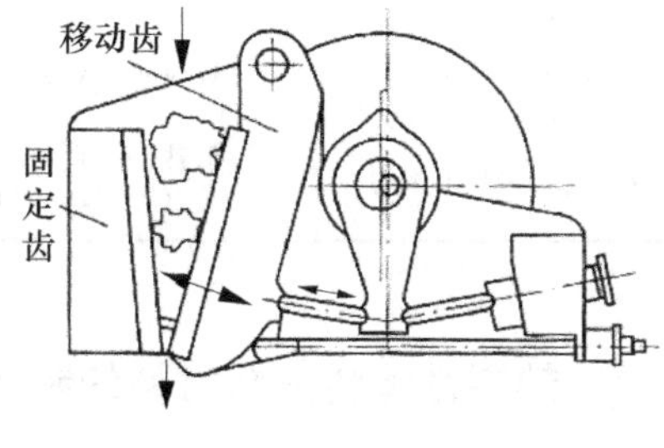

图 4-57 颚式破碎机

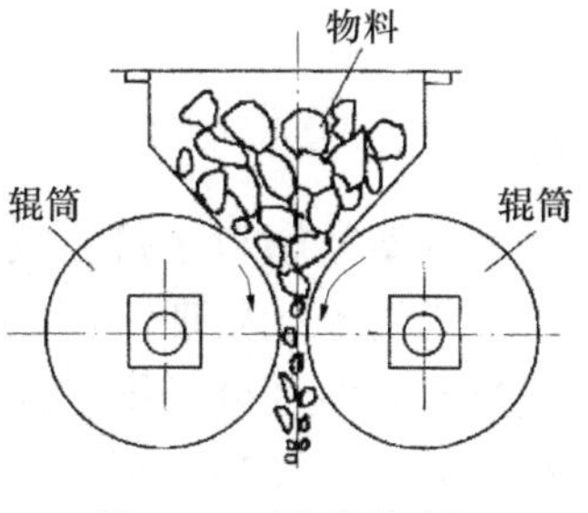

图 4-58 辊式破碎机

4.5.2.7 塑料的改性方法

塑料改性可以采用低温冷等离子体或者表面接枝处理等方法进行。用低温冷等离子体在适宜的工艺条件下处理 PE、PP、PS 等材料时，根据使用气体的不同使塑料表面产生化学修饰、聚合、自由基等变化，引入的多种含氧基团如醇、醛、酮、羧酸等官能团发生变化。此外，材料表面形态发生了显著变化。经过等离子体处理，塑料表面性能由非极性、难黏性转为有一定极性、易黏性和亲水性，有利于与植物纤维形成良好的界面黏合。

4.5.2.8 其他助剂

除乙酰化试剂、偶联剂等常用的增容剂外，在秸秆-热塑性塑料复合材料的生产过程中，通常会加入各种助剂，以改善产品的加工性能和满足产品的性能要求。表 4-11 为常用助剂。

表 4-11 常用助剂

助剂	应用	举例
热稳定剂	防止加工过程中聚合物降解	酚醛树脂（主要）和亚磷酸盐（次要）
光稳定剂	防止紫外线对聚合物的伤害	HALS（阻胺光稳定剂）和紫外线吸收剂
润滑剂	改善流动性能，提高生产效率，减少边缘磨损	硬脂酸锌和乙烯基二硬脂酰胺
着色剂	美化制品表面，并有一定紫外线防护能力	混合染料
杀虫剂	防止细菌、真菌侵蚀	异噻唑类物质
发泡剂	减小材料密度和制品质量	放热型（偶氮碳胺）和吸热型（碳酸氢钠）

4.5.3 秸秆-热塑性塑料复合材料的制备

秸秆-热塑性塑料复合材料的制备工艺和木塑复合材料相似，包括原料准备、混合、成型等工序。

4.5.3.1 干燥

秸秆材料和热塑性塑料在挤出或注塑加工之前，需要经过适当的干燥处理，以减少在加工过程中产生水蒸气和其他小分子挥发性物质的量。这些水蒸气和小分子挥发物质不仅会在增强相和基体之间产生弱界面层，还会在复合材料内部形成孔隙，严重劣化复合材料的力学性能。即便是对于配有排气孔的挤出机，在加工过程中，秸秆材料中的水分和挥发性物质可以通过排气孔排除一部分，但是既无法排出所有的挥发性物质，也难以准确判断排除的程度，因此，预先干燥处理对于保证秸秆材料有效脱挥和较低的含水率非常重要。含水率（x）的计算按式（4-4）进行。

$$x=\frac{m_0-m}{m_0}\times 100\% \tag{4-4}$$

式中，m_0 为干燥前的试样质量（g）；m 为干燥后的试样质量（g）。

通常，秸秆材料在挤出成型加工之前含水率不应高于 5%，常控制在 2%以下。对于注塑成型则要求尽可能低的含水率，通常含水率应控制在 1%以下。含水率越低，干燥成本越高。此外，处于绝干（或近于绝干）状态下的秸秆材料相对较脆，会影响其加工性能，剪切力会强化对绝干状态秸秆纤维的碎断作用。因此，实际生产过程中，根据秸秆材料的种类、性质、加工设备和加工工艺、产品的性能要求等控制其含水率。

4.5.3.2 混合

为了使各组分在温度和剪切力的作用下熔融，获得剪切混合的作用，并进一步除去其中的水分和挥发物，使各组分分散更趋均匀，需要对组分进行初混合。

1）原料的初混合 原料的初混合是在聚合物熔点以下的温度和较为缓和的剪切力下进行的一种简单混合。混合过程仅在于增加各组分微小粒子空间的无规则排列程度，而非减小粒子本身。混合时直接采用塑炼是有利的；但塑炼要求的条件比较苛刻，所用设备受料量有限，要使大批生产时质量上能达到满意的效果，则在塑炼前用初混合先求得原组分间的一定均匀性是合理的。另外，由于受现有塑炼设备特性的限制，对某些不很均匀的物料，即使其质量小于塑炼设备的受料量，如果单凭塑炼而要求得到合理的均匀性，则塑炼时间必须延长，这样不但延长了生产周期，而且会使树脂受到更多的降解。基于这些原因，所以要求先进行初混合。经过初混合的物料，在某些场合下也可以直接用于成型，但一般单凭一次初混合很难达到要求。

混合时加料的次序很重要，通常是按以下次序进行：秸秆，树脂，增塑剂，由稳定剂、润滑剂、染料和增塑剂调制的混合物等。混合终点一般凭经验判断，也可以通过混合时间来控制。原料的初混合通常用捏合机（图 4-59）、高速混合机（图 4-60）、管道式捏合机（图 4-61）进行初混合。

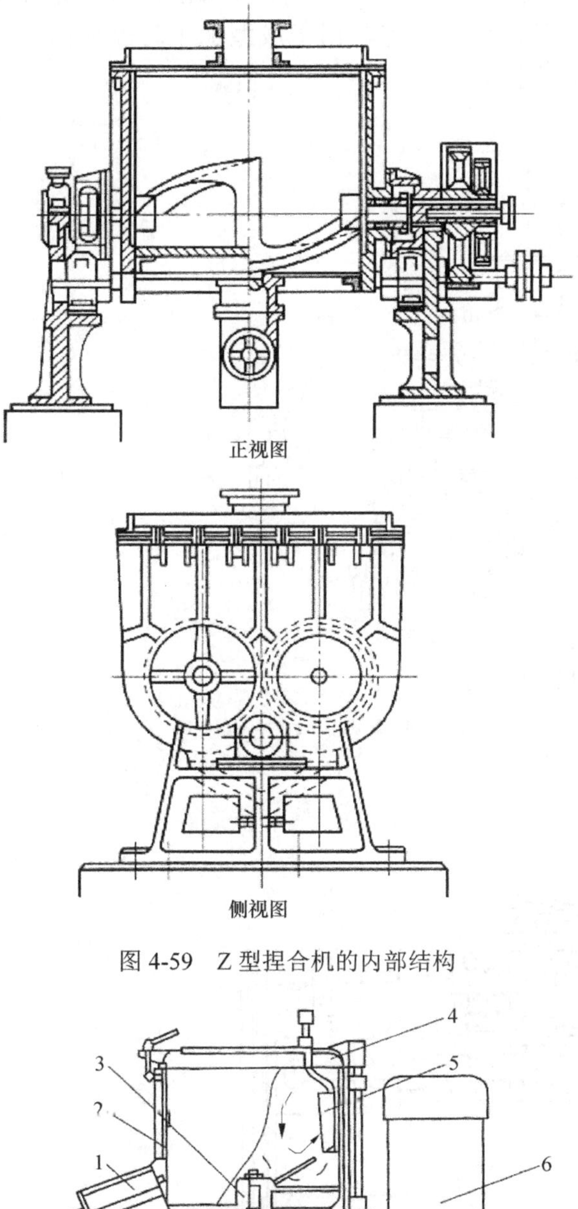

图 4-59 Z 型捏合机的内部结构

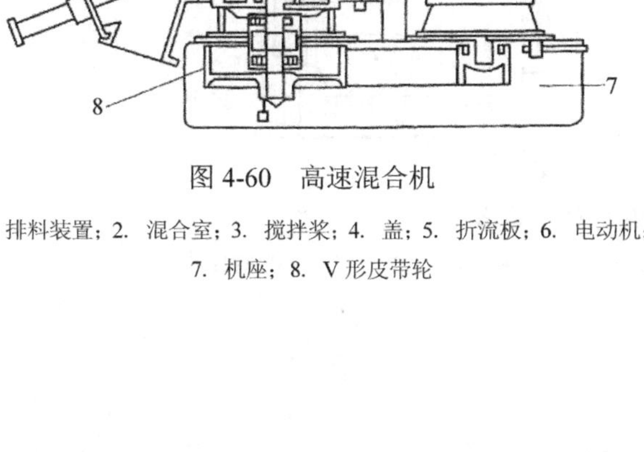

图 4-60 高速混合机

1. 排料装置；2. 混合室；3. 搅拌桨；4. 盖；5. 折流板；6. 电动机；7. 机座；8. V 形皮带轮

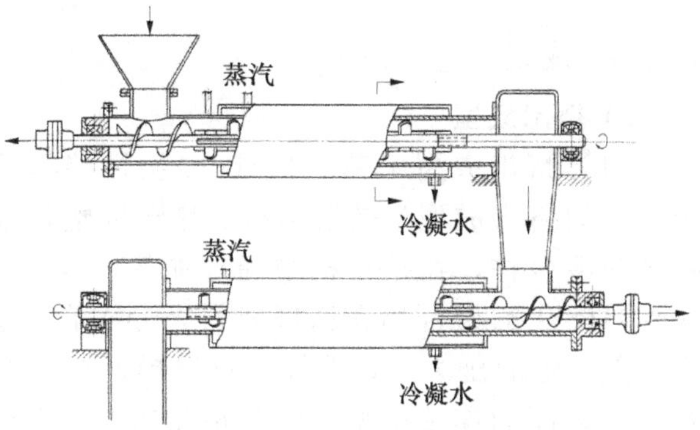

图 4-61 管道式捏合机

2）初混物的塑炼 塑炼是为了改变物料的形状，使物料在剪切力作用下热熔、剪切混合达到适当的柔软度和可塑性，使各组分的分散更趋均匀，同时还驱逐其中的挥发物及弥补树脂合成中带来的缺陷，以有利于输送和成型等。但混合塑炼的条件比较严格，如果控制不当，必然会造成混合物料各组分物理及化学性质的损伤，如塑炼时间过久，会引起秸秆及聚合物的降解而加深产品色泽、降低其质量。因此，不同种类的秸秆、塑料应各有其相应的塑炼条件，并需要通过实践来确定。主要的工艺控制条件是塑炼温度、时间和剪切力。塑炼的终点可由试样的均匀性和分散程度决定。

初混物的塑炼采用双辊塑炼机、密炼机（图 4-62）和挤出机进行混合塑炼。

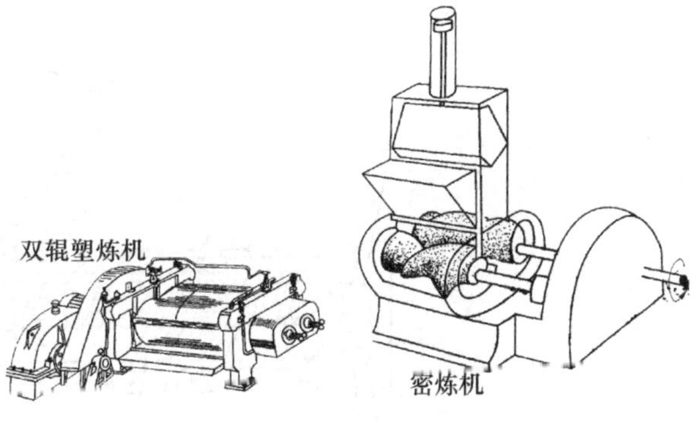

图 4-62 常用的混合塑炼设备

3）塑炼物的粉碎和粒化 粉碎和粒化都是使固体物料在尺寸上变小。粉碎所成的颗粒大小不等，粒化比较整齐且具有固定形状。粉料一般是将片状塑炼物用切碎机先进行初碎，而后用粉碎机完成。粒料是用切粒机将片状塑炼物分次纵切和横切完成的，也有的用挤出机将初混物挤成条状物，然后由装在挤出机上的旋刀切成粒料。

4.5.3.3 成型工艺

1）挤出成型

（1）挤出成型工艺：秸秆-热塑性塑料复合材料的挤出成型，是指秸秆、热塑性塑料及助剂的混合物，在挤出机中通过加热、搅拌，使受热熔化的聚合物和秸秆材料充分混合、塑化，在一定的压力下，强行通过口模而成为具有恒定截面的连续型材的一种成型方法。挤出成型是目前秸秆-热塑性塑料复合材料的主要成型加工方式，具有周期短、效率高、可实现连续化生产的优点，是一种低能耗高产出的生产工艺。

目前挤出法生产秸秆-热塑性塑料复合材料的主要设备是螺杆挤出机，包括单螺杆挤出机（图 4-63）和双螺杆挤出机（图 4-64），其中双螺杆挤出机包括平行双螺杆挤出机和锥形双螺杆挤出机。此外，采用双螺杆挤出机和单螺杆挤出机串联所组成的双阶挤出机组，充分发挥了各自的优点，用于成型加工时表现出了一定的优势。

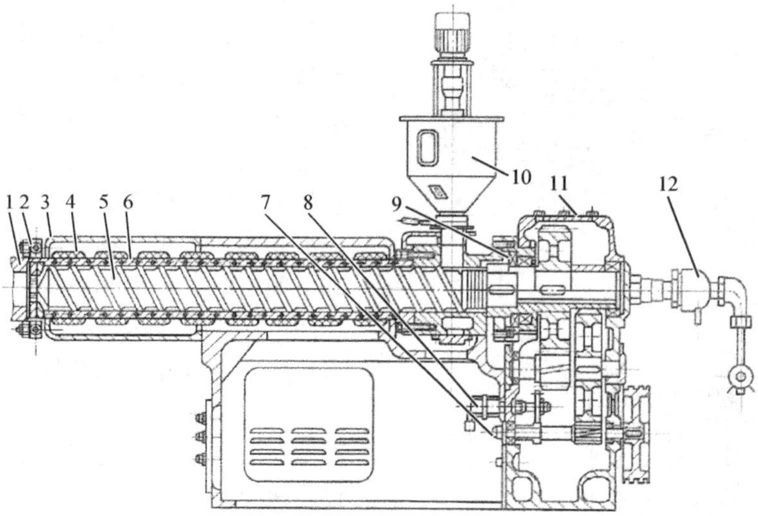

图 4-63 单螺杆挤出机结构示意图

1. 机头连接法兰；2. 过滤板；3. 冷却水管；4. 加热装置；5. 螺杆；6. 料筒；7. 液压泵；8. 测速电机；9. 轴承；10. 料斗；11. 变速箱；12. 螺杆冷却装置

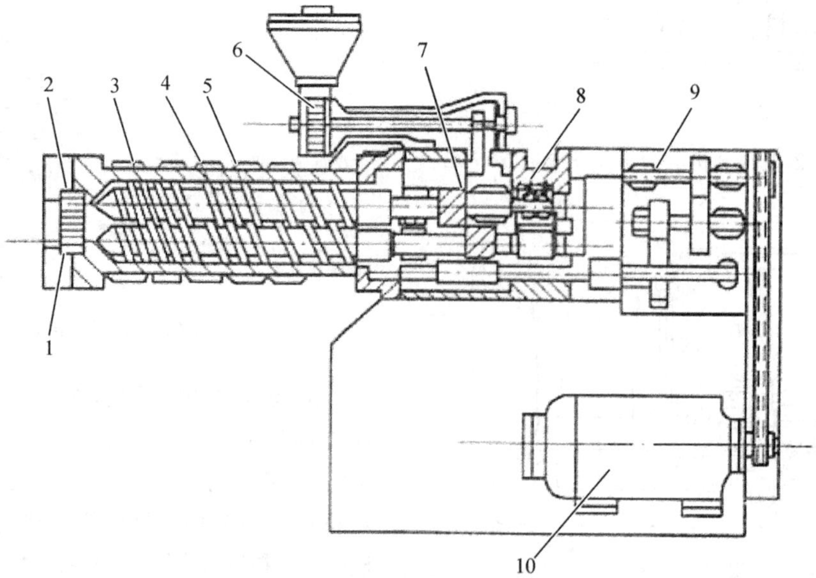

图 4-64 双螺杆挤出机结构示意图

1. 连接器；2. 过滤器；3. 料筒；4. 螺杆；5. 加热器；6. 加料器；7. 支座；8. 上推轴承；9. 减速箱；10. 电动机

秸秆–热塑性塑料复合材料的挤出成型工艺分为一步法和两步法，使用的加工设备类似，但不完全相同。一步法是指不经过中间的造粒阶段，直接将原料的配混、脱挥及制品挤出在一套设备或同一组设备内连续完成，如图 4-65 所示。这种成型工艺可以实现连续化生产，效率高，能效小，成本较低，产品市场竞争力强。两步法通常分为原料的混合造粒和挤出成型两个阶段，分别如图 4-66 和图 4-67 所示。两步法使得生产粒料过程和挤出过程分开，相对于一步法挤出成型工艺而言，操作简单、灵活性较大，也是现今企业最为常用的成型工艺方法。

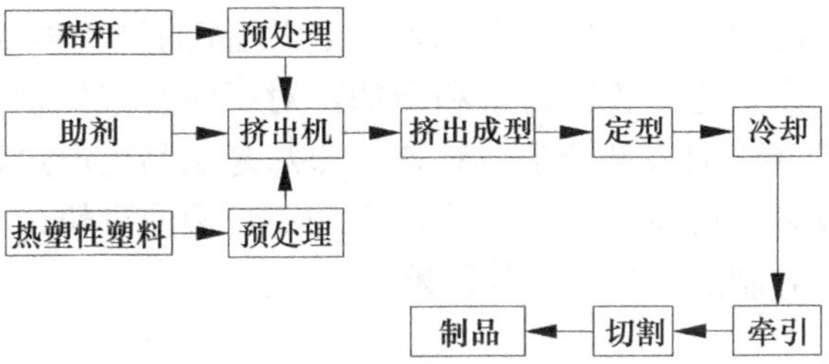

图 4-65　一步法挤出成型工艺流程

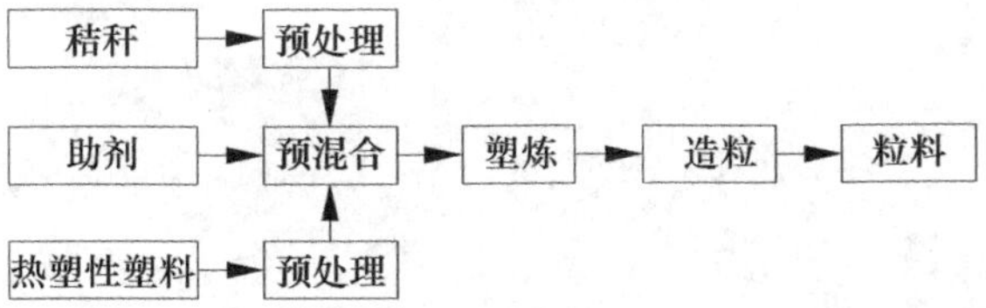

图 4-66　混合造粒工艺流程

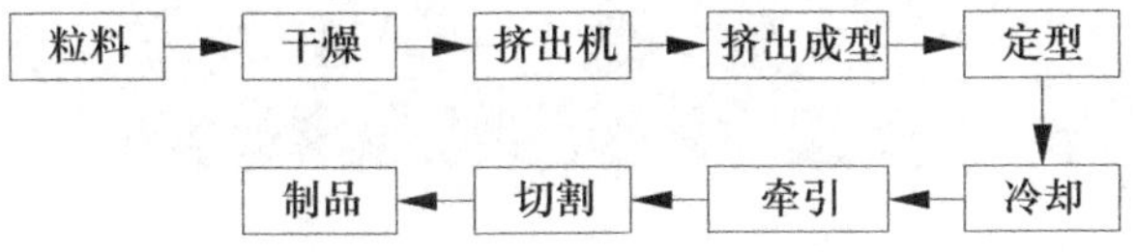

图 4-67　挤出成型工艺流程

（2）挤出成型工艺的主要影响因素：在复合材料的挤出成型过程中，工艺条件的选择和控制是保证挤出顺利进行和成型产品质量的关键。其中较为重要的影响因素有挤出机温度、机头压力、挤出速度、定型和冷却。

A. 挤出机温度：物料从加入料筒到经过机头口模挤出型材经历了一个极为复杂的温度变化过程。挤出成型过程中物料的热量来源于料筒的外部加热和螺杆旋转所产生的剪切摩擦热。挤出成型温度的控制包括料筒温度和机头温度的控制。料筒温度对复合材料的混炼塑化效果具有决定性的影响，而机头温度则对挤出成型有重要影响。

在挤出成型过程中，为了保证固体输送段物料的顺利输送、加料口附近不产生搭桥现象，加料段的温度不宜过高，甚至还要冷却加料段，而压缩段和均化段的温度则可设定得高一些。随着料筒温度的升高，复合体系熔体的表观黏度下降，流动性提高，使复合体系熔体均匀塑化，有利于复合材料的挤出，但要避免温度过高造成材料降解，甚至烧焦。一般情况下温度不要高于 200℃。

机头温度的控制对挤出制品的质量影响非常大。机头温度偏高可使物料顺利进入模具，但产品形状和尺寸稳定性差，型材收缩率增加，定型难度加大；但机头温度偏低，则物料熔体黏度增大，机头压力升高，导致挤出成型机的背压增加，设备负荷加大，另外温度过低时产品无法定型。因此，在复合材料挤出成型过程中，温度是至关重要的因素，不仅需要精确的温度控制系统，温度参数的设置也要合理。

B. 机头压力：机头压力对复合材料型材的内在品质和外观质量有非常重要的影响。物料在挤出成型的过程中受螺杆的挤出和机头的回压，使复合体系产生较高的熔体压力，压力的大小决定被挤出型材是否密实。当机头压力较低时，很难得到致密、连续和外观良好的制品。机头压力的建立主要与两方面的因素有关，一是机头本身的建压能力，主要取决于机头的压缩比。二是温度的控制，较低的温度对提高机头压力有利，但温度过低会造成很大的机头压力，使后面的熔融物料很难推动前面的硬制品，造成物料在均化段产生漏流和逆流，影响挤出产量，并使物料在料筒内停留时间过长，同时也会造成型材产品内应力较大。此外，机头的压力控制要稳，这除了与螺杆转速的稳定性、均化段和机头平直段长度有关外，更重要的是喂料要均匀和稳定。

C. 挤出速度：提高挤出速度可增加挤出产量，降低生产成本，提高生产效率，是工业化生产的需要。影响挤出速度的因素很多，如螺杆、料筒和机头的结构、螺杆转速、加热和冷却的效率、物料的性质和配方等。在其他因素一定的情况下，螺杆转速往往是决定挤出速度的主要可控参数，提高螺杆转速可提高挤出速率，但过高的螺杆转速将产生高剪切力，易导致热敏性的秸秆原料降解，甚至烧焦。而过低的螺杆转速既降低了生产率，也不能达到很好的分散混合效果，同时还会造成物料在料筒内停留时间过长，这也是造成物料热降解的重要因素。因此，对于特定的挤出机和型材产品，螺杆转速有一个合理的范围，需要通过试验进行螺杆转速的优化。

在生产过程中挤出速度往往存在波动现象，对产品的形状和尺寸精度有不良影响。为了保证挤出速度均匀，应根据不同的设备和产品的实际情况采取综合性措施并严格控制工艺条件。其主要包括选用结构合理的螺杆，采用流动性能良好的物料和稳定可靠的加料器，使用灵敏度和精度较高的自控系统，严格控制螺杆转速和挤出温度，防止因温度改变而引起挤出压力和熔体黏度变化，导致挤出速度波动。

D. 定型和冷却：从口模挤出的复合材料，虽然获得了需要的截面形状并具有一定强度，但温度较高，变形能力较大，需要在模具内冷却定型，如图 4-68 所示。这通常采用在定型模具内通入冷却水的方法来实现。模具内冷却水通道的布局和走向、冷却水的温度和流量对冷却定型效果均产生很大影响。前者应在模具的加工制造时进行科学设计，后者主要在试车和配方优化过程中试验摸索，并在生产过程中保持稳定控制。

冷却定型后从定型模具挤出来的型材还具有一定的塑性变形能力，为了获得更高的尺寸精度，还需要进一步的定型和冷却，对于中空或异型材还需要配备真空定型装置。冷却是制品生产过程中必不可少的工序，冷却不均、过慢或过快，都会对制品产生不良的影响。

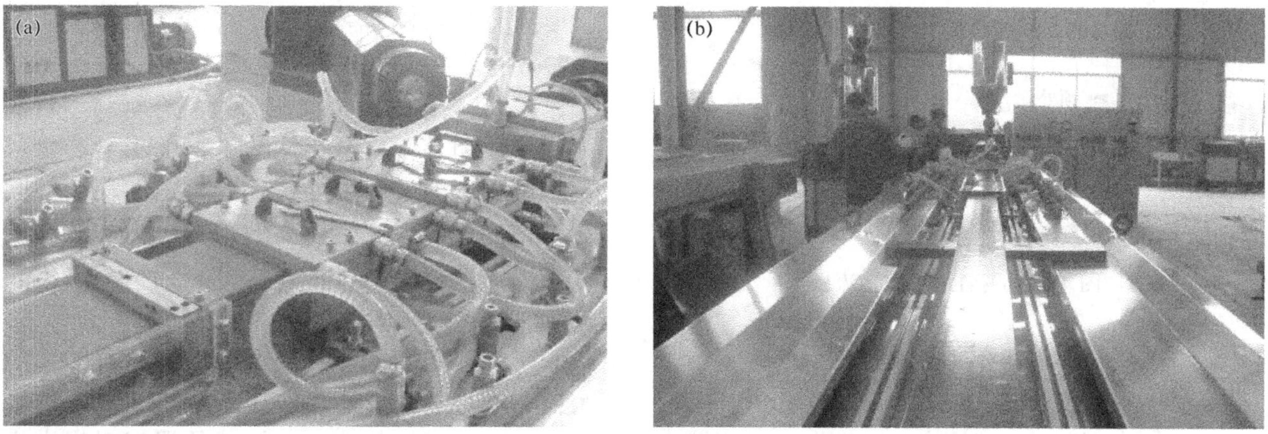

图 4-68　定型冷却工艺

(a) 定型；(b) 冷却

2）注射成型　注射成型是利用物料中聚合物的可挤压性和可模塑性，将固态的物料（通常是秸秆材料、热塑性塑料、助剂等混炼制备的粒料）从注射机料斗送入高温的料筒内加热熔融，使其塑化均匀，成为黏流态熔体；然后在螺杆（或柱塞）快速而又连续的高压下，以很大的流速通过料筒前端的喷嘴注入温度较低的闭合模具中，经过一段时间的保压冷却定型后，脱模即得到与模具型腔形状对应的制品。

相对于挤出成型，秸秆-热塑性塑料复合材料的注射成型产品总量要少得多。但注射成型在加工外形复杂、尺寸精度高，甚至带有各种嵌件的制品，无需后加工和后装配等方面具有独特优势，此外，还具有成型周期短、产品质量稳定、生产效率较高等优点，其产品可广泛应用于建筑、家具、汽车和民用制品等领域。

注射成型是间歇式生产，所用设备是注射机，也称注塑机。根据注射系统的结构可分为柱塞式注射机（图 4-69）和螺杆式注射机（图 4-70），它们都由注射系统、锁模系统和注射成型模具三大部分构成。

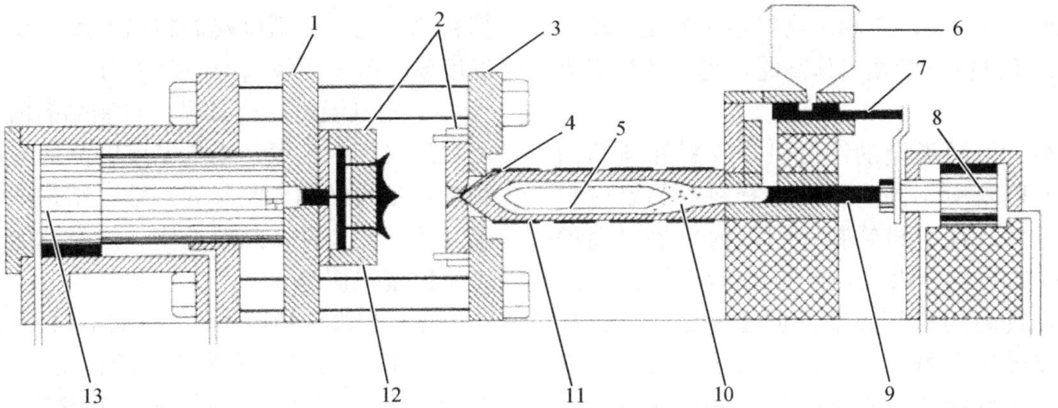

图 4-69　柱塞式注射机

1. 动模板；2. 注射模具；3. 定模板；4. 喷嘴；5. 分流梭；6. 料斗；7. 加料调节装置；8. 注射油缸；9. 注射活塞；10. 加热器；11. 加热料筒；12. 顶出杆；13. 锁模油缸

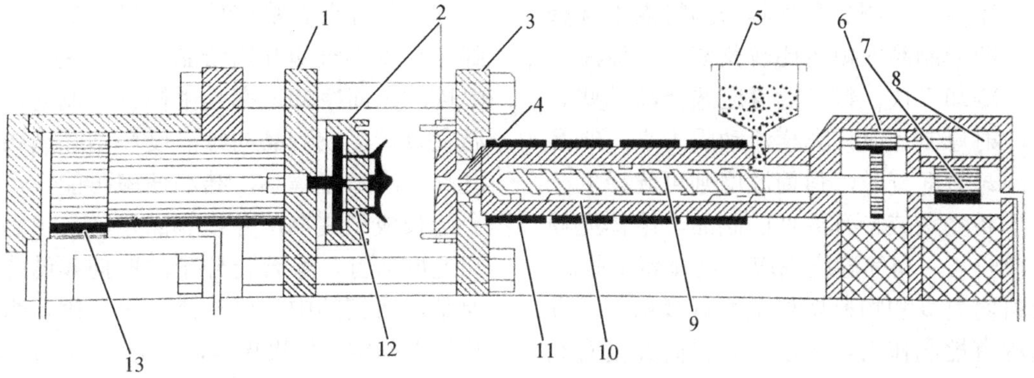

图 4-70　螺杆式注射机

1. 动模板；2. 注射模具；3. 定模板；4. 喷嘴；5. 料斗；6. 螺杆传动齿轮；7. 注射油缸；8. 液压泵；9. 螺杆；10. 加热料筒；11. 加热器；12. 顶出杆；13. 锁模油缸

（1）注射成型工艺过程：注射成型工艺过程主要包括加料、加热塑化、合模、加压注射、保压、冷却定型、开模、取出制品等工序，是一个循环过程。

注射成型工艺一般以合模作为注射机工作过程的开始，当模具被锁紧后，注射座整体前移，必须保证喷嘴中心与模具主浇道中心一致并完全吻合，随后由柱塞油缸推动螺杆向前移动，使料筒前端的熔融物料在螺杆的推挤作用下，以高压、高速注入模腔内，经过一段时间的保压冷却后，模具开启，制品被顶出落下，然后又进行下一个周期的循环。

（2）注射成型工艺的主要影响因素：在实际的注射成型制品生产过程中，要获得外观和性能优良的秸秆-热塑性塑料复合材料产品，首先是选择合适的秸秆材料、热塑性塑料及助剂，确定加工设备，设计与加工结构合理的模具，在这些前提条件确定之后，工艺参数的选择和控制就成为主要的考虑因素了。注射成型最重要的工艺条件是影响塑化、流动和冷却的温度、压力和相应各个工序的作用时间。

A. 温度：注射成型过程需要控制的温度有料筒温度、喷嘴温度和模具温度等。前两种温度主要影响物料的塑化和流动，而后一种温度主要影响物料的流动和冷却。

a. 料筒温度：料筒温度选择的原则是要保证物料得到良好的塑化，能顺利地实现快速流动注射，同时不出现降解或者分解现象。

首先，从原料的热性能考虑，不同聚合物基体具有不同的流动温度，因此，料筒末端的最高温度，对于无定形聚合物（如 PS）应高于流动温度，而对于结晶性聚合物（如 PE、PP）则应高于熔点；同时，要考虑保证秸秆材料不发生热降解现象。料筒温度的分布，通常从料斗开始至喷嘴呈由低到高的分布，有利于物料逐步塑化流动。但是当秸秆材料或者填料偏高时，也可适当提高料斗温度。

其次，不同类型的注射机，物料在料筒内的塑化过程有所不同，因而选择料筒的温度也不同。柱塞式注射机物料在料筒内仅靠料筒壁和分流梭的热传导吸收热量塑化，传热速率低，因而需要较高的料筒温度，但容易造成秸秆材料的局部过热分解。而在螺杆式注射机中，螺杆对物料起到搅拌、混合作用，并伴随有剪切摩擦热产生，使传热加快，因此选择料筒温度可低一些，并且前端的温度不妨略低于中段，以防物料的过热分解。

最后，还要结合制品及模具结构特点来选择料筒温度。薄壁制品的模腔比较狭窄，熔体注入时阻力大，冷却又快，料筒温度应选择高一些。相反，在注射厚制品时，充模流动阻力小，制品在模腔中冷却时间延长，料筒温度则可选择低一些。对于形状复杂或带有嵌件的制品，熔体充模流程曲折或较长，料筒温度也应该选择高一些。

因为料筒温度和物料熔体温度直接相关，并对充模过程有控制作用。所以提高料筒温度有利于注射压力向模腔内传递，使模腔内的压力降低，熔体在模腔内的流动性增加，减少充模时间并使充模完善。在充模结束后，物料温度保持在玻璃化温度以上的时间延长，有利于取向大分子解取向，减小制品的收缩率，可提高制品表观质量。但是，受热时间延长，熔体将发生降解。因此，当采用热敏性秸秆材料时，除严格控制料筒最高温度外，还应控制物料在料筒内的停留时间。

b. 喷嘴温度：喷嘴温度通常略低于料筒最高温度，喷嘴低温的影响可以从物料通过喷嘴注射时产生的较大摩擦热而得到补偿。当然，喷嘴温度也不能过低，否则会使熔料早凝而将喷嘴堵死，或者将早凝料注射入模腔中影响制品质量。

喷嘴温度对成型条件及塑件的物理力学性能的影响十分显著。若喷嘴温度升高，使熔料的黏度下降，注射时熔料的压力将减少，塑件表观质量提高，熔接强度也增加。但温度过高，容易使熔料产生热分解，反而降低了制品的质量。喷嘴和料筒温度的选择不是孤立的，它们还受到其他工艺条件的影响。选择较低注射压力时，为保证物料的流动，应适度提高料筒温度；反之，料筒温度偏低就需要较高的注射压力。

c. 模具温度：模具温度对制品的内在性能和表观质量影响很大。模具温度的高低取决于聚合物基体是否结晶和制品的尺寸、结构、性能要求及其他工艺条件（熔料温度、注射速度、注射压力及模塑周期等）。

无定型聚合物熔体注入模腔后，随着温度的不断降低而固化，但并不发生相的转变。模具温度主要影响熔体的黏度，进而影响充模速率。如果充模顺利，可采用较低的模具温度，这样可以缩短冷却时间，提高生产效率。所以，对于黏度较低或中等的熔体，模具温度通常偏低；反之偏高。

结晶性聚合物熔体注入模腔后，当温度降低到熔点以下时即开始结晶，结晶速率受冷却速率的控制，而冷却速率是由模具控制的，因而模具温度直接影响制品的结晶度和结晶结构。模具温度高，冷却速率小，结晶速率可能大，但高模温会延长成型周期，并使制品发脆，模温中等时冷却速度适宜，聚合物分子的取向和结晶也适中。但是，所谓的中等模温是一个范围，需要经过试验加以确定。如果模具温度过低时，冷却速率大，熔体的流动和结晶同时进行，但熔体在结晶温度区停留的时间短，不利于晶体的生长，致使制品的结晶度较低。如果聚合物本身的玻璃化温度不高，如聚烯烃等，就容易出现后期结晶过程，从而影响制品的后收缩和引起性能的改变。

B. 压力：注射成型过程中的压力包括塑化压力和注射压力，这两种压力都直接影响聚合物的塑化和制品的质量。

a. 塑化压力：采用螺杆式注射机时，塑化压力称为背压，是螺杆顶部熔料在螺杆转动后退时所受到的压力。塑化压力的大小可以通过调节油缸内回油压力的大小进行调节，使螺杆对物料产生不同的塑化压力。增加塑化压力既会提高熔体的温度，使熔体的温度分布均匀，各组分混合均匀，又易排出熔体中的气体。但过高的塑化压力，螺杆后退受到极大的阻碍，这时将使熔体在螺杆中的逆流和漏流增加，减少了塑化量，并易造成物料的降解等。如果塑化压力调得太低，螺杆后退太快，物料不密实，在注射时要消耗一部分注射压力来排除空气，更重要的是会造成物料的塑化效果较差。因此，对于秸秆-热塑性塑料复合材料而言，塑化压力的高低要视螺杆的结构、聚合物和秸秆的种类及制品的质量要求等具体情况而加以选择。

b. 注射压力：注射压力是指柱塞或螺杆轴向移动时，其头部对物料熔体施加的压力。注射压力的大小取决于物料品种、注射机类型、模具结构、塑件厚度和流程及其他工艺条件。从克服物料的流动阻力来说，流道结构的几何因素是首要的影响因素，尤其是浇铸系统的结构和尺寸。对于尺寸较大、形状复杂的制品或薄壁制件，充模阻力大，冷却的比表面积大，采用较大的注射压力有利于提高物料的流动性；对于大面积、流程长的制件需要用高压，因为随着流程的延长，熔料的温度越来越低，起始的通道变得越来越窄，模内空气受压缩的程度越来越大；注射成型制品的外形结构复杂、壁厚较薄时，应采用较高的注射压力；而对于大尺寸的厚壁制品，注射压力可相应下降。

此外，不同的聚合物，其熔融黏度对压力和温度的敏感程度不同，如 ABS 熔融黏度对温度不敏感，应采用较高的注射压力；而 PE、PP 等熔融黏度对温度比较敏感，可采用较低的注射压力，增加料筒温度。

注射过程中，注射压力和物料温度是相互联系的。熔体温度高时可降低注射压力，反之所需注射压力较大。当型腔充满后，注射压力就体现在保压压力上，保压压力高，模腔内将流入更多的熔料，并使模腔内的料流更好地熔合，因而得到密度高、收缩量小、力学性能也较好的制品。但保压压力过高时，由于物料受压迫，冷凝会出现较大的残余应力，使强度反而下降，甚至易造成脱模困难或溢料。因此，保压的压力也应适当。

C. 成型周期：完成一次注射过程所需要的时间称为成型周期，它实际包括以下几部分：①注射加压时间，包括注射时间、保压时间（注射完毕浇口凝封前）；②冷却时间，包括预塑化时间、浇口凝封后至开模前的冷却时间；③其他时间，包括开模、制品脱模、涂拭脱模剂、安放嵌件和闭模时间等。成型周期直接影响劳动生产效率和设备利用率，因此，生产中应在保证质量的前提下，尽量缩短成型周期中各段的相应时间。

在整个成型周期中，以注射时间和冷却时间最重要，对制品的质量有决定性的影响。注射时间又分为充模和保压时间，保压时间和闭模冷却时间总称为冷却时间。注射时间中充模时间反比于注射充模速度，而充模速度一方面对物料熔体在型腔内的流动行为、型腔压力和温度影响很大，另一方面对制品性能有很大影响。生产中，充模时间一般为 3～8s。

注射加压时间中的保压时间就是指在浇口凝封前对模腔内物料的压实时间，在整个注射时间内所占比例较大，一般为 10～150s（特厚制品可高达 5～10min）。保压时间的长短对制品尺寸精度有着直接影响。保压时间的长短取决于料温、模温及主流道和浇口的大小。如果主流道和浇口的尺寸及工艺条件均是正常的，通常以得到制品收缩率波动范围最小的时间作为保压时间的最佳值。

冷却时间主要取决于制品的厚度、聚合物的热性能与结晶性能及模具温度等。冷却时间的终点应保证制品脱模时不引起翘曲变形，原则上时间要短，一般在 20～130s，不必要地延长冷却时间，不仅会降低生产率，对复杂制品还可能会造成脱模困难。

成型周期中的其他时间则与生产过程是否连续化和自动化程度有关。在保证生产安全、操作顺利和质量稳定的前提下，尽可能地缩短成型周期中的辅助时间，以提高生产率。

4.5.4 秸秆-热塑性塑料复合材料的性能

4.5.4.1 力学性能

1）预处理对拉伸性能的影响 采用 NaOH、乙酸酐和 MAPP 对麦秸纤维进行处理，并将改性处理后的麦秸纤维与聚丙烯（PP）复合制成麦秸纤维-PP 复合材料。各组分比例具体见表 4-12。

表 4-12 麦秸纤维-PP 复合材料各组分比例（质量比）

试样	预处理	PP/%	麦秸纤维/%	MAPP/%
PP	—	100	—	—
PPF20	未处理	80	20	—
PPA20	乙酰化	80	20	—
PPN20	碱化处理	80	20	—
PPF20M2	MAPP 处理	78	20	2
PPN20M2	碱化处理+MAPP 处理	78	20	2

图 4-71（a）为麦秸纤维-PP 复合材料的拉伸模量。由于纤维本身具有较高的刚性，在 PP 基体中添加麦秸纤维后，复合材料的拉伸模量增加。当增强材料为未经改性处理的麦秸纤维时，其拉伸模量为 1332MPa；纤维经碱化处理后，其复合材料的拉伸模量为 1353MPa。这是因为碱化处理能清除麦秸纤维表面的油脂和灰分，溶解表面的部分半纤维素，纤维素含量就相对增加，由于纤维素具有结晶性，其分子结构较为规整，宏观上体现出较高的拉伸强度。纤维经 MAPP 接枝处理后，其复合材料的拉伸模量提高至 1346MPa，表明由于 MAPP 的加入，麦秸与 PP 形成的界面黏接强度提高。当纤维经碱化处理和 MAPP 接枝处理共同作用后，其拉伸模量达到最大，为 1492MPa，表明两种处理产生协效作用。由于纤维素上含有大量的羟基，与木质素和半纤维素相比，更易与马来酸酐产生酯化反应。当纤维经乙酰化处理后，尽管也发生了酯化反应，但其纤维变脆，纤维的拉伸强度大大降低，以此作为 PP 的增强材料时，其复合材料的拉伸模量下降明显，为 1209MPa。

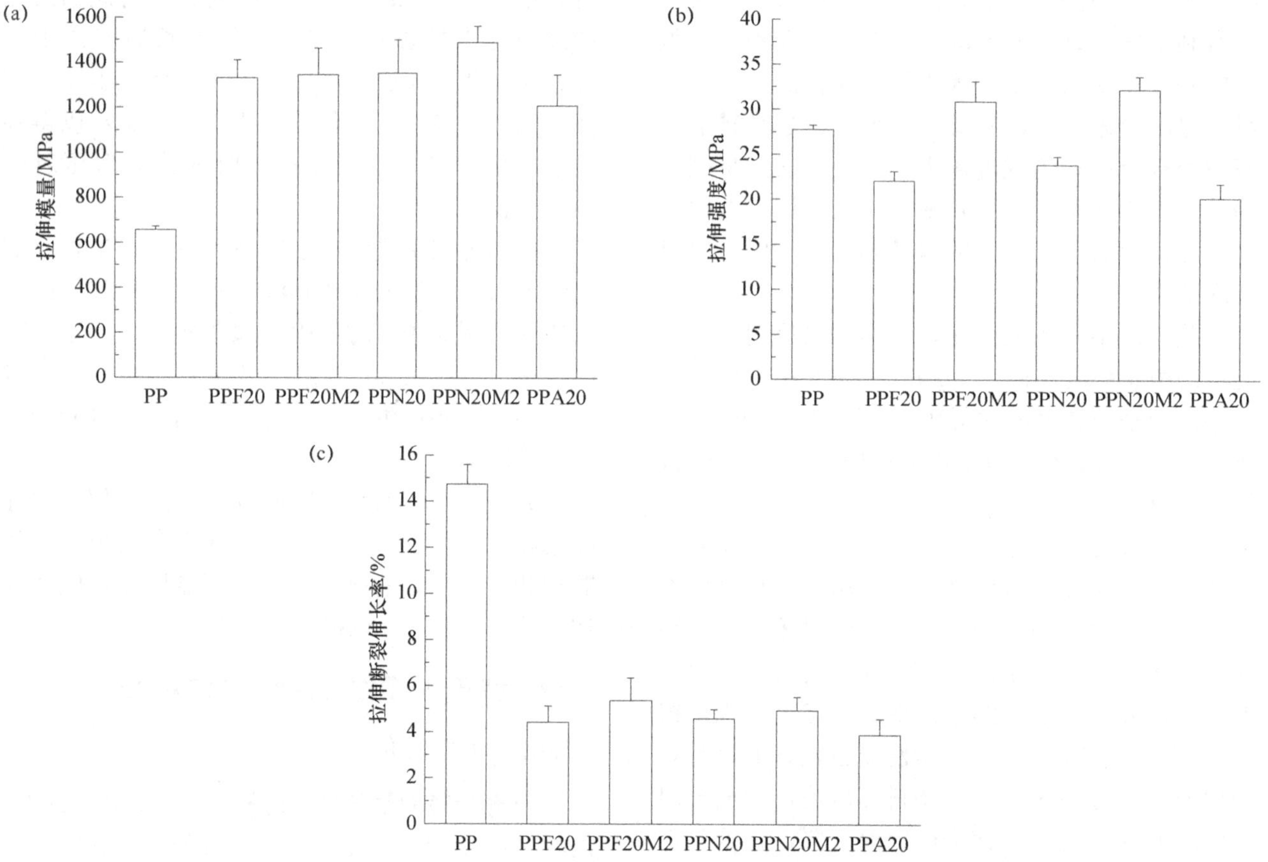

图 4-71 预处理对麦秸纤维-PP 复合材料拉伸性能的影响

图 4-71（b）为麦秸纤维-PP 复合材料的拉伸强度。麦秸纤维经 MAPP 处理后，其复合材料的拉伸强度由 22.06MPa 增加至 30.85MPa。拉伸强度的增加表明由于拉伸作用产生的部分应力已从基体 PP 上经界面层转移至麦秸纤维上，MAPP 具有较好的界面相容性，故 MAPP 被广泛地应用于提高纤维与 PP 相容性的场合。由于碱化处理和 MAPP 接枝处理产生的协效作用，其复合材料的拉伸强度达到最大，为 32.24MPa。而麦秸纤维经乙酰化处理后，制成的复合材料的拉伸强度最差，仅为 20.2MPa，表明应力并没有成功转移至纤维上，或纤维承受拉伸负载的能力变差。

图 4-71（c）为麦秸纤维-PP 复合材料的拉伸断裂伸长率。由于麦秸纤维的加入，麦秸纤维-PP 复合材料的拉伸断裂伸长率大大降低，表明复合材料的刚性增加。麦秸纤维经碱化处理、乙酰化处理后，其复合材料的拉伸断裂伸长率分别为 4.59%和 3.89%，经 MAPP 处理后，其复合材料的

拉伸断裂伸长率为 5.35%。尽管 MAPP 可以提高麦秸纤维与 PP 形成的界面层的黏结强度，但是麦秸纤维-PP 复合材料的拉伸断裂伸长率有所增加。这是因为，经 MAPP 接枝处理后，MAPP 可以包覆在麦秸纤维周围形成一不规则的薄层，是体系的塑性变形增加所致。

麦秸纤维-PP 复合材料的界面形貌采用 JEOL JSM-840A 电子扫描镜进行扫描。试样先在液氮中进行冷断，扫描前，在试样的断裂面上涂有钯合金。测试电压为 15kV。图 4-72 为麦秸纤维-PP 复合材料的断面形貌图。从图 4-72（a）中可以看到，当麦秸纤维未经改性处理时，麦秸纤维与聚合物基体存在一定的间隙，表明麦秸纤维与基体并未形成很好的界面结合强度；图 4-72（b）为碱化处理纤维-PP 体系，从断面形状可以看到，PP 基体随麦秸纤维一起被拔出，表明麦秸纤维表面与基体之间有良好的黏结性；从图 4-72（c）可以观察到，在乙酰化麦秸纤维-PP 体系中，麦秸纤维从 PP 基体中拔出，这表明，乙酰化处理的麦秸纤维未能与基体形成良好的界面结合；图 4-72（d）为 MAPP 处理的复合材料的形貌图，纤维被 PP 层均匀地覆盖，两者之间的间隙很小。

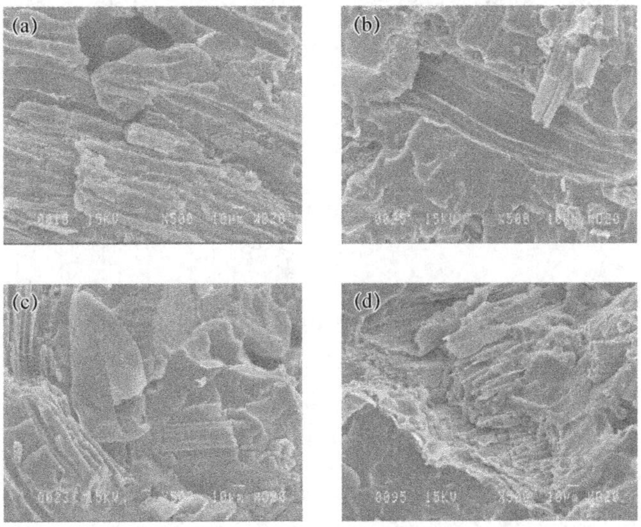

图 4-72　麦秸纤维-PP 复合材料的断面形貌图

2）MAPP 添加量对力学性能的影响

图 4-73 为麦秸纤维添加量 20%时，MAPP 添加量（质量比分别为 1%、2%、5%、10%）对复合材料力学性能的影响。随着 MAPP 添加量的增加，复合材料的拉伸强度逐渐增加。当 MAPP 添加量为 10%时，其拉伸强度为 34.01MPa，与未加 MAPP 的复合材料相比，增加了 54%。复合材料的拉伸强度取决于聚合物基体、增强剂本身的强度和两者间形成的界面的黏结强度。在相同配比的麦秸纤维-PP 体系中，复合材料拉伸强度的提高表明，纤维与基体形成的界面结合强度较高，故 MAPP 的加入有效地改善了麦秸纤维与 PP 的相容性。

当 MAPP 添加量为 2%时，麦秸纤维-PP 复合材料的拉伸模量和强度较高，拉伸断裂伸长率达到最大。研究表明，马来酸酐接枝浓度较低的 MAPP 形成的聚合物层厚度薄且不规则，当复合材料被拉伸时，这一薄层有利于在植物纤维表面形成塑性变形区域；而当 MAPP 接枝浓度越高时，PP 基体与增强剂之间形成的黏结强度就越高，易降低 PP 基体的延展性，引起复合材料断裂破坏。在此试验中，MAPP 具有较高的接枝浓度，当其添加量大于 2%时，麦秸纤维和 PP 容易形成较强的界面黏结强度，提高了复合材料的拉伸模量和强度。

弯曲性能参照 ASTM D-790 进行，加载速度为 5mm/min，采用三点弯曲模式进行试验，两个支点的跨距为 67mm，弯曲性能试样的尺寸为 100mm（长）×15mm（宽）×1.5mm（厚）。每个水平重复 6 次。测试前，试样置于温度为(25±2)℃和相对湿度为 60%的环境中平衡。力学性能的测试温度为 20℃。当麦秸纤维的添加量为 20%时，MAPP 不同添加量的试验表明，当 MAPP 添加量为 2%时，复合材料的弯曲模量达到最大，为 2138MPa [图 4-73（d）]。

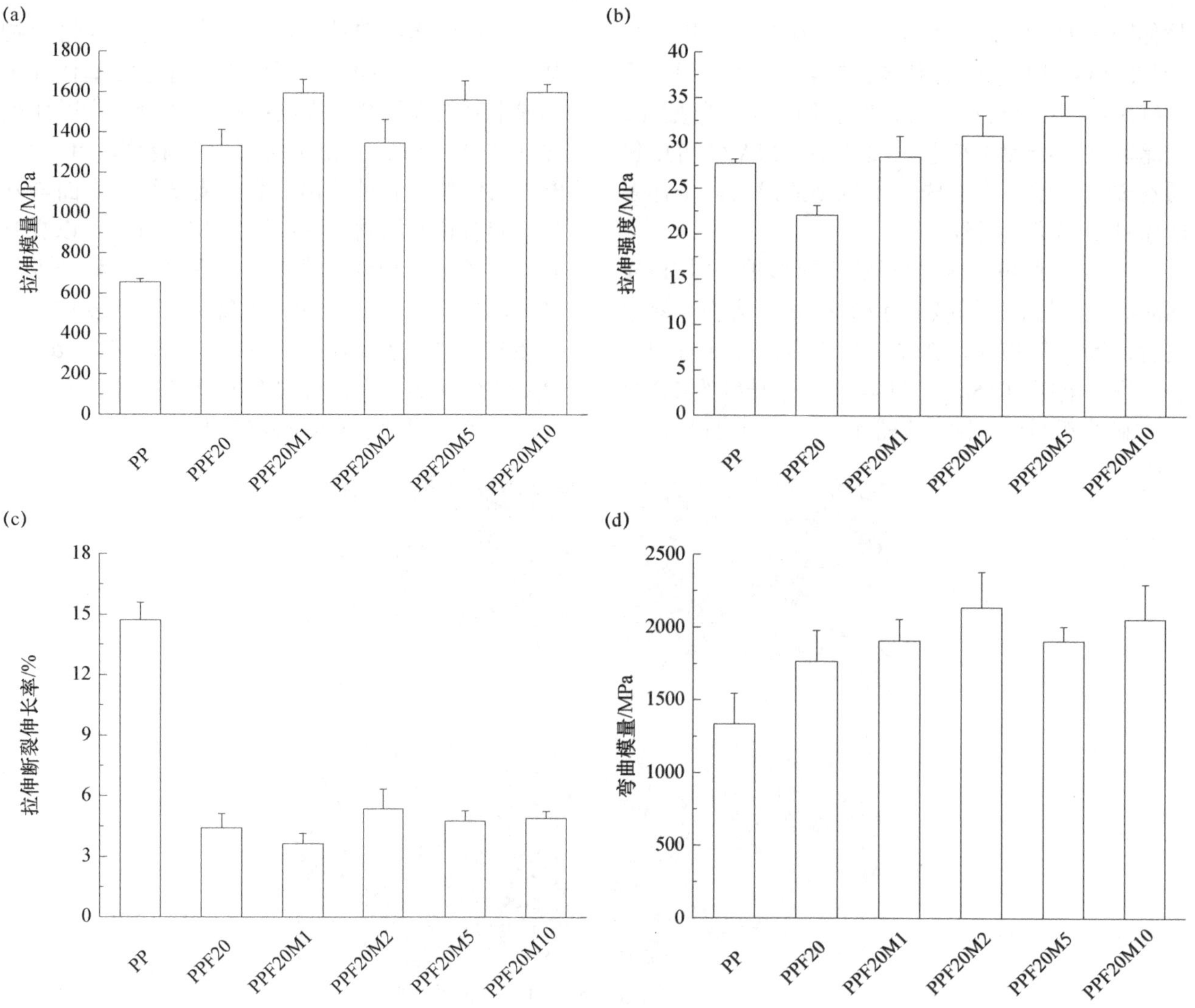

图 4-73 MAPP 添加量对麦秸纤维-PP 复合材料力学性能的影响

3）麦秸纤维添加量对力学性能的影响

图 4-74 为麦秸纤维不同添加量（质量比分别为 0、10%、20%、30%、40%、50%，MAPP 添加量为 2%）时，麦秸纤维-PP 复合材料力学性能的变化。麦秸纤维-PP 复合材料的拉伸模量和拉伸强度在一定范围内随着麦秸纤维添加量的增加而增加。当麦秸纤维添加量从 10%增加至 30%时，复合材料的拉伸模量从 1215MPa 逐渐增加至 1986MPa，拉伸强度从 29.96MPa 逐渐增加至 34.31MPa，拉伸断裂伸长率从 6.36%逐渐降至 3.38%。这是由于麦秸纤维存在较大的刚性，其拉伸模量和拉伸强度远高于 PP，因此在 PP 基体中添加纤维后，复合材料的拉伸模量增加。此外，在整个体系中，麦秸纤维与基体的互相缠绕、交互作用限制了整体的形变，故复合材料的拉伸断裂伸长率随着麦秸纤维添加量的增加而递减。当添加量高于 40%时，复合材料的拉伸性能有所下降。在麦秸纤维添加量为 50%时，麦秸纤维的团聚作用加强，应力集中变得更为明显，在较低的拉伸负载下即可产生裂缝，并且裂缝将沿着 PP 和薄弱的界面黏结处延展，从而降低了复合材料的拉伸性能。此外，与 PP 的拉伸应力-应变图变化趋势相比，在麦秸纤维-PP 复合材料的拉伸应力-应变图上很难观察到应力屈服点，并且随着麦秸纤维添加量的增加越来越难观察到应力屈服点。

图 4-74（d）为麦秸纤维-PP 复合材料在不同的纤维添加量下的弯曲模量。复合材料的弯曲测试结论与拉伸测试结论相似，当麦秸纤维添加至 PP 基体时，麦秸纤维-PP 复合材料的弯曲模量增加。当麦秸纤维的含量从 0 增加至 40%时，复合材料的弯曲模量从 1335MPa 增加至 3437MPa，但是当麦秸纤维的添加量为 50%

时，复合材料的弯曲模量下降至3225MPa。这是由于当麦秸纤维的添加量高达50%时，麦秸纤维的团聚现象加剧，麦秸纤维与基体的相容性变差。

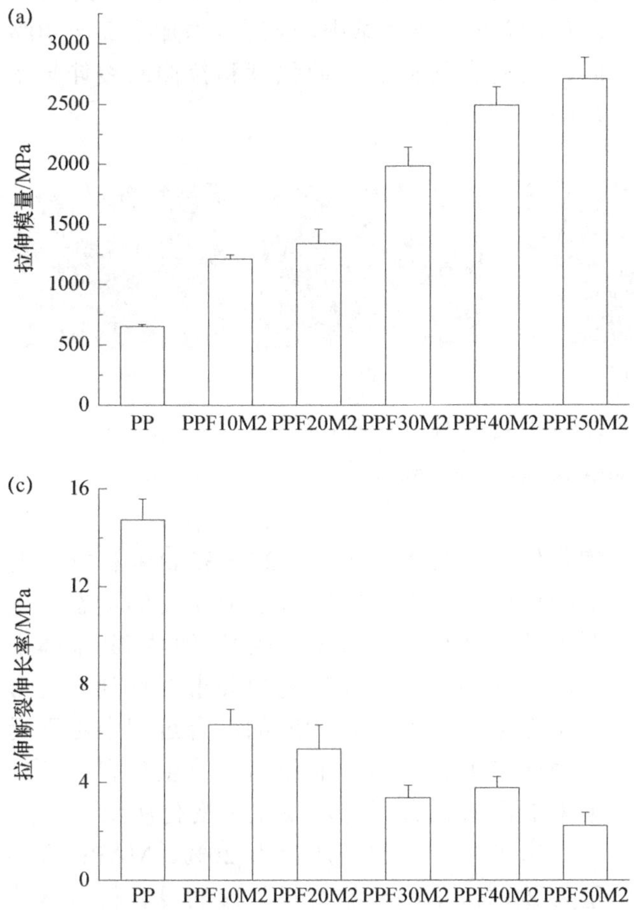

图4-74 纤维添加量对麦秸纤维-PP复合材料力学性能的影响

从上述数据分析：当麦秸纤维添加量较少（<10%）时，麦秸纤维-PP复合材料的力学性能与纯塑料材料的力学性能接近，其性能更多地表现出塑料的性质；当麦秸纤维的添加量适中（20%～40%）时，麦秸纤维作为PP基体增强材料的作用逐渐加强，这可能是由于麦秸纤维在复合体系中分布较为均匀，可以充分发挥麦秸纤维的特性；但是，当麦秸纤维添加量过高（>40%）时，麦秸纤维难以在体系内均匀分散，团聚现象明显增强，复合材料的弯曲模量反而下降。

静态弯曲模量（E_S）及动态弯曲模量（E_D）测试所得的值有所差异，这是由于试验过程中，两种测试方法所采用的试样的尺寸及测试方法存在差异，故测试值有所区别，而利用这两种方法分别得到的弯曲模量存在一定的相关性，且$E_D>E_S$（图4-75），具体讨论如下。

当麦秸纤维添加0%～10%时，$E_S=0.86E_D$；

当麦秸纤维添加20%～40%时，$E_S=0.93\sim0.96E_D$；

当麦秸纤维添加50%时，复合材料的E_S显著下降，而E_D却增加，无法比较。

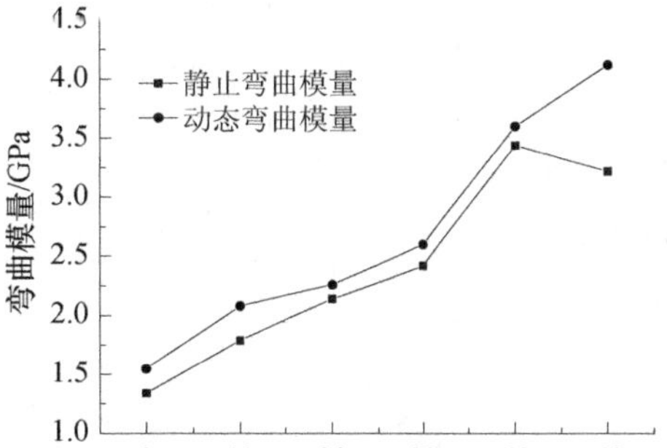

图4-75 静态和动态条件下弯曲模量的比较

图4-76为不同麦秸纤维添加量下麦秸纤维-PP复合材料的断面形貌图。从图4-76中可以明显看到，随着麦秸纤维添加量的增加，纤维的团聚现象越来越明显，在整个体系中的分布也越来越不均匀。此外，纤维的脱拔现象也越来越明显，尤其在纤维含量为40%、50%时。这表明当纤维含量高于30%时，麦秸纤维与基体的浸润性变得越来越弱，界面黏结强度降低，造成宏观上麦秸纤维-PP复合材料的力学强度降低。例如，拉伸性能测试中，当纤维添加量高于40%时，其复合材料的拉伸强度和拉伸断裂伸长率均降低。

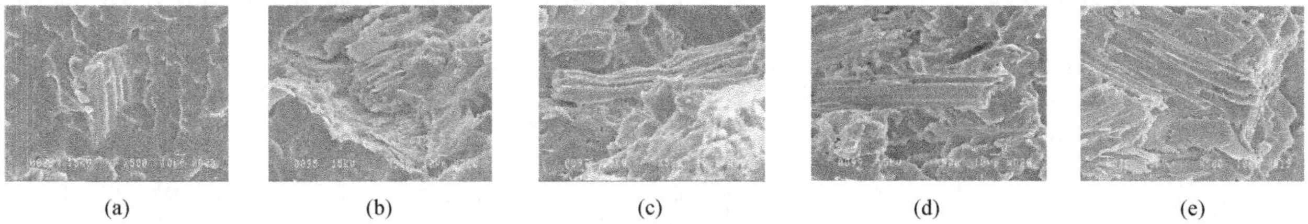

图4-76　不同麦秸纤维添加量下麦秸纤维-PP复合材料的断面形貌图

（a）10%；（b）20%；（c）30%；（d）40%；（e）50%

4）麦秸纤维形态对力学性能的影响

图4-77为麦秸纤维添加量为20%、MAPP添加量为2%时，麦秸纤维不同形态下（<9目、9～28目、28～35目、>35目），麦秸纤维-PP复合材料的力学性能。当麦秸纤维以大于35目的形态（主要由细小纤维和粉末组成）添加至PP基体中时，复合材料的拉伸模量为1355MPa、拉伸强度为31.22MPa、拉伸断裂伸长率为5.39%。当麦秸纤维分别以9～28目、28～35目添加至PP基体中时，复合材料的拉伸模量、拉伸强度、拉伸断裂伸长率分别为1439MPa、30.51MPa、4.28%和1451MPa、30.36MPa、4.61%。这一结果表明，以短纤维作为PP基体的增强材料，其增强作用不及9～28目或28～35目麦秸纤维的增强作用。当麦秸纤维以小于9目的形态（主要由长纤维和纤维束团组成）添加至PP基体中时，其增强作用在此研究中并未观察到，这可能是由于长纤维在和PP的混合过程中由于受机械剪切力、拉伸力的作用，发生断裂，长纤维未能保持原有形态，发生了变化所致。

当麦秸纤维的添加量为20%、MAPP添加量为2%时，不同麦秸纤维形态的复合材料弯曲模量[图4-77（d）]试验表明，当麦秸纤维分别以短纤维或长纤维为增强材料时，其复合材料的弯曲模量均较高，分别为2349MPa、2368MPa。

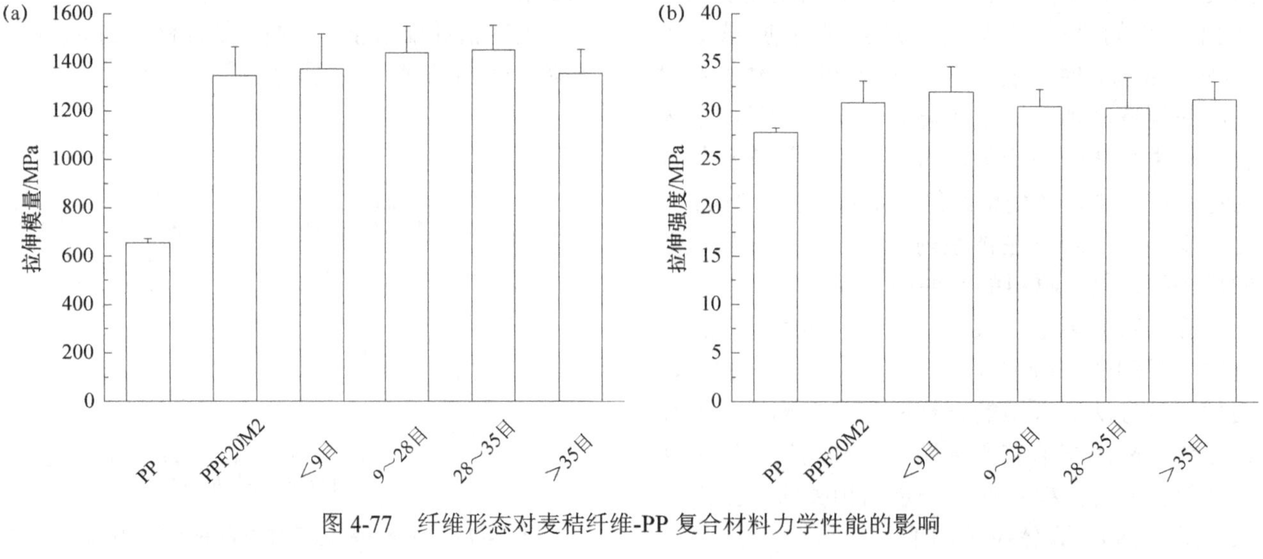

图4-77　纤维形态对麦秸纤维-PP复合材料力学性能的影响

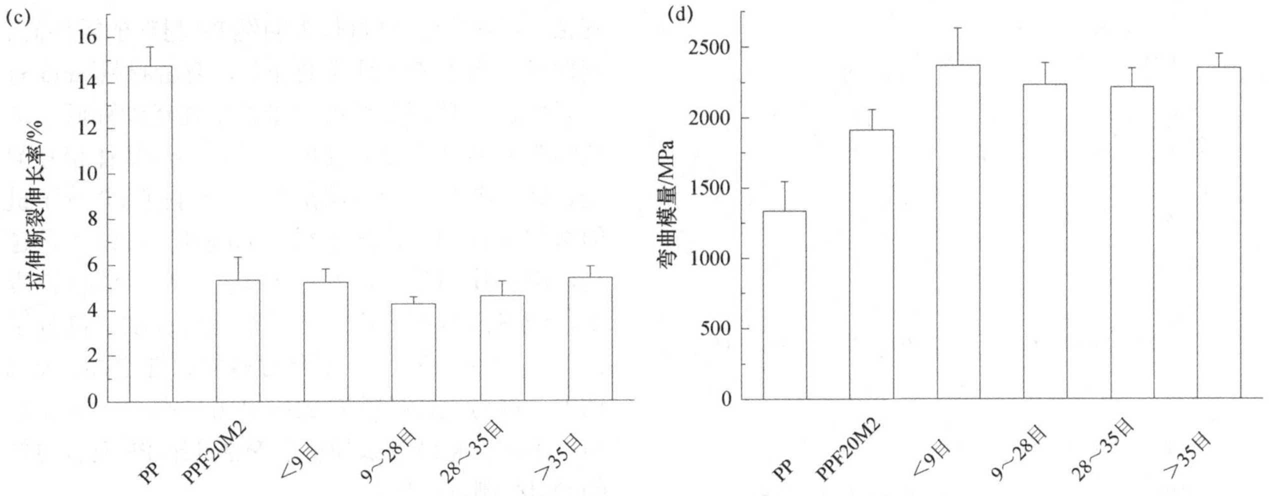

图 4-77 纤维形态对麦秸纤维-PP 复合材料力学性能的影响（续）

4.5.4.2 动态力学性能（DMA）

1）预处理对复合材料 DMA 的影响 对麦秸纤维采用碱化处理、乙酰化处理和 MAPP 处理，并与 PP 制成复合材料。麦秸纤维-PP 复合材料的 DMA 测试在 Rheometrics Scientific 分析仪上进行，试样的尺寸为 55mm（长）×7mm（宽）×1.5mm（厚），测试温度为 25～150℃，升温速率为 1℃/min，测试频率为 1Hz，应变振幅为 0.021%。采用双悬臂弯曲模式进行测试。

麦秸纤维-PP 复合材料的动态热力学特性与纯 PP 材料存在较大的差异。图 4-78（a）为 25～150℃麦秸纤维-PP 复合材料储能弯曲模量（*E'*）的变化。从图 4-78 中可以看出，当以纤维为增强材料时，复合材料的 *E'*明显提高，但是，随着温度的提高，整个体系的 *E'*迅速下降。在三种预处理方法中，以碱化处理的麦秸纤维为增强材料时，复合材料的 *E'*在整个温度范围内达到最大。这是因为纤维素具有结晶性，在碱化处理过程中，由于半纤维素比纤维素容易吸湿、润胀，易被溶去，纤维素的羟基之间重新结合、形成新的氢键，其结晶度和分子链的排布均发生变化，聚合度也有所改变，故对纤维的强度和性能产生影响，纤维强度的变化带来复合材料强度的变化。以乙酰化处理的麦秸纤维为增强材料时，复合材料的 *E'*略比未处理复合材料强，但均低于其他两种处理的复合材料。乙酰化通过酯化反应，将乙酰基取代羟基，降低了纤维的极性，对改善相容性有一定的作用，但乙酰化处理后纤维的断裂现象明显加剧，纤维本身的强度减弱。两种作用相互制约，相互影响，导致复合材料的 *E'*提高不明显。在三种处理中，MAPP 对复合材料的 *E'*影响最大，表明 MAPP 最有利于改进纤维与 PP 两相间的相容性。这是因为 MAPP 可以在纤维周围形成一不规则的薄层，并包覆在纤维周围，这有利于塑性层的形成，增加复合材料的变形能力，故其 *E'* 变小。

图 4-78（b）为 25～150℃麦秸纤维-PP 复合材料的损耗系数（tanδ）。tanδ 为损耗模量（*E''*）与储能弯曲模量（*E'*）之比，可以用来描述复合材料的柔韧性或刚性。tanδ 值越低，其材料的刚性越高，材料更易表现出弹性特征；tanδ 值越高，其材料的柔韧性越高，刚性越低。纯 PP 材料的 tanδ 值高于任何体系的复合材料，表现出更多的柔性特征。由于纤维的加入，复合材料 tanδ 降低，这是因为纤维的加入限制了 PP 高分子链段的滑动。在整个温度范围内，随着温度的升高，PP 的可滑动性增加，tanδ 增加，表明复合材料的柔韧性增加。以碱化处理的麦秸纤维为增强材料时，复合材料 tanδ 最小，表明其分子的可滑动性受到限制，复合材料刚性最大，这与复合材料 *E'*的结果相一致。表 4-13 总结了麦秸纤维-PP 复合材料的 DMA 测试结果，包括不同温度下复合材料的储能弯曲模量（*E'*）、损耗系数（tanδ=*E''*/*E'*）。

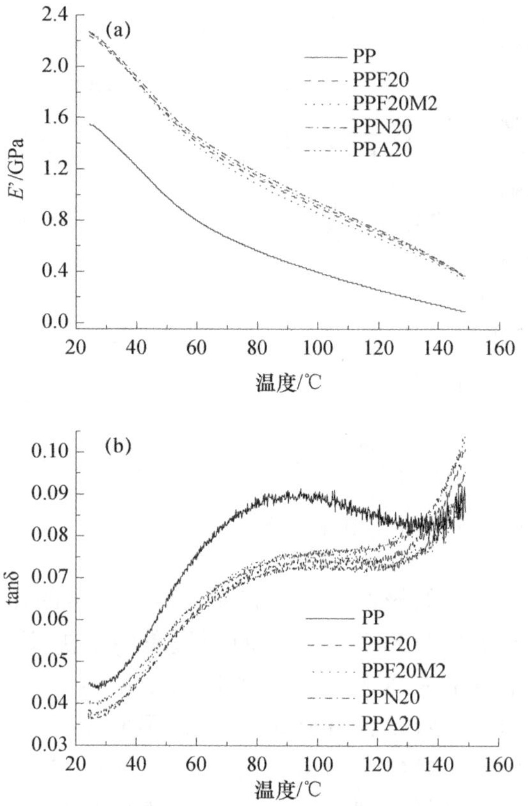

图 4-78 预处理对麦秸纤维-PP 复合材料储能弯曲模量[(a)]和损耗系数[(b)]的影响

表 4-13 不同预处理时麦秸纤维-PP 复合材料的 DMA 总结

试样	E'/GPa			tanδ		
	25℃	100℃	150℃	25℃	100℃	150℃
PP	1.55	0.40	0.09	0.044	0.090	0.086
PPF20	2.24	0.90	0.36	0.038	0.074	0.101
PPF20M2	2.26	0.86	0.34	0.038	0.075	0.089
PPN20	2.27	0.94	0.37	0.038	0.072	0.095
PPN20M2	2.34	0.97	0.38	0.036	0.072	0.084
PPA20	2.25	0.92	0.37	0.041	0.076	0.104

2）不同麦秸纤维添加量下复合材料 DMA 分析 图 4-79（a）为 25～150℃不同麦秸纤维添加量下复合材料 E'的变化，其变化趋势与静态下复合材料弯曲模量的变化趋势相似。当以麦秸纤维为增强相添加到 PP 基体中时，复合材料整体的 E'明显提高，并且随着纤维含量的增加而增加。这是由于纤维具有较大的刚性，当材料承受负载时，在 PP 与纤维的界面上，纤维可以转移大部分应力。在整个温度范围内，随着温度的提高，复合体系的 E'迅速下降。图 4-79（b）为 25～150℃不同麦秸纤维添加量下复合材料的 tanδ。从图 4-79（b）中可以看出，纯 PP 材料的 tanδ 高于麦秸纤维-PP 复合材料，表明纯 PP 材料的柔性高、刚性低。由于麦秸纤维的加入，复合材料 tanδ 有所降低，并且随着纤维含量的增加逐渐降低。这是因为麦秸纤维加入 PP 基体后，与基体相互缠绕、交互作用，形成网络结构，限制了 PP 分子链的滑移和转动，增加了材料的刚性。纤维含量越高，阻碍作用越大，刚性越大。在整个温度范围内，随着温度的升高，分子热运动增加，高分子链的可滑动性增加，复合材料的柔性增加，tanδ 增加。这与复合材料 E'的结果相一致。表 4-14 总结了不同麦秸纤维添加量下麦秸纤维-PP 复合材料的 DMA 测试结果。

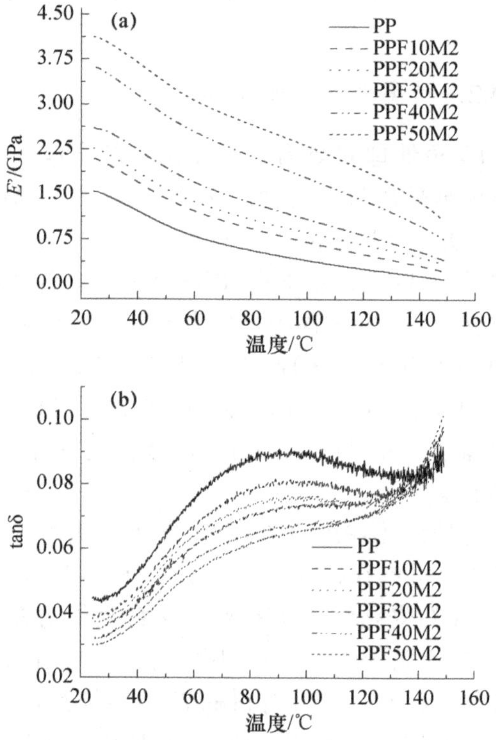

图 4-79 麦秸纤维添加量对麦秸纤维-PP 复合材料储能弯曲模量[(a)]和损耗系数[(b)]的影响

表 4-14 不同麦秸纤维添加量下麦秸纤维-PP 复合材料的 DMA 总结

试样	E'/GPa			tanδ		
	25℃	100℃	150℃	25℃	100℃	150℃
PP	1.55	0.40	0.09	0.045	0.090	0.086
PPF10M2	2.08	0.70	0.22	0.039	0.080	0.090
PPF20M2	2.26	0.86	0.34	0.038	0.075	0.089
PPF30M2	2.60	1.08	0.41	0.015	0.073	0.095
PPF40M2	3.60	1.78	0.76	0.032	0.068	0.096
PPF50M2	4.12	2.31	1.08	0.030	0.066	0.101

3）不同 MAPP 添加量下复合材料 DMA 分析 图 4-80（a）为麦秸纤维含量为 20%时，MAPP 添加量对复合材料 E'的影响。当 MAPP 的添加量为 2%时，复合材料的 E'最小。这是因为当以马来酸酐接枝浓度较低的 MAPP 作为界面改性剂时，MAPP 可以在麦秸纤维周围形成一不规则的薄层，这一薄层有利于在纤维表面形成塑性变形区域，增加麦秸纤维-PP 复合材料的变形能力，故其 E'变小。图 4-80（b）为麦秸纤维添加量为 20%时，MAPP 添加量对复合材料 tanδ 的影响。在麦秸纤维-PP 基体的复合体系中，纤维在承受负载时可以吸收大部分应力，仅微小比例的纤维因应力的作用在界面附近发生应变。因此，能量的损耗主要发生在聚合物基体和界面上。界面黏结强度越高，纤维吸收的能量就越多，能量损耗就越小，tanδ 的值就越小。由前述可知，当 MAPP 接枝浓度较高时，聚合物基体与增强材料之间形成的黏结强度就越高，易降低 PP 基体的延展性，故当 MAPP 的添加量大于 2%时，聚合物基体与麦秸纤维之间形成界面的黏结强度较高，tanδ 的值降低。表 4-15 总结了不同 MAPP 添加量下麦秸纤维-PP 复合材料的 DMA 测试结果。

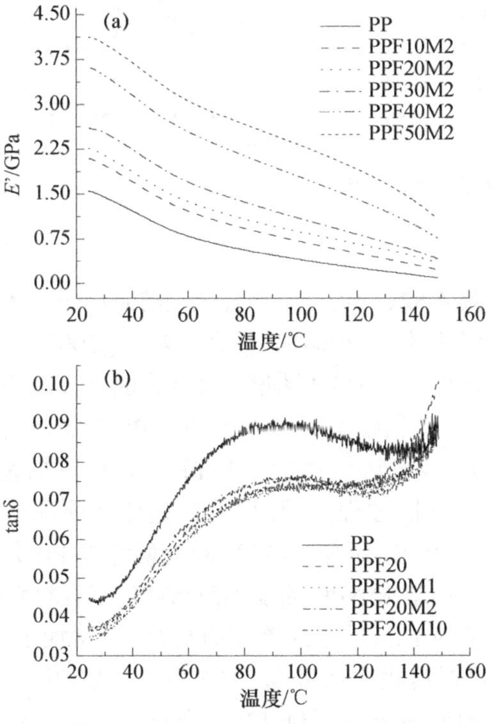

图 4-80 MAPP 添加量对麦秸纤维-PP 复合材料储能弯曲模量［(a)］和损耗系数［(b)］的影响

表 4-15 不同 MAPP 添加量下麦秸纤维-PP 复合材料的 DMA 总结

试样	E'/GPa			tanδ		
	25℃	100℃	150℃	25℃	100℃	150℃
PPF20	2.24	0.90	0.36	0.038	0.074	0.101
PPF20M1	2.57	1.08	0.39	0.035	0.073	0.090
PPF20M2	2.26	0.86	0.34	0.038	0.075	0.089
PPF20M5	2.59	1.08	0.41	0.034	0.072	0.088
PPF20M10	2.31	0.95	0.40	0.034	0.073	0.086

4.5.4.3 结晶性能

1）预处理对结晶性能的影响 对麦秸纤维采用碱化处理、乙酰化处理和 MAPP 处理，并与 PP 制成复合材料。麦秸纤维-PP 复合材料的热性能采用 Q500 型（TA Instruments）热重分析仪进行。测试气氛为氮气，测试温度为 25～700℃，程序升温速率为 10℃/min。测试程序分为三步：①从–25℃升温至 200℃并保持 5min，升温速率为 10℃/min，以消除热影响；②从 200℃冷却至 25℃，降温速率为 5℃/min，在此过程中探测复合材料的结晶温度（T_c）；③继续升温至 200℃，升温速率为 10℃/min，在此过程中探测复合材料的熔融温度（T_m）。复合材料中组分 PP 的结晶度（X_c）按式（4-5）进行计算。

$$X_c = \frac{\Delta H}{\Delta H^\circ} \times 100\% \qquad (4\text{-}5)$$

式中，ΔH、ΔH°为复合材料及 100%结晶 PP 的熔融焓；ΔH°为 190J/g。

表 4-16 总结了不同预处理时复合材料的差示扫描量热仪（DSC）分析结果，包括结晶温度（T_c）、结晶焓（ΔH_c）、熔融温度（T_m）、熔融焓（ΔH_m）、结晶度（X_c）和热分解温度。

表 4-16 不同预处理时麦秸纤维-PP 复合材料的 DSC 结果

试样	T_c/℃	ΔH_c/(J/g)	T_m/℃	ΔH_m/(J/g)	X_c/%	热解峰温度/℃	500℃的残余物质量/%
PP	114.2	96.93	163.3	98.07	51.0	455.2	—
MAPP	114.5	97.95	156.1	99.49	51.6	441.8	7.26
PPF20	122.0	76.45	164.8	78.23	40.2	354.5/458.5	8.94
PPF20M2	123.2	84.47	163.7	83.91	44.5	357.3/459.9	4.47
PPN20	125.4	85.45	166.4	83.81	45.0	356.4/460.1	2.88
PPN20M2	125.7	84.81	165.3	87.24	44.6	355.8/460.3	24.42
PPA20	119.7	80.02	164.3	83.64	42.1	359.7/460.7	—

图 4-81（a）为麦秸纤维-PP 复合材料从 200℃冷却至 25℃过程中的 DSC 图谱。从图谱上可以明显看到，麦秸纤维的加入显著地提高了聚合物基体的结晶温度（T_c）。当在 PP 中添加了 20%未经改性处理的纤维后，复合材料的 T_c 从 114.2℃增加至 122℃。纤维在 PP 的结晶过程中起到成核物质的作用，在基体物质由熔融状态开始冷却的过程中可以提高基体的结晶速率，故复合材料的 T_c 有所提高。

当麦秸纤维经碱化处理后，其复合材料的 T_c 为 125.4℃。这一结果表明，在纤维的三大组成成分中，纤维素比半纤维、木质素更具有成核能力。这可能是因为在碱化处理过程中，木质素、半纤维及果胶等物质部分溶解，纤维素分子链之间可以形成新的氢键，原有的结晶区进行重排，具有更高的定向性。纤维经 MAPP 接枝处理后，其复合材料的 T_c 为 123.2℃，MAPP 的加入提高了纤维的成核能力。当麦秸纤维经碱化处理和 MAPP 接枝处理后，其复合材料的 T_c 为 125.7℃，与纯 PP 材料相比，T_c 增加了 11.5℃。这是由于碱化处理和酯化处理的协效作用最大限度地提高了 PP 在麦秸纤维表面的结晶速率。当麦秸纤维经乙酰化处理后，由于分子链上部分羟基被乙酰基取代，乙酰基的空间位阻效应高于羟基，其分子间相互结合受阻，结晶速率反而有所下降。尽管复合材料的结晶温度与纯 PP 材料相比均有提高，但是，复合材料的结晶度却略有下降，这可能是由纤维的稀释效应造成的。

图 4-81（b）为麦秸纤维-PP 复合材料及纯 PP 材料在第二次升温过程中的 DSC 图谱。对于纯 PP 材料，其熔融吸热峰出现在温度为 163℃时，当麦秸纤维添加至 PP 中后，麦秸纤维-PP 复合材料的熔融吸热峰温度略有提高，提高幅度为 0.4～3.0℃。但是，麦秸纤维-PP 复合材料的熔融焓（ΔH_m）却略有降低。

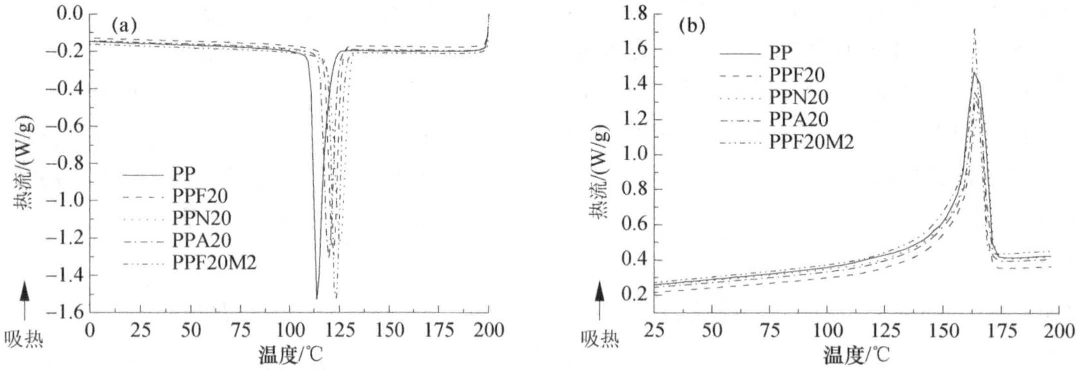

图 4-81 麦秸纤维-PP 复合材料的 DSC 图谱

（a）冷却过程；（b）第二次升温过程

2）MAPP 添加量对结晶性能的影响

表 4-17 为麦秸纤维的添加量为 20%（质量比），不同 MAPP 添加量下（质量比分别为 1%、2%、5%、10%），复合材料的 DSC 分析结果。

表 4-17 不同 MAPP 添加量时麦秸纤维-PP 复合材料的 DSC 结果

试样	T_c/℃	ΔH_c/(J/g)	T_m/℃	ΔH_m/(J/g)	X_c/%
PP	114.18	96.93	163.30	98.07	51.0
MAPP	114.52	97.95	156.11	99.49	51.6
PPF20	121.98	76.45	164.81	78.23	40.2
PPF20M1	123.37	83.84	164.28	91.30	44.1
PPF20M2	123.23	84.47	163.70	83.91	44.5
PPF20M5	122.83	91.81	163.84	94.08	48.3
PPF20M10	123.08	85.47	163.50	89.00	45.0

图 4-82（a）为麦秸纤维为 20%时，不同 MAPP 添加量下麦秸纤维-PP 复合材料从 200℃冷却至 25℃过程中的 DSC 图谱。聚合物的结晶动力学分析表明，麦秸纤维的加入为融熔 PP 的结晶过程提供了成核物质，当加入 MAPP 时，可以加速麦秸纤维的成核过程，促进纤维-基体界面晶层的形成。相对于未添加 MAPP 的麦秸纤维-PP 复合材料，添加了 MAPP 的麦秸纤维-PP 复合材料的 T_c 提高了约 1℃，结晶速率略有提高；X_c 增加了 4%～8%，结晶度也有所提高。但是，在此试验中，MAPP 的添加量对麦秸纤维-PP 复合材料结晶过程影响不大。从麦秸纤维-PP 复合材料的第二次加热过程

的DSC图谱［图4-82（b）］来看，添加了MAPP的麦秸纤维-PP复合材料的熔融焓显著增加，但在此试验中，MAPP的添加量与麦秸纤维-PP复合材料的熔融吸热峰没有相关性。

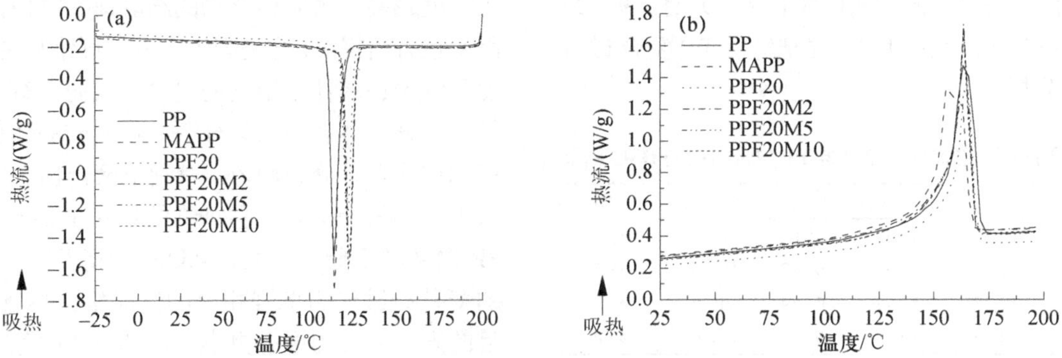

图4-82　不同MAPP添加量下的DSC图谱

（a）冷却过程；（b）第二次升温过程

3）麦秸纤维添加量对结晶性能的影响

表4-18为MAPP添加量为2%时，麦秸纤维不同添加量下（质量比分别为0、10%、20%、30%、40%、50%），麦秸纤维-PP复合材料的DSC分析结果。

表4-18　麦秸纤维不同添加量下麦秸纤维-PP复合材料的DSC结果

试样	T_c/℃	ΔH_c/(J/g)	T_m/℃	ΔH_m/(J/g)	X_c/%
PP	114.18	96.93	163.30	98.07	51.0
MAPP	114.52	97.95	156.11	99.49	51.6
PPF10M2	120.93	89.04	164.88	89.92	46.9
PPF20M2	123.23	84.47	163.70	83.91	44.5
PPF30M2	124.06	79.30	163.81	86.58	41.7
PPF40M2	125.82	59.29	164.30	63.65	31.2
PPF50M2	126.14	58.83	165.06	63.24	31.0

图4-83（a）为不同麦秸纤维添加量下麦秸纤维-PP复合材料从200℃冷却至25℃过程中的DSC图谱。从DSC图谱上可以看到，纤维的加入显著地提高了聚合物基体的结晶温度（T_c），并且随着麦秸纤维含量的增加，T_c逐渐增加。当麦秸纤维的添加量从10%增至50%时，复合材料的T_c从121℃增加至126℃。纤维在PP的结晶过程中起到成核物质的作用，在基体物质由熔融状态下开始冷却的过程中可以提高PP的结晶速率。当纤维的添加量越多时，可以成核的物质就越多，PP的结晶速率就越快。尽管麦秸纤维-PP复合材料的结晶温度随着纤维添加量的增加而有所提高，但是，麦秸纤维-PP复合材料的结晶度（X_c）却随着麦秸纤维添加量的增加而递减，这可能是由麦秸纤维的稀释作用造成的。

图4-83（b）为不同麦秸纤维添加量下麦秸纤维-PP复合材料在第二次升温过程中的DSC图谱。对于纯PP材料，其熔融吸热峰出现在温度为163℃时，当麦秸纤维添加至PP中，麦秸纤维-PP复合材料的熔融吸热峰温度略有提高，并随着麦秸纤维添加量的增加而略有增加。但是，麦秸纤维-PP复合材料的熔融焓（ΔH_m）却逐渐降低。

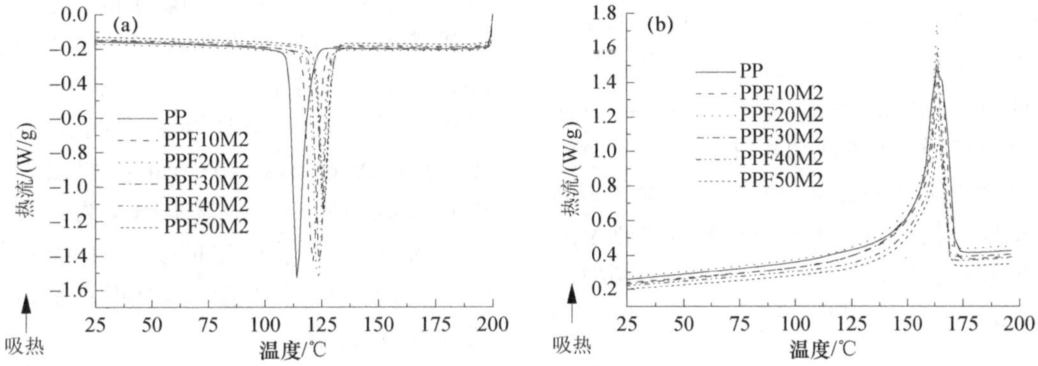

图4-83　不同麦秸纤维添加量下的DSC图谱

（a）冷却过程；（b）第二次升温过程

4）麦秸纤维形态对结晶性能的影响

表 4-19 为麦秸纤维添加量为 20%、MAPP 添加量为 2%时，麦秸纤维不同形态下（＜9 目、9～28 目、28～35 目、＞35 目），麦秸纤维-PP 复合材料的 DSC 分析结果。

表 4-19 不同纤维形态时麦秸纤维-PP 复合材料的 DSC 结果

试样	T_c/℃	ΔH_c/(J/g)	T_m/℃	ΔH_m/(J/g)	X_c/%
＜9 目	121.26	78.32	165.61	83.67	41.2
9～28 目	122.79	79.21	164.02	81.36	41.7
28～35 目	122.71	87.03	164.34	91.16	45.8
＞35 目	123.66	85.18	163.88	88.16	44.8

图 4-84（a）为麦秸纤维的尺寸形态对麦秸纤维-PP 复合材料结晶过程的影响。麦秸纤维的粒径对 PP 的结晶过程有影响。粒径越小，PP 开始结晶的温度越高，表明聚合物的结晶速率越快，同时结晶率也有所提高。这是因为当麦秸纤维粒径较小时，麦秸纤维在基体中聚集的现象会减弱，有利于麦秸纤维在整个体系中均匀分散，在相同的体积内，成核物质增多且分布均匀，有利于聚合物 PP 的结晶。从表 4-19 来看，当麦秸纤维的尺寸在 28～35 目时，PP 的结晶率最大，达到 45.8%，高于以大于 35 目的麦秸纤维作为增强相时的结晶率。尽管大于 35 目的麦秸纤维的形态更小，但其组成中除了细小纤维外，还含有大量的麦秸粉末，这些细小的粉末对聚合物的结晶过程可能产生不利的影响。

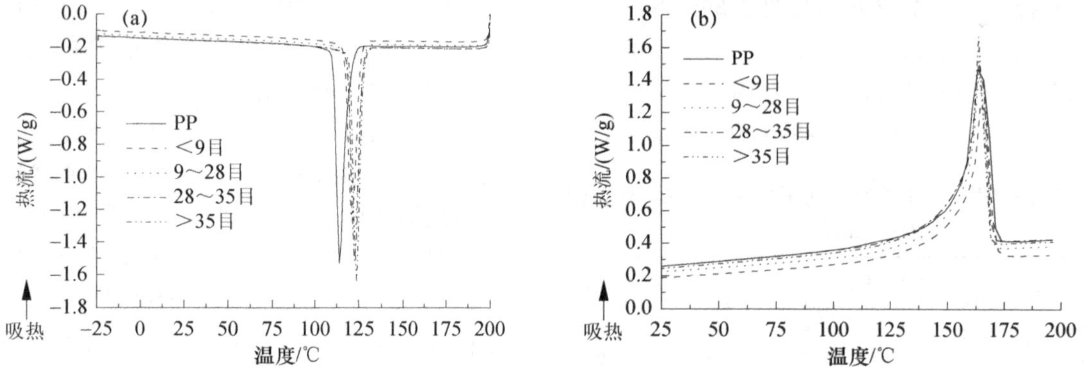

图 4-84 不同纤维形态下的 DSC 图谱

（a）冷却过程；（b）第二次升温过程

4.5.4.4 麦秸纤维-PP 复合材料的热流变性能

植物纤维的加入可以降低复合材料的生产成本、改善其力学性能，但却限制了基体物质的流动。一般来讲，聚合物材料是通过在聚合物熔融温度以上流动成型而获得的，聚合物具有的流动和形变能力称为材料的流变性。加工过程中聚合物的流变性质主要表现为黏度的变化。黏度是液体和所有能流动物体的特性，黏度越高，材料抵抗变形的能力越强，越难流动和成型；反之亦然。根据流动过程中聚合物黏度与应力或应变速率的关系，可将聚合物分为牛顿型流体和非牛顿型流体。对于牛顿型流体，其流动行为称为牛顿型流动，黏度（μ）按式（4-6）计算。

$$\tau=\mu\frac{\mathrm{d}u}{\mathrm{d}y} \tag{4-6}$$

式中，τ 为剪切应力；$\frac{\mathrm{d}u}{\mathrm{d}y}$ 为垂直方向上液层间的速度梯度或剪切速率。

对于牛顿型流体来说，其黏度为一常数，称为牛顿黏度，不随剪切速率而变化。凡不遵循牛顿流动定律的流体，统称为非牛顿型流体，大多数聚合物都表现为非牛顿型流体，非牛顿型流体的黏度为非牛顿黏度［或表观黏度（η_a）］。非牛顿型流体的剪切力与剪切速率呈非线性关系，用来描述两者之间关系的公式很多，其中由 Ostwald-de Waele 提出的指数定律是较为成功的一个。该定律认为，聚合物黏性液体在定温下于给定的剪切速率范围内流动时，剪切力和剪切速率具有指数函数关系，按式（4-7）计算。

$$\tau=K\left(\frac{\mathrm{d}u}{\mathrm{d}y}\right)^n \tag{4-7}$$

式中，K 为黏度系数，相当于牛顿流体的流动黏度 μ，是液体黏稠性的一种量度；n 为流动指数，用来表征液体偏离牛顿型流动的程度。

对假塑性（pseudoplastic）流体，$n<1$。n 偏离 1 的程度越大，表明材料的假塑性（非牛顿性）越强；n 与 1 之差，反映了材料非线性性质的强弱。

1）预处理对热流变性能的影响　在以纤维为增强材料的聚合物基复合材料的制造过程中，纤维的加入会显著地改变聚合物的热流变性能，对复合材料的生产工艺将产生重要的影响。麦秸纤维-PP 复合材料的热流变特性在 ARES-LS 流变仪（Rheometric Scientific）上进行。采用平板模式进行测试，板的直径为 25mm，测试时两平行板间的间距为 1.3mm。先利用逐步扫描法测试试样在 0.01Hz、1Hz 时的稳态黏弹性区域，然后利用稳态扫描模式测试试样在 170℃、180℃及 190℃时较低剪切频率范围内（0.01～$0.1s^{-1}$）黏度的变化。

图 4-85 为麦秸纤维-PP 复合材料在 170℃时的黏度与剪切速率的关系。从图 4-85 中可以明显看出，麦秸纤维的加入明显地增加了复合材料的黏度。麦秸纤维的加入打乱了 PP 分子的正常流动，同时也阻碍了 PP 分子在流动过程中分子链的形变。在低频时，这种现象表现得更为明显。当麦秸纤维经过预处理后制成复合材料时，其熔融流变性能发生了变化。在 170℃时，经预处理后，复合材料的熔融黏度依次为：碱化处理＞乙酰化处理＞MAPP 处理。纤维添加到 PP 基体中可以产生两个作用：①增加了纤维与基体的交互作用，增加了黏度；②在沿着管壁的熔融界面上，由于纤维的定向作用，提高了基体沿管壁纵向的滑移能力，降低了黏度。在三种处理中，碱化处理后，纤维与基体产生的交互作用明显增强，故复合材料的表观黏度达到 7.21×10^4Pa・s，明显高于其他两种处理。乙酰化处理后，复合材料的熔融黏度为 5.04×10^4Pa・s。这是由于经过乙酰化处理后，麦秸纤维发生断裂，在与 PP 的共混过程中由于受剪切、拉伸等的作用，麦秸纤维进一步断裂。纤维的形态越小，与基体形成交联网络结构的能力越强，基体的流动越易被限制，表现出的黏度就越大。MAPP 接枝处理后，复合材料的黏度为 3.14×10^4Pa・s。对于 MAPP 接枝处理，由于 MAPP 本身具有较高的熔融指数，其流动性能很强，当将其添加至纤维与基体中后，复合材料整体的流动性能加强。当麦秸纤维未经任何预处理时，其复合材料的熔融黏度低于任何预处理的复合材料的熔融黏度，为 3.05×10^4Pa・s，可能是由麦秸纤维与基体未能形成较好的交互作用所致，进一步证明了纤维与基体之间未能形成良好的界面黏结强度。

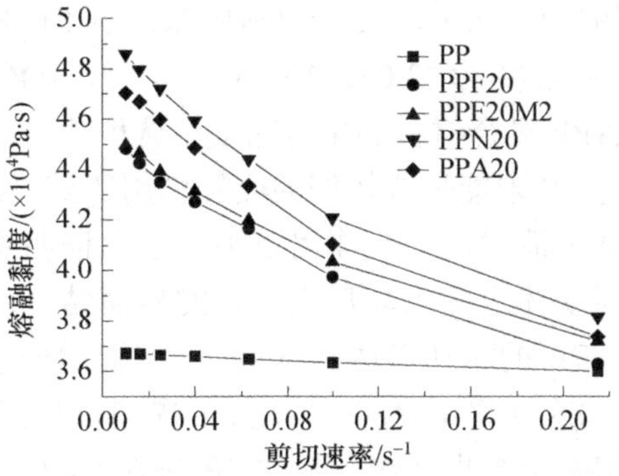

图 4-85　170℃时麦秸纤维-PP 复合材料熔融黏度与剪切速率的关系

2）麦秸纤维添加量对热流变性的影响

图 4-86 为 170℃时麦秸纤维添加量对麦秸纤维-PP 复合材料黏度的影响。从图 4-86 中可以明显看出，随着麦秸纤维含量的增加，麦秸纤维-PP 复合材料的黏度迅速增加。在低频时，当纤维的含量越高时，这种现象越明显。在 170℃、$0.01s^{-1}$时，当麦秸纤维含量从 10%增至 30%时，复合材料的熔融黏度从 7.4×10^3Pa・s 增加至 4.4×10^4Pa・s。这表明随着麦秸纤维含量的增加，纤维与基体的交互作用随之增加，纤维与基体相互缠绕作用也增加，PP 的流动能力进一步受到限制，故其熔融黏度逐渐增加。熔融黏度的增加不利于纤维在基体中的均匀扩散。

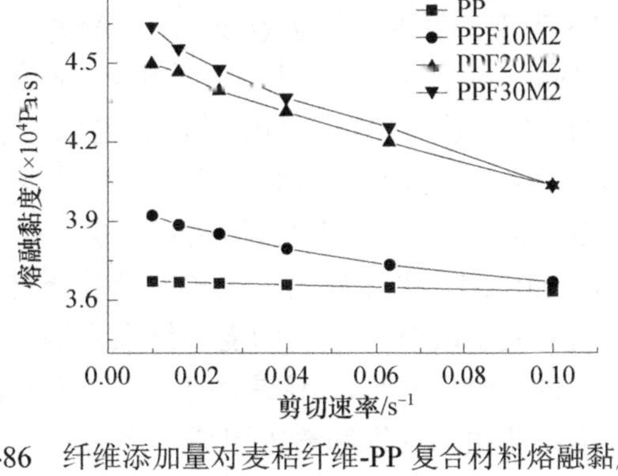

图 4-86　纤维添加量对麦秸纤维-PP 复合材料熔融黏度的影响（170℃）

3）MAPP 添加量对热流变性的影响 图 4-87 为麦秸纤维添加量为 20%时，MAPP 添加量对麦秸纤维-PP 复合材料黏度的影响。由于 MAPP 本身具有较高的熔融指数，其流动性能很强，当添加至纤维与基体中后，整个体系的流动性能加强。在 170℃、$0.01s^{-1}$ 时，随着 MAPP 添加量从 2%增加至 10%时，PP 的流动能力逐步提高，复合材料的熔融黏度从 3.14×10^4Pa·s 降低至 2.19×10^4Pa·s。复合材料中未添加 MAPP 时，其熔融黏度为 3.05×10^4Pa·s，低于添加了 2%MAPP 复合材料的熔融黏度，这可能是由麦秸纤维与 PP 未能形成较好的交互作用所致，麦秸纤维对基体流动的限制作用较小，进而证明了麦秸纤维与基体之间未能形成良好的界面结合。但是当 MAPP 的添加量达到 5%时，尽管增加了纤维与 PP 的交互作用，使其力学强度提高，但是 MAPP 高的熔融指数也加快了基体 PP 的流动，故其熔融黏度仍低于未添加 MAPP 复合材料的熔融黏度，为 2.9×10^4Pa·s。

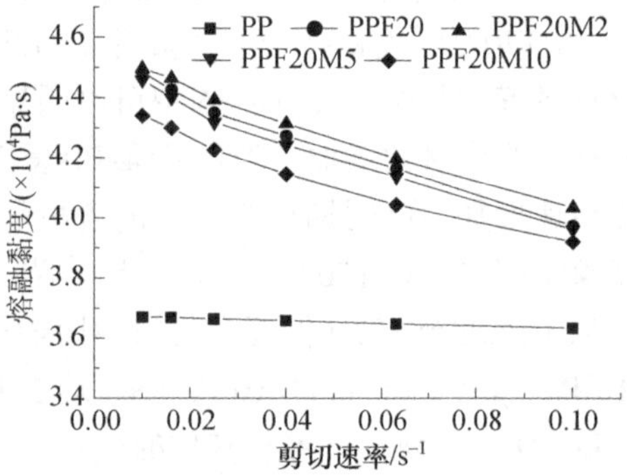

图 4-87 MAPP 添加量对麦秸纤维-PP 复合材料熔融黏度的影响（170℃）

4）纤维形态对复合材料热流变性的影响 图 4-88 为麦秸纤维添加量为 20%、MAPP 添加量为 2%时，麦秸纤维形态对麦秸纤维-PP 复合材料黏度的影响。在 170℃、$0.01s^{-1}$ 时，当以大于 35 目的麦秸纤维为增强相时，复合材料的黏度为 3.1×10^4Pa·s，高于其他目数的纤维（频率在 0.025～0.072Hz 段除外，在此频率段复合材料的熔融黏度低于以 28～35 目的麦秸纤维为增加相的复合材料的熔融黏度）。这是由于大于 35 目的麦秸纤维主要由短纤维和粉末组成，形态较小。当形态越小时，纤维与基体形成交联网络结构的能力越强，基体的流动阻力越大，表现出的熔融黏度就越大；随着纤维形态的增大，其纤维的定向作用逐渐成为影响复合材料熔融黏度的主要因素，故随着纤维形态的变大，复合材料的熔融黏度逐渐降低。当以小于 9 目的麦秸纤维为增强相时，其定向作用增强，基体沿着纤维纵向滑移的能力增强，体系的熔融黏度降低，为 2.4×10^4Pa·s。

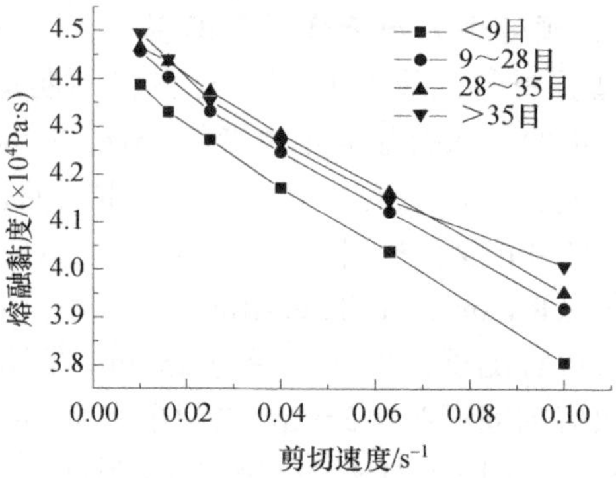

图 4-88 纤维的尺寸形态对麦秸纤维-PP 复合材料熔融黏度的影响（170℃）

5）温度对熔融黏度的影响 麦秸纤维-PP 复合材料在共混和成型过程中，温度会随之发生变化，故研究温度对熔融黏度的影响有利于制订较好的生产工艺。

图 4-89 为两种剪切频率下麦秸纤维-PP 复合材料在 170℃、180℃、190℃时熔融黏度的变化曲线。很明显，随着温度的升高，纯 PP 材料及麦秸纤维-PP 复合材料的黏度均明显下降。温度高，分子热运动加速，纤维与基体相互缠绕的概率降低，交互作用减弱，复合材料的熔融黏度就随之下降。对比图 4-89（a）、图 4-89（b），复合材料在低频时黏度降低的趋势明显高于高频，这可能是由于低频时，复合材料在两测试平板间可以保持较长时间的熔融状态。从图 4-89（b）可以看到，在较高的频率时，复合材料在 170℃、180℃时熔融黏度的变化呈现很好的规律性，但是当温度增加至 190℃时，复合材料的熔融黏度突然呈现无规律性，MAPP 接枝处理和未处理的复合材料熔融黏度急剧下降，甚至低于纯 PP 材料。这是由于在高温高频时，基体的流动速度迅速增加，试样整体在两测试平板间不能完整地保持熔融状态，部分材料已脱离测试平板，故黏度急剧降低，此时的熔融黏度已不能用来代表复合材料在此状态下真实的熔融黏度。

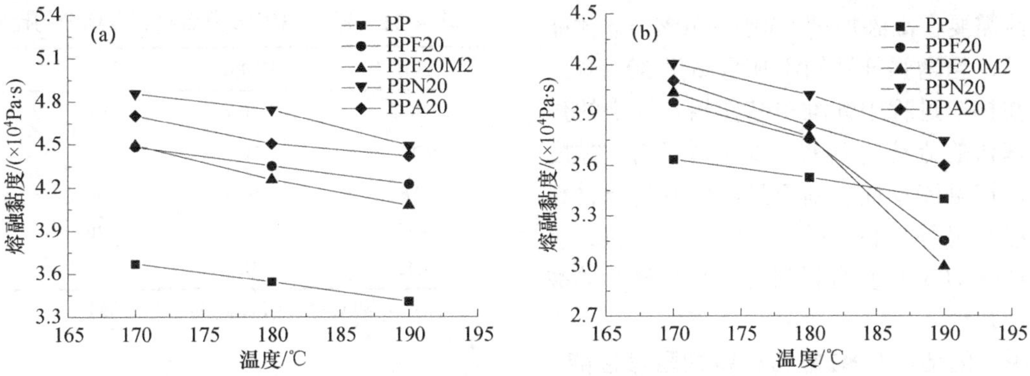

图 4-89 温度对麦秸纤维-PP 复合材料熔融黏度的影响

（a）γ=0.01s^{-1}；（b）γ = 0.1s^{-1}

图 4-90 为 10%、20%、30%的纤维含量时麦秸纤维-PP 复合材料在 170℃、180℃、190℃时的熔融黏度变化。很明显，随着温度的升高，纯 PP 材料及复合材料的熔融黏度均明显下降。温度高，分子热运动加速，麦秸纤维与基体相互缠绕的概率降低，交互作用减弱，复合材料的熔融黏度就随之下降。当麦秸纤维的添加量越低时，麦秸纤维-PP 复合材料的流变性质越接近于纯 PP 材料，变化也呈规律性变化；随着麦秸纤维含量的增加，麦秸纤维-PP 复合材料熔融黏度的变化越来越不呈现规律性。当麦秸纤维含量为 40%、50%时，由于基体流动阻力过大，利用平板流变法很难测得复合材料的熔融黏度。

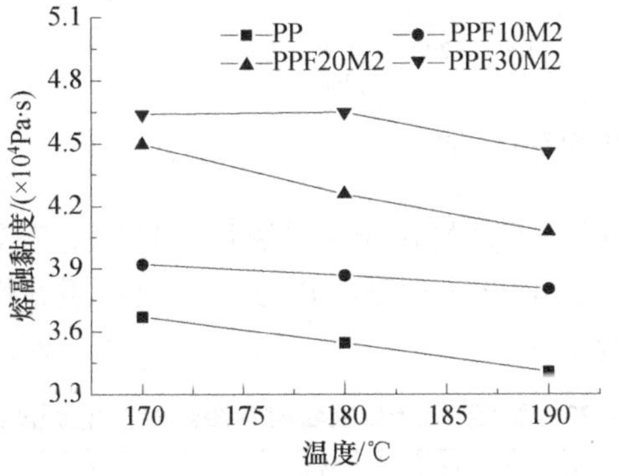

图 4-90 温度对麦秸纤维-PP 复合材料熔融黏度的影响（γ=0.01s^{-1}）

通过对麦秸纤维-PP 复合材料在不同温度、不同频率下的热流变特性研究可以优化共混过程中的工艺参数，调整温度、转数和压力，从而使体系的流动状态保持在一个较为稳定的范围，有利于提高产品的性能，降低对设备的损耗。

4.5.4.5 秸秆-热塑性塑料复合材料的阻燃性能

1）稻壳-HDPE 复合材料的阻燃性能 与木质原料作为热塑性塑料的增强材料相比，禾本科植物如水稻、小麦、竹类、草坪草体内的硅含量都很高，表现为纤维状、片状、柱状等不同形态。植物体内的硅通常以水溶性的单硅酸分子形式[$Si(OH)_4$]进入，其羟基与各种亲水组分通过分子间相互作用力形成—SiO（OH）单元，然后水解，在适当的条件下形成无定形的硅胶，沉积在细胞壁、细胞间隙和表皮细胞上。这些硅物质具有精确的遗传控制性，呈现纳米水平的精巧结构，是人类目前无法制造出来的。有研究显示，利用稻壳中本身存在的纳米二氧化硅可以显著地降低稻壳/高密度聚乙烯复合材料的平均热释放速率（表 4-20），而且纳米二氧化硅高的比表面积和空隙结构对燃烧过程中产生的烟气具有吸附能力。

表 4-20 稻壳-HDPE 复合材料的阻燃性能

试样	热释放速率峰值/(kW/m²)	总热释放量/(MJ/m²)	点燃时间/s
HDPE	663（260s）	88.6	76
RH-20	578（140s）	80.0	23
RH-50	275（75s）	86.5	30
	279（245s）		
RH-70	166（70s）	68.4	33
	227（200s）		

注：括号内为热释放速率峰值出现的时间

由于稻壳中所含的二氧化硅的含量为 13%～22%，依靠原料中本身存在的二氧化硅赋予复合材料阻燃性需要在高添加量（50%～70%）下才能实现。但是，当增强纤维的添加量高于 30%时，复合材料在挤塑过程中纤维与基体相互缠绕的作用增加，基体的流动能力进一步受到限制，黏度逐渐增加，熔融流变性急剧下降，影响复合材料的加工性能。另外，利用原料中本身存在的二氧化硅阻燃稻壳-HDPE 复合材料时，复合材料的被点燃时间会减少。

2）APP-稻秸-HDPE 复合材料的阻燃性能

为了改善复合材料的加工特性和延长复合材料的被点燃时间，可以通过降低增强相的添加量，同时在复合材料体系内添加阻燃剂来实现。聚磷酸铵（ammonium polyphosphate，APP）是一种含磷和氮的高效、无卤、低毒的阻燃剂，通式为$(NH_4)_{n+2}P_nO_{3n+1}$。以 HDPE 为基体相、以稻秸作为增强相、以 APP 为阻燃剂制备成稻秸-HDPE 复合材料，各组分的配比见表 4-21。采用锥形量热仪研究 APP 的添加量（0、8%、10%、12%）对复合材料阻燃性能的影响。

表 4-21 稻秸-HDPE 复合材料各组分的比例（%）

试样	HDPE	稻秸	聚磷酸铵
WPC	70	30[①]	0
RPC[②]	70	30	0
A8	62	30	8
A10	60	30	10
A12	58	30	12

注：①WPC 中 30%为木质纤维；②RPC 为稻秸-HDPE 复合材料

图 4-91 为稻秸-HDPE 复合材料在燃烧过程中的热释放速率、总热释放量曲线。从图 4-91 中可以看出，稻秸-HDPE 复合材料的燃烧曲线特性与木材-HDPE 复合材料相似。在 60～360s 时，稻秸-HDPE 复合材料的热释放速率峰值、总热释放量均低于木材-HDPE 复合材料。氧指数值测试结果显示，稻秸-HDPE 复合材料的氧指数值为 20.4%，略高于木材-HDPE 复合材料。这进一步说明，在增强相与高密度聚乙烯配比相同时，稻秸-HDPE 复合材料的阻燃性能高于木材-HDPE 复合材料。

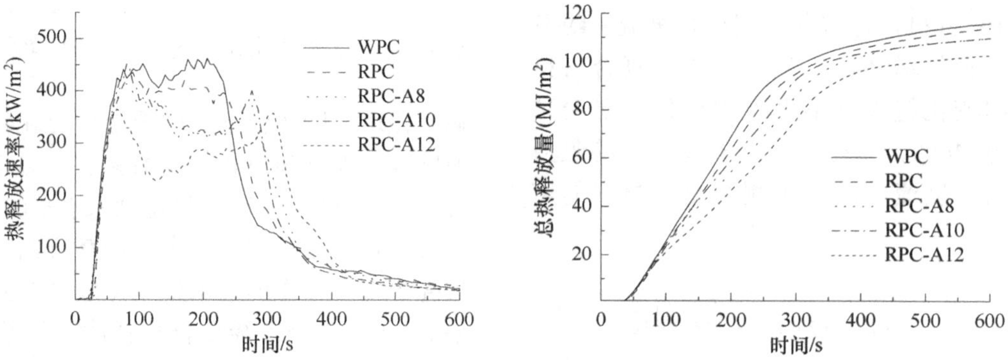

图 4-91 稻秸-HDPE 复合材料的燃烧特性曲线

当在稻秸-HDPE 复合材料中添加 APP 时，复合材料的热释放速率、总热释放量明显降低。当 APP 添加量为 12%时，稻秸-HDPE 复合材料的平均热释放速率、热释放速率峰值、总热释放量达到 $133kW/m^2$、$357kW/m^2$ 和 $105MJ/m^2$，比未添加 APP 时分别降低了 20.4%、20.7%和 11.0%。氧指数值测试显示，随着 APP 的增加，稻秸-HDPE 复合材料氧指数逐渐增加。当 APP 添加量达到 12%时，复合材料的氧指数值达到 23%，比未添加 APP 时增加了 12.7%。对氧指数结果的方差分析显示，APP 的添加量对氧指数值有显著影响（$P<0.05$）。氧指数值测试表明，在稻秸-HDPE 复合材料添加 APP 后，复合材料能从易燃性材料转变为自熄性材料。表 4-22 为稻秸-HDPE 复合材料阻燃性能的测试结果。

表 4-22 稻秸-HDPE 复合材料阻燃性能的测试结果

试样	平均热释放速率/(kW/m^2)	热释放速率峰值/(kW/m^2)	总热释放量/(MJ/m^2)	点燃时间/s	总烟释放量/(m^2/m^2)	氧指数值/%
WPC	165	471	117	23	1478	19.6
RPC	167	450	118	24	1455	20.4
RPC-A8	147	408	114	27	2042	22.1
RPC-A10	168	453	112	20	2116	22.3
RPC-A12	133	357	105	19	2044	23.0

将经锥形量热仪燃烧后的残炭研磨均匀后，进行形貌观测和元素组成分析。对稻秸-HDPE 复合材料残炭的形貌和化学成分做 SEM-EDS 测试，结果见图 4-92。稻秸-HDPE 复合材料残炭表面覆盖着颗粒物[图 4-92（a）]。经 EDS 测试，残炭的主要化学成分为 C、O、Si。Si 来自于稻秸，是水稻在生长过程中通过生物矿化作用沉积在稻秸表面所致。当采用稻秸作为 HDPE 的增强相时，在复合材料的燃烧过程中，伴随着有机质的热解，硅物质性质稳定，可以逐渐迁移到材料表面，起到一定的阻燃作用。因此，在增强相与 HDPE 配比相同时，稻秸-HDPE 复合材料的阻燃性高于木材-HDPE 复合材料。

图 4-92 稻秸-HDPE 复合材料残炭的断面形貌图

（a）RPC；（b）RPC-A8；（c）RPC-A10；（d）RPC-A12

当在稻秸-HDPE 复合材料中添加 APP 后，复合材料的残炭表面覆盖颗粒物和簇状物[图 4-92（b）～（d）]。颗粒物与簇状物相互交错分布。经 EDS 测试，残炭的主要化学成分为 C、O、P、Si。在稻秸-HDPE 复合材料燃烧过程中，APP 受热迅速分解成氨气和聚磷酸。聚磷酸是强脱水剂，可以催化稻秸中的聚糖发生酯化、脱水和交联反应，因此，稻秸-HDPE 复合材料的初始分解温度向低温方向移动，提前发生热降解。热解过程促进了炭层的形成，炭层隔绝材料与氧气的接触，在固相起阻止燃烧的作用；脱水过程中形成的水气和 APP 分解的氨气可以稀释气相中的氧气浓度，从而起到阻止燃烧的作用。另外，稻秸中含有的硅物质可以通过吸附和物理覆盖，减少燃烧过程中热量向材料内部的传递，同时，硅物质还可以和 APP 发生交联反应，起到稳定炭层的作用。

4.6 生物质-聚合物复合材料的性能

生物质-聚合物复合材料兼有热塑性塑料和木材的优良特性，制品维护费用低，能重复使用和回收再利用，环境友好，在世界范围内已经得到迅速发展，并且随着科学研究的深入开展，其生产技术进步较快，产品性能不断提高。然而，由于影响该材料使用性能的因素众多和发展时间相对较短等原因，目前国际上对于这类新材料性能的评价体系尚不健全。美国于 2004 年制定了针对生物质-聚合物复合材料主要物理力学性能评价的基础性标准 ASTM D 7031—2004《木塑复合材料产品物理力学性能评价标准指南》，之后于 2005 年又颁布了针对户外铺板和栏杆的产品分级标准 ASTM D 7032—2005《木塑复合材料铺板和栏杆系统（护栏或扶手）性能分级标准规范》。2007 年，我国出台了《奥运工程木塑复合板材/型材性能检测技术指南》，主要针对 2008 年奥运会工程建设用木塑复合板材/型材的质量进行检测。

生物质-聚合物复合材料的性能取决于多方面因素，包括原材料和助剂的性质、各种改性方法和处理技术、加工工艺和设备的选择、产品的设计等。其中，生物质增强材料的性质与形态、偶联剂与润滑剂、成型加工设备与模具对产品性能的影响更为突出。

4.6.1 物理力学性能

4.6.1.1 生物质-聚合物复合材料与木质材料的主要物理力学性能对比

在北美地区主要以木纤维或木粉（WF）为生物质增强材料制造生物质-聚合物复合材料［常称为木塑复合材料（wood-plastic composite，WPC）］，而欧洲则较多应用其他天然植物纤维，如黄麻、亚麻、稻壳等。生物质-聚合物复合材料生产中常用的聚合物为高密度聚乙烯（HDPE）、聚丙烯（PP）、聚苯乙烯（PS）和聚氯乙烯（PVC），聚合物种类不同，其生物质-聚合物复合材料的性能有较大差异。表 4-23 列举了三种典型市售木塑复合材料的主要物理力学性能，并与典型的木质材料进行了对比。

表 4-23 三种生物质-聚合物复合材料与实木和其他木质人造板材物理力学性能的对比

性能与检测标准	栎木①	松木①	OSB②	MDF③	WF-PVC④	WF-HDPE	WF-PP
弯曲强度/MPa，ASTM D790	96.0	78.0	20.7～27.6	34.5	42.0	19.6	47.9
弹性模量/GPa，ASTM D790	11.3	11.2	4.8～8.2	3.5	5.2	3.8	3.3
密度/(g/cm^3)，ASTM D143	0.61	0.48	0.64	0.64～0.80	1.20～1.30	1.12	1.05
吸水率/%，ASTM D1037	38.9	70.5	16.5	21.2	1.3	0.7	1.1

注：①含水率为 12%；②定向刨花板；③中密度纤维板；④木粉加入量为 40%

与木材和人造板材料等木质材料相比，木塑复合材料的弯曲强度和弹性模量都低于天然木材，与木质人造板大致相当。其中，采用木粉和聚氯乙烯或聚丙烯为原料生产的复合材料 WF-PVC 和 WF-PP，其弯曲强度高于定向刨花板和中密度纤维板，而 WF-PVC 的弹性模量高于中密度纤维板，这表明以聚氯乙烯或聚丙烯为原料可以生产出强度和刚性均较高的生物质-聚合物复合材料。

生物质-聚合物复合材料的密度相对木材及其他木质复合材料而言偏大，但是可以通过制造中空型材、发泡等技术获得具有较低表观密度的生物质-聚合物复合材料产品。

由于聚合物基体对生物质增强材料的包覆作用，复合材料的吸水率非常小，这样因吸水/干燥而导致的厚度膨胀/收缩问题基本不存在，同时因基本破坏了真菌生长的条件而具有优异的耐腐性能。

4.6.1.2 影响生物质-聚合物复合材料物理力学性能的主要因素

1）生物质增强材料的添加量 为了降低生物质-聚合物复合材料制品的成本同时提高木质感，人们总是希望添加更多的生物质增强材料。但是，随着生物质增强材料添加量的加大，熔体的流动性变差，不仅给成型加工提出了更高的要求，对生物质-聚合物复合材料的物理力学性能也有不同程度的影响。表 4-24 和表 4-25 分别是西黄松木粉-聚丙烯复合材料的物理性能和力学性能与木粉含量关系的实验结果（Stark and Berger，1997）。

表 4-24 木粉含量对西黄松木粉-聚丙烯复合材料物理性能的影响

木粉含量/%	密度/（g/cm^3）	熔融指数①/（g/10min）	出模收缩率/%	热变形温度/℃
0	0.87	15.70	1.46	55
20	0.95	9.50	0.76	69
30	0.98	6.30	0.59	76
40	1.04	3.20	0.41	85
50	1.09	2.60	0.36	89
60	1.13	0.01	0.26	91

注：①熔融指数是在 190℃条件下测定的

表 4-25 木粉含量对西黄松木粉-聚丙烯复合材料力学性能的影响

木粉含量/%	拉伸性能		弯曲性能		冲击性能	
	拉伸强度/MPa	拉伸模量/GPa	弯曲强度/MPa	弯曲模量/GPa	缺口冲击强度/(J/m)	无缺口冲击强度/(J/m)
0	28.5	1.31	34.7	1.03	15.0	600
20	26.5	1.99	41.6	1.89	15.4	128
30	24.6	3.24	43.1	2.58	19.0	95
40	25.5	3.71	44.2	3.22	20.8	76
50	23.0	4.25	41.8	3.66	20.5	58
60	20.1	4.56	38.8	4.04	21.1	41

（1）由于生物质材料的热变形温度较高，通常添加越多的生物质增强材料复合材料越表现出更高的热变形温度。

（2）由于在挤出成型加工的过程中生物质增强材料受到压缩，其密度往往接近于该生物质材料的实质密度，即构成生物质材料细胞壁物质的密度，它要比常用的热塑性聚合物的密度大。因此，随着生物质增强材料添加量的增加，生物质-聚合物复合材料的密度呈增加趋势。

（3）由于刚性生物质增强材料与聚合物之间的相互作用，聚合物分子的运动受到制约，因此随着生物质增强材料添加量的提高，熔融指数、出模收缩率均有一定程度的降低。

（4）随着生物质增强材料添加量的增加，生物质增强材料聚集成颗粒的现象可能会加剧，颗粒引起的应力集中及产生缺陷的概率加大，致使复合材料拉伸强度呈线性降低，但是拉伸模量却呈升高的趋势。

一般而言，随着生物质增强材料添加量的升高，生物质-聚合物复合材料的弯曲模量呈升高趋势，而弯曲强度先升高后下降，即添加适量的生物质增强材料有利于改善聚合物材料的弯曲性能。在通常的实验范围内，随着生物质增强材料添加量的升高，生物质-聚合物复合材料的缺口冲击强度有所升高，而无缺口冲击强度明显下降。

2）生物质增强材料的尺寸与形态 生物质材料通常以粉状、纤维状或碎料的形式作为热塑性聚合物的填料或增强材料，由于加工容易和原料丰富等原因，目前应用最多的生物质材料是木粉，往往由木材工业的加工剩余物如刨花、锯末等经进一步加工得到。经过筛分的木粉，常用目数来表征其粒度的大小。所谓目数是指颗粒可以通过筛网的筛孔尺寸，以每平方英寸（1in = 2.54cm）筛网内筛孔的数目表示。

Stark 和 Berger（1997）关于木粉目数对木粉-聚丙烯复合材料性能影响的研究结果分别列于表 4-26～表 4-28。

表 4-26 不同目数的木粉

目数①	目数范围		筛孔尺寸/mm		粒子尺寸均值/mm
	最小	最大	最小	最大	
35	40	30	0.425	0.600	0.513
70	80	60	0.180	0.250	0.215
120	140	100	0.106	0.150	0.128
235	270	200	0.053	0.075	0.064

注：①一定目数范围内的平均值

表 4-27 木粉-聚丙烯复合材料物理性能与木粉目数的关系（木粉含量 40%）

木粉和聚丙烯	密度/（g/cm^3）	熔融指数①（g/10min）	出模收缩率/%	热变形温度/℃
35 目	1.05	4.13	0.49	75
70 目	1.05	1.50	0.47	86
120 目	1.04	2.03	0.52	81
235 目	1.04	1.20	0.58	77
聚丙烯	0.87	15.70	1.46	55

注：①熔融指数是在 190℃条件下测定的

表 4-28 木粉-聚丙烯复合材料力学性能与木粉目数的关系（木粉含量 40%）

目数	拉伸性能			弯曲性能		冲击强度	
	拉伸强度/MPa	拉伸模量/GPa	拉伸断裂伸长率/%	弯曲强度/MPa	弯曲模量/GPa	缺口冲击强度/(J/m)	无缺口冲击强度/(J/m)
35	21.7	3.20	2.27	38.7	2.69	22.3	54
70	25.5	3.61	2.27	42.6	3.15	19.7	79
120	24.9	3.47	2.29	42.9	3.00	18.7	84
235	24.3	3.46	2.11	41.4	2.89	16.0	91

可见，木粉粒径对复合材料的密度基本没有影响，主要是因为在挤出成型的过程中木粉颗粒受到压缩达到很高的密度，因此复合材料的密度基本不依赖于木粉的粒径。而木粉的粒径对复合材料的熔融指数有一定影响，其趋势表现为随木粉目数的增大，熔融指数降低，可能是由于随木粉目数增大，木粉粒子的比表面积增大，与聚合物的相互作用增强，聚合物的分子运动被束缚的程度升高，导致聚合物的流动性降低。

类似地，熔体的出模收缩率表现为随木粉粒径减小而略有增大的趋势，可能是聚合物分子受约束而残余的应力随着木粉粒径的减小而升高所引起的。此外，粒径尺寸适度的木粉，其复合材料的热变形温度较高，增大或减小木粉的粒径都会使复合材料的热变形温度降低，这可能与木粉粒径增大本身对复合材料热变形温度的直接贡献同木粉粒径减小对热变形温度的间接贡献趋势恰好相反有关，结果是粒径中等的木粉对于提高复合材料的热变形温度有利。

从木粉-聚丙烯复合材料力学性能试验结果（表 4-28）可知，木粉粒径对缺口冲击强度和无缺口冲击强度的影响趋势是相反的：随木粉粒径减小，缺口冲击强度降低，而无缺口冲击强度升高。Zaini 等（1996）也获得了类似的结果。这种现象可以解释为较大的木粉粒径在冲击断裂时需要的断裂面积较大，抵抗断裂的延展能较大，即缺口冲击强度表现更高的值，而对于无缺口冲击强度来说，较大的木粉粒径更容易在界面处引起应力集中，表现为无缺口冲击强度较低。从表 4-28 还可以看出，在实验选定的目数范围内（35～235 目），添加 35 目木粉的生物质-聚合物复合材料表现出的拉伸强度和拉伸模量、弯曲强度和弯曲模量都是最低的，而添加 70 目木粉的生物质-聚合物复合材料的拉伸和弯曲性能最高，再增大木粉的粒径，复合材料的拉伸和弯曲性能略呈降低趋势。

对比分析 35 目和 70 目两种规格木粉的几何形状[图 4-93（a）、（b）]，并与力学试验结果（表 4-28）对比，70 目木粉比 35 目木粉具有明显高的长径比，同时具有较高的力学性能，这说明生物质增强材料的长径比是影响复合材料性能的重要因素。

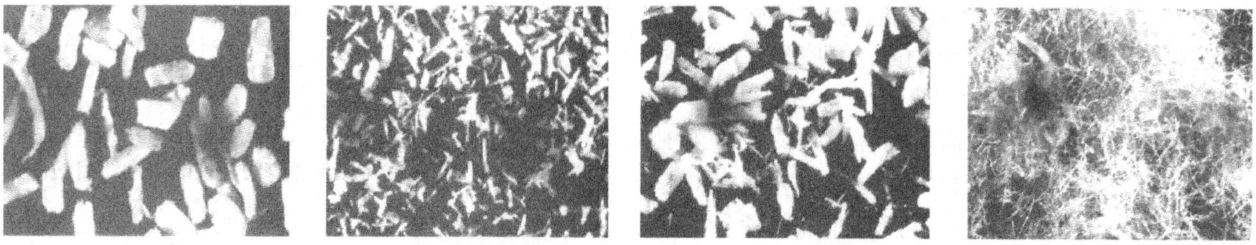

(a) 35目实验木粉　(b) 70目实验木粉　(c) 40目市售木粉　(d) 40目精制木纤维

图 4-93 木粉和木纤维的电镜照片

进一步研究生物质增强材料形态对复合材料力学性能的影响，对比分析用 40 目市售木粉[图 4-93（c）]和 40 目精制木纤维[图 4-93（d）]制备的聚丙烯木塑复合材料的力学性能（表 4-29），可以看出，具有较大长径比的木纤维比木粉具有更好的增强作用。

表 4-29 木粉和木纤维增强的聚丙烯复合材料的力学性能对比（添加量均为 40%）

增强材料（40 目）	拉伸性能			弯曲性能		冲击强度	
	拉伸强度/MPa	拉伸模量/GPa	拉伸断裂伸长率/%	弯曲强度/MPa	弯曲模量/GPa	缺口冲击强度/(J/m)	无缺口冲击强度/(J/m)
木粉	25.4	3.87	1.9	44.2	3.03	22.3	73
木纤维	28.2	4.20	2.0	47.9	3.25	23.2	91

Albano 等（2001）发表了木粉（20～40 目）和剑麻纤维（平均长度为 10mm）作为聚丙烯塑料填料或增强材料的研究结果，同样表明剑麻纤维增强的聚丙烯复合材料的拉伸强度、拉伸断裂伸长率和冲击强度均高于木粉填充的聚丙烯复合材料，剑麻纤维比木粉具有更大的增强作用。

王海刚等（2006）用常温机械法制备了一种用于生物质-聚合物复合材料的针状木纤维，这种木纤维不但加工成本低，而且制得的复合材料具有更好的力学性能和独特的装饰效果，表 4-30 给出了针状木纤维-高密度聚乙烯复合材料的力学性能测试结果，并与木粉-高密度聚乙烯复合材料进行对比。表 4-30 中制备复合材料的基本配方为：长度为 3～4mm、长径比为 8～11 的针状木纤维含量 60%，MAPE 含量 4%，石蜡含量 0.3%，高密度聚乙烯型号 2200J，采用一步法挤出成型工艺；对比组：木粉 40～80 目，其他组成及条件同针状木纤维组。

表 4-30 针状木纤维-高密度聚乙烯复合材料与木粉-高密度聚乙烯复合材料力学性能对比

复合材料	弯曲强度/MPa	弯曲强度 V	弯曲模量/GPa	弯曲模量 V	拉伸强度/MPa	拉伸强度 V
针状木纤维-高密度聚乙烯	58.70	0.04	2.96	0.06	39.58	0.04
木粉-高密度聚乙烯	55.02	0.02	2.42	0.03	36.81	0.06

复合材料	拉伸模量/GPa	拉伸模量 V	拉伸断裂伸长率/%	拉伸断裂伸长率 V	无缺口冲击强度/(kJ/m^2)	无缺口冲击强度 V
针状木纤维-高密度聚乙烯	4.01	0.05	2.22	0.05	12.74	0.03
木粉-高密度聚乙烯	3.39	0.13	2.94	0.19	13.61	0.06

注：V 是每组 5 个试样测试结果的变异系数

表 4-30 表明，除无缺口冲击强度和拉伸断裂伸长率略低外，针状木纤维-高密度聚乙烯复合材料的其他各项力学性能都高于相同工艺条件下制备的木粉-高密度聚乙烯复合材料。

3）偶联剂 生物质-聚合物复合材料中的两种主要成分，生物质增强材料和热塑性聚合物的表面性质有很大不同，生物质增强材料表面存在大量的羟基，为极性材料，而热塑性聚合物多为非极性材料，二者之间界面相容性较差，界面黏结力很小。为了提高生物质增强材料与热塑性聚合物之间的界面黏结力，通常采用三种方法来改善生物质/聚合物界面相容性：一是对生物质增强材料表面进行物理或化学改性；二是对塑料进行改性处理；三是添加相容剂或偶联剂。

偶联剂是分子中含有两种不同性质基团的化合物，其中一种基团可与增强材料形成化学结合或发生很强的物理作用，另一种基团可与基体形成化学结合或发生很强的物理作用，从而起到联结增强材料与基体树脂之间的桥梁作用。添加偶联剂，具有用量少、效果明显、使用方便和成本较低的优点，是最为常用的改善界面相容性的方法。

迄今，研究及投入使用的偶联剂已超过 40 种。这些偶联剂按化学组成可分为无机偶联剂、有机偶联剂、有机-无机偶联剂三大类。有机偶联剂包括丙烯酸酯类、酰胺及酰亚胺类、酸酐类、氯代三嗪及其衍生物类、环氧化合物类、异氰酸酯类、有机酸类、聚合物类（均聚物、共聚物和马来酸酐改性的聚合物）及单体类（需要同自由基引发剂配合使用以实现同聚合物基体的接枝共聚改性）等。仅有极少的无机偶联剂如硅酸盐类被用于生物质-聚合物复合材料。有机-无机偶联剂如硅烷、钛酸酯、铝酸酯类偶联剂等。有机偶联剂由于在分子结构中具有多官能团，这些官能团如异氰酸酯基（—N═C═O）、酸酐基[—(CO)—O—(CO)—]等与生物质材料表面的羟基形成共价键或氢键结合（Zadorecki and Flodin，1985；Raj et al.，1988；Maldas and Kokta，1989，1991；Chtourou et al.，1992），或者靠接枝共聚作用改性聚合物基体，形成强的界面结合，甚至产生交联作用。无机偶联剂的作用主要起到分散增强材料和促进界面相容性的作用（Dalväg et al，1985；Maldas and Kokta，1989，1990 a，1990b）。有机偶联剂的性能优于无机偶联剂，因为这类偶联剂能在界面形成较强的黏结。有机-无机偶联剂的作用通常介于有机偶联剂和无机偶联剂之间。

一系列偶联剂已经在生产及研究中应用或被试验过，最常用的偶联剂是异氰酸酯类、酸酐类、硅烷类及酸酐改性的共聚物类，如 PMPPIC、MAPP、MAPE（马来酸酐接枝聚乙烯）和 MAPS（马来酸酐改性聚苯乙烯）等。尤其是马来酸酐接枝改性的聚丙烯（MAPP）成为一种备受关注的生物质-聚合物复合材料用偶联剂。在生物质-聚合物复合材料生产中，使用两种 MAPP：一类是高分质量（相对分子质量＞30 000）的 MAPP，如 63H、13H 及 Hercoprime G（Kishi et al.，1988；Han et al.，1989；Takase and Shirasishi，1989）；另一类具有 20 000 以下的相对分子质量，如 Epolene E-43（或 47L）和 15L。酸值（偶联剂官能度的度量）和分子质量是影响 MAPP 在生物质-聚合物复合材料中有效性的两个重要因素。一般具有高分子质量和高酸值的 MAPP 能够有效地提高生物质-聚合物复合材料的性能。

在挤出成型中偶联剂的用量通常为生物质增强材料质量的 2%～8%，仅占复合材料总质量的 1%～4%。一般，随着偶联剂含量的增加，生物质-聚合物复合材料的力学性能将升高到一定限度，再继续增加偶联剂的用量，复合材料的力学性能反而逐渐降低（Lu et al.，2000）。过高的偶联剂用量导致复合材料力学性能降低的原因可能在于：①产生了不同副产物；②增大了未反应或未接枝的偶联剂的含量；③偶联剂之间发生了干扰反应；④偶联剂本身力学性能低对复合材料力学性能的不利影响，甚至形成弱界面层。因此，过量使用偶联剂不但不经济，而且有可能对复合材料的性能产生不利影响。

4）润滑剂 在生物质-聚合物复合材料成型加工过程中，常常需要加入润滑剂来改善熔体的流动性、生物质增强材料的分散性和挤出制品的外观质量。在熔融状态下，聚合物熔体具有较高的黏度，聚合物熔体内部、聚合物熔体与生物质增强材料之间，以及物料与挤出机的料筒、螺杆之间会产生较大的摩擦力。过高摩擦力的存在，会加速聚合物和生物质增强材料发生热降解；同时也会影响熔体流动，导致生产能力和制品质量下降，特别是外观变差。

润滑剂是降低熔体黏度、改善流动性、减小加工设备（如料筒、螺杆）与物料摩擦和黏附作用、促进加工成型、提高生产能力和制品外观质量的一类添加剂。润滑剂的品种很多，化学组成各异，但其分子结构有一个共同的特点：有非极性部分（通常为长链烃基），往往还有极性部分（通常有极性基团）。碳链的结构和长度往往是影响润滑行为的主要因素。

按作用机理可将润滑剂分为两大类，即内润滑剂和外润滑剂。内润滑剂（分子中不一定含有极性基团）利用其与高分子聚合物之间一定的相容性，少量可以进入高分子聚合物的分子链之间，削弱了聚合物分子间的内聚力，减小了分子间的相互摩擦，使其熔体黏度降低，流动性增强；外部润滑作用是一种界面润滑，润滑剂（通常含有极性基团）与聚合物的相容性很差，在成型加工的过程中很容易从聚合物内部迁移到表面，在界面处润滑剂分子取向排列，极性基团向着金属表面，通过吸附甚至化学键合在设备的表面形成一个润滑剂分子层，由于润滑剂分子与聚合物之间的相互作用较弱，因此可以降低聚合物与设备表面的摩擦力，防止其黏附于设备表面。

通常一种润滑剂往往兼备内、外两种润滑作用，二者之间并无严格的界限。同一种润滑剂在不同的聚合物中或不同的加工条件下会表现出不同的润滑作用。对于生物质材料增强的聚合物复合材料，常常将内、外润滑作用不同的组分配合起来使用。例如，1, 2-亚乙基双硬脂酰胺（EBS）和硬脂酸锌（ZnSt）复合体系就是一种有效的复合润滑剂。

生物质-聚合物复合材料常用的润滑剂有硬脂酸钙、硬脂酸锌、白油（精制矿物油的俗称，为稳定性很高的饱和烃结构，通常相对分子质量为 250～450）、聚乙烯蜡、聚丙烯蜡、褐煤酯蜡、

1, 2-亚乙基双硬脂酰胺（EBS）等。美国 Struktol 公司介绍了许多新的润滑剂，如用于 PVC 木粉复合材料的 TPW-012、用于聚烯烃木粉复合材料的 TPW-101（薛平等，2004）。据称，Honeywell 公司 Optipak 300 型助剂兼具润滑剂和偶联剂的双重功效，用于 PE 和 PP 基生物质-聚合物复合材料既能提高产量又能改善产品性能（Markarian，2002）。

润滑剂的用量一般为物料总量的 0.25%～2%，同时应考虑润滑剂与其他助剂之间是否存在相斥作用。例如，马来酸酐及其接枝共聚物类偶联剂与硬脂酸盐润滑剂能发生化学反应，一起使用时可能会导致产品质量和产量降低（Markarian，2002）。抗冲击改性剂可能会使外润滑剂体系失效，应考虑适当多用些外润滑剂。当添加无机填充剂时，随着填充剂粒径减小和填充剂由未活化到活化处理，润滑剂应适当增加（王经武，2004）。

5）冲击改性剂　用木粉、木纤维作为热塑性聚合物的填料或增强材料具有很大的优势，因为这种木质增强材料相对于无机填料，具有密度低、是可再生材料、对设备磨损低、能赋予复合材料木质感等优点。但是随着添加量的增加，复合材料冲击强度下降显著（Oksman and Lindberg，1995），制约了生物质-聚合物复合材料向更广范围推广应用。提高生物质-聚合物复合材料的抗冲击性能，通常有如下几种途径：①对聚合物基体进行增韧改性；②优化界面结合作用，形成柔性的界面层；③优化生物质增强材料的相关因子，如添加量、颗粒大小、分散性及纤维材料的长径比等。

通过添加冲击改性剂可以对聚合物基体进行增韧，并且可能在界面处形成柔性界面层，是一种重要的增韧改性方法。Oksman 和 Lindberg（1998）利用三元乙丙橡胶（EPDM）、马来酸酐改性 EPDM（EPDM-MA）和马来酸酐改性苯乙烯-乙烯-丁二烯三元嵌段共聚物（SEBS-MA）等热塑性弹性体，对用木粉-PP 复合材料进行了冲击改性研究，发现 EPDM-MA 和 SEBS-MA 使复合材料的冲击性能有很大提高，并且经马来酸酐改性的 EPDM 和 SEBS 可以在界面处形成柔性的界面层，提高了复合材料的韧性，但降低了复合材料的弹性模量，如表 4-31 所示。

表 4-31　木粉-聚丙烯复合材料的力学性能

试样编码	拉伸性能			冲击强度（悬臂梁）	
	拉伸强度/MPa	拉伸模量/GPa	拉伸断裂伸长率/%	缺口冲击强度/(J/m)	无缺口冲击强度/(J/m)
1 空白样	27.9	2.4	3.1	26.1	85.8
2 MAPP	32.4	2.4	2.6	23.5	86.1
3 EPDM	22.0	1.9	3.8	38.2	97.3
4 EPDM+MAPP	27.7	1.9	3.1	34.4	105.3
5 EPDM-MA	21.0	1.6	3.8	47.7	144.6
6 EPDM-MA+MAPP	22.9	1.8	3.6	47.9	146.0
7 SEBS-MA	29.3	1.9	3.9	51.2	153.6
8 SEBS-MA+MAPP	30.5	1.9	4.2	54.1	167.4

宋永明等（2005）进一步研究了 EPDM-MA 对木粉-聚丙烯复合材料静态力学性能和动态力学性能的影响，结果表明，EPDM-MA 起到了对木粉-聚丙烯复合材料既增韧又增强的双重作用。在木粉-LDPE 复合材料体系中，当 SEBS-MA 的添加量达到 4%时，复合材料的拉伸强度达到了最大值。同样 SEBS-MA 的添加提高了复合材料的冲击强度和拉伸断裂伸长率，但降低了复合材料的刚性（Oksman and Lindberg，1998）。

生物质-聚合物复合材料体系中常用的冲击改性剂有 SEBS-MA、EPDM-MA、EPDM、PIB（聚异丁烯）、POE（聚烯烃弹性体）、CPE（氯化聚乙烯）、EVA（乙烯乙酸乙烯酯共聚物）、NBR（丁腈橡胶）、SBS（苯乙烯-丁二烯-苯乙烯弹性体）、SEBS 和 ACR（丙烯酸酯类共聚物树脂）等。

6）发泡剂　尽管生物质-聚合物复合材料具有诸多优点，但目前其应用领域主要在非结构性材料和对抗冲击性要求较低的场合。生物质-聚合物复合材料的密度几乎接近多数实木的两倍（Mengeloglu and Matuana，2001；Matuana and Li，2004），过高的密度不但限制了复合材料的应用领域，而且使成本偏高。经发泡后的生物质-聚合物复合材料密度得到降低，节约了成本，同时，由于存在良好的泡孔结构，可钝化裂纹尖端并有效阻止裂纹的扩张，从而有利于提高复合材料的抗冲击性能。此外，发泡的生物质-聚合物复合材料制品比非发泡性的制品更具木质感，也可承受螺丝和钉子的压力，而且发泡产生的内压可以提供比非发泡性型材更佳的表面纹理清晰度和圆润轮廓，应用前景广阔（蔡剑平，2004）。

生物质-聚合物复合材料的发泡通常采用发泡剂。发泡剂的种类很多，一般分为物理发泡剂和化学发泡剂。物理发泡剂在发泡过程中，以其本身物理状态的变化来达到发泡目的，常用的有CO_2、N_2及挥发性的液体等；化学发泡剂为无机或有机的热敏性化合物，在一定温度下发生热分解而产生一种或几种气体。有机发泡剂具有分散性好、粒径小、泡孔细密、分解温度窄、能控制发气量、分解产生的气体以N_2为主、不燃、不爆、不易液化、发泡效率高等优点。

常用的化学发泡剂（CFA）主要有两种类型：吸热型发泡剂［如碳酸氢钠（$NaHCO_3$）］和放热型发泡剂［如偶氮二甲酰胺（AC］，其热分解行为不同，对聚合物熔体的黏弹性和发泡形态有着不同的影响。利用吸热型和放热型发泡剂挤出发泡成型木粉-PVC 复合材料，发现放热型发泡剂得到的泡孔尺寸要比吸热型发泡剂的小（Mengeloglu and Matuana，2001）。这与未填充的聚合物发泡材料的情况完全相反。进一步的研究表明，发泡后木粉-PVC 复合材料的延展性得到了提高，孔隙率可达 35%，但与此同时却降低了复合材料的拉伸强度和拉伸模量。

有研究表明（Li and Matuana，2003），CFA 的类型（吸热型还是放热型）不会影响木粉-HDPE 复合材料的孔隙率，发泡物的平均泡孔直径对 CFA 的含量也不敏感，但偶联剂的使用有助于高孔隙率的形成（表 4-32）。

表 4-32　两种口模温度下（190℃和 220℃）发泡型 HDPE 与复合材料的泡孔尺寸和孔隙率对比

试样	孔隙率/%				平均泡孔尺寸/μm			
	Celogen-AZNP		EX210		Celogen-AZNP		EX210	
	190℃	220℃	190℃	220℃	190℃	220℃	190℃	220℃
HDPE	21.2	38.0	28.7	49.9	86.1	117.6	50.2	123.3
复合材料①	6.6	10.1	7.3	11.8	45.1	45.4	49.6	45.4
复合材料②	12.8	13.8	10.8	15.0	46.5	45.5	50.6	47.5

注：①表示未添加偶联剂的木粉-HDPE 复合材料；②表示添加偶联剂的木粉-HDPE 复合材料

表 4-33 是两种发泡剂（BIH40 和 Celogen-OT）的用量对木粉-HDPE 复合材料孔隙率的影响。可见，发泡材料的孔隙率并非随着发泡剂用量的增大而一味升高，吸热型发泡剂 BIH40 的用量在 1%左右、防热型发泡剂 Celogen-OT 的用量在 1%～1.5%时，发泡材料的孔隙率较高。发泡剂用量过高时发泡材料孔隙率反而降低的原因，可能与产气量过大时易造成泡孔破坏有关。

表 4-33　发泡剂的含量对复合材料孔隙率的影响（%）

化学发泡剂用量	孔隙率			
	吸热型化学发泡剂（BIH40）		放热型发泡剂（Celogen-OT）	
	HDPE	木粉-HDPE 复合材料①	HDPE	木粉-HDPE 复合材料①
0.0	0.0	0.0	0.0	0.0
0.5	46.4	12.8	42.5	12.2
1.0	50.8	15.2	53.4	16.1
1.5	34.3	11.6	56.3	15.4
2.0	30.5	11.1	25.3	14.3

注：①木粉-HDPE 复合材料中包含 5%的 MAPP 作为偶联剂

表 4-34 是塑料发泡制品常用的发泡剂（Hensen and Berghaus，1997），仅作为制备发泡型生物质-聚合物复合材料的参考。

表 4-34 化学发泡剂的性能

发泡剂	缩写	加工温度/℃	发气量/（cm^3/g）	用量/%	使用的热塑性树脂
偶氮二甲酰胺	ADC	165～215	220（210℃）	0.1～4.0	PP、PS、ABS、PE（硬质）、PVC
偶氮二异丁腈	AZDM	110～125	130（110℃）	0.5～6.0	PVC
对，对-二磺酰肼苯醚	OBSH	150～200	160（160℃）	0.5～2.0	PE（软质）、EVA
三肼基三嗪	THT	250～300	220（270℃）	0.1～2.0	PA、AC
偶氮二羰酸钡	BADC	250～300	200（270℃）	0.1～1.0	PVC、PA、PC、ABS
对-甲苯磺酰氨基脲	TSSC	180～210	200（200℃）	0.5～2.0	PE（硬质）、PP、PS、PVC

4.6.2 蠕变性能

蠕变是在一定的温度和恒定的外力作用下，材料的形变随时间的延长而逐渐增大的现象，这是黏弹性材料的特点。生物质-聚合物复合材料作为一种黏弹性材料，在长期使用过程中尤其是当环境温度较高时易产生蠕变，对于应用在建筑或其他需要承重的场合，蠕变性能就显得至关重要。生物质-聚合物复合材料的蠕变规律取决于聚合物基体的蠕变性能、生物质增强材料的弹性和断裂特性、生物质增强材料在聚合物基体内的分布规律及生物质增强材料与基体的界面作用等多种因素，因此生物质-聚合物复合材料的蠕变行为十分复杂，随着生物质-聚合物复合材料研究的不断深入，这一问题受到越来越多的关注。

Sain 等（2000）曾对 PVC、PP 和 PE 基木纤维-聚合物复合材料的蠕变性能进行研究，结果发现复合材料蠕变与载荷大小、负荷时间和环境温度都有密切关系。即使在比室温稍高的温度也会显著增加木纤维-PVC 复合材料的蠕变。木纤维-聚丙烯复合材料抗瞬时蠕变性能高于木纤维-聚乙烯复合材料，木纤维经马来酸酐或马来酰亚胺改性后，木纤维-聚丙烯复合材料的过渡蠕变得到改善，但对瞬时蠕变没有实质性影响。

木纤维-PVC 复合材料的研究结果[图 4-94（a）]表明，在 30%挠曲破坏载荷状态下瞬时蠕变变形比过渡蠕变变形更重要，直到载荷增加到 65%，过渡变形的重要性方超过瞬时变形。这种现象说明，木纤维-PVC 复合材料不适合用于偶尔的高负载破坏条件，但可以承受 30%这样适中的挠曲破坏载荷，并在相当长的时间内无大变形。随着时间的延长，不同载荷之间相对变形大小的差别增大，载荷对相对变形有决定性影响，换言之，载荷大小对过渡变形的影响更显著[图 4-94（b）]。这就说明在高负载情况下分子滑移是变形的主要原因，而在 30%载荷以下这种影响是非常小的。

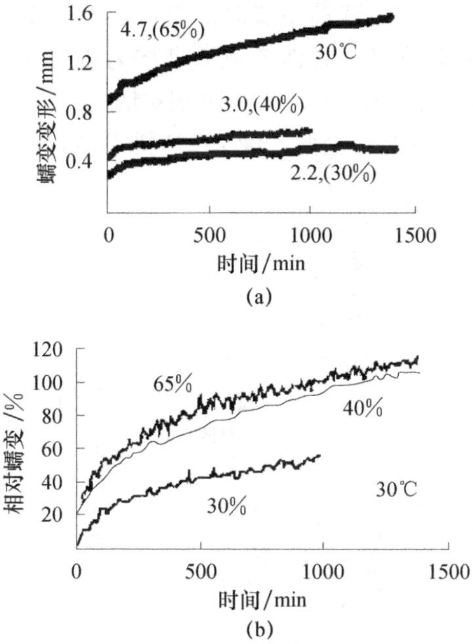

图 4-94 三种不同挠曲载荷状态下木纤维-PVC 复合材的蠕变变形和相对蠕变

PP 蠕变对温度敏感，不适合承载，尤其在室温以上的温度。图 4-95 对比了纯 PP 和木纤维-PP 复合材料在室温条件下的蠕变变形。添加 30%的热磨浆木纤维（TMP）可以显著减小蠕变变形，且对瞬时蠕变的作用大于对过渡蠕变的作用。进一步研究证明，界面化学特性的改变对蠕变影响不大，或者说界面特性对瞬时蠕变几乎没有任何影响。短时间或长时间的循环加载主要对瞬时蠕变有影响。

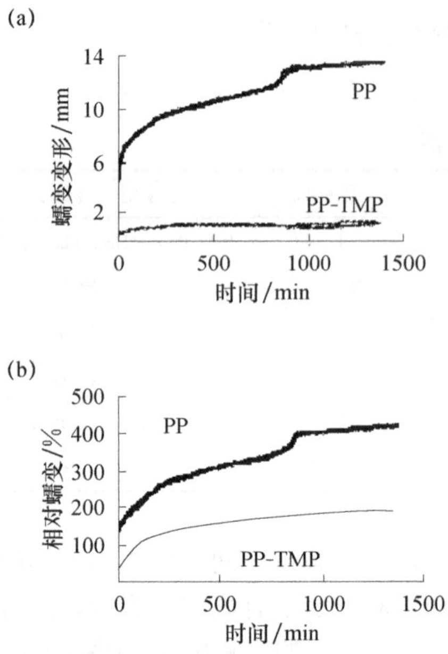

图 4-95 PP 和 PP-TMP 的蠕变变形和相对蠕变

PE 塑料容易发生蠕变破坏（图 4-96）。温度低时，在额定载荷下瞬时蠕变比过渡蠕变更加敏感，随温度升高过渡变形逐渐成为主要变形，在 20h 的测试时间里，40℃时相对蠕变比 23℃时增加了约 200%。因此，纯 PE 塑料不适合承载。

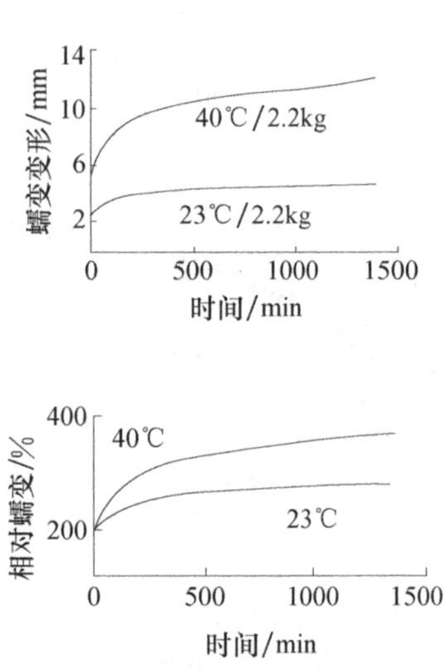

图 4-96 PE 塑料在两种温度下的蠕变变形和相对蠕变

与纯 PE 塑料相比，木纤维-PE 复合材料即使在较高温度下，其蠕变性能也能得到明显改善，瞬时蠕变变形约为 PE 塑料的 1/6（图 4-97），并且第二阶段变形的变化幅度非常小。一般增强作用主要发生在蠕变的过渡部分，也就是蠕变的主要区域。因此，木纤维-PE 复合材料没有像纯 PE 塑料那样发生过渡期间的强度削弱。纤维改性处理对总的蠕变性能和瞬时蠕变性能并没有产生显著影响，第二阶段主要变形区抗蠕变性能的改善，可以认为是由于界面间结合的增强减少了黏性分子的滑移。木纤维作为具有较高抗蠕变性的分离粒子镶嵌在塑料基质内，阻止了聚合物分子链在应力状态下的黏性流动。

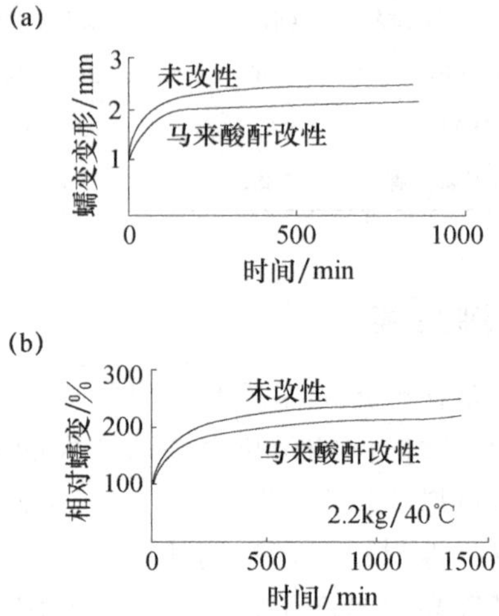

图 4-97 未改性和马来酸酐改性木粉-PE 复合材料蠕变

对比几种基体的复合材料发现，木纤维-PVC 复合材料最具有抗蠕变能力，木纤维-PE 复合材料最差，木纤维-PP 的抗蠕变性能可在一定范围内通过提高木塑界面结合作用得到改善。

4.6.3 其他性能

生物质-聚合物复合材料这一新型复合材料还有很多未知特性有待于深入研究。例如，Djidjelli 等（2002）发现，木纤维-PVC 复合材料的介电常数和介电损失比 PVC 树脂大，其原因可能是木材组分大分子上有众多偶极矩较大的羟基。随着生物质-聚合物复合材料应用领域的不断扩大，人们越来越需要了解它的多方面性能，如动态力学性能、耐老化性等，参见第 8 章。

此外，随着生物质-聚合物复合材料的应用逐渐向室内拓展，其燃烧性能和阻燃抑烟研究日益受到关注（白晓艳等，2007；房轶群等，2007）。

4.6.4 力学性能测试方法

材料的力学性能又称机械性能，是指材料在不同工作条件下承受各种载荷后所表现出来的特性，主要有强度、弹性、塑性、韧性、刚性、硬度等。

强度表征着材料受载时抵抗破坏的能力，随载荷形式不同，可有拉伸、弯曲、压缩等强度。韧性表征着材料抵抗快速载荷引起破坏的能力，工程上用冲击强度表示。刚性表征着材料受载荷时抵抗变形的能力，用应力应变比表示，即弹性模量。材料的力学性能指标可通过拉伸、弯曲、剪切等实验测得。

材料各种性能的测试有其不同的实验方法，生物质-聚合物复合材料的性能测试尚未达成广泛共识，还没有形成统一的标准，有待于进行系统的科学研究，不过ASTM D7031—2004和ASTM D7032—2005可供参考。在生物质-聚合物复合材料中，热塑性聚合物构成连续相，虽然通过生物质增强材料的改性和添加偶联剂等各种方法可以增强生物质与聚合物的界面结合作用，但是整个复合材料所表现出来的力学性能更接近于基体聚合物而与木质材料区别较大。因此，在没有确定好力学试验方法及其条件的情况下，参照硬质塑料的方法进行力学性能测试在理论上有合理性，不过，生物质-聚合物复合材料的很多应用场合类似于木材或木质复合材料，因而有时参考木质材料标准测试其力学性能。

4.6.4.1 取样通则

材料不同力学性能的测试方法各异，其所用试件的要求也不尽相同，但各种测试之间还是有一些通用的规则可循。

1）取样方法 根据不同的要求，常用的取样方法主要有以下三种。

（1）从材料上直接取样。即从型材、棒材、板材、管材和线材等规则的大块材料上直接取样坯，并根据有关标准，加工成用于拉伸、弯曲、冲击、硬度等测试的特定形状和尺寸的试件。

（2）从产品的一定部位上取样。即从产品的一定部位上切取样坯，加工成一定尺寸的试件，通过对这些试件进行力学性能试验，并与试验应力分析相配合，可进一步校正设计计算的正确性，同时在失效分析和安全评估中有重要作用。

（3）把实物作为样品。即把构件或产品作为样品，作为试件直接进行力学性能试验。

2）取样对测试结果的影响 取样部位、取样方向和取样数量是对材料性能试验结果影响较大的三个因素，称为取样三要素。

（1）取样部位。由于复合材料在制造过程中各组分的结合情况不会处处相同，材料内部各种缺陷也不均匀，因此，在产品的不同部位取样时，力学性能试验结果不同。

（2）取样方向。各向异性的材料，纵向试样（试样纵向轴线与主加工方向平行）和横向试样（试样纵向轴线与主加工方向垂直）有较大差异，如沿挤出方向取向的生物质-聚合物复合材料，由于生物质增强材料纤维取向等原因，其抗拉强度、屈服强度都高于横向试样。

（3）取样数量。某些力学性能指标对实验条件和材料本身的特性十分敏感，因此，一个试样试验结果的可信度太低；但取样数量太多，则造成人力、材料和时间的浪费。通常生物质-聚合物复合材料的取样，以同一组试件的数量不低于5个为宜。

3）制样方法 常用的制样方法是经过锯切之后，用制样机进行制样，或者是按复合材料成型工艺，在适当的模具中直接压制成型，或者是注射成型所需形状和尺寸的试件。

试件制成后，通常要经过一段时间的放置以消除内应力，然后才可以进行各种力学性能的测试。同样的原因，在取样和加工成所需试件之前，用于取样的材料或制品应在适当条件下放置，调整到适当含水率并消除应力。

4.6.4.2 弯曲试验

材料的弯曲性能是通过弯曲试验来检测的。弯曲试验是一种常用的试验方法，主要用来检验材料在弯曲载荷作用下的性能。弯曲试验中最常见的是平面弯曲，是指在垂直于试件轴线的外力作用下，试件的轴线在纵向对称面（通过试样的轴线和截面对称轴的平面）内弯曲成一条平面曲线的弯曲变形。弯曲试验采用圆形截面试样和矩形截面试件，加载方式有三点弯曲和四点弯曲两种。

简支梁矩形截面试件三点弯曲和四点弯曲的装置如图4-98所示。

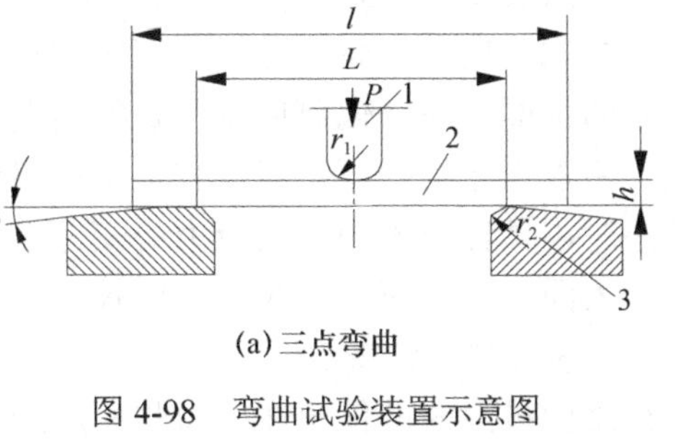

(a) 三点弯曲

图 4-98 弯曲试验装置示意图

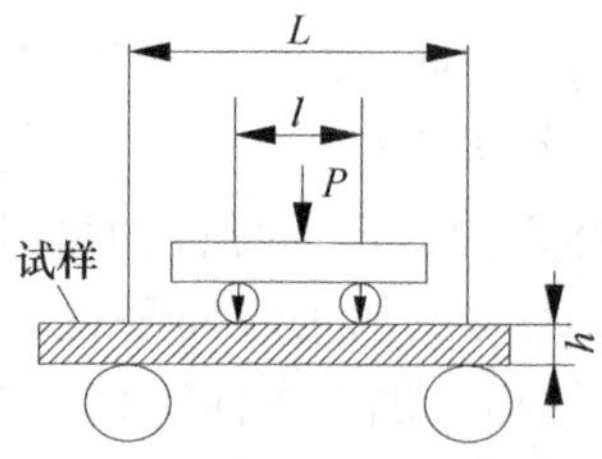

(b) 四点弯曲

图 4-98 弯曲试验装置示意图（续）

1. 加载压头；2. 试件；3. 支柱；r_1. 压头半径；r_2. 支柱圆弧半径；*l*. 试件长度；*P*. 弯曲负荷；*L*. 跨距；*h*. 试件厚度

表征材料弯曲性能的物理量最常用的是弯曲强度（又称抗弯强度或抗折强度）和弯曲弹性模量（简称弯曲模量）。对于脆性材料，弯曲强度反映的是矩形截面梁在弯曲应力作用下试件受拉面断裂时的最大应力；对于塑性材料，它反映的是矩形截面梁在弯曲应力作用下的最大应力。根据每个试件的测定值可以按式（4-8）和式（4-9）计算出三点或四点抗弯强度。

$$\sigma_{f_3}=\frac{3FL}{2bh^2} \tag{4-8}$$

$$\sigma_{f_4}=\frac{3F(F-l)}{2bh^2} \tag{4-9}$$

式中，σ_{f_3} 为三点弯曲强度（MPa）；σ_{f_4} 为四点弯曲强度（MPa）；F 为在载荷-挠度曲线的线性部分选定点上的载荷（N）；L 为试件支座间的距离（mm）；l 为压头间的距离（mm）；b 为试件弯度（mm）；h 为试件高度（mm）。

简支梁四点弯曲试验与三点弯曲试验方法相比，四点弯曲试验方法工作段受纯弯曲载荷，最大弯矩发生在跨距中一个区域，而不是一个点，保证试件破坏在最大应力区域中发生。同时由于加载点由三点弯曲的一个变为四点弯曲的两个，降低了局部挤压应力，可以有效避免挤压破坏，这对于弯曲强度较高的试件尤为重要。

弯曲试验用强度表示脆性，同时用挠度（跨距中心的顶面或底面偏离原始位置的距离）表示塑性，所以很适用于评定脆性和低塑性材料。弯曲试验时，试样横截面上的应力应变分布是不均匀的，表面的应力应变最大，可以较灵敏地反映此材料的表面缺陷情况。

在比例极限内试件弯曲应力与相应的应变之比称为材料的弯曲弹性模量。三点弯曲弹性模量按式（4-10）计算。

$$E_f=\frac{L^3}{4bh^3}\cdot\frac{F}{Y} \tag{4-10}$$

式中，E 为弯曲弹性模量（MPa）；Y 为在载荷对应的挠度（mm）。

4.6.4.3 拉伸试验

拉伸试验是材料力学性能试验中最广泛使用的基本方法之一。材料的抗拉性能是通过拉伸试验来测试的。试验时，在试件两端缓慢地施加拉伸载荷，使试样的工作部分沿轴向伸长，经历弹性变形、塑性变形和断裂三个阶段，从而求出材料强度和塑性的各项指标。

弹性变形是一种可逆性变形。材料受拉伸载荷而伸长，一撤去载荷便又回复到原来的长度，这种变形叫作弹性变形。在弹性变形阶段，其应力和应变一直保持着单值的对应关系。

材料在外力卸除后保留下来的残余变形，叫作塑性变形。塑性变形是一种不可逆变形。当应力超过弹性极限后，材料在继续发生弹性变形的同时，开始产生塑性变形。当达到断裂时，塑性变形量达到极限值，材料的塑性就以断裂时最大的相对塑性变形量表示。因此材料的塑性表征了材料发生塑性变形的能力。

表征材料的拉伸性能的物理量有很多，包括拉伸强度、拉伸弹性模量、拉伸断裂伸长率、屈服强度等。其中，最重要也是最基本的指标是拉伸强度。拉伸强度也称抗拉强度，是指材料在单向均匀拉应力作用下的最大应力值。对于脆性材料，它表示的是在试件刚刚形成缩颈之前所达到的最大应力。拉伸强度的国际单位为兆帕，符号是 MPa，工程制单位为 kgf/mm^2（$1kgf/mm^2$=10MPa）。拉伸强度值按式（4-11）计算。

$$\sigma_t=\frac{F}{A} \tag{4-11}$$

式中，σ_t 为拉伸强度（MPa）；F 为试件最大拉伸载荷（N）；A 为试件截面积（mm^2）。

试样受拉断裂时，工作部分标距（有效部分）的增量与初始值之比，以百分率表示，叫作材料的拉伸断裂伸长率。拉伸断裂伸长率按式（4-12）计算。

$$\varepsilon_{\rm t}=\frac{L-L_0}{L_0} \quad (4\text{-}12)$$

式中，ε 为拉伸断裂伸长率（%）；L_0 为试件标距初始值（mm）；L 为试件断裂时的标距（mm）。

韧性材料由于有屈服现象，拉伸断裂伸长率可以很大。脆性材料的拉伸断裂伸长率很小。因此拉伸断裂伸长率是材料韧性大小的标志之一。

试件受拉伸时，在比例极限范围内，拉伸应力与相应的应变之比，称为材料的拉伸弹性模量，又称杨氏模量。杨氏模量按式（4-13）计算。

$$E_{\rm t}=\frac{\sigma}{\varepsilon} \quad (4\text{-}13)$$

式中，$E_{\rm t}$ 为拉伸弹性模量（MPa）；σ 为在比例极限内试件的拉伸应力（MPa）；ε 为相应的轴向拉伸应变。

虽然加工形成的元件或杆、棒、管子等都可以做拉伸试验，但通常都用规定的加工好的试件，试件的中央拉伸部分要和试验机夹持部分同心和平行，试件要光滑，表面无缺口或其他缺陷。

4.6.4.4 压缩试验

压缩试验是一种常用的试验方法。按材料承受压缩载荷的方式，可分为单向压缩、双向压缩和三向压缩。其中，单向压缩是最常见的试验方法。压缩试验时，试件在外力作用下产生沿外力方向的缩短，单向压缩很适于脆性材料的力学性能试验，而对于塑性材料，只能压扁，一般不会破坏。进行压缩试验时，试件端面存在很大的摩擦力，这将阻碍试件端面的横向变形，影响试验结果的准确性。试件高度与直径之比（L/d_0）越小，端面摩擦对试验结果的影响越大。因此，为减小端面摩擦的影响，可适当增大 L/d_0。

表征材料的压缩性能的物理量有规定非比例压缩应力、规定总压缩应力、压缩屈服点应力、压缩弹性模量、抗压强度等。其中，最常用的指标是抗压强度。抗压强度也叫压缩强度，是指一定尺寸和形状的试件在规定的试验机上受轴向压力作用破坏时，单位面积所承受的载荷。对于脆性材料，抗压强度为试件破坏前所能承受的最大应力；对于塑性材料，则难以规定其破坏，通常以压缩到一定比例时的最大应力来表示抗压强度。一般将试件加工成圆柱形，圆柱长为直径的两倍。试件压缩变形时，发生纵向缩短，横向增大。压缩试验的各项指标的计算公式与拉伸试验中的相应计算式相似，只是用缩短率代替延伸率，用断面增大率代替断面收缩率。抗压强度按式（4-14）计算。

$$\sigma_{\rm c}=\frac{P}{A} \quad (4\text{-}14)$$

式中，$\sigma_{\rm c}$ 为抗压强度（MPa）；P 为试件压碎时的总压力（N）；A 为试件的横截面积（$\rm mm^2$）。

其压缩弹性模量为

$$E_{\rm c}=\frac{L_0\Delta P}{A\Delta l} \quad (4\text{-}15)$$

式中，$E_{\rm c}$ 为压缩弹性模量（MPa）；L_0 为标距（mm）；A 为试件截面积（$\rm mm^2$）；ΔP 为载荷-形变曲线上初始直线段的载荷增量（N）；Δl 为与载荷增量 ΔP 对应的标距 L_0 内的变形增量（mm）。

压缩试验试件的形状和尺寸应满足以下要求。

（1）在试验过程中，标距内为均匀单向压缩。

（2）引申计所测变形应与试件轴线上标距段的变形相等。

（3）试件端部不应在试验结束之前损坏。

4.6.4.5 冲击试验

抗冲击性能是材料在冲击载荷作用下或在高速应力作用下抵抗断裂的能力。材料的抗冲击性能是通过冲击试验来检测的。冲击试验可分为六大类：摆锤冲击试验、高速拉伸试验、落锤冲击试验、仪表冲击试验、高速率冲击试验及其他冲击试验。

摆锤冲击试验是较为普遍采用的试验方法，尤其是简支梁冲击试验方法与悬臂梁冲击试验方法。简支梁冲击试验方法是将试件两端置于一定距离的两支座上，重锤从中部冲击使之断裂。而悬臂梁冲击试验方法中，试件一端固定，重锤冲击另一端，使之断裂。

1）简支梁冲击试验 使用简支梁冲击试验机，在规定的试验条件下，对水平放置的在支座两支点上的试件施以冲击力，使试件破裂，以试件单位横截面积所消耗的功率表征材料的冲击韧性。该方法采用无缺口和带缺口两种试件。无缺口冲击强度和缺口冲击强度分别按式（4-16）和式（4-17）计算。

$$a_n=\frac{A_n}{bd}\times10^{-3} \tag{4-16}$$

$$a_k=\frac{A_k}{bd_k}\times10^{-3} \tag{4-17}$$

式中，a_n，a_k 分别为无缺口和缺口冲击强度（kJ/m^2）；A_n，A_k 分别为无缺口试件和缺口试件所消耗的功（J）；b 为试件宽度（m）；d 为无缺口试件厚度（m）；d_k 为带缺口试件缺口处厚度（m）。

2）悬臂梁冲击试验 使用悬臂梁冲击试验机，在规定的试验条件下对垂直悬臂夹持的试件施以冲击载荷，使试件破裂，以试件单位宽度所消耗的功表征材料的冲击韧性。

冲击强度按式（4-18）计算。

$$a_k=\frac{A_k-\Delta E}{b} \tag{4-18}$$

式中，a_k 为冲击强度（J/m）；A_k 为试件破裂时所消耗的功（J）；ΔE 为抛掷破坏试件自由端所消耗的功（J）；b 为试件缺口处宽度（m）。

材料的冲击强度是一个对材料的结构很敏感的性能，受材料的成分、工艺、组织结构及其方向性影响，它对于材料内部的缺陷状况反应更为敏感，因此可作为判定材料质量、估价材料脆断趋势的重要指标。

4.6.4.6 硬度试验

硬度试验是用于检测材料硬度的方法。硬度是材料抵抗压入变形，特别是抵抗永久变形、抗压痕、耐划伤性能的衡量尺度，代表材料抵抗强的物体压陷表面的能力。根据受力方式，硬度试验方法一般分为压入法和刻画法两种。在压入法中，按加力速度不同又可分为静力试验法和动力试验法，其中以静力试验法加力最为普遍。布氏硬度、洛氏硬度和维氏硬度等均由静力试验法测定，而邵氏硬度、里氏硬度和锤击布氏硬度等均由动力试验法测定。常见的硬度指标有布氏硬度、邵氏硬度、洛氏硬度、莫氏硬度、维氏硬度、努普硬度和显微硬度等。

1）布氏硬度 在规定的试验条件下，对试件按规定成型，用一钢球施以静载荷压入试件并保持规定时间。卸载后，以试件压痕面积所承受的压力作为材料硬度值，称为布氏硬度，用符号 H_B 表示。布氏硬度可用压痕深度或压痕直径来计算，见式（4-19）。

$$H_B=\frac{F}{\pi Dh}或H_B=\frac{2P}{\pi D(D-\sqrt{D^2}-\sqrt{h^2})} \tag{4-19}$$

式中，F 为载荷（N）；D 为钢球直径（m）；h 为压痕深度（m）。

2）邵氏硬度 邵氏硬度又称肖氏硬度，是指用邵式硬度计将规定形状的压针在标准的弹簧压力作用下，在严格的规定时间内，把压针压入试件的深度转换为硬度值，用以表示材料硬度等级的一种方法。邵式硬度可分为 A 型、C 型和 D 型。试验时把硬度计压针在规定重锤作用下压在试件表面上，直到压板与试件完全接触一段时间（一般为 15s），从刻度盘上直接读取邵氏硬度值。用符号 H_A、H_C、H_D 分别表示邵氏 A 型、C 型和 D 型的硬度。邵氏 A 型适用于软质材料，邵氏 C 型和邵氏 D 型适用于较硬或硬质材料。邵氏硬度可测量 20～90，用 A 型测定的材料硬度值超过 90 时应改测邵氏 C 型和邵氏 D 型。用 D 型硬度计测量的硬度值低于 20 时应该测邵氏 A 型，超过 96 时应改测洛氏硬度。试件厚度不小于 6mm。该尺寸应能满足测点与试件边缘距离不小于 12mm，各测点之间的距离不小于 6mm，该方法操作简单，测量迅速，不破坏试件。

3）洛氏硬度 以规定直径的钢球压头，先用初载荷压入试件，继而增至主载荷，然后恢复至初载荷。以如此造成的压痕深度增量作为材料硬度的量度，称为洛氏硬度。将金刚石圆锥压头（顶角为 120°）或钢球压头（直径为 1.588mm）分两次加载，先加初始载荷 P_0，再加主载荷 P_m，总载荷 $P=P_0+P_m$，当压头被压入物体表面时，将留下深度为 h 的压痕，以 h 值作为衡量物体硬度的值。并规定将金刚石压头的常数 K=0.2mm（或钢

球压头的常数 K=0.26mm）与 h 值之差作为洛氏硬度的指标。为了使同一硬度计可以测量不同软硬程度的物体，可采用不同的压头和总载荷，组成几种不同的洛氏硬度标度。

硬度试验方法很多，这些方法不仅在原理上有区别，即使在同一方法中也存在着试验力、压头和标尺的不同。因此，在进行硬度试验时，应根据被测试件的特性选择合适的硬度试验方法，从而保证试验结果具有代表性、准确性及相互间的可比性。布氏硬度计、洛氏硬度计和邵氏硬度计是最常用的硬度试验设备。

4.7 生物质-聚合物复合材料挤出与注射成型产品的应用

生物质-聚合物复合材料的产业化应用源于20世纪80年代的美国，最初是作为改性聚合物材料使用的。随着技术水平的提高，生物质-聚合物复合材料表现出综合的技术、环保和经济优势，目前在美国、加拿大、德国、英国、荷兰、日本和韩国等经济较发达国家已得到较为广泛的应用，形成了比较规范的产业和市场。生物质-聚合物复合材料的迅速发展和应用，不仅是因为产品本身具有优良的特性，更主要的是由其资源循环利用的意义和对环境保护的重要贡献所决定的。

西欧和北美为世界上使用生物质-聚合物复合材料较多的地区。其中，北美在开发和应用上走在前列(陈金益和饶兴鹤，2005)。据美国Pricipia Partner咨询公司2003年研究报告称，西欧和北美地区生物质-聚合物复合材料的市场需求大约为60万t，其中北美市场约占85%；调查还发现，西欧地区生物质-聚合物复合材料的需求一半以上用于运输业，建筑行业约占30%；同时预测，2010年之前北美和西欧生物质-聚合物复合材料将分别以14%和18%的年增长幅度继续增长。亚洲地区，特别是日本，生物质-聚合物复合材料的应用需求也正在不断增长。

北美是世界上生物质-聚合物复合材料发展最快、用量最大的地区（朱德钦等，2005），主要用于风格粗犷的户外建筑。美国生物质-聚合物复合材料市场1990～2000年的年增长率都在10%以上，近年来增长尤快。美国现有约50家生物质-聚合物复合材料企业，年产量大都在万吨以上。美国的生物质-聚合物复合材料研发机构也超过50家，形成了一个从产品研发、原料收集、设备制造、模具开发、制品生产到市场营销的完整产业。加拿大经过十多年的努力，也形成了以十多家企业为主体的生物质-聚合物复合材料产业。

欧洲生物质-聚合物复合材料产业总体发展不如北美地区，但近年来有加快趋势。欧洲生物质-聚合物复合材料企业不多，但其拥有强大的装备制造能力，发展潜力很大。欧洲人对生物质-聚合物复合材料的要求比较细腻，对品种花色的需求也高于北美洲，室内装修装饰和户外建筑齐头并进，但应用技术和商品市场还不甚成熟。

日本由于地理原因和环保意识，生物质-聚合物复合材料的应用比较普遍，产品质量也较优良。以EIN WOOD株式会社为代表的生物质-聚合物复合材料研究机构，经过十多年的努力，开发出高品质的生物质-聚合物复合材料。其产品具有自然的木材色泽和质感，已在房屋建筑装饰领域得到应用，是目前国际上品质较高的产品之一，在一定程度上显示了生物质-聚合物复合材料替代天然木材的发展潜力，然而由于生产成本偏高，更为广泛的推广应用受到一定制约。

中国自20世纪90年代中后期有企业通过引进技术生产木塑复合材料，而关于生物质-聚合物复合材料的系统研究大约始于2002年，近年来在科研、生产和人才培养等方面取得全面发展。2007年，全国从事生物质-聚合物复合材料研发、生产和配套的单位逾100家，企业主要分布在珠江三角洲和长江三角洲地区，年产量已达12万t左右，全产业年产值约20亿元人民币（来自中国资源综合利用协会木塑复合材料专业委员会的内部资料）。

生物质-聚合物复合材料以其优异的综合性能、可循环利用、环境友好和节能特点，符合发展循环经济、建设节约型社会的要求，成为新一代生态环境材料的典型代表，越来越受到人们的关注。目前生物质-聚合物复合材料的生产主要以挤出成型为主，也有少量热压（模压）和注射成型。挤出成型加工主要用于生产管、棒、板和异型材等生物质-聚合物复合材料产品，广泛应用于建筑业、包装及运输业、家具与装修业、车辆船舶、体育设施等领域。热压成型可以采用高添加量和尺寸较大的生物质增强材料，而赋予产品更高的刚性（详见第3章）。由于采用注射成型工艺能够生产复杂形状的产品，虽然目前的产量不如挤出成型产品，但是能满足用户的多种需求，应用领域十分广泛。图4-99和图4-100分别为木塑复合材料挤出成型和注射成型的典型产品。

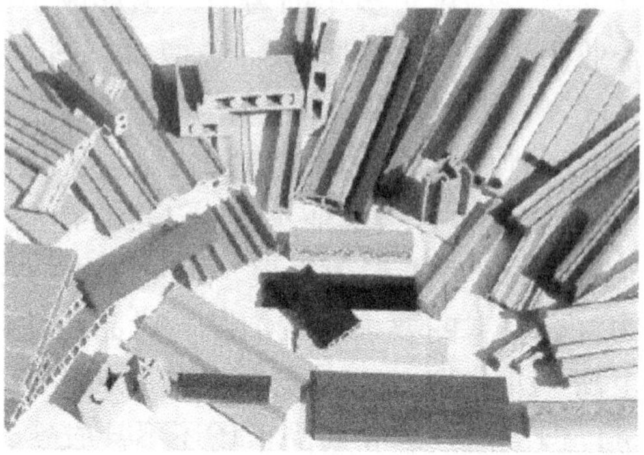

图4-99 挤出成型的各种木塑复合材料异型材

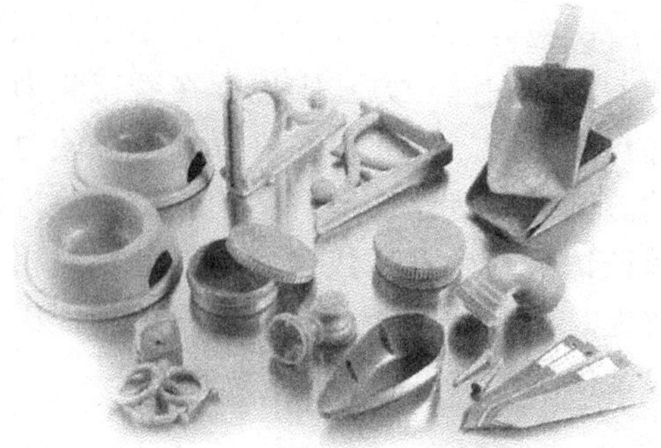

图4-100 注射成型的各种木塑复合材料制品

4.7.1 建筑业

生物质-聚合物复合材料具有较高的比强度和比模量，其防潮、防腐蚀、防霉性大大优于木质复合材料，因此可以用作室内外的各种铺板、建筑模板、地板、护栏等。而发泡的生物质-聚合物复合材料型材不但质轻，而且外观质量好，表面光滑，清晰度和光洁度高。还可按使用要求对产品进行着色、贴面和后加工等处理，做成装饰材料。正是上述特点使得生物质-聚合物复合材料在建筑和装饰工程中得到广泛应用，如门窗、装饰板、地板、扶梯、防潮隔板、顶棚和栅栏等。

4.7.1.1 铺板与护栏

生物质-聚合物复合材料增长最快的市场是对结构功能要求不高的建筑产品，包括铺板、工业地板、护栏、风景区用木料、栏杆、扶手和嵌条等（图4-101）。过去许多年里，生物质-聚合物复合材料型材一直是挤出加工的成功范例，按照Principia Partners公司的调查结果，目前约占总产量的97%，主要是铺板和护栏及少量的门窗部件和百叶窗。挤出型材有两个发展趋势：一是制造更复杂的中空型材；二是开发简单矩形截面型材的新应用领域。例如，有企业通过挤出技术生产木粉-PE型材，用于门框下半截部件，这些型材与天然木材连接到一起作为整体部件进行机械加工和涂饰。注射成型的生物质-聚合物复合材料产品的产量较少，约占总产量的3%。

图4-101 户外铺板、护栏

经防腐剂加压处理的实木板材和方材一直是户外铺板和栏杆材料的首选，与之相比，生物质-聚合物复合材料铺板价格较高。但这种产品维护量小，只需很少的维护费用，室外使用条件下开裂和劈裂减少，无药剂流失而产生的污染和防腐失效问题，并具有较高的耐用性。因此，人们认为生物质-聚合物复合材料很有希望取代那些经防腐处理的实木材料（Clemons，2002）。与未填充的塑料板材相比，生物质-聚合物复合材料的优点是刚性提高和热延展性减小。但与实木相比，其抗蠕变、刚性和强度有所降低，目前还不能用于那些对结构性能有相当高要求的场所。例如，可用作铺板材，但不能用作地板基材。为提高强度，铺板可制成实心长方体型材及中空的或带筋的型材。用生物质-聚合物复合材料做的地板不胀缩、防水性好、表面美观，比采用耐水胶黏剂生产的中密度木质纤维板优越（Clemons，2002）。

铺板材中最常用的生物质增强或填充材料是木纤维、木粉和稻壳。常用的生物质增强材料比例为 50%，有些产品可达到 70%。最常用的聚合物基体是聚乙烯，但采用聚氯乙烯和聚丙烯制造的铺板，其力学强度和模量更高、装饰性更好，近年来逐渐进入市场。

4.7.1.2 民用建筑装饰材料

生物质-聚合物复合材料用于民用建筑装饰材料是一个重要而潜力巨大的市场。尤其是门窗型材和百叶窗（图 4-102）、地板和装饰板材（图 4-103），生物质增强材料含量可以为 30%～70%，而且在隔热保温、防腐、装饰效果和使用方面都优于传统建筑装饰材料，并且用发泡成型的方法可消除复合材料延展性和耐冲击性低等缺点。例如，经发泡后的木纤维-PVC 复合材料制品，由于存在良好的泡孔结构，可钝化裂纹尖端并有效阻止裂纹的扩张，显著提高了材料的抗冲击性能和延展性，并且大大降低了制品的密度。挤出微发泡法以其成本低、效率高、耗时短和易于实现工业化等优点，进一步促进了生物质-聚合物复合材料在门窗型材领域的应用，有望成为未来民用建筑和装潢领域的新热点。门窗型材的生产最常用的聚合物基体是 PVC，但也使用其他塑料和塑性混合物料。在生物质-聚合物复合材料的表面可做出木纹等装饰图案，使之具有与木门窗类似的视觉效果，即满足了人们的感官要求，又比木材耐用。

图 4-102 生物质-聚合物复合材料门、窗和百叶窗

图 4-103 生物质-聚合物复合材料室内地板和装饰板材

随着人们生活水平的提升，装修的档次也越来越高。其中，地板往往是装修中的大项目。目前市场上地板的种类主要包括实木地板、实木复合地板（表面为优质实木，基材为速生材）、竹地板、复合地板（有耐磨表层的纤维板）等，其中复合地板占绝大多数。2007 年，我国地板销售总量约 1.2 亿 m^2，比 2006 年增长 20%。与传统人造板不同，生物质-聚合物复合材料不使用任何胶黏剂，作为地板、装饰板不产生甲醛等挥发性有机污染物，装饰工程结束之后就可以入住，不用担心室内空气污染对身体造成伤害。并且由于其具有耐水、耐腐朽、耐摩擦等性能，可用于室内地板、浴室地板及其他室内用高档但价格适中的装修材料（图 4-103），这是传统人造板无法

比拟的。

4.7.1.3 园林景观材料

用生物质-聚合物复合材料制作的休闲桌椅、花箱、树箱、果皮箱、垃圾桶、凉亭等各种户外制品和园林景观（图 4-104），具有极似木材的纹理和颜色，给人以自然舒适的感觉，在防水、防潮、防腐、防虫、耐候性等方面都优于防腐木材，在北美地区使用普遍。加拿大温哥华市的花园、路边坐椅 70%以上使用的都是生物质-聚合物复合材料。

图 4-104 用生物质-聚合物复合材料建造的凉亭和坐椅

生物质-聚合物复合材料在园林中的应用减少了对实木的大量需求，同时它在提供结构复杂、形状多样、色彩斑斓的产品等方面的优势，为园林景观设计提供了极大的创作空间，使设计人员能够创作出比实木材料更加美观别致的园林艺术品。

4.7.2 包装和运输业

生物质-聚合物复合材料应用于包装和运输行业主要是托盘、包装箱、周转箱、插车货板、仓储垫板、水产箱、铁路枕木等（图 4-105）。

图 4-105 托盘、周转箱

工业化的发展，使人们不断追求更高的产品质量。随着对生产条件、仓储条件、过程控制和品质控制的要求不断提高，木制托盘在卫生状况及规范生产上无法克服的局限性越来越多地暴露出来；而塑料托盘受原材料价格和生产模具的影响，价格昂贵，结构适应性差，一般无法满足特殊规格要求。在这种情况下，生物质-聚合物复合材料托盘开始出现，并很快在市场上占据了一席之地。与木制托盘相比，其整体性好，卫生洁净；在使用中具有无钉刺、耐酸碱、无质变、易清洗等特点，且废托盘材料可以回收再利用。

将生物质-聚合物复合材料型材组装成各种规格的托盘制品，既有木质托盘的高强度、可用于货架储存、适应性强的特点，又有塑料托盘不易污染、防腐蚀、不吸水、结构稳定、安全可靠、耐用性高、能完全回收的特点。与木质托盘、钢托盘、全塑托盘相比，生物质-聚合物复合材料托盘具有质轻、平整、美观、整体性好、无毒无味、耐酸碱、不腐烂、不易繁殖细菌、可以消毒消菌等优点，还有不助燃、无静电、无火花、回收价值高等特点，综合优势明显。生物质-聚合物复合材料托盘的使用寿命是木质托盘的 7～10 倍，且可以百分之百回收再生，是真正意义上的“绿色”产品。

木材是传统的包装材料，但是木包装不但浪费大量的木材资源，而且可能因携带有害生物，因而在国际贸易中使用的木材包装材料必须进行高温干燥甚至防腐处理，废弃木质包装材料的回收利用问题一直不好解决。生物质-聚合物复合材料以其保护环境和资源利用两个方面的优势，成为包装材料的重要发展方向，也是木质包装的首选替代品和换代产品。

由于生物质-聚合物复合材料质轻、刚性大、耐酸碱、防水、防腐、防虫、密封性好的特点，作为可适应复杂气候条件的新型包装材料和露营临时建筑材料，其在军事领域的应用极具发展潜力，国内外在这方面的研发工作也在积极进行之中。

生物质-聚合物复合材料正在开发的应用领域还有枕木。铁路枕木传统上采用木材，近年来，国外也有钢筋混凝土枕木，而我国目前主要使用钢筋混凝土枕木。木质枕木需要大量的优质木材，而且易损坏，需要不断地维护和更新。钢筋混凝土枕木缺乏弹性，对车辆和路基的磨损大，在山洞的进出口、铁路弯道处，钢筋混凝土枕木的损坏也很大。国外的研究表明，天然纤维-聚合物复合枕木可以达到木质枕木的机械性能，而且经济性强，是现有枕木的理想替代品。经计算，修建 1 万 km 的铁路需要 135 万 m^3 木材，仅枕木一项，每年的生物质-聚合物复合材料市场需求就有 150 万～200 万 t（江波等，2005）。

4.7.3 家具业

中国是家具的生产和出口大国，生产家具需要大量的优质木材，这对于木材资源尤其是优质木材资源紧缺的我国是极大的挑战。尽管现在木质人造板已经普遍应用于家具制造业，但对使用环境造成一定污染的甲醛系胶黏剂的应用限制了它的发展，并且主要用于生产低档家具。而生物质-聚合物复合材料的出现，在保留了天然木材极富生命力的质感和美丽外观的同时，克服了天然木材在使用中暴露的易变形、翘裂、霉变和易受虫蚁侵害等缺点，同时由于其没有甲醛等挥发性有机物污染，因而更适合做室内外家具。用生物质-聚合物复合材料可以制作各类家具，如桌椅、沙发、床柜、书架、衣箱、茶几、屏风、盆架、报纸架等（图 4-106）。

图 4-106 用生物质-聚合物复合材料制作的室内外家具产品

4.7.4 其他方面的应用

生物质-聚合物复合材料产品的种类繁多，大部分采用木质材料或塑料生产的制品都可以用生物质-聚合物复合材料来替代，并且拓展到这两类传统材料应用领域以外的新领域。例如，高性能生物质-聚合物复合材料可用于沿岸设施，代替防腐木材用于支撑桥墩和制造船坞，能够减少靠泊船只的震动（Clemons，2002）；用于制造其他生活用品等（图 4-107）。

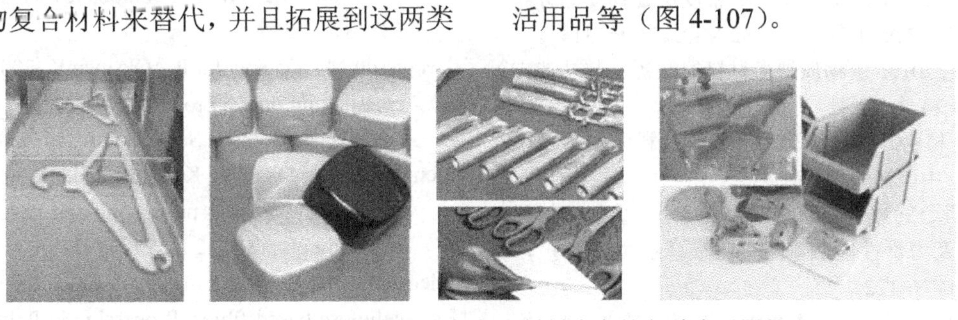

图 4-107 用生物质-聚合物复合材料生产的各种生活用品

随着人们对生物质-聚合物复合材料认识的不断提高，生物质-聚合物复合材料制造技术水平的不断升级，相信在不远的将来，生物质-聚合物复合材料产品的应用领域将进一步扩大。

主要参考文献

白晓艳，王清文，房轶群，等. 2007. 金属氧化物对木粉/PVC 复合材料抑烟阻燃性能的影响. 北京：第一届全国生物质材料科学与技术学术研讨会论文集：170～174

蔡剑平. 2004. 木粉/聚乙烯复合发泡挤出技术的研究. 中国塑料，18（6）：54～57

陈金益，饶兴鹤. 2005. 塑木复合材料方兴未艾. 国外塑料，23（10）：50～53

揣成智，李树，蔺艳琴. 2000. 聚丙烯/接枝木纤维复合材料相容性及性能的研究. 中国塑料，14（5）：24～28

房轶群，白晓艳，王清文，等. 2007. 硼酸锌对木粉/PVC 复合材料阻燃抑烟和力学性能的影响. 北京：第一届全国生物质材料科学与技术学术研讨会论文集：175～179

郭丹，赵星，黄科，等. 2016. 电子束辐射对农作物秸秆粉/聚乙烯木塑复合材料结构与性能的影响. 高分子材料科学与工程，32（6）：63～67

江波，许澍华，张金斌. 2005. 木塑复合材料成型技术装备的研究现状和发展方向. 橡塑技术与装备，31（2）：4～13

姜海天，唐皞，范磊，等. 2013. 农作物秸秆在复合材料中的应用研究进展. 高分子通报，11：54～60

李坚. 2008. 生物质复合材料学. 北京：科学出版社

连海兰，潘明珠. 2012. 生物质复合材料的表界面. 北京：中国林业出版社

廖兵，黄玉惠，陈鸣才. 1999. 改性木纤维对 LDPE 和木纤维复合材料力学性能的影响. 高分子材料科学与工程，15（3）：123～125

鲁博，张林文，曾竟成. 2005. 天然纤维复合材料. 北京：化学工业出版社

陆万时，徐祥生，沈敏健. 2011. 植物学（上册）. 2 版. 北京：高等教育出版社

潘明珠，杜俊，甘习华，等. 2016. 稻秸皮层硅物质的分布及超微构造. 农业工程学报，32（4）：309～314

潘明珠，连海兰. 2016. 生物质纳米材料的制备及其功能应用. 北京：科学出版社

潘明珠. 2014. 植物纤维增强聚丙烯复合材料的制造及性能. 北京：中国林业出版社

潘明珠，梅长彤. 2013. 纳米 SiO_2-APP 对木塑复合材料界面特性及力学性能的影响. 北京林业大学学报，35（5）：117～122

潘明珠，梅长彤，李国臣，等. 2014. 聚磷酸铵改善稻秸-高密度聚乙烯复合材料的理化性能. 农业工程学报，30（16）：328～333

宋永明，王清文，郭垂根，等. 2005. EPDM-MA 对木粉/聚丙烯复合材料性能的影响. 林业科学，41（6）：138～143

王贵恒. 1991. 高分子材料成型加工原理. 北京：化学工业出版社

王海刚，宋永明，王清文，等. 2006. 针状木纤维/HDPE 复合材料的力学性能. 林业科学，42（12）：108～113

王清文，王伟宏，许民，等. 2007. 木塑复合材料与制品. 北京：化学工业出版社

王建军，郭文静，王正. 1995. 木纤维-聚乙烯复合材料中聚乙烯改性的研究. 木材工业，9（2）：10～13

王经武. 2004. 塑料改性技术. 北京：化学工业出版社

吴书泓，孙振鸢. 1995. 前处理方法对杨木木粉改性反应以及木粉热流动性的影响. 木材工业，9（6）：17～20

向红，张钦发，周亚莉. 2004. 自然纤维表面处理对自然纤维复合材料性能的影响. 包装工程，25（6）：58～60

薛平，王哲，贾明印，等. 2004. 木塑复合材料加工工艺与设备的研究. 人造板通讯，6：9～13

张伏. 2007. 淀粉/玉米秸秆纤维复合材料的制备及仿生层构板材. 长春：吉林大学博士学位论文

赵义平，刘敏江，张环. 2001. 热塑性树脂/植物纤维复合材料的纤维改性方法. 中国塑料，15（12）：17～20

朱德钦，刘希荣，生瑜，等. 2005. 聚合物基木塑复合材料的研究进展. 塑料工业，33（12）：1～4

Albano C，Ichazo M，González J，et al. 2001. Effects of filler treatments on the mechanical and morphological behavior of PP+wood flour and PP+sisal fiber. Materials Research Innovations，4（5）：284～293

Amash A，Zugenmaier P. 1998. Study on cellulose and xylan filled polypropylene composites. Polymer Bulletin，40：251～258

Becraft M L，Metzner A B. 1992. The rheology，fiber orientation，and processing behavior of fiber filled fluids. J Rheol，36（1）：143～174

Belgacem M N，Bataille P，Sapieha S. 1994. Effect of corona modification on the mechanical properties of polypropylene/cellulose composites. J Appl Polym Sci，53：379～385

Bengtsson M，Gatenholm P，Oksman K. 2005. The effect of crosslinking on the properties of polyethylene-wood flour composites. Compos Sci Technol，65：1468～1479

Bengtsson M，Oksman K. 2006. Silane crosslinked wood plastic composites：processing and properties. Compos Sci Technol，66（13）：2177～2186

Bledzki A K，Gassan J. 1999. Composites reinforced with cellulose based fibres. Processing in Polymer Science，

24（2）：221～274

Bourmaud A，Baley C. 2007. Investigations on the recycling of hemp and sisal fibre reinforced polypropylene composites. Polym Degrad Stabil，92（6）：1034～1045

Browne F L. 1958. Theories on the combustion of wood and its control. Madison：US Forest Prod. Lab

Cantero G，Arbelaiz A，Mugika F，et al. 2003. Mechanical behavior of wood/propylene composites：effects of fibre treatments and ageing process. J Reinf Plast Comp，22（1）：37～50

Chtourou H，Riedl B，Ait-Kadi A. 1992. Reinforcement of recycled polyolefins with wood fibers. J Reinforced Plastic Composites，5（4）：250～257

Clemons C. 2002. 美国木塑复合材料的历史、现状及发展. 人造板通讯，（11）：19～21

Dalväg H，Klason C，Stromvall H E，et al. 1989. The xanthate method of grafting. Ⅶ. Effect of operating conditions on the grafting of vinyl monomers onto wood pulp. J Appl Polym Sci，38：841～848

Dash B N，Rana A K，Mishra H K，et al. 1999. Novel，low-cost jute-polyester composites. Part 1：Processing，mechanical properties，and SEM analysis. Polym Compos，20：62～71

Djidjelli H，Martinez-Vega J J，Farenc J，et al. 2002. Effect of wood flour content on the thermal，mechanical and dielectric properties of poly（vinyl chloride）. Macromol Mater Eng，287：611～618

Efanov M V. 2001. Transformations of aspen wood and its principal components by *O*-acylation. Chem Nat Compd，37（5）：482～485

Felix J M，Gatenholm P. 1991. The nature of adhesion in composites of modified cellulose fibers and polypropylene. J Appl Polym Sci，42：609～620

Gassan J，Bledzki A K. 1999. Alkali treatment of jute fibers：relationship between structure and mechanical properties. J Appl Polym Sci，71：623～629

George J，Janardhanan R，Anand J S，et al. 1996. Melt rheological behavior of short pineapple-fiber-reinforced low density polyethylene composites. Polymer，37：5421～5431

Han G S，Ichinose H，Takase S. 1989. Composites of wood and polypropylene Ⅲ. Mokuzai Gakkaishi，35（12）：1100～1104

Harper D，Wolcott M. 2004. Interaction between coupling agent and lubricants in wood-polypropylene composites. Compos Part A，35：385～394

Hensen F，Berghaus U. 1997. Plastics Extrusion Technology. 2nd ed. Munich：Hanser Gardener Publications

Hjertberg T，Palmlöf M，Sultan B A A. 1991. Chemical reactions in crosslinking of copolymers of ethylene and vinyltrimethoxy silane. J Appl Polym Sci，42（5）：1185～1192

Hornsby P R，Hinrichsen E，Tarverdi K. 1997. Preparation and properties of polypropylene composites reinforced with wheat and flax straw fibres. Part II. Analysis of composite microstructure and mechanical properties. J Mater Sci，32：1009～1015

Hristov V N，Krumova M，Vasileva S，et al. 2004. Modified polypropylene wood flour composites. Ⅱ. Fracture，deformation，and mechanical properties. J Appl Polym Sci，92：1286～1292

Hristov V，Vasileva S. 2003. Dynamic mechanical and thermal properties of modified polypropylene wood fiber composites. Macromol Mater Eng，288：798～806

Inari G N，Petrissans M，Gerardin P. 2007. Chemical reactivity of heat-treated wood. Wood Sci Technol，41：157～168

Joseph K，Kuriakose B，Thomas S，et al. 1994. Melt rheological behavior of short sisal-fiber-reinforced polyethylene composites. Plast Rubber Compos Process Appl，21：237～245

Karimi A，Nazari S，Ghasemi I，et al. 2006. Effect of the delignification of wood fibers on the mechanical properties of wood fiber-polypropylene composites. J Appl Polym Sci，102：4759～4763

Karnani R，Krishnan M，Narayan R. 1997. Biofiber-reinforced polypropylene composites. Polymer Engineering & Science，37（2）：476～483

Kazayawoko M，Balatinecz J J，Woodhams R T. 1997. Diffuse reflectance Fourier transform infrared spectra of wood fibers treated with maleated polypropylenes. J Appl Polym Sci，66：1163～1173

Kishi H，Yoshioka M，Yamanoi A，et al. 1988. Composites of wood and polypropylenes Ⅰ. Mokuzai Gakkaishi，34（2）：133～139

Li Q X，Matuana L M. 2003. Foam extrusion of HDPE/wood-flour composite using chemical foaming agent. Journal of Applied Polymer Science，88（14）：3139～3150

Lu Z J，Wu Q L，Harold S M J. 2000. Chemical coupling in wood fiber and polymer composites：A review of coupling agents and treatments. Wood Science and Technology，32（1）：88～104

Maiti S N，Hassan M R. 1989. Melt rheological properties of polypropylene-wood flour composites. J Appl Polym Sci，37：2019～2032

Maldas D，Kokta B V. 1989. Improving adhesion of wood fiber

with polystyrene by the chemical treatment of fiber with a coupling agent and the influence on the mechanical properties of composites. J Adhes Sci Technol，3（7）：529～539

Maldas D，Kokta B V. 1990a. Effects of coating treatments on the mechanical behavior of wood-fiber-filled polystyrene composites Ⅰ. Use of polyethylene and isocyanate as coating components. Journal of Applied Polymer Science，40：917～928

Maldas D，Kokta B V. 1990b. Effects of coating treatments on the mechanical behavior of wood-fiber-filled polystyrene composites Ⅱ. Use of inorganic salt/polyvinylchloride and isocyanate as coating components. Journal of Reinforce Plastic Composites，8：2～12

Markarian J. 2002. Additive developments aid growth in wood-plastic composites. Plastics Additives and Compounding，4（11）：18～20

Markarian J. 2003. Material and processing developments drive wood-plastic composites forward. Plastics Additives & Compounding，5（4）：24～28

Matuana L M，Li Q X. 2004. Statistical modeling and response surface optimization of extruded HDPE/wood-flour composite foams. Journal of Thermoplastic Composite Materials，17（2）：185～199

Mengeloglu F，Matuana L M. 2001. Foaming of rigid PVC/wood-flour composites through a continuous extrusion process. Journal of Vinyl & Additive Technology，7（3）：142～148

Moad M. 1999. The synthesis of polyolefin graft copolymers by reactive extrusion. Prog Polym Sci，24（1）：81～142

Mohanty A K，Misra M，Drzal L T. 2005. Natural Fibers，Biopolymers，and Their Biocomposites. Boca Raton：CRC Press-Inc

Mohanty S，Nayak S K. 2006. Interfacial，dynamic mechanical，and thermal fiber reinforced behavior of MAPE treated sisal fiber reinforced HDPE composites. J Appl Polym Sci，102：3306～3315

Nair K C M，Kumar R P，Thomas S，et al. 2000. Rheological behavior of short sisal fibre-reinforced polystyrene composites. Compos Part A，31：1231～1240

Nair Kcm，Diwan S M，Thomas S. 1996. Tensile properties of short sisal fiber reinforced polystyrene composites. Journal of Applied Polymer Science，60（9）：1483～1497

Oksman K，Lindberg H. 1995. Interaction between wood and synthetic polymers. Holzforschung，49（3）：249～254

Oksman K，Lindberg H. 1998. Influence of thermoplastic elastomers on adhesion in polythylene-wood flour compostes. Journal of Applied Polymer Science，68：1845～1855

Pan M Z，Gan X，Mei C T，et al. 2017. Structural analysis and transformation of biosilica during lignocellulose fractionation of rice straw. J Mol Struct，1127（5）：575～582

Pan M Z，Mei C T，Zhou X B，et al. 2011. Effects of rice straw fiber morphology and content on the mechanical and thermal properties of rice straw fiber-high density polyethylene composites. J Appl Polym Sci，121（5）：2900～2907

Panthapulakkal S，Sain M. 2006. Injection molded wheat straw and corn stem filled polypropylene composites. J Polym Environ，14：265～272

Park B D，Wi S G，Lee K H，et al. 2004. X-ray photoelectron spectroscopy of rice husk surface modified with maleated polypropylene and silane. Biomass Bioenerg，27：353～363

Raj R G，Kokta B V. 1991. Improving the mechanical properties of HDPE-wood fiber composites with additives/coupling agents. In ANTEC. Proc 49th Annual Technical conference，Montreal，Canada. Brookfield：Society of Plastics Engineers

Raj R G，Maldas D，Daneault C. 1988. Use of wood fivers in thermoplastic composites：Ⅵ. Isocyanate as a bonding agent for polyethylene-wood fiber composites. Polymer Composites，9（6）：404～411

Rizvi G M，Guo G，Wang K H，et al. 2003. Critical processing strategies for making fine-celled wood fibre composites for automotive applications. Madison：Seventh International Conference on Wood Fibre-Plastic Composites：281～290

Rowell R M. 1986. A simplified procedure for the acetylation of hard wood and soft wood flakes for flakeboard production. J Wood Chem Technol，6（3）：427～448

Roy D，Gupta B R. 1993. Rheological behavior short carbon fiber-filled thermoplastic elastomer based on styrene-isoprene-styrene-block copolymer. J Appl Polym Sci，49：1475～1482

Sain M M，Balatinecz J，Law S. 2000. Creep fatigue in engineered wood fiber and plastic compositions. Journal of Applied Polymer Science，77：260～268

Son J，Gardner D J，O'Neill S，et al. 2003. Understanding the viscoelastic properties of extruded polypropylene wood plastic composites. J Appl Polym Sci，89：1638～1644

Stark N M，Berger M J. 1997. Effect of species and particle size on properties of wood-flour-filled polypropylene composites. Proceedings of Functional Fillers for Thermoplastics and Thermosets：1～10

Stark N M，Rowlands R E. 2003. Effects of wood fiber

characteristics on mechanical properties of wood polypropylene composites. Wood Fibre Sci，35（2）：167～174

Tajvidi M，Falk R H，Hermanson J C. 2006. Effect of natural fibres on thermal and mechanical properties of natural fibre polypropylene composites studied by dynamic mechanical analysis. J Appl Polym Sci，101：4341～4349

Takase S，Shirasishi N. 1989. Studies on composites from wood and polypropylene. Ⅱ. Journal of Polymer Science，37：645～659

Wang Q，Kaliaguine S，Ait-Kadi A. 1993. Catalytic grafting：a new technique for polymer-fiber composites. Ⅲ：Polyethylene-plasma-treated Kevlar[TM]fibers composites：analysis of the fiber surface. J Appl Polym Sci，48：121～136

Wang Z，Han E，Liu F C，et al. 2010. Fire and corrosion resistances of intumescent nano-coating containing nano-SiO_2 in salt spray condition. J Mar Sci Technol，26（1）：75～81

Wei P，Han Z D，Xu X N，et al. 2006. Synergistic flame retardant effect of SiO_2 in LLDPE/EVA/ATH blends. J Fire Sci，24：487～498

Wolcott M P，Yin S Z，Rials T G. 2000. Using dynamic mechanical spectroscopy to monitor the crystallization of PP/MAPP blends in the presence of wood. Compos Interface，7（1）：3～12

Wu J S，Yu D M，Chan C M，et al. 2000. Effect of fiber pretreatment condition on the interfacial strength and mechanical properties of wood fiber/PP composites. J Appl Polym Sci，76（7）：1000～1010

Xie X L，Li R K Y，Tjong S C，et al. 2002. Structural properties and mechanical behavior of injection molded composites of polypropylene and sisal fiber. Polym Compos，23：319～328

Youngquist J A，Krzysik A，Rowell R M. 1986. Dimensional stability of acetylated Aspen flake board. Wood and Fiber Science，18（1）：90～98

Zadorecki P，Flodin P. 1985. Surface modification of cellulose fibers. Ⅱ. The effect of cellulose fiber treatment on the performance of cellulose-polyester composites. Journal of Applied Polymer Science，30：3971～3983

Zafeiropoulos N E，Dijon G G，Baillie C A. 2007. A study of the effect of surface treatments on the tensile strength of flax fibres：Part I. Application of Gaussian statistics. Compos Part A，38：621～628

Zafeiropoulos N E，Williams D R，Baillie C A，et al. 2002. Engineering and characterisation of the interface in flax fibre/polypropylene composite materials. Part I. Development and investigation of surface treatments. Compos Part A，33：1083～1093

Zaini M J，Fuad M Y A，Ismail Z，et al. 1996. The effect of filler content and size on the mechanical properties of polypropylene/oil palm wood flour composites. Polymer International，40（1）：51～55

Zhang C，Li K C，Simonsen J. 2004. Improvement of interfacial adhesion between wood and polypropylene in wood-polypropylene composites. J Adhesion Sci Technol，18（14）：1603～1612

Zhao Q，Zhang B Q，Quan H，et al. 2009. Flame retardancy of rice husk-filled high-density polyethylene ecocomposites. Compos Sci Technol，69 2675～2681

5 功能化木塑复合材料

木塑复合材料（WPC）正快速发展（李靖，2014；陈恩龙，2014），尤其在中国，经过近十几年的研究和生产，其生产应用正在迅速追赶处于首位的美国（管宁，2014），已经在工艺优化（Azaman et al.，2013；Soury et al.，2009；葛正浩等，2011）、界面改善（Zhang，2014；Sonia et al.，2007；Zhao et al.，2006）、原料处理（高巧春和蔡红珍，2012；卢国军等，2014）等方面，对其功能化方面的研究较多地集中在阻燃（Toshikazu et al.，2014；Donmez et al.，2016）和防霉抗菌（王清文等，2016；杨万丽等，2014；冯静等，2007；Catt et al.，2016）方面的研究。Sapurina 等（2005）与徐建锋等（2014a）分别制备了具有电磁屏蔽效应的栎木粉和竹粉增强的热塑性树脂复合材料。近年来，一种新型可相变储热的木塑复合材料首次由北京林业大学提出（Guo et al.，2016；郭玺等，2016）。而功能材料则是指具有优良的电学、磁学、光学、热学、声学、力学、化学、生物学功能及其相互转化的功能，被用于非结构目的的高技术材料（汪济奎等，2014）。木塑复合材料的功能化在声学方面还未开展，而光学方面（如木塑复合材料的可逆变色）的研究也才刚刚开始。材料的功能化是实现其高附加值的一个重要途径，因此，木塑复合材料的功能化研究还任重道远。本章就木塑复合材料的可逆变色研究情况进行概述，并以此抛砖引玉，丰富并促进木塑复合材料功能化方面的研究，最终提高木塑复合材料的附加值。

可逆变色木塑复合材料是指经热、光或电等外部刺激使木塑复合材料的颜色发生响应，而刺激消除后，颜色又能够恢复到原来状态的一类木塑复合材料。就目前的资料看，主要是热致可逆变色和可逆荧光变色两类木塑复合材料的相关研究。福建农林大学杨文斌课题组利用木塑复合材料成型工艺的灵活性特点，将具有可逆热致变色功能的微胶囊或改性荧光粉在木塑复合材料成型过程中添加其中，从而赋予其良好的可逆热致变色或荧光变色性能（吴秋宁等，2013a，2013b，2013c；徐建锋等，2014b；郑峰等，2015a，2015b，2015c）。

5.1 热致可逆变色木塑复合材料的研究

5.1.1 热致可逆变色木塑复合材料的制备（徐建锋等，2014b；杨文斌等，2015）

首先合成可逆热致变色的微胶囊，即在水相中使具有热致变色的心材被有机物预聚体构成透明的壁材包裹，之后经喷雾干燥获得变色微胶囊。与此同时，将木粉和经改性的热塑性聚乙烯塑料在高速搅拌机中搅拌一定时间后在密炼机中密炼，至塑料熔融且木粉均匀地分散在塑料中时加入微胶囊，继续密炼直至均匀混合，取出冷却后破碎成小颗粒作为注塑原料备用。在利用注塑机注塑制品前，需经一定的温度干燥一定的时间，除去储存期间表面吸附的水分后才能使用。将干燥的复合颗粒在注塑机上注塑成型，获得所需的试样。

5.1.2 热致可逆变色木塑复合材料的热响应特性

1）可逆热致变色木塑复合材料的表观颜色

表观颜色是最直接得到的能表示木塑复合材料变色效果的重要参数。图 5-1 为两种可逆热致变色木塑复合材料在加热前后的颜色变化示意图，表 5-1 和表 5-2 为两种变色木塑复合材料加热前后颜色变化的 L、a、b 数据，从图 5-1、表 5-1 和表 5-2 可知，蓝色可逆热致变色 WPC 加热前后颜色变化极明显（ΔE 达到 53.9），红色可逆热致变色 WPC 加热前后的颜色变化较明显（ΔE 为 13.0）。当 ΔE 小于 5.0 被定义为中等色差，因此这两种可逆热致变色木塑复合材料的颜色变化程度很高，具有较强的热致变色功能。

扫一扫 看彩图

图 5-1 可逆热致变色木塑复合材料的颜色变化

表 5-1 蓝色可逆热致变色木塑复合材料 *L*、*a*、*b* 数据

状态	加热前					加热后					差值（Δ）
L	18	15	20	19	17	54	55	48	43	43	30.8
平均值			17.8					48.6			
a	16	14	11	9	10	−4	−5	−5	−4	−5	−16.6
平均值			12					−4.6			
b	−36	−34	−31	−29	−28	11	10	8	9	9	41
平均值			−31.6					9.4			
Δ*E*						53.9					

注：*L* 为表面明度；*a* 为红绿指数；*b* 为黄蓝指数。下表同

表 5-2 红色可逆热致变色木塑复合材料 *L*、*a*、*b* 数据

状态	加热前					加热后					差值（Δ）
L	27	33	33	33	28	47	41	39	36	35	8.8
平均值		30.8						39.6			
a	24	23	26	28	25	28	27	29	26	20	0.8
平均值		25.2						26			
b	10	8	11	10	9	17	20	19	19	21	9.6
平均值		9.6						19.2			
Δ*E*						13.0					

2）变色响应时间与环境温度的关系

图 5-2 中样品分别代表如下。WTB1：BPC+蓝色微胶囊；WTB2：BPC+蓝色微胶囊+钛白粉；WTB3：BPC；WTB4：BPC+钛白粉；WTR1：BPC+红色微胶囊；WTR2：BPC+红色微胶囊+钛白粉。其中，BPC 为竹粉与塑料的混合体系。

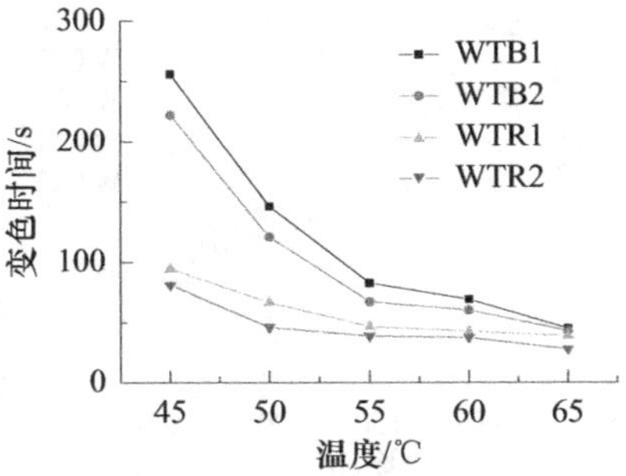

图 5-2 可逆热致变色竹塑复合材料在不同温度下的变色时间

从图 5-2 中的曲线可以看出，随着所处环境温度的升高，竹塑复合材料中从有色到竹塑本色所经历的时间变短，而添加钛白粉的竹塑复合材料的变色时间短于未添加钛白粉的竹塑复合材料。这说明添加钛白粉之后变色复合材料对环境温度的响应敏锐。

3）变色疲劳情况 将装有粉末状的红色竹塑复合材料的密封袋置于恒温水浴锅中在 25～80℃反复做升降温 100 次后，采用日本岛津 UV-3600 型紫外可见分光光度计对未处理试样及循环处理之后的试样进行测试，在 200～800nm（波长）扫描，入射角度为 0°（即与压片表面垂直），其结果如图 5-3 所示。

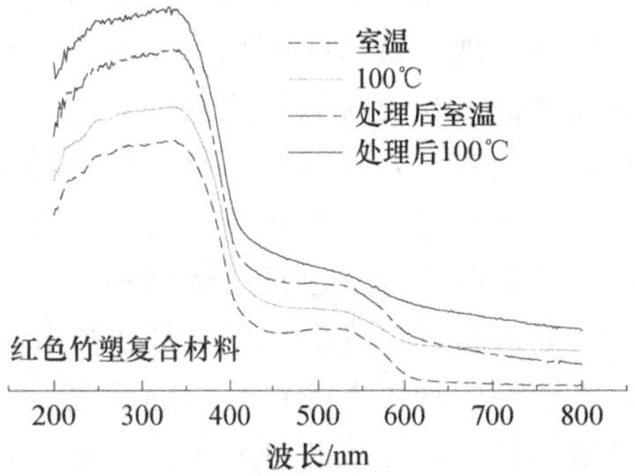

图 5-3 不同温度下可逆热致变色竹塑复合材料的紫外光谱图

由图 5-3 可见，由于在 λ<450nm 时的波形基本无变化，因此仅对 λ>450nm 的波形展开讨论。在室温下红色竹塑复合材料的最大吸收峰为 λ_{max}=498nm，当温度升至 100℃时，最大吸收峰 λ_{max}=494nm，且在 400～600nm 处的吸收值明显降低，其他吸收值完全一致，这与变色微胶囊的吸收值变化相类似，表明可逆热致变色竹塑复合材料未处理前具有良好的变色效果；而变色竹塑复合材料经循环处理之后，在室温

下所测得的吸收值在λ=200～630nm处略高于未处理样的吸收值，在λ=630～800nm处却是略低于未处理样，当温度升至100℃，相比未处理样，其吸收值降低的波长缩短到λ=484～570nm。综上所述，变色竹塑复合材料具有良好的变色性能（李小华等，2002）；经25～80℃循环处理之后，变色竹塑复合材料仍具有较好的颜色变化可逆性，但变色的敏感度下降，其变色效果不如未处理样，这可能是在竹塑复合材料的制备过程中，变色微胶囊处于高温条件下，部分微胶囊被破坏所致，说明变色微胶囊的耐高温性能还有待改善。

4）变色竹塑复合材料的导热系数 材料导热难易程度可用导热系数λ来衡量。通常把导热系数较低的材料称为保温材料，导热系数<0.05W/(m·K)的材料称为高效保温材料。

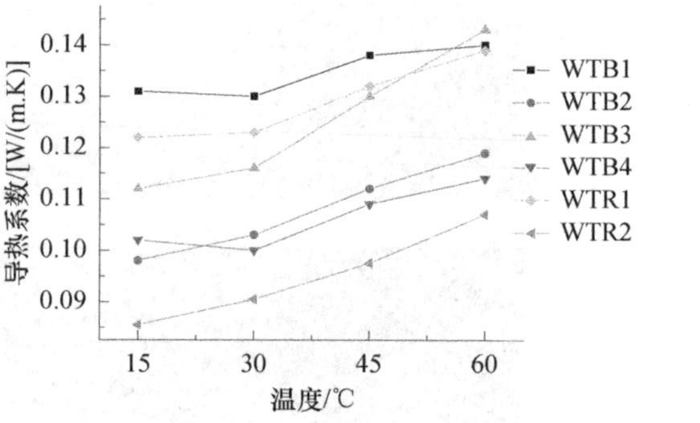

图5-4 可逆热致变色竹塑复合材料在不同温度下的导热系数

图5-4是6种竹塑复合材料在不同温度下的导热系数。从图5-4中可以看出，这6种材料的导热系数随着温度的升高而增大，比较WTB1、WTB2、WTB3发现，变色微胶囊提高了材料的导热系数，且红色竹塑复合材料的导热系数低于蓝色竹塑复合材料。比较WTB2、WTB4、WTR2发现，在15℃时$\lambda_{WTB4}>\lambda_{WTB2}>\lambda_{WTR2}$，随着温度升高，导热系数变为$\lambda_{WTB2}>\lambda_{WTB4}>\lambda_{WTR2}$；将WTB1与WTB2、WTB3与WTB4、WTR1与WTR2两两比较后发现，钛白粉的加入使得复合材料的导热系数降低，钛白粉的导热系数远低于竹材和塑料的导热系数，导致竹塑复合材料的导热系数降低。根据有机型可逆热致变色材料的变色机理可知，变色微胶囊的发色剂与溶剂不同，针对这两种微胶囊而言，温度变化时，红色微胶囊所吸收热量比较集中地用于变色材料的变色反应，减少了热量的传递，导致两种变色竹塑复合材料在不同温度下的导热系数有所差异。同时，变色微胶囊的壁材、壁厚及其在竹塑复合材料内的分散性等都会影响热量的吸收与传递。

5）变色竹塑复合材料的太阳反射率 任何物质都具有反射或吸收一定波长红外线的性能。当太阳光辐射至物体表面时，物体对太阳辐射的响应主要是吸收、透射和反射3类。其吸收率（A）、透射率（T）和反射率（R）之间根据能量守恒定律有如下的关系：$T+R+A$=100%。由于本次试验所用材料是不透明的，其透射率近似为0，即$A+R$=100%。因此，提高材料的反射率（R），可以使材料表面吸收较少的能量，达到良好的隔热效果；反之则可以吸收较多的能量，达到保温效果（Levinson et al.，2005）。

图5-5是不同试样的表面光谱反射率。从中可见，各种试样的反射率存在差异。太阳光的波长为紫外线200～380nm，可见光380～780nm，红外线780～2500nm。总体而言，加入钛白粉提高了材料的表面反射率。在紫外光区域，各试样的反射率基本相同；在可见光区域，$R_{WTR1}<R_{WTB3}<R_{WTB1}<R_{WTB4}<R_{WTB2}<R_{WTR2}$；在红外区域的反射率的趋势不统一，当$\lambda$<2250nm时，$R_{WTR1}\approx R_{WTB1}\approx R_{WTB3}<R_{WTB2}\approx R_{WTR2}\approx R_{WTR2}$；当$\lambda$>2250nm时，各试样的反射率基本相同。添加钛白粉的试样的反射率皆高于未添加钛白粉的试样的反射率，表明添加钛白粉提高了材料的反射率，从表5-3可见，材料的表面明度$L_{WTB1}<L_{WTR1}<L_{WTB3}<L_{WTB2}<L_{WTR2}<L_{WTB4}$，表明颜色是影响太阳反射率的重要因素之一，颜色浅的反射率高于颜色深的反射率（叶峰，2011；杨光付等，2010）。另外一个原因是由于红石型钛白粉反射系数≥80%，折光指数为2.8，能够反射光与热，并且它具有良好的遮盖率和着色率（Hassid et al.，2000）。

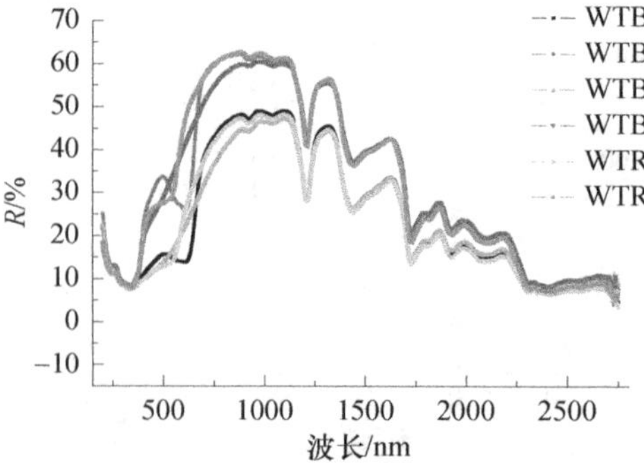

扫一扫 看彩图

图5-5 不同试样的表面光谱反射率

表 5-3　竹塑复合材料的表面材色

	L^*	a^*	b^*
WTB1	40.73	−1.68	4.41
WTB2	59.97	−4.65	0.16
WTB3	50.02	8.10	18.29
WTB4	67.60	4.90	17.40
WTR1	47.34	15.91	14.84
WTR2	64.47	14.12	12.49

表 5-4 是按照美国材料与试验协会（ASTM）的加权法计算而得到的各试样在不同温度下的太阳热反射率，从中可看出，$R_{WTB1}<R_{WTB3}<R_{WTR1}<R_{WTR2}<R_{WTB2}<R_{WTB4}$。加入钛白粉之后，提高了50%左右试样表面的热反射率。若单独比较WTB1、WTB3、WTR1 或 WTB2、WTB4、WTR2可发现，加入变色微胶囊之后，可以稍微提高试样表面发射率。且从中可见，试样在高温下的太阳反射比高于室温时的太阳反射比，且钛白粉提高了试样的太阳反射比。这说明热致变色竹塑复合材料能够随着环境温度变化而改变太阳反射率，进而改变材料表面的温度，具有智能热能转换功能（American Society for Testing and Materials，2006；刘志佳，2010）。

表 5-4　不同温度下变色竹塑复合材料的太阳反射率

	蓝色可逆热致变色竹塑复合材料					
	WTB1	WTB2	WTB3	WTB4	WTR1	WTR2
R_{RT}/%	28.38	43.79	29.52	44.46	29.99	43.48
R_{HT}/%	31.21	46.74	无	无	32.27	46.94

注：RT. room temperature（10℃）；HT. high temperature（60℃）

若在炎热地区的建筑物使用如 WTB2、WTB4、WTR2 等材料，其可以有效降低建筑物对太阳光的吸收，延缓或控制建筑物的升温，实现降低制冷所需能耗的目的；若在寒冷地区，使用如 WTB1、WTB3、WTR1 等太阳吸收率较高的材料，其能够尽量多地吸收太阳辐射能，通过热传递提高室内的温度（邱丽媛，2011）。其无需消耗任何矿物能源，就能极大地降低取暖能耗（Karlessi et al.，2009）。

5.2　荧光可逆变色木塑复合材料的研究（郑峰等，2015b）

5.2.1　荧光可逆变色木塑复合材料的制备

先利用配制好的硅烷偶联剂分别喷洒在竹粉和铝酸荧光粉混合物中后高速混合 30min，然后在恒温干燥箱 100℃条件下分别干燥 24h 后密封备用。称取 HDPE、竹粉、铝酸锶荧光粉和偶联剂，将原料倒入高速混合机中混合 10min，温度为 100℃，混合物进入密炼机后高温 170℃，速度为 40r/min，混合密炼 20min，制得稀土荧光竹塑复合材料的块状物，冷却硬化 1 天后，经粉碎机粉碎成颗粒，再经注塑机注塑成标准测试样品。注塑机温度为 170℃，冷却时间为 2s，背压压力为 7MPa，保压压力为 7MPa。主要经过如图 5-6 所示的工艺流程。

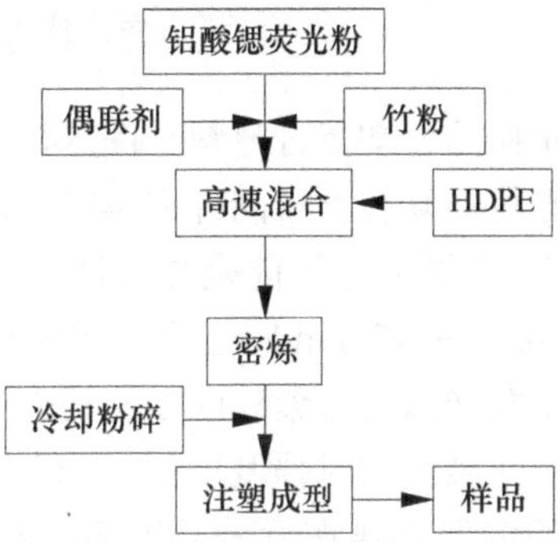

图 5-6　荧光木塑复合材料工艺流程

5.2.2　荧光变色木塑复合材料的表观颜色

图 5-7（a）中是荧光木塑复合材料在白天光照下的外观情况，从左到右，荧光粉含量逐渐增加，最高达 24%；图 5-7（b）中该系列的木塑复合材料在漆黑的空间中发出了荧光。发出荧光的主要原因是含有荧光发光材料的木塑复合材料在白天吸收了光的辐照并储存在材料内部，当外部的光线变弱或漆黑一片时，则通过肉眼即能观察到发射出的荧光了。

5.2.3　荧光与发射光光谱分析

图 5-8 和图 5-9 分别是竹塑复合材料和稀土荧光竹塑复合材料的激发和发射光谱。由图 5-8 可知，稀土荧光竹塑复合材料在 520nm 发射波长监控下的激发光谱，其激发波长范围较宽，紫外到可见光区均可激发，主要在 376nm、428nm 和 477nm 附近形成三个激发峰。350～400nm 处的宽峰主要是配体与金属正离子之间发生电荷转移跃迁（Yamstoto et al.，1977）产生的，400～470nm 处的宽峰主要是在配体作用下，过渡金属离子 Eu^{2+}和 Dy^{3+}发生配位体场跃迁（Yamstoto et al.，1977）产生的，与紫外-可见吸收光谱基本一致。

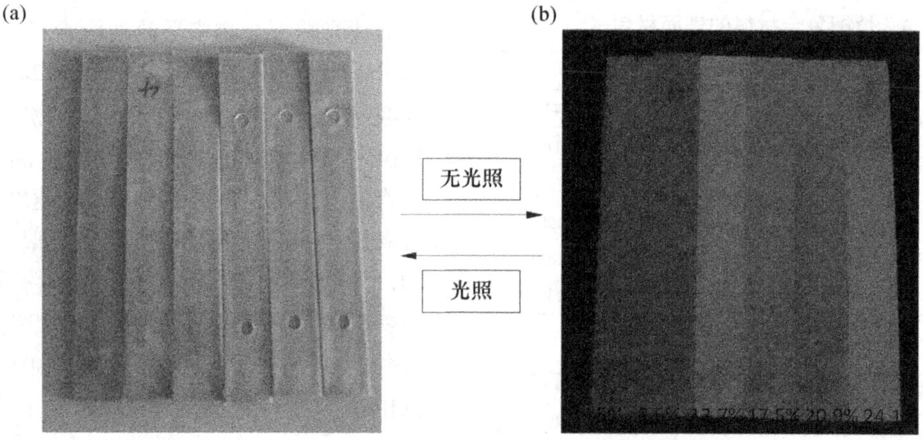

扫一扫 看彩图

图 5-7 荧光变色木塑复合材料（从左到右，荧光粉含量递增）

未添加荧光粉的竹塑复合材料（图 5-8 中谱线 0）和稀土荧光竹塑复合材料同样在 477nm 附近产生激发峰中心，主要原因可能是复合材料中的竹粉含有大量 C═C，在 477nm 附近产生激发峰。竹塑复合材料的激发光谱在近紫外区激发相对强度较低，而在可见光区激发相对强度增加，而稀土荧光竹塑复合材料的激发光谱在近紫外区激发相对强度较高，而在可见光区激发相对强度降低，表明铝酸锶荧光粉的加入对竹塑复合材料的激发光谱影响很大，而竹粉基本不影响铝酸锶荧光粉的激发过程，所以两者在荧光激发原理上可以混炼在一起。

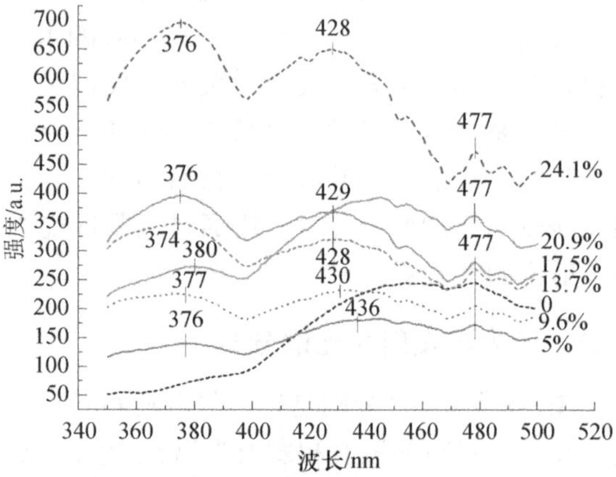

图 5-8 铝酸锶荧光粉含量对复合材料激发光谱的影响（λ_{em}=520nm）

由图 5-9 可知，稀土荧光竹塑复合材料在 320nm 波长激发下的发射光谱，其发射峰均匀对称，峰值出现在 520nm 左右，为人眼感觉舒适的绿色光，表明稀土荧光竹塑复合材料具有发光功能，可用于现代建筑、紧急照明、隐蔽照明和装饰材料等方面。稀土荧光竹塑复合材料的发射光谱具有宽带分布的特征，是典型的 Eu^{2+}发光中心电子从激发态 $4f^65d^1$ 跃迁回基态 $4f^7$ 的特征峰（Du et al.，2007）。随着铝酸锶荧光粉含量的增加，相对发光强度出现先增大后减小再增大的趋势，荧光粉含量为 13.7%的相对发光强度高于荧光粉含量为 17.5%的主要原因在于，铝酸锶荧光粉含量过大时，在基体中分散不均匀，团聚现象较严重，被包围的部分荧光粉颗粒接触不到光线没有被激发，不能发光，并且在加工过程中铝酸锶荧光粉和密炼机内铁壁摩擦概率增大，部分荧光粉颗粒遭到机械破坏，发生的荧光淬灭较严重（袁莹和施惠生，1998），铝酸锶荧光粉含量为 24.1%时相对发光强度最大，主要由于铝酸锶荧光粉裸露在复合材料基体外的概率增大，裸露的铝酸锶荧光粉发光受基体和竹粉遮挡影响较小，所以相对发光强度最大。没有加入铝酸锶荧光粉的竹塑复合材料的发射峰为零，不发光，与实际情况吻合。

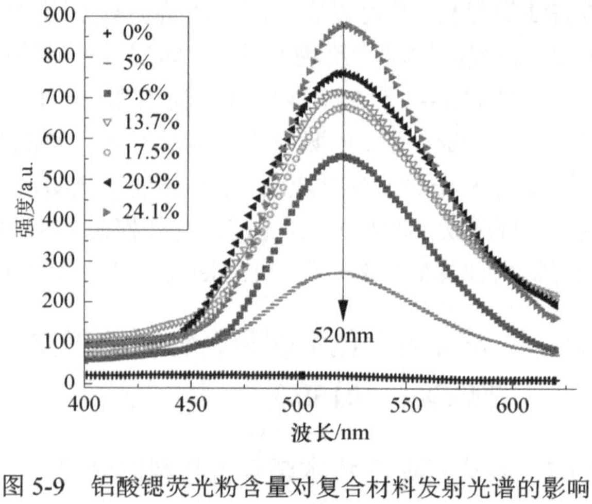

图 5-9 铝酸锶荧光粉含量对复合材料发射光谱的影响（λ_{ex}=320nm）

5.3 变色木塑复合材料的应用探讨

5.3.1 可逆热致变色木塑复合材料的应用

在夏季时节，城市容易产生热岛效应，导致城市中心地区的气温比周边高出许多（彭少麟等，2005），由此产生的高热污染会造成人体的不适反应，也无形中增加了屋内制冷所需能耗（Karlessi et al.，2009）。此外，高温还会加速屋顶或墙面材料的老化。如果夏季的屋顶或墙面由深色变成浅色，不仅加强了生物多样性（Wilby，2006），还能够利用对光线高反射率或者对热高反射率的浅色材料做的屋顶和墙体驱除过多的热量，其表面温度比同样太阳照射下的深色材料低 3～5℃（Livingstone，2006），从而有效降低材料的热老化，同时有效降低了通过屋顶和墙体传递至屋内的热量。而冬季则要求屋面或墙体对太阳辐射有较多的吸收量，这样就可以减少冬季室内供暖所需能耗。热致可逆变色材料就是这样一种既能够根据夏冬季节环境温度变化而改变对热的吸收和反射率要求，又能够有效降低建筑环境能耗的一种最具潜力的材料（Mlyuka et al.，2009），这部分能耗相当于全世界范围内使用的一次能源的30%～40%（Huovila et al.，2007）。

近年来，木塑复合材料成为建筑外墙挂板（李晶晶等，2010）、户外园林景观、汽车内饰（Michael et al.，2003）和包装材料的常用材料。如果建筑外墙体挂板常用可逆变色木塑复合材料，则可以通过变化的色彩达到节能、节约墙体用材料的目的，这不仅与有关学者在建筑设计中“减少使用矿物资源、利用低能设计方案以创造一个低碳或零碳的世界”的观点（Simon，2008）一致，还完全符合我国现阶段绿色生态与可持续发展的战略日标。此外，作为户外园林景观的木塑复合材料，如果能在夏季强烈日晒下变为蓝、绿等冷色调，而冬季则变为红、黄等暖色调，以及作为室内地板或汽车内饰件的木塑复合材料能够根据室内或车内温度的变化而调节不同的冷暖色调，无疑会增加室内或车内空间的情调和趣味及人体对不同色调的舒适感，且符合以人为本的内装修原则。

5.3.2 可逆光致变色木塑复合材料的应用

近年来，随着复合材料开发应用的迅速发展，开发新型有机-无机复合材料引起了研究者的广泛关注，铝酸盐长余辉发光材料是开发最成功的基质材料之一，技术比较成熟和实用程度高，将其添加到木塑复合材料中制备成可逆荧光变色木塑复合材料，这种材料能够改善木塑复合材料和铝酸盐长余辉发光材料两者单独使用时的各自缺点，将两者优劣互补发挥出复合材料中各种成分的优势，不仅能使复合材料各方面性能得到大幅提升，还扩大了复合材料的使用价值与应用范围，可逆荧光变色木塑复合材料可开发应用于现代建筑、紧急照明、隐蔽照明、装饰材料、景观园林、交通、家居等方面，对推广应用竹塑复合材料和碱土铝酸盐长余辉发光材料具有重要的现实意义（Shafia et al.，2010）。

5.4 防霉木塑复合材料

尽管木塑复合材料（WPC）抗菌防霉能力远高于实木（叶永连，2008），但由于其中含有木质纤维，因而存在被霉腐真菌（霉菌及木腐真菌）等感染的可能。高木质纤维填充的木塑复合材料及表面经拉毛或压花处理的木塑复合材料的木质纤维很有可能未被塑料包裹而直接裸露在外表面与空气接触；当被安装在户外的木塑复合材料长期经受阳光的照射和雨水的冲蚀时，木纤维结构会逐渐变得松散，塑料部分也会逐渐被破坏并导致颜色改变；同时，这些阳光、雨水及适宜的温度，又为木腐真菌和霉菌的生长提供了客观条件；此外，潮湿的环境也会使材料的机械性能逐渐下降，为滋生真菌创造了更加良好的生活环境（Catto et al.，2016）。霉菌会使 WPC 表面产生肉眼可见的霉菌斑点，影响其美观，因此，木塑复合材料特别是户外使用的必须考虑防霉处理。

5.4.1 木塑霉变的影响因素

5.4.1.1 木质纤维原料的影响

1）原料的化学组分 众所周知，不同树种的木材具有不同的防霉抗菌能力。同样道理，以木质纤维原料为增强材料的木塑复合材料，若其木质纤维原料来源的树种不同，同样会影响复合材料的抗菌防霉性能。Fabiyi 等（2011）对杨木、花旗松、刺槐、白栎木、美国黄松 5 种树种木纤维增强的 HDPE 复合材料的抗菌防霉性能进行了调查。木纤维的基本信息见表 5-5。结果发现，花旗松、杨木和

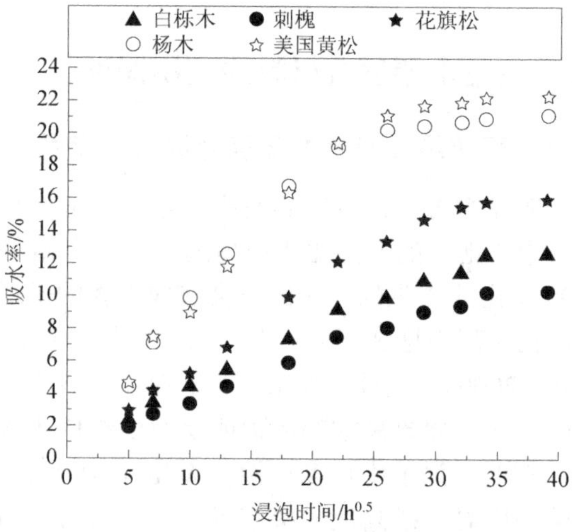

图 5-10　5 种纤维增强的 WPC 吸水情况

美国黄松三种木材纤维增强的木塑复合材料抗褐腐菌的能力差别不大，杨木纤维增强的木塑复合材料抗白腐菌的能力最弱，而花旗松纤维增强的木塑复合材料不易遭受白腐菌的侵蚀。白腐菌有选择性地分解木质素，而褐腐菌则同时降解木质素和多糖。尽管杨木中的木质素含量在 5 种树种中最低，但因其密度低，制成的复合材料比其他木质纤维增强的复合材料更容易吸收水分（图 5-10），因此更容易导致白腐菌的滋生和自身的降解。虽然花旗松的木质素含量在 5 种树种中最高，但由于其密度较高，因此其增强的复合材料较不易吸收水分（图 5-10），所以也不易滋生霉菌。实验中发现，刺槐和白栎木纤维增强的木塑复合材料在有霉菌的环境中耐久性最好。

表 5-5　5 种木质纤维的物化性质

树种	密度/(kg/cm^3)	抽提物含量/%	木质素含量/%
刺槐	622	1.24	23.35
杨木	295	1.96	18.27
白栎木	764	1.15	23.61
花旗松	623	5.25	28.10
美国黄松	432	3.77	25.30

此外，木材中的挥发物成分对木塑复合材料霉变性能的影响各异（图 5-11）。徐开蒙等研究了 6 种木材纤维增强的木塑复合材料的霉变特性，结果发现，木材中的一些挥发物成分如杉木中的 8-丙氧基柏木烷、泪杉醇、杉木烯，白千层中的 3-羟基呋喃丹、3-去甲秋水仙碱、角鲨烯，尾叶桉中的 3-羟基呋喃丹、胆甾-4-烯-3-酮具有潜在的增强生物质耐久性的功效。而一些挥发物如马尾松中的长叶烯、石竹烯、α-蒎烯，枫香中的 3-羟基-3-甲氧基-苯甲醛、4-羟基-3, 5-二甲氧基苯甲醛、3, 5-二甲氧基-4-羟基肉桂醛、肉桂酸肉桂酯，蓖麻秆中的 5-羟基糠醛及 1, 6 脱水-β-D-右旋糖则具有相反的功效（Xu et al., 2015）。

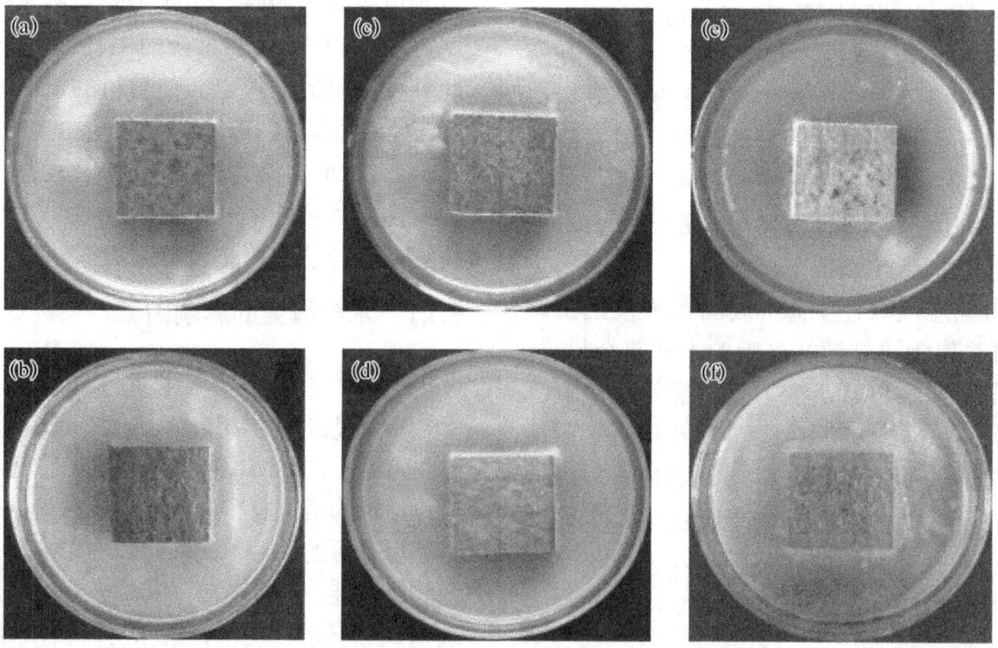

扫一扫　看彩图

图 5-11　不同树种增强的木塑复合材料的抗霉变情况

（a）杉木 WPC；（b）白千层 WPC；（c）尾叶桉 WPC；（d）马尾松 WPC；（e）枫香 WPC；（f）蓖麻 WPC

邱晓颖等对竹粉、竹木混合粉、稻糠和单独的木粉的染菌率进行了测定，发现染菌率的顺序为：竹粉＞竹木混合粉＞稻糠＞木粉。木质原材料污染的微生物数量越大，对木塑复合材料的耐霉性能影响越大。因此，木质纤维原材料污染的微生物状态是影响木塑复合材料耐霉性能的重要因素（刘永龙等，2015）。

此外，该作者测试了使用以上木质原材料制作的木塑复合材料的防霉性能。测试结果表明，在其他条件相同的情况下，含竹粉、稻糠的木塑样品的防霉性能比含木粉的木塑样品要差（表 5-6）。这与竹粉、稻糠类的木质纤维所含糖类、蛋白类、木质素等含量较高有关，用这些材质制造的木塑比较容易导致霉菌的生长。

表 5-6 不同木质纤维对木塑防霉性能的影响

培养时间/天	杨木粉	杂木粉	竹粉混合粉	竹粉	稻糠
7	0 级	0 级	1 级	1 级	2 级
14	0 级	1 级	2 级	3 级	3 级
21	0 级	1 级	2 级	3 级	3 级
28	0 级	1 级	2 级	3 级	4 级

注：染霉难易程度由 4～0 逐级下降

2）原料的目数 Verbev 等研究了 WPC 中小粉颗粒大小对真菌耐久性的影响（Verhey and Laks，2002）。结果表明，木粉质量分数为 50%的木-PP 复合材料，其真菌耐久性与木粉颗粒大小成反比（图 5-12）。木粉颗粒越小，则越易被塑料基体有效包裹，从而增加对木粉颗粒的保护性。此外，使用大颗粒木粉的 WPC 具有较大的吸水厚度膨胀，易造成木材与塑料基体结合处的破坏，给真菌侵蚀提供通道，加速真菌的腐朽作用。在未添加偶联剂的材料中，这一现象更为明显。

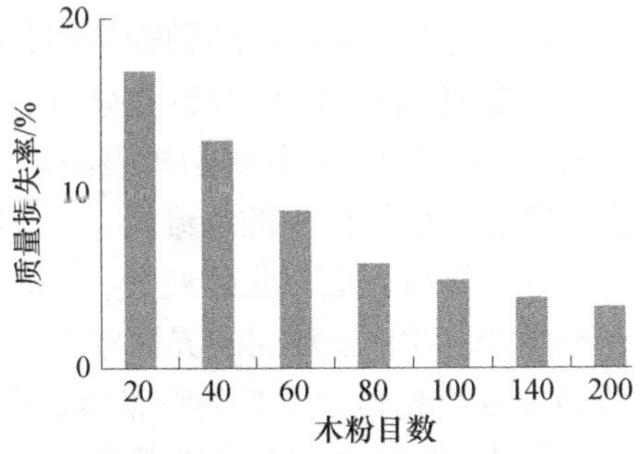

图 5-12 原料目数对木塑复合材料腐蚀的影响

尽管如此，木质纤维原料的目数变化对霉变性能的影响与纤维含量的变化相比，其影响程度还是相对较小（Tascioglu et al.，2013）。

5.4.1.2 基体塑料的影响

通过对比三种塑料基体的木塑复合材料的防霉性能，邱晓颖等发现，以 PP 塑料为基体的木塑样品的防霉性能最佳，而以 HDPE 为基体的防霉性能最弱（表 5-7）（刘永龙等，2015）。但在李大纲和叶永连（2010）的研究中却发现，以 PE 塑料为基体的复合材料抗白腐能力最强，其次为以 PP 塑料为基体的复合材料。

表 5-7 塑料基体对木塑样品防霉性能的影响

培养时间	PVC	PP	HDPE
第 1 周	0 级	2 级	3 级
第 2 周	3 级	2 级	3 级
第 3 周	3 级	2 级	4 级
第 4 周	4 级	3 级	4 级

注：染霉难易程度由 4～0 逐级下降

尽管不同研究人员的研究结果有所差异，但均发现以不同塑料为基体的复合材料防霉性能不同。这主要是不同的基体塑料的熔体流变性质不同，导致与木质纤维混合时对其包裹程度及纤维在基体中分散均匀的程度有差异，从而影响界面结合。此外，不同基体塑料抗氧化能力也有差异。当基体塑料被氧化降解后，也更容易导致复合材料中的木质纤维材料受霉菌的侵蚀而发生霉变。因此，在选择木塑生产配方的时候，应根据采用的塑料基体类型来选择适当的防霉抗菌剂和添加量。

5.4.1.3 木塑质量比的影响

Simonsen 等（2004）、Tascioglu 等（2013）在研究霉菌对木塑复合材料的影响时发现，尽管木塑复合材料的防腐性能永高于实木，但随着木塑复合材料中木质纤维含量的增加，其受霉菌的腐蚀也变得严重。究其原因是随着木质纤维含量的提高，塑料对纤维的包裹作用越来越小，纤维直接裸露在空气中的机会也随着纤维含量的提高而增加。邱晓颖等测试了不同竹粉含量的木塑复合材料的防霉性能，得到了同样的结果，即随着木质纤维增强材料的含量增加，防霉性能逐渐下降（表 5-8）（刘永龙等，2015）。

表 5-8 木塑质量比对木塑防霉性能的影响

培养时间	50%竹粉	60%竹粉	70%竹粉
第 1 周	0 级	0 级	1 级
第 2 周	0 级	1 级	3 级
第 3 周	0 级	2 级	4 级
第 4 周	1 级	2 级	4 级

注：染霉难易程度由 4～0 逐级下降

5.4.1.4 其他影响因素

除以上因素外，还有其他的因素如偶联剂、防霉剂、加工工艺和使用环境均会影响真菌在材料表面的繁殖。例如，如果复合材料中未使用偶联剂，则界面结合弱，水分与真菌更容易从弱结合处侵入；添加防霉剂与否及防霉剂的抗流失性程度都会导致复合材料防霉性能的差异；不同的加工工艺如成型方法（热压成型、挤出成型或注塑成型）（Benthien et al.，2012）、成型次数（一次成型和二次成型）、成型温度等也会不同程度地影响所添加的防霉剂效力，从而影响防霉性能；而使用环境的影响主要来自环境的温湿度变化、紫外线照射、雨水侵蚀、冰冻等（冯静等，2013），户外及户内潮湿环境如卫生间、浴室等地方使用的木塑复合材料比在户内干燥环境下使用更容易遭受真菌的侵蚀。

5.4.2 木塑防霉方法

5.4.2.1 两步法处理

1）前处理法 将组成木塑复合材料的主要原料先进行防霉处理，之后混合，制成具有防霉能力的复合母粒备用。理论上可以将木质纤维增强材料或基体材料其中之一先进行预处理，但由于木塑复合材料霉变主要是木质纤维原料本身的属性引起的，因此，实际情况中更多的是针对木质纤维原料的防霉预处理后与基体塑料复合造粒，之后再将复合粒子在注塑机、挤出机或模压机中制成制品。

木质纤维材料的防霉预处理基本方法有3种。第一种是通过去除或降低自身中含有的霉菌生长的养分，从而降低其霉变的危险程度；第二种是利用防霉剂对木质纤维原料进行预处理，从而有效抑制霉菌在木质纤维上的生长；第三种是通过对木质纤维的预处理，使其与塑料基体的相容性提高，从而有效减少因界面结合不良给霉菌获得从弱界面处入侵木质纤维的机会。

例如，邓邵平等（2009）用高温热处理后的马尾松木粉与 HDPE 复合制备木塑复合材料来提高防霉性能。经测试受霉菌感染 4 周后的被害值，未处理对照试样表面被侵害的面积为 91.67%，被害值为 4，说明未处理对照试样极易被霉菌感染；当木粉分别在 180℃、200℃和 220℃热处理时，随时间的延长，复合材料表面被霉菌侵害的面积有不同程度的减少，被害值为 0～3，其中 180℃热处理 1h、2h 和 200℃热处理 1h 后的木粉填充的复合材料，其被害值均为 3，180℃热处理 3h、200℃热处理 2h 和 220℃热处理 1h、3h 后的木粉填充的复合材料，其被害值均降到 2，220℃热处理 2h 后的木粉填充的复合材料，其被害值降为 1，尤其以 200℃热处理 3h 后的木粉填充的复合材料表面受霉菌感染的面积最小，只有 2.50%，对应的被害值为 0，220℃热处理 2h 后的木粉填充的复合材料次之，表面受霉菌感染的面积为 18.05%。总体而言，由于热处理不但具有去乙酰化作用，而且随着处理温度的升高和时间的延长，木粉中的聚糖逐步降解（邓邵平等，2009），因此，木粉热处理后填充的复合材料对霉菌有一定的抑制作用。

在木质纤维原料中直接添加防霉剂，改善其防霉性能。Kuritka 等（2014）使木质纤维表面原位生成具有抗菌能力 Ag/ZnO 纳米粒子，从而获得具有抗菌效果的木质纤维原料，利用改性后的木质纤维原料制备复合材料则具有较好的抗菌防霉效果。

此外，利用预处理木质纤维原料的方法加强与基体塑料之间的界面结合力，也可以在一定程度上防止霉菌的侵入。刘丁宁等（2016）采用 NaOH、乙酸、水热、微波 4 种方法对麦秸纤维进行表面预处理，并对用未处理和 4 种处理的麦秸制备的复合材料进行霉菌加速腐蚀试验，观察并分析 5 种复合材料表面霉菌的生长情况及表面微观结构。结果表明：霉菌能腐蚀麦秸纤维中的纤维素、半纤维素和木质素，使复合材料表面产生裂纹和孔洞，预处理可改善麦秸纤维和 PP 基体间的界面结合，有效地阻止霉菌腐蚀复合材料中麦秸的纤维素、半纤维素和木质素，其中 5%NaOH 预处理效果最佳；也可以采用木质纤维酯化改性提高与基体的界面结合力。Wei 等（2013）则将杨木纤维分别经乙酸、丙酸和苯甲酸酯化改性后与 HDPE 复合制备木塑复合材料。试验结果表明，经酯化改性的WPC有更好的生物耐久性和光稳定性。

2）后处理法 木塑复合材料的两步法防霉处理还可以对木塑制品进行后期的表面防霉处理，如涂刷防霉涂料。但如果涂料与木塑复合制品表面的结合力不足，则抗流失性差。因此必须提高表面防霉层与木塑复合材料表面的结合力。王清文等（2014）以二苯甲酮为光敏剂，通过紫外线辐照引发，将*N,N*-二甲基十四烷基对乙烯基苄基氯化铵（C_9H_9Cl-14DMA）单体接枝在含有乙烯基的木塑复合材料（WPC）表面，既赋予了WPC表面抗菌功能，同时又加强了抗菌剂在木塑复合材料表层的结合力。该方法制备的木塑复合材料虽然主要是基于室内用木塑复合材料表面的卫生洁净，防止大肠杆菌的污染，但对于木塑制品的防霉处理也应是一种启发。

5.4.2.2 一步法处理

木塑复合材料一步法防霉处理是指木质纤维原料、塑料基体、各种助剂与防霉剂或具有防霉特性的塑料基体母粒一次性混合处理制备具有防霉效果的复合母粒。与两步法防霉处理的区别在于木质纤维原料未进行防霉预处理就直接参与复合母粒的制备。例如，Kositchaiyong等研究人员将防霉剂（3-碘丙炔醇丁基氨甲酸酯或多菌灵）、木质纤维原料、PVC粒子及相关助剂一次性放入高速混合机搅拌后，由双螺杆挤出机制备木塑复合粒子，再将复合粒子在模具中模压成具有防霉效果的木塑复合板（Kositchaiyong et al.，2013）。Simonsen J、Cihat Tascioglu等在制备防霉PP基木塑复合材料时，也是将1%（相对于木粉质量）的防霉剂（粉状硼酸锌）直接与木塑原料混合，并在密炼机中密炼获得复合木塑粒子，再由木塑粒子模压成板（Simonsen et al.，2004；Tascioglu et al.，2013）。

对于粉剂剂型的木塑防霉剂一般添加量极少，在加工过程中存在粉尘污染问题和分散不均匀等问题。因此，陈娟等（2011）制备了一种防霉塑料母粒，即利用与木塑复合材料中的基体相同的塑料与防霉剂复合制成木塑用防霉塑料母粒，再将占总质量分数0.1%～1%的木塑复合材料专用防霉功能的塑料母粒与其他木塑助剂[马来酸酐接枝低密度聚乙烯（LDPE-g-MAH）、复合润滑剂等]一起加入木塑原料（木质纤维、树脂、填料）中，通过高混机混合均匀，然后挤出造粒，最后按照常规生产工艺进行制品的生产成型，可以较好地解决木塑生产车间粉尘及防霉剂直接加入法分散不均的问题。

5.4.3 防霉木塑复合材料的应用

5.4.3.1 户外应用

由于木塑复合材料方便截取、安装，同时具有各种色彩，容易拼装成各种造型，因此已经广泛地作为一种户外园林景观材料（图5-13～图5-15）。但户外的环境较室内恶劣，容易遭雨水冲刷，若未经防霉处理，则很容易发生霉变，长青苔，影响美观。

图5-13 木塑树池凳（上海人民广场）

图5-14 长青苔（未防霉处理，上海崇明怡沁苑）

图5-15 表面长霉（未防霉处理，普洱）

5.4.3.2 户内应用

由于防霉木塑复合材料具有很好的防霉效果，因此可以用于室内装饰，特别是室内潮湿环境如厨房和卫浴的内装饰（图5-16，图5-17）。

图 5-16 天花板（PVC 基木塑装饰材料）

图 5-17 浴室（PVC 基木塑装饰材料）

主要参考文献

陈恩龙. 2014. 浅析木塑复合材料在园林景观中的应用. 建筑·建材·装饰，(6)：153～154

陈娟，王浩江，麦蔼平，等. 2011. 一种木塑防霉功能母粒的制备及应用研究. 合成材料老化与应用，40（3)：9～13，40

邓邵平，江茂生，陈孝云，等. 2009. 杉木间伐材高温热处理后化学成分的变化. 林业科学，45（11)：121～126

冯静，施庆珊，黄小茉，等. 2013. 冻融循环对木塑复合材料质量和防霉性能的影响. 塑料工业，41（6)：83～86，95

冯静，施庆珊，欧阳友生，等. 2007. 木塑复合材料的霉腐真菌危害及防霉抗菌剂的应用进展. 精细与专用化学品，15（24)：6～9

高巧春，蔡红珍. 2012. 木塑复合材料中稻壳粉碱化处理条件的优化. 木材加工，(8)：58～60

葛正浩，袁泥娟，陈伟博，等. 2011. 木塑复合材料（WPC）注塑机螺杆的优化设计. 塑料，40（6)：98～102

管宁. 2014. 木塑复合材料的发展态势和潜力. 国际木业，(2)：18

郭玺，曹金珍，陈玉. 2016. 聚乙二醇改性相变微胶囊制备 MicroPCMs-WF/HDPE 复合材料物理力学性能. 复合材料学报，33（12)：2725～2731

李大纲，叶永连. 2010. 木塑复合材料对白腐菌的耐久性研究. 中国建材科技，(S1)：104～107

李晶晶，李大纲，郭勇，等. 2010. 新型木塑外墙挂板的耐水性研究. 新型建筑材料，37（8)：51～54

李靖. 2014. 我国木塑复合材料产品市场发展动向. 中国人造板，(2)：1～3

李小华，周志华，薛蒙伟，等. 2002. 溴甲酚紫-Co（Ⅱ）-十八醇复配物制备及热色性. 化工时刊，16（6)：33～35

林姿. 2014. 热处理木粉/HDPE 复合材料的制备及其耐腐性能研究. 福州：福建农林大学硕士学位论文

刘丁宁，何春霞，薛娇，等. 2016. 理化预处理麦秸改善其聚丙烯复合材料抗霉菌腐蚀力学性能. 农业工程学报，32（17)：309～314

刘永龙，陈娟，刘丽瑜，等. 2015. 影响木塑复合材料耐霉性能的因素分析. 工业微生物，45（5)：55～59

刘志佳. 2010. 温致变色木材的制备和机理研究. 北京：中国林业科学研究院博士学位论文

卢国军，王伟宏，王海刚. 2014. 改性玄武岩纤维增强木塑复合材料的研究. 西南林业大学学报，34（2)：89～94

彭少麟，周凯，叶有华，等. 2005. 城市热岛效应研究进展. 生态环境，14（4)：574～579

邱丽媛. 2011. 深色系反射型外墙隔热涂料的制备及性能研究. 沈阳：沈阳建筑大学硕士学位论文

汪济奎，郭卫红，李秋影. 2014. 新型功能材料导论. 上海：华东理工大学出版社

王清文，易欣，沈静. 2016. 木塑复合材料在家具制造领域的发展机遇. 林业工程学报，1（3)：1～8

吴秋宁，宋剑斌，余方兵，等. 2013b. 可逆热致变色竹塑复合材料的温度与光响应及热学性能. 农业工程学报，29（14)：273～277

吴秋宁，杨文斌，余方兵，等. 2013a. 水热处理对可逆热致变色竹粉/塑料复合材料性能的影响. 复合材料学报，30（6)：28～36

吴秋宁，杨文斌，余方兵，等. 2013c. 可逆热致变色竹塑复合材料的性能. 高分子材料科学与工程，29（4)：41～45

徐建锋，杨文斌，吴秋宁. 2014a. 可逆热致变色结晶紫内酯微胶囊的性能表征. 西北林学院学报，29（4)：188～192

徐建锋，杨文斌，吴秋宁. 2014b. 热致可逆变色木塑复合材料的研究进展. 材料导报，28（24)：299～302，314

杨光付，张光智，左禹. 2010. 几种典型舰船涂料太阳反射率测试对比分析. 现代涂料与涂装，13（4)：38～40

杨万丽，王清文，李陆军，等. 2014. 紫外光接枝改性木塑复合材料的表面抑菌性. 东北林业大学学报，42(10)：111～114

杨文斌，文月琴，徐建锋. 2015. 可逆热致变色木塑复合材料的制备及性能表征. 森林与环境学报，35（3)：199～204

叶峰. 2011. 深色太阳热反射颜料制备及应用研究. 广州：华南理工大学硕士学位论文
叶永连. 2008. 塑木复合材料耐腐性研究. 南京：南京林业大学硕士学位论文
袁莹，施惠生. 1998. 影响铝酸锶铕荧光粉光强因素及其余辉的研究. 同济大学学报，26（2）：185～188
郑峰，王艳姗，丁大彬，等. 2015a. 含氢硅油改性稀土荧光竹塑复合材料的耐水性. 农业工程学报，31（21）：308～314
郑峰，杨越飞，张明昕，等. 2015b. 铝酸锶荧光竹塑复合材料的制备及性能研究. 材料导报 B：研究篇，29（7）：45～51
郑峰，朱益萍，孙盈盈，等. 2015c. 偶联剂对稀土荧光竹塑复合材料发光性能和流变性能的影响. 中国塑料，29（12）：86～90
Aitasalo T，Holsa J，Jungner H. 1998. Mechanisms of persistent luminescence in Eu^{2+}，Re^{3+}doped alkaline earth aluminates. J Lumin，76-77：424
American Society for Testing and Materials. 2006. ASTMG154-2006，Standard Practice for Operating Fluorescent Light Apparatus for UV Exposure of Nonmetallic Materials. United States：American Society for Testing and Materials International
Azaman M D，Sapuan S M，Sulaiman S，et al. 2013. Shrinkages and warpage in the processability of wood-filled polypropylene composite thin-walled parts formed by injection molding. Materials and Design，52：1018～1026
Bazant P，Munster L，Machovsky M，et al. 2014. Wood flour modified by hierarchical Ag/ZnO as potential filler for wood-plastic composites with enhanced surface antibacterial performance. Industrial Crops and Products，62：179～187
Benthien J T，Thoemen H，Maikowski S，et al. 2012. Resistance of flat-pressed wood-plastic composites to fungal decay：effects of wood flour content，density，and manufacturing technology. Wood Fiber Sci，44（4）：422～429
Catt A L，Montagna L S，Almeida S H，et al. 2016. Wood plastic composites weathering：Effects of compatibilization on biodegradation in soil and fungal decay. International Biodeterioration & Biodegradation，109（4）：11～22
Catto A L，Montagna L S，Almeida S H，et al. 2016. Wood plastic composites weathering：Effects of compatibilization on biodegradation in soil and fungal decay. International Biodeterioration & Biodegradation，109：11～22
Donmez C A，Hulya K，Fatih M. 2016. Technological properties of thermoplastic composites filled with fire retardant and tea mill waste fiber. Journal of Composite Materials，50（12）：1627～1634
Du H Y，Li G S，Sun J Y. 2007. Preparation of no grinding long after glow $SrAl_2O_4$：Eu^{2+}，Dy^{2+}material by microwave combustion method. Rare Earths，25（1）：19～22
Fabiyi J S，McDonald A G，Morrell J J，et al. 2011. Effects of wood species on durability and chemical changes of fungal decayed，wood plastic composites. Composites：Part A，42（5）：501～510
Guo X，Cao J Z，Peng Y，et al. 2016. Incorporation of microencapsulated dodecanol into wood flour/high-density polyethylene composite as a phase change material for thermal energy storage. Materials and Design，89：1325～1334
Hassid S，Santamouris M，Papanikolaou N. 2000. The effect of the Athens heat island on air conditioning load. Energy and Buildings，32（2）：131～141
Huovila P，UNEP，Huorila P. 2007. Buildings and climate change：Status，challenges and opportunities. Paris：United Nations Environment Programme
Karlessi T，Santamouris M，Aostlakis K，et al. 2009. Development and testing of thermochromic coatings for buildings and urban structures. Solar Energy，83（4）：538～551
Karlessi T，Santamouris M，Apostolakis K，et al. 2009. Development and testing of thermochromic coatings for buildings and urban structures. Solar Energy，83（4）：538～551
Kositchaiyong A，Rosarpitak V，Sombatsompop N. 2013. Antifungal properties and material characteristics of PVC and wood/PVC composites doped with carbamate-based fungicides. Polymer Engineering & Science，54（6）：1248～1259
Levinson R，Berdahl P，Akbari H. 2005. Solar spectral optical properties of pigment-Part Ⅰ：survey of common colorants. Solar Energy Materials & Solar Cells，89（4）：46～49
Livingstone K. 2006. London's Urban Heat Island：A Summary for Decision Makers. www. london. gov. uk/mayor/environment/climate change/[2016-10-18]
Michael K，Markus K，Ortmann S. 2003. Use of natural fibers in composites in the German and Austrian automotive industry. Technical Textiles，46（2）：73～74
Mlyuka N R，Niklasson G A，Granqvist C G. 2009. Thermochromic multilayer films of VO_2 and TiO_2 with enhanced transmittance. Solar Energy Materials and Solar Cells，93（9）：1685～1687

Sapurina I，Kazantseva N E，Ryvkina N G，et al. 2005. Electromagnetic radiation shielding by composites of conducting polymers and wood. Journal of Applied Polymer Science，95：807～814

Shafia E，Bodaghi M，Tahriri M. 2010. The influence of some processing conditions on host crystal structure and phosphorescence properties of $SrAl_2O_4$ ： Eu^{2+} ， Dy^{3+}nanoparticle pigments synthesized by combustion technique. Current Applied Physics，10（2）：596～600

Simon R. 2008. Effects of climate change on the built environment. Energy Policy，36（12）：4552～4557

Simonsen J，Freitag C M，Silva A，et al. 2004. Wood/plastic ratio：effect on performance of borate biocides against a brown rot fungus. Holzforschung，58（2）：205～208

Song J B，Yang W B，Fu F，et al. 2014. The effect of graphite on the water uptake，mechanical properties，morphology，and EMI shielding effectiveness of HDPE/bamboo flour composites. BioResources，9（3）：3955～3967

Sonia M B N，Graiela S C，Simone M L R. 2007. New polymeric-coupling agent for polypropylene/wood-flour composites. Polymer Testing，26（5）：619～627

Soury E，Behravesh A H，Rouhani E，et al. 2009. Design，optimization and manufacturing of wood-plastic composite pallet. Materials and Design，30（10）：4183～4191

Tascioglu C，Yoshimura T，Tsunoda K. 2013. Biological performance of wood-plastic composites containing zinc borate：Laboratory and 3-year field test results. Composites：Part B，51（51）：185～190

Toshikazu U F，Yoshihiko A，Sakae N，et al. 2014. Synergy effects of wood flour and fire retardants in flammability of wood-plastic composites. Energy Procedia，56（56）：48～56

Verhey S，Laks P. 2002. Wood particle size affects the decay resistance of woodfiber/thermoplastic composites. Forest Prod J，52（11/12）：78～81

Wei L Q，McDonald A G，Freitag C，et al. 2013. Effects of wood fiber esterification on properties，weatherability and biodurability of wood plasic composites. Polymer Degradation and Stability，98（7）：1348～1361

Wilby R L. 2006. A review of climate change impacts on the built environment. Built Environment，33（1）：31～45

Xu K M，Feng J，Zhong T H，et al. 2015. Effects of volatile chemical components of wood species on mould growth susceptibility and termite attack resistance of wood plastic composites. International Biodeterioration & Biodegradation，100 （3）：106～115

Yamstoto H，Matsuzawa T. 1977. Mechanism of long phosphorescence $SrAl_2O_4$：Eu^{2+}，$Dy^{3+}$and $CaAl_2O_4$：Eu^{2+}，Nd^{3+}. J lumin，72-74：287

Zhang H L. 2014. Effect of a novel coupling agent，alkyl ketene dimer，on the mechanical properties of wood-plastic composites. Materials and Design，59：130～134

Zhao Y S，Wang K J，Zhu F H，et al. 2006. Properties of poly（vinyl chloride）/wood flour/montmorillonite composites：effects of coupling agents and layered silicate. Polymer Degradation and Stability，91（12）：2874～2883

6 木质-橡胶复合材料

6.1 木质-橡胶复合材料概述

人类的科学进步和人们生活水平的提高都离不开材料。随着科技的发展，人们对材料的性能提出了更高的要求，单一材料的性能已经不能满足人们的要求，人们研究发现不同材料的组合能赋予新材料优异的性能。材料科学的发展是人类科技发展的重要基础，是一个国家综合实力的体现，是衡量一个国家人民生活水平的标志。因此，发展新的复合材料是世界各国竞争的焦点。我国是木质基复合材料使用大国，同时又是少林国家，虽然经过天然林保护工程，我国森林资源有所恢复，但是森林资源仍然紧缺却是不争的事实，如何合理利用木材资源，同时寻求木材替代品以缓解木材供需矛盾，满足人们生活和经济发展的需要，已经成为我国材料科学发展的主要方向之一。

2011 年，全球人口已经超过 70 亿，世界范围内人口的增长和废旧橡胶等不可降解材料的使用给环境带来了沉重负担，严重破坏了人们赖以生存的自然环境，对于废旧橡胶这种降解速度缓慢的材料如何进行二次利用就显得非常重要。自 2002 年起，我国每年所需 70%以上的天然橡胶、40%以上的合成橡胶都需要进口，然而我国废旧轮胎的循环利用率仅有 20%左右，远低于发达国家。我国废旧橡胶的循环利用不仅能够有效缓解橡胶资源匮乏的现状，还可节约大量环保资金。我国解决废旧橡胶的循环利用和“黑色污染”问题显得尤为紧迫，如何高效地利用废旧橡胶是一项艰难的任务。为了减少“黑色污染”、保护环境和节约资源，世界各国都激励材料科学工作者利用废弃橡胶与其他材料进行复合作为建筑材料或者应用到其他领域。木材作为一种材料，具有价格低廉、分布广阔、可再生和较好的强度特性等优点。木材与废旧橡胶复合既可以克服单一材料性能的不足，又可以使两种材料的特性进行互补，同时节省资源。木材与废旧橡胶复合是木质基复合材料方向之一，也是高效、合理利用木材资源的有效途径；然而我国木质基复合材料的种类较少，且材料的功能性等方面与发达国家相比还存在较大差距。随着生活水平的提高，人们对木质基复合材料的环保性和功能性的要求也越来越高。国内外发展绿色环保多功能型木质基复合材料已经成为发展趋势，因此如何充分利用木材资源，改善木质基复合材料的性能，优化木质基复合材料加工工艺，提高废旧橡胶在木质基复合材料中的使用比例，是解决废旧橡胶污染和木材资源匮乏的主要途径，提高废旧橡胶的深加工技术、废旧橡胶与木材复合材料产品的质量和附加值对于我国发展绿色循环经济具有重要意义。

6.1.1 原料资源

资源快速消耗与人口增长形成鲜明对比，这使资源不足问题凸显。木材作为四大材料中唯一一种可再生的材料，对全人类具有特殊意义，尤其是对于我国人均资源不足的现实更有重要意义。如何在节约和合理利用木材与满足经济发展和人民生活的需要之间达到平衡已经成为我国材料科学工作者的共识，而木质基复合材料是合理利用和节约木材的有效途径。木质基复合材料同时具备木材和其复合材料的优点，但是我国生产的木质基复合材料与先进国家相比还存在一定差距。随着经济快速发展，中国越来越多的家庭拥有汽车，故中国面临着日益增长的废旧橡胶带来的污染问题，如何解决这一问题就更迫切。

木质-橡胶复合材料的研发是解决这一问题的有效途径之一。木质-橡胶复合材料既具备木材高比强度和刚度、易于加工、可再生等特点，又具备橡胶良好的疏水、防腐防虫性能，还具有耐老化、耐磨等特性。将两种原料通过不同工艺技术复合成型，使两种原材料发挥各自的优点，制备出一种新型功能性复合材料。木质-橡胶复合材料除了可在传统木质基复合材料领域应用外，还可以扩展它的应用领域。因此，研发木质-橡胶复合材料在开发废旧资源再生循环利用、创生新型异质基复合材料、减少环境污染、低碳减排等方面意义重大。

6.1.1.1 木材资源状况

我国第八次全国森林资源清查结果显示，截至 2013 年，我国森林面积 2.08 亿 hm^2，森林覆盖率达到 21.63%，森林蓄积量 151.37 亿 m^3，世界排名第 5 位；人工林面积 0.69 亿 hm^2，蓄积量 24.83 亿 m^3，世界排名第 1 位；我国森林覆盖率远低于全球 31%的平均水平，人均森林面积仅为世界人均水平的 1/4，人均森林蓄积量只有世界人均水平的 1/7；森林资源总量相对不足，质量不高，可供采伐利用的资源少，森林覆盖率东高西低、分布不均的状况仍未得到根本改变。

目前，我国木材加工制造主要以人工林为主（鲍甫成和吕建雄，1999；张久荣，2005；孙建，2004）。人工林木材一般径级小、强度低、收缩率大、干燥时易翘曲变形、易腐朽，给加工利用带来了很多困难，主要应用于生产人造板等新型复合材料。木材主要应用在以下几个方面。

1）制浆造纸 木材主要用途之一是作为造纸原料。杨木是一种适合的造纸材料之一，使用杨木制成的纸张，其抗张强度和撕裂强度好。人工林中杨木的修枝、采伐物和造材剩余物能作为纸浆造纸原料，并能达到高效利用人工林的目的。

2）木质基复合材料 世界木材工业研究者都认为生产不同种类的木质基复合材料是充分合理地利用木材及其剩余物的主要途径，而且不同种类的木质基复合材料是木材可靠的替代品，还能起到减少森林采伐量、间接增加木材产量、保护森林资源和生态环境的作用。

在世界可采森林资源日渐短缺的情况下，木质基复合材料能充分利用林业“剩余物”“次小薪材”和人工速生林等资源以替代大径级木材产品。而且木质基复合材料工业是高效利用木材资源的重要产业，是实现林业可持续发展战略的重要手段，起着保护天然森林资源和环境、满足社会发展和经济建设对木制品不同需求的不可替代的作用（朱元鼎，1998）。

3）木材改性 木材改性是木材科学的重要分支，木材改性的特点是利用仿生学原理，采用现代高科技手段，使用特殊加工工艺对普通木材或速生材进行各种改性物化处理，即改变木材原有的颜色和结构，使之成为性能更加卓越、优势更加明显的一种木质新材料。其目的是通过一系列的物理和化学处理，提高木材自身的优点，改进木材的缺点如劣质木材材质松软、强度低和尺寸稳定性差等问题，以提高其利用价值。

4）木材-塑料复合材料 木材-塑料复合材料是各种生物质材料或木质材料与塑料以不同比例或者加工方式生产的一种新型复合材料。木材-塑料复合材料是木材剩余物和废旧塑料合理有效利用的新途径，并具有单纯的木材或者塑料材料无法比拟的诸多优点。

5）木材资源的其他用途 人工林木质材料具有材质轻、均匀、无毒等特点，广泛用于生产各种木制品如门窗、家具、包装箱、铅笔杆、筷子、牙签、冰棒棍、火柴杆等（刘书渊，2008）。

科学技术的快速发展为复合材料技术的研发提供了理论基础，复合材料技术的发展为木材高效利用提供了新的契机。目前，木材纤维或木材刨花与其他材料（废旧橡胶或者塑料）复合制备新型材料成为新的研究热点。

6.1.1.2 橡胶资源状况

我国近 10 年的橡胶消耗量如图 6-1 所示。由图 6-1 可见，2005～2014 年橡胶的消耗量呈递增趋势，2005 年我国橡胶的消耗量为 286 万 t，其中天然橡胶的用量为 154 万 t，合成橡胶的用量为 132 万 t；到 2014 年，我国橡胶的消耗量增长为 900 万 t，天然橡胶用量为 480 万 t，合成橡胶用量为 420 万 t（莫业勇，2013）。

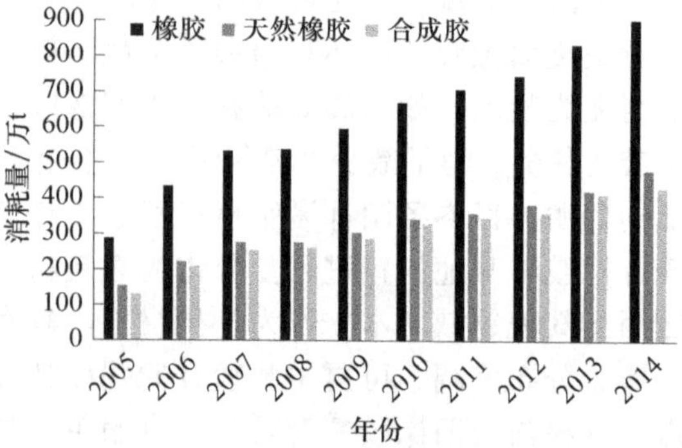

图 6-1 中国近 10 年橡胶消耗量

巨大的橡胶消耗必然产生大量的废旧橡胶。据统计，2014年，我国报废轮胎达到了2.99亿条，合计1080万t（江镇海，2011），这些废旧橡胶在自然界中不易降解，如此大量的废旧轮胎不及时处理，将造成严重的环境污染，直接制约我国经济的发展。废旧橡胶的无污染循环再利用亟待解决（赵敏，2015；姜敏等，2013）。

各国对废旧橡胶的处理方法各不相同，早期多采用填埋处理，但废旧橡胶在土中长年不腐，其中含有大量的铬、铅和镉等重金属，埋入地下后将造成环境污染，使土壤寸草不生。如果随处堆积不但占地面积大，而且极易滋生蚊虫，传播疾病，也易引起火灾，隐患无穷。美国及一些欧洲国家利用废旧橡胶做燃料、建筑材料和用于防护的胶条（Kenneth，1996）。法国将废旧轮胎做成了消音墙，在轮胎的沟槽内加土，种植了绿色植物，既环保又解决了环境问题（李岩等，2003）。

国内对废旧橡胶的利用主要是生产再生胶和废胶粉，或将轮胎进行翻新处理，而这些企业的能力大多有限，无法消耗掉每年产生的巨量废胶。废橡胶的利用受环境、企业能力和政策导向等问题的困扰，一直没有形成可持续发展的产业链，随着近几年国家的日益重视，废橡胶的无污染循环再利用得到了研究者的广泛关注（吴为民等，1997）。

将废旧橡胶粉碎后可以得到废胶粉，粉碎过程成本低，经济效益较好，同时这样的处理方法既节能又对环境无污染，是目前比较常用的处理方式。粉碎后的废胶粉经过表面改性处理后性能会更优，具体表面改性方法有接枝或互穿聚合物网络改性、微波改性、机械力化学改性、聚合物涂层改性、核-壳改性、再生胶脱硫改性和辐射改性等（袁立，1998）。废胶粉的制备不仅解决了废旧橡胶的处理问题，废胶粉改性后，还可制成装饰装修、降低噪声、阻尼减振、保暖阻热等用途的复合材料。

1）废胶粉与橡胶混用 废胶粉与橡胶共混时，废胶粉表面会与基质胶产生分子间相互作用，随废胶粉目数的增大，其表面积增大，颗粒与颗粒间的作用力增强，从而改善橡胶制品的物理力学性能。

早在1940年，就有人将废胶粉制成了鞋垫用于减震，也有人将废胶粉用在对性能要求不高的产品中（刘玉强，2000）。1953年，美国在制作轮胎时混入了废胶粉颗粒。目前，废橡胶的粉碎工艺日趋完善，废胶粉在橡胶中作为填料的优势日趋明显。1989年，国内第一家在轮胎加工中加入废胶粉的厂家出现在青岛（叶春葆，2000）；有实验证明，原胶中加入少量废胶粉不会影响橡胶性能（蒋涛等，2003）。陈春娟等（2001）也证明，80目废胶粉用于胎面胶后使其动态疲劳及老化拉伸性能得到提高（涂芳和薛娜，2006）。

2）废胶粉与塑料配合使用 20世纪80年代，有人进行了废胶粉与塑料配合使用的研究。人们应用废胶粉增韧聚乙烯、聚丙烯等热塑性聚合物，使其成本降低，污染减少。美国用废胶粉与热塑性树脂混合后用于垫毯及管道保护等方面（Shanmugharaja et al.，2005）。研究表明，废胶粉可以改善聚丙烯等的抗拉强度、断面伸缩率及抗冲击性能，赋予其良好的物理力学性能及加工性能（马培瑜和孟宪德，1996；陈珍明等，2004；李洪烈，1995）。

3）废胶粉在沥青中的应用 目前在路面施工中沥青用量较多。但其抗老化、抗疲劳、低温脆性、延展度方面的缺陷及高温软化的特性，使沥青路面应用过程中出现了诸多问题。因此，沥青的改性问题成为研究的焦点。目前，硫化废胶粉改性沥青应用于路面铺设中已取得巨大发展。美国已在1982～1986年铺设废胶粉改性沥青路段210多条。在一些发达国家，废胶粉应用于公园、健身场所的用量日渐增加。我国多省也于20世纪80年代后在铺设路面时，在沥青中加入废胶粉。实践证明，加入废胶粉的沥青比普通沥青寿命增长了1倍（赵光贤，1997）。

6.1.2 木质-橡胶复合材料研究现状

木材与有机高分子、无机非金属或金属等增强体或功能体复合组成木质基复合材料具有原始木材所不具备的新的物理力学性能（叶克林，1998）。木质基废旧橡胶新型复合材料是一种新型的可持续发展的材料，国内外材料界学者在木质与废旧橡胶复合材料方面做了基础性研究工作，为木质基复合材料的发展奠定了扎实的理论基础。木质基废旧橡胶复合材料的发展，体现了人工林的高效利用、废旧橡胶的无污染循环利用和提高林产品附加值等方面的价值，并具有良好的防水、防腐、防蛀、防静电、隔音吸音、阻尼减震、隔热保温等性能。

Vladkova 等（2004，2006）将松木粉分别添加到天然橡胶和丁腈橡胶中，分析了两种橡胶在添加松木粉后的硫化特性和机械性能。研究结果表明，经过电晕处理的松木粉可以提高其对天然橡胶的增强作用，同时提高其他机械性能。Ichazo 等（2006）也对木粉-天然橡胶复合材料的硫化和物理性能进行了研究，发现木粉可以对天然橡胶起到一定的增强作用。Yang 等（2004）以麦秸和废弃轮胎颗粒为原材料，采用 MDI 作为胶黏剂，制备了麦秸-废旧轮胎复合板材。研究发现，麦秸-废旧轮胎复合板材具有良好的隔音、绝热、抗腐等性能，其与木质-橡胶复合板具有同样的力学性能。Ismail 等（2001）通过对油棕榈木材纤维-天然橡胶复合板的深入研究发现，掺入 MDI、PF、脲醛树酯胶黏剂的油棕榈木材纤维与天然橡胶制备复合板时，胶黏剂的固化时间和内结合强度，随着施胶量的增加而增大，但硫化时间和固化率减少。掺入胶黏剂的油棕榈木材纤维-天然橡胶复合板增加了部分物理力学和机械性能，如拉伸强度、拉伸模量及硬度增加，而疲劳寿命减少。同时，Ismail（2002）还将竹纤维与改性废胶粉混合后发现，这种复合材料的物理力学性能提高了。Song 和 Hwang（1997，2001）通过对木质-废旧轮胎橡胶复合板的研究表明，木材纤维与橡胶颗粒的混合比例、MDI 的施胶量对复合板的物理力学、机械性能的影响非常显著。木质纤维与废弃轮胎颗粒能够很好地被 MDI 胶合，同时随着木材纤维、MDI 施胶量的增加，复合材料的弯曲强度（MOR）、弹性模量（MOE）、内结合强度（IB）都不同程度地有所提高。白川和真也（2002）通过使用高强度胶合剂 MDI 胶合的木质-橡胶复合板，成功地研制了成型加工结构工艺，开发了一种成型加工薄隔音板的自动成型加工设备，可批量化生产薄隔音木质-橡胶复合板且可降低制造成本，解决了制造复合板成型加工工程自动化难题。

赵君等（2008）用聚异氰酸酯和脲醛树脂胶黏剂分别对废旧轮胎橡胶颗粒和落叶松木刨花进行施胶，然后将两者混合均匀，热压制得木质橡胶复合板，并对其内结合强度、弯曲强度、弹性模量和游离甲醛释放量等性能进行了研究。研究发现，板材密度、热压时间和温度等因素对木质橡胶复合板的机械性能影响显著。孙伟圣（2009）以人工林木材、木制品加工剩余物和废旧轮胎颗粒为原料制备了木材-橡胶复合材料，并对影响其性能的主要因子进行了研究；用实验模态分析的方法揭示了木材-橡胶复合材料的静音机制，对其在静音地板中的应用进行了探索性研究。对地板制备工艺和性能、经济效益进行了分析，并对地板静音性能测试方法做了初步研究。崔勇（2011）进行了杨木刨花-废旧胶粉复合材料的工艺和改性研究，探索了热压和模压工艺过程，分析了复合材料释放的 VOC 组分，通过废胶粉微波改性提高了其表面活性，使刨花和废胶粉紧密结合。金西旺（2013）进行了木材-废旧胶粉复合材料的热压复合工艺研究，结果表明，用碱溶液浸渍处理改性的废胶粉制得的木材橡胶复合材料的力学性能和疏水性能优于其他改性处理方法。辛淑英（2013）采用热压工艺、使用不同胶黏剂对比研究了木刨花-废旧胶粉与木材纤维-废旧胶粉两种复合材料的性能，并且尝试对废旧胶粉进行物理、化学改性，结果表明，三聚氰胺改性脲醛胶可以应用于木材-橡胶复合材料制备中。

6.1.3 木质-橡胶复合材料应用领域

目前，在能源、自然资源和环境保护等社会问题的综合作用下，在森林资源匮乏、数量巨大的废橡胶需要处理、市场对木材和橡胶原材料需求量日益扩大的情况下（De et al.，2000；马晓，2012），进一步完善现有的橡胶再生技术、废旧胶粉的加工技术和木质废弃物的回收利用技术，降低再生和回收加工成本，加大再生胶、废旧胶粉和木材废弃物在木质橡胶制品中的掺用比例，不断地扩大应用范围，力求使木质废弃物和废旧橡胶资源物尽其用，是木材-橡胶复合材料发展的必然趋势（Zhang et al.，2009；Tripathy et al.，2004）。废旧橡胶与木材复合，改善了木材的结构和特性，使该复合材料具有多种功能。由于木质基废旧橡胶复合材料具备独特的优越性能，使其不但可以用于普通木质基复合材料的领域，提高在传统应用领域的竞争性，而且可作为功能性材料应用于特殊的场所。

1）具有隔音吸声性能　木质基废旧橡胶复合材料具有非常强的隔音吸声作用，将木质基废旧橡胶复合材料用于实验室、住宅、体育馆等运动场所、公共场所，公路隔音板、飞机场周围建筑及楼顶、天棚板隔音、音响等行业，在隔音吸声作用上是传统人造板所无法比拟的。

2）具有高效吸收冲击能量和阻尼减震性能

木质基废旧橡胶复合材料具有较强的抗冲击能力及防震效果，这是因为橡胶相的存在，当受到负荷作用时，橡胶分子将围绕橡胶主链段自由旋转从而产生银纹现象，银纹的产生将吸收大量的能量使材料的抗冲击能力大大提高，冲击强度可以大幅度提高到几倍或几十倍。复合材料可用于飞机、火车、汽车的厢体制造和内装饰材料、墙板、包装材料如容器、包装板、货物托盘等，尤其适用作易损、防震等设备的包装用材。

3）具有优良的防水、防腐、防蛀性能　由于采用 PMDI/MDI 作胶黏剂，橡胶作为主原料，使木质基橡胶复合材料具有优良的防水、防腐、防蛀性能，随着橡胶颗粒和 PMDI/MDI 施胶量的增加，其防水、防腐、防蛀性能更加显著。该复合材料可用于制造地板基材、木结构房屋及室外用建筑装潢材料。

4）具有防静电、阻热保温等其他功能　木质基废旧橡胶复合材料的隔热保温作用使其可作为保温材料。另外，橡胶具有绝缘性，木质-橡胶复合材料可作防静电材料。复合材料用于电视、电脑、航天航空领域；在阻热保温性能方面，用于住宅及建筑门窗材料等。

总之，通过调整废旧橡胶与木材的配比水平和施胶量，可制备成符合人们要求和用途的多种功能复合材料，木质基废旧橡胶复合材料的多功能环保特性使其具有广阔的应用及市场前景。

6.2　木质-橡胶复合材料的热压成型技术

木质基复合材料是世界范围内使用最为广泛的材料之一，世界范围内对木材资源的需求，造成木材供需紧张，而且单一木材板材性能不能满足人们的使用要求。因此，各国木材科学工作者开始研究木材与其他材料进行复合以提高材料自身附加值。

木质基废旧橡胶复合材料是近年来才被提出的一种新的功能性复合材料，相关的研究报道较少，在热压工艺条件下需要确定影响材料性能的主要因素。通过单因素实验研究热压时间、木材与橡胶比例、热压温度、施胶量和密度对木刨花-废旧橡胶复合材料性能的影响。但木材与其他材料进行复合时，木材与其他材料之间存在胶接问题，如何选取合适的胶黏剂是提高木质基复合材料性能的关键。

研究发现，异氰酸酯胶合非木材农作物及剩余物制造的刨花板具有很好的物理力学性能，无有害气体游离甲醛。为农业剩余物（稻草、麦秸等）木质基复合材料技术开发探索新路，为实现麦秸、稻草等非木材农业剩余物制造刨花板实现工业化奠定了良好的基础（于文吉等，2001；Jones，1997；Miller and Rosthauser，2002）。异氰酸酯胶黏剂与多种原材料包括非木质材料可制造成复合材料。木材与其非木材材料复合时，尤其是难胶接材料如橡胶等，异氰酸酯胶黏剂是较好的选择，实验中选取异氰酸酯作为木刨花-废旧胶粉复合材料的胶黏剂，研究木材与橡胶比例、热压温度等因素对木刨花-废旧橡胶复合材料性能的影响，为木质基废旧橡胶复合材料的应用奠定了理论基础。

6.2.1　实验材料

（1）山杨木方，2009 年 3 月采自黑龙江朗乡林场，密度为 0.39g/cm^3，尺寸为 80mm×80mm×2000mm，山杨木方含水率为 11%～20%。在实验室把山杨木方制作成刨花，刨花的几何形态为普通工业生产用针状刨花，其长 5～24mm，宽 1.2～2.5mm，厚 0.3～0.8mm，并将刨花干燥到含水率为 5%～8%。

（2）废旧胶粉，2010 年 5 月购于哈尔滨市，尺寸：80～200 目。

（3）胶黏剂：异氰酸酯（MDI），购于哈尔滨市。

（4）丙酮：异氰酸酯的稀释溶剂，分析纯，购于哈尔滨市。

（5）脱模材料：聚四氟乙烯薄膜，购于哈尔滨市。

6.2.2　实验设备

（1）DF19-9.6 型烘箱：尺寸 120cm×70cm×120cm，功率 9.6kW。

（2）SC69-02 快速水分测定仪：最大荷重 10g，分度值 5mg。

（3）50t 实验预压机：公称压力为 50t，热压面积为 370mm×370mm，单位压力为 $36kg/cm^3$，功率为 3kW。

（4）100t 实验热压机：单层，油缸直径 230mm，公称压力 100t，热压面积 500mm×500mm，单位压力 $40kN/m^2$，功率 18kW。

6.2.3 实验方法

木刨花-废旧胶粉复合材料的制备工艺流程见图 6-2（Xu and Li，2012）。

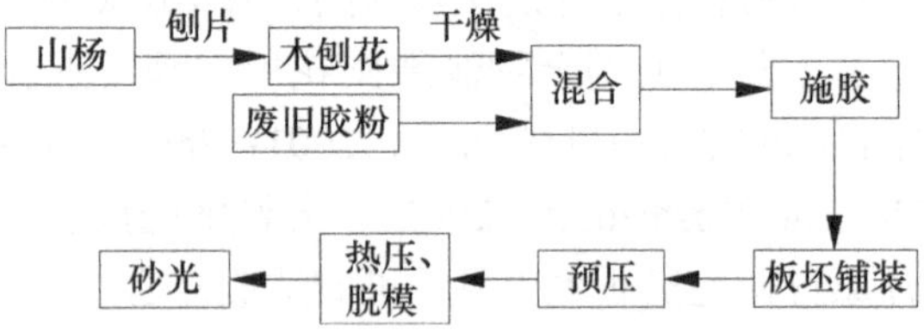

图 6-2 木刨花-废旧胶粉复合材料的制备工艺流程图

1）施胶 木刨花-废旧胶粉复合材料采用杨木刨花，密度约为 $0.39g/cm^3$，而废旧胶粉密度约为 $1.3g/cm^3$。在施胶过程中，废胶粉与木刨花密度不同，由于重力作用，废胶粉容易集中，难以实现均匀拌胶。因此，拌胶后要检查废胶粉是否产生了集中现象。此外，为达到较好的施胶效果，需在异氰酸酯中加入 15%的丙酮进行稀释，然后再进行喷胶。

2）板坯铺装 板坯采用单层结构，手工铺装。毛坯尺寸：360mm（长）×340mm（宽）。

3）预压 板坯铺装完后，为避免热压时影响板坯结构，需要进行预压，使得板坯密实，以排除板坯内空气。预压压力 2.0MPa，时间 30s。

4）脱模 由于 MDI 在热压时将发生粘板现象，因此，在热压前，放置聚四氟乙烯薄膜于热压板坯上下表面，防止粘板。

5）热压 为了便于对木材-废旧胶粉复合材料各项性能进行对比研究，板材目标厚度均为 12mm，用厚度规控制板材厚度。

6.3 木质-橡胶热压复合材料性能测试

木刨花-废旧胶粉复合材料的物理力学性能主要包括弯曲强度（MOR）、弹性模量（MOE）、内结合强度（IB）、2h 吸水厚度膨胀率（2hTS）。试件按 GB/T 4897.1—2003～GB/T 4897.7—2003 制备，弯曲强度测试用试件尺寸为 50mm×260mm，弹性模量和内结合强度试件尺寸为 50mm×50mm。

6.3.1 木刨花-废旧胶粉复合材料主要影响因子数值确定

通过单因素实验确定木刨花-废旧胶粉复合材料热压工艺条件的范围，包括热压温度、热压时间和复合材料密度等，单因素实验方案见表 6-1。

表 6-1 单因素实验方案

序号	施胶量/%	热压温度/℃	热压时间/min	材料密度/(g/cm^3)	木橡比[①]
1	2	140	4	0.6	6∶4
2	3	150	5	0.7	7∶3
3	4	160	6	0.8	8∶2
4	5	170	7	0.9	9∶1
5	6	180	8	1.0	10∶0

注：①指木材与橡胶的质量比

6.3.1.1 木刨花与橡胶比例对木刨花-废旧胶粉复合材料性能的影响

确定木刨花-废旧胶粉复合材料的目标密度为 $1g/cm^3$，热压时间为 4min，热压温度为 150℃，MDI 施胶量为 5%，通过改变木橡比，确定木刨花-废旧胶粉复合材料的木材与废旧胶粉的质量比，选取 5 个水平的木橡比分别为 10/0、9/1、8/2、7/3、6/4 进行实验，木刨花-废旧胶粉复合材料的性能测试结果见表 6-2。

表 6-2 木橡胶质量比与复合材料力学性能的关系

序号	木橡比	MOR/MPa	MOE/MPa	IB/MPa	2hTS/%
1	10/0	43.40	3564.50	2.24	3.56
2	9/1	39.38	3343.08	1.70	3.30
3	8/2	35.55	3216.15	1.62	2.72
4	7/3	34.24	2999.56	1.58	2.24
5	6/4	31.76	2720.88	1.41	1.39

由表 6-2 可知，橡胶加入比例在 0～40%时，随着橡胶加入比例的增加，木刨花-废旧胶粉复合材料的 MOR、MOE、IB 值都呈下降趋势，复合材料 IB 下降了 37%，MOR 下降了 27%，MOE 下

降了 24%。这说明废胶粉是影响木刨花-废旧胶粉复合材料性能的主要因素。复合材料 2hTS 值随着橡胶比例增加呈现下降趋势，这说明随着橡胶加入量的增加，复合材料的尺寸稳定性提高了。

6.3.1.2 热压时间对木刨花-废旧胶粉复合材料性能的影响

确定木刨花-废旧胶粉复合材料的目标密度为 1g/cm^3，木橡比为 7∶3，热压温度为 150℃，施胶量为 5%的条件下，通过改变热压时间，确定木刨花-废旧胶粉复合材料的热压时间，选取热压时间为 4min、5min、6min、7min、8min 五个水平进行实验，木刨花-废旧胶粉复合材料的性能测试结果见表 6-3。

表 6-3 热压时间与复合材料力学性能的关系

序号	热压时间/min	MOR/MPa	MOE/MPa	IB/MPa	2hTS/%
1	4	34.24	2999.56	1.58	2.24
2	5	35.24	3423.97	1.62	2.72
3	6	36.04	4085.19	1.73	2.29
4	7	38.74	4226.66	1.84	1.47
5	8	37.41	4134.77	1.52	1.19

表 6-3 显示热压时间在 4～7min 时，木刨花-废旧胶粉复合材料的 MOR、MOE、IB 值，随着热压时间延长而升高，热压时间为 7min 时，达到最大值，2hTS 值随着热压时间延长而减小，复合材料尺寸稳定性提高。热压时间为 4min 时，胶黏剂由于没有足够的时间固化，胶接强度不高，所以复合材料的 MOR、MOE 和 IB 值较低。当热压时间为 7min 时，复合材料的 MOR、MOE 和 IB 值都升高，尤其是复合材料的 MOE 值升高了 41%。当热压时间为 8min 时，复合材料的 MOR、MOE、IB 值开始下降，说明木刨花-废旧胶粉复合材料热压工艺存在最佳热压时间。

6.3.1.3 热压温度对木刨花-废旧胶粉复合材料性能的影响

确定木刨花-废旧胶粉复合材料的目标密度为 1g/cm^3，木橡比为 7∶3，热压时间为 7min，MDI 施胶量为 5%的条件下，通过改变热压温度，确定木刨花-废旧胶粉复合材料的热压温度，选取热压温度为 140℃、150℃、160℃、170℃、180℃五个水平进行实验，木刨花-废旧胶粉复合材料的性能测试结果见表 6-4。

表 6-4 热压温度与复合材料力学性能的关系

序号	热压温度/℃	MOR/MPa	MOE/MPa	IB/MPa	2hTS/%
1	140	35.91	3039.03	1.77	1.61
2	150	38.74	4226.66	1.84	1.47
3	160	39.54	4554.73	2.06	1.57
4	170	33.85	2906.31	1.68	1.64
5	180	33.31	2756.35	1.21	1.79

从表 6-4 可知，热压温度在 140～160℃时，木刨花-废旧胶粉复合材料的 MOR、MOE、IB 值，随着热压温度升高而增大，热压温度为 160℃时，达到最大值，2hTS 值随着热压温度的升高先下降后上升，160℃的 2hTS 比 140℃处的要小，表明复合材料尺寸稳定性提高。热压温度超过 160℃时，木刨花-废旧胶粉复合材料的 MOR、MOE、IB 随着热压温度升高而降低。热压温度达到 180℃时，木刨花-废旧胶粉复合材料的 MOR、MOE 和 IB 达到最低，相比于 160℃时的最高值分别下降 16%、39%和 41%。这说明在 180℃时，由于热压温度高，胶黏剂固化产生脆性，影响胶接性能。2hTS 随着热压温度升高而增加，证明复合材料的尺寸稳定性下降了。

6.3.1.4 施胶量对木刨花-废旧胶粉复合材料性能的影响

确定木刨花-废旧胶粉复合材料的目标密度为 1g/cm^3，木橡比为 7∶3，热压温度为 160℃的条件下，通过改变 MDI 施胶量，确定木刨花-废旧胶粉复合材料的施胶量，选取施胶量为 2%、3%、4%、5%、6%五个水平进行实验，木刨花-废旧胶粉复合材料的性能测试结果见表 6-5。

表 6-5 施胶量与材料力学性能的关系

实验号	施胶量/%	MOR/MPa	MOE/MPa	IB/MPa	2hTS/%
1	2	27.43	2541.84	0.83	1.78
2	3	33.27	2797.26	1.21	1.70
3	4	37.24	3271.14	1.43	1.52
4	5	38.74	4226.66	1.84	1.47
5	6	40.28	4669.99	2.10	1.39

从表 6-5 可知，随着 MDI 施胶量的增加，木

刨花-废旧胶粉复合材料的 MOR、MOE、IB 值，随着施胶量增加而增大，2hTS 值随着施胶量增加而减小。复合材料的性能都有明显的提高，说明增加施胶量是提高木刨花-废旧胶粉复合材料性能的一种有效方法。但是，单纯地用增加施胶量的方法提高复合材料性能只会增加产品的生产成本，最终由于产品成本过高丧失竞争力，所以在满足复合材料性能要求的前提下，应尽可能降低施胶量，以确保复合材料的生产成本和产品竞争力。

6.3.1.5 密度对木刨花-废旧胶粉复合材料性能的影响

确定木刨花-废旧胶粉复合材料的木橡比为 7∶3，热压温度为 160℃，MDI 施胶量为 3%的条件下，确定木刨花-废旧胶粉复合材料的密度，选取密度为 0.6g/cm^3、0.7g/cm^3、0.8g/cm^3、0.9g/cm^3、1.0g/cm^3 五个水平进行实验，木刨花-废旧胶粉复合材料的性能测试结果见表 6-6。

表 6-6 密度与材料力学性能的关系

实验号	密度/(g/cm^3)	MOR/MPa	MOE/MPa	IB/MPa	2hTS/%
1	0.6	9.75	1471.59	0.52	8.00
2	0.7	14.10	1991.08	0.67	6.25
3	0.8	19.46	2030.72	0.72	5.12
4	0.9	29.61	2675.75	1.17	2.95
5	1.0	33.27	2797.26	1.21	1.77

从表 6-6 中可以看出，复合材料密度为 0.6～1.0g/cm^3 时，木刨花-废旧胶粉复合材料的 MOR、MOE、IB 值变化趋势相似，随着密度的增大而增加，2hTS 随密度增加而减小。复合材料密度为 0.6g/cm^3 时，密度较低，复合材料单位空隙较大，水分容易进入，导致 2hTS 较高；相反，密度为 1.0g/cm^3 时，刨花之间的距离缩小，胶层变薄，板坯结合紧密，胶接效果好，强度较高，尺寸稳定性好。复合材料密度对木质基废旧胶粉复合材料的物理力学性能起重要作用，是改善其各项性能的一种有效方法。然而，复合材料密度过高将导致复合材料过重，运输困难，生产成本提高，影响其应用。综合各项性能指标，确定木刨花-废旧胶粉复合材料密度为 0.8g/cm^3 比较合适。

6.3.2 木刨花-废旧胶粉复合材料性能影响因子统计分析

通过单因素实验结果分析，确定了木刨花-废旧胶粉复合材料性能影响因子范围。采用 $L_9(3^4)$ 正交试验设计，对影响木刨花-废旧胶粉复合材料性能的影响因子进行分析和优化，确定木刨花-废旧胶粉复合材料性能最佳热压工艺条件，制备 18 块复合板材，根据刨花板国家标准（GB/T 4879—2003），检测材料的弯曲强度、弹性模量、内结合强度、2h 吸水厚度膨胀率。在材料的制备过程中，选取密度为 0.8g/cm^3。采用 $L_9(3^4)$ 正交试验影响因子水平表见表 6-7，表 6-8 是正交试验结果。

表 6-7 因子水平表

水平	因子			
	热压温度/℃	热压时间/min	木橡比	施胶量/%
1	140	6	20	2
2	150	7	30	3
3	160	8	40	4

表 6-8 正交试验结果

试验号	MOR/MPa	MOE/MPa	IB/MPa	2hTS/%
1	20.39	2475.42	0.57	5.92
2	23.89	2568.74	0.84	3.10
3	19.38	2186.22	0.99	2.84
4	25.12	2814.58	0.97	2.07
5	18.51	1917.37	0.58	6.86
6	23.70	2835.12	0.88	4.11
7	20.54	2076.98	0.86	3.64
8	29.08	3315.18	1.06	4.67
9	23.10	2328.65	0.64	8.62

6.3.2.1 工艺因子对 MOR 的统计分析

为确定工艺因子对木刨花-废旧胶粉复合材料 MOR 的影响，对影响 MOR 性能的热压温度、热压时间、木橡比和施胶量进行极差和方差分析，利用 SPSS 实验分析同时可得到复合因子对 MOE 影响的显著性分析结果（表 6-9，表 6-10）。

由极差 R_{MOR} 可以比较出，复合材料的 MOR 受 4 种因素影响的主次顺序：胶粉含量＞热压时间＞热压温度＞施胶量。

表 6-9 工艺因子 MOR 极差分析

因子	MOR/MPa			
	X_{MOR_1}	X_{MOR_2}	X_{MOR_3}	极差 R_{MOR}
热压温度/℃	21.22	22.44	24.24	21.22
热压时间/min	22.02	23.82	22.06	22.02
木橡比	24.39	24.04	19.48	24.39
施胶量	20.67	22.71	24.52	20.67

表 6-10 工艺因子对 MOR 的方差分析

方差来源	偏差平方和	自由度	均方和	F 值	显著性
热压温度/℃	27.76	2	13.88	3.532	*
热压时间/min	12.75	2	6.38	1.622	
木橡比	90.14	2	45.07	11.470	**
施胶量	44.68	2	22.34	5.680	*
误差	35.37	9	3.93		
总和	210.69	17			

注：Sig.<0.01 为极显著（**），Sig.<0.05 为显著（*）

$F_{0.1(2,9)}=3.01$；$F_{0.05(2,9)}=4.26$；$F_{0.01(2,9)}=8.02$

由 SPSS 显著性分析中可以看出，木橡比对 MOR 影响极显著，施胶量影响显著，热压温度有一定影响，但不显著，热压时间无显著影响。

6.3.2.2 工艺因子对 MOE 的统计分析

为确定工艺因子对木刨花-废旧胶粉复合材料 MOE 的影响，对影响 MOE 性能的热压温度、热压时间、木橡比和施胶量进行极差和方差分析，利用 SPSS 实验分析同时可得到复合因子对 MOE 影响的显著性分析结果（表 6-11，表 6-12）。

由极差 R_{MOE} 可以比较出，复合材料的 MOE 受 4 种因素影响的主次顺序：胶粉含量>施胶量>热压温度>热压时间。

表 6-11 工艺因子 MOE 极差分析

因子	MOR/MPa			
	X_{MOE_1}	X_{MOE_2}	X_{MOE_3}	极差 R_{MOE}
热压温度/℃	2410.12	2522.36	2573.61	163.48
热压时间/min	2455.66	2600.43	2450.00	150.44
木橡比	2875.24	2570.66	2060.19	815.05
施胶量	2240.48	2493.62	2772.00	531.52

由 SPSS 显著性分析可以看出，木橡比对木刨花-废旧胶粉复合材料 MOE 影响极显著，施胶量对 MOE 的影响显著，热压温度和热压时间对 MOE 无显著影响。

表 6-12 工艺因子对 MOE 的方差分析

方差来源	偏差平方和	自由度	均方和	F 值	显著性
热压温度/℃	83 898.75	2	41 949.38	1.30	
热压时间/min	87 243.20	2	43 621.60	1.36	
木橡比	2 035 325.13	2	1 017 662.56	31.62	**
施胶量	848 167.13	2	424 083.56	13.18	**
误差	289 649.02	9	32 183.22		
总和	3 344 283.22	17			

注：Sig.<0.01 为极显著（**），Sig.<0.05 为显著（*）

6.3.2.3 工艺因子对 IB 的统计分析

为确定工艺因子对木刨花-废旧胶粉复合材料 IB 的影响，对影响 IB 性能的热压温度、热压时间、木橡比和施胶量进行极差和方差分析，利用 SPSS 实验分析同时可得到复合因子对 IB 影响的显著性分析结果（表 6-13，表 6-14）。

表 6-13 工艺因子 IB 的极差分析

因子	IB/MPa			
	X_{IB_1}	X_{IB_2}	X_{IB_3}	极差 R_{IB}
热压温度/℃	0.80	0.81	0.85	0.05
热压时间/min	0.80	0.83	0.84	0.04
木橡比	0.84	0.82	0.81	0.03
施胶量	0.59	0.86	1.01	0.41

表 6-14 工艺因子对 IB 方差分析

方差来源	偏差平方和	自由度	均方和	F 值	显著性
热压温度/℃	0.010	2	0.005	0.27	
热压时间/min	0.010	2	0.004	0.21	
木橡比	0.003	2	0.001	0.07	
施胶量	0.500	2	0.250	13.10	**
误差	0.170	9	0.019		
总和	0.690	17			

注：Sig.<0.01 为极显著（**），Sig.<0.05 为显著（*）

由极差 R_{IB} 可以比较出，复合材料的 IB 受 4 种因素影响的主次顺序：施胶量>热压温度>热压时间>胶粉含量。

由 SPSS 显著性分析可以看出，施胶量对木刨花-废旧胶粉复合材料 IB 影响极显著，热压温度、热压时间和木橡比对 IB 无显著影响。

6.3.2.4 工艺因子对 2hTS 的统计分析

为确定工艺因子对木刨花-废旧胶粉复合材料 IB 的影响，对影响 IB 性能的热压温度、热压时间、木橡比和施胶量进行极差和方差分析，利用 SPSS 实验分析同时可得到复合因子对 IB 影响的显著性分析结果（表 6-15，表 6-16）。

由极差 R_{2hTS} 可以比较出，复合材料的 2hTS 受 4 种因素影响的主次顺序：施胶量＞热压温度＞热压时间＞胶粉含量。

表 6-15 工艺因子对 2hTS 极差分析

因子	2hTS/%			
	X_{2hTS_1}	X_{2hTS_2}	X_{2hTS_3}	极差 R_{2hTS}
热压温度/℃	3.96	4.35	5.64	1.68
热压时间/min	3.88	4.88	5.19	1.31
木橡比	4.90	4.60	4.45	0.45
施胶量	7.14	3.62	3.19	3.95

由 SPASS 显著性分析中可以看出，热压温度、热压时间和施胶量对 2hTS 的影响高度显著，胶粉含量无显著影响。这是因为橡胶属于憎水性物质，对提高材料的耐水性起重要作用，此处对 2hTS 影响不明显，是由于当胶粉量添加到一定比例时，会出现耐水性不随胶粉含量增加发生明显变化的情况。

表 6-16 工艺因子对 2hTS 方差分析

方差来源	偏差平方和	自由度	均方和	F 值	显著性
热压温度/℃	9.37	2	4.68	30.63	**
热压时间/min	5.65	2	2.82	18.47	**
木橡比	0.64	2	0.32	2.09	
施胶量	56.20	2	28.13	183.91	**
误差	1.38	9	0.15		
总和	73.30	17			

注：Sig.＜0.01 为极显著（**），Sig.＜0.05 为显著（*）

6.3.3 影响因子对木刨花-废旧胶粉复合材料性能影响分析

6.3.3.1 热压温度和热压时间对 MOR 和 MOE 的影响

热压温度和热压时间对木刨花-废旧胶粉复合材料 MOR 和 MOE 的影响见图 6-3～图 6-6。

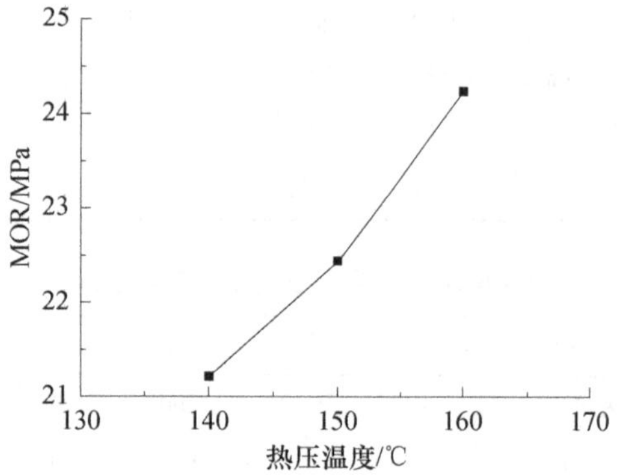

图 6-3 热压温度对 MOR 的影响

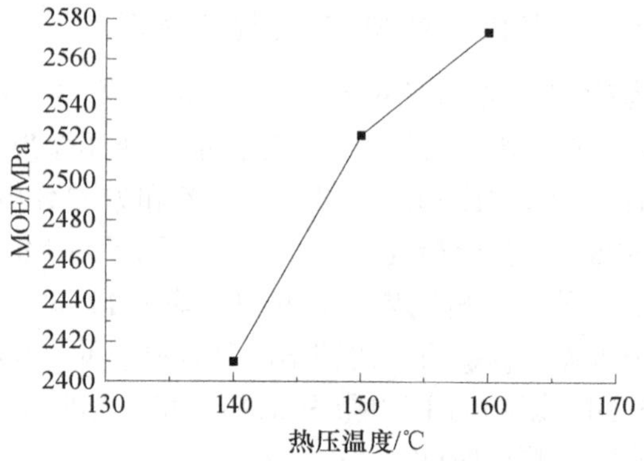

图 6-4 热压温度对 MOE 的影响

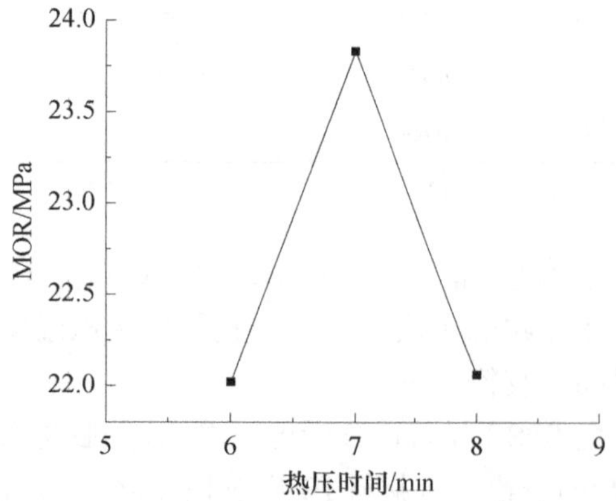

图 6-5 热压时间对 MOR 的影响图

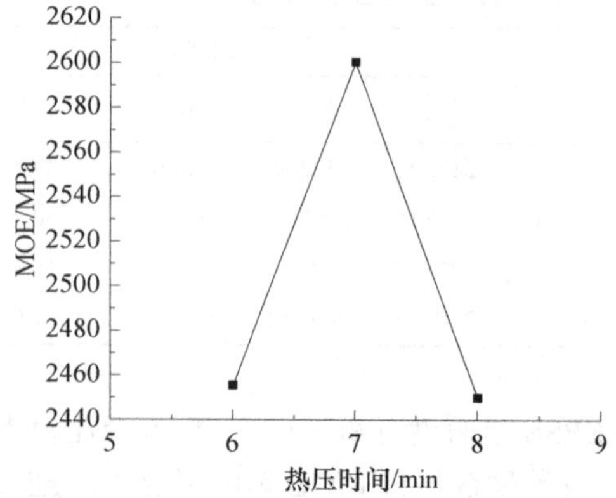

图 6-6 热压时间对 MOE 的影响

图 6-3 和图 6-4 显示热压温度由 140℃升高至 160℃时，木刨花-废旧胶粉复合材料的 MOR 和 MOE 都升高。热压温度 160℃时的 MOR 和 MOE 是 140℃时的 1.14 倍和 1.07 倍，这说明热压温度升高有利于复合材料物理力学性能的提高。热压温度低，能耗低，但热压时间延长会降低生产效率，影响胶黏剂固化从而影响复合材料的性能。图 6-5 和图 6-6 显示热压时间由 6min 延长至 8min 时，木刨花-废旧胶粉复合材料的 MOR 和 MOE 值变化趋势。图 6-5 和图 6-6 表明，随着热压时间的延长，复合材料的 MOR 与 MOE 先升高后降低，这表明在选定的热压时间范围内存在最佳的热压时间，热压时间在 7min 时，复合材料的 MOR 和 MOE 达到最高，分别为 23.83MPa 和 2600.43MPa。

6.3.3.2 木材与废胶粉比例对 MOR 和 MOE 的影响

木材与废胶粉比例对木刨花-废旧胶粉复合材料 MOR 和 MOE 的影响见图 6-7 和图 6-8。

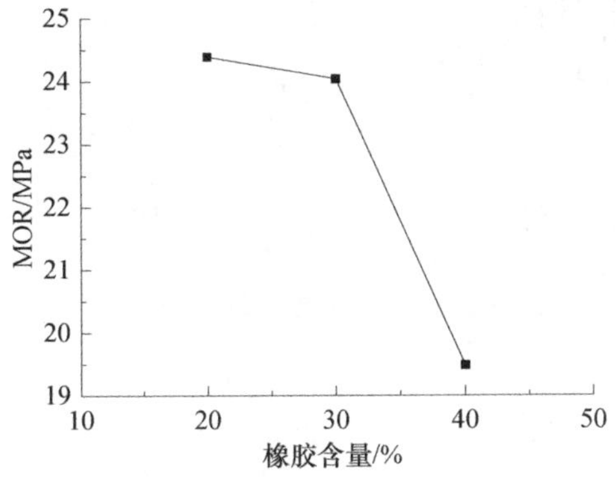

图 6-7 胶粉含量对 MOR 的影响图

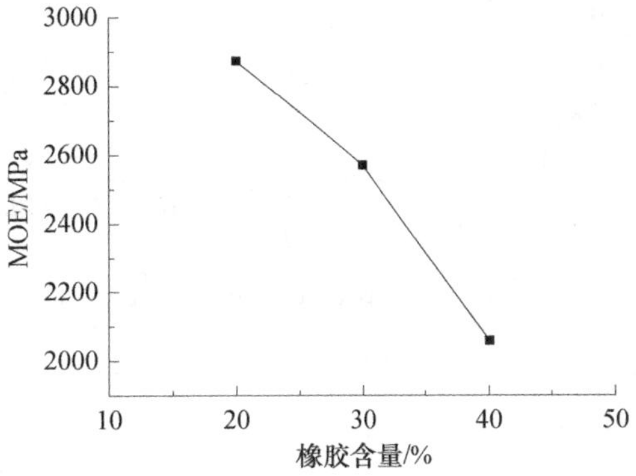

图 6-8 胶粉含量对 MOE 的影响

图 6-7 与图 6-8 显示木材与胶粉比例对 MOR 和 MOE 的影响变化趋势基本相同。随着木刨花比例降低，胶粉比例增加，木刨花-废旧胶粉复合材料的 MOR 和 MOE 降低，分别降低了 20%和 28%。这主要是因为木材具有较高的比强度和刚性，并且木刨花长宽比很大，所以它在提高弯曲强度和复合材料模量方面起到了关键的作用。胶粉颗粒是零维的球状形态，它们的长宽比接近于 1，不利于提高 MOR 和 MOE。但是，随着胶粉加入比例增加，MOE 值降低也表明复合材料刚性下降、弹性增加。

6.3.3.3 施胶量对 MOR 和 MOE 的影响

施胶量对木刨花-废旧胶粉复合材料 MOR 和 MOE 的影响见图 6-9 和图 6-10。

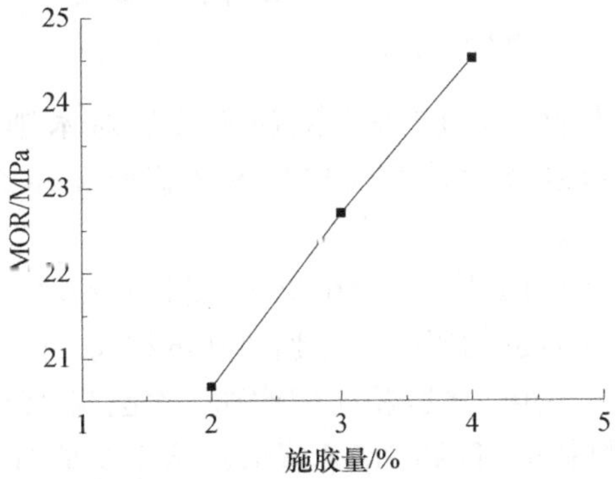

图 6-9 施胶量对 MOR 的影响

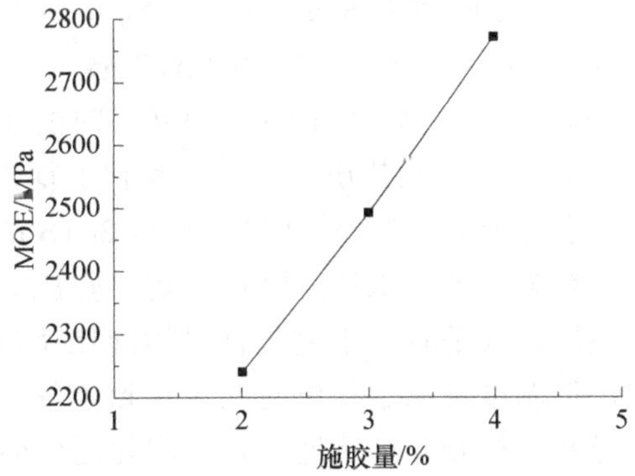

图 6-10 施胶量对 MOE 的影响

图 6-9 和图 6-10 显示，施胶量在 2%～4%变化时，随着施胶量增加，木刨花-废旧胶粉复合材料的 MOR 和 MOE 也增加。异氰酸酯化合物含有高度不饱和键的异氰酸酯基团 NCO（N═C═O），

化学活性非常活泼，易与各种官能团反应，具有两个—NCO 基的异氰酸酯胶黏剂能够分别与木刨花和胶粉反应，具有良好胶接作用，因此随着异氰酸酯施胶量的增加，复合材料的 MOR 和 MOE 分别增加 18%和 24%。MDI 施胶量增加是提高复合材料 MOR 和 MOE 的有效方法。

6.3.3.4 热压温度和热压时间对 IB 和 2hTS 的影响

热压温度和热压时间对木刨花-废旧胶粉复合材料 IB 和 2hTS 的影响见图 6-11～图 6-14。

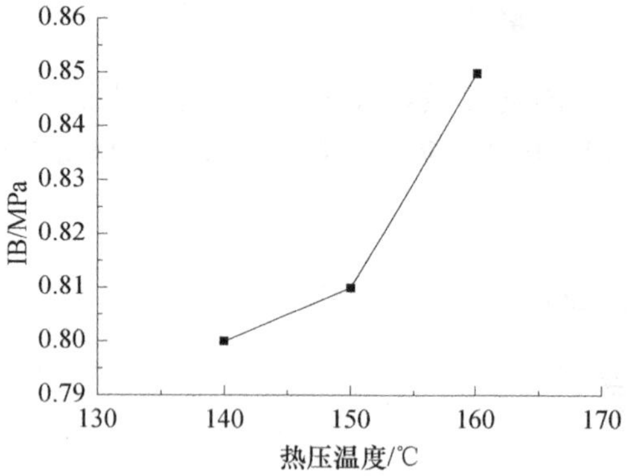

图 6-11 热压温度对 IB 的影响

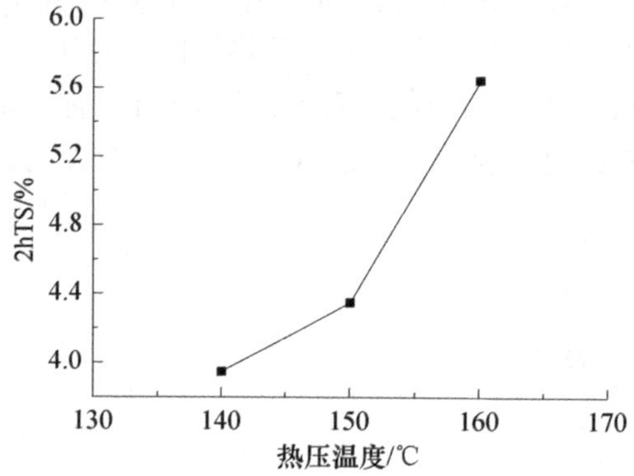

图 6-12 热压温度对 2hTS 的影响

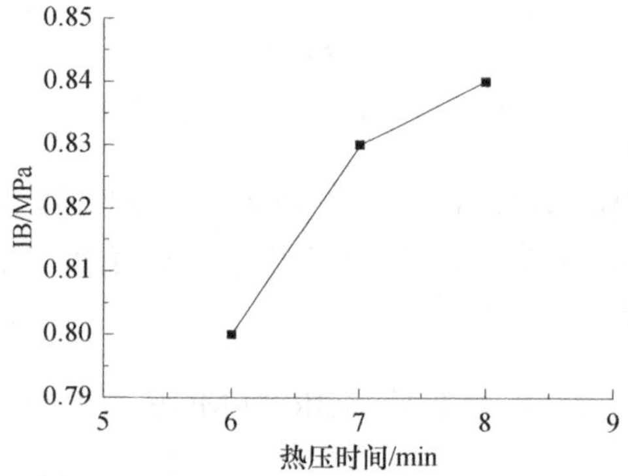

图 6-13 热压时间对 IB 的影响

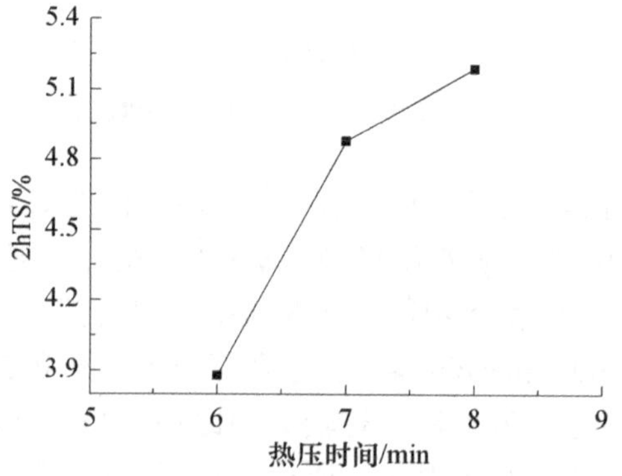

图 6-14 热压时间对 2hTS 的影响

图 6-11～图 6-14 显示热压温度由 140℃升高至 160℃，热压时间由 6min 延长至 8min 时，木刨花-废旧胶粉复合材料的 IB 和 2hTS 都升高。热压温度 160℃时的 IB 和 2hTS 是 140℃时的 1.14 倍和 1.07 倍，这说明热压温度升高有利于复合材料物理力学性能的提高，然而复合材料 2hTS 的升高证明复合材料的耐水性能降低。提高热压温度和延长热压时间都有助于复合材料的固化及热量的传递，但温度过高、热压时间过长致使复合材料表层异氰酸酯胶黏剂迅速固化，固化层阻碍热量向内传递和内部水蒸气向外排出造成内部蒸汽压力大于刨花、废胶粉与胶黏剂之间的胶接力，复合材料易出现分层和鼓泡现象，严重影响复合材料的性能。

6.3.3.5 木材与废胶粉比例和施胶量对 IB 和 2hTS 的影响

木材与废胶粉比例和施胶量对木刨花-废旧胶粉复合材料 IB 和 2hTS 的影响见图 6-15～图 6-18。

图 6-15 与图 6-16 显示木材与废胶粉比例对 IB 和 2hTS 的影响变化趋势基本相同。随着木刨花比例减少、废胶粉比例增加，木刨花-废旧胶粉复合材料的 IB 和 2hTS 降低。这主要是因为木材具有较高的比强度和刚性，在提高弯曲强度和复合材料模量方面起到了关键的作用。随着废胶粉加入比例的增加，MOE 降低也表明复合材料刚性下降、弹性增加。图 6-17 和图 6-18 显示，施胶量在

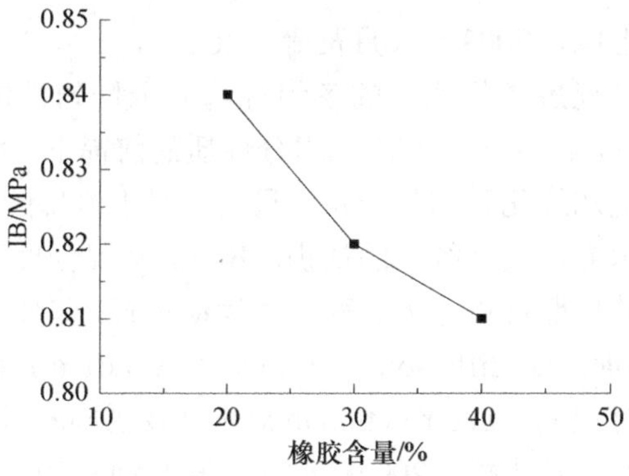

图 6-15 橡胶含量对 IB 的影响

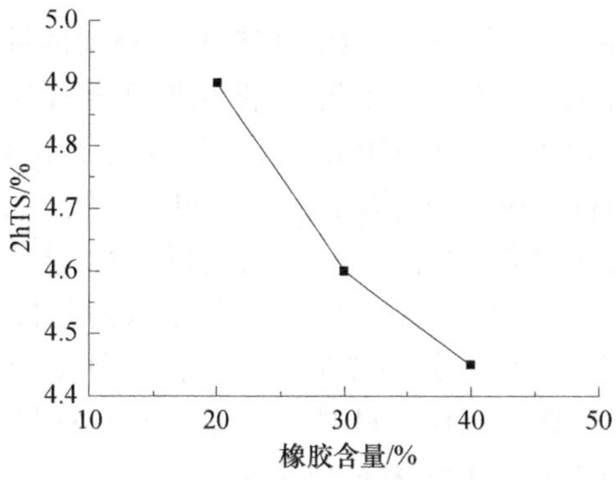

图 6-16 橡胶含量对 2hTS 的影响

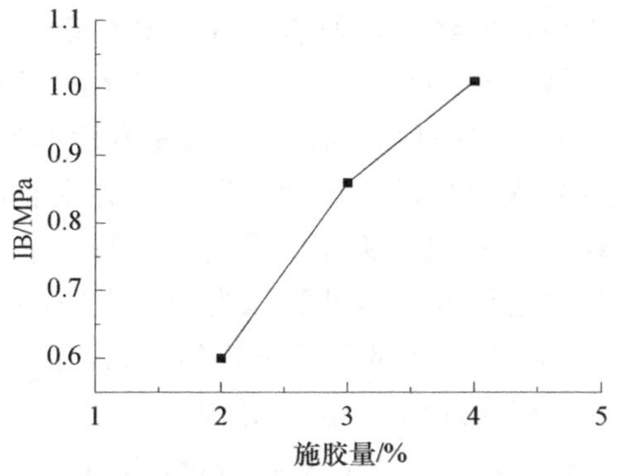

图 6-17 施胶量对 IB 的影响

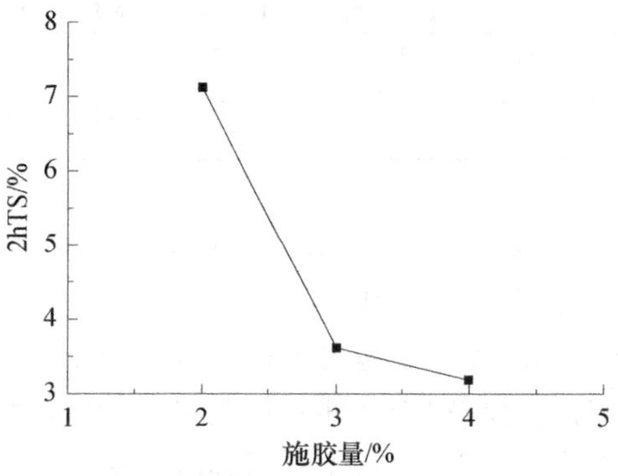

图 6-18 施胶量对 2hTS 的影响

2%～4%变化时，随着施胶量的增加，木刨花-废旧胶粉复合材料的 IB 增加，2hTS 降低，尺寸稳定性提高。异氰酸酯胶黏剂具有高度反应活性，能够与木刨花和废胶粉反应，具有良好的胶接作用，因此随着异氰酸酯施胶量的增加，复合材料的 IB 增加，2hTS 降低，施胶量直接影响木刨花-废旧胶粉复合材料的物理力学性能。但是，异氰酸酯的价格较高，通过增加施胶量来提高复合材料性能会增加复合材料的生产成本，而且造成室内外环境污染。所以，应当在满足使用要求的前提下，尽可能地降低异氰酸酯的用量。

6.3.4 木刨花-废旧胶粉复合材料热压工艺优化

确定影响木刨花-废旧胶粉复合材料各项物理力学性能的主要影响因子，并确定它们的有利水平。热压温度用 AP 表示，热压时间用 BP 表示，木橡比用 CP 表示，施胶量用 DP 表示。AP、CP 和 DP 3 个因子对 MOR 影响显著，弯曲强度的数值越高，其抗弯曲破坏的能力就越强。故对于单项指标弯曲强度，影响因子的最佳水平组合为 $AP_3BP_2CP_1DP_3$；CP 和 DP 因子对 MOE 影响显著，对于单项指标 MOE，影响因子的最佳水平组合为 $AP_3BP_2CP_1DP_3$。DP 因子对 IB 影响显著而且 IB 的数值越高，复合材料的结合强度越高，对于 IB 影响因子的最佳水平组合为 $AP_3BP_3CP_1DP_3$。AP、BP 和 DP 因子对 2hTS 影响显著，2hTS 是复合材料尺寸稳定性的标志，其值越小，说明复合材料的尺寸稳定性越好，对于 2hTS 影响因子的最佳水平组合为 $AP_1BP_1CP_3DP_3$。通过分析各工艺因子及其水平对各木刨花-废旧胶粉复合材料的结果，确定各工艺因子及其水平数如下。

（1）AP 因素：工艺因子 AP 取水平 AP_3 时木刨花-废旧胶粉复合材料的力学性能最好，因素 AP 取 AP_3 水平。

（2）BP 因素：综合考虑木刨花-废旧胶粉复合材料的性能与节能，工艺因子 BP 取水平 BP_2。

（3）CP 因素：CP 越低，木刨花-废旧胶粉复合材料的力学性能越好，考虑充分利用废胶粉及复合材料其他性能之间的平衡，工艺因子 CP 选取 CP_2。

（4）DP 因素：尽管水平 DP_3 的性能最好，但是异氰酸酯价格较高，同时在水平 DP_2 时可以达到国家标准，工艺因子 DP 选择 DP_2。

综合考虑木刨花-废旧胶粉复合材料的性能、成本等因素，确定木刨花-废旧胶粉复合材料最佳工艺参数为$AP_3BP_2CP_2DP_2$，即热压温度160℃，热压时间7min，木橡比7∶3，MDI施胶量3%。为验证木刨花-废旧胶粉复合材料最佳工艺，考察木刨花-废旧胶粉复合材料与普通木刨花材料性能之间的差别，在最佳条件下进行重复实验，木刨花-废旧胶粉复合材料与普通木刨花材料的力学性能检测结果如表6-17所示。

表6-17 2种木刨花材料的性能测试结果

	MOR/MPa	MOE/MPa	IB/MPa	2hTS/%
普通木刨花材料	27.34	4392.72	0.77	8.91
木刨花-废旧胶粉复合材料	22.01	2102.42	0.78	4.33

通过表6-17可以看出，在最佳工艺条件下生产的板材性能达到GB/T 4897.3—2003中在干燥状态下使用的家具及室内装修用板要求。木刨花-废旧胶粉复合材料与普通木刨花材料相比，MOR和MOE分别下降了19%和52%，IB值相差不多，并且2hTS降低了51%。实验结果证明，木刨花-废旧胶粉复合材料的抗弯曲破坏能力弱于普通木刨花材料，复合材料的MOE值几乎降至普通木刨花材料的一半，说明复合材料中由于加入30%的废旧胶粉提高了复合材料的韧性。在测试MOR和MOE的实验中也发现，木刨花-废旧胶粉复合材料能很好地抗外界冲击，这也是复合材料中橡胶发挥的作用。2hTS降低51%，说明复合材料中加入废胶粉和使用MDI均提高了材料的尺寸稳定性。因此，从性能角度分析，木刨花-废旧胶粉复合材料完全可以替代普通的木刨花材料（Xu et al.，2014）。

6.4 木质-橡胶复合材料的混炼硫化成型技术

混炼是高聚物加工过程中不可或缺的重要环节之一，是两种或者多种聚合物进行化学改性，或者是在聚合物中加入固体或其他流体进行混合的过程。混炼后制得的制品性能将更优良，改善老化现象，提高力学性能，改变物理特性，还可以使聚合物更易成型，不易开裂。此外，可以利用废旧材料与高聚物进行混炼，使生产成本降低，同时可以减少对生态环境的危害（汪传生，2000；祝卫国，2003；宋月贤等，2001）。

混炼是将添加的各组分趋向于均匀性的加工过程，即在不改变添加组分性质的前提下，使添加物更加细化和均匀分布。目前，对于混炼的研究，学术界还没有统一的认识。Brodkey混合理论将混炼的扩散过程分为三种基本运动形式，即分子扩散（molecular diffusion）、紊流扩散（eddy diffusion）和对流混合（convection mixing）（杨雪梅和关长斌，2001；程永悦，2004；耿孝正和张沛，1991）。

分子扩散在低黏度液体和气体中占支配地位，而在聚合物的混炼中，添加的各组分分子之间的扩散非常缓慢，没有实际意义。紊流扩散即涡旋扩散，指混合是靠体系内部产生的紊流来实现的。聚合物的黏度高，其运动速度达不到紊流，因此发生紊流扩散的可能性很小。对流混合是指固体粒子、液滴或流体质点由系统的一个位置向另一位置的运动，或两种以上组分在空间内发生相对运动，使添加的各组分均匀分布。在木材-橡胶复合材料的加工中，对流混合占主导地位（Munillo et al.，2006；Walker et al.，1985）。

混炼就是在密炼机里利用机械力的作用，通过压缩、搅拌、剪切、置换和分流等方法，将添加的各组分混合均匀的过程。混炼工艺是橡胶成型的最基本环节。混炼后复合材料质量的优劣，将直接影响到后续产品的使用性能。橡胶混炼分为粉碎和破碎、混合或混入、分散、黏度降低和单纯混合或塑化5个阶段。混炼胶料中各种添加物发生了分布、混合、塑化和分散4种物理变化（路波，2005）。经过对混炼阶段的分析，分布混炼和分散混炼在混炼5个阶段中起着十分重要的作用（Pokluda，1990），如图6-19所示。

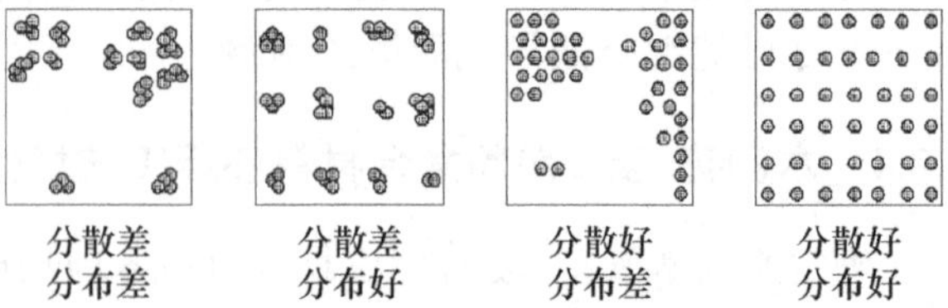

图6-19 分布混炼和分散混炼的机制

分布混炼是在混炼过程中，将混炼成分均匀分布。而分散混炼是将填料颗粒的直径减至最小的混炼过程，分散混炼与分布混炼两个过程不是截然分开的，在混炼的过程中既有分散混炼又有分布混炼（周彦豪，1988）。分布混炼与分散混炼是密不可分的，分散混炼中经常存在着分布混炼。在分布混炼中，仅当含有具有屈服应力的固体组分，以及作用于此组分的应力超过屈服应力时，才有分散混炼。

在混炼过程中，添加的颗粒是否破碎，流体分子分散是否均匀，取决于添加物的形状、硬度等几何特征，同时也取决于混合时剪切应力的大小，而剪切应力的大小和流体的流变性能相关。在橡胶混炼过程中，常用的添加物是炭黑，在剪切应力的作用下，炭黑粒子和橡胶粒子继续被粉碎成更小的颗粒，颗粒数量增加后炭黑粒子与橡胶粒子的接触表面积增大，炭黑颗粒和橡胶颗粒的混合均匀性增强（Freakloy，1996）。

近年来，木质-橡胶复合材料作为一种新型多功能环保材料引起了众多研究者的兴趣（Vladkova et al.，2003；Zhou et al.，2007；Lindt et al.，2008）。研究结果表明，与纯木材料相比，木质-橡胶复合材料在耐水、尺寸稳定性、隔音吸声和耐腐蚀等性能上具有明显优势。木材质轻、生物降解性好，橡胶疏水、耐腐、抗冲击性强（Xia et al.，2015；Terzi et al.，2009），木质-橡胶复合材料耦合了二者的优点，具有潜在的多功能和扩展应用领域。

采用橡胶加工工艺制备木材橡胶复合材料，主要通过橡胶的粘合力来取代胶黏剂粘合木材和橡胶，突出新材料的环保性，开拓新的加工思路。其中，橡胶主要包括天然橡胶（NR）、顺丁橡胶（BR）、丁苯橡胶（SBR）和添加剂等，是轮胎橡胶行业的常用材料，具有耐高低温和防腐等优良性能，可以在恶劣的环境和气候条件下使用（Lamminmäki et al.，2006；De et al.，2013）。将橡胶加入密炼机中先混炼 3min，然后添加木材纤维混炼均匀后取出，再将混合物开炼和硫化成型。探讨木质-橡胶复合材料制备过程中密炼机的转子转速、填充系数和木材纤维添加量三因素对复合材料性能的综合影响，优化复合材料制备工艺条件，满足实际生产要求，为后续废旧橡胶在木材橡胶复合材料中的合理利用提供基础数据。

6.4.1 实验材料

（1）橡胶，购于哈尔滨市，片材 2m×1.5m×0.005m（长×宽×厚），其组成成分如表 6-18 所示。

表 6-18 橡胶组成成分

成分	用量/%
天然橡胶（NR）	30
丁苯橡胶（SBR）	6
顺丁橡胶（BR）	24
炭黑（N330）	30
硫	1
氧化锌	3.5
硬脂酸	2
锭子油	3
防老剂	1.5

（2）木材纤维，来自哈尔滨市，其长宽比为 5～45，含水率为 3%～5%。

6.4.2 实验设备及主要仪器

实验设备及主要仪器如表 6-19 所示。

表 6-19 实验设备及主要仪器

设备或仪器名称	型号
加压式密炼机	XH-409
开炼机	XH-401A
平板硫化机	XH-406B
无转子硫化仪	JZ-6043
万能试验机	Instron 4505
冲片机	JZ-6010
Shore A 硬度计	JZ-LX-A
冲击弹性测试仪	JZ-6022
扫描电镜	Quanta 200
喷金机	SCD-005
真空干燥箱	DZF-系列

6.4.3 实验方法

采用橡胶加工技术制备木质-橡胶复合材料，主要包括以下三个工艺过程。

（1）为了使木材纤维在木材橡胶共混物中均匀分布，首先将大片的橡胶原料手工剪成约 5mm^3 的小块，并投入密炼室中，在密炼温度为 60℃的条件下塑炼 3min，然后将木材纤维加入密炼室中，继续混炼 5min。

（2）将混炼后的木材橡胶共混物在双滚筒开炼机（速比 1.2，间隙 2mm）上薄通 3min。

（3）将薄通好的片材密封在袋中，室温下陈放 24h 后，通过无转子硫化仪获得硫化曲线，确定复合材料的正硫化时间（t_{90}）和固化温度，在此条件下，将木质-橡胶复合材料在工作压力为 15MPa 的平板硫化机中硫化成型。

上述工艺流程中混炼是最关键的步骤，混炼质量直接影响产品的使用性能。在木材纤维含量为 0、10%、20%、30%、40%和 50%（对应的复合材料试样分别为 F_0、F_1、F_2、F_3、F_4 和 F_5），主转子转速为 15～45r/min，填充系数为 0.55～0.75 的条件下，共制备出 96 块复合材料，不同条件下分别制备了 6 块平行试样，样品规格尺寸为 260mm×260mm×2mm（长×宽×厚），目标密度为 1.0g/cm^3，其制备原理如图 6-20 所示。

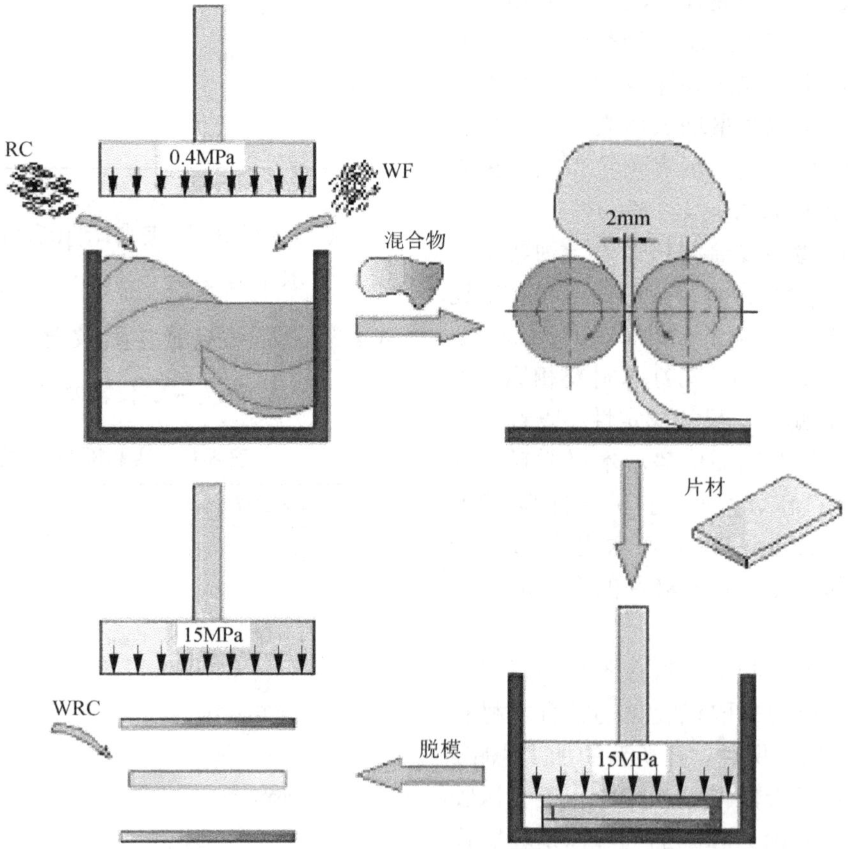

图 6-20　木材-橡胶复合材料制作过程原理图

6.4.4　试样制备

将硫化成型的木质-橡胶复合材料在冲片机上裁出哑铃型标准试样（厚 2mm、长 116mm、上下端宽 25mm、中间窄部宽 6mm），如图 6-21 所示。

图 6-21　木质-橡胶复合材料哑铃型标准试样

根据 ISO37—2011 标准，使用万能试验机进行拉伸测试，其十字头速度为 500mm/min；木材-橡胶复合材料的硬度用 Shore A 硬度计，按照 ISO7619—2010 标准检测；用冲击弹性测定仪，按照 ISO4662—2009 标准测试反弹阻力即试样回弹，在每摆 0.5J 的势能下进行测试；根据 ISO6502—2016 标准，用无转子硫化仪检测试样最小转矩（M_L）、最大扭矩（M_H）、焦烧时间（t_{s2}）和固化时间（t_{90}）等固化特性；在室温下采用 24h 水浸法获得复合材料的吸水率。从硫化样品中剪切出方形试样（50mm×50mm×2mm），在真空干燥箱中干燥 12h 后称重（m_0），将称重后的试样放置在蒸馏水瓶中浸渍 24h 后取出，表面上的液体用滤纸去除后，立即给试样称重（m_1），吸收率（W_a）由式（6-1）计算。

$$W_a = \frac{m_1 - m_0}{m_0} \times 100\% \qquad (6-1)$$

式中，m_0为测试前的样本质量（g）；m_1为测试后的样本质量（g）。

根据中国化工行业标准 HG/T 3747.1—2011，即橡胶和塑料地板材料“第 1 部分”，使用装置（图 6-22）进行试样抗弯曲韧性试验。试验前，需将实验装置及试样在温度（23±2）℃和相对湿度 50%±5%条件下保持 24h 以上；试验时，尺寸为 250mm×50mm 的样品绕直立金属轴（垂直于桌面），在 5s 内弯曲到 180°，然后检查弯曲处，不允许有裂纹，每组完成三个平行样测试。

在密炼机主转子转速为 25r/min、密炼室填充系数为 0.65 的条件下，制备的木材纤维含量为 0、10%、20%、30%、40%和 50%，目标密度为 1g/cm^{3}的复合材料的性能见表 6-20。

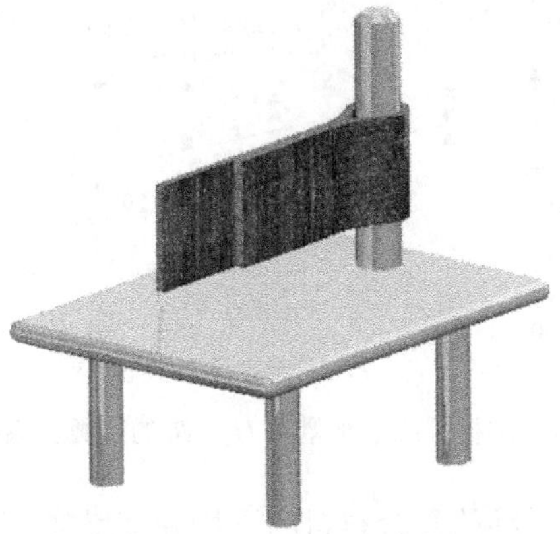

图 6-22 弯曲韧性测试装置

6.5 木材纤维-橡胶复合材料性能测试

6.5.1 木材纤维添加量对木材纤维-橡胶复合材料性能的影响

表 6-20 不同木材纤维添加量的木材纤维-橡胶复合材料的力学性能

纤维含量/%	纤维体积分数/%	抗拉强度(T_s)/MPa	拉伸断裂伸长率(E_b)/%	硬度(H_a)/°	回弹性(R_r)/%	弯曲韧性
0	0	16.4（1.1）a①	634.1（19.7）a	60.0（0）f	48.0（0）a	无
10	17	10.3（0.5）b	440.7（13.8）b	70.2（0.1）e	44.4（0.5）b	无
20	33	7.1（0.2）c	330.1（13.2）c	79.3（0.1）d	43.1（0.3）c	无
30	50	6.2（0.3）d	293.6（8.1）d	88.3（0.2）c	40.0（0.1）d	无
40	67	5.1（0.4）e	110.8（5.7）e	93.2（0.3）b	34.3（1.1）e	良好
50	83	4.0（0.1）f	31.3（9.2）f	95.0（0.1）a	26.1（0.4）f	过大

注：①根据 Duncan 的多个范围测试，各栏中有相同字母的组数显示其没有明显不同（$P<0.05$），即样本之间没有统计学差异，括号里面的值是标准偏差

木材纤维的平均密度为 0.59g/cm^3，制备的木材纤维-橡胶复合材料的体积为 135.2cm^3，由不同木材纤维添加量制作的木材纤维-橡胶复合材料中，木材纤维的体积分数见表 6-20。图 6-23 和图 6-24 显示，木材纤维含量与复合材料的 E_b、H_a 和 R_r 的函数关系是线性的，而与 T_s 呈多项式函数关系。弯曲韧性实验的结果见表 6-20，当木材纤维添加量低于或等于 30%时，试样的弯曲处无裂纹，表明复合材料具有良好的抗弯曲性能。当纤维的添加量增加到 40%时，试样的弯曲处有细微裂纹出现，而当纤维的添加量增加到 50%时，试样的弯曲处有大裂纹出现，说明过量的纤维添加（大于 30%）降低了材料的抗弯曲性能。

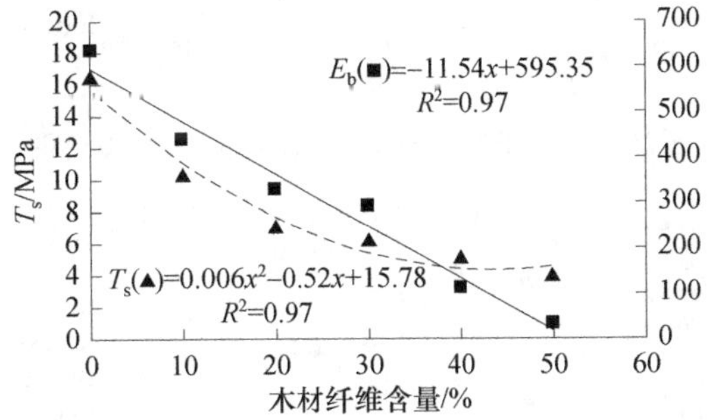

图 6-23 木材纤维添加量与 T_s、E_b 的函数关系拟合图

图 6-24 显示，在柔性的橡胶中加入刚性的木材纤维使复合板的硬度显著增加（$P<0.05$）。添

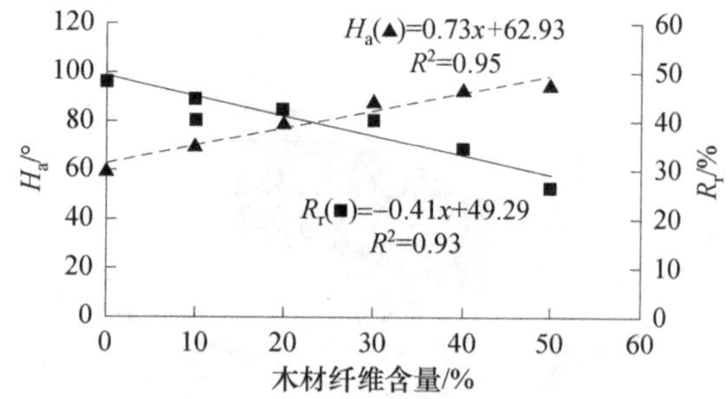

图 6-24 木材纤维添加量与 H_a、R_r 的函数关系拟合图

加木材纤维的复合材料的平均硬度增加了 17%～58%，这与预期的木材纤维补强橡胶相符，加工制作过程和结果表明，一定比例木材纤维与橡胶的复合，加工难度和成型难度不大，这种工艺制作木材纤维-橡胶复合材料具有可行性，且复合材料的硬度有明显提高，证明木材纤维在期间起到了一定的补强作用，提高了复合材料的硬度和刚性。同时，因为 E_b 和 R_r 的增加取决于材料的柔性，所以，随着木材纤维添加量的增加，复合材料的硬度和刚性增加的同时，E_b 和 R_r 均降低。由于橡胶基体中加入大量的木材纤维，木材纤维在橡胶基体中的分散不均匀度和橡胶颗粒周围的应力集中增加，导致 T_s 随着木材纤维添加量的增加而降低，E_b 和 T_s 具有类似的趋势，见图 6-23 和图 6-24。Vladkova 等（2004）在木粉填充橡胶的研究中也报道了同样的趋势。

6.5.2 转子转速对木材纤维-橡胶复合材料性能的影响

在木材纤维添加量为 30%、密炼室填充系数为 0.65 的条件下，制备的主转子转速分别为 15r/min、20r/min、25r/min、35r/min 和 45r/min，目标密度为 1g/cm^3 的复合材料的性能如表 6-21 所示。主转子转速与复合材料的 T_s、E_b、H_a 和 R_r 的多项式关系如图 6-25 和图 6-26 所示。

表 6-21 不同主转子转速的木材纤维-橡胶复合材料的力学性能

转速/(r/min)	抗拉强度/MPa	拉伸断裂伸长率/%	硬度/(°)	回弹性/%
15	4.8（0.4）c①	210.4（13.5）d	83.4（1.2）c	39.4（0.7）c
20	5.3（0.1）b	245.5（15.2）c	85.5（1.1）b	40.9（0.5）ab
25	6.2（0.3）a	270.8（8.1）b	88.3（0.2）a	41.1（0.3）a
35	6.1（0.4）a	289.3（5.9）a	89.2（3.6）a	39.9（1.5）bc
45	5.0（0.2）b	245.2（4.2）c	84.0（3.1）bc	38.2（0.7）d

注：①根据 Duncan 的多个范围测试，各栏中有相同字母的组数显示其没有明显不同（$P<0.05$），即样本之间没有统计学差异，括号里面的值是标准偏差

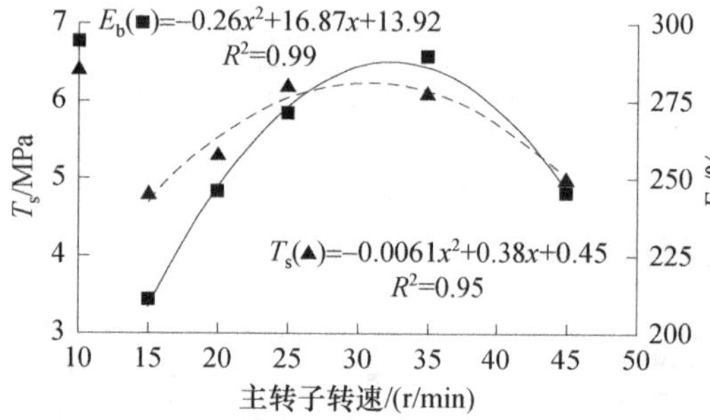

图 6-25 主转子转速与 T_s、E_b 的函数关系拟合图

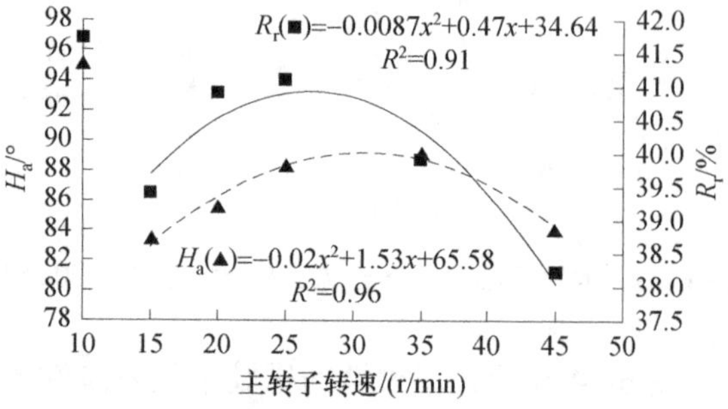

图 6-26 主转子转速与 H_a、R_r 的函数关系拟合图

当转子转速为 15r/min 时，复合材料的力学性能相对较低，可能是低的转子转速导致转子的剪切作用较弱，使木材纤维分散不均匀所致。随着主转子转速的增加，其力学性能随之增加，在转速约为 27r/min 时，回弹 R_r 达到最大值，抗拉强度 T_s 约在 30r/min 时达到最大值，拉伸断裂伸长率 E_b 和硬度 H_a 约在 33r/min 时达到最大值。力学性能的增加可能是因为转子转速的增加增强了剪切作用，进而提高了混合效率和木材纤维的均匀分布。然而，当转速过高（超过 33r/min）时，密炼室内混炼温度增加过快，增大了混合室的径向温度梯度，导致木材纤维、橡胶共混物局部焦烧，使材料的力学性能 T_s、E_b、H_a 和 R_r 降低。

6.5.3 密炼机填充系数对木材纤维-橡胶复合材料性能的影响

在木材纤维添加量为 30%、密炼机主转

子转速为 25r/min 的条件下，制备的密炼室填充系数分别为 0.55、0.60、0.65、0.70 和 0.75，目标密度为 $1g/cm^3$ 的复合材料的性能如表 6-22 所示，密炼室填充系数与复合材料的 T_s、E_b、H_a 和 R_r 的多项式关系如图 6-27 和图 6-28 所示。

表 6-22 不同填充系数的木材-橡胶复合材料的力学性能

填充系数	抗拉强度/MPa	拉伸断裂伸长率/%	硬度/°	回弹性/%
0.55	3.2（0.4）c①	136.5（14.3）d	79.5（0.4）d	34.2（0.8）b
0.60	4.8（0.5）b	215.3（10.6）b	83.7（0.6）c	38.5（0.2）a
0.65	5.9（0.2）a	285.2（7.5）a	86.2（0.3）a	38.9（0.4）a
0.70	6.3（0.6）a	276.5（15.1）a	84.5（0.5）b	38.4（1.1）a
0.75	4.5（0.1）b	194.8（19.5）c	75.0（0.6）e	24.6（0.7）c

注：①根据 Duncan 的多个范围测试，各栏中有相同字母的组数显示其没有明显不同（$P<0.05$），即样本之间没有统计学差异，括号里面的值是标准偏差

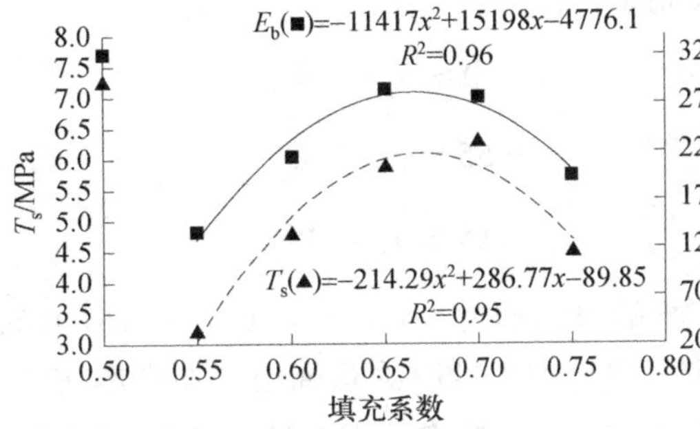

图 6-27 密炼室填充系数与 T_s、E_b 的函数关系拟合图

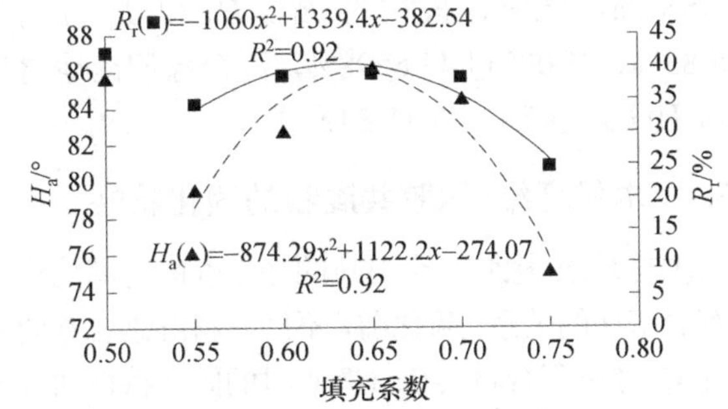

图 6-28 密炼室填充系数与 H_a、R_r 的函数关系拟合图

图 6-28 显示，当密炼室填充系数从 0.55 增加到 0.75 时，复合材料的力学性能先升高后降低。在密炼室填充系数为 0.55 时，复合材料的力学性能是最低的，可能是填充系数过小，胶料受剪切和挤压强度不够，胶料间空隙过大，影响胶料间的热传导所致。较弱的转子剪切作用导致木材纤维分散不均。复合材料的力学性能随着填充系数的增加而增加，在约 0.65 时，H_a 和 R_r 达到最大值，在约 0.68 时，T_s 和 E_b 达到最大值，这可能是因为填充系数的增加能够使胶料在密炼室内受剪切的强度增加和传热面积增大。但填充系数过大，会使胶料得不到有效的翻转，木材纤维得不到有效的分布，胶料轴向流动不充分，胶料间温差过大，导致复合材料的力学性能下降（Shao et al.，2016）。

6.5.4 建立非线性回归性能预测模型

基于前面实验数据，借助 Matlab 软件，建立 4 个非线性回归方程（木材纤维添加量、主转子转速和密炼室填充系数为复合材料的 T_s、E_b、H_a 和 R_r 的函数）如式（6-2）～式（6-5）所示。

$$T_s = -119.85 - 0.23x_1 + 377.27x_2 - 283.90(x_2)^2 + 0.55x_3 - 0.0092(x_3)^2 \quad R^2 = 0.87 \tag{6-2}$$

$$E_b = -3768.40 - 11.35x_1 + 12461x_2 - 9311.60(x_2)^2 + 13.04x_3 - 0.19(x_3)^2 \quad R^2 = 0.97 \tag{6-3}$$

$$H_a = -298.07 + 0.74x_1 + 1091.90x_2 - 851.02(x_2)^2 + 0.73x_3 - 0.01(x_3)^2 \quad R^2 = 0.94 \tag{6-4}$$

$$R_r = -290.77 - 0.38x_1 + 1098.80x_2 - 874.95(x_2)^2 - 0.23x_3 + 0.0033(x_3)^2 \quad R^2 = 0.88 \tag{6-5}$$

式中，x_1 为木材纤维添加量（%）；x_2 为密炼室填充系数；x_3 为主转子转速（r/min）；R^2 为各回归方程的相关系数。

建立了非线性回归方程后，复合材料的力学性能 T_s、E_b、H_a 和 R_r 就可以通过生产条件如木材纤维添加量、主转子转速和密炼室填充系数来预测。

6.5.5 木材纤维-橡胶复合材料性能优化分析

影响因素（x_1、x_2、x_3）和性能指标（T_s、E_b、H_a和R_r）之间存在多项式关系，因此，有必要为复合材料的制备研究最佳的工艺条件。根据中华人民共和国化工行业标准HG/T3747.1—2011（橡塑铺地材料，第一部分，橡胶地板），要求板的性能T_s、E_b、H_a和R_r的最小值分别为0.3MPa、40%、75°和38%，在实际应用中，当要求材料的硬度最高时，建立的非线性规划优化模型如式（6-6）～式（6-9）所示。

$$\mathrm{Max}H_a(x)=-298.07+0.74+1091.90x_1-851.02(x_2)^2+0.73x_3-0.01(x_3)^2 \tag{6-6}$$

约束：

$$-119.85-0.23x_1+377.27x_2-283.90(x_2)^2+0.55x_3-0.0092(x_3)^2\geqslant 0.3$$

$$-3768.4-11.36x_1+12461x_2-9311.6(x_2)^2+13.04x_3-0.19(x_3)^2\geqslant 40$$

$$-290.77-0.38x_1+1098.80x_2-874.95(x_2)^2-0.23x_3+0.003(x_2)^2\geqslant 38$$

实验限制条件：

$$0\leqslant x_1\leqslant 50$$

$$0.55\leqslant x_2\leqslant 0.75$$

$$15\leqslant x_3\leqslant 45$$

方程的最优解为（x_1，x_2，x_3）=（32，0.63，30）时，$F(x)$=87.78为最高值，即当木材纤维添加量为32%、密炼室填充系数为0.63和主转子转速为30r/min时，可以得到H_a的最大值为87.78°，此时，板材的T_s、E_b和R_r分别为6.08MPa、239.29%和38.02%，性能均高于标准要求。

实际上，车间工作人员能够使用非线性规划方法，依据不同的需要来设计生产条件。例如，用于儿童乐园铺地材料，需要材料抗拉强度高、硬度弹性适当，有效避免儿童摔伤，此时，设计板材T_s最大，根据HG/T3747.1—2011可知，复合材料的性能T_s、E_b、H_a和R_r的最小值分别为0.3MPa、40%、75°和38%，建立的非线性规划模型如式（6-17）所示。

$$\mathrm{Max}T_s(x)=-119.85-0.23x_1+377.27x_2-283.90(x_2)^2+0.55x_3-0.0092(x_3)^2 \tag{6-7}$$

约束：

$$-3768.4-11.36x_1+12461x_2-9311.6(x_2)^2+13.04x_3-0.19(x_3)^2\geqslant 40$$

$$-298.07+0.74x_1+1091.90x_2-851.02(x_2)^2+0.73x_3-0.01(x_3)^2\geqslant 75$$

$$-290.77-0.38x_1+1098.80x_2-874.95(x_2)^2-0.23x_3+0.003(x_3)^2\geqslant 38$$

实验限制条件：

$$0\leqslant x_1\leqslant 50$$

$$0.55\leqslant x_2\leqslant 0.75$$

$$15\leqslant x_3\leqslant 45$$

方程的最优解为（x_1，x_2，x_3）=（15，0.66，30）时，$F(x)$=10.3499为最高值，即当木材纤维添加量为15%、密炼室填充系数为0.66和主转子转速为30r/min时，可以得到T_s的最大值为10.35MPa，此时，板材的E_b、H_a和R_r分别为445.83%、75.00°和43.6098%，符合橡塑铺地材料标准HG/T3747.1—2011的要求。

6.5.6 木材纤维-橡胶共混物的固化特性

木材纤维-橡胶复合材料的加工性能与其固化特性有着密切的关系。硫化前，不同木材纤维含量的木材纤维-橡胶复合材料在160℃时的固化特性曲线如图6-29所示，其固化特性参数如表6-23所示。

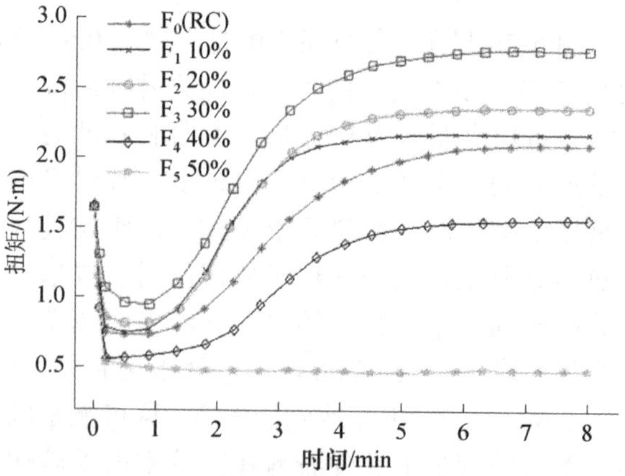

图6-29 木材纤维/橡胶共混物的固化特性曲线

表 6-23 木材纤维/橡胶共混物的固化特性

试样	最小扭矩/(N·m)	最大扭矩/(N·m)	焦烧时间/min	最佳固化时间/min
F_0	0.68（0.24）	3.11（0.21）	1.97（0.05）	4.77（0.21）
F_1	0.70（0.11）	3.17（0.07）	1.52（0.21）	3.12（0.08）
F_2	0.79（0.06）	3.35（0.13）	1.70（0.12）	3.65（0.13）
F_3	0.92（0.32）	3.78（0.15）	1.57（0.09）	3.97（0.14）
F_4	0.55（0.13）	1.56（0.04）	3.33（0.11）	4.35（0.04）
F_5	0.46（0.17）	0.49（0.16）	0（0）	5.87（0.18）

注：括号内的值为标准偏差

图 6-29 中，当木材纤维含量从 0 增加到 50%时，试样 F_0、F_1、F_2、F_3、F_4和 F_5的固化曲线先是下降，然后上升，最后趋于水平。这是因为橡胶基体的软化使木材纤维/橡胶共混物初始转矩下降，转矩的增加则是由于橡胶基体的交联，趋于水平状态时表示木材纤维/橡胶共混物固化完成。随着木材纤维的增加（>30%），由于固化剂（硫）的相对降低，木材纤维/橡胶共混物试样（F_4和 F_5）固化趋缓，图 6-29 所示的试样 F_5固化特性曲线的低扭矩值表示其没有完成硫化。

表 6-23 中的最小扭矩（M_L）与木材纤维/橡胶共混物的流动特性密切相关。M_L 的值越小，表明木材纤维/橡胶共混物的流动性越好。表 6-23 中的最大扭矩（M_H）表示与木材纤维/橡胶共混物的交联密度和刚性有关的弹性模量的大小（Garcia et al.，2007）。当木材纤维含量从 0 增加到 30%时，木材纤维/橡胶共混物的 M_H和 M_L均随之增加，当木材纤维含量从 40%增加到 50%时，M_H和 M_L均降低。M_L的增加表明木材纤维/橡胶共混物的黏度随着木材纤维含量的增加而增加。随着木材纤维含量的不断增加，橡胶大分子链的流动性受阻，使 M_L 降低。M_H的增加表明，当木材纤维含量从 0 增加到 30%时，木材纤维-橡胶复合材料的刚度增强，这主要归因于木材纤维的增强效果。M_H 的降低主要是由随着木材纤维量的增加（>30%），固化剂（硫）的相对降低所致。表 6-23 中的最佳固化时间（t_{90}）是复合材料的硫化成型时间，当木材纤维含量从 10%增加到 50%时，t_{90} 也随之增加。固化时间越长说明固化速度越慢，导致产率越低。表 6-23 给出的焦烧时间（t_{s2}）是木材纤维/橡胶共混物开始硫化的时间，即测试开始时刻至固化特性曲线（图 6-29）的最小扭矩增加 0.2N·m 时对应的时间。当木材纤维含量为 30%时，t_{s2}和 t_{90}的值均相对较小，说明交联反应开始较早，固化率较高。

6.5.7 木材纤维-橡胶复合材料的吸水率

木材纤维-橡胶复合材料试样的 24h 吸水率（W_a）如表 6-24 所示。

表 6-24 木材纤维-橡胶复合材料试样的吸水率

W_a/%	F_0	F_1	F_2	F_3	F_4	F_5
吸水率	1.01（0.10）	1.18（0.08）	1.32（0.05）	1.52（0.02）	3.59（0.04）	3.77（0.07）

注：括号内的值为标准偏差

由于木材纤维具有亲水性，因此复合材料试样的吸水率随木材纤维含量的增加而略有增加。由表 6-24 可见，所有复合材料试样的吸水率均为 1%～3%，这应归因于橡胶的良好疏水性能，证实了橡胶基体对于木材纤维的良好包覆作用（Ayrilmis et al.，2009）。

6.5.8 微观分析

木材纤维含量分别为 0、10%、20%、30%、40%和 50%时，对应的木材纤维-橡胶复合材料试样分别记为 F_0、F_1、F_2、F_3、F_4和 F_5，其低温脆断面的电镜扫描图如图 6-30（a）～（f）所示。图 6-30（a）为纯橡胶空白样。在图 6-30（b）～（f）的橡胶基体中，木材纤维明显可见。由试样的断裂表面可见，木材纤维的浓度随其含量的增加而增加，并浸润和嵌入橡胶基体中，二者结合良好。

当木材纤维含量低于 20%时[图 6-30（a）和（b）]，试样断裂面比较光滑平坦。而当木材纤维的含量增加（≥20%）时，[图 6-30（c）～（f）]，因为嵌入橡胶基体中的木材纤维阻碍了脆断面的平面扩展，使断裂表面变得粗糙，丘状突起增多。从不同木材纤维含量的试样断裂面均观察到木材纤维和橡胶具有良好的界面结合。由图 6-30 可见，在木材纤维含量不同的木材纤维-橡胶复合材料内部相之间均形成了连续的界面。

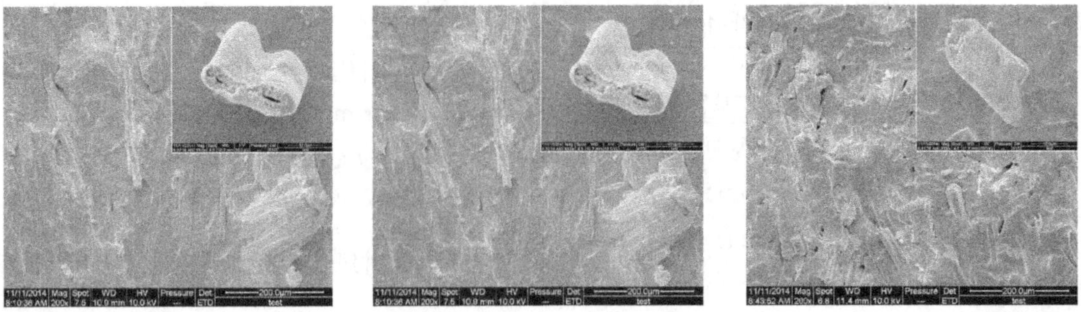

(a) 纯橡胶对比样电镜图　(b) 含10%木材纤维试样电镜图　(c) 含20%木材纤维试样电镜图

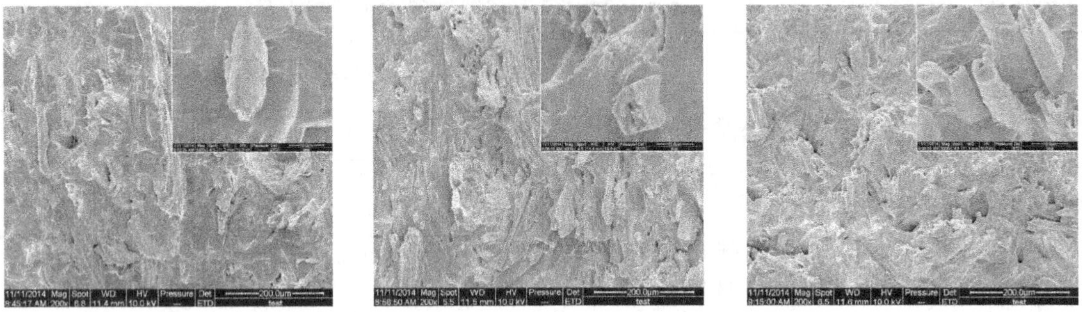

(d) 含30%木材纤维试样电镜图　(e) 含40%木材纤维试样电镜图　(f) 含50%木材纤维试样电镜图

图 6-30　含有不同木材纤维质量分数的试样扫描电镜图

6.6　木质-橡胶复合材料挥发性有机化合物的研究

人们使用含有大量化学物质的装饰装修材料，成为室内挥发性有机化合物（volatile organic compound，VOC）的主要来源，影响人们的身体健康和工作效率。美国环境保护局（US EPA 或 EPA）和世界卫生组织（WHO）调查表明，室内空气污染是影响国民健康的首要环境问题之一（World Health Organization，1989；US EPA，1990）。室内空气品质低劣可能会引发多种症状，如头痛，眼睛、鼻子或喉咙疼痛，干咳，头晕恶心，注意力分散和疲倦等“病态建筑综合征（sick building syndrome，SBS）”（Kim et al.，2001；Meininghaus and Salthammer，1999；Yang，1999；World Health Organization，1983）。除病态建筑综合征之外，室内空气污染还会引起“建筑相关疾病”（building related illness，BRI）和“多种化学污染物过敏症”（multiple chemical sensitivity，MCS）（朱颖心等，2006）。除不适之外，过量暴露于甲醛、苯及其他室内污染物中甚至可能致癌及死亡（Molhave，1989）。

6.6.1　挥发性有机化合物的定义与分类

6.6.1.1 挥发性有机化合物的定义

挥发性有机化合物（VOC）是室内空气中主要污染物之一，其量化指标总挥发性有机化合物（TVOC）已列入我国室内空气污染物检测项目（李亚新，2003）。世界上不同组织和机构对 VOC 的定义不同，主要有以下几种。

美国 ASTM D3960—1998 标准将 VOC 定义为任何能参加大气光化学反应的有机化合物（Jones，1999）。

美国环境保护局（EPA）的定义：挥发性有机化合物是指除 CO、CO_2、H_2CO_3、金属碳化物、金属碳酸盐和碳酸铵以外，任何参加大气光化学反应的碳化合物（Wolkoff and Nielsen，2001）。

世界卫生组织将挥发性有机化合物定义为室温下饱和蒸汽压超过 133.322Pa、沸点为 50～260℃的易挥发性有机挥发物质（Won et al.，2008）。

有关色漆和清漆通用术语的国际标准 ISO 4618/1—1998 和德国 DIN 55649—2000 标准对 VOC 的定义是：原则上，在常温常压下，任何能自发挥发的有机液体和(或)固体(李玉桂,2010)。德国 DIN 55649—2000 标准在测定 VOC 含量时,又做了一个限定,即在通常压力条件下,沸点或初馏点低于或等于 250℃的任何有机化合物(World Health Organization,2002;Molhave,1989;刘尊永,1996)。

我国室内空气质量标准对 TVOC 的定义为:利用 Tenax GC 或 Tenax TA 采样,非极性色谱柱(极性指数小于 10)进行分析,保留时间在正己烷和正十六烷之间的挥发性有机化合物(GB/T 18883—2002)。

6.6.1.2 挥发性有机化合物的分类

VOC 定义有相同之处,但也各有侧重。例如,EPA 的定义对沸点、馏点不做限定,强调参加大气光化学反应,不参加大气光化学反应的就叫作豁免溶剂,如丙酮、四氯乙烷等。而世界卫生组织对沸点或初馏点做限定,不管其是否参加大气光化学反应,并按沸点和空气中采样的方法把有机挥发物分类。国际标准 1504618/1—1998 和德国 DIN55649—2000 标准对沸点、初馏点不做限定,也不管是否参加大气光化学反应,只强调在常温常压下能自发挥发,按照 WHO 定义可以将 VOC 分为 4 类,见表 6-25(Daisey et al.,1994)。

表 6-25 VOC 的 WHO 分类

沸点/℃	VOC 类别
0～50	易挥发性有机化合物(VVOC)
50～240	挥发性有机化合物(VOC)
240～380	半挥发性有机化合物(SVOC)
≥380	颗粒状有机化合物(POM)

木质-橡胶复合材料中释放的 VVOC 主要是甲醇、甲酸和乙醛;表面处理所用的溶剂、木材中的乙酸和萜烯属于 VOC;挥发性较低的 SVOC 会长期缓慢地释放,分子质量较高的萜烯和表面处理剂的残余物属于这一类(李建,2002)。按照挥发物的化学结构,VOC 可分为 8 类,见表 6-26(王斌,2004)。

表 6-26 VOC 的化学结构分类

类别	化合物
烷类	环己烷、甲基环戊烷、己烷、庚烷、辛烷、壬烷、癸烷、十一烷、十二烷
烯类	Q-蒎烯、莱烯
酯类	乙酸乙酯、正乙酸丁酯
醛类	甲醛、乙醛、己醛
酮类	2-丙酮、2-丁酮
芳烃类	苯、甲苯、二甲苯、正丙基苯、1, 2, 4-三甲基苯、联苯、间/对-二甲苯、苯乙烯
卤烃类	三氯氟甲烷、二氯甲烷、四氯化碳、1, 1, 1-三氯乙烷、四氯乙烷、氯苯、1, 4-二氯苯

6.6.2 挥发性有机化合物的来源与危害

6.6.2.1 挥发性有机化合物的来源

各种装饰材料是室内 VOC 的主要来源,按它们随时间衰减的范围分为一次源和二次源。VOC 的一次源是指非结合的 VOC,通常它们的摩尔质量较小,如溶剂残留物、添加剂、抗氧化剂、增塑剂、催化剂和单分子低活性物质等,二次源是 VOC 在不同的物理、化学条件下产生的物理、化学结合物。例如,温度的升高能够导致聚合物结构的热分解,起到催化剂的作用;室内环境中的 VOC 与不同的氧化剂作用会导致吸收过程和氧化过程(李延红等,1999)。二次源形成过程中可能产生突然、剧烈的室内空气污染问题等。木质基复合材料释放污染物的情况如表 6-27 所示(Chien,2007;邹越等,2003;郑文柱等,2006)。

表 6-27 几种木质基复合材料释放的 VOC

室内污染源	VOC 种类
地板	乙酸酯、醇类、烷烃、胺类、苯、甲醛、甲基苯乙烯、三甲苯
板材	醇类、烷烃、胺类、苯、3-烯、甲醛、萜烯、甲苯
胶黏剂(用于家具和人造板)	醇类、胺类、苯、癸烷、二甲苯、甲醛、甲苯、萜烯

由表 6-27 可知,材料释放的甲醛、苯、甲苯、二甲苯及挥发性有机化合物等,是当前室内污染的主要污染源。VOC 释放不仅受到原材料的影响,还与复杂的涂饰和使用的胶黏剂的释放密切相

关，主要来源于以下 4 个方面。

（1）木材的抽提成分：它包括无机物、果胶、蛋白质、精油、树脂酸、脂肪酸、醇类、芳香族化合物（酚类）等，这些物质会在高温干燥和热压过程中产生 VOC。例如，烯类来源于杉木精油，醛类主要来源于树脂酸（龙玲，2006）。Shcaferlzo 研究表明，木材抽提物是甲醛的主要来源，树脂酸如松香酸释放的甲醛远高于脂肪酸。

（2）木材的主要成分：木材的主要成分纤维素、半纤维素及木质素在 100℃左右就能发生热分解作用，并且在 100℃以下长时间加热，也可以发生缓慢的降解，生成酸、醇、醛类等物质（Schäfer and Roffael，2000）。例如，甲醇的形成是由于木材半纤维素中 4-*O*-甲基-D-葡萄糖醛酸脱甲基化作用，乙酸的形成是由于木材半纤维素脱乙酰化作用。木材的主要成分纤维素、半纤维素及木质素也是甲醛的潜在来源，但其释放量比树脂酸少得多。纤维素和半纤维素都属于多糖类物质，在木材干燥过程中，己糖在酸性条件下可降解成羟甲醛糠醛，进一步分解为甲醛和糠醛，而木质素在酸性条件下也会释放甲醛。木质素降解产生的甲醛比半纤维素和纤维素多。

（3）胶黏剂及添加剂：通常所用的胶黏剂为脲醛树脂（UF）和酚醛树脂（PF）等，除此之外还有其他的附加成分，如催化剂（氯化铵）、防水剂（石蜡）、防腐剂等。这些胶黏剂本身就存在游离甲醛和游离酚等，在固化后板中残留的和未参与反应的甲醛会逐渐向周围环境释放，最长释放期可达十几年，是形成室内空气中甲醛的主体。胶黏剂在单一高温下固化也会产生 VOC，在热压过程中，受温度的影响，胶黏剂自身成分发生反应，释放 VOC，但由于反应过程复杂还没有发现其反应机制。李信和周定国（2004）采用小型环境气候箱对使用不同胶黏剂的麦秸刨花板、杨木刨花板及添加了水溶性防腐剂硼酸铜的麦秸刨花板等进行有害释放物的气体采样分析。结果显示，原料、胶黏剂和防腐剂对有害释放物的种类和浓度有比较明显的影响。

（4）贴面和涂饰：素板贴面和涂饰可以对甲醛和挥发性有机化合物的释放起到封闭作用，但贴面所用的胶黏剂和涂饰所用的油漆又会在短期内增加有机挥发物释放的种类和含量，带来二次污染。

6.6.2.2 挥发性有机化合物的危害

材料中 VOC 部分已被列为致癌物，如氯乙烯、苯、多环芳烃等。丹麦学者 Lars Molhave 等根据他们所进行的控制暴露浓度对人体产生影响的实验结果和各国的流行病研究资料，暂订出 VOC 的剂量反应关系（表 6-28），以下是几种常见污染物的危害（王敬贤，2011）。

表 6-28　VOC 浓度对健康的影响

总挥发性有机化合物/(mg/m^3)	健康效应	分类
0.2	无刺激、无不适	舒适
0.2～3.0	与其他因素联合作用时，可能出现刺激和不适	多因协同作用
3.0～25.0	刺激和不适，与其他因素联合作用时，可能出现头痛	不适
＞25.0	除头痛外，可能出现其他的神经毒性作用	中毒

VOC 可以与 NO_x、C_nH_m 在阳光作用下发生光化学反应，吸收地表红外辐射引起温室效应。VOC 中的某些化学物质与哮喘相关，一些 VOC 还可引起炎症反应和遗传性过敏症状，并引起类似感冒症状的呼吸道疾病。VOC 还具有渗透、脂溶等特性，人体若长期在无保护设施下与其接触或由呼吸作用经肺、血液而进入神经中枢，对神经行为功能产生不良的影响，导致慢性中毒性脑病，并很可能与痴呆的早期阶段有关，外周的神经毒性通常可引起感觉异常、震颤等症状。暴露于较低浓度的 VOC 时可使心血管系统出现心动过速、心肌收缩力增强和高血压。若吸入 VOC 的量过多，则会出现头晕耳鸣、面色苍白、恶心呕吐甚至肌肉痉挛等全身症状；VOC 具有神经毒性、肾毒性、肝毒性和致癌性。

6.6.3 挥发性有机化合物的控制

降低 VOC 对人体健康的损害，关键在于如何控制小环境内 VOC 水平。小环境内 VOC 控制主要有两方面，一方面是污染源控制，另一方面是对小环境内空气的净化。

（1）污染源控制：减少室内人造板的使用量是最经济、最便捷的控制室内污染手段。除此之外，从木质基复合材料生产工艺上控制板材有害气体释放才是最根本的解决途径。研究发现，较短热压时间和较高热压温度释放出更多的甲醛、萜烯及更大分子质量的VOC，只是使用酚醛胶的板材的甲醛释放量有所降低。

（2）净化室内空气：加强通风换气是改善室内空气质量最快、最经济的手段。面积为30m^{3}的房间在夏季自然通风下，室内TVOC浓度在通风1h后从原来的325mg/m^{3}降至与外界浓度相近的63μg/m^3，并且房间各点浓度比较均匀。

除此之外，还有以下几种净化方法。

（1）吸附法：优点是去除效率高、净化彻底、工艺成熟、实用等；缺点是对特定的污染物具有选择性，处理设备庞大，需要定期更换或再生，尤其是当废气中有胶粒物质或其他杂质时，吸附剂容易失效。

（2）化学法：它主要包括氧化、还原、中和、离子交换、光催化。其中，光催化法的优点是对室内大多数有机污染物都具有净化效果，可连续工作；缺点是可能会产生有害产物。等离子体放电催化技术的优点是有机污染物净化范围广，可连续工作；缺点是反应比较剧烈，会产生臭氧等有害产物。

（3）生物法：目前，生物膜法是比较先进的理论，就是将微生物固定附着在多孔性介质填料表面，并使污染空气在填料床层中进行生物处理，可将其中污染物除去，并使之在空隙中降解。挥发性有机污染物被吸附在空隙表面，被空隙中的微生物所耗用，并降解成CO_2、H_2O和中性盐。

6.6.4 挥发性有机化合物的测定

6.6.4.1 测定方法

1）材料准备 在工艺条件热压温度160℃、热压时间7min、橡胶含量30%、施胶量3%、密度0.8g/cm^{3}下，制备杨木刨花-废旧胶粉复合材料，剪裁尺寸为120mm×120mm×16mm，并对其进行封边处理：将样品的边部用清洁的铝胶带完全密封，以免气体泄漏。露出的总测试面面积为0.015m^2。将处理好的试件用铝箔包好，并用塑料袋密封放入冰箱冷藏备用。

2）清洗干燥器 首先用碱性清洁剂擦洗采集干燥器，继而用自来水冲洗，最后用蒸馏水冲洗，清洗后将装置加温用清洁空气吹干。

3）试件准备 将复合材料放置于15L干燥器中，干燥器边部涂以凡士林，防止漏气，密闭放置24h准备采样，干燥器与智能真空泵进气口连接。

4）干燥塔的准备 干燥塔底端用氯化钙作为干燥剂进行填充，以吸收气体中的水蒸气，在氯化钙干燥剂上方用脱脂棉进行隔离，干燥塔上部填充300g已在350℃高温条件下活化了3h的活性炭，用以吸收VOC。干燥塔顶端出气口用聚四氟乙烯管与智能真空泵出气口连接，底端出气口与大气相通。

5）VOC的采集 待实验材料密闭24h后及实验仪器连接准备完毕后，开启真空泵。干燥器出气口通过智能真空泵连接干燥塔，利用干燥塔内填充的活性炭对复合材料释放的VOC进行吸附，保持采样舱内条件连续吸附24h后，停止吸附。抽气时，干燥器瓶塞略微通气，防止干燥器内产生负压倒吸空气。

6）GC/MS分析 对连续吸附24h VOC的活性炭进行预处理，用二氯甲烷作溶剂浸泡吸附了VOC的活性炭20～30min，根据相似相溶原理，使吸附的VOC解吸到溶剂中。将浸泡在溶剂中的活性炭过滤，滤液经旋转蒸发器浓缩后制备成试样，采用气相色谱-质谱联用仪（GC/MS）分析VOC的具体成分和含量。

结合GC/MS测定分析薄木刨花板材VOC的成分。实验分析应用仪器自带软件对总离子流色谱图进行分析，NIST和WILEY谱库进行检索定性，确定VOC中的主要成分，最终分析得出杨木刨花-废旧胶粉复合材料VOC中的化合物、相似度和质量分数。

6.6.4.2 结果与分析

应用气相色谱仪和质谱仪对采集样品进行分析，得出气相色谱图，如图6-31所示。复合材料VOC所含化合物成分和百分比的实验结果见表6-29。

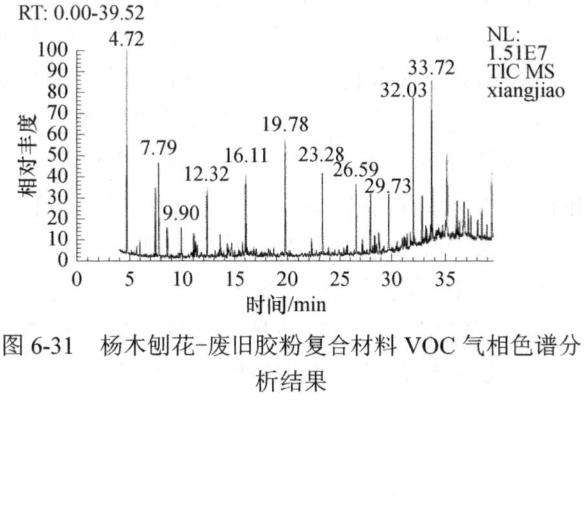

图6-31 杨木刨花-废旧胶粉复合材料VOC气相色谱分析结果

表 6-29 杨木刨花-废旧胶粉复合材料含有的化合物及其相对含量

编号	主要挥发物名称	分子式	相对含量/%
1	甲苯	C_7H_8	5.85
2	乙基苯	C_8H_{10}	2.60
3	邻二甲苯	C_8H_{10}	4.70
4	二甲苯	C_8H_{10}	1.29
5	3-蒈烯	$C_{10}H_{16}$	1.52
6	丙基苯	C_9H_{12}	0.39
7	1-乙基-3-甲基苯	C_9H_{12}	1.08
8	1-乙基-3-甲基苯	C_9H_{12}	1.10
9	1,3,5-三甲基苯	C_9H_{12}	0.54
10	1-乙基-3-甲基苯	C_9H_{12}	0.41
11	α-蒎稀	$C_{10}H_{16}$	0.31
12	环己烯	$C_{10}H_{16}$	1.78
13	1-甲基-2-丙基苯	$C_{10}H_{14}$	0.57
14	2-乙基-1,4-二甲基苯	$C_{10}H_{14}$	1.00
15	1-乙基-2,4-二甲基苯	$C_{10}H_{14}$	0.72
16	1,2,3,5-四甲基苯	$C_{10}H_{14}$	0.40

在对杨木刨花-废旧胶粉复合材料释放的VOC进行气相色谱和质谱分析中，共识别出多种包括甲苯、乙基苯等的芳香族化合物，十二烷、2,6,10,14-四甲基十六烷等烷烃，α-蒎稀、环己烯等萜烯类化合物和1，2-苯二甲酸的单[2-（2-甲基-1-氧代-2-丙烯基）氧基]乙酯等酯类物质。其中，2,6,10,14-四甲基十六烷、甲苯和邻二甲苯是最主要的挥发性有机化合物，分别占总挥发性有机化合物含量的6.43%、5.85%和4.7%。

根据实验结果可以看出：杨木刨花-废旧胶粉复合材料挥发性有机化合物以芳香族化合物的含量最高，约占挥发性有机化合物含量的58%，其次是烷烃类化合物，占总挥发性物质的23%，酯类物质占9%，萜烯类化合物占总挥发性物质的10%。从实验结果可以推断，杨木刨花-废旧胶粉复合材料释放的VOC可能主要来自废旧胶粉、苯基异氰酸酯和木材中的木质素。废旧胶粉成分复杂，在其合成的过程中被加入大量的添加剂，如硫化剂、防化剂、增强剂、润滑剂等，这些添加剂中含有大量的有机化合物。在热压过程中，由于温度升高，大量的有机化合物会受热挥发出来，产生刺鼻的气味。苯基异氰酸酯的主要原料是苯胺，在热压过程中会受热分解出大量的芳香族化合物，产生刺激性气味。木质素是一类复杂的芳香族物质，在木质素的结构中存在甲氧基、羟基、烯醛和烯醇基等官能团。当热压温度升高到一定温度时，木质素发生分解释放出有机化合物。此外，在木材的浸提成分中包含有多种类型的有机化合物，其中最常见的就是多元酚类，还有萜类、树脂酸类和碳水化合物等，也可能成为VOC的来源。

主要参考文献

白川，真也. 2002. 使用高黏度黏结剂的橡胶木质复合板的成型加工装置的开发. 林产试验场报，16（5）：25～28

鲍甫成，吕建雄. 1999. 中国木材资源结构变化与木材科学研究对策. 世界林业研究，12（6）：42～47

陈春娟，姜子军，王龙，等. 2001. 80目硫化胶粉在轻型载重轮胎中的应用. 轮胎工业，21（10）：615～616

陈珍明，陈晓，卢灿辉. 2004. PP/废旧橡胶/SBS复合材料的制备和力学性能研究. 中国塑料，18（10）：79～82

程永悦. 2004. 木质纤维素短纤维的性能及其在轮胎工业中的应用. 轮胎工业，24（1）：18～29

崔勇. 2011. 杨木刨花/废旧橡胶粉复合材料的工艺研究. 哈尔滨：东北林业大学硕士学位论文

耿孝正，张沛. 1991. 塑料混合及设备. 北京：中国轻工业出版社

江镇海. 2011. 我国废旧轮胎综合利用的现状与发展. 橡胶参考资料，41（5）：2～5

姜敏，寇志敏，彭少贤. 2013. 废旧橡胶回收与利用的研究进展. 专论·综述，36（3）：239～243

蒋涛，邹国享，程时远. 2003. 胶粉的活化改性及其在弹性体中的应用研究进展. 专论·综述，13（2）：47～51

金西旺. 2013. 木材/废旧橡胶粉复合材料的热压复合工艺研究. 哈尔滨：东北林业大学硕士学位论文

李洪烈. 1995. 利用废胶粉改善沥青路面性能的研究. 橡胶工业，42（5）：274～278

李建. 2002. 涂料漆和胶黏剂中有毒物质及其监测技术. 北京：中国计划出版社：125～150

李信，周定国. 2004. 人造板挥发性有机物VOCs的研究. 南京林业大学学报，28（3）：19～22

李亚新. 2003. 室内空气中挥发性有机物污染与防治. 城市环境与城市生态，16（1）：11～12

李延红，薄萍，朱俐颖，等. 1999. 装饰材料对居室空气污染的调查. 中国公共卫生，15（8）：751

李岩，张勇，张隐西. 2003. 废橡胶的国内外利用研究现状. 专论·综述，26（1）：59～61

李玉桂. 2010. VOC与涂料配方. 企业科技与发展，22：50～56

刘书渊. 2008. 陶瓷化阻燃杨木胶合板的初步研究. 郑州：河南农业大学硕士学位论文：20～22
刘玉强. 2000. 废旧轮胎的回收利用. 轮胎工业，20（12）：710～712
刘尊永. 1996. 室内微小环境与健康. 国外医学卫生学分册，23（6）：321～325
龙玲. 2006. 杉木和尾叶桉干燥过程中有机挥发物及人造板甲醛释放的研究. 北京：中国林业科学研究院博士学位论文
路波. 2005. 新型六棱同步转子密炼机混炼机理及实验研究. 青岛：青岛科技大学硕士学位论文
马培瑜，孟宪德. 1996. 降低橡胶配方设计成本的途径. 青岛化工学院学报，17（1）：38～42
马晓. 2012. 利用废橡胶生产的硫化胶粉增容处理的方法. 橡胶工业，5：303
莫业勇. 2013. 2013 年中国橡胶工业年会综述. 世界热带农业信息，5：1～3
宋月贤，郑元锁，袁安国，等. 2001. 芳纶短纤维增强橡胶耐烧蚀柔性绝热层材料的研究进展. 橡胶工业，48（11）：697～699
孙建. 2004. 中国木材工业发展现状、趋势和政策取向. 中国林业产业，（6）：29～30
孙伟圣. 2009. 木材-橡胶复合材料及其在静音地板中的应用研究. 北京：中国林业科学研究院博士学位论文：5～7
田森林，宁平. 2000. 有机废气治理技术及其新进展. 环境科学动态，1：23～28
涂芳，薛娜. 2006. 胶粉的生产应用现状及发展. 中国资源综合利用，24（4）：22～24
汪传生. 2000. 同步转子密炼机混炼橡胶的理论和实验研究. 北京：北京化工大学博士学位论文
王斌. 2004. 挥发性有机化合物对室内空气品质影响. 天津：天津大学硕士学位论文：12～13
王敬贤. 2011. 环境因素对人造板 VOC 释放影响的研究. 哈尔滨：东北林业大学硕士学位论文
吴为民，苏杭，许东卫，等. 1997. 低温脉冲放电粉碎废旧轮胎的研究. 高电压技术，23（3）：87～88
辛淑英. 2013. 木质基废旧橡胶复合材料的制备与性能研究. 哈尔滨：东北林业大学博士学位论文
杨雪梅，关长斌. 2001. 碳纤维与玻璃纤维混合短纤维/NBR 复合材料性能研究. 橡胶工业，48（6）：142～144
叶春葆. 2000. 废胶粉的制造及其用途. 化工科技市场，3：15～21
叶克林. 1998. 面向 21 世纪的木材科学与工程技术//中国科学技术协会材料科学与工程技术中国科学技术协会第三届青年学术年会论文集. 北京：中国科学技术出版社：465～467
于文吉，周月，任丁华，等. 2001. 异氰酸酯麦秸均质板的制造工艺. 木材工业，9（3）：4
袁立. 1998. 橡胶的回收利用. 世界橡胶工业，1（1）：29～36
张久荣. 2005. 森林—人工林—可持续发展. 中国林业产业，（2）：16～18
赵光贤. 1997. 胶粉及其利用. 特种橡胶制品，18（1）：12～14
赵君，王向明，常建民. 2008. 影响木质-橡胶环保复合材料甲醛释放量的因子分析. 西北农林科技大学学报（自然科学版），36（2）：104～110
赵敏. 2015. 一种对废旧轮胎中钢丝与橡胶进行分离和回收的装置. 橡胶工业，（5）：272
郑文柱，渠宏毅，董长波. 2006. 室内装修化学性物质对空气污染的调查. 中国热带医学，6（12）：2130～2131
周彦豪. 1988. 聚合物加工流变学基础. 西安：西安交通大学出版社
朱颖心，张寅平，李先庭，等. 2006. 建筑环境学. 北京：建筑工业出版社
朱元鼎. 1998. 我国人造板工业现状与发展. 林产工业，25（10）：1～3
祝卫国. 2003. 三棱同步转子密炼机混炼机理及实验研究. 青岛：青岛科技大学硕士学位论文
邹越，侯云芬，蔡光汀. 2003. 室内空气污染与建筑通风. 北京建筑工程学院学报，18（1）：51～56
Ayrilmis N，Buyuksari U，Avci E. 2009. Utilization of waste tire rubber in manufacture of oriented strandboard. Waste Manag，29：2553～2557
ChienY C. 2007. Variations in amounts and potential sources of volatile organic chemicals in new cars. Science of the Total Environment，38：228～239
Daisey J M，Hodgson A T，Fisk W J，et al. 1994. Volatile organic compounds in twelve california office buildings：class，concent rations and sources. Journal of the Air&Waste Management Association，50（12）：345～353
De D，Maiti S，Adhikari B. 2000. Reclaiming of rubber by a renewable resource material（RRM）：III. Evaluation of properties of NR reclaim. Journal of Applied Polymer Science，75（12）：1493～1502
De D，Panda P K，Roy M，et al. 2013. Reinforcing effect of reclaim rubber on natural rubber/polybutadiene rubber blends. Mater Des，46：142～150
Freakloy P K. 1996. 胶料中炭黑分散度的某些间接测定方法对比. 炭黑工业，6：38～45
Garcia D，Lopez J，Balart R，et al. 2007. Composites based on sintering rice husk-waste tire rubber mixtures. Mater Des，28：2234～2238
GB/T 18883—2002 室内空气质量标准
Ichazo M N，Hernández M，Albano C，et al. 2006. Curing and physical properties of naturalrubber/wood flour composites. Macromolecular Symposium，239（1）：

192～200

Ismail H，Jaffri R M，Rozman H D. 2001. Oil palm wood four filled natural rubber composites：The effects of vatious bonding agents. International Journal of Polymeric Materials，49：311～322

Ismail H，Shuhelmy S，Edyham M R. 2002. The effects of a silane coupling agent on curing characteristics and mechanical properties of bamboo fibre filled natural/rubber composites. European Polymer Journal，38（1）：39～47

Jones A P. 1999. Indoor air quality and health. Atmospheric Environment，33：4535～4564

Jones N. 1997. Optimising the properties of straw based particleboard. Bangor：M. Philthesis. University of Wales：127～131

Jun Z，Xiang M W，Jianmin C，et al. 2008. Optimization of processing variables in wood-rubber composite panel manufacturing technology. Bioresource Technology，99：2384～2391

Kenneth C O. 1996. Scrap tires：A pricing strategy for a recycling industry. Rubber World，6（8）：42～50

Kim Y M，Harrad S，Harrison R M B. 2001. Concentrations and sources of VOCs in urban domestic and public microenvironments. Environ Sei Techno，35：997～1004

Lamminmäki J，Li S，Hanhi K. 2006. Feasible incorporation of devulcanized rubber waste in virgin natural rubber. Mater Sci，41（24）：8301～8307

Lindt J W，Carraro J A H，Heyliger P R，et al. 2008. Application and feasibility of coal fly ash and scrap tire fiber as wood wall insulation supplements in residential buildings. Resour Conserv Recycl，52：1235～1240

Meininghaus R，Salthammer T. 1999. Interaction of volatile-organic compounds with indoor materials a small scale screening method. Atmospheric Environment，33：2395～2401

Miller T R，Rosthauser J W. 2002. Aqueous mixed PMDI/phenolic resin binders for the produ-ction of wood composite products：USA，US6416696

Molhave L. 1989. The sick buildings and other buildings with indoor climate problems. Environment International，15：65～74

Munillo R，Aylon E，Navarro M V，et al. 2006. The application of thermal processes to valorise waste tyre. Fuel Processing Technology，87（2）：143～147

Pokluda I. 1990. 混炼胶中配合剂分散度的评价方法. 世界橡胶工业，（3）：81～87

Schäfer M，Roffael E. 2000. The effect of extractives on the formaldehyde release from spruce and pine wood chips. Holz als Roh-und Werkstoff，58（4）：259～264

Shanmugharaja A M，Jin K K，Ryu S H. 2005. UV surface modification of waste tire powder：Characterization and its influence on the properties of polypropylene/waste powder composites. Polymer Testing，24（6）：739～745

Shao D W，Xu M，Cai L P，et al. 2016. Fabrication of wood-rubber composites using rubber compound as a bonding agent instead of adhesives. Materials，9（6）：469～482

Song X M，Hwang J Y. 1997. A study of the microscopic characteristics of fracture surface of MDI bonded wood fiber-recycled tire rubber composites using scanning electron microscopy. Wood and Fiber Science，29（2）：131～141

Song X M，Hwang J Y. 2001. Mechanical properties of composites made with wood fiber and recycled tire rubber. Forest Prod J，51（5）：45～51

Terzi E，Köse C，Büyüksan Ü，et al. 2009. Evaluation of possible decay and termite resistance of particleboard containing waste tire rubber. Int Biodeterior Biodegrad，63（5）：806～809

Tripathy A R，Williams D E，Farris R J. 2004. Rubber plasticizers from degraded/devulcaniz-ed scrap rubber：A method of recycling waste rubber. Polymer Engineering and Science，44（7）：1338～1350

US EPA. 1990. Reducing Risk：Setting Priorities and Strategies for Environmental Proteetion. Washington：Environmental Proteetion Ageney（Science Advisory Board）

Vladkova T G，Dineff P D，Gospodinova D N，et al. 2006. Wood flour：a new filler for the rubber processing industry. Ⅳ. Cure characteristics and mechanical properties of natural rubber compounds filled by non-modified or corona treated wood flour. Journal of Applied Polymer Science，101：651～658

Vladkova T G，Dineff P D，Gospodinova D N. 2004. Wood flour：a new filler for the rubber processing industry. III. Cure characteristics and mechanical properties of nitrile butadiene rubber compounds filled by wood flour in the presence of phenol formaldehyde resin. Journal of Applied Polymer Science，92：95～101

Vladkova T，Vassileva S，Natov M. 2003. Wood flour：A new filler for the rubber processing industry. Ⅰ. Cure characteristics and mechanical properties of wood flour-filled NBR and NBR/PVC compounds. J Appl Polym Sci，90：2734～2739

Wolkoff P，Nielsen G D. 2001. Organic compounds in indoor air their relevance for perceived indoor air quality. Atmospheric Environment，35（26）：4407～4417

Won D，Richard L C，Rynes M. 2008. Sorptive interactions between VOC and indoor. Materi-als Indoor Air，11（4）：246～256

World Health Organization. 1983. Indoor air pollutants：exposure and health effects. EURO Reports and Studies，78：87～103

World Health Organization. 1989. Indoor air quality：organic pollutants. Copenhagen：WHO Regional Office for Europe （EURO Report and Studies Ⅱ）

World Health Organization. 2002. The World Health Report 2002. Geneva：WHO

Xia C L，Shi S Q，Cai L P. 2015. Vacuum-assisted resin infusion （VARI） and hot pressing for $CaCO_3$ nanoparticle treated kenaf fiber reinforced composites. Compos Part B，78：138～143

Xu M，Li J，Shi S Q. 2014. Property enhancement of wood-rubber composites by microwave treatment of rubber particles. Wood and Fiber Science，46（4）：547～554

Xu M，Li J. 2012. Effect of adding rubber powder to poplar particles on composite properties. Bioresource Technology，118：56～60

Yang X. 1999. Study of building materials emission and indoor air quality. Cambridge：PhD Dissertation，Massachusetts Institute of Technology

Yang H S，Kim D J，Lee Y K. 2004. Possibility of using waste tire composites reinforced with rice straw as construction materials. Bioresource Technology，95（1）：61～65

Zhang X X，Lu C H，Liang M. 2009. Properties of natural rubber vulcanizates containing mechanochemically devulcanized ground tire rubber. J Polym Res，16：411～419

Zhou H，Li B，Huang G S，et al. 2007. A novel composite sound absorber with recycled rubber particles. Sound Vib，304：400～406

7 生物质-金属复合材料

7.1 生物质-金属复合材料概述

将生物质原料制得的生物质单元与不同形态的金属单元（网、粉、纤维、箔及合金）通过复合界面特性处理技术，采用叠层复合、混杂复合、柔性加压、注入混合、表面喷镀等工艺制造具有抗静电性能或电磁屏蔽效能的复合材料，称为生物质-金属复合材料。将来源丰富、价格低廉的生物质资源转化成高性能、高附加值的生物质-金属复合材料，是高效利用木质废弃物及各种生物质的有效方法之一。

对于木材-金属复合材料，常用的木质单元形态包括木质单板、木质碎料、木质纤维和实体木材。对于以木质废弃物为主要材料的木材-金属复合材料来讲，由于其原料来源的不规范性和形状尺寸的不确定性，难于获得尺寸规范的木质单板，所以一般多制成形态较小的木质碎料和木质纤维，也可加工成一些小规格尺寸的实体木材或通过胶合的方式制成大规格尺寸的集成材。然后再采取特定的方式与金属材料复合制造木材-金属复合材料。

7.1.1 原料资源

生物质-金属复合材料的原料资源主要分为生物质原料和金属原料两大类。

7.1.1.1 生物质原料

关于生物质原料的结构及理化性质详见第 2 章。在此仅简介与生物质-金属复合材料制造相关的主要原料来源情况。

目前，国内外对于生物质-金属复合材料的生物质单元主要采用低质木材原料和废弃木质材料。废弃木质材料主要有四大来源：①城市固体垃圾；②建筑垃圾（包括建筑过程中使用的木材和从旧建筑物上拆卸下来的木材）；③木材加工和造纸过程中产生的废木材和废纸；④农作物秸秆类原料。

1）城市固体垃圾 城市固体垃圾是指民用住宅和商业、事业、企业等单位在生活经营过程中产生的废弃物，包括耐用品和非耐用品、容器和包装材料、丢弃的食品、街道和庭院清扫垃圾及混合的有机废料。含有木质纤维的废弃物有纸和纸板、庭院清理物和木材，其中对纸和纸板的回收利用最成功，所占比例最大。实木类废料包括木质家具、橱柜、托盘和容器、小块木材和板子、加工剩余的废木材。清扫垃圾中还有树叶和草、刷子、树枝等。这些废料的重新利用率所占比例很小。

2）建筑垃圾 建筑与拆迁产生的废弃木质材料量很大。新建筑废料包括各种类型的木框架结构用木材，如实木、板材、工程木制品和包装物。建筑物拆迁时，从框架、面板、地板等处卸下很多木料，并掺混着水泥、纸张、金属、绝缘材料、玻璃及其他建筑材料，这给再利用带来了一定困难。

3）木材加工废料 木材行业自身基本做到了对加工剩余物（树皮、锯屑、制材板条、旋切单板剩余的原木芯）的再利用，以各种方式加工成其他产品，主要有纤维和纸、人造板等，也可用作树根覆盖物及燃料（Falk，1997）。

此外，世界各地每年还有很多经过化学处理的木材退役，如铜铬砷（CCA）处理过的防腐木材，对它们的安全、合理再利用正在开发研究当中。

4）农作物秸秆类原料 随着生物质-金属复合材料制造技术的不断发展，各种农作物秸秆类的生物质也将逐渐成为这种新型复合材料的重要原料资源。

7.1.1.2 金属原料

对于生物质-金属复合材料，采用的金属原

材料主要包括金属网、金属纤维、金属粉和金属箔等。

1）金属网 利用金属网与某些材料复合，使金属网中的经纬线紧密结合，制成具有一定刚度的金属网复合屏蔽材料，是有效利用金属网屏蔽效能、解决单纯的金属网在使用过程中屏蔽效能降低的有效手段。

金属网一般常用的有铜丝网、铁丝网和不锈钢丝网等，均为编制网，网目数一般为20目、30目、40目、50目、60目、80目和100目等。对于金属网的目数，一般而言，网材目数愈大，其屏蔽效能愈好。但对于中短波的屏蔽，材料的目数大小要求不严格，对于微波的屏蔽，则要求网孔要小，即目数要大。生物质-金属复合材料的主要用途是电磁屏蔽。一般来讲，复合材料的电磁屏蔽效能随金属网目数的增加呈上升趋势，所以一般选用目数较大的金属网，但由于在木材或生物质的纤维表面施加的脲醛树脂胶对金属材料没有胶合能力，金属网目数过大时将会影响网两侧木材纤维之间的有效胶接，影响木材-金属复合材料的胶合强度，所以需要对金属网表面进行必要的处理。

对于金属网材质的选择，在不同频段上，各种金属有不同的屏蔽效能。低频需要大的吸收损失，高频需要大的反射损失，所以低频屏蔽材料一般选用磁导率高的材料，如铁、软钢、铁合金之类。用作高频的屏蔽材料，如铜、铝、镍等以获得较大的反射损失。对于不同屏蔽对象应选择不同的屏蔽材料，就高频感应加热设备而言，对高频变压器、馈线、感应器等的屏蔽多采用铝板、铝合金板、铜板、铜网等。对屏蔽室多选用铜网、铁网和铁板。

2）金属纤维 金属纤维是一种新型工程材料，具有广泛的应用前景。与有机和无机纤维比较，金属纤维具有良好的导电性、导热性、耐磨性及强度高、弹性模量高等优点，而且它还具有良好的烧结性及制造简单和成本低等特点。当前用金属纤维制成的各种复合材料已用于国防、汽车、建筑和家电等各个行业。

利用金属纤维良好的导电性制造具有电磁屏蔽效能的复合材料，是目前电磁屏蔽材料研究领域的一个主要的发展方向，而这方面的研究又集中体现在金属纤维混纺纱电磁屏蔽织物和金属纤维填充高分子导电复合材料方面。

金属纤维一般采用不锈钢纤维、铁纤维、铝纤维和铜纤维等，一般金属纤维厂加工制得的纤维均为长纤维，因此在使用前要将金属纤维加工成与木材纤维长度近似的短纤维，一般为3～8mm。由于金属纤维一般为拉制的，因此其直径与材料本身的拉伸强度有关，不锈钢纤维直径一般为0.05～0.07mm；铜纤维直径为0.04～0.06mm；铁纤维直径为0.1～0.2mm；由于铝的拉伸强度较低，所以铝纤维直径一般为0.15～0.30mm。

3）金属箔 金属箔与生物质材料的复合，目前主要包括铝箔覆面刨花板，采用环氧树脂胶可以将铝箔很好地与砂光平整的刨花板胶合在一起，覆面后的铝箔刨花板兼具了刨花板和铝合金各自的优点，尤其是弯曲强度显著增大。另外，将木刨花板与铁箔复合后可以改善刨花板的力学性能，还可以提高刨花板的电气性能，使复合刨花板具有良好的电磁屏蔽效能。

常用的金属箔包括铝箔、铜箔、不锈钢箔、铁箔等，厚度一般为0.02～0.10mm。铁箔易发生锈蚀，所以要注意对铁箔进行防锈处理。

4）金属粉 利用金属粉的导电性赋予材料电磁屏蔽效能的方法目前多集中在导电胶和导电涂料两个方面。

导电胶广泛应用在国防、科研及民用等各个方面，它是为满足电子元件小型化和高密度等技术而发展的一种特种胶黏剂。传统的导电胶多采用银粉作为导电单元。但由于在潮湿的环境中银会发生迁移现象，从而降低仪器的可靠性，再加上银粉价格昂贵，限制了银粉胶的发展。采用铜粉作为导电颗粒的铜粉胶目前被很多人认为是银粉胶理想的换代产品，国内外研究人员对此也做了大量的工作。但研究结果表明铜粉在胶黏剂加热固化时容易被氧化，导致导电性下降。另外，目前也有人在研究梯度银铜粉导电胶、Ag-Pd 合金粉等导电胶，但也遇到了导电性下降的问题。目前比较成熟的是中心以铜为主、表层以银为主的银铜梯度粉导电胶。该胶具有良好的导电性和耐银迁移等特性，但工艺复杂，成本也很高。

导电涂料是基于对仪器设备的塑料壳体进行电磁屏蔽而开发的一种屏蔽材料。人们对塑料壳体的屏蔽主要采用塑料表面金属化的方法，如金属熔射、阴极溅镀、贴金属箔、导电涂料和导电塑料法等。在这些方法中，导电涂料作为一种流体材料，可以方便地喷涂或刷涂于各种形状的塑料制品表面，形成导电涂层，从而达到屏蔽电磁波的目的。

对于将导电粉体引入木质材料中制成具有导电性质和电磁屏蔽效能的木质复合材料，目前的资料报道很少。有关资料报道的国外研究的导电刨花板（electrically conductive particleboard），其电阻率仍然很高，只可做抗静电产品。

常用的金属粉为铜粉、镍粉和铝粉等，常用的金属粉粒度一般为200～400目，金属粉目数越大，复合材料的电磁屏蔽效能越好，但金属粉的目数也不能过大，否则易于渗入木纤维内部，影响金属粉之间的有效连接，从而影响复合材料的导电性和电磁屏蔽效能。另外由于金属粉的粒度很小，表面积非常大，因此要注意密封保存以避免金属粉的氧化，尤其是对于易氧化的铜粉来讲更为重要。

7.1.2 基本方法

生物质-金属复合材料的制造方法主要包括以下几个方面。

7.1.2.1 混合型（混杂型）导电生物质-金属复合材料

将金属纤维与木质废弃物碎料或纤维采用混杂型复合制造，是制造生物质-金属复合材料的一种简便实用的方法。常用的金属纤维有黄铜纤维、铁纤维和不锈钢纤维。铜是优良的导电材料，由铜纤维填充的导电复合材料具有良好的屏蔽效果。为了改善铜的抗氧化性，可采用黄铜制成的纤维作为填充材料。采用不锈钢纤维填充制成的导电复合材料也有很好的屏蔽效果。不锈钢纤维的抗氧化性能好，因此能长期保持屏蔽功能。

在混杂复合时除上述几种金属纤维可作为导电材料外，还有镀金属纤维，如镀镍碳纤维和镀镍石墨纤维等也有很好的导电性能，将这些纤维与木质碎料或纤维复合，也可以制得屏蔽效果很好的复合材料，而且具有优良的耐老化性能，其缺点是成本较高，并且对复合材料的增强效果不明显。另外，镀镍石墨纤维不仅导电性能好，不生锈，还能提高复合材料的机械强度。

7.1.2.2 贴金属箔

这种表面导电生物质-金属复合材料的制备方法是将铝箔、铜箔或铁箔等与木材薄片、薄板先用黏合剂粘接在一起，然后用层压法压制成型。金属箔可贴在表面，也可夹在两层木质薄层材料之间。如选用拉伸强度高的金属箔和塑料，则可制造加工深度更大的电磁屏蔽材料，其优点是粘接强度高、导电性好、屏蔽效果可达60～70dB，但它不能制成形状复杂的壳体材料。

此外，还可采用金属熔射法制造表面导电材料。该法是将金属锌经电弧高温熔化后，用高速气流将其以极细的颗粒状粉末吹到生物质材料表面，从而形成一层极薄的金属层，厚度约为70μm，具有良好的导电性能，体积电阻率在0.01Ω • cm以下，屏蔽效果为70dB。但是这种屏蔽材料由于锌层与木质材料之间的粘接强度相对较差，容易脱落，导致屏蔽效果下降。

7.1.2.3 化学镀金属

化学镀金属是目前材料表面金属化用得最多和效果最好的方法之一。它采用非电解法在工程塑料及其他材料表面镀上一层具有电磁屏蔽特性的金属导电层。其优点是镀层均匀且与基体黏附力强，可双面镀提高屏蔽效果的可靠性，可大批量生产，屏蔽效果好且成本低等。采用的木质材料可以是从木质废弃物中得到的单板，也可以是实体木材及由木质废弃物碎料制得的刨花板及中密度纤维板，对于屏蔽要求一般的可以采用化学镀镍，屏蔽效果要求较高的则采用化学镀铜做底层、化学镀镍做面层的复合镀层。但由于铜在大气中容易氧化，抗蚀性差而不单独使用。

化学镀金属法是目前唯一不受壳体材料形状及大小限制而在所有平面上都能获得均匀电镀层的方法，从而提供了电磁屏蔽效果好、质量轻、全金属化的壳体。其主要缺点是镀层与木材之间的接合性较差，镀层易脱落，且工艺复杂，镀后的复合材料失去了木材自身的特点。通过共混改性技术或采用表面接枝、表面化学处理等方法，可提高木材与镀层金属之间的接合力，提高镀层的耐久性。

7.1.2.4 真空喷镀

真空喷镀法一般是在 10^{-9}～10^{-8}MPa 的真空条件下加热，使 Al、Cr、Cu 等金属粒子蒸发到木质材料表面而形成均匀的金属膜导电层，它具有导电性好、镀层沉积速度快、黏附力强等优点，尤其对大面积的平坦表面具有明显的快速处理效果，但对复杂形状的处理则比较困难，且真空容器的大小使木质材料制品的尺寸受到限制。

镀层与基体的黏附力是一个界面科学问题，因此需要木质材料表面保持高度清洁，不受污染。通常预先将木质材料表面进行清理，去除杂质，尤其对木质废弃物材料来说，一般表面含有油污、油漆、水泥等物质，这些物质都会降低镀层与基体之间的黏附力，所以在喷镀之前一定要对表面进行洁净处理，同时要使处理后的表面变得粗糙，从而提高金属镀层的黏附性。还可以在喷镀前对木质材料进行电晕处理，以提高表面氧化基团的含量和极性。

7.1.2.5 金属导电涂料涂刷木质材料

将金属胶体溶液和含石墨导电填料的易挥发的溶液涂覆物体的表面，使它具有导电性，也是制造木材-金属复合材料的一种常用方法。随着醇酸树脂、丙烯酸树脂、聚氯乙烯、聚苯乙烯等合成树脂的出现，以合成树脂为主要成膜物质的导电复合材料不断出现。导电材料则主要是银系材料，但银的价格昂贵。镍和铜也是导电涂料常用的导电材料。其中，镍-丙烯酸体系导电涂料最为常用，但主要用于电阻率较高、防静电的涂料。

7.1.2.6 金属注入复合材料

将低熔点合金在熔融的状态下通过浸注的方式加入木质材料中制造金属化木材，是木材-金属复合材料制造领域的一个主要方向，使用不同的浸注方法、不同的工艺，可制造出性能不同的金属化木材，可得到硬度、密度、导热性、导电性都明显提高的木材-金属复合材料，另外含有铅等金属物质的木材-金属复合材料还具有吸收 X 射线的功能。

7.1.2.7 层积复合制造木材-金属复合材料

主要包括金属板与木材（或木质板状材料）层积复合及木材-金属复合管。前者主要目的是将金属板复合于木质材料，以提高其强度，用于建筑结构材料；后者将木材单板卷贴在金属管上，着眼点在于利用里面金属管的高承载力和表面木材优良视觉、触觉等环境学特性。

在本章，主要对生物质-金属复合材料的原材料预处理技术、生物质纤维-金属复合材料、生物质碎料-金属复合材料、化学镀法制造生物质-金属复合材料（含木材与 Ni-Cu-P 三元合金复合）、生物质-金属复合材料的性能及检测方法，以及生物质-金属复合材料的应用进行介绍。

7.2 原料的预处理技术

7.2.1 木材纤维的制备

备料是纤维板生产的第一个工段，一般较完整的备料工段包括以下工序。

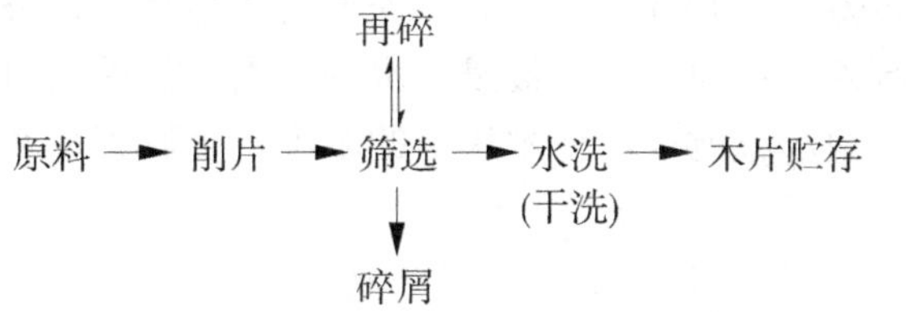

利用废弃木材作原料时必须排除杂物，以延长磨盘磨片、锯片的使用期限。原料通过水洗能有效地清除金属与碎石等杂物，还可以提高和均匀木片的含水率，但木片在水洗过程中必然要吸收水分，从而增加纤维干燥的负担，导致热消耗量的增加。因此，在干法生产中越来越多地利用振荡筛选与重力分离相结合的处理方法，也称干洗。

树皮内纤维含量低，在纤维分离过程中有的被压成碎片，有的被研磨成粉末，在板面影响制品美观，在板内影响产品的强度和耐水性能。当原料中树皮含量超过 20%时，一般要求进行原料剥皮或木片去皮处理。

7.2.1.1 削片

对木片切削的要求是木片大小合格，均匀，切口匀整平滑。木片规格应为长 16～30mm，宽 15～25mm，厚 3～5mm。筛选后的木片组成见表 7-1。

表 7-1 木片的组成

木片类型	木片长度/mm	组成/%	备注
大型木片	大于 30	不超过 6～8	不得混入金属物质，木片含水率为35%～50%，经筛选进入再碎机的大型木片不得超过木片总量的10%～20%
标准木片	16～30	不少于 70～76	
小型木片	6～15	不多于 8～12	
碎料	小于 5	不多于 3～5	

7.2.1.2 筛选和水洗（或干洗）

切削后木片中的碎屑应该除去；大木块必须分离再碎，否则影响纤维分离质量；只有合格木片才送去水洗（或干洗），继续进行后续加工。因此，木片需要筛选。木片筛选机有平筛、圆筛和摇筛等。

原料适当的含水率使纤维分离时能顺利进料，水分还能吸收研磨时的摩擦热，降低原料软化的温度。原料中的泥沙影响产品质量，夹杂石块、金属等会损坏磨片，故木片进入热磨机前，应增设木片水洗工序，可替代磁选并减轻筛选负担。水洗后木片的含水率约为 56%。

木片水洗现一般采用上冲水流式水洗系统，如图 7-1 所示。木片进入杂物分离器后，在鼓式搅拌叶片的搅拌下被浸入水中，由下部进水口进入的水流搅拌，使木片中的石子、金属碎片及木片上的泥沙被分离出来，落到搅拌器底部的管道内，下部用两个交替开闭的阀门定期排出杂物。洗涤过的木片用倾斜螺旋运输机运出，多余的水分由倾斜螺旋带孔的外壳排出。水的循环系统由给水管道、泵及除渣器、浮子继电器、控制阀组成。水从倾斜螺旋运输机底部流入水泵，液位由浮子继电器控制，水位不足清水控制阀开大，水量超过关小水阀，并另设溢流口排出。水经泵送到除渣器，除渣器连续排渣，经除渣出来的清洁水继续循环使用。

干洗采用风洗机（图 7-2）进行。木片由风洗机分级箱后部进入。由于分级箱与振荡器固定在一起，因此分级箱和振荡器一起做上下振荡。从鼓风机出口的管道，通过转阀装置，分成两股气流，交替吹击分级箱底部。分级箱做上下、前后振动，分级箱内的木片也随着分级箱做上下、前后运动，使木片内的细砂、小石头，通过分级箱

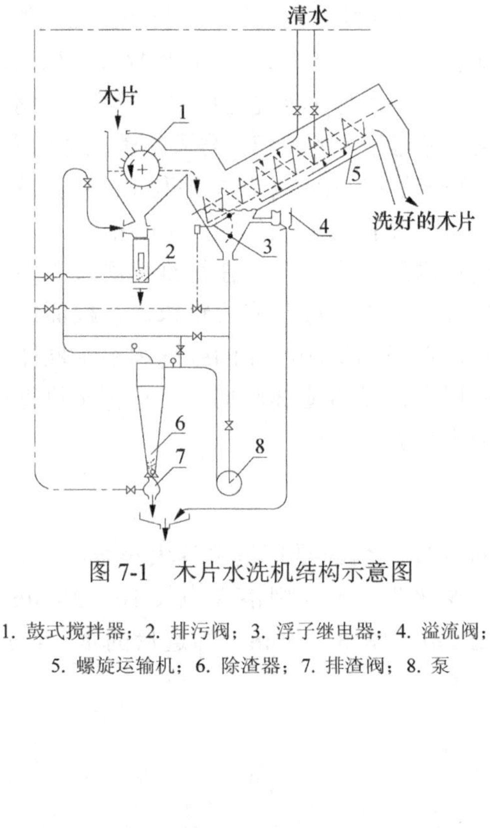

图 7-1 木片水洗机结构示意图

1. 鼓式搅拌器；2. 排污阀；3. 浮子继电器；4. 溢流阀；5. 螺旋运输机；6. 除渣器；7. 排渣阀；8. 泵

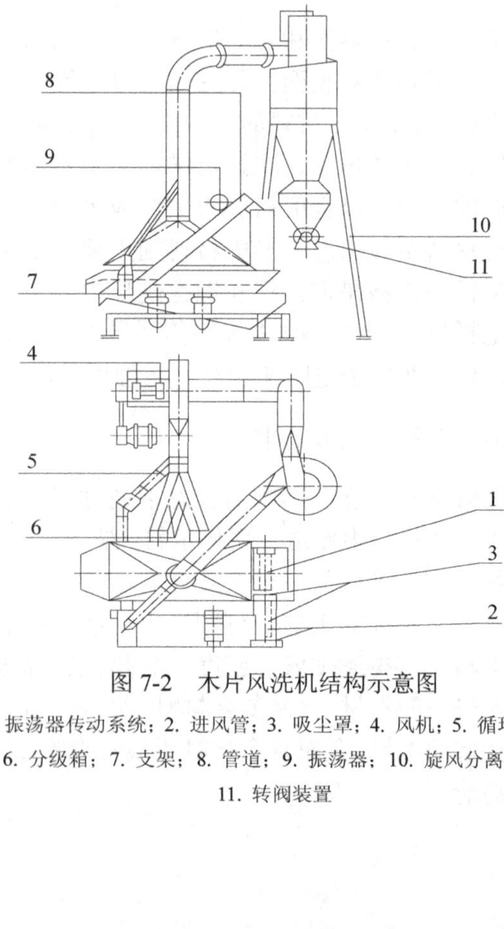

图 7-2 木片风洗机结构示意图

1. 振荡器传动系统；2. 进风管；3. 吸尘罩；4. 风机；5. 循环系统；6. 分级箱；7. 支架；8. 管道；9. 振荡器；10. 旋风分离器；11. 转阀装置

内的网孔，由分级箱前面孔口排出，灰尘、细小杂质被吹浮起，通过吸尘罩进入管道，再进入旋风分离器内。灰尘杂质等被分离出来，由回转出料器排出，干净空气由旋风分离器上的出口再进入鼓风机进风口，重新进入下一个循环。分级箱前部还装有一个横向分级箱，用于除去特大尺寸的木片，有一部分合格木片通过循环装置重新进入分级箱。在吸尘罩头部有磁铁，用来除去木片中的铁丝、瓶盖、小铁块等杂物。经以上步骤，木片基本上达到清洗目的。

7.2.1.3 木片的运输与储存

木片运输和储存设备类似于刨花板生产。木片的运输设备常采用皮带运输机和刮板运输机，此外还有斗式提升机和气力运输机等。皮带运输机的倾角一般不超过 14°～16°，否则要采用特殊皮带以防止木片下滑。刮板运输机的倾角也应控制在 45°以下。当倾角在 45°～90°时，可采用斗式提升机。

为保证木片的连续供应和预热（或调湿），应该有 1～2 天的储存量。木片料仓有金属结构、钢筋混凝土结构和木结构等，分为立式和卧式两种。

7.2.1.4 纤维分离

木片经水洗软化处理后，应进行纤维分离。纤维分离多采用机械研磨法，即木片等在分离设备——磨盘的摩擦、挤压、揉搓等作用下，分离成单体纤维和纤维束。因此纤维分离也叫磨浆。根据热磨中介质条件与热磨设备不同，热磨工艺有以下几种类型。

1）一次磨削法 木片一次性在热磨机中磨削成纤维是目前广泛采取的生产工艺。磨削在较低的蒸汽压力下（0.6MPa 左右，温度低于 160℃）进行。木片在蒸煮过程中由于水解可产生少量的可溶性物质。因此，在蒸煮罐里加入适量的碱性物质可减轻木材的水解作用，从而减少可溶性物质，提高纤维得率。利用热磨机的废蒸汽对木片进行预热处理是减少解纤能耗的有利措施。

2）二次热磨法 高温高压热磨法纤维分离即为传统的热磨法制浆。其特点是制浆通常采用压力为 0.8～1.2MPa（170～187℃）的饱和蒸汽，而木质素的熔融温度一般为 165～175℃，所以原料经软化处理后几乎处于熔融状态，解纤比较容易，动力消耗低。原料的蒸煮软化温度虽然很高，但时间较短（1～2min），故纤维的性质变化不大，纤维得率较高。纤维分离是在封闭的系统内进行的，所以可以避免因与大气中的氧气接触而引起的纤维变质。热磨纤维的结构基本完整，细胞壁很少损伤，甚至连阔叶材的纤维导管也很少破坏，纤维的弹性、拉伸强度与天然木材纤维相差无几。纤维较长，细纤维含量较高，浆料呈游离状，滤水性能好。由于经高温处理，纤维颜色略微加深。浆料中含有一定量的粗纤维束。为了满足工艺要求，热磨浆必须进一步精磨。该方法存在废水污染是一个主要的问题，目前生产中采用的较少。

3）其他纤维分离方法

（1）高速磨削。高速磨浆工艺的主要设备是高速磨浆机（又称双磨盘），磨浆室内有两个磨盘，分别由两个电机带动，呈相反方向转动。木片经软化处理后由进料装置定量均匀地送进磨浆室进行纤维分离。调整装置控制电动机主轴的轴向移动，以保证必要的磨盘间隙和磨浆压力。

由于两个磨盘旋转方向相反，磨齿对原料的作用频率很高，磨削压力可以相应减小，因此磨制的纤维比磨木浆损伤少，且比较均匀，通常无需精磨即可直接用于制板。这对于利用阔叶材或短纤维植物原料及回收木质废弃物作原料生产高质量纤维复合材料有重要意义。高速磨削机在常压下工作，磨削温度比热磨机低，所以纤维得率高、浆色浅淡。

（2）爆破法制浆。首先将回收木质废弃物制得的木片装入高压罐中，由液压密封，再通入蒸汽，在 30s 内将压力升至 4MPa，保压 30s，然后将压力迅速升至 7～8MPa，在保压 5s 后立即卸压。木片受内外压差作用猛烈地膨胀，使木片结构完全破坏而离解，通过喷料口的高速摩擦而分离成褐色的絮状纤维。

7.2.2 纤维施胶

为使中密度纤维板制品具有一定的强度、耐水性、尺寸稳定性，对分离后的纤维添加各种化学药剂，如胶黏剂、防水剂。还可同时加入阻燃剂和防火剂等化学药品，赋予制品耐火和防腐等性能。

7.2.2.1 防水处理

木质纤维是一种亲水性材料，由其制成的纤

维板一般具有很强的吸湿和吸水性能，制品的尺寸稳定性差，板吸收水分后尺寸和形状发生变化，强度下降，传热和导电性能增加且易腐蚀，从而影响产品的使用性能和使用寿命。因此，在生产过程中必须对纤维进行防水处理。

目前生产中采用的防水措施主要有：施加防水剂，施加合成树脂类胶黏剂，板的热处理、浸油、贴面等加工处理。其中，施加防水剂是最主要、最方便、最廉价的一种方法。防水剂种类很多，有石蜡、松香、沥青、合成树脂、干性油、硅树脂等。由于石蜡的防水性能较好，来源丰富，价格便宜，因此是目前国内外使用最为广泛的防水剂。

石蜡施加量一般在1%～1.5%(按固体石蜡对绝干纤维质量计)。将固体石蜡先熔融成液状石蜡，借助压缩空气，使熔融石蜡雾化，当纤维在热磨机排料管道中处于高速悬浮分散状态时喷入石蜡，从而达到石蜡的均匀分布，如图7-3所示，这种方法不会增加纤维的含水率，能提高干燥效率，所以应用比较广泛。

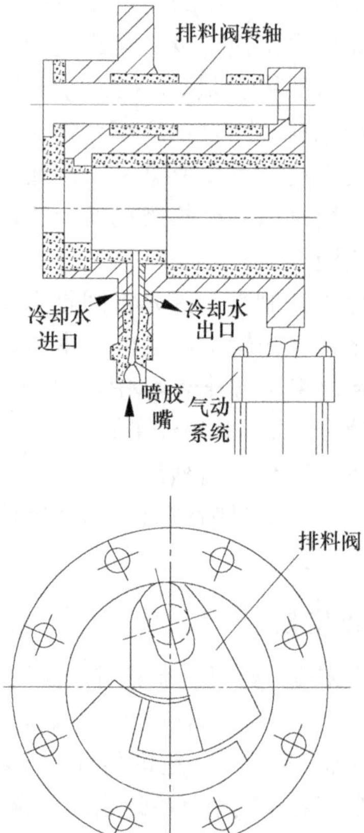

图7-3 排料及喷胶系统

另外一种方法是将熔融石蜡通过石蜡液导管直接加到热磨机的磨浆室中，使石蜡在纤维分离过程中利用高速旋转的磨盘分散成极微小的液滴，与分离的纤维均匀地混合并附着在其表面上，如图7-4所示。

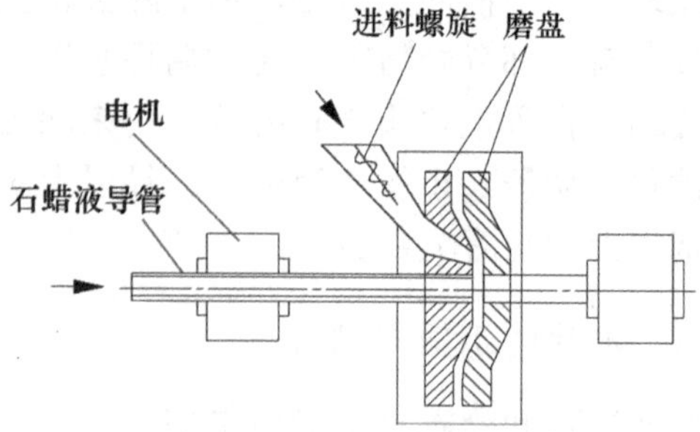

图7-4 液体石蜡施加方式

7.2.2.2 施加胶黏剂

由于纤维比刨花具有更大的比表面积，为使制品有足够的胶合强度，胶黏剂必须充分地覆盖纤维表面。因此，用于纤维的胶黏剂应具有低的黏滞性和高的渗透性。一般对干纤维施胶时，胶的黏度低于100×10Pa·s，固体含量在50%～60%；还应具备一定的固化速度，如在温度170℃或更高温度时，固化时间不超过1min；树脂的酸碱性可随纤维的酸度加以调整；对于采用先施胶后干燥工艺的胶黏剂，在纤维干燥时胶液不会产生提前固化；胶黏剂与其他添加剂如防水剂、阻燃剂、防腐剂等应有好的混溶性。

生产中密度纤维板所用的胶黏剂有脲醛树脂、酚醛树脂、三聚氰胺甲醛树脂等。中密度纤维板主要用于家具、家用电器和建筑的内部装修材料，而脲醛树脂的胶合性能好，成本低，颜色浅，能满足使用要求，是最常用的胶黏剂。国外中密度板用脲醛树脂胶的技术指标见表7-2。

表7-2 脲醛树脂技术指标

指标	表层	芯层	指标	表层	芯层
固体含量/%	65	65	黏度/(Pa·s)	325	225
比例	1.21	1.31	固化速度/s	140	50
pH	7.8	7.5			

若板制品作室内防潮或室外用材，可选择耐水性较好的三聚氰胺甲醛树脂和耐老化的酚醛树脂。采用不同胶种的中密度纤维板制品，在不同环境条件下弯曲强度的变化见图7-5。

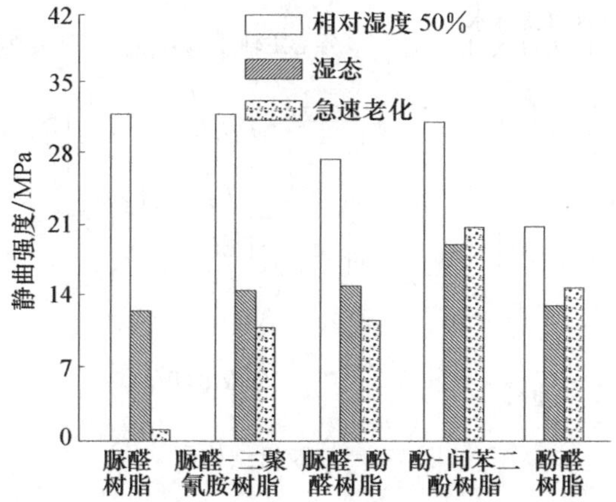

图 7-5 各种环境下中密度纤维板的弯曲强度与胶种的关系

7.2.2.3 施胶量

施胶量应根据胶黏剂种类、原料品种、对板质量的要求、纤维的分离质量及制品的密度和用途等来确定。通常情况下，随施胶量增加，制品各项物理力学性能均有提高或改善。但施胶量增加到一定程度后，板材质量提高的幅度，则随施胶量的递增而越来越小。这是由于胶量的增加仅能提高胶层的厚度，对纤维之间的胶合影响不大，故产品质量提高幅度较小。

通常中密度纤维板的施胶量以 8%～12%(按固体树脂对绝干纤维而言）为宜，还应根据具体情况调整用胶量。研究表明，制品密度提高，施胶量可相应降低。例如，生产密度为 0.7～0.8g/cm^3 的中密度纤维板，施胶量可在 8%～10%。生产多层结构板时，表层用胶量略高于芯层，通常表层为 10%～12%，芯层为 8%～10%。原料中半纤维素和木质素含量较高的树种，且配比较大时，施胶量可酌情减少。纤维质量均匀，形态好，施胶量也可降低。若纤维过于细碎，施胶量则应相应增加。管道施胶方式用胶量大于拌胶机的施胶方式。

7.2.2.4 施加方式

目前多采用管道施胶方式来施加胶黏剂。胶黏剂通过输胶泵送入热磨机的排料阀或气流管道（位于热磨机和干燥机之间），同时纤维借助高压蒸气高速喷出，处于较好的分散悬浮状态，从而使胶黏剂与纤维得到均匀的混合。具体过程如下。

纤维在干燥之前进行管道施胶，是在热磨机纤维喷放管道上配置一孔径为 2.5～3mm 的特殊构造的喷嘴，用计量泵将固含量稳定的胶料送入喷嘴，同时输入压缩空气。胶液的压力为 0.3～0.4MPa，气体压力为 0.5～0.6MPa，喷胶压力应大于热磨机排料管道压力 0.2MPa。喷出的胶液为雾状，与排放出来的处于紊流状态的高速流动纤维在管道内均匀混合。胶料是否均质分布和保持最佳配比，可通过自动监测、控制和调节系统来完成。

采用管道施胶方法，纤维是先与胶、蜡混合，然后再进行干燥，其工艺流程如图 7-6 所示。

另一种施胶方法是将热磨所得的纤维先干燥，然后在高速搅拌机中施加胶黏剂，如图 7-7 所示。

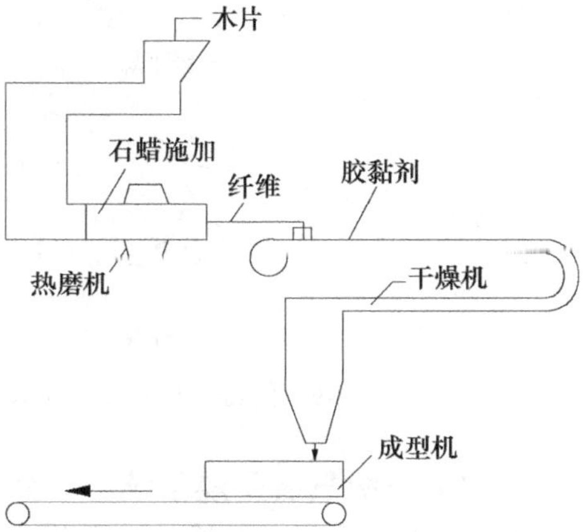

图 7-6 纤维先施胶后干燥工艺流程

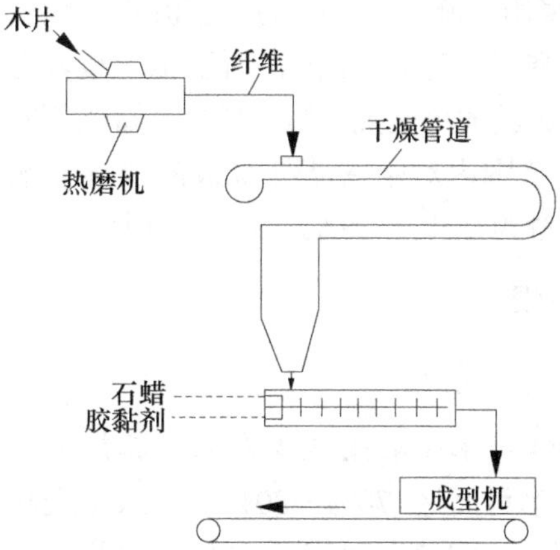

图 7-7 纤维先干燥后施胶工艺流程

此外，还有上述两种工艺的组合。例如，生产多层结构板时，表层纤维采用干燥前施胶、芯层纤维采用干燥后施胶的工艺。

上述几种流程，各有利弊。纤维干燥前施胶，具有施胶均匀，板面不会出现胶斑，且干燥后的纤维含水率比先干燥后施胶的纤维含水率要高，所以，干燥工艺易掌握，省能源，也减少了干燥过程着火的可能性，还能简化工艺流程，不需结构复杂的拌胶机，设备费用低，操作、维修方便等。因此，越来越多的中密度纤维板生产线采用这种施胶方法。但是，此方法也存在少量胶黏剂提前固化、用胶量稍高及个别树种效果较差等方面的问题。因此，应采取相应的措施适当加以克服和减轻。采用管道施胶和拌胶机（图 7-8）施胶两种方法效果的比较见表 7-3。

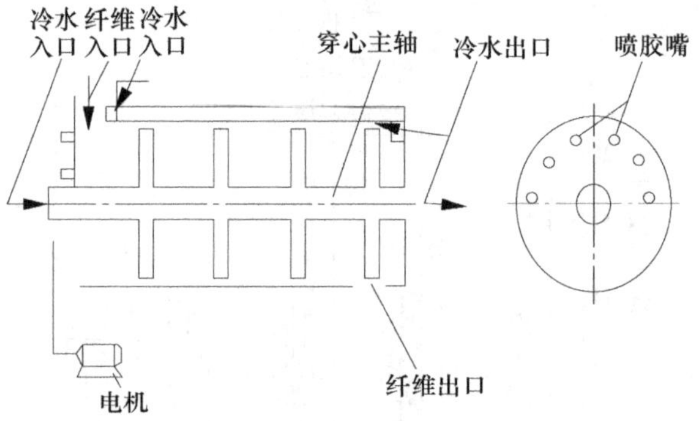

图 7-8 拌胶机结构图

表 7-3 管道施胶和拌胶机施胶的比较

项目	管道施胶	拌胶机施胶
同等板强条件下的树脂用量	比后者多 1/10	
板面斑点	无	有
施胶纤维黏性	无	有（取决于树脂性能与用量）
气流管道与旋风分离器的状况	清洁	不清洁，需要经常清理
干燥机状况	在管道弯曲处有少量纤维	无纤维
气候变化的影响	轻微	当湿度接近饱和时有影响
回弹	明显，较后者高约 20%	
干燥后纤维的含水率	14%	4%～5%
干燥机产量	比后者约高 20%	
板面预固化	质硬、粗糙	质硬、光滑
甲醛味	无	有，有时严重

采用管道施加脲醛树脂时，其浓度一般控制在 40%～45%，而采用拌胶机施加，胶料浓度则为 50%～55%。用管道施加酚醛树脂时，浓度取 15%～20%。采用先施胶后干燥的工艺流程，因有少量胶料在纤维干燥时提前固化，所以施胶量较之采用先干燥后施胶的工艺高 5%～10%。固化剂的用量在一定的范围内对中密度纤维板的板性影响不大，常规用量为 0.5%～1.0%（按固体树脂计）。

7.2.3 纤维干燥

7.2.3.1 干燥方法分类

热磨纤维含水率通常在 45%左右，施加液体胶黏剂后含水率可高达 70%～80%，无法输送和均匀地铺装成型。因此，对湿纤维必须进行干燥处理。现代干燥系统包括长 70～100m、直径 1～1.5m 的主干燥管道，管道端部与旋风分离器相连接，使干纤维与干燥介质分离。由于干燥时间极短，为 5～10s，又称为“闪电式”管道干燥机，它分为一级和二级干燥两种形式，见图 7-9。

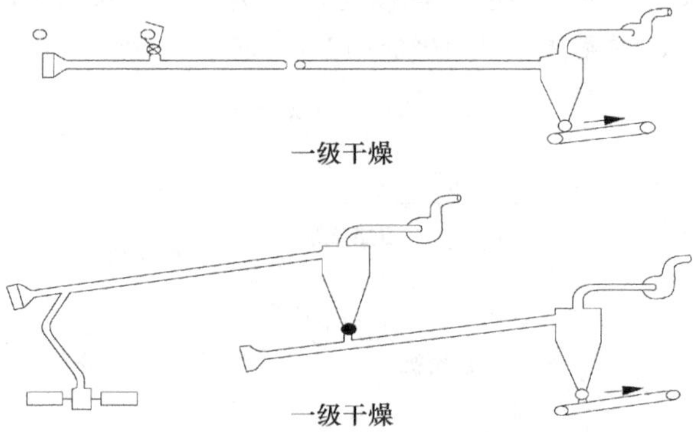

图 7-9 纤维一级和二级干燥系统

1）一级气流干燥系统 介质温度通常为 250～350℃，要求纤维一次干燥后终含水率达到要求，且胶黏剂不发生固化。酚醛树脂在 350℃时，8～10s 固化，所以，纤维在管道内停留时间不应超过 7s。脲醛树脂在 140℃时，5～10s 固化，因此，纤维在管道内停留时间不超过 8s。

一级干燥系统的工作管道分为前后两段。前段称为加速段，此段管道管径略小。由于介质流速高，湿纤维刚从热磨机喷出并施胶，与热介质有较大的速度差，故纤维水分汽化快，含水率急剧下降；后段称为干燥段，干燥段约占管道全长的90%，此段管径略有加大，热介质流速减小，由于纤维含水率低，干燥主要依靠纤维与热介质之间的温度梯度来完成，干燥段的关键是纤维滞留时间的长短，特别对较粗的纤维，适当延长纤维在热介质中的滞留时间，可获得较好的干燥效果。

一级干燥系统具有干燥时间短、生产效率高、设备简单、投资节省等优点。但由于干燥温度高，着火概率大。因此，在系统内特别要重视火警监测和防护装置。

2）二级气流干燥系统 二级气流干燥系统干燥介质的温度较一级干燥系统为低，一般在200℃以下。纤维干燥分两步进行，当含水率高的纤维进入第一级时，借助热介质与纤维的温度差，使纤维中水分快速蒸发，含水率急剧下降。纤维进入第二级干燥管道，管道内热介质温度较前级低，但管道较长，纤维有较长的滞留时间，可保证纤维含水率达到要求。避免因过热而损伤纤维和防止胶料提前固化，还可降低热耗15%。

采用二级干燥系统，由于介质温度低，干燥条件柔和，纤维质量好，减少了着火的概率。此外，在二级干燥系统中，可灵活控制和调整纤维的干燥程度，使纤维含水率均匀。但二级干燥系统明显比一级干燥系统复杂，投资增多，占地面积也较大。

7.2.3.2 纤维含水率

中密度纤维板的板坯密度低、孔隙率大，热压时纤维中的水分是主要的传热介质，水分含量越高，其热传导效果越显著，使板坯受热均匀，芯层温度迅速上升，胶黏剂均匀又充分地快速固化。若纤维含水率过低，易出现板面起毛和板边松软等缺陷，大幅度降低产品的质量。但纤维含水率过高，由于水分吸收蒸发热，温度的传导速度反而减小，板内积累的水蒸气压会使内应力增加，热压结束卸压时制品易出现分层、鼓泡等缺陷。含水率过高还会延长热压时间，降低生产率。

此外，从干燥工艺来说，如果含水率过高，纤维会堵塞、黏挂风机和管道，甚至酿成火灾；铺装成型时纤维也易结团，影响铺装成型质量，造成板材密度不均，所以应严格控制纤维干燥终点的含水率。

先施胶后干燥工艺流程，要求干燥后纤维含水率为8%～12%，对于表、芯层分别干燥的系统，则表层纤维含水率为9.5%～11%，芯层的为8%～9%。对于先干燥后施胶的工艺，则要求干燥后纤维含水率在2%～4%。较先进、完善的纤维含水率自动控制系统，误差可控制在±0.75%范围内。

7.2.3.3 纤维干燥中的防火措施

纤维干燥过程中着火主要是由于气流中含氧量高、干燥温度高、管壁上黏挂纤维、纤维过分干燥及金属异物进入风送系统撞击产生火花等。主要防护措施有定点防护，即在各危险点使用高敏感防火探测器来控制，控制干燥介质含氧量等。

7.2.4 金属材料的表面处理

7.2.4.1 金属网和金属箔

由于在木质复合材料生产过程中，木材纤维表面施加的是脲醛树脂胶，这种胶对木材纤维等多孔性的高分子材料具有良好的胶合性能，颜色浅且成本低廉，是目前纤维板生产用的主要胶种。但由于金属材料与木材纤维的结构、极性与表面特性有很大不同，这种胶对金属材料这种表面光滑、渗透性很差的无机材料没有任何胶合能力，所以当将金属网复合在施加了脲醛树脂胶的木材纤维中间时，由于金属网的隔断作用，将影响金属网两侧木材纤维表面的脲醛树脂胶的良好胶合。金属网的网目数越大，这种不利影响越大，当金属网目数大于一定程度时，复合材料的胶合强度会低于国家标准的要求，所以要对金属网表面进行一定的处理。对金属箔来说，它的不利影响更大，当将金属箔复合在木材纤维中间时，它完全隔断了木材纤维之间的胶合，即如果不对金属箔表面采取必要的处理，它不能和施加了脲醛树脂胶的木材纤维形成复合材料。

7.2.4.2 木材纤维和金属纤维混合纤维

与金属网和金属箔一样，脲醛树脂胶对金属纤维也没有胶合作用。所以当金属的加入比例越来越大时，它夹在木材纤维之间，影响了木材纤维之间的有效胶合，使木材纤维之间形成了一些没有胶合的空白点。在进行 MOR 测试时，板材一个表面的纤维之间受拉伸应力，另一个表面的纤维之间受压缩应力，而那些没有形成胶合的空白点很容易使纤维之间产生滑移，从而导致了复合材料弯曲强度值的降低。另外，当测试复合材料的内结合强度时，混入的金属纤维本身不能产生任何胶合，而且阻碍木材纤维之间的胶合，使木材纤维之间形成了无数微小的胶合断面，从而影响了复合材料的胶合强度，所以对混入了金属纤维的混合纤维也要进行必要的处理。

7.2.4.3 木材纤维和金属粉混合材料

当施加了脲醛树脂胶的木材纤维表面混入金属粉时，由于金属粉均匀地附着在木材纤维的表面，从而在一定程度上隔断了木材纤维表面的脲醛树脂胶的有效胶合，尤其是当金属粉的加入比例越来越大时，它覆盖木材纤维表面的面积也越来越大，从而影响了木材-金属复合材料的胶合强度，所以对混入了金属粉的木材纤维也要进行必要的处理。

7.2.4.4 金属材料表面或木材纤维-金属混合材料的处理

对金属材料表面或金属-木材混合材料进行处理，目前主要是用对金属表面进行改性处理的方式，如加入偶联剂等。但这种处理方式对复合材料胶合强度的改进效果不是很理想且工艺复杂、成本较高。异氰酸酯树脂（PMDI）是一种对金属和木材都具有良好黏结作用的新型树脂，而且本身不含甲醛，是一种胶合性能优良的环保树脂胶，可作为木材-金属复合材料的胶黏剂，但这种胶的价格较高，施加量大时将增加木材-金属复合材料的生产成本。所以为了降低成本，木材纤维表面仍施加普通脲醛树脂胶，只对金属材料表面或木材纤维-金属混合材料中施加一定量的异氰酸酯树脂。

对于金属网及金属箔，一般可采取胶合板制造过程中单板施加液体胶的辊筒施胶、淋胶、挤胶和喷胶等施胶方法。

辊筒施胶属于接触式施胶的方法。常见的为双辊筒和四辊筒施胶机，分别见图 7-10 和图 7-11。双辊筒施胶机上辊筒上的胶液是靠下辊筒传递上来的，施胶时金属网或金属箔从两辊筒中间通过，靠接触使辊筒上的胶涂在金属网或金属箔上，施胶量主要调节辊筒之间、辊筒上沟纹的数量。不同胶种对辊筒沟纹有不同要求，合成树脂胶黏剂多用平辊筒表面包覆有带螺纹橡胶的施胶辊，液面高度以达下辊筒 1/3 为宜，太多或太少都会影响施胶量。

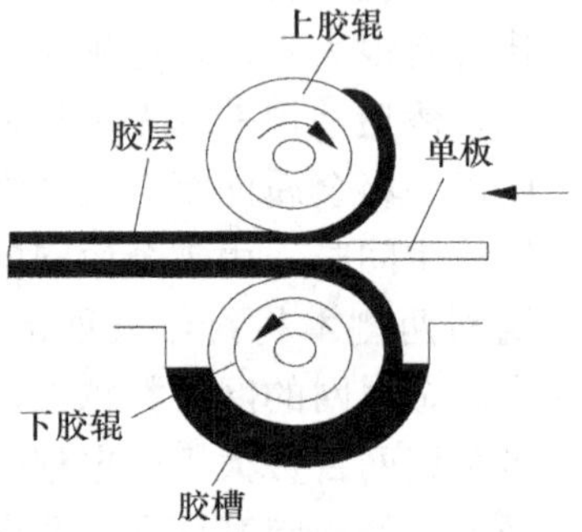

图 7-10 双辊筒施胶机工作原理

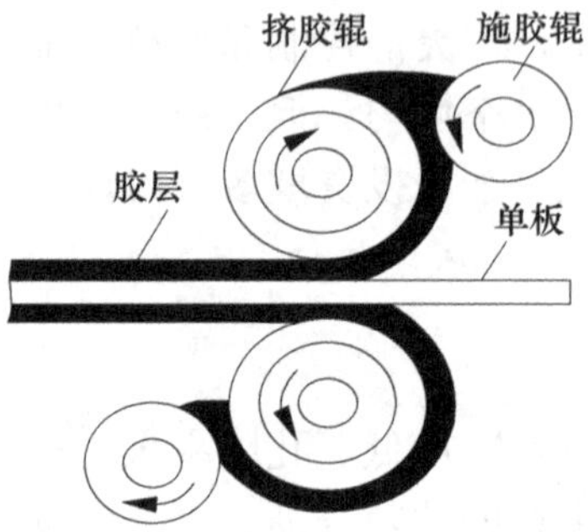

图 7-11 四辊筒施胶机工作原理

双辊筒施胶机结构简单，便于维护，但其工艺性能较差，胶量不易控制，效率也较低。

四辊筒施胶机在一定程度上克服了上述缺点，增加了两个钢制的挤胶辊，挤胶辊的速度低于施胶辊 15%～20%，起着刮胶的作用。它与施胶辊间的距离是可调的，用以控制施胶量。因为四辊筒施胶机上、下同时供胶，所以施胶均匀性较好。

1）淋胶 淋胶是一种高效率的施胶方法。其工作原理为：首先使胶液形成厚度均匀的胶幕，金属网或金属箔等基材通过胶幕后便在表面带上一层胶，淋在基材上的胶层厚度与胶的流量、黏度、材料的表面张力和基材的进料速度有关。增加胶的流量、提高胶的黏度、降低金属网或金属箔等基材的进料速度都能使胶层增厚。

2）挤胶 挤胶是将高黏度或泡沫胶液经过

挤胶器小孔施到金属网或金属箔上，工作原理见图 7-12。金属网或金属箔在挤胶器下通过，胶呈条状流下，落在金属网或金属箔表面，胶液在预压时，可扩展成完整的胶层。也可用表面上覆有一层硅橡胶的辊筒把胶条展平。挤胶法的主要优点是节省胶料，不过使用时应防止胶孔堵塞。

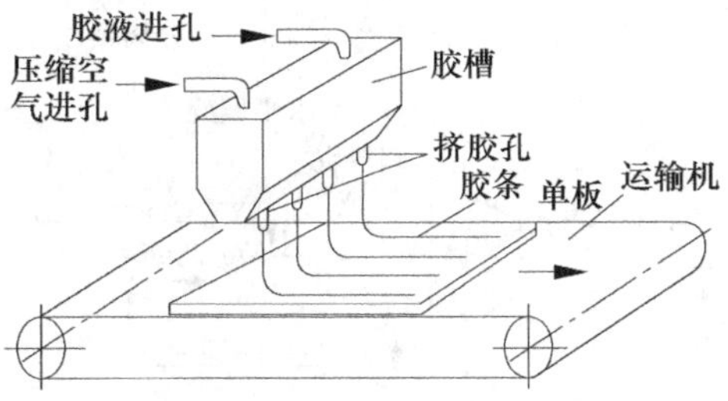

图 7-12 挤胶器工作原理

3）喷胶 喷胶有两种形式，普通喷胶法和压力喷胶法。普通喷胶法是使胶液在空气压力下在喷头内雾化，然后再喷出，这种方法胶液损失大。

压力喷胶法是给胶液施加一定的压力，使其从喷嘴中喷出，喷出的胶应是旋转前进的，分散性好。为了施胶均匀，喷嘴直径一般仅在 0.3～0.5mm，这就要求胶液清洁、黏度小。压力喷胶法效率高、胶损小，但胶量控制较难。

对于木材纤维和金属纤维的混合纤维及木材纤维和金属粉的混合物料，由于木材纤维和金属纤维及金属粉混合后，相对密度增大，难以在气流的作用下悬浮，所以不能再采用木材纤维常用的管道施胶方式。一般可采用刨花板生产中刨花的施胶方式。这种施胶方式一般可分为摩擦法、涂布法和喷雾法三种。

4）摩擦法 将胶液连续不断地倒入搅动着的木材和金属的混合物料中，靠着混合物料之间的相互摩擦作用将胶液分散开。此法拌胶质量取决于混合物料在拌胶机内停留的时间。

5）涂布法 涂布法是用施胶辊将胶液涂在混合物料表面的一种方法，一般适用于高黏度的胶液，该方法的不足之处是生产效率较低。

6）喷雾法 喷雾法主要通过不同的喷头来实施，主要分 3 种基本形式。

（1）压力式喷雾喷头。此法又称无空气雾化，由泵使胶液在高压（8MPa）下通过喷头，喷头内有螺旋室，胶液在其中高速旋转，然后从出口呈雾状喷出。该喷头能耗低、生产能力大，可将高黏度胶液雾化，由于是无空气雾化，工作环境好，对减轻气体污染效果明显；但需高压泵。压力喷雾法应用比较广泛。

（2）气流式喷雾喷头。此法采用表压为 0.1～0.7MPa 的压缩空气送胶黏剂经喷头喷出。气流式喷雾法适合喷胶量较低时使用，操作比较方便，雾化胶滴较小，能处理含有少量固体的胶液，所以这类喷头应用较多，但必须注意密封，防止雾气泄漏，污染工作环境。

（3）离心式喷雾喷头。胶黏剂送入一高速旋转圆盘中央，圆盘上有放射叶片，一般圆盘转速为 4000～20 000r/min，胶液受离心力的作用而被加速，达到周边时呈雾状甩出。离心式喷雾喷头也适合于处理含较多固形物的胶黏剂。

7.3 生物质纤维-金属复合材料

7.3.1 木材-金属复合材料的成型

纤维基木材-金属复合材料的成型可分为木材纤维部分的成型，将金属网和金属箔等片状金属材料加入成型的木材纤维板坯中，以及木材纤维-金属纤维混合物料和木材纤维-金属粉混合物料的成型。

7.3.1.1 木材纤维部分的成型

1）纤维分选 纤维分选主要是为了提高纤维和产品表面的质量。从热磨机研磨出来的纤维形态很不均匀，经过分级处理可以除去粗大的纤维束，或将粗纤维作为芯层用料，细纤维作为表层用料。纤维分选分为预分选和自然分选两大类。

预分选采用专门设备把干燥后的纤维分成粗纤维和细纤维两类，其基本原理是：借助分选器，根据粗细纤维的不同质量，在一定的旋涡气流运动中产生不同的运动状态而达到相互分离的目的。成型时按设计定量分别铺装，多用于多层结构板的生产。

所谓自然分选，是指纤维成型和分选二者融为一体。自然分选不需要专门配备设备，在成型时基于不同类型的铺装头，借助纤维离心力或浮力而达到分选的目的。自然分级的工作状态有 3 种形式。

（1）机械铺装分选：用机械铺装头成型纤维，在抛辊的旋转作用下，因粗细纤维质量不同而产生不同的动能，其结果，粗纤维抛落得远，细纤维抛落得近，粗细纤维得以分开。

（2）气流铺装分选：用气流成型纤维，在一定速度的气流吹动作用下，粗细纤维因质量不同而得到的浮力不同，粗纤维就近下落，细纤维被吹送得较远，粗细纤维得以分开。

（3）机械气流混合铺装分选：上述两种方式均属于强烈的分选措施，不利于形成理想的产品结构，因此提出将两种分选方式结合在一起的组合式分选，一般可以得到理想的分选效果。

用自然分选的纤维生产的产品在厚度方向上表现为渐变结构，即从板子表层到芯层纤维逐渐由细变粗。

2）纤维储存　纤维储存的作用有三点。

（1）实现干燥工序与成型工序之间的原料需求平衡。

（2）使完成干燥的纤维获得一个缓冲时间，有利于稳定纤维质量。

（3）为齐边、横截及废板坯回收产生的纤维再利用提供纤维储存点。

纤维料仓分“立式”和“卧式”两种类型。立式料仓容易产生“架桥”现象，导致出料困难，故较少用于纤维储存，现代化生产中多采用卧式料仓。

干纤维卧式料仓结构见图 7-13。其工作原理如下：纤维由水平螺旋从料仓上部进入料仓，被料仓内的运输螺旋水平地推向料仓前部，料仓底部装有焊接刮板链，使料仓内整个料堆平稳地向前推进，再通过卸料辊被抛松打散，使纤维均匀地出料进往下一道工序。采取上述措施后基本上可以不产生结团和“架桥”现象。为保证出料均匀，料仓中的纤维必须保持一定的料位高度，通常料仓中装有音叉式料位探测计，并将其与干燥机和铺装机实现电器连锁。料仓设有通风口，尾门可手动或气动开启。当发生火情或其他事故时，底部刮板链可灵活地反转，将着火的物料卸出。

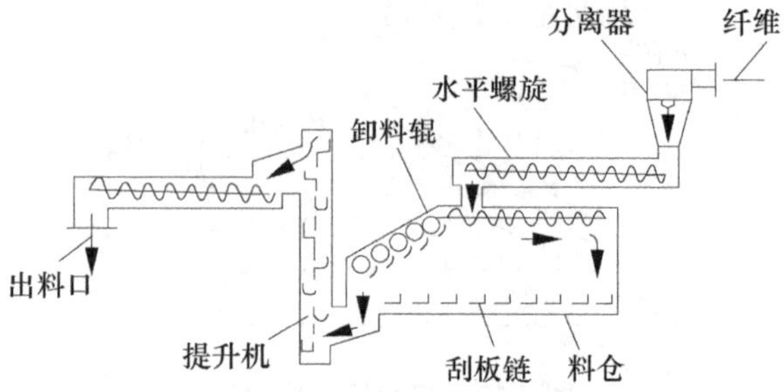

图 7-13　卧式料仓结构示意图

纤维堆积时水分容易散失，会造成施过胶的干纤维预固化，因此纤维储存时间不宜过长，夏季不超过 1h，冬季不超过 8h。

3）纤维计量　为保证制品的质量和厚度均匀一致，在板坯铺装成型前后应设置纤维计量或板坯的称量装置。一般分为容积计量和质量计量。

铺装成型前一般用容积计量，这类装置种类繁多，如图 7-14 所示。图 7-14 中是几种可调速的输送带进料机构，它们的不同之处在于分别采用了固定挡板、摆动板、针辊或针带来限定刨花通过量。铺装效果较好的是针带和刮板计量装置。

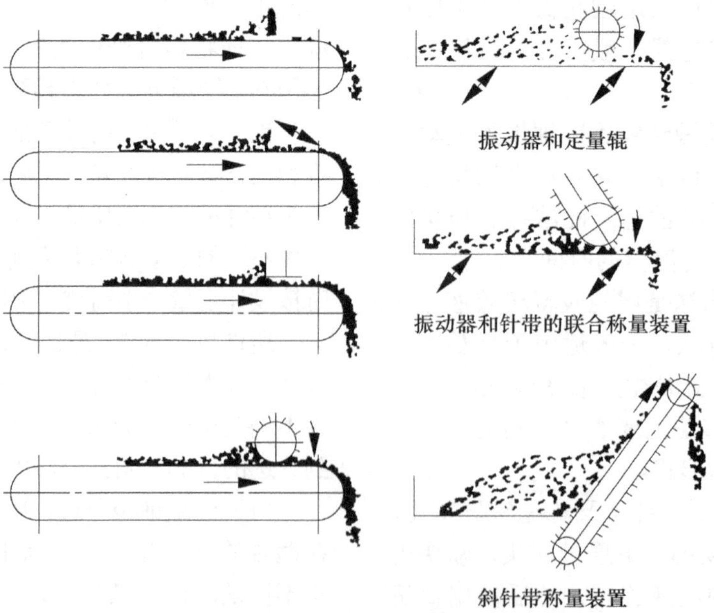

图 7-14　容积计量装置结构示意图

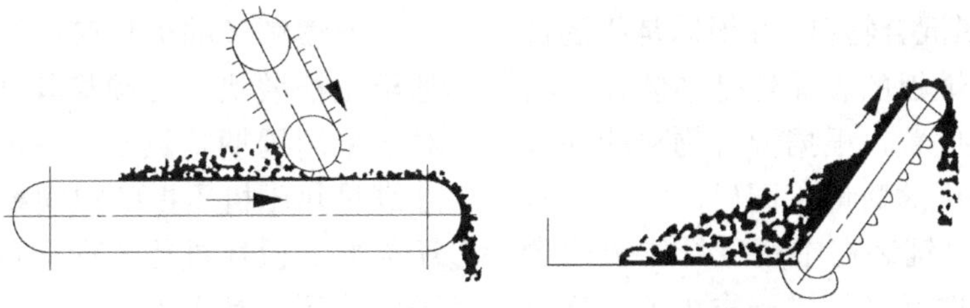

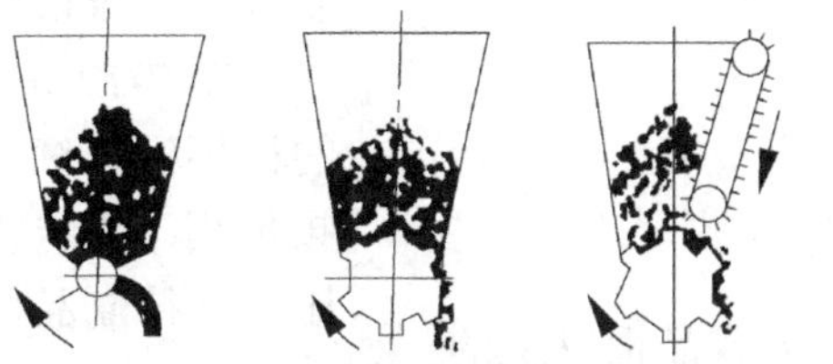

图 7-14　容积计量装置结构示意图（续）

质量计量常借助于电子皮带秤安装在成型机上，对板坯带进行连续计量。

图 7-15 是一种自动带式秤，它有一条输送带，吊杆将输送带和秤盘连接起来。输送带用装在框架上的电动机带动。纤维在输送带上通过，与此同时秤盘进行称量。在纤维符合要求质量时，输送带的速度是固定的。当质量出现误差时，光电管使伺服机构发出动作，调整输送带的速度，从而保证了板坯的均匀。

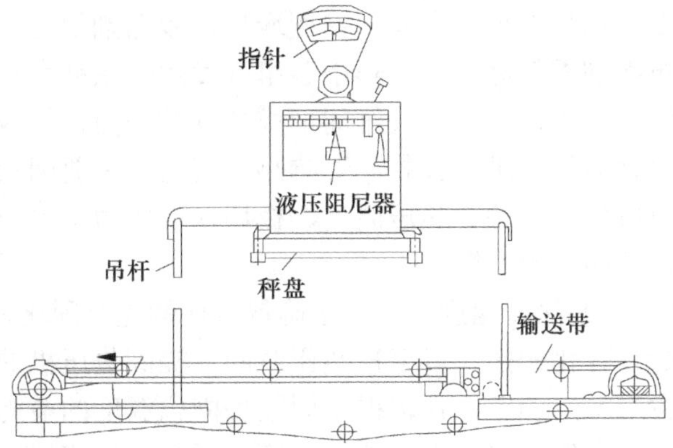

图 7-15　自动带式秤

含水率与纤维质量有直接关系，对质量计量结果有很大程度的影响。如果一批纤维含水率相差较大，则水分蒸发后会造成严重的厚度或密度偏差。不过，干法中密度纤维板成型时，纤维已经过干燥处理，含水率误差很小，上述两种计量方法都可以使用。一般在成型前采用容积计量，成型后再用质量计量校正。如果板坯超过预定值则由自动系统调整纤维的进给量。

7.3.1.2　木材纤维与金属材料的复合

成型后的木材纤维部分，还要与金属材料部分通过适当的方法有机地复合起来，才能形成一定结构的木材-金属复合材料。当金属材料是金属网和金属箔等平板片状材料时，一般根据结构需要，如果要求将金属网或金属箔复合在中密度纤维板的表面，则在木材纤维成型前，预先将施加了异氰酸酯胶的金属网或金属箔铺放在铺装带上，然后在上面铺装木材纤维。如果要求双表面复合，则在铺装完木材纤维后，在板坯表面再铺放一层金属网或金属箔。注意，如果金属网或金属箔复合在材料的表面，在热压时要采取适当的措施防止金属材料表面异氰酸酯胶黏热压板。如果要求将金属网或金属箔复合在材料的中间，则根据复合金属材料的层数要求，在铺装木材纤维的过程中，将金属网或金属箔铺放在木材纤维板坯的设定位置。此时由于金属材料表面的异氰酸酯胶被木材纤维覆盖，因此不会产生黏板的问题。

当金属材料是金属纤维或金属粉时，将金属纤维按照要求的比例与施加了脲醛树脂胶的木材纤维混合均匀，然后再采取摩擦法、涂布法或喷雾法等方法将异氰酸酯胶按照设定的施加量施加在木材纤维-金属纤维及木材纤维-金属粉的混合物料中。因为混入了金属纤维及金属粉，所以混合物料的相对密度较大，难以采取气流成型，需要采用机械成型。即铺装机应为机械-气流混合式，气流铺装头铺装单纯的木材纤维，机械铺装头铺装木材纤维-金属混合物料，并根据是将混合物料铺装在中密度纤维板的表面还是铺装在中间来确定机械铺装头的位置，根据混合物料的铺装层数来确定机械铺装头的数量。同样，如果将木材纤维-金属混合物料铺装在中密度纤维板的表面时，在热压时要采取适当的措施防止混合物料表面的异氰酸酯胶黏热压板。

7.3.2 预压和热压

7.3.2.1 预压

干纤维铺装成型的板坯厚度为成品板厚度的30～40倍，结构松散，没有初始结合强度。为防止板坯在运输过程中塌散，缩小压机压板间的开档，提高生产率，在热压前必须对板坯进行预压。经预压后板坯厚度下降为成品厚度的8～10倍。对于木质原料压缩率一般为60%～75%，回弹率为15%～30%。

预压机的类型分为周期式平面预压机和连续式预压机（图7-16），以连续式预压机应用最普遍。该机分为三部分：第一部分为具倾角的引导部，它用最小的倾角缓慢减小板坯的厚度；第二部分是由上、下两压辊构成的主要加压部；第三部分为保压段，由于干纤维回弹大、难压缩，因此必须有一定长度保压段对板坯进行保压。该段压力可与加压段相同，也可低于加压段的线压力，保压时间为6～7s。一般加压和保压时间为10～30s。

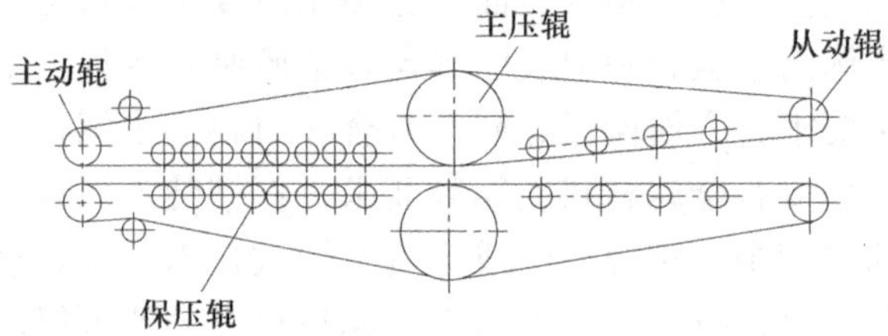

图7-16　连续式预压机结构示意图

预压带多为加强的钢丝橡胶带或聚四氟乙烯尼龙带。在连续式预压机中，板坯在压缩状态下移动，因此，预压机运行速度和成型网带速度须严格同步。

在板坯预压的同时，可以采用高频预热，起到增大板坯压缩率、减小回弹率、缩短热压周期的作用。但温度一般不能高于70℃，以防树脂提前固化。

连续铺装的板坯带经预压后边部不够整齐，甚至呈松散状，必须将其截齐到毛边板的宽度。对于采用周期式热压的生产线，还必须使板坯尺寸满足热压机压板的幅面要求，除纵向齐边之外，还需要对板坯进行横向锯截。裁边后的板坯经过密度检测、是否夹带金属检查，不合格的板坯予以剔除，合格板坯送往加速运输机。

图7-17是一条连续辊压生产线示意图，铺装的板坯经连续预压、称重、齐边、金属探测、高频预热、铺装装饰纸（或薄膜），直接送入连续辊压机，待制品由压机出板后再进行横向锯截。

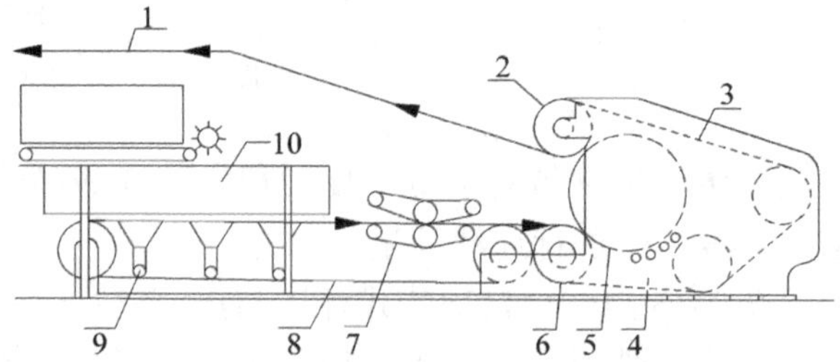

图7-17　连续辊压生产线示意图

1. 板运输架；2. 导向辊；3. 钢带；4. 小热压辊；5. 大热压辊；6. 加压辊；7. 预压带；8. 成型钢带；9. 真空箱；10. 成型机

7.3.2.2 热压

热压是指在热量和压力的联合作用下，板坯中的水分汽化、蒸发，密度增加，胶黏剂固化，防水剂重新分布，原料中各组分发生一系列物理化学变化，从而使纤维间形成各种结合力，形成符合质量要求的板材。影响热压工艺的主要因素为板坯含水率、热压温度、板坯单位压力、热压时间和胶的特性。

1）热压温度　为了确保板坯的完全固化，必须强化传热，以缩短热压时间，提高热压机的生产率，因此，在根据不同胶种固化温度的前提下，一般选择较高的热压温度。通常，脲醛树脂为160～180℃，个别情况也可采用更高的温度（200～220℃）；酚醛树脂为185～195℃。

2）压力　为了保证产品的厚度和密度要求，干法中密度纤维板的热压压力（热压过程中的最高压力）一般在2.5～3.5MPa，也有低于2.5MPa的。特殊的（同时采用高频加热）采用5.0～5.5MPa（制取高强度的建筑用中密度纤维板制品）。实际热压过程中由于板坯含水率、产品厚度、幅面不同，所用的压力曲线也不同。

板坯含水率稳定在5%以下时，板坯中水分较少，可采用一段热压曲线（图7-18），即通过一次加压，使板坯紧密化，并达到产品要求的厚度，然后保持压力使胶黏剂固化和水分蒸发及纤维之间完成必要的物理和化学变化而结合成板。

板坯含水率大于6%时，应选用二段热压曲线（图7-19）。其中高压段仅使板坯结构紧密和排除空气，故时间不宜太长。而水分蒸发汽化、胶黏剂固化、纤维之间各种结合力的形成，主要在低压段内完成。

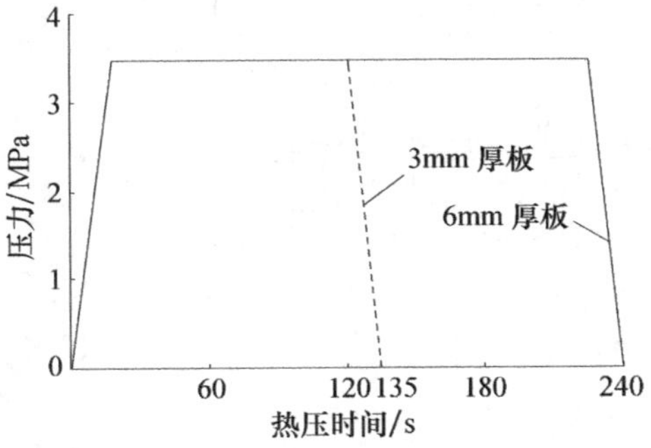

图7-18 一段热压曲线

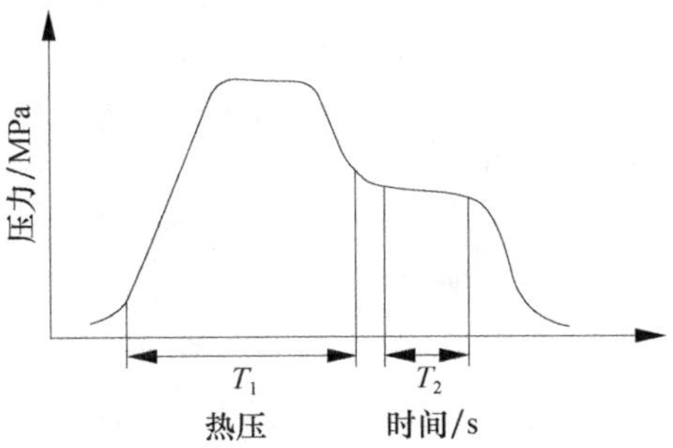

图7-19 典型中密度纤维板热压曲线

由于整个热压过程都是在一定温度和压力的条件下进行的，板坯下无垫网，水蒸气只能从板坯的周边逸出，阻力比较大，实际排出量很少，主要是在卸压过程中排出。因此，卸压操作要小心进行，速度要慢，否则容易出现鼓泡、破裂、分层等严重缺陷。

中密度纤维板热压时，板坯含水率在10%左右。实践表明，高压段不宜采用过高压力，一般保持在3.5MPa，低压段采用1.5～2.0MPa，即可满足质量要求。

3）热压时间 由于加热、加压方式不同，热压时间也不相同。采用热压板接触加热方式，1mm厚板的热压时间为30s左右；采用高频加热，则热压时间仅为接触式加热的1/3～1/2；喷蒸加热仅为接触式加热的1/10～1/5，并且不受制品厚度的影响。

4）板坯含水率 适当的板坯含水率，对板的质量有保证作用。但过多的水分在热压时产生大量水蒸气，很难排除，造成纤维的强烈水解，有机酸类分解物增多，容易引起板面污染和鼓泡等缺陷。连续热压工艺生产线板坯含水率一般控制在5%左右；而对于多层压机工艺，板坯含水率控制在10%左右。为了强化传热效率和提高板面硬度，允许表层纤维含水率比芯层高2%左右。

5）热压设备 中密度纤维板热压工艺分为周期式和连续式两种，常用设备有单层压机、多层压机和连续压机，设备结构类似于刨花板生产。大规模生产，尤其是生产薄板时，主要采用连续式热压工艺。

图7-20为中密度纤维板连续辊压式生产工艺流程图，它将纤维成型板坯预压、预热和热压等工段组合到一起。

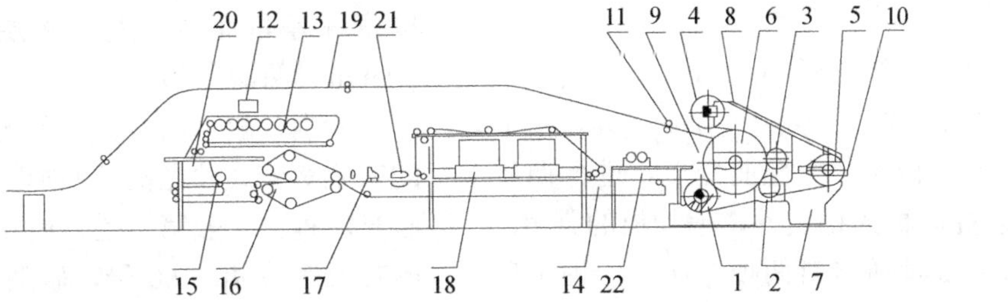

图7-20 中密度纤维板连续辊压式生产工艺流程图

1，4，5. 导向辊；2，3. 加压辊；6. 大热压辊；7. 机架；8. 加压钢带；9. 大热压辊清扫辊；10. 钢带清扫辊；11，19. 板的运输装置；12. 纤维运输装置；13. 料仓；14. 运输带；15. 均平辊；16. 预压机；17. 纵向裁边锯；18. 高频预热装置；20. 成型机；21.磁选器；22. 放纸架

图7-21为平压式连续热压机，预压后的板坯随钢带直接进入压机，通过不同区域时受到不同

压力和温度的作用，使固化成型。

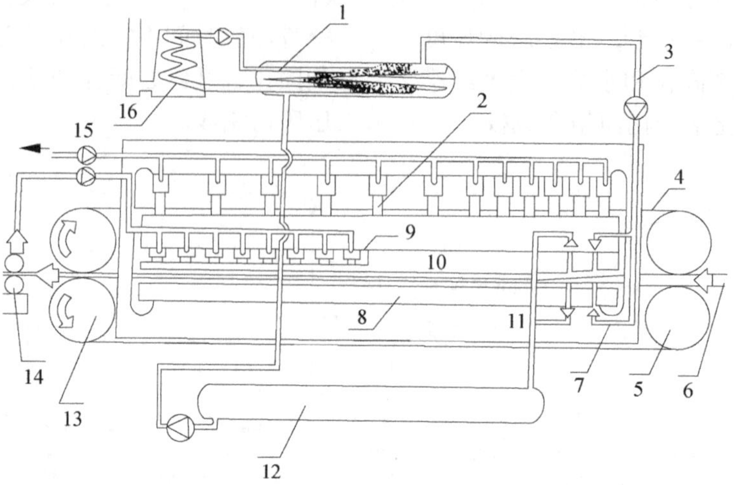

图 7-21　平压式连续热压机

1. 热交换器；2. 油压缸；3. 高温油；4. 钢带；5. 加热辊；6. 板坯；7. 进油管；8. 加压板；9. 调厚油缸；10. 热平板；11. 排油管；12. 回油槽；13. 滚筒；14. 厚度测定装置；15. 油泵；16. 锅炉

7.3.3　后期加工

7.3.3.1　冷却

刚从热压机出来的板制品温度较高，如果立即堆积将影响板的质量，需进行冷却处理。对于脲醛树脂的中密度纤维板，一般应冷却至低于 60℃。

中密度纤维板的冷却，一般是在专用的翻板冷却机中进行的，多为轮式，与刨花板生产中所用的相同。主轴上装有许多辐条，将整个圆周分为若干间隔。板进入间隔后，由一排辐条托起，转动 180°后卸出。在冷却机上装有抽风罩，强化空气流动，并可改善操作环境。

7.3.3.2　自然调质（湿）处理

冷却后的中密度纤维板制品的含水率较低，表层含水率为 2%～3%，芯层为 6%～7%。由于不均匀吸湿，板子极易产生翘曲变形。进行调质（湿）处理可以提高板的稳定性，增加板的强度。

调质（湿）处理通常有两种方法：一种是自然调湿，主要用于脲醛胶制品。冷却的板材经自动堆垛机堆置后，用叉车送进热储存区，堆放 48～72h，使板内水分均匀分布并与大气湿度趋于平衡。另一种是人工调湿处理，主要用于酚醛胶制品。将板材存放在 70～80℃、相对湿度 75%～90%的循环空气处理室中，需 5～6h，使板的含水率达到 7%～8%，然后再在自然状态下堆放，经过 2～3 天才能使吸入板中的水分分布均匀。

7.3.3.3　锯裁与砂光

1）锯裁　热压后，毛板的长宽尺寸都比板材的额定尺寸大，裁边可将板材 4 个边的疏松部分去除，使板材长宽尺寸达到规定要求。裁边余量为 40～60mm。所用设备与刨花板近似。

2）砂光　热压后的板制品表面不平整、有预塑化层、密度低，影响板的性能和板表面质量，并给二次加工带来了困难。通过砂光可以得到坚实、平滑的板面，控制成品厚度公差。

经冷却的板子应放置一定时间（一般为两昼夜），再进行砂光处理。砂光量视制品预塑化层、厚度偏差量而定。对于多层压机正常砂光量以 1.5mm（两面）为宜。

砂削一般采用宽带式砂光机，如图 7-22 所示的三辊宽带式砂光机。可根据需要采用 2 道或 3 道砂光流程。一般第一道为粗砂，也称为定厚砂削，砂带粒度为 40～60 号，砂削余量（双面，下同）为 0.5～0.8mm。第二道为细砂，砂带粒度为 60～80 号，砂削余量为 0.4～0.7mm。第三道为精砂，砂带粒度为 100～120 号，要求高时可达 150～180 号，砂削余量为 0.10～0.13mm。总砂削量（对多层压机）为板厚的 10%左右，对于薄板则为 30%。

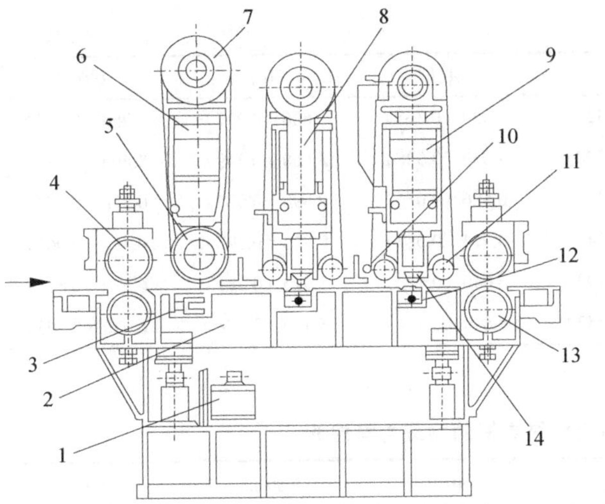

图 7-22 三辊宽带式砂光机

1. 电机；2. 工作台；3. 气控托板；4，13. 进给辊筒；5. 接触辊；6，8，9. 砂架；7. 张紧辊；10. 喷气驱尘装置；11. 导辊；12. 托板；14. 压带器

7.3.4 木材纤维-金属网复合材料工艺及材料性能

采用铁丝网、铜丝网和不锈钢丝网作为电磁屏蔽材料，分别与木材纤维复合压制具有电磁屏蔽效能的木材纤维-金属网复合材料，探讨木材纤维与金属网合理的复合工艺，不同种类的金属网，同一种类金属网的不同网目，以及金属网的层数和复合位置对复合材料物理力学性能及电磁屏蔽效能的影响规律。

按照常规中密度纤维板制造方法对木材纤维施加一定量的脲醛树脂胶，然后按照设定的结构将金属丝网复合在中密度纤维板中。复合中密度纤维板结构有以下几种：①双层金属丝网复合在中密度纤维板上下表面。②单层金属丝网复合在中密度纤维板一侧表面。③双层金属丝网复合在中密度纤维板接近上下表面的板中间。④单层金属丝网复合在中密度纤维板接近一侧表面的板中间。

金属网的处理又分为两类：一类是将金属丝网直接复合在施加脲醛胶的木材纤维中；另一类是在金属丝网表面涂刷一定量的异氰酸酯胶。

设定的板材密度为 0.75g/cm^3，板材厚度为 9mm，木纤维中脲醛胶施加量为 10%，热压温度为 190℃，热压时间为 5min。

7.3.4.1 木材纤维-金属丝网复合中密度纤维板的物理力学性能

表 7-4～表 7-6 为双层金属丝网放置在接近上下表面的板中间结构时各种金属网复合中密度纤维板的物理力学性能，1 为没有涂刷异氰酸酯胶的素钢丝网复合中密度纤维板，2 为涂刷异氰酸酯胶的钢丝网复合中密度纤维板，所有数据均为 6 次测试的平均值，括号中数据为标准差。

表 7-4 木材纤维-钢丝网复合中密度纤维板的物理力学性能

性能	序号	20 目	30 目	40 目	60 目	80 目
MOR/MPa	1	37.190（5.534）	36.520（3.654）	33.460（3.897）	30.760（4.832）	27.850（4.987）
	2	45.970（4.326）	43.440（4.182）	42.180（4.291）	44.370（5.351）	40.150（3.129）
MOF/GPa	1	3.810（0.356）	3.650（0.298）	3.420（0.342）	3.250（0.254）	3.080（0.389）
	2	4.090（0.384）	4.660（0.421）	4.670（0.375）	3.780（0.424）	4.460（0.445）
IB/MPa	1	0.735（0.062）	0.669（0.058）	0.609（0.083）	0.553（0.049）	0.436（0.055）
	2	0.891（0.076）	0.742（0.071）	0.937（0.067）	0.801（0.067）	0.903（0.076）
TS/%	1	6.970（0.251）	6.390（0.397）	6.040（0.472）	5.050（0.281）	5.180（0.521）
	2	5.280（0.287）	4.890（0.482）	5.320（0.421）	5.470（0.228）	5.100（0.395）

注：TS. 吸水厚度膨胀率

表 7-5 木材纤维-铜丝网复合中密度纤维板的物理力学性能

性能	序号	20 目	40 目	60 目	80 目	100 目
MOR/MPa	1	41.630（4.789）	40.150（4.232）	37.450（4.253）	31.670（4.126）	28.450（4.733）
	2	39.870（4.837）	42.780（4.562）	41.120（4.546）	43.090（4.769）	40.220（4.161）

续表

性能	序号	20 目	40 目	60 目	80 目	100 目
MOF/GPa	1	3.660（0.327）	3.530（0.325）	3.530（0.365）	3.620（0.287）	3.250（0.334）
	2	3.350（0.343）	3.780（0.398）	3.630（0.328）	3.600（0.349）	3.490（0.432）
IB/MPa	1	0.741（0.058）	0.678（0.083）	0.586（0.056）	0.590（0.065）	0.388（0.054）
	2	0.813（0.066）	0.856（0.047）	0.914（0.087）	0.825（0.077）	0.782（0.067）
TS/%	1	5.770（0.254）	5.890（0.397）	6.040（0.472）	5.920（0.281）	6.530（0.521）
	2	5.680（0.287）	5.510（0.482）	5.890（0.421）	5.740（0.228）	6.020（0.395）

表 7-6 木材纤维-铁丝网复合中密度纤维板的物理力学性能

性能	序号	20 目	30 目	40 目	50 目	60 目
MOR/MPa	1	33.900（2.060）	32.740（2.340）	25.860（1.960）	26.650（1.350）	18.800（1.630）
	2	40.290（2.840）	35.030（2.660）	35.080（2.660）	38.860（2.680）	37.850（1.890）
MOF/GPa	1	3.560（0.238）	3.760（0.368）	3.100（0.191）	3.580（0.247）	3.190（0.291）
	2	4.390（0.228）	3.470（0.340）	3.830（0.191）	3.260（0.324）	4.020（0.289）
IB/MPa	1	0.613（0.042）	0.582（0.027）	0.392（0.015）	0.339（0.028）	0.281（0.029）
	2	0.925（0.036）	0.916（0.052）	0.908（0.051）	0.831（0.036）	0.756（0.034）
TS/%	1	6.090（0.256）	6.310（0.217）	6.640（0.218）	5.940（0.176）	7.130（0.274）
	2	4.760（0.163）	5.540（0.198）	5.490（0.218）	5.460（0.137）	5.550（0.272）

从表 7-4～表 7-6 中可以看出，素金属钢丝网中密度纤维板的 MOR 随着金属丝网目数增加而呈显著的下降趋势，涂刷异氰酸酯胶金属丝网中密度纤维板的 MOR 随金属丝网目数的变化也呈现一定的下降趋势，但下降幅度较小，整体上都比素金属丝网中密度纤维板的 MOR 高，而且目数越大，改善效果越好。素金属丝网中密度纤维板的 MOE 整体上呈一定的下降趋势，但变化幅度不大，涂刷异氰酸酯胶黏剂金属丝网中密度纤维板的 MOE 随钢丝网目数的变化不明显，而且测定值都符合国家标准的要求。

素金属丝网中密度纤维板的 IB 随钢丝网目数的增加而呈下降趋势，从结果可知，60 目钢丝网时复合板的 IB 只达到了国家标准中合格品的要求，而 80 目钢丝网时的 IB 值没有达到国家标准合格品的要求。100 目铜丝网时的 IB 值没有达到国家标准合格品的要求，60 目和 80 目铜丝网时的 IB 值没有达到国家标准中一等品的要求。素铁丝网复合中密度纤维板的 IB 随铁丝网目数的增加下降幅度较大，除 20 目和 30 目时的 IB 值达到了国家标准外，其他均未达到国家标准的要求。分析其原因在于脲醛树脂胶对金属丝网没有很好的胶合性能，金属丝网处的胶合强度是网两面纤维上的脲醛树脂胶透过金属丝网的网孔形成的，随着金属丝网目数的增加，其网眼面积逐渐变小，从而透过金属丝网网眼形成胶合点的纤维减少，使胶合强度降低。

涂刷异氰酸酯胶黏剂金属丝网中密度纤维板的 IB 随目数增加也呈下降趋势，但变化很小且都达到了国家标准的要求，说明异氰酸酯对木材和金属丝网都有很好的胶合性。这是因为金属丝网表面由于氧化而含有吸附水，且含有羟基，异氰酸酯能与吸附水和羟基等活性点形成共价键，另外，金属表面一般含有一些氧化物，异氰酸酯与含有氧化物的金属表面接触时可生成酰脲-金属氧化物络合物；对于没有氧化物的金属表面，异氰酸酯基中的 N、O 原子和金属原子之间的直接电子传递可诱发配位反应，这些构成了异氰酸酯与金属界面之间胶接反应的主体。

复合中密度纤维板的 TS 随金属丝网目数增

加而呈一定的上升趋势，涂刷异氰酸酯胶金属丝网中密度纤维板的 TS 随目数的变化没有明显的规律性且变化很小。从整体来说，涂刷异氰酸酯胶黏剂金属丝网中密度纤维板的 TS 比素铜丝网中密度纤维板的 TS 要好，但两种条件下的 TS 值都达到了国家标准要求。

7.3.4.2 木材纤维-金属丝网复合中密度纤维板的电磁屏蔽效能

不同结构的复合中密度纤维板的电磁屏蔽效能（electromagnetic shielding effectiveness，ESE）结果见图 7-23～图 7-28。

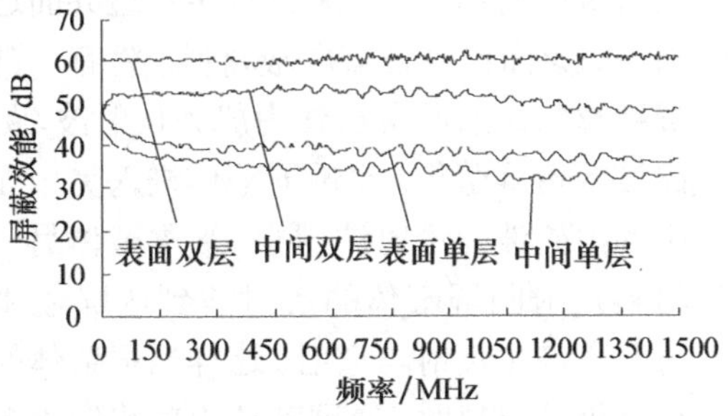

图 7-23 20 目钢丝网复合中密度纤维板的 ESE

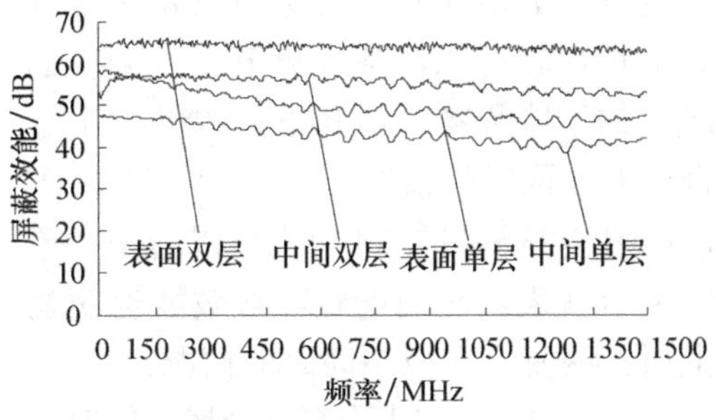

图 7-24 60 目钢丝网复合中密度纤维板的 ESE

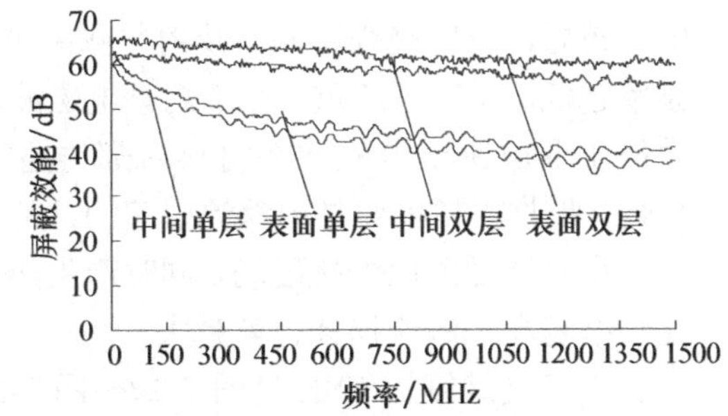

图 7-25 40 目铜丝网复合中密度纤维板的 ESE

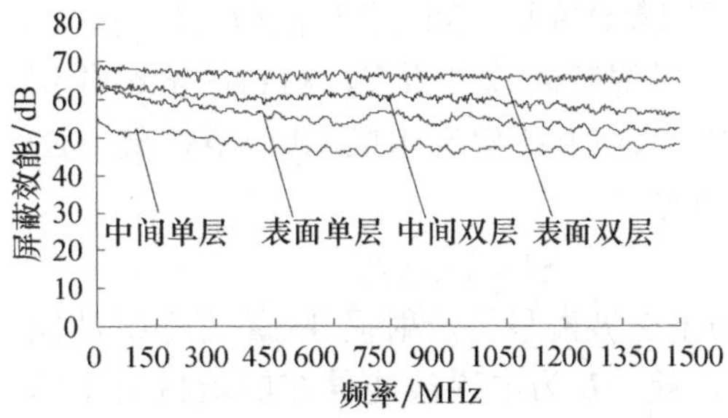

图 7-26 100 目铜丝网复合中密度纤维板的 ESE

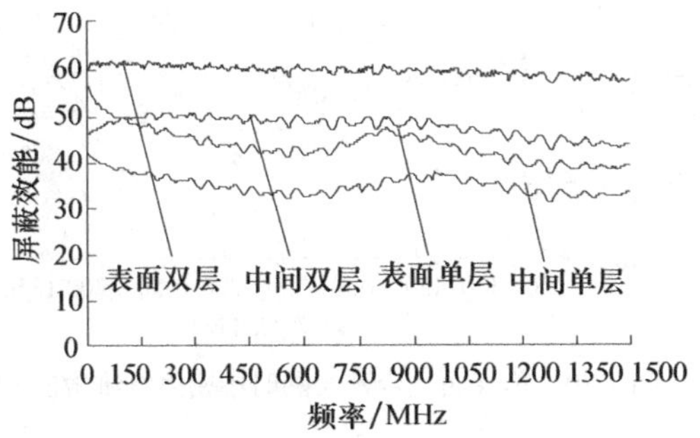

图 7-27 30 目铁丝网复合中密度纤维板的ESE

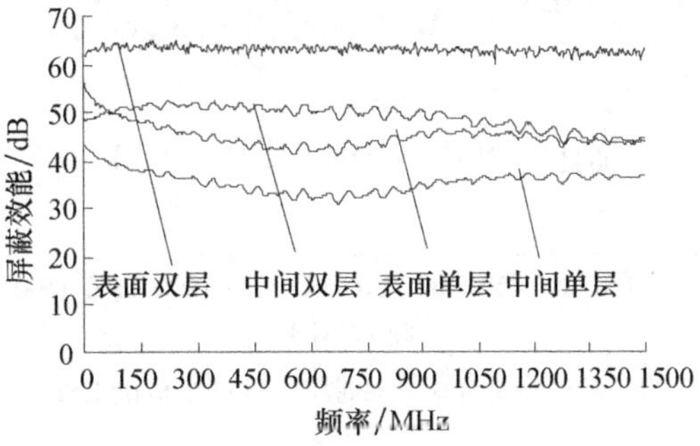

图 7-28 50 目铁丝网复合中密度纤维板的 ESE

双表面复合金属丝网时，中密度纤维板的电磁屏蔽效能明显好于单表面复合金属丝网时的情况。而金属丝网复合在中密度纤维板表面时的屏蔽效能又优于复合在中间时的情况。总体上看，双表面复合金属丝网时屏蔽效能最好，在 9kHz～1.5GHz 时，钢丝网复合中密度纤维板的屏蔽效能均在 55～65dB，80 目时其最大屏蔽效能约为 67dB；铜丝网复合中密度纤维板的屏蔽效能均在 55～65dB，100 目时其屏蔽效能约为 70dB。另外，双表面复合金属丝网时的电磁屏蔽效能随电磁波频率的增加略呈下降趋势，但下降幅度很小，在整个频率范围内显示了很好的电磁屏蔽效能。当在中密度纤维板的单表面复合金属丝网时，其电磁屏蔽效能比双表面复合金属丝网有很大程度的下降，某些条件下同一电磁波频率时差别最大约为 30dB。从图 7-23～图 7-28 中可以看出，单表面复合金属丝网时的电磁屏蔽效能随电磁波频率的增加基本呈现比较显著的下降趋势，网目越大下降幅度也越大，而且其差别随着电磁波频率的增大而增大，即在低频段时差别较小而在高频段时差别较大。

双层金属丝网复合在中密度纤维板中间时，其屏蔽效能随频率的增加变化规律与双表面复合金属丝网时的规律较近似，基本随电磁波频率的增加呈较缓慢的下降趋势，但其下降幅度大于金属丝网复合在双表面时的情况。

另外，从图 7-23～图 7-28 中也可以看出，单层金属丝网复合在表面时的电磁屏蔽效能也明显好于单层金属丝网复合在板中间时的情况。

在以上 4 种结构中，双表面复合金属丝网时屏蔽效能最好，双层金属丝网复合在板中间时屏蔽效能次之，单表面复合金属丝网时的屏蔽效能比较差，单层金属丝网复合在板中间时的屏蔽效能最差。

根据电磁屏蔽的基本原理，材料的屏蔽作用主要由反射、吸收和折射等组成，其屏蔽效果（SE）可用下式估算

$$SE=R+A+B$$

式中，R 为电磁波能量的反射损耗；A 为电磁波能量的吸收损耗；B 为电磁波能量在屏蔽材料中的内部反射损耗。

我们实际测得的数据是这三种损耗值的总和。当电磁波从屏蔽体的一面向另一面传播时，到达屏蔽体一面时一部分电磁波将反射回空气介质中，另一部分穿透进入屏蔽体内部，然后在屏蔽体内继续衰减传播，当到达屏蔽体的另一面时，如果这一面没有屏蔽材料，电磁波将直接穿透界面进入空气介质；如该面也复合有屏蔽材料，将有一部分被该层屏蔽材料反射回屏蔽体内成为反射波，另一部分电磁波穿透屏蔽体。穿透屏蔽体进入另一面空气介质中的电磁波为透射波。同时被屏蔽体另一面的屏蔽材料反射回屏蔽体的反射波到达屏蔽体的另一面时又将产生反射与透射。这样当屏蔽体的两面均复合有屏蔽材料时，在屏蔽体内部将发生多次来回的反射过程，从而衰减屏蔽了大部分的电磁波。低频时屏蔽效能主要来源于电磁波反射，屏蔽材料的导电性越好，反射越强，同时反射与频率也有关系，频率越低，反射越严重。对于高频电磁波，其屏蔽效能主要取决于电磁波在材料内部传播时的吸收损耗。吸收损耗主要是由涡流引起的，涡流一方面产生反磁场抵消原干扰磁场，同时产生热损耗，因此频率越高，涡流损耗也就越大。

中密度纤维板 ESE 见图 7-29～图 7-32。

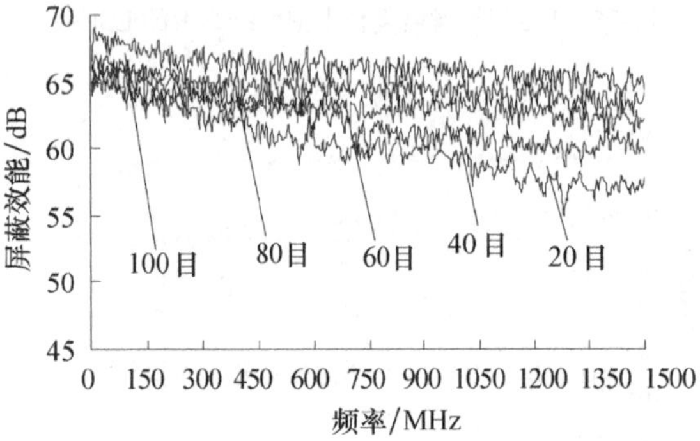

图 7-29 双表面复合铜丝网时中密度纤维板的 ESE

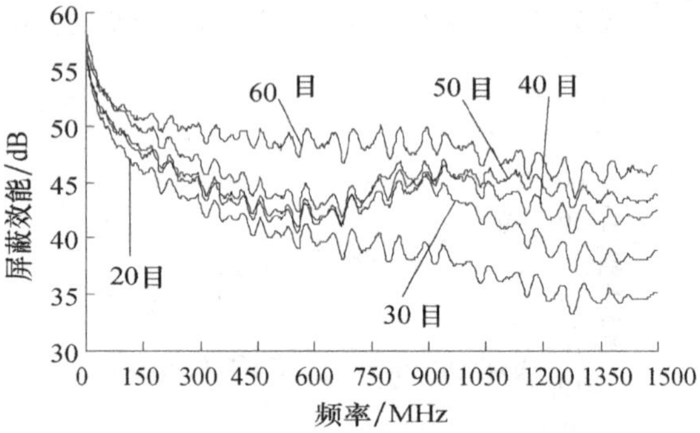

图 7-30 单表面复合铁丝网时中密度纤维板的 ESE

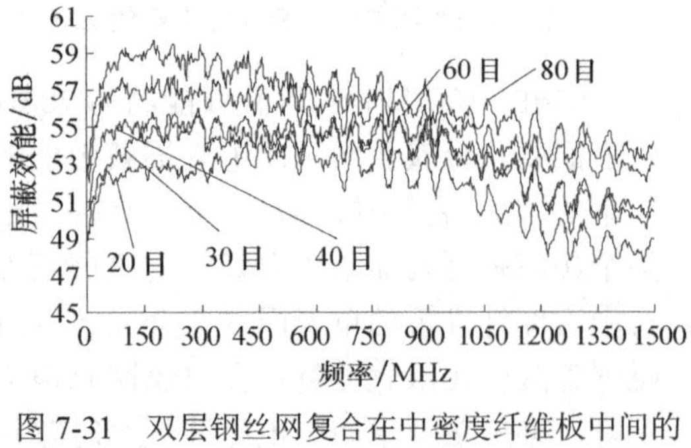

图 7-31 双层铜丝网复合在中密度纤维板中间的 ESE

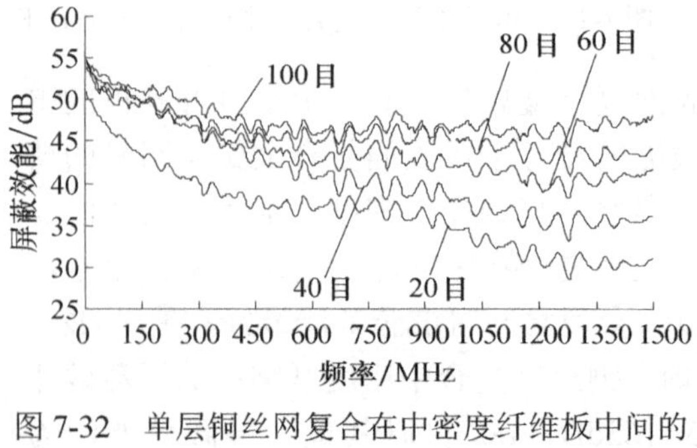

图 7-32 单层铜丝网复合在中密度纤维板中间的 ESE

根据这一原理及实验结果可知，对于金属丝网复合中密度纤维板，其反射损耗在屏蔽效能中所起的作用较大，即将金属丝网复合在表面时屏蔽效能较好，而双表面复合金属丝网时其反射损耗值更大，屏蔽效能最好。

金属丝网复合中密度纤维板的屏蔽效能随着电磁波频率的增加均呈下降趋势，但金属丝网的层数不同及复合位置不同时，其下降趋势有差别。其中单表面复合金属丝网时下降趋势最大，双表面复合金属丝网时下降趋势最小。

在相同的复合结构下，目数高的金属丝网复合中密度纤维板的屏蔽效能随频率增加的下降趋势要小于目数低的复合中密度纤维板。不同结构下，复合中密度纤维板的屏蔽效能随着金属丝网目数的增加而呈较显著的增加趋势。

在进行木材纤维-铁丝网复合中密度纤维板的研究中，铁丝网与木材纤维复合制成中密度纤维板经过一段时间以后，发现在铁丝网的表面已经产生一定程度的锈蚀，电磁屏蔽效能的测试结果也显示有一定程度的下降。分析原因认为在中密度纤维板制造过程中采用的是脲醛树脂胶，胶中含有一定量的氯化铵溶液，另外木材本身由于某些抽提物的存在也呈弱酸性，这就造成了整个复合中密度纤维板的性质呈弱酸性，加之板中所含有的水分，构成了一个易于使铁丝网锈蚀的环境。所以在采用铁丝网时，要考虑铁丝网的防锈蚀问题。

7.3.5 木材纤维-金属纤维复合中密度纤维板工艺及电磁屏蔽效能

将一定量的金属纤维与木材纤维混合后铺装在中密度纤维板的表面，厚度为 1mm 左右。金属纤维与木材纤维的混合比例（质量比）分别为（金属纤维比木材纤维）1∶1、2∶1 和 3∶1（以下文中称为比例 1、比例 2 和比例 3。以上施加比例仅为在板表面以下 1mm 厚度范围内金属纤维与木材纤维的的比例，不是金属纤维占整个板质量的比例。以下同）。

按照常规中密度纤维板制造方法对木材纤维施加一定量的脲醛树脂胶，然后按照设定的比例将金属纤维与施加了脲醛树脂胶的木材纤维均匀混合，其中金属纤维与木材纤维混合后的处理方式又分两类：一类是将金属纤维与施加脲醛胶的木材纤维混合后直接铺装成板坯；另一类是将金属纤维与施加脲醛胶的木材纤维混合后，再对混合纤维施加一定量的异氰酸酯胶（PMDI）。复合中密度纤维板有以下两种结构：一定量的金属纤维与二倍质量的木材纤维混合后铺装在中密度纤维板的上下两侧表面；一定量的金属纤维与等质量的木材纤维混合铺装在中密度纤维板的一侧表面。

7.3.5.1 木材纤维-金属纤维复合中密度纤维板的物理力学性能（表 7-7～表 7-9）

木材纤维-金属纤维复合中密度纤维板的MOR

表 7-7 木材纤维-铜纤维复合中密度纤维板的物理力学性能

项目	比例 1				比例 2				比例 3			
	单表面		双表面		单表面		双表面		单表面		双表面	
	无 PMDI	有 PMDI	无 PMDI	有 PMDI	无 PMDI	有 PMDI	无 PMDI	有 PMDI	无 PMDI	有 PMDI	无 PMDI	有 PMDI
MOR/MPa	25.95	37.06	29.95	40.76	19.21	31.12	21.81	33.48	12.58	27.07	14.27	30.84
MOE/GPa	3.03	3.78	3.29	4.04	2.52	3.53	2.66	3.71	1.78	3.05	1.96	3.23
IB/MPa	0.484	0.713	0.525	0.874	0.343	0.728	0.441	0.812	0.192	0.596	0.353	0.654
TS/%	10.46	7.94	9.63	5.99	10.66	8.53	10.16	7.14	11.58	9.81	10.29	7.87

表 7-8 木材纤维-不锈钢纤维复合中密度纤维板的物理力学性能

项目	比例 1				比例 2				比例 3			
	单表面		双表面		单表面		双表面		单表面		双表面	
	无 PMDI	有 PMDI	无 PMDI	有 PMDI	无 PMDI	有 PMDI	无 PMDI	有 PMDI	无 PMDI	有 PMDI	无 PMDI	有 PMDI
MOR/MPa	28.57	36.29	29.13	42.91	26.07	34.16	25.41	40.28	18.02	33.63	20.19	38.19
MOE/GPa	2.98	4.21	2.92	3.97	2.86	3.86	2.69	3.84	2.31	3.39	2.23	3.98
IB/MPa	0.685	1.182	0.972	1.024	0.453	1.199	0.693	0.981	0.308	0.912	0.412	0.875
TS/%	12.26	9.02	12.19	10.89	11.26	8.65	11.47	9.35	9.78	7.98	11.61	8.09

表 7-9 木材纤维-铁纤维复合中密度纤维板的物理力学性能

项目	比例 1				比例 2				比例 3			
	单表面		双表面		单表面		双表面		单表面		双表面	
	无 PMDI	有 PMDI	无 PMDI	有 PMDI	无 PMDI	有 PMDI	无 PMDI	有 PMDI	无 PMDI	有 PMDI	无 PMDI	有 PMDI
MOR/MPa	26.87	31.39	27.97	32.42	24.31	32.66	24.48	31.04	17.97	30.04	19.40	29.85
MOE/GPa	2.49	3.68	2.89	3.85	2.19	3.54	2.57	3.62	1.78	3.39	2.01	3.45
IB/MPa	0.65	0.82	0.71	0.91	0.53	0.75	0.63	0.82	0.41	0.68	0.51	0.79
TS/%	10.33	8.17	9.82	8.05	11.64	9.27	10.57	8.32	12.71	9.44	12.14	8.62

值均随铜纤维施加比例的增加而呈下降趋势，但加入 PMDI 的复合中密度纤维板的 MOR 值下降的幅度比未加 PMDI 复合中密度纤维板的 MOR 值的下降幅度要小，即金属纤维的混入给复合中密度纤维板的 MOR 带来了不利影响，但加入一定量的 PMDI 可以有效地减弱这一不利影响。当铜纤维的加入比例为 2 时、不锈钢纤维及铁纤维的加入比例为 3 时，未加 PMDI 的中密度纤维板的 MOR 值已经低于国家标准的要求了，而加入 PMDI 后可以显著提高木材纤维-金属纤维复合中密度纤维板的 MOR 值，尤其当金属纤维的加入量较大时，改善的程度更明显。这是因为金属纤维与木材纤维的结构、极性与表面特性有很大不同，尤其是当采用脲醛树脂作为胶黏剂时，从脲醛树脂的胶合机理可以知道它对木材这种多孔性的高分子材料有良好的胶合作用，而对金属这种表面光滑、渗透性很差的无机材料几乎没有胶合作用。所以当金属纤维的加入比例越来越大时，它夹在木材纤维之间，影响了木材纤维之间的有效胶合，使木材纤维之间形成了一些没有胶合的空白点。在进行 MOR 测试时，板材一个表面的纤维之间受拉伸应力，另一个表面的纤维之间受压缩应力，而那些没有形成胶合的空白点很容易使纤维之间产生滑移，从而导致了复合中密度纤维板的 MOR 值的降低。

木材纤维-金属纤维复合中密度纤维板的 MOE 值均随金属纤维施加比例的增加而呈下降趋势，但加入 PMDI 的复合中密度纤维板的 MOE 值下降的幅度比未加 PMDI 复合中密度纤维板的 MOE 值的下降幅度要小，即金属纤维的混入给复合中密度纤维板的 MOR 带来了不利影响，但加入一定量的 PMDI 可以有效地减弱这一不利影响。

IB 值随金属纤维施加比例的变化规律和 MOR 及 MOE 值的变化规律比较近似。从结果可知，当铜纤维的加入比例为 1、不锈钢纤维及铁纤维的施加比例为 2 时，不加 PMDI 的中密度纤维板的 IB 值已经低于国家标准的要求。这说明金属纤维的加入对 IB 值的不利影响非常显著。这是因为 IB 值测试的是板中纤维之间的胶合强度，混入的金属纤维不能产生良好的胶合，而且阻碍了木材纤维之间的胶合，使木材纤维之间形成了无数微小的胶合断面，在测试 IB 的过程中也发现未加 PMDI 的试件全部在含有金属纤维的位置产生破坏，且这种破坏的程度随金属纤维施加比例的增加而变得更加明显。

加入金属纤维对板的 TS 值产生了一定的不利影响，板的 TS 值随金属纤维施加比例的增加而上升，但增加的幅度较小，且所有条件下板的 TS 值都满足国家标准的要求。分析认为金属纤维的加入虽然对木材纤维的胶合产生了一定的不利影响，但金属纤维不像木材纤维那样吸水后产生膨胀，这样板内由于水分的变化产生的膨胀应力相对就小，从而减弱了木材纤维之间由于膨胀应力而导致的胶合破坏，在一定程度上减弱了加入金属纤维带来的不利影响。

7.3.5.2 木材纤维-铜纤维复合中密度纤维板的电磁屏蔽效能

分别测试了不同结构的复合中密度纤维板的电磁屏蔽效能，结果见图 7-33。

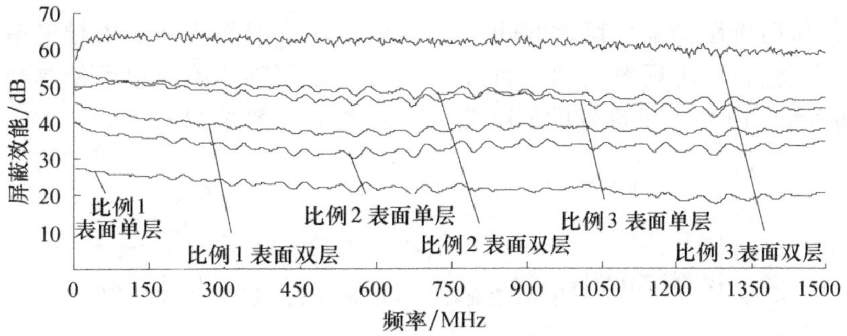

图 7-33 铜纤维复合中密度纤维板的 ESE

由于木材是不导电的绝缘材料，因此木材纤维-铜纤维复合中密度纤维板的屏蔽效能主要取决于复合板材内部铜纤维的分布与含量。当铜纤维的施加比例为 1、2 和 3 时，双表面复合铜纤维时的中密度纤维板的电磁屏蔽效能明显好于单表面复合铜纤维时的情况。当铜纤维的施加比例为 1 时，两种结构下复合中密度纤维板的屏蔽效能均随电磁波频率的增加而降低，而当铜纤维比例增加时，复合中密度纤维板的屏蔽效能基本不随电磁波频率的增加而降低，尤其是当双表面复合铜纤维时，中密度纤维板的屏蔽效能在整个测试频率范围内基本保持不变。这说明复合体系内导电单元的比例达到一定时，在高频范围内也可使复合材料具有良好的屏蔽效能。从电磁屏蔽理论可以知道，当复合体系内形成一定的导电网络时，屏蔽层越多，电磁波在屏蔽体内由于在屏蔽层之间多次的反射、折射和透射，损耗掉越多的电磁波能量，因此屏蔽效能越好。在铜纤维施加比例较低时，由于复合体系内部导电单元含量较少，导电网络较少，因此其屏蔽基本上是以反射为主，高频情况下电磁波可以从复合体系内有限的导电网络中间穿过，吸收损耗较小，屏蔽效能明显降低。在铜纤维施加比例较大时，复合体系内的导电网络大大增加，导电网络之间的距离明显变小，导电网络之间的屏蔽“空洞”含量大大下降，产生大量闭合的导电回路，可产生一定的感抗和涡流，且电磁波在多重屏蔽界面上反射和透射，吸收损耗加大，保持在高频情况下屏蔽效能不下降。

根据以上分析，对于铜纤维复合中密度纤维板，当铜纤维加入比例较小时，反射损耗在屏蔽效能中所起的作用较大，在低频范围内屏蔽效能较好，当铜纤维施加比例增加时，吸收损耗加大，在高频范围内也具有良好的屏蔽效能。另外，由于复合体系内的多层屏蔽材料可以导致电磁波产生多次反射和透射，从而损耗掉大量电磁波能量，因此双表面复合铜纤维的中密度纤维板具有更好的屏蔽效能。

根据有关电磁屏蔽理论，当在中密度纤维板单表面复合铜纤维时，只在复合体的一侧具有一定厚度的屏蔽材料，其屏蔽可以看作二维结构，在低频时对电磁波的反射效果良好，高频时电磁波的穿透能力增加，吸收损耗变小，屏蔽效能降低。当在中密度纤维板双表面复合铜纤维时，在复合体的两侧具有了一定厚度的屏蔽材料，其屏蔽可以看作三维结构，相当于一个多层、非常细的网络体系，里面具有大量闭合的导电回路，可以产生一定的感抗，另外电磁波穿透各层铜纤维界面时，反射又形成一定的衰减。即在低频范围时，铜纤维表面对电磁波有反射损耗，在高频范围内电磁波穿透多重界面，受到多重反射，吸收损耗加大，保持了在高频范围内屏蔽效能不下降。

7.3.5.3 木材纤维-不锈钢纤维复合中密度纤维板的电磁屏蔽效性

当不锈钢纤维的施加比例为 1 时，复合中密度纤维板的屏蔽效能较差，两种结构下的屏蔽效能均在 20dB 左右，而且随频率的增加还呈下降的趋势，尤其是单表面复合不锈钢纤维时在低频范围内下降趋势更加明显。当不锈钢纤维施加比例为 2 时，复合中密度纤维板的屏蔽效能有所提高，两种结构下的屏蔽效能可达 40dB 左右，双表面复合不锈钢纤维时低频范围内可达 45dB 左右，而且基本不随频率的增加而下降，即在高频时也能保持较好的屏蔽效能。当不锈钢纤维的施加比例为 3 时，复合中密度纤维板的屏蔽效能进一步增加，双表面复合不锈钢纤维时屏蔽效能已接近 60dB，且两种结构下的屏蔽效能不随频率的增加而下降，在整个测试频率范围内显示了良好的屏蔽效能。这说明复合体系内导电单元的比例达到一定时，在高频范围内也可使复合材料具有良好的屏蔽效能（图 7-34）。

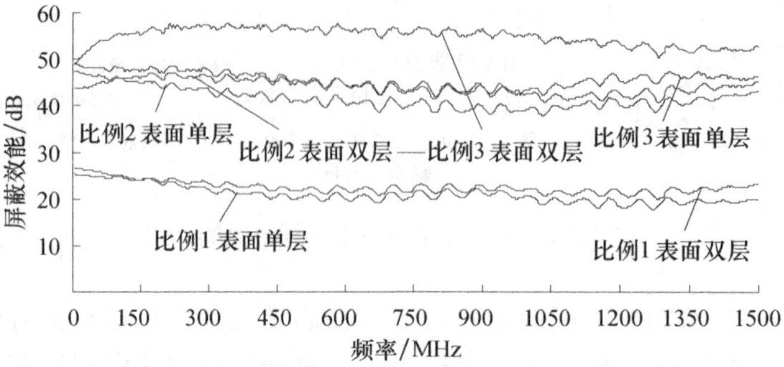

图 7-34 不锈钢纤维复合中密度纤维板的 ESE

当不锈钢纤维施加比例较低（为 1 和 2）时，将等量的不锈钢纤维均匀分散在复合材料的双表面而形成较多的屏蔽层时，可以提高复合板的电磁屏蔽效能，但提高的程度很有限。当不锈钢纤维施加比例增大到 2 时，两种结构下屏蔽效能的差别略有增加，但相差仍然很小。这说明当复合体系内的导电单元含量较低时，虽然增加屏蔽层的数量可以增加电磁波复合体系内的多次反射、折射损耗，但由于不锈钢纤维均匀分散为两层，使得每层中的导电单元含量变少，每一层内难以形成足够的导电网络，从而降低了复合体系的屏蔽效能。

当不锈钢纤维施加比例增大时，双表面复合不锈钢纤维时，其屏蔽效能明显大于单表面复合不锈钢纤维时的情况。即当复合体系内不锈钢纤维含量达到一定程度时，将等量的不锈钢纤维在复合体系内形成双层屏蔽层，可使电磁波产生多次的反射和透射，从而损耗掉大量电磁波能量，可以提高其屏蔽效能。

7.3.5.4 木材纤维-铁纤维复合中密度纤维板的电磁屏蔽效能

当铁纤维的施加比例为 1 时，复合中密度纤维板的屏蔽效能很差，而且铁纤维复合在单表面时，其屏蔽效能比铁纤维复合在双表面时的屏蔽效能还要低。另外，当双表面具有铁纤维时，其屏蔽效能随电磁波频率的增加而下降；而单表面复合铁纤维时，其屏蔽效能随频率的增加略有上升。根据屏蔽理论，低频时主要是反射损耗，高频时有反射损耗和吸收损耗。由于表面双层结构在高频时的多次反射损耗和吸收损耗比较小，所以双层复合时在高频范围内屏蔽效能下降。而单表面复合时在高频范围可产生多次反射和吸收损耗，所以其屏蔽效能可保持不变。另外，由于等量的铁纤维复合在单表面时，其相对纤维含量只是双表面复合时的一半。由于铁纤维直径较大，质量相同时其纤维的数量较少，在复合体系中形成导电网络的机会变小，因此单表面复合时虽然可以凭借多层屏蔽材料之间的反射和吸收损耗屏蔽电磁波，但由于复合体系内导电的铁纤维含量相对变小，难以形成足够的导电网络，从而导致其屏蔽效能下降（图 7-35）。

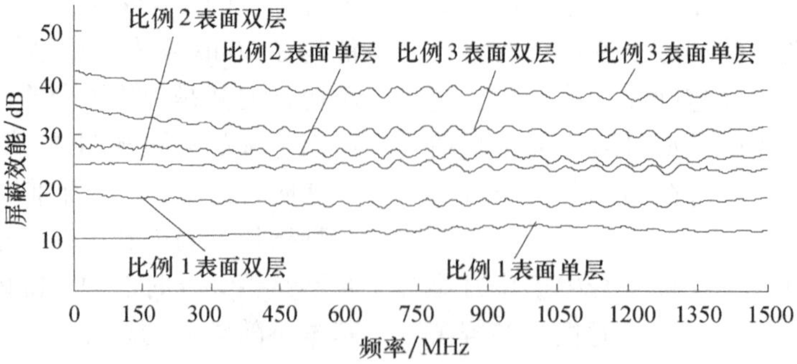

图 7-35 铁纤维复合中密度纤维板的 ESE

当铁纤维的施加比例为 2 时，两种结构下复合板的屏蔽效能均有一定程度的提高，且随电磁波频率的增加没有明显的下降。等量的铁纤维复合中密度纤维板单表面时，其屏蔽效能仍高于复合在双表面时的情况，即通过多层反射损耗和吸收损耗对屏蔽效能的提高仍然不能抵消复合体系内导电单元含量的降低对屏蔽效能所造成的不利影响。但此时二者的差别很小，即两种结构下的屏蔽效能差别不显著，说明此时复合体系内导电单元的含量已接近临界值。

当铁纤维的施加比例为 3 时，两种结构下复合板的屏蔽效能又有进一步的提高。在这个施加比例下等量的铁纤维复合在中密度纤维板的双表面时，其屏蔽效能又高于复合在单表面时的情况。这说明当复合体系内导电单元的含量超过某一值时，在导电单元的含量可以保证形成足够的导电网络时，等量的金属纤维构成多屏蔽层时的屏蔽效能要好于单一屏蔽层的屏蔽效果，但这必须是在复合体系内屏蔽层中导电单元的含量可以形成足够的导电网络，否则由于导电单元的过于分散而不能形成足够的导电网络，从而导致屏蔽效能的下降。

7.3.6 木材纤维-金属粉复合中密度纤维板工艺及电磁屏蔽效能

利用金属粉末与木材纤维材料共混复合时，可以得到较好的混合均匀性。由于木材纤维表面施加了一定量的脲醛树脂胶，因此具有一定的黏性，这样金属粉末就很容易附着在木材纤维的表面。当采用这种表面附有金属粉末的木材纤维压制成中密度纤维板后，由于金属粉末具有良好的导电性，就赋予了复合中密度纤维板一定的电磁屏蔽效能。

采用 300 目的铜粉和镍粉与木材纤维复合制造木材纤维-金属粉复合中密度纤维板，探讨木材纤维和金属粉合理的复合工艺，以及不同的金属粉材料和金属粉加入量对复合中密度纤维板电磁屏蔽效能的影响规律。

将一定量的金属粉与施加了 UF 胶的木材纤维混合后铺装在中密度纤维板的表面，厚度为 1mm 左右。金属粉与木材纤维的混合比例（质量比）分别为（金属粉比木材纤维）1∶1、2∶1、3∶1 和 4∶1（以下称为比例 1、比例 2、比例 3 和比例 4。以上施加比例仅为在板表面以下 1mm 厚度范围内金属粉与木材纤维的比例，不是金属粉占整个板质量的比例。以下同）。

按照常规中密度纤维板制造方法对木材纤维施加一定量的脲醛树脂胶，然后按照设定的比例将金属粉与施加了脲醛树脂胶的木材纤维均匀混合，其中金属粉与木材纤维混合后的处理方式又分两类：一类是将金属粉与施加脲醛树脂胶的木材纤维混合后直接铺装成板坯；另一类是将金属粉与施加脲醛树脂胶的木材纤维混合后，再对混合物料施加一定量的异氰酸酯胶（PMDI）。实验的复合中密度纤维板有以下两种结构：一定量的金属粉与二倍质量的木材纤维混合后铺装在中密度纤维板的上下两侧表面；一定量的金属粉与等质量的木材纤维混合后铺装在中密度纤维板的一侧表面。

7.3.6.1 木材纤维-铜粉复合中密度纤维板的物理力学性能

金属粉的加入对木材纤维-金属粉复合中密度纤维板的 MOR 值有较大的不利影响，木材纤维-金属粉复合中密度纤维板的MOR值随金属粉施加比例的增加而呈较显著的下降趋势，当铜粉施加比例为 3 且单表面复合铜粉及镍粉施加比例为 4 时，中密度纤维板的 MOR 值已经低于国家标准的规定。在木材纤维-金属粉混合材料中加入一定量的 PMDI 后复合中密度纤维板的 MOR 值基本不随金属粉施加比例的增加而变化。即金属粉的混入给复合中密度纤维板的 MOR 带来了不利影响，但加入一定量的 PMDI 可以有效地减弱这一不利影响，尤其当金属粉的加入量较大时改善的程度更明显。这是由于脲醛树脂对金属粉这种表面光滑、渗透性很差的无机材料几乎没有胶合作用，而在混合材料中金属粉均匀地附着在木材纤维的表面，所以当金属粉的加入比例越来越大时，它覆盖木材纤维表面的面积也越来越大，从而影响了木材纤维之间的有效胶合，使木材纤维之间形成了一些没有胶合的空白点，导致了复合中密度纤维板 MOR 值的降低。

加入金属粉后的木材纤维-金属粉复合中密度纤维板的 MOE 值也随金属粉施加比例的增加而呈下降趋势，但加入 PMDI 的复合纤维板的 MOE 值却不随金属粉施加比例的增加而变化。

IB 值随金属粉施加比例的变化规律和 MOR 及 MOE 值的变化规律比较近似。当金属粉的加入比例为 3 时，中密度纤维板的 IB 值已经低于国家标准的要求。这说明金属粉的加入对 IB 值的不利影响非常显著。这是因为 IB 值测试的是板中纤维之间的胶合强度，混入的金属粉均匀地附着在木材纤维的表面，而金属粉之间不仅不能产生良好的胶合，还阻碍木材纤维之间的胶合，从而影响了木材纤维-金属粉复合中密度纤维板的胶合性能。

金属粉的混入对板的 TS 值产生了一定的不利影响，板的 TS 值随金属粉施加比例的增加而上升，但增加的幅度较小。分析认为金属粉的加入虽然对木材纤维的胶合产生了一定的不利影响，但金属粉不像木材纤维那样吸水后产生膨胀，且金属粉在一定程度上还能阻碍水分向板内渗透，这样板内由于水分的变化产生的膨胀应力相对就小，从而减弱了木材纤维之间由于膨胀应力而导致的胶合破坏，在一定程度上减弱了加入金属粉带来的不利影响（表 7-10，表 7-11）。

表 7-10 木材纤维-铜粉复合中密度纤维板的物理力学性能

项目		比例 1		比例 2		比例 3		比例 4	
		单表面	双表面	单表面	双表面	单表面	双表面	单表面	双表面
MOR/MPa	无 PMDI	29.12	32.44	26.37	29.15	22.31	24.04	18.31	20.29
	有 PMDI	29.73	34.19	28.74	27.98	30.28	29.16	31.26	28.73
MOE/GPa	无 PMDI	3.13	3.59	2.91	3.12	2.62	2.81	2.34	2.25
	有 PMDI	3.43	3.65	3.29	3.35	3.22	3.41	3.53	3.49
IB/MPa	无 PMDI	0.632	0.721	0.588	0.643	0.483	0.522	0.351	0.463
	有 PMDI	0.657	0.736	0.711	0.689	0.728	0.723	0.692	0.731
TS/%	无 PMDI	11.63	10.31	12.19	11.95	13.27	13.39	15.10	14.12
	有 PMDI	11.28	9.92	9.85	8.39	10.54	9.36	10.62	9.73

表 7-11 木材纤维-镍粉复合中密度纤维板的物理力学性能

项目		比例 1		比例 2		比例 3		比例 4	
		单表面	双表面	单表面	双表面	单表面	双表面	单表面	双表面
MOR/MPa	无 PMDI	29.21	32.44	26.36	28.35	23.31	23.76	17.81	21.22
	有 PMDI	32.26	31.61	29.85	30.89	31.39	33.37	28.22	32.31
MOE/GPa	无 PMDI	3.34	3.51	2.88	3.03	2.49	2.63	2.27	2.19
	有 PMDI	3.72	3.95	3.53	3.85	3.64	3.78	3.61	3.97
IB/MPa	无 PMDI	0.721	0.704	0.565	0.629	0.491	0.537	0.349	0.446
	有 PMDI	0.746	0.782	0.696	0.766	0.693	0.741	0.671	0.703
TS/%	无 PMDI	12.43	11.23	12.41	11.48	13.76	13.71	14.86	14.55
	有 PMDI	11.72	10.21	9.92	8.51	10.84	9.63	10.98	9.92

7.3.6.2 木材纤维-铜粉复合中密度纤维板的电磁屏蔽效能

木材是不导电的绝缘材料，所以木材纤维-铜粉复合中密度纤维板的屏蔽效能主要取决于复合板材内部铜粉在木材纤维上的含量和分布均匀程度。在实验范围内，当铜粉的施加比例为 1、2 和 3 时，铜粉复合在中密度纤维板的单表面时，其电磁屏蔽效能明显好于复合在中密度纤维板双表面时的情况，两种结构下屏蔽效能的差值为 10～20dB。

当铜粉施加比例为 1 时，复合中密度纤维板的屏蔽效能很差，双表面复合时的屏蔽效能仅为 5dB 左右，在实际意义上没有屏蔽效果，单表面复合时的屏蔽效能也仅为 15dB 左右。所以对于 300 目铜粉，施加比例为 1 时的复合中密度纤维板没有实际屏蔽效果。

当铜粉施加比例为 2 时，中密度纤维板的屏蔽效能有所提高，单表面复合时在低频范围内可达到 25dB，高频范围内也能达到 20dB，但双表面复合时其屏蔽效能依然很差，一般在 10dB 左右。所以铜粉施加比例为 2 时仍然不能赋予复合中密度纤维板实际意义上的屏蔽效果。

当铜粉施加比例为 3 时，中密度纤维板的屏蔽效能进一步提高，此时单表面复合时的屏蔽效能可达 50dB 左右，双表面复合时的屏蔽效能也超过了 30dB，复合中密度纤维板具有较好的屏蔽效能，等量的铜粉复合在单表面时的屏蔽效能仍然高于铜粉复合在双表面时的情况，二者的差别为 20dB 左右，即当铜粉施加比例为 3 时，将铜粉均匀复合在中密度纤维板的双表面时仍然不如集中复合在单表面有利于形成良好的导电网络。

当铜粉施加比例为 4 时，中密度纤维板的屏蔽效能最好，而且此时铜粉复合在中密度纤维板的双表面和复合在单表面时的屏蔽效能几乎没有差别，说明当施加比例增大到 4 时，即使将铜粉均匀复合在中密度纤维板的双表面时，屏蔽层中的铜粉也可以形成足够的导电网络。另外，两种结构下复合中密度纤维板的屏蔽效能均在 50～60dB，且随频率的增加略有下降，显示了非常好的屏蔽效果。

当铜粉复合在中密度纤维板的双表面时，4 种施加比例条件下中密度纤维板的屏蔽效能均差别较大。其中施加比例为 1 和 2 时，中密度纤维板的屏蔽效能很小且二者的屏蔽效能值只相差约 4dB；施加比例为 3 时，中密度纤维板的屏蔽效能有较大提高，相对于比例 1 和比例 2 时约提高了 20dB；而施加比例为 4 时的屏蔽效能进一步提高，相对于比例 3 在低频范围内约提高了 25dB，在高频范围内约提高了 20dB。即在施加比例较低时，屏蔽效能随施加比例的增加呈上升趋势，但上升幅度很小，当施加比例达到一定程度时，中密度纤维板的屏蔽效能随铜粉施加比例的增加而显著上升。

当铜粉复合在中密度纤维板的单表面时，当铜粉施加比例为 1 和 2 时，复合中密度纤维板的屏蔽效能较差，二者的屏蔽效能值都很低且差别不大，施加比例为 2 时，屏蔽效能只比比例为 1 时上升了 4～6dB；当铜粉施加比例为 3 时，其屏蔽效能相对于比例 1 和比例 2 显著上升，大约上升了 30dB；当铜粉施加比例为 4 时，其屏蔽效能进一步上升，但相对于比例 3 只上升了不到 10dB。这说明当铜粉复合在中密度纤维板双表面时，在实验选择的施加比例范围内，比例为 1 和 2 时复合体系的屏蔽效能较差，当施加比例增加到 3 时，屏蔽效能有很大的提高，但当施加比例超过 3 以后，屏蔽效能随施加比例的增加而上升的趋势变小（图 7-36～图 7-41）。

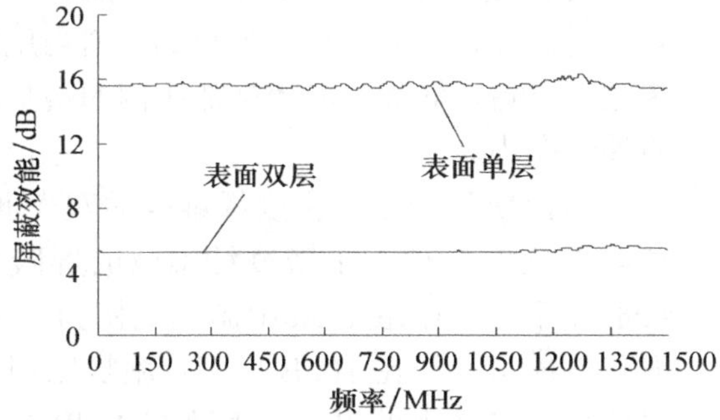

图 7-36 铜粉施加比例为 1 时中密度纤维板的 ESE

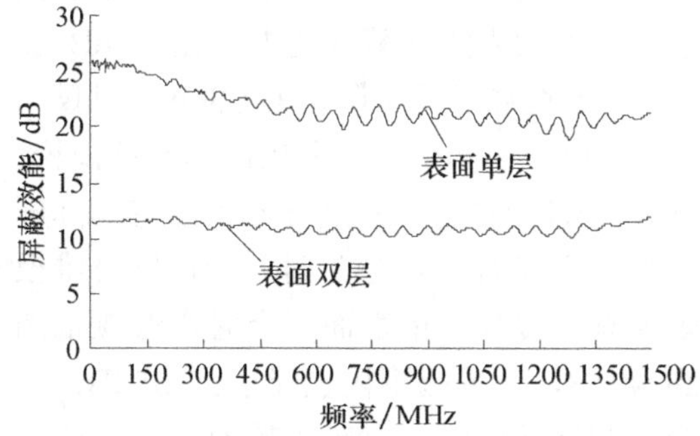

图 7-37 铜粉施加比例为 2 时中密度纤维板的 ESE

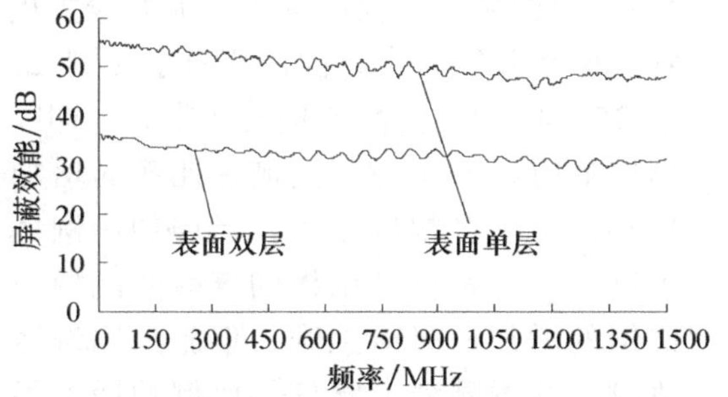

图 7-38 铜粉施加比例为 3 时中密度纤维板的 ESE

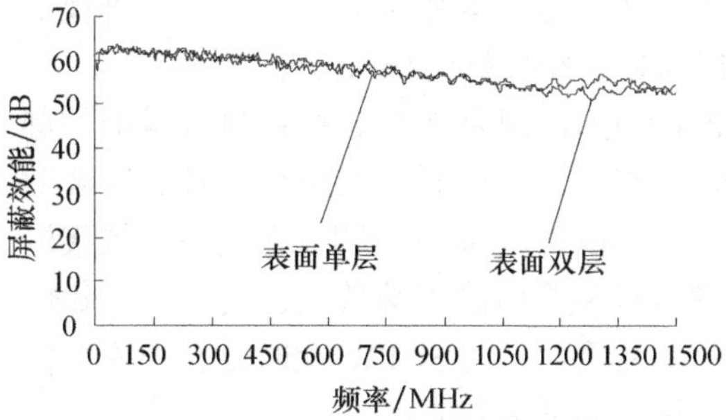

图 7-39 铜粉施加比例为 4 时中密度纤维板的 ESE

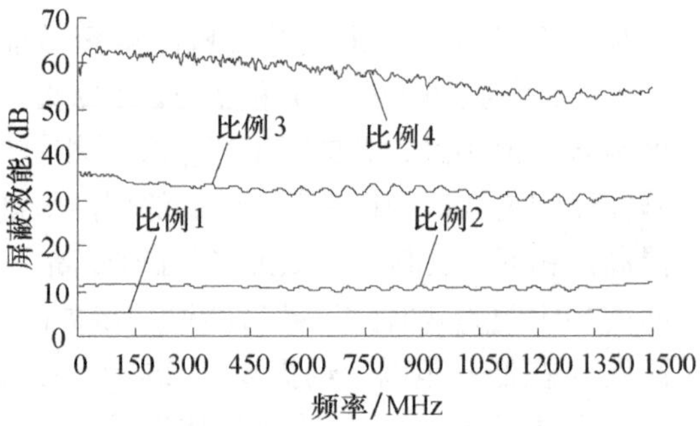

图 7-40 双表面复合铜粉时中密度纤维板的 ESE

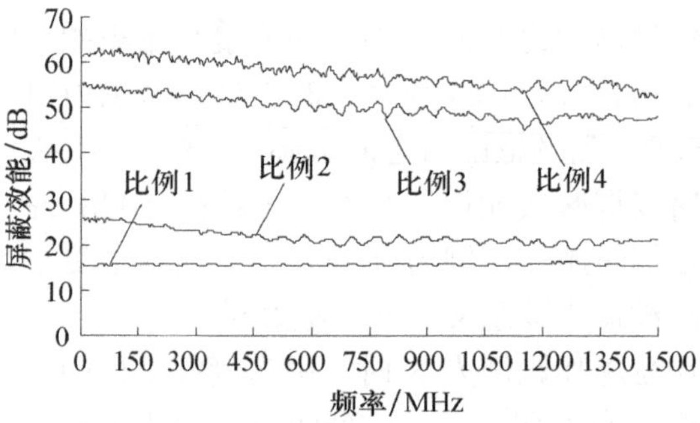

图 7-41 单表面复合铜粉时中密度纤维板的 ESE

7.3.6.3 木材纤维-镍粉复合中密度纤维板的电磁屏蔽效能

由于木材是不导电的绝缘材料，因此木材纤维镍粉复合中密度纤维板的屏蔽效能主要取决于复合板材内部镍粉在木材纤维上的含量和分布均匀程度。当镍粉的施加比例为 1 和 2 时，镍粉复合在中密度纤维板的单表面时的电磁屏蔽效能明显好于复合在双表面时的情况；而当施加比例增大到 3 和 4 时，镍粉复合在中密度纤维板双表面时的屏蔽效能又高于复合在单表面时的情况。

当镍粉施加比例为 1 时，复合中密度纤维板的屏蔽效能很差，双表面复合时的屏蔽效能仅为 5dB 左右，在实际意义上没有屏蔽效果，单表面复合时在低频范围内的屏蔽效能大致在 15dB 左右，且随频率的增加显著下降，在 1.3GHz 时仅为 10dB 左右。所以对于本研究中所用的 300 目镍粉，施加比例为 1 时的复合中密度纤维板没有实际屏蔽效果。当镍粉施加比例为 2 时，中密度纤维板的屏蔽效能有所提高，单表面复合时在低频范围内可达到 40dB，高频范围内也能达到 35dB，双表面复合时的屏蔽效能也有较大的改善，一般在 20dB 左右。所以当以镍粉与木材纤维复合时在施加比例为 2 时将镍粉集中复合在中密度纤维板的单表面时可以获得较好的屏蔽效果。

当镍粉施加比例为 3 时，中密度纤维板的屏蔽效能进一步提高，此时双表面复合时的屏蔽效能在低频范围内可达 50dB 以上，在高频范围接近 60dB；单表面复合时的屏蔽效能也超过了 45dB，在某些频率范围内可达 50dB，此时复合中密度纤维板具有很好的屏蔽效能。

当镍粉施加比例为 4 时，中密度纤维板的屏蔽效能最好，而且此时镍粉复合在中密度纤维板双表面时的屏蔽效能接近或超过 60dB，镍粉复合在单表面时的屏蔽效能也超过 50dB，在频率低于 1.0GHz 时的屏蔽效能超过 55dB，显示了非常好的屏蔽效果。

镍粉复合在中密度纤维板的单表面时，当镍粉施加比例为 1 时，复合中密度纤维板的屏蔽效能较差；当镍粉施加比例为 2 时，其屏蔽效能相对于比例 1 显著上升，大约上升了 25dB；当镍粉施加比例为 3 时，其屏蔽效能进一步上升，但相对于比例 2 只上升了 10dB 多；当镍粉施加比例为 4 时，此时屏蔽效能的增加更小，只比比例 3 上升了 5dB 左右。这说明当镍粉复合在中密度纤维板单表面时，在实验选择的施加比例范围内，比例为 1 时屏蔽效能较差，当施加比例增加到 2 时，屏蔽效能有很大的提高，但当施加比例超过 3 以后，屏蔽效能随施加比例的增加而上升的趋势变小。

当镍粉复合在中密度纤维板的双表面时，4 种施加比例条件下中密度纤维板的屏蔽效能大致形成了 3 个范围。其中施加比例为 1 时板的屏蔽效能很小，在 10dB 以下；施加比例为 2 时屏蔽效能有较大的提高，大致在 20dB 左右，相对于比例 1 提高了 15dB 左右；施加比例为 3 和 4 时，中密度纤维板的屏蔽效能有较大提高且二者的屏蔽效能基本相同，相对于比例 2 时提高了 35～40dB，提高的幅度非常大。即在施加比例较低时，屏蔽效能随施加比例的增加呈上升趋势，但上升幅度很小，当施加比例达到一定程度时，中密度纤维板的屏蔽效能随镍粉施加比例的增加而显著上升，但施加比例达到一定值时，其屏蔽效能随施加比例的增加不再显著增加（图 7-42～图 7-47）。

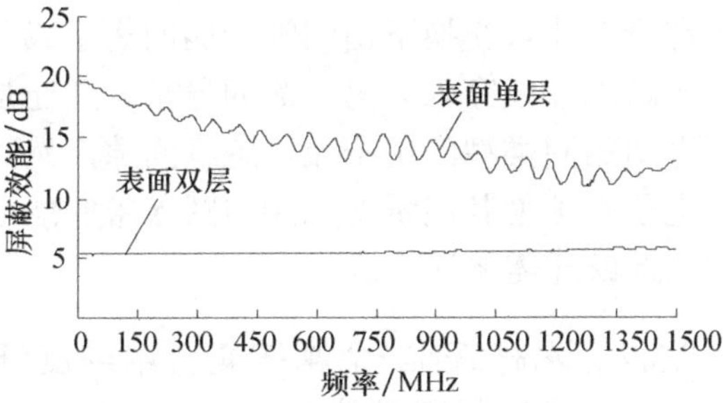

图 7-42　镍粉施加比例为 1 时中密度纤维板的 ESE

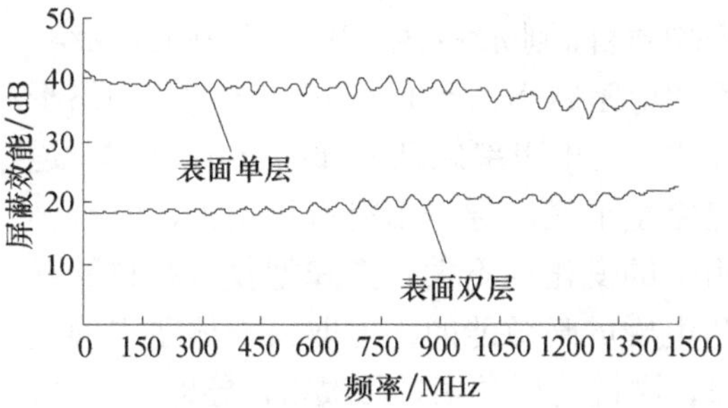

图 7-43　镍粉施加比例为 2 时中密度纤维板的 ESE

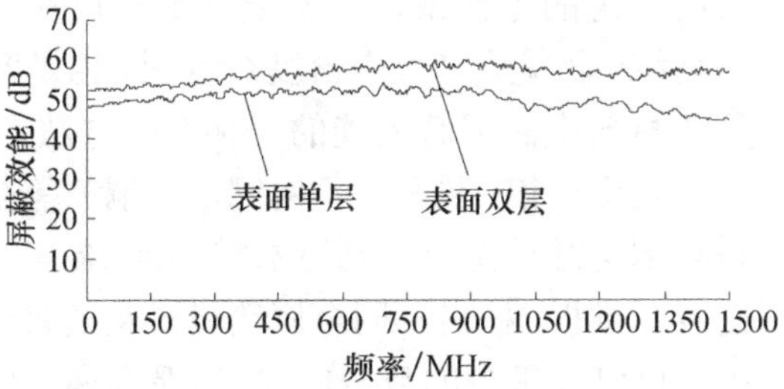

图 7-44　镍粉施加比例为 3 时中密度纤维板的 ESE

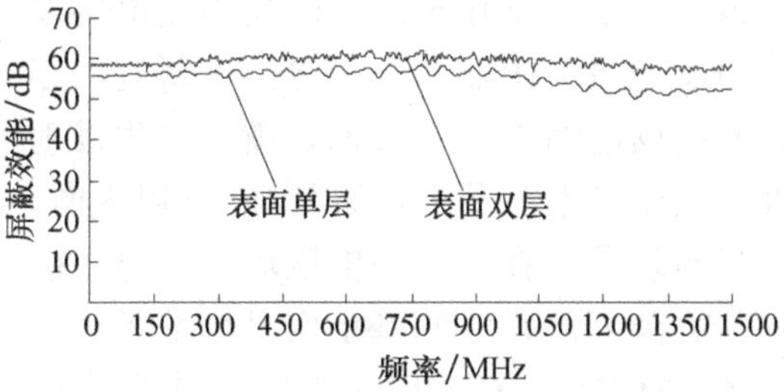

图 7-45　镍粉施加比例为 4 时中密度纤维板的 ESE

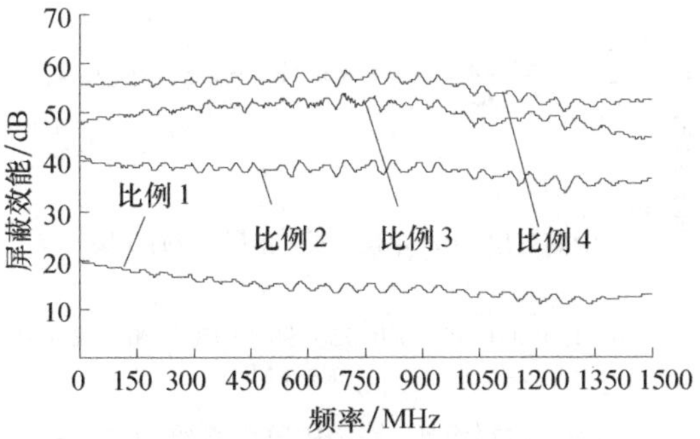

图 7-46　单表面复合镍粉时中密度纤维板的 ESE

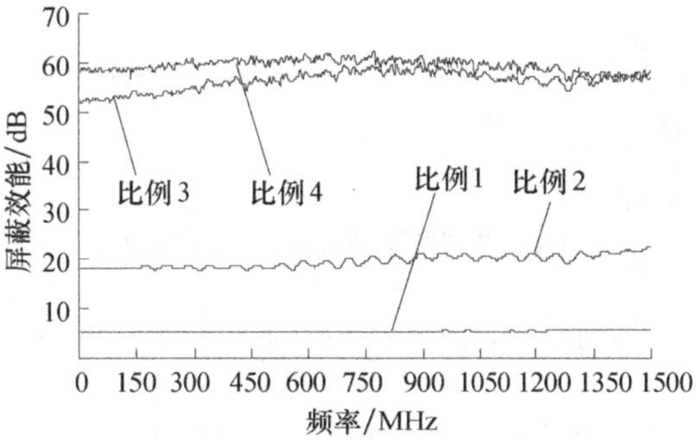

图 7-47　双表面复合镍粉时中密度纤维板的 ESE

7.3.6.4　木材纤维-金属粉复合中密度纤维板的导电和电磁屏蔽机理

将导电的金属粉末加入木质复合材料中后，对复合材料的导电性能和电磁屏蔽效能的影响取决于金属粉末填充的量和金属粉末颗粒之间相互接近的程度。此时木质复合材料的导电性和电磁屏蔽效能不是复合材料本身固有的特性，其导电过程是靠金属粉末粒子提供自由载流子来实现的，导电机理一般是由 3 种条件独立或综合构成的：第一是金属粉末粒子相互接触成为连续链状结构形成导电通道；第二是金属粉末粒子各自独立分散于基体中通过隧道效应或电子发射形成导电通道；第三是金属粉末粒子断续连接，可以认为是链状通道及隧道效应的综合结果。

根据以上导电机理，当复合体系中金属粉末粒子的“浓度”达到某一临界值时，这些粒子会“列队”形成一种导电无限网链。这种作用如同桥的作用，使自由电子载流子从复合物的这一端经过桥流到另一端，从而使绝缘体变成半导体或导体。Gurland 研究证明，绝缘体转变为导电体的急剧变化是由于导电性填料颗粒间形成一种网络。这种形成连续网络的概率取决于每个颗粒与邻近颗粒接触的统计平均数和每个颗粒的空间容许的最大接触数，处于网络临界点时，$C_p=P_cZ$，式中，C_p 是每个颗粒的临界接触数，P_c 是网络形成的临界概率，Z 是最大可能接触数或配位数。用蒙特卡罗法对球形颗粒的各种堆积方式进行研究，发现在网络形成时颗粒的临界平均接触数为 1.5，如果用 n 表示一个导电粒子与周围其他导电粒子相接触的平均数目，则 $n>1$ 时，开始形成断续网络，复合体系的电阻减小，当 $1.3\leqslant n\leqslant 1.5$ 时，网络形成，复合体系的电阻率急剧下降；当 $n\geqslant 2$ 时，连续网络已完全形成，导电填料量再增大，复合体系的电阻率的变化也不大。掺和型复合材料的导电性能和电磁屏蔽效能的优劣取决于体系中导电网链质量，网链的层数多、网眼密，导电性就好。同时，当导电粒子紧密接近，但并未直接接触时，由于热振动使电子能够跃过颗粒间隙从而形成电路通道。或者由于导电粒子之间的高强度电场发射电流使电子越过间隙能垒而导电。据研究，当粒子之间的电场达到 107V/cm 时，就可产生发射电流，因此只要导电粒子的间隙在 10nm 以内时，就可形成导电现象。在一定的电压场下，电子跃过间隙的能力随间隙尺寸的减小而呈指数增大。电子跃过绝缘体间隙的过程称为跃迁或贯穿隧道。贯穿隧道是跃迁的一种特殊情况，这时电子在没有能量交换下由间隙一侧的离子或分子的价带跃入（或穿入）另一侧的导带。跃迁是导电体之间相同类型的电子流过绝缘间隙，然而跃迁的电子必须使其能量增加到与跃入带的能量相近，因此跃迁需要活化能。

7.3.7 木材纤维-金属箔复合中密度纤维板的电磁屏蔽效能

将具有良好导电特性和导电均匀性的金属箔采用一定的工艺条件与木质纤维材料复合形成木材纤维-金属箔复合中密度纤维板，也是赋予木质复合材料电磁屏蔽效能的一种有效方法。

采用铝箔、铁箔、不锈钢箔和铜箔等金属箔材料与木材纤维复合，制造木材纤维-金属箔复合中密度纤维板，探讨不同金属箔材料及金属箔材料在中密度纤维板中的复合位置，以及金属箔的层数对其电磁屏蔽效能的影响规律（图 7-48～图 7-51）。

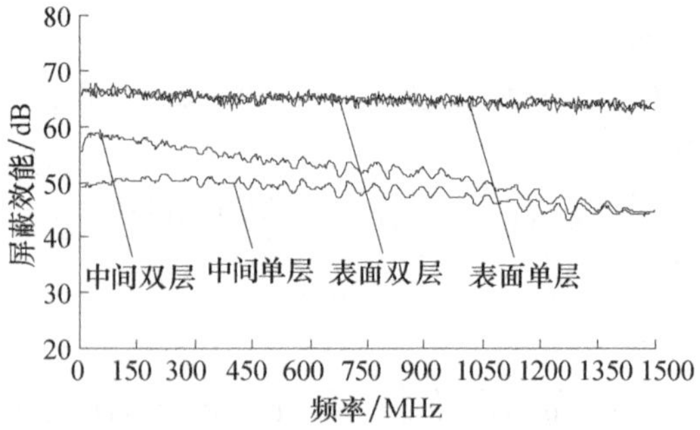

图 7-48 木材纤维-钢箔中密度纤维板的 ESE

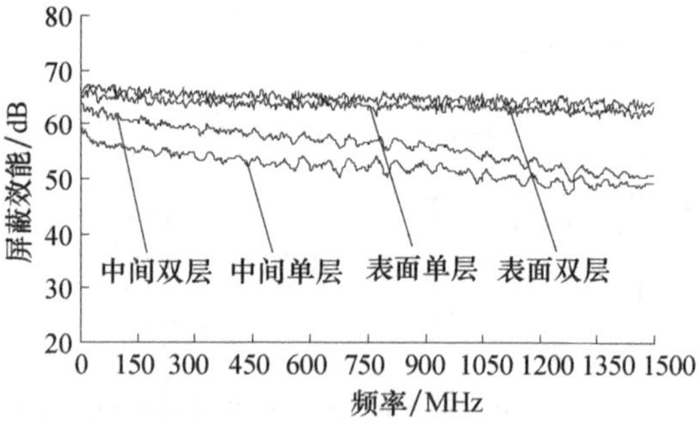

图 7-49 木材纤维-铁箔中密度纤维板的 ESE

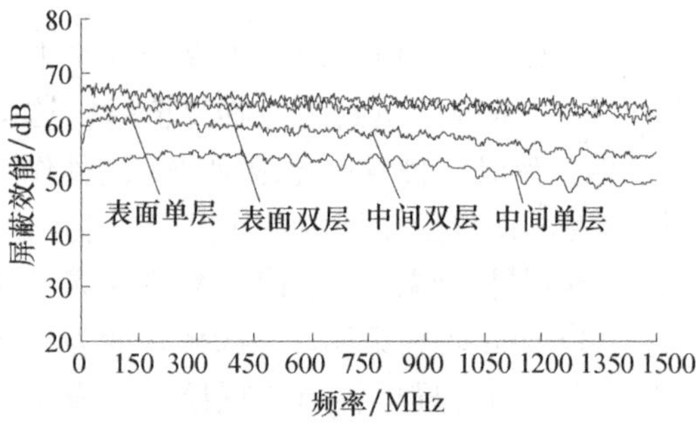

图 7-50 木材纤维-铝箔中密度纤维板的 ESE

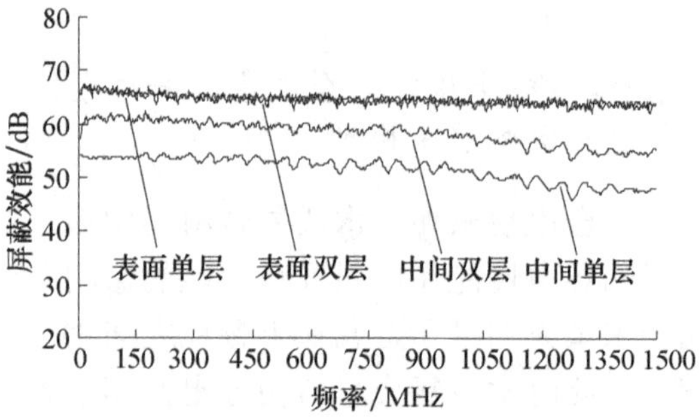

图 7-51 木材纤维-铜箔中密度纤维板的 ESE

按照常规中密度纤维板制造方法对木材纤维施加一定量的脲醛树脂胶，然后按照设定的结构将金属箔复合在中密度纤维板中，实验中的复合中密度纤维板结构有以下几种：①双层金属箔复合在中密度纤维板的上下表面；②单层金属箔复合在中密度纤维板一侧表面；③双层金属箔复合在中密度纤维板接近上下表面的板中间；④单层金属箔复合在中密度纤维板接近一侧表面的板中间。金属箔表面涂刷了一定量的 PMDI。

对于木材纤维-金属箔复合中密度纤维板，金属箔在中密度纤维板中的复合位置对其电磁屏蔽效能影响很大，当将金属箔复合在中密度纤维板的表面时，不论是单表面复合还是双表面复合，二者的屏蔽效能几乎没有差别，且在整个测试频率范围内屏蔽效能没有大的变化，即在高频范围内也保持了很高的屏蔽效能。当将金属箔复合在中密度纤维板的中间时，不论是单层复合还是双层复合，其屏蔽效能均有较大程度的下降。

当将金属箔复合在板中间时，双层复合时的屏蔽效能要比单层复合时的屏蔽效能高，特别是在低频段时，二者的差别较大，而随着频率的增加，二者的屏蔽效能差别越来越小。另外，不论是单层复合还是双层复合，其电磁屏蔽效能均随电磁波频率的增加而下降。

前述的电磁屏蔽理论认为在复合体系中屏蔽层越多，屏蔽效果越好，以前的研究结果也证明了这一点。而木材纤维-金属箔复合中密度纤维板的屏蔽效能与该理论有不相符合之处。分析认为，金属箔材料与金属网、金属纤维和金属粉的不同之处在于其屏蔽层没有任何可使电磁波穿过的孔隙，即它的屏蔽是一个完全连续的整体而不是一个交叉的网络结构，所以当入射电磁波遇到第一层金属箔时基本上全被反射了，第二层金属箔没有起到什么作用。

当将金属箔复合在中密度纤维板的中间时，由于金属箔和木材纤维之间的复合界面处的泄漏，一部分电磁波会越过第一层金属箔而被第二层金属箔所屏蔽。所以将金属箔复合在板中间时，双层复合时的屏蔽效能在一定程度上好于单层复合时的情况。

7.4 化学镀法制造生物质-金属复合材料

所谓化学镀，就是指在不加外电流的情况下，利用还原剂把溶液中的金属离子还原在呈催化活性的镀件表面的一种技术。因此，该种技术又称为不通电镀（electroless plating）或自催化镀（autocatalytic plating）。其确切含义是在金属或合金层的催化作用下，用控制金属的还原来进行金属的沉积。与电镀相比，化学镀具有如下特点。

（1）镀层厚度均匀。由于化学镀液的分散能力接近 100%，并且无明显的边缘效应，故能使形状复杂的零件各点表面沉积到厚度基本一致的镀层。不仅如此，在深孔和盲孔件及腔体的内表面也可沉积到厚度基本相同的镀层。

（2）化学镀层外观良好。镀层晶粒细致、均匀、无针孔，外表呈光亮或半光亮状，因此，它比电镀镀层更耐腐蚀，可作离子扩散的阻挡层。

（3）不要大的电源设备。由于化学镀不需要电源，施镀时只需直接把镀件浸入镀液或把镀液直接喷到镀件上即可。

（4）化学镀层能够在非金属上沉积。只是在施镀前需要对塑料、陶瓷等非金属材料进行特殊处理。

化学镀是 1946 年由 Brenner 和 Ridded 发明的，它主要是利用合适的还原剂使溶液中的金属离子有选择地在经催化剂活化的表面上还原析出成金属镀层的一种化学处理方法。

总的来说，进行化学镀应具备以下一些基本条件。

（1）被覆表面应具有催化活性，对于塑料、陶瓷、玻璃、木材等不具备表面催化活性的非金属材料，在化学镀前应进行特殊的预处理，使其表面活化而具有催化作用；被还原金属也应具有催化性质，使得沉积过程能自发持续进行。

（2）还原剂的氧化电位应低于被还原金属的平衡电位。

（3）溶液本身不应自发发生氧化-还原反应，即金属的还原反应限定在被覆件的催化表面上进行，以免溶液自行分解。

（4）可通过调节参数如溶液 pH、温度等，实现自催化沉积过程的人为控制。虽然化学镀与电镀相比，具有一定的不足，如所用的溶液稳定性较差，且溶液的维护、调整和再生都比较复杂，而且成本较高，但也具有更多的优势。

7.4.1 木材表面化学镀铜

7.4.1.1 以次亚磷酸钠为还原剂的木材表面化学镀铜

化学镀铜中常用的还原剂是甲醛，以甲醛为还原剂的镀铜效果好。在木材表面化学镀铜方面，北京林业大学和内蒙古农业大学的研究人员（朱江和黄金田，2009；贾晋等，2011；商俊博等，2009）采用甲醛为还原剂在木材表面成功地沉积了铜镀层，采用的镀液成分分别见表 7-12 和表 7-13。

表 7-12 化学镀铜的镀液成分

镀液成分	含量/(g/L)
硫酸铜（$CuSO_4 \cdot 5H_2O$）	30～50
酒石酸氢钾（TART）	10～15
EDTA・2Na	20～30
亚铁氰化钾[$K_4Fe(CN)_6$]	1～3
聚乙二醇 400（PEG-400）	适量
α，α′-联吡啶	适量
甲醛（37%）	适量

表 7-13 化学镀铜的镀液成分及施镀条件

镀液成分	含量
硫酸铜	10g/L
甲醛	10mg/L
EDTA	35g/L
稳定剂	25mg/L
光亮剂	20mg/L
温度	50℃
pH	12.4～12.5
时间	12～15min

众所周知，甲醛的毒性很大，对环境和接触人群产生巨大的危害。非工业环境的人群（如室内居民）长期暴露于低浓度甲醛下，会产生眼部刺激、上呼吸道刺激、头痛、咳嗽等症状。甲醛对黏膜有强烈刺激作用，能引起视力和视网膜的选择性损害。人的甲醛嗅觉为 0.06～0.07mg/m^3。接触高浓度甲醛蒸气会出现甲醛刺激反应，如眼刺痛、流泪、咽痛、胸闷、咳嗽等；轻度中毒会出现视物模糊、头晕、头痛、乏力等全身症状；中度中毒会持续咳嗽、声音嘶哑、胸痛、呼吸困难，可伴有体温升高和白细胞计数增加；重度中毒的症状是喉头水肿及窒息、肺水肿、昏迷、休克等（刘清，1997；徐向荣和徐增康，2008；叶绍燕，2013）。

为了避免甲醛在化学镀铜过程中的危害，选择次亚磷酸钠为还原剂在木材表面化学镀铜。

1）实验过程与方法

（1）预处理：木材表面孔隙发达、自然粗糙，所以木材化学镀铜前无须粗化处理。本研究采用盐基胶体钯活化液进行活化、敏化一步法处理，在室温下进行，具体方法见张永峰等（2000）的研究。

（2）化学镀铜：化学镀铜的镀液成分见表 7-14，镀液的 pH 用 NaOH 溶液进行调节，将镀后水曲柳单板经多次水洗后置烘箱中低于 50℃烘干，待测。

表 7-14 化学镀铜的镀液成分

成分	含量/(g/L)
硫酸镍	0.5
硫酸铜	6～8
次亚磷酸钠	22～35
柠檬酸三钠	7.5～17.5
硼酸	20～40
pH	用 5mol/L NaOH 溶液调节

2）镀液组成的确定

（1）硫酸铜含量：作为化学镀液中主盐的硫酸铜，它提供化学镀反应过程中所需要的 Cu^{2+}。在硫酸铜的浓度由 6g/L 变化到 8g/L 时，由图 7-52 可知，水曲柳单板表面化学镀层的屏蔽效能先升后降，在 7g/L 时达到最佳的效能，并且在频率 9kHz～1.5GHz 时，此用量下的镀层最好的屏蔽效能（SE）达 50dB 以上，最低的效能也在 40dB 左右，并且由表 7-15 可知，在此浓度下水曲柳单板的顺纹化学镀层的表面电阻率为 0.2241Ω/cm^2，横纹的为 0.3767Ω/cm^2，比其他浓度下的较低，化学镀层的表面电阻率越低，其屏蔽效能越高。所以，硫酸铜的浓度以 7g/L 为宜。

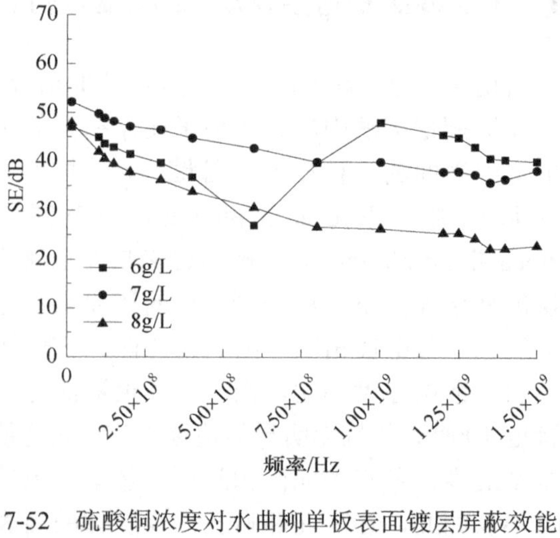

图 7-52 硫酸铜浓度对水曲柳单板表面镀层屏蔽效能的影响

表 7-15 硫酸铜浓度对水曲柳单板表面镀层表面电阻率的影响 （单位：Ω/cm²）

硫酸铜浓度/(g/L)	横纹	顺纹	平均值
6	0.4440	0.2354	0.3397
7	0.3767	0.2241	0.3004
8	1.1283	0.5441	0.8362

（2）柠檬酸三钠的含量：柠檬酸三钠作为络合剂，可以提高镀液中 Cu^{2+}的溶解度，在化学镀铜过程中逐渐释放出 Cu^{2+}与次亚磷酸钠发生反应产生氧化还原剂而形成铜镀层。由图 7-53 可知，在频率 9kHz～1.5GHz 时，水曲柳单板表面化学镀层的电磁屏蔽效能随柠檬酸三钠浓度的下降而先下降后升高，并且在其浓度为 12.5g/L 时，镀层的电磁屏蔽效能达到最高，为 45～60dB。由表 7-16 可以看出，此浓度下水曲柳单板镀层顺纹的表面电阻率为 0.1232Ω/cm²，而横纹的为 0.2024Ω/cm²，综上所述，适宜的柠檬酸钠浓度为 12.5g/L。

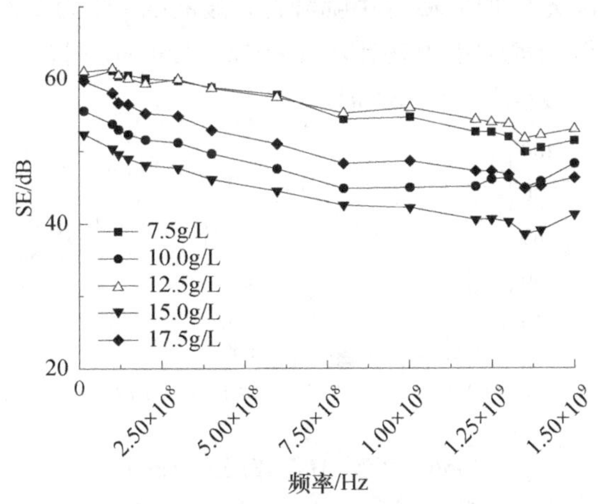

图 7-53 柠檬酸三钠浓度对水曲柳单板表面镀层屏蔽效能的影响

表 7-16 柠檬酸钠浓度对水曲柳单板表面镀层表面电阻率的影响 （单位：Ω/cm²）

柠檬酸钠浓度/(g/L)	横纹	顺纹	平均值
7.5	0.1883	0.1335	0.1609
10.0	0.4182	0.2670	0.3426
12.5	0.2024	0.1232	0.1628
15.0	0.4440	0.2355	0.3398
17.5	0.3153	0.1849	0.2501

（3）次亚磷酸钠的含量：次亚磷酸钠是整个化学反应过程的还原剂，它的浓度高低决定了沉积反应的速度。由图 7-54 可以看出，次亚磷酸钠浓度由 22g/L 增大到 34g/L，在频率 9kHz～1.5GHz 时，电磁屏蔽效能的总体趋势是先升后降再升。次亚磷酸钠的浓度为 25g/L 和 34g/L 时，镀铜水曲柳单板表的电磁屏蔽效能均在 50dB 以上，从成本考虑，选择次亚磷酸钠浓度为 25g/L。在此条件下，由表 7-17 可知，水曲柳单板顺纹化学镀层的表面电阻率为 0.1265Ω/cm²，而横纹的化学镀层的表面电阻率为 0.1495Ω/cm²。

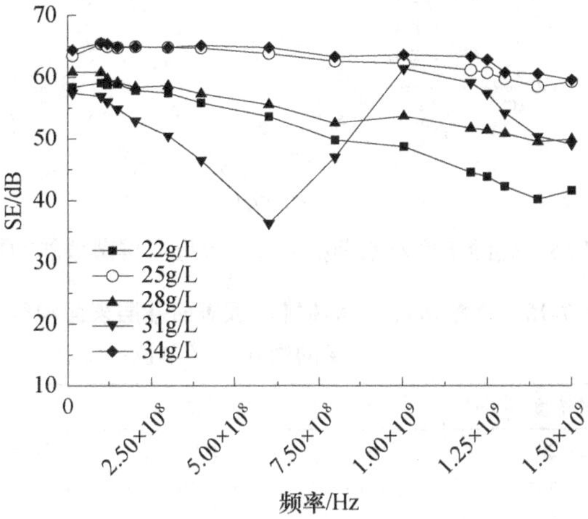

图 7-54 次亚磷酸钠浓度对水曲柳单板表面镀层屏蔽效能的影响

表 7-17 次亚磷酸钠浓度对水曲柳单板表面镀层表面电阻率的影响 （单位：Ω/cm²）

次亚磷酸钠浓度/(g/L)	横纹	顺纹	平均值
22	0.1782	0.1342	0.1562
25	0.1495	0.1265	0.1380
28	0.2024	0.1232	0.1628
31	0.1277	0.0994	0.1136
34	0.1206	0.0959	0.1083

（4）硼酸的影响：硼酸作为整个反应的稳定剂，一方面是稳定化学镀液；另一方面是降低沉积温度，促进金属铜的析出。减少硼酸量虽然可以提高反应速度，但是也给镀液的稳定性带来了问题，而稳定剂用量过大会影响反应的速度，所以其用量要综合考虑两方面的作用。由图 7-55 可知，当硼酸的浓度在 20～40g/L 变化时，水曲柳单板表面化学镀层的屏蔽效能先升高后降低，这与施镀时的镀液稳定性和沉积速度有很大关系，当硼酸的浓度在 30g/L 时，水曲柳化学镀层的屏蔽效能最高，在频率 9kHz～1.5GHz 时达到 60dB

以上。而由表 7-18 可知，水曲柳单板镀层的顺纹电阻率为 0.1265Ω/cm^2，而横纹的为 0.1495Ω/cm^2。因此，选择硼酸的浓度为 30g/L。

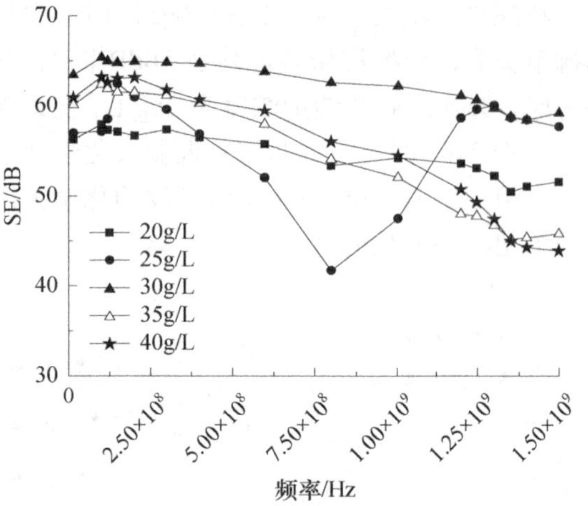

图 7-55 硼酸浓度对水曲柳单板表面镀层屏蔽效能的影响

表 7-18 硼酸浓度对水曲柳单板表面镀层表面电阻率的影响 （单位：Ω/cm^2）

硼酸浓度/(g/L)	横纹	顺纹	平均值
20	0.1358	0.1092	0.1225
25	0.3510	0.2900	0.3205
30	0.1495	0.1265	0.1380
35	0.2263	0.1787	0.2025
40	0.1517	0.1188	0.1353

3）施镀条件

（1）镀液 pH 的影响：镀液的 pH 对化学镀铜过程中施镀速度和镀液稳定性有显著的影响。由于 Cu 沉积反应过程中有 OH^-参与反应，化学镀铜反应必须在碱性条件下进行，而且随 pH 的升高，镀速呈线性增加。图 7-56 为不同 pH 镀液所得镀层的组成，镀液 pH 在 9.5～10.4 时，镀层中均含有 Cu、Ni、P 三种元素，质量分数分别为 89.58%～91.82%、7.88%～9.82%和 0.30%～0.60%。

图 7-57 为不同 pH 镀液施镀所得镀铜水曲柳单板的表面形貌，无论从低倍数还是高倍数的扫描电镜图片上都可以看出，pH 在 9.5～10.4 时所得各镀层形貌相差不甚明显。肉眼观察，各镀层均呈暗棕色，光亮度不足。这说明在此 pH 范围，沉积速度过快，导致镀层疏松，表面粗糙，且其中 Ni 含量增加，有研究表明，在镀液中添加亚铁氰化钾可以降低还原剂的氧化速度，从而降低沉积速度，改善镀层结构和表面形貌（甘雪萍等，2007）。

图 7-58 为不同 pH 镀液施镀所得镀铜水曲柳单板的表面电阻率，可见横纹和顺纹的表面电阻率随 pH 的升高而降低，但 pH 超过 9.8 时，降幅很小。结合图 7-59 中的电磁屏蔽效能曲线发现，镀铜水曲柳单板的电磁屏蔽效能随着镀液 pH 的升高先增加而后有小幅降低，镀液的 pH 为 9.8 时获得的镀铜单板在频率 10kHz～1.5GHz 时，电磁屏蔽效能为 55～64dB。

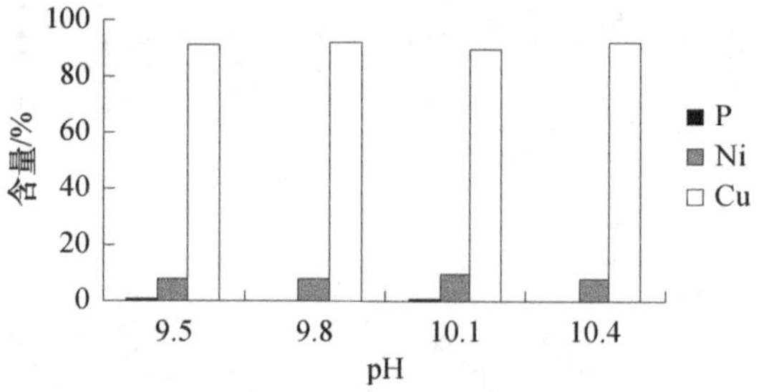

图 7-56 镀液 pH 与镀层成分的关系

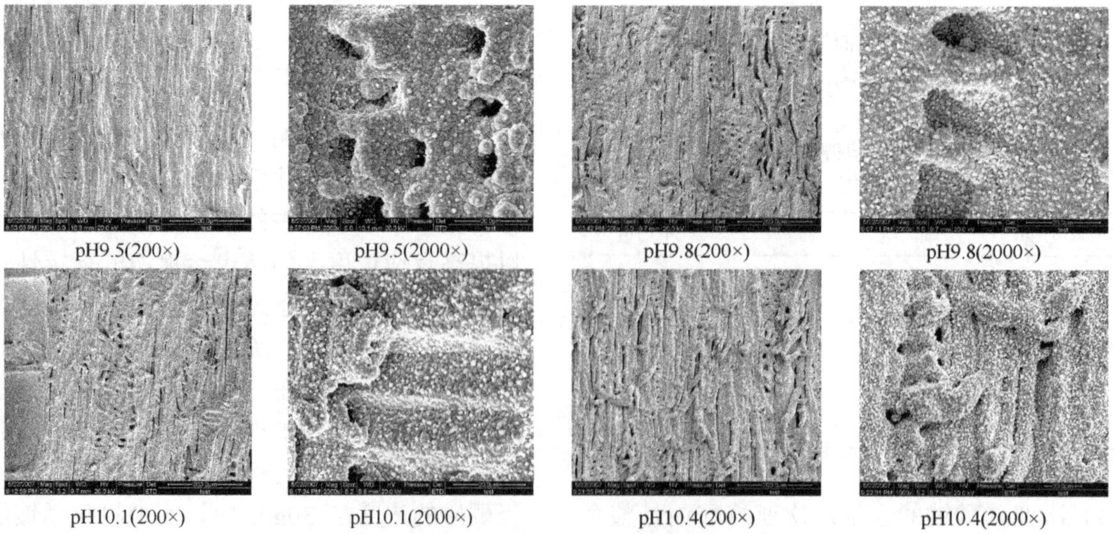

图 7-57 不同 pH 条件制得镀铜水曲柳单板的表面形貌

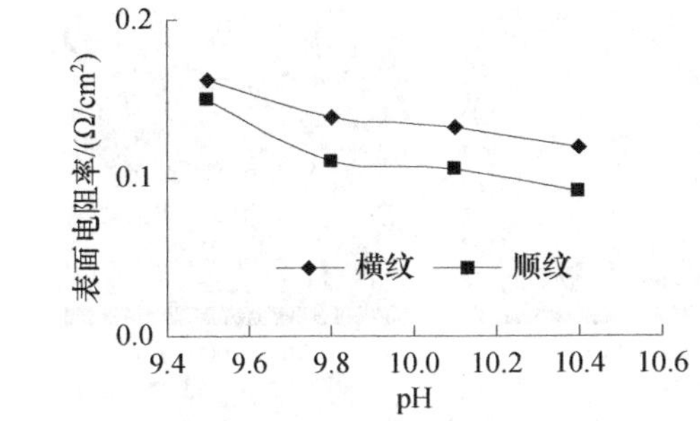

图 7-58 不同 pH 条件制得镀铜水曲柳单板的表面电阻率

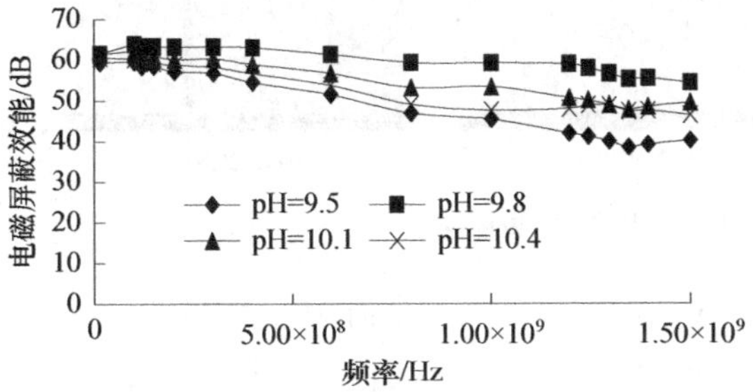

图 7-59 不同 pH 条件制得镀铜水曲柳单板的电磁屏蔽效能曲线

（2）温度的影响：镀液温度在 60～80℃时，均可以在水曲柳单板表面沉积并获得镀层。图 7-60 为不同温度下在水曲柳单板表面所得镀层的组成，可见镀层中各组成的质量分数随温度不同有所差异。温度由 60℃升高至 80℃，镀层中 Cu 的质量分数由 94.3%降至 90.79%，而 P 和 Ni 的质量分数分别在 0～0.5%和 5.7%～8.6%变化，总体趋于升高。值得说明的是，以次亚磷酸钠为还原剂的化学镀铜过程要比甲醛为还原剂复杂，其中添加的再活化剂 $NiSO_4$ 会使少量金属 Ni 发生沉积，而 Ni 是以 Ni-P 合金的形式沉积的，所以镀层中会含有 P。那么 60℃镀液所得镀层中未检测到 P 的存在，作者认为是镀层中 P 的质量分数太低，仪器未检测到而绝非镀层中不含 P。总体看来，各温度下所得镀层中 P 的质量分数均在很低的范围。

各温度下所得镀铜水曲柳单板的表面形貌见图 7-61。在放大 200 倍的各扫描电镜图上，可以看到水曲柳单板表面被镀层所覆盖，但木材自身的孔隙构造依然清晰可见，如木纤维、木射线、导管内壁和薄壁细胞等均镀覆了均匀的镀层。在放大 2000 倍的各扫描电镜图上，可见镀层由无数细小的晶粒排列堆积而成，晶粒形状大多为不规则的圆形，其中也镶嵌着一些类似犬牙状的晶粒。经比较发现，60℃条件下所得镀层中晶粒排列相对疏松，空隙明显；而温度 70℃或 75℃条件下所得镀层中，晶粒堆积相对紧密，观察不到晶粒间较大的空隙存在；但 80℃条件下所得镀层的紧密程度又有所下降。化学镀铜过程中，温度低，反应速度慢，使镀层疏松；温度升高，有利于沉积反应 $2H_2PO_2^- + Cu^{2+} + 2OH^- \longrightarrow Cu + 2H_2PO_3^- + H_2$ 的进行，使 Cu 沉积速度加快，镀层易于形成稳定的晶体结构。但温度过高，Cu 沉积加速的同时，副反应 $2Cu^{2+} + H_2PO_2^- + 4OH^- \longrightarrow Cu_2O\downarrow + H_2PO_3^- + 2H_2O$ 也会加剧，同时 H_2 逸出增加，二者使镀层紧密度下降。

图 7-62 为不同温度所得镀铜水曲柳单板的表面电阻率。由图 7-62 可知，温度由 60℃升高至 70℃，横纹和顺纹表面电阻率分别由 0.222Ω/cm² 和 0.186Ω/cm² 降至 0.138Ω/cm² 和 0.111Ω/cm²，然后温度由 70℃升高至 75℃和 80℃，横纹和顺纹的表面电阻率有小幅升高。由图 7-63 的电磁屏蔽效能曲线可以看出，温度为 70～75℃时所得镀后水曲柳单板的电磁屏蔽效果较佳，较低的 60℃和较高的 80℃所得镀后单板的效果均不佳。综合镀液温度对镀层成分、表面形貌、表面电阻率及电磁屏蔽效能的影响，镀层中 Cu 的含量高，晶粒排列紧密，表面电阻率低，电磁屏蔽效果好。因此，温度以控制在 75℃为宜。

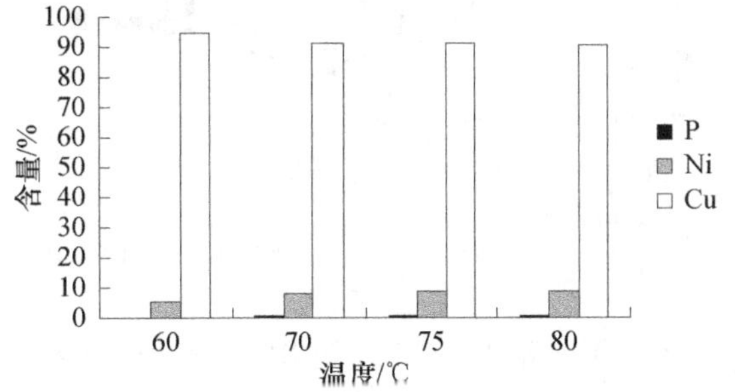

图 7-60 镀液温度与镀层成分的关系

4）镀层的组织结构 采用 X 射线衍射（XRD）对镀铜水曲柳单板的晶体结构进行分析，样品的化学镀铜温度为 70℃，pH 为 9.8，XRD 图谱见图 7-64 所示。图 7-64 说明镀铜层为面心立方结构，分别在 2θ 为 43.08°、50.12°、74.04°和 89.76°处出现 Cu（111）、Cu（200）、Cu（220）和 Cu（311）晶面衍射峰，XRD 谱图中没有在 2θ 为 36°左右出现 Cu_2O 的晶面衍射峰（侯亚平和易丹青，2007），

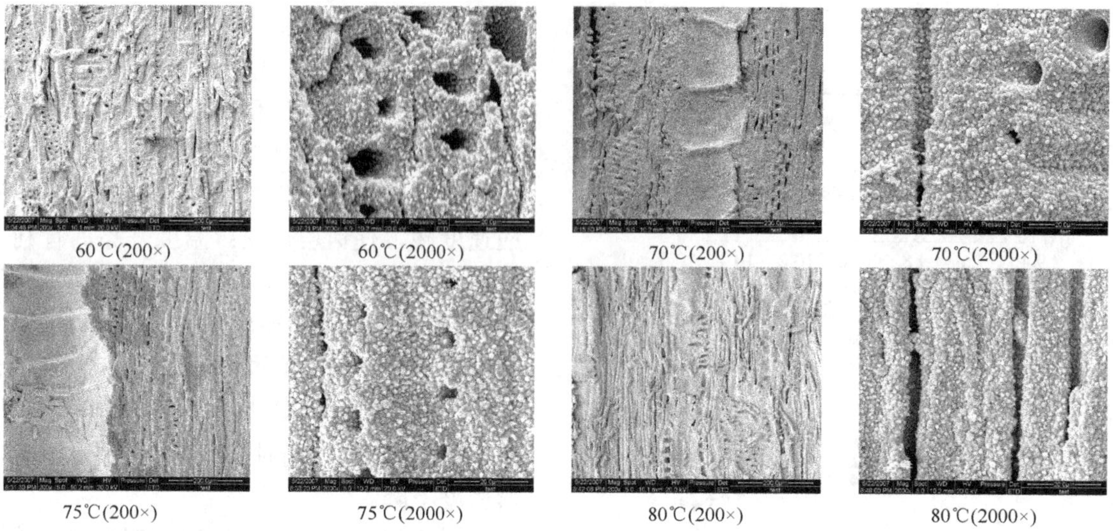

图 7-61　不同温度下制得镀铜水曲柳单板的表面形貌

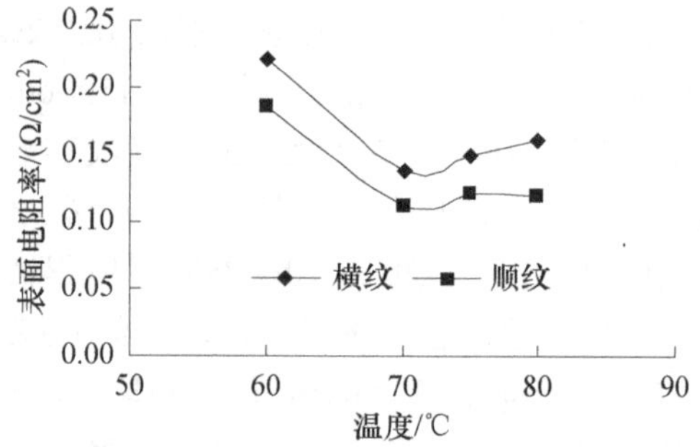

图 7-62　不同温度下制得镀铜水曲柳单板的表面电阻率

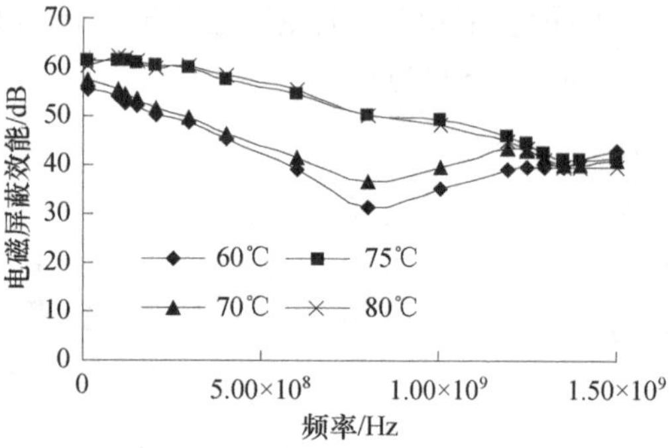

图 7-63　不同温度下制得镀铜水曲柳单板的电磁屏蔽效能

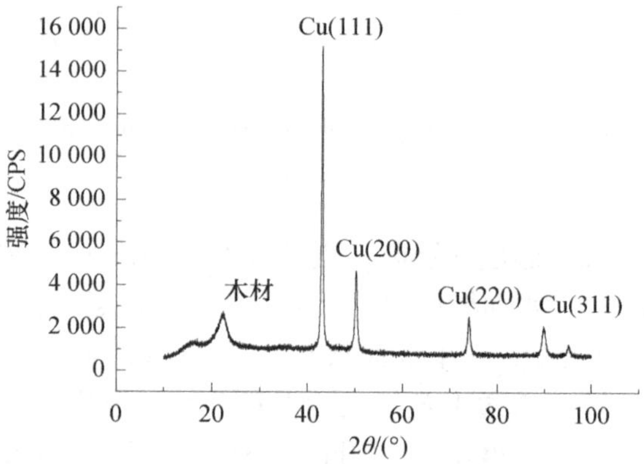

图 7-64　化学镀铜水曲柳单板的 XRD 曲线

同时也无 Ni 和 P 的化合物和 Cu-Ni 合金的晶面衍射峰，说明 Cu_2O、Ni、P 在镀层中的夹杂量不大，也说明金属 Cu 是以单质形式存在的。另外，在 2θ（衍射角）为 22.36°出现的衍射峰为木材中纤维素的 002 晶面衍射峰，峰强度较低，表明镀层较厚。

7.4.1.2　基于离子钯活化和乙醛酸为还原剂的化学镀铜

甲醛具有很强的还原能力，常用作木材化学镀铜的还原剂。然而，以甲醛为还原剂，会因为夹杂着 Cu_2O 等杂质而使镀层物理性能降低，尤其是甲醛在生产使用过程中会释放出刺激性有害气体，在实际生产和废液、废渣处理过程中都污染环境，危害人体健康。随着人们对生产环境的关注和环境保护意识的不断提高，在保持溶液稳定性和镀层性能的基础上，寻找替代甲醛的新型还原剂成为化学镀铜的必然趋势。

乙醛酸（GA）又称二羟乙酸、甲醛甲酸，分子式为 $C_2H_2O_3$，是最简单的醛酸，兼具醛和羧酸的性质，是未成熟水果中常有的成分。其化学性质相当活泼，是一种重要的有机化工原料与中间体。乙醛酸的标准氧化电位为−1.01V，在碱性溶液中以乙醛酸根阴离子存在，无毒性气体析出，因此避免了对环境的污染。

胶体钯活化液的稳定性较差，容易沉降，本部分研究采用性能较为稳定的第三代钯离子活化工艺，以乙醛酸作为化学镀铜的还原剂，探讨了全新的木材化学镀铜镀液组成及适宜的工艺参数，制备具有电磁屏蔽性能的木质基复合材料，并对镀后单板进行了电磁屏蔽性能、物理性能、视觉物理量的测试及测量，对镀层形貌、成分、组织结构进行表征。

1）实验方法和原理

（1）工艺过程：木材单板表面化学镀铜工艺流程见图 7-65，具体步骤如下。

A. 选取去除毛刺、纹理接近的 5cm×5cm×0.6mm 木材单板，水煮去除灰尘杂质及抽取物，干燥并恒重。

B. 将单板放入壳聚糖溶液中浸渍 2～10min，浸渍后取出单板立刻放 10s 并去除多余的壳聚糖溶液，否则多余的壳聚糖溶液将在后续处理或化学镀过程中扩散到周围溶液中，导致镀层不均匀连续。在浸渍过程中保证单板不能浮出溶液并适时翻动，取出后平放单板用吹风机小心吹干，使壳聚糖干燥成膜。

C. 以 0.2g/L 的 $PdCl_2$ 溶液处理单板 2～10min，取出水洗，继续在 40℃左右用 2g/L 的次亚磷酸钠溶液处理单板 8min 后，取出水洗。

D. 将配制好的镀液升温至一定温度，将处理好的单板放入镀液中，单板不能浮出溶液并适时翻动以保证镀层均匀，施镀 10～30min 后即得化学镀铜单板，具体的沉积过程见图 7-66。

E. 将镀好的木片用大量的清水冲洗，除去残余镀液，以重物压平并于（102±2）℃条件下烘至绝干，恒重，计算铜沉积量，测定电阻值及其余性能。

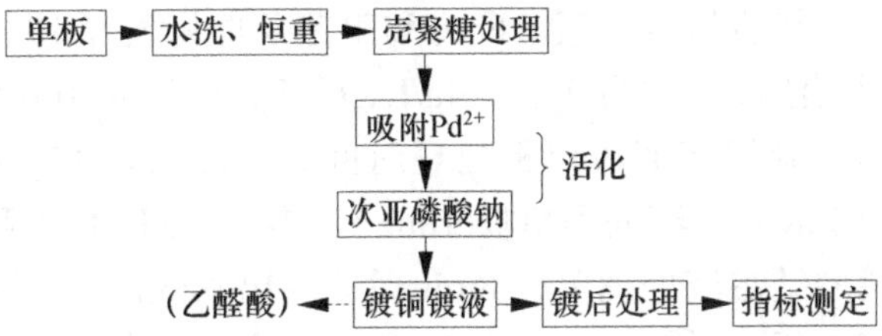

图 7-65 木材单板表面化学镀铜工艺流程示意图

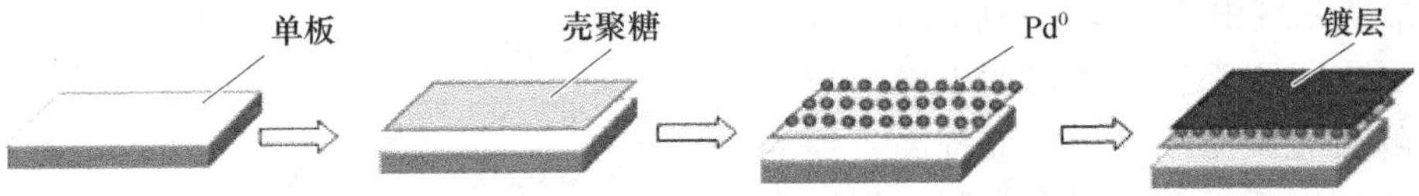

图 7-66 化学镀铜过程示意图

（2）壳聚糖前处理原理：壳聚糖（chitosan）又称脱乙酰几丁质、聚氨基葡萄糖或可溶性甲壳素，化学名称是 β(1, 4)-2-氨基-2-脱氧-D-葡萄糖，为甲壳素的 *N*-脱乙酰度高于 70%的产物（Xing et al.，2008），如图 7-67 所示。因其分子链上含有大量特殊的氨基、羟基功能团，使其成为高性能的高分子化合物，具有可降解性、良好的成膜性及生物相容性。壳聚糖的化学稳定性好，无毒，不能溶于水和碱溶液。

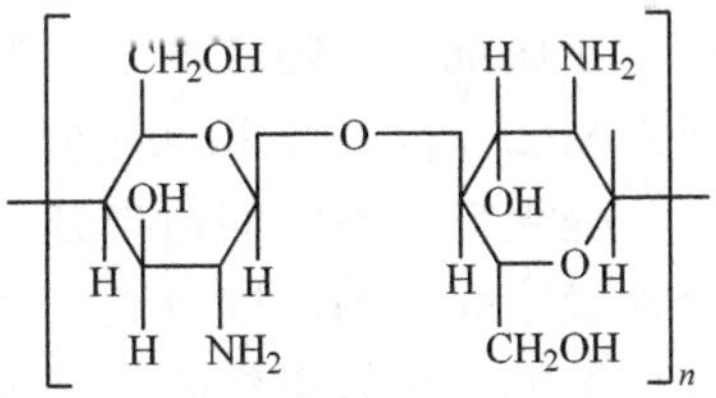

图 7-67 壳聚糖的分子结构式

非金属材料在化学镀前一般需要粗化处理，以确保镀层与基体保持一定的结合强度。木材表面具备粗糙、多孔性的表面特征，因此无需粗化便可直接活化处理。因木材与钯活化层之间属于物理吸附结合，在施镀时钯粒子容易脱落进而引发镀液自发分解，为此，本实验将木材浸入壳聚糖溶液，在一定条件下使壳聚糖在木材表面成膜，壳聚糖膜制备方法简单，且黏附性及物理机械性能良好，可以在钯粒子与木材之间起到类似桥梁的作用。壳聚糖分子上存在大量—OH，可以与木材的—OH 形成较强的氢键作用。此外，因为存在大量的—NH_2，壳聚糖对金属离子有较强的吸附能力，可以和多种金属离子形成稳定的配位作用，Pd^{2+}的最外层电子构型为 $4d^85s^05p^0$，活化时与—NH_2 发生 dsp^2 杂化，壳聚糖分子中氨基中的 N 与 Pd 形成 N-Pd σ 配位键（俞丹壳，2011）。

本实验采用壳聚糖作为吸附钯离子的有效载体，再利用次亚磷酸钠的强还原性将附着在壳聚糖膜表面的钯离子还原成金属钯，使其成为化学镀的活化催化中心，进而引发化学镀的进行。其反应离子式如下。

$$Pd^{2+} + 2H_2PO_2^- + 2H_2O \longrightarrow Pd\downarrow + 2H_2PO_3^- + 2H^+ + H_2\uparrow$$

副反应：

$$3H_2PO_2^- + 2H^+ \longrightarrow 2P\downarrow + H_2PO_3^- + 3H_2O$$

2）活化条件与分析

（1）壳聚糖浓度的影响：首先配制壳聚糖溶液。壳聚糖虽然不溶于水，但是其分子中的氨基却可以与酸生成盐，从而可溶解于乙酸溶液。称取一定质量的壳聚糖加入 2%乙酸溶液中，常温搅拌直至完全溶解，制得呈黏稠状、透明的壳聚糖溶液。

初步拟定的镀液配方和工艺条件见表 7-19。配制浓度分别为 2g/L、4g/L、6g/L、8g/L 和 10g/L 的壳聚糖溶液，单板处理时间为 10min，0.2g/L 的 $PdCl_2$ 溶液处理单板 10min，再以 2g/L 的次亚磷酸钠溶液处理单板 8min 后，取出水洗，浸入镀液进行化学镀。经化学镀后，测试单板的表面电阻率和金属沉积率，实验结果见图 7-68。由图 7-68 可知，随着壳聚糖浓度由 2g/L 增大到 8g/L，桦木和水曲柳的表面电阻率都呈现大幅度下降，对应的金属沉积量随着壳聚糖浓度增加而提高。但当继续增加壳聚糖浓度后，单板表面电阻率反而升高，相应的金属沉积率随之下降。其原因是足够浓度的壳聚糖能较均匀地于木材表面上成膜，由于壳聚糖分子间存在大量的—OH 和—NH_2，能够提供与钯离子反应的活性吸附位点，使钯离子均匀地分布于木材表面，随后在次亚磷酸钠溶液中被还原成金属钯，进而催化化学镀铜反应。壳聚糖浓度过高，其黏度增大，使其在木材表面上附着不均匀，造成吸附钯离子的分布不够均匀，以致影响反应界面，使镀层性能相对降低。另外，浓度大、黏度高的壳聚糖在木材上成膜的厚度过大，导致吸附的钯离子得不到充分裸露，可被次亚磷酸钠溶液还原为单质钯的钯离子数量随之减少，从而使活化及化学镀的最终效果受到影响。因此，选择壳聚糖的浓度为 8g/L。

表 7-19 初步实验镀液配方及工艺条件

镀液成分	浓度/(g/L)	工艺条件	数值
硫酸铜	16	镀液温度	40℃
乙二胺四乙酸二钠	30	施镀时间	10～30min
乙醛酸	12	pH	12
联吡啶	0.01		
添加剂 L	0.01		

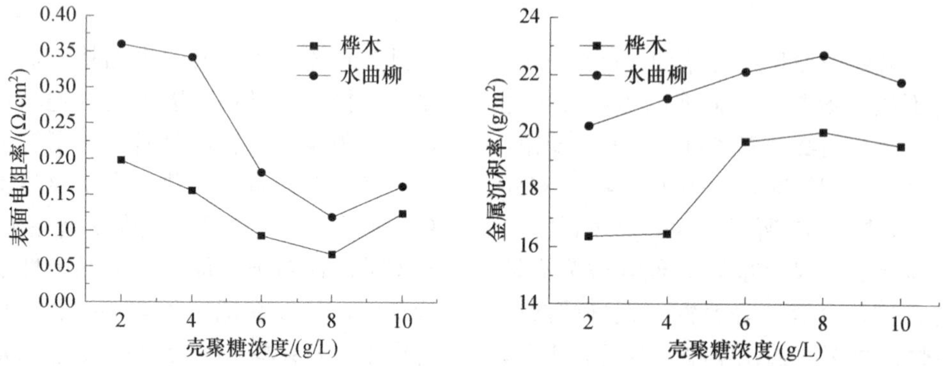

图 7-68 壳聚糖浓度对单板表面电阻率及金属沉积率的影响

（2）壳聚糖处理时间的影响：用 8g/L 壳聚糖溶液浸泡桦木单板和水曲柳单板各 5 块，处理时间分别为 2min、4min、6min、8min 和 10min，0.2g/L 的 $PdCl_2$ 溶液处理单板 10min，再以 2g/L 的次亚磷酸钠溶液处理单板 8min，以表 7-19 所列条件进行化学镀铜，测试单板的表面电阻率和金属沉积率。实验结果如图 7-69 所示。两种单板的表面电阻率与金属沉积率呈现基本相同的变化规律，随着处理时间从 2min 延长到 8min，单板表面电阻率逐渐降低，金属沉积率随之逐渐增加，当壳聚糖处理时间为 8min 时，桦木和水曲柳的化学镀效果达到最佳，壳聚糖处理时间适当延长，有利于单板更充分地吸附壳聚糖，以及壳聚糖对钯的吸附率提高和后续的活化效果较好。壳聚糖处理时间继续增长至 10min，表面电阻率转而上升，金属沉积率下降。产生以上结果的原因可能为：单板吸附壳聚糖过多会造成壳聚糖膜厚度过大，将单板置于氯化钯酸性溶液中吸附时，会有较多的壳聚糖溶解于溶液中继而吸附了一定数量的钯离子，造成了溶液可用于活化的钯离子总量减少，因此对活化效果产生不利影响。实验结果表明，壳聚糖溶液浸泡单板成膜时间以 8min 为宜。

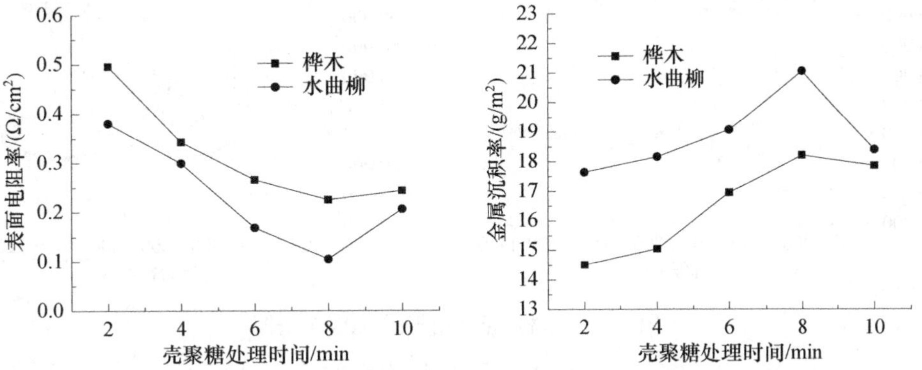

图 7-69 壳聚糖处理时间对单板表面电阻率及金属沉积率的影响

（3）氯化钯处理时间的影响：用 8g/L 壳聚糖溶液浸泡单板 8min，0.2g/L 氯化钯处理时间分别为 2min、4min、6min、8min、10min，于次亚磷酸钠中还原后浸入镀液施镀。实验结果见图 7-70。随着处理时间从 2min 延长到 8min，镀铜单板的表面电阻率逐渐减小，对应的金属沉积率逐渐增加。当处理时间为 8min 时，镀后单板的表面电阻率达到最低值，桦木为 0.13Ω/cm^2，水曲柳为 0.19Ω/cm^2，相应的金属沉积率均达到最高值。当时间继续延长超过 8min 时，镀后单板的表面电阻率反而增加，金属沉积率开始下降。其原因是壳聚糖膜于氯化钯溶液中吸附钯离子并与之络合，在一定时间内可达到吸附饱和值，此时为处理的最佳时间，活化效果最佳。继续延长时间，钯离子的吸附量不但不会随之增加，时间过长，反而可能使氯化钯溶液中的盐酸溶解部分壳聚糖，使钯在壳聚糖上的解吸有所增加，这些因素都会直接影响到活化效果和镀后单板的性能。因此，选择壳聚糖吸附氯化钯的最佳时间为 8min。

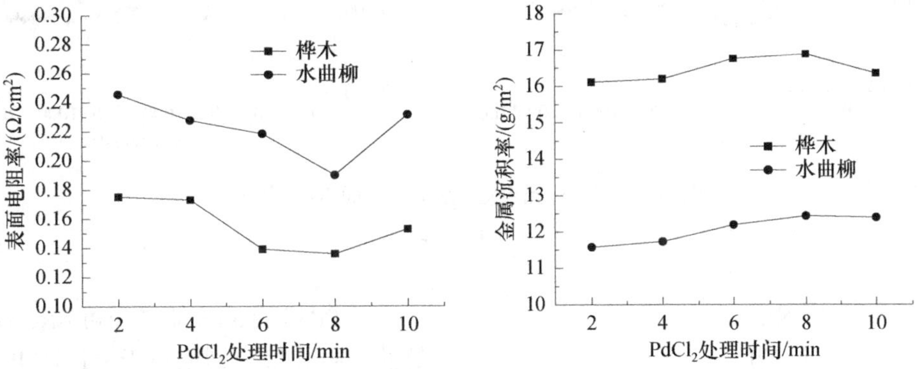

图 7-70 $PdCl_2$ 处理时间对单板表面电阻率及金属沉积率的影响

从上述实验结果得出，离子钯活化的最佳条件为：壳聚糖浓度为 8g/L，壳聚糖处理时间为 8min，0.2g/L 氯化钯处理时间为 8min，2g/L 次亚磷酸钠溶液处理单板 8min。

（4）活化过程的分析与表征：以水曲柳为例，采用 XPS 对活化过程中的壳聚糖处理木材、吸附钯离子、钯离子还原为单质钯的过程进行分析。

A. XPS 分析：由图 7-71 可知，壳聚糖处理后木材表面检测到的元素有碳（C1s）、氮（N1s）和氧（O1s），其中，C1s、O1s 来自于木材单板和壳聚糖，N1s 则来自于壳聚糖上的氨基（Sun et al.，2012；Wang et al.，2011）。这表明，经过成膜处理，壳聚糖分子间的—OH 和—NH_2 已经与木材表面—OH 通过氢键作用形成 C—O—C 键，壳聚糖已经成功地附载于木材表面。

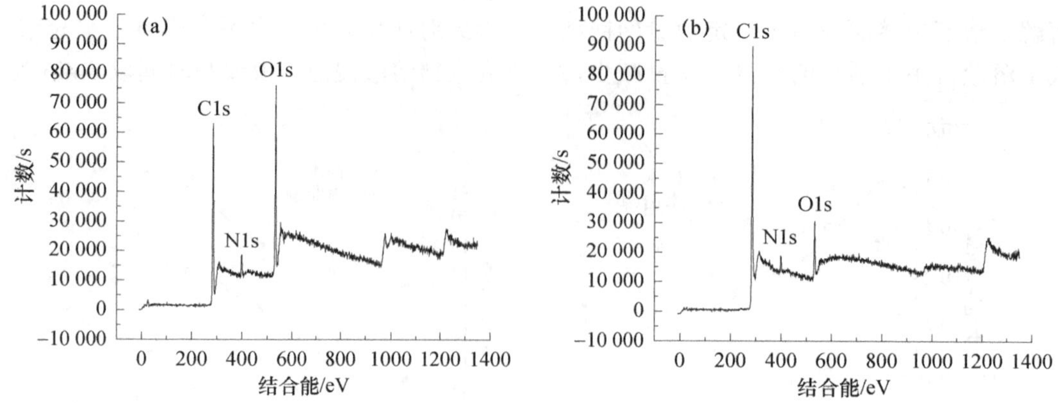

图 7-71 木材-壳聚糖表面 XPS 全谱图

（a）表面；（b）刻蚀

图 7-72 和图 7-73 分别为木材-壳聚糖-钯离子表面 XPS 全谱图和 N1s 吸附氧化钯前后的 XPS 能谱图。通过对比分析可知，未吸附氯化钯之前，N1s 的能谱图上出现了 398.6eV 的强峰，见图 7-73a，为氨基上的 N1s 谱峰，表明 N 以—NH_2 的状态存在，吸附氯化钯后，N1s 峰出现宽化，经分峰后可见两个结合能增加了的 N1s 峰，分别为 398.6eV 与 401eV，见图 7-73b，这表明壳聚糖上的氮原子与钯离子成功地络合，形成了 N-Pd σ 配位键，进而增大了 N1s 电子的结合能。

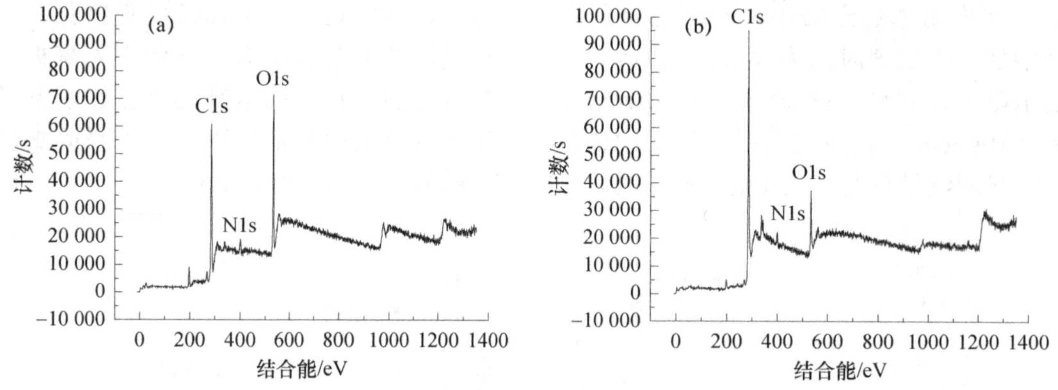

图 7-72 木材-壳聚糖-钯离子表面 XPS 全谱图

（a）表面；（b）刻蚀

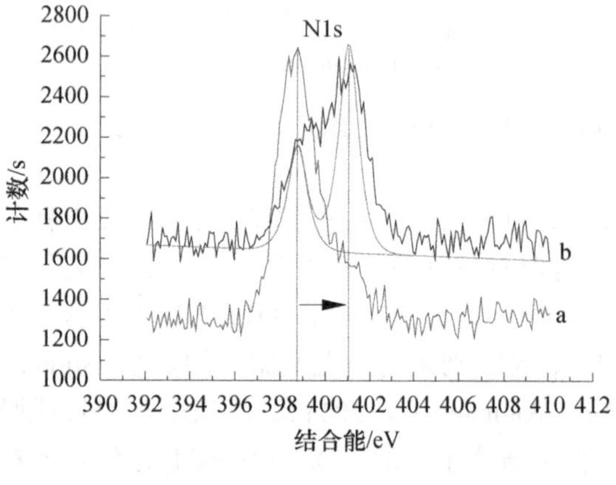

图 7-73 N1s 吸附氯化钯前后的 XPS 能谱图

a. 木材-壳聚糖；b. 木材-壳聚糖-氯化钯

从 Pd3d 的 XPS 能谱图可知，341.8eV、336.4eV 处的强吸收峰分别来自于 Pd^{2+}的 $Pd3d_{3/2}$、$Pd3d_{5/2}$，见图 7-74a；经次亚磷酸钠还原后，$Pd3d_{5/2}$ 与 $Pd3d_{3/2}$ 的吸收峰位置发生了变化，经分峰后，除原位置的峰之外，还在 340.5eV 和 335.1eV 处出现了两个与单质钯的峰位非常接近的峰（Lim et al.，2001），说明部分钯离子被次亚磷酸钠还原为单质钯，另有一部分仍以 Pd^{2+}状态存在。尽管如此，木材表面已经获得了钯活化层，这一部分单质钯足以引发后续的化学镀反应。

B. SEM 分析：通过 SEM 可观察到活化过程中木材表面的形貌，如图 7-75 所示。木材以

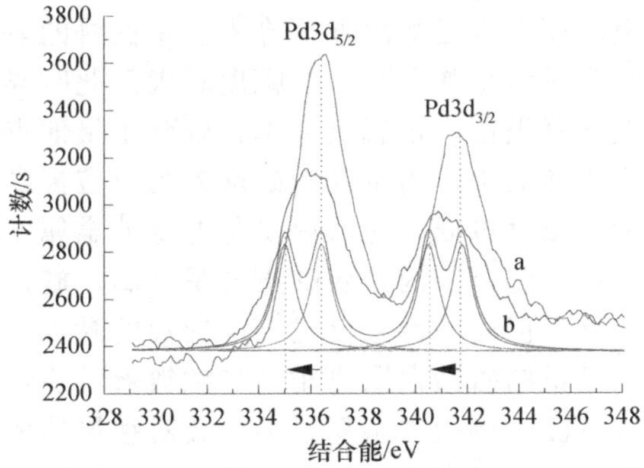

图 7-74　钯的 XPS 能谱图

a. 木材-壳聚糖-氯化钯；b. 木材-壳聚糖-钯

壳聚糖溶液处理后，表面被一层壳聚糖膜所覆盖［图 7-75（a）］，尤其是孔隙也被填满［图 7-75（b）和（d）］，在剖面［图 7-75（c）］上壳聚糖膜清晰可见，这表明壳聚糖已经在木材表面成膜。将其浸入氯化钯溶液后，由于在吸附钯离子过程中，有一小部分壳聚糖溶解于氯化钯溶液，因此可以观察到，壳聚糖膜变薄，木材表面的孔隙同时被显露出来，见图 7-76（a）～（d）。于次亚磷酸钠还原后，如图 7-77 所示，木材表面尽管以 60 000 放大倍数观看，并没有发现 Pd^0 的存在［图 7-77（c）和（d）］，继续增加放大倍数，壳聚糖膜则在较高的电解压力下出现破裂现象［图 7-77（b）］。结合 XPS 的分析结果来看确有 Pd^0 的存在，钯离子中仅有一小部分被还原成 Pd^0，但足以有效地引发化学镀铜反应。

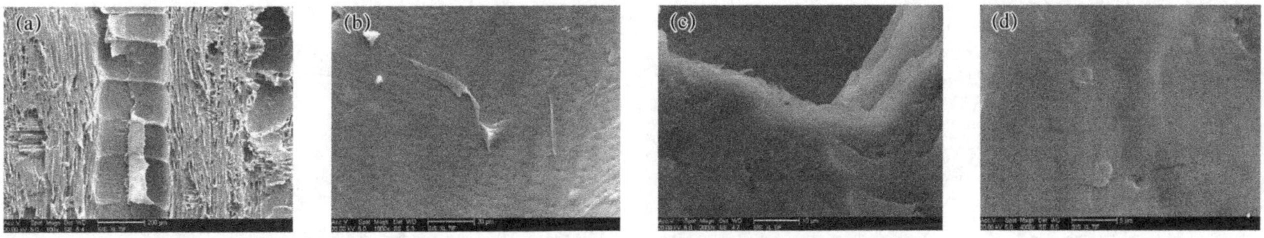

图 7-75　壳聚糖处理木材表面扫描电镜图

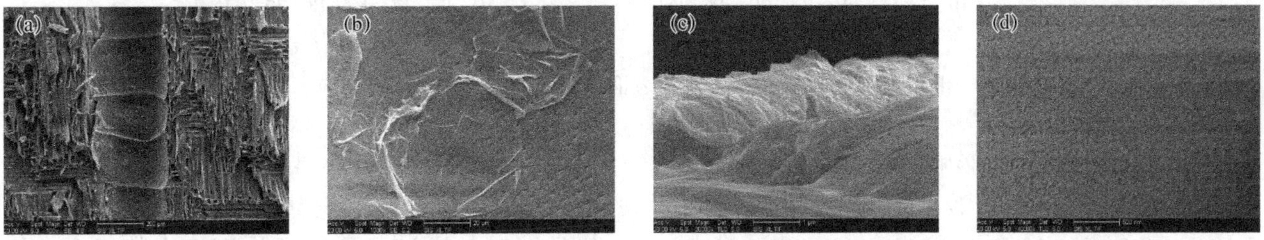

图 7-76　木材-壳聚糖-氯化钯扫描电镜图

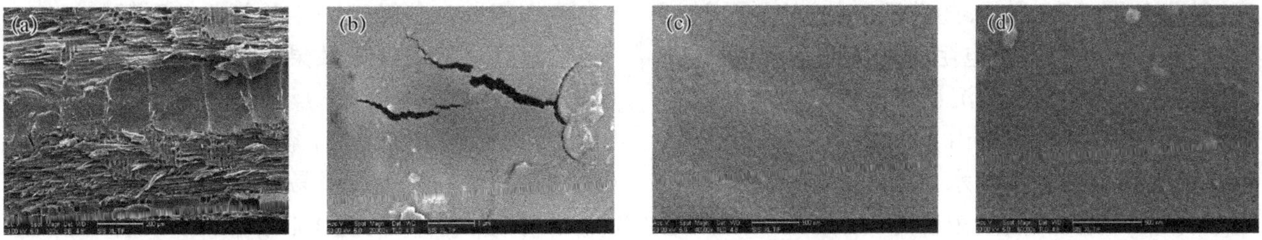

图 7-77　木材-壳聚糖-钯扫描电镜图

3）乙醛酸为还原剂的化学镀铜研究

（1）反应原理：镀液中的 Cu^{2+} 与 $EDTA^{4-}$ 络合形成 $CuEDTA^{2-}$，化学镀铜是利用乙醛酸的还原性，在金属钯颗粒的催化作用下将镀液中的 $CuEDTA^{2-}$ 还原成金属 Cu，Cu 在木材表面析出沉积，形成光亮的金属铜镀层。总反应可以写成

$$CuEDTA^{2-} + 2CHOCOOH + 6OH^- \longrightarrow$$
$$Cu\downarrow + 2C_2O_4^{2-} + 4H_2O + H_2\uparrow + EDTA^{4-}$$

以乙醛酸作为还原剂的镀铜属醛系自催化沉积，其镀铜的主反应为

$$Cu^{2+} + 2CHOCOOH + 6OH^- \longrightarrow$$
$$Cu\downarrow + 2C_2O_4^{2-} + 4H_2O + H_2\uparrow$$

（2）镀液成分与含量。

A. 硫酸铜浓度的影响：在保持溶液中其他组分和条件固定的条件下，分别以硫酸铜 8g/L、12g/L、16g/L、20g/L 和 24g/L 配制溶液，取活化处理后的桦木、水曲柳单板各 5 块，镀后测试表面电阻率和金属沉积率。硫酸铜浓度对表面电阻率和金属沉积率的影响如图 7-78 所示。两种单板的变化规律基本一致，随着硫酸铜浓度的增加，表面电阻率均呈下降趋势，相应的金属沉积率呈上升趋势，至浓度为 20g/L 时，两种单板的表面电阻率均达到最低值，分别为 0.225Ω/cm^2、0.292Ω/cm^2，相应的金属沉积率达到最高点，水曲柳单板的金属沉积率高于桦木单板。而继续增加浓度，桦木和水曲柳的表面电阻率重新反弹升高，且幅度较大，此时导电性能下降很快，金属沉积率也降到了最低点。这说明镀液中作为主盐的硫酸铜为反应提供金属铜，浓度过低，无法提供足够量的金属铜离子，在一定范围内，硫酸铜含量越高，施镀效果越好，但硫酸铜浓度过高，镀液的黏稠度增大，过量的硫酸根阴离子会导致镀液不稳定并产生沉淀，铜盐中杂质过多，会对镀层造成不良的影响，只有合适浓度的硫酸铜才能在一定的时间内产生连续的镀层，并保证镀层达到一定的厚度，通过以上实验选择镀液中硫酸铜浓度为 20g/L。

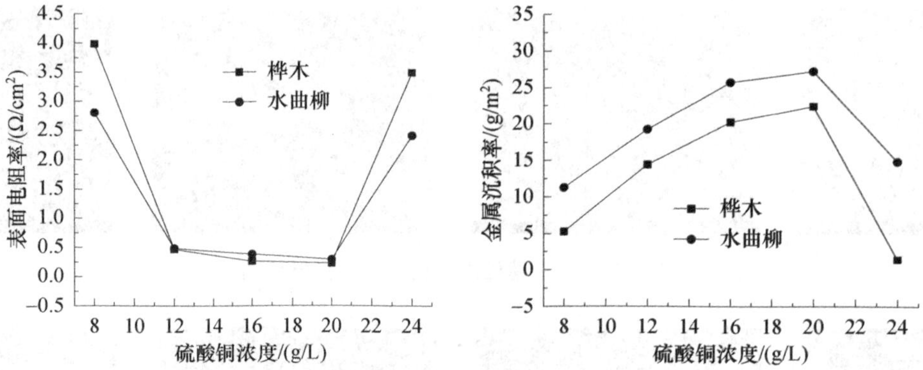

图 7-78 硫酸铜浓度对单板表面电阻率和金属沉积率的影响

B. 乙醛酸浓度的影响：保持溶液中其他组分和条件固定，乙醛酸浓度分别为 6.0g/L、7.5g/L、9.0g/L、10.5g/L 和 12.0g/L，测试桦木、水曲柳单板化学镀后的表面电阻率和金属沉积率，结果如图 7-79 所示。随着乙醛酸浓度的增加，水曲柳和桦木的表面电阻率均呈现先下降再升高的现象，相应的金属沉积率呈现先增加后减少的趋势。桦木和水曲柳由于表面性状不同，乙醛酸浓度的变化对桦木和水曲柳的影响趋势不同。对于桦木单板，乙醛酸浓度为 6g/L 时，表面电阻率达到 0.35Ω/cm^2 左右，相应的金属沉积率较低，为 10g/m^2 左右，当乙醛酸浓度为 7.5g/L 时，其表面电阻降至 0.2Ω/cm^2，金属沉积量达到最大值，为 12.3g/m^2，随着乙醛酸浓度的继续增大，桦木的表面电阻率逐渐上升，到 12g/L 时，表面电阻率达到最大值 0.53Ω/cm^2。水曲柳的表面电阻率随着浓度的增大明显降低，当其浓度达到 10.5g/L 时，表面电阻率低至 0.17Ω/cm^2，金属沉积量达最大值 20g/m^2；当浓度继续增大时，表面电阻率上升、金属沉积量下降，且幅度均较大。化学镀铜是通过乙醛酸还原溶液中的络合金属铜离子而获得镀层，乙醛酸用量的多少与还原能力密切相关，与镀液中主盐等成分匹配的浓度，才会达到最佳的反应效果。镀液中乙醛酸浓度过低导致还原能力较低，反应不充分，镀层导电性较差；乙醛酸浓度过高，容易导致副反应的发生，使镀液稳定性变差，极易分解。乙醛酸在碱性溶液中易发生“康尼扎罗氏副反应”而产生大量的草酸盐，影响铜的沉积，副反应为

$$2CHOCOOH+2OH^- \longrightarrow C_2O_4^{2-}+HOCH_2COOH+H_2O$$

因此，通过实验结果确定桦木、水曲柳乙醛酸的浓度分别为 7.5g/L 和 10.5g/L 较为适宜。

C. 乙二胺四乙酸二钠（EDTA·2Na）浓度的影响：分别以乙二胺四乙酸二钠（EDTA·2Na）10g/L、20g/L、30g/L、40g/L 和 50g/L 的浓度配制溶液，取活化处理后桦木和水曲柳单板各 5 块，

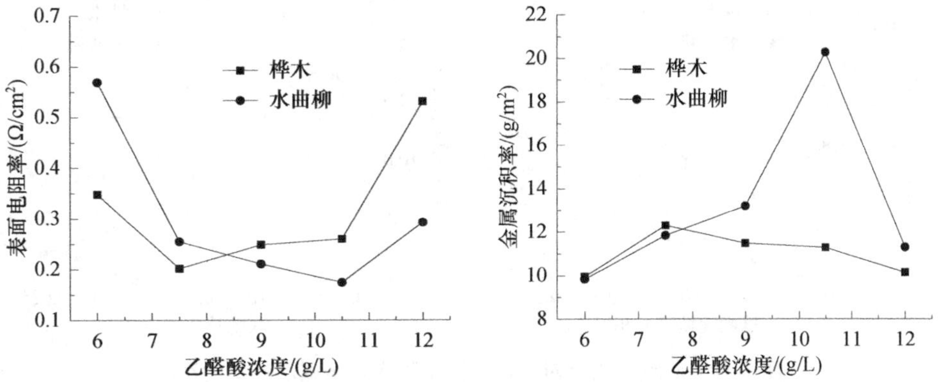

图 7-79 乙醛酸浓度对单板表面电阻率及金属沉积率的影响

镀后分别测试表面电阻率和金属沉积率。EDTA •2Na 浓度对桦木、水曲柳单板表面电阻率和金属沉积率的影响如表 7-20 和图 7-80 所示。EDTA • 2Na 浓度对两种单板的影响基本相同，浓度低于 20g/L 时，单板的表面电阻值超过电阻仪可测量到的最大量程（$>10^9$），浓度升高到 30g/L 时，表面电阻率大幅度下降，相对应的金属沉积率大幅度升高，当达到 40g/L 时，两种单板的表面电阻率达到最小值，金属沉积率升至最高，当浓度超过 40g/L 后，表面电阻率重新出现升高的趋势，金属沉积量相应下降。

表 7-20 EDTA · 2Na 浓度对表面电阻率的影响

EDTA • 2Na 浓度/(g/L)	桦木/(Ω/cm^2)	水曲柳/(Ω/cm^2)
10	—	—
20	—	0.455
30	0.182	0.126
40	0.156	0.102
50	0.240	0.118

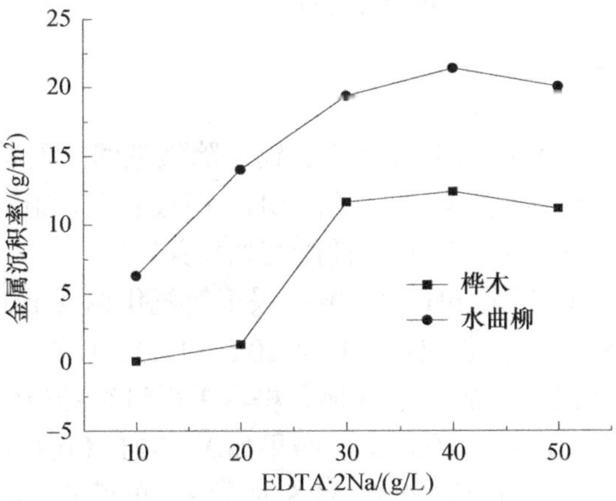

图 7-80 EDTA • 2Na 浓度对单板金属沉积率的影响

络合剂的作用在于与铜离子生成铜的络离子，以降低游离铜离子浓度，防止铜离子在碱性镀液中生成 Cu_2O、$Cu(OH)_2$。适量稳定的络合物有利于提高铜的沉积速度及溶液稳定性，因此，络合剂含量对镀层性能影响较大。镀液中络合剂的含量过少时，无法达到降低游离铜离子浓度和增加铜离子溶解度的目的，化学镀反应基本不发生，但如果络合剂含量过高，会导致所络合铜离子被释放出来的速度变得缓慢，此时镀液中铜离子含量过低，导致沉积速度慢，不利于铜的沉积。因此，综合实验结果得出 EDTA • 2Na 浓度为 40g/L 时，施镀效果达到最佳。

D. 联吡啶浓度的影响：在镀液其他组分、参数均不改变的条件下，分别以联吡啶 0.005g/L、0.01g/L、0.015g/L、0.02g/L 和 0.025g/L 配制镀液，取桦木和水曲柳单板各 5 块，经化学镀后测试单板的表面电阻率和金属沉积率，结果如图 7-81 所示。当联吡啶浓度达到 0.01g/L 时，桦木和水曲柳的电阻率均最低，分别为 0.29Ω/cm^2 和 0.13Ω/cm^2，金属沉积率均达到最高值，分别为 11.96g/L 和 14.27g/L，当其浓度分别为 0.015g/L、0.020g/L、0.025g/L 时，两种木材表面电阻率总体呈上升趋势，桦木的上升趋势更为明显，金属沉积率也相应大幅度下降。其原因是作为稳定剂的联吡啶浓度低于 0.01g/L 时，镀液不稳定、易浑浊，表明副反应较多，影响了铜的沉积；而其浓度过高时，掩蔽了大量的铜离子，对金属的化学沉积有抑制作用，降低了反应速度，影响镀层的厚度及连续性，使导电性能较差。

在化学镀铜过程中不可避免地会发生副反应

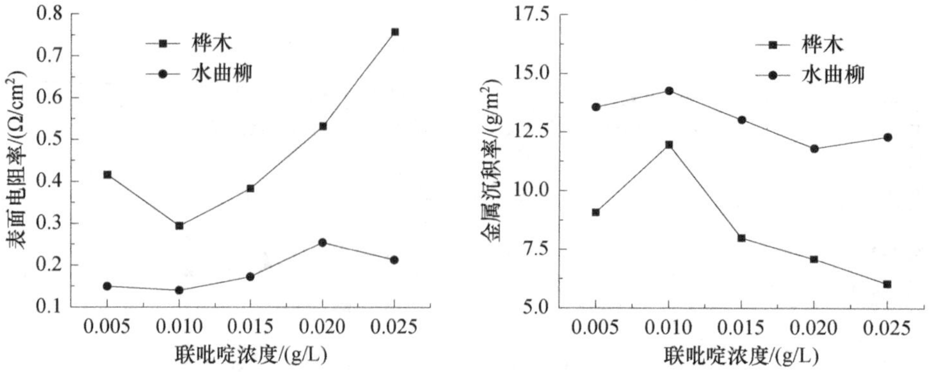

图 7-81　联吡啶浓度对单板表面电阻率及金属沉积率的影响

而产生 Cu^+，Cu^+发生歧化反应而生成金属铜微粒，可成为镀液自催化反应的核心，结果导致镀液自分解，歧化反应为

$$2Cu^{2+}+CHOCOO^{-}+5OH^{-} \longrightarrow Cu_2O+C_2O_4^{2-}+3H_2O$$

$$Cu_2O+H_2O \longrightarrow Cu+Cu^{2+}+2OH^{-}$$

联吡啶作为稳定剂，具有一定的络合能力，可降低镀液中的铜离子浓度，阻止歧化反应，增加镀液的稳定性，同时联吡啶也是光亮剂，可以改善镀层的外观特性，使镀层的光亮度提高。经过实验确定联吡啶最佳浓度为 0.010g/L。

E. 添加剂 L 浓度的影响：保持镀液、施镀条件固定不变，分别以添加剂 L 浓度为 0.005g/L、0.010g/L、0.015g/L、0.02g/L 和 0.025g/L 配制镀液，取桦木、水曲柳单板各 5 块，经化学镀后测试单板的表面电阻率和金属沉积率。实验结果见图 7-82。对于桦木单板，随着添加剂 L 浓度的增大，镀层表面电阻率逐渐下降，当添加剂 L 浓度为 0.015g/L 时，镀层表面电阻率达最低值 $0.06\Omega/cm^2$，铜沉积量约为 $8.76g/m^2$；对于水曲柳，当添加剂 L 浓度为 0.01g/L 时，表面电阻率为 $0.33\Omega/cm^2$，铜沉积量约为 $10.08g/m^2$，此时化学镀效果相对较好。

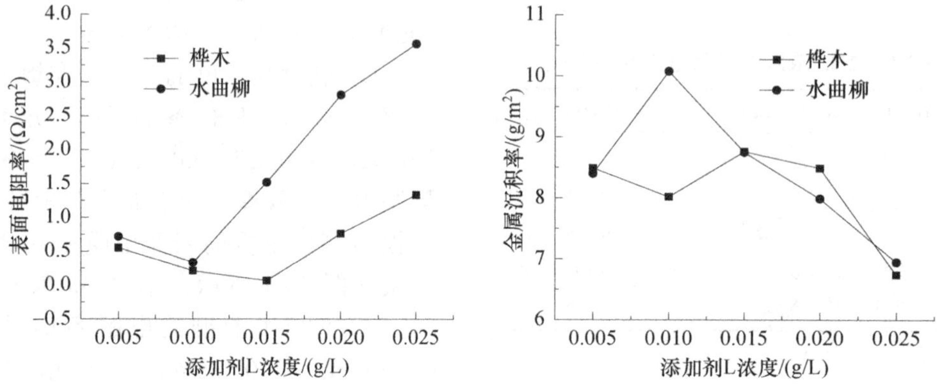

图 7-82　添加剂 L 对单板表面电阻率及金属沉积率的影响

为了获得理想的施镀效果，保证铜的沉积速度和反应稳定性，本实验以添加剂 L 配合联吡啶同时使用，添加剂 L 是镀液稳定剂，能屏蔽一部分 Cu^+，维持镀液的稳定性，对镀层亮度也有较大影响，联合使用的目的为保证沉积速度的同时，可以获得较好的镀层外观、金属沉积率与导电性能。经过实验得出，溶液中添加剂 L 浓度，桦木以 0.015g/L 为宜，水曲柳以 0.01g/L 为宜。

（3）化学镀铜工艺条件：钯离子活化、乙醛酸为还原剂的木材化学镀铜，除镀液组分及其浓度影响镀层性能外，镀液 pH、施镀温度、施镀时间等条件也与镀层的性能密切相关。

A. 镀液 pH 的影响：采用氢氧化钠为 pH 调节剂，分别将 pH 调节为 10.5、11.0、11.5、12.0 和 12.5，对施镀水曲柳、桦木单板进行导电性能及金属沉积率的测量，结果如表 7-21 和图 7-83 所示。当 pH 为 10.5～11.5 时，桦木单板的电阻值高达超出仪器最大量程（$>10^9$），水曲柳的电阻值也较高，此条件下单板表面金属沉积率可低至 $0.1g/m^2$ 以下；当 pH 为 12 时，施镀效果最佳，达到了表面电阻率最低值和金属沉积量最大值；当继续提高 pH，单板表面电阻率呈现下降的趋势，金属沉积量也随之呈现较为明显的下降趋势。

表 7-21 pH 对单板表面电阻率的影响

pH	桦木/(Ω/cm^2)	水曲柳/(Ω/cm^2)
10.5	—	—
11.0	—	—
11.5	—	1.64
12.0	0.42	0.33
12.5	2.50	0.58

溶液 pH 与还原剂的氧化速度及氧化还原电位有着密切的关系，因此对沉积速度、还原剂利用率、镀层性能都有很大影响，从自催化反应的机制可知，pH 越低，还原剂的氧化速度与还原能力越低，不利于反应的进行，由于 OH^-参与到了沉积反应中，OH^-的浓度越高时，铜析出速度越快，反应越容易进行，而 pH 过高，则易出现副反应加剧、镀液不稳定、氢氧化铜沉淀及溶液的自发分解等后果。所以，溶液的 pH 应严格调控以保证施镀过程的顺利进行。因此，以选择 pH 12 为宜。

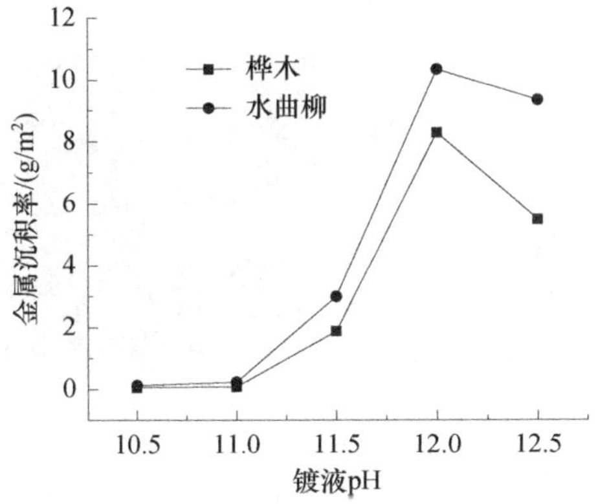

图 7-83 pH 对金属沉积率的影响

B. 镀液温度的影响：在恒定的 pH 等条件下，将相同成分及浓度的镀液分别设置温度为 35℃、40℃、45℃、50℃和 55℃，分别测试镀后单板的表面电阻率和金属沉积率，结果如表 7-22 和图 7-84 所示。在镀液温度较低的 35℃时，水曲柳的表面电阻率较高，桦木表面电阻超出仪器的最大量程（$>10^9$），此时单板的金属沉积率也处于较低值。随着镀液温度的逐渐升高，两种单板的表面电阻率均呈逐渐下降的趋势，铜沉积率也逐渐增大，当温度达 55℃时，两种单板的表面电阻率均达到最低值，金属沉积率达到最高值，分别为 $15.73g/m^2$ 和 $21.45g/m^2$。

$$E = E^{\circ} + \frac{RT}{nF}\ln\frac{(a_{\mathrm{CHOCOOH}})^2 \cdot a_{\mathrm{Cu^{2+}}}}{(a_{\mathrm{C_2O_4^{2-}}})^2} \quad (7\text{-}1)$$

式中，E 为化学反应的电动势；E° 为标准电动势；R 为气体常数；n 为电极反应中电子转移数；F 为法拉第常数；a 为活度。

温度是影响化学镀铜的一个重要参数，如果温度过低，反应将无法继续进行，由式（7-1）可知，升高温度促使电动势 E 变大，反应速度加快，有利于化学镀反应的进行，但温度过高，镀液的不稳定因素增加，易使镀液迅速分解，适中的温度既可保证在一定时间内使镀液相对稳定，又可以获得较好的施镀效果。由此，为了提高施镀速度，保证有效温度下的效果并缩短施镀时间，镀液最佳温度为 55℃。

表 7-22 镀液温度对表面电阻率的影响

温度/℃	桦木/(Ω/cm^2)	水曲柳/(Ω/cm^2)
35	—	0.654
40	0.471	0.219
45	0.284	0.100
50	0.159	0.088
55	0.126	0.087

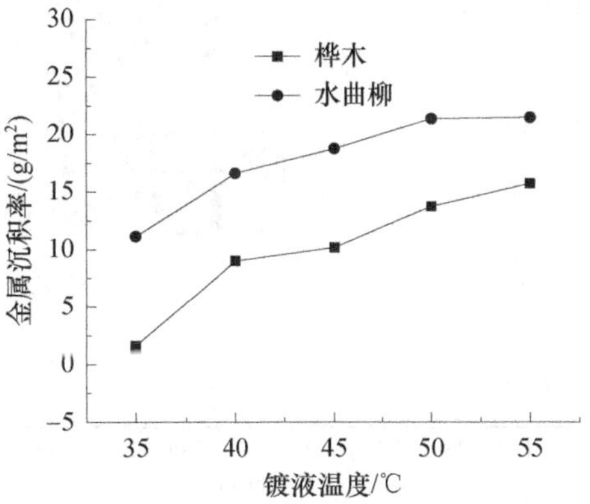

图 7-84 镀液温度对金属沉积率的影响

C. 施镀时间的影响：取活化处理后的桦木单板和水曲柳单板，施镀时间分别为 10min、15min、20min、25min 和 30min，镀后测试表面电阻率和金属沉积率，实验结果如表 7-23 和图 7-85 所示。随着施镀时间从 10min 延长至 30min，单板表面电阻率逐渐下降，化学镀时间为 30min 时，两种单板的表面电阻率分别达到最低值 $0.066\Omega/cm^2$ 和 $0.064\Omega/cm^2$；在 10～30min 的时间内，随着时间的延长，金属沉积率呈较为明显的上升趋势。因此，选择化学镀铜的最佳施镀时间为 30min。

当保证镀液在稳定的温度和恒定 pH 的条件下，应保证施镀反应过程的有效时间，施镀时间与镀层的导电性能及厚度密切相关，如果时间过短，达不到良好的施镀效果，单板性能较差，一般在开始反应后的一段时间内反应速度较快，镀层厚度增加较快，但随时间延长，反应界面的催化活性逐渐降低，反应速度逐渐变慢，即使时间延长，施镀效果也不会明显改善，如果时间过长，不但耗能耗时，还可能使铜镀层发生氧化，影响镀层性能。

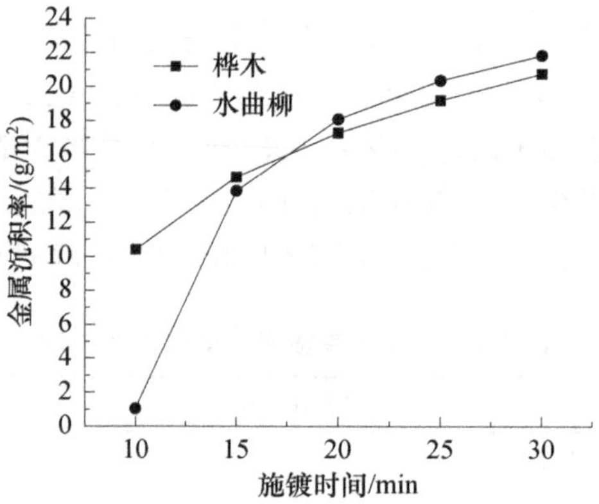

图 7-85 施镀时间对单板金属沉积率的影响

表 7-23 施镀时间对表面电阻率的影响

时间/min	桦木/(Ω/cm^2)	水曲柳/(Ω/cm^2)
10	1.374	—
15	0.143	2.358
20	0.100	0.167
25	0.083	0.075
30	0.066	0.064

（4）化学镀铜单板表征。

A. 镀层 EDS 和 XPS 分析：对镀铜单板进行 EDS 能谱检测，结果如图 7-86 所示。镀层的主要成分为 Cu、O、C 三种元素。能谱分析结果如表 7-24 所示。镀层中 Cu 的含量，桦木为 93.27%，水曲柳为 93.16%，另外还有少量的 C 和 O，检测中并没有发现位于铜镀层底部与木材之间的 N 和 Pd，说明这一小部分的 C 和 O 不是来自木材本身，可能来自镀层表面的污染，或形成了 CuO 和 Cu_2O。

表 7-24 镀铜单板能谱分析

元素	桦木		水曲柳	
	质量百分比	原子百分比	质量百分比	原子百分比
Cu	93.27	74.01	93.16	70.42
C	04.58	19.21	15.74	23.21
O	02.15	06.78	02.10	06.37

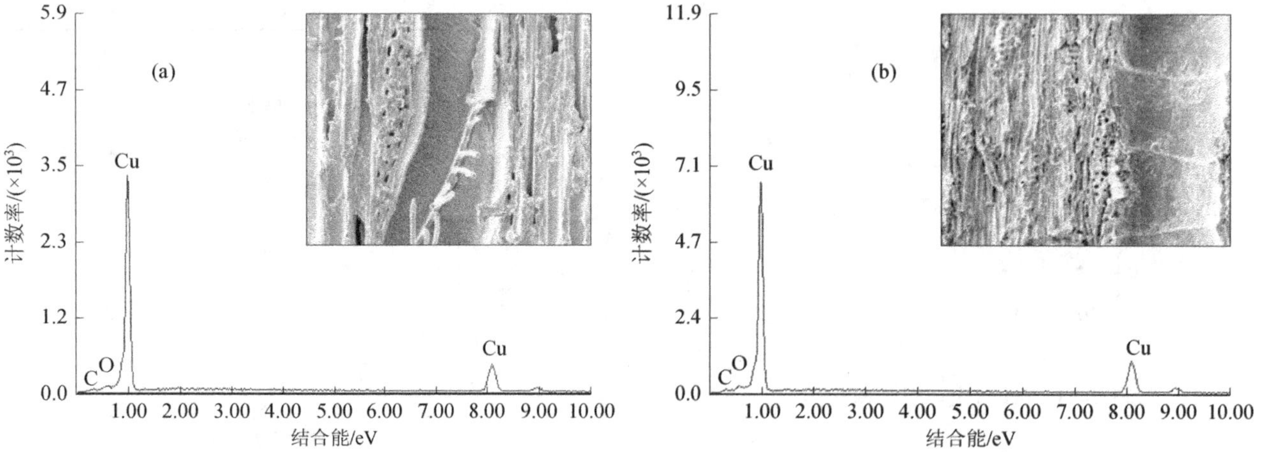

图 7-86 铜镀层 EDS 谱图

（a）桦木；（b）水曲柳

为更准确判断铜镀层的本质，分别以 XPS 测定并分析桦木及水曲柳铜镀层的化学元素及其价态，结果如图 7-87 所示。从桦木及水曲柳的 XPS 全扫图可知，在 77eV、123eV 和 932eV 出现的峰分别来自 Cu3p、Cu3s 和 Cu2p，镀层含有的化学元素主要为 Cu 及 C 和 O。为进一步揭示镀层本质，以水曲柳铜镀层为例，以氩离子刻蚀溅射 30s，去除镀层表面的污染，将刻蚀前后的

XPS 比较，如图 7-88 所示。刻蚀后 Cu2p 的吸收峰显著升高，刻蚀前吸收峰较高的 C1s、O1s 吸收峰则消失，这证明铜镀层表面的确存在污染。为进一步证明此分析，对 Cu 元素的 Cu2p 进行拟合分峰，如图 7-89 所示。在 934eV 处发现一个伴峰，这表明镀层有 Cu^{2+}的存在，刻蚀后，934eV 位置的伴峰消失，而 932eV 大幅度提高，这表明 Cu 元素在镀铜层中为单质铜（Lu，2010），与乙醛酸化学镀铜的机制相符合，而发现 C、O、Cu^{2+}说明木材表面具有的孔隙容易吸附镀液成分，造成污染，同时也存在干燥及保存过程中表面被氧化的可能。

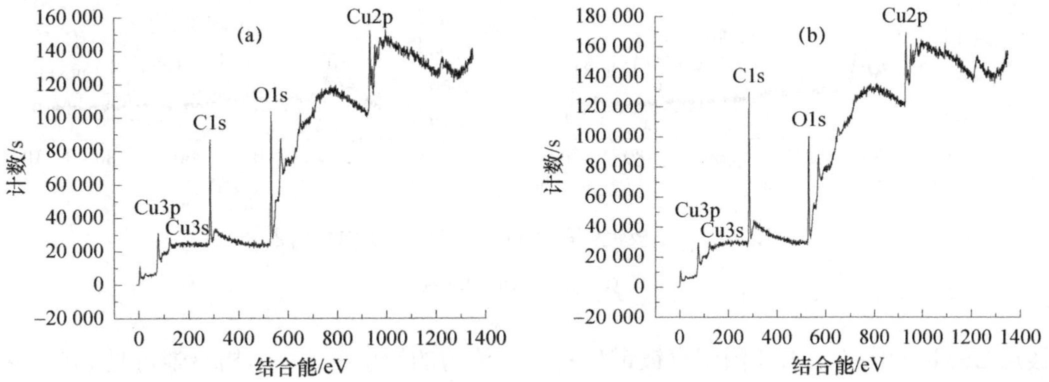

图 7-87 铜镀层 XPS 全扫图

（a）桦木；（b）水曲柳

B. 镀层 XRD 分析：桦木、水曲柳镀铜前后 XRD 图谱见图 7-90。图 7-90 中可见镀铜前素材单板在 2θ 为 16.11°、22.45°出现了木材纤维素的强衍射峰，单板经镀铜后，纤维素衍射峰出现大幅度下降，说明单板完全被致密而连续的镀层所覆盖，镀铜单板在 2θ 为 43.43°、50.55°、74.21°和 90.11°所出现的衍射峰，分别来自于 Cu（111）、Cu（200）、Cu（220）和 Cu（311），表明了铜为面心立方结构，两种单板镀层均没有出现杂质或氧化铜（2θ 为 36°左右）的峰。因此，结合 EDS、XPS 和 XRD 的分析表明，

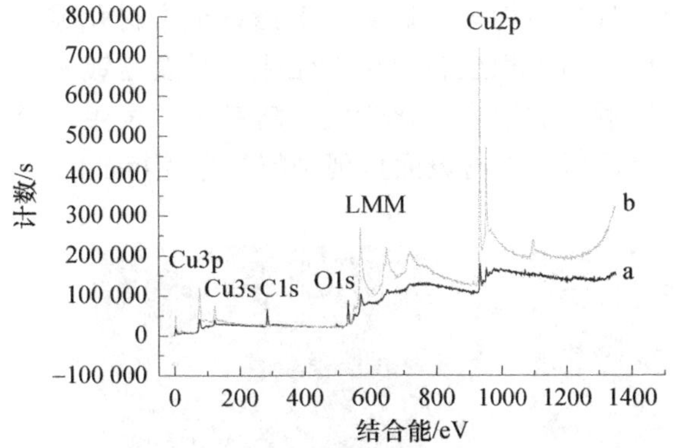

图 7-88 水曲柳镀铜单板刻蚀前后 XPS 谱图

a. 表面；b. 刻蚀

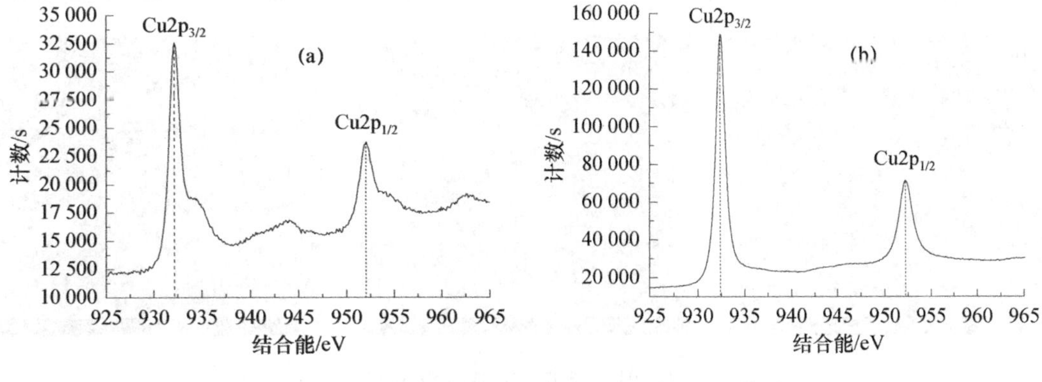

图 7-89 水曲柳镀层刻蚀前后 Cu2p 的 XPS 谱图

（a）表面；（b）刻蚀

镀层成分主要为金属铜，表面氧化铜含量极少。此外，比较两种单板镀铜前后纤维素衍射峰及铜衍射峰强度变化可知，水曲柳镀层比桦木镀层稍厚。

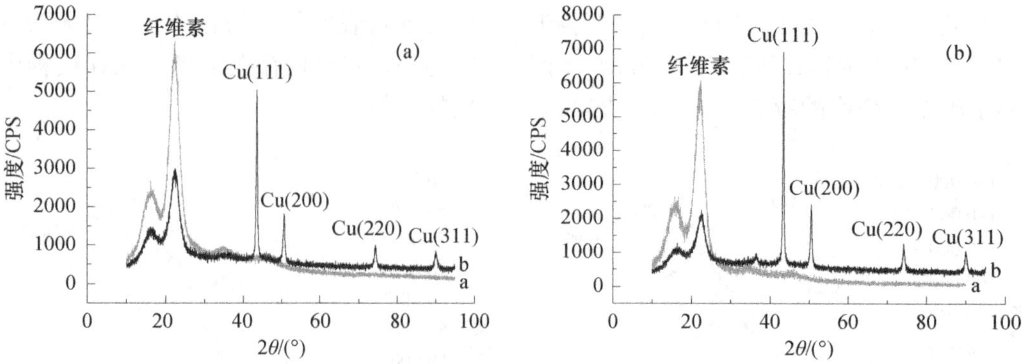

图 7-90　单板镀铜前（a）后（b）的 XRD 谱图

（a）桦木；（b）水曲柳

C. 镀层 SEM 分析：以 SEM 图观察镀铜后的木材表面形貌特征，如图 7-91 和图 7-92 所示。在低倍率电镜图下，可见桦木与水曲柳单板表面完全被铜镀层所覆盖［图 7-91（a）和（b），图 7-92（a）和（b）］，镀层不仅均匀连续且具有金属般光泽，木材表面纹理依然存在。高倍率电镜图显示，镀后单板保留了木材原有复杂的结构，木纤维、导管、孔隙、薄壁细胞、木射线、穿孔板等处被均匀的镀层覆盖，结构清晰可见［图 7-91（c）（d）和（f），图 7-92（c）（d）和（f）］。从其剖面图［图 7-91（e），图 7-92（e）］可以观察到单板两侧镀层均匀，而且镀层既在表面沉积，又进入孔隙中，且分布均匀，这是镀液渗透至木材孔隙中发生反应而沉积金属镀层的结果，只要是镀液与木材接触到的地方，化学镀反应都可以发生，经化学镀铜后，木材表面呈现独特的形貌特征。

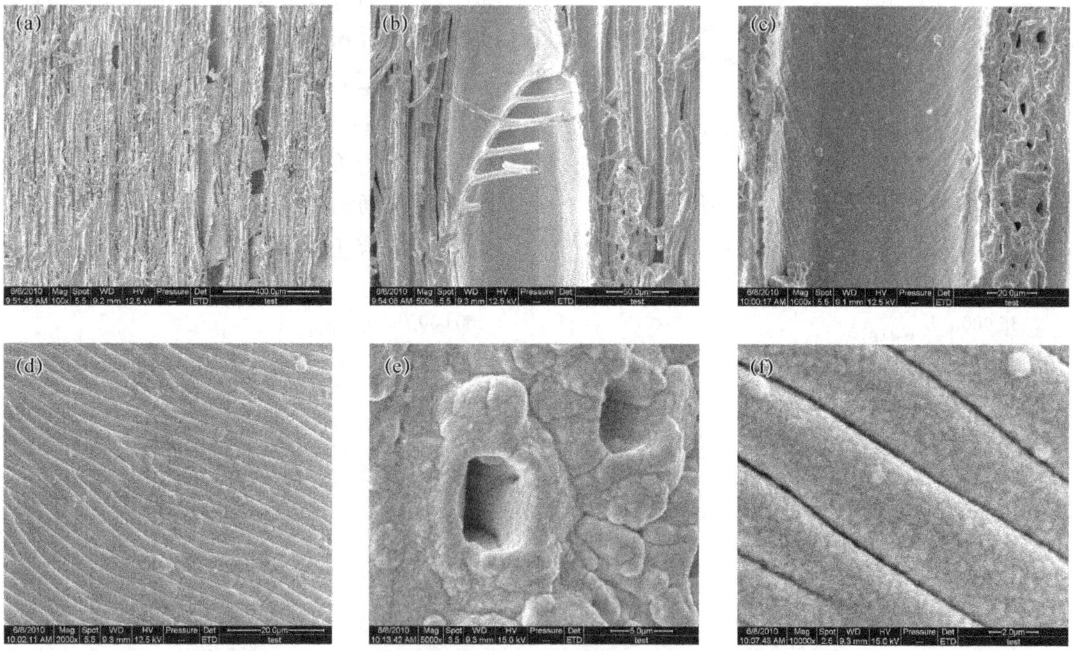

图 7-91　桦木化学镀铜 SEM 图

（a）100×；（b）500×；（c）1000×；（d）2000×；（e）5000×；（f）10 000×

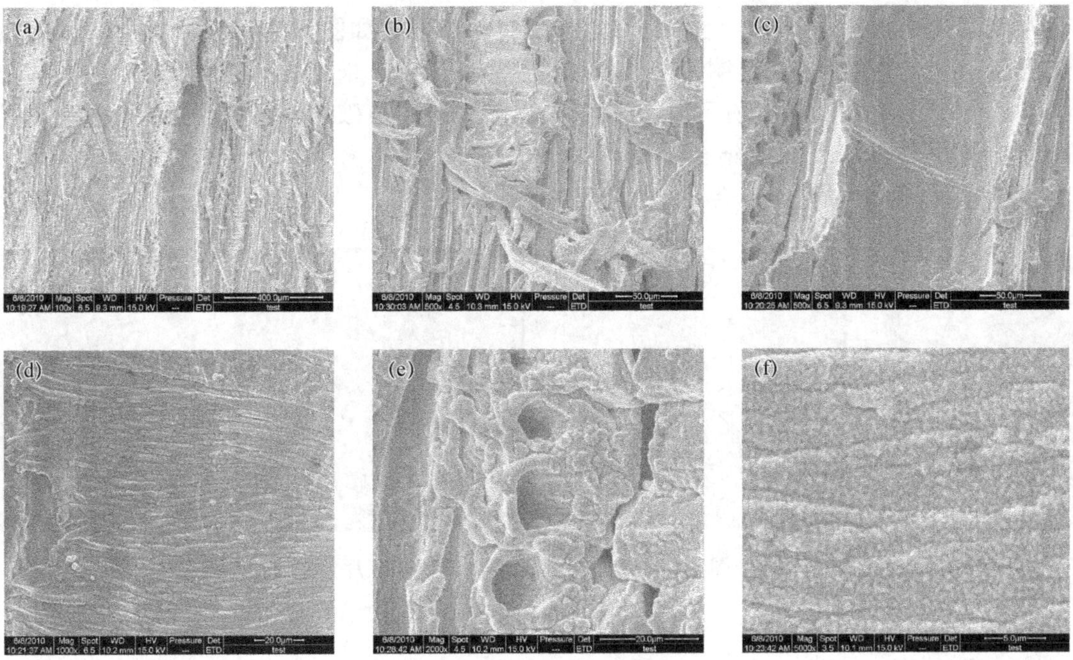

图 7-92 水曲柳化学镀铜 SEM 图

（a）100×；（b）500×；（c）500×；（d）1000×；（e）2000×；（f）5000×

（5）化学镀铜单板性能。

A. 电磁屏蔽性能：参照美国联邦通讯委员会（FCC）标准，屏蔽材料在频率为 30～300MHz 时的屏蔽效果达到 30dB 就能满足实用要求，电磁波的能衰减率，在 30dB 时为 99.9%，在 40dB 时为 99.99%。一般认为，对于大多数电子产品的屏蔽材料，在 30～1000MHz 频率时，其 SE 至少达到 35dB 以上方为有效屏蔽。

在最佳活化条件、镀液组成及施镀条件下，桦木、水曲柳镀铜单板化学镀铜前后的电磁屏蔽效能由图 7-93 可知，在电磁波频率为 9kHz～1.5GHz 时，桦木和水曲柳单板素材屏蔽效能处于坐标轴的零轴附近，即单板素材没有任何电磁屏蔽效能，而经过离子钯活化、乙醛酸化学镀铜之后，桦木镀铜单板屏蔽效能达到 55dB 以上，水曲柳镀铜单板电磁屏蔽效能大于 50dB。按照对电磁屏蔽材料屏蔽效能的要求，在频率为 30～300MHz 时的屏蔽效能达到 35dB 以上，完全能够满足民用领域和一些军用领域对电磁屏蔽的需要。因此，以乙醛酸为还原剂的化学镀铜的木材具有良好的电磁屏蔽性能，结合木材本身的诸多优良特性，将在电磁屏蔽材料的应用和推广中具有相当的优势。

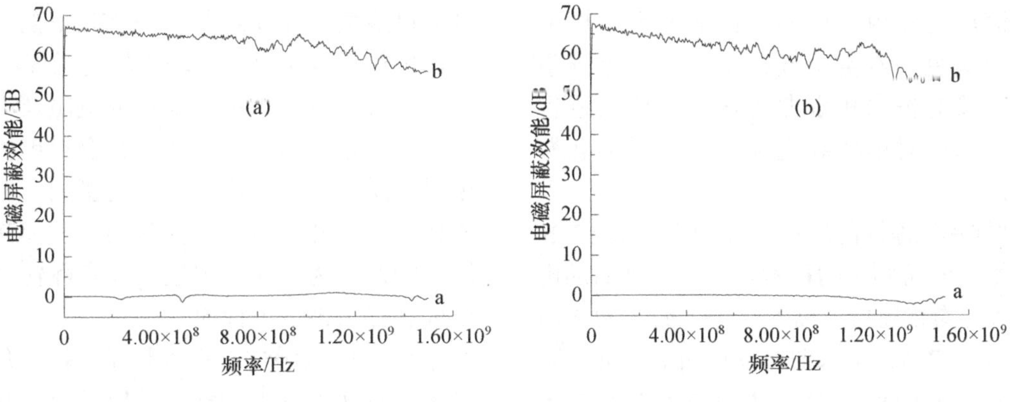

图 7-93 单板化学镀铜前（a）后（b）电磁屏蔽效能

（a）桦木；（b）水曲柳

B. 镀层物理性能。

a. 结合强度：采用直拉法测定铜镀层与木材表面结合强度，测试结果如表 7-25 所示。从表 7-25 中数据可知，镀层与桦木表面的结合强度超过 1.08MPa，与水曲柳表面的结合强度超过 1.49MPa。如图 7-94 所示，各木板试件均在镀层完好无损、未见脱落的情况下，木材本身发生撕裂或胶层被破坏。这说明镀层与木材的结合强度高于木材本身或木材与胶层的结合强度，结合坚固而紧密。

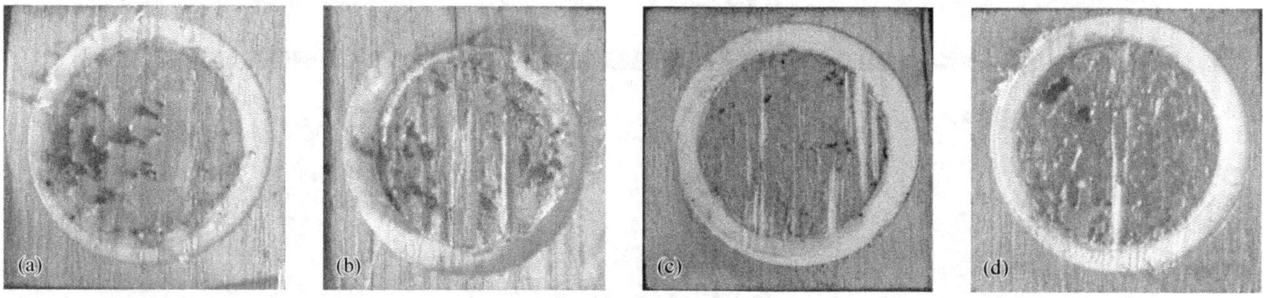

图 7-94 镀层结合强度测试数码照片

（a）（b）水曲柳；（c）（d）桦木

表 7-25 镀层结合强度测试结果

编号	桦木 1	桦木 2	桦木 3	水曲柳 1	水曲柳 2	水曲柳 3
结合强度/MPa	2.04	1.65	1.08	1.49	2.37	1.97
破坏位置	木材、胶层	木材、胶层	胶层	胶层	胶层	木材、胶层

化学镀法用于粗糙的基体表面，更容易获得较高的结合强度，镀层与木材之间的结合强度不仅是原子及分子范畴内交互反应作用的结果，也有来自木材本身的原因，木材粗糙的表面、巨大的比表面积，加上与化学镀本身的优势相结合，使得木材与镀层之间具有较强的结合力，不易剥落、镀层牢固，这些为化学镀铜单板的应用提供了重要保证。

b. 涂饰性能：对镀后单板进行涂饰，可以起到保护镀层的作用，透明涂饰能最大限度地保持镀层的颜色，本实验选择木材漆膜涂饰最常用的硝基漆对桦木和水曲柳化学镀单板进行涂饰，测试涂饰对单板导电性能和电磁屏蔽性能的影响。

化学镀铜单板涂饰前后的表面电阻率如表 7-26 所示。由表 7-26 可知，两种木材单板涂饰后的电阻率较涂饰前均有提高，桦木涂饰后的表面电阻率提高了 0.0417Ω/cm^2，水曲柳涂饰后的表面电阻率提高了 0.0415Ω/cm^2，说明镀层涂饰使单板的导电性能有所下降，但幅度不大，涂饰后镀层仍有较好的导电性能。

表 7-26 化学镀铜单板涂饰前后表面电阻率

（单位：Ω/cm^2）

	桦木			水曲柳		
	顺纹	横纹	平均值	顺纹	横纹	平均值
涂饰前	0.1070	0.1238	0.1154	0.0897	0.0953	0.0925
涂饰后	0.1434	0.1708	0.1571	0.1259	0.1422	0.1340

对涂饰后镀铜单板电磁屏蔽性能的测试结果见图 7-95。从图 7-95 可知，涂饰后桦木及水曲柳单板的电磁屏蔽效能均有所下降，下降幅度和趋势基本一致。其原因是镀层主要靠反射电磁波的方式来达到电磁屏蔽的效果，对镀层进行涂饰后，漆膜对镀层的覆盖必定会对电磁波反射性能产生不良的影响。尽管如此，涂饰后单板的电磁屏蔽效能仍能达到 44dB 以上，具有较好的电磁屏蔽效能，仍然可以满足一般场所的电磁屏蔽需求。

综合镀铜单板涂饰前后的电阻及电磁屏蔽效能的比较结果得知，透明涂饰会对单板的导电和电磁波反射等功能产生一定的影响，但涂饰后的镀铜单板仍然可以在实际应用中发挥其相应的功能，因此，为了保护镀层，在实际使用中对镀铜单板进行涂饰是可行的。

c. 表面润湿性：用视频光学接触角测量仪测量水滴对镀铜单板和素材单板表面不同时间的前进接触角，研究水滴对镀铜单板与素材单板的接触角随润湿时间的变化规律。

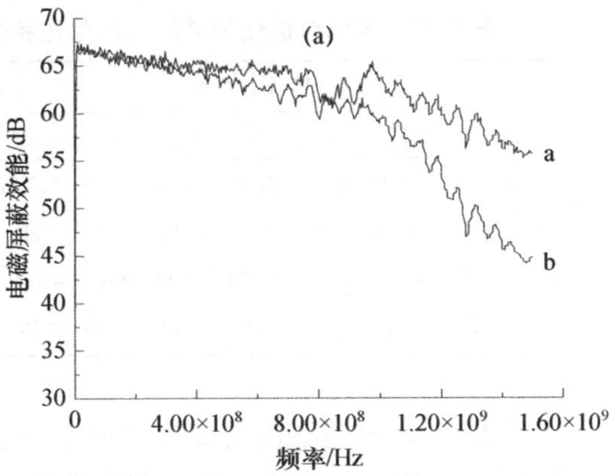

图 7-95 桦木镀铜单板涂饰前（a）后（b）的电磁屏蔽效能

（a）桦木；（b）水曲柳

接触角测试结果如图 7-96～图 7-98 所示。桦木素材单板表面初始接触角为 121°，至 60s 结束时，接触角为 84°，接触角从初始阶段至终止阶段共下降了 37°；镀铜后单板，初始接触角为 129°，经过 60s，接触角为 128°，在此时间段内仅下降了 1°。水曲柳素材单板表面初始接触角为 84°，在最初的几秒内迅速下降至 40°以下，而后缓慢地下降，到 60s 结束时，接触角为 27°，从初始阶段到终止阶段共下降了 57°；镀铜后单板，初始接触角为 137°，经过 60s，接触角为 135°，在此时间段内仅下降了 2°。

根据 Young 方程，0°＜θ＜90°为润湿，θ 越小，润湿性程度越大，亲水性越好；90°＜θ＜180°为不润湿，θ 越大，不润湿程度越大，疏水性越好。结果显示桦木素材单板为部分润湿（θ=84°），水曲柳素材单板表面润湿性良好（θ=27°）。镀铜后的单板表面润湿性发生了较大变化，桦木、水曲柳镀铜单板接触角大幅度提高，表现出疏水性，水曲柳镀铜单板的疏水性略好于桦木镀铜单板。

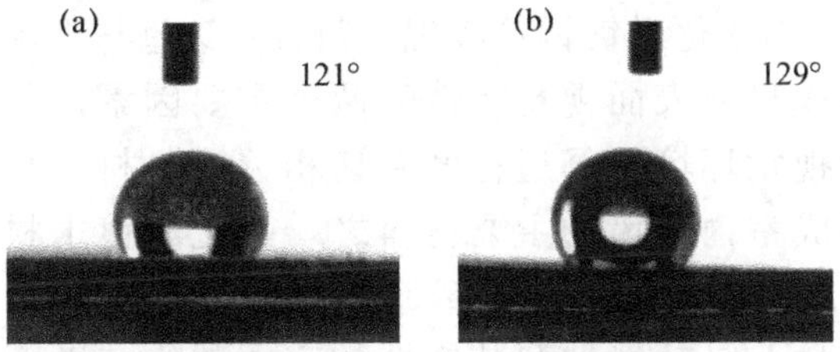

图 7-96 桦木素材单板［(a)］与镀后单板［(b)］的初始接触角

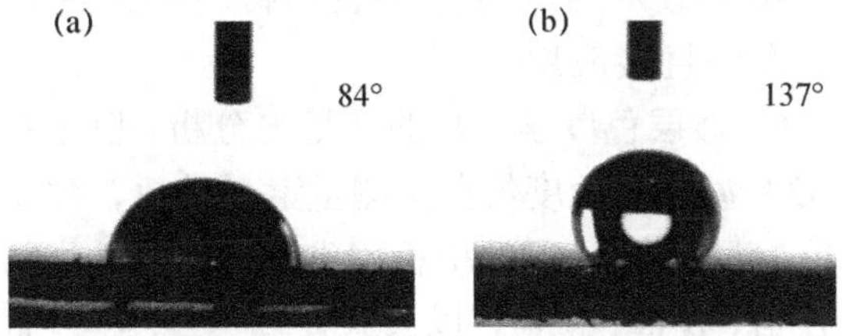

图 7-97 水曲柳素材单板［(a)］与镀铜后单板［(b)］的初始接触角

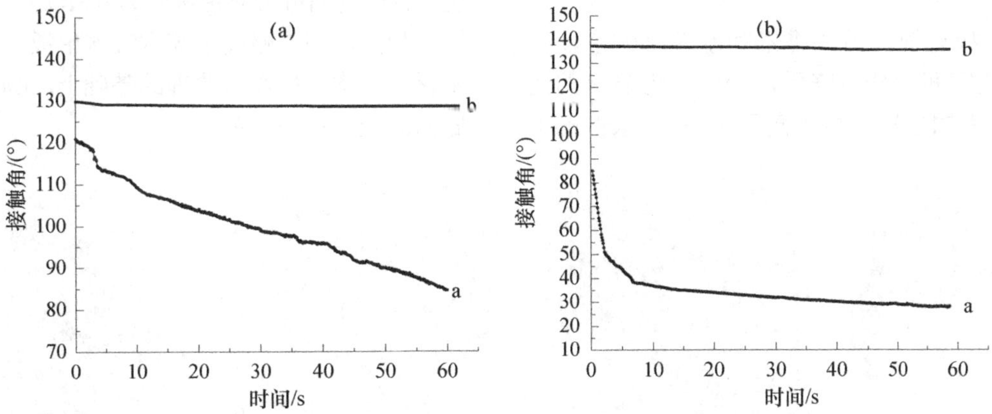

图 7-98 素材单板（a）与镀铜单板（b）接触角的变化曲线

（a）桦木；（b）水曲柳

木材具有润湿性：一方面是因为木材结构的多孔性特征；另一方面是因为组成木材的化学成分均为有机化合物，含有极性官能团，表面的极性使其具有一定的表面自由能，所以当与水滴接触时，就会彼此吸引相互结合而表现出一定的润湿性。桦木为散孔材，结构细腻，表面空隙直径较小；水曲柳为环孔材，表面较为粗糙，具有亲水性的木材表面粗糙度越大，接触角越小，木材表现出的润湿性越好，接触面积远大于表观面积，利于胶液等的铺展与渗透，从而有利于胶合。两种木材表面经化学镀铜后表面的孔隙率下降，化学镀铜后木材表面的极性官能团等均为镀层所覆盖，使镀后单板表面自由能下降、接触角变大，使亲水性的木材表面改变为疏水性表面，有利于材料本身的防水、抗污、抗氧化等。

（6）化学镀铜单板视觉特性：颜色与光泽是构成材料表面视觉特性的两个重要因素，与人对视觉环境的舒适程度密切相关，木材一直是构成室内环境的主要材料之一，化学镀木材保持了木材原有的自然纹理，并具金属光泽，是一种兼具功能性和装饰性的室内装修装潢新型材料，对于具有电磁屏蔽功能的木质基复合材料，化学镀木材既可用于装饰材料的夹层，也可于表面直接应用。

A. 镀层色度学参数的测量与分析：以手持式NF333型分光色度仪直接测量素材单板、化学镀铜单板及涂饰后镀铜单板1976CIE$L^*a^*b^*$色系统的L^*值、a^*值、b^*值，以公式计算Ag^*、C^*；直接测得孟塞尔色系统的H、V、C三值，经过多组多点测量取平均值，化学镀单板表面的色度学参数见表7-27。

木材单板施镀前后的桦木和水曲柳颜色，在CIE$L^*a^*b^*$色空间的分布来看，变化最为显著的是a^*值，桦木镀铜后较素材提高了15.37，水曲柳提高了15.77，说明红色的成分增加十分显著；其次是L^*值，和素材相比，桦木与水曲柳的变化不尽一致，桦木单板素材明度较高，镀铜后颜色由浅黄色变为红色，明度降低；水曲柳素材明度较低，镀铜后明度得到一定提高；b^*值在施镀前后均处于20左右，变化幅度较小，说明黄色成分改变幅度较小。施镀前后Ag^*变化很大，色调角改变明显。由于色饱和度C^*与色品参数a^*、b^*呈现显著正相关，因此，木材的a^*、b^*越高，木材的色饱和度越高，镀后单板的色饱和度C^*均比素材有较大提高，说明镀铜单板的颜色向较为鲜艳饱满的颜色变化，综合分析，这主要是a^*显著提高的结果。

表7-27 木材单板化学镀铜前后颜色参数对照

	$L^*a^*b^*$色空间					孟塞尔色空间		
	L^*	a^*	b^*	Ag^*	C^*	H	V	C
桦木素材	75.59	6.93	22.30	72.74	23.35	9.2YR	7.6	7.4
桦木镀铜	70.43	22.30	21.47	43.91	30.96	9.8R	6.9	10.6
水曲柳素材	67.23	6.69	19.90	71.42	20.99	9.0YR	6.7	6.7
水曲柳镀铜	71.41	22.46	20.55	42.45	30.44	9.8R	7.1	10.1

在孟塞尔色系统中，桦木素材标注为9.2YR7.6/7.4，即H（色相）位于YR（橙色）与Y（黄色）区接近的位置，明度、纯度为较高值，颜色为明度较高的浅黄色，水曲柳素材标注为9.0YR6.7/6.7，H（色相）与桦木相同，位于YR区且与Y区接近的位置，比桦木稍偏橙色，明度和纯度值均较桦木稍低，因此不如桦木色彩明亮。镀后桦木单板的颜色标注为9.8R6.9/10.6，色调标号位于红色且极接近于橙色的区域，饱和度较高，颜色呈现较为鲜艳的红色；镀后水曲柳的颜色标号为9.8R7.1/10.1，色相与桦木相同，明度略高于桦木镀铜单板。化学镀铜使木材在基本保持原有纹理的基础上，颜色发生了彻底的改变，见图7-99。

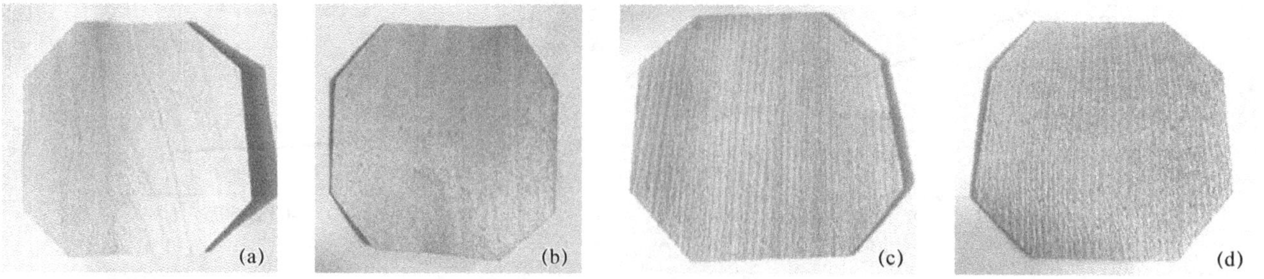

图7-99 木材单板化学镀铜前后数码图片

（a）桦木素材；（b）桦木镀铜；（c）水曲柳素材；（d）水曲柳镀铜

扫一扫 看彩图

B. 镀层光泽度值的测量与分析：采用 KGZ-IA 型数字光泽度计对化学镀铜前后的单板进行光泽度测量，光泽度参数由平行于木材纹理方向的光泽度（GZL）和垂直于木材纹理方向的光泽度（GZT），以及 GZB（GZB=GZL/GZT）组成，结果如表 7-28 所示。桦木、水曲柳素材单板 GZL、GZT 较低，镀铜前后表面光泽度参数 ΔGZL、ΔGZT 均为正值，说明镀后桦木、水曲柳镀铜使单板表面光泽度得到提高，GZB 分别为 1.27 与 1.22，桦木、水曲柳镀铜单板 GZB 分别为 1.49 和 1.82，平行于纹理方向的光泽度大于垂直于纹理方向的光泽度，ΔGZB 分别为 2.71 和 5.17，说明光泽度提高幅度方面，平行纹理明显大于垂直纹理。

表 7-28 木材单板化学镀铜前后光泽度值对照

	GZL/%	GZT/%	GZB	ΔGZL/%	ΔGZT/%	ΔGZB
桦木素材	5.61	4.42	1.27	2.14	0.79	2.71
桦木镀铜	7.75	5.21	1.49			
水曲柳素材	3.51	2.87	1.22	2.64	0.51	5.17
水曲柳镀铜	6.15	3.38	1.82			

由于木材表面的光泽度主要与细胞内壁的光滑程度、腔内沉积物的情况和入射光在折射时能否受阻碍等因素有关（加藤弘之，1991），当光线入射于平行纹理时，除一部分被细胞壁表面直接折射外，其余光线会在与之平行的长轴方向细胞壁内折射，因所受阻挡较小，散射程度较小，因此，在此方向的镜面反射率相对较高；而当光线入射方向与木材纹理垂直时，射入于细胞腔的那部分光线由于细胞内壁的阻挡，反射光的散射程度较大，镜面反射率相对较低，平行于纹理的光泽度大于垂直于纹理的光泽度，这是由木材本身表面组织结构各向异性导致的独特的表面光学性质。化学镀对复杂结构基体具有良好的适应性，催化基体与溶液接触到便可以达到镀覆的目的。因此，尽管木材表面具有粗糙的结构，仍然可以镀覆厚度极小的均匀镀层，木材表面纹理依然清晰可见，颜色变为镀铜层的颜色，且具有独特的各向异性的金属光泽。

C. 涂饰前后视觉物理量的对比分析。

a. 颜色的对比与分析：对化学镀铜单板及涂饰后的镀铜单板进行色度学参数测量与分析。经过多次多点测量取平均值，化学镀铜单板表面涂饰前后的色度学参数见表 7-29。

表 7-29 镀铜单板涂饰前后颜色参数对照

	$L^*a^*b^*$色空间					参数差值						
	L^*	a^*	b^*	Ag^*	C^*	ΔL^*	Δa^*	Δb^*	ΔC^*	ΔAg^*	ΔE^*	ΔH^*
桦木镀铜	70.43	22.30	21.47	43.91	30.96	−13.05	−0.04	−2.81	−1.85	−4.05	13.35	2.15
桦木镀铜涂饰	57.38	22.34	18.66	39.86	29.11							
水曲柳镀铜	71.41	22.46	20.55	42.45	30.44	−13.18	0.83	−1.61	−0.42	−3.33	13.3	1.74
水曲柳镀铜涂饰	58.23	23.29	18.94	39.12	30.02							

化学镀铜桦木、水曲柳单板涂饰前后明度差 ΔL^*分别为−13.05 与−13.18，说明涂饰镀铜单板比涂饰前暗，且程度较大，Δa^*分别为 0.04 与 0.83，表示颜色中红色的成分增加，幅度较小。Δb^*均为负值，表示黄蓝轴色品指数向蓝色方向移动，颜色中黄色成分减少。ΔC^*为负值，表示色饱和度降低，颜色较先前灰暗。色调角 Ag^*均为负值，色调角减小，颜色向偏红方向变化。ΔE^*为 13.35、13.3（＞12），色差变化大，可以很明显地识别。通过分析可知，涂饰对单板表面颜色改变较大且主要来自于 L^*值的变化，b^*其次，a^*值最小。ΔH^*分别为 2.15 与 1.74，表示色调也略有改变。涂饰后桦木单板的颜色在孟塞尔色系统中的标注值分别为 9.5R5.5/9.5 与 9.6R5.7/9.6，色调标号在色相环上的位置较涂饰前（9.8R）向红色中心区域略有移动，但距离橙色区域依然较近，结合 V 值 5.5 与 5.7 和 C 值 9.5 与 9.6，涂饰后镀铜单板为略显深暗的橙红色，与目测感觉结果一致。

b. 光泽度的对比与分析：化学镀铜单板涂饰前后光泽度测量值如表 7-30 所示。桦木、水曲柳镀铜单板涂饰后的光泽度参数 ΔGZT 均为负值，说明涂饰后单板的光泽度降低，涂饰前后桦木 GZB 从 1.49 降至 1.19，水曲柳 GZB 从 1.82 降至 1.46，比值仍然大于 1，ΔGZB 分别为 3.32 和 3.58，说明 GZL 的下降幅度均大于 GZT 的下降幅度，涂饰后木材表面依然保持光反射各向异性，但程度略有减弱，镀层表面光泽度均有降低，说明涂饰对镀层的光泽度有一定影响，主要原因是涂料的覆盖会不同程度地破坏原有的表面结构并重构一个新的表面，影响了横、顺纹理的光泽度比，从而影响金属镀层对光的反射。

表 7-30 木材化学镀铜单板涂饰前后光泽度参数对照表

	GZL/%	GZT/%	GZB	ΔGZL	ΔGZT	ΔGZB
桦木镀铜涂饰前	7.75	5.21	1.49	−2.42	−0.73	3.32
桦木镀铜涂饰后	5.33	4.48	1.19			
水曲柳素材涂饰前	6.15	3.38	1.82	−2.04	−0.57	3.58
水曲柳镀铜涂饰后	4.11	2.81	1.46			

4）小结 应用第三代活化工艺——离子钯活化法，以乙醛酸为还原剂在木材表面化学镀铜，经实验得出以下结论。

（1）活化的最佳条件：壳聚糖浓度为 8g/L，处理时间为 8min，壳聚糖吸附氯化钯时间为 8min，2g/L 次亚磷酸钠处理时间为 8min。由于木材本身特性等差异，镀液最佳浓度略有不同，适合桦木的镀液及条件：硫酸铜为 20g/L，EDTA • 2Na 为 40g/L，乙醛酸为 7.5g/L，联吡啶为 0.01g/L，添加剂 L 为 0.015g/L，pH 为 12，温度为 55℃，施镀时间为 30min。适合水曲柳的镀液及条件：硫酸铜浓度为 20g/L，EDTA • 2Na 为 40g/L，乙醛酸为 10.5g/L，联吡啶浓度为 0.01g/L，添加剂 L 为 0.01g/L，pH 为 12，温度为 55℃，施镀时间为 30min。

（2）EDS 与 XPS 结果表明，镀层主要元素为单质铜，与乙醛酸化学镀铜机制吻合。XRD 结果显示镀层铜为晶态结构；通过扫描电镜观察，镀铜单板表面被均匀镀覆镀层，具有金属光泽，经化学镀铜后，木材表面呈现独特的形貌特征。

（3）镀铜单板的电磁屏蔽效能在电磁波频率 9kHz～1.5GHz 频段，桦木、水曲柳电磁屏蔽效能分别大于 55dB 和 50dB；镀层结合强度分别超过 1.08MPa 和 1.49MPa；涂饰使单板导电性和电磁屏蔽效能均有所下降，但仍然达到 44dB 以上；桦木和水曲柳镀铜单板接触角分别为 128°和 135°，表面由亲水性转变为疏水性。

（4）镀铜桦木、水曲柳单板颜色在孟塞尔色系统中标注分别为 9.8R6.9/10.6 和 9.8R7.1/10.1，为明度、饱和度较高的橙红色，涂饰后颜色在孟塞尔色系统中标注值为 9.5R5.5/9.5 和 9.6R5.7/9.6，较之前略显深暗、偏红；镀铜使单板表面光泽度较素材有所提高，涂饰后镀层表面光泽度降低。

7.4.1.3 短流程化学镀铜

乙醛酸用于木材化学镀铜，既保持了镀液良好的性能，又避免了环境污染问题，使木材化学镀常用的有毒性还原剂甲醛有了良好的替代品。然而，在氯化钯活化过程中，所用药品十分昂贵、程序复杂。为了保持良好的活化效果，简化工艺流程、提高效率、降低成本的新型木材化学镀铜将成为研究热点。

本章以乙醛酸为还原剂，以简化的非钯前处理方法，并将活化与施镀合并于一浴完成，探讨兼具节能高效与绿色环保的新型木材化学镀铜方法。

1）实验方法与原理

（1）工艺流程。

A. 每一组实验均取纹理接近的单板，切割成 5cm×5cm 的试件，木材表面孔隙发达且自然粗糙，化学镀前无需粗化处理基材，只需除尘、除掉毛刺等，然后恒重。

B. 恒重后的木材单板在活化液中处理 2～10min，在处理过程中保证单板完全浸入溶液并适时翻动，取出沥去多余液体后放置片刻。

C. 将处理好的单板浸入预热的镀液中，化学镀一定时间得到镀铜单板。

D. 将镀好的单板用大量清水冲洗，烘干至恒重，计算铜沉积量，测定电阻值及其余各性能。

非钯活化木材单板化学镀铜工艺流程见图 7-100，具体步骤如下。

（2）试验方法：本研究以单板表面电阻率和金属沉积率为指标，探讨木材化学镀铜的最佳镀液配方和最佳工艺参数。由于同一镀液完成活化与施镀两个过程，因此，影响化学镀效果的因素变得较为复杂，先确定基本的木材单板化学镀铜的工艺参数和镀液配方，再采用单

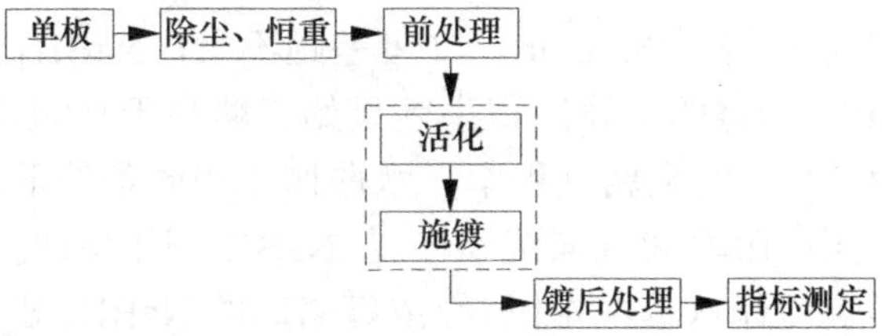

图 7-100 非钯活化木材单板化学镀铜工艺流程示意图

因子变量的方法进行研究。初步拟定镀液组成如表 7-31 所示。

表 7-31 镀铜镀液成分含量及工艺条件

镀液成分	浓度	镀液成分	浓度	工艺条件	数值
乙醛酸	7.5g/L	添加剂 L	0.015g/L	镀液温度	50℃
硫酸镍	0.6g/L	联吡啶	0.01g/L	施镀时间	30～50min
硫酸铜	12g/L	EDTA・2Na	40g/L	pH	12

（3）原理：木材是典型的非金属材料，不具有导电性，特别是在化学镀中不具备催化活性，因此，要保证镀铜层与木材良好的结合力，木材化学镀前期处理为关键工序。本研究中主要分为简短的两个步骤，第一步为以 $NaBH_4$ 溶液对木材单板进行前期处理；第二步为化学镀铜。

由金属的催化活性顺序 Au＞Ni＞Pd＞Co＞Pt＞Cu 可知，铜的催化活性较弱，需要控制氧化还原来保证金属铜的连续沉积，因此需要在镀铜溶液中加入具有催化活性作用的金属离子来促使铜的化学沉积自发而持续地进行，本研究选择在镀液中加入少量镍离子。如图 7-101 所示，当表面吸附 $NaBH_4$ 的单板进入镀液，镀液中的 Ni^{2+} 和少量 Cu^{2+} 被还原，产生 Ni^0 与 Cu^0，反应式为（7-2）～（7-3）：

$$2Ni^{2+}+BH_4^-+2H_2O \longrightarrow 2Ni^0\downarrow+2H_2\uparrow+BO_2^-+4H^+ \quad (7\text{-}2)$$

$$2Cu^{2+}+BH_4^-+2H_2O \longrightarrow 2Cu^0\downarrow+2H_2\uparrow+BO_2^-+4H^+ \quad (7\text{-}3)$$

木材镀铜是在镍的催化作用下，作为还原剂的乙醛酸将处于同一溶液中的 Cu^{2+} 还原析出金属铜的过程，总反应是两个半反应组成的氧化还原电池反应：

$$CuEDTA^{2-}+2CHOCOOH+6OH^- \longrightarrow Cu^0\downarrow+2C_2O_4^{2-}+4H_2O+H_2\uparrow+EDTA^{4-} \quad (7\text{-}4)$$

木材化学镀铜反应的特点是在同一个表面上进行着还原剂的氧化和铜离子的还原两个过程。Ni^{2+} 与 Cu^{2+} 在电极表面被还原成金属 Ni 和 Cu，镍将溶液中的 Cu^{2+} 置换出来，同时生成二价镍离子，重新回到镀液中，反复发生置换反应，方程式（7-5）如下。

$$Ni+Cu^{2+} \longrightarrow Cu^0+Ni^{2+} \quad (7\text{-}5)$$

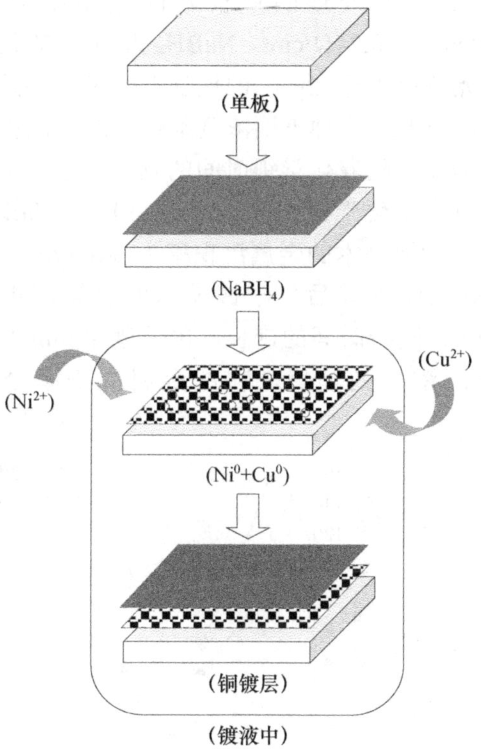

图 7-101 非钯活化木材单板化学镀铜原理示意图

2）$NaBH_4$ 前处理条件 $NaBH_4$ 具有极强的还原性，但其水溶液极不稳定，易于水解并释放出 H_2 而失去还原活性，因此，本实验采用浓度为 4g/L 的 NaOH 碱性溶液来配制 $NaBH_4$ 处理液，抑制其水解反应。

在室温下，单板在处理液中浸渍一定时间，木材表面的羟基可以与处理液中的 BH_4^- 形成氢键，使 BH_4^- 牢固地吸附于木材表面，处理后单板在空气中放置 1min。

（1）$NaBH_4$ 溶液浓度的影响：分别取恒重后的桦木、水曲柳单板各 5 块，参照表 7-31 配制相同镀液，以 3g/L 的 NaOH 溶液分别配制 $NaBH_4$ 浓度为 2g/L 和 3g/L 的镀前处理液，处理相同时间后浸入镀液，化学镀 10～30min，不同浓度 $NaBH_4$ 溶液对桦木化学镀铜效果的影响结果如图 7-102 和图 7-103 所示。处理时间相同，处理液浓度不同的镀铜单板表面电阻率随时间延长均有不同程度的下降，化学镀 10min 时，用 2g/L 的 $NaBH_4$ 处理液处理后化学镀桦木的表面电阻率为 16.54Ω/cm²，3g/L 的 $NaBH_4$ 处理液处理的单板表面电阻率为 8.02Ω/cm²，随着时间的延长，单板表面电阻率呈下降趋势，至 30min 时，两种浓度处理液处理的单板表面电阻率分别为 0.9Ω/cm² 与 0.24Ω/cm²，$NaBH_4$ 为 3g/L 的化学镀效果始终略好于 2g/L 的化学镀效果，并且随着时间的延长，两种不同浓度条件下的表面电阻率差距缩小。随着化学镀时间的延长，金属沉积率逐渐升高，化学镀 10min 时，2g/L 的 $NaBH_4$ 处理后化学镀桦木的金属沉积率为 3.64g/m²，3g/L 的 $NaBH_4$ 处理后化学镀桦木的金属沉积率为 10g/m²，随着时间的延长，化学镀 30min 时，两种不同浓度处理后获得的金属沉积率分别为 17.3g/m² 和 18.4g/m²，二者差距不大，$NaBH_4$ 为 3g/L 所得的金属沉积率效果始终略高于 $NaBH_4$ 为 2g/L 的金属沉积率。水曲柳在相同条件下，表面电阻率和金属沉积率受 $NaBH_4$ 不同浓度的影响与桦木基本相似。经浓度略高的 $NaBH_4$ 处理后的单板于镀液中施镀时，因吸附了相对多的 $NaBH_4$，会在一定时间内产生较多的 Ni^0 催化后续的镀铜反应沉积一定厚度的镀层，因此，3g/L 的 $NaBH_4$ 处理后的化学镀优于 2g/L 的 $NaBH_4$ 处理后的化学镀效果，并且，这种区别在施镀初期差别较为显著，而后，由于镀液组分及浓度等条件均固定，前者前期消耗大量 Ni^{2+} 导致后期反应中离子浓度降低，反应进程逐渐减慢，与后者的差距逐渐缩小。但综合考虑，$NaBH_4$ 处理液的浓度仍以 3g/L 为宜。

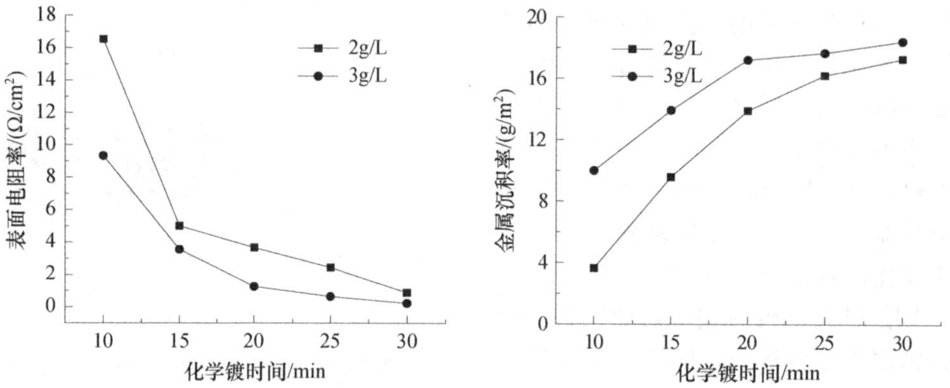

图 7-102 $NaBH_4$ 浓度对桦木单板表面电阻率及金属沉积率的影响

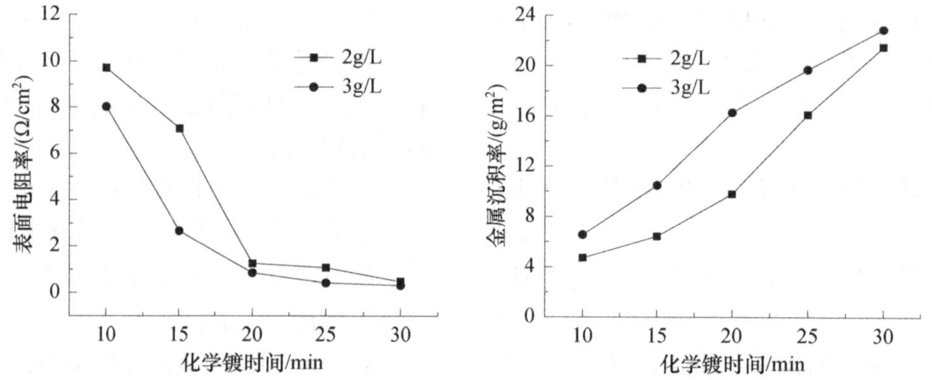

图 7-103 $NaBH_4$ 浓度对水曲柳单板表面电阻率及金属沉积率的影响

（2）$NaBH_4$ 处理时间的影响：在镀液成分和浓度等相同条件下取桦木、水曲柳单板各 4 块，于 3g/L 的 $NaBH_4$ 氢溶液分别浸渍 6min、8min、10min、12min，化学镀后测量表面电阻率与金属沉积率，结果如图 7-104 所示。表面电阻率随着硼氢化钠处理时间的延长先降低后升高，对应的金属沉积率为先升高后降低，表面电阻率出现最低值的时间各不相同，桦木处理时间 8min、水曲柳处理时间 10min 时，表面电阻率达到最低值，分别为 0.06Ω/cm² 和 0.24Ω/cm²，而继续延长处理时间，单板的表面电阻率反而有所提高，金属沉积率下降。由于表面性状的差别，两种木材吸附 $NaBH_4$ 的最佳时间和产生的反应略有不同，时间较短时，吸附硼氢化钠总量不足以充分还原镀液中的 Ni^{2+} 和 Cu^{2+}，影响后续反应效果，而浸渍处理时间过长，$NaBH_4$ 溶液置于空气中很容易造成处理液失效，使活化效果下降，因此选择桦木处理时间为 8min，水曲柳处理时间为 10min。

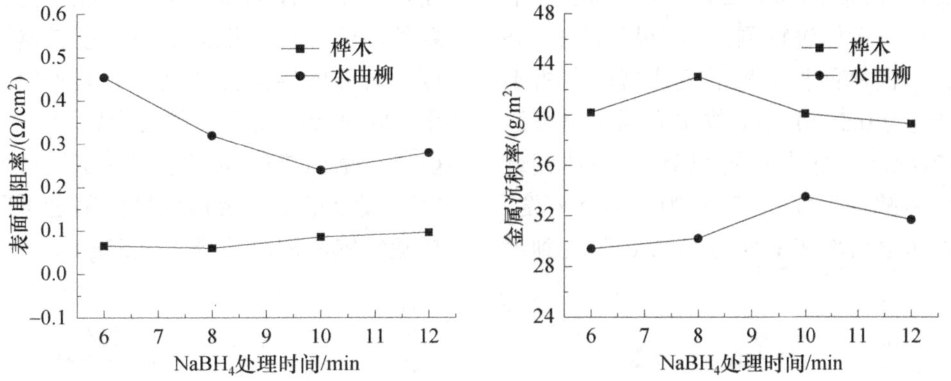

图 7-104 $NaBH_4$ 处理时间对单板表面电阻率及金属沉积率的影响

3）化学镀铜溶液的成分与含量

（1）硫酸铜浓度：分别取桦木、水曲柳单板各 4 块，用 3g/L 的 $NaBH_4$ 溶液进行预处理，时间为桦木 8min、水曲柳 10min，镀液其他成分及含量均固定，于硫酸铜浓度分别为 16g/L、18g/L、20g/L、22g/L 的镀液中进行化学镀后进行指标测定，结果如图 7-105 所示。随着硫酸铜浓度逐渐提高，镀铜单板的表面电阻率先降低再升高，镀液中硫酸铜的浓度从 16g/L 提高到 20g/L 时，桦木表面电阻率下降幅度较大，当浓度为 20g/L 时，桦木镀铜表面电阻率达到最低值 $0.23\Omega/cm^2$，相应的金属沉积率达到最大值 $29.4g/m^2$，而继续提高浓度，桦木表面电阻率则开始增大，金属沉积率也呈下降趋势。因此，对于桦木，硫酸铜浓度以 20g/L 为最宜。水曲柳与桦木略有不同，当硫酸铜浓度为 18g/L 时，表面电阻率达到最低值 $0.9\Omega/cm^2$，相应的金属沉积率达最高值 $27.2g/m^2$，继续提高浓度，单板的表面电阻率开始升高，金属沉积率随之降低。

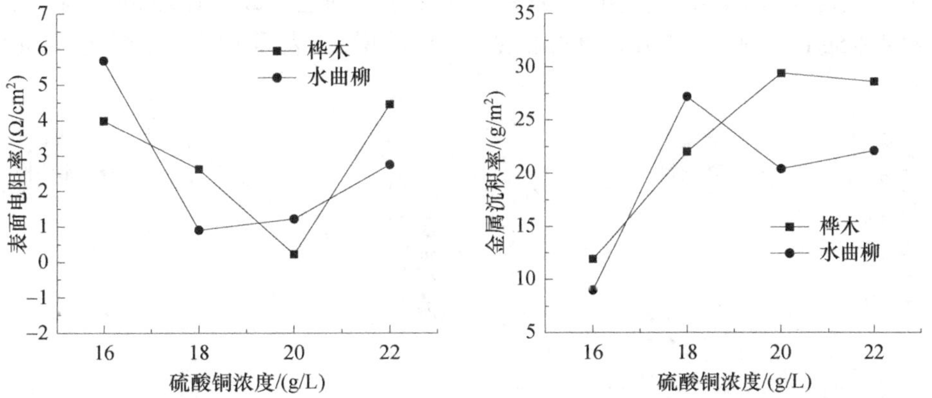

图 7-105 硫酸铜浓度对单板表面电阻率及金属沉积率的影响

作为主盐的硫酸铜是实现沉积镀铜层的主要来源，浓度过低，金属沉积速度慢且镀层外观和性能较差，在一定浓度范围内，随着硫酸铜浓度的提高，化学镀效果越来越好，说明足量的主盐可以提供足够的金属铜离子，保证较好的化学镀效果，而当硫酸铜超过一定浓度时，过量的硫酸根阴离子会导致镀液不稳定并产生沉淀物，使镀液中副反应增加，对镀后单板性能产生不利影响，只有合适浓度的硫酸铜才能在一定的时间内产生连续的镀层，并保证镀层达到一定的厚度。因此，桦木及水曲柳镀铜适宜的硫酸铜浓度分别为20g/L与18g/L。

（2）硫酸镍浓度：分别以3g/L的$NaBH_4$处理桦木、水曲柳单板各4块，硫酸镍浓度分别为0.5g/L、0.55g/L、0.6g/L、0.65g/L，在相同条件下化学镀铜并对相应指标进行测定，结果如图7-106所示。桦木、水曲柳两种单板的变化规律有所不同，硫酸镍浓度为0.55g/L时，桦木表面电阻率达到最低值0.17Ω/cm^2，相对应的金属沉积率达到最大值34g/m^2，硫酸镍浓度0.55g/L为最适宜浓度；而水曲柳的表面电阻率在浓度为0.5g/L时达到最低点，相应的金属沉积率达到最高值31g/m^2，相对桦木变化较为规律。为保证化学镀铜的持续进行，镀液中需保持适当数量的镍离子作为产生催化活性中心的来源，硫酸镍浓度过低时，木材表面反应生成镍的量不足，不能维持镀层表面所需要的催化活性，铜的沉积速度较慢，影响镀层厚度；若硫酸镍溶液过高，会增加镀液不稳定的因素，同时反应就会变得较为剧烈，过快的镀速下，散落于镀液中的镍离子将易引发镀液本体分解反应，镀液稳定性及镀层性能随之下降。因此，选择硫酸镍的浓度为桦木0.55g/L、水曲柳0.5g/L。

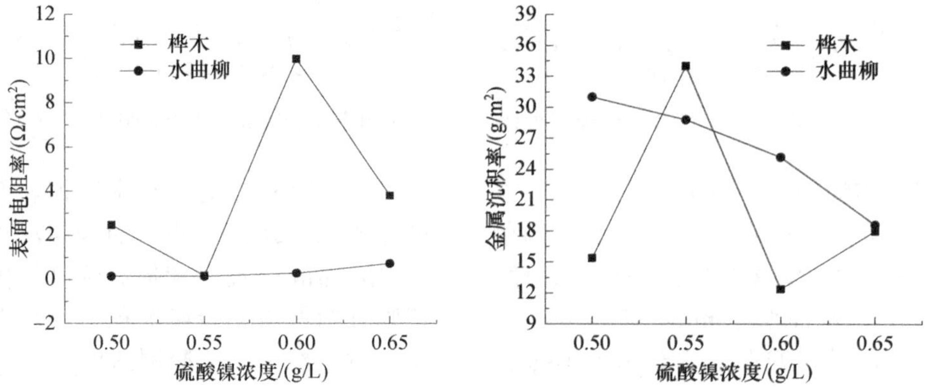

图7-106　硫酸镍浓度对单板表面电阻率及金属沉积率的影响

（3）乙醛酸浓度：分别取桦木、水曲柳单板各5块，于同等条件下，乙醛酸浓度分别为6.5g/L、7.5g/L、8.5g/L、9.5g/L、10.5g/L，经化学镀后测试单板表面电阻率及金属沉积率，结果如图7-107所示。乙醛酸浓度从6.5g/L升高至8.5g/L，随乙醛酸浓度的提高，表面电阻率缓慢下降，说明在这个浓度范围内，单板的导电性能较好，对应的金属沉积量升高，浓度达到8.5g/L时，桦木、水曲柳金属沉积率分别达到最高值25.8g/m^{2}和24.2g/m^2，当浓度继续增大，表面电阻率升高，金属沉积率明显下降。

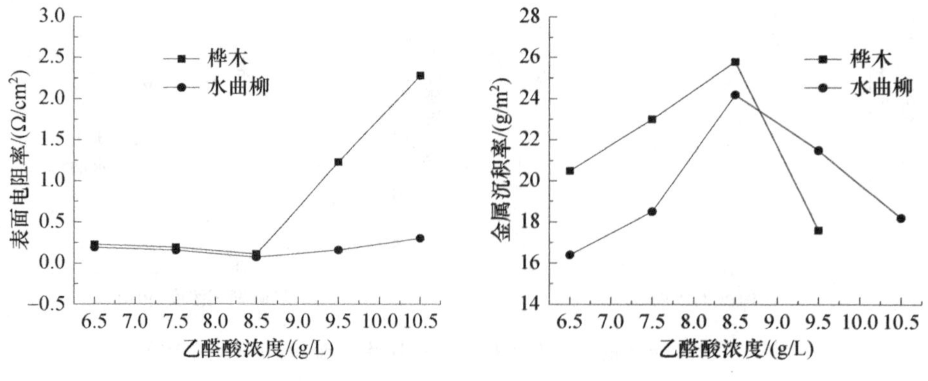

图7-107　乙醛酸浓度对单板表面电阻率及金属沉积率的影响

乙醛酸作为还原剂，其浓度对还原能力影响很大，浓度过低，还原能力较差，镀液中反应不充分，金属铜离子不能被充分还原沉积，镀层性能不够理想。而还原剂的浓度过高，极易引起乙醛酸在碱性溶液中发生副反应而产生大量的草酸盐，不仅消耗一定数量的还原剂，还会有产生草酸盐沉淀的可能，使反应速度下降，对后续反应不利，综合实验结果，乙醛酸浓度以8.5g/L较为适宜。

（4）EDTA • 2Na 浓度：分别取桦木、水曲柳单板各 5 块，以相同条件处理，保持镀液组分和工艺条件不变的情况下，仅改变络合剂 EDTA • 2Na 浓度，对镀后单板的指标进行测定，结果如图 7-108 所示。两种单板表面电阻率随 EDTA • 2Na 浓度的升高而降低，至 39g/L 时达到较低值，浓度为 39g/L 时，金属沉积率分别达到最大值 22.8g/m^2 和 22.9g/m^2。络合剂大于 39g/L 时，均表现为表面电阻率的显著升高和金属沉积率的显著下降。

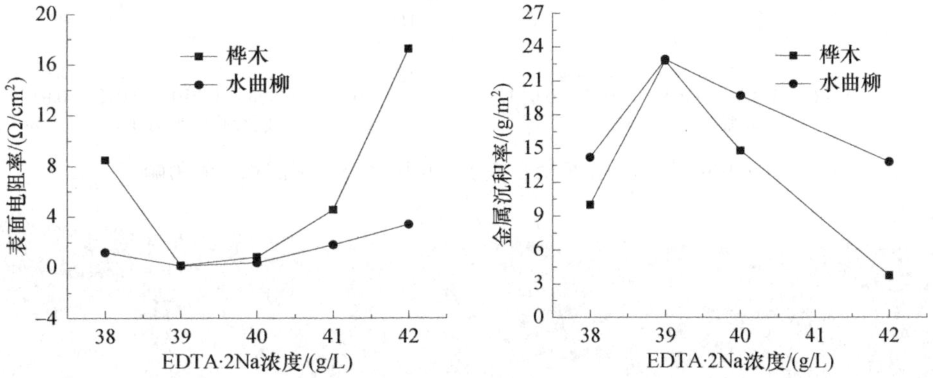

图 7-108 EDTA • 2Na 浓度对单板表面电阻率及金属沉积率的影响

镀液中加入 EDTA • 2Na，大部分都已经电离成负四价酸根离子的形式，在镀液中与 Cu^{2+}络合成络离子状态，避免其从碱性介质中沉淀出来，通过控制和维持自由 Cu^{2+}的浓度，可以保持镀液的稳定性和适宜的沉积速度，络合剂除了和金属离子间存在络合平衡以外，与氢离子间还存在离解平衡，因此也兼具缓冲剂的作用。产生以上现象的原因为镀液中络合剂的含量过少时，不能有效地降低游离 Cu^{2+}的浓度，因此使镀液不稳定，反应难以控制，所沉积镀层粗糙，外观及性能较差，但络合剂含量过高，会限制其所络合的 Cu^{2+}被释放出来，镀液中 Cu^{2+}含量过低，将导致化学镀沉积速度过慢，对镀层的连续性和均匀性均产生不良影响。综合实验结果，选择 EDTA • 2Na 浓度为 39g/L。

（5）联吡啶浓度：分别取 5 块桦木、水曲柳单板，以同等条件处理后进行化学镀铜，对镀后的表面电阻率和金属沉积率加以测试，结果如图 7-109 所示。当联吡啶浓度为 0.008g/L 时，水曲柳的表面电阻率达到最低值 0.096Ω/cm^2，相应的金属沉积率最高，提高其浓度达到 0.01g/L 时，表面电阻率升高，金属沉积率随之下降，继续提高其浓度，表面电阻率缓慢地下降，金属沉积率提高不明显。因此，水曲柳单板镀铜联吡啶较适宜的浓度为 0.008g/L。从桦木的表面电阻率与金属沉积率随联吡啶浓度的变化曲线可知，当浓度为 0.008g/L 时，表面电阻率较低，继续增加联吡啶的浓度达到 0.014g/L 时，桦木的表面电阻率达到最低值，金属沉积率达到最高值。结合镀层外观颜色与光泽度（图 7-110），随着联吡啶浓度由高至低的变化，镀层外观的颜色与光泽度也发生不同程度的改变，当联吡啶浓度为 0.014g/L 时，目测桦木的颜色最接近金属铜的颜色，光泽度最高，此时达到最佳效果。在铜离子的还原过程中伴有金属镍和氢气的析出，这两个过程同时进行可带来热力学上的不稳定因素，因此，适当地加入稳定剂，可以防止金属的立即析出，防止镀液自然分解。同时，联吡啶对镀层光泽度的影响可能与镀层晶粒的形状、大小及排列有关。联吡啶浓度对镀层影响变化规律较为复杂，对两种木材的影响不同，镀液中联吡啶较适宜的浓度为桦木 0.014g/L、水曲柳 0.008g/L。

（6）添加剂 L 浓度：添加剂 L 既可以作为稳定剂，也可以作为光亮剂改善镀层的性能，与联吡啶配合使用。分别取桦木、水曲柳单板各 5 块，仅改变添加剂 L 的浓度，分别配制浓度为 0.011g/L、0.013g/L、0.015g/L、0.017g/L、0.019g/L 的镀液，化学镀后测定单板的表面电阻率和金属沉积率，结果如图 7-111 所示。添加剂 L 的浓度为 0.011g/L 时，单板的表面电阻率为最低值 0.18Ω/cm^2 和 0.08Ω/cm^2，金属沉积率最大。随着

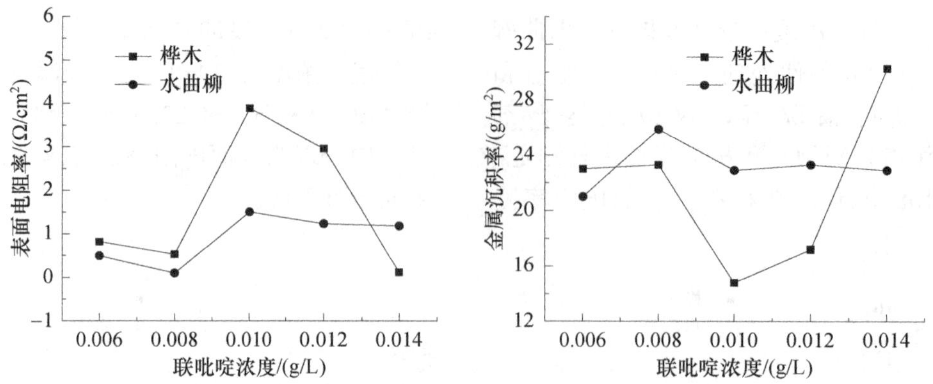

图 7-109 联吡啶浓度对单板表面电阻率及金属沉积率的影响

扫一扫 看彩图

图 7-110 桦木镀层外观随联吡啶浓度变化数码照片

（a）0.006g/L；（b）0.008g/L；（c）0.01g/L；（d）0.012g/L；（e）0.014g/L

添加剂 L 浓度提高，水曲柳单板的表面电阻率增大，金属沉积率降低。桦木与水曲柳的趋势略有不同，其变化幅度较大，但综合来看，添加剂 L 的浓度以 0.011g/L 为宜。

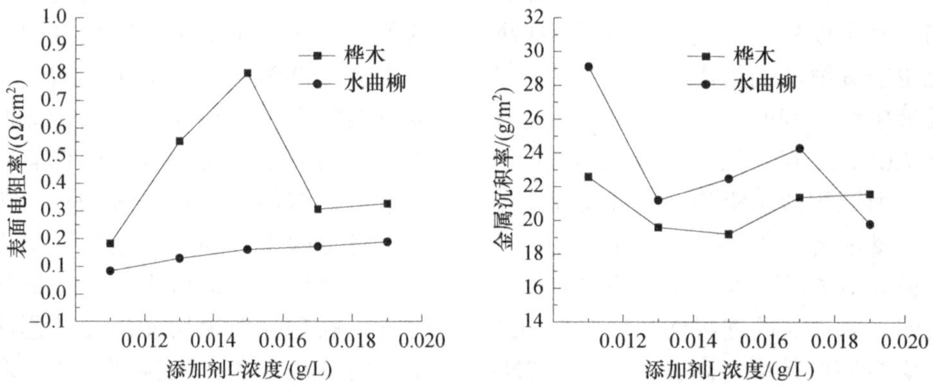

图 7-111 添加剂 L 对单板表面电阻率及金属沉积率的影响

4）化学镀铜工艺条件

（1）镀液 pH 的影响：配制相同镀铜镀液，在温度和施镀时间不变的条件下，以氢氧化钠作为调节剂，分别将 pH 调至 11.75、12、12.25、12.5，对镀后单板的性能指标进行测定，如图 7-112 所示。随着 pH 的升高，镀铜单板表面电阻率随之下降，金属沉积率随之增大，当达到 12.25 时，桦木、水曲柳镀层的导电性能指标达到最佳值，分别为 0.48Ω/cm^2 和 0.08Ω/cm^2，金属沉积量分别达到 22.8g/m^2 和 34.8g/m^2，继续提高 pH，表面电阻率反而随之提高，金属沉积率开始下降，表明单板性能逐渐变差。

调整镀液的 pH，以保证镀铜反应在碱性溶液中稳定进行，根据催化反应的机制可知，pH 过低，还原剂的氧化速度及还原能力降低，反应速度过慢，不利于镀层的连续性和性能，甚至不能发生反应，pH 过高，将易引发副反应，镀速过快，镀液不稳定、氢氧化铜沉淀及溶液的自发分解等现象均可以出现，见图 7-113。而适合的 pH，既可以保证沉积速度又保持镀液的稳定性。由此，镀铜镀液的 pH 最佳值为 12.25。

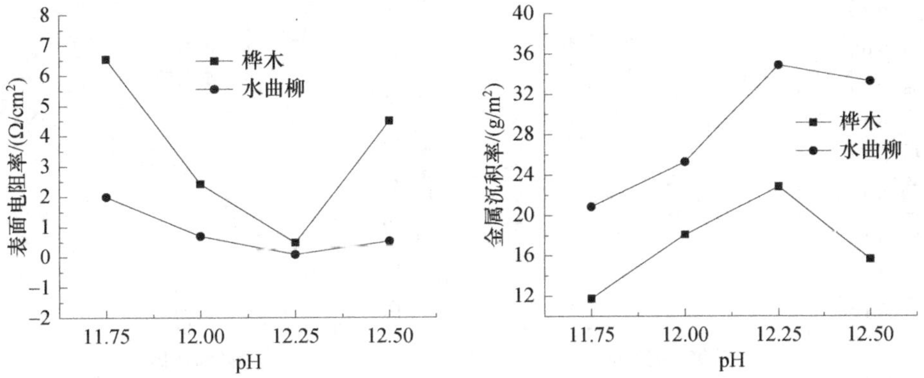

图 7-112 镀液 pH 对单板表面电阻率及金属沉积率的影响

图 7-113 正常镀液［(a)］及产生分解的镀液［(b)］

扫一扫 看彩图

（2）镀液温度的影响：配制相同镀铜镀液，pH 调至 12.25，施镀时间不变，温度分别为 45℃、50℃、55℃、60℃、65℃，化学镀后测试相应指标，如图 7-114 所示。随着镀液温度从 45℃升高至 60℃，两种木材单板的表面电阻率降至最低，相对应的金属沉积量达到最高值，分别为 38.9g/m^2 和 37.1g/m^2，而继续提高温度，则呈现相反的变化。这表明镀液温度过低，化学镀的反应达不到所需的最佳速度，但温度过高，反应速度过快，镀液中活化与施镀同时进行的两个反应将变得难以控制，导致镀液的稳定性变差，同时，剧烈析氢还将导致镀层粗糙不均。因此，镀液温度以 60℃为宜。

（3）施镀时间的影响：配制相同镀铜镀液，pH 调至 12.25，镀液温度为 60℃，化学镀时间分别为 30min、35min、40min、45min、50min，镀后测试表面电阻率和金属沉积率，实验结果见图 7-115。随着施镀时间从 30min 延长至 50min，两种木材单板的表面电阻率逐渐下降至最低值，分别为 0.145Ω/cm^2 与 0.108Ω/cm^2，金属沉积率逐渐升高，分别达到 33.3g/m^2 和 40.3g/m^2。

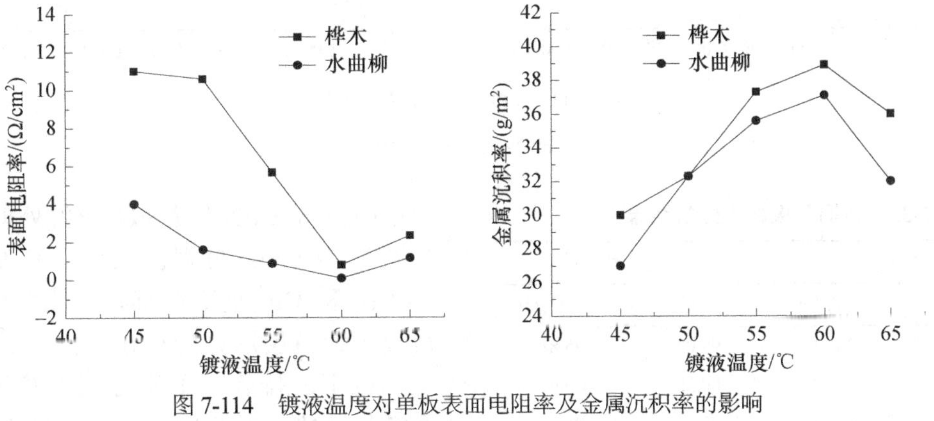

图 7-114 镀液温度对单板表面电阻率及金属沉积率的影响

化学镀铜需要一定的时间作为保证，实验结果表明：随着时间的延长，镀液中的反应更加充分，镀层厚度不断增加，虽然继续延长时间可能会使表面电阻率继续下降、金属沉积率继续提高，但随着木材表面已完全被金属铜镀层覆盖，继续发生的沉积将在铜镀层上进行，后续反应产生的镀层附着力将会有所下降。从镀层的测定指标来看，化学镀 50min 即可获得较好的效果，若继续延长施镀时间还可能产生镀层氧化等其他不良的后果。

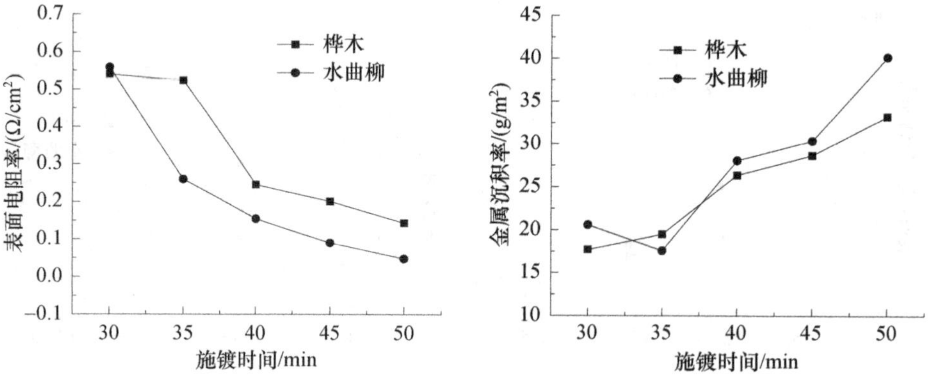

图 7-115 镀液时间对单板表面电阻率及金属沉积率的影响

5）化学镀铜单板镀层表征

（1）镀层 EDS 和 XPS 分析：对非钯活化的木材单板镀层进行 EDS 能谱检测，结果如图 7-116 和表 7-32 所示。镀层最主要的成分为 Cu、O、C 三种元素，并且没有发现 Ni 的存在，桦木镀层铜的含量为 99.70%，水曲柳镀层铜的含量为 99.03%。其中检测到的 C 和 O 有可能来自木材本身，也可能源于镀层的污染，但能谱分析尚无法解释清楚，为此，采用 XPS 分析镀铜表面和镀层内部的元素及价态，揭示铜镀层的真正本质。

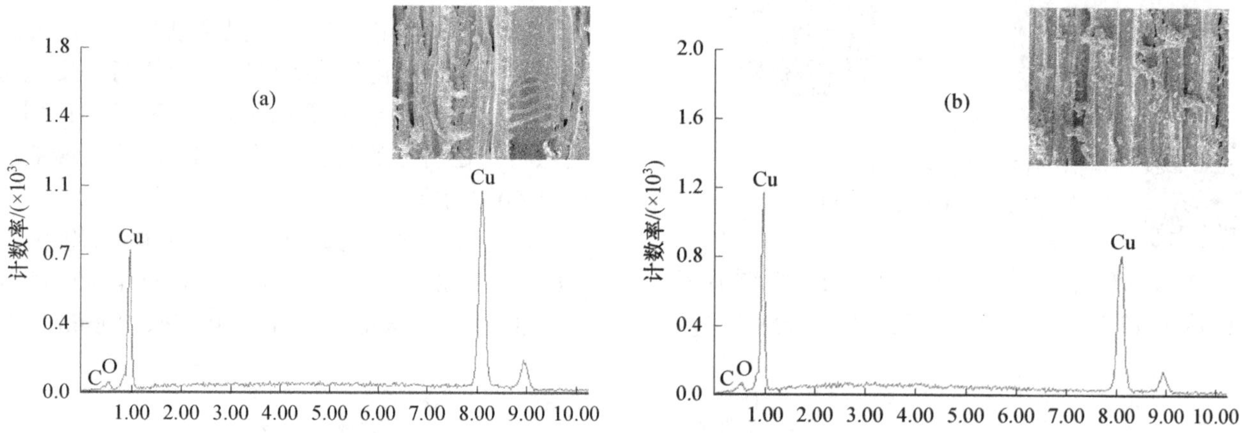

图 7-116 镀层的 EDS 能谱图

（a）桦木；（b）水曲柳

表 7-32 镀铜单板能谱分析结果

元素	桦木		水曲柳	
	质量百分比	原子百分比	质量百分比	原子百分比
Cu	99.70	98.81	99.03	95.81
C	00.00	00.30	00.35	00.63
O	00.30	01.19	02.41	01.77

图 7-117 为镀铜桦木单板刻蚀前后的 XPS 谱图，刻蚀前，Cu2p 和 O1s 的峰强度接近，而刻蚀后，O1s、C1s 峰强度明显弱化，而 Cu2p 峰强度显著提高，说明镀铜单板表面存在一定污染，因为镀后单板依然保持良好的多孔性，极易吸附镀液中的成分，为证明此分析，对刻蚀前后镀层中 Cu 元素的 Cu2p 进行拟合分峰处理，见图 7-118。刻蚀前，$Cu2p_{3/2}$ 分别在 932eV 和 934eV 处出现了 Cu^0 和 Cu^{2+}的吸收峰，且比较接近，证明了镀液对铜镀层污染的存在，但 Cu^{2+}对应的峰较宽，也不能排除在干燥过程中发生了少量的表面氧化现象。经刻蚀后，在 932eV 的峰强度大幅提高，而 934eV 处的峰接近消失，说明镀层内部为单质铜，符合乙醛酸为还原剂的化学镀铜机制。同样，利用 XPS 研究镀铜水曲柳的镀层本质，结果如图 7-119 与图 7-120 所示，分析结果与镀铜桦木类似。

（2）镀层 XRD 分析：图 7-121 和图 7-122 为镀铜前后桦木与水曲柳的 XRD 谱图，在 2θ 为

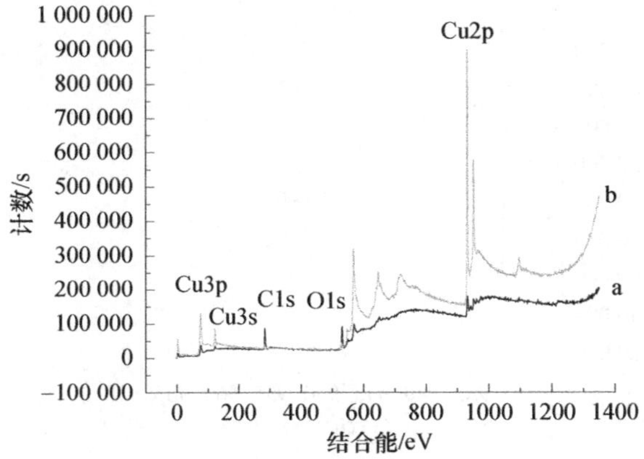

图 7-117　桦木镀铜单板 XPS 谱图

a. 表面；b. 刻蚀

22.36°处，素材单板出现木材纤维素 002 晶面强衍射峰，而镀铜后此衍射峰有显著下降，说明单板被铜镀层覆盖情况良好。镀铜单板分别在 2θ 为 43.08°、50.12°、74.04°和 89.76°处出现 Cu（111）、Cu（200）、Cu（220）和 Cu（311）晶面衍射峰，桦木单板 Cu（111）、Cu（200）的峰值高于水曲柳在该处的峰值。XRD 谱图中在 2θ 为 36°左右没有出现 Cu_2O 的晶面衍射峰，说明镀铜层为面心立方结构，同时也无 Ni 的化合物和 Cu-Ni 合金的晶面衍射峰，说明 Cu_2O、Ni 在镀层中的夹杂量极少，金属 Cu 是以单质形式存在，该结果与 XPS 分析结果一致。

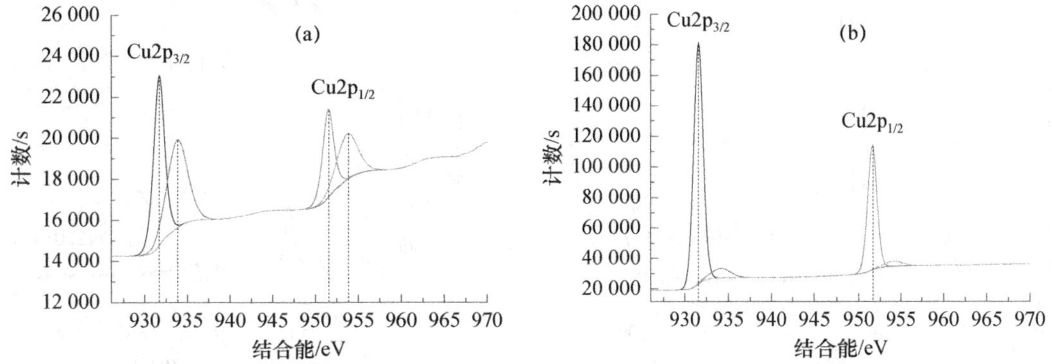

图 7-118　桦木镀层刻蚀前后 Cu2p 的 XPS 谱图

（a）表面；（b）刻蚀

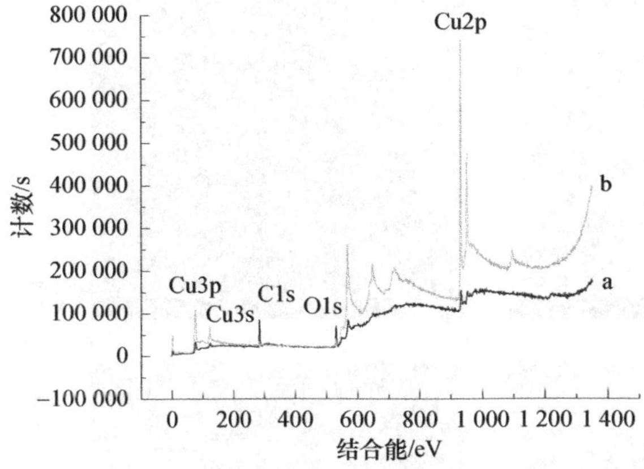

图 7-119　水曲柳镀铜单板刻蚀前后的 XPS 谱图

a. 表面；b. 刻蚀

（3）镀层 SEM 分析：镀铜桦木单板表面结构及形貌见图 7-123。桦木表面完全被镀层覆盖，木材自身的构造依然清晰可见[图 7-123(a)和(b)]，镀层既在表面沉积，又进入孔隙中，如木纤维、木射线、导管内壁和穿孔板等结构均镀覆了镀层[图 7-123（c）和（d）]。镀铜水曲柳单板表面形貌如图 7-124 所示。水曲柳单板表面的纤维、导管、薄壁细胞及木射线等都镀覆有连续的镀层[图 7-124（a）～（d）]，但由于水曲柳单板本身的纹理较为粗糙，沉积镀层后，表面形貌结构较为复杂。

由于木材表面粗糙多孔，化学镀铜会随着木材结构沉积镀层，但由于镀层较厚，遮盖了部分木材表面的形貌，所以木材原有的多孔性特征显示得不够明显，通过扫描电镜高倍率下观察可发现，镀层表面不是很均匀，镀层由无数细小的晶胞排列或堆积而成[图 7-123（e）和（f），图 7-124（e）和（f）]，颗粒形状大多不规则，镀层略显粗糙，主要是复杂的化学反应所形成的。

6）化学镀铜单板性能

（1）电磁屏蔽性能：以最佳镀液和工艺条件获得桦木、水曲柳镀铜单板，化学镀前后的电磁屏蔽效能如图 7-125 所示。桦木和水曲柳单板素

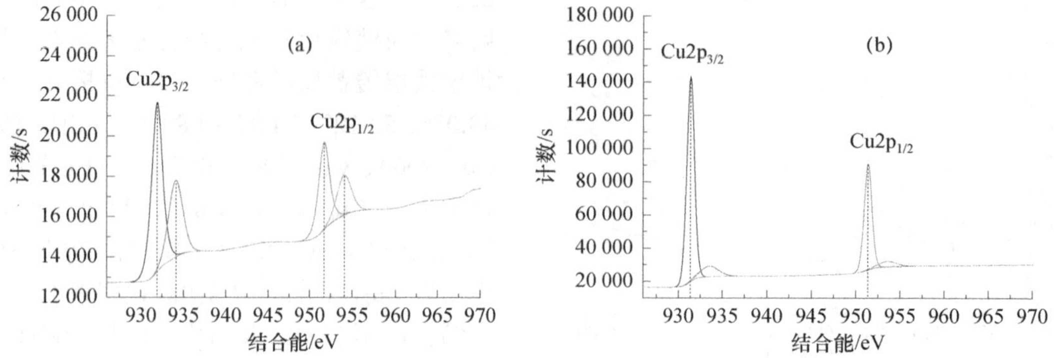

图 7-120 水曲柳镀层刻蚀前后 Cu2p 的 XPS 图谱

（a）表面；（b）刻蚀

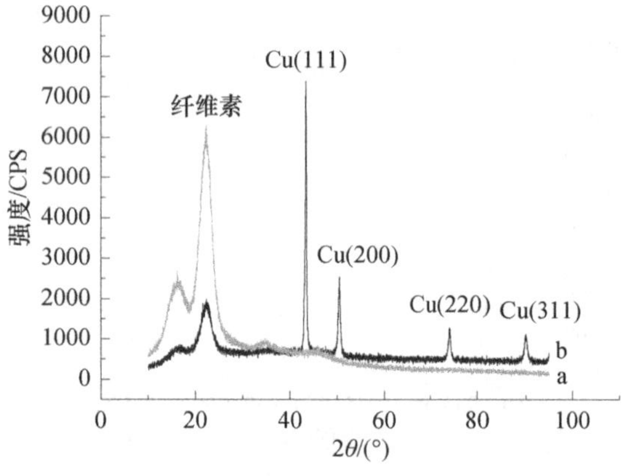

图 7-121 桦木镀铜前（a）后（b）镀层的 XRD 谱图

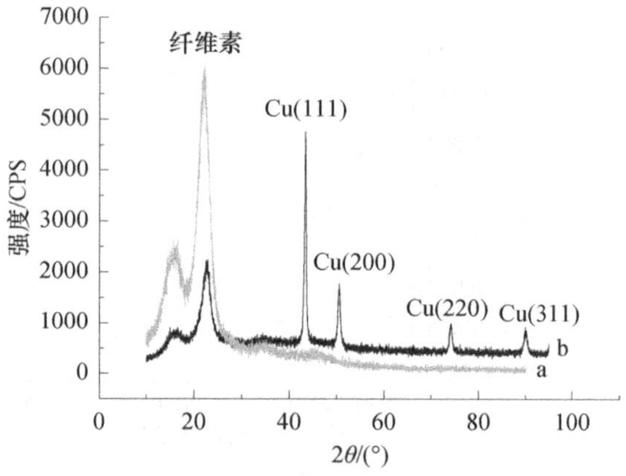

图 7-122 水曲柳镀铜前（a）后（b）镀层的 XRD 谱图

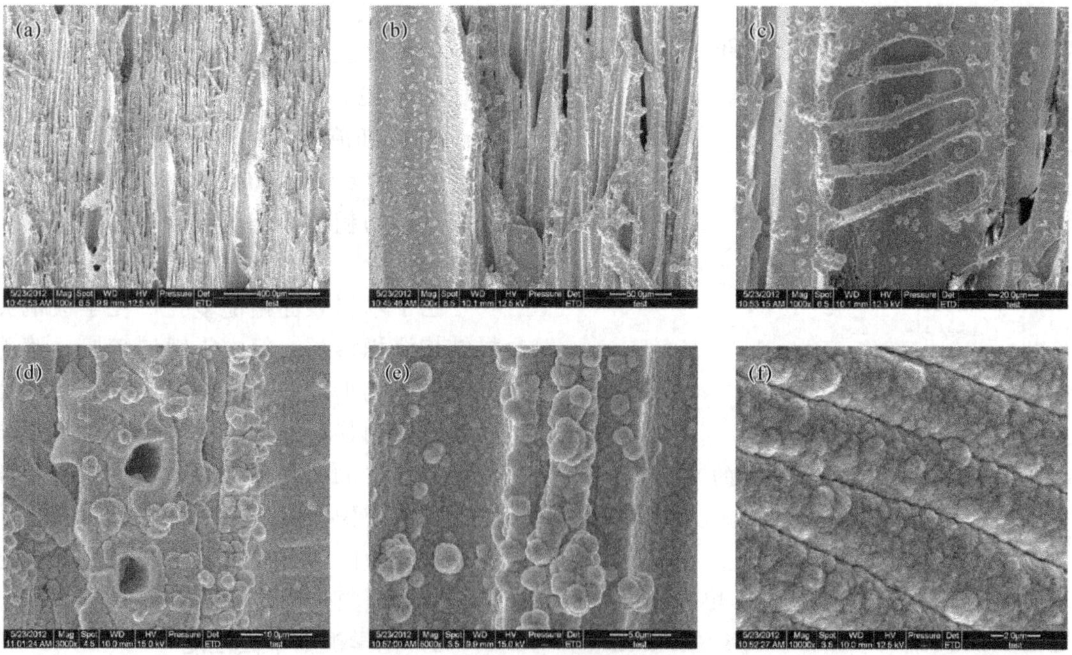

图 7-123 桦木化学镀铜 SEM 图像

（a）100×；（b）500×；（c）1000×；（d）3000×；（e）5000×；（f）10 000×

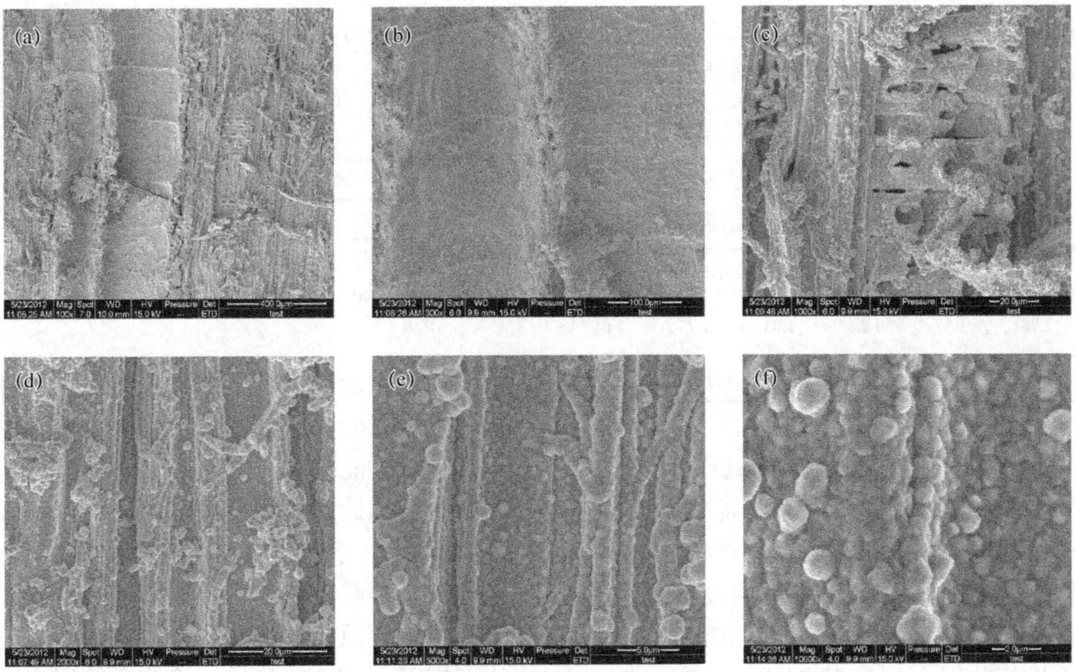

图 7-124 水曲柳化学镀铜 SEM 图像

(a) 100×；(b) 300×；(c) 1000×；(d) 2000×；(e) 5000×；(f) 10 000×

材的屏蔽效能值在电磁波频率 9kHz～1.5GHz 频段，基本处于坐标轴的零轴，表明素材单板没有任何电磁屏蔽效能。经过非钯活化化学镀铜后的单板屏蔽效能，桦木达到 60dB 以上，水曲柳达到 50dB 左右，桦木较水曲柳表面纹理致密，金属镀层覆盖的连续性与致密程度较好，因此电磁屏蔽效果优于水曲柳。按照对电磁屏蔽材料屏蔽效能的要求，完全能够满足民用领域和一些军用领域对电磁屏蔽的需要。因此，非钯活化化学镀铜在成本低、工序少的同时，保证了良好的镀铜效果，赋予木材这种绝缘体材料导电性能及电磁屏蔽性能，使其在电磁屏蔽材料的领域中具有生产、应用、推广等方面的优势。

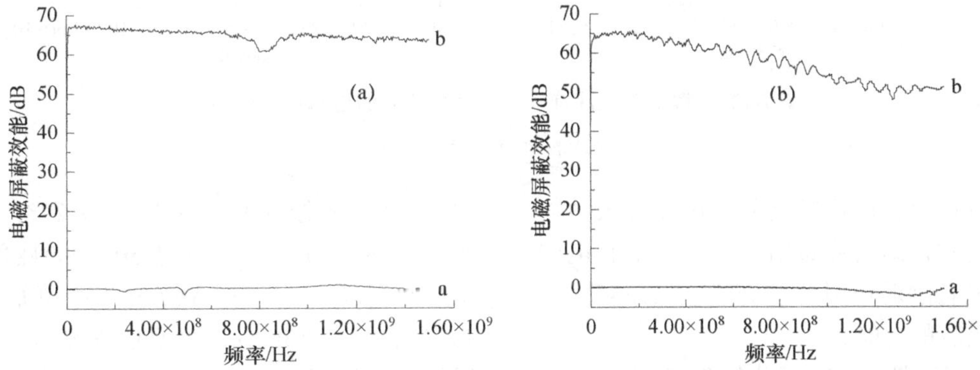

图 7-125 单板镀铜前（a）后（b）电磁屏蔽效能

（a）桦木；（b）水曲柳

（2）镀层物理性能：化学镀赋予了木材本身不具有的良好的导电性能及电磁屏蔽效能，对镀后单板相关物理性能进行研究可以为木质基电磁屏蔽材料的应用提供理论依据与指导。

A. 结合强度：以直拉法测定镀层与木材表面的结合强度。从镀层的结合强度测试结果表 7-33 可知，铜镀层与桦木、水曲柳木材表面的结合强度分别超过 1.22MPa 和 1.03MPa。经过测试后，桦木镀层或水曲柳镀层均没有明显的脱落现象，被破坏的只有胶层及木材本身，由此说明，镀层与木材表面之间的结合力牢固，这种坚固的结合力与木材本身粗糙的表面、巨大的比表面积及化学镀的优良特性密切相关。

表 7-33 镀层结合强度测试结果

编号	桦木 1	桦木 2	桦木 3	水曲柳 1	水曲柳 2	水曲柳 3
结合强度/MPa	2.78	1.57	1.22	1.03	1.77	1.61
破坏情况	木材破坏	胶层破坏	木材破坏	木材破坏	胶层破坏	木材破坏

B. 涂饰性能：以木材漆膜涂饰最常用的硝基漆对桦木和水曲柳化学镀单板进行涂饰，并测试涂饰对单板导电性能和电磁屏蔽性能的影响。导电性能的变化测试结果见表 7-34。由表 7-34 可知，两种木材单板涂饰后的表面电阻率较涂饰前均有提高，平均值分别由 0.0878Ω/cm^2、0.0586Ω/cm^2 提高至 0.1125Ω/cm^2、0.0759Ω/cm^2，说明镀层涂饰使单板的导电性能有所下降，但幅度较小，涂饰后镀层仍有较好的导电性能。

表 7-34 化学镀铜单板涂饰前后的表面电阻率

（单位：Ω/cm^2）

处理方法	镀铜桦木单板			镀铜水曲柳单板		
	顺纹	横纹	平均值	顺纹	横纹	平均值
涂饰前	0.0792	0.0965	0.0878	0.0480	0.0692	0.0586
涂饰后	0.0940	0.1311	0.1125	0.0605	0.0914	0.0759

通过对涂饰后镀铜单板的电磁屏蔽性能的测试（图 7-126）可知，涂饰后桦木、水曲柳单板的电磁屏蔽效能均有所下降，下降幅度均在 10dB 左右，尽管如此，涂饰后桦木的电磁屏蔽效能也在 49dB 以上，水曲柳也在 37dB 以上，仍然保证了实际需要屏蔽电磁波的功能。导致电磁屏蔽效能下降的主要原因是镀层主要靠反射电磁波的方式达到屏蔽电磁波的目的，涂饰后镀层表面因被一层漆膜所覆盖，影响了镀层对电磁波的反射而导致电磁屏蔽效能的下降。

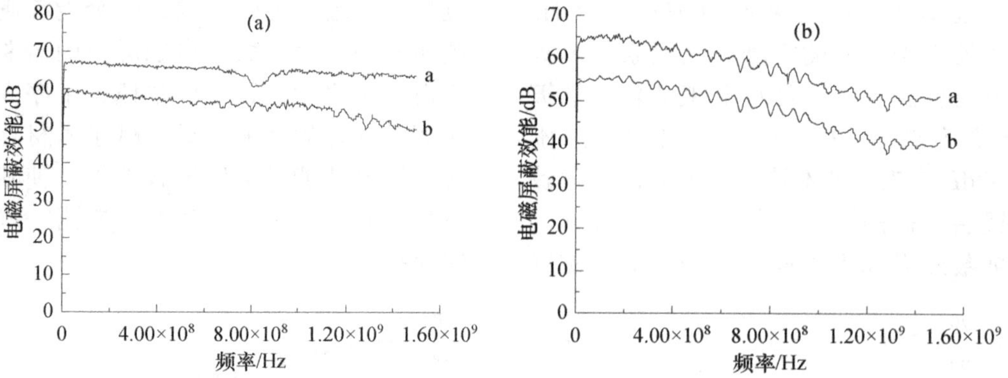

图 7-126 镀铜单板涂饰前（a）后（b）的电磁屏蔽效能

（a）桦木；（b）水曲柳

从镀铜单板涂饰前后的电阻及电磁屏蔽效能的比较结果得知，透明涂饰对单板的导电和电磁波反射等性能有削弱作用，但仍然可以在实际应用中发挥其相应的功能。

C. 表面润湿性：非钯活化镀铜表面的润湿性能用 OCA20 视频光学接触角测量仪，测量水滴与素材单板和镀铜单板表面接触角随时间变化的规律，结果如图 7-127 和图 7-128 所示。桦木素材单板表面初始接触角为 121°，60s 结束时接触角为 84°，镀铜单板初始接触角为 147°，经过 60s 后，接触角仍然为 147°，没有发生改变。水曲柳素材单板表面初始接触角为 84°，到 60s 结束时，接触角为 27°，镀铜单板初始接触角为 151°，经过 60s，接触角为 145°，角度下降了 6°。根据 Young 方程可知，$0° < \theta < 90°$为润湿，θ越小，润湿性程度越大，亲水性越好；$90° < \theta < 180°$为不润湿，θ越大，不润湿程度越大，疏水性越好。由此可知，桦木素材单板能部分润湿，水曲柳素材单板润湿性良好。镀铜单板表面润湿性发生了较大变化，桦木、水曲柳镀铜单板接触角分别为 147°和 145°，表现出较好的疏水性，且水曲柳镀铜单板的疏水性好于桦木镀铜单板。

素材单板表面含有极性官能团，表面具有

多孔性结构特征，具有亲水性的表面粗糙度越大，接触角便越小，表面润湿性越好。化学镀铜单板表现出较好的疏水性，原因为化学镀铜木材表面极性官能团等均为镀层所覆盖，使表面自由能下降、接触角变大，对于具有一定粗糙度的固体表面，表面润湿性由表面的化学组成和粗糙度共同决定，具有低表面能的固体表面粗糙度可提高其疏水拒油的能力。根据荷叶效应原理，荷叶表面的双微观结构及存在的拒水性蜡质使其具有一定的表面粗糙度及超疏水性，荷叶表面乳突状物的直径为 5～15μm，高度为 1～20μm，当水滴与叶面接触时，由于荷叶表面物质的化学成分具有拒水性，水滴又仅与细微凸状物形成接触点，空隙间存在着大量的空气，使得水滴难以与孔隙下的固体表面接触，在这种特殊的粗糙结构的表面，水滴主要与空气直接接触，所以表观上的液固接触面其实由固体和气体共同组成。木材镀铜单板表面在 SEM 放大到 10 000 倍时，表面微观结构中也可见大量的类似乳突状的晶胞结构，如图 7-129 和图 7-130 所示。晶胞直径为 1～2μm，甚至更小，因此，镀铜单板具有疏水性的原因与荷叶效应具有一定的相似性，材料表面的疏水性将有利于自身的防水、防污、抗腐蚀、自清洁等功能。木材化学镀铜使表面由亲水性变为疏水性，使其表面特性发生了较大改变。

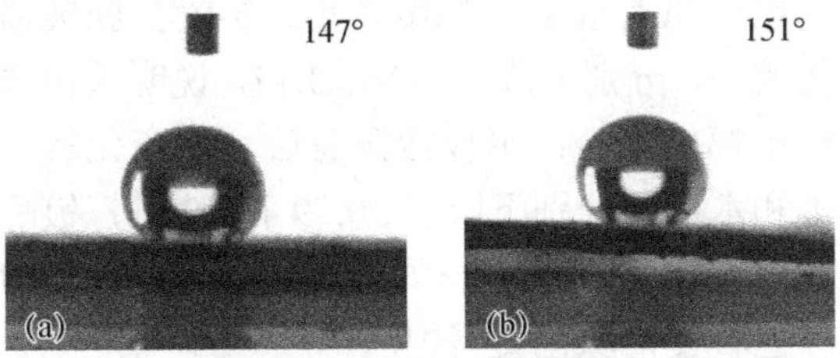

图 7-127 镀铜单板初始接触角

（a）桦木；（b）水曲柳

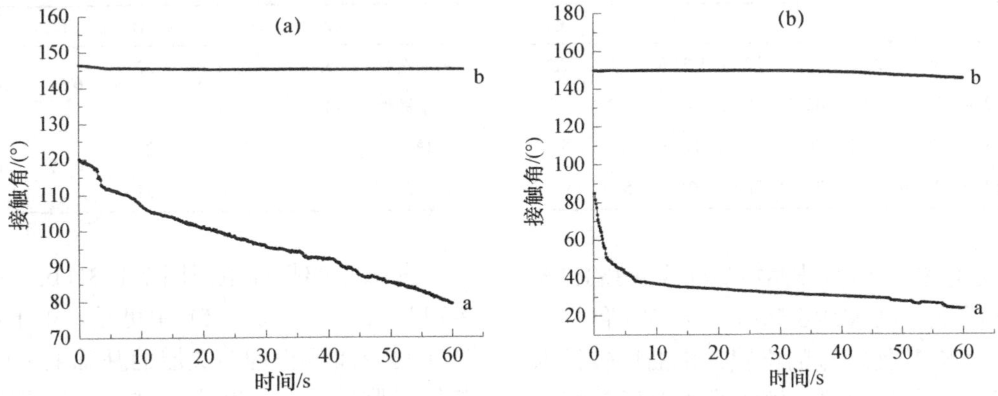

图 7-128 单板镀铜前（a）后（b）接触角随时间变化曲线

（a）桦木；（b）水曲柳

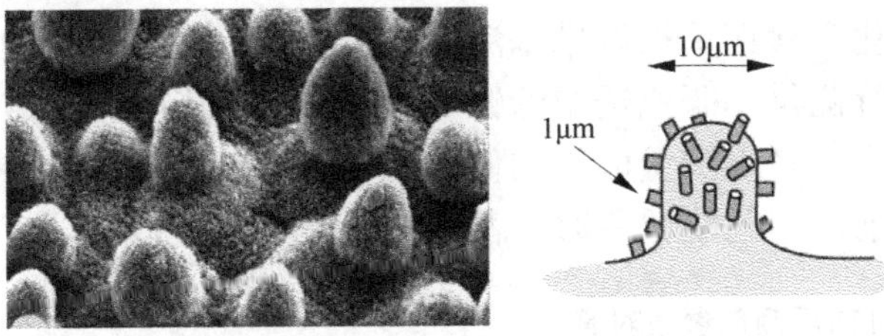

图 7-129 荷叶表面结构 SEM 图

（Barthlott and Neinhuis，1997）

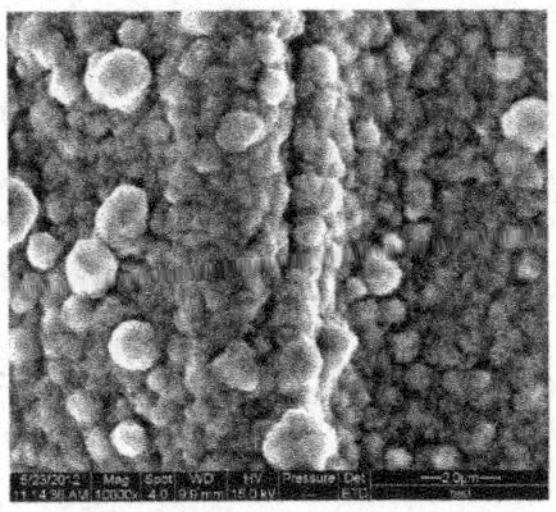

图 7-130 木材镀铜表面 SEM 图

（3）化学镀铜单板视觉特性：通过目测非钯活化镀铜单板的颜色可知，表面颜色接近金属铜的红色，与离子钯活化镀铜相对比可知，颜色较之略显深暗，为客观评价其表面的视觉特性，通过视觉物理量的两个主要参数，即色度学参数与光泽度值的测量与分析，对化学镀木材作为电磁屏蔽防护材料用于室内装修装潢设计使用具有实际指导和参考意义。

A. 镀层色度学参数的测量与分析：对素材单

板、化学镀铜单板及涂饰后镀铜单板的 L^*值、a^*值、b^*值进行测量并计算 Ag^*、C^*，直接测得孟塞尔色系统的 H、V、C 三值，经过多块多点测量取平均值，化学镀单板表面的色度学参数见表 7-35。在 CIE $L^*a^*b^*$色空间分布中，镀铜前后单板颜色变化最大的是 a^*值，桦木提高了 14.54，水曲柳提高了 14.57；其次是 L^*值，和素材相比，桦木下降了 12.25，水曲柳下降了 5.22，桦木单板素材明度较高，镀铜后明度降低，水曲柳素材明度较低，镀铜后明度虽有降低但幅度较小；b^*值在施镀前后变化较小，分别下降了 2.38、3.17，说明黄色成分有较小幅度减少；单板镀铜前后 Ag^*变化较大，桦木和水曲柳分别下降了 30.59 和 30.81；镀后单板的色饱和度 C^*比素材均有提高，说明单板镀铜向红色转变，颜色变得饱满。

表 7-35　木材单板化学镀铜前后颜色参数对照

	$L^*a^*b^*$色空间					孟塞尔色空间		
	L^*	a^*	b^*	Ag^*	C^*	H	V	C
桦木素材	74.59	6.55	21.85	73.31	22.81	9.3YR	7.5	7.2
桦木镀铜	62.34	21.09	19.47	42.72	28.71	9.8R	6.2	9.8
水曲柳素材	65.13	7.73	21.49	70.21	22.83	8.8YR	6.5	6.7
水曲柳镀铜	59.91	22.30	18.32	39.40	28.87	9.7R	5.9	9.5

在孟塞尔色系统中，桦木素材标注为 9.3YR7.5/7.2，水曲柳素材为 8.8YR6.5/6.7，即 H（色相）位于 YR 区且与 Y 区接近的位置，水曲柳较桦木倾向橙红色，且稍显灰暗。镀铜桦木单板颜色标注为 9.8R6.2/9.8，色调标号位于红色区，该区接近橙色区，明度值为中等偏上，饱和度值较高，颜色显现较为饱满的橙红色；镀后水曲柳的颜色标号为 9.7R5.9/9.5，颜色与桦木镀层基本相同，中等明度且饱和度较高，较桦木镀铜单板偏红稍暗，单板镀铜后颜色彻底被改变。

B. 镀层光泽度值的测量与分析：镀铜单板表面光泽度参数由平行于木材纹理方向的光泽度（GZL）和垂直于木材纹理方向的光泽度（GZT）及 GZB（GZB=GZL/GZT）组成，结果如表 7-36 所示。镀铜前后，桦木单板光泽度参数 ΔGZL、ΔGZT 分别为−0.58、−0.91，水曲柳分别为−0.17、−0.15，均为负值，说明较素材相比，光泽度有小幅下降，水曲柳由于素材光泽度较低，下降幅度小于桦木。桦木素材的 GZB 为 1.22，水曲柳素材的 GZB 为 1.29，平行于纹理方向的光泽度值大于垂直于纹理方向的光泽度值，是木材表面组织结构的各向异性所致，镀铜桦木单板的光泽度比水曲柳的稍高，是因为素材表面的粗糙程度对镀层表面形貌产生的影响。化学镀铜后，桦木镀铜单板 GZB 为 1.38，水曲柳镀铜单板 GZB 为 1.31，说明独特的光学特性依然存在，这也是镀铜后单板在观看时，方向不同，颜色和光泽有所差别的原因。

表 7-36　木材单板化学镀铜前后光泽度值对照

	GZL/%	GZT/%	GZB	ΔGZL/%	ΔGZT/%	ΔGZB
桦木素材	5.33	4.35	1.22	−0.58	−0.91	0.63
桦木镀铜	4.75	3.44	1.38			
水曲柳素材	3.52	2.71	1.29	−0.17	−0.15	1.13
水曲柳镀铜	3.35	2.56	1.31			

从镀层的扫描电镜图 7-123（b）～（f）和图 7-124（a）（c）（e）（f）中可见，由于镀层较厚，在木材表面沉积均匀镀层的基础上，可见很多不规则晶胞散落分布其上，使得镀层具有金属铜的颜色，且因晶胞等形态及堆积方式形成复杂界面而对光线形成漫反射，从而使光泽变得柔和。

C. 涂饰前后视觉物理量的对比分析：通过对化学镀铜单板以硝基漆涂饰前后的色度学参数进行测量，研究透明涂饰对镀层颜色的影响，经过多块多点测量取平均值，化学镀铜单板表面涂饰前后的色度学参数见表 7-37。

表 7-37　化学镀铜单板涂饰前后颜色参数对照

	$L^*a^*b^*$色空间					参数差值						
	L^*	a^*	b^*	Ag^*	C^*	ΔL^*	Δa^*	Δb^*	ΔC^*	ΔAg^*	ΔE^*	ΔH^*
桦木镀铜	62.34	21.09	19.47	42.72	28.71	−10.97	−1.53	−3.30	−3.32	−3.13	11.56	1.49
桦木镀铜涂饰	51.37	19.56	16.17	39.59	25.39							
水曲柳镀铜	59.91	22.30	18.32	39.40	28.87	−9.85	−1.59	−2.65	−2.90	−2.23	10.32	1.06
水曲柳镀铜涂饰	50.06	20.71	15.67	37.17	25.97							

单板涂饰前后颜色明度差分别为–10.97、–9.84，说明涂饰后的镀铜单板比涂饰前变暗，且程度较大。Δa^*、Δb^*均为负值，表示颜色中红色、黄色成分有不同程度减少，黄色减少量较大，ΔC^*分别为–3.32、–2.90，表示色饱和度降低，颜色较之前灰暗。色调角 Ag*分别为–313、–2.23，色调角减小，整体颜色依然向偏红色方向变化。ΔE^*分别为 11.56、10.32，NBS 为 6～12，色差变化较大，可以明显地识别出两者差异，ΔH^*分别为 1.49、1.06，表示色调也略有改变。通过分析可知涂饰对单板表面颜色改变较大，颜色变化受L^*影响最大，其次为b^*和a^*。

未涂饰镀铜桦木单板颜色在孟塞尔色系统标注值为 9.8R6.2/9.8，涂饰后颜色标注值为 9.5R5.1/9.1，在色相环上位置较涂饰前向红色中心区域略有偏移，水曲柳镀铜单板未涂饰颜色标注值为 9.7R5.9/9.5，涂饰后为 9.3R5.1/9.2，变化规律与桦木相同，结合 V 和 C 得出，涂饰后镀铜单板为略显深暗的橙红色，见图 7-131。

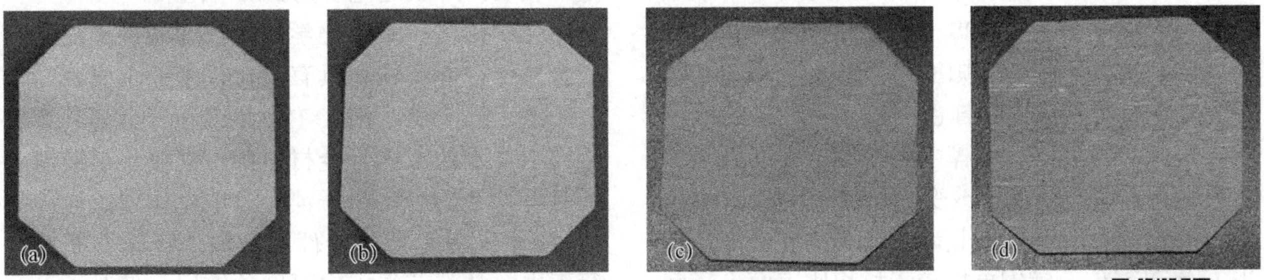

图 7-131　涂饰前后镀铜单板颜色

（a）镀铜桦木单板；（b）镀铜水曲柳单板；（c）涂饰后桦木镀铜单板；（d）涂饰后水曲柳镀铜单板

扫一扫　看彩图

通过对镀铜单板涂饰前后多块多点测量后取平均值，结果如表 7-38 所示。桦木、水曲柳镀铜单板涂饰后的光泽度参数 ΔGZL、ΔGZT 分别为–1.23、–0.67 和–0.79、–0.73，说明涂饰后单板的光泽度有所降低，桦木涂饰后的 GZB 比值大于 1，说明涂饰后单板的光泽度保持了木材独特的各向异性，但程度稍有减弱。水曲柳的 GZB 大于 1，但与桦木不同的是较涂饰前 GZB 值稍有增大，说明涂饰后表面光泽度有所降低，但水曲柳的表面光反射各向异性的程度略有提高，强化了横、顺纹理的光泽度比，这是由铜镀层、水曲柳表面、涂料三者共同作用产生的变化，说明涂饰对镀层的光泽度有一定影响，主要原因是涂料的覆盖会不同程度地破坏原有的表面结构并重构一个新的表面，影响了横、顺纹理的光泽度比，从而影响了金属镀层对光的反射。

表 7-38　木材单板化学镀铜涂饰前后光泽度参数对照

	GZL/%	GZT/%	GZB	ΔGZL	ΔGZT	ΔGZB
桦木镀铜涂饰前	4.75	3.44	1.38	–1.23	–0.79	1.26
桦木镀铜涂饰后	3.52	2.65	1.33			

续表

	GZL/%	GZT/%	GZB	ΔGZL	ΔGZT	ΔGZB
水曲柳镀铜涂饰前	3.35	2.56	1.31	–0.67	–0.73	0.91
水曲柳镀铜涂饰后	2.68	1.83	1.46			

7）小结　通过对非钯活化、乙醛酸还原剂木材化学镀铜的研究，得出以下结论。

（1）非钯活化前期处理，3g/L 的 $NaBH_4$ 处理效果好于 2g/L 的 $NaBH_4$ 处理效果，最佳处理时间桦木为 8min，水曲柳为 10min。

（2）适合桦木的镀液及条件：硫酸铜为 20g/L，硫酸镍为 0.55g/L，乙醛酸浓度为 8.5g/L，EDTA • 2Na 浓度为 39g/L，联吡啶浓度为 0.014g/L，添加剂 L 浓度为 0.011g/L，pH 为 12.25，温度为 60℃，施镀时间为 50min。适合水曲柳的镀液及条件：硫酸铜为 18g/L，硫酸镍为 0.5g/L，乙醛酸浓度为 8.5g/L，EDTA • 2Na 浓度为 39g/L，联吡啶浓度为 0.008g/L，添加剂 L 浓度为 0.011g/L，pH 为 12.25，温度为 60℃，施镀时间为 50min。

（3）镀铜单板的电磁屏蔽效能在电磁波频率 9kHz～1.5GHz 频段，桦木与水曲柳分别达到 60dB

以上与 50dB 左右；镀层与木材表面结合强度可超过 1.22MPa 和 1.03MPa；镀层涂饰使单板的导电性和电磁屏蔽效能有所下降，但也可达到 49dB 以上和 37dB 以上，能满足实际应用的需要；桦木和水曲柳镀铜单板接触角分别为 147°和 145°，表面具有较好的疏水性。

（4）以 EDS 能谱检测可知镀层最主要的成分为 Cu、O、C 三种元素，经 XPS 谱图分析，O、C 元素源自镀层表面的污染或氧化，铜镀层内部为单质铜。XRD 谱图结果说明镀铜层为面心立方结构，无 Ni 的化合物和 Cu-Ni 合金的形成，Cu 以单质形式存在，与 XPS 分析结果吻合。

（5）镀铜桦木单板颜色标注值为 9.8R6.2/9.8，颜色呈现较为饱满的橙红色；镀铜水曲柳的颜色标号为 9.7R5.9/9.5，较桦木镀铜单板偏红稍暗，单板镀铜后颜色彻底被改变。涂饰对单板表面颜色的改变较大，颜色变化受 L^*值影响最大，其次为 b^*值和 a^*值；镀铜单板较素材相比表面光泽度有小幅下降。

7.4.2 木材表面化学镀镍

7.4.2.1 化学镀镍的机理

化学镀的还原剂主要有次磷酸盐与硼氢化物两类。下面以常用的次磷酸盐为例说明化学镀镍的原理。

以次亚磷酸钠为还原剂，将镍盐还原为镍，同时使金属层中有一定的磷。关于 Ni-P 化学镀的具体反应机理，目前还没有统一的认识，主要有三种假说，分别是“原子氢态理论”“氢化物理论”和“电化学理论”。但被大多数人所接受的是原子氢态理论。

该理论认为，镍之所以能够沉积，是依靠镀层表面的催化作用，使次亚磷酸根在水溶液中分解，生成初生态的氢，这一过程可用化学方程式表示为

$$H_2PO_2^- + H_2O \longrightarrow HPO_3^{2-} + H^+ + 2[H]$$

初生态的氢被吸附在催化金属表面，使其活化，镀液中的镍离子被还原，在催化金属表面沉积出金属镍。用化学方程式表示为

$$Ni^{2+} + 2[H] \longrightarrow Ni + 2H^+$$

同时，初生态的氢催化金属表面使次亚磷酸根还原出磷。

$$H_2PO_2^- + [H] \longrightarrow H_2O + OH^- + P$$

部分初生态的氢原子结合成氢气。用方程式表示为

$$H + H \longrightarrow H_2\uparrow$$

由此，镍盐被还原，次亚磷酸盐被氧化，总的方程式为

$$Ni^{2+} + H_2PO_2^- + H_2O \longrightarrow HPO_3^{2-} + 3H^+ + Ni$$

镍原子与磷原子共同沉积，形成镍磷合金镀层。

$$Ni + P \longrightarrow Ni\text{-}P$$

因此可知，其基本原理是通过镀液中离子还原，同时伴随着次亚磷酸盐的分解而产生磷原子进入镀层，形成过饱和的 Ni-P 合金。

化学镀沉积是用化学的方法使镍离子还原形成金属镍，并沉积在具有催化作用的金属表面。由于铁、钴、镍、钯、铂等金属和合金都具有催化作用，因此上述合金材料都可直接化学镀镍。而且一旦开始后，由于镍的自催化作用，这种氧化-还原反应就会在镀件各处均匀连续不断地进行下去，从而获得一定厚度的镀层。但对于没有催化活性的非金属，需进行活化处理后，使表面具有催化活性，方可进行化学镀。

7.4.2.2 化学镀镍溶液及工艺条件

1）化学镀镍溶液分类 化学镀是指不需电源而依靠溶液中还原剂的催化氧化反应放出电子使金属离子还原而形成金属镀层的过程。根据镀液的酸碱度可将镀液分为酸性镀液（pH 一般在 4～6）、碱性镀液（pH 一般大于 8）；根据施镀温度可将化学镀溶液分为高温镀液（85～92℃）、低温镀液（60～70℃）和室温镀液。对 Ni-P 合金镀层根据镀层中磷含量可分低磷化学镀液［含 P1%～4%（wt）］、中磷化学镀液［含 P5%～8%（wt）］、高磷化学镀液［含 P9%～12%（wt）］；高磷化学镀液由于镀层的非晶结构，其耐蚀性能优良，由于其非磁性而广泛应用于计算机工业中，中磷镀液是目前应用最广的化学镀液品种，其特点是镀液沉积速度快、稳定性好、寿命长，低磷镀液得到的镀层硬度高、耐磨，特别耐碱腐蚀。

2）化学镀镍溶液组成及其作用 化学镀镍溶液由主盐-镍盐、还原剂、络合剂、缓冲剂、稳定剂、加速剂、表面活性剂等组成，以下将分别讨论各组成的作用。

（1）主盐：化学镀镍溶液中的主盐就是镍盐，一般采用硫酸镍（$NiSO_4$）、氯化镍（$NiCl_2 \cdot 6H_2O$）

或次磷酸镍[$Ni(H_2PO_2)_2$]等无机盐，也有用氨基磺酸镍[$Ni(NH_2SO_3)_2$]或乙酸镍[$Ni(CH_3COO)_2$]等有机盐的，由它们提供化学镀反应过程中所需的镍离子 Ni^{2+}。早期酸性镀镍曾用氯化镍作主盐，但是由于 Cl^-的存在不仅会增加镀层中的拉应力，还会降低镀层的耐蚀性，所以目前已不再使用。同硫酸镍（$NiSO_4$）相比，乙酸镍[$Ni(CH_3COO)_2$]作主盐对镀层性能的有益贡献因其价格昂贵而被抵消。最理想的 Ni^{2+}来源是次磷酸镍，使用它不至于在镀液中存积大量的 SO_4^{2-}，也不至于在补加时带入过多的 Na^+，但其价格贵、货源不足。现大都采用硫酸镍。

（2）还原剂：化学镀镍中可应用的还原剂有次磷酸钠（$NaH_2PO_2 \cdot H_2O$）、硼氢化钾（KBH_4）和肼（N_2H_4），它们在结构上的共同特点是含有两个或多个活性氢，还原 Ni^{2+}就是靠还原剂的催化脱氢进行的。用次磷酸钠得到 Ni-P 合金镀层，用硼化物得到Ni-B合金镀层，用肼则得到纯镍镀层。还原剂的氧化速度及氧化还原电位与溶液 pH 有密切的关系，通常 pH 越低则还原剂的氧化速度与还原能力也越低。故对镍来说，NaH_2PO_2 可在酸性至碱性范围内使用。

用得最多的还原剂是次磷酸钠，原因在于它的价格低、镀液容易控制，而且 Ni-P 合金镀层性能优良。次磷酸钠（$NaH_2PO_2 \cdot H_2O$）在水中易溶解，水溶液 pH 为 6。

与其他中间氧化态化合物一样，次磷酸加热会发生气化反应生成最高价和最低价磷化物，反应式为

$$4H_3PO_2 \longrightarrow 2PH_3+2H_3PO_4$$

同时还生成 H_3PO_3、P、P_2H_4 等磷化合物。因此化学镀的镀液应现配现用，长时间放置次亚磷酸钠会发生变化。

（3）络合剂：化学镀镍溶液中除了主盐与还原剂以外，最重要的组成部分就是络合剂。络合剂在镀液中与金属离子生成络离子，从而稳定镀液，抑制亚磷酸镍的生成并改进镀层性能。如果镀液中没有络合剂存在，由于镍的氢氧化物溶解度较小（$K_{sp}=2\times10^{-5}$），在酸性溶液即可析出浅绿色絮状含水氢氧化镍沉淀。硫酸镍溶液水解后形成六水合镍离子，它有水解倾向，水解后呈酸性，析出了氢氧化物沉淀。

如果六水合镍离子中有部分络合剂存在则可以明显提高其抗水解能力，甚至有可能在碱性环境中以 Ni^{2+}形式存在（指不以沉淀形式存在）。不过，pH 增加，六水合镍离子中的水分子会被 OH^-取代，促使水解加剧，要完全抑制水解反应，Ni^{2+}必须全部整合以得到抑制水解的最大稳定性。采用次磷酸盐的化学镀镍溶液，溶液中有较多次磷酸根离子存在，但由于次磷酸镍溶解度比较大[$Ni(H_2PO_2)_2 \cdot 6H_2O$ 的溶解度为 37.65g/100gH_2O]，一般不致出现沉淀，在进行化学镀后期由于溶液中亚磷酸离子积累，它与游离的镍离子结合生成亚磷酸镍白色沉淀 $NiHPO_3 \cdot 7H_2O$（50℃时的溶解度为 0.29g/100g H_2O）。为了防止它的生成，需要适当的络合剂生成镍的络离子来降低游离镍离子的浓度。在碱性溶液中络合剂还防止氢氧化镍沉淀的生成，不同的络合剂对镀液的沉积速度、稳定性和镀层性能均有重大影响。

络合剂在化学镀镀液中的主要作用为：形成金属络离子，使平衡电位向更负的方向变化而有利于金属的还原析出；降低游离金属离子浓度，防止产生沉淀，有利于提高 pH；掩蔽杂质，提高镀液稳定性。

有些络合剂如有机酸类，在酸性镀液中还有 pH 的缓冲作用；有些络合剂对自催化沉积过程也有较大的促进作用。

化学镀沉积对络合剂的基本要求是：所形成的金属络离子在水溶液中具有一定的溶解度；络离子具有一定的稳定性，不分解或水解；对化学镀过程无不良影响。

化学镀镍过程中，常用的络合剂有羟基乙酸、柠檬酸、琥珀酸、苹果酸、乳酸、氨基乙酸、焦磷酸、氯化铵、氨、乙二酸、三乙醇胺、酒石酸。

（4）pH 调整剂和缓冲剂：镀液 pH 对沉积速度、还原剂利用率、镀层中的含 P 量和性能都有很大影响。由于 H^+是还原反应的副产物，因此随化学镀反应的进行，镀液 pH 会降低。故化学镀时 pH 的调整和控制非常重要。作为 pH 调整剂，通常使用 NaOH、KOH 或其碳酸盐、氨水等碱性化合物，如需要降低 pH 时则使用无机酸或有机酸等。

为了稳定沉积速度及保证镀层质量，化学镀镍溶液体系必须具备缓冲能力，也就是说使之在施镀过程中 pH 不至于变化太大，能维持在一定

pH 范围内的正常值，因此镀液中需加入 pH 缓冲剂（表 7-39），一般使用一元或二元有机酸及其盐。只有含 2～6 个碳原子的短链有机酸较适宜，因具有更高分子质量的有机酸会与 Ni^{2+} 形成不溶镍盐。

表 7-39 缓冲体系及其 pH 范围

缓冲体系	pH 范围	缓冲体系	pH 范围
HAc/naAc	3.7～5.6	KH_2PO_4/硼砂	5.8～9.2
丁二酸/硼砂	3.0～5.8	H_3BO_3/硼砂	7.0～9.2
丁二酸氢钠/丁二酸钠	4.8～6.3	NH_4Cl/氨水	8.3～10.2
柠檬酸氢钠/NaOH	5.0～6.3	硼砂/Na_2CO_3	9.2～11.0
丙二酸氢钠/NaOH	5.2～6.8		

（5）稳定剂：镀液的稳定性是化学镀沉积工艺中的一个关键问题。由于空气中尘埃的侵入、配制镀液所用化工原料及水中所含的杂质，以及化学镀过程中产生的某些副产物的逐渐积累，镀液正常使用一段时间后，将自然形成许多微小颗粒。镀液中形成的微粒不但掺杂入镀层使微观缺陷增加，性能下降，而且由于这些微粒常具有一定的催化活性，使化学镀过程在镀液内部分散的微粒表面进行，导致镀液自行分解，形成金属微粒或粉状物沉淀，则镀液很快失效。为了防止镀液分解，需在镀液中加入一定量的稳定剂。稳定剂的作用在于抑制镀液的自发分解，使施镀过程在控制下有序进行。稳定剂是一种毒化剂，即反催化剂，只需加入痕量就可以抑制镀液自发分解。稳定剂使用不能过量，过量后轻则减低沉积速度，重则不再起镀。稳定剂吸附在固体表面抑制次磷酸根的脱氢反应，但不能阻止次磷酸盐的氧化作用。现在常用的稳定剂有铅离子、硫脲、锡的硫化物、硫代硫酸、偏硫氢化物、钼酸盐和碘酸盐等。

（6）其他助剂：在化学镀溶液中添加络合剂一般是使沉积速度降低，如果添加过量，致使沉积速度很慢，甚至无法使用。为了提高沉积速度，往往在镀液中添加少量的有机酸，这类有机酸成为促进剂。其添加可使次亚磷酸钠分子中氢和磷原子之间键合变弱，而氢在被催化表面上更容易移动。在镀液中加入少量的氟化物可提高镀速并有助于提高镀层硬度。镀液中加入某些表面活性剂，可降低镀液与镀件的表面张力，提高浸润能力，有利于施镀过程中 H_2 的逸出。

3）工艺条件

（1）pH：镀液 pH 是影响体系氧化-还原过程与镀液稳定性的重要工艺参数。pH 低时氧化还原电位高，还原能力弱，化学镀沉积过程难以进行或即使进行沉积速度也极慢。增加 pH 一般能提高还原剂的还原能力，但镀液稳定性下降。例如，磷系镀镍中亚磷酸镍的沉淀点是随 pH 升高而迅速降低的。在沉淀点，镀液浑浊容易导致自然分解，同时镀层变得粗糙，性能差。在高 pH 条件下才能稳定存在并起还原作用的还原剂，为了提高难溶物的溶度积和镀液稳定性，必须合理选择络合剂及其浓度，并适当降低主盐及还原剂浓度。

一般 pH 升高沉积速度加快，但往往存在一个最佳 pH，超过最佳值后还原剂利用率下降，引起沉积速度降低。次亚磷酸盐作为还原剂的常用 pH 为 3～11。

（2）温度：镀液温度也是影响化学镀沉积过程与镀液稳定性的重要参数之一。高温度下液/固相界面的反应粒子受到热激活的作用强，还原过程得到促进，因此沉积速度加快。但温度过高促使镀液不稳定，尤其是加热不均匀情况下最易引起镀液产生严重的自然分解。

提高温度固然能获得高的沉积速度，但由于高温有使镀液稳定性降低的不利倾向，尤其是碱性镀液通常含有氨类组分在高温时蒸发或挥发严重，镀液的补充、调整和维护变得困难，加热又耗费能源，增加辅助设施。目前的发展方向之一是研制低温高速体系，而采用碱性体系通过选择合适的络合剂，在提高还原剂还原能力的同时降低金属离子还原活化能，是可行的方法之一。

（3）镀液装载量：通常用 O/V 比表征（单位为 dm^2/L）每升镀液一次化学镀沉积面积的安全上限。O/V 比推荐在 1～1.25dm^2/L。装载量过大则化学镀沉积过程发生过快，易导致镀液自行分解而很快失效。

4）化学镀镍的工艺过程 化学镀作为一种表面处理技术，广泛应用于许多领域。一般在不具有催化活性的非金属表面化学镀的工艺过程为：除油→粗化→敏化→活化→解胶→化学镀。

（1）除油：镀件表面存在油污，对镀层与镀件之间的结合有不利影响，使镀层易于剥落。除油的方法有化学除油和溶剂除油两种方法。

（2）粗化、敏化、活化及解胶：一般塑料等非极性疏水物质，必须进行粗化，以提高亲水能力，从而提高表面吸附金属的能力。另外，粗糙的表面接触面积增大，可提高镀件与镀层的结合力。粗化的方法有机械粗化、有机溶剂粗化和化学粗化三种，其中最常用的是化学粗化。

早期使用的活化工艺是敏化、活化两步法。即首先用氯化亚锡敏化，水解后用银氨溶液或氯化钯溶液活化，从而在非金属表面附着上对化学镀具有催化作用的贵重金属微粒。1961 年，美国学者 Shipley 首先研制成功敏化-活化一步法，该方法得到了广泛应用。这是活化工艺的一个新突破。所用的活化液习惯上被称为胶体钯活化液，此活化液虽然有可观的寿命，一般可使用 3 个月至半年，但总发生聚沉。所以，20 世纪 70 年代人们开始研制活化-还原两步法，若将前两种活化工艺称为第一、二代活化工艺，则活化-还原两步法可称为第三代活化工艺，它的活化液是真溶液，使用时若能补充溶液的组分，则其寿命远比胶体钯溶液的长，但由于技术的问题，目前仍未广泛应用。

敏化-活化一步法的研制成功是化学镀前活化处理工艺上的一个重大改进。1961 年，Shipley 发明的胶体钯催化剂，在目前的非金属电镀、印制板孔金属化生产上得到广泛的应用。目前国内配制胶体钯溶液的一般方法如下：将 75g 氯化亚锡加入 200mL 浓盐酸中，不断搅拌至完全溶解，加入 7g 锡酸钠，搅拌均匀，此为A液。将 1g 氯化钯加入 100mL 浓盐酸中搅拌至完全溶解，再加 200mL 蒸馏水，在（30±2）℃条件下加入 2.53g 氯化亚锡，并不断搅拌，此为B液。从加入氯化亚锡起计时，将B液搅拌 12min 后，立即将A液慢慢倒入B液中并稀释至 1L。将配制好的胶体钯溶液置于（65±5）℃的水溶液中保持 4～6h。保温不仅能提高钯微粒的催化活性，还可延长活化溶液的使用寿命。配制时发生如下反应：

$$Sn^{2+} + Pd^{2+} \longrightarrow Sn^{4+} + Pd(胶体)$$

在盐酸溶液中，Sn^{2+}和 Pd^{2+}进行反应，它的最后产物中存在金属钯微粒，此时钯粒子吸附了溶液中过量的二价锡离子，并以胶态存在。胶粒比表面积较大，具有很强的吸附作用，将工件浸入活化液中，胶体钯就会吸附到工件表面上。

胶态钯活化液的特点是溶液稳定，使用寿命长，催化性能好，尤其适用于面积大、形状复杂的镀件。胶态钯活化液的配方及工艺条件见表 7-40。

表 7-40 胶态钯活化液的配方及工艺条件

成分及工艺条件	1	2	3	4
氯化钯（$PdCl_2$）/(g/L)	0.2～0.3	0.5～1.0	0.1～1.0	0.2
盐酸（HCl）/mL	200	300	5～10	10
水（H_2O）/mL	800	500		
氯化亚锡（$SnCl_2$）/(g/L)	10～20	50		
温度/℃	20～40	50～60	室温	20～40
时间/min	5～10	5～10	1～3	1～3

在胶体钯活化液中盐酸含量很高，有的配方每升溶液中含盐酸高达 600mL，产生的强烈酸雾对健康和设备有害。为解决这一问题，人们对胶体钯进行了改进，如在其中加入尿素来抑制酸雾的产生。特别是用氯盐来代替大部分盐酸，这样配制的盐基胶体钯催化液在操作时不产生酸雾，但同样具有较好的催化活性、稳定性和结合力。而且，配制时不一定要像酸基胶体钯那样按照严格的步骤进行。按下述方法配制的盐基胶体钯溶液具有很好的活性。将 0.3g 氯化钯溶于 10mL 浓盐酸和 10mL 蒸馏水的混合溶液中，在其中加入 12g 氯化亚锡。另取 160g 氯化钠溶于 1L 蒸馏水中，将两溶液在不断搅拌下混合，并在 45～60℃条件下保温 2～4h 即得盐基胶体钯溶液。

经胶态钯液活化处理过的镀件，其表面吸附一层胶态钯颗粒，经解胶处理后，胶体钯外面的锡离子（Sn^{2+}）被溶解下来，具有催化活性的金属钯微粒，在化学镀时起催化作用。活化后解胶前后示意图见图 7-132。

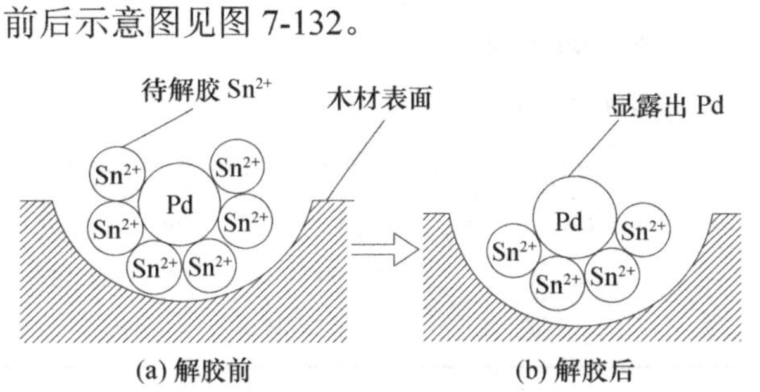

图 7-132 解胶前后木材表面胶体钯的变化

解胶液配方及工艺条件：

盐酸 d=1.19，80～100mL/L。

温度 30～40℃。

时间 3～5min。

（3）化学镀镍：酸性化学镀镍工艺配方见表 7-41，碱性化学镀镍工艺配方见表 7-42。

表 7-41 酸性化学镀镍工艺配方及条件 （单位：g/L）

组分与参数	1	2	3	4	5	6	7	8
硫酸镍（$NiSO_4 \cdot 6H_2O$）		21	25			34	25	26
氯化镍（$NiCl_2 \cdot 6H_2O$）	30			30	21			
次磷酸钠（$NaH_2PO_2 \cdot H_2O$）	10	24	23	12	24	35	30	16
乙酸钠（$NaC_2H_3O_2$）		12	9				20	20
羟基乙酸钠（$Na_3C_2H_3O_3$）	50							
柠檬酸钠（$Na_3C_6H_5O_7 \cdot 6H_2O$）							30	
琥珀酸（$C_4H_6O_4$）					7	10		
乳酸($C_3H_6O_3$)/(mL/L)		30						
苹果酸（$C_4H_6O_5$）						35		
丙酸（$C_3H_6O_2$）		2.2	10					
酒石酸钾钠（$KNaC_4H_4O_6 \cdot 4H_2O$）								113
氟化钠（NaF）		2.2			5			5
铅离子（Pb^{2+}）		0.002	0.001				0.002	
硫脲[$CS(NH_2)_2$]						0.001	0.003	
pH	4.0～6.0	4.5	4.0～8.0	4.5～5.5	6.0	4.5～5.5	5.0	5.0
T/℃	88	93	85	88～98	90～100	88～95	90	70
μ/(μm/h)	15	25	13	18	15	25	20	
P 含量/%		9.1～9.8						10.0～16.0

表 7-42 碱性化学镀镍工艺配方及条件 （单位：g/L）

组分与参数	1	2	3	4	5	6	7	8
硫酸镍（$NiSO_4 \cdot 6H_2O$）	30			25～30				
氯化镍（$NiCl_2 \cdot 6H_2O$）		33	30		40	30	20～30	
次磷酸钠（$NaH_2PO_2 \cdot H_2O$）	10	15	25	20	25	30	20～30	
柠檬酸钠（$Na_3C_6H_5O_7 \cdot 6H_2O$）	100	50			20		10～15	
焦磷酸钠（$Na_4P_2O_7 \cdot 10H_2O$）								
氯化铵（NH_4Cl）	50			45～50			25～35	
三乙醇胺[$N(C_2H_4OH)_3$]					25	100	100	
碳酸钠（Na_2CO_3）					4			
pH	8.0～10.0	8.0	10.0～10.5	9.0～10.0	9.2	10.0	8.5～9.5	
T/℃	88～95	90	70～75	70～75	45～50	30～35	30～35	
μ/(μm/h)	51		20～30	15～20		10	10	
P 含量/%			7～8			4		

酸性镀液和碱性镀液所获得的镍磷合金镀层性能比较见表 7-43。

表 7-43 酸性镀液和碱性镀液所得镀层的性能比较

镀层性能	磷含量/%	硬度	耐磨性	抗蚀性	磁性	电阻	焊接性	镀层结构
酸性镀液	7～12	高	好	好	无	高	差	非晶态
碱性镀液	5	低	差	差	有	低	好	晶态

7.4.3 化学镀法制造木材-金属复合材料

木材的润湿性表征某些液体与木材接触时，在表面上润湿、铺展及黏附的难易程度和效果。这一性质对各种功能性改良处理工艺极为重要。

木材是一种可润湿的固体材料，木材表面有极性，组成木材的主要化学组分是纤维素、半纤维素和木质素，它们均是有机化合物，含有极性基团。在木材内部，由于分子间的作用力，这些极性基团相互吸引而达到平衡状态。但位于木材表面的分子尚有极性，具有一定的表面自由能，当与处理溶液接触时，就能够彼此吸引相互结合。

木材具有巨大的比表面积，木材属于多孔性-毛细管-胶体。其细胞壁由微晶、微纤丝和纤丝组成，这些微晶与微晶、微纤丝与微纤丝、纤丝与纤丝之间都有空隙，互相沟通，构成了木材的微毛细管系统，平均直径为 1～10nm，其内表面极为巨大。据 Brawn 记载，1cm 密度为 $0.4g/cm^3$ 的木材，其微晶、微纤丝和纤丝表面积为 $123.482m^2$；据 Kollmann 记载，密度为 $0.1～1.4g/cm^3$ 的 $1cm^3$ 木材的表面积为 $200～280m^2$。如此庞大的表面积和数目众多的毛细管，便于多种液体的吸收与传导。

木材是非金属，其表面不具备自催化性质，采用一般的化学镀工艺无法使木材表面沉积上一层金属。因此，木材表面必须经过特殊的镀前处理，才能进行化学镀。它自然粗糙，无须粗化。但必须经过表面活化，以便诱发随后的化学镀。活化不但决定着化学镀层的优劣，而且决定着镀层质量的好坏。由于木材表面具有良好的润湿性，决定了木材前处理的质量，因此决定了木材化学镀的可行性。

7.4.3.1 木材刨花化学镀及其制品的研究

长泽长八郎等对化学镀镍的木材刨花制成刨花板进行了防静电和电磁屏蔽的研究，选用树种为日本赤松，刨花在温度（23±2）℃、相对湿度为 50%±5%条件下通过 12～20 目筛网获得。室温条件下在一定浓度的γ-氨丙基三乙氧基硅烷乙醇或水溶液中进行表面处理，处理的刨花在 105℃条件下干燥 2h。这时的刨花表面形成一个活化层，在室温下浸入 250mg $PdCl_2 \cdot 2H_2O$ 和 25mL HCl 的水溶液中，过滤后在空气中干燥，用点滴法对刨花进行化学镀，镀槽始终充满 500mL 温度为 85℃、pH 为 6.5～7.0 的镀液（其组成见表 7-44），冲洗被镀刨花并在烘箱中干燥，得到化学镀的刨花。

表 7-44 镀液组成及含量 （单位：g/L）

镀液组成	含量	镀液组成	含量
$NiSO_4 \cdot 6H_2O$	50	苹果酸（$C_4H_6O_5$）	40
$NaH_2PO_2 \cdot H_2O$	60	利用 NaOH 调节 pH	
琥珀酸（$C_4H_6O_4$）	40		

长泽长八郎等认为：

（1）导电刨花板的密度在相同导电条件下是塑料物质的一半。

（2）刨花中沉积的金属越多，刨花板的体积电阻率越小；在相同的金属沉积量情况下，压力越大，刨花板的体积电阻率越小。

（3）刨花板的体积电阻率越小，电磁屏蔽的效果越好。长泽长八郎利用 Dual Chamber 法研究了中心层金属化木质刨花制成刨花板的电磁屏蔽效果，指出屏蔽效果的测量值依条件转换而定。最接近中心层屏蔽效果的值可以通过覆盖样品两表面的非导体获得。并通过 ASTM 法调整频率变化研究了电磁屏蔽效果。

7.4.3.2 木材单板化学镀及其制品的研究

在单板和对苯二酸聚乙烯（PET）化学镀镍的研究中，树种选用桦木，单板厚 0.2mm，幅面为 15cm×75cm，PET 选用厚度为 60μm、40μm、30μm 的。处理过程为：木材单板、PET→1%γ-氨丙基三乙氧基硅烷溶液浸泡 5min→风干→105～110℃加热 2h→$PdCl_2$ 盐酸溶液浸泡 5min→5% NaH_2PO_2 溶液还原→气干→化学镀（镀液组成见表 7-45）。

表 7-45 镀液组成及含量 （单位：g/L）

镀液组成	含量	镀液组成	含量
$NiSO_4\cdot 6H_2O$	50	苹果酸（$C_4H_6O_5$）	60
$NaH_2PO_2\cdot H_2O$	60	利用 NaOH 调节 pH	
琥珀酸（$C_4H_6O_4$）	60		

其研究结果表明：

（1）随着镀液比例的增加，金属的沉积量也在增加。

（2）被镀单板中顺纤维方向的电阻率要低于横纤维方向的电阻率，同时，金属的沉积量越大，电阻率也越低。

（3）在分别加入 60mL、30mL、15mL 镀液的情况下，对杉木单板进行化学镀，结果镀液的量越大，电磁屏蔽的效果越好。

在树种对化学镀镍单板导电系数和电磁屏蔽作用的影响中，长泽认为，表面覆盖金属镍层的单板导电系数随着沉积金属量的增加而增加；化学镀镍单板导电系数呈现出各相异性，顺纤维方向的导电系数比横纤维方向的大，尤其是横纤维方向导电系数在树种间的变化较大。被镀单板的电磁屏蔽效果由于沉积金属量增加引起导电系数增加而得到改善，被镀单板的电磁屏蔽效果和表面电阻系数存在很大的相关性。

针对施镀条件与镀层形貌、成分、结构及性能的关系，笔者进行了较为深入的研究。试验用木材单板由黑龙江省兴隆镇中密度板厂提供。杨木单板厚度为 1.6mm，水曲柳、落叶松、桦木单板的厚度均为 0.6mm。其中水曲柳单板为径切单板，其余均为旋切单板。由于木材是一种多孔性的天然高分子材料，表面自然粗糙（图 7-133），而且木材表面的亲水性非常强，这为化学镀的成功进行提供了先决条件。所以木材化学镀前无须粗化处理，可直接进行活化处理。

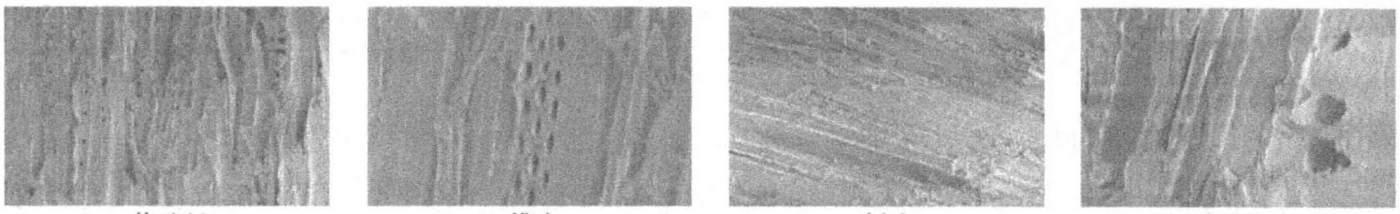

图 7-133 几种木材单板表面形貌的 SEM 图

按照测试标准 SJ 20524—1995《材料屏蔽效能的测量方法》规定的试件规格制作试件。试件结构见图 7-134。

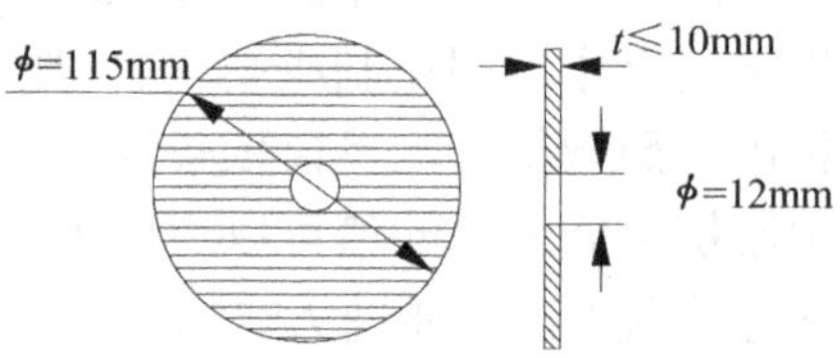

图 7-134 实验试件示意图

木材单板→活化→水洗→解胶→水洗→化学镀→水洗→烘干。

采用活化-敏化一步法使木材单板表面吸附活化剂（表 7-46，表 7-47），经解胶后使木材表面具有催化活性，以进行化学镀镍过程（表 7-48）。

表 7-46 活化液组成及活化条件

活化液组成	含量及条件	活化液组成	含量及条件
$PdCl_2$	0.3g	H_2O	1100mL
盐酸	10mL	$SnCl_2$	12g
NaCl	160g	温度	室温
时间	5～10min		

续表

表 7-47 解胶液组成及解胶条件

解胶液组成	含量及条件	解胶液组成	含量及条件
盐酸	100mL	时间	1～5min
H_2O	900mL	温度	室温

表 7-48 镀液组成及条件

镀液组成	含量及条件	镀液组成	含量及条件
$NiSO_4\cdot 6H_2O$	25～35g/L	BA	30g/L
$NaH_2PO_2\cdot H_2O$	25～35g/L	pH	7～9
LA	25g/L	温度	40～60℃

7.4.3.3 镀后木材单板表面形貌

通过扫描电子显微镜观察了未镀和镀后落叶

松单板的表面形貌（图 7-135），结果表明，镀后落叶松单板表面完全被沉积的镀层所覆盖，无论在突起部分还是在凹陷部分，镀层赋予木材表面金属光泽，所以镀后木材单板具有极强的金属感。

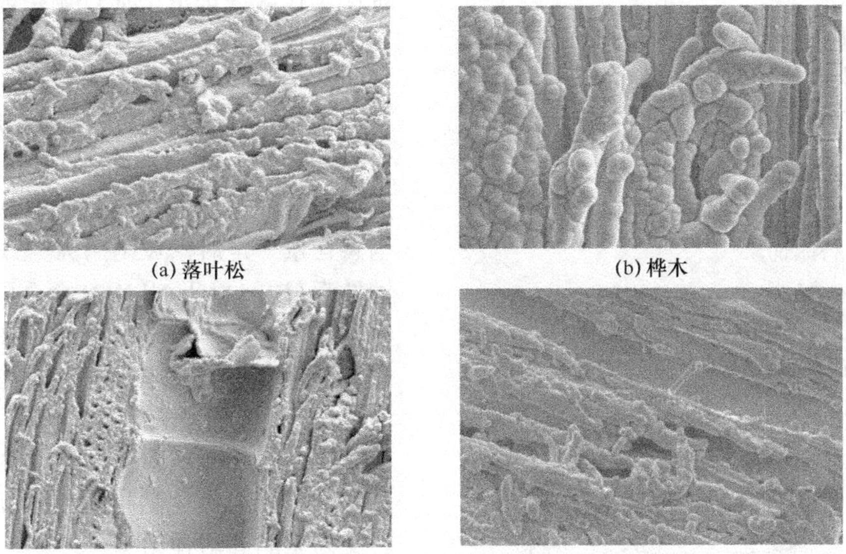

(a) 落叶松　(b) 桦木　(c) 水曲柳　(d) 杨木

图 7-135　镀后落叶松单板表面形貌

7.4.3.4　镀层中的磷含量

镀层中磷含量对镀层的组织结构和性能有着显著的影响，低磷镀层具有良好的导电性和硬度。利用能谱分析化学镀木材表面的成分及含量，结果（图 7-136）表明 4 种单板表面所沉积的镀层均为 Ni-P 合金镀层，Ni 为主要成分，磷含量很低（表 7-49）。同时也说明 4 种单板表面所沉积的镀层均为低磷镀层。

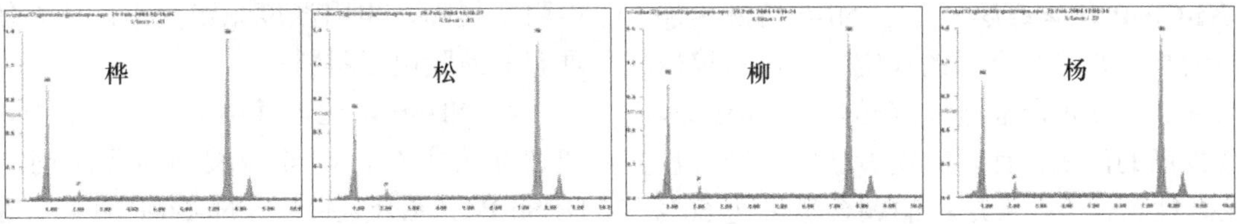

图 7-136　4 种单板表面沉积镀层的能谱分析图

表 7-49　镀后木材单板镀层中的磷含量

镀后单板	桦木	落叶松	水曲柳	杨木
磷含量/%	1.50	1.53	1.93	2.37

7.4.3.5　镀层的组织结构

图 7-137 是不同木材单板表面 Ni-P 合金镀层的 X 射线衍射图，由图 7-137 可以看出，每一衍射曲线上都出现 5 个峰，第一个峰为木材结构出现的衍射峰，但由于木材单板的树种不同，且镀层厚度的差异，此峰强度有所不同。后 4 个峰为镀层中 Ni 的衍射峰，由于出现了一组 Ni 的衍射峰，主峰 Ni（111）尖锐，Ni（200）、Ni（220）、Ni（311）3 个衍射峰强度较低，说明镀层为 Ni 结晶结构，但晶粒较细小。

7.4.4　木材表面化学镀 Ni-Cu-P 三元合金

化学镀镍磷二元合金的镀层均匀致密，具有较好的耐磨性、耐蚀性及电阻率高、电阻温度系数小等一些特殊的物理性能，因而在机械、电子和化工等领域得到了非常广泛的应用。但为了进一步提高并改善二元合金镀层的某些性能，研究人员通过合金化的方法，调整和改变材料的微观结构，开始了化学镀镍基三元合金的研究。包括化学镀 Ni-Cu-P 三元合金、Ni-W-P 三元合金、Ni-Mo-P 三元合金、Ni-Sn-P 三元合金、Ni-Co-P

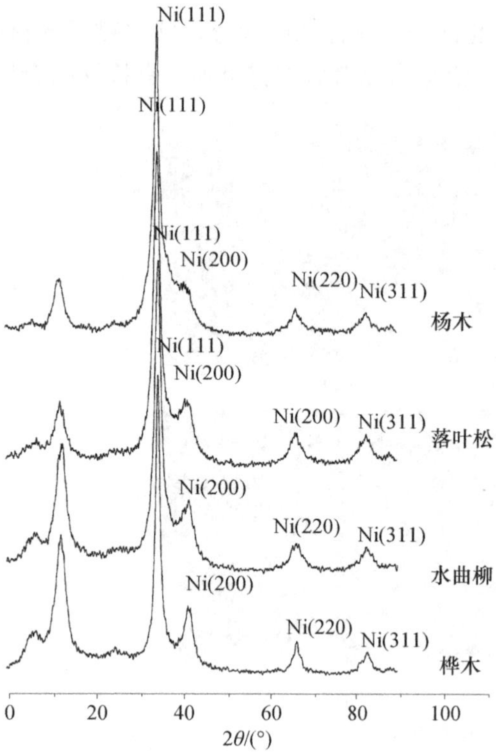

图 7-137 不同木材单板表面 Ni-P 合金镀层的 X 射线衍射图

三元合金、Ni-P-B 三元合金、Ni-Cu-B 三元合金和 Ni-W-B 三元合金等。

7.4.4.1 概述

1）Ni-Cu-P 化学镀层 在 Ni-P 溶液中加入适量的铜盐，并选择合适的稳定剂，可从镀液中获得 Ni-Cu-P 三元合金镀层。铜的加入和还原，将相应减少镍的沉积，有可能使镀层中的磷含量升高。在碱性条件下，镀层中的铜含量可达 60%（质量）。

化学镀 Ni-Cu-P 合金镀层在镀态下的耐蚀性很好，在 50% NaOH 溶液中，Ni-Cu-P 和 Ni-P、1Cr18Ni9Ti 在钝化区的腐蚀速率之比为 1∶6.3∶31.6。在 10%的 HCl 介质中的耐蚀性是 18-8 不锈钢的 63 倍。在晶化温度为 300℃以下热处理后可消除内应力，驱除吸附的氢气，可提高致密性和结合力，耐蚀性也会进一步提高。据报道，在 600℃热处理 1h 后，其抗蚀性比镀态时还好。

资料表明，Ni-Cu-P 合金镀层的镀态结构为非晶态无定形结构，铜的加入使镀层硬度有所降低，而韧性得到改善，合金镀层的热稳定性较普通化学镀 Ni-P 合金好。除此以外，当含铜量较高时，合金镀层的导电性大为改善。

2）Ni-W-P 化学镀层 一般来说，向 Ni-P 镀液中加入适量钨酸盐可得到 Ni-W-P 化学镀合金层，在碱性镀液中通过调整镀液组成，能得到 W 含量较高的合金镀层。

化学镀 Ni-W-P 合金镀层的耐蚀性在各种介质中均比化学镀 Ni-P 合金层更优良，而孔隙率随 W 含量的增加而减少，Ni-W-P 合金表面在空气及腐蚀介质中易形成薄而致密的钝化膜。据报道，当磷含量一定时，W 在 1%～5%（质量）时的耐蚀性都很好。由于 Ni-W-P 合金层具有良好的耐蚀性，因此，可作为医疗器械的保护层。

3）Ni-Mo-P 化学镀层 在二元化学镀 Ni-P 溶液中加入一定量的钼酸盐，可得到 Ni-Mo-P 合金镀层。随着镀层中 Mo 含量的升高，磷含量会大幅度下降，镀层结构也因此以非晶无规则结构转变为微晶固溶体结构。

Ni-Mo-P 是一种很好的耐蚀性合金镀层，尤其是非晶态 Ni-Mo-P 镀层有最佳耐蚀性，这种非晶态结构合金表面易生成耐蚀性优异的钝化膜。1μm 厚的 Ni-Mo-P 双层镀层的耐蚀性就优于 20μm 的单层 Ni-P 镀层，并且这种双层镀层经高温热处理（600～700℃）后其耐蚀性显著增强，由于高熔点金属 Mo 的加入，镀层合金的热稳定性加强，电阻率提高，电阻温度系数变小，从而使其成为理想的薄膜电阻材料。

4）Ni-Sn-P 化学镀层 在镀液中选用镍盐和锡盐为主盐，次亚磷酸钠为还原剂，可获得 Ni-Sn-P 三元合金镀层。Ni-Sn-P 合金层在酸性和碱性溶液中溶解是很困难的，可认为这是受 Sn 和 P 的影响所致，Sn 本身不易溶解，而且它能抑制 Ni 和 P 的溶解。实验表明，随着含锡量的增加，镀层的孔隙率减少。因此，Ni-Sn-P 合金层具有优异的耐蚀性。

5）Ni-Co-P 化学镀层 在二元化学镀 Ni-P 溶液中加入硫酸钴或氯化钴，可获得 Ni-Co-P 合金镀层。二元化学镀 Ni-P 合金具有较低的磁性甚至为非磁性的。因而要得到具有显著记忆性的磁层，应加入铁磁性很强的 Co 作为合金元素。化学镀 Ni-Co-P 合金较化学镀 Co-P 合金晶粒细化，具有更高的耐蚀性和磁各向异性，增大了矫顽力 He 及减少了剩磁 Br，因而具有更好的磁记忆效果。

由于 Ni-Co-P 薄膜磁记忆盘与氧化铁涂层的

磁膜厚度均匀，易于控制，具有高的矫顽力和较小的剩磁，对于制作要求存储密度非常高的现代化磁盘是十分适宜的。化学镀 Ni-Co-P 通常用作磁性镀层，用于计算机的记忆磁盘，采用化学镀磁性合金比采用溅射法经济，既省设备和节省原材料，又可减少加工时间。

6）Ni-P-B 化学镀层 用硼氢化物和次亚磷酸钠作为还原剂，可制备 Ni-P-B 合金层。实验表明，Ni-P-B 合金层的耐磨性比 Ni-P 和 Ni-B 合金层好得多，在氯化钠水溶液中，Ni-P-B 合金层的耐蚀性高于 Ni-P 合金层。在要求具有较好的耐蚀能力的可焊性镀层时，使用 Ni-P-B 镀层比 Ni-P 镀层要好。

7）Ni-Cu-B 化学镀层 以氯化镍和氯化铜为主盐，硼氢化钾为还原剂，在碱性镀液中施镀，可得到 Ni-Cu-B 合金镀层。含 Cu 量低的 Ni-Cu-B 合金镀层无论是在碱性溶液中还是酸性溶液中，其耐蚀性均比 Ni-B 镀层好。经 425℃ 1h 的热处理后，其硬度高于 Ni-P 镀层。因此，适合于恶劣环境中零件的保护。

8）Ni-W-B 化学镀层 在二元 Ni-B 合金镀液中加入适量的钨酸钠，可得到 Ni-W-B 三元合金镀层。Ni-W-B 合金层的电阻率随钨含量的增加而增大，随镀层厚度的增加而减少。因此，可作为优良的电阻性膜使用。

Ni-P 和 Ni-Cu-P 合金化学镀层具有均匀致密、硬度高、耐磨、耐蚀性好等优异特性，在许多工程技术领域中作为电磁屏蔽层、硬磁盘底镀层、半导体表面功能镀层，具有广泛的工程应用价值。

7.4.4.2 化学镀 Ni-Cu-P 合金的镀液及工艺条件

由于 Ni-Cu-P 合金镀层具有良好的导电性和极低的残磁性能、较高的热稳定性和耐腐蚀性，作者尝试在木材表面化学沉积 Ni-Cu-P 合金镀层，制备具有电磁屏蔽功能的木材-Ni-Cu-P 合金复合材料。

化学沉积 Ni-P 合金镀层在机械、电子等工业领域中应用很广。但随着科技的发展，特别是航空、航天、电子、医疗等行业的迅速发展，对镀层材料提出了更高的要求。为了改善和提高合金镀层的性能，Ni-Co-P、Ni-Cu-P 和 Ni-W-P 等化学镀多元合金引起了广泛的重视。由于化学沉积 Ni-Cu-P 合金镀层具有良好的导电性和极低的残磁性能、较高的热稳定性和耐蚀性，在许多工程技术领域中有较好的应用前景，如作为电磁屏蔽层、硬磁盘底镀层、半导体表面的功能镀层等。其工程应用价值有力地促进了人们对其制备工艺及组织结构的研究。

1）化学镀 Ni-Cu-P 合金的沉积原理 化学镀 Ni-Cu-P 合金是在具有催化活性的表面上通过还原剂的作用使 Ni^{2+}、Cu^{2+}还原析出，经活化处理后，在镀件表面化学沉积 Ni-Cu-P 合金层，就像在其他表面化学镀一样，先以均匀裸露在镀件表面上的 Pd 核，后以新生态的 Ni 和 Cu 晶核作为催化中心，利用 $NiSO_4 \cdot 6H_2O$、$CuSO_4 \cdot 6H_2O$ 提供 Ni^{2+}、Cu^{2+}离子源，次亚磷酸钠盐作还原剂，在镀件表面沉积出平滑、晶粒细小、与基体结合紧密的 Ni-Cu-P 合金镀层。

镍沉积反应：

$$H_2PO_2^- + Ni^{2+} + H_2O \longrightarrow Ni + H_2PO_3^- + 2H^+$$

铜沉积反应：

$$H_2PO_2^- + Cu^{2+} + H_2O \longrightarrow Cu + H_2PO_3^- + 2H^+$$

磷沉积反应：

$$3H_2PO_2^- + 2H^+ \longrightarrow 2P + H_2PO_3^- + 3H_2O$$

副反应：

$$H_2PO_2^- + H_2O \longrightarrow H_2PO_3^- + H_2$$

总反应式为：

$$Ni^{2+} + 5H_2PO_2^- \longrightarrow 3HPO_3^{2-} + 3H^+ + 2P\downarrow + Ni\downarrow + H_2\uparrow + H_2O$$

$$Cu^{2+} + 5H_2PO_2^- \longrightarrow 3HPO_3^{2-} + 3H^+ + 2P\downarrow + Cu\downarrow + H_2\uparrow + H_2O$$

2）化学镀 Ni-Cu-P 合金的镀液 化学镀 Ni-Cu-P 合金的镀液主要由主盐、还原剂和络合剂等组成。

（1）硫酸镍：在化学镀镍溶液中作为主盐的硫酸镍，它提供化学镀反应过程中所需要的 Ni^{2+}。在 20～50g/L 的质量浓度时，随着硫酸镍含量的增加，沉积速度加快，镀层色泽均匀；当质量浓度大于 45g/L，沉积速度趋于稳定，若质量浓度大于 50g/L，会使镀层中的 Ni-Cu 比例改变，而使镀层的黑度不好。另外，当其质量浓度低于 20g/L 时，镀层呈棕色，沉积速度降低，均匀性不好。所以，硫酸镍质量浓度应该控制在 20～30g/L 为最佳。

（2）硫酸铜：在镀液中添加硫酸铜可以改善

镀层的结合力和分散性。在试验中发现，当硫酸铜浓度很低时，试片很难镀上金属层，加入一定量的硫酸铜后，不但可以使试片镀上黑色层，而且镀层的结合力和均匀度都有所提高。但是当硫酸铜的质量浓度过高时，会使试片上先置换上一层金属铜，使 Ni-Cu-P 合金层难以再沉积上去。所以，硫酸钢的质量浓度应该控制在 0.2～0.5g/L。

（3）络合剂：为了避免槽液的自然分解及控制镍只能在催化表面上进行沉积反应，就需要加入络合剂。络合剂的加入，对于酸性化学镀镍溶液的作用是防止亚磷酸镍的沉淀形成及作为缓冲剂来防止镀液的 pH 在施镀的过程中变化太快，而对于碱性化学镀镍溶液，则用来防止产生氢氧化镍的沉淀，并用它来控制沉积速度和改善镀层外观。镀层的外观颜色和结合力都明显好转。通常采用柠檬酸三钠、乙酸钠、硼酸等作为络合剂。

3）化学镀 Ni-Cu-P 合金的工艺条件 对化学镀 Ni-Cu-P 合金比较重要的工艺条件有镀液的 pH、温度、时间和搅拌情况等。这些工艺条件对镀层沉积的速度、结构和性能有重要影响。

（1）pH：镀液 pH 提高，使镀层沉积速度大大加快。但为了提高镀液沉积镀层的速度，而过分提高镀液的 pH 是不适当的。因为这样会使镀液中次亚磷酸镍的沉淀点大大降低而使镀液容易混浊，易于导致镀液产生自分解，缩短镀液的使用寿命，当镀液 pH 降得过低时，会使镀层难以沉积到试片上。

（2）温度：温度的提高增加了离子的活泼性和其扩散进行的速度，因而使沉积反应的速度得到加快。随着温度的升高，沉积速度按指数规律上升。这与一般化学反应速度与温度关系是一致的，即符合阿仑尼乌斯定律，即反应速度常数与温度的变化关系为

$$K = Ze^{-\Delta E/RT}$$

或

$$\lg K = \lg Z - \frac{\Delta E}{2.303RT}$$

式中，K 为速度常数（s^{-1}）；Z 为指前因子（s^{-1}）；ΔE 为表观活化能（kJ/mol）；R 为气体常数[kJ/(K・mol)]。

一般温度每升高 10℃，镀速加倍。但是温度过高，存在着危险性，反应加快，副反应相应增大，使 pH 变化大，镀液不可能稳定，使其加速失效。温度过低时，镀层的沉积速度会大大降低，使结合力和均匀度都降低，镀层易疏松。

（3）时间：时间对合金镀层成分影响较大，随着沉积时间的延长，合金镀层中 Cu 含量降低，Ni、P 含量升高。在沉积反应的初期，因为 Cu 的氧化性比 Ni、P 强，在沉积过程中会优先析出，所以合金镀层中 Cu 含量较高。沉积时间为 20min 时合金镀层中 Cu 含量比 60min 时高出将近 6 个百分点，而 Ni 含量则下降将近 5 个百分点。随着沉积时间的增加，镀液中 Ni、Cu 离子逐渐被消耗，而 Cu 盐含量比 Ni 盐含量低得多，Cu 的有效离子浓度下降得更快，因而合金镀层中 Cu 含量逐渐下降，而 Ni 含量反而升高。如果镀液中的硫酸铜在沉积过程中得不到及时补充，随着时间的延长，合金镀层中 Cu 含量会逐步降低，进而影响合金镀层的性能。随着沉积时间的延长，镀速逐渐下降，这是镀液中 Ni、Cu 离子被不断消耗，镀液中 Ni、Cu 有效离子浓度下降的缘故。

（4）搅拌：目前化学镀镍采用的镀液搅拌方式有三种：机械搅拌、空气搅拌、镀液自循环搅拌。采用机械搅拌方式设备投资成本低，但仅适用于小型镀槽，并且当镀件体积较大或数量较多时镀层均匀度较差。若采用空气搅拌方式，则显然不适合高温型镀液，因为搅拌时空气进入镀液必然加大镀液的挥发，这一方面造成热量损失，另一方面加大了环境的空气污染。由于温度对沉积速度有很大的影响，必须严格控制在一定范围内，可通过采用搅拌的方式使镀液温度均匀，避免局部 pH 过高、温度过热，保证镀液的稳定性。采用空气搅拌方式来保证不产生过热现象。同时搅拌的过程也是加速反应的过程，有利于反应的进行。

7.4.4.3 实验过程

1）实验流程 木材单板→活化→解胶→施镀→压片→烘干→测定电磁屏蔽效能和表面电阻。

2）镀液 表 7-50 列出了实验所用镀液的成分，即硫酸镍、硫酸铜、次亚磷酸钠、柠檬酸三钠、乙酸钠和三乙醇胺。由于落叶松和水曲柳木材的成分差异，因此采用两种不同的镀液施镀。

以此为基础，研究探讨镀液的 pH、温度和施镀时间对施镀效果的影响，以便得到较为适宜在木材表面沉积 Ni-Cu-P 合金镀层的施镀条件。

表 7-50 镀液组成

组成和工艺条件	水曲柳单板	落叶松单板
硫酸镍	35.0g/L	32.5g/L
硫酸铜	1.0g/L	1.5g/L
次亚磷酸钠	25.0g/L	30.0g/L
柠檬酸三钠	42.0g/L	42.0g/L
乙酸钠	15.0g/L	10.0g/L
三乙醇胺	15.0mL/L	15.0mL/L

3）镀液 pH 的影响 用 NaOH 溶液分别将调节镀液的 pH 调到 8.50、8.75、9.00、9.25 和 9.50，按 pH 变化配制一系列镀液各 500mL，分别对已经经过活化和解胶处理的水曲柳和落叶松木材单板进行施镀。施镀完毕后经过水洗、压片和烘干后测镀层的组织结构、成分含量及屏蔽效能和表面电阻。

不同 pH 镀液在水曲柳单板和落叶松单板表面沉积镀层的组织结构如图 7-138 和图 7-139 所示。

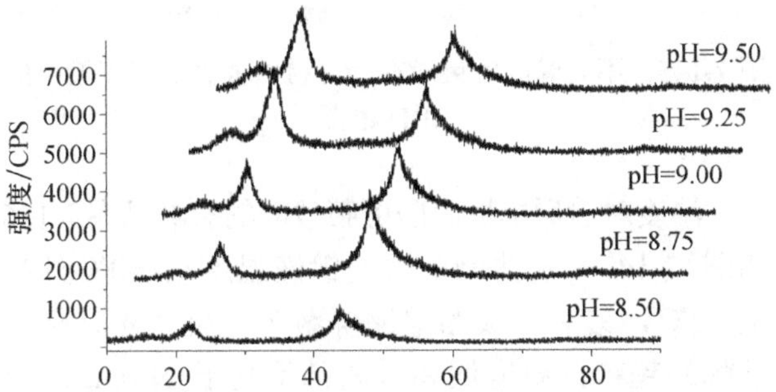

图 7-138 不同 pH 镀液在水曲柳单板表面沉积镀层的 XRD 谱图

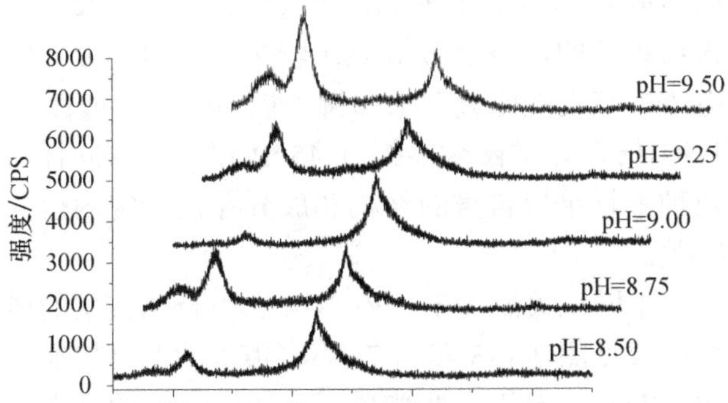

图 7-139 不同 pH 镀液在落叶松单板表面沉积镀层的 XRD 谱图

镀液的 pH 为 8.5～9.5，所得 Ni-Cu-P 合金镀层的各 XRD 谱图均在 2θ=22.12°和 44.48°出现两个吸收峰。其中前者是木材中纤维素的 002 面衍射峰，而后者为镍的 111 面衍射峰。Ni（111）峰以单峰存在，没有出现其他衍射峰即 Ni（200）、Ni（220）和 Ni（311），说明镀层均为非晶态结构。

镀液 pH 与化学镀 Ni-Cu-P 合金后的水曲柳单板和落叶松单板的电磁屏蔽效能的关系如图 7-140 和图 7-141 所示。

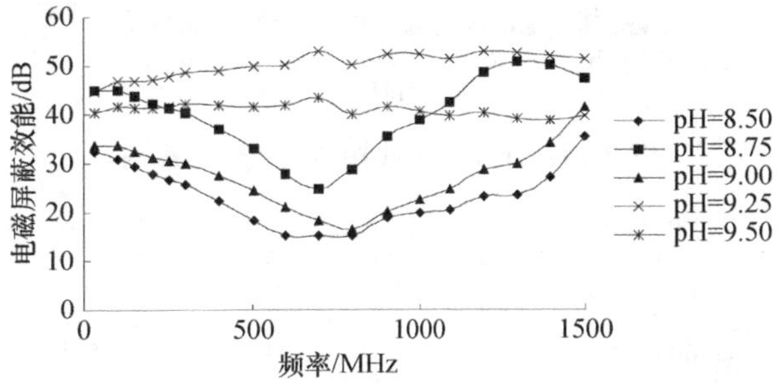

图 7-140 pH 对镀后水曲柳单板屏蔽效能的影响

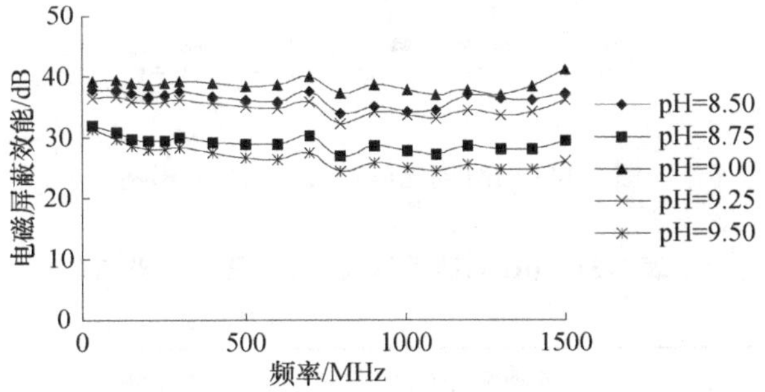

图 7-141 pH 对镀后落叶松单板屏蔽效能的影响

镀液的 pH 较低，镀后水曲柳单板的电磁屏蔽效能在所测频段达不到 35dB 的要求；当镀液的 pH 达到 9.25 时，其电磁屏蔽效能可达近 50dB；继续提高镀液的 pH 到 9.50 时，其电磁屏蔽效能有所下降。pH 的提高，有利于加快沉积速度，但过高会带来一些不利的因素，容易导致镀液的自分解，缩短镀液的使用寿命。而镀后落叶松单板的情况与水曲柳有相似性，但其电磁屏蔽效能总体都低于相同 pH 下得到的镀后水曲柳单板。原因可能是，落叶松单板含有较高含量的树脂酸，在施镀过程中会溶解到镀液中，降低镀液 pH 的同时，在镀液表面产生明显的泡沫状物质，浮于镀液表面。pH 的降低，增加了镀层中 P 的含量，从而影响了镀层的导电性和电磁屏蔽效能。镀液的 pH 分别为 9.25 和 9.00 时，镀后水曲柳单板和落叶松单板的电磁屏蔽效能最佳，此时镀层中的磷含量分别为 1.70%和 4.53%，铜的含量分别为 9.73%和 4.70%（图 7-142，图 7-143）。同样导电性也是前者高于后者，表面电阻率分别为 0.5870Ω/cm^2 和 0.7945Ω/cm^2（表 7-51）。

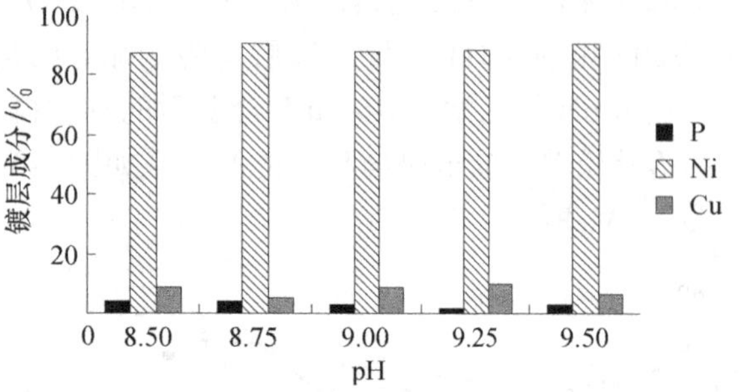

图 7-142 pH 对水曲柳镀层成分的影响

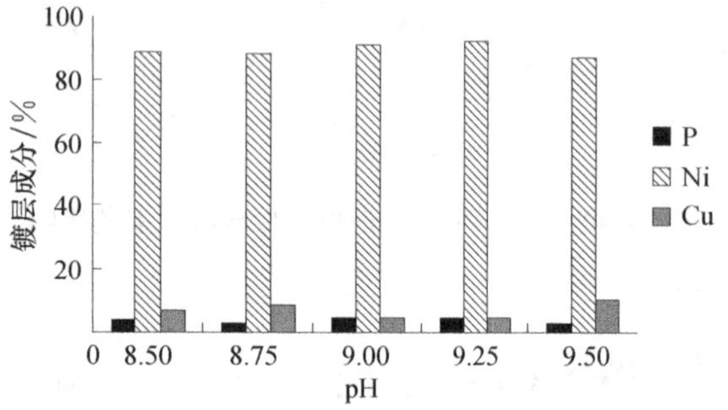

图 7-143 pH 对落叶松镀层成分的影响

表 7-51 pH 对镀后单板表面电阻率的影响

（单位：Ω/cm^2）

pH	水曲柳单板			落叶松单板		
	横纹	顺纹	平均值	横纹	顺纹	平均值
8.50	0.6018	0.4869	0.5444	1.8529	1.4684	1.6607
8.75	0.3226	0.2875	0.3051	4.4058	3.1439	3.7749
9.00	0.3414	0.2902	0.3158	0.9277	0.6612	0.7945
9.25	0.6470	0.5269	0.5870	2.3516	1.5674	1.9595
9.50	1.0772	0.9337	1.0055	7.0683	5.4240	6.2462

4）镀液温度的影响 按表 5-23 配制镀液，用 NaOH 分别调节镀液中的 pH 为 9.25 和 9。施镀温度的变化为 60℃、63℃、66℃、69℃和 72℃，分别对已经经过活化和解胶处理的水曲柳和落叶松木材单板进行施镀。施镀完毕后经过水洗、压片和烘干后测镀层的组织结构、成分含量及屏蔽效能和表面电阻。

不同温度的镀液在水曲柳单板和落叶松单板表面沉积镀层的组织结构如图 7-144 和 7-145 所示。同样，所得 Ni-Cu-P 合金镀层的各 XRD 谱图均在 2θ=22.12°和 44.48°出现两个吸收峰。其中前者是木材中纤维素的 002 面衍射峰，而后者为镍的 111 面衍射峰。Ni（111）峰以单峰存在，没有出现其他衍射峰即 Ni(200)、Ni(220)和 Ni(311)，说明镀层均为非晶态结构。

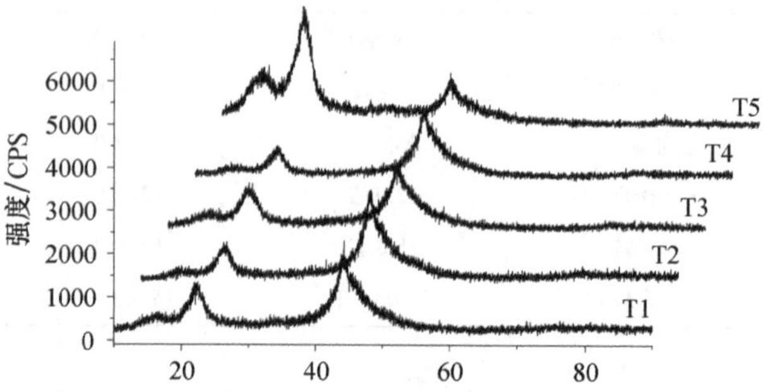

图 7-144 不同温度的镀液在水曲柳单板表面沉积镀层的 XRD 谱图

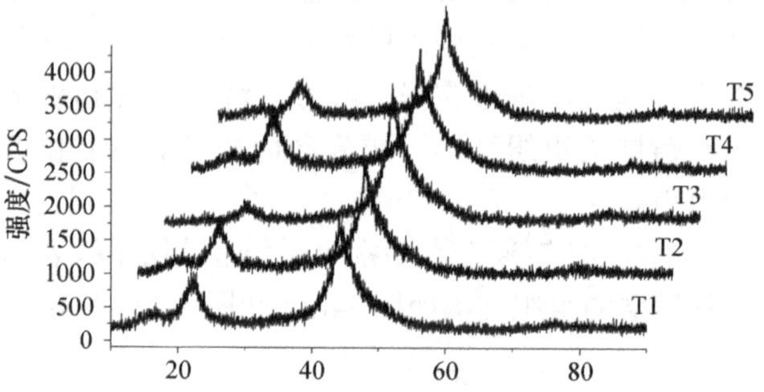

图 7-145 不同温度的镀液在落叶松单板表面沉积镀层的 XRD 谱图

温度对镀后单板电磁屏蔽效能的影响见图 7-146 和图 7-147。水曲柳单板的镀液温度从 60℃升高至 72℃，镀后单板的电磁屏蔽效能呈现先升高再下降的趋势。温度低和过高都不利于 Ni-Cu-P 合金镀层的沉积，在 63℃达到了最佳的效果，在 9kHz～1.5GHz 频率时，屏蔽效能在 50dB 以上。而落叶松单板的镀液温度从 60℃升高至 72℃，镀后单板的电磁屏蔽效能比较接近。但其最佳的电磁屏蔽效能比镀后水曲柳单板的低。在 9kHz～1.5GHz 时，屏蔽效能接近 45dB 以上。这同样与两种木材单板自身的结构和成分存在一定的差异有关。

不同施镀温度下所得 Ni-Cu-P 合金镀层的成分组成见图 7-148 和图 7-149。镀液的温度控制在 60～72℃，对于水曲柳单板，随着温度的升高，合金镀层中的 Ni、P 的含量先升后降，Cu 的含量先降后升。在温度为 63℃时，镀层中的 P 含量较

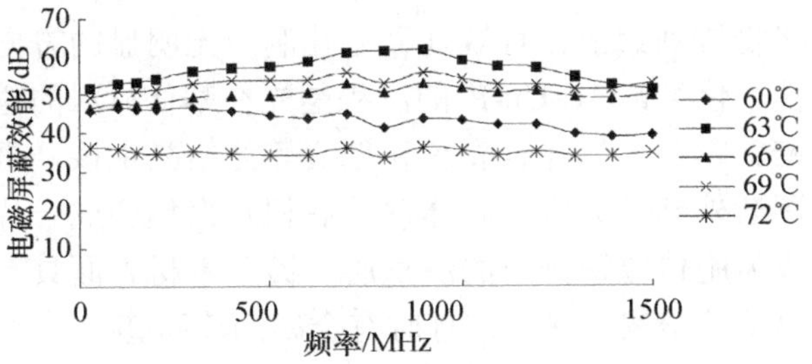

图 7-146 温度对镀后水曲柳单板屏蔽效能的影响

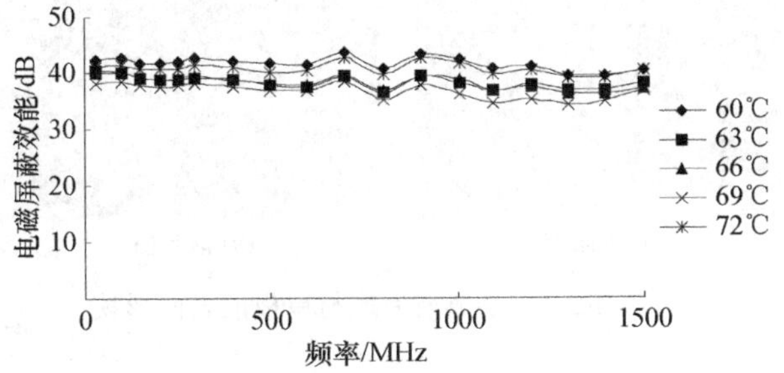

图 7-147 温度对镀后落叶松单板屏蔽效能的影响

低，但 Cu 含量较高，所以其电磁屏蔽效能高，导电性好，测得其表面电阻率为 0.4241Ω/cm^2（表 7-52）。落叶松单板中合金镀层中 Ni 的含量并没有明显的变化，P 的含量是先略有下降然后上升，而 Cu 的含量先是上升然后下降。在温度为 66℃时，镀层中的 P 含量较低，但 Cu 含量较高，所以其电磁屏蔽效能较高，导电性较好，测得其表面电阻率为 0.8490Ω/cm^2（表 7-52）。

5）施镀时间的影响 按表 7-50 分别配制水曲柳和落叶松的化学镀液，用 NaOH 分别将 pH 调节为 9.25 和 9.00。施镀温度分别控制为 63℃和 66℃。时间分别为 30min、40min、50min、60min 和 70min。施镀完毕后经过压片和烘干后测镀层的屏蔽效能和表面电阻。

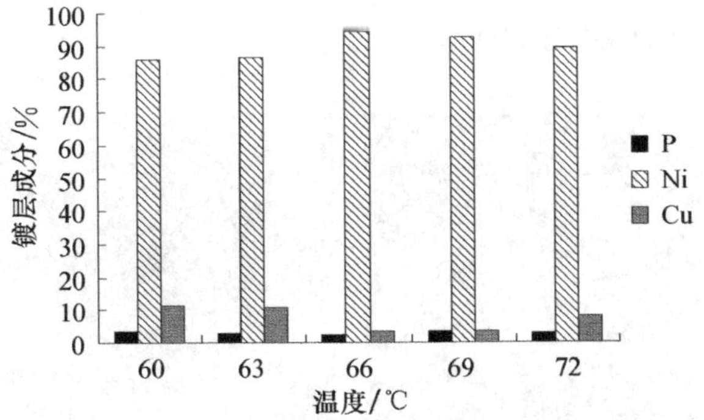

图 7-148 温度对水曲柳镀层成分的影响

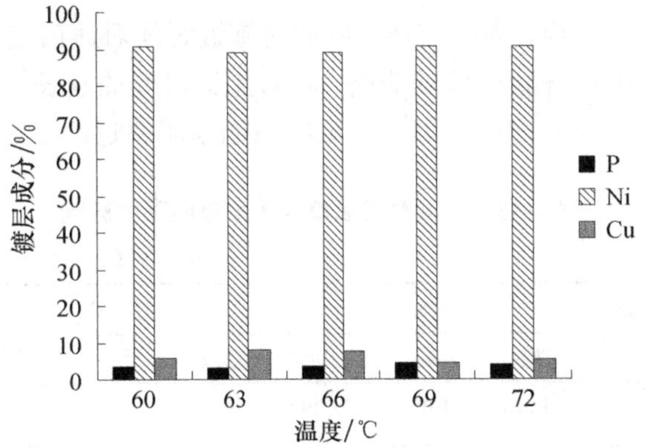

图 7-149 温度对落叶松镀层成分的影响

表 7-52 温度对镀后单板表面电阻率的影响

（单位：Ω/cm^2）

温度/℃	水曲柳单板			落叶松单板		
	横纹	顺纹	平均值	横纹	顺纹	平均值
60	0.5500	0.4819	0.5160	1.0211	0.7094	0.8653
63	0.4481	0.4000	0.4241	1.0339	0.7178	0.8759
66	0.8448	0.6909	0.7679	1.0453	0.6526	0.8490
69	0.4843	0.4028	0.4436	1.8601	1.3319	1.5960
72	2.8146	2.4738	2.6442	1.2559	0.8307	1.0433

施镀时间对镀后单板电磁屏蔽效能的影响见图 7-150 和图 7-151。随着施镀时间的延长，电磁屏蔽效能呈总体上升趋势，其中，水曲柳单板的电磁屏蔽效能总体没有明显的差距，而落叶松单板的趋势更明显些，但达到一定时间后，镀液中的镍离子和铜离子已大部分沉积形成镀层而所剩无几，继续延长时间意义不大。

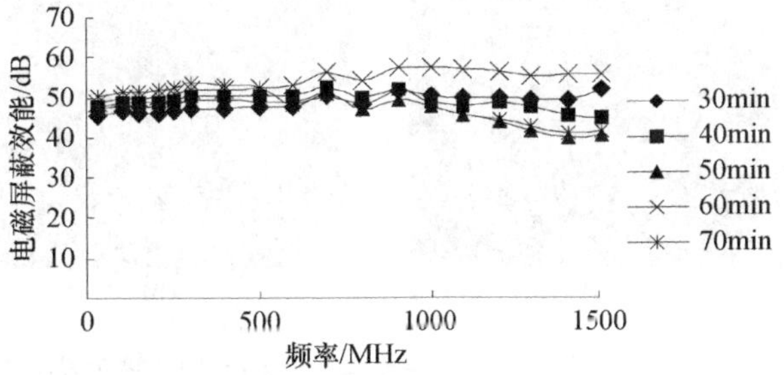

图 7-150 时间对镀后水曲柳单板屏蔽效能的影响

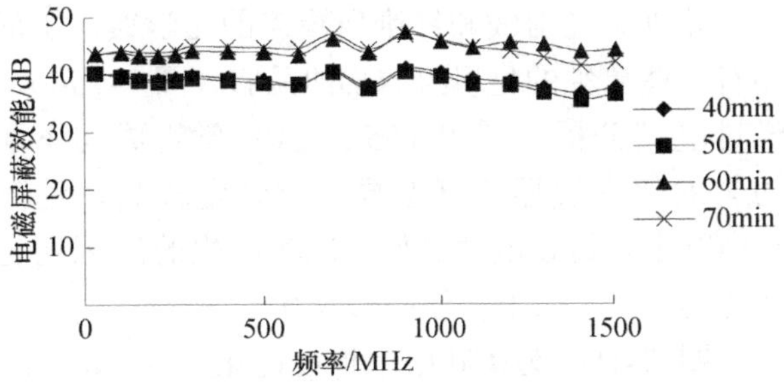

图 7-151 时间对镀后落叶松单板屏蔽效能的影响

同样，如表 7-53 所示的施镀时间对镀后落叶松单板屏蔽效能的影响，随着施镀时间的延长，镀层厚度的增加，镀后单板的表面电阻率逐渐下降。

表 7-53 时间对镀后单板表面电阻率的影响

（单位：Ω/cm^2）

时间/min	水曲柳			落叶松		
	横纹	顺纹	平均值	横纹	顺纹	平均值
30	1.3614	1.0979	1.2297	—	—	—
40	0.8947	0.7022	0.7985	1.5072	1.1572	1.3322
50	0.7346	0.6300	0.6823	1.4721	0.9546	1.2134
60	0.6163	0.5187	0.5675	1.0784	0.8541	0.9663
70	0.4726	0.4169	0.4448	0.7177	0.5415	0.6296

7.4.4.4 木材-Ni-Cu-P 复合材料的形貌及组织结构

1）镀层的形貌观察 分别取在最佳镀液组成及最佳工艺条件下镀好的水曲柳和落叶松木板，用 Quanta 200 型扫描电镜（带 EDAX 能谱）进行化学镀层的表面形貌分析。

水曲柳和落叶松单板经表面化学镀 Ni-Cu-P 后的形貌如图 7-152 所示。从图 7-152 可以看出，镀后水曲柳和落叶松单板的表面已完全被 Ni-Cu-P 合金覆盖，有明显的米粒状的胞状物，胞状物排列紧密、有规则、无孔洞、无明显的方向性。化学镀 Ni-Cu-P 的沉积是先在基体材料的位错、露头、气孔、裂纹和划痕等处结晶生核，再逐渐外延长大成小胞体，最后相互聚集连成一片成为胞体致密排布的沉积层。镀后木材表面具有显著的金属光泽，敲打时有金属的清脆感。

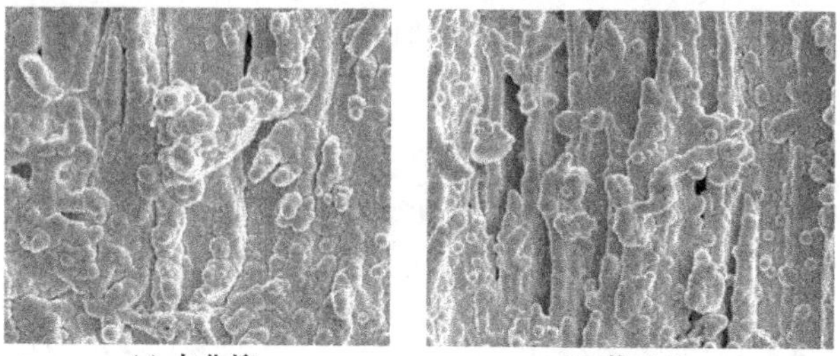

(a) 水曲柳 (b) 落叶松

图 7-152 化学镀前后木材单板的表面形貌

图 7-153 为水曲柳单板经过化学镀 Ni- Cu-P 后其表面的一些特征形态，其中图 7-153（a）为木材表面的射线被镀覆后的形貌，虽然被化学镀层所完全覆盖，但是其结构仍然清晰可见。图 7-153（b）为纤维结构，其表面已经完全被化学镀层所镀覆，但其形貌还是很容易辨认。图 7-153（c）为导管内壁和穿孔板被镀覆后的形貌。图 7-153（d）为镀有均匀镀层的薄壁细胞，其内部的镀层也是非常均匀的。

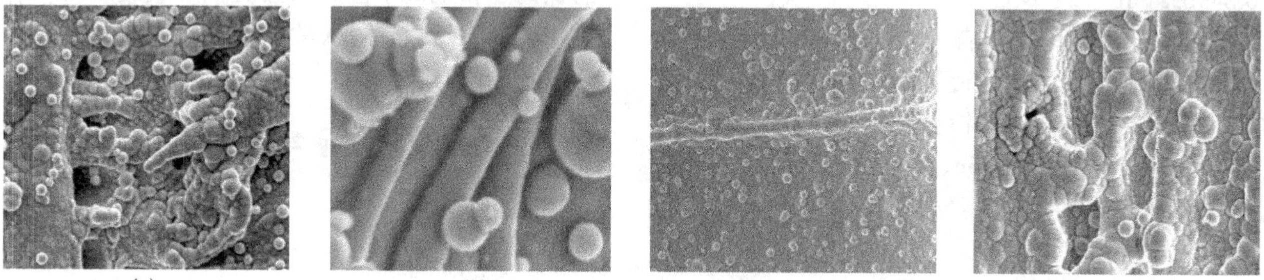

(a) (b) (c) (d)

图 7-153 镀后水曲柳单板表面的各构造 SEM 图

此外，在射线和纤维所覆盖的化学镀层上面还有一些单独的呈现为球形的晶胞（图 7-154），经过能谱分析（图 7-155），其化学组成与下面均匀的化学镀层略有差异，铜含量较高，达到 15%以上，其导电性良好。但其产生的原因还有待探讨。

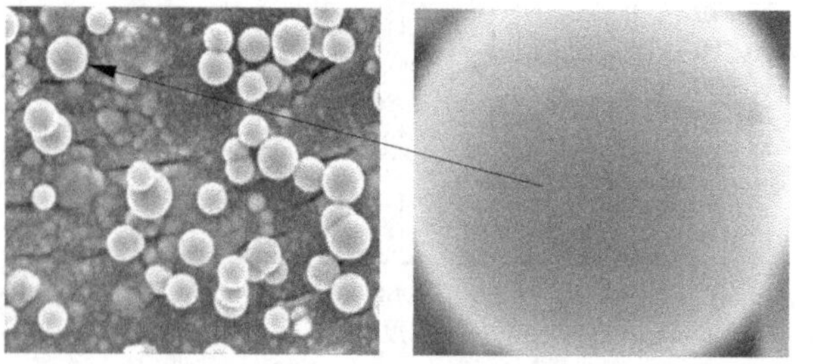

图 7-154 球形晶胞的形貌

图 7-156 为落叶松单板经过化学镀 Ni-Cu-P 合金后其表面的一些特征形态。图 7-156（a）为

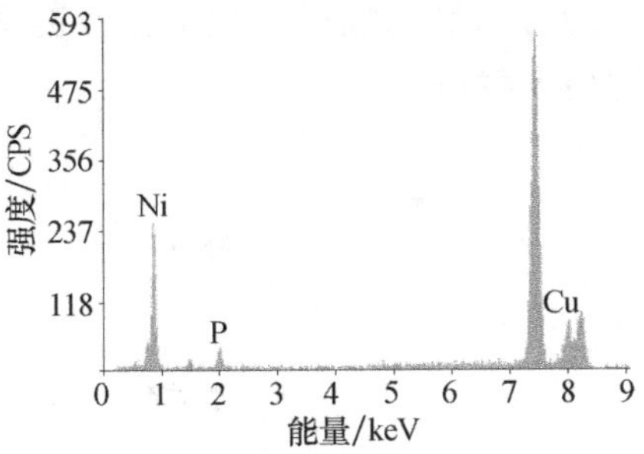

图 7-155 球形晶胞能谱分析图

落叶松单板表面的纹孔，可见纹孔已镀覆有镀层，有些纹孔口已很小，有些甚至被堵死。图 7-156（b）为树脂道和一些射线的形貌，树脂道内部也被化学镀层所覆盖。图 7-156（c）为木材表面的射线被镀覆的形貌，虽然表面也已经被化学镀层所覆盖，但是其结构还是清晰可见的。图 7-156（d）为落叶松单板表面被镀覆后的纤维，经过化学镀后，纤维已经完全被均匀的镀层所覆盖，但是结构很容易辨别。

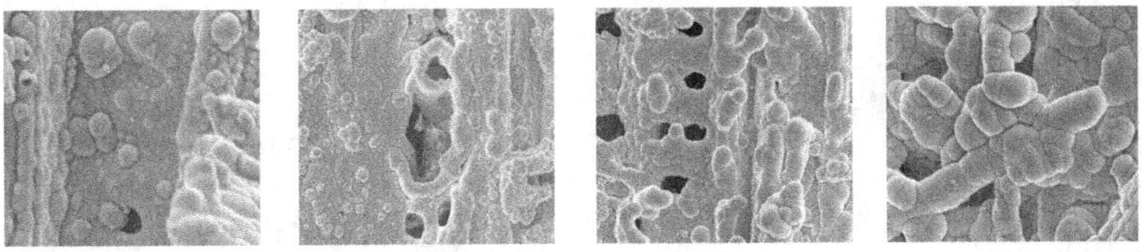

(a) (b) (c) (d)

图 7-156 镀后落叶松单板表面的各构造 SEM 图

2）镀层成分分析 按照前述的实验方法，分别对水曲柳和落叶松单板施镀 40min 和 60min，得到镀后单板，利用 EDAX 能谱分析镀层成分。

对水曲柳和落叶松单板进行化学镀后，表示镀层的成分及其质量分数的能谱见图 7-157 和图 7-158 及表 7-54。其中，Ni 的质量分数最高，分别为 87.29% 和 86.22%，Cu 的质量分数分别为 11.07%和 9.91%，P 的质量分数最少，分别为 1.66%和 3.87%左右。

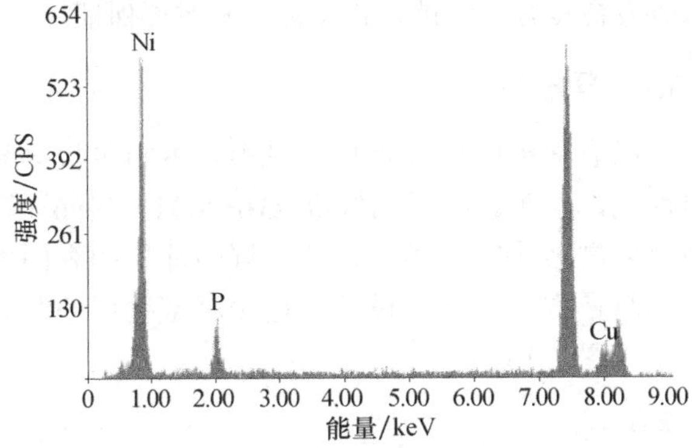

图 7-157 水曲柳镀层的能谱

3）镀层组织结构分析 利用日本理光电机株式会社 P/max-rB 旋转阳极 X 射线衍射仪，Cu 阳极，石墨单色器，狭缝：DS10、SS10、RS0.15mm。将在最佳条件下制备好的木材-金属复合材料进行 X 射线衍射分析，分别得到水曲柳和落叶松木材单板-金属复合材料的衍射图。

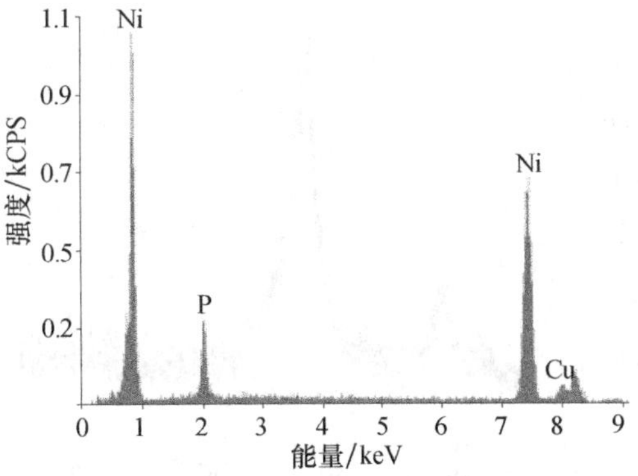

图 7-158 落叶松镀层的能谱

表 7-54 两种单板表面所沉积镀层的成分（%）

元素	水曲柳单板		落叶松单板	
	质量分数	原子分数	质量分数	原子分数
磷	1.66	3.13	3.87	7.14
镍	87.29	86.73	86.22	83.94
铜	11.07	10.14	9.91	8.92

镀后水曲柳单板和落叶松单板的 X 射线衍射谱图如图 7-159 和 7-160 所示。两图中衍射峰的位置基本相同，都是在 2θ=22°和 44°出现了衍射峰。第一个峰是木材中纤维素 002 面的衍射峰，第二个是镍 111 面的衍射峰。镍只在 2θ=44°出现衍射峰，而没有出现其他三个衍射峰，表明镀层中的镍为非晶态结构。本研究在木材表面镀覆 Ni-Cu-P 合金，而且经能谱分析也证明了其中铜和磷的存在，说明

铜和磷与镍形成了非晶态的固溶体。图 7-159 和图 7-160 中，镀后水曲柳单板中纤维素的衍射峰强度较高，表明镀层较薄，而镀后落叶松单板的镀层则较厚，这与两者施镀时间不同有关。

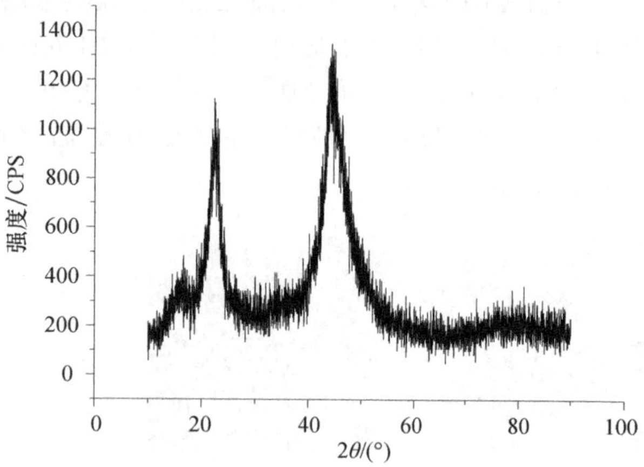

图 7-159 水曲柳镀层的 X 射线衍射谱图

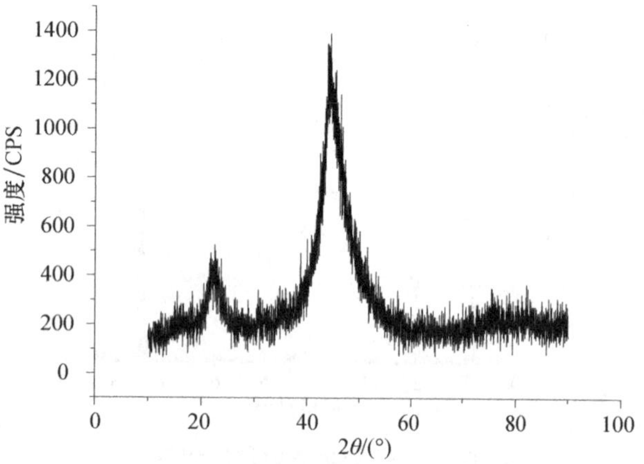

图 7-160 落叶松镀层的 X 射线衍射谱图

7.5 生物质-金属复合材料的性能检测

7.5.1 镀层结合强度

利用化学镀法制造木材-金属复合材料，木材与镀层之间的结合强度显得尤为重要。只有结合牢固，才能使复合材料具有耐久性，否则，其使用寿命将大大缩短。

镀层与木材表面的结合强度采用如图 7-161 所示的直拉法测定。其中，木材板厚度为 10mm，柱体的截面积为 $1000mm^2$，胶黏剂为热熔胶，拉力 F 由 AG-10TA 万能力学试验机施加。用热熔胶将金属专用卡头底面黏合在试件的中央，沿卡头四周切断装镀层，切割深至木材表面。然后把卡具连同试件固定在万能力学实验机上，在与镀层表面垂直的方向均匀加载，记下试件镀层剥离或破坏时的最大载荷。

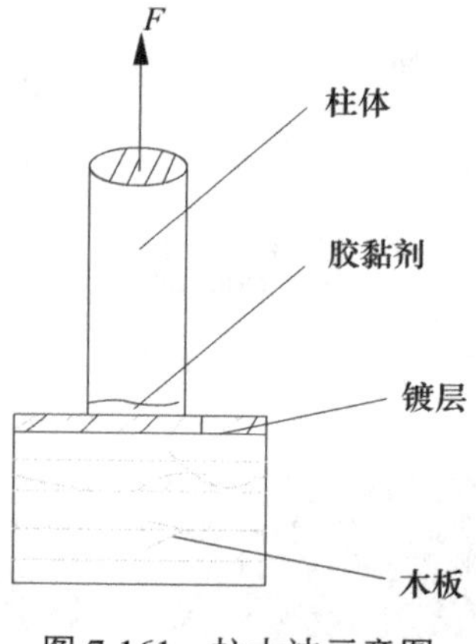

图 7-161 拉力法示意图

利用直拉法测定镀层与木材单板之间的结合强度过程中，各试件都是在镀层完好无损的情况下，木材或胶层发生破坏。这说明镀层与木材之间的结合强度高于木材本身或胶层的强度，此现象表明镀层与木材之间的结合强度高，结合非常紧密、牢固。由于镀层与木材基体之间的结合力除了有原子或分子范围内的交互作用外，还存在着宏观结合，这种结合的特点是当镀层和基体的接触面积增大时，结合就增强。因此，一个粗糙的基体表面的结合强度较高。而木材正是具有粗糙表面这样的特点，所以木材表面化学镀镀层不易剥落。镀层牢固为此木材金属复合材料用于各领域并发挥良好的性能提供了前提和重要保证。

7.5.2 导电性能

以表面电阻率为指标测试镀后木材单板的导电性能，参照国家军用标准 GJB2604—1996《军用电磁屏蔽涂料通用规范》中屏蔽涂层的表面电阻率测量方法，自行设计了电磁屏蔽镀层的测量方法（图 7-162）。

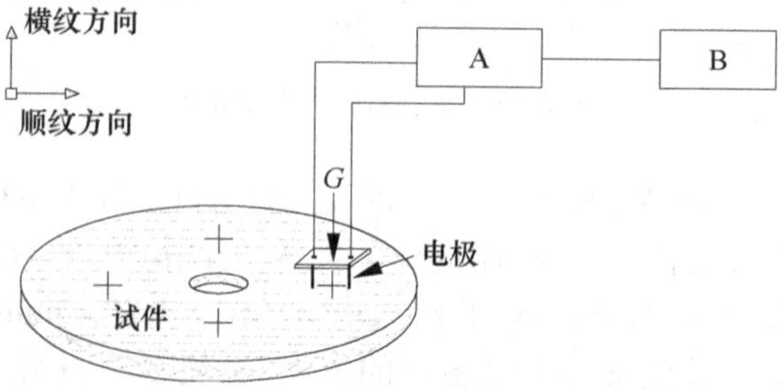

图 7-162 表面电阻测试示意图

A. 智能低电阻测定仪；B. 计算机；G 为加的压力

镀后木材的屏蔽镀层与屏蔽涂料涂层不同，涂料涂层是喷在基料上形成的。而木材表面是有顺纹和横纹之分的。顺纹和横纹之间的表面电阻率是有差别的。所以，在被测试件上选择 4 个测试位置，在每个位置上分别测量横纹和顺纹方向的表面电阻，然后根据如下公式计算表面电阻率。

$$R_S = \frac{R}{L \times 0.3}$$

式中，R_S 为表面电阻率（Ω/cm^2）；R 为表面电阻（Ω）；L 为两电极之间的距离（cm）；0.3 为所用电极的直径（cm）。

经化学镀后，不同木材单板的表面电阻率见表 7-55，其中横纹方向的表面电阻率均大于顺纹方向。此结果与木材及镀后木材的表面结构有着直接的关系。由于镀层很薄，因此镀后木材表面与未镀时具有相似的结构。测试顺纹方向表面电阻时，电流在两电极之间走过的路线类似于直线形状，而测试顺纹方向表面电阻时，电流在两电极之间走过的路线类似于不规则的锯齿形，因此，横纹表面电阻率大于顺纹表面电阻率。

表 7-55 镀后木材单板的表面电阻率（单位：Ω/cm^2）

木材单板	横纹	顺纹	平均值
杨木	0.4988	0.3368	0.4178
落叶松	0.5277	0.3520	0.4399
水曲柳	0.3648	0.3080	0.3364
桦木	0.6107	0.4432	0.5270

7.5.3 电磁屏蔽性能

电磁屏蔽效果常用屏蔽效能（SE）表示。屏蔽效能为没有屏蔽时入射或发射电磁波与在同一地点经屏蔽后反射或透射电磁波的比值，即屏蔽材料对电磁信号的衰减值，其单位用分贝（dB）表示。

$$\mathrm{SE} = 10\lg\frac{\text{入射功率密度(屏蔽前)}}{\text{透射功率密度(屏蔽后)}}$$

除军用标准外，我国目前还没有规定材料的电磁屏蔽效能标准。参照美国联邦通讯委员会（FCC）标准，屏蔽材料在频率为 30～300MHz 时的屏蔽效果达到 30dB 就能满足实用要求。我们知道，SE 越大，表明电磁屏蔽效果越好。电磁波的能衰减率，在 30dB 时为 99.9%，40dB 时为 99.99%。一般认为，对于大多数电子产品的屏蔽材料，在 30～1000MHz 频率时，其 SE 达到 35dB 以上，即有效的屏蔽。电磁屏蔽效能的分类标准见表 7-56。

表 7-56 电磁屏蔽效能的分类标准

分贝/dB	0	<10	10～30	30～60	60～90	90 以上
屏蔽效能(SE)	无	差	较差	中等	良好	优

如何解决电子设备的电磁辐射、提高电子设备的 EMC 性能，已成为广大从事电子科研工作的工程技术人员的研究课题。其中电磁屏蔽材料在防止电磁泄漏、提高设备抗干扰能力方面起到了良好的作用，受到了广泛的重视。目前随着新材料、新技术的发展，国内外许多研究机构和生产厂家正不断推出各种新型屏蔽材料，并运用于电子设备的防电磁泄漏工程中。仅就平板型复合屏蔽材料而言，其构成及加工处理工艺极其复杂，品种繁多，难以用传统的金属材料屏蔽效能（SE）的计算方法来预测其屏蔽效果。

对于平板型复合屏蔽材料 SE 值的测量，美国国家标准局（NBS）和美国材料试验协会（ASTM）等机构研究较早，他们通过理论分析和大量试验验证，推出了较为成熟的测量方法，概括起来可分为两大类："近场法"和"远场法"。"近场法"主要用来测量材料对电磁波近场（磁场为主）的屏蔽效能，"远场法"主要用来测量材料对电磁波远场平面波的屏蔽效能。

7.5.3.1 远场法

1）ASTM-ES-7 同轴传输线法 该方法是根据电磁波在同轴传输线内传输的主模是横电磁波这一原理，利用该同轴传输线装置真实的模拟自由空间远场的传输过程，对材料进行平面波 SE 的测试。该同轴传输线测量装置见图 7-163，内导体为可拆卸结构，以便放置受试样片，通过测试受试材料样片的插入损耗来表示材料对平面波的屏蔽效能。这种方法的优点是快速简便，不需要昂贵的屏蔽室及其他辅助设备，测试过程信号源能量损耗小，测试动态范围较宽，可达 80dB。该装置频率范围的下限与装置本身无关，仅受测试设备限制，而频率上限则受同轴传输线装置高次模的限制。该方法对被测材料厚度限制不十分严格，可以是很薄的材料，也可以是 10mm 厚的均匀平板型材料。其缺点是：要求样片与同轴线的内外导体之间具有良好的电接触，否则由于接触阻抗的存在将影响测试结果的可重复性。

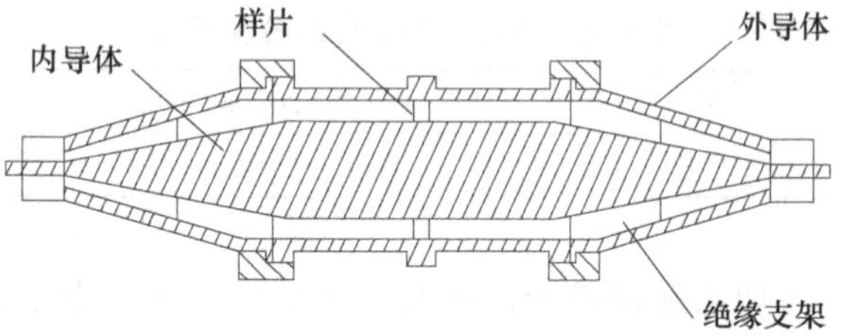

图 7-163　ASTM-ES-7 同轴传输线测试装置

2）法兰同轴法　该方法是美国 NBS 推荐的一种测量屏蔽材料的方法，这种方法的原理与同轴传输线法相似，所不同的是它与样片的连接不像同轴传输线法所要求的电接触那么严格。该方法的内、外导体不再是连续的，而是通过法兰和尼龙螺钉将该装置对称的两段同轴部分连接在一起，当受测样片夹在法兰之间时，电磁波通过分布电容的耦合，其位移电流穿过法兰来传输信号。另外，传输线装置内所测样片为一种环形样片，而法兰同轴内测试的为两种环形样片，这两种样片分别是用于加载测量和参考测量，其目的是保证两种情况下的藕荷电容相同，进而达到其测量结果重复性较好。这种方法能减少接触阻抗的影响。该方法的测试范围、频率范围、系统配置均与同轴传输线法相同，但对样片的厚度有一定要求，即只有对薄膜材料测试，其数据才能很好地与理论预测值相符。当样片较厚时、频率较高时，法兰间的耦合容性阻抗增大，对其测试结果影响较大，因而这种方法要求所测试的屏蔽材料应尽量薄。该测试装置见图 7-164。

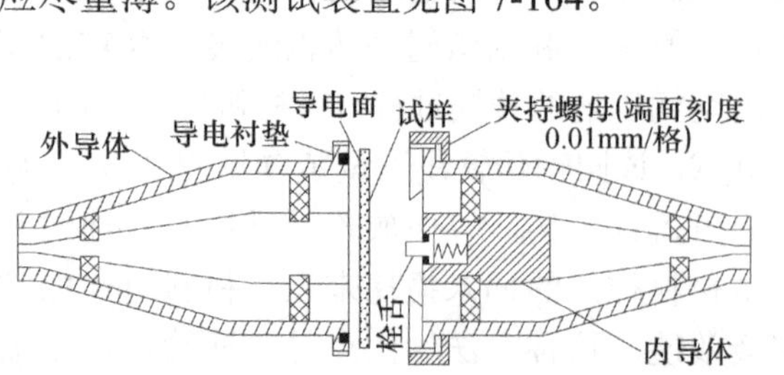

图 7-164　法兰同轴测试装置

3）改进型法兰同轴法　在综合 NBS 及 ASTM 两种测试方法的优缺点后，东南大学的蒋全兴及电子标准化研究所电磁兼容室的王庆等研制了改进型法兰同轴法测试装置，并于 1995 年经中华人民共和国电子工业部批准为电子行业军用标准，标准号为 SJ 20524—1995。该测试方法中段结构示意图见图 7-165。

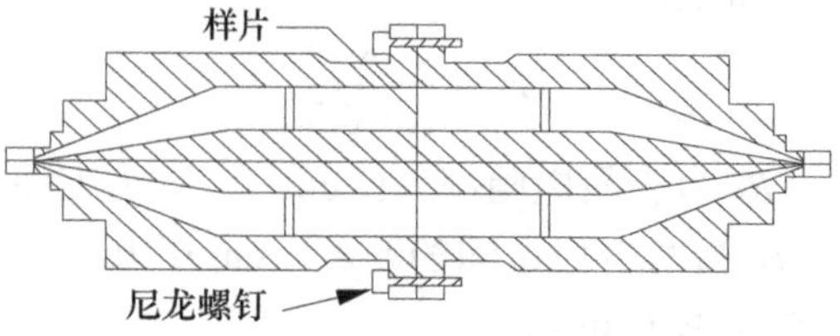

图 7-165　改进型法兰同轴测试装置

7.5.3.2　近场法

1）ASTM-ES-7 双盒法　美国材料试样协会（ASTM）于 1983 年推出了“ASTM-ES-7 双盒测试装置”，用此法来测试材料对近场（磁场）的屏蔽效能。这种方法的优点是不需要很昂贵的屏蔽室及其他辅助装置，测量方法简便、快速。它的缺点是盒体工作频率受盒体谐振频率的影响；测量的可重复性易受弹性指状支撑衬垫状态的影响，故测试时要严格掌握测试要领。

2）改进的 MIL-STD-285 法　此种方法能较好地反映材料对近场（磁场）的屏蔽效能。值得注意的是所用衬垫应与样片表面、屏蔽室的开孔边缘很好地密封，以确保样片周围不出现明显的泄漏，因为泄漏将引起测试动态范围降低。另外，样片表面电阻的变化、开孔尺寸的大小、屏蔽室与电缆的连接、多次反射等都会影响测试结果的重复性。

以上两种方法适用于 30MHz 以下频率范围的屏蔽效能的测试。

以上是目前国内外对平板型屏蔽材料屏蔽效能的主要测试方法，除了这些方法之外，还有诸如双室法、混响室法、喇叭天线法（1GHz 以上）等。这些方法都有待于进一步分析和试验，以便正确评价屏蔽材料的屏蔽效能。

电磁屏蔽性能的测试按标准 SJ 20524—1995《材料屏蔽效能的测量方法》规定的装置进行，如图 7-166 所示，首先测试实验装置自身的衰减。此时不加被测试样，接通跟踪信号源和频谱分析仪，调节频谱分析仪的频率为 9kHz～1.5GHz，将夹具自身的衰减测量下来。然后，将被测试件装入同轴线对接处，把夹具螺母拧紧，屏蔽后的衰减量测量出来。实验装置自身的衰减量和屏蔽后的衰减量之差即试件的屏蔽效能。

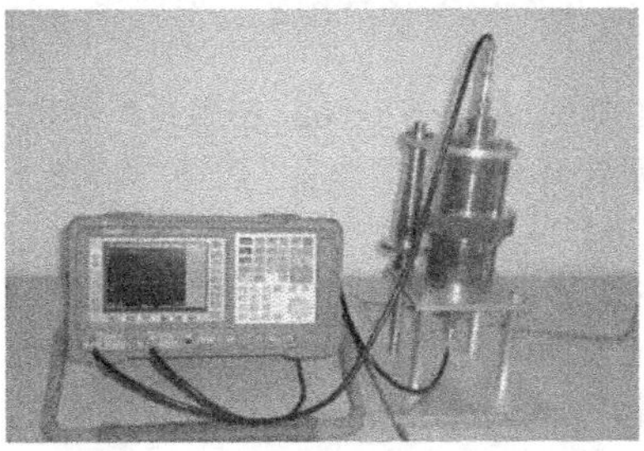

图 7-166 电磁屏蔽效能测试装置

经测试，化学镀后的木材单板在 9kHz～1.5GHz 时，电磁屏蔽效能均达到 50dB 以上（图 7-167），具有良好的电磁屏蔽性能，完全可以达到电磁屏蔽材料的性能要求。此化学镀木材之所以具有良好的导电性和电磁屏蔽性能，与木材表面完全覆盖的具有晶态结构的低磷合金镀层密切相关。

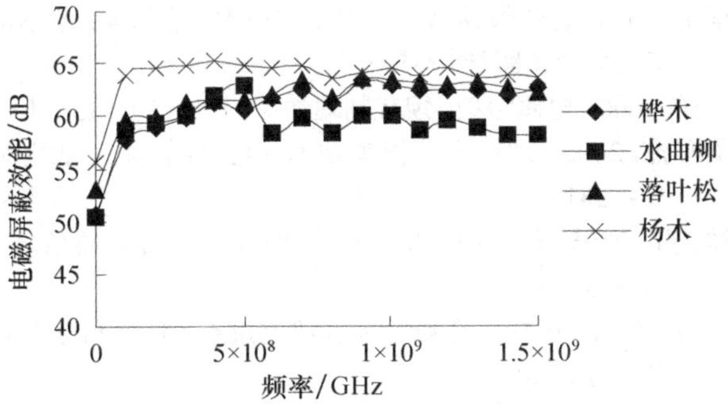

图 7-167 镀后木材单板的电磁屏蔽效能

7.6 生物质-金属复合材料的应用

7.6.1 抗静电领域

从表面上看，静电只会带来生活上的不便，实际上，静电的危害是非常大的。静电火花可引起加油站、造纸厂、粮食加工厂的爆炸；静电放电容易引起火药、烟火药、炸药及引信、弹药等易燃易爆产品的燃烧、爆炸；在天空中，飞机与空气、水汽、灰尘等摩擦起电，可严重干扰飞机的无线电通信，使飞机迷航；在制药厂，静电吸附尘埃而使药品不纯，影响质量；静电对电子制造业的危害也是非常严重的，静电放电可使芯片介质一次性击穿、烧毁，从而即时失效；即使是极少量的、线度很小的灰尘粒子吸附在芯片上，也严重影响半导体的成品率；静电放电产生的电磁波干扰，造成低电平数字电路、电子仪器、计算机等电子仪器设备出现错误动作或功能紊乱等。总之，静电危害损失巨大，必须高度重视。

7.6.1.1 抗静电包装材料

大量新技术、新工艺、新材料、新设备的采用，生产的高效益、自动化程度的提高，使产品在生产和使用过程中产生的静电危害越来越严重。此外，产品在储存和运输中的电磁环境也越来越恶化，给产品的可靠性和安全性造成了威胁。根据有关资料报道，美国在大型通信系统的装配中，检测出有故障的集成电路，约 1/3 为静电放电所击穿；人造卫星上的超高可靠性运算放大器在机器安装工序和局部装配工序中发生异常，判明为静电放电所致。在运输过程中，摩擦、撞击、接触、分离产生的静电危害及外界电磁场的作用，造成燃烧、爆炸事故或电子元器件的软硬损伤。包装材料的好坏，会直接或间接影响产品的质量。不适当的包装，在产品运输、操作过程中会带来严重的后果。以前的包装材料注重于其外观和防潮、防湿、隔热、保温等性能，而对包装材料的防静电没有引起足够的重视。

一直以来，木材就是很好的包装材料，有很好的隔热、保温性能。但由于干燥的木材不导电，因此不能直接作为对静电敏感物品的包装材料。木材-金属复合材料既保留了木材的天然特性，又具有良好的导电性，因此是良好的抗静电包装材料。

7.6.1.2 抗静电地板

由于精密仪器室、机房及防尘室等对静电防护要求很高，必须使用抗静电地板。例如，中国银行国际金融大厦一期工程五层的电脑设备机房、休息室、更衣室、操作室等洁净室采用抗静电塑料地板面层，总计约 1800m^2，其中最大的一个房间面积达到 390m^2。目前，所使用的抗静电地板主要是塑料地板、全钢地板和铝合金地板。一直以来，木质地板深受欢迎，但由于其不具有抗静电功能而在使用上受到限制。

木材-金属复合材料具有良好的导电性，而且保留了木材的调温、调湿、隔音等天然特性和美丽的纹理，同时具有很高的物理力学强度和表面耐磨强度。因此，此复合材料完全可以用作抗静电地板。

7.6.2 电磁屏蔽领域

随着电子产品的微型化、集成化、轻量化和数字化，日常使用的电子产品易受外界电磁波干扰而出现误动、图像障碍及声音障碍等。电子仪器所辐射的电磁波，对精密仪器、航空航天工程、导航设备、科学测量、医疗保健等重要系统也同样存在着巨大的潜在危害。

一般来说，雷达系统、电视和广播发射系统、射频感应及介质加热设备、射频及微波医疗设备、各种电加工设备、通信发射台站、卫星地球通信站、大型电力发电站、输变电设备、高压及超高压输电线、地铁列车及电气火车及大多数家用电器等都是可以产生各种形式、不同频率、不同强度的电磁辐射源。

计算机的广泛应用推动了社会的发展和进步，但也带来了一系列的社会问题。现在，计算机已在国防、军工、科技、政治和经济等领域广泛应用，因而电子计算机系统处理和储存着的大量完整的国家秘密信息成为窃密者的重要目标和间谍分子活跃的新领域。

电磁波虽然看不见、摸不着，但它是客观存在的一种物质，是一种能量传输的形式，无处不在。但是当电磁辐射的能量超过一定的数值之后，它给我们带来的就不仅是利益了，也会对仪器设备造成干扰，对人类居住环境造成污染。目前，电磁辐射已成为继大气、水、噪声之后的“第四污染源”。电磁污染的后果不堪设想，是人类健康的隐形“杀手”。

木材-金属复合材料的质量轻，强重比高，保湿、隔音及装饰性好，并且具很高的电磁屏蔽效能，可广泛应用于国家安全机构、驻外使领馆和一些高级人才住所等保密机构的建设，银行、保险公司、通信公司等需信息保密商业机构机房的装修，以防信息泄露而危害国家安全和损害企业利益。另外，还可用于一些大型仪器如核磁共振和一些精密仪器室的建设，以防电磁污染和电磁干扰，避免电磁波对人体健康的危害，也防止精密仪器数据失真。因此，具有良好电磁屏蔽性能的木材-金属复合材料必将在电磁屏蔽领域发挥重要作用。

主要参考文献

白静. 1999. 电磁污染及其防护. 山西电子技术，(5)：7～8

邓联文，江建军，何华辉. 2002. 酸性化学镀机理探讨及高磷含量镍磷合金镀层制备. 腐蚀与防护，23（11）：479～481

甘雪萍，仵亚婷，刘磊. 2007. 以次亚磷酸钠为还原剂涤纶织物化学铜研究. 功能材料，38（5）：782～786

侯亚平，易丹青. 2007. 金刚石化学镀铜工艺. 电镀与涂饰，26（5）：16～19，27

胡信国. 2000. 21 世纪化学镀镍技术. 第五届全国化学镀镍会议论文集，9：2

贾晋，曹寿林，王占军，等. 2011. 不同还原剂对木材化学镀铜镀液稳定性的影响研究. 内蒙古农业大学学报（自然科学版），3：56

姜晓霞，沈伟. 2000. 化学镀理论与实践. 北京：国防工业出版社

李刚，蒋全兴. 1995. 平板型电磁屏蔽材料同轴测试方法. 电讯技术，3：6～12

李宁. 2000. 化学镀镍基合金理论与技术. 哈尔滨：哈尔滨工业大学出版社

李祥. 2000. 电磁污染. 现代物理知识，12（1）：13～14

梁志杰. 2005. 现代表面镀覆技术. 北京：国防工业出版社：281

林金堵. 2005. 静电的产生、危害和预防. 印制电路信息，(4)：3～4

刘清. 1997. 甲醛的环境行为及研究进展. 环境科学与技术，(2)：8～10

刘志坚. 2001. 化学镀镍溶液的稳定性研究. 昆明：昆明理工大学硕士学位论文：25～36

曲敬信，汪泓宏. 1997. 表面工程手册. 北京：化学工业出版社：186～187

商俊博，赵广杰，王克男，等. 2009. 新型功能性木质电磁屏蔽材料. 电镀与涂饰，28（1）：21～23

宋月贤，韦玮，正元锁，等. 2001. 用于电磁屏蔽与吸波技术的聚苯胺导电聚合物的研究进展. 化工新型材料，28（9）：3～7

王玲. 2003. 化学镀 Ni-Cu-P 合金的研究. 功能材料，35（S）：3214

王素英. 1995. 平板型复合屏蔽材料屏蔽效能测试技术的研究. 安全与电磁兼容，2：18～21

魏美玲. 2002. 用化学镀法制备低发射率材料. 武汉：武汉理工大学硕士学位论文

徐向荣，徐增康. 2008. 甲醛的危害及其卫生检验方法. 职业与健康，19（12）：47～49

闫洪. 1999. 现代化学镀和复合镀新技术. 北京：国防工业

出版社
叶绍燕. 2013. 室内装修污染物对人体健康的影响. 疾病监测与控制杂志，7（6）：363～365
于会生，罗守福，王永瑞. 2001. Ni-Cu-P 化学镀工艺及组织结构的研究. 材料工程，（2）：30
俞丹壳. 2011. 壳聚糖对金属钯的吸附机理研究及在电磁屏蔽用导电织物制备中的应用. 上海：东华大学博士学位论文
张朝阳，魏锡文，张海东，等. 2001. Ni-P 化学镀的机理及其研究方法. 中国有色金属学报，11（S1）：199～201
张永峰，马玲俊，郭为民，等. 2000. 非金属化学镀的活化工艺. 材料开发与应用，15（2）：30～34
张忠诚. 2005. 水溶液沉积技术. 北京：化学工业出版社：178～180
朱江，黄金田. 2009. 3 种活化工艺对木材化学镀铜层性能影响的比较. 内蒙古农业大学学报（自然科学版），（3）：155～159
加藤弘之. 1991. 木材の光反射性: 光澤に及ぼす比重及び細胞構造の影響. 第41回. 日本木材学会大会研究発表要旨集：1203
ASTM D4935-89. Standard test methods for measuring the electromagnetic shielding effectiveness of planar materials
ASTM ES7-83. Emergency standard test methods for electromagnetic shielding effectiveness of planar materials
Barthlott W，Neinhuis C. 1997. The purity of sacred lotus or escape from contamination in biological surfaces. Planta，202：1～8
Jackson B，Maeavy R，Chawhan G，et al. 1990. Low phosphorus electroless nickel coating technology. Trans IMF，68（3）：75～83
Kinnioghsm B A，Yenni D M. 1998. Test methods for electromagnetic shielding materials，Int EMC Symp：223～229
Lim V W L，Kang E T，Neoh K G. 2001. Electroless plating of palladium and copper on polypyrrole films. Synthetic Metals，123：107～115
Lu Y X. 2010. Improvement of copper plating adhesion on silane modified PET film by ultrasonic-assisted electroless deposition. Applied Surface Science，256：3554～3558
Parker K. 1987. The formulation of electroless nickel-phosphorus plating baths. Plat & Surf，74（2）：60～65
Sun L L，Li J，Wang L J. 2012. Electromagnetic interference shielding material from electroless copper plating on birch veneer. Wood Sci Technol，46：1061～1071
Wang L J，Sun L L，Li J. 2011. Electroless copper plating on fraxinus mandshurica veneer using glyoxylic acid as reducing agent. Bio Resources，6（3）：3493～3504
Wilson D F，Ma M T. 1988. Techniques for measuring the electromagnetic shielding effectiveness of materials：part Ⅰ——far-field source simulation. IEEE Trans EMC，30（3）：239～250
Xing R，Liu S，Guo Z，et al. 2008. Relevance of molecular weight of chitosan-2-hydroxy propyl trimethyl ammonium chloride and their antioxidant activities. EuroPean Journal of Medicinal Chemistry，43：336～340

8 生物质-无机质复合材料

生物质-无机质复合材料是以无机质（包括水泥、石膏、粉煤灰等）为主要胶接材料，以生物质（包括林业剩余物、农作物秸秆、农作物壳等）纤维为增强材料，添加一定的化学添加剂（水玻璃、氯化钙等），在一定工艺条件下制成的复合材料。本章主要介绍生物质-水泥复合材料、生物质-石膏复合材料和生物质-氯氧镁水泥复合材料的制备工艺、性能测试及应用等。

8.1 无机质原料

无机质原料种类很多。本节只对本书所涉及的无机质原料水泥、石膏、氯氧镁水泥作简单介绍。

8.1.1 水泥

8.1.1.1 水泥的分类及特点

水泥是水硬性矿物胶凝材料。粉末状的水泥与水混合成可塑性浆体，经过一系列的物理化学作用后，变成坚硬的水泥石块体，并能将散粒状（或块状）材料黏结成为整体。水泥浆体的硬化，不仅能在空气中，还能更好地在水中保持并继续提高其强度。

根据国家标准的水泥命名原则，水泥按其主要水硬性矿物名称分为硅酸盐系水泥、铝酸盐系水泥、硫酸盐系水泥和硫铝酸盐系水泥、磷酸盐系水泥等。

工程中多是依据所处的环境合理地选用水泥。就水泥的性质而言，硅酸盐水泥是最基本的。水泥的诸多系列品种中，常用的是硅酸盐系水泥。

1）硅酸盐系水泥 硅酸盐系水泥是用以硅酸钙为主要成分的水泥熟料所制得的水泥。硅酸盐水泥熟料是以石灰石质原料、黏土质原料和校正原料等按适当比例配制成生料，煅烧至部分熔融并经冷却、磨细而得。硅酸盐系水泥根据掺入混合材料的品种和数量不同，可细分为 6 个品种，即硅酸盐水泥、普通硅酸盐水泥、矿渣硅酸盐水泥、火山灰质硅酸盐水泥、粉煤灰硅酸盐水泥、复合硅酸盐水泥。

（1）硅酸盐水泥与普通硅酸盐水泥：硅酸盐水泥在国外通称为波特兰水泥（Portland cement），是由硅酸盐水泥熟料、0～5%石灰石或高炉矿渣、适量石膏磨细制成的水硬性胶凝材料。硅酸盐水泥分为两种类型，不掺混合材料的称为Ⅰ型硅酸盐水泥，代号为 P·Ⅰ。在硅酸盐水泥粉磨时掺加不超过水泥质量 5%的石灰石或粒化高炉矿渣混合材料的称为Ⅱ型硅酸盐水泥，代号为 P·Ⅱ。我国硅酸盐水泥国家标准 GB 175—2007 中硅酸盐水泥强度等级分为 42.5、42.5R、52.5、52.5R、62.5、62.5R。强度等级的表示方法：数字为 28 天最低允许抗压强度，标有 R 者的 3 天龄期的抗压强度大于未标有 R 者。

普通硅酸盐水泥（ordinary Portland cement）是由硅酸盐水泥熟料、6%～15%混合材料与适量石膏磨细制成的水硬性胶凝材料，简称普通水泥，代号为 P·O。按照国家标准 GB 175—2007，掺活性混合材料时，最大掺量不得超过 15%，其中允许用不超过水泥质量 5%的窑灰或不超过水泥质量 10%的非活性混合材料来代替。掺非活性混合材料时最大掺量不得超过水泥质量的 10%。普通水泥的强度等级分为 32.5、32.5R、42.5、42.5R、52.5、52.5R，其强度等级的表示方法与硅酸盐水泥相同。

（2）矿渣硅酸盐水泥、火山灰质硅酸盐水泥与粉煤灰硅酸盐水泥：矿渣硅酸盐水泥（Portland blast-furnace-slag cement）是由硅酸盐水泥熟料、粒化高炉矿渣和适量石膏磨细制成的水硬性胶凝材料，简称矿渣水泥，代号为 P·S。水泥中粒化高炉矿渣掺加量按质量百分比计为 20%～70%，允许用石灰石、窑灰、粉煤灰和火山灰质混合材料中的一种材料代替矿渣，代替数量不得超过水泥质量的 8%，替代后水泥中粒化高炉矿渣不得少于 20%。按照国家标准 GB 1344—2007 中的规定，该类水泥强度等级分为 32.5、32.5R、42.5、42.5R、

52.5、52.5R，其强度等级的表示方法与硅酸盐水泥相同。该水泥具有水化热较低、耐蚀性和耐热性较好等特点；但泌水性和干缩性较大，抗冻性较差，早期强度较低，后期强度增进率较快。

火山灰质硅酸盐水泥（Portland pozzolana cement）是由硅酸盐水泥熟料、火山灰质混合材料和适量石膏磨细制成的水硬性胶凝材料，简称火山灰水泥，代号为P·P。按照我国国家标准GB 1344—2007的规定，火山灰水泥中火山灰质混合材料掺加量按质量百分比计为20%～50%。该类水泥强度等级分为32.5、32.5R、42.5、42.5R、52.5、52.5R，其强度等级的表示方法与硅酸盐水泥相同。常用的火山灰质混合材料有火山灰、凝灰岩、煤矸石、烧页岩、烧黏土、硅藻土等，所用混合材料应符合火山灰质混合材料标准GB/T 2847—2005中规定的要求。火山灰水泥具有水化热较低、耐硫酸盐侵蚀性较好等特点，但需水性和干缩性较大，抗冻性较差，早期强度较低，后期强度增进率较大。

粉煤灰硅酸盐水泥（Portland fly-ash cement）是由硅酸盐水泥熟料、粉煤灰和适量石膏磨细制成的水硬性胶凝材料，简称粉煤灰水泥，代号为P·F。按照国家标准GB 1344—2007中的规定，粉煤灰水泥中粉煤灰掺加量按质量百分比计为20%～40%，粉煤灰质量应符合国家标准GB/T 1596—2005中规定的要求。该类水泥的强度等级分为32.5、32.5R、42.5、42.5R、52.5、52.5R，其强度等级的表示方法与硅酸盐水泥相同。粉煤灰水泥具有需水量低、干缩性小、抗裂性较好、水化热低等特点。

（3）复合硅酸盐水泥：复合硅酸盐水泥（composite Portland cement）是由硅酸盐水泥熟料、两种或两种以上规定的混合材料与适量石膏磨细制成的水硬性胶凝材料，简称复合水泥，代号为P·C。按照国家标准GB 12958—1999中的规定，水泥中混合材料总掺加量按质量百分比计应大于15%，但不超过50%。水泥中允许用8%以下窑灰代替部分混合材料；掺加矿渣时混合材料掺量不得与矿渣硅酸盐水泥重复。该类水泥强度等级分为32.5、32.5R、42.5、42.5R、52.5、52.5R，其强度等级的表示方法与硅酸盐水泥相同。

2）水泥的矿物组成　由熟料磨细的水泥矿物主要是硅酸三钙、硅酸二钙、铝酸三钙和亚铁铝酸四钙等，其化学式和含量如表8-1所示。

表8-1　水泥的主要矿物组成及含量

名称	化学式	化学简式	最高含量/%	最低含量/%
硅酸三钙	Ca_3SiO_2	C_3S	65.9	38.5
硅酸二钙	Ca_2SiO_2	C_2S	37.2	7.2
铝酸三钙	$Ca_3Al_2O_3$	C_3A	15.6	2.1
亚铁铝酸四钙	$Ca_4Al_2O_3 \cdot Fe_2O_3$	C_4AF	17.5	5.7

水泥中除表8-1中所述的主要矿物成分外，还含有少量次要成分，如Na_2O、K_2O、MgO及硫酸盐等。

8.1.1.2　水泥的水化反应及其机制

水泥的水化反应是放热反应，其水化过程放出的热称为水泥的水化热。水化热的大小主要与水泥的细度及矿物组成有关。颗粒愈细，水化热愈大；矿物中C_3A、C_3S愈多，水化热愈高。大部分的水化热集中在早期放出，3～7天以后逐渐减少。

水泥加水后，熟料矿物开始与水发生水化反应，生成水化产物，并放出一定的热量，其反应式如下。

$$2(3CaO \cdot SiO_2)+6H_2O = 3CaO \cdot 2SiO_2 \cdot 3H_2O + 3Ca(OH)_2$$

$$2(2CaO \cdot SiO_2)+4H_2O = 3CaO \cdot 2SiO_2 \cdot 3H_2O + Ca(OH)_2$$

$$3CaO \cdot Al_2O_3+6H_2O = 3CaO \cdot Al_2O_3 \cdot 6H_2O$$

$$4CaO \cdot Al_2O_3 \cdot Fe_2O_3+7H_2O = 3CaO \cdot Al_2O_3 \cdot 6H_2O + CaO \cdot Fe_2O_3 \cdot H_2O$$

在上述反应中，为了调节水泥的凝结时间，在粉磨水泥中加入适量石膏作缓凝剂，其机制可解释为：熟料与石膏一起迅速溶解于水，并开始水化，形成石膏、石灰饱和溶液，而在熟料各矿物中，C_3A的水化速度最快，C_3A在石膏、石灰的饱和溶液中生成钙钒石，反应式如下。

$$3CaO \cdot 2Al_2O_3 \cdot 6H_2O+3(CaSO_4 \cdot 2H_2O)+20H_2O = 3CaO \cdot 2Al_2O_3 \cdot 3CaSO_4 \cdot 32H_2O$$

在熟料颗粒表面形成钙钒石保护膜，封闭熟料组分的表面，阻滞水分子的扩散，从而延缓了熟料颗粒、特别是C_3A的继续水化。加入适量的石膏不但能调节凝结时间达到标准所规定的要求，而且适量石膏能在水泥水化过程中与 C_3A 生成一定数量的硫铝酸钙晶体，交错地填充于水泥石的空隙中，从而增加了水泥石的致密性，有利于提高水泥强度，尤其是早期强度的发挥。

8.1.1.3 水泥的凝结与硬化

水泥在植物纤维水泥复合材料中既作基体，又起黏结剂作用，最常使用的是硅酸盐水泥。

硅酸盐水泥拌和后，首先是水泥颗粒表面的矿物溶解于水，并与水发生水化反应，最初形成具有可塑性的浆体，随着水化反应的进行，水泥浆体逐渐变稠失去可塑性，但还不具有强度，这一过程称为水泥的“凝结”。随后凝结了的水泥浆体开始产生强度，并逐渐发展成为坚硬的水泥石，这一过程称为水泥的“硬化”。测得水泥放热温度-时间曲线，即可以了解水泥凝结硬化的程度。

水泥的凝结、硬化过程与水泥的技术性能密切相关，其结果直接影响硬化水泥石的结构和使用性能。因此，了解水泥的凝结和硬化过程是非常必要的。

水泥的凝结硬化是个非常复杂的过程，水泥颗粒与水接触后，首先是最表层的水泥与水发生水化反应，生成水化产物，组成水泥-水-水化产物混合体系。反应初期，水化速度很快，不断形成新的水化产物扩散到水中，使混合体系很快成为水化产物的饱和溶液。此后，水泥继续水化所生成的产物不再溶解，而是以分散状态的颗粒析出，附在水泥粒子的表面，形成凝胶膜包裹层，使水泥在一段时间反应缓慢，水泥浆的可塑性基本上保持不变。

由于水化产物不断增加，凝胶膜逐渐增厚而破裂并继续扩展，水泥粒子又在一段时间内加速水化，这一过程可重复多次。由水化产物组成的水泥凝胶在水泥颗粒之间形成了网状结构。水泥凝胶不断扩展而出现凝结现象。此后，由于水泥水化反应的继续进行，水泥凝胶不断扩展而填充于颗粒之间的空隙，使毛细孔愈来愈少，水泥石就具有愈来愈高的强度和胶接能力。

综上所述，水泥的凝结硬化是一个由表及里、由快到慢的过程，较粗颗粒的内部很难完全水化。因此，硬化后的水泥石是由水泥凝胶（凝胶体、结晶体及凝胶孔）、未完全水化的水泥颗粒、毛细孔（含毛细孔水）等组成的不均匀结构体。

与硅酸盐水泥相比，矿渣水泥的水化产物碱度要低一些，水化产物中的 $Ca(OH)_2$ 含量相对较少，其硬化后的主要组成是 C-A-H 凝胶和钙钒石，而且水化硅酸钙凝胶结构比硅酸盐水泥石中的更为致密。

水泥的特点是必须在碱性介质（pH≥12）中才能凝固。水泥中加入糖类、甘油、羧基甲基纤维素、单宁和葡萄糖酸及盐类等将使水泥凝固延缓，如加入水泥质量 1%的糖类，水泥几乎完全停止凝固。同时搅拌后由于水泥水化使水泥浆呈强碱性，因此，水泥中加入生物质纤维和加入矿物纤维（如玻璃纤维）不同，生物质纤维在水泥浆碱性溶液中浸泡，会有许多萃取物沉淀，这些萃取物中有很多对水泥有阻凝或缓凝作用。几乎所有生物质纤维都对水泥有缓凝或阻凝作用，因此，需加入一定量的添加剂（助剂）如水玻璃、氯化钙等才能解决增强材料与水泥基体结合的问题。

8.1.2 石膏

生物质-石膏复合材料中起胶凝作用的主体，是由天然石膏、磷石膏或脱硫石膏经过煅烧形成的半水石膏。但在石膏煅烧过程中因温度控制不当或工艺处理不当，还会产生过分脱水的无水石膏Ⅲ、无水石膏Ⅱ及未脱水的二水石膏，其中二水石膏不起胶凝作用，而过分脱水的无水石膏Ⅲ、无水石膏Ⅱ在半干法生产工艺中不可能有足够的水使其水化，对生物质纤维-石膏复合材料的增强无益。因此，必须注意石膏原料中的半水石膏比例。实验表明，半水石膏的含量不能低于 75%，无水石膏和二水石膏的含量应尽可能少。因此对石膏煅烧工序来说，煅烧温度的控制是一个十分重要的工艺要素。

对石膏中无水石膏、半水石膏、二水石膏的各组成相的分析可按 Vollney 法测定水化性能加以确定。在工艺上除严格控制煅烧温度外，还应加强对石膏球磨细度的控制，应符合 GB/T 9776—1988 建筑石膏的要求，并应对煅烧的石膏粉进行预均化处理，以使原料中的各相成分较为均匀。

1）石膏的水化与凝结硬化 二水石膏脱水形成半水石膏，半水石膏遇水后即可水化、凝结硬化，这是石膏凝胶材料所具有的宝贵性质。所谓水化，即石膏胶接材料与水所起的化合作用，也就是石膏脱水相与水化合重新转变为二水石膏的反应；凝结硬化则是脱水相的水化物凝聚、结晶获得力学强度的过程。一般来说，水化是凝结硬化的前提，没有水化，就不可能有凝结硬化。布德尼柯夫将水化称为第一反应过程，将凝结硬化称为第二反应过程。

石膏脱水相水化过程是一个放热过程，半水石膏水化初期有一个很短的诱导期，即水化反应速度缓慢、放热率极低的阶段。一般认为诱导期间二水石膏的晶核开始从过饱和溶液中产生，且不断吸收能量形成稳定的晶核，但当成长为二水石膏晶核并随之放出水化热时，则诱导期结束，加速期开始。也有的学者认为，在诱导期内形成了凝胶体，从而阻止了化学反应的发生，当凝胶体一旦产生结晶，诱导期即告结束。

从结晶学得知，晶核的形成和生长与液相的过饱和度有密切关系，过饱和度越大，晶核的形成就越多越快，晶体生长的则越小，相互间构成结晶网络的接触点就越多，初始结构骨架也就越容易形成。

2）影响石膏材料强度的几个因素　根据列宾捷尔等的论点，石膏在硬化过程中，二水石膏结构的形成分两个阶段进行。在第一个阶段中，随着新生成物晶体之间穿插接触和晶体的可能增长，形成结晶结构骨架。在第二阶段中，新的结晶接触点不再生成，而仅仅发生已存在的骨架的长大，也就是说所组成的晶粒增大，不只是使结构强度提高，而且由于晶体定向增长，可产生内部应力，结构强度反而会降低。按照这样的论点来说，硬化结构的强度不仅与过饱和度有关，还与过饱和度形成速度有关，也就是与半水石膏胶接材料的溶解度和溶解速度有关。溶解速度快，过饱和度形成得快，有利于初始结构的形成。溶解速度慢，过饱和度持续的时间长，则在初始结构形成之后，水化物仍继续增加。开始可使结构密实，但到了一定界限值后，水化物的增加将引起内应力的增大，最后导致最终强度的降低。因此，为了得到较高的结构强度，必须创造良好的水化条件，如适宜的温度、物料的细度和水膏比等，以保证在结晶结构的形成和发展过程中，结晶体的数量和大小增长适度，既不致产生破坏结构的内应力，又应有足够数量的结晶体使结构密实，接触面积增大。

也有的学者持这样的观点，即石膏重结晶时或硬化速度缓慢时，都将导致石膏制品强度的降低。此外，强度还与石膏晶体之间的接触面积有关。其他条件相同时，硬化石膏的强度还取决于新生成物的分散度，分散度高，则强度大。

还有一个影响石膏强度的重要因素就是石膏的品质，这又与下列因素有关。

（1）石膏矿品位：石膏石的纯度对建筑石膏的强度有显著的影响。研究表明，石膏石中所含杂质的种类及含量对二水石膏晶体的形貌、需水量等都造成一定的影响，并最终导致强度的降低。黏土类杂质对建筑石膏的强度不利。

（2）细度：细度对石膏的水化有一定的影响。颗粒度小，石膏与水接触面积大，溶出速率较快，形成过饱和溶液也就快，有利于石膏晶体的成核，从而提高石膏硬化体的强度。但随着细度进一步减小，比表面积增加，颗粒在液体中团聚程度明显增加，难于分散，标准稠度用水量也相应增加，导致石膏硬化体孔结构劣化。因此，生产实践中石膏的细度应适度。

（3）相组成：二水石膏在加热脱水过程中的相变化很复杂，由于原材料的不同，煅烧条件和环境湿度的变化，往往得到的建筑石膏具有含水和不含水的多种变体。随着存放条件的不同，其相组成也会随之发生变化。不同脱水相的水化性质各不相同，其凝结硬化性能也不同。在通常的建筑石膏生产过程中，除产生主要成分半水石膏外，还有一定量未脱水的二水石膏和不溶性无水石膏（无水石膏Ⅲ），它们的存在都会对建筑石膏的性能产生影响。适量的二水石膏，可以作为晶胚，缩短石膏水化的诱导期，加快其凝结速度，具有一定的促凝效果，其促凝效果随二水石膏表面积和粗糙度增加而增加。无水石膏Ⅲ是半水石膏和无水石膏Ⅱ之间的一个中间阶段。无水石膏Ⅲ并不稳定，其吸水性很强，在陈化过程中，很快地从空气中吸收水分而转化为半水石膏。这种半水石膏由于是二次形成的，与一次形成的半水石膏相比，具有较少的表面裂隙和较低的分散度，比表面积相对减少，从而导致其物理性质（标稠需水量、强度、凝结时间等）发生变化。研究表明，无水石膏Ⅲ是造成熟石膏初始水化过快、需水量不易掌握、凝结时间不正常、质量不稳定的主要因素；未脱水二水石膏的晶种作用也是造成熟石膏水化过快的重要原因。

因此，在生产实践中一定要控制其含量。

3）石膏脱水相的水化与凝结硬化机制 石膏脱水相的水化与凝结硬化机制已有多种理论可以解释。目前归纳起来主要有两种理论的影响力较大：一是溶解析晶理论；二是胶体理论。

溶解析晶理论最早是由 Le Chatelier 于 1887 年提出的，直到今天，此理论仍然得到了比较普遍的承认。按照这个理论，半水石膏与水结合后，首先是半水石膏在水溶液中溶解形成介稳态的饱和溶液，这对于二水石膏的溶解度来说，已经是高度过饱和了，因此二水石膏结晶很快从过饱和溶液中析出（析晶）。二水石膏的析出，便破坏了原来的半水石膏溶解平衡的状态，这时半水石膏会进一步溶解，以补偿二水石膏析晶所减少的硫酸钙含量。如此不断地进行半水石膏的溶解和二水石膏的析晶，直到半水石膏完全水化为止。

胶体理论，又称局部化学反应理论，于 1909 年由 Michaelis 首先提出，原来为了解释水泥的水化与硬化提出的，而后他推论这个理论也应该适用于熟石膏的凝结。根据这个理论，熟石膏的水化过程是通过一个胶体的中间阶段，即半水石膏拌水后，水直接进入半水石膏的固相内进行反应，形成一种胶体，随后再由这种胶凝材料生成针状结晶——二水石膏。

8.1.3 氯氧镁水泥

氯氧镁水泥也称镁质水泥、菱镁粉、菱苦土，是由法国学者 Sorel 于 1867 年发明的，故也称 Sorel 水泥。氯氧镁水泥的有效成分是活性 MgO 和 $MgCl_2$。轻烧 MgO 是由菱镁矿或白云石经过高温（700～850℃）煅烧后将其研磨到一定细度而制成的白色或浅黄色粉末，俗称菱苦土、苦土粉或菱镁粉；$MgCl_2$ 则是由盐卤提炼而成的。在常温条件下通过水化反应，氯氧镁水泥可以凝结硬化形成坚硬的固体，并具有优良的工程性质与物理力学性能。例如，耐火性能高，导热系数低，耐磨性好，水泥碱度低，机械强度高，与一些有机或无机材料具有很强的黏结力等。该材料的优异性能使之在包装材料、建筑材料、装饰材料、磨料磨具、耐火制品及带木家具制品等领域得到广泛应用。但制品使用过程中会出现一些不良现象，如返卤、不耐水、变形开裂等，影响了产品质量，制约了氯氧镁水泥行业的发展。为了解决这些不良现象，国内外学者进行了大量试验，并取得了巨大进展。

8.1.3.1 氯氧镁水泥水化物的组成

1976 年，Sorrell 和 Armstrong 首次确定了常温下氯氧镁水泥固体相中水化产物为 $3Mg(OH)_2 \cdot MgCl_2 \cdot 8H_2O$（3 相）、$5Mg(OH)_2 \cdot MgCl_2 \cdot 8H_2O$（5 相）和 $Mg(OH)_2$。并在 1980 年由 Urwongse 和 Sorrell 证实了上述看法，同时指出，5 相和 3 相是介稳定相，5 相比 3 相结晶快，并且有转化为 3 相的趋势。许多研究表明，5 相和 3 相的稳定存在和相转变与 $MgO/MgCl_2$、温度、MgO 活性、pH 及外界条件等有密切的关系。

$MgO/MgCl_2$≤h 3，优先生成 5 相，随水化时间延长逐步转化为 3 相；$MgO/MgCl_2$=4～6，主要水化相晶相为 5 相；$MgO/MgCl_2$≥6，主要水化相为 5 相和 $Mg(OH)_2$。

温度＜100℃时，水化物稳定相分别为 $3Mg(OH)_2 \cdot MgCl_2 \cdot 8H_2O$（3 相）和 $5Mg(OH)_2 \cdot MgCl_2 \cdot 8H_2O$（5 相）。当温度＞100℃时，水化物稳定相分别是 $2Mg(OH)_2 \cdot MgCl_2 \cdot 4H_2O$（2 相）和 $9Mg(OH)_2 \cdot MgCl_2 \cdot 5H_2O$（9 相）。

关辉等从热力学的角度对此三元体系的水化物组成进行了分析，得到了不同 $MgO/MgCl_2$ 配比下，pH 对水化产物相稳定的影响，并得到了 3 相、5 相和 $Mg(OH)_2$ 的溶解平衡曲线图。

在室外受大气中 CO_2 和水蒸气的作用，未经改性或改性效果差的氯氧镁水泥材料中水化产物 5 相和 3 相会同时发生分解-碳化作用和碳化-分解作用，其初级分解产物为 $Mg(OH)_2$，初级碳化物为 $Mg(OH)_2 \cdot MgCl_2 \cdot 2MgCO_3 \cdot 6H_2O$（1・1・2・6），终极碳化产物为 $4MgCO_3 \cdot Mg(OH)_2 \cdot 4H_2O$（4・1・4）及 $MgCO_3$ 等，其中氯氧镁水泥结构中大量形成 4・1・4，是导致其耐久性失效的根本原因。

8.1.3.2 氯氧镁水泥的结构与性能

氯氧镁水泥主要由 5 相和 3 相组成，5 相强度高于 3 相，当 5 相转变为 3 相时，强度下降。氯氧镁水泥中水化物有 5 种形态：针杆状晶体、纤维束状晶体、叶片状晶体、板块状晶体和凝胶状晶体，其凝胶状晶体的抗水效果最好，板块状晶体和纤维束状晶体次之，叶片状晶体和针杆状晶体的耐水性差。氯氧镁水泥也是一种多孔材料，孔隙率越小，其力学性能也就越好。影响硬化体显微结构和强度的因素很多。例如，MgO 活性、原料比、外界环境、添加剂和填料等都影响水泥硬化体中水化物的形态和结构，进而影响硬化体的强度。目前，主要以添加改性剂和填料来改变水化物形貌、孔结构，或是表面涂覆防水涂料和表层，提高抗水性。

8.1.3.3 氯氧镁水泥水化物的形成机制

关于氯氧镁水泥水化物的形成机制有几种不同的观点，最早的两种观点是以 Bilinski 等为代表的简单离子反应和以 Ved 等为代表的单核络离子或亚稳相的聚合过程。这两种观点都不能很好地解释一些事实。例如，MgO 活性、$MgCl_2$ 水溶液浓度、温度及 pH 等对氯氧镁水泥水化物组成的影响。第三种观点认为 $Mg(OH)_2$ 在 $MgCl_2$ 水溶液中解离产生的 Mg^{2+}和 OH^-与溶液中的 Cl^-生成了 5 相或 3 相。第四种观点认为氯氧镁水泥是一种同核碱式盐水泥，碱式盐水化物 5 相和 3 相是通过多核水合羟离子$[Mg_p(OH)_q(H_2O)_r]^{2p-q}$、$OH^-$和 Cl^-等离子形成的。第五种观点与以上不同的是从水化动力学的角度研究了氯氧镁水泥的水化历程，认为水化过程的不同阶段受不同作用机制控制，加速期是受成核控制的自动催化反应时期，衰减期受扩散作用控制，而减速期受自动催化反应和扩散作用双重控制。原料 MgO 的活性、改性剂、矿物填料、养护温度都会不同程度地影响反应体系的水化历程。

8.1.3.4 氯氧镁水泥的改性

对于氯氧镁水泥的改性，措施主要包含以下几个方面：合格的原料质量、合理的原料配比、合理的生产工艺、适宜的养护条件、添加水泥改性剂和添加固体废弃物填充物等。

1）原料质量 轻烧 MgO 活性不能过低或过高，活性＞60%，细度＜200 目，游离 CaO＜2%，Fe_2O_3 含量＜1.5%，$MgCl_2$ 中 SO_4^{2-} 含量＜3%，否则不仅会造成制品早期的不安定性、水化热集中、引起制品翘曲和开裂，还会影响水化物的形成，最终造成硬化体强度下降、耐水性变差，使制品不能使用；游离氯化镁及存在于氯化镁中的杂质氯化钠和氯化钾等，是氯氧镁水泥材料吸潮返卤的根本原因，应严格控制氯化镁中 NaCl、KCl 杂质含量。

2）原料配比 在实际生产过程中，可遵照余红发提出的“配料三原则”。一般情况下，MgO 与 $MgCl_2$ 的物质的量比为 6～9，H_2O 与 $MgCl_2$ 的物质的量比为 14～18，可同时保证氯氧镁水泥制品各项性能良好；要不定期测定轻烧 MgO 中活性 MgO 含量，调整配方组成，即以动态分析的观点确定科学配比，为了更好地抑制氯氧镁水泥材料的变形，要综合考虑活性 MgO 含量和原料物质的量比对变形的影响；改性剂和填充料掺量要通过试配确定，绝不能随意加入。

3）养护环境 养护环境对氯氧镁水泥体内水化物相的形成、水化放热量产品的变形和开裂有显著影响。氯氧镁水泥的硬化过程是一个化学反应与物理变化相结合的过程。这些反应过程并不是有条不紊地进行着，而是时而反应急促，时而缓慢。水化放热和强度增长过程在前 7 天内基本达到了最终强度的 80%～90%。放热过程导致水泥本体温度升高，会有大量水分蒸发，因而要及时补充水分才能使水化反应进行得彻底。因此，要想得到好的水化硬化制品，在养护过程中，关键是把握好养护的三要素（温度、水分、时间）。在养护过程中，控制制品的体温以 40～60℃为宜，周围的环境温度一般保持在 20～30℃较适宜，周围环境相对湿度一般为 60%～70%。制品应在成型 24h 以后，并且体温度低于 40℃时脱模。

4）工艺措施 从投料、搅拌到成型每个环节都必须采用正确的工艺方法，否则会发生配比变化或搅拌不均使反应过程不完全、剩余 MgO 和游离 $MgCl_2$、料浆发生沉降分层及布筋上料不匀、厚度和密度公差大、结构不对称等现象，不同部位膨胀应力不同，导致氯氧镁水泥制品发生变形及开裂。搅拌设备应采用专用氯氧镁水泥高速搅拌机，并选择正确的搅拌工艺参数；采用先进的成型机，捣固密实，厚度、密度及布筋均匀；氯氧镁水泥硬化过程中放热速率快、放热量大，会因热应力集中使制品出现开裂、变形、翘曲和强度下降等，所以可以采用预水化措施，先将一部分 MgO 反应，释放出一部分水化热，然后进行常规配料释放剩余的水化热，这样水化热就被分散，缓解了热应力集中的问题。

5）氯氧镁水泥复合改性剂 在氯氧镁水泥中加入改性剂是希望制品中能形成稳定的水化物晶相、提高制品的抗水性或疏水性，进而防止制品吸潮、返卤、泛霜和变形。常用的改性剂主要有磷酸及其可溶性盐类、铁盐、铜盐、铝盐、有机酸、高分子聚合物等。这些改性剂有的可以改变 5 相的结晶形貌或是形成胶状絮凝物堵塞毛细通道，提高抗渗和减少吸湿性；有的是形成聚合物网络结构填充在毛细孔中，堵塞体内的孔道或是有机聚合物改善内部和表面的疏水性能，同时改善了抗水性。其中对氯氧镁水泥有抗水性的磷酸及其盐类是最早被公认和应用最多的。复合改性剂具备多种单一组分改性的性能，是目前发展最快、应用较广的改性剂。这类改性剂有无机复合改性剂和有机复合改性剂，如由磷酸及铁盐组成的二元复合改性剂，以及由磷酸及其盐类和增强剂构成的三元复合抗水剂，其抗水强度比单产一种改性物效果好得多。研究发现，掺加 1%某有机酸就能很好地改变反应产物的形态，可以有效地提高水泥的强度和抗水性。常用的改性剂还有减水剂、消泡剂，减水剂只有萘系减水剂有减水效果。三磷酸丁酯是常用的消泡剂，主要改善硬化内部及表面的孔结构，增强密实度，以提高材料的耐水性。根据产品性能和应用的不同，还会有引气剂、着色剂和发泡剂等。水乳型或水溶性高分子聚合物改性剂有丙烯酸酯乳液、脲醛树脂，乙烯-乙酸乙烯共聚物（EVA）这类聚合物对氯氧镁水泥的水化反应无不良影响，主要包覆在晶体外壁形成良好的防水保护层，阻碍了 Cl^- 与水接触，填充毛细孔道，提高水泥耐水性，减少了制品返卤、泛霜现象。

6）矿物外加剂 在氯氧镁水泥的组分里，除了 MgO、$MgCl_2$ 和 H_2O 之外，一般都要加入一些矿物填充料，常用的如粉煤灰、硅灰、矿渣等，既能降低成本，同时可有效利用固体废弃物，有利于环境保护。在长期的实践中，发现它们不仅能降低氯氧镁水泥早期反应产物生成的速度和水化热，改善氯氧镁水泥的变形及开裂性，还能提高氯氧镁水泥的抗水性。这些矿物外加剂中富含较多活性 SiO_2 和 Al_2O_3 等。众多试验表明，活性 SiO_2 和 Al_2O_3 有利于提高抗水性。活性 SiO_2 和 Al_2O_3 在激发剂的作用下，在氯氧镁水泥中形成抗水性强的凝胶相，稳定了 5 相化学结构，并减少了基体水化相的结晶接触点，提高了晶体间的黏附力和穿透性，从而增强了材料的耐水性和强度。在水泥中添加适量的活性矿物质有助于降低早期反应物生成的速度，因而使水化放热量减少，可以有效改善氯氧镁水泥的变形及开裂性，同时具有填孔堵孔的作用，使镁水泥体更加密实。其他填充物如植物秸秆、锯末、珍珠岩和城市垃圾等，但像锯末、植物秸秆这种易吸收水分的填充物要控制添加量或对其表面作适当的防水处理再使用，否则会影响制品的耐水性能。

7）制品成型后的处理 氯氧镁水泥制品脱模后，要对制品进行进一步处理，以降低游离氯化物的含量和改善表面性能，能有效防止制品表面的吸潮、返卤和泛霜现象。主要有浸渍处理、表面涂覆处理和电化学处理，其中以表面涂覆处理最好，在脱模后的制品表面涂刷一层防水物质，使制品与外界完全隔绝，能保护水化产物并防止吸潮、返卤和泛霜。在氯氧镁水泥制品表面涂刷硬脂酸盐溶液、改性石蜡溶液、氯氧镁水泥表面专用胶和聚酯树脂层等可取得较好的防治效果。

氯氧镁水泥有着其他普通水泥无法比拟的优越性，随着困难的不断克服，氯氧镁水泥制品在阻燃、环保、节能等领域将有广阔的发展前景。到目前为止，国内外对氯氧镁水泥的改性已经取得巨大的成果，同时开发了多种氯氧镁水泥制品，使其得到广泛的应用。目前的成果状态是：抗水性在“七五”攻关时就已经解决，吸潮、返卤已经攻克，水化历程基本搞清楚了，钢筋锈蚀问题已经解决，唯一没有彻底解决的就是变形问题，目前变形只能控制，可以减少 80%，但是不能彻底减少到普通水泥混凝土的程度，此外，有关水化机制仍然有许多问题需要深入研究。

8.2 生物质-无机质复合材料的化学助剂

生物质与水泥复合制造生物质-水泥复合材料时，由于生物质中含有单糖类等物质，阻碍了水泥的凝结与硬化，致使生物质-水泥复合材料的凝固异常缓慢，强度甚低，有的甚至不凝固。因此，必须对生物质材料进行处理，以减少或消除有害物质对水泥硬化的影响。通常可采取以下措施。

1）除去生物质中阻碍水泥硬化的有害成分

（1）常温水浸渍刨花 24h。

（2）80℃的热水浸渍生物质 3～7h。

（3）浓度为 0.1%～1.0%的 NaOH 溶液浸渍生物质 3h。

三种浸渍处理方法，以碱液去除生物质中有害成分的效果最佳，热水处理次之，常温水处理最差。经浸渍处理后的生物质，均需用水充分冲洗，由于含水率过高，生物质必须经干燥处理。因此，不仅增加了生产工序，还提高了产品成本。

2）掺入化学助剂

（1）在生物质有害成分溶出前促使水泥固化。

（2）使生物质中有害成分不溶出。

上述两种措施中，掺入化学助剂的方法，因生产简便、成本低，为最常用的方法。化学助剂的选择是否恰当至关重要。本节就影响水泥凝结与硬化的因素、生物质与水泥相容性的试验方法与评定指标、化学助剂种类及其掺量的选择作一介绍。

8.2.1 水泥混凝土外加剂简介

随着科学技术和建设事业的发展，混凝土的用途越来越广泛，对混凝土的性能也提出了各种新要求。例如，要求混凝土具有调凝、降低水化热、大流动度、早强、高强、轻质和高耐久性等性能。同时，要求制备能耗少、成本低、适于快速施工的混凝土。上述材性及工艺目标，可以采取不同的方法和措施来实现。使用混凝土外加剂，是一种技术、经济效果均较好的方法。

混凝土外加剂是一种新兴的、涉及面较广的材料。它只有几十年的历史，但国内外在外加剂的研究、生产和应用上发展很快。许多国家使用外加剂的混凝土已占混凝土总量的 50%以上，有的高达 90%以上。所以越来越多的人承认外加剂是混凝土除水泥、砂、石和水之外不可缺少的第五种组分。

8.2.1.1 混凝土外加剂的定义和分类

1）混凝土外加剂的定义 混凝土外加剂的确切定义，目前国内外尚不统一。按我国国家标准《混凝土外加剂的分类、命名与定义》提出如下定义：混凝土外加剂是在拌制混凝土过程中掺入用以改善混凝土性能的物质。掺量一般不大于水泥用量的 5%（特殊情况除外）。

根据上述定义，混凝土外加剂与水泥混合材料有所不同。一般，混合材料的掺量均较大（远大于 5%），并且大多是在生产水泥过程中掺入的。为满足水泥性能的特殊要求而掺加的少量物质，如石膏调凝剂和助磨剂等，一般不划归为混凝土外加剂的范畴。

2）混凝土外加剂的分类 混凝土外加剂按其主要功能分为以下 4 类。

（1）改善混凝土拌和料流变性能的外加剂，包括各种减水剂、引气剂、泵送剂、灌浆剂、保水剂等。

（2）调节混凝土凝结时间和硬化性能的外加剂，包括缓凝剂、早强剂和速凝剂等。

（3）改善混凝土耐久性的外加剂，包括引气剂、阻锈剂和防水剂等。

（4）改善混凝土其他性能的外加剂，包括加气剂、膨胀剂、防冻剂、着色剂、防水剂和碱-集料反应抑制剂等。

8.2.1.2 生物质-水泥复合材料常用的外加剂

常用的混凝土外加剂有减水剂、早强剂、引气剂和调凝剂。而能用于生物质-水泥复合材料的外加剂主要是早强剂和调凝剂。

1）早强剂 凡能加速混凝土的硬化过程，提高混凝土早期强度的外加剂均称为早强剂。在寒冷地区进行冬季施工，或对混凝土的早期强度有较高要求时，均可选用适宜的早强剂。一般高效减水剂均有不同程度的早强作用，但早强剂是指专门用来显著提高混凝土早期强度的外加剂。目前广泛应用的早强剂有氯盐类、硫酸盐类、三乙醇胺类及其复合早强剂等。

（1）氯盐类早强剂：氯盐类是使用最早的混

凝土早强剂，主要有氯化钙（$CaCl_2$）、氯化钠（NaCl）、氯化钾（KCl）、氯化铁（$FeCl_3 \cdot 6H_2O$）等。其中使用最多的是氯化钙。

氯化钙为白色电解质盐类，易溶于水，使用方便，且价格低廉，效果又好，故为国内外广泛采用。

氯化钙促硬和早强的机制，可以从三个方面来阐述：首先，增大了水泥颗粒的分散度，能使水泥在水中充分分散，增加水泥颗粒对水的吸附能力，降低水泥浆的沉降度，促使水泥的水化和硬化速度加快。其次，氯化钙掺入混凝土后，能迅速与 C_3A 作用，生成不溶性复盐——水化氯铝酸钙，并与 C_3S 和 C_2S 水解析出的氢氧化钙作用，生成不溶性的氧氯化钙。这就提高了水泥浆中固相的比例，易于产生强度骨架；有利于硬化水泥石结构的形成。最后，上述反应的结果，降低了水-水泥系统中的 $Ca(OH)_2$ 浓度，促进 C_3S 和 C_2S 加速水化，所以水泥石的早期强度得到提高。

氯化钙的适宜掺量为 1%～2%，混凝土 3 天以内的强度提高 50%～100%；7 天以内的强度提高 20%～50%。但氯化钙的掺量不能过多，否则将出现水泥快凝现象。

氯化钙作早强剂的最大缺点是锈蚀钢筋，因此《钢筋混凝土工程施工及验收规范》中规定：在钢筋混凝土中氯化钙的掺量不得超过水泥质量的 1%；无筋混凝土中掺量不得超过 3%；使用冷拉和冷拔低碳钢丝的混凝土不允许掺氯化钙。

氯化钙掺入混凝土中，还能降低混凝土中水的冰点，明显提高其早期防冻能力。因此，冬季施工，常用氯化钙作为混凝土的促凝、早强和防冻剂。

（2）硫酸盐类早强剂：硫酸盐类早强剂包括硫酸钠、硫酸钾、硫酸钙、硫酸铁和硫酸铝等，其中硫酸钠和硫酸钙应用最多。

硫酸钠（Na_2SO_4）又名元明粉，为无机电解质盐类，白色粉状，易溶于水。硫酸钠对水泥的促硬、早强作用，是它与水泥水化产物氢氧化钙发生置换反应生成硫酸钙和氢氧化钠的结果，即

$$Na_2SO_4+Ca(OH)_2+3H_2O=CaSO_4 \cdot 2H_2O+2NaOH+H_2O$$

生成石膏的活性比外掺石膏的要高，因而它与 C_3A 反应生成硫铝酸钙的速度要快得多。而氢氧化钠是一种活化剂，能够提高 C_3A 和石膏（生产水泥时加入的）的溶解度，加速硫铝酸钙的形成，从而增加了水泥石中硫铝酸钙的数量，提高了水泥-水系统中的固相比例，导致水泥凝结硬化的速度加快和早期强度的提高。

硫酸钠的适宜掺量为 0.5%～2%，一般多复合使用，其效果更好。通常以硫酸钠为基本成分，与氯盐、亚硝酸盐、石膏、三乙醇胺等组成二组分、三组分和四组分的复合早强剂，并按组成中有无氯盐而分为“甲型”和“乙型”两种。甲型适用于一般混凝土和钢筋混凝土；乙型则用于蒸养混凝土、预应力构件及按规范不允许掺加氯盐的钢筋混凝土构件。

复合早强剂中各组分的作用是：硫酸钠对促进早强起主导作用；氯化钠起早强与防冻作用；亚硝酸钠起防锈、防冻和早强作用；石膏兼有早强和增进后期强度的作用；三乙醇胺起催化早强与阻锈作用。

使用硫酸钠作早强剂时，应注意以下问题。

A. 掺量不宜过多，否则硫酸钠易与水化后水泥石中的水化铝酸钙发生反应，生成钙矾石，使混凝土产生膨胀开裂而破坏。

B. 严禁使用含有蛋白石之类的活性集料，以免发生碱-集料反应，引起混凝土胀裂。

C. 掺量过多时，有促进混凝土中钢筋及金属埋件锈蚀的作用。

（3）三乙醇胺类早强剂：三乙醇胺为无色或淡黄色的油状液体，呈碱性，无毒，不易燃，易溶于水，是一种非离子型表面活性剂。目前生产的三乙醇胺的分子式为 $N(C_2H_4OH)_3$。

三乙醇胺掺量甚微，一般为 0.02%～0.05%。在水泥中加入微量三乙醇胺并不改变水泥的水化生成物，但对水泥的水化速度和强度都有加速作用，而且早期比后期显著。它在水泥水化过程中起着催化剂的作用。通常不单独使用它，常与其他外加剂复合使用，效果更好。当三乙醇胺与无机类复合使用时，它不但能催化水泥本身的水化，而且能在无机盐类与水泥的反应中起催化作用。所以在早期，三乙醇胺复合早强剂的早强率大于分别单掺三乙醇胺和无机盐的早强率之和；在后期，三乙醇胺还能弥补单掺无机盐降低后期强度的缺陷。目前常用的复合配方有三个，其中之一为：三乙醇胺 0.05%+亚硝酸钠 1%+二水石膏 2%。

此配方不仅不含氯化物，还含较多的亚硝酸钠（阻锈剂），是一种无锈蚀作用的早强剂，适用于严禁使用氯盐的钢筋混凝土。

2）调凝剂 能对水泥、混凝土的凝结速度（或时间）加以调节的外加剂统称为调凝剂。调凝剂有速凝剂与缓凝剂两种。

（1）速凝剂：能使混凝土迅速凝结，并改善混凝土与基底黏结性及稳定性的外加剂称为速凝剂。它适用于快速施工、堵漏、抢险和喷射混凝土等。

速凝剂的成分多为铝氧熟料（主要成分为 $NaAlO_2$）、碳酸钠、无水石膏及生石灰等。速凝剂掺入混凝土后，它与水泥在加水拌和时立即发生反应，使水泥中的石膏转变成 Na_2SO_4，而失去其缓凝作用，从而导致 C_3A 迅速水化，并在溶液中析出其水化产物，促使水泥浆迅速凝结。

（2）缓凝剂：能减缓混凝土的凝结时间，而对其随后的强度发展无不利影响的外加剂称为缓凝剂。其主要作用是延长砂浆和混凝土由塑性态过渡到固态所需的时间。

在高温环境下浇灌或运输混凝土，或在炎热地区、高温季节进行混凝土施工时，由于水分蒸发，坍落度减小，混凝土常常很快就难以浇、捣而变硬；为了延缓大体积混凝土的放热速度及为了防止分层浇灌的混凝土冷缝等质量事故，可在混凝土中掺入缓凝剂。

缓凝剂按化学成分可分为木质素磺酸盐类、糖类、有机酸类和无机盐类等。常用的有木质素磺酸钙和糖类，其中糖类缓凝效果最好。

8.2.2 生物质-无机质复合材料常用的化学助剂

8.2.2.1 影响水泥凝结与硬化的因素

1）木材中的阻凝成分 木材的主要成分为纤维素、半纤维素与木质素，次要成分为可提取物（也称浸提成分）。

木材的主要成分在水泥碱液中，纤维素结构稳定；木质素有抗水解性；而半纤维素为异多糖类物质，由小分子组成，分子链较短，结晶性差，易在碱液中溶出，进而水解生成葡萄糖、甘露糖、木糖、阿拉伯糖、半乳糖等。这些单糖在水泥碱性介质中，转化为糖酸，与水泥水化产物钙离子生成糖酸钙，包裹在水泥颗粒的周围形成外壳，阻碍水泥的水化。

木材中的次要成分有树脂、单宁、色素、油脂、蛋白质与无机质等。次要成分中的单宁在水泥碱液中溶出，阻碍水泥的凝结与硬化。

因此，木材中溶出的单糖与单宁是阻碍水泥水化的主要因素。

2）树种与心、边材的影响 木材分为针叶材和阔叶材两大类。阔叶材中的半纤维素含量比针叶材约高 10%，因而阔叶材比针叶材含糖高，阻碍水泥的水化作用，通常阔叶材比针叶材大。由于树种不同，其组分也各不相同。日本善本知孝和德国 Sanderrnann 等学者曾对数十种树种的木材与水泥的相容性进行了试验，可归纳为适宜、较适宜与不适宜三类。适宜的树种为少数，较适宜与不适宜的树种为多数。较适宜与不适宜树种的差异在于阻碍水泥水化的程度不同，但均需对木质材料进行处理后才可用于制造水泥刨花板。

同一树种，其心材与边材的含糖量有很大的差异，以针叶材为例，通常心材比边材的含糖量高，阻碍水泥水化的影响比边材大。

心材与边材的比例与木材的径级有关。大径级材心材含量大，边材含量小；小径级材心材含量小，边材含量大。

3）砍伐季节的影响 木材的含糖量与木材的砍伐季节有关。冬季砍伐的木材含糖量低，春季砍伐的木材含有较多的树汁，因而含有较多的糖，因此，春季砍伐的木材对水泥的阻凝程度比冬季砍伐的木材大。

8.2.2.2 化学助剂的作用

1）促凝、早强 木材中的单糖与单宁在水泥碱液中溶出，是阻碍水泥水化的主要因素。因此，选用对普通硅酸盐水泥具有促凝和早强作用的化学助剂，在木材中的阻凝成分未溶出前，促使水泥凝结、固化，以消除或减少阻凝成分的影响。

2）阻止阻凝成分的溶出 选用具有包裹木质刨花的表面，堵塞其细孔，阻止木材中阻凝成分溶出作用的化学助剂（简称阻溶剂），以消除或减少阻凝成分的影响。

生物质原料所含化学成分与木材类似，制备生物质-无机质复合材料都需选择合适的化学助剂。

8.2.2.3 化学助剂的分类

1）单一型化学助剂

（1）早强剂：水泥早强剂的品种较多，有氯化钙、硫酸钠、三乙醇胺与早强减水剂等。但国内对水泥刨花板单一化学助剂的选择中，采用较多的早强剂为氯化钙。

掺入氯化钙可提高水泥中氧化钙的溶解度，促进水泥矿物成分的水解、水化作用，促使水泥凝结。此外，氯化钙与水泥的矿物成分化合成氯铝酸钙、氯硅酸钙，加快了水泥的硬化。因此，掺氯化钙对水泥具有促凝、早强作用。但是氯化钙掺入水泥刨花板中，其促凝与早强的效果与纯水泥比较尚有差距，说明木材中的阻凝成分仍有溶出，影响水泥的水化。据有关文献报道，除了采用快硬水泥外，目前采用的一些早强剂均不能达到在木材阻凝成分溶出前促使水泥固化的效果。此外，采用氯化钙有锈蚀钢垫板，以及使板材收缩增大的弊端。

（2）阻溶剂：阻止木材中阻凝成分溶出的阻溶剂有硅酸钠、磷酸酯等。适宜的阻溶剂除了能阻止或减少木材的阻凝成分溶出外，还具有使木质刨花矿质化，进而增强水泥与木质材料黏结力的作用。但是单独使用阻溶剂时，存在着水泥刨花板的凝固与脱模时间较长的缺陷，因而降低生产率与垫板的周转率。

2）复合型化学助剂 从上述可见，单一使用早强剂或阻溶剂由于存在各自的弊端，均不能满足生产的要求。为了取长补短，并满足生产与产品质量的要求，以选用早强剂与阻溶剂组合的复合型化学助剂为佳。应用情况表明效果良好。在实际生产中，国内外对生物质-水泥复合材料化学助剂的选择，以采用两种或两种以上的复合型化学助剂居多。

8.2.2.4 不同类别与用途的化学助剂的选择

1）用于阻凝型材的化学助剂 适用于较适宜的材种。一般采用复合型化学助剂，常用的品种与掺量（以水泥质量计）为：氯化钙 1%～3%，水玻璃 2%～8%；硫酸铝 2%～6%，水玻璃 2%～8%；硫酸铝 2%～6%，水玻璃 2%～8%，石灰 2%～4%。

2）用于严重阻凝型材的化学助剂 适用于不适宜材种。选用的化学助剂与掺量（以水泥质量计）为：氯化铝 2%～6%，乙酸钙 1%～5%；磷酸酯 5%，氯化镁 3%～5%。

8.2.3 生物质-无机质复合材料中常用的高聚物助剂

自水泥问世以来，许多学者一直在进行对水泥改性的研究，如采用改善水泥性质、添加纤维材料、掺加外加剂等措施来改善水泥性能使其满足工程的特殊需要。随着化学工业的发展，人们已逐渐认识到，高聚物区别于低分子化合物的主要特征在于，高分子材料大分子链段的松弛运动，使其呈现出特有的韧性和弹、黏性，可将高聚物的这些优点应用到水泥复合材料中。对水泥复合材料的力学性能进行改性，主要通过向水泥复合材料中掺加高聚物这种措施以降低其刚性，提高其柔性，以及降低抗压强度与抗折强度的比值。

我国学术界所说的聚合物改性水泥复合材料，其名称应该为聚合物改性水泥基复合材料，是一种在水泥混合时加入能分散在水中（可以在水中分散）的聚合物材料，包括水泥净浆、砂浆和混凝土。水泥复合材料是一种非均质、多相无机脆性材料，这种材料在外界侵蚀性介质（二氧化碳、水、氯离子、硫酸盐）的侵蚀作用下会加速破坏，同时导致其使用寿命缩短。加入高聚物后，水泥复合材料的诸多性能（如强度、黏结性能、防水性能、耐久性能）都会得到改善，性能改善的程度取决于聚灰比（高聚物质量与水泥质量之比）、高聚物的品种及性能等因素。

首先应用在水泥复合材料中的高聚物为天然大分子聚合物（岩石中的地沥青），用在胶接砖、防水坝体等方面。20 世纪三四十年代，一些学者开始把改性水泥用聚合物转移到合成高聚物上。在水泥复合材料中最先利用合成聚合物乳液的是 1909 年美国的 Backland。1923 年，英国的 Cresson 将天然胶乳用作改性道路材料（水泥作为填料）；1924 年，英国的 Lefebure 申请了利用配合比方法生产天然橡胶胶乳改性水泥复合材料的专利；1932 年，Bond 提出利用合成橡胶胶乳作为改性水泥复合材料；1939 年，Rodwell 申请使用合成树脂乳液生产高聚物改性水泥复合材料的专利。20 世纪四五十年代，许多学者进行不同种类合成聚合物胶乳改性水泥复合材料的研究，并且利用橡胶改性水泥复合材料作为一种防腐和黏结材料应用到船舶、桥梁的地面及道路的地板涂层等工程中。60年代除了将合成胶乳应用于改性水泥复合材料之外，一些学者开始着手利用其他种类高聚物（聚苯乙烯、聚丙烯酸酯、聚氯乙烯）对水泥复合材料进行改性。70年代，一些学者已经研究将不同形态的聚合物（聚合物单体、树脂、乳液、高聚物粉末）应用到水泥复合材料中。1971年，美国成立了聚合物混凝土委员会，自1979年起，每三年定期组织召开一次聚合物混凝土的国际学术研讨会。80年代以后，许多水泥复合材料研究学者对这一领域研究开发愈加重视，并取得了大量的科研成果。聚合物混凝土国际委员会成立于1981年，它负责定期召开国际会议和交流聚合物混凝土方面的信息。

高聚物乳液作为一种水泥外加剂加入高聚物改性水泥复合材料中。于1980年在奥斯陆召开的“混凝土制备和质量控制”国际会议上，讨论并一致通过净浆、砂浆及混凝土外加剂的定义：在净浆、砂浆和混凝土的制备过程中，加入不超过水泥质量的5%，能对净浆、砂浆和混凝土的性能按要求而改性的一种产品，叫作水泥外加剂。聚合物水泥复合材料由水泥、标准砂、高聚物乳液、稳定剂及消泡剂通过搅拌制得，与普通砂浆相比许多性能得到明显改善。高聚物的特殊性质使其在水泥复合材料结构修补与保护中起到其他材料无法取代的作用，不仅节省了大量资金，同时还加快了施工进度。

目前用于水泥复合材料改性的高聚物的种类特别多，但基本上分为三种类型：胶乳、液体树脂、水溶性聚合物。其中胶乳使用最多。

20世纪30年代开始利用天然橡胶，然后利用聚乙酸乙烯酯乳液；60年代先后使用丁苯胶乳、氯丁胶乳、偏氯乙烯乳液和丙烯酸酯共聚乳液等改性水泥复合材料。

目前较为常用的改性水泥复合材料的聚合物和单体有聚合物胶乳（如热固性胶乳、热塑性胶乳、弹性胶乳、沥青胶乳、混合胶乳）、可分散性聚合物粉末、水溶性聚合物及液体树脂。

1）聚合物乳胶　聚合物乳胶由可分散在水中的聚合物颗粒组成，通过乳液聚合制得。聚合物乳液按照聚合物颗粒的电性（制备过程中使用表面活性剂类型）可分为阳离子型、阴离子型和非离子型三种。聚合物乳液是由两种或两种以上不同单体的乳液聚合所得，它们的总固含量（包括聚合物、乳化剂、稳定剂）为50%左右。水泥外加剂的许多聚合物乳液为弹性和热塑性聚合物，干燥后能在材料表面形成连续的聚合物膜。常见的聚合物乳液有丁苯胶乳、氯丁胶乳、聚丙烯酸酯乳液和乙酸乙烯酯-乙烯共聚乳液。

2）可分散性聚合物粉末　可分散性聚合物粉末是经过两步生产获得的。首先通过乳液聚合制得高聚物乳液，然后通过喷雾干燥获得可分散性聚合物粉末。在喷雾干燥之前，还需加入杀菌剂、喷雾干燥剂和抑泡剂等，在喷雾干燥过程中经常加入防结块剂（硅灰、碳酸钙等）以防止高聚物乳液在储存过程中结块。常见的可分散性聚合物粉末有聚乙酸乙烯酯-乙烯、聚丙烯酸酯及苯乙烯-丙烯酸酯。

3）水溶性聚合物　水泥改性剂的水溶性聚合物易溶于水且呈粉末状。在水泥搅拌过程中，以粉末或溶液的形式加入复合材料中。常见的水溶性聚合物有纤维素醚、聚乙烯醇及聚丙烯酰胺。

4）液体树脂　作为水泥改性剂用的液体树脂是黏性高聚物，如环氧树脂和不饱和聚酯等，在搅拌过程中与硬化剂和促进剂一起加入水泥复合材料中。与其他种类高聚物相比，目前液体聚合物未曾大量使用在工程中。

迄今为止，高聚物改性在水泥复合材料中的应用取得了较大进展。在许多发达国家，高聚物广泛应用在改性水泥复合材料中；高聚物改性水泥复合材料在我国也得到应用且取得了显著的经济效益，尤其在严寒酷暑条件下工程和混凝土修补中的应用已引起许多学者的关注。

美国是最先将聚合物水泥混凝土复合材料应用于实际工程的国家，其中聚合物改性水泥复合材料应用到水利工程中至今已有几十年的历史。1970年，美国开始作业的Lower Monumental闸和坝（混凝土重力坝），由于混凝土含气量不足及冻融等，船闸墙面遭到严重破坏，通过聚偏氯乙烯改性砂浆与玻璃纤维复合修补，仅花三周就完成了该工程。经过严寒考验、频繁过闸及驳船撞击，至今墙面运行正常。另外，明尼苏达州 Lac Qai

Parve 坝遭到严重破坏的桥墩利用高聚物改性水泥复合材料得以修补。冻融作用导致哥伦比亚河大型坝闸墙严重剥落，利用丁苯胶乳增强玻璃纤维混凝土喷射修补该坝墙，与其他修补材料比较，试验条件下与现场施工都显示出该种材料耐久效果最佳。至 20 世纪末，聚合物改性水泥复合材料已作为一种重要的建筑材料应用在工程中。在美国每年大约有 120 万 m^2 的桥面采用聚合物改性水泥复合材料铺建，另外利用聚合物改性混凝土和砂浆修补的旧结构已超过 6 万 m^2。目前聚合物改性砂浆和混凝土在混凝土结构的修补和维护应用的相关技术已趋成熟，即使在一些新型建筑中也有应用，尤其在桥面、码头、停车场、石材黏结和建筑防水等工程领域中。

在日本，对聚合物水泥复合材料进行研究和开发已经 40 多年，目前已作为一种重要的建筑材料。高聚物主要为环氧树脂、不饱和聚酯、乙烯基聚酯树脂、丙烯酸树脂，聚合物砂浆广泛用在装饰、修补材料中。日本聚合物改性水泥复合材料研究发展迅速，在黏结材料方面就已经使用了液体树脂，如高分子质量甲基丙烯酸、低聚合度丙烯酸单体和脲醛及甲基丙烯酸，还有的将不饱和树脂同乙烯单体组成的黏结材料应用在水泥复合材料中；在配料设计方面，随树脂不同有相应的设计体系，如不饱和树脂砂浆的配比设计体系、聚丙基丙烯酸甲酯砂浆和掺加轻集料不饱和树脂砂浆的配比设计体系；为增加砂浆强度，还使用了钢纤维、碳纤维及玻璃纤维。因为聚合物改性水泥复合材料具有强度大、防水性良好、黏结性良好及耐久性优良等性能，大量应用在水利工程中的面层材料、防水材料、防腐材料及修补材料中。

聚合物水泥复合材料在我国起步比较晚，其开发应用和研究在 20 世纪五六十年代才开始，80 年代就已经在水利工程中广泛推广使用。应用的几大方面有：①修补大型水电站。例如，河北邯郸武仕水库、湖南平江黄金堰水库、湖南沅水五强溪水电站、广东从化抽水蓄能电站均是利用聚合物水泥混凝土修补，效果良好，修补时无毒无害、速度快、不影响其他工作面，修补后水泥砂浆强度高、抗渗性强。②修补沿海沿江节制闸。浙江宁波大圹港水库海滨两座挡潮闸，氯离子侵蚀导致混凝土严重碳化和钢筋锈蚀，有的甚至已经断裂，采用聚合物水泥砂浆修补后，迄今为止新老面结合很好，未发现开裂脱落现象。③防止混凝土和钢筋混凝土渗透。贵州松桃架视水库干渠有倒虹吸及漏水现象，使用聚合物水泥砂浆修补后，400h 运行观察后没有发现倒虹吸及漏水现象。④防止钢筋锈蚀及已碳化钢筋混凝土钢筋碳化。我国有许多的水下钢筋混凝土碳化严重，急需采取措施进行表面密封处理防止钢筋碳化。因为聚合物水泥复合材料具有良好的密实性及防碳化性，且与基底水泥复合材料黏结性良好，采用聚合物水泥复合材料处理后能防止水泥复合材料中钢筋锈蚀。⑤防止氯离子腐蚀钢筋。广东湛江港老码头和福建幸福洋潮汐电站成功把聚合物水泥复合材料作为一种涂层材料应用在防氯盐腐蚀钢筋中。

高聚物能够大幅度改善水泥混凝土（砂浆）的力学性能，可推断高聚物能够作为水泥改性剂，以增强植物纤维-水泥复合材料的力学性能。

8.2.4 生物质与水泥相容性实验方法与评定指标

为了掌握生物质对水泥硬化的影响，需先测定水泥-生物质纤维-水混合物水化温度曲线，采用水化温度曲线的特征值——最高温度，来判定生物质纤维与水泥的相适性。

其实验方法是将生物质纤维、水泥和水按一定比例均匀混合后立即放入特制保温容器中，插入温度计，测试记录混合物在不同时间的温度变化。根据测试结果绘图，得到水泥水化温度曲线，从图中找到水化最高温度，水化最高温度值越大，说明生物质纤维与水泥的相适性越好。由于几乎所有的生物质纤维萃取物都对水泥有缓凝或阻凝作用，因此按上述试验方法测得的水泥-生物质纤维-水的水化温度曲线的最高温度都是比较低的，说明生物质纤维与水泥的相适性较差。

要制备性能良好的生物质纤维-水泥复合材料，选择合适的助剂是非常关键的。选择的方法依然是按上述试验方法测定水化温度曲线，只是要在混合物中增加所选择的助剂，绘制加入不同助剂的水泥水化温度曲线，水化最高温度值大的，是比较好的助剂。

8.2.4.1 实验原料、试剂与仪器

（1）水泥：实验采用 P•O 32.5 普通硅酸盐水泥，产地为迁安市；P•O 32.5R 早强型普通硅酸盐水泥（天鹅牌），产地为哈尔滨市。两种水泥的化学成分见表 8-2。

表 8-2 两种水泥的化学成分

名称	$3CaO\cdot SiO_2$	$2CaO\cdot SiO_2$	$3CaO\cdot Al_2O_3$	$4CaO\cdot Al_2O_3\cdot FeO_3$	$CaSO_4\cdot 2H_2O$
P•O 32.5/%	50	25	9	9	3～4
P•O 32.5R/%	45	30	9	9	3～4

（2）生物质纤维原料：麦秸（山东潍坊）、稻草（黑龙江）、玉米秆（黑龙江）。

（3）试剂：$CaCl_2$、$MgSO_4$、$AlCl_3$、Na_2SO_4、Na_2SiO_3（水玻璃）、NaOH 等。

（4）其他：电子秤（精确度 0.1g，量程 1000g、7000g 各一个）、量筒、烧杯、电炉、千分尺、保鲜膜、温度计、保温杯等。

8.2.4.2 水泥水化温度测试

通过测量水泥水化反应放热后温度升高的情况来研究生物质纤维与水泥的相适性，并选择合适的化学助剂。测定方法：将各试样置于试样袋中，原料比例见表 8-3，加水搅拌均匀，然后放入保温杯中插入温度计，15min 时开始计时，读温度值，以后每 15min 读一次，1h 以后再每 1h 读一次。

表 8-3 水泥及水泥与生物质的水化温度测定原料比例

编号	早强型普通硅酸盐水泥/g	普通硅酸盐水泥/g	水/mL	稻草/g	玉米秸/g	麦秸/g
1	—	100	40	—	—	—
2	100	—	40	—	—	—
3	100	—	40	15	—	—
4	100	—	40	—	15	—
5	100	—	40	—	—	15

普通硅酸盐水泥和早强型普通硅酸盐水泥及早强型普通硅酸盐水泥中加入麦秸、稻草、玉米秸的水化温度曲线分别如图 8-1 和图 8-2 所示。

从图 8-1 中可以看出，早强硅酸盐水泥的凝固速率比普通硅酸盐水泥快 5h 左右，水化反应最高温度也比普通水泥高。所以采用早强型普通硅酸盐水泥有利于克服生物质纤维的阻凝效应。

测试早强型普通硅酸盐水泥分别与麦秸、稻草、玉米秸不加助剂的样品的水化温度曲线如图 8-2 所示。加入生物质纤维以后，水泥的水化温度明显降低，说明生物质纤维的加入影响了水泥的凝结。不加入化学助剂，水泥的凝结几乎停滞。

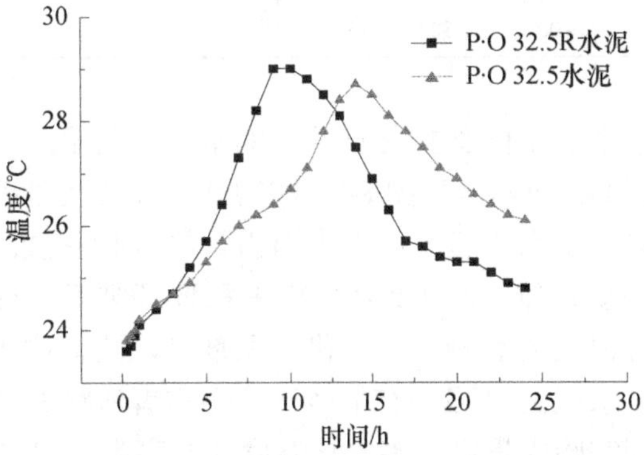

图 8-1 普通硅酸盐水泥和早强型普通硅酸盐水泥的水化温度曲线

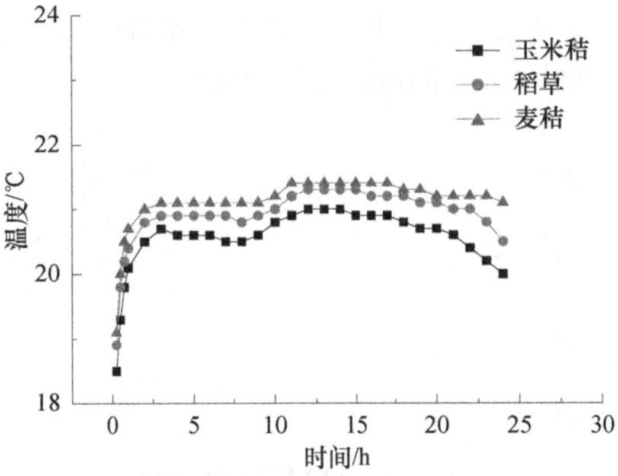

图 8-2 早强型普通硅酸盐水泥中加入农作物秸秆的水化温度曲线

8.2.4.3 化学助剂的选择

生物质纤维-水泥复合材料化学助剂的作用主要有两个：①促凝、早强，在生物质纤维中的阻凝成分未溶出前促使水泥凝结、固化，以消除或减少阻凝成分的影响。②包裹生物质纤维表面、堵塞其细孔，阻止其阻凝成分的溶出。具有第一种作用的一般是水泥的早强剂，品种较多，如氯化钙、硫酸钠、三乙醇胺等。具有第二种作用的有硅酸钠、磷酸酯等。

为了选择较好的早强剂，加入选择的化学试剂，与测试水泥的水化温度一样进行测试，需注意的问题是生物质应先与早强剂水溶液混合，最

后再与水泥混合。设计实验方案如表 8-4 所示。

表 8-4 添加不同化学助剂的水化温度测定原料比例

编号	早强型普通硅酸盐水泥/g	水/mL	稻草/g	$CaCl_2$/g	$AlCl_3$/g	$MgSO_4$/g	Na_2SO_4/g
1	100	50	15	7	—	—	—
2	100	50	15	—	7	—	—
3	100	50	15	—	—	7	—
4	100	50	15	—	—	—	7

添加不同种类化学助剂的水泥水化温度曲线如图 8-3 所示。从图 8-3 可以看出，4 种化学助剂都提高了水化温度，也使水泥凝结的时间提前了。生物质纤维-水泥复合材料中秸秆纤维对水泥凝结有很大的影响，加入化学助剂可以改善这种情况。水泥的早强剂有很多种，在作者所测试的早强剂实验中提高水泥水化温度的顺序为：$AlCl_3$＞$CaCl_2$＞Na_2SO_4＞$MgSO_4$，其中 $CaCl_2$ 和 $AlCl_3$ 提高的幅度最大，但 $AlCl_3$ 溶于水的放热反应太激烈，会使水泥凝结加快，不利于秸秆纤维和水泥的混合。$CaCl_2$ 的放热反应较温和一些。

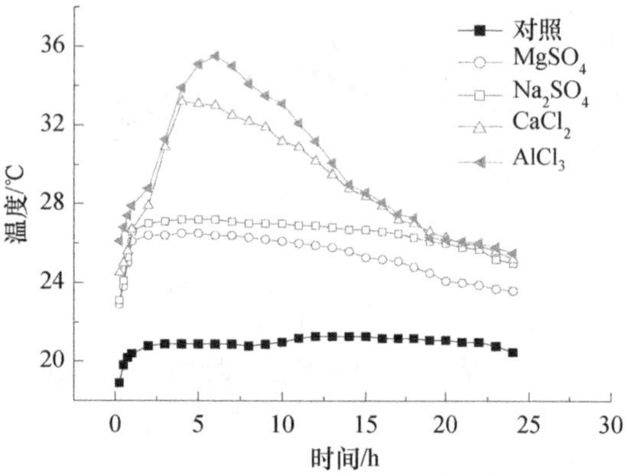

图 8-3 添加不同种类化学助剂水泥的水化温度曲线

水泥水化是放热反应，与温度有关，如果在水泥混合物注入模具时，给混合物浆体一定的热量，同样也能使水化反应加快，随着温度的上升，反应速率会加快，各种助剂对水泥的水化反应的影响机制各不相同。$CaCl_2$ 对水泥凝固有两种作用：其一，$CaCl_2$ 溶于水后是放热反应，加入 $CaCl_2$ 可提高水泥中氧化钙的溶解度，促进水泥矿物的水解、水化作用，促使水泥凝结；其二，$CaCl_2$ 与水泥的矿物成分反应生成氯铝酸钙、氯硅酸钙，加快了水泥的硬化。所以选择 $CaCl_2$ 作为农作物秸秆纤维-水泥复合材料的早强剂是合适的，相对于其他几种试剂，它主要有以下几个优点：①加入后水化温度提高快且水化温度较高；②$CaCl_2$ 遇水后激烈放热对水泥水化反应非常有利；③加 $CaCl_2$ 试样的强度比加其他试剂的高；④价格相对较低。

选择了 $CaCl_2$ 作为早强剂以后，对 $CaCl_2$ 的加入量进行了研究，添加不同 $CaCl_2$ 量的水泥水化温度测试实验方案如表 8-5 所示，水泥水化温度曲线如图 8-4 所示。由图 8-4 可以看出，随着 $CaCl_2$ 用量的上升，水泥水化温度也升高，则水泥凝结得就早，这样对于消除或减少生物质纤维阻凝成分的影响是有利的。但在增加化学助剂用量时，水泥过早凝结会使生物质纤维与水泥在混合阶段不均匀、起团，这样制作的复合材料各个部分的性质就不一样，影响材料的各项性能指标。$CaCl_2$ 用量大了会使水泥凝结加快，也增加了成本，由水化温度选择氯化钙的量应为 6%～8%（占水泥质量）。

表 8-5 添加不同 $CaCl_2$ 量的水化温度测定原料比例

编号	早强型普通硅酸盐水泥/g	水/mL	稻草/g	$CaCl_2$/g
1	100	50	15	2
2	100	50	15	4
3	100	50	15	6
4	100	50	15	8

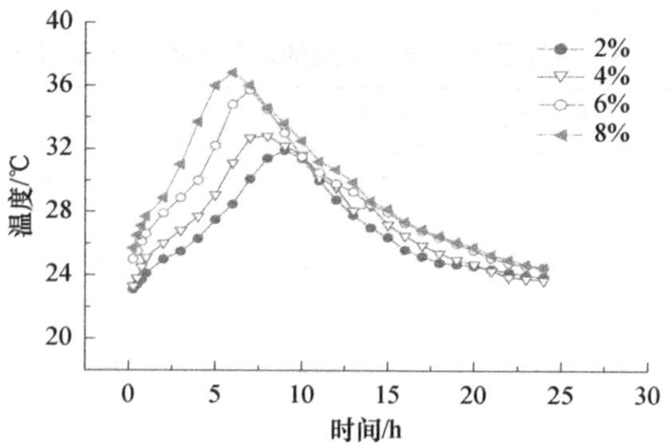

图 8-4 不同氯化钙添加量的水泥水化温度曲线

早强剂氯化钙等可以提高水泥的凝结速度，但仍然会有阻凝成分溶出。硅酸钠作为生物质纤维的处理剂是常用的无机阻溶剂，它能够阻止生物质纤维中阻凝成分的溶出，从而提高生物质纤维-水泥复合材料的凝结速度。它的用量选择实验设计如表 8-6 所示。

表 8-6 添加不同量 Na_2SiO_3 的水化温度测定原料比例

编号	早强型普通硅酸盐水泥/g	水/mL	稻草/g	Na_2SiO_3/%
1	100	50	15	1
2	100	50	15	2
3	100	50	15	3
4	100	50	15	4
5	100	50	15	5

图 8-5 是添加不同量 Na_2SiO_3 的水泥水化温度曲线。由图 8-5 可知，Na_2SiO_3 用量少于 2%时，水泥水化温度很低，水泥水化受到抑制。随着 Na_2SiO_3 用量的提高，高于 3%时，水泥水化温度与不加入生物质的纯水泥的水化温度接近。可见，Na_2SiO_3 用量少时，没有有效地包裹生物质纤维表面、堵塞其细孔，没有达到阻止其阻凝成分溶出的效果，因此 Na_2SiO_3 的用量应该在 3%以上。

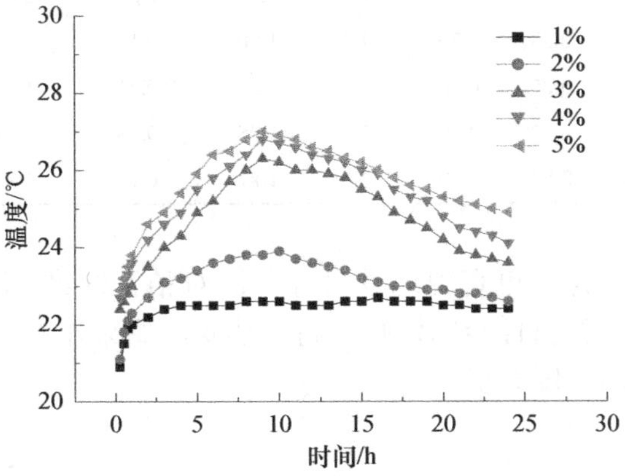

图 8-5 不同 Na_2SiO_3 添加量的水泥水化温度曲线

在生物质纤维（碎料）中加入适当的添加剂，如硅酸钠、氯化钙，可产生如下效果：第一，可有效地中和某些萃取物；第二，使萃取物反应不灵敏；第三，添加剂自身生成的黏稠状物质“堵塞”了植物细胞腔或微毛细孔，阻止了萃取物渗出，防止了萃取物对材料强度的不良影响。此外，加入硅酸钠和氯化钙两种溶液可发生化学反应，析出硅酸胶体，起到胶接和填充水泥空隙的作用，并可阻止水分的渗透，增加了水泥的密实度和强度。因此，在一定范围内增加硅酸钠和氯化钙的用量，可以提高生物质纤维-水泥复合材料的强度，但是氯化钙量越多，水泥凝固越快，对搅拌、铺装不利，而且易结块，一般取氯化钙的量为 6%～8%较为合适。所以，除了选择合适的化学助剂外，化学助剂的加入量也很重要。

综上所述，得到以下结论。

（1）生物质纤维中的阻凝成分容易在碱性溶液中溶出，影响生物质纤维-水泥复合材料的凝结，所以需要加入水泥早强剂和纤维表面阻溶剂以消除或减少阻凝成分的影响。

（2）通过测定普通硅酸盐水泥和早强型普通硅酸盐水泥的水化温度曲线，可知采用早强型普通硅酸盐水泥有利于克服秸秆纤维的阻凝效应。

（3）通过测定加入不同助剂水泥的水化温度曲线可以知道，采用 $CaCl_2$ 为早强剂，Na_2SiO_3 为阻溶剂是合理的。

（4）通过测定加入不同量化学助剂水泥的水化温度曲线，可知 $CaCl_2$ 用量占水泥质量的 6%～8%、Na_2SiO_3 在 3%以上，是较佳用量。

8.3 生物质-水泥复合材料

8.3.1 生物质原料的预处理

制备生物质-无机质复合材料首先要对生物质原料进行预处理。其原因是将生物质与无机质混合以后，生物质中的萃取物对无机质（主要是水泥）的凝结硬化产生了影响。

8.3.1.1 添加剂（助剂）的选择

根据水化温度曲线选择合适的生物质-水泥复合材料所用添加剂，如 $CaCl_2$、Na_2SiO_3 等。

8.3.1.2 生物质原料的预处理

生物质纤维在生物质纤维-水泥复合材料中起增强作用。生物质纤维-水泥复合材料中所用的纤维主要是指一年生植物纤维，农作物秸秆（如玉米秆、麦秆、棉花秆、麻秆等）多属此类。它们的生命期较短，枯死后没有太大用途。这些农作物秸秆经切断锤碎后形成窄而薄的纤维碎料状态，其宽度为 1～2mm，长度为 1～15mm。碎料状态的植物纤维在与水泥、添加剂充分拌和后经气流铺装形成界面不明显的三层结构，各种尺寸纤维碎料在植物纤维水泥板（PRC）纤维总量中所占比例分别为：短纤维（1～5mm）占 20%左右，中纤维（5～10mm）占 60%左右，长纤维（10～

15mm）占20%左右。一年生植物代替木材作生物质纤维-水泥复合材料的增强材料，在使用过程中无有害物质和有害气体生成。

由于生物质纤维在碱性环境中会有萃取物析出，延缓水泥的凝结，造成强度下降，因此需对生物质纤维进行预处理。将生物质纤维粉碎成1～15mm的纤维碎料，去土待用。将植物纤维与表面处理剂预混均匀，搅拌约2min，将表面处理剂在喷雾状态下与植物纤维混合搅拌均匀，干燥至含水率10%左右，然后加入预混好的其他材料，继续搅拌4～6min，使其均匀。在此搅拌过程中，不允许有纤维结团现象，否则物料分布不均，产生应力集中的现象。

8.3.2 影响生物质-水泥复合材料性能的因素

影响生物质-水泥复合材料性能的因素很多，如纤灰比、水灰比、化学助剂添加量、压制压力大小、养护温度、时间等。本书选取了纤灰比、水灰比、化学助剂添加量为主要考察因素。在一定实验条件下，通过研究探索其与物理力学性能的关系，寻找生物质-水泥复合材料制备的最佳工艺条件。实验中所用水泥均为P•O 32.5R早强型普通硅酸盐水泥，生物质以稻草为重点和主要的研究对象。

8.3.2.1 纤灰比对复合材料性能的影响

生物质纤维与水泥的比例，即纤灰比，对复合材料的性能有重要影响。当在水泥中掺入生物质纤维后，纤维在一定程度上能起着连接水泥的桥梁作用，在生物质纤维-水泥复合材料中起着填充及增强的作用，而水泥主要是胶凝作用。因此，在一定范围内，增加生物质纤维的用量，可以提高生物质纤维-水泥复合材料的强度。但生物质纤维/水泥值过大，生物质纤维的相对量多，其本身强度不高，反而降低强度。生物质纤维/水泥值小，水泥的相对量增加，对于生产一定厚度的材料，往往会使密度偏大。此外，材料的吸水厚度膨胀率主要由生物质纤维的吸水性能决定，同时与生物质纤维和水泥的交织状况有关，而且生物质纤维/水泥值对吸水厚度膨胀率的影响显著。

为寻找制备生物质-水泥复合材料的最佳纤灰比，设计的实验方案及测试的复合材料的物理力学性能见表8-7。

表8-7 纤灰比对复合材料物理力学性能的影响

编号	纤灰比	水灰比	$CaCl_2$用量/%	抗折强度/MPa	内结合强度/MPa	吸水厚度膨胀率/%
1	0.50	0.30	7	1.41	0.09	2.68
2	0.33	0.30	7	1.80	0.19	2.40
3	0.25	0.30	7	2.39	0.23	1.90
4	0.20	0.30	7	1.95	0.18	1.85
5	0.17	0.30	7	1.82	0.15	1.82

为了更直观地看出纤灰比对秸秆纤维-水泥复合材料性能的影响，将上述实验结果作直观分析图（图8-6）。

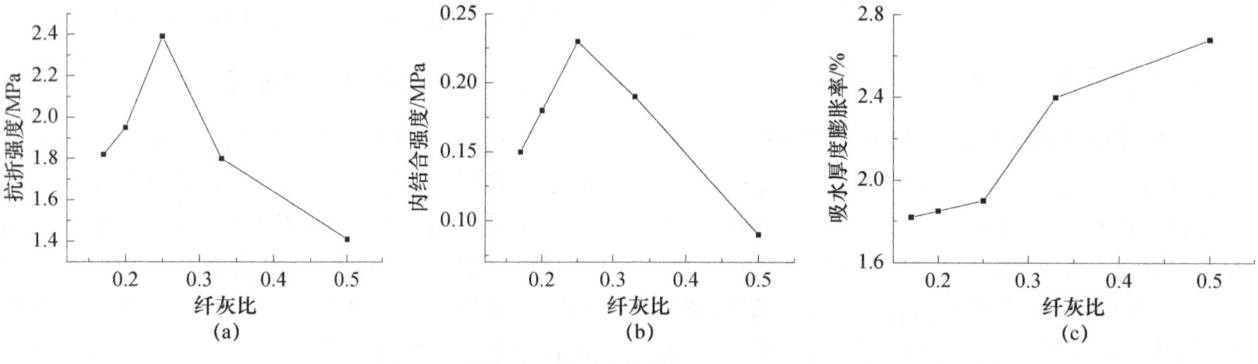

图8-6 纤灰比对复合材料物理力学性能的影响

纤灰比对复合材料各项物理力学性能的影响如下。

1）抗折强度 由抗折强度测试结果和图8-6（a）可以看出，纤灰比对抗折强度的影响非常显著。当纤灰比小于0.25时，复合材料的抗折强度随纤灰比的增大而增大，当纤灰比大于0.25时，复合材料的抗折强度随之增大而减小。这是因为在一定纤灰比范围内稻草纤维的存在，起到交织连接水泥的增强作用，使抗折性能提高。

2）内结合强度 由内结合强度测试结果和

图 8-6（b）可以看出，纤灰比对内结合强度的影响也是非常显著的。由图 8-6（b）可知，不同纤灰比复合材料的内结合强度，当纤灰比小于 0.25 时，随纤灰比的增大而增大；当纤灰比大于 0.25 时，随纤灰比的增大而减小：当纤灰比等于 0.25 时，内结合强度最大。

3）吸水厚度膨胀率 由吸水厚度膨胀率测试结果和图 8-6（c）可以看出，纤灰比对吸水厚度膨胀率的影响也比较显著。由图 8-6（c）中可知，复合材料的吸水厚度膨胀率随着纤灰比的减小明显降低，这是由于水泥量相对增加，起到了很好的防水作用。当纤灰比为 0.25 时，吸水厚度膨胀率已经小于 2%，达到了复合材料的要求。

纤灰比对水泥复合材料物理力学性能的影响非常显著。纤灰比为 0.25 时，制得的复合材料的抗折强度最高，内结合强度最大，吸水厚度膨胀率较小。因此，最佳纤灰比为 0.25。

8.3.2.2 水灰比对复合材料性能的影响

在拌和水泥时，水与水泥的质量比称为水灰比。拌和水泥浆时，为使浆体具有一定的可塑性和流动性，所加入的水量通常要大大超过水泥充分水化时所需的水量，多余的水在硬化的水泥石内形成毛细孔。因此拌和水越多，硬化水泥石中的毛细孔就越多。水灰比是影响水泥水化作用的重要因素，是保证水泥与生物质纤维均匀混合形成材料的重要条件，水泥只有在一定量水的作用下，发生必要的水化反应，才能表现出必要的凝胶性能。但水灰比过大，则水的相对量大，一方面会使水泥凝固时产生较大的空隙，另一方面在压制成型过程中容易被挤出，而且会带走一定量的水泥和化学助剂。此外，在生物质纤维与水泥的混合过程中也易造成结团，对均匀混合不利。水灰比太小，则不能提供水泥水化所需的水分，难以保证在压制过程中的快速固化。

水灰比也是影响秸秆纤维-水泥复合材料物理力学性能的重要因素，为寻找制备水泥复合材料的最佳水灰比，设计的实验方案及测试的复合材料的物理力学性能如表 8-8 所示。

表 8-8 水灰比对复合材料物理力学性能的影响

编号	水灰比	纤灰比	$CaCl_2$ 用量/%	抗折强度/MPa	内结合强度/MPa	吸水厚度膨胀率/%
1	0.20	0.25	7	1.97	0.17	2.34
2	0.30	0.25	7	2.39	0.23	1.90
3	0.40	0.25	7	3.11	0.32	1.75
4	0.50	0.25	7	2.28	0.24	1.73
5	0.60	0.25	7	1.92	0.18	1.70

为了更直观地看出水灰比对生物质纤维-水泥复合材料性能的影响，将上述实验结果作直观分析图（图 8-7）。

水灰比对复合材料各项物理力学性能的影响如下。

1）抗折强度 由抗折强度测试结果和图 8-7（a）可以看出，水灰比对抗折强度的影响非常显著。在图 8-7（a）中观察各种水灰比条件下水泥复合材料的抗折强度可知，当水灰比小于 0.4 时，复合材料的抗折强度随水灰比的增大而增大，当水灰比大于 0.4 时，复合材料的抗折强度随之增大而减小。这是因为水泥只有在一定量水的作用下，发生充分的水化反应，才能表现胶凝性。在水灰比小时，水的量不能满足水泥水化所需要的量，影响了水泥的水化反应，影响了复合材料的力学性能；而水灰比过大时，稻草不易吸水，搅拌时稻草易结团，使搅拌不均，板内空隙增多，另外在压制过程中，由于挤压出水时会带走部分水泥，减少水泥含量，故影响复合材料的强度。

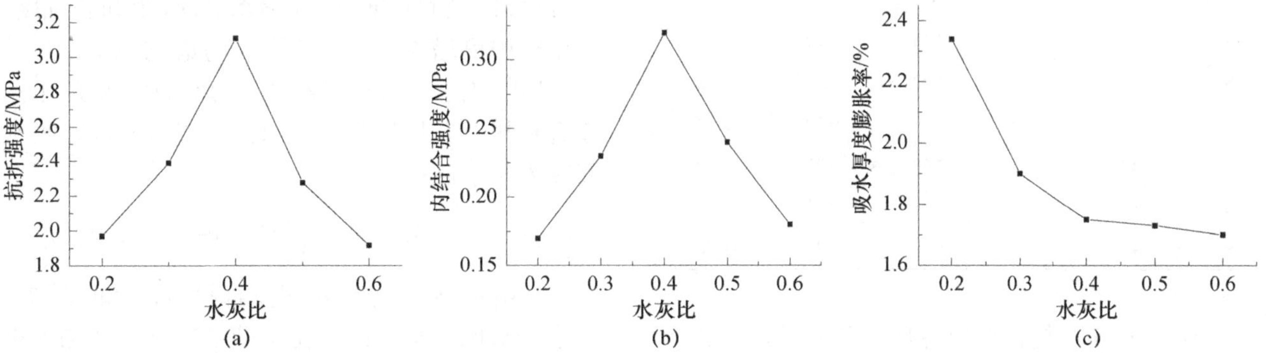

图 8-7 水灰比对复合材料物理力学性能的影响

2）内结合强度 由内结合强度测试结果和图 8-7（b）可以看出，水灰比对内结合强度的影响也是非常显著的。由图 8-7（b）可知，当水灰比小于 0.4 时，复合材料的内结合强度随水灰比的增大而增大；当水灰比大于 0.4 时，其随水灰比的增大而减小：当水灰比等于 0.4 时，内结合强度最大。

3）吸水厚度膨胀率 由吸水厚度膨胀率测试结果和图 8-7（c）可以看出，水灰比对吸水厚度膨胀率的影响也比较显著。由图 8-7（c）可知，随着水灰比的增大，复合材料的吸水厚度膨胀率明显降低，当水灰比为 0.4 时，吸水厚度膨胀率已经小于 2%，达到了复合材料的要求。

水灰比对水泥复合材料性能的影响非常显著。采用水灰比为 0.4 制得的水泥复合材料，其抗折强度最高，内结合强度最大，吸水厚度膨胀率较小。因此，最佳水灰比为 0.4。

8.3.2.3 化学助剂添加量对复合材料性能的影响

化学助剂也是影响生物质纤维-水泥复合材料性能的重要因素。早强剂 $CaCl_2$、阻溶剂 Na_2SiO_3 都能影响生物质-水泥复合材料的凝结、固化，提高生物质-水泥复合材料的物理力学性能。为寻找制备生物质-水泥复合材料的最佳化学助剂加入量，设计的实验方案及测试的复合材料的物理力学性能如表 8-9 所示（纤灰比为 0.25，水灰比为 0.40）。

表 8-9 化学助剂对复合材料物理力学性能的影响

编号	$CaCl_2$ 用量/%	Na_2SiO_3 用量/%	抗折强度/MPa	内结合强度/MPa	吸水厚度膨胀率/%
1	3	—	1.98	0.19	2.86
2	5	—	2.56	0.26	2.23
3	7	—	3.11	0.32	1.75
4	—	3	2.68	0.26	2.20
5	—	5	2.82	0.28	2.12
6	—	7	2.99	0.29	2.12
7	2	3	2.69	0.27	2.19
8	3	3	3.05	0.31	1.80
9	4	3	3.28	0.33	1.72

化学助剂对复合材料各项物理力学性能的影响如下。

1）抗折强度 化学助剂的添加量对生物质-水泥复合材料抗折强度的影响是非常显著的。在表 8-9 中，比较在不同 $CaCl_2$ 添加量下的稻草纤维-水泥复合材料的抗折强度，可见抗折强度以 7%的添加量最大，3%的添加量最小。不同 Na_2SiO_3 添加量下生物质-水泥复合材料的抗折强度，从小到大依次为 3%的添加量＜5%的添加量＜7%的添加量，但是增大的幅度不显著。加入合适剂量复合助剂的生物质-水泥复合材料的抗折强度最大。

2）内结合强度 化学助剂的添加量对生物质-水泥复合材料内结合强度的影响也是非常显著的。由表 8-9 可知，无论是 $CaCl_2$ 还是 Na_2SiO_3，不同添加量下生物质-水泥复合材料的内结合强度大小均为：7%的添加量＞5%的添加量＞3%的添加量。以加入合适剂量复合助剂的生物质-水泥复合材料的内结合强度最大。

3）吸水厚度膨胀率 由表 8-9 中，比较不同添加量下生物质-水泥复合材料的吸水厚度膨胀率可以看出：3%添加量的复合材料的吸水厚度膨胀率最大，7%添加量的复合材料的吸水厚度膨胀率小很多，而加入复合助剂的生物质-水泥复合材料的吸水厚度膨胀率最小。这种差异的产生是由于助剂量的增加，提高了水化温度，增强了生物质与水泥的结合力，加快了水泥的固化速度，水泥固化充分，吸水膨胀就小。

化学助剂的种类和添加量对生物质-水泥复合材料的性能影响非常显著。早强剂 $CaCl_2$、阻溶剂 Na_2SiO_3 都能提高生物质-水泥复合材料的物理力学性能。加入 7% $CaCl_2$ 制得的生物质-水泥复合材料，其抗折强度、内结合强度较高，吸水厚度膨胀率较小；加入 Na_2SiO_3 制得的生物质-水泥复合材料，当 Na_2SiO_3 的用量增大时，其抗折强度、内结合强度增大的幅度不大，考虑到成本，加入 3%即可。而加入合适剂量复合助剂的生物质-水泥复合材料，其抗折强度、内结合强度最高，吸水厚度膨胀率最小。

8.3.2.4 其他因素对复合材料性能的影响

影响生物质纤维-水泥复合材料性能的因素，除了纤灰比、水灰比、化学助剂的种类和加入量有显著影响以外，其他因素如冷压压力、冷压时间、养护温度、养护时间对生物质纤维-水泥复合材料的性能也有一定影响。

1）冷压压力 压力对生物质-水泥复合材料力学性能（抗折强度）有一定的影响，但不显著。压力对生物质-水泥复合材料的密度影响较显著，压力小于2.0MPa时，生物质-水泥复合材料的密度较小，但抗折强度较小；压力大于3.0MPa时，制备的生物质-水泥复合材料的密度较大，不利于制备轻质复合材料。因此，制备复合材料时，较合适的压力为2.0～2.8MPa。

2）冷压时间 冷压时间对生物质-水泥复合材料性能（尺寸稳定性和吸水厚度膨胀率）有一定的影响。冷压时间越长，尺寸稳定性越好，吸水厚度膨胀率越小。考虑到成本因素、设备因素，冷压时间不能太长，一般在12h以下。可以采用夹具等解决此问题。

3）养护温度和养护时间 如果采用60～80℃蒸汽养护，可以大幅度减少养护时间。如果不具备蒸汽养护设备，一般采用自然养护28天。

实验表明，制备生物质-水泥复合材料的最佳工艺条件为：纤灰比0.25；水灰比0.40；化学助剂可以采用早强剂$CaCl_2$，最佳加入量为水泥质量的7%，加入水泥质量3%的阻溶剂Na_2SiO_3可以达到与不加入生物质的水泥材料接近的物理力学性能，若加入过多的Na_2SiO_3，凝固时间和脱模时间较长，影响生产效率，最好加入4%$CaCl_2$和3%Na_2SiO_3组成的复合助剂。比较合适的冷压压力为2.0～2.8MPa，冷压时间为15min，保压72h，自然养护28天。

进一步实验研究麦秸/玉米秸纤维-水泥复合材料的最佳工艺条件表明，麦秸纤维-水泥复合材料的最佳工艺条件与稻草纤维-水泥复合材料的最佳工艺条件接近，而玉米秸纤维-水泥复合材料的最佳工艺条件中纤灰比为0.20。

在制备生物质-水泥复合材料时，对通过实验得到的最佳工艺条件还要具体问题具体分析。例如，水的用量应该考虑两个因素：一是满足水泥水化所需要的水，即相当于水泥质量的21%；二是在考虑生物质材料自身含水率的情况下，完成搅拌及铺装成型过程所需时间内的最大吸水率，这二者的总和就是加水量，加水量应以加压时不溢出水为准则。实验表明，加水量开始可以略少，不足部分在后期养护时补充，效果更好。

8.3.3 生物质纤维-水泥复合材料生产工艺

生物质纤维-水泥复合材料生产工艺路线大致有4种类型，即热压法、半干法、三层定向法及模压-高压蒸汽法生产工艺。

8.3.3.1 热压法生产工艺

1）热压法(二氧化碳法)生产工艺概述 这种生产方法在水泥、生物质纤维等组分的混合料中加入相当于水泥质量约10%的消石灰，板坯是在多层热压机或单层热压机中进行加压加热，与此同时向板坯喷射相当于水泥质量8%～10%的CO_2，由于坯料中的石灰和CO_2产生放热反应，其温度可达120℃，同时生成具有一定强度和硬度的$CaCO_3$，因而板材从压机出来可获得约为终强度50%的强度，达到成型脱模的要求。热压法工艺成型时间缩短到4～5min，热压后的板坯堆放2周后可获得最终的强度。

（1）铺装：为了保证铺装后的板坯能够压制出密度一致的材料，使材料内各部分的膨胀和收缩较一致，翘曲变形发生较少，要求铺装机要铺出均匀的板坯。确保铺装的均匀性，材料内部的密度波动尽可能小。在确保铺装质量的前提下，应选择功率小、维修方便的设备。

（2）干燥：由于成型固结后的生物质纤维-水泥复合材料含水率一般为20%～30%，高于在大气中的平衡含水率，因此，生产供使用的生物质纤维-水泥复合材料必须在出厂前进行干燥处理，使其达到使用地区的平衡含水率。

干燥时，要注意：①正确选择干燥热能、干燥温度和时间；②掌握干燥速率和干燥梯度，避免干燥变形；③制订合理的干燥基准，一般按照含水率降低的程度划分阶段，采用逐步提高空气温度和降低空气温度的干燥程序，此程序由生产者制订；④选择合适的干燥窑和干燥设备，根据实际需要选择周期式或连续式干燥窑，以及干燥窑中的鼓风机、排湿风机、加热器等设备。

（3）后期处理：作为墙体所使用的生物质纤维-水泥复合材料，对材料的表面平整度和厚度都有较严格的要求，否则会影响墙面的二次加工装饰性，因此，要求材料的厚度偏差小，一般采用砂光措施来减小偏差。

图 8-8 为热压法水泥刨花（包括林业剩余物、农作物秸秆等生物质原料）板的生产工艺流程图。

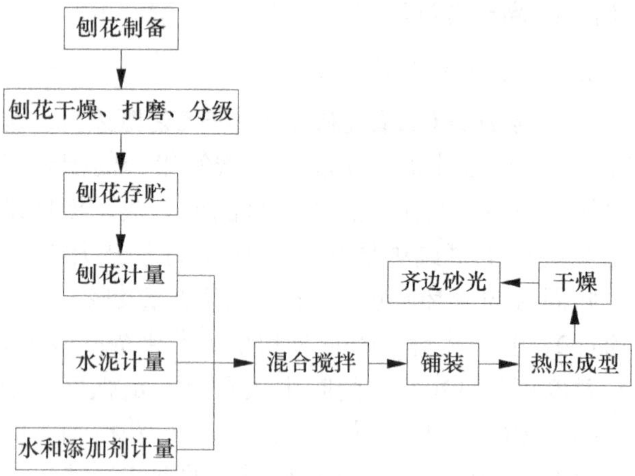

图 8-8 热压法水泥刨花板的生产工艺流程图

该工艺简化了生产流程，卸压后无需保压夹紧模具，不用设置硬化热养护窑，大大减少了钢垫板的数量，简化了压机的结构，并且节省了垫板回送等装置，缩小了生产场地，缩短了生产周期。

尽管热压法生产周期较冷压法短，但该工艺目前很少采用。其主要原因是热压法在热压时大都需要向板坯喷射 CO_2 气体。这样不但提高了对压机的技术要求，需要增加 CO_2 喷射设备，从而提高了生产成本，而且该工艺生产的板材增加了碳化度，对水泥刨花板后期强度的提高不利，也增大了板材的脆性。因此，采用热压法新建水泥刨花板生产线应慎重考虑。

2）矿渣水泥刨花板的制备 矿渣水泥刨花（包括林业剩余物、农作物秸秆等生物质原料）板是一种从矿渣水泥（不同于矿渣硅酸盐水泥）作为胶黏剂的新型水泥刨花板，简称为矿渣刨花板（商品名为“经济刨花板”）。其主要制造过程为：将矿渣水泥加入刨花（含水率为 5%）中，然后添入化学添加剂和水，经过搅拌、铺装、热压等即可制成矿渣刨花板。矿渣刨花板和普通水泥刨花板生产工艺的主要区别在于所用水泥原料为矿渣，同时采用热压成型。其生产工艺流程如图 8-9 所示。

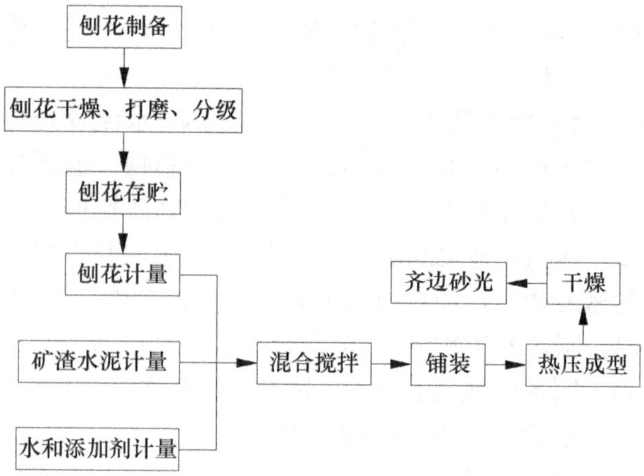

图 8-9 矿渣水泥刨花板的生产工艺流程图

8.3.3.2 半干法生产工艺

1）半干法（冷压法）生产工艺概述 半干法常被称为冷压法，该技术是在 1962 年由美国加州 Elmondorf 公司的一项专利所提出的。该技术的主要特点是将水泥水化必需的水加入刨花（包括林业剩余物、农作物秸秆等生物质原料）之中，使其表面润湿，然后将干的水泥粉粘在湿刨花的表面，这种混合料显得松散，易于铺撒成板。水泥、生物质材料在混合搅拌机中加入除保证水泥水化所要求的水量外，另加入尽可能少的水（理论水泥水化的水灰比 0.21 左右，工艺中实际使用的水灰比为 0.35～0.43），使水泥刨花板的混合料形成半干性状态料。将混合料铺装在垫板上，通过叠板机将垫板坯料堆放在具有锁模模具的模车底座上，堆叠成约 2m 高度（每堆垛有 19～84 块，视生产板材的厚度而定）。通过传送设备送入压机中加压，压机的开档间距一般在 3m 左右，压机的油缸行程一般在 2m 左右，板坯在压机中视板材的用途类型施加不同的压力。一般硬质刨花板的单位压力为 2.5～3.0MPa，在压机上压到所要求的厚度并用锁紧装置固紧，维持在受压状态下完成水泥与生物质材料的固结。为了缩短硬化时间，锁紧的板坯可置于温度为 60～80℃的强化养护窑中硬化，一般需要 540～640℃·h（养护温度与时间的乘积）约 8h。然后卸模，再在保湿状态下自然养护 5～7 天进行板材的干燥，干燥温度为 70～110℃，使其板材的含水率控制在 9%±4%，以减少水泥刨花板的使用收缩性，提高尺寸稳定性。然后进行裁切整形和砂光处理以确保板材的尺寸和厚度要求，这是半干法生产工艺的简要过程。

半干法生产工艺可分为以下几个工段：①刨花的制备；②各物料的计量；③刨花、水泥、化学添加剂及水的拌和；④铺装成型及加压工段；⑤板坯硬化养护及干燥；⑥后处理工段。

水泥刨花板设备及工艺流程如图 8-10 所示。

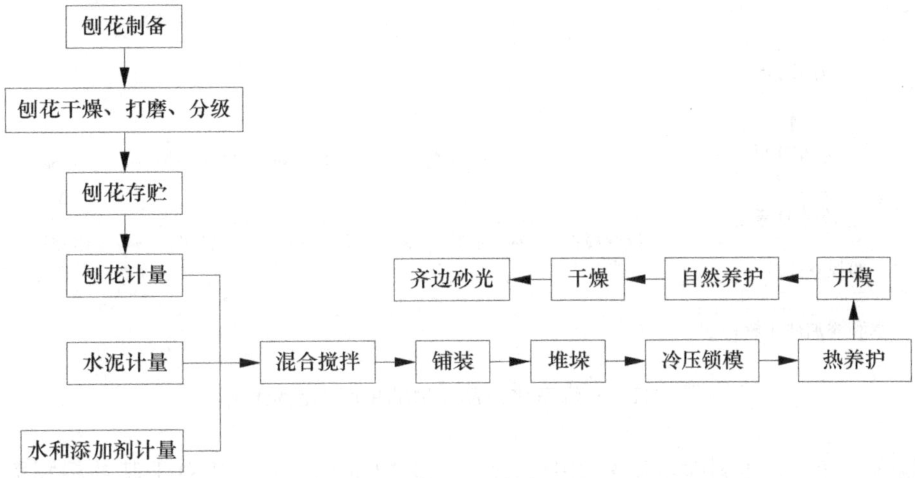

图 8-10 半干法水泥刨花板的生产工艺流程图

半干法生产工艺首先是在混合搅拌机中加入除保证水泥水化所需的水量外，另外加入尽可能少的水使混合坯料成为半干性状态，然后通过铺装机将半干性状态料铺在钢垫板上，再通过堆垛装置将垫板连同坯料堆垛后送入冷压机处的锁紧架锁模。锁模后进入养护室进行热养护。板坯在养护室初步硬化后开模，再自然养护一段时间进行后干燥，使之含水率达到平衡含水率，以减少水泥刨花板的使用收缩性，提高板材的尺寸稳定性。最后进行齐边和砂光处理，确保板材的幅面质量和厚度尺寸要求。半干法工艺具有对生物质纤维原料性能要求高、占地面积大、生产周期长、生产辅助设施多等特点。

半干法生产工艺存在的局限性如下。

（1）生产周期长。即使在 60～80℃条件下养护也要 5～8h 才能形成脱模初始强度，对生物质纤维材料的存放期也有较严格的要求。

（2）增加了生产辅助设施，如日产 150m³的水泥刨花板，约需要 1720 块垫板（3784mm×1400mm×4mm）和相应的垫板回送装置、清理装置、传送辊台装置及 28 套模具锁紧装置和养护硬化窑、卸模及叠板装置等，相应的生产车间占地面积也较大，这是半干法生产工艺不可精简的组成部分。

（3）半干法生产的板材存在厚度公差，需考虑砂光处理。

2）粉煤灰水泥刨花板 水泥刨花板生产中，以粉煤灰代替一定比例的水泥生产出来的板材称为粉煤灰水泥刨花板。目前，粉煤灰替代水泥的比例为 20%～45%。为保证其力学性能，生产中常需添加 42.5 高等级硅酸盐水泥，而普通水泥刨花板的生产只用 32.5 普通硅酸盐水泥。粉煤灰替代量对粉煤灰水泥刨花板的力学性能有非常明显的影响；添加剂（硅酸钠和氯化钙）用量对板材性能有比较明显的影响。经济合理的粉煤灰替代量为 30%，硅酸钠为 3.5%，氯化钙为 2.6%。合理的灰木比为 3.0；水灰比以 0.55 左右为宜。

粉煤灰水泥刨花板的生产工艺流程如图 8-11 所示。

刨花的制备：刨花的规格长度为 10～30mm，宽度为 1～6mm，厚度为 0.2～0.4mm。刨花的制备主机最好选用长材刨片机、锤式再碎机和筛环式打磨机等。长材刨片机将木料切削成所需规格的大片工艺刨花，工艺刨花再经过锤式再碎机以纵向撕裂的形式进行宽度加工。对加工后的刨花进行筛选，将筛选出的较大刨花作为芯层原料，较细的刨花作为表层原料。刨花的制备应注意以下几点：第一，木料必须使用适当季节砍伐的木材，须储存至少三个月后方能使用，这样可以尽量降低木材的含糖量，减少“水泥毒性”。因为木材中糖类将造成水泥缓凝。木料选用必须保证

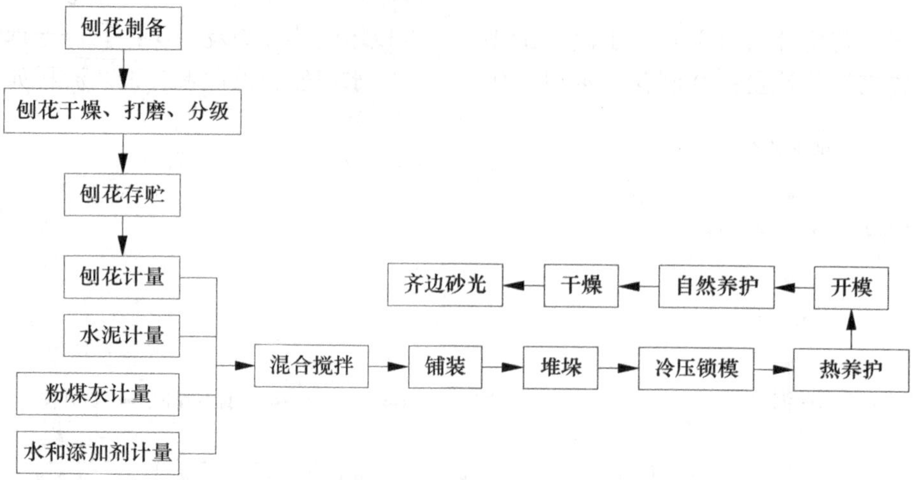

图 8-11 粉煤灰水泥刨花板的生产工艺流程图

无腐烂与菌袭现象。第二，木材含水率需适中。含水率太低，木材脆性太大，不易加工出合格的工艺刨花。含水率太高不但加工困难，加工能耗大，而且给后续的配料带来麻烦。第三，木材最好剥皮，因为树皮内纤维含量低，相互交接力差，会较严重地影响粉煤灰水泥刨花板的内结合强度和抗水性。进行剥皮处理，以树皮含量占木材量5%以下为宜。

如果条件允许的话，半干法生产工艺可在自然养护和干燥两工序间增加蒸汽养护工序。这样可大幅度缩短生产周期，提高生产效率，但是设备的投资也相应增加。

8.3.3.3 三层定向法生产工艺

该生产方法是日本梅竹公司和美国 ERJ 公司所推行的生产方法，是指木质材料在水泥刨花板的芯层为统一的横向排列，在表层呈纵向排列，这样构成的板材的尺寸稳定性和强度较热压法和半干法工艺的板材要好，这种定向排列是在特定的定向铺装机上实现的。此种类型的板材对木质原料的要求较高，木质材料的综合利用率低，工艺复杂，板材所要求的木质材料应是片状，其木片的长度通常为 50～70mm，宽度为 5～20mm，厚度为 0.45～0.6mm，显然三层定向法对木质材料的综合利用价值不大，且也较复杂，现阶段在我国实施、推广有一定的局限性。

8.3.3.4 模压-高压蒸汽法生产工艺

水泥刨花（包括林业剩余物、农作物秸秆等生物质原料）板相对于其他板材而言，存在一定的湿胀干缩值，板材从自然干燥状态到饱和吸水状态的湿胀率为 2.7mm/m；板材含水率每变化 1%，胀率变化 0.1mm/m；空气相对湿度变化 30%，其湿胀率变化 1.4mm/m。除此之外，生产者还希望进一步降低板材的密度，提高造型质量，在此基础上出现了模压法成型工艺。

利用模压法在材料组成上应加入一定量的硅质原料，含硅量最好的是石英粉，但也可用粉煤灰代替。要求粉煤灰 SiO_2 的含量≥50%，烧失量低于 8%。模压-高压蒸汽生产工艺的其他材料组成与半干法相同，所不同的是模板不是平板而是生产者所要求的有造型的模板。

在生产过程中经压制锁模保压的板坯应在 80℃的养护窑内养护 12～16h，然后脱模送入 172～185℃温度下汽蒸约 20h，以形成收缩率小且稳定的托贝莫来石凝胶体，使其水泥刨花板获得更好的尺寸稳定性，并改善抗水性、冻融性等诸方面的性能。

8.3.4 生物质-水泥复合材料一般工艺设备简介

1）生物质纤维-水泥复合材料工艺设备流程

木纤维-水泥复合板材的工艺设备流程如图 8-12 所示，采用其他形态的生物质纤维与水泥复合生产生物质纤维-水泥复合材料的工艺设备流程与此类似。

2）不同形态生物质纤维材料的加工 薄而较长的木刨花的制备一般采用长材刨片机、锤式

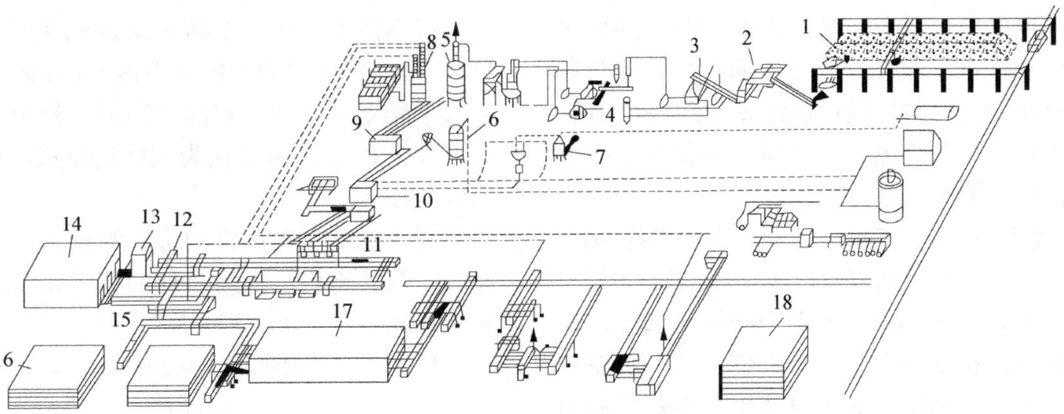

图 8-12 木纤维-水泥复合板材的工艺设备流程图

1. 碎木料库；2. 振动筛；3. 冲击磨；4. 冲压细磨；5. 木纤维仓；6. 水泥的用料储罐；7. 化学药剂储罐；8. 回料仓；9. 纤维计量脉冲秤；10. 混料机；11. 散料机；12. 堆垛站；13. 压机；14. 固化隧道窑；15. 卸架站；16. 调质库房；17. 干燥窑；18. 成品库

再碎机和打磨机。其缺点是只能以尺寸较大的木材为原料，而不适合木材碎料、秸秆等低质生物质原料。

对于纤维状形态或者不规则碎粒形态的生物质纤维材料的制备，目前一般采用锤式粉碎机。原材料可以是农作物秸秆、木材和竹材加工剩余物及其采伐剩余物，该类设备能以较低的成本加工各种生物质原料。其缺点是加工过程中生物质原料因剪切而受到较严重的破坏，产生较多的细粉状物。研制既能够最大程度地保护生物质原料的纤维不受破坏，又能够获得具有特定形态而尺寸较小的生物质纤维材料（如具有较大长径比的纤维、较大长厚比的小刨花），是一个重要的课题。

虽然采用类似中密度人造板生产中的热磨设备能够加工出生物质纤维，但是这种加工方法对于生物质-无机质复合材料而言不但成本偏高，而且产生有机物抽提物含量较高的废水。同时，由于热磨设备投资较高，也不利于在中小型企业推广应用。

3）物料混合计量 按照工艺要求，湿刨花由湿刨花料仓送至刮板运输机，由刮板运输机将其送入刨花计量料仓中进行计量。水泥由水泥料仓底部的出料螺旋运输机装入斗式提升机，再由斗式提升机将其送入螺旋运输机，随之由它送入水泥储存料仓，可采用电子秤进行刨花和水泥的计量；选用红外线含水率测定仪测定刨花含水率，可在物料的流动状态下实现测量。

水的计量由水计量装置进行，加入水的量根据湿刨花含水率的高低而定。

化学药剂的计量，按照工艺的要求，经计量泵输入计量装置中。

计量完各种药品后，将各种成分加入强力搅拌机中混合均匀，然后将混合物料送入皮带运输机送至铺装工段。

4）板坯的铺装 板坯的铺装可采用自动化流水线，也有手工与机械相结合的方式或者完全靠手工铺装的方式。手工铺装是把拌好的物料倒在垫板上，用手工刮平，这样铺装的板坯的均匀性较差，质量和生产效率都低。机械化铺装生产线能正确地铺装物料，下料均匀并且利于调节厚度。常用的水平气流铺装机，当搅拌好的物料从铺装机料仓下落，压缩空气流把物料往垫板的前后两方吹送，粗刨花和大部分填料较重，落在近处，细刨花吹到较远处落下。垫板下面是一条不断移动的输送带，不锈钢垫板铺在输送带上随它移动，吹送落下的物料在垫板上形成表层-芯层-表层结构的板坯。铺装好的板坯，如有必要，还可进行表面修整。板坯由截断机按规定长度截断，然后称质量，质量不合格的打碎以后重新加入铺装料斗再加工，合格的输送堆码到加压小车上。

铺装最好采用表、芯层料分别铺装工艺，这样可以保证获得更好质量的渐变结构水泥刨花板，提高板材的物理力学性能和外观质量。

5）板坯的压制 板坯在加压小车上分层

码装，装够数量后，小车移动到冷压机加压部分。冷压机使用的单位压力一般约为2.5MPa，加压时间为15～20min，根据一次加压的板坯张数与厚度决定总压力大小与压板行程距离。加压完成后，先将加压小车上的锁紧装置扣紧，不使受压的板坯松开，然后整车送进养护室。

6）板坯的固化、养护 养护室中维持80～90℃温度，干热养护8h左右。养护完毕，又把小车推回冷压机加压部位，借助于冷压机加压，卸开锁紧装置，推送小车至卸车部位，卸下水泥刨花板半成品，垫板清洗后重复使用。热养护后的水泥刨花板已经具有一定的强度，按照要求的规格尺寸锯切加工，分类堆码，再在室温下养护14～18天，使板材的强度达到规定的要求。水泥刨花板还应经过调湿处理，板材成侧立状装入调湿机，在70～80℃温度下湿热处理12～20h，使板材含水率调整到6%～15%，与使用地区的一般建筑材料平衡含水率接近。

7）板坯的齐边、砂光和入库 水泥刨花板经纵横锯边机锯切成规格的水泥刨花板，经砂光机砂光后入库。

8.3.5 生物质-水泥复合材料的性能测试

生物质-水泥复合材料密度较低、隔热、隔音，物理力学性能好；可锯、可刨、可用木螺钉紧固，机械加工性能好；防火、防水、防虫蚁、耐腐朽，保护性能好；化学性质稳定、使用中无有害气体挥发，环境友好。目前，对生物质-水泥复合材料主要做以下方面的性能检测。

8.3.5.1 物理性能测定

测定生物质-水泥复合材料的物理性能时要按表8-10的规定裁取试样。

表8-10 试样制作标准 （单位：mm）

项目	试件尺寸
密度、含水率、浸水24h体积膨胀	100mm×100mm×*e*mm
抗折强度	（16*e*+50）mm×100mm×*e*mm 各取横向与纵向
抗冻性、抗折弹性模量	（16*e*+50）mm×100mm×*e*mm 按横向裁取
垂直平面抗拉强度	50mm×50mm×（10～15）mm

注：抗折强度试样长度不得小于250mm；*e*为试件厚度

1）密度 参照标准JC/T 411—2007。

试样按100mm×100mm×*e*mm裁取，将试样放在（105±2）℃的干燥箱中恒重。每隔6h取出，放入干燥器中冷却至室温后称重，若相邻两次称重不大于0.1%，可以认为试件达恒重，称重时精确到0.1g。

用游标卡尺在试件的边部测量试样的边长和厚度，取其平均值作为试样的边长和厚度，精确至0.1mm。

按下式计算密度ρ（g/cm^3）。

$$\rho=m/V$$

式中，m为试样质量（g）；V为试样体积（cm^3）。

2）含水率 参照标准JC/T 411—2007。

试样按要求裁取，将试样称重（m_0）后，放在（105±2）℃的干燥箱中恒重。每隔6h取出，放入干燥器中冷却至室温后称重，若相邻两次称重不大于0.1%，可以认为试件达恒重，称重（m_1），称重时精确到0.1g。

试样含水率A（%）按下式计算。

$$A=(m_0-m_1)/m_1\times 100\%$$

式中，m_0为试样取样时的质量（g）；m_1为试样干燥至恒重时的质量（g）。

3）吸水率 参照标准GB/T 7019—1997、JC/T 411—2007。

试样按要求裁取，将试样放在（105±2）℃的干燥箱中恒重。每隔6h取出，放入干燥器中冷却至室温后称重，若相邻两次称重不大于0.1%，可以认为试件达恒重，称重（m_1），称重时精确至0.1g。将试样放入10℃以上的水中24h，然后从水中取出试件，用拧干的湿毛巾小心擦去试件表面附着的水后立即称重（m_2），称重时精确至0.1g。

试样吸水率B（%）按下式计算。

$$B=(m_2-m_1)/m_1\times 100\%$$

式中，m_1为试样干燥至恒重时的质量（g）；m_2为试样饱水质量（g）。

4）浸水24h厚度膨胀率的测定 参照标准GB/T 7019—1997、JC/T 411—2007。

试样按要求裁取，用游标卡尺测量试件的厚度，取平均值h_0；将试件垂直放入10℃以上的水中，水面高出试样20mm，经过24h后，取出试样用拧干的湿毛巾擦掉试样表面附着的水，再次用游标卡尺在同一位置测量试样的厚度，取平均值 h_1。

试样浸水 24h 厚度膨胀率 C(%)按下式计算。

$$C=(h_1-h_0)/h_0\times100\%$$

式中，h_0 为试样浸水前的平均厚度（mm）；h_1 为试样浸水 24h 后的平均厚度（mm）。

8.3.5.2 力学性能测试

1）抗折强度及弹性模量的测定 根据标准 JC/T 411—2007，试样根据公式（16e+50）mm×100mm×$e$mm 裁取，将试样筒支在两个半径为 10～20mm 的平行金属圆棒上。两圆棒的中心距为 16e，但不小于 215mm，测量精度为 1mm，荷载通过半径为 10～20mm 的金属圆棒垂直施于试样的中心线，加荷金属棒要超过试样的宽度，如图 8-13 所示。

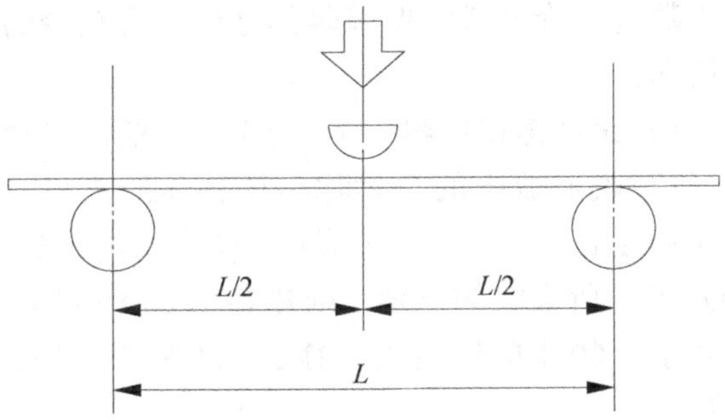

图 8-13 抗折强度和抗折弹性模量测定装置

匀速加荷，从加荷到试样破坏时间为 30～60s。

测量断裂线附近两点的厚度，取其算术平均值，作为试样的厚度。

结果计算：抗折强度 R（MPa）按下式计算，精确至 0.1MPa。

$$R=3PL/2be^2$$

式中，P 为试样断裂荷载（N）；L 为两支座中心距离（mm）；b 为试样宽度（mm）；e 为试样厚度（mm）。

试验结果取 5 块试样的算术平均值，若有与平均值相差 20%以上的数据应剔除，再取其算术平均值。

2）垂直平面抗拉强度（内结合强度）

（1）实验步骤：用卡尺测量试样的边长，精确至 0.1mm。然后用适量的聚乙酸乙烯加水泥调成黏结剂，将试样粘在模具上，如图 8-14 所示。待黏结剂固化后，将模具插入夹具中进行实验。

加荷至试样破坏时间为 30～60s，若黏结面被拉坏，数据无效，应重做实验。

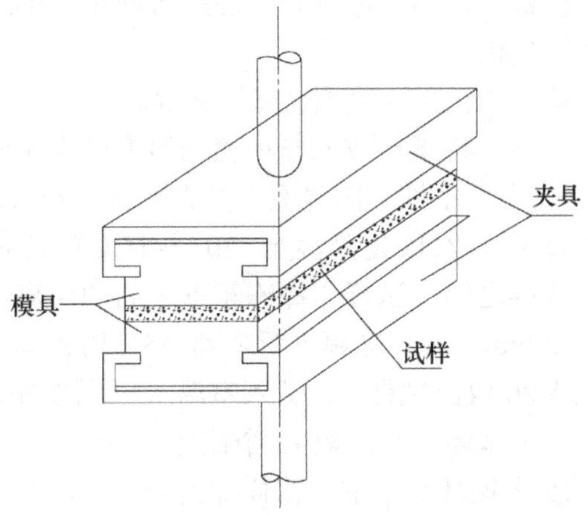

图 8-14 测定垂直平面抗拉强度的装置

（2）结果计算：垂直平面抗拉强度 R_L（MPa）按下式计算，精确至 0.01MPa。

$$R_L=P_L/A$$

式中，P_L 为试样受拉破坏荷载（N）；A 为试样面积（mm^2）。

试验结果取 5 块试样的算术平均值。

3）抗冲击性能 仪器及设备：抗冲击架、冲击锤。

试样：试样尺寸为 500mm×400mm×$e$mm；试样数量为 5 块。

步骤：将试样固定在冲击架上，冲击锤从某一高度自由下落。观察试样受冲击部位及背面是否有贯穿裂纹，试样未出现贯穿裂纹时的极限高度即抗冲击值（mm）。

结果处理：测定结果应包括试样厚度、锣锤高度及受冲击表面凹坑的直径。

4）握钉力的测定 仪器及设备：万能试验机、试验钉、夹具。

试样：试样尺寸为 50mm×50mm×$e$mm；试样数量为 5 块。

步骤：在试样对角线交点预先钻直径约为木螺钉直径 0.8 倍的孔，孔深为试件厚度的 0.8～0.9 倍；木螺钉应垂直拧入，深度为（10±1）mm，不得用锤钉。以 50N/s 匀速荷载，拔出木螺钉，记录极限荷载值，即握钉力。

结果评定：取 5 块试样结果的算术平均值作为握钉力，精确至 10N。测定结果应注明：预先钻孔的直径、深度（mm）和木螺钉的拧入深度（mm）。

8.3.5.3 抗冻性测试

设备及仪器：冷冻箱（温度可降至-30℃）、万能试验机。

试样同抗折强度测试试样裁取。

步骤：将试样放入与环境同温度的水中浸泡48h，取出后用拧干的湿毛巾擦去表面附着水，将试样横立放入预先降温至-20～-15℃的冷冻箱中。试样之间、试样与冷冻箱壁之间的距离不应少于20mm。待冷冻箱重新降到-15℃时，记录时间，经2h取出试样，再放入室温水中，融2h，如此为一个循环。共冻融15个循环。

15个循环后，取出试样擦去表面水，然后测定冻融后抗折强度。

结果计算：抗冻性按下式计算，计算结果精确至1%。

$$M_{15}(\%)=\frac{R_0-R_{15}}{R_0}\times 100$$

式中，M_{15}为试样冻融15次后的抗折强度损失率；R_{15}为试样冻融15次后的平均抗折强度（MPa）；R_0为试样浸水24h后的平均抗折强度（MPa）。

8.3.5.4 生物质与水泥界面结合情况测试

按照电镜要求处理样品，对生物质与水泥的结合情况进行测试。

例如，稻壳纤维-水泥复合材料表面形貌观察采用扫描电子显微镜，将试样机械破坏后，选取无机械印记的表面在15kV电压下进行观察。

8.3.5.5 阻燃性能测试

建筑材料和制品燃烧性试验规范对保证建筑物内人的生命安全和财产安全是极为重要的。美国和加拿大对建筑材料燃烧性能的要求和试验方法基本相似，他们主要针对材料的燃烧性、火焰传播进行检测；欧盟于2001年颁布了新的燃烧性分级体系，该分级体系包括专门针对铺地材料部分，以及针对其他所有建筑构件材料和产品部门；日本采用锥形量热计法（ISO 5660-1—2015）将内装饰材料分为不燃、准不燃和阻燃材料3个等级；我国于2007年开始执行的建筑材料燃烧性能分级新体系，主要借鉴了欧盟分级体系，参见国家标准GB 8624—2006。

生物质-无机质复合材料是由可燃成分和不燃成分组成的复合材料，大致属于难燃性材料。对于这类材料的燃烧性能，采用GB 8624—2006所规定的几种方法进行测试和产品检验。在科研过程中，采用锥形量热仪测试这类复合材料的热释放、烟释放、质量损失等重要参数。

锥形量热仪法测试生物质纤维-水泥复合材料阻燃性能方法如下。

试样按100mm×100mm×$e$mm裁取，e不大于10mm。

将试样置于锥形量热仪样品池中，进行燃烧性能测试，保存所需要的数据。并根据保存的数据作图。

8.3.5.6 热物理性质与保温隔热性能测试

材料的热物理性质是由比热容、导热系数、导温系数等热物理参数来综合表征的。这些热物理参数是评价材料的保温隔热性能不可缺少的数据指标。

1）比热容和热容[①] 使某物体的温度变化1℃所吸收或放出的热量称为该物体的热容。设θ_0为初始温度，θ_1为终了温度，Q为物体升高$\Delta\theta$（$=\theta_1-\theta_0$）所吸收的热量，则热容用$Q/\Delta\theta$（kJ/℃）来表示。物体单位质量（1kg）的热容称为热容系数。

设质量为m(kg)的物体的热容为$Q/\Delta\theta$(kJ/℃)，该物体的热容系数C[kJ/(kg·℃)]如下。

$$C=\frac{Q/\Delta\theta}{m}=\frac{Q}{m(\theta_1-\theta_0)}$$

$$Q=C\cdot m(\theta_1-\theta_0)$$

比热容为单位质量的某种物质温度变化1℃所吸收或放出的热量。在工程上对于固体或液体通常采用质量热容，即1kg物质温度升高或降低1℃所吸收或放出的热量，其单位为kJ/(kg·℃)或kJ/(kg·K)。因此，质量热容就是上述定义的热容系数，在工程应用中，它们是一致的。比热容通常用符号C来表示。现在，人们通常将实际测量得到某物质的热容系数作为该物质的比热容。

材料的比热容主要取决于矿物成分和有机质的含量。一般，无机材料的比热容比有机材料的比热容小。

① 1carnot=1J/k

2）导热系数 导热系数表征物体以传导方式传递热量的能力，是极为重要的一个热物理量，它直接反映材料导热能力的大小。导热系数的基本定义为：以物体两个平行的相对面之间的距离为单位，温度差恒定为1℃时，单位时间内通过单位面积的热量。导热系数通常用符号 λ 表示，单位为 W/(m·K)。

为了求得材料在稳定状态下传导的热量，可以将其平板的一面加热到一定的温度，并保持该面与相对面之间的温度差，求得此条件下的测量值。保持这种平衡所必需的热量，即传导的热量 Q 用下式表示。

$$Q=\frac{\lambda\cdot A\cdot t(\theta_2-\theta_1)}{d}$$

式中，λ 为导热系数[W/(m·K)]；A 为垂直于热流方向的面积（m^2）；t 为时间（h）；θ_1 和 θ_2 为低温面和高温面的温度（℃）；d 为两面间的距离。

因此，导热系数 λ 可由下式表示。

$$\lambda=\frac{Q\cdot d}{A\cdot t(\theta_2-\theta_1)}$$

保温材料也称为隔热材料，现行国家标准（GB/T 4272—2008）规定，平均温度在350℃以下时导热系数低于 0.12W/(m·K)的材料称为保温材料。

3）导温系数 导温系数又称热扩散率。它的物理意义是表征材料在冷却或加热的非稳定状态过程中，各点温度迅速趋于一致的能力。导温系数越大，则各点达到同一温度的速度就越快。导温系数通常用符号 α 来表示，其单位为 m^2/s。

导温系数与材料的导热系数成正比，与材料的体积热容成反比，即

$$\alpha=\frac{\lambda}{c\cdot\rho}$$

式中，α 为导温系数（m^2/s）；λ 为导热系数[W/(m·K)]；c 为比热容[kJ/(kg·K)]；ρ 为密度（kg/m^3）；$c\cdot\rho$ 为体积热容[$kJ/(m^3\cdot K)$]。

导温系数是在非稳定传热过程中决定热交换强度和传递热量快慢程度的重要指标。导温系数可以由导热系数、比热容和密度计算，也可由实验直接测定。材料的导温系数越小，在相同的外部环境下，热量在该材料内的传播越慢，热量穿透材料的能力越差，是反映材料保温隔热性能的重要物理量。导温系数越小，材料的保温隔热性能越好。

4）蓄热系数 蓄热系数是表征在周期性外施热作用下，材料储蓄热量能力的热物理参数。蓄热系数越大，则材料在周期性热作用下表面温度的波动就越小，材料的热稳定性越好。蓄热系数通常用符号 S 来表示，其单位为 $kJ/(m^2\cdot h\cdot K)$。

材料蓄热系数的大小取决于导热系数、比热容和密度及热作用的周期，可按下式计算。

$$S=\sqrt{\lambda\cdot c\cdot\rho\frac{2\pi}{T}}=10.53\sqrt{\frac{\lambda\cdot c\cdot\rho}{T}}$$

在建筑的围护结构中，许多热现象都有一定的周期波动性。例如，室外空气温度和阳光辐射在24h的变化、供暖的间歇性引起的室温变化等，均能引起周期性的热波动。因此，蓄热系数是建筑中设计围护结构热稳定性所不可缺少的一个重要的热物理指标。

5）热物理参数的测量 用于测定建筑材料物理参数的测量方法可分为稳定热流法和非稳定热流法两类。

稳定热流法的测量条件为：经过材料试样的热流，在数值上和方向上都不随时间而变，即温度场是稳定的。这样，可以根据稳定热流强度、温度梯度和导热系数之间的关系来确定导热系数。基于稳定热流状态的测量方法又可分为三种类型，即平板法、圆管法和球体法。

稳定热流法的原理比较简单，计算方便，因而较容易使导热系数实现数字显示。然而，该方法为获得稳定的热流，需要有复杂、昂贵的实验装置，而且实验时间较长，不适于含水材料的测量。此外，对试件表面的平整度要求非常严格，否则就难以保证测试精度。由于稳定热流法存在这些缺点，因此不能很好地满足当前材料热物理参数测定和研究的需要。

随着科学技术的进步，国内外对非稳定热流法的研究进展很快，迄今已提出许多种方法，其中以“热脉冲法”在国内应用得比较普遍。

热脉冲法具有以下特点：①装置简单；②试验时间短，一次试验 10min 左右；③一次试验中可同时测出材料的导热系数、导温系数和比热容；④具有较高的准确度，综合各种误差因素，在最不利情况下的误差也小于 5%；⑤测量范围广，可测定密度为 30～3000kg/m^3、颗粒尺寸在 20mm 以下的干燥和潮湿的块状或粉状的建筑材料和保温

材料。热脉冲法的基本原理为：以非稳定热流原理为基础，在试验材料中给以短时间加热，测量试验材料温度发生的变化，根据其变化特点，通过联立导热微分方程的解析，快速求出被测材料的导热系数、导温系数和比热容等各项热物理参数。

8.3.5.7 声学性能测试

建筑隔声涉及减少噪声对人体健康的危害及对居住者生活影响的问题，因此对所采用的建筑材料必须要求具有隔声功能，所谓隔声就是利用围护结构材料把声音限制在某一范围内，声源经过固体向四周传播的噪声称为固体声，声源经过空气向四周传播的噪声称为空气声，建筑设计中的隔声主要是针对空气声与固体声。用轻型人造板做隔墙时要求板材容重大且要有一定的厚度，这样声波衰减也较大，隔声效果就较好。

1）吸声性能测试 按照国家标准《驻波管法吸声系数与声阻抗率测量规范》GBJ 88—1985执行，适用于法向入射时吸声系数和法向声阻抗率测量。试件横截面积为圆形。低频时使用大管，试件直径为 96mm，频率为 90～2075Hz。高频时使用小管，试件直径为 30mm，频率为 1500～6641Hz，截面面积偏差不应大于 0.2%。频率的设置可设倍频，如 125Hz、250Hz、500Hz、1000Hz 等；也可按 1/3 倍频设置。每次试验时要首先进行话筒校准，以便保证数据的准确。驻波管的测量，必须先后在声压极大和声压极小两处进行，一般应先将探测器移动到声压极大处进行测试，再把探测器移动到声压极小处进行调试，再把探测器移动到声压极小处进行测量，每个频率测 3 次。

2）隔声性能 隔声是阻止声波透过的措施，隔声性能以隔声量来表示，隔声是指一种材料入射声能与透过声能相差的分贝数，其值愈大，隔声性能愈好。

人们要隔绝的声音按其传播途径可分为空气声（由于空气的振动）和固体声（由于固体撞击或振动）两种。对空气声，根据声学中的“质量定律”，墙或板传声的大小，主要取决于其单位面积质量，质量越大，越不易振动，则隔声效果越好，因此应选择密实、沉重的材料（如黏土砖、钢筋混凝土、钢板等）作为隔声材料。对固体声隔绝最有效的措施是采用不连续的结构处理，即在墙壁和承重梁之间、房屋的框架和墙板之间加弹性衬垫如毛毡、软木、橡皮等材料或在楼板上加弹性地毯。注意：吸声性能好的材料，一般为轻质、疏松、多孔的材料，不能简单把吸声材料作为隔声材料来使用。

8.3.6 合成高聚物改性稻壳–水泥复合材料

8.3.6.1 实验材料与设备仪器

实验材料：黑龙江本地的稻壳、P·O 32.5R 早强型普通硅酸盐水泥（天鹅牌）、乳白胶、异氰酸酯胶。

实验仪器：DHG-9140 型电热恒温干燥箱，用于原料的干燥；热压机，用于材料成型；微机控制电子万能试验机，RGT-20A 型；JM 电子计数天平；DRM 导热系数测定仪；FTT Standard 锥形量热仪。

8.3.6.2 稻壳-水泥复合材料的制备

将相应助剂加入水中，与稻壳纤维（将稻壳粉碎后，使其全部通过 20 目筛）在搅拌机中混合，搅拌 20min 后，加入水泥，再搅拌 20min。均匀铺装后，在 2.0MPa 压力下冷压成尺寸为 400mm×420mm×15mm 的板材，并保压 72h。进行 28 天的喷水养护后，切割成规定尺寸，测试性能。实验中原料的配比见表 8-11。

表 8-11 制备稻壳纤维-水泥复合材料时原料的配比

编号	水泥/%①	稻壳/%①	水/%①	乳白胶/%①	CMC-g-PMMA/%①	异氰酸酯胶/%①
1	90.0	10	30	—	—	—
2	80.0	20	30	—	—	—
3	70.0	30	30	—	—	—
4	60.0	40	30	—	—	—
5	79.0	20	30	1.0	—	—
6	77.0	20	30	3.0	—	—
7	75.0	20	30	5.0	—	—
8	79.5	20	30	—	0.5	—
9	79.0	20	30	—	1.0	—
10	77.0	20	30	—	3.0	—
11	75.0	20	30	—	5.0	—
12	77.0	20	30	—	—	3.0
13	75.0	20	30	—	—	5.0
14	73.0	20	30	—	—	7.0

注：①占所有干物质总质量的百分数

8.3.6.3 稻壳-水泥复合材料的性能测试

（1）稻壳纤维-水泥复合材料的抗折强度、密度按 JC/T 411—2007 标准测试。

（2）稻壳纤维-水泥复合材料的声学性能按照GBJ 88—1985标准（驻波管法吸声系数与声阻抗率测量规范）测试。

（3）稻壳纤维-水泥复合材料的表面形貌观察采用扫描电子显微镜，将试样机械破坏后，选取无机械印记的表面在15kV电压下进行观察。

（4）稻壳纤维-水泥复合材料的阻燃性能试验，参照ISO5600-1—2015标准，采用FTT Standard锥形量热仪进行测试。采用的热辐射流量分别为50kW/m^{2}和80kW/m^2，所对应的温度分别为724℃和861℃。

（5）稻壳纤维-水泥复合材料的保温性能测试，参照JGJ51—2002标准测试导热系数。

（6）稻壳纤维-水泥复合材料的耐久性能测试，参照JC/T 411—2007标准测试。

8.3.6.4 结果与讨论

1）稻壳-水泥复合材料的密度与力学性能

稻壳-水泥复合材料密度及力学性能测试结果见表8-12。

表8-12 不同稻壳-水泥复合材料的密度及抗折强度与抗折弹性模量

编号	密度/(kg/m^3)	抗折强度/MPa	抗折弹性模量/GPa
1	1599	4.29	4.35
2	1234	2.78	2.71
3	—	1.97	1.78
4	1135	1.41	0.82
5	1459	3.83	3.88
6	1379	5.07	4.48
7	1003	2.27	1.29
8	1387	2.74	1.50
9	1524	6.32	7.34
10	1341	5.72	5.91
11	1409	3.59	3.41
12	—	2.05	3.43
13	1141	2.27	3.24
14	1163	2.15	2.34

随着稻壳添加量的升高，复合材料的密度和抗折强度、抗折弹性模量都呈明显降低的趋势（试样1～4）。水泥密度约为3000kg/m^3，由表8-12可知稻壳-水泥复合材料的密度为水泥的1/3～1/2。可见稻壳的添加能够有效降低稻壳-水泥复合材料的密度，但是对复合材料的力学性能有明显的不利影响。

加入乳白胶、CMC-g-PMMA和异氰酸酯胶等高分子助剂以后，材料的力学性能有不同程度的提高。高分子助剂以乳液形式添加后，均匀分散在复合材料中。随着水化反应的进行，水分不断减少，高分子助剂析出形成聚合物膜，在复合材料中填补空隙，形成网状结构，提高了复合材料的强度，改善了稻壳与水泥的结合。在稻壳-水泥复合材料发生机械损伤时，网状的聚合物膜结构也可有效阻止裂缝的进一步扩大，使材料保持一定的强度。

在稻壳纤维含量为20%的稻壳-水泥复合材料中添加CMC-g-PMMA后，抗折强度有了大幅度提高，当CMC-g-PMMA添加量为1%时，抗折强度由2.74MPa提高到6.32MPa，甚至高于水泥含量和复合材料密度更大的未改性稻壳-水泥复合材料（试样1）。再增加CMC-g-PMMA的添加量，复合材料的力学性能反而下降。这可能是因为当CMC-g-PMMA含量较少时，CMC-g- PMMA主要分布在稻壳和水泥的界面，起到了偶联增强的作用，同时封闭稻壳中的水溶性抽提物而有利于水泥的水化作用；而当CMC-g -PMMA的含量过高时，它可能在稻壳和水泥之间形成弱界面层，从而使复合材料的力学性能反而下降。

在稻壳含量为20%的稻壳-水泥复合材料中添加乳白胶后，当乳白胶添加量为3%，复合材料具有最好的抗折强度和模量（表8-12，试样5～7）。加入乳白胶后，抗折强度的提高幅度不及添加CMC-g-PMMA的，这说明乳白胶对稻壳-水泥界面相容性的改善弱于CMC-g-PMMA。CMC-g-PMMA是一种更有效的稻壳-水泥复合材料改性剂。对比发现，添加异氰酸酯胶MDI使稻壳-水泥复合材料的抗折强度有所降低，而使抗折弹性模量有所升高，但影响幅度不大，这也可能与实验条件下难以很好地控制异氰酸酯的水解有关。

2）稻壳-水泥复合材料的表面形貌观察

图8-15为稻壳含量20%的稻壳-水泥复合材料的扫描电镜照片。稻壳被水泥包裹着，但有一些缝隙存在，稻壳、水泥之间结合不是很好。在添加1% CMC-g-PMMA复合材料的扫描电镜照片（图8-16）中，可明显观察到稻壳被水泥完全包埋，结合得非常紧密，提高了水泥复合材料的性能。在添加3%乳白胶复合材料的扫描电镜照片（图8-17）中，可看出稻壳部分被包埋，稻壳、乳白胶、水泥之间结

合得比较松散，对材料的力学性能的提高作用有限。

图 8-15　2 号样复合材料的扫描电镜照片

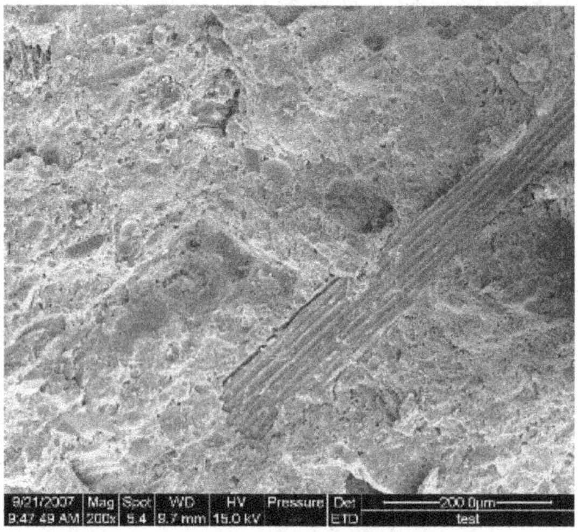

图 8-16　9 号样复合材料的扫描电镜照片

图 8-17　6 号样复合材料的扫描电镜照片

改善稻壳与水泥之间的相容性和抑制稻壳中阻凝成分的析出均可对稻壳-水泥复合材料起到增强作用。扫描电镜照片中水泥与稻壳结合紧密，说明 CMC-g-PMMA 增加了稻壳与水泥的相容性。图 8-15 中，加入稻壳后水泥的结晶较疏松，水泥的水化过程受到影响，水化反应不完全。图 8-16 中水泥结晶较致密，水泥水化较好，说明 CMC-g-PMMA 抑制了稻壳中阻凝成分的析出，改善了水泥的水化环境。另外，CMC-g-PMMA 能够利用大分子上的羧基等基团与钙离子形成配合物，改变了水泥的水化过程，加速水泥结晶，也对复合材料起到了增强作用。

乳白胶与 CMC-g-PMMA 均为高分子型助剂。在稻壳-水泥复合材料中均能起到增加稻壳与水泥的相容性、改善水泥的水化环境、与钙离子形成配合等作用。但是乳白胶是水溶性高分子，在稻壳-水泥复合材料的养护过程中也会迁移渗出，使用量较 CMC-g-PMMA 高。乳白胶的主要成分为乙酸乙烯类单体的聚合物，CMC-g-PMMA 分子是天然纤维素的六元环状结构，后者比前者更易与天然纤维结合，起到表面改性的作用。图 8-17 中，稻壳与水泥结合较疏松，说明乳白胶改善水泥与稻壳相容性的作用没有 CMC-g-PMMA 好，并且对于阻止具有阻凝作用的糖类的析出作用也较 CMC-g-PMMA 差，即乳白胶没能很好地阻塞糖类析出的孔道，也说明乳白胶和稻壳的结合与表面改性作用较 CMC-g-PMMA 差。图 8-17 中水泥结晶之间结合也比较疏松，这也可能与乳白胶同钙离子的配合作用差有关。

3）稻壳-水泥复合材料的声学性能　稻壳-水泥复合材料的声学性能测试结果见图 8-18。添加稻壳可以有效地改善材料的吸声性能。如图 8-18 所示，在 500Hz 处，不同稻壳含量的材料对声波的吸收强度相似，但在更高的声波频率下，增加稻壳含量对于复合材料吸收声波作用的影响增大。在 1000Hz 时，不同稻壳含量的复合材料均有一个明显的吸收峰。稻壳含量分别为 10%、20%、30%、40%的复合材料的声波吸收系数依次为 41%、45%、49%、67%。在 4000Hz 时，稻壳含量为 10%的复合材料的声波吸收系数高达 92%。可见，稻壳-水泥复合材料对于声波的吸收与复合材料中秸秆纤维的含量有关，同时也与声波的频率有关。因此，可以根据实际需要，改变复合材料中稻壳的含量，制备符合需要的稻壳-水泥复合材料。

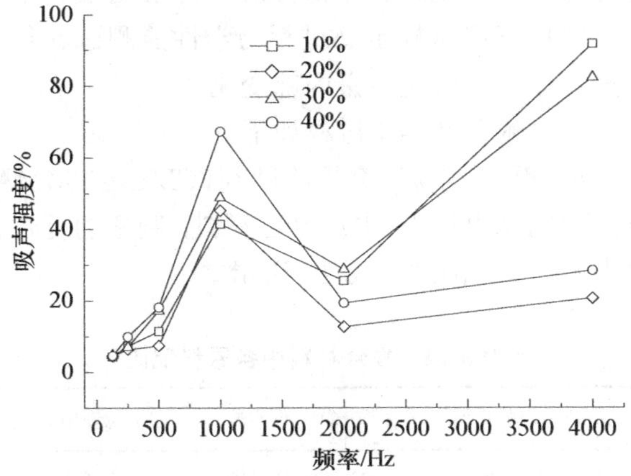

图 8-18 不同稻壳比例复合材料的吸声系数

4）稻壳-水泥复合材料的燃烧性能 稻壳-水泥复合材料阻燃性能试验，参照 ISO5600 标准，采用 FTT Standard 锥形量热仪进行测试。采用的热辐射流量分别为 50kW/m^2 和 80kW/m^2，所对应的温度分别为 724℃和 861℃。图 8-19～图 8-21 分别为辐照功率为 80kW/m^2 时，稻壳-水泥复合材料的热释放速率（RHR）曲线、残余物质量曲线和总热释放量（THR）曲线。试样 2 和 4 分别为稻壳纤维含量为 20%和 40%的稻壳-水泥复合材料，试样 11 与 2 组成类似，区别在于试样 11 中加入了 5%的高聚物助剂。

稻壳-水泥复合材料的热释放速率呈无规则的波动并逐渐升高。其中稻壳纤维加入量多的与稻壳纤维加入量少的复合材料相比，前者的热释放速率快，而后者的热释放速率慢，因为释放的热量主要与稻壳纤维燃烧产生的热量有关，水泥固化物失水吸热的影响相对较小。稻壳纤维水泥复合材料受到上述强烈的热辐射时，只发生表面碳化，无明火燃烧现象，应属于阻燃性能优异的难燃类材料，或者准不燃材料。

在辐照功率 50kW/m^2（对应于试样表面温度 724℃）条件下，各个试样在 300s 内均不产生有焰燃烧。将试样放入锥形量热仪，在 724℃条件下，材料既无热释放，也没有烟气产生，说明材料不燃，有很好的防火性能；质量损失为 20%，推测主要是材料中水分挥发和稻壳热解产生挥发性小分子化合物所致。

在辐照功率 80kW/m^2（试样表面温度 861℃）条件下，材料 240s 前均无有焰燃烧现象，240s 之后材料可以燃烧并释放热量。试样 4 与试样 11 的 RHR 曲线（图 8-19）较为相近，虽有明显的放热峰，但峰值较低，而试样 2 的 RHR 曲线较为平缓。说明稻壳含量增加和添加 CMC-g-PMMA 都会使材料阻燃性下降，但三种试样的 RHR 峰值都很低，均有较低的热释放速率。通过比较发现，当热辐射时间为 800s（图 8-20）时，试样 2、4、11 的剩余质量百分比分别为 88.7%、76.9%、81.7%，此时为无机物的烧结现象与有机物的成炭现象并存。图 8-21 为 THR 曲线对比图，试样 2 的热释放量较低，这主要是因为试样 2 的水泥含量相对较高而有机物（稻壳和高分子助剂）含量较低。

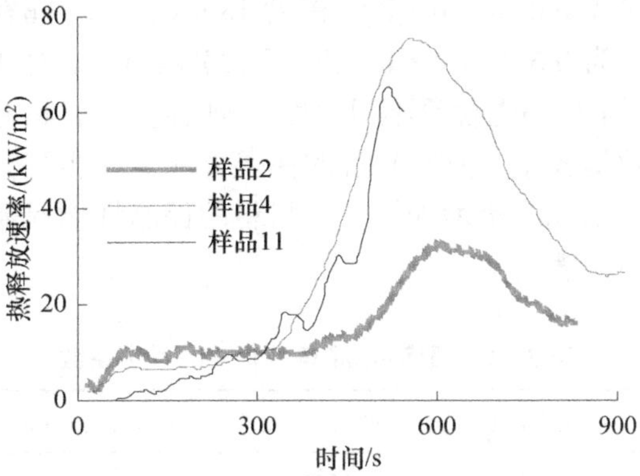

图 8-19 辐照功率为 80kW/m^2 时的热释放速率曲线

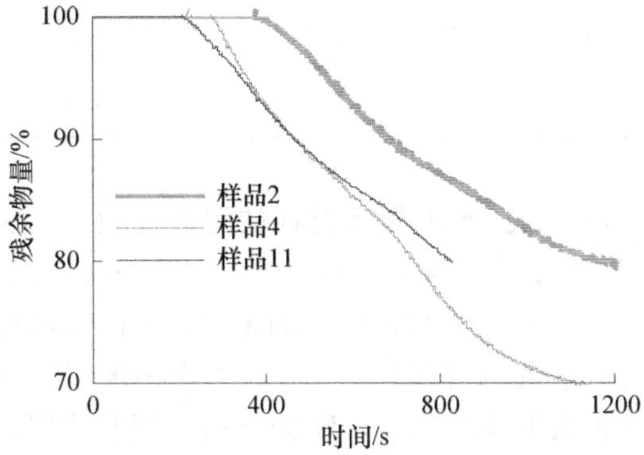

图 8-20 辐照功率为 80kW/m^2 时的残余物质量曲线

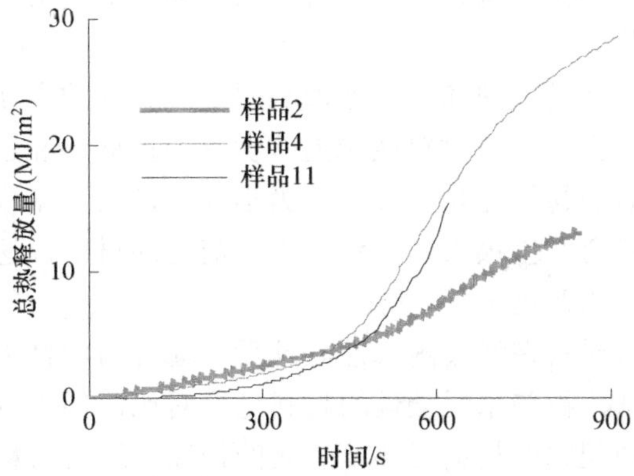

图 8-21 辐照功率为 80kW/m^2 时的总热释放量曲线

5）稻壳-水泥复合材料的保温性能　材料的导热系数是评价材料保温隔热性能不可缺少的数据指标。

4种稻壳含量不同的稻壳-水泥复合材料的导热系数测试结果见表8-13。导热系数是衡量材料保温性能的重要数据，导热系数越小，材料的保温性能越好。4种稻壳含量不同的稻壳-水泥复合材料的导热系数为0.22～0.26W/(m·K)，是水泥材料导热系数［0.9W/(m·K)左右］的1/4～1/3，也远低于其他常用墙体材料的导热系数，如普通混凝土为1.51W/(m·K)（密度2300kg/m^3），普通红砖为0.81W/(m·K)（密度1800kg/m^3），陶粒混凝土为0.63W/(m·K)（密度1300kg/m^3）。对比可见，4种稻壳含量不同的稻壳-水泥复合材料导热系数均较小，具有较好的保温性能。在实验范围内，稻壳含量增加，复合材料的保温性能提高，但不显著。

表8-13　稻壳-水泥复合材料的导热系数

编号	稻壳含量/%	表观密度/(kg/m^3)	导热系数/［W/(m·K)］
1	10	1680	0.25
2	20	1360	0.26
3	30	1180	0.23
4	40	1030	0.22

6）稻壳-水泥复合材料的耐久性能　稻壳-水泥复合材料作为一种新型的建筑材料，对环境和可持续发展都有特殊的意义，国内外对这类新型的建筑材料都有研究，其力学强度已经可以用于非承重墙的隔板、装饰材料、简易房等，但其耐久性能还有待研究。任何一种材料的耐久能力，都会影响它是否能转化为产品，实现其经济价值。

冻融处理和干湿处理是耐久性研究的主要项目，也是衡量材料性能是否优良的指标，经过处理后的材料在物理尺寸、力学性能、内部结构上可能会发生很大的变化，不同配比的材料，这些性能的变化也会不同。

材料在经过耐久性处理后，通过力学性能的测试，再与未经处理的材料进行对比，便可看出不同配比的材料受环境影响的程度，这对材料的使用年限及使用环境都有指导作用。

本实验制备了助剂加入量不同的稻壳-水泥复合材料，分别进行干湿处理、冻融处理、不处理，然后三组试样全部进行力学性能测试、尺寸测量、体视显微镜拍摄内部变化。

（1）耐久性实验过程如下。

A. 稻壳、水泥、高聚物助剂（CMC-g-PMMA）不同配比制出稻壳-水泥复合材料，制备的复合材料中各原料配比如表8-14所示。

表8-14　复合材料中各原料配比

样品编号	水泥/%①	稻壳/%①	水/%①	CMC-g-PMMA/%①
1	79.5	20	30	0.5
2	79.0	20	30	1.0
3	78.5	20	30	1.5

注：①占所有干物质总质量的百分数

B. 制备的复合材料进行28天养护。用无齿锯进行切割，试样切成（16*e*+50）mm×100mm×*e*mm的试件。每个试样切15块，每5块一组，分成三组分别进行干湿处理、冻融处理、不处理。

C. 处理之前分别对干湿处理、冻融处理材料进行标记，并用螺旋测微计进行厚度测量，精确到0.001mm。

D. 进行试样的处理。

a. 冻融处理：试样置于（20±5）℃水中浸泡48h，取出后擦净试样表面浮水；置于-20～-15℃冷冻实验机中冻2h，然后在（20±5）℃条件下融2h，组成一个循环，共计15个循环。

b. 干湿处理：试样置于（20±5）℃水中浸泡24h，用滤纸吸干表面水分，置于（65±5）℃的干热烘箱中烘6h；再置于（20±5）℃的水中浸泡2h，然后进行烘干。此为1个循环，共计25个循环。

E. 将冻融处理后的试样进行厚度测量，取3块试样的算术平均值。

F. 将干湿处理后的试样进行厚度测量，取3块试样的算术平均值。

G. 将制备好的稻壳-水泥复合材料按JC/T 411—2007的规定进行力学性能测试。试验结果取3块试样的算术平均值，若有与平均值相差20%以上的数据应剔除，再取其算术平均值，结果精确至0.1MPa。

H. 进行体视显微镜观察。

（2）耐久性实验结果如下。

A. 冻融处理前后、干湿处理前后的试样厚度测量结果如表 8-15、表 8-16 所示。

表 8-15 复合材料（冻融处理）厚度测量结果

编号	处理前/mm	处理后/mm	变化量/mm
1	11.671	12.025	+0.354
2	10.814	10.858	+0.044
3	10.127	10.138	+0.011

表 8-16 复合材料（干湿处理）厚度测量结果

编号	处理前/mm	处理后/mm	变化量/mm
1	11.619	11.648	+0.029
2	10.310	10.329	+0.019
3	10.146	10.166	+0.020

B. 未处理的试样、冻融处理后和干湿处理后的力学性能测试结果如表 8-17～表 8-19 所示。

表 8-17 复合材料（未处理）力学性能测试结果

编号	抗折强度/MPa	弹性模量/GPa
1	1.31	2.07
2	8.16	8.71
3	7.30	5.78

表 8-18 复合材料（冻融处理）力学性能测试结果

编号	抗折强度/MPa	弹性模量/GPa
1	0.94	0.97
2	4.74	6.41
3	4.01	5.49

表 8-19 复合材料（干湿处理）力学性能测试结果

编号	抗折强度/MPa	弹性模量/GPa
1	1.29	1.98
2	6.09	5.54
3	5.02	4.28

C. 体视显微镜观察结果。

图 8-22～图 8-24 分别是未处理、冻融处理和干湿处理试样体视显微镜图。

1 2 3

图 8-22 试样 1～3 未处理的体视显微镜图

1 2 3

图 8-23 试样 1～3 冻融处理的体视显微镜图

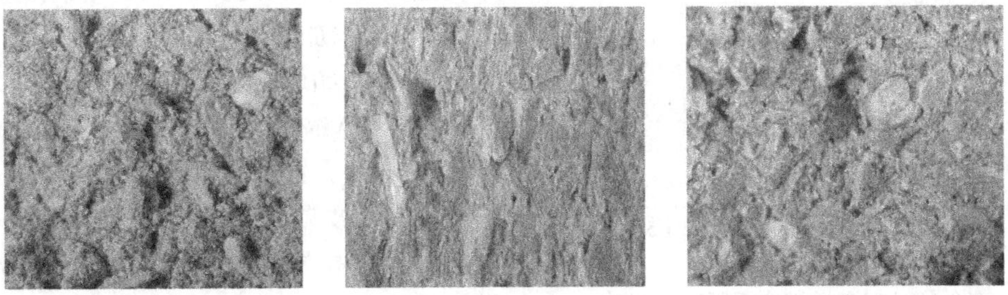

1 2 3

图 8-24 试样 1～3 干湿处理的体视显微镜图

（3）耐久性实验结果分析和讨论如下。

A. 冻融、干湿处理对试样厚度变化量的影响：高聚物助剂（CMC-g-PMMA）含量不同的复合材料经过冻融、干湿处理的厚度变化如图 8-25 所示。

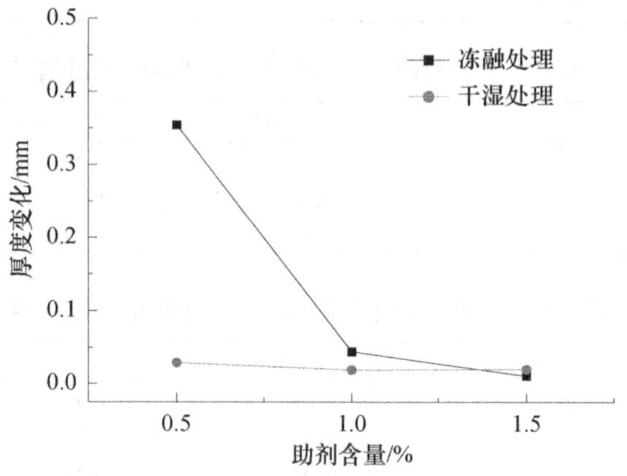

图 8-25 助剂含量对复合材料厚度变化量的影响

从图 8-25 可以看出，高聚物助剂的添加量对冻融处理后厚度变化影响较大，且随着助剂的添加量增大，试样的厚度变化量在减小，说明助剂有效地提高了水泥基复合材料的韧性，使其内部结合更为紧密，抵抗外界环境影响的能力提高，助剂的添加量对干湿处理的试样厚度变化量影响较小。尺寸变化量影响着稻壳-水泥复合材料的实际应用，而尺寸的变化主要来自于干湿、冷热的自然环境。助剂含量为 1.0%的稻壳-水泥复合材料尺寸变化较小，抗干湿、冻融能力较强。

B. 冻融、干湿处理对复合材料力学抗折强度的影响：高聚物助剂添加比例不同，未处理、冻融处理、干湿处理后稻壳-水泥复合材料力学抗折强度的变化见图 8-26。

在稻壳-水泥复合材料的耐久性研究中，高聚物能有效提高水泥基复合材料的韧性、抗冲击强度和抗裂性，通过不处理、冻融处理、干湿处理后，研究其力学抗折强度，从而确定耐久性最佳的高聚物助剂添加比例。

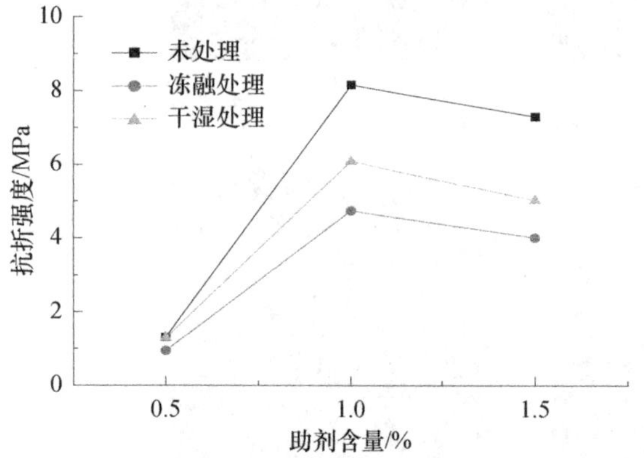

图 8-26 助剂含量对复合材料抗折强度的影响

从图 8-26 可以看出，高聚物助剂的比例为 0.5%～1.0%时，未处理试样、冻融处理试样、干湿处理试样的抗折强度上升明显；高聚物助剂比例为 1.0%时，未处理试样、冻融处理试样的抗折强度达到最大值；1.0%～1.5%时未处理试样、冻融处理试样、干湿处理试样的抗折强度都有一定程度下降。耐久性最佳时的高聚物助剂含量为 1.0%。

C. 冻融、干湿处理对复合材料内部结合情况的影响：从图 8-22 可以看出，高聚物助剂的添加量不同，试样的内部紧密程度不同，高聚物助剂为 0.5%时（试样 1）水泥和稻壳结合疏松，高聚物助剂为 1.0%时（试样 2）结合紧密，高聚物助剂为 1.5%时（试样 3）结合较紧密，但裂纹多。高聚物助剂含量为 1.0%时内部结合较好。

从图 8-23 可以看出，经过冻融处理后，稻壳-水泥复合材料试样均出现裂纹、孔洞。试样 1 和 3 结构出现较大变化，试样 2 变化较小，可说明高聚物助剂为 1%时材料的抗冻融性较强。

从图 8-24 可以看出，经过干湿处理后材料都明显出现空穴，除了在处理过程中水泥、稻壳的组分流失外，还可能是在浸泡的过程中部分高聚物助剂被水冲洗掉了的缘故，使材料内部结构出现变化，试样 2 相对而言结合较紧密，空穴较少，故高聚物助剂加入量为 1.0%时试样 2 的抗干湿能力较强。

综上所述，试样 2 的未处理、冻融处理、干湿处理后，内部结构都比试样 1、3 更为紧密，结构变化相对较小，这说明高聚物助剂含量为 1.0%时改善材料内部结构最合适。由此得出高聚物助剂含量为 1.0%时，材料 2 试样的内部结构受环境影响最小。

小结：添加高聚物助剂 CMC-g-PMMA 可大幅度提高稻壳-水泥复合材料的抗折强度和弹性模量，当稻壳含量为 20%，高聚物助剂 CMC-g-PMMA 添加量为 1%时，抗折强度和弹性模量分别为未添加助剂试样的 2.27 倍和 2.71 倍。加入 CMC-g-PMMA 后，稻壳纤维与水泥结合得更加紧密，提高了复合材料的力学性能。提高稻壳含量后，在声波频率为 1000Hz 左右时，复合材料的吸声系数提高显著，稻壳含量为 40%的试样的吸声系数达到 0.67。制备的稻壳-水泥复合材料为不燃性材料，具有良好的保温性能。耐久性能实验研究表明高聚物助剂 CMC-g-PMMA 加入量为 1% 时，从尺寸稳定性、抗折强度、内部结合方面受冻融、干湿处理影响较小，耐久性能较好。

8.3.7 苯丙乳液改性稻壳-水泥复合材料

苯丙乳液（styrene-acrylic emulsion，SAE）是由苯乙烯与丙烯酸酯共聚获得的，该共聚反应较易进行。苯乙烯的 T_g 为 100℃，属于硬单体，所以需与比较软的丙烯酸酯类单体如丙烯酸乙酯或丙烯酸丁酯等共聚。苯丙乳液的性价比合理，且由于聚合物结构中苯环的作用，固化成膜后具有极高的致密性，提供涂料成品良好的封闭性和耐碱性，因此既可以用于内墙涂料，又可以用于外墙涂料，是我国和欧洲建筑涂料中使用最多的乳液之一。作为水泥砂浆改性剂，SAE 的加入对水泥砂浆的抗折强度具有明显的改善作用。本章利用苯丙乳液对稻壳-水泥复合材料进行改性，然后进行力学性能测试，用傅里叶变换红外光谱（FT-IR）、XRD、SEM 对其进行表征，并对其改性机制进行分析。

8.3.7.1 实验材料与设备仪器

1）实验材料 哈尔滨本地的稻壳、天鹅牌普通硅酸盐水泥（P·O 42.5R 早强型）、苯丙乳液（其主要指标见表 8-20）、Na_2SiO_3、聚乙烯醇（PVA）纤维（其性能指标见表 8-21）、自来水。

表 8-20 苯丙乳液的主要指标

名称	固含量/%	pH	平均粒径/nm	黏度/MPa·s
苯丙乳液	47	7.0～9.0	125	500～1500

表 8-21 PVA 纤维的性能指标

名称	直径/μm	长度/mm	拉伸强度/MPa	弹性模量/GPa
PVA 纤维	20	6	≥1200	35

2）设备仪器 锤式粉碎机（9FQ-300 型）、电热恒温干燥箱（DHG-9140 型）、热压机、微机控制电子万能实验机（RGT-20A 型）、X 射线衍射仪（D/MAX 2200 VPC）、傅里叶变换红外光谱仪（Nicolet MAGNA-IR560 型）、环境扫描电子显微镜（QUANTA200 型）。

8.3.7.2 稻壳-水泥复合材料的制备

设定复合材料的密度为 1200kg/m³。首先将粉碎后的稻壳（小于 5mm）投入搅拌机中，同时将作用于稻壳的助剂配制成一定浓度的水溶液，在搅拌的过程中，利用喷雾器均匀喷洒在稻壳表面，然后将定量水泥投入搅拌机中与稻壳混合搅拌（水：水泥为 1：3，配制各种助剂溶液的水量总和即此工艺条件下的需水量）；整个搅拌过程需 30min 左右，各种原料搅拌均匀即可；将混合料迅速转移至模具 420mm×400mm 内，投料时采取分层铺洒的方式，以保证模具内部混合料密度一致；将载有混合料的模具放在附有塑料薄膜的垫板上，在两块垫板之间夹有两条 15mm 厚度规，然后将其送入冷压机，压力为 2.5MPa，时间为 15min，板坯成型后将模具卸下；然后将其送入冷压机，在压力 2.5MPa 下保压 72h；规定加压时间过后，将板坯卸压，脱模并回收垫板，送入自然养护室，在室温下自然养护 28 天（定期向复合材料喷水），切割进行力学性能测试及样品表征。实验中原料含量如表 8-22 所示。

表 8-22 稻壳-水泥复合材料的原料含量

编号	水泥/g	稻壳/g	苯丙乳液/g	PVA 纤维/(kg/m³)	Na_2SiO_3
1	2400	600	—	—	—
2	2400	600	64	—	—
3	2400	600	192	—	—
4	2400	600	320	—	—
5	2400	600	—	0.6	—
6	2400	600	64	0.6	—
7	2400	600	192	0.6	—
8	2400	600	320	0.6	—
9	2400	600	—	—	5% Na_2SiO_3 溶液处理
10	2400	600	64	—	5% Na_2SiO_3 溶液处理
11	2400	600	192	—	5% Na_2SiO_3 溶液处理
12	2400	600	320	—	5% Na_2SiO_3 溶液处理
13	2400	600	—	0.6	5% Na_2SiO_3 溶液处理
14	2400	600	64	0.6	5% Na_2SiO_3 溶液处理
15	2400	600	192	0.6	5% Na_2SiO_3 溶液处理
16	2400	600	320	0.6	5% Na_2SiO_3 溶液处理

注：5% Na_2SiO_3 溶液处理为稻壳浸泡在 5% Na_2SiO_3 溶液中 24h，然后用冷水冲洗直至将残留在稻壳中的处理液及水溶性生成物完全除去，最后烘干

8.3.7.3 稻壳-水泥复合材料的性能测试

稻壳-水泥复合材料的弯曲强度、弹性模量、密度按照水泥木屑板 JC/T 411—2007 标准测试。

将稻壳-水泥复合材料泡在无水乙醇中，机械破坏后研磨成粉末，干燥后在室温下 X 射线衍射仪上进行测定（扫描速度 4°/min，扫描 10°～70°）。

将稻壳-水泥复合材料泡在无水乙醇中，机械破坏后研磨成粉末，干燥后，用 KBr 压片制样，在傅里叶变换红外光谱仪上进行测定，扫描 400～4000cm^{-1}。

稻壳-水泥复合材料用机械破坏后，选取无机械印记的试样，喷金后在 15kV 电压下进行观察。

8.3.7.4 结果与讨论

1）力学性能测试及分析 表 8-23 列出了苯丙乳液不同含量时稻壳-水泥复合材料的力学性能测试结果，图 8-27 和图 8-28 分别为不同条件下复合材料的抗折强度和弹性模量。

表 8-23 稻壳-水泥复合材料的力学性能

编号	1	2	3	4	5	6	7	8
抗折强度/MPa	2.21	2.79	4.48	5.58	2.35	3.06	4.97	6.12
弹性模量/GPa	1.47	2.22	3.32	4.21	1.78	2.56	3.46	4.51
编号	9	10	11	12	13	14	15	16
抗折强度/MPa	2.86	4.13	6.59	7.13	2.98	4.63	6.98	7.52
弹性模量/GPa	2.19	2.96	4.56	5.11	2.14	3.11	4.79	5.19

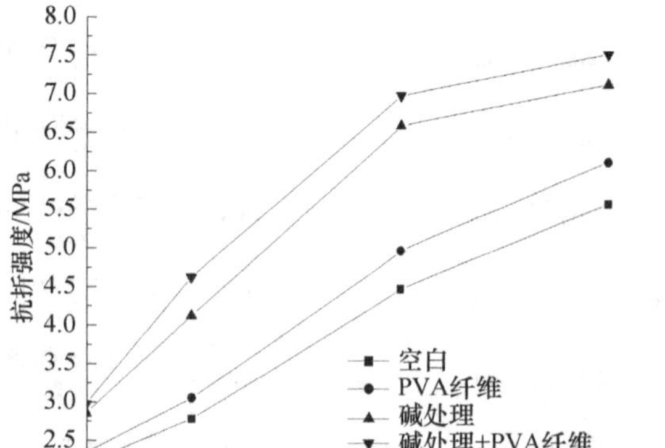

图 8-27 苯丙乳液掺量对复合材料抗折强度的影响

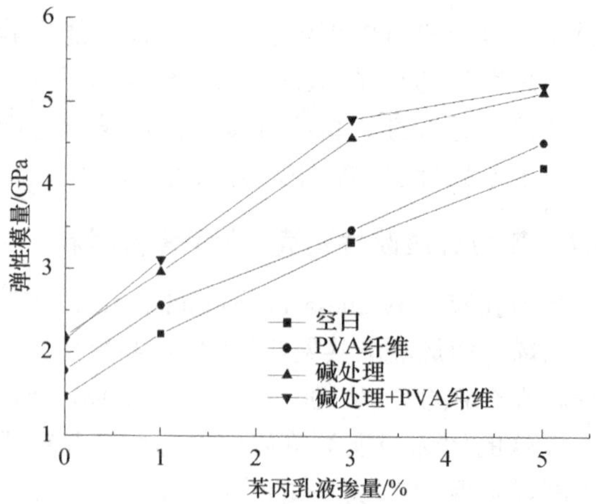

图 8-28 苯丙乳液掺量对复合材料弹性模量的影响

由表 8-23、图 8-27 和图 8-28 可以看出，随着苯丙乳液掺量的增加，复合材料的力学性能逐渐增加，0～3%时的力学性能得到了明显改善，抗折强度从 2.21MPa 增长到 6.98MPa，弹性模量从 1.47GPa 增长到 4.79GPa；3%～5%时的力学性能有所增加，增长幅度不大，抗折强度从 6.98MPa 增长到 7.52MPa，弹性模量从 4.79GPa 增长到 5.19GPa。苯丙乳液能填充复合材料的空隙，并降低其收缩率，能在复合材料中形成网状结构，大大提高了其力学性能。

水泥水化的 pH 在 12 左右，而稻壳中含有许多糖类物质，这些糖类物质不利于水泥的水化，甚至引起水泥不凝。用 5%的硅酸钠溶液处理稻壳后，稻壳中的部分糖类物质溶出，有利于与水泥浆体结合，大大提高了复合材料的力学性能，最大抗折强度从 5.58MPa 增长到 7.13MPa，弹性模量从 4.21GPa 增长到 5.11GPa。

加入 PVA 纤维后复合材料的力学性能没有显著性增强，可能是因为 PVA 纤维在水泥基体中具有成团倾向，分散性不好，没有起到增强纤维的增强效果；PVA 纤维含有许多羟基，与水泥基材料黏结力强，能在一定程度上控制水泥基体中的裂缝，改善水泥基体的微观结构，力学性能还是有一定增强的。

2）红外光谱分析 图 8-29 为 6 号、10 号和 15 号稻壳-水泥复合材料的 FT-IR 谱图。在 468cm^{-1} 处的吸收峰可能是 Si—O 伸缩振动的硅酸盐组。在 3438cm^{-1} 处出现的强烈的吸收峰与 $Ca(OH)_2$ 的形成有关。随着工艺条件的改变，与 $Ca(OH)_2$ 形成有关的 H_2O 和—OH 的伸缩振动峰不断增强。由于在 C-S-H 凝胶的形成过程中 SiO_4^{2-} 聚合度的变化，Si—O 键的不对称收缩从 940cm^{-1} 向高波数 1001cm^{-1} 发生迁移。早期由于钙矾石的形成，在 1038cm^{-1} 出现酯类 C═O 键的吸收峰，说明在聚合物中存在丙烯酸酯类的特征吸收峰。碳酸盐的特征振动峰分别在 1481cm^{-1} 和 878cm^{-1} 出现。在 878cm^{-1} 的吸收峰与 C_2S 和 C_3S 相中 ν_2（CO_3）是一致的。这可能是因为金属羧酸盐在水泥中混合物形成了。在 1481cm^{-1} 和 1090cm^{-1} 处的吸收峰与水泥中的 C-S-H 存在相关。在 3438cm^{-1} 处的吸收峰是由于水泥中硫酸钙以钙矾石的形式存在。在 1430cm^{-1} 处的吸收峰表明碳酸根存在。其他水化产物形成相关的基团的特征振动峰没有明显变化。

3）XRD 分析　图 8-30 为 6 号、10 号和 15 号稻壳-水泥复合材料的 XRD 谱图。预期的水化产物在图 8-30 中可以明显看到。随着工艺条件的改变，水化产物 XRD 衍射峰强度发生变化。通过硅酸钠处理后，$Ca(OH)_2$ 的衍射峰强度减弱，它能很好地促进水泥的水化；加入 PVA 纤维后，$Ca(OH)_2$ 的衍射峰强度减弱，PVA 纤维能与 Ca^{2+} 相结合，减少 $Ca(OH)_2$ 的量。另外有一定量的 $CaCO_3$ 生成可能是因为 $Ca(OH)_2$ 的碳化造成的。在 C_3S 相中，其衍射峰与 $CaCO_3$ 的衍射峰相重叠；但是经过碱化处理和加入 PVA 纤维后，C_3S 的衍射峰强度有所降低。二氧化硅的衍射峰可能有部分来自稻壳。苯丙乳液掺加到稻壳-水泥复合材料中，没有新的物质生成。

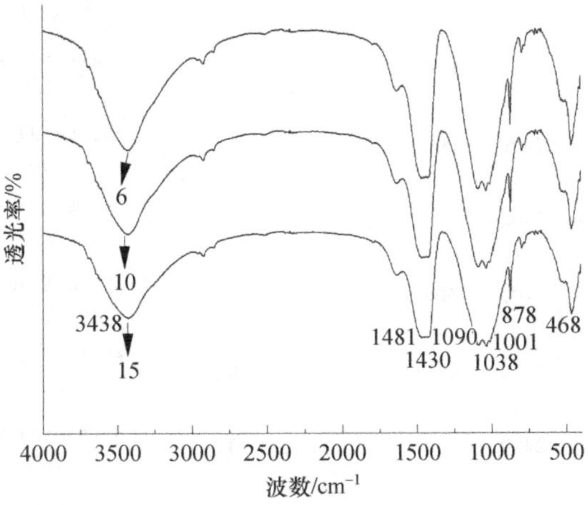

图 8-29　不同条件下复合材料的红外光谱图

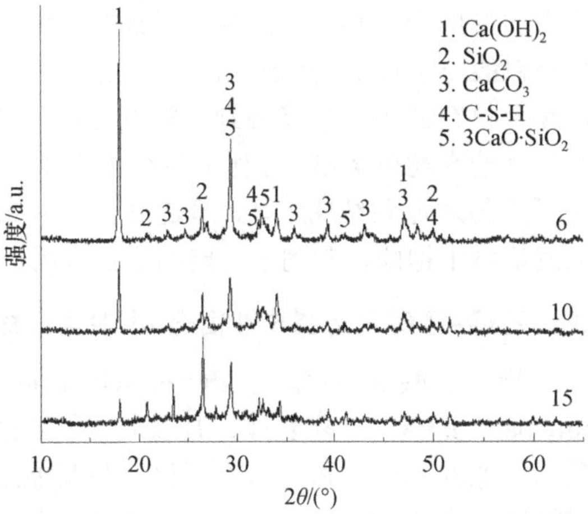

图 8-30　不同条件下复合材料的 XRD 谱图

4）SEM 分析　图 8-31（a）为不做任何处理的扫描电镜图片，复合材料有缝隙存在，二者结合不是很好。图 8-31（b）为加入体积掺量 0.6kg/m^3 PVA 纤维的扫描电镜照片，PVA 纤维与水泥黏结比较好，但是由于 PVA 纤维在水泥基体中抱团，起到了一定的增强作用。图 8-31（c）为稻壳用硅酸钠处理后的图片，可明显观察到稻壳被水泥完全包埋，结合得比较紧密，处理后稻壳中的部分糖类物质溶出，有利于与水泥浆体结合，提高了水泥复合材料的性能。图 8-31（d）为硅酸钠处理后并加入 PVA 纤维的图片，苯丙乳液在水泥基体中形成网状结构，该网状结构有效地控制了裂缝的形成，改善了稻壳和水泥的结合状况，复合材料的性能得到提高。

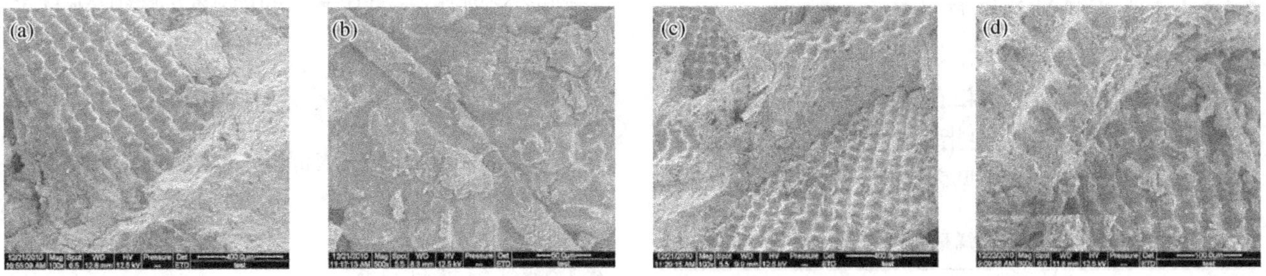

图 8-31　不同条件下复合材料的扫描电镜照片

苯丙乳液中存在活性基团酯基，它能与水泥水化形成的多价金属离子反应，通过离子键在苯丙乳液之间形成特殊的桥键。形成的键对稻壳-水泥复合材料的力学性能有改善作用。苯丙乳液能填充水泥基复合材料的空隙，降低其收缩率，能在水泥基复合材料中形成网状结构，在水泥水化产物表面形成聚合物连续的膜，进而提高水泥基复合材料的力学性能。用5%硅酸钠溶液处理稻壳后，复合材料的力学性能得到大幅度提高，稻壳中的部分糖类物质溶出，有利于与水泥浆体结合；PVA 纤维与水泥黏结比较好，但是由于 PVA 纤维在水泥基体中抱团，起到了一定的增强作用。

8.3.8 乙烯-乙酸乙烯酯改性稻壳-水泥复合材料

乙烯-乙酸乙烯酯（ethylene-vinyl acetate copolymer，EVA）共聚乳液，是以液态的乙酸乙烯酯和气态的乙烯单体为基本原料，与其他适当的辅料诸如乳化剂（通常为阴离子或非离子型）等，通过乳液聚合方法进行共聚，并采用特定的稳定剂形成保护体系制得的高分子乳状液体。EVA 乳液具有水增塑性，使其在低温下形成完整的涂膜。乙烯的玻璃化温度（T_g）很低，结构轻、小，具有独特的内增塑作用，较易调节其共聚物乳液的玻璃化温度和最低成膜温度。乙烯的极高内增塑效率确保只需较小量就可获得一个有充分柔韧性和足够低 T_g 的干膜。EVA 乳液具有较低的成膜温度，在涂料工业中的作用相当显著。EVA 乳液不但在低温下成膜性能良好，保持柔软，而且在高温下不回黏。EVA 乳液的低成膜温度使其成为一种优良的水性涂料尤其是内墙涂料乳液。EVA 乳液能改性水泥基复合材料。利用 EVA 对稻壳-水泥复合材料进行改性，然后进行力学性能测试，用 FT-IR、XRD、SEM 对其进行表征，并对其改性机制进行分析。

8.3.8.1 实验材料与设备仪器

1）实验材料 哈尔滨本地的稻壳、天鹅牌普通硅酸盐水泥（P·O 42.5R 早强型）、乙烯-乙酸乙烯酯共聚乳液（其主要指标见表 8-24）、Na_2SiO_3、PVA 纤维（其性能指标见表 8-21）、自来水。

表 8-24 乙烯-乙酸乙烯酯共聚乳液的主要指标

名称	固含量/%	pH	平均粒径/nm	黏度/MPa·s
EVA 乳液	60	4.5～5.5	200～2000	500～2000

2）设备仪器 锤式粉碎机（9FQ-300 型）、电热恒温干燥箱（DHG-9140 型）、热压机、微机控制电子万能实验机（RGT-20A 型）、X 射线衍射仪（D/MAX 2200 VPC）、傅里叶变换红外光谱仪(Nicolet MAGNA-IR560 型)、环境扫描电子显微镜（QUANTA200 型）。

8.3.8.2 稻壳-水泥复合材料的制备

按 8.3.7.2 稻壳-水泥复合材料的制备方法制备试样。实验中原料含量如表 8-25 所示。

表 8-25 稻壳-水泥复合材料的原料含量

编号	水泥/g	稻壳/g	EVA/g	PVA 纤维/(kg/m^3)	Na_2SiO_3
1	2400	600	—	—	—
2	2400	600	50	—	—
3	2400	600	150	—	—
4	2400	600	250	—	—
5	2400	600	—	0.6	—
6	2400	600	50	0.6	—
7	2400	600	150	0.6	—
8	2400	600	250	0.6	—
9	2400	600	—	—	5% Na_2SiO_3 溶液处理
10	2400	600	50	—	5% Na_2SiO_3 溶液处理
11	2400	600	150	—	5% Na_2SiO_3 溶液处理
12	2400	600	250	—	5% Na_2SiO_3 溶液处理
13	2400	600	—	0.6	5% Na_2SiO_3 溶液处理
14	2400	600	50	0.6	5% Na_2SiO_3 溶液处理
15	2400	600	150	0.6	5% Na_2SiO_3 溶液处理
16	2400	600	250	0.6	5% Na_2SiO_3 溶液处理

注：5% Na_2SiO_3 溶液处理为稻壳浸泡在 5% Na_2SiO_3 溶液中 24h，然后用冷水冲洗直至将残留在稻壳中的处理液及水溶性生成物完全除去，最后烘干

8.3.8.3 稻壳-水泥复合材料的性能测试

按 8.3.7.3 稻壳-水泥复合材料的性能测试方法测试材料性能。

8.3.8.4 结果与讨论

1）力学性能测试及分析 表 8-26 列出

了乙烯-乙酸乙烯酯共聚乳液不同含量时稻壳-水泥复合材料的力学性能测试结果，图 8-32 和图 8-33 分别为不同条件下复合材料的抗折强度和弹性模量。

表 8-26 稻壳-水泥复合材料的力学性能

编号	1	2	3	4	5	6	7	8
抗折强度/MPa	2.23	3.12	4.97	5.83	2.31	4.15	6.74	7.32
弹性模量/GPa	1.45	2.42	3.78	4.33	2.13	3.65	5.11	5.73
编号	9	10	11	12	13	14	15	16
抗折强度/MPa	2.92	4.54	6.98	7.86	3.01	5.89	8.12	9.56
弹性模量/GPa	2.11	3.29	4.87	5.23	2.98	4.79	5.89	6.54

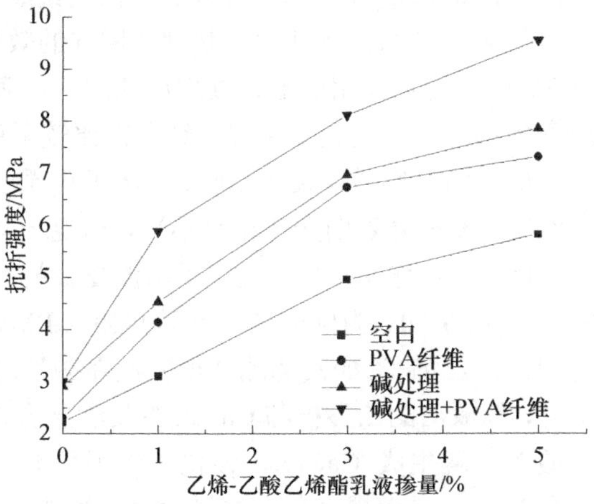

图 8-32 乙烯-乙酸乙烯酯乳液掺量对复合材料抗折强度的影响

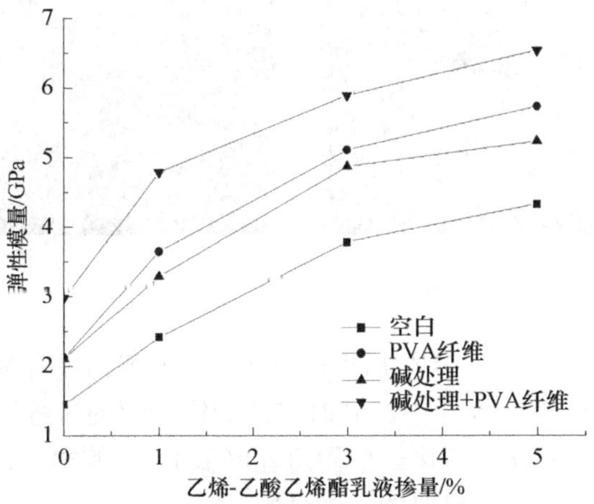

图 8-33 乙烯-乙酸乙烯酯乳液掺量对复合材料弹性模量的影响

由表 8-26、图 8-32 和图 8-33 可以看出，随着乙烯-乙酸乙烯酯乳液掺量的增加，复合材料的力学性能逐渐增加，0～3%时的力学性能得到了明显改善，抗折强度从 2.23MPa 增长到 8.12MPa，弹性模量从 1.45GPa 增长到 5.89GPa；3%～5%时的力学性能有所增加，抗折强度从 8.12MPa 增长到 9.56Pa，弹性模量从 5.89GPa 增长到 6.54GPa，增长幅度不大。EVA 在碱性环境下水解，释放出的乙酸根与 Ca^{2+}发生化学结合，导致水泥浆体中水泥基 $Ca(OH)_2$ 的量减少。在乙酸钙分解的过程中生成 $CaCO_3$，该化学作用可能降低 EVA 的柔性，进而提高复合材料的力学性能。

水泥水化的 pH 在 12 左右，而稻壳中含有许多糖类物质，这些糖类物质不利于水泥的水化，甚至引起水泥不凝。用 5%的硅酸钠溶液处理稻壳后，稻壳中的部分糖类物质溶出，有利于与水泥浆体结合，大大提高了复合材料的力学性能，最大抗折强度从 5.83MPa 增长到 7.86MPa，弹性模量从 4.33GPa 增长到 5.23GPa。

加入 PVA 纤维以后复合材料的力学性能得到显著性增强，加入 PVA 纤维后可能—OH 基团更容易进入 C-S-H 界面中，从而导致 C-S-H 界面的增加，从而提高了复合材料的力学性能。

2）红外光谱分析 图 8-34 为 8 号、10 号和 15 号稻壳-水泥复合材料在不同条件下的 FT-IR 谱图。在 $470cm^{-1}$ 处的吸收峰可能是 Si—O 伸缩振动的硅酸盐组。在 $3425cm^{-1}$ 处出现的强烈的吸收峰与 PVA 纤维和 $Ca(OH)_2$ 的形成有关。随着工艺条件的改变，与 $Ca(OH)_2$ 形成有关的 H_2O 和—OH 的伸缩振动峰不断增强。由于在 C-S-H 凝胶的形成过程中 SiO_4^{2-} 聚合度的变化，Si—O 键的不对称收缩从 $940cm^{-1}$ 向高波数 $994cm^{-1}$ 发生迁移。碳酸盐的特征振动峰分别在 $1481cm^{-1}$ 和 $878cm^{-1}$ 处出现。在 $878cm^{-1}$ 的吸收峰与 C_3S 和 C_3S 相和 v_2（CO_3）是一致的。在 $1481cm^{-1}$ 和 $1086cm^{-1}$ 处的吸收峰与水泥中的 C-S-H 存在相关。在 $3425cm^{-1}$ 处的吸收峰是由于水泥中硫酸钙以钙矾石的形式存在。$1409cm^{-1}$ 处的吸收峰表明碳酸根的存在。其他水化产物形成相关的基团的特征振动峰没有明显变化。

3）XRD 分析 图 8-35 为 8 号、10 号和 15 号稻壳-水泥复合材料的 XRD 谱图。预期的水化产物

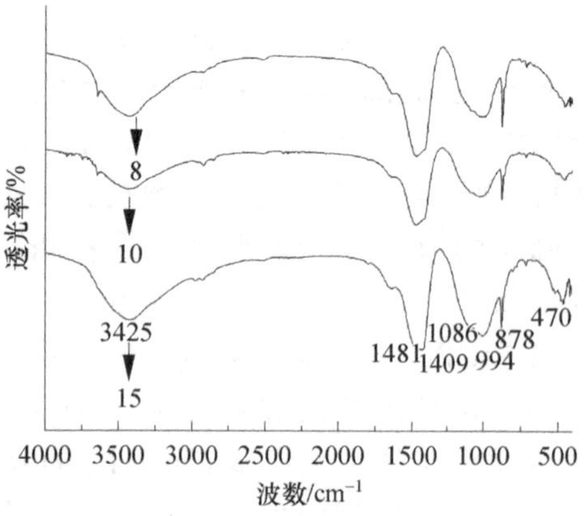

图 8-34 不同条件下复合材料的红外光谱图

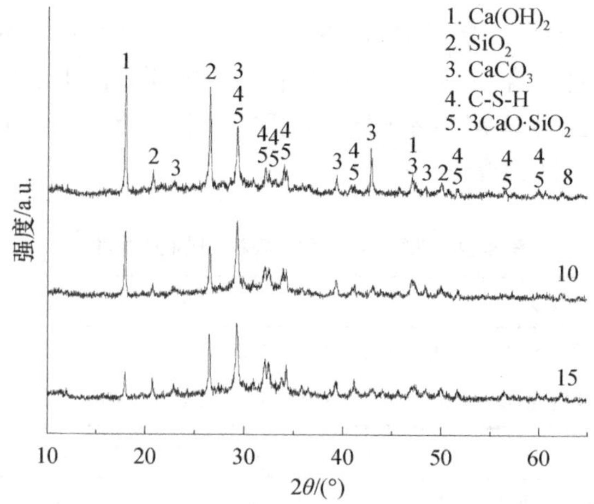

图 8-35 不同条件下复合材料的 XRD 谱图

在图 8-35 中可以明显看到。通过碱化处理和加入 PVA 纤维后，$Ca(OH)_2$ 和 C-S-H 的量增加较少，是因为 EVA 在碱性条件下水解释放的乙酸根离子可以与钙离子在溶液中形成有机金属化合物，从而改变 Ca/Si 及减少水泥浆体中 C-S-H 和氢氧化钙的量。经过 28 天的养护有一定量的 $CaCO_3$ 生成可能是因为 $Ca(OH)_2$ 的碳化造成的。在 C_3S 相中，其衍射峰与 $CaCO_3$ 的衍射峰相重叠，很难确定是哪种物质的衍射峰。经过碱化处理和加入 PVA 纤维后，C_3S 的相有所降低。二氧化硅的衍射峰可能有部分来自稻壳。乙烯-乙酸乙烯酯共聚乳液掺加到稻壳-水泥复合材料中，没有新的物质生成。

4）SEM 分析 图 8-36（a）为不做任何处理的扫描电镜图片，复合材料有缝隙存在，二者结合不是太理想，力学性能比较差。图 8-36（b）为加入体积掺量 0.6kg/m^3 PVA 纤维的扫描电镜照片，PVA 纤维附着在水泥基体中，起到了增强的效果。图 8-36（c）为稻壳用硅酸钠处理后的图片，可明显观察到稻壳被水泥完全包埋，结合得比较紧密，角质层最外面的蜡质层发生水解，破坏了角质层的堡垒作用，使稻壳表面变得粗糙不平，出现一些沟槽，有利于胶钉作用形成，提高了水泥复合材料的性能。图 8-36（d）为硅酸钠处理后并加入 PVA 纤维的图片，乙烯-乙酸乙烯酯共聚乳液在碱性环境下水解，释放出的乙酸根与 Ca^{2+}发生化学结合，然后乙酸钙分解生成 $CaCO_3$。该化学作用可能降低 EVA 的柔性，进而提高复合材料的力学性能。

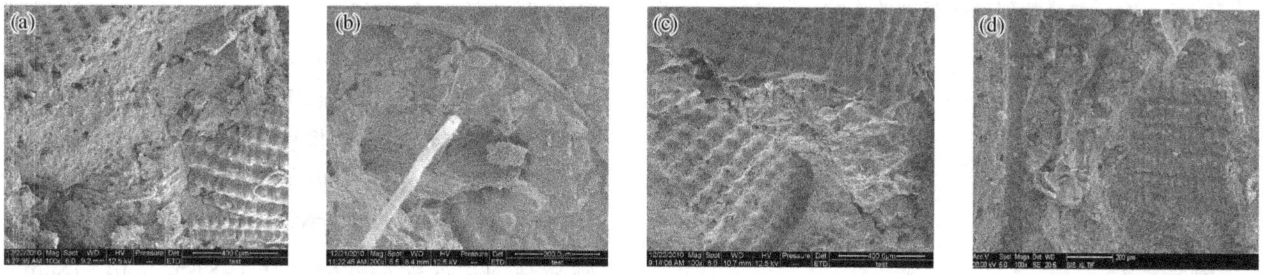

图 8-36 不同条件下复合材料的扫描电镜照片

乙烯-乙酸乙烯酯共聚乳液能大大提高水泥复合材料的力学性能；用稀碱处理稻壳后，复合材料的力学性能得到大幅度提高；加入 PVA 纤维后，其力学性能也得到提高，由于 EVA 在碱性条件下水解释放的乙酸根离子可以与钙离子在溶液中形成有机金属化合物，从而改变 Ca/Si 及减少水泥浆体中 C-S-H 和氢氧化钙的量。此外，乙酸根离子可以进入 C-S-H 界面中，导致 C-S-H 界面的增加。加入 PVA 后可能导致—OH 基团更容易进入 C-S-H 界面中。同时在乙酸钙分解的过程中生成 $CaCO_3$，该化学作用可能降低 EVA 的柔性，进而提高复合材料的力学性能。

8.3.9 聚丙烯酸酯乳液改性稻壳-水泥复合材料

聚丙烯酸酯乳液（polyacrylate emulsion，PAE）具有干燥成膜快、对于许多基材黏接性能好、耐候耐水性好和无污染等优点。聚丙烯酸酯乳液在胶黏剂、涂料、建筑密封等领域的应用受到许多的关注。聚丙烯酸酯乳液有利于提高砂浆的强度。利用聚丙烯酸酯乳液对稻壳-水泥复合材料进行改性，然后进行力学性能测试，用 FT-IR、XRD、SEM 对其进行表征，并对其改性机制进行分析。

8.3.9.1 实验材料与设备仪器

1）实验材料 哈尔滨本地的稻壳、P·O 42.5R 早强型普通硅酸盐水泥（天鹅牌）、聚丙烯酸酯乳液（其主要指标见表 8-27）、Na_2SiO_3、PVA 纤维（其性能指标见表 8-21）、自来水。

表 8-27 聚丙烯酸酯乳液的主要指标

名称	固含量/%	pH	平均粒径/nm	黏度/MPa·s
聚丙烯酸酯乳液	48	7.0～9.0	125	500～1500

2）设备仪器 锤式粉碎机（9FQ-300 型）、电热恒温干燥箱（DHG-9140 型）、热压机、微机控制电子万能实验机（RGT-20A 型）、X 射线衍射仪（D/MAX 2200 VPC）、傅里叶变换红外光谱仪（Nicolet MAGNA-IR560 型）、环境扫描电子显微镜（QUANTA200 型）。

8.3.9.2 稻壳-水泥复合材料的制备

按 8.3.7.2 稻壳-水泥复合材料的制备方法制备试样。实验中原料含量如表 8-28 所示。

表 8-28 稻壳-水泥复合材料的原料含量

编号	水泥/g	稻壳/g	PAE/g	PVA 纤维/(kg/m³)	Na_2SiO_3
1	2400	600	—	—	—
2	2400	600	62.5	—	—
3	2400	600	187.5	—	—
4	2400	600	312.5	—	—
5	2400	600	—	0.6	—
6	2400	600	62.5	0.6	—
7	2400	600	187.5	0.6	—
8	2400	600	312.5	0.6	—
9	2400	600	—	—	5% Na_2SiO_3 溶液处理
10	2400	600	62.5	—	5% Na_2SiO_3 溶液处理
11	2400	600	187.5	—	5% Na_2SiO_3 溶液处理
12	2400	600	312.5	—	5% Na_2SiO_3 溶液处理
13	2400	600	—	0.6	5% Na_2SiO_3 溶液处理
14	2400	600	62.5	0.6	5% Na_2SiO_3 溶液处理
15	2400	600	187.5	0.6	5% Na_2SiO_3 溶液处理
16	2400	600	312.5	0.6	5% Na_2SiO_3 溶液处理

续表

注：5% Na_2SiO_3 溶液处理为稻壳浸泡在 5% Na_2SiO_3 溶液中 24h，然后用冷水冲洗直至将残留在稻壳中的处理液及水溶性生成物完全除去，最后烘干

8.3.9.3 稻壳-水泥复合材料的性能测试

按 8.3.7.3 稻壳-水泥复合材料的性能测试方法测试材料性能。

8.3.9.4 结果与讨论

1）力学性能测试及分析 表 8-29 列出了聚丙烯酸酯乳液不同含量时稻壳-水泥复合材料的力学性能测试结果，图 8-37 和图 8-38 分别为不同条件下复合材料的抗折强度和弹性模量。

表 8-29 不同复合材料时原料的力学性能

编号	1	2	3	4	5	6	7	8
抗折强度/MPa	1.93	2.82	4.26	5.37	2.37	3.18	4.93	6.07
弹性模量/GPa	1.39	2.18	3.29	4.16	1.62	2.54	3.47	4.45
编号	9	10	11	12	13	14	15	16
抗折强度/MPa	2.78	3.97	6.24	6.93	2.85	4.68	6.72	7.02
弹性模量/GPa	2.13	2.84	4.47	5.02	2.18	3.15	4.73	5.06

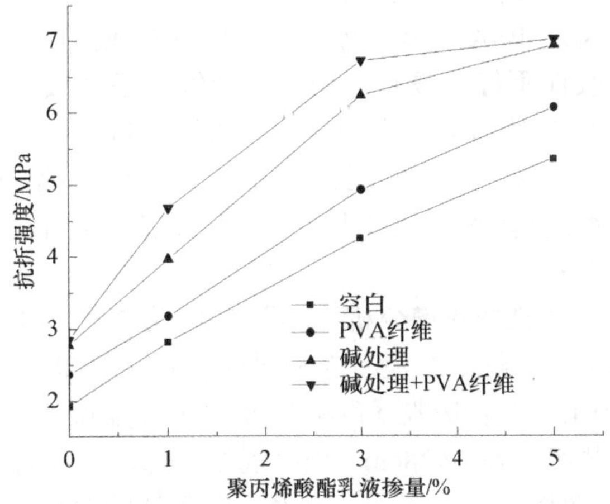

图 8-37 聚丙烯酸酯乳液掺量对复合材料抗折强度的影响

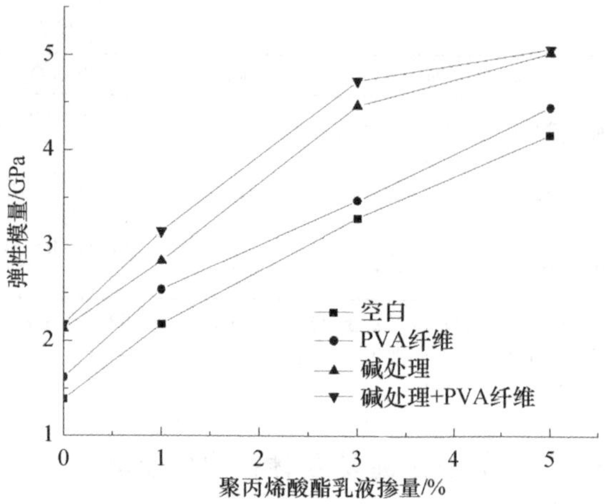

图 8-38　聚丙烯酸酯乳液掺量对复合材料弹性模量的影响

由表 8-29、图 8-37 和图 8-38 可以看出，随着聚丙烯酸酯乳液掺量的增加，复合材料的力学性能逐渐增加，0～3%时的力学性能得到了明显改善，抗折强度从 1.93MPa 增长到 6.72MPa，弹性模量从 1.39GPa 增长到 4.73GPa；3%～5%时的力学性能有所增加，增长幅度不大，抗折强度从 6.72MPa 增长到 7.02MPa，弹性模量从 4.73GPa 增长到 5.06GPa。聚丙烯酸酯乳液能填充复合材料的空隙，并降低其收缩率，能在复合材料中形成网状结构，大大提高了抗折强度。

水泥水化的 pH 在 12 左右，而稻壳中含有许多糖类物质，这些糖类物质不利于水泥的水化，甚至引起水泥不凝。用 5%的硅酸钠处理稻壳后，稻壳表面的蜡质层发生水解，破坏了其堡垒作用，使稻壳表面变得粗糙不平，出现了一些沟槽，有利于胶钉形成，大大提高了复合材料的力学性能。

复合材料的力学性能没有显著性增强，可能是因为 PVA 纤维在水泥基体中具有成团倾向，分散性不好，没有起到增强纤维的增强效果；PVA 纤维含有许多羟基，与水泥基材料黏结力强，能在一定程度上控制水泥基体中的裂缝，改善水泥基体的微观结构，其力学性能还是有一定增强的。

2）红外光谱分析　图 8-39 为 7 号、11 号和 16 号稻壳-水泥复合材料的 FT-IR 谱图。在 $470cm^{-1}$ 处的吸收峰可能是 Si—O 伸缩振动的硅酸盐组。在 $3428cm^{-1}$ 处出现的强烈的吸收峰与 $Ca(OH)_2$ 的形成有关。随着工艺条件的改变，与 $Ca(OH)_2$ 形成有关的 H_2O 和—OH 的伸缩振动峰不断减弱。由于在 C-S-H 凝胶的形成过程中 SiO_4^{2-} 聚合度的变化，Si—O 键的不对称收缩从 $940cm^{-1}$ 向高波数 $994cm^{-1}$ 发生迁移。早期由于钙矾石的形成，在 $1052cm^{-1}$ 出现酯类 C═O 键的吸收峰，说明在聚合物中存在丙烯酸酯类的特征吸收峰。碳酸盐的特征振动峰分别在 $1481cm^{-1}$ 和 $878cm^{-1}$ 出现。在 $878cm^{-1}$ 处的吸收峰与 C_3S 和 C_3S 相和 ν_2（CO_3）是一致的。这可能是因为金属羧酸盐在水泥中混合物形成了。在 $1481cm^{-1}$ 和 $1079cm^{-1}$ 处的吸收峰与水泥中的 C-S-H 存在相关。在 $3428cm^{-1}$ 处的吸收峰是由于水泥中硫酸钙以钙矾石的形式存在。在 $1422cm^{-1}$ 处的吸收峰表明碳酸根的存在。其他水化产物形成相关的基团的特征振动峰没有明显变化。

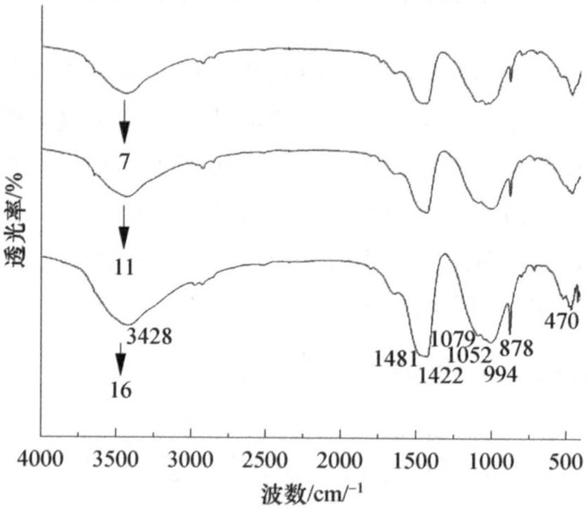

图 8-39　不同条件下复合材料的红外光谱图

3）XRD 分析　图 8-40 为 7 号、11 号和 16 号稻壳-水泥复合材料的 XRD 谱图。预期的水化产物在图 8-40 中可以明显看到。随着工艺条件的改变，水化产物 XRD 衍射峰强度改变。通过硅酸钠处理后，$Ca(OH)_2$ 的衍射峰强度增强，它能很好地促进水泥的水化；加入 PVA 纤维后，$Ca(OH)_2$ 的衍射峰强度减弱，PVA 纤维能与 Ca^{2+} 相结合，减少 $Ca(OH)_2$ 的量。另外有一定量的碳酸钙生成可能是因为 $Ca(OH)_2$ 的碳化造成的。在 C_3S 相中，其衍射峰与碳酸钙的衍射峰相重叠；但是经过碱化处理和加入 PVA 纤维后，C_3S 的衍射峰强度有所降低。二氧化硅的衍射峰可能有部分来自稻壳。聚丙烯酸酯乳液掺加到稻壳-水泥复合材料中，没有新的物质生成。

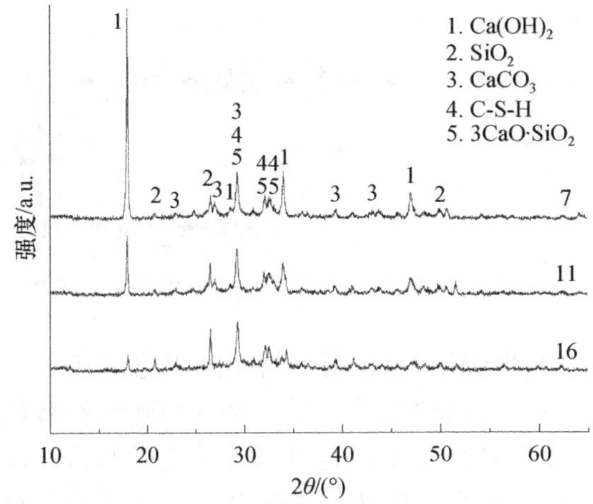

图 8-40 不同条件下复合材料的 XRD 谱图

4）SEM 分析 图 8-41（a）为不做任何处理的扫描电镜图片，复合材料有缝隙存在，二者结合不是很好。图 8-41（b）为加入体积掺量 0.6kg/m^3 PVA 纤维的扫描电镜照片，PVA 纤维附着在水泥基体中，起到了一定的增强作用。图 8-41（c）为稻壳用硅酸钠处理后的图片，可明显观察到稻壳被水泥完全包埋，结合得比较紧密，角质层最外面的蜡质层发生水解，破坏了角质层的堡垒作用，使稻壳表面变得粗糙不平，出现了一些沟槽，有利于胶钉的形成，提高了水泥复合材料的性能。图 8-41（d）为硅酸钠处理后并加入 PVA 纤维的图片，聚丙烯酸酯乳液在水泥基体中形成网状结构，该网状结构有效地控制了裂缝的形成，改善了稻壳和水泥的结合状况，复合材料的性能得到提高。

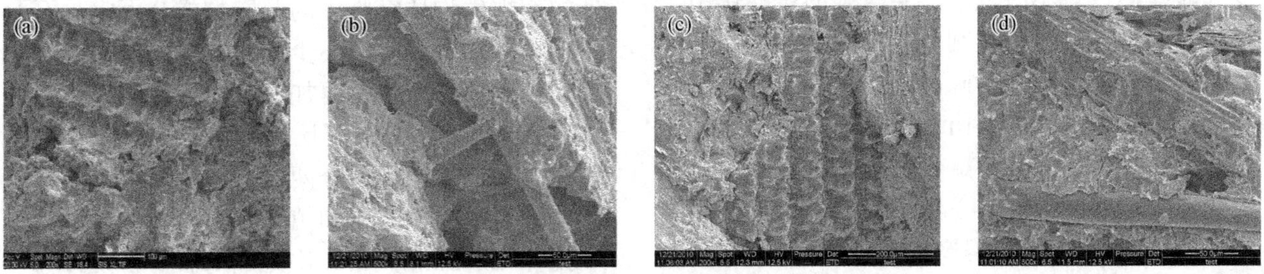

图 8-41 不同条件下复合材料的扫描电镜照片

聚丙烯酸酯乳液的加入可以改变水泥的结构。作为一种多相非均质结构，水泥中存在大量的凝胶孔、毛细孔和大空隙。聚丙烯酸酯乳液颗粒很小，平均粒径只有 100nm 左右，加入水泥基复合材料中，能填充空隙达到降低空隙率的目的。同时，聚合物成膜后，长链高分子独特的优点，更好地把稻壳和水泥胶接在一起，其本身的柔韧性赋予了复合材料很好的韧性，故复合材料的力学性能得以提高。用 5%硅酸钠溶液处理稻壳后，角质层最外面的蜡质层发生水解，破坏了角质层的堡垒作用，使稻壳表面变得粗糙不平，出现了一些沟槽，有利于胶钉的形成，所以复合材料的力学性能得到大幅度提高。PVA 纤维具有成团倾向，在水泥基体中分散性不好，没有充分发挥其增强效果。

8.4 生物质-石膏复合材料

以石膏为胶凝材料，用生物质纤维（木质纤维和非木质纤维，如棉秆、蔗渣、竹材等纤维）为增强材料，加入适量的水和化学助剂，经强制性的搅拌混合形成半干性混合均匀料，在成型压力机内以 2.0～3.5MPa 压力，在受压状态下完成石膏与生物质纤维的水化固结，所形成的就是生物质-石膏复合材料。

基于这种材料的主要原料石膏是低能耗的生产原料，材料的生产过程只用少量的水，且石膏是水硬性材料，不产生污水；在材料的生产中无需烧结和蒸养，干燥能耗低。因此，生物质-石膏复合材料是节能型和无污染的绿色建材，受到世人的青睐，是当今的发展方向。

8.4.1 缓凝剂

1）缓凝剂对石膏凝结硬化的影响 半水石膏凝结硬化很快。其初凝时间为 6～30min，可操作时间只有 5～10min，往往不能满足石膏基材料成型与施工的需要。选择适宜的缓凝剂及掺量可实现对石膏基材料凝结时间的大范围任意调节，以满足不同施工工艺的要求。

2）影响缓凝剂作用效果的因素 缓凝剂对

石膏作用效果的影响因素是多方面的，包括水膏比、温度、pH、石膏颗粒细度、石膏种类等。在一定温度和标准稠度用水量下，分别从石膏的pH、细度和品种3个方面考察缓凝剂对石膏的凝结时间和强度的影响，从而了解缓凝剂在不同的影响因素作用下对石膏的作用效果，有助于探明缓凝剂对石膏的作用机制。

3）现有的缓凝剂的种类 国内外对石膏缓凝剂进行了广泛的研究。通常在石膏胶接材料中广泛使用的缓凝剂主要有三大类：碱性磷酸盐类、有机酸及其可溶盐类、蛋白质类等。实践证明，大多数缓凝剂在发生缓凝作用的同时，都会不同程度地损伤建筑石膏的结构与强度，大大制约了缓凝剂在石膏基材料中的广泛应用。柠檬酸及其碱盐掺量较小时就能产生较强的缓凝作用，是常用的石膏高效缓凝剂，但在掺量较大时将导致建筑石膏强度剧烈下降。例如，柠檬酸使半水石膏初凝时间延长至1h时，其强度损失超过50%。碱性磷酸盐类缓凝剂同样存在强度损失过大的缺陷，而蛋白质类缓凝剂是一种新型石膏缓凝剂，有些蛋白质水解产物用于石膏中效果优异，强度损失也较小，因此具有广阔的发展前景。例如，上海建筑科学研究院研制的蛋白质类SC缓凝剂掺量小、效率高，而且对产品的强度损失较小。

4）缓凝剂对石膏胶接材料强度的影响

缓凝剂对石膏胶接材料强度的影响则表现为：①缓凝剂的加入降低了初始液相离子浓度和液相过饱和度，从而影响了晶体生长动力学，晶体有充分的时间和空间生长，晶体粗化；②缓凝剂的选择吸附改变了二水石膏晶体的生长习性，使得晶体形貌由针状变为短柱状，晶体间搭接点减少，晶体之间空隙增加，使得石膏硬化体孔径变大，孔径分布劣化，最终导致强度降低；③缓凝剂使建筑石膏强度显著降低，缓凝剂对强度的负面影响与其缓凝效果基本成正比。缓凝剂掺量越大，缓凝时间越长，强度损失越大。

8.4.2 生物质–石膏复合材料成型工艺

1）生物质–石膏复合材料的工艺流程 生物质–石膏复合材料的生产工艺流程如图8-42所示。

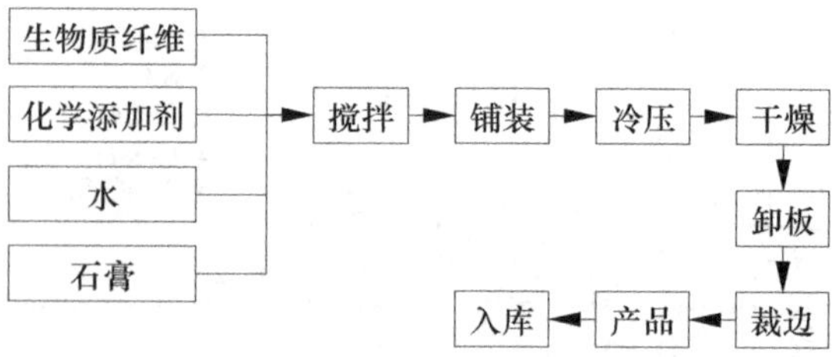

图8-42 生物质–石膏复合材料的生产工艺流程

2）生物质–石膏复合材料的工艺特点

（1）原材料选择：黏结剂选用建筑石膏粉，以天然石膏粉为主，也可以选用化学石膏粉，但其半水石膏含量应达到75%以上。而无水石膏Ⅲ和二水石膏含量应尽可能少些。

增强材料（生物质纤维）经破碎、磨细、筛选，生物质纤维的形态以细长、薄为最佳，化学外加剂视生物质纤维中的萃取物成分而定。石膏粉加水后的初凝时间不少于40min，但不能大于1h。视凝结速度快慢再加入缓凝剂或速凝剂。生物质纤维和石膏粉的配比，一般控制在0.3～0.35。

（2）搅拌：搅拌分两次进行：第一次是将外加剂溶于水中，然后和植物纤维一同加入搅拌机中搅拌2～3min；第二次是加入石膏粉搅拌2～3min，迅速倒出，防止石膏在搅拌机中凝固。

（3）板坯铺装：通常是采用气流铺装机，将拌好的增强石膏料装铺放在垫板上，铺成不明显的三层结构坯料，将板坯切断后码垛。当码到一定高度后，送入单层大开档冷压机或多层热压机中压制成型。

（4）压板：码垛的板坯可以由单层大开档冷压机锁模压制，也可以由多层热压机快速压制，成型压力一般控制在2～3MPa。两种方法对石膏纤维复合材料的力学性能影响不大。

（5）干燥：对于用多层热压机成型的生物质–石膏复合材料，可以不用另外方法干燥，但对冷压机锁模制板来说，则需要利用干燥窑进行干燥。一般干燥温度为60～80℃，干燥时间为6～7h，将板中含水率降低到2%～3%后出窑。

干燥后的生物质–石膏复合材料经卸板、锯边、码垛后入库。

8.4.3 生物质–石膏复合材料的制备

石膏基植物刨花板是一种以建筑石膏为胶凝材料，以各种刨花为增强材料的新型绿色建筑材料，具有保温、隔热、质轻、高强、施工效率高、可调节室内微气候等一系列优点，是国家积极推广的新型墙体材料之一。不过，石膏基植物刨花板易吸水，吸水后导致强度及其他性能下降，从而降低了作为建筑材料的使用性能。选用功能材料 NPL 乳液对板材进行改性，以其改进石膏刨花板的耐水性能。

NPL 乳液是一种热塑性聚酯树脂，是由多种单体经酯化反应得到的一种链状超高分子化合物。根据不同要求可以将该材料制备成水溶性、油溶性或醇溶性等类型的乳液。该高分子树脂中含有大量的功能基团—COO⁻、—COOR 基，将其加入含有 Ca^{2+}等金属离子的基质如混凝土、石膏板材中，树脂中大量的—COO⁻、—COOR 能与金属离子结合，可以起到很好的增强效果。

1）实验部分

（1）原料。

A. 青石膏：取宁夏青石膏在 100～140℃条件下烘 3h，过 600 目筛，放干燥器中备用。

B. 纤维：采用宁夏稻草经烘干粉碎待用。

C. 缓凝剂：由柠檬酸等配制成复合缓凝剂。

D. NPL 乳液：NPL 乳液分两种，一种是水溶性的，将 NPL 乳液直接混合到基材中使用；另一种是涂层，涂层分渗透型 NPL-12 和成膜型 NPL-28 两种，也都是水溶性的。

（2）实验设备。

A. 稠度仪：稠度仪由内径（50±0.1）mm、高（100±0.1）mm 的铜质筒体，240mm×240mm 的玻璃板，以及筒体提升机构组成。筒体上升速度为 15cm/s，并能下降复位。

B. 搅拌器具。

C. 凝结时间测定仪：按照 GB/T 1346—2011 自制。它是由铁座与可以滑动的金属棒构成的，用松紧螺丝调整金属棒的高低。金属棒上附有指针，利用量程 0～75mm 的标尺指示金属棒下降距离。金属棒的下端有一试针，其直径为（1.1±0.04）mm，长 50mm，必须用硬钢丝制成，不得弯曲。装净浆用的圆模，上部内径 75mm，高 40mm。凝结时间测定仪的滑动部分的总质量为（300±2）g。

D. 压板模具：由上下加固底座、5 个垫板和套螺栓构成。

E. 压机。

F. 强度测定仪：用于测定弯曲强度，结果精确到 0.1N。

G. SY-Ⅲ型数字应变仪。

H. 恒温恒湿箱。

I. 烘箱。

（3）实验方法。

根据可流动的稠度下才能制造石膏制品的原理，引入了一种制造石膏制品的新方法——半干法，即将石膏凝固所需的少量水化水（为 30%～40%），以木质或非木质刨花、纤维为载体，混合于石膏粉中形成半干状物料，经过铺装机在垫板上铺装成型，然后在压机上压制成一定厚度，并用锁紧装置固紧，使石膏及刨花半干混合料在维持一定压力下完成水化反应。该生产工艺简化了石膏刨花板的生产过程，而且无污染物及废水排除，因此属于绿色生产工艺，同时在板材干燥过程中，可以减少干燥能耗及板材内部孔隙率，使得板材的强度及外观质量都得到很大的改善。

（4）操作步骤。

A. 配料的搅拌：按设计的配方，精确称量各组分。先使缓凝剂、NPL 乳液充分溶解于水中，再将混合液与纤维搅拌，使其充分润湿，最后加入石膏粉，剧烈搅拌，使混合均匀，并尽快进入下一道工序进行铺装。

B. 板坯的铺装冷压：将搅拌均匀的混合料均匀铺放到垫板的框架内（为防止粘板现象，需要在垫板面涂上脱模剂或铺上塑料薄膜），然后在初步加压后，取出外框架，将垫板放于压机中心处，再进行下一块板坯的铺装。

C. 冷压成板：铺装后的合格板坯与垫板一起用堆垛机堆积起来，然后用压机将板垛压至规定厚度，锁紧板垛、夹紧框架。

D. 取板脱膜：保压 4～5h，直至石膏水化完毕，再解开板坯锁紧装置，分离出板坯与垫板。

E. 干燥：将板坯送入烘箱中，调节烘箱温度 50～60℃，干燥 6～8h，使板材的含水率＜3%。

F. 后处理：干燥后的毛板还需纵横锯边及必要的表面砂光处理，并于干燥处存放。

G. 对以 NPL 乳液作为涂层进行改性的石膏刨花板，在按上述工序（配料中不加 NPL 乳液）制备板材后，涂渗透型 NPL 乳液，过 4h 涂成膜型 NPL 乳液，晾干即可。

H. 送检：根据现行国家标准 GB/T 4897—2015，将板材分割为规定试样，分别检测其弯曲强度及吸水率。

I. 数据分析。

2）结果与讨论

（1）水溶性 NPL 乳液对石膏刨花板的增强防水作用：NPL 乳液对石膏刨花板有较好的增强防水效果。随着 NPL 乳液添加量的增加，板材的强度增强。但当添加量超过石膏总量的 10%时，板材的弯曲强度呈降低趋势。同时 NPL 乳液对板材的防水性能也有所改善，且随着 NPL 乳液添加量的增多，板材的吸水率下降。

（2）NPL 涂层对板材的增强防水作用：为了进行对比，实验同时选择常用的 BCL 防水剂对石膏基刨花板改性，与常用 BCL 防水剂相比，NPL 乳液涂层对板材的防水效果大为改善，2h 吸水率从 16.67%降到 2.33%。另外，NPL 乳液涂层对板材的强度也有增强效果，未改性的板材弯曲强度为 5.31MPa，而改性的板材弯曲强度为 6.43MPa，强度提高了 21%。

（3）NPL 乳液对石膏刨花板的增强防水机制。

A. 水溶性 NPL 乳液是一种共聚高分子乳液，其中存在大量反应活性基团（—COO^-、—COOR），可以和石膏水化形成的 Ca^{2+}通过离子键结合，在石膏水合物与聚合物之间形成一个相互穿透的三维网状结构，刨花被固定在其中形成一个致密的复合体。同时 NPL 乳液部分附着在石膏水化物与刨花表面，形成了一层连续膜。部分凝胶形成较小的 NPL 乳液的颗粒，填充在石膏与刨花之间，对封闭板材的空隙、微裂纹起到一定作用，所以添加了 NPL 乳液的板材的弯曲强度、吸水性均有一定程度的改善，但当添加量进一步增大时，NPL 乳液之间结合阻挡了石膏刨花形成较完整结构，使板材的强度反而下降。

B. 涂膜 NPL 乳液中渗透型乳液表面张力小，浸润性强，可以很好地渗入板材内部，起到填充毛细管、微裂纹，黏结板材表层水化石膏和刨花的作用。而成膜型乳液一方面与渗透液结合，使膜牢固地黏附在板材表面，另一方面在板材表面形成一层连续封闭的膜，使构成毛细管孔的刨花、石膏不浸润，从而起到非常好的防水效果。

在 NPL 乳液中存在大量的反应活性基团（—COO^-、—COOR），可以与石膏水化形成的钙离子结合，通过离子键与基材形成桥键，这种化学结合对石膏刨花板的力学性能、防水性能均有所改善。

在石膏、刨花共混体系中，当 NPL 乳液加入量为石膏总量的 10%时，可以制得强度较大、耐水性较好的石膏刨花板。

作为涂层的 NPL 乳液，不仅可以改善板材的力学性能，还具有非常好的防水效果。

8.5 生物质-氯氧镁水泥复合材料

8.5.1 生物质-氯氧镁水泥复合材料概述

国家墙体材料“十五”规划中明确指出：“墙体材料革新是保护土地资源、节约能源、资源综合利用、改善环境的重要措施，也是可持续发展战略的重要内容”“必须大力研究开发具有高效、节能、节土、利废、环保、轻质、高强、保温、隔热、防火型新型复合墙体材料”。同时，实心黏土砖将逐渐淡出市场。

生物质-氯氧镁水泥复合材料由于具有密度较低、强度较高、防火及成本较低等特点，符合国家建筑材料的要求，有很好的发展机遇。

1）生物质-氯氧镁水泥复合材料的定义　氯氧镁水泥也称镁质水泥、菱镁粉、菱苦土，是由法国学者 Sorel 于 1867 年发明的，故也称 Sorel 水泥。生物质纤维-氯氧镁水泥复合材料是由轻烧粉（MgO）、卤粉（$MgCl_2$）、水、生物质纤维材料、添加剂及外加剂等形成的一种气硬性胶凝板材，它具有优良的力学、声学、保温隔热及安全防火等性能。氯氧镁水泥的有效成分是活性 MgO 和 $MgCl_2$。轻烧 MgO 是由菱镁矿或白云石经过高温（700～850℃）煅烧后将其研磨到一定细度而制成的白色或浅黄色粉末，俗称菱苦土、苦土粉或菱镁粉，$MgCl_2$ 则是由盐卤提炼而成的。

我国菱镁矿资源丰富，其储量居世界首位，已探明的储量达 28 亿 t，相当于世界总储量的 30%，主要分布在辽宁、山东、四川、河北、新疆、西藏等地区；而白云石储量更多，分布更广；氯化镁为盐厂的副产品，仅青海盐湖储量就在 30 亿 t 以上。

我国是一个农业大国，据有关部门统计，我

国农作物秸秆总产量超过 7 亿 t，其中稻草类 2.3 亿 t、小麦秸秆 1.2 亿 t、玉米秸秆 2.2 亿 t、其他农作物秸秆 2 亿 t。

生物质-氯氧镁水泥复合材料的原材料资源丰富、价格低廉，在我国的开发有得天独厚的条件。

2）　生物质-氯氧镁水泥复合材料的性能

氯氧镁水泥及其复合材料具有优良的力学、声学、保温隔热及安全防火等性能。

（1）物理力学性能：表 8-30 是以几种生物质纤维为增强材料的氯氧镁水泥碎料板的主要物理力学性能。

表 8-30　几种氯氧镁水泥碎料板的主要物理力学性能

测试项目	测试结果			
	玉米秆	麦秆	麻秆	木材
密度/(g/cm^3)	1.18～1.37	1.10～1.35	1.10～1.25	1.20
含水率/%	7.5～12.0	7.0～12.0	7.0～12.0	10.0～12.0
弯曲强度/MPa	8.0～12.0	10.0～13.0	10.0～12.0	8.0～10.1
抗压强度/MPa	42	45	45	35～40

续表

测试项目	测试结果			
	玉米秆	麦秆	麻秆	木材
抗拉强度/MPa	5.0～6.8	6.0～8.0	6.1	10.0～15.0
吸水厚度膨胀率/%	1.5～2.5	1.0～2.0	1.5～3.0	1.2～1.8
握钉力/N	1560	1650	1710	—
抗冻性(−18℃ 15 个循环强度损失率)/%	11	10	10	—
导热系数/［W/(m·K)］	0.14～0.16	0.13～0.17	0.13～0.15	—
耐火等级	—	难燃级	难燃级	难燃级

（2）保温节能性能：在建筑的围护结构中，外墙和楼梯间内墙面积之和约占外围护结构总面积的 66%，二者能损耗之和约占总能耗的 37%。因此，减小墙体的传热系数，对降低能耗具有重要意义。

表 8-31 是经中国建筑科学研究院建筑物理研究所测试的氯氧镁水泥碎料板制作的试验楼外墙体的某些性能与北京地区几种保温墙体的比较。

表 8-31　用氯氧镁水泥制作的试验楼外墙体与北京地区几种保温墙体的节能比较

对比外墙材料	墙厚/cm		墙重/(kg/m^2)		传热系数/［W/(m^2·K)］		试验楼节能效果/%	墙体质量减轻比例/%
	对比墙	试验墙	对比墙	试验墙	对比墙	试验墙		
黏土砖墙	26	20	466	150	2.09	0.743	64.4	67.8
	39		700		1.57		52.7	78.6
空心砖（空洞率 29.5%）	28		404		1.51		50.8	63.0
	39		590		0.89		16.5	74.6
24cm 砖+5 岩棉板+1.2cm 纸面石膏板	30.2		447		0.78		4.7	66.4
37cm+3.5cm 水泥膨胀珍珠岩灰浆	40.5		700		0.97		23.4	78.6
20cm 厚加气混凝土切块	24		170		0.93		20.1	11.8
23cm 厚水泥煤渣混凝土+空心小切块	43		154		0.80		7.1	2.6

对多层建筑而言，屋顶面积约占外围护结构总面积的 18%，屋顶能耗约占总能耗的 15%。夏季，屋面在太阳的直接照射下，吸收大量的热量并不断向室内进行热传导和热辐射，使室温逐渐上升。冬季，室内的热量通过屋顶向外大量散失，引起室内温度逐渐下降。经测试，保温屋顶与非保温屋顶相比，夏季室温降低 3℃左右，冬季室温升高 4℃左右。因此，改善屋顶的热环境是建筑物节能的重要环节。

表 8-32 是有关资料介绍的几种隔热屋顶和用氯氧镁水泥板制作的试验楼屋顶隔热效果的比较。

表 8-32　用氯氧镁水泥制作的屋顶与几种隔热屋顶的节能比较

对比屋顶隔热材料	屋顶厚/cm		屋顶重/(kg/m^2)		传热系数/［W/(m^2·K)］		试验楼屋顶节能效果/%	屋顶质量减轻比例/%
	对比屋顶	实验楼屋顶	对比屋顶	实验楼屋顶	对比屋顶	实验楼屋顶		
10cm 混凝土圆孔板+2cm 水泥焦渣+10cm 加气混凝土+2cm 水泥砂浆+油毡 5 层	25		330		1.01		35.4	54.5

续表

对比屋顶隔热材料	屋顶厚/cm		屋顶重/(kg/m²)		传热系数/［W/(m²·K)］		试验楼屋顶节能效果/%	屋顶质量减轻比例/%
	对比屋顶	实验楼屋顶	对比屋顶	实验楼屋顶	对比屋顶	实验楼屋顶		
15cm 加气混凝土+架空 5cm 空气层+常规屋顶结构	25	14	190	150	0.90	0.625	27.6	21.1
20cm 加气混凝土+架空 5cm 空气层+常规屋顶结构	30		225		0.87		25.1	33.3
10cm 混凝土圆孔板+水泥焦渣+5cm 再生聚苯板+2cm 水泥砂浆+油毡 5 层	24		310		0.84		22.4	51.6

（3）声学性能：氯氧镁水泥碎料板有良好的吸声性能，主要是因为生物质纤维属多孔性纤维材料，它在吸收声能后，其纤维间隙内空气发生振动，由于紧靠纤维表面的空气同纤维的黏性摩擦阻力，这部分空气无法产生振动，从而使声能的一部分转为热能释放掉，声能得到衰减。经中国建筑科学研究院物理研究所测试，氯氧镁水泥板制作的试验楼外墙建筑物构件的计权隔声量（R_w）=41dB，完全达到三级分户隔声量 R_w=40dB 的要求。氯氧镁水泥板是一种优良的环境声学材料。

（4）安全和防火性能：评价建筑材料的安全性有三点：首先，建材与人体的相容性，即人们在长期接触这些材料的过程中，是否对健康造成危害；其次，建材中某些放射性元素的含量是否超标；最后，建材中释放的挥发性有机物的含量是否超标。氯氧镁水泥碎料板不像某些石材制品、油溶性涂料、喷塑等化学建材，它的原材料是生物质纤维和几种无机材料，不会对人体造成任何危害。

防火性能是衡量建材产品性能的重要指标，氯氧镁水泥碎料板的防火阻燃性能已经达到国家规定的难燃 A 级防火标准，其耐火极限可达 1.5～2.0h，火烧灼时无有害气体生成。

此外，氯氧镁水泥碎料板还有成型性好、凝结硬化快、碱度低、耐腐蚀性好、制品无挥发性甲醛和有机溶剂的毒害、质量轻、能耗小等优良性能，是一种新型的绿色生态建材。

菱镁制品也易出现产品翘曲变形、返卤、泛霜、渗水吸潮现象。近年来，科研人员正致力于改进制品质量，并取得了一定的进展。

8.5.2 生物质-氯氧镁水泥复合材料的生产工艺

1）原材料 生物质-氯氧镁水泥复合材料的主要原材料为氯氧镁水泥、固体氯化镁、粉煤灰、生物质纤维碎料、复合改性剂等。

（1）轻烧 MgO：MgO 含量为 75%～85%，其中活性 MgO 含量为 65%～75%，120 目筛通过率＞95%。其中 CaO 含量＜5%，安定性合格。

也可采用轻烧白云石粉。

（2）氯化镁：氯化镁也称卤粉、卤块、卤片，主要是盐化工的剩余物。对 $MgCl_2$ 的要求，一是 $MgCl_2$ 的有效含量，在 JC/T449—2000 标准中明确指出 $MgCl_2$≥43%，钙离子含量≤0.7%；二是碱金属化合物（以 Cl^-计）≤1.2%，因为 Ca^+与 Cl^-的含量将直接影响制品的安定性与泛霜性。

（3）水：氯氧镁水泥拌和用水的质量要求与普通混凝土一样，凡可应用水皆可。

（4）生物质纤维碎料：主要是木材（锯屑）、竹材、农作物废弃物。农作物植物秸秆生命期较短，枯死后秸秆经切断破碎形成窄而薄的纤维碎料状态，其宽度为 1～2mm，长度为 1～15mm，含水量＜10%。

（5）粉煤灰：粉煤灰是火力发电厂煤粉燃烧后剩下的灰分，是工业废料。粉煤灰是由各种颗粒机械混合而成的群体，其中多为球型玻璃体，比表面积较大，其矿物组成主要是玻璃相、莫来石相、石英、赤铁矿、磁铁矿及少量未燃烧碳粒。粉煤灰具有形态效应、火山灰效应和微集料效应，其主要作用是改善氯氧镁制品的耐水性。

应采用Ⅱ级以上的粉煤灰，可参考国家标准 GB/T 1596—2005《用于水泥和混凝土中的粉煤灰》的质量要求（表 8-33）。

表 8-33 粉煤灰质量指标与等级

质量指标	等级Ⅰ	等级Ⅱ
细度（0.045mm 方孔筛的筛余量）	≤12	≤20
需水量比	≤95	≤105

续表

质量指标	等级Ⅰ	等级Ⅱ
烧失量比	≤5	≤8
含水量比	≤1	≤1
三氧化硫	≤3	≤3

注：需水量比是对干排法获得的粉煤灰而言，对湿排法获得的粉煤灰要求质量均匀

（6）其他外加剂：包括粉煤灰激发剂、高效减水剂、生物质纤维表面改性剂、聚合物乳液、抗水剂、早强剂等。

2）生产工艺 目前，生产生物质-氯氧镁水泥复合材料的工艺主要有干法和湿法，为了减少水污染、节省能源，通常采用干法冷压，其工艺流程见图8-43。

3）技术要点

（1）确定氯氧镁水泥中活性MgO含量：活性MgO含量与矿石品位、煅烧温度和煅烧时间有关，但是测定活性MgO含量较为困难，可先确定MgO的总量。氯氧镁水泥的活性MgO含量占MgO总量的百分率可按88%进行估算。测定MgO的总量可采用配位滴定法。按下式计算试样中MgO的含量。

$$C_{MgO}=\frac{T_{MgO}(V_1-V_2)\times 10}{m}\times 100\%$$

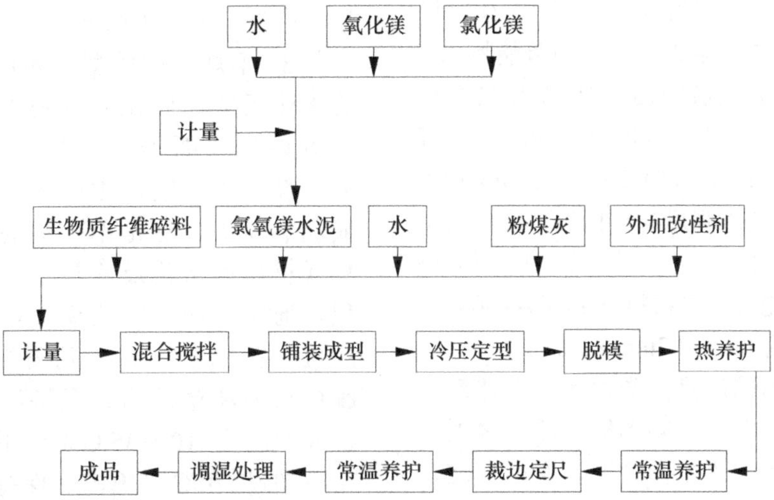

图8-43 生物质-氯氧镁水泥复合材料的干法冷压工艺流程

式中，C_{MgO}为氧化镁含量（%）；T_{MgO}为EDTA标准溶液对MgO的滴定度；V_1为滴定钙、镁总量消耗EDTA标准溶液的体积（mL）；V_2为滴定钙消耗EDTA标准溶液的体积（mL）；10为总溶液对分溶液的体积倍数；m为氯氧镁水泥试样质量（g）。

（2）配制$MgCl_2$溶液：固体工业$MgCl_2$（以$MgCl_2\cdot 6H_2O$计）与氯氧镁水泥或轻烧白云石中的活性MgO的质量比以0.55～0.60为宜。$MgCl_2$溶液的密度为1.14～1.24，并去除沉淀物。若$MgCl_2$用量过多，会使浆体凝结硬化过快，收缩过大而产生裂缝，且制品易吸湿返潮；用量过少，硬化太慢，强度降低。

（3）混合料的制备：混合料的组成材料必须计量准确，搅拌均匀。配料计量一般采用自动控制的质量秤。计量允许误差（以质量份计）为2%～3%。

混合料搅拌一般采用间歇式搅拌机，但以强制式搅拌机最为适宜，搅拌时间控制在3min以内。投料方式分一次投料和分组投料。一次投料时，一般依次按粉煤灰、氯氧镁水泥、复合外加剂、减水剂、生物质纤维碎料先后顺序投料，并加入剩余$MgCl_2$溶液进行搅拌；分组投料时，宜先投入生物质纤维碎料和部分$MgCl_2$溶液，以消除上一盘黏附于筒壁上的残渣，然后再将氯氧镁水泥、复合外加剂、减水剂和剩余$MgCl_2$溶液投入搅拌。

（4）制品成型：通常采用平模振动成型。平模成型机包括振动台、钢模具两部分。对于空心条板，混合料的流动性一般较小，振动时间为3～5min。生产操作要点：①应先将拼装好的模具在振动台上就位，而后启动振动台成型，不允许先启动振动台后就位模具；②严格控制振动时间，当成型制品的表面普遍泛浆时停止振动，以保证

制品的密实度；③振动成型时要及时进行找平，补料找平必须在振动中进行；④散落在振动台和模具周围的混合料应及时使用，超过初凝时间的混合料严禁使用。

（5）制品养护：成型后的制品在温度18～35℃、相对湿度60%～70%条件下养护，一般24h可脱模。而对于空心条板，在该养护条件下，以36h脱模抽芯为宜。把制品用塑料薄膜密封保湿养护3天以上，然后在常温下继续养护至28天，制品方可出厂。

8.5.3 生物质–氯氧镁水泥复合材料制品性能的影响因素

氯氧镁水泥是一种气凝性材料（室温10℃以上即可硬化凝固），具有免烧、免蒸的节能特点。在科学规范下生产的氯氧镁凝胶材料制品具有极好的物理力学性能，其抗弯强度＞80MPa（JC/T 646—2006），软化系数＜0.8，吸水率≤13%（CECS 95—97技术规程），抗压强度＞53MPa，具有高于水泥制品3倍的耐磨性和1～5倍的抗冲击性，还具有突出的防火性能（不燃材料A级CA160）和低收缩率（收缩率为0.5～0.7mm/m）。

国外氯氧镁材料的产品门类很多，在建筑、建材行业有防火板、非承重隔墙板、活动房板、建筑装饰构件及线条、无木门窗框、通风管道、排烟道及波形瓦等。我国氯氧镁材料制品种类也较多，其中防火板与波形瓦有较大的出口量，而且获得了较好的声誉。

我国氯氧镁凝胶制品的产品质量曾一度出现问题，除管理外，技术水平也是影响产品质量的重要因素。

1）返卤、泛霜及其防治　当空气湿度较大时，氯氧镁材料制品表面吸收空气中的水分使表面潮湿，进而挂满水珠，甚至出现水珠连成一片形成流淌现象，这就是所谓的返卤。当空气湿度变低时，制品表面的水分蒸发，留下斑斑白迹即泛霜。泛霜是氯氧镁材料制品的重大质量缺陷。它使产品强度与防水防湿性能降低，影响装饰效果，造成饰面材料脱落，进而影响外观，污染环境。

（1）返卤：出现返卤现象，主要是因为菱镁制品生产过程中计量不当、养护不当或成型工艺不当，产生过剩的$MgCl_2$。$MgCl_2$是一种吸湿剂，是造成返卤的主要原因。

A. MgO与$MgCl_2$的物质的量比用量不当：常温气凝的氯氧镁材料，影响其凝胶力学性能的相结构与相组分主要是$5Mg(OH)_2 \cdot MgCl_2 \cdot 8H_2O$（简称5·1·8相）。就成分组成而言，MgO与$MgCl_2$的物质的量比用量至少应是5∶1，可适当提高MgO的用量，保证与$MgCl_2$充分反应。但是MgO的用量过大也是不利的，因为会影响菱镁制品的安定性，特别是膨胀开裂性。MgO的用量确定是通过$MgO/MgCl_2$的不同物质的量比的凝胶化体，分别测试不同龄期的强度及防水性能，确定最佳组分的物理力学性能，同时用X射线衍射及电子显微镜观察确定组分的相组成及最佳用量，这是一个基本原理。

B. 不规范的成型、养护工艺：氯氧镁材料的水化反应和硬化过程是需要时间的，部分生产者误把表面干固成型当成了水化反应的完成，甚至为了缩短生产周期，不控制升温速度或加热养护，这是不合理的。其原因是：①氯氧镁材料的水化反应是一个需要较长时间的过程，通常表面干固脱模，仅完成了水化反应的17%左右，从表8-34可得知这种关系。因此，脱模后要注意保温、保持湿度，正确的做法是在成型温度10～35℃条件下，控制体系反应温度不超过70℃，脱模后保持自身水化热和排湿的情况下养护3～5天，然后进行干空养护。切忌在脱模后进行干燥，否则未反应的$MgCl_2$伴随水分的蒸发，迁移到制品的表面，蒸发后留下$MgCl_2$造成返卤、泛霜，同时强度要损失10%～20%。②切忌采用高浓度卤液和加热方式成型养护氯氧镁材料制品。采用高浓度卤液或者加热会造成反应速度过快，使部分$MgCl_2$来不及参与反应而游离出来，会导致返卤、泛霜。反应温度过高和反应速度过快会产生热膨胀应力及晶体生长应力集中，从而造成结晶结构网的破坏，致使制品产生裂纹和酥脆现象。

表8-34　氯氧镁水泥制品强度增长值

成型龄期	5h	10h	15h	20h	24h	3天	7天	28天
抗压强度/MPa	9.2	20.0	23.8	40.0	44.0	46.0	47.8	53.3
强度形成率/%	17.0	37.5	44.6	75.0	82.5	86.3	89.7	100.0

（2）泛霜：氯氧镁材料制品表面析出粉状物

或遮盖物的现象称为泛霜，主要泛霜物及其控制方法如下。

A. NaCl霜：主要是卤块中NaCl等杂质含量过高，易于形成NaCl霜。限制盐卤的质量可减少NaCl霜的形成。

B. 轻质填充料滑石粉、轻质碳酸钙的析出物形成的霜：这种现象多发生在氯氧镁料浆中加入了上述物质，它们的密度低，料浆中水分较大时，它们层析在制品的表面，出现白色的膜状物，要抑制这种霜的形成，在氯氧镁材料料浆中应尽量加入与轻烧粉密度相当（d=1.6～1.9g/m^3）的填充物，减少料浆的含水率。

C. $Mg(OH)_2$和$Ca(OH)_2$霜：这种现象多发生在轻烧粉原料中烧失量过大或MgO和$MgCl_2$的物质的量比失调的情况下。MgO 的用量大，过量MgO发生水化，形成$Mg(OH)_2$，出现白色形成物。不少生产者把氯氧镁材料制品进行泡水处理，这种现象尤为突出。$Ca(OH)_2$泛霜是轻烧粉原料中游离的CaO含量较大造成的，要抑制这种霜的形成，应选用质量合格而稳定的轻烧粉原料。

D. $MgCl_2 \cdot 6H_2O$霜：这是影响与危害较大的一种形成物，它的形成与氯氧镁水泥浆料的配比组成有直接关系。改善这种现象，要从调整原材料配比、调整养护制度、加入外加剂等方面入手。

总之，返卤、泛霜的防治是提高氯氧镁水泥制品质量的重要方面，不能粗放地进行生产与管理。

2）改性外加剂 无机外加剂通常是含活性SiO_2混合材料，掺入磷酸盐、酸性磷酸盐及磷酸、B_2O_3、硅酸、含硫化物和活性硫的工业废渣等，它们的一些阳离子或阴离子团参与了5•1•8相的晶体结构，是稳定氯氧镁水泥水化过程5•1•8相的重要组成部分。外加剂以填充5•1•8晶格的空穴的方式或取代5•1•8晶格中的某种组分的方式参与水化过程晶体形成，但并不影响5•1•8相的整个化学结构。

此类外加剂除减少Mg^{2+}负面效应外，更重要的是改变了5•1•8相的针棒状晶体，使其以叶片状晶体为主，形成彼此重叠、穿插、连生构成的空间结构网，从而提高了结构的稳定性和在水中的稳定性。

有机水溶性聚合物乳胶类外加剂，如丙烯酸乳胶、EVA乳胶、氯偏乳胶、UF树脂等，它们的加入除了自聚合提高氯氧镁制品的强度外，还具有堵塞毛孔通道的作用，提高抗水性能。

通常外加剂应该具备两个条件：一是能使结晶改性形成难溶于水的相结晶点，同时能使未组成结晶相的镁形成难溶于水的化合物；二是自身具有一定的凝胶性能，能黏聚在结晶相的界面，提高抗水侵蚀能力，或者自身具有抗水功能，堵塞于毛细孔道上，改善抗水性能。上述外加剂和铁盐（硫酸亚铁）、铝盐（硫酸铝、Al_2O_3等）、锌盐（硫酸锌等）就属这种类型。

3）氯氧镁碎料板的变形与防裂 氯氧镁制品的变形表现形式有收缩变形和翘曲变形。变形影响材料性能和使用效果。造成变形的主要原因有以下两种。

（1）用水量过大：在实际生产中，为了增加混合料的流动度，操作者通常采用加水的方法。这种做法忽视了氯氧镁水泥水化过程中 MgO、$MgCl_2$和水的比例，加速水镁石$Mg(OH)_2$的形成，抑制5•1•8相的形成，导致材料力学性能和化学稳定性下降及形成“返卤”现象。

另外，多余的水分造成排湿不能均速，形成收缩应力会造成制品的变形，特别是幅面大而厚度薄的制品表现较为突出。生产中应根据活性MgO的含量确定$MgCl_2$的用量，能使$MgCl_2$的浓度保持在20%～23%时的用水量即正确的用水量。

（2）制品的厚度、密度公差大和结构不对称所造成的变形：一方面，这种现象多发生在手工成型的生产中，因为人为的不稳定性因素造成厚度公差超过名义厚度的10%。板材的密度公差超过6%，这将使板材的内应力偏差大而造成变形。另一方面，生物质纤维碎料的分散性差，在制品中的分布不均匀，也会造成结构应力引起变形。此外，还应注意填充物密度尽可能和轻烧氧化镁粉相一致，避免填充物的密度不同造成在成型过程中沉积或上浮于混合填充物中，造成密度差异大，使板材内部的收缩、膨胀不一致，产生结构应力引起翘曲变形。在使用过程中，当外界湿度和温度发生变化时，板材因密度的差异大，使吸湿和排湿行为不一致，收缩与膨胀也不一致，因而会造成变形。

因此，克服厚度公差、密度公差和注重结构的对称性是防止变形的关键举措。

8.6 生物质-无机质复合材料的应用

生物质材料的应用较木材加工产品的应用范围更广。

生物质-无机质复合材料的种类很多，从生物质角度分，主要有木纤维、竹纤维、麻纤维和农作物秸秆等生物质-无机质复合材料。从胶接材料分，主要有石膏、氯氧镁水泥、水泥等生物质-无机质复合材料。此外，生物质-无机质复合材料中也经常添加粉煤灰、矿渣等材料来降低密度。

目前这类材料主要用于制作复合材料瓦、平板、内外墙板及砌块等。生物质-无机质复合材料的优点主要是轻质、保温、吸声、环境友好、价格低廉。

生物质-无机质复合材料多用于壁板、隔板、覆盖板、天花板、地板、阳台护板、窗台板、钢支架保护板、通风道、废物井壁、管道坑护板、花园栅栏墙等建筑构件。此外，还用于音响材料、阻燃性家具、厨房设备、高温房屋内衬板、浴室贴砖基板、温室、游泳池及木质材料的代用品。

8.6.1 生物质-无机质复合材料国内外应用进展

来源于植物的天然纤维，如稻草、青草和麦秸，早在公元前1400年就用于增强土坯砖了，甚至在今天，一些发展中国家仍然使用稻草增强的灰泥和砖。由于植物纤维的廉价性、广泛来源性和环境友好性，越来越多的国家和地区对植物纤维增强混凝土的研究产生了浓厚的兴趣，取得了显著的成果。20世纪70年代初，英国和瑞典试验了用剑麻作为砂浆的增强材料，并研究了改进剑麻纤维水泥耐久性的工作。20世纪90年代中期，埃及科学家利用当地原料丰富的棕榈树叶纤维来进行增强混凝土的研究。

进入21世纪，由于能源危机，需要大量供应比较便宜的纤维资源，以减少进口纤维的外汇支出，利用价廉易得的植物纤维增强混凝土的研究在发达国家也取得了较大的发展。我国的广西、广东和福建地区也是植物纤维的盛产地，许多学者也就植物纤维增强水泥基复合材料进行了探索。

由于植物纤维价格低廉、取材方便、制作工艺简单，植物纤维增强水泥基复合材料得到了较好的应用。专业从事天然纤维增强水泥制品的企业James Haidie公司推出植物纤维水泥外墙挂板，它经久耐用、性能佳，而且具有优异的成本效益。该挂板全部使用天然植物纤维、波特兰水泥、砂等混合而成，是不含石棉的水泥建筑产品，强度高，不会出现翘曲或腐烂，不受白蚁的影响，大大提高了建筑物的隔音能力和保温隔热性能，减少了建筑物受风化的影响，具有较大的市场。日本东京A&A公司将泰国生产的竹子沿竹子生长的方向切割成大约200mm的长度，这种竹子的宽度大约为30mm，用锤式粉碎机将竹子粉碎成长度5～60mm、平均为15mm的纤维，其直径为0.1～3.0mm，平均为0.45mm，含水率为67%，将这种植物纤维、水泥、水的材料在混合后浇注成型，获得了高强度的产品。国内也研制出了一种吸水水泥，使用这种植物纤维的水泥基复合材料，其表面可自然生长植物。对于一般混凝土，为防止内部钢筋的腐蚀，仅能吸收其质量3%的水分，而这种吸水水泥因掺有植物纤维，其质量不仅减轻了30%，还可以吸收占其质量35%的水分，另外这种水泥不因吸有大量的水分而使其强度下降，可用于建造河川、海洋的防洪堤；由于表面长有植物，可有效地保护水边生态，如用于城市大楼屋顶或墙壁，可缓和温室效应，并且有助于绿化。

目前，我国正在积极发展新型墙体材料，把节能建筑当作与保护耕地、节约能源、保护环境等基本国策同等的大事来抓，这就为生物质-无机质复合材料提供了广阔的发展空间。

8.6.2 生物质-无机质复合材料一般施工方法

生物质-无机质复合材料板材用于内墙时的安装工艺与石膏板基本相同，用途非常广泛，其受力骨架构件有轻钢龙骨、水泥和木材龙骨等形式。板缝的处理有两种形式：其一是刚性缝，用钢丝网和树脂水泥将其固结在一起；其二是弹性缝，拼缝材料具有一定弹性。两者各有优缺点，应视其具体构造选择处理缝的形式。安装操作工艺：墙体定位放线、安装龙骨、面板就位、找平、螺丝固定、质量检查、打磨板缝、嵌缝处理、贴防裂胶带、基层刮腻子、打磨处理、满刮第一遍腻子、打磨处理、满刮第二遍腻子、打磨处理、找补阴阳角、面层装修、质量检查、成品保护。

板材预装成大板构件将龙骨做成骨架，骨架的一面先蒙以板材，再填以蜂窝块、夹层块或植物纤维发泡水泥等，然后固定上板，制成大板构件。根据需要可以做成各种容量、功能的大板构件，很有发展前途。操作工艺：墙体定位放线、安装铁卡子、板槽内抹黏结剂、构件就位、找平、固定、质量检查、打磨板缝、嵌缝处理、贴防裂胶带、基层刮腻子、打磨处理、满刮第一遍腻子、打磨处理、满刮第二遍腻子、打磨处理、找补阴阳角、面层装修、质量检查、成品保护。

安装操作要点如下。

大面积施工前，应先做样板墙，经专业检查合格后，方可大面积施工。面板安装前，应进行含水率测定，最好掌握在8%～10%，否则容易引起板缝处开裂，板材含水率的控制是在生产厂完成的，施工现场应注意防潮保护。

贴防裂胶带是防止板缝开裂的关键工序。要保证施工质量：第一，要根据防裂带的宽度，将板缝用砂纸打磨平整，并清理干净。第二，沿着板缝对称、均匀地涂刷黏结剂，涂刷宽度应大于防裂胶带的宽度，每边以宽出1cm为宜。第三，将防裂胶带沿着接缝对称地从上往下粘贴上去，并反复压紧，使防裂胶带平整地贴附在接缝处表面。要注意防裂胶带的两侧必须与板面牢固地粘贴在一起。第四，所有板缝都贴好防裂胶带以后，等2～3天待防裂胶带与墙板黏结完全牢固后，再进行下一道工序。

随着生物质-无机质复合材料制造技术的不断进步，一些生物质-无机质复合材料板材或异型材已经具有很好的装饰性能，其应用施工将变得越来越简单和方便，可根据需要进行施工工艺的调整。

8.6.3　几种常见生物质-无机质复合材料的应用

1）水泥刨花板　水泥刨花板是以木质刨花和水泥为主要原料压制而成的具有光滑表面、结构密实的人造板，已在许多国家得到广泛应用。

在20世纪30年代，瑞士的Durisol公司率先制造出水泥刨花板。20世纪60年代，美国Elmendorf公司进一步发展完善了水泥刨花板的生产工艺。在此基础上，瑞士的Durisol公司和德国的Bison公司合作，于20世纪70年代中后期研制成功了生产水泥刨花板的半干法生产工艺，到20世纪80年代末期，水泥刨花板才真正形成工业化生产能力。目前，全世界已有数十条水泥刨花板生产线在20多个国家投入运营（年产3万～5万m^3的生产线居多）。水泥刨花板的生产设备大部分由德国的Bison公司、荷兰的Elten公司、瑞士的Durisol公司及芬兰、意大利、挪威、美国、日本等国提供。

水泥刨花板综合了木材与水泥二者的优良特性，具有密度低、强度高、阻燃性好等优良性能；板材不含任何有害的化学物质，对环境和室内空气无污染；有良好的耐候性、抗蚁、抗菌、防水、耐冻和机械加工性能。由于水泥刨花板具有以上特性，而且安装组合方便，因而广泛应用在工农业及民用建筑等方面，如建筑物内外墙板、通风道、高速公路隔音墙、管道坑护板、花园栅栏墙、地下防水构造物与高温房屋内衬板、建筑模板及车、船隔舱板等。

2）木质碎料-水泥复合材料　水泥木质复合材料一般分为三个类别：木质碎料-水泥复合材料、水泥刨花板和水泥木丝板。木质碎料-水泥复合材料有木质碎料-水泥板和木质碎料-水泥空心砌块。木质碎料-水泥复合材料是20世纪20年代在欧洲最先研究出来的。而作为商业产品，它是20世纪60年代在美国发展起来的，当时在受到欧洲的木材短缺和美国出现大量废弃木材堆积的刺激后，木质碎料-水泥复合材料产业得到了进一步壮大。水泥刨花板与木质碎料-水泥复合材料是同时期发展起来的。水泥木丝板产业是20世纪70年代发展起来的，当时，水泥木丝板是为了取代石棉板而研制出来的，它是一种相对较新的材料。目前，在欧洲、美国、日本和菲律宾等一些国家和地区，水泥木质复合材料产业都相当发达。在我国，水泥木质复合材料的研究和应用还处于起步阶段。

由于木质碎料-水泥复合材料有很多空隙和软木粒，具有很强的能量吸收能力。其能量吸收能力通常用材料的韧性指数和材料的抗冲击试验值来衡量。素混凝土的韧性指数一般为1，而木质碎料-水泥复合材料的韧性指数为6～7。因此，木质碎料-水泥复合材料的能量吸收能力一般为混凝土能量吸收能力的6～7倍。在抗冲击试验中，在相同的自由落体试验条件下，物体撞击混凝土所产生的最大冲击力为100个单位力，而撞击木质碎料-水泥复合材料所产生的最大冲击力为28个单位力。与混凝土相比，木质碎料-水泥复合材料使物体所产生的最大冲击力减小了72%，进而说明木质碎料-水泥复合材料有很强的能量吸收能力。

木质碎料-水泥复合材料具有良好的隔热性能，这主要得益于该材料具有很高的空隙率和含木率。一般来讲，空隙率越高，隔热性能越好。木质碎料-水泥复合材料的导热系数为0.115W/(m·K)左右，其导热系数为混凝土的1/10。木质碎料-水泥复合材料也具有良好的隔声性能，这同样是因为它具有很高的空隙率和含木率。双层水泥木质复合板空心隔墙的隔声性能大于50dB。木质碎料-水泥复合材料同时具有良好的防火阻燃性能，这是因为该复合材料的黏结材料为水泥。水泥木质复合厚板的耐火极限一般在1h以上。

由于木质碎料-水泥复合材料具有良好的材料性能和物理力学性能，再加之它具有造价低、密度小和耐腐蚀等特点，在欧美和日本被广泛地应用于建筑工程之中。木质碎料-水泥复合材料在建筑工程中的应用主要有：屋顶板、隔墙板、地板、外墙罩板、活动房屋、房屋隔音板、高速公路隔音板、建筑墙体砌块、建筑模板和其他房屋装饰用料。

在我国，水泥木质复合材料的应用还处于起步阶段，但水泥木质复合材料板已开始在建筑工程中获得应用，其应用范围正在不断地扩大。可以预见，木质碎料-水泥复合材料在我国将有良好的发展前景。

3）石膏刨花板　石膏刨花板的制造方法与水泥刨花板类似，是以石膏替代水泥为黏结剂。石膏具有质量轻、阻燃性好、传热系数小、价格低等优点，缺点是性脆易碎，可用木质原料来弥补其不足。生产石膏刨花板用的石膏为建筑石膏，主要成分是半水硫酸钙（$CaSO_4 \cdot 1/2H_2O$），经水化后生成二水硫酸钙（$CaSO_4 \cdot 2H_2O$），这些水化物互相交织成网状结构，具有一定的强度。石膏是低能耗生产的原料，且在石膏刨花板生产过程中无需烧结，只用少量的水，不产生污水。石膏刨花板还具有隔热、隔声、耐火性和不燃性。石膏刨花板是节能、无污染、物理力学性能优良的一种备受青睐的绿色建材，有广泛的应用前景。

石膏刨花板可应用于建筑、交通、通信等工程中作为非承重的墙体材料，如装修间壁墙、隔墙、吊顶，作为室内地板材料、固定式家具材料、音响材料等。经过表面防水处理后，也可用作轻墙板框架结构的外墙板。

也可以用木丝替代刨花生产石膏木丝板，其性能和用途与石膏刨花板类似。

4）矿渣刨花板　矿渣刨花板是用矿渣粉末和刨花作原料，加入水和少量活性剂，经搅拌、成型、热压而成的一种新型刨花板。

矿渣刨花板所用的矿渣是高炉炼铁的废渣，原料来源充足，成本低廉。此外，生产周期短，易于在普通刨花板生产线上推广应用。其物理力学性能与水泥刨花板相似，还具有良好的保温、隔热和吸音性能，可用于屋面板、简易房、高层建筑。

5）粉煤灰水泥刨花板　粉煤灰水泥刨花板的优良性能决定了它在建筑上具有广泛的用途。

（1）高低层建筑的外墙板。以钢件作承重件，用粉煤灰水泥刨花板作围护，房屋具有安装简便迅速、维修方便、不需深挖地基、造价低、抗震性能好等优点。用作高层建筑墙体可满足防火要求，且大大减轻楼房自重。

（2）建筑物外承重墙，或内墙、吊顶。粉煤灰水泥刨花板用于活动隔墙非常适宜，而且可制成具有贮存功能的隔墙，既省去了做家具用的木材，又减少了墙体在室内所占空间大小，一举两得。

（3）防火门、室外家具及地下工程材料。它能很好地满足防火、防潮、防霉的要求。

（4）重要场所的装修和屋面材料。粉煤灰水泥刨花板良好的吸音性能使其适宜用于机场、音乐厅、停车场、会场等场合的装修和作屋面材料。

（5）防静电地板。由于粉煤灰水泥刨花板具有很好的防静电性能，它可以广泛用来制作防静电地板。

主要参考文献

曹洪虹. 1997. 粉煤灰资源在生产建筑材料中的综合利用. 山西建材，(4)：36～39

陈士英. 2001. 无机胶结剂人造板的发展前景. 人造板通讯，(3)：6～8

宫安. 2006. 水泥木粒复合材料的发展概述. 辽宁建材，(3)：33

贺宏奎，常建民，李效东. 2005. 新型的木质复合材料. 木材加工机械，(5)：39～42

姜仁龙. 1997. 水泥刨花板在我国的应用和发展前景. 木材工业，11 (4)：18～20

李国忠，冯倩，司志明，等. 1997. 农作物秸秆纤维浸出物对水泥硬化过程的影响. 山东建材学院学报，11 (1)：19～22

李国忠，于衍真，司志明. 1997. 植物纤维增强水泥基复合材料的性能研究. 硅酸盐通报，(3)：42～45

李季. 2004. 纤维表面处理对植物纤维增强水泥的物理力学性能影响. 建筑科学，(6)：61～63

李先友，陈明凤，彭家惠，等. 2004. 缓凝剂对石膏作用效果的影响. 重庆建筑大学学报，8 (4)：92～95

李新功. 2003a. 第一条国产模压粉煤灰水泥刨花板生产线工艺及设备的特点. 人造板通讯，(12)：11～12

李新功. 2003b. 粉煤灰水泥刨花板蒸养过程热能的有效利用. 木材工业，(9)：32～33

李新功，郑霞. 2001. 二氧化碳在粉煤灰水泥刨花板生产中的应用. 林业机械与木工设备，(9)：28～29

李新功，郑霞，李德怀. 2003. 半干法粉煤灰水泥刨花板的生产工艺. 木材工业，(9)：48～50

李新功，郑霞，王道龙，等. 2001. 模压水泥刨花板生产工艺设计应注意的问题. 木材工业，(2)：23～24

林利民，徐兰英，王子奇，等. 2002. 水泥刨花板制作建筑墙体材料工艺技术. 建筑人造板，(1)：26～28

刘雄亚，郝元恺，刘宁. 2006. 无机非金属复合材料及其应用. 北京：化学工业出版社

刘学艳，刘彦龙，唐朝发，等. 2002. 水泥非木材植物纤维空心砌块. 东北林业大学学报，30 (6)：86～87

刘彦龙，刘学艳，唐朝发，等. 2004. 无机胶粘剂植物纤维建筑复合材料. 东北林业大学学报，32(3)：107～108

刘一星，赵广杰. 2004. 木质资源材料学. 北京：中国林业出版社

刘正添. 1999. 对水泥（石膏）刨花板半干法成型设备设计的几点看法. 建筑人造板，(1)：13～15

彭家惠，陈明凤，瞿金东，等. 2005. 柠檬酸对建筑石膏水化的影响及其机理研究. 建筑材料学报，8 (1)：94～99

彭家惠，彭志辉，瞿金东，等. 2004. 缓凝剂对建筑石膏结构与强度的负面影响. 哈尔滨工业大学学报，9 (9)：1177～1181

饶久平，吴敏，谢拥群，等. 2004. 热压法生产稻草水泥碎料板的研究. 林业机械与木工设备，(10)：10～13

饶久平，谢拥群，林铭，等. 2004. 稻草等废弃物和水泥的相适性的研究. 林产工业，31 (1)：25～27

沈荣熹，崔琪，李清海. 2004. 新型纤维增强水泥基复合材料. 北京：中国建材工业出版社

孙成栋. 2000. 植物纤维水泥复合板. 新型建筑材料，6：25～27

佟立成，张双保，常建民. 2001. 水泥刨花板的生产、应用及工艺及发展前景. 木材加工机械，(4)：31～33

涂平涛. 1994. 氯氧镁凝胶材料的组成与性能的相关性. 新型建筑材料，(6)：24～27

涂平涛. 2002. 氯氧镁凝胶材料制品的本质≠返卤、泛霜、变形. 建筑装饰材料世界，(4)：52～53

涂平涛. 2005. 建筑轻质板材. 北京：中国建筑工业出版社

王坚，董金柱. 1998. 建筑石膏制品性能影响因素的研究. 图书情报导刊，(4)：39～41

王秀花. 2003. 建筑材料. 北京：机械工业出版社

王志. 1999. 高强石膏材料研究最新进展. 新型建筑材料，(9)：47～48

伍湘秋. 1996. 中国石膏资源与开发利用. 湖北建材，(4)：8～9

肖力光，赵露，陈景义. 2004. 利用秸秆制造新型复合节能墙体材料的可行性研究. 吉林建筑工程学院学报，21 (2)：1～6

肖力光，赵露，陈景义. 2005. 秸秆纤维水泥基复合材料性能的研究. 吉林建筑工程学院学报，22 (1)：1～6

徐大丰，任绪华. 2005. 植物纤维水泥复合板的性能及应用. 山东建材，(4)：37～39

徐辉，李克亮，黄国泓. 2005. 植物纤维增强水泥基复合材料的研究进展与应用. 山东建材，(4)：37～39

徐辉，卢安琪，陈健，等. 2005. 国内外植物纤维增强水泥基复合材料的研究. 纤维素科学与技术，13 (4)：60～64

徐兰英，王厚军，王春明. 2002. 麦秸-水泥相适性及水泥刨花板的制作研究. 林业科技，27 (2)：41～44

严家伋. 2002. 道路建筑材料. 北京：人民交通出版社

杨德志，涂平涛. 2003. 机制 PRC 植物纤维复合条板//中国硅酸盐学会. 中国硅酸盐学会 2003 年学术年会新型建筑材料论文集. 北京：中国建筑工业出版社

叶颖薇，冼定国，冼杏娟. 1998. 竹纤维和椰纤维增强水泥复合材料. 复合材料学报，(8)：92～98

于丽萍. 1999. 植物纤维增强石膏板的生产和技术. 山东建材，(7)：26～28

余红发，何庆英，李颖，等. 2000. 建筑石膏缓凝剂的研究. 沈阳建筑工程学院学报，16 (2)：109～111

余红发. 1999. 石膏脱水相陈化动力学机理及物理力学性能. 沈阳建筑工程学院学报，(4)：57～59

岳文海，王志. 1996. α 半水石膏晶形转化剂作用机理的探讨. 武汉工业大学学报，18 (2)：1～4

张翠苗，杨红健，马学景. 2014. 氯氧镁水泥的研究进展. 硅酸盐通报，33（1）：117～121
张东翔，黄晓军，徐红. 2002. 增强石膏稻草刨花板耐水性的研究. 林产工业，29（1）：16～18
张海梅，张广峻. 2003. 建筑材料. 北京：科学出版社
张建成. 2005. 大力推广节能环保的石膏建材. 江苏建材，（4）：34～36
张锦峰，许红升，谢红波，等. 2006. 缓凝剂对建筑石膏性能及结晶习性的影响. 新型建筑材料，（5）：55～58
张洋. 2000. 水泥麦秸板的工艺研究. 建筑人造板，（1）：20～22
章希胜. 1998. 植物纤维水泥防渗漏面板研制. 中国建筑防水，（2）：13～14
郑霞，李新功. 1998. 我国建筑人造板的发展重点——水泥刨花板. 林业机械与木工设备，（9）：10～11
郑霞，王道龙. 2007. 粉煤灰水泥刨花板. 中国人造板，（4）：36～37
邹惟前. 1996. 植物纤维水泥复合板的性能应用. 墙体革新与建筑节能，（1）：32～37
Badens E. 2005. Preparation of polyester/gypsum/composite using gamma radiation，and its radiation stability. Radiation Physics and Chemistry，73（3）：183～187
Fisher A K，Bullen F，Beal D. 2001. The durability of cellulose fibre reinforced concrete pipes in sewage applications. Cement and Concrete Research，（31）：543～553
Hermawan D，Hata T，Kawai S，et al. 2002. Effect of carbon dioxide-air concentration in the rapid curing process on the properties of cement-bonded particleboard. The Japan Wood Research Society，（48）：179～184
Li G Z，Yu Y Z，Zhao Z J，et al. 2003. Properties study of cotton stalk fiber/gypsum composite. Cement and Concrete Research，33（1）：43～46
Savastano Jr H，Agopyan V. 1999. Transition zone studies of vegetable fibre-cement paste composites. Cement & Concrete Composites，21（1）：49～57
Savastano Jr H，Warden P G，Coutts R S P. 2003. Potential of alternative fibre cements as building materials for developing areas. Cement & Concrete Composites，（25）：585～592
Sedan D，Pagnoux C，Smith A，et al. 2008. Mechanical properties of hemp fibre reinforce cement：Influence of the fibre/matrix interaction. Journal of the European Society，（28）：183～192
Tolêdo Filho R D，Ghavami K，England G L，et al. 2003. Development of vegetable fibre-mortar composites of improved durability. Cement & Concrete Composites，（25）：185～196
Tolêdo Filho R D，Scrivener K，England G L，et al. 2000. Durability of alkali-sensitive sisal and coconut fibres in cement mortar composites. Cement & Concrete Composites，（22）：127～143

9 纳米技术在生物质-无机质复合材料中的应用

随着材料科学的进步和发展，材料复合化已成为当代材料科学发展的前沿，复合材料是现代材料科学发展的主要方向。木质材料也必须遵循这一规律走木质复合材料的发展道路，这是充分体现木质材料工程的新的优势，也是充分合理利用、节约利用木材和扩大木材资源的技术战略。从加工利用的角度看，今后加工利用的重点是对低质木材、人工速生丰产林、竹材、农作物秸秆和加工剩余物的深度开发。可以预见，间伐材、速生材、劣质材和竹材将是今后相当时期木材资源供应的主要形式，这决定了以它们为基础的新型材料的出现依然是复合与功能性改良，也是今后新型木质复合材料研究的发展方向之一。

无机木材功能性改良试剂以其价格低廉、天然无毒日益受到人们的关注，近年来国内外的研究十分引人注目，发展迅速。木材-无机质复合材料的加工性能与普通木材相同，对胶合、涂饰无不良影响，其力学强度除韧性有所下降外，弯曲强度、硬度、耐磨性明显提高，具有优良的阻燃性和耐腐性，能最大限度地保留木材的视觉环境学特性，使之成为木质复合材料的研究热点之一。无机质复合木材来源于日本学者西本孝一很有趣的发现：他在研究使用长达几十年的电杆在地下的腐朽状况时，把电杆的腐朽部分放在火中燃烧，发现埋在土壤中的部分，无论经过多长时间也不燃烧。他推测，可能因为土壤中含有较高的水分，腐朽程度也不那么严重，又由于长年累月埋于土中，无机物逐渐渗入木材中，沉积在木材细胞结构中的结果。由此联想到利用无机物质复合木材来抑制木材的易燃性。人们开始注意研究如何设法在木材内生成无机物质使木材具有阻燃功能。

9.1 木材-无机质复合材料的基本内涵

随着木质基复合材料研究的不断深入，特别是近年来纳米科学与技术迅速发展及其对各个领域的影响和渗透，人们探索和发明了许多新的木材-无机质复合材料的制备方法，给木材-无机质复合材料的研究带来了新的技术生长点，木材-无机质复合材料的基本内涵也随之外延，主要可以分成木材-无机质复合材料（wood inorganic composite，WIC）、木材-无机纳米复合材料（wood inorganic nano composite，WINC）和木材生物矿化三大类。

9.1.1 木材-无机质复合材料

根据木材-无机质复合材料的制造方法将木材-无机质复合材料定义为：是利用双重扩散法使两种可溶性无机化合物浸入木材中，通过化学反应形成不溶性的无机物，沉积在木材的细胞腔或细胞壁上，成为一种含有无机质的新的复合材料。或是直接将无机材料配制成一定浓度的溶液，通过加压等手段浸入木材中，成为一种含有无机质的木材。

近年来，国内外广泛应用溶胶-凝胶法制备木材-无机质复合材料，可将木材-无机质复合材料定义为：将金属无机化合物、二氧化硅、氧化铝等前驱体浸入木材中，与木材中的水分（或添加醇溶液）形成均匀的溶液，溶质与水分或醇发生水解或醇解反应，反应生成物聚集成几个纳米左右的粒子并组成溶胶，随着水解（醇解）-缩聚反应的进行而固化生成各种尺寸和结构的溶胶粒子，经干燥后成为干凝胶，即得到木材-无机质复合材料。

某些木材阻燃与防腐处理，广义上也可将其划归在木材-无机质复合材料的范畴。例如，木材阻燃处理中阻燃剂可分为有机和无机阻燃剂，其中无机阻燃剂处理的木材可视为木材-无机质复合材料，它是将具有阻燃作用的无机化合物通过涂刷、喷淋等方法处理木材表面或通过浸注等方法浸注到整个木材中或达到一定的深度，从而得到具有阻燃性能的木材-无机质复合材料。木材防腐中使用最多的水溶性防腐剂如铜铬砷（CCA）、铜铬硼（CCB）、硼砂-硼酸等，经这些无机质防腐剂处理的木材成为具有优良防腐性能的不朽木。

将木材经过碳化、渗硅处理后可得到 Si-SiC 木材陶瓷，也是另一种广义上的木材-无机质复合材料。目前这种“木材陶瓷”制造技术的研究尚处于起步阶段。这种木材陶瓷不同于日本青森工业试验场冈部敏弘等用热固性树脂浸渍木材后真空碳化制造的 woodceramics。其制备的大致过程是熔融硅沿木炭毛细管壁上升，同时与接触的碳反应形成碳化硅，碳化硅层不断向碳层推进直至多孔碳骨架完全转变为碳化硅，生成的碳化硅在反应后期会发生再结晶，最终的组织形态表现为多变形大颗粒碳化硅分布在自由硅基体上。

9.1.2 木材–无机纳米复合材料

纳米科学与技术（Nano-ST）是20世纪80年代末诞生并蓬勃发展的高新科技。纳米（nanometer）是一个长度单位，简写为nm，是一个极小的尺寸单位，氢原子的直径为1Å，即0.1nm，10个氢原子排列起来的长度等于 1nm，$1nm=10^{-3}\mu m=10^{-6}mm=10^{-9}m=10Å$。因此纳米科学与技术的基本含义是在 0.1～100nm 时研究物质组成体系的运动规律和相互作用，以及可能的实际应用中的技术问题，通过直接操作和安排原子、分子而制造新的物质（张立德和牟季美，2001）。

无机纳米材料及其在木材科学中的应用是木材科学界所关注的高新技术之一。我们把木材-无机纳米复合材料定义为将无机纳米粒子采用直接分散法、原位复合法、插层复合法等方法与木材复合，使纳米颗粒体积效应和表面效应两者之一显著变化或者两者都显著出现，减少无机材料的用量，体现纳米材料的特点，又最大限度保留木材的视觉环境学等优良特性，使之体现纳米材料和木材的双重优点，区别于普通型木材-无机质复合材料，从而达到制备高性能的木材-无机纳米复合材料的目的。

9.1.3 木材生物矿化

李坚等在2003年度国家自然科学基金资助下开始探讨利用生物矿化的机理对木材进行改性，直接利用活立木从外界环境中找到各种无机物如二氧化硅、碳酸钙等并引导着这些物质在木质部内定向结晶，形成形态各异的复杂结构群体如纤状结构、交错结构、叶状结构等，并且与自身生成的聚合物相结合形成生物矿化木材纳米结构复合材料。

迄今为止，生物矿化的研究正处于开创阶段，是化学学科与生命科学、材料科学相互交叉、渗透、融合发展起来的多学科交汇点，它将有可能帮助人们在木材功能性改良领域开拓一个崭新的研究天地。众多木材功能性改良研究方法的研究对象是砍伐后的木材，在工厂对木材进行工艺处理，可以说研究对象是一种“死”细胞，是对木材业已存在的缺陷而采用的事后补救措施。生物矿化采用立木为研究对象，立木是生物体的一部分，是有生命的，这样的材料从概念上是全新的，它把组织结构和不同功能的细胞结合在一起，构成了一种“活”的材料。将生物矿化引进到木材功能性改良的研究领域中，将研究对象从“死”细胞变为“活”材料，为木材传统功能性改良向木材生物改良发展找到一个切入点，这不但高效利用了资源，而且高度环保，必将促进传统木材功能性改良技术产生新的发展。此外，利用种类繁多、千变万化的木材细胞结构作为几何模板，通过溶胶-凝胶作用等进行组装合成，形成多孔的有机-无机纳米特性结构材料，实现对木材进行设计及裁剪，使木材在智能材料、仿生学等高科技领域发挥重要作用。

综上所述，根据木材-无机质复合材料研究的基本内涵与外延，木材-无机质复合材料从广义上讲可定义为将无机化合物及无机化合物的前躯体等通过物理、化学和生物等方法浸入并沉积在木材的细胞腔甚至细胞壁中，形成不溶性的无机物质甚至与细胞壁物质形成化学连接，从而赋予木材新的性质，称为木材-无机质复合材料。总之，利用无机质化合物与木材二者的结合可以相互弥补各自的缺点，充分发挥各自的特长，通过对两种材料的科学设计与裁剪，将可以获得集功能材料、结构材料和环境材料优点于一身的优良材料，促进木材功能性改良学的技术进步和发展。

9.2 木材-无机质复合材料的研究概况

本部分主要是指利用双重扩散法和溶胶-凝胶法等方法制备的狭义概念上的木材-无机质复合材料，不包括阻燃木及木陶瓷等广义概念上的木材-无机质复合材料。

9.2.1 双重扩散法制备木材-无机质复合材料

国内对木材-无机质复合材料自20世纪80年代开始进行了一系列的研究探讨，取得了一些可喜的研究成果。1985年，彭海源等采用相对密度为1.38的水玻璃（Na_2SiO_3）在室温常压下浸渍处理气干小叶杨木材15天或30天，5%的Na_2SiO_3浸渍处理后横切面硬度提高30%以上，用10%的Na_2SiO_3浸渍后横面硬度可以提高60%以上。1993年，邱玉玲等用3.9%～11.8%氯化稀土浸泡山杨木材三昼夜后室温下风干四昼夜，制备木材-无机质复合材料。结果表明，向杨木中注入稀土的方法可同时提高杨木材质的各项指标，试材的载药量与稀土处理后的含水率是影响改性效果的重要因素。2000年，周平等报道用20～30°Bé的水玻璃溶液浸泡木材处理40h，然后用饱和硫酸铝溶液进行沉淀反应，最后在70℃干燥24h，制成木材-无机质复合材料，使木材的尺寸稳定性、硬度和阻燃性都得到改善。2001年，刘磊等用10%Na_2SiO_3溶液制备的硅酸单体溶液（SAMA）浸泡文县杨，以及复合处理工艺即用30%Na_2SiO_3溶液在50℃浸泡24h，然后用4%B_2O_3溶液在50℃浸泡24h，再用5%的乙酸溶液在常温下浸泡6h后烘干。两种处理方法制的文县杨WIC的抗流失性较强，具有较高的尺寸稳定性，力学性质与素材相仿或稍有提高，耐腐性、硬度及阻燃性都有不同程度的提高，但顺纹抗压强度和抗弯强度有所下降。

日本根岛大学的Furuno等采用水玻璃为主要无机改性剂注入日本扁柏（*Chamaecyparis obtuse* Endl.）中。首先是采用加压-减压法将5%水玻璃（Na_2SiO_3）注入木材中，然后浸入饱和的硫酸铝和氯化钙产生不溶性沉淀物制备硅化木，用X射线电子探针分析证明这些不溶性的硅酸铝或硅酸钙主要沉积在管胞腔、导管腔中。制备得到的木材-无机质复合材料具有良好的阻燃性和抗真菌性能，但吸湿性增强。其次用5%和30%硅酸钠分别与氯化钡、硼酸和硼砂反应来制备木材-无机质复合材料，这些复合材料的吸湿性与素材相似，但具有较好的抗膨胀能力，抗弯强度有所下降但弹性模量未受影响，具有优良的尺寸稳定性，用硼酸和硼砂反应制备木材-无机质复合材料还有良好的阻燃性和耐腐性。最后用水玻璃与5种无机质化合物经二重处理制备木材-无机质复合材料，并与单独处理的硼化合物木材-无机质复合材料的性质进行了比较。经二重处理制备木材-无机质复合材料中不溶性的硅（呈圆柱形晶体）主要沉积在管胞、导管的细胞腔中，而无机硼被认为存在于细胞壁中。用硼酸、三氧化二硼、硼酸铵制备的木材-无机质复合材料具有相对较小的吸湿性，由于体积效应而具有较好的抗膨胀率，并且均具有良好的阻燃性和耐腐性。

日本九州大学的Yamaguchi等报告用硅酸钠溶液通过阳离子交换制备5%硅酸单体溶液（SAMS），以及在硅酸胶体溶液中添加磷酸制成溶液（CSAS），用来浸渍处理日本雪松（*Cryptomeria japonica* D. Don）是可行的方法。用扫描电镜观察在木材结构中形成了大量的凝胶并与木材产生的氢键结合，改善了木材的抗弯强度和尺寸稳定性。Li等（2001）分别用乙酸酐和丙酸酐处理北美鹅掌楸（*Liriodendron tulipifera* L.）制备乙酰化和丙酰化木材，然后用水玻璃处理乙酰化和丙酰化的木材，制备得到乙酰化SiO_2-木材复合材料（AWS）和丙酰化的SiO_2-木材复合材料（PWS）。与乙酰化和丙酰化的木材相比，虽然AWS和PWS的增容率、抗胀率（ASE）和阻湿率（MEE）较低，但由于有二氧化硅凝胶的存在，AWS和PWS仍然具有特别优良的尺寸稳定性。二氧化硅凝胶产生的增重率（WPG）对阻燃起到了重要的作用，AWS和PWS的氧指数（OIs）高于素材。

9.2.2 溶胶-凝胶法制备木材-无机质复合材料

日本学者率先将溶胶-凝胶应用于木材-无机质复合材料的制备，取得了许多重要的研究成果。

日本京都大学农学部的Saka等于1992～1996年，以日本扁柏为材料采用溶胶-凝胶法制备木材-无机质复合材料，并做了连续5个系列报告。现分别叙述如下。

1992年，Saka等利用结合水在木材细胞壁内形成硅凝胶的烷氧基硅烷溶胶-凝胶过程，研究发现细胞壁内形成的硅凝胶是有选择性的，结合水的含量越高，形成的凝胶量也越多，表现出的尺寸稳定性和阻燃效果就越好。

1993年，Ogiso等为了提高SiO_2凝胶的WPG，在溶胶-凝胶过程中采用了超声波处理，得到的SiO_2凝胶的WPG提高了15%～30%。在细胞壁内形成的SiO_2凝胶只需较小的WPG就对木材的尺寸稳定性、阻燃性和抗白蚁性有很大的影响。而在细胞腔内形成的硅凝胶则对木材的尺寸稳定性、阻燃性没有明显的改善效果，但表现出较强的抗白蚁性。

1993 年，Saka 等为了将木材与无机物键合，用 3-异氰酸丙酯基三乙氧硅烷（IPTEOS）对木材进行化学改性，在无水的条件下，IPTEOS 可与木材在非结晶区的羟基进行如下反应：

$$\text{Wood—OH+O}{=}\text{C}{=}\text{N—(CH}_2)_3\text{—Si(OC}_2\text{H}_5)_3 \longrightarrow$$

$$\text{Wood—O—CO—NH—(CH}_2)_3\text{—Si(OC}_2\text{H}_5)_3$$

然后用四异丙基钛酸酯（TPT）的异丙醇溶液处理制备具有 TiO_2 凝胶的木材-无机质复合材料，反应主要发生在细胞壁和细胞腔之间的边界：

$$\text{Wood—O—CO—NH—(CH}_2)_3\text{—Si(OH)}_3$$

$$\text{+Ti(OH)}_4 \longrightarrow \text{Wood—O—CO—NH—(CH}_2)_3$$

```
        |           |
      —Si — O — Ti — O—
        |           |
```

未经 IPTEOS 改性的木材也采用 TPT 的异丙醇溶液溶胶-凝胶法制备具有 TiO_2 凝胶的木材-无机质复合材料。结果表明：用 IPTEOS 化学改性后再用四异丙基钛酸酯处理以改善木材的性能是有效的，TiO_2 凝胶在细胞壁内表面与木材物质化学键合，这样的复合材料具有阻燃性，表现出较好的尺寸稳定性。用四异丙基钛酸酯的异丙醇溶液溶胶-凝胶法制备的木材-无机质复合材料，TiO_2 凝胶在细胞腔中沉积，不能制备具有多孔性特征的木材-无机质复合材料。

1994 年，Ogiso 等将异氰酸盐、环氧树脂、乙烯树脂和甲基丙烯酸树脂类的硅烷偶联剂在无水条件下用于木材的无机化学改性，然后用正硅酸乙酯（TEOS）处理改性后的木材，用溶胶-凝胶法制备带有 SiO_2 凝胶的化学改性木材-无机质复合材料。已经发现异氰酸盐和环氧树脂类的硅烷试剂与木材细胞壁产生共价键联结，而乙烯树脂和甲基丙烯酸树脂类的硅烷偶联剂主要作为均聚物引入木材中。木材与异氰酸盐和环氧树脂类硅烷偶联剂产生共价键联结并与 SiO_2 凝胶缩聚交联在一起，这对于木材的尺寸稳定性和耐热性更为有效，因此化学键连接对于提高木材-无机质复合材料的性能是至关重要的因素。

1996 年，Miyafuji 等用三甲基亚磷酸盐和三甲基硼酸盐加入 TEOS-无水乙醇（EtOH）-乙酸（物质的量比 1∶1∶0.01）反应体系，用溶胶-凝胶法制备得到二元无机质 SiO_2-P_2O_5-木材复合材料和无机质 SiO_2-B_2O_5-木材复合材料、三元无机质 SiO_2-P_2O_5- B_2O_5-木材复合材料，这些复合材料的 WPG 虽然只有 35%，保持了木材的多孔结构，但极大改善了木材的阻燃性。同年，Saka 等报告发现多元复合的木材-无机质中的 P_2O_5 和 B_2O_5 凝胶在耐候性试验中产生流失现象，因此加入改性添加剂如 DTMOS 和含氟的 HFOETMOS，可防止 P_2O_5 和 B_2O_5 凝胶流失，保持并增强了多元复合材料的阻燃性。

上述 5 个报告显示其烷氧基硅烷溶胶-凝胶过程的关键点和基本方法是控制木材的含水率，利用木材细胞壁的结合水，使 TEOS 发生水解和缩聚反应，形成硅溶胶，经干燥后得干凝胶。

Miyafuji 报告采用四异丙基钛酸酯（TPT），应用溶胶-凝胶法处理铁杉（*Tsuga heterophylla* Sarg.）木材，制备木材-无机质复合材料。由于 TPT 具有较高的水解率，TiO_2 凝胶在细胞腔中沉积，不能改善木材的性质。因此可采用低水解率的 TBT、TOT、TAA、TAT 等钛酸酯制备 TiO_2-木材无机复合材料，通过 SEM-EDXA 分析证明 TiO_2 凝胶沉积在细胞壁中可改善木材的尺寸稳定性和阻燃性。采用金属醇盐单体制备 SiO_2-P_2O_5-B_2O_3。多元无机复合木材，得到基本相同的结论。考虑到操作和环境的原因，采用 MTMOS 反应体系成功制备了木材-SiO_2 无机质复合材料，对添加的阻燃成分 HFOETMOS，MTMOS 反应体系较 TEOS 有较高的抗流失性能，使用 MTMOS 反应体系比 TEOS 具有更安全的操作条件和环境工艺条件，可代替 TEOS 制备木材-SiO_2 无机质复合材料。

Fumie 等通过溶胶-凝胶法并加入抗微生物 TMSAH 药剂处理日本扁柏，制备木材-SiO_2 无机质复合材料。复合材料对褐腐菌具有较好的抑制作用，但对白腐菌没有抑制的作用，加入改性添加剂 HFOETMOS 制备 HFOETMOS-(TMSAH-SiO_2) 复合木材具有较高的疏水性质，这种疏水性质改善和增强了木材的抗菌性能，可对褐腐菌和白腐菌均产生抑制作用。

总结日本在采用溶胶-凝胶法制备木材-无机质复合材料的基本思路和关键，一是控制木材的含水率，去除木材中的自由水和吸附水，利用木材细胞壁中的结合水与金属无机化合物、二氧化硅前驱体来形成硅凝胶的烷氧基硅烷溶胶-凝胶过程；二是采用偶联剂对木材进行预处理，使木材与硅烷类偶联剂产生共价键联结并与 SiO_2 凝胶缩聚交联在一起，化学键连接对于提高木材-无机质复合材料的性能是至关重要的因素；三是添加阻燃剂、抗菌剂制成木材-多元无机质复合材料，制备中愈来愈注重环境保护问题和操作中的安全性问题，趋向于选择对环境无污染和操作安全的无机化合物或低聚物，防止无机化合物流失。

国内学者也开展了溶胶-凝胶制备木材-无机质复合材料的研究工作。自 1996 年开始，王西成等通过控制木材的含水状态，利用溶胶-凝胶法把以 TEOS 为主要组成的硅的前驱体注入木材中，经水解、缩合反应形成木材-二氧化硅凝胶复合材料。作者认为二氧化硅凝胶部分与纤维素发生键合，部分以物理填充方式存在于微毛细管中，三者构成了细胞壁的骨架，并且在分子或纳米水平上与木材构成了复合材料。在随后的研究中引入偶联剂（GPTMS），使木材与无机相二氧化硅之间在更大程度上通过 Si—O—Si 及 C—O—C 连接起来，增强了界面结合力，进一步提高了木材的综合性能，作者推测二氧化硅在木材细胞壁内形成核，聚集并长大，制成木材-SiO_2 纳米复合材料。2000 年，王西成等以 $AlCl_3 \cdot 6H_2O$ 为原料，制备高盐度碱式氯化铝 $Al_2(OH)_nCl_{6-n}$，作为催化剂及网络形成剂参与陶瓷前驱体中 TEOS、GPTMS 的水解、缩聚反应，得到高性能的（Al—，Si—）陶瓷化木材，高盐度碱式氯化铝参与陶瓷前驱体的水解、缩聚反应使之进行得快速和充分，提高了原材料的利用率和填充效率，实现了 Al_2O_3 在木材细胞壁内的引入，而且改善了无机相与木材之间的键合强度，（Si—，Al—）陶瓷化木材的综合性能与原木相比全面提高。廖秋霞等同样采用控制木材含水率的方法，以硅酸乙酯作为无机纳米前躯体，以甲基丙烯酸甲酯为有机改性单体，经无机前躯体的溶胶-凝胶过程或与有机单体原位聚合分别制得木材-SiO_2 复合材料与木材-PMMA-SiO_2 复合材料，改性物质在木材中的结合方式与单纯加入有机高分子或无机粒子有很大差别。作者认为 SiO_2 凝胶粒子在细胞壁及细胞空隙中均有分布，胶粒子尺寸为 60～80nm，制备的木材-SiO_2 复合材料具有纳米结构特征。

国内在利用溶胶-凝胶法制备木材-无机质复合材料方面取得了一些良好的研究成果，如我国研究工作者所制备干凝胶具有纳米结构特征，综合性能较素材有较大的提高等。但基本的制备思路与日本学者所采用的方法基本相同，所具有的纳米结构特征尚缺乏体现纳米复合材料应有特性的表征及证明。国内开展溶胶-凝胶制备木材-无机质复合材料方面的研究工作刚刚起步，这方面的工作具有广阔的研究前景。

9.2.3　溶胶-凝胶法制备木材-无机质复合材料存在的问题

如前所述，日本学者自 20 世纪 90 年代初开始采用溶胶-凝胶法制备木材-无机质复合材料，并对其进行了广泛深入的研究，其基本方法是通过控制木材的含水率状态，采用二氧化硅或二氧化钛等的前驱体溶液，加入一定量的乙醇作为共溶剂及酸或碱作为水解催化剂注入木材中，使之利用木材细胞壁或腔中的水发生水解和缩聚反应形成凝胶，经陈化、常压干燥等环节，制得木材-无机质复合材料。国内学者基本采用同样的方法制备了木材-无机质复合材料。随着木材功能性改良技术的发展，特别是木材科学与纳米科技的交叉融合，制备高附加值木材-无机纳米复合材料是木材科学界所关注的高新技术之一。

在溶胶-凝胶法制备无机凝胶过程中除了溶胶-凝胶过程外，凝胶的结构和性质在很大程度上决定了其后的干燥、致密过程，并最终决定材料的性能。由醇凝胶体最终获得多孔性的材料可以采用低干燥速率的对流干燥法、冷冻干燥法和超临界干燥法。依据干燥的方法不同，所得到的凝胶有不同的表述，由直接干燥制备的凝胶称为干凝胶（xerogel），通常是一种比较致密的固体。由冷冻干燥法制备的凝胶则称为冻凝胶（cryogel），而由超临界干燥制得的凝胶称为气凝胶（aerogel），后两种方法能够获得高度多孔性和透明的气凝胶。目前，国内外应用溶胶-凝胶法制备的木材-无机质复合材料应属于木材-干凝胶无机质复合材料，其无机纳米结构尚存在一定的疑问，未能充分体现纳米材料的特性，以区别于普通型 WIC。

9.3 无机纳米材料在木材科学中的应用

纳米科学技术自诞生以来所取得的成就及对各个领域的影响和渗透一直引人注目，被誉为“21 世纪最有前途的材料”，具有优异的特性和广阔的应用前景，人类已在各个学科层面上开展了深入细致的研究并逐渐成为高科技生长点。国家自然科学基金2002年项目指南中指出“纳米科技”是 21 世纪可能取得重要突破的领域之一，其与生命科学的交叉研究将得到足够的重视和支持。因此纳米技术及其在木材科学中的应用也是木材科学界所关注的高新技术之一。

9.3.1 纳米科技与木质复合材料

从迄今为止的研究状况看，纳米科学与技术从广义上可分为 4 种概念（徐国财和张立德，2002）：第一种是 1986 年美国科学家德雷克斯勒博士在《创造的机器》一书中提出的分子纳米技术，即可以任意组合所有种类的分子，制造出任何种类的分子结构，这种概念的纳米技术目前尚未取得重大进展。第二种是从生物角度出发提出的，即在生物细胞和生物膜内本来就存在纳米级的结构组织。例如，某些生物体如贝壳、珍珠、柚木等的优良性质起源于它的精巧结构和组成：贝壳和珍珠是有精细层状的有机-无机复合材料。第三种是将纳米技术定位为微加工技术的极限，也就是通过纳米精度的“加工”形成纳米尺度结构的技术。第四种是纳米加工技术，即利用高分辨透射电子显微镜、原子力显微镜等现代化微加工工具，进行原子操作形成纳米化图案和文字，制造用于信息储存的纳米阵列等。

目前涉及在木材科学中应用的纳米材料是纳米粉末和纳米复合材料两类，其中纳米粉末研究开发最为成熟，是制备其他纳米复合材料的基础。纳米粉末又称为超微粉或纳米颗粒，这类材料的尺寸一般为 1～100nm，是一种介于原子、分子与宏观物质之间，处于中间状态的固体材料，又称为介观世界，具有量子效应、小尺寸效应、表面效应和分形聚集特性等，从而表现出许多特有的性质，可用于光、电、磁、敏感和催化等领域，或根据纳米颗粒的特性设计紫外反射涂层、红外吸收涂层、微波隐身涂层及其他纳米功能涂层。因此从应用的角度上看纳米颗粒的概念应为：物质颗粒体积效应和表面效应两者之一显著变化或者两者都显著出现的颗粒叫作纳米颗粒或纳米微粒（曹茂盛等，2001）。这为木材与纳米材料复合所要达到的要求指明了方向。

纳米复合材料是指将纳米单元体以分子水平分散在某种基体中形成纳米复合材料，并且分散相尺寸有一维小于 100nm，使之表现出许多独特的性质。木材-无机纳米复合材料的整体性能并不是其组分材料性能的简单加合，还涉及复合效应问题，实质上是分散相与基体所形成的界面相互作用、相互依存、相互补充的结果，应表现为木材-无机纳米复合材料的性能在其组分材料基础上线性和非线性的综合，使无机纳米材料赋予木材新的功能，使木材功能性改良体现木材和纳米材料的双重优点。

目前纳米微粒的制备方法有十多种，有许多方法制备技术已成熟，我国有许多工厂已开始生产纳米材料，市场已可购到纳米级的 SiO_2、$CaCO_3$、Al_2O_3 等材料，为制备木材纳米复合材料提供了材料准备。当前扫描隧道显微镜（STM）以及在此基础上发展起来的一系列探针显微镜如原子力显微镜（AFM）已用于研究木材纤维的表面特征和物理性质。激光共聚扫描显微镜（LFM）已用于早晚材纤维断面和细胞壁 S_2 层微纤丝角的研究（王恺和傅峰，1997）。这为探索微观木材纳米世界提供了“眼睛”和“工具”。总之，探索木材纳米复合材料的物质条件和技术条件现已具备。今后在木材科学中具有巨大发展应用前景的纳米科技主要有纳米微粒、纳米复合材料、纳米仿生技术等，将使木材科学跟上有关复合材料发展的前沿，占领新的制高点，充分体现木质材料工程新的优势，使之进入一个新的天地。将纳米科技引进到木材科学中将极大地扩宽木材科学的研究领域，促进与相关学科的交叉、外延与综合，使研究深度从细胞水平上升到分子水平，木质基纳米材料将被赋予新的功能。

9.3.2 无机纳米材料与木材的复合

目前纳米科学可应用的技术是纳米材料技

术，纳米材料大致可分为纳米粉末（0维）、纳米纤维（1维）、纳米膜（2维）、纳米复合材料、纳米结构等5类。其中纳米粉末研究开发最为成熟，是制备其他纳米材料的基础。涉及木材科学应用的纳米材料是纳米颗粒和纳米复合材料两类，因此有必要对这两类纳米材料有一定的了解。

9.3.2.1 无机纳米粉末

纳米粉末又称为超微粉或纳米颗粒，这类材料的尺寸一般为1～100nm，是一种介于原子、分子与宏观物质之间，处于中间状态的固体材料。日本名古屋大学上田良二教授将用电子显微镜能看到的微粒称为纳米颗粒。无机纳米颗粒的制备方法按研究的学科大体可分为物理法、化学法和物理化学法（综合法）；按照物质的原始状态分类，相应的制备方法可分为固相法、液相法和气相法；按制备技术分类，又可分为机械粉碎法、气体蒸发法、溶液法、激光合成法、等离子体合成法、溶胶-凝胶法，见表9-1。

表9-1 纳米颗粒制备方法

分类	方法	概要	特点
物理法	机械粉碎法	通过球磨、振动磨、胶体磨等典型粉碎技术得到纳米粒子	操作简单，但产品纯度低、粒度分布不均匀、尺寸较大
	蒸发凝聚法	将原料加热、蒸发成为原子或分子后使之凝聚生成极细的纳米粒子	粒径可控，纯度较高，可制得5～10nm的微粒。但仅适用于低熔点、成分单一的物质
	离子溅射法	通过两极板间辉光放电的离子撞击靶材料，蒸发出原子形成纳米粒子	适合于制备高熔点金属纳米粒子。靶材料蒸发面积大、粒子分布均匀、粒子收率高
	冷冻干燥法	将溶液在冷冻剂中冷冻，低温低压下真空干燥除去溶剂，得到纳米粒子	粒子粉碎性好，均匀性和纯度高
化学法	化学气相合成法	利用挥发性的金属化合物的蒸汽反应制备所需要的化合物，在保护性环境下得到各类物质的纳米粒子	粒子均匀、纯度高、粒度小、分散性好、化学反应性与活性高
	沉淀法	将沉淀剂加入盐溶液中得到纳米粒子的前驱体沉淀物，热处理后制得相应的纳米粒子	简单易行，易引入杂质，难以制备粒径小的纳米粒子
	水热合成法	在液相及高温高压下通过对加速渗析反应和物理过程的控制制备纳米材料	纯度高、分散性好、晶形好、大小可控
	喷雾热解法	属于气-液反应一类的方法，制备过程是液相法，部分化学反应又是气相法	纳米粒子粒度均匀，呈现出理想的球状，制备过程简单
	溶胶-凝胶法	金属无机盐化合物制成溶胶后干燥处理制成凝胶得到纳米粒子	反应温度低，过程易控制，纳米粒子粒度均匀，化学反应活性高
	微乳液法	两种互不相溶的溶剂在表面活性剂的作用下形成乳液，在微泡沫中成核、聚集，经热处理后得到纳米粒子	粒子的界面性好，单分散性均匀，但粒径稍大
综合法	激光诱导气相化学反应	激光束照射反应气体，气体分子在瞬间得到加热、活化，迅速完成反应、成核、凝聚、生长等过程得到纳米粒子	纳米粒子高纯、超细、粒度分布窄，设备要求高
	等离子体加强气相化学反应法	等离子体照射使原料蒸发并发生相应的化学反应，急冷凝聚后捕集尾气处理得到纳米粒子	纳米粒子含有多种活性成分，有利于各类化学反应的进行，设备要求高
	其他综合方法	如射线法、电子辐射法、相转移法、火化放电法、爆炸烧结法、活化氢熔融金属反应法等	

9.3.2.2 无机纳米复合材料

复合材料由两种或两种以上的不同化学组分、不同性能的材料组成。在复合材料的制造过程和使用过程中，其性能都与构成复合材料组分的结构密切相关。纳米复合材料是指分散相尺寸有一维小于100nm的复合材料。纳米复合材料与常规的无机填料-高分子材料复合体系不同，不是无机相与有机相的简单混合，而是两相在纳米至亚微米尺寸范围内复合而成，两相界面间存在着较强或较弱的氢键、范德瓦耳斯力等结合（徐国财和张立德，2002）。因此木材作为一种天然有机高分子材料与无机纳米材料复合构成木质基无机纳米复合材料不仅应具有纳米材料的颗粒体积效应、表面效应等性质，还要将无机物的刚性、尺寸稳定性和热稳定性与木材的韧性、加工性、介电性及独特的环境学特性糅合在一起，从而产生许多特异的性能。

纳米复合材料的制备按基体种类可分为金属基纳米复合材料、陶瓷基纳米复合材料和高分子基复合材料，按复合方式不同可分为纳米-纳米型、晶内型、晶间型和晶内-晶间混合型纳米复合材料。木材是一种天然有机高分子聚合物，属于高分子基纳米复合材料，其复合方式为晶粒内或晶粒间。纳米复合材料的构成形式按基体形态分为 0-0 型、0-2 型、0-3 型。0-0 型是不同成分不同相或不同种类的纳米粒子复合而成的纳米复合材料，主要体现在纳米微粒填充聚合物原位形成的纳米复合材料。0-2 型是把纳米微粒分散到二维的薄膜材料中，得到纳米复合薄膜材料，有时将不同材质构成的多层膜也称为纳米复合薄膜材料。0-3 型是将纳米微粒分散到常规三维固体粉体中，填充纳米复合材料的合成从加工工艺的角度考虑主要采用 0-3 复合形式（曹茂盛等，2001）。随着纳米科技和木材科学的发展，从理论角度上看除 0-0 型外，如果将木材细胞壁看作二维的薄膜材料，则 0-2 型和 0-3 型复合形式都有可能在木材保护与改性中应用。纳米复合材料的构成示意图如图 9-1 所示（徐国财和张立德，2002）。

因此下面着重讨论以高分子基聚合物为载体的无机物纳米粒子弥散于基体中纳米复合材料的制备。以高分子聚合物基纳米复合材料的制备方法主要有纳米微粒直接分散法、原位复合法、插层复合法及辐射合成法、LB 膜技术微乳液法、仿生技术、分子自组装技术、超分子复合技术等合成方法（王世敏等，2002）。根据木材所具有的特点，下面主要介绍纳米微粒直接分散法、原位复合法、插层复合法等制备复合材料的概况。

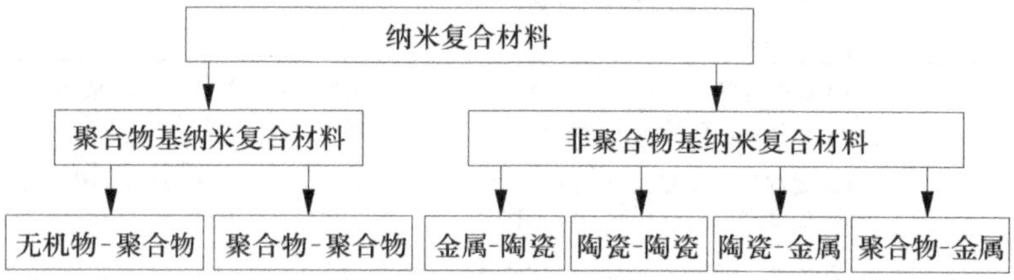

图 9-1　纳米复合材料的构成

1）纳米微粒直接分散法　本方法是首先合成出各种形态的纳米粒子，再通过各种方式将其与有机聚合物混合。分散的形式主要有溶液共混、乳液共混、熔融共混及机械共混等。为了防止粒子团聚，共混前要对纳米粒子表面进行改性。采用的方法主要有表面覆盖改性、局部活性改性、外膜层改性、机械化学改性等。例如，SiO_2 是一类具有很好性质的纳米材料，在我国已能批量生产该产品，平均粒度为 15～20nm，粒度分布窄，通过改性在涂料等工业中广泛应用（徐国财等，1998；柯博等，1998）。其他如 TiO_2、$CaCO_3$ 等在我国也有厂家生产。在此以 Armes 制备聚吡咯-SiO_2 来说明直接分散法的制备方法：在含有分散的纳米 SiO_2（15～20nm）胶体中加入吡咯单体及氧化剂 $FeCl_3$，电磁搅拌，在一定温度下聚合，沉淀的聚吡咯将 SiO_2 纳米微粒粘在一起形成纳米复合材料（王世敏等，2002）。微粒直接分散法制备纳米复合材料方法的优点是简单易行，可供选择的纳米材料多，无机纳米材料与高聚物的几何参数和体积分数等便于控制，不足之处是纳米粒子容易团聚。应用本方法制备的聚合物-纳米粒子复合材料主要有 PMMA-SiO_2、不饱和聚酯-SiO_2、聚氨酯-$CaCO_3$（焦宁宁和王建明，2001）。

2）原位复合法　原位复合法可分为溶胶-凝胶法和原位聚合法两大类。

溶胶-凝胶法是将金属无机化合物、二氧化硅、氧化铝等前驱体溶于溶剂（水或有机溶剂）中形成均匀的溶液，溶质与溶剂产生水解或醇解反应，反应生成物聚集成几个纳米左右的粒子并组成溶胶，以金属无机化合物为例，其反应历程如下。

（1）水解反应：金属醇盐 $M(OR)_n$（n 为金属 M 的原子价）与水反应。

$$M(OR)_n + xH_2O \longrightarrow M(OH)_x(OR)_{n-x} + xROH$$

反应可延续进行，直至生成 $M(OH)_n$。

（2）缩聚反应，可分为失水缩聚和失醇缩聚。

失水缩聚：—M—OH+HO—M—⟶

—M—O—M+H_2O

失醇缩聚：—M—OH+HO—R—⟶

—M—O—M+ROH

反应生成物是各种尺寸（约 100nm）和结构的溶胶粒子。溶胶经干燥后即得干凝胶。

应用本方法已成功地制备了许多聚合物-纳米粒子复合材料，如Al_2O_3-碳纤维三维编织物（谢征芳等，1999）、PVP-TiO_2（征茂平等，1999）、P（VDF-TFE）-SiO_2（邹小平等，1998）等。

原位聚合法即在位分散聚合法，是指无机相纳米微粒不是预先制备的，而是在反应中就地生成的，聚合物基体既可以是复合过程中合成的，也可以是预先制备的。重要实例有：杨勇等用 TEOS 与聚酰胺酸发生反应，生成稳定的中间体，在高温亚胺化的同时，原位（*in situ*）生成凝胶网络，得到 PI-SiO_2复合材料，欧玉春等应用在位分散制备了 PMMA-SiO_2，刘竞超等制备了环氧树脂-SiO_2，有效地增强了环氧树脂的强度及韧性，并提高了环氧树脂的耐热性。

3）插层复合法　插层复合法是利用层状无机物（硅酸盐黏土）作为主体，将有机单体作为客体插入无机物夹层间原位聚合或聚合物直接插进夹层间，进而破坏硅酸盐的片层结构，实现高分子与黏土类层状硅酸盐在纳米尺度上的复合，达到制备有机-无机纳米复合材料的目的。按照复合过程分为插层聚合法（intercalation polymerization）和聚合物插层法（polymer intercalation）两大类，具体分类参见图 9-2。插层复合法是有可能应用于木材功能性改良的方法之一。

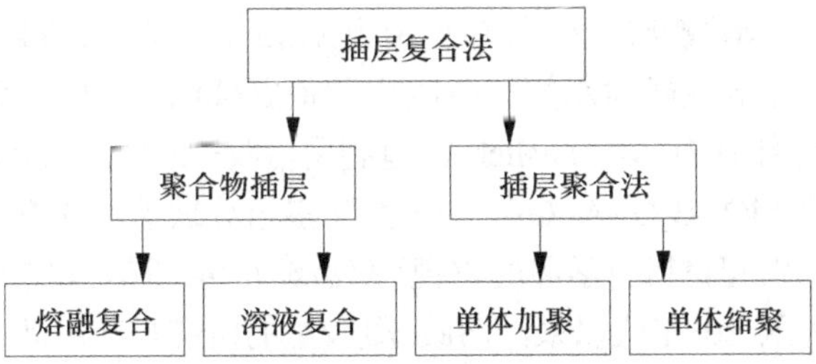

图 9-2　插层复合法示意图

应用插层聚合法已成功地制备了许多聚合物-纳米粒子复合材料（焦宁宁和王建明，2001）。例如，漆宗能等采用原位插层聚合“一步法”制备 Nylon6-蒙脱土纳米复合材料，以及聚酰胺-6-蒙脱土、聚苯乙烯-黏土、聚酰胺-66-锂蒙脱土、聚酰胺-12-合成硅石、聚合物-石墨等纳米复合材料。通过聚合物熔体插层制备了聚苯乙烯-黏土、聚氧乙烯-黏土纳米复合材料，用熔体插层法已制备了 Nylon6-黏土、聚酰亚胺-黏土、聚丙烯-黏土、丙烯酸树脂-黏土、尼龙-66-蒙脱土、聚乙烯醇-高岭土、尼龙-6-云母、马来酸酐改性聚丙烯-有机化蒙脱土、TPO-蒙脱土等纳米复合材料。

9.3.3　无机纳米材料的应用前景

木材作为一种天然有机高分子材料，与无机纳米材料复合构成的木质基无机纳米复合材料，不仅应具有纳米材料的颗粒体积效应、表面效应等性质，还要将无机物的刚性、尺寸稳定性和热稳定性与木材的韧性、加工性、介电性及独特的环境学特性糅合在一起，从而产生许多特异的性能。根据有关纳米材料在塑料、涂料等方面应用的性能，提出纳米材料在木材科学中的应用前景。

9.3.3.1　改善复合材料的力学性能

改善力学性能是纳米材料应用的重要方面之一。大量的例子证明，非金属纳米材料作为工业填料，使用到塑料、橡胶等高分子材料中起到改善力学性能的作用，复合后材料性能大幅度全面上升。材料综合性能的提高可以认为是由于纳米粒子比表面积大、表面层原子数量大，可以充分地与聚合物吸附键合，从而对力学性能有所改善。可以预见木材这种天然高分子聚合物与无机纳米材料的复合将在力学性能上取得较大的改善，国内外在木材无机纳米复合材料包括普通 WIC 的力学性质所积累的数据较少，今后应加强这方面的研究工作。

9.3.3.2　保持木材的环境学属性

应用无机纳米材料对木材的改性可最大限度地保持木材的环境学特征。由于纳米材料的小尺寸效应，纳米材料渗入木材细胞壁中成核、长大、聚集，同时与纤维素等大分子发生作用，成为细胞壁的组成部分，保持了细胞腔的毛细管系统。纳米材料可制备特殊表面性能的木材，纳米材料由于具有小的尺寸和较大的比表面积，在宏观上表现出很强的表面效应，利用纳米材料的这种性质，可以制备出超双疏性界面物性材料。其基本原理是利用纳米制备的化学方法，在特定的表面上建造纳米尺寸的、几何形状互补的界面结构，由于在纳米尺寸范围内低凹的表面张力可使吸附的气体分子稳定存在，在宏观表面上相当于有一层稳定的气体薄膜，这时水滴或油滴与界面的接触角趋于最大值，使油或水无法与材料的表面直接接触，从而使材料的表面呈现超常的双疏性（王世敏等，2002）。可以预见，利用超双疏性纳米材料技术处理的木材极大地提高了其防水能力，无需再行处理，兼作木材表面的天然涂料，木材的尺寸稳定性及视觉特性、触觉特性、调湿特性和空间声学特性等与人类环境有关的应用特性必将大大增强，应用纳米材料这方面的特性来提高木材的性能是很有意义的。

9.3.3.3　提高木材的抗菌性

寻找新的、无毒、人类和环境友好的高效木材防腐剂一直是木材科学所关注的问题。近年来，利用纳米 TiO_2、ZnO 等半导体光催化消除和降解污染物成为一个活跃的研究方向。TiO_2 作为抗菌材料，具有化学性质稳定、难溶、无毒、抗菌与杀菌力强和具有防霉效应、应用成本低等特点，能氧化大多数有机污染物和部分无机污染物，将其进行光催化降解，最终生成无毒无味的 CO_2、H_2O 及一些简单的无机物（刘景春和韩建成，1998）。因此，纳米材料对木材的功能性改良可能赋予木材防腐、杀菌、自清洁等方面的性能。

9.3.3.4　改善木材的耐候性

近年来发现，采用无机化学药剂的稀释水溶液处理木材能够改善木材的耐候性。纳米粒子的小尺寸效应，使纳米粒子的微孔可以吸收紫外线，在这方面更具有独特的优势。现较常使用的 TiO_2、SiO_2、ZnO 等纳米粒子具有一些光、电方面的特性，其在改进聚合物的耐候性方面是大有用处的。由此可见，应用纳米材料这方面的特性来抵抗木材表面性状和品质劣化及木材的变色将会产生较好的效果，将可能极大地延长木材室外的使用年限。

9.3.3.5　提高木材的阻燃性

木材的阻燃是较难克服的技术问题之一，多年来的科研工作一直在不断地寻求新的木材阻燃剂。有研究表明，采用纳米技术的超细氧化锑、水合氧化铝等无机阻燃剂，粒径的差别不仅会造成阻燃效果的差别，还会影响添加量的大小，碳酸钙作为阻燃填充剂的微细化，一方面可减少用量，另一方面复合体抗冲击性能和阻燃性能变好（郭卫红等，2000）。用无机材料制备的无机-木材复合材料具有较好的阻燃性。

9.3.3.6　纳米材料在改善木材尺寸稳定性中的应用

木材具有吸湿性是由于在木材细胞壁组成物质中存在极性的羟基，与水形成固体溶液，其含水率随着大气相对湿度的改变而增减，进而发生干缩与湿胀现象，成为木材利用中的缺陷之一。无机材料可提高木材的尺寸稳定性。例如，王西成等采用溶胶-凝胶工艺制备的纳米级的凝胶使处理后的复合材吸湿性较未处理木材下降了 40%左右，改善了木材的尺寸稳定性。

9.4　溶胶-凝胶法制备木材-无机质复合材料的工艺学原理

9.4.1　溶胶-凝胶合成的工艺学原理

溶胶-凝胶（sol-gel）技术是应用胶体化学原理制备无机材料的一种湿化学方法。通常采用低黏度的前躯体（precursor），一般是指金属有机或无机的醇盐，目前也较多地采用硅酸酯类化合物，制成均匀的溶胶，并使之凝胶而固化，在溶胶或凝胶过程中成型，再经干燥转化为氧化物或其他化合物固体的方法。

溶胶-凝胶技术始于20世纪30年代末，Geffcken利用金属醇盐水解和凝胶化制备出氧化物薄膜，但直到 1971 年，Dislich 报道利用溶胶-凝胶法成功制得 SiO_2-B_2O_3-Al_2O_3-Na_2O-K_2O 多组分玻璃，该方法才引起材料科学界的重视（郑昌琼和冉均国，2003）。进入 80 年代以来，溶胶-凝胶法的研究与应用涉及铁电材料、超导材料、陶瓷、薄膜、纤维、超微粉体等广泛领域。日本学者自 90 年代初开始采用溶胶-凝胶法制备木材-无机质复合材料，并对其进行了广泛深入的研究，国内学者基本采用同样的方法制备了木材-无机质复合材料（邱坚和李坚，2003a）。

从应用的角度看，溶胶-凝胶法实质上是采用介观层次上性能受到控制的各种源物质，取代传统工艺中那些既未进行几何控制又未实施化学控制或者仅有几何控制（如普通超微、单分散粉料）的生原料。由于材料的初期结构在溶液-溶胶-凝胶过程中即已形成，通过灵活的制备工艺和胶体改性，可在材料制备的初期就对其化学状态、几何构型、粒级和均匀性等超微结构进行控制，已在众多方面彰显出其独特的应用价值，成为备受瞩目的新材料合成制备技术。

目前溶胶-凝胶法应用研究涉及的领域非常广泛，具有如下一些独到的优点。

（1）合成温度低，可以制得一些用传统方法难以制备或根本得不到的材料，尤其在纳米复合材料制备中具有独到的优势。

（2）设备简单，工艺灵活，制品纯度高，具有很强的实用性和高度的灵活性。

（3）特别适于薄膜、纤维的制作，已在玻璃纤维、陶瓷纤维和功能陶瓷纤维的制备方面显示出良好的前景。与其他制膜工艺相比，溶胶-凝胶制膜工艺不需要苛刻的工艺条件和复杂的设备，可以在大面积或任意形状的基体上制备薄膜。

用溶胶-凝胶制备材料的具体技术和方法很多，按其溶胶、凝胶的形成方式可分为传统胶体化、水解聚合法和络合物法，如图 9-3 所示（郑昌琼和冉均国，2003）。

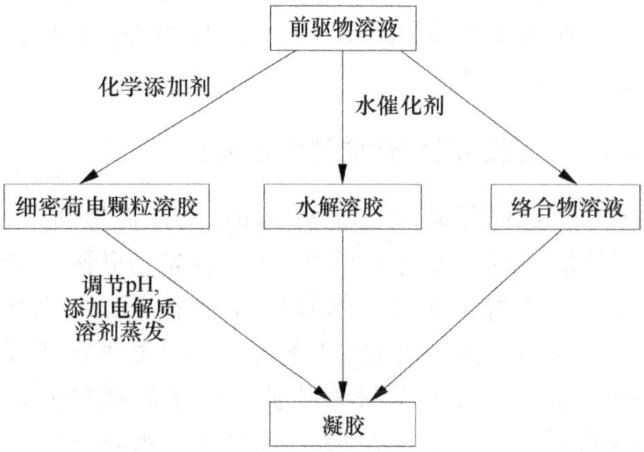

图 9-3 溶胶-凝胶制备工艺方法

为了描述气凝胶制备过程的各主要特征，我们选用目前研究得最多的硅气凝胶作为典型加以介绍。以制备 SiO_2 溶胶为例，溶胶-凝胶法的基本工艺是用二氧化硅的前驱溶液加入一定量的乙醇作为共溶剂及酸作为水解催化剂，制备 TEOS 的均相溶液，以确保 TEOS 的水解反应在分子水平上进行，均相溶液随之发生水解和缩聚反应形成凝胶，经陈化、超临界干燥或常温常压干燥等环节，制得气凝胶或干凝胶，如图 9-4 所示。

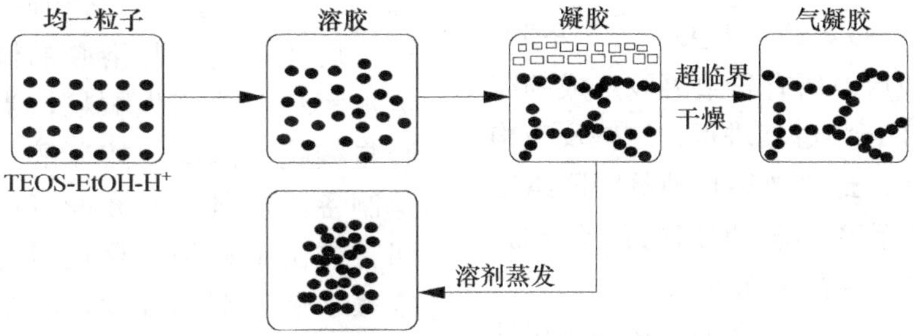

图 9-4 溶胶-凝胶法的基本工艺

溶胶-凝胶过程可简要概述如下：溶胶粒子，无论是低密度聚合物状的还是高密度胶体状的，先聚集形成一个个团簇，这些团簇不断扩大并相互连接，形成网络状大团簇，当大团簇扩展到整个容器，凝胶即告形成。凝胶形成后并不等于溶胶-凝胶过程已经完全结束，已形成的凝胶体还将发生老化过程，溶液中的溶胶粒子和小凝胶团簇继续聚集粘连，从而扩展到整个凝胶网络。

溶胶-凝胶过程是获得具有一定空间网络结构的醇凝胶，是制取气凝胶的重要步骤之一。由于反应条件温和，操作简单，所制备材料的介观尺寸可以调控，可以在纳米尺度实现对材料的控制和剪裁，成为备受瞩目的纳米材料合成制备技术。采用溶胶-凝胶工艺制备纳米复合材料非常灵活方便，可以按照特定的要求选择各种不同材料进行复合，来满足各种复杂的技术性能要求。通过溶胶混合和凝胶浸渍高分子单体，然后进行室温聚合等，都可以制备纳米复合材料。而多孔陶瓷、木材、玻璃则为复合提供了良好的基质。另外，在溶胶中添加纤维、粉体等填充物，可以制备微孔复合材料。

9.4.2 溶胶–凝胶合成的化学原理

在此以正硅酸乙酯 $Si(OEt)_4$ 化合物为例，说明溶胶-凝胶合成的化学原理。首先正硅酸乙酯与无水乙醇、去离子水及酸催化剂混合形成均匀的溶液，在一定的 pH 条件下，即发生水解反应，正硅酸乙酯的烷氧基被逐步水解成羟基，羟基形成后，乙醇溶质与溶剂产生水解或醇解反应，反应生成物聚集成几个纳米左右的粒子并组成溶胶，最终生成以硅氧键≡Si—O—Si≡为主体并具有空间网络结构的醇凝胶。其反应历程如下所示。

水解反应：正硅酸乙酯 $Si(OEt)_4$ 与水反应：

$$Si(OEt)_4+xH_2O \rightleftharpoons Si(OH)_x(OEt)_{4-x}+xEtOH \quad (9\text{-}1)$$

反应可延续进行，直至生成 $Si(OH)_4$。

缩聚反应，可分为失水缩聚和失醇缩聚。

失醇缩聚：$$\equiv Si—OEt+HO—Si\equiv \rightleftharpoons \equiv Si—O—Si\equiv +EtOH \quad (9\text{-}2)$$

失水缩聚：$$\equiv Si—OH+HO—Si\equiv \rightleftharpoons \equiv Si—O—Si\equiv +H_2O \quad (9\text{-}3)$$

在凝胶网络形成后，所有导致凝胶形成的缩聚反应［式（9-2）］还将继续进行，这些反应构成了所谓的老化过程，最终效果是使凝胶网络变粗变光滑，总体比表面积下降，网络的孔径分布、组成网络的胶体颗粒半径的分布变窄。

溶胶-凝胶过程中的溶剂化效应、溶剂的极性和对活泼质子的获取性等都对水解过程有重要影响，在不同的介质中反应机理也不同。在酸催化条件下，主要是 H_3O^+ 对—OR 基团的亲核取代，水解速率快，其水解机理已为同位素 ^{18}O 所验证，是由水中的氧原子与硅原子发生的亲核结合。

$$(RO)_3Si—OR + H^{18}OH \rightleftharpoons (RO)_3Si—^{18}OH+ROH \quad (9\text{-}4)$$

由于溶胶-凝胶过程中硅醇盐的水解和缩聚反应几乎同时进行，总的反应过程动力学将取决于下列三个反应速率常数。

K_h（水解速率常数）：$$—Si—OR+H_2O \rightleftharpoons \equiv Si—OH+EtOH \quad (9\text{-}5)$$

$K_{cw\text{-}2}$（失水缩聚速率常数）：$$\equiv Si—OH+HO—Si\equiv \rightleftharpoons \equiv Si—O—Si\equiv +H_2O \quad (9\text{-}6)$$

$K_{ca\text{-}2}$（失醇缩聚速率常数）：$$\equiv Si—OEt+HO—Si\equiv \rightleftharpoons \equiv Si—O—Si\equiv +EtOH \quad (9\text{-}7)$$

由于这些反应几乎是同时发生，在最邻近尺度上的中心 Si 原子可以有 15 种不同的化学环境，Assink 等将这 15 种配位方式的关系描述为图 9-5 所示的形式。可见硅醇盐缩聚后的状态是相当复杂的（郑昌琼和冉均国，2003）。

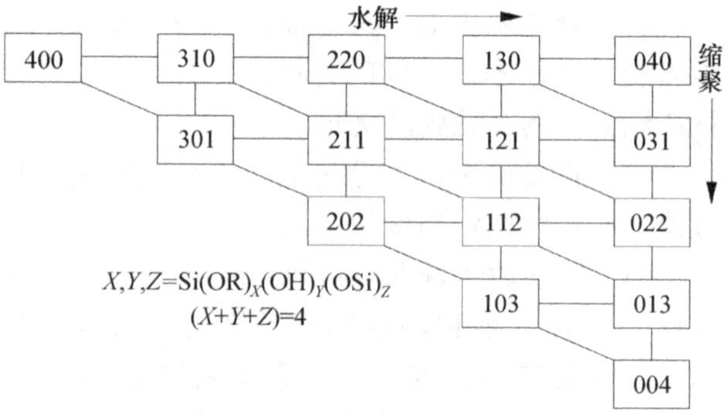

图 9-5 以矩阵形势表达的中心硅原子的15 种不同化学环境

要着重指出的是，气凝胶的结构在溶胶形成过程中即已初步形成，溶胶-凝胶过程是获得具有一定空间网络结构醇凝胶的重要步骤之一，后续工艺均与溶胶的性质直接相关。由醇盐水解和缩聚产生颗粒，当条件适当时形成溶胶与凝胶，因此，控制醇盐水解和缩聚的条件是制备高质量溶胶和凝胶的前提。凝胶形成时间首先由水解和缩聚反应速率决定，而这两者依赖于催化剂和温度，其中，反应物溶液中催化剂的种类和数量，影响水解-缩聚过程中水解反应和缩聚反应的相对速率，从而决定 SiO_2 气凝胶的交联度和网络结构。其次，反应体系中水-TEOS 及醇的摩尔比，也影响凝胶形成时间，同时还决定最终制成的凝胶的宏观密度透明度等性质。

9.4.3 气凝胶的概念及特性

依据干燥的方法不同，所得到的凝胶有不同的表述，由直接干燥制备的凝胶称为干凝胶（xerogel），通常是一种比较致密的固体。由冷冻干燥法制备的凝胶则称为冻凝胶（cryogel）。由超临界干燥制得的凝胶称为气凝胶（aerogel）。后两种方法能够获得高度多孔性和透明的气凝胶。

气凝胶是一种新型纳米级多孔性非晶材料，由多孔的小颗粒为固体基体，其中渗透了空气等不凝气体所构成。目前已经制备出的气凝胶空气含量可达 90%，几乎可以和云雾作比较，密度极低，是目前最轻的固态材料，所以又被称为“固体烟雾”或“固体空气”。

气凝胶是由美国的Kistler于1932年首先提出并制备成功的，他将经超临界干燥后的凝胶称为气凝胶，并认为几乎任何可以用来制造胶性物质的东西，均可以把它转变成一种气溶胶。近几十年来，各国科学家制备了各类无机气凝胶如 SiO_2、Al_2O_3、TiO_2 等单组分气凝胶，以及 Al_2O_3-SiO_2、TiO_2-SiO_2、Fe-SiO_2、Pt-TiO_2、CaO-MgO-SiO_2 等多组分气凝胶；有机气凝胶如纤维素、琼脂、用间苯二酚与甲醛合成的有机气凝胶等。

目前的气凝胶主要是指一种以纳米量级超细微粒所聚集成的固态材料，它的制备通常由溶胶-凝胶过程和超临界干燥两个过程构成，即气凝胶纳米多孔结构首先由溶胶-凝胶过程在溶液中形成，然后通过超临界干燥工艺获得。其孔隙率可达 80%～99.8%，孔洞尺寸一般为 1～100nm，而密度可在 3～600kg/m^3 变化，SiO_2 气凝胶的典型结构如图 9-6（b）所示（陈龙武和甘礼华，1997），图 9-6 中（a）为 SiO_2 气凝胶。

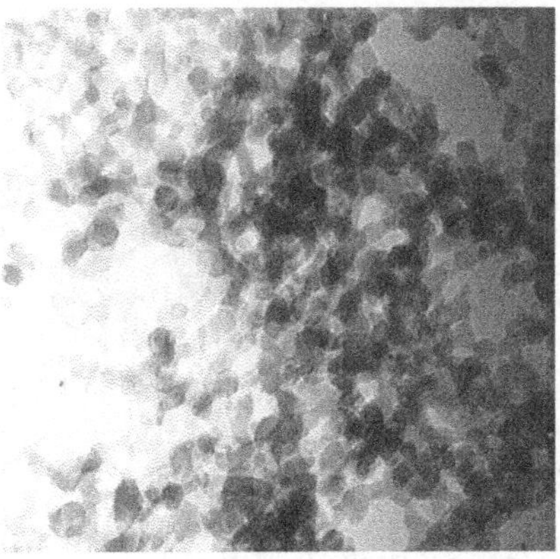

(a)

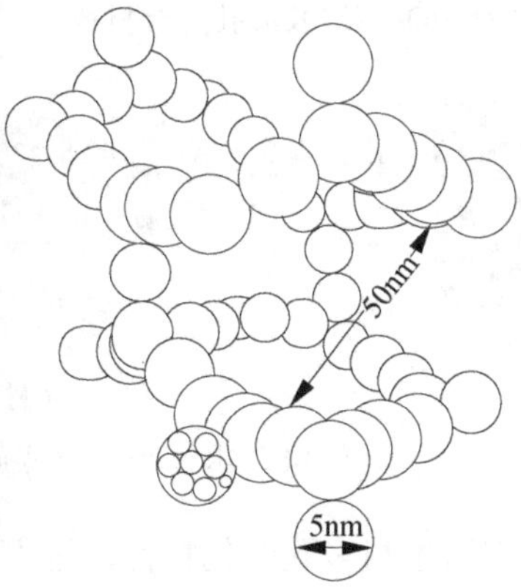

(b)

图 9-6 透射电镜下 SiO_2 气凝胶的微观结构（200 000×）和结构示意图

气凝胶具有连续的三维纳米网络结构，赋予它不同寻常的光学、热学、电学和声学性质。在适当的条件下制备得到的 SiO_2 气凝胶具有良好的透光度，并能阻止环境温度的热辐射，气凝胶的杨氏模量为 10^6N/m^2 数量级，比相应非孔性玻璃态材料低 4 个数量级，其纵向声传播速率可低达 10m/s，其声阻抗可高达 10^3～10^7kg/(m^2·s)，随着密度的变化而变化；同玻璃态材料相比，气凝胶由于密度低，限制了稀疏骨架中链局部激发的传播，使得固态热导率 λ_s 仅为非多孔玻璃态材料热导率的 1/500 左右，因此有最低的热导率 0.012～0.018W/(m·K)时，实验测得 ρ=8kg/m^3 的 SiO_2 气凝胶的介电常数 ε 为 1.008，是目前介电常数最低的块状固体材料（陈龙武和甘礼华，1997）。此外，SiO_2 气凝胶还具有最低的折射指数、电阻率及渗透率等。因此，SiO_2 气凝胶在保温、隔音、环保、催化、吸附和高性能电容等方面具有广阔的应用前景，有待于进行科技开发和产业化研究。

SiO_2 气凝胶的高度松脆性、有限透明度及吸湿性等问题抑制了其在实际中的应用。将易碎 SiO_2 气凝胶的无机网络均匀地嵌入（键合）多孔性的木材细胞结构中（细胞壁空隙及细胞腔），探讨气凝胶与木材结合的途径、方式和机理，可以有效地解决气凝胶在实际应用方面存在的一些缺陷，同时也赋予木材新的功能，使木材功能性改良体现木材和纳米材料的双重优点，具有十分诱人的应用前景。图 9-7 为本实验室采用超临界干燥工艺制备的西南桤木木粉-SiO_2 气凝胶微孔复合材料，制备前后体积收缩率很小，具有一定的强度，有待于探索其性质和挖掘其应用的领域和途径。

图 9-7 西南桤木木粉-SiO_2 气凝胶微孔复合材料

9.4.4 木材-SiO_2 气凝胶纳米复合材料制备工艺

木材-SiO_2 气凝胶纳米复合材料制备需溶胶在超临界干燥之前通过压力-真空浸入木材中，然后进行超临界干燥，形成木材-气凝胶纳米复合材料，其制备工艺过程如图 9-8 所示。

溶胶-凝胶法制备无机质复合木材已取得了很大的进展。目前国内外应用溶胶-凝胶法制备无机质复合木材基本路线之一是控制木材的含水率，去除木材中的自由水和吸附水，利用木材细胞壁中的结合水与二氧化硅前驱体来形成硅凝胶的烷氧基硅烷溶胶-凝胶过程，经常规干燥后即得到木材-无机质干凝胶复合材料。

坂志郎等学者认为复合材料的细胞腔用无机物质填充，会使木材的多孔结构受到削弱，因此，采用了利用木材细胞壁中的结合水来水解硅醇盐来制备硅凝胶木材，可以保留木材多孔结构特性，这主要通过调节木材湿度来实现，制备的工艺过程如下。

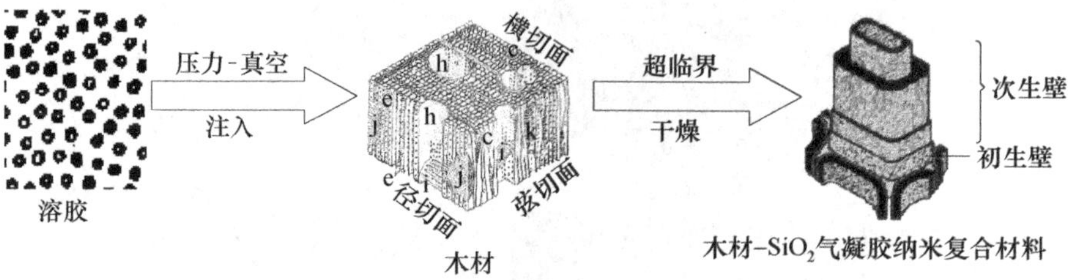

图 9-8 木材-SiO_2 气凝胶纳米复合材料制备工艺过程

木材制样 ——→ 温度调整 ——→ 浸渍处理

具体处理方法首先从日本扁柏的边材部分制成 25（*R*）mm×25（*T*）mm×5（*L*）mm 的试样，在索氏抽提器装置中用乙醇和水各处理 24h，处理过的试样在 60℃的烘箱中烘 24h 后，再在 105℃的烘箱中烘 24h，然后称量所烘试样的质量。

为了制备不同湿度木材试样，将日本扁柏木材在 20℃的干燥器内放 21 天，通过饱和盐溶液来控制干燥器内的相对湿度，用来调节空气湿度和木材最终相对湿度的盐类是 K_2SO_4（98%）、KNO_3（95%）、KCl（85%）、NaCl（75%）、NaBr（59%）、K_2CO_3（43%）和 CH_3COOK（20%）。制备水饱和木材试样是将烘干的试样在真空条件下的蒸馏水中浸泡 14 天。

所采用的浸渍处理液为烷氧基硅烷、醇和乙酸按 1∶1∶0.01 的摩尔比制成的溶液，烷氧基硅烷与醇的化合分别选用正硅酸甲酯（TMOS）-甲醇、正硅酸乙酯（TEOS）-乙醇和正硅酸丙酯（TPOS）-丙醇。

用上述调节好试样湿度，在 20℃大气压力下用溶液浸渍 7 天或 14 天，或在减压下（24mmHg，1mmHg≈0.133kPa）浸渍 1 天或 7 天，然后把浸渍过的试样在温度控制于 50℃的烘箱中放置 1h，之后烘箱内温度以 10℃/h 的速度升到 105℃，并保持 48h 以使凝胶老化。称量复合材料试样的烘干质量，以试样烘干质量为基准，测定质量增加百分率（WPG）。借此可以对 TEOS-乙醇的浸渍条件进行评估。

按上述条件，图 9-9 中给出了湿含量和 WPG 具有的相互关系。很显然，在所有的情况下，WPG 都随着湿含量的增加而增加，而在同样湿含量下，WPG 按 TMOS＞TEOS＞TPOS 顺序提高。其原因可以解释如下。就木材试样来说，醇对木材的润胀能力按以下顺序而提高：甲醇＞乙醇＞正丙醇。

另外，醇盐的摩尔体积按下列顺序变小：TPOS（$291cm^3/mol$）＞TEOS（$223cm^3/mol$）＞TMOS（$148cm^3/mol$）。醇盐的摩尔体积越小，就越容易渗入细胞壁。而醇盐水解按以下次序加快：

TMOS＞TEOS＞TPOS。因此，具有小摩尔体积高润胀能力的 TMOS 的 WPG 最高（图 9-10）。

图 9-9 给出了在大气压力下 1～2 周制备的复合材料试样的湿含量和 WPG 之间的相互关系，很显然，试样的湿含量越高，WPG 也越高，而在湿含量相同的情况下，14 天处理的 WPG 更高。

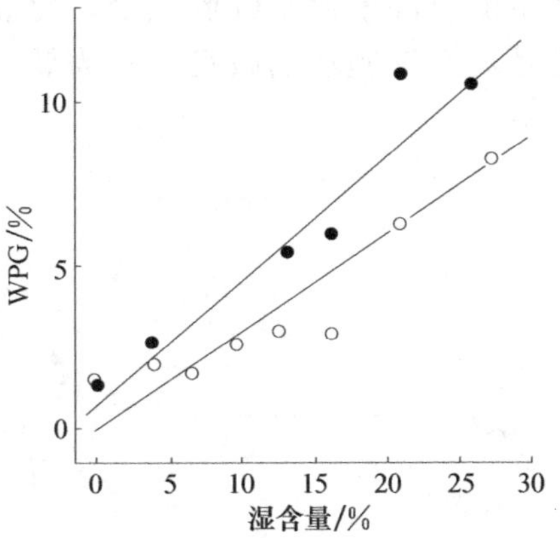

图 9-9 在大气压力下 TEOS-乙醇溶液中浸泡一周（○）和 2 周（●）所制备的木材-无机质复合材料的含水率与 WPG 之间的相互关系

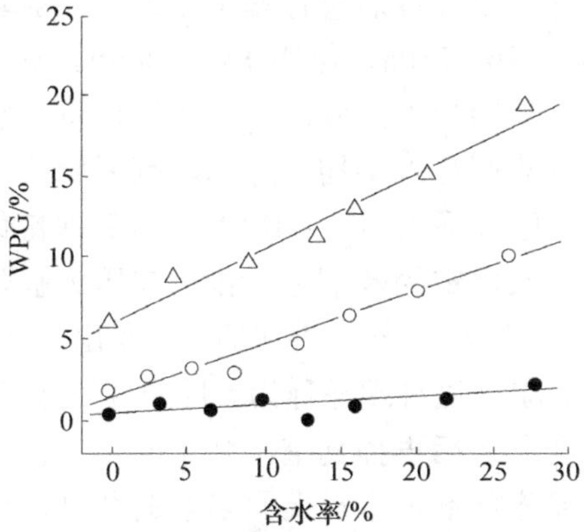

图 9-10 无机复合材料含水率与 WPG 的关系

△ TMOS；○ TEOS；● TPOS

图 9-11 给出了在减压下 1 天或 7 天所制备的复合材料试样的结果。这里，再次显示出在大气压力下处理试样，湿含量越高，WPG 也越高，但在减压 1 天所得到的 10.7 的最大 WPG 值，要在大气压力下处理 2 周才能达到。因此，在减压下处理 1 天，可以完成 TEOS-乙醇溶液对试样的完全渗入，但在大气压力下，完全渗透要花更长的时间。此外，TEOS 的水解和在室温下连续缩聚是很慢的，以周计，因此，在减压下的处理时间与反应时间紧密相关。另外，在大气压力下处理时间也包括渗透时间。

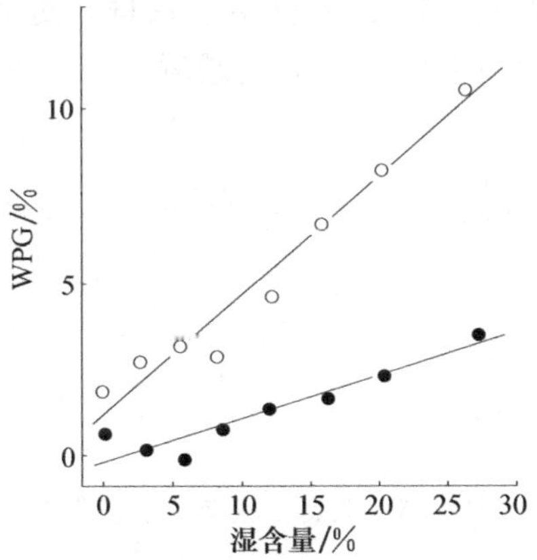

图 9-11 用 TEOS-乙醇溶液在减压 1 天（○）和 1 周（●）浸渍的木材-无机质复合材料的含水率与 WPG 之间的相互关系

综上所述，可以得出本线路的基本制备工艺原理，在此路线中，为了形成硅凝胶，尤其是在细胞壁内，最基本的是用水来水解烷氧基硅烷，并且在细胞壁中引发硅醇聚合，生成硅凝胶，因此，与细胞壁物质缔合的结合水的作用是作为水解的引发剂。例如，在溶胶-凝胶合成的化学原理一节所述，硅醇盐与水发生水解反应，然后连续缩聚生成硅氧烷聚合物，因此，硅醇盐的水解将会耗尽细胞壁内存在的有限数量的结合水，然而，连续缩聚反应产生水，这样水解-缩聚反应得以进行。可以设想，如果试样细胞壁中存在的结合水量越高，这种反应发生的范围就越大，与此同时，细胞壁内分子之间的空间是有限的，因此可能存在着硅氧烷聚合物的最大值。

这条工艺线路最主要的优点是利用木材细胞壁中的结合水来水解硅醇盐制备硅凝胶木材，硅凝胶主要存在于木材细胞壁中，可以保留木材多孔结构特性。但也存在 TEOS 等反应产物在木材细胞壁中水解、缩聚等形成溶胶过程缓慢，反应条件不易控制，试样处理时间长，特别是未参与反应的硅醇盐前驱体挥发流失严重，利用率不高等问题。

因此，针对上述问题，我们在木材-SiO_2 气凝胶纳米复合材料的制备中，提出溶胶-凝胶法制备无机质复合木材路线之二：可先制备 SiO_2 溶胶，参照木材防腐工业化生产广泛采用的加压浸注工艺，向木材中注入 SiO_2 溶胶，在木材内反应形成凝胶，达到与木材复合的目的。可使用的方法包括满细胞法操作工艺、空细胞法操作工艺、半限注法和双真空法操作工艺。可根据不同的要求选用不同的工艺，下面结合溶胶-凝胶法的特点对各个方法简要进行分析。

图 9-12 为满细胞法（bethel）操作工艺曲线。当木材进入处理罐后进行真空处理，一般真空度为 79.80～86.45kPa，保持 15～60min。真空达一定程度后开始加入溶胶液，此时应保持真空度不变，以免药剂注入不均；充满药剂后解除真空，并开始加压到最大 1～1.4MPa，然后保持最大压力直至浸入规定的药剂量为止。在压力解除后，此时木材内的空气发生膨胀，推出一些药剂（5%～15%），这种现象称为“反冲”。当处理罐中防腐剂排出之后再抽真空，其主要作用是回收细胞腔中部分药剂及木材表面多余的药剂，避免木材取出时产生滴液现象，保持一段时间，解除真空。这种方法的特点是木材空隙结构中的空气在真空作用下被抽走，溶胶在压力的作用下进入木材细胞腔和细胞空隙结构及细胞壁中，注入量大，木材细胞壁和细胞腔均会产生大量的凝胶填充，可用于制备高增重率的无机质复合木材。

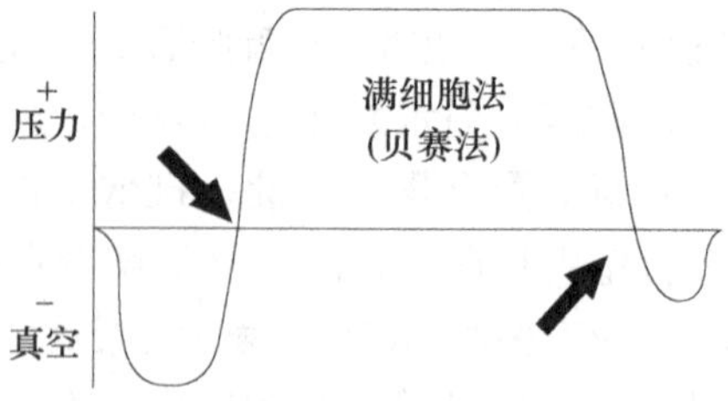

图 9-12 满细胞法操作工艺曲线

图 9-13 为空细胞法（rueping）操作工艺曲线。它与满细胞法不同之处在于无前真空，代之为前空压，强迫空气进入木材细胞压缩之，这样在解除压力时反冲出的防腐剂比满细胞法多。采用空细胞法的优点是可以用最小的浸渍量达到最大的渗透深度，细胞腔是空的或只含有少量的药剂，节省了药剂，降低了成本，同时可以保持木材的多孔性。满细胞往往有大量的药剂存在于细胞腔中，而空细胞法的细胞腔是空的或只含有少量的药剂。

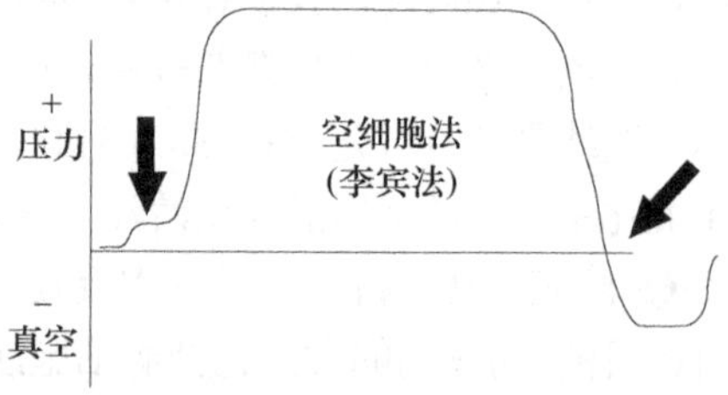

图 9-13 空细胞法操作工艺曲线

图 9-14 为半限注法（lowry）操作工艺曲线。它与满细胞法和空细胞法的不同点在于，没有前空压或前真空，在大气压下加入溶胶，解除压力产生的反冲量比空细胞法少，比满细胞法多。它是对空细胞法的改良，不需要空气压缩机等设备。

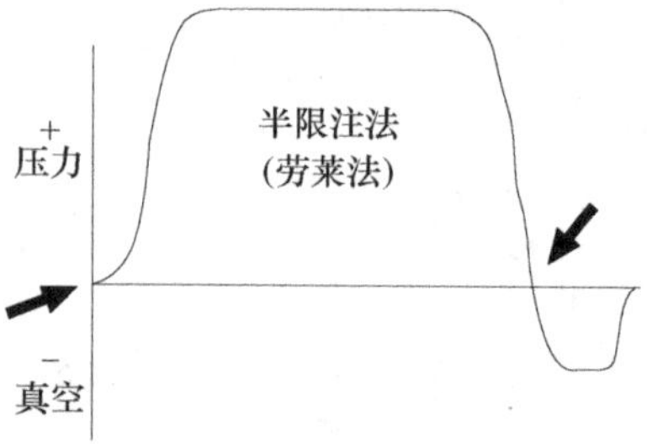

图 9-14 半限注法操作工艺曲线

图 9-15 为双真空法操作工艺曲线，它是目前世界上最重要且使用最普遍的一种低压浸注法，有较好的工业效果。这种方法的原理与满细胞法相似，只不过所用压力只是满细胞法的十分之一左右，木材放入处理罐后进行前真空处理，所需真空度和保持真空的时间根据木材处理难易程度而定，在保持真空状态下，将溶胶打入罐内。当溶胶充满处理罐后，接通大气提高压力，并保持压力直至达到规定的吸收量为止。解除压力，将溶胶排到贮槽中，然后再将处理罐内压力降至要求的真空度，保持一定时间，除去多余的溶胶，接通大气，使滞留在材表的溶胶返回到木材中。这样，处理后的木材表面相当干燥，可即刻搬运。

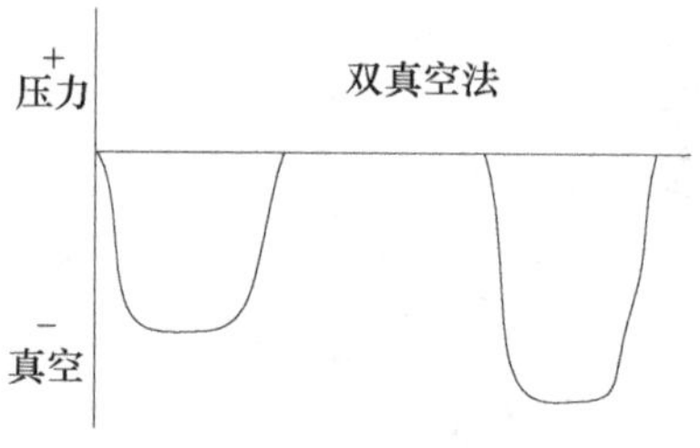

图 9-15 双真空法操作工艺曲线

这种先制备溶胶，然后采用的加压浸注工艺，向木材中注入 SiO_2 溶胶路线的设计思想，简化了木材-无机质复合材料的制备工艺条件，有机酯无挥发，原料利用率高，溶胶可利用的 TEOS-EtOH-H_2O 三元组成比例范围大，形成的凝胶相对密度范围大，有利于制备不同要求的木材-无机质复合材料。并且采用空细胞法和双真空法同样可以达到保持木材多孔性结构的目的。

除上述方法以外，超声波辐射处理等方法也用于木材-无机质复合材料的制备中。

9.4.5 SiO_2气凝胶干燥原理与超临界流体特性

干燥是气凝胶制备的重要步骤。在干燥过程中由于巨大的收缩应力，凝胶易于发生变形和碎裂，要避免凝胶碎裂，得到块状凝胶需要采用极慢的干燥速率，安全的干燥速率甚至会耗时超过一年。

通常凝胶在空气中干燥将明显收缩、碎裂，这是由于液体从凝胶微孔中蒸发时，表面张力使得凝胶微孔内的液体呈凹型弯月面状，随着液体的不断蒸发，弯月面进入凝胶体内，并在其周围形成压缩力，此时在微孔内因气液相界面的表面张力产生的附加压强可用拉普拉斯方程来描述。

$$\Delta P=2\gamma\cos\theta-r$$

式中，ΔP 为表面张力产生的附加压强；γ 为液体表面张力系数；θ 为接触角；r 为对应的微孔半径。

可见微孔线度越小，附加压强越大，即对应的表面张力越大。为了防止凝胶的收缩，人们采用了在压力容器内加温加压的条件下进行干燥，当温度和压力超过干燥介质的临界点，液体即变成超临界态的流体，分子间相互作用大大减弱，表面张力不复存在，此时将这种超临界流体从压力容器中慢慢释放，随后降温即可以得到仍具有凝胶结构的硅气凝胶材料。

目前采用超临界流体干燥制备木材-SiO_2气凝胶复合材料还属于首次报道（邱坚，2005）。以下对超临界流体的特性做一简要介绍。

任何一种物质都存在三种相态——气相、液相、固相。三相成平衡态共存的点称为三相点，如图 9-16 中 A 点。液、气两相成平衡状态的点称为临界点，如图 9-16 中 C_p。在临界点时的温度和压力称为临界压力。高于临界温度 T_c和临界压力 P_c 而接近临界点的状态称为超临界状态。处于超临界状态时，气、液两相性质非常相近，以至无法分别，成为一种介于气体和液体之间的流体，所以称为超临界流体（supercritical fluid，SCF）。

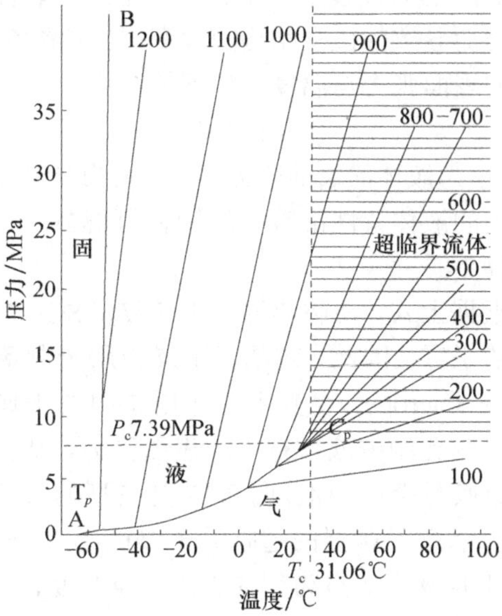

图 9-16 CO_2的 SCF 压力-温度关系示意图

不同的物质，其临界点所要求的压力和温度各不相同。目前研究较多的超临界流体是二氧化碳，因其具有无毒、不燃烧、对大部分物质不反应、价廉等优点，最为常用。在超临界状态下，CO_2流体兼有气液两相的双重特性，既具有与气体相当的高扩散系数（比液体大 10～100 倍）和低黏度，有利于热质传递和对物质的渗透与扩散，又具有与液体相近的密度，SCF 的高密度意味着它对溶质具有很强的溶解能力，便于流体与溶质的分离。SCF 的密度对温度和压力变化十分敏感，且与溶解能力在一定压力范围内成比例，所以可通过控制温度和压力改变物质的溶解度。

超临界流体干燥技术就是利用这些特性而开发的一种新型干燥方法。超临界流体技术已广泛地运用于食品、香料、医药和化工药物的干燥、加工、灭菌等方面。超临界流体与液体和气体的某些物理性质比较见表 9-2（朱自强，2000）。

表 9-2 超临界流体的性质与液体和气体的比较

物质性质	气体（常温、常压）	液体（常温、常压）	超临界流体
密度/(g/cm^3)	0.006～0.02	0.6～1.6	0.2～0.5
黏度/[$10^{-4}g/(cm^3/s)$]	1～3	20～300	1～3
扩散系数/(cm^2/s)	0.1～0.4	(0.2～2)×10^{-3}	0.7×10^{-3}

超临界干燥的实质就是萃取过程，在脱出水或其他溶剂的过程中，不存在因毛细管表面张力的作用而导致的微观结构的改变。在临界条件下，液体的表面张力与温度有如下关系。

$$\gamma=\gamma_0（1-T-T_c）$$

式中，γ 为液体的表面张力（N）；γ_0 为与分子间引力有关的液体特性常数；T 为体系的温度（℃）；T_c 为临界温度（℃）。

根据上式，在临界温度下 $T=T_c$，SCF 的表面张力趋于零。因此，超临界干燥应用于制备 SiO_2 气凝胶（aerogel），其主要作用是限制干燥过程中醇凝胶孔洞中液体产生的表面张力，从而避免了醇凝胶骨架的崩溃。图 9-17 是典型的气液相示意图，示意了典型的超临界干燥的温度-压力路径。图 9-19 中 c 点为超临界点。当温度、压强大于该点温度、压强时，气、液两相界面消失，原液体变成超临界流体，气、液相界面消失，表面张力不复存在，此时凝胶孔隙中就不存在毛细管附加压力。因此，SiO_2 醇凝胶超临界流体作用下驱除凝胶孔隙中的液体，就可以保持凝胶原先的网络结构，防止纳米粒子的团聚和凝并，达到干燥的目的。

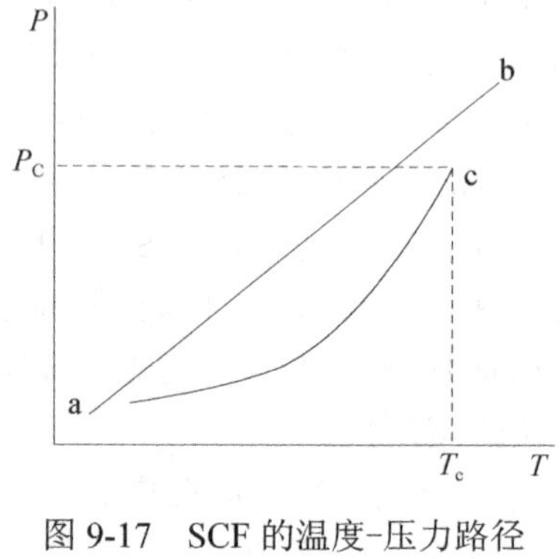

图 9-17 SCF 的温度-压力路径

9.4.6 超临界流体干燥制备 SiO_2 气凝胶的工艺设备

超临界干燥工艺是目前制备纳米多孔气凝胶的最佳工艺之一。由于气凝胶孔洞尺度为纳米量级，要将凝胶网络孔洞中的溶剂及反应残留物等去除掉，并且保持纤细的多孔网络结构不变是非常困难的。因此，选用合适的超临界流体的干燥工艺十分关键。采用超临界流体干燥制备 SiO_2 气凝胶，必须选择合适的超临界温度和压力及适当的干燥速率才能得到高品质的 SiO_2 气凝胶。二氧化碳最低的超临界条件为温度 T_c=31.26℃，压力 P_c=7.39MPa。

可采用南通华安超临界萃取有限公司生产的 HA121-50-48 萃取设备作为制备 SiO_2 气凝胶及其木材复合材料的超临界干燥设备。由于木材干燥所需温度较低，该设备可以满足 SiO_2 气凝胶及其木材复合材料的工艺条件。本套装置主要由气源（如 CO_2 钢瓶）、制冷装置、温度控制系统、安全保护装置、携带剂罐、贮罐、净化器、混合器、热交换器、柱塞泵、萃取缸、分离器、质量流量计等组成，如图 9-18 所示。

图 9-18 木材-SiO_2 气凝胶复合材料的 CO_2 超临界干燥设备

其基本工艺流程如图 9-19 所示，是将所制备的醇凝胶置于超临界萃取干燥的萃取釜中，打开二氧化碳钢瓶的减压阀，从萃取釜下部通入液态二氧化碳，并使液态 CO_2 在 20℃左右的温度下静态保持一定时间进行溶剂替换，使之置换凝胶中的乙醇。通过控温器对系统进行加热，以一定的速率升温，提高液态二氧化碳的温度，液体二氧化碳开始逐渐膨胀，压力首先达到临界压力，继续升温，通过释放少量二氧化碳，保持压力不变，最终达到预先所选择的临界温度，即达到临界状态，使木材-醇凝胶孔隙中液体全部转化为临界液体。在临界状态下保持规定的时间，然后在保持临界温度不变的情况下，通过排泄阀缓慢地释放 CO_2 至常压，即可获得 SiO_2 气凝胶和木材-SiO_2 气凝胶复合材料。

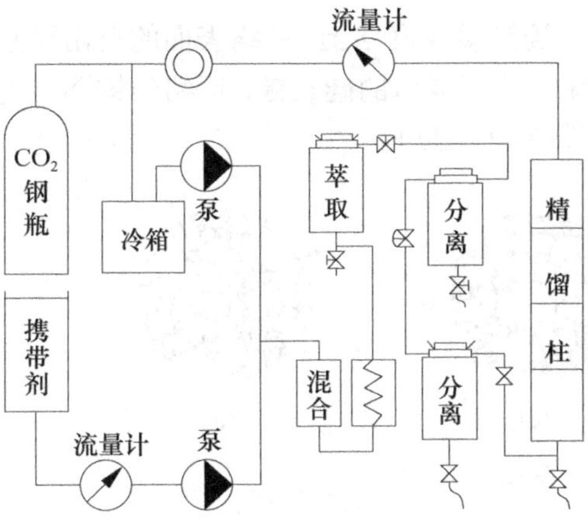

图 9-19　醇凝胶 CO_2 超临界干燥流程图

9.5　木材-SiO_2 气凝胶纳米复合材料制备典型实例

在本研究中采用先制备 SiO_2 溶胶，将溶胶通过压力注入木材中，在木材中原位复合形成木材-SiO_2 复合材料。木材-SiO_2 气凝胶复合材料制备工艺流程主要由溶胶-凝胶过程、陈化和超临界干燥三个过程构成，如图 9-20 所示。本书主要介绍 SiO_2 溶胶空细胞法浸渍处理木材的工艺条件及 SiO_2 气凝胶在木材中的分布情况。

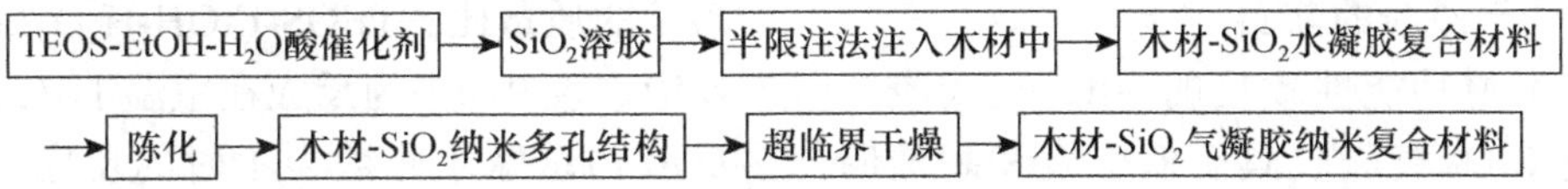

图 9-20　木材-SiO_2 气凝胶复合材料的制备工艺流程示意图

9.5.1　低密度醇凝胶的制备与形成过程

本研究采用二氧化硅的前驱体 TEOS 加入一定量的乙醇作为共溶剂及酸作为水解催化剂，制备均相溶液，以确保 TEOS 的水解反应在分子水平上进行，均相溶液随之发生水解首先生成溶胶，溶胶经进一步缩聚反应成为醇凝胶，经陈化、超临界干燥或常温常压干燥等环节，制得气凝胶或干凝胶。

一般而言，酸性条件有利于水解反应，而碱性条件则有利于缩聚反应，水解缩聚反应共同决定了所制得的 SiO_2 气凝胶的结构特性。本研究采用 HCl-HF 混合催化剂，TEOS 的烷氧基在 HCl-HF 作用下被逐步水解成—OH，—OH 形成后，EtOH 溶质与溶剂产生水解，反应式见式（9-1）。

在合适的条件下发生缩聚反应，生成 $Si(OH)_4$，反应式为

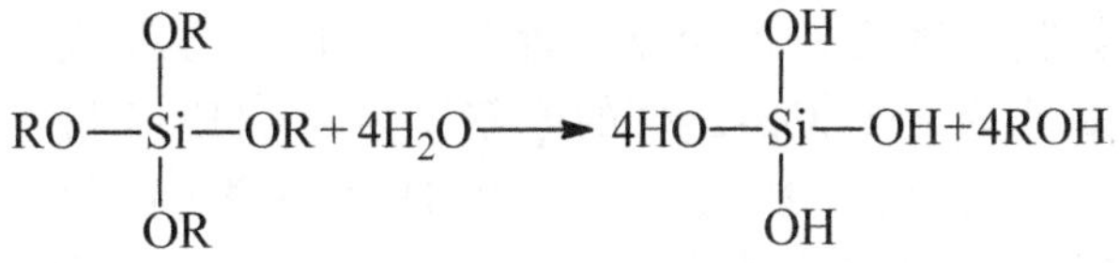

（9-8）

缩聚反应在充分水解前即开始，一般可将缩聚反应分为失醇缩聚［式（9-2）］和失水缩聚［式（9-3）］。

硅酸缩聚反应逐渐形成聚合物颗粒，颗粒进一步交联组成三维网状结构，聚集成几个纳米左右的粒子并组成溶胶，最终生成以硅氧键≡Si—O—Si≡为主体并具有空间网络结构的醇凝胶。

这些聚合体还可能发生 Si—OH 键的重新分配，二聚体转变为多聚体式。

由于上述反应几乎是同时发生的，在最邻近尺度上的中心 Si 原子可以有 15 种不同的化学环境，

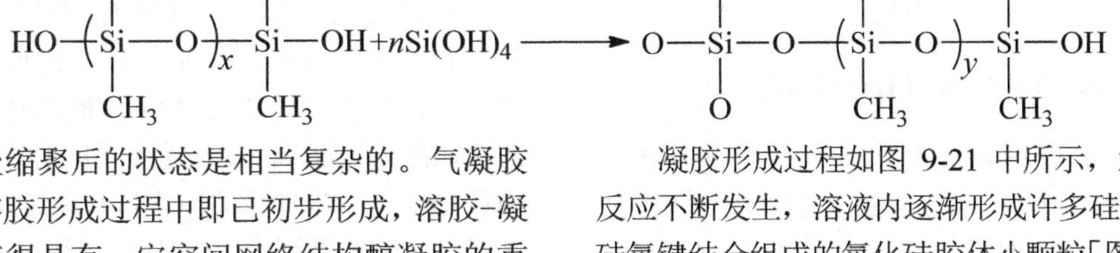

（9-9）

可见硅醇盐缩聚后的状态是相当复杂的。气凝胶的结构在溶胶形成过程中即已初步形成，溶胶-凝胶过程是获得具有一定空间网络结构醇凝胶的重要步骤之一，后续工艺均与溶胶的性质直接相关。因此，控制醇盐水解和缩聚的条件是制备高质量溶胶和凝胶的前提。

凝胶形成过程如图 9-21 中所示，水解、缩聚反应不断发生，溶液内逐渐形成许多硅酸单体及由硅氧键结合组成的氧化硅胶体小颗粒[图 9-21（a）]，随着水解、缩聚反应的进一步发生，更多的硅酸单体通过缩聚反应相互连接，于是胶体颗粒逐步变大并相互聚集形成一个个团簇［图 9-21（b）］，

团簇之间再进一步相连，最终形成贯通整个容器的网络结构［图 9-21（c）］，此时溶液已经不能流动，处于凝胶态，继续让溶胶中游离的胶体颗粒、团簇等继续连到凝胶网络上，网络表面的自由羟基之间继续缩聚，形成新的硅氧键，网络结构逐步趋于稳定［图 9-21（d）］。

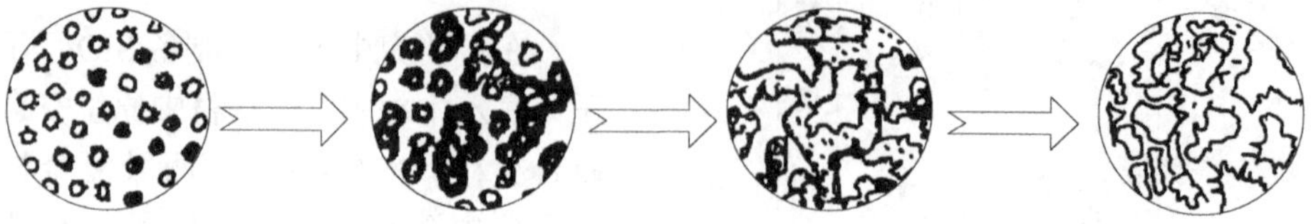

图 9-21 凝胶形成过程示意图

这个由氧化硅胶质颗粒组成的纳米量级网络结构就是氧化硅气凝胶的前身。

针对用于木材功能性改良的 SiO_2 气凝胶，在制备中应使 SiO_2 气凝胶具有低密度和高透明度，有利于保持木材强重比和木材的颜色。反应体系中 TEOS-H_2O 的摩尔比，决定了 SiO_2 气凝胶的密度、透明度等性质。从反应方程式可知理论上 TEOS-H_2O 的摩尔比为 4，TEOS 可以完全水解。一般而言，TEOS-H_2O 的摩尔比值低时（≪4）以醇的缩聚反应为主，易形成线状或平面状的聚合物，而 TEOS-H_2O 的摩尔比高可以促进水解，阻止醇缩聚，易形成球状聚合物。反应体系各种成分的加入量控制在图 9-22 所示的互溶区中，可以确保水解、缩聚反应的进行和不产生沉淀。

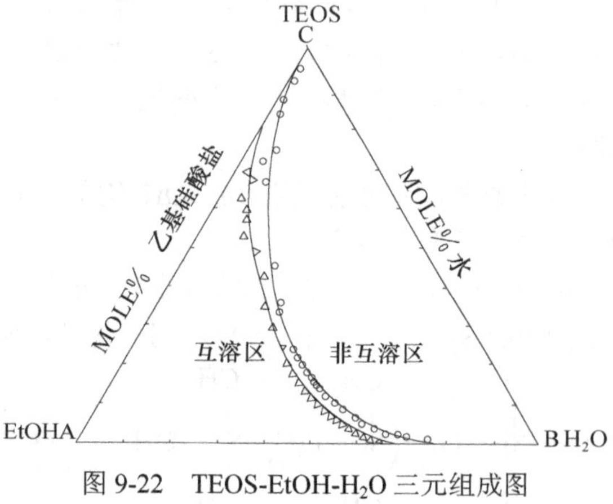

图 9-22 TEOS-EtOH-H_2O 三元组成图

根据以上分析和针对用于木材功能性改良的 SiO_2 气凝胶要求，本试验通过对 TEOS-EtOH-H_2O 反应体系的调配和后续条件的控制，可以获得密度不同、孔径分布不同的 SiO_2 气凝胶，表 9-3 给出了不同 TEOS∶EtOH∶H_2O 物质的量比所配制的三种不同固体含量的溶胶。表 9-3 中溶胶的理论固含量为 TEOS 全部转变成 SiO_2 与溶胶的质量比。TEOS-EtOH-H_2O 反应体系为放热反应，表 9-3 中为反应在室温下（20℃）进行时，反应物总摩尔分数为 1 时的反应最高温度。

表 9-3 三种不同固体含量溶胶的主要参数

比较项目	FU1	FU2	FU3
TEOS∶EtOH∶H_2O	1.00∶15.35∶7.45	1.00∶5.43∶10.10	1.00∶5.47∶5.77
理论固含量/%	5.69	9.41	10.57
反应最高温度/℃	35	41	49
醇凝胶颜色	蓝色	蓝色	蓝色
醇凝胶透明度	块状透明	块状透明	块状最透明
SiO_2 气凝胶密度/（g/cm^3）	0.09	0.14	0.17

9.5.2 TEOS-EtOH-H_2O-HCl-HF 反应体系用量对凝胶化时间的影响

由于本研究的目的是制备木材-SiO_2 气凝胶复合材料，溶胶必须通过真空-加压的工艺注入木材中，因此，其中关键之一是对溶胶-凝胶工艺进行改进，使其适合木材复合工艺，必须考虑一个合理的凝胶时间，以便溶胶对木材浸注工艺的完成。EtOH 在反应体系为共溶剂，不参与化学反应，起到使互不相容的 TEOS 和 H_2O 能同时反应的作用，但同时 EtOH 又是 TEOS 的水解产物，大量 EtOH 的存在会降低反应速率，同时也起到稀释作用并影响到反应体系的固含量和最终 SiO_2 气凝胶的密度、结构及强度，有研究表明当以 HF 为催化剂时，由于 HF 的特殊效应，TEOS 的水解-缩聚反应大大加快，使得加入的水量对凝胶化时间的影响降低至可以忽略不计。因此，本研究中不同的

TEOS-EtOH-H_2O 比例对最终 SiO_2 气凝胶的交联度和网络结构产生影响，对凝胶时间的影响可以忽略不计。

采用的三种 TEOS-EtOH-H_2O 体系中，影响水解-缩聚过程中水解反应和缩聚反应相对速率的主要因素为反应物溶液中催化剂的种类和数量，从而决定 SiO_2 气凝胶的交联度和网络结构。按表 9-3 所确定的TEOS-EtOH-H_2O比例分别配制1mol的3种反应溶液，参见表9-4，三种溶胶中HCl的用量均为0.5mL，HF的用量对凝胶化时间的影响巨大，凝胶时间甚至可缩短至几分钟。由于受到浸注木材工艺的限制，凝胶时间最好控制在120min左右较为理想，具体研究了木材-SiO_2 气凝胶复合材料中 SiO_2 气凝胶的形成与酸催化剂用量的关系，图9-23是HF的用量对不同固含量溶胶的凝胶化时间的影响。因此，三种溶胶FU1、FU2和FU3的HF用量最终选择为0.1mL、0.4mL、0.6mL。经换算三种溶胶HCl的摩尔比为0.02，HF在FU1、FU2和FU3的摩尔比分别为0.01、0.04和0.06。

表 9-4　三种不同固含量溶胶的主要参数

比较项目	FU1	FU2	FU3
TEOS：EtOH：H_2O	1.00：15.35：7.45	1.00：5.43：10.10	1.00：5.47：5.77
TEOS 体积分额/mL	140.9	71.4	95.6
EtOH 体积分额/mL	20.9	40.5	32.4
H_2O 体积分额/mL	34.8	50.4	66.9
理想总体积/mL	196.6	163.3	194.9
实际总体积/mL	192.1	159.8	191.4
总摩尔分数/mol	≈1	≈1	≈1

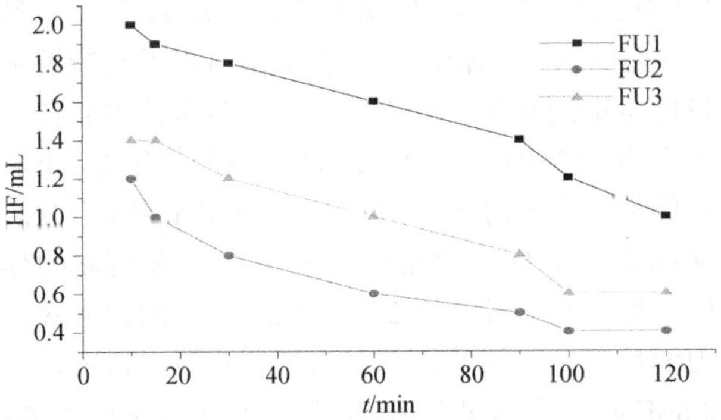

图 9-23　HF 的用量与凝胶化时间的影响

9.5.3　凝胶的陈化处理

凝胶形成后并不等于溶胶-凝胶过程已经完全结束，已形成的凝胶体还将发生老化过程，即所有导致凝胶形成的缩聚反应还将继续进行，最初的凝胶网络由胶体颗粒所组成［图 9-24（a）］，胶体颗粒之间相互融合联为一体［图 9-24（b）］，进一步老化使网络变粗、表面更趋光滑［图 9-24（c）］。这些反应构成了所谓的老化过程。

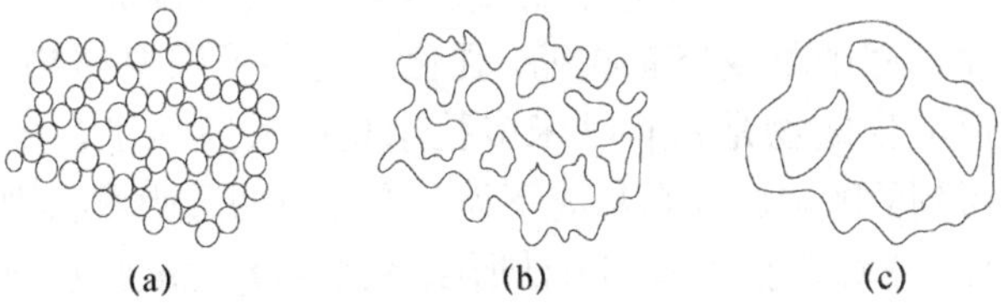

图 9-24　硅凝胶的老化过程

在凝胶老化过程中，凝胶体表面凹陷处和纤细网络之间，凝胶网络表面的部分溶解与重新凝聚这个可逆反应因网络表面不同曲率处溶解度不同而不可避免地发生，凝聚优先发生于表面的凹陷处［图 9-25（a）］，溶解则优先发生于网络表面的凸起处［图 9-25（b）］。最终效果是使凝胶网络变粗、变光滑，总体比表面积下降，网络的孔径分布、组成网络的胶体颗粒半径的分布变窄。

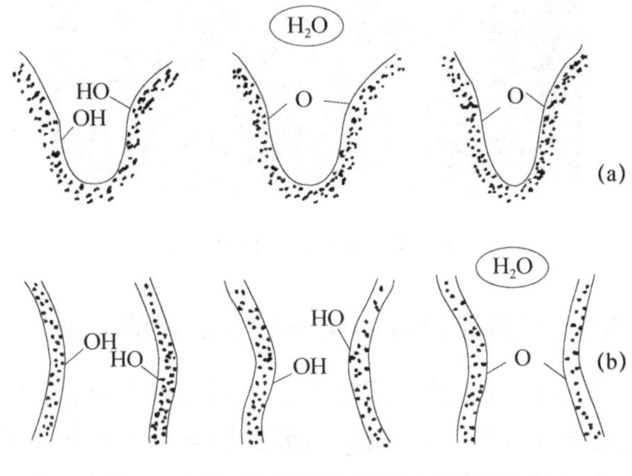

图 9-25　溶胶-凝胶中的凝聚-溶解过程

根据上述理论，控制 SiO_2 醇凝胶陈化工艺条件也是调节最终 SiO_2 气凝胶的密度、结构及强度的重要手段。因此，陈化温度和陈化时间是控制凝胶网络表面部分溶解与重新凝聚这个可逆反应的重要因子，成为控制网络孔径分布和组成网络胶体颗粒半径分布的手段之一。研究中发现，凝胶在老化过程中会产生收缩现象，低温度陈化有利于抑制溶解过程，达到增强凝聚的作用，有利于控制凝胶的收缩率。本研究采取的醇凝胶陈化工艺温度是将醇凝胶放入低温冰箱中冷却到−21℃，这样有利于控制醇凝胶在一定收缩率范围内，同时有利于脱模。综合考虑醇凝胶收缩至在容器中可以滑动，陈化时间控制为1～3天均可，然后将其取出自然升温至室温（约需12h），在24h内将此醇凝胶置于超临界干燥器中干燥。

木材中的SiO_2水凝胶经陈化成为醇凝胶，在此过程中凝胶略有收缩，强化和完善了网络结构，反应生成物是具有纳米多孔结构的凝胶粒子，所得到的醇凝胶在自然光下为带有蓝色的透明块状固体。干燥后按照本书方法所制备的SiO_2气凝胶在自然光下为带有蓝色的透明块状固体，如图9-26所示。这是其纳米结构导致了强烈的瑞利散射，有一定的强度，但受压易碎，而普通干燥条件下获得的干凝胶呈玻璃样碎块，密度和强度较大。

图9-26 SiO_2气凝胶样品

9.5.4 浸渍压力与SiO_2溶胶浸渍量的关系

SiO_2溶胶的浸渍是制备木材无机质复合材料的重要环节之一，SiO_2溶胶的增重率关系到木材无机质复合材料各方面的性质、成本及保持木材强重比等优良特性。本研究试材之一为紫椴（*Tilia amurensis* Rupr.），为椴树科（Tiliaceae）椴树属树种，本模式标本采自哈尔滨市东北林业大学帽儿山林场；试材之二为西南桤木（*Alnus nepalensis* D.Don），为桦木科（Betulaceae）桤木属树种，本试验模式标本采自昆明市金殿林场麦冲乡公路边。两种试材按国家标准（GB 1928—2009，GB 1929—2009）采集和加工成20mm（*R*）×20（*T*）mm×30（*L*）mm的长方体木块，放入索氏提取器中分别用2∶1（*V/V*）的苯醇溶液和水抽提24h，然后放入干燥箱中在70℃条件下干燥至恒重，然后称量所烘试样的质量存于干燥皿中供试验使用。

影响SiO_2溶胶增重率的因素非常复杂，其中压力、加压时间、真空度、真空时间、材种、早晚材和木材尺寸等都有重要的影响。在上述选定的范围内，真空度、真空时间对增重率的影响不明显，因此经试验确定后真空度为0.09MPa、后真空时间为10min较为合理。在本研究中压力、加压时间和树种是影响SiO_2溶胶浸渍量的主要因素。固定压力时间为30min，改变压力分别为0.6MPa、0.8MPa、1.0MPa和1.2MPa，测定浸渍SiO_2溶胶后木材的增重率，本试验目的是为了寻找合适的浸渍压力，因此，以FU2为浸渍SiO_2溶胶，试验结果见图9-27。

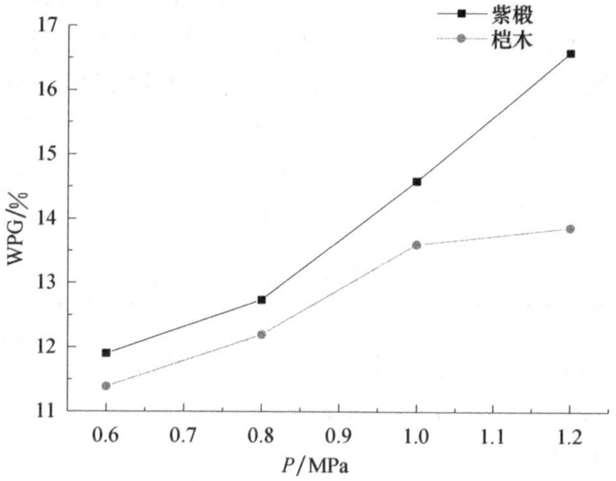

图9-27 浸渍压力与SiO_2溶胶浸渍量的关系

由图9-27可见，对于紫椴木材来说，压力由0.8MPa到1.0MPa，增重率升高1.85%，压力由1.0MPa到1.2MPa，增重率升高2.01%，因此，尽管在压力较高的情况下，提高压力对提高紫椴木材增重率没有明显的作用，但对西南桤木而言，压力由0.8MPa到1.0MPa阶段，增重率升高1.4%，在压力较高的情况下，压力由1.0MPa到1.2MPa，提高压力对提高西南桤木增重率没有明显的作用，增重率仅升高0.27%。因此，不同树种对压力的反应是不同的。综合比较，紫椴木材可选择0.6MPa的压力，西南桤木可选择1.0MPa的压力，也可选取平均值0.8MPa作为浸渍压力。

9.5.5 浸渍加压时间与SiO_2溶胶浸渍量的关系

浸渍加压时间与SiO_2溶胶浸渍量的关系如图9-28所示。

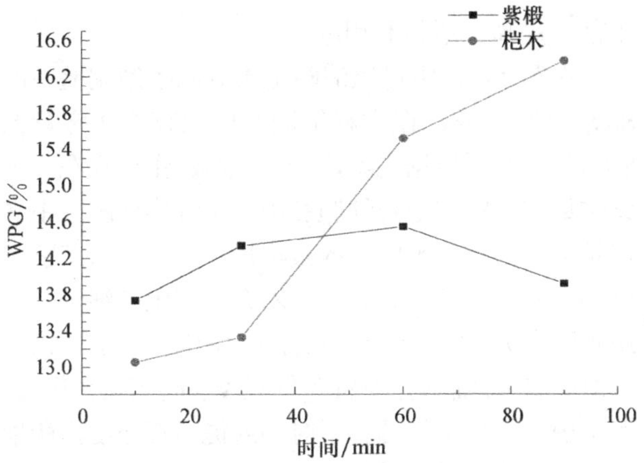

图 9-28 浸渍加压时间与 SiO_2 溶胶浸渍量的关系

图 9-28 的工艺条件为固定压力为 1.0MPa，改变压力时间分别为 10min、30min、60min 和 90min，测定浸渍 SiO_2 溶胶后木材的增重率。由图 9-28 可见，对于紫椴和西南桤木来说，时间由 30min 到 60min 再到 90min，平均每段增重率升高 1%～3.3%，延长加压时间对提高木材增重率效率不高。由于所选择压力较高，SiO_2 溶胶主要通过纵向浸入，对尺寸为 20（*R*）mm×20（*T*）mm×30（*L*）mm 的木材也能均匀渗透，这与其他树种关于木材渗透性的研究结果是一致的。因此，综合比较，紫椴和西南桤木均可选择 30min 作为浸渍加压时间。

9.5.6 不同 SiO_2 溶胶与不同树种吸收量的关系

吸收量是指水分或其他液体在常压下或加压条件下渗入木材的质量。根据上述两个实验结果及对染色木材的检查，确定 SiO_2 溶胶的浸渍工艺条件为压力为 0.8MPa，压力时间为 30min，后真空度为 0.09MPa，保持 10min 后解除真空。试验结果参见图 9-29。

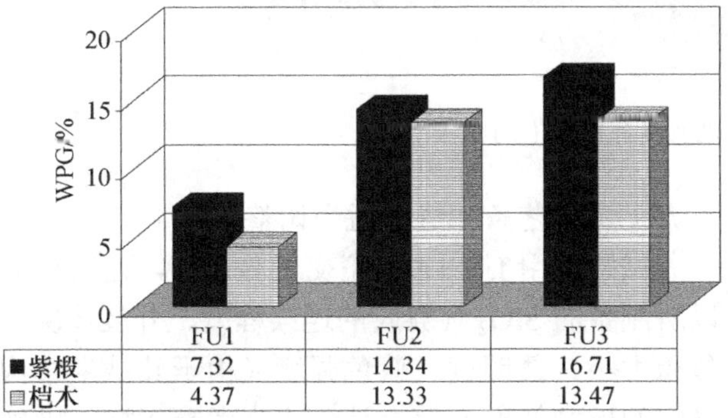

	FU1	FU2	FU3
■紫椴	7.32	14.34	16.71
▤桤木	4.37	13.33	13.47

图 9-29 不同 SiO_2 溶胶与不同树种吸收量的关系

由图 9-29 可见，紫椴木材的渗透性明显大于西南桤木，原因是由于木材的结构不同，紫椴为散孔材，西南桤木为半环孔材，紫椴较西南桤木而言有数量较多的导管，又无侵填体堵塞，液体容易透入。在此条件下木材的渗透深度可以满足要求。

综合分析上述试验结果，SiO_2 溶胶对木材的渗透，应主要考虑压力和加压时间及树种的影响，考虑木材的变异性所造成的试验数据的波动，确定 SiO_2 溶胶的浸渍工艺条件为压力 0.8MPa，压力时间 30min，后真空度 0.09MPa，保持 10min 为木材-SiO_2 气凝胶复合材料的注入工艺条件。

9.5.7 SiO_2 气凝胶在木材细胞壁中的分布

图 9-30 为西南桤木细胞壁放大 3700 倍时的形态。在图 9-30 中能看到 SiO_2 气凝胶紧密地与细胞壁结合在一起，边缘完整，保持了木材多孔性的结构。细胞间隙填充有 SiO_2 气凝胶，这无疑会加强细胞与细胞间的结合强度，增加细胞壁的刚性，提高木材的强度性能。SiO_2 气凝胶对木材的细胞壁有润胀、填充的作用，主要存在于细胞壁中纤维素组分中。从纤维素超分子结构看，纤维素以无定形相存在，除结晶区与无定形区以外，尚包含许多空隙，形成空隙系统，空隙的大小一般为 1～10nm，最大可达 100nm（李坚，2002）。因此，纳米级的溶胶分子在压力的作用下，有可能进入这些空隙，SiO_2 溶胶在纳米空间原位聚合后，经超临界干燥后形成纳米级的 SiO_2 气凝胶，并与外部 SiO_2 气凝胶联结成整体。

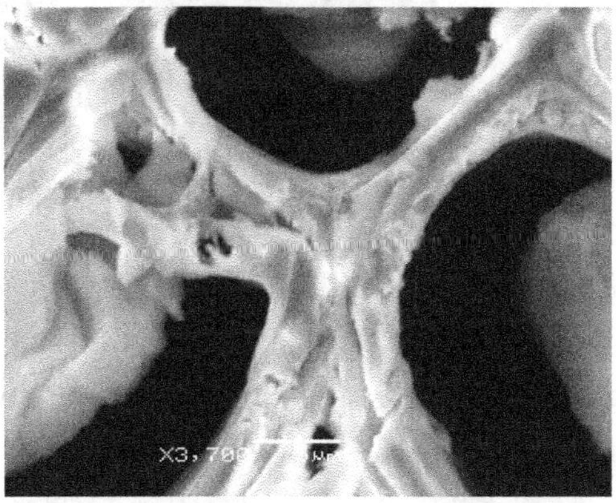

图 9-30 硅气凝胶扫描电镜照片

9.5.8 SiO_2 气凝胶在木材中的分布

三种不同硅气凝胶在无机质西南桤木细胞壁中的情况如图 9-31 所示。横切面能够比较清晰地

看出 SiO_2 气凝胶在细胞壁和细胞腔的分布情况，图 9-31 中 Si 分布用白点表示，得到清晰的 Si-Kα、C-Kα 和 O-Kα 的 X 射线能谱图，在木材细胞壁的位置能看到排列均匀的 SiO_2，说明在木材外部进行溶胶-凝胶化过程，然后采取空细胞法将溶胶注入木材中，在木材中原位复合形成木材-SiO_2 醇凝胶复合材料的工艺，可以与坂志郎等日本学者利用木材中的结合水进行溶胶-凝胶过程取得同样良好的效果，并且先制备 SiO_2 溶胶，向木材中注入 SiO_2 溶胶，在木材内原位反应形成凝胶，只要工艺条件适合，完全可以取得一致的效果，大大简化了制备工艺，提高了原料利用率。

在图 9-31 中可以清晰地看到除了细胞壁中的 SiO_2 气凝胶外，在木材细胞腔中也存在一定量的 SiO_2 气凝胶，根据观察，SiO_2 气凝胶主要存在于木纤维细胞腔中和导管细胞腔中，木纤维细胞腔中聚集量大于导管细胞腔中的聚集量。这与注入工艺条件和细胞毛细管张力有关，木纤维细胞腔细长，毛细管张力大，同样真空度条件下，细胞腔中留存 SiO_2 气凝胶量大。细胞腔中 SiO_2 气凝胶仅起到填充作用，可考虑进一步延长抽真空时间或提高真空度，所抽出 SiO_2 溶胶可重新利用。

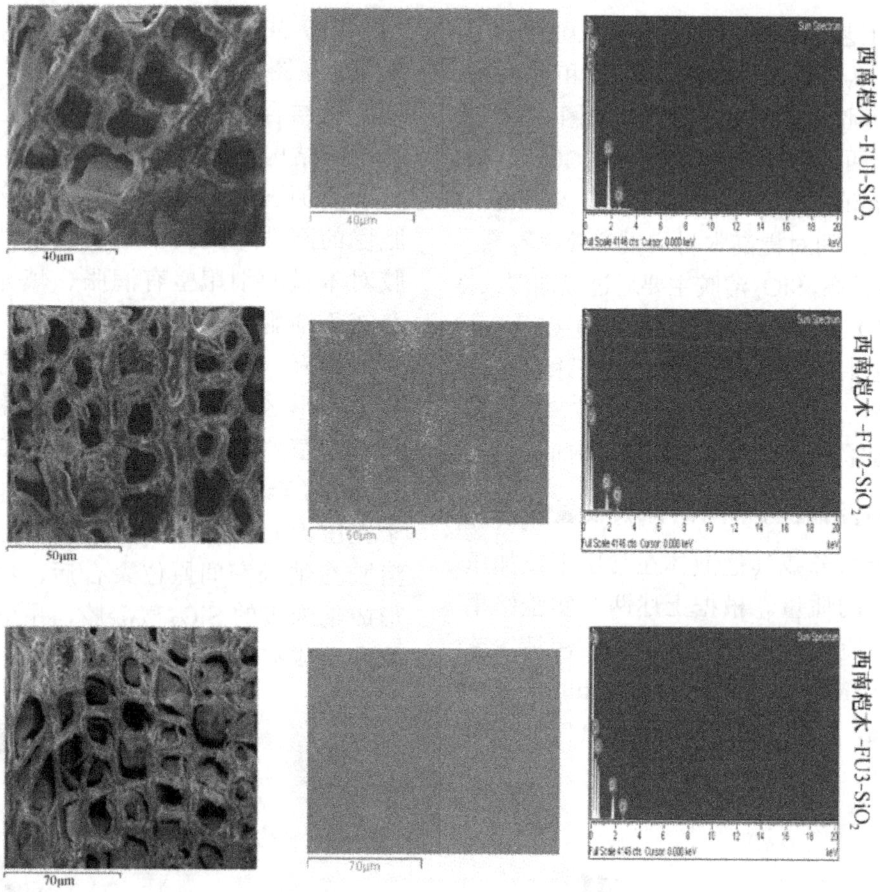

图 9-31 不同硅气凝胶在无机质复合材料中的比较

9.5.9 超临界 CO_2 流体对木材-SiO_2 醇溶胶的干燥

本研究采用南通华安超临界萃取有限公司生产的 HA 121-50-01 超临界萃取装置作为超临界干燥设备，超临界干燥工艺路线如图 9-32 所示。采用醇凝胶的超临界干燥工艺条件，对所制备木材-SiO_2 溶胶进行干燥，并根据具体情况对超临界干燥工艺条件进行适当调整。

试验采用 L_{16}（4^5）正交试验设计，见表 9-5，以所制备的 SiO_2 气凝胶的连续程度、开裂情况、体积大小、透明度、蓝色强度（由于其纳米结构导致的瑞利散射）综合计分作为考察指标，以确定凝胶化过程在超临界条件下的动态压力（P_d）、动态温度（T_d）、动态时间（H_d）、静态时间（H_s）和静态温度（T_s），以获得较好的凝胶过程工艺参

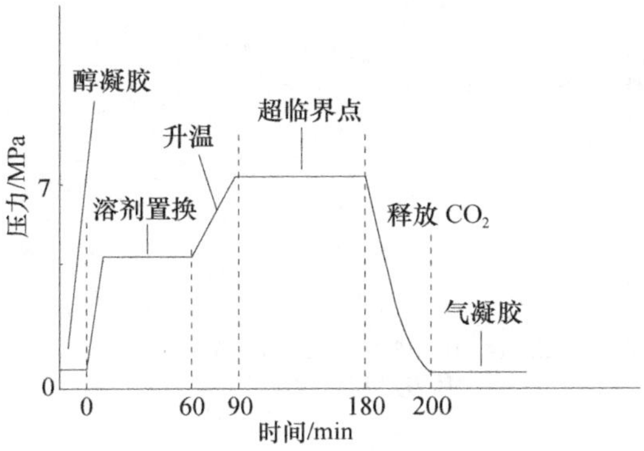

图 9-32 超临界干燥工艺路线

数，其中静态时间为60min。

表 9-5 正交试验因素水平安排

水平	动态压力（P_d）/MPa	动态温度（T_d）/℃	动态时间（H_d）/min	静态温度（T_s）/℃	静态压力（P_s）/MPa
1	10	50	90	50	10
2	15	55	120	55	15
3	20	60	150	60	20
4	25	55	180	65	25

超临界过程是溶胶胶体质点形成空间网络状结构（醇凝胶），体系脱去网络状结中多余的溶剂，形成复杂的固态三维网络结构这样一过程，SiO_2溶胶的超临界过程是制备木材-SiO_2 气凝胶的关键环节之一。因此，必须研究超临界干燥条件对醇凝胶所产生的影响，以获得连续、不开裂、透明、具有强烈瑞利散射的 SiO_2 气凝胶。超临界条件试验结果见表 9-6。

表 9-6 超临界过程正交试验结果

试验号	P_d	T_d	H_d	T_s	P_s	总分
1	10	50	180	60	15	54.0
2	15	50	90	50	20	35.5
3	20	50	150	65	10	28.0
4	25	50	120	55	25	48.0
5	10	55	150	55	20	57.5
6	15	55	120	65	15	51.5
7	20	55	180	50	25	45.0
8	25	55	90	60	10	30.5
9	10	60	90	65	25	59.0
10	15	60	180	55	10	48.0
11	20	60	120	60	20	48.5
12	25	60	150	50	15	43.0
13	10	65	120	50	10	39.5
14	15	65	150	60	25	61.5
15	20	65	90	55	15	47.0
16	25	65	180	65	20	67.5
*K*1	165.5	210.0	221.5	203.5	179.5	
*K*2	184.5	196.5	148.5	154.0	207.0	
*K*3	198.5	168.5	179.0	173.0	162.0	
*K*4	215.5	189.0	180.5	205.5	215.5	
*K*1	55.17	70.0	73.8	67.8	59.8	
*K*2	61.5	65.5	49.5	51.3	69.0	
*K*3	66.2	56.2	59.7	57.7	54.0	
*K*4	71.8	63.0	60.2	68.5	71.8	

除了溶胶-凝胶过程外，超临界干燥工艺最终决定了 SiO_2 气凝胶的干燥、致密过程，并最终决定材料的性能。本工艺中分值越高，说明所制备的 SiO_2 气凝胶的连续程度好、开裂情况小、体积大、透明度高、瑞利散射蓝色强度大。分析图 9-33 可以看出：

（1）动态压力越高，综合性能越好，以 25MPa 效果最好［图 9-33（a）］。

（2）单纯对 SiO_2 气凝胶来说，动态温度为 50℃最好［图 9-33（b）］。

（3）动态干燥时间以 90min 较好[图 9-33(c)]。

（4）静态压力 15MPa 和 25MPa 均能取得较好的效果［图 9-33（d）］。

（5）静态温度为 65℃最好，其次是 50℃较好［图 9-33（e）］。

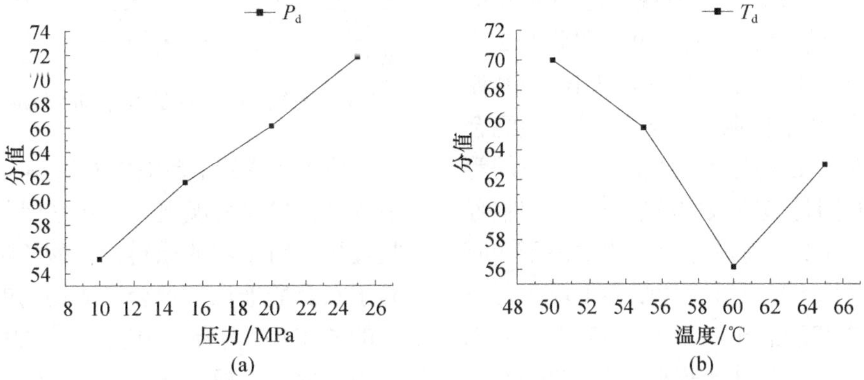

图 9-33 超临界 CO_2 干燥直观分析

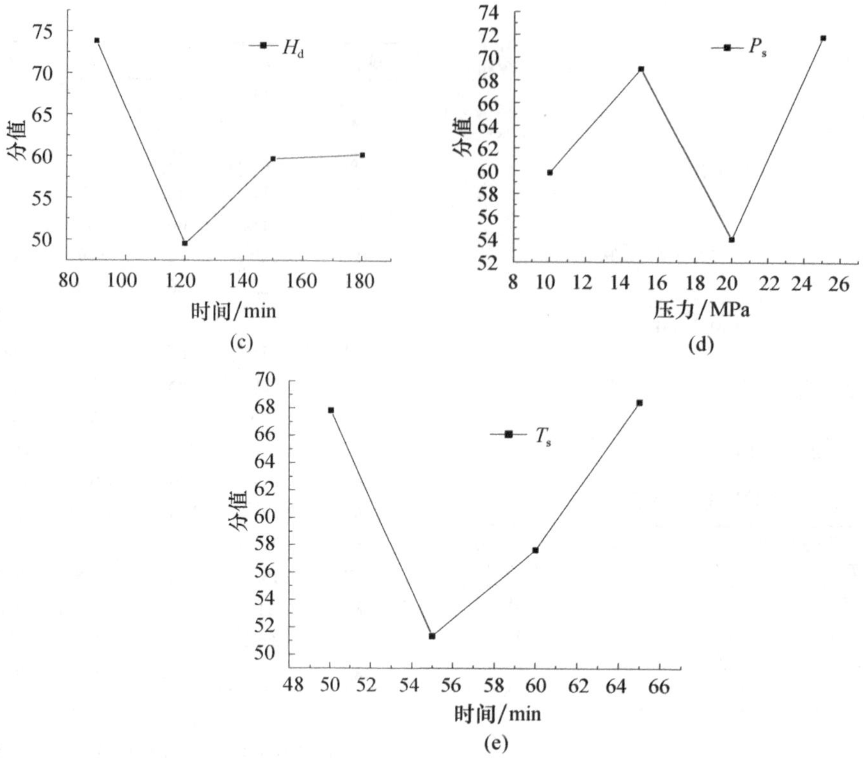

图 9-33 超临界 CO_2 干燥直观分析（续）

由于动态温度为 50℃最好，静态温度为 65℃最好，其次是 50℃较好，静态工艺在动态干燥之前，降温操作不变，静态温度可选取 50℃比较符合设备的工作状况。从各因素的影响大小来看，动态和静态干燥温度点子分布最大，是主要的影响因素，静态压力和动态干燥时间点子分布稍小，其影响居第二位，动态压力点子分布最小，可认为是次要因素。

根据以上试验结果得出的工艺条件进行重复试验，有良好的再现性。SiO_2 气凝胶超临界干燥工艺条件初步确定为动态和静态干燥温度为 50℃，动态和静态压力为 25MPa，动态干燥时间为 90min。

采用醇凝胶的超临界干燥工艺条件，对所制备木材-SiO_2 溶胶进行干燥，结果发现，在 90min 的动态干燥时间内，超临界设备的分离 1 和分离 2 还存在较多的乙醇和水的混合液未被分离出来。其原因应是木材的多孔性结构阻止了乙醇和水的混合液顺利排出。因此，比较压力、温度和干燥时间等因素，延长干燥时间是最有效的解决方法。超临界设备的分离 1 和分离 2 没有液体流出的动态干燥时间为 180min。木材-SiO_2 气凝胶超临界干燥工艺条件最终确定为动态和静态干燥温度为 50℃，动态和静态压力为 25MPa，动态干燥时间为 180min。

图 9-34 为在此工艺条件下不同 SiO_2 溶胶的木材-SiO_2 气凝胶复合材料的增重率，图 9-34 中理论增重率与实际增重率相差仅 2%左右，证明该条件对木材中的 SiO_2 溶胶和木材本身的干燥是有效的，可以实现制备木材-SiO_2 气凝胶纳米复合材料的有效制备。

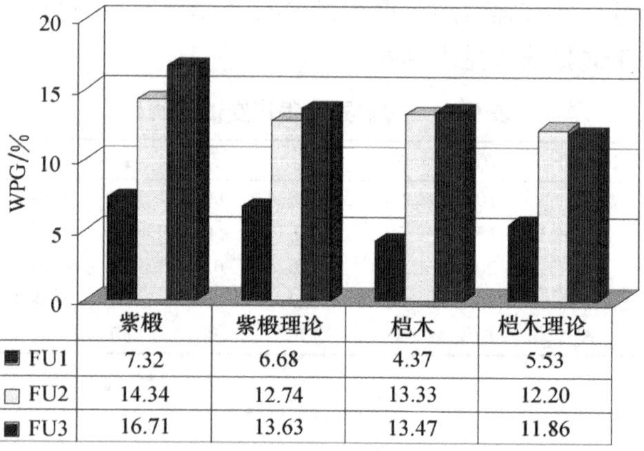

	紫椴	紫椴理论	桤木	桤木理论
■ FU1	7.32	6.68	4.37	5.53
□ FU2	14.34	12.74	13.33	12.20
■ FU3	16.71	13.63	13.47	11.86

图 9-34 不同 SiO_2 溶胶的木材-SiO_2 气凝胶复合材料的增重率

值得注意的是超临界 CO_2 流体干燥中木材-SiO_2 溶胶复合材料表现突出的膨胀现象。由于在溶胶凝胶过程中所采用的原料正硅酸乙酯与无水乙醇、去离子水及酸催化剂混合形成均匀的溶液，在溶液中水的—OH 在混合物中取代—OCH_2CH_3，在这个过程中又放出乙醇，所以，在注入木材的溶胶中含有大量的乙醇。就木材试样来说，醇的润胀能力是按照甲醇＞乙醇＞正丙醇的顺序提高的，因此，乙醇的浸渍使木材充分润胀，使细胞壁处于膨胀状态，由于随后的超临界 CO_2 流体干燥自始至终避开了木材干燥过程中气液两相平衡过程，从而能够消除因毛细管张力造成的细胞壁骨架的收缩，因此，木材-SiO_2 气凝胶复合材料保持了较大的增容率，另外也说明 SiO_2 气凝胶填充进入木材细胞壁的间隙内部，这对尺寸稳定性与力学性质均会产生影响。西南桤木和紫椴-SiO_2 气凝胶复合材料的增容率如图 9-35 所示，紫椴与西南桤木结构不同，两者的增容率有比较大的差异，西南桤木的增容率为紫椴木材的 1/2 左右。

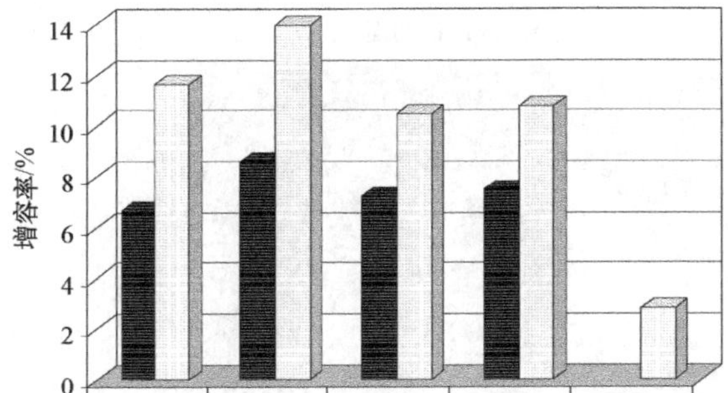

	FU1	FU2	FU3	FU4	FU5
■桤木	6.69	8.60	7.24	7.51	
□紫椴	11.63	13.99	10.53	10.82	2.82

图 9-35　西南桤木和紫椴-SiO_2 气凝胶复合材料的增容率

9.5.10　SiO_2 气凝胶的结构形态

按照本书方法通过超临界干燥所得的为亲水性气凝胶 SiO_2，较干凝胶收缩很小，本研究将同一模具陈化后醇凝胶分别经超临界干燥和普通干燥前后进行比较，干燥前醇凝胶直径记为 R_0，超临界干燥后气凝胶或干凝胶直径分别记为 R_a 和 R_x，通过$(R_0-R_a)/R_0$ 和$(R_0-R_x)/R_0$ 比较超临界干燥和普通干燥的收缩率。三种不同固含量的溶胶所制备 SiO_2 气凝胶和干凝胶收缩率差别不大，气凝胶平均收缩率为 8.41%，干凝胶平均收缩率为 51.22%，这也说明了通过超临界 CO_2 干燥较好地保持了溶胶-凝胶过程中所形成的多孔性网络纳米结构，而干凝胶的微孔则在干燥过程中发生了不同程度的塌陷，形成了高密度的致密干凝胶。

根据扫描电镜可以观察到 SiO_2 气凝胶的微细网络结构，所制备的 SiO_2 气凝胶的扫描电镜照片如图 9-36 所示。不同固含量的溶胶所制备的 SiO_2 气凝胶在扫描电镜下结构相同，可以看出超临界干燥的 SiO_2 气凝胶在微观结构上有良好的网络结构。

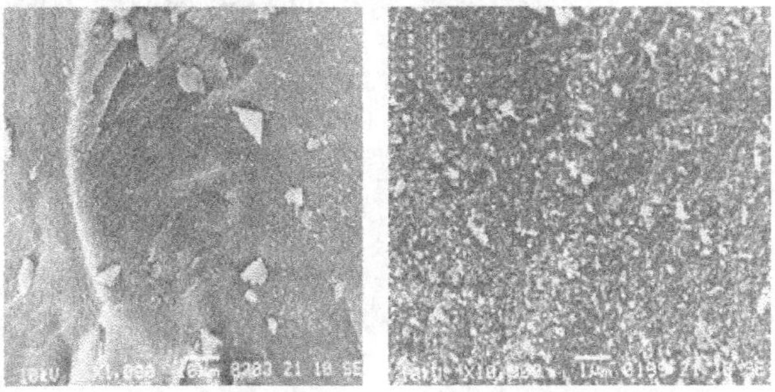

(a) 1000×　　(b) 10 000×

图 9-36　扫描电镜下 SiO_2 气凝胶的微观结构

透射电镜可以清楚地反映出这种气凝胶网络结构的 SiO_2 粒子大小，图 9-37 是不同固含量的溶胶所形成凝胶的透射电镜照片，图 9-37（a）为 FU1 系列 20 万倍的透射照片，通过统计分析，SiO_2 气凝胶的颗粒尺度为 13～87nm，图 9-37（b）为 FU2 系列 20 万倍的透射照片，SiO_2 气凝胶是由 17～96nm 的颗粒组成，图 9-37（c）为 FU3 系列 20 万倍的透射照片，由于边界不明显，测量误差较大，估计是颗粒尺度为 100～300nm。3 种 SiO_2 气凝胶均具有典型的网络结构，不易被分散，本工艺制备的 SiO_2 气凝胶结构基本符合典型的气凝胶结构和具有纳米尺寸。

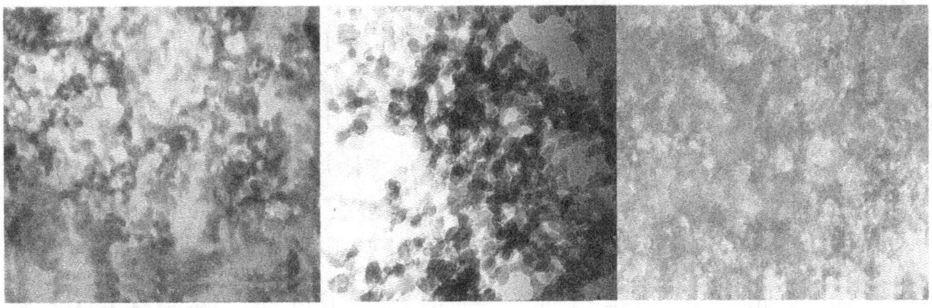

(a) FU1　　(b) FU2　　(c) FU3

图 9-37　透射电镜下 SiO_2 气凝胶的微观结构

图 9-38 是 SiO_2 气凝胶在木材中的状态，图 9-38（a）在横切面表面上导管分子和木纤维分子均有较多的覆盖，木纤维分子上分布均匀，导管分子内无 SiO_2 气凝胶［图 9-38（b）］。从弦切面看，其细胞腔中没有被 SiO_2 气凝胶所填充，细胞壁与 SiO_2 气凝胶紧密结合，细胞壁上的纹孔被气凝胶均匀填充，基本保持了木材的多孔性结构［图 9-38（c）和（d）］。

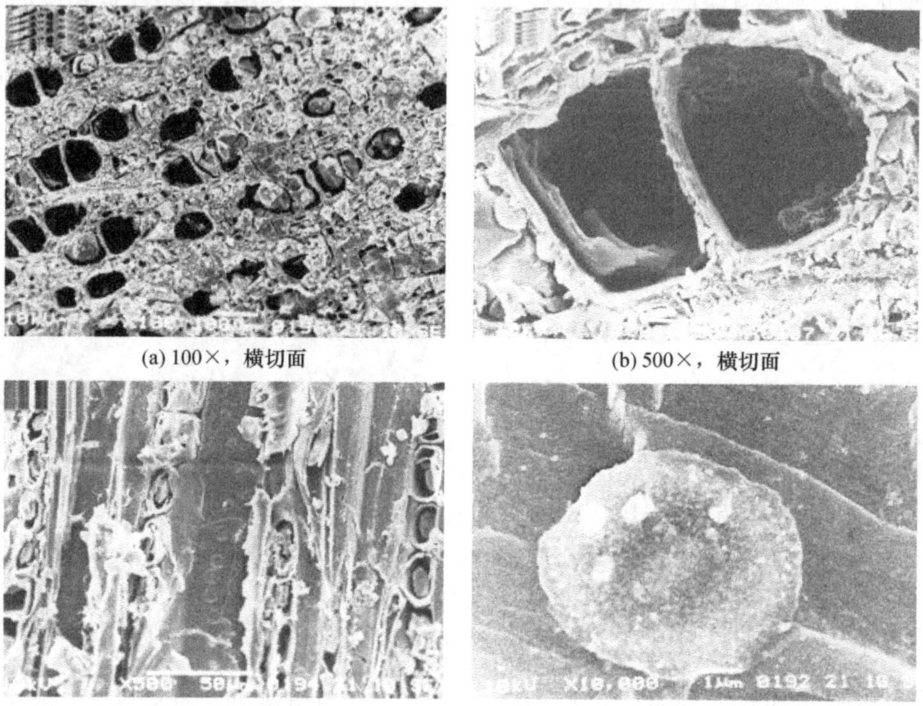

(a) 100×，横切面　(b) 500×，横切面　(c) 500×，弦切面　(d) 10 000×，弦切面

图 9-38　木材-气凝胶复合材料的扫描电镜照片

9.5.11　SiO_2 气凝胶的相组成

图 9-39 为所制备 SiO_2 气凝胶的 XRD 图谱。从 XRD 图谱可以看出，在室温时不显示纯 SiO_2 特征衍射峰，不同于玻璃的 SiO_2 XRD 图谱，其中立方相 SiO_2 在 2θ=24.8°处的衍射峰为最强峰，表明经超临界流体干燥得到的 SiO_2 气凝胶部分处于有序状态，此状态的气凝胶即不同于非晶态玻璃 SiO_2，也不同于排列状态整齐的石英玻璃。图 9-39 中 X 射线谱线比较弥散，说明此 SiO_2 气凝胶处于一种杂乱的无定形相，存在着大量空隙和大的比表面积。此外，图 9-39 中 X 射线谱线上有大量的微晶峰，说明这种 SiO_2 气凝胶立方相结构中仍保留有大量的—OH 基团。

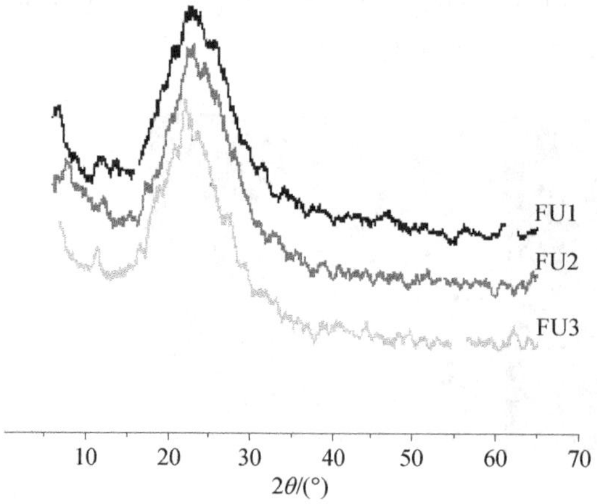

图 9-39　亲水型 SiO_2 气凝胶的 XRD 谱

9.6　木材-SiO_2 气溶胶纳米复合材料的性能

木材-SiO_2 气凝胶复合材料是木材与无机质材料相结合复合而成的一种新型木质基复合材料，其中无机相 SiO_2 气凝胶具有纳米结构，根据纳米材料所具有的一些特性，有必要对木材-SiO_2 气凝胶复合材料的力学性能、尺寸稳定性、声学性能及阻燃性能等基本特性进行评价。

9.6.1　木材-SiO_2 气凝胶复合材料的力学性能

西南桤木和紫椴素材及其与 SiO_2 气凝胶和

干凝胶复合后的主要力学性能试验结果见表 9-7 和表 9-8。

表 9-7 紫椴-SiO_2气凝胶复合材料的力学性能

项目			素材	FU1 气凝胶	FU2 气凝胶	FU3 气凝胶	FU3 干凝胶	FU4 气凝胶
顺压强度		平均值/MPa	53.43	52.47	53.86	50.96	55.42	52.47
		变异系数/%	11.35	14.86	14.17	11.44	9.04	11.53
		准确指数/%	3.95	4.29	4.48	3.62	3.10	3.60
抗弯强度		平均值/MPa	150.55	111.00	113.25	100.82	118.29	92.20
		变异系数/%	5.11	11.63	18.25	17.99	16.68	24.51
		准确指数/%	3.23	6.21	9.75	9.29	10.55	12.65
抗弯模量		平均值/1000MPa	12	10	11	10	10	10
		变异系数/%	12.70	10.44	17.91	19.57	11.40	14.97
		准确指数/%	8.03	5.58	9.25	9.79	7.21	7.73
硬度	横切面	平均值/N	3652	4374	4679	4993	3808	4892
		变异系数/%	7.47	9.14	12.54	9.64	11.73	10.33
		准确指数/%	3.19	3.34	4.74	3.52	2.51	3.83
	径切面	平均值/N	2576	2656	2539	3262	2957	2905
		变异系数/%	10.83	12.70	13.40	9.46	11.73	10.33
		准确指数/%	4.62	4.64	5.06	3.45	4.28	3.77
	弦切面	平均值/N	3048	3057	3049	3691	3235	3454
		变异系数/%	11.17	11.83	12.10	11.61	10.07	14.25
		准确指数/%	4.76	4.32	4.57	4.24	3.68	5.21

表 9-8 西南桤木-SiO_2气凝胶复合材料的力学性能

项目			素材	FU1 气凝胶	FU2 气凝胶	FU3 气凝胶	FU4 气凝胶
顺压强度		平均值/MPa	40.15	53.93	53.68	48.70	55.25
		变异系数/%	—	15.80	16.39	19.39	15.62
		准确指数/%	—	4.94	4.83	5.54	4.47
抗弯强度		平均值/MPa	61.40	106.30	90.63	98.45	76.60
		变异系数/%	—	19.39	18.96	14.18	45.66
		准确指数/%	—	14.66	13.41	10.72	34.52
抗弯模量		平均值/1000MPa	9	9	9	10	9
		变异系数/%	—	14.15	12.38	16.12	15.00
		准确指数/%	—	10.70	9.36	13.16	11.35
硬度	横切面	平均值/N	5765	7876	8505	8638	9030
		变异系数/%	—	5.24	4.53	4.02	5.52
		准确指数/%	—	3.71	3.43	3.04	4.17
	径切面	平均值/N	4278	5132	5075	5999	5915
		变异系数/%	—	5.37	8.72	14.10	8.11
		准确指数/%	—	3.80	6.59	10.66	6.13
	弦切面	平均值/N	4155	5356	5397	6436	6384
		变异系数/%	—	8.60	9.56	9.26	9.21
		准确指数/%	—	6.07	7.23	7.00	6.96

9.6.2 不同气凝胶处理紫椴/桤木木材的顺纹抗压强度

不同气凝胶处理紫椴/桤木木材的顺纹抗压强度如图 9-40 所示。

与素材相比，FU1、FU3 和 FU4 气凝胶处理紫椴木材顺纹抗压强分别下降了 1.8%、4.6%和 1.8%。只有 FU2 气凝胶和 FU3 干凝胶处理材顺纹抗压强比素材分别提高了 0.8%和 3.7%。FU1、FU3 和 FU4 气凝胶处理西南桤木，桤木复合材料的顺纹抗压强度与素材相比分别提高了 34.3%、33.7%、21.3%和 37.6%。从图 9-40 可以看出 FU3 提高的幅度相对较小，这与紫椴木材 FU3 的趋势是一致的，可能与 FU3 气凝胶结构和 SiO_2 粒度有关。分析上述不同气凝胶处理紫椴与桤木木材前后复合材料的顺纹抗压强度变化的趋势，紫椴-SiO_2 气凝胶复合材料的顺纹抗压强度没有显著提高，基本保持不变或略微下降。而西南桤木-SiO_2 气凝胶复合材料的顺纹抗压强度有比较显著提高。

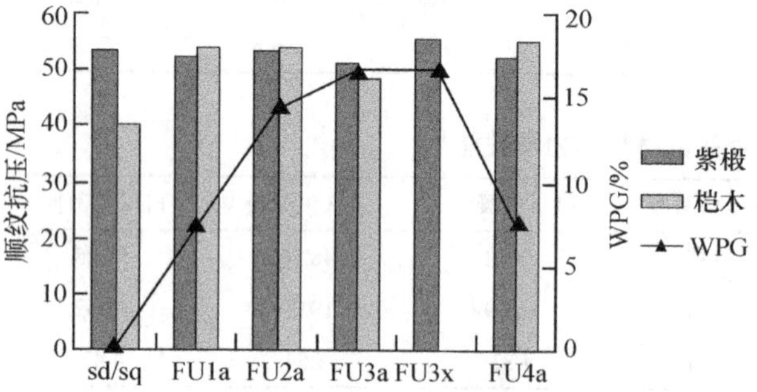

图 9-40 不同硅气凝胶处理紫椴/桤木的顺纹抗压强度

9.6.3 不同气凝胶处理紫椴/桤木木材的顺纹抗弯强度

不同气凝胶处理紫椴/桤木木材的顺纹抗弯强度的关系如图 9-41 所示。与素材相比，FU1～FU4 气凝胶和 FU3 干凝胶处理紫椴木材的顺纹抗弯强全部处于下降状态。FU1～FU4 气凝胶处理紫椴木材的顺纹抗弯强分别下降了 26.3%、24.8%、33.0%和 38.8%。FU3 干凝胶处理材的顺纹抗压强比素材下降了 21.4%。而 FU1～FU4 气凝胶处理西南桤木，桤木复合材料的顺纹抗弯强度与素材相比分别提高了 73.1%、47.6%、60.3%和 24.8%。分析上述不同气凝胶处理紫椴/桤木木材前后复合材料的顺纹抗压强度变化的趋势，紫椴-SiO_2 气凝胶复合材的顺纹抗弯强度有比较显著的下降，而西南桤木-SiO_2 气凝胶复合材料的顺纹抗弯强度则有比较显著的提高。产生的原因与顺纹抗压是一致的，SiO_2 气凝胶对顺纹抗弯强度的影响与木材种类有密切的关系。

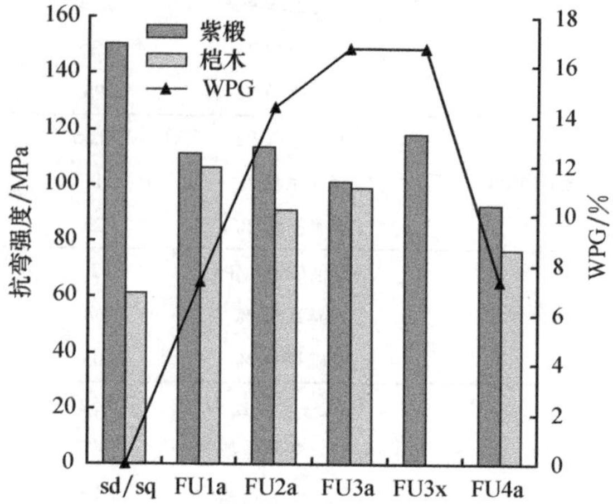

图 9-41 不同硅气凝胶处理紫椴/桤木的顺纹抗弯强度

9.6.4 不同气凝胶处理紫椴/桤木木材的抗弯弹性模量

不同气凝胶处理紫椴/桤木木材的抗弯弹性模量的关系如图 9-42 所示。从图 9-42 中可见，与素材相比，FU1～FU4 气凝胶和 FU3 干凝胶处理紫椴和西南桤木木材的抗弯弹性模量处于不变或略微下降状态，下降幅度为 10%～20%。

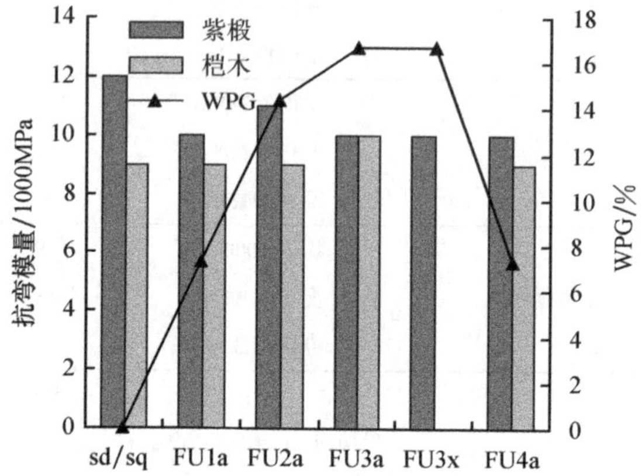

图 9-42 不同气凝胶处理紫椴/桤木木材的抗弯弹性模量

9.6.5 不同气凝胶处理与紫椴/桤木木材硬度的关系

不同气凝胶处理紫椴/桤木木材的抗弯弹性模量的关系如图 9-43 和图 9-44 所示。从图 9-43 和图 9-44 中可见，与素材相比 FU1～FU4 气凝胶和 FU3 干凝胶处理紫椴和西南桤木木材三个切面的硬度均有不同程度的提高。FU1～FU4 气凝胶处理紫椴木材横切面分别提高了 19.8%、28.1%、36.7%和 34.0%。FU3 干凝胶处理紫椴木硬度比素材提高了 42.7%。而 FU1～FU4 气凝胶处理西南桤木，桤木-SiO_2气凝胶复合材料的硬度与素材相比分别提高了 36.6%、47.5%、49.8%和 56.6%。

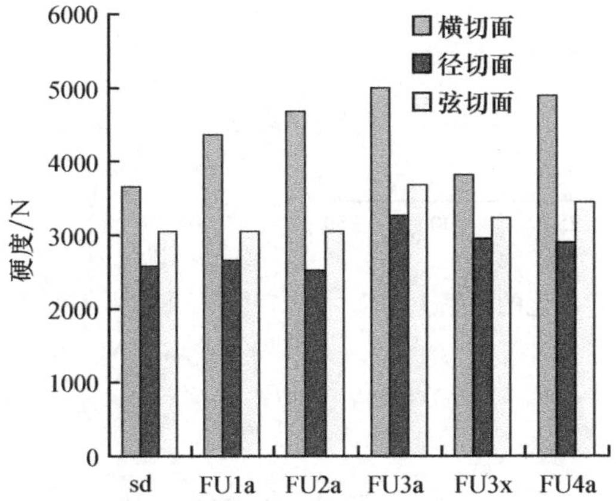

图 9-43 不同硅气凝胶处理与紫椴硬度的关系

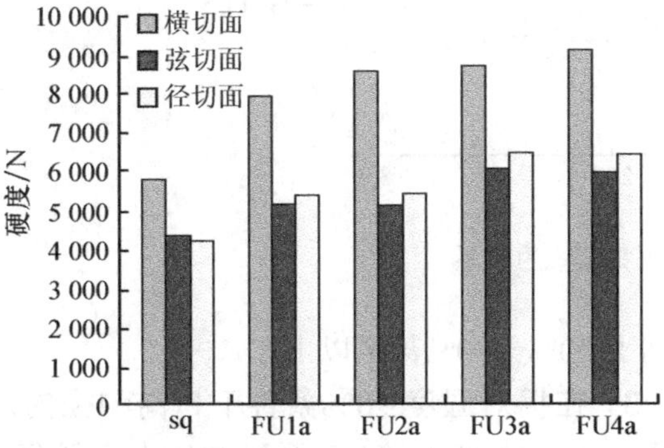

图 9-44 不同硅气凝胶处理与西南桤木硬度的关系

试验对不同气凝胶处理紫椴/桤木木材的顺纹抗压强度、抗弯强度、抗弯弹性模量、硬度 4 项主要力学性能进行了测试，木材-SiO_2 气凝胶复合材料的力学性质所反映的基本趋势是：从顺纹抗压强度看，紫椴-SiO_2 气凝胶复合材料的顺纹抗压强度没有显著提高，基本保持不变或略微下降，而西南桤木-SiO_2 气凝胶复合材料的顺纹抗压强度有比较显著的提高。从抗弯强度看，紫椴-SiO_2 气凝胶复合材料的顺纹抗弯强度有比较显著的下降，而西南桤木-SiO_2 气凝胶复合材料的顺纹抗弯强度则有比较显著的提高。两种木材的抗弯弹性模量改性前后处于不变或略微下降状态。而两种木材-SiO_2 气凝胶复合材料的硬度均有比较大的提高。

从国内外比较典型的采用溶胶-凝胶法制备 SiO_2 无机复合木材的研究看，多数未对复合木材的顺纹抗压强度、抗弯强度、抗弯弹性模量进行评价，这些研究主要集中于对硬度提高的评价。刘磊等采用双重扩散法制备的杨木-无机硅化物复合材料的顺纹抗压强度、抗弯强度分别降低了 4.5%和 10%。上述研究试验结果表明，紫椴-SiO_2 气凝胶复合材料的顺纹抗压强度、抗弯强度和抗弯弹性模量较紫椴素材产生一定程度的下降，而西南桤木-SiO_2 气凝胶复合材料的顺纹抗压强度、抗弯强度和抗弯弹性模量较桤木素材均有比较大的提高。造成这种差异的主要原因是紫椴和西南桤木结构不同，两者的增容率有比较大的差异，紫椴复合材料的增容率约是西南桤木复合材料的 2 倍（参见第 3 章有关内容），增容使木材固有的抵抗外力的能力下降，对力学性质产生较大的影响，由此造成紫椴复合材料各项力学指标有所下降，而西南桤木复合材料由于较小的增容率，其各项力学指标均有较大的提高。

9.6.6 木材-SiO_2 气凝胶复合材料的尺寸稳定性

木材具有吸湿性是由于在木材细胞壁组成物质中存在极性的羟基，与水形成固体溶液，其含水率随着大气相对湿度的改变而增减，进而发生干缩与湿胀现象，成为木材利用中的缺陷之一。Miyafuji、Saka、Furuno、Mougel、Ogiso、Li 等的研究同时表明无机材料可提高木材的尺寸稳定性。王西成等采用溶胶-凝胶工艺制备的纳米级的凝胶使处理后的复合材料吸湿性较未处理木材下降了 40%左右，改善了木材的尺寸稳定性。本节通过木材-SiO_2 凝胶复合材料与素材的对比研究，来评价木材-SiO_2 气凝胶复合材料的吸湿性。

1）在相对湿度 43%条件下弦向和径向尺寸变化 紫椴-FU1～FU5 系列（FU5 的固含量各项指标均与 FU3 相同，FU5 采用普通干燥法）SiO_2 气凝胶复合材料和紫椴素材在吸湿后弦向和径向尺寸变化率如图 9-45 和图 9-46 所示。从图 9-45 和图 9-46 中可见，紫椴-FU1～FU3 系列（FU5 的固含量各项指标均与 FU3 相同，FU5 采用普通干燥法）SiO_2 气凝胶复合材料的弦向和径向尺寸变化率（ASE）比较平均，紫椴-FU4 系列 SiO_2 气凝胶复合材料的 ASE 较低，反映出添加偶联剂对气凝胶结构有较大影响。

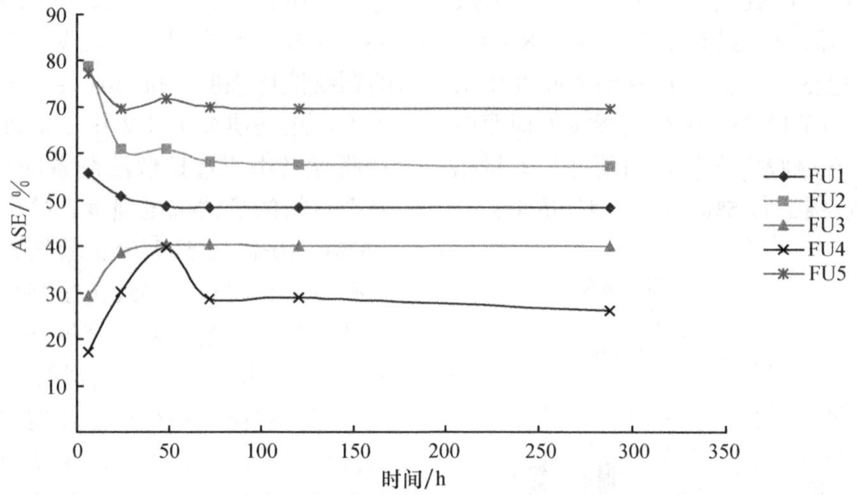

图 9-45　吸湿时间与弦向尺寸变化的关系

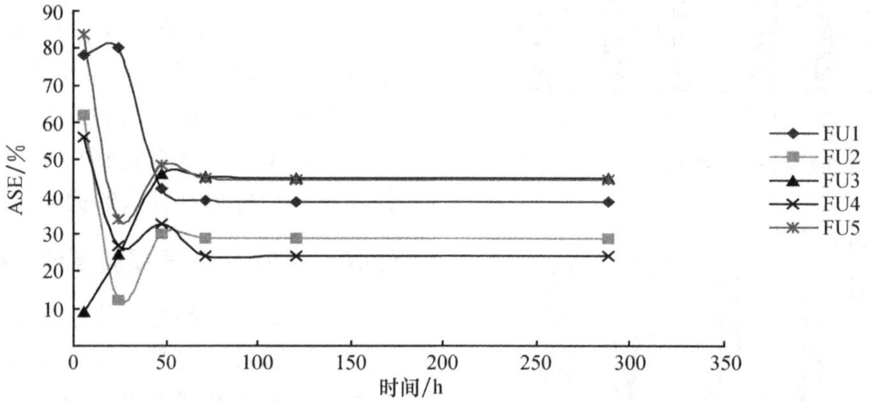

图 9-46　吸湿时间与径向尺寸变化率的关系

2）在相对湿度 75%条件下弦向和径向尺寸变化　吸湿时间与尺寸变化率的关系如图 9-47～图 9-49 所示。

图 9-47～图 9-49 中除 FU3 系列弦向 SiO_2 气凝胶复合材料的 ASE 属于测定误差，紫椴-FU1～FU5 系列 SiO_2 气凝胶复合材料的弦向和径向 ASE 达到了 50%～80%甚至以上。

3）在相对湿度 98%条件下弦向和径向尺寸变化　紫椴-FU1～FU5 系列 SiO_2 气凝胶复合材料在各种相对湿度条件下，ASE 都得到了不同程度的提高，比较 FU1～FU5 系列 SiO_2 气凝胶复合材料的 ASE，排除误差，在相对湿度 98%条件下弦向和

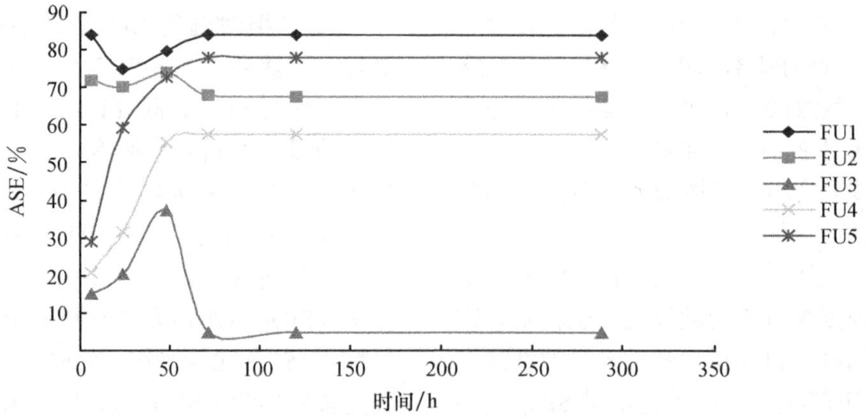

图 9-47　吸湿时间与弦向尺寸变化率的关系

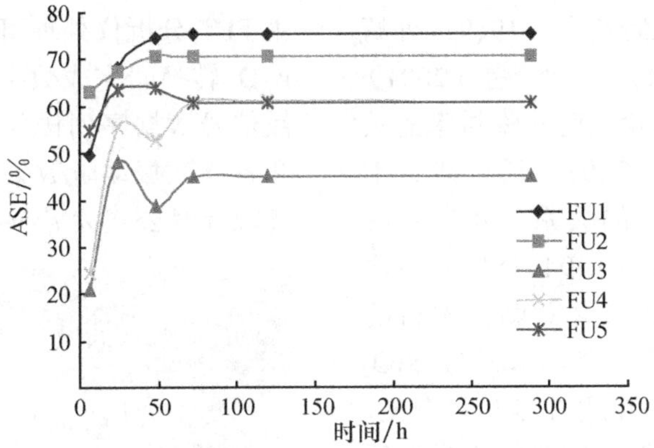

图 9-48 吸湿时间与径向尺寸变化率的关系

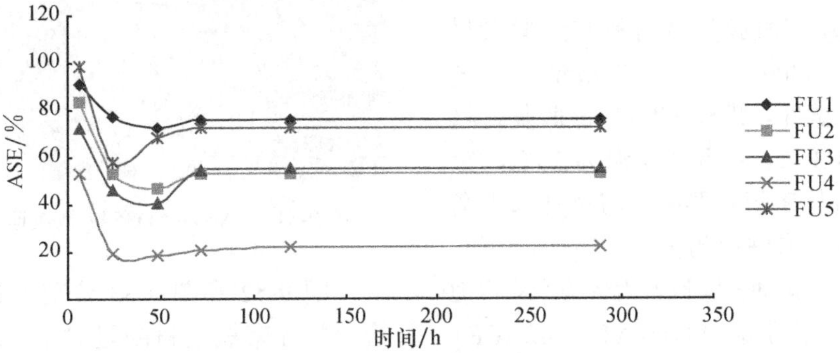

图 9-49 吸湿时间与弦向尺寸变化率的关系

径向尺寸变化在增重率很低的情况下，ASE 达到 50%～80%。其中，FU4 在各种相对湿度条件下的 ASE 均比较低，反映出添加偶联剂对气凝胶结构有较大影响，反之也说明 SiO_2 凝胶的结构对 ASE 的高低影响很大。

分析紫椴-SiO_2 气凝胶复合材料的尺寸稳定性提高的原因主要有三个方面：一是由于 SiO_2 气凝胶填充在细胞壁空隙中，起到稳定尺寸的作用；二是 SiO_2 气凝胶上的羟基与细胞壁物质的氢键合（主要为纤维素和半纤维素），阻止了木材与水结合；三是由于在 SiO_2 气凝胶表层引入了疏水性的—CH_3，阻止了表层 SiO_2 气凝胶吸收空气中的水分，提高了尺寸稳定性。

吸湿时间与径向尺寸变化率的关系见图 9-50。

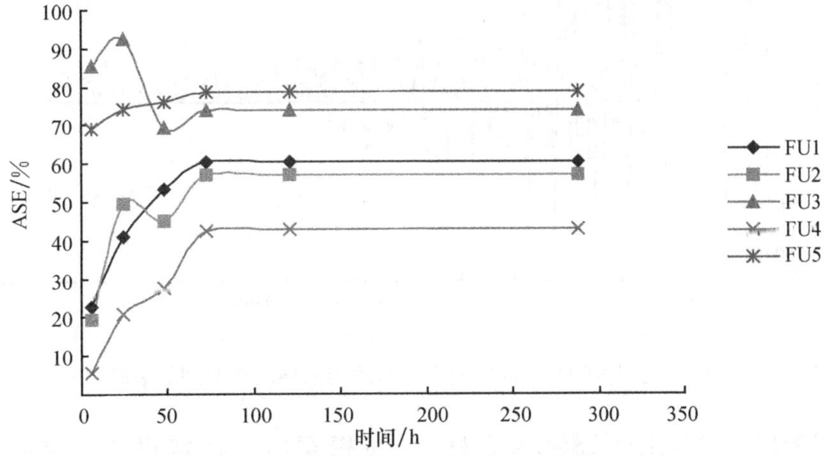

图 9-50 吸湿时间与径向尺寸变化率的关系

9.6.7 木材-SiO_2 气凝胶复合材料的声学性质

木材的声音振动特性及其辐射能力广泛应用于建筑和乐器用材的选择，以及木材微观结构或特性的分析。近几十年来，国内外学者对木材声学振动特性的研究取得了很大的进展（李源哲，

1962；中尾哲也，1996；矢野浩之，1989；外崎真理雄，1983；则元京，1982）。刘一星（2001）对木材振动特性参数与生长轮宽度和晚材率的关系进行了系统研究。沈隽（2001）通过研究木材密度与声学特性参数之间的关系，建立起两者之间的基本联系。刘盛全（1994）对 5 种珍稀树的声学性能进行了测定，并对刺楸木材的声共振及其相关性质进行了研究。木材与 SiO_2 气凝胶复合后，木材的声学性质必然发生变化，有必要对木材-SiO_2 气凝胶复合材料的声学性质进行测定。

试件紫椴-SiO_2 气凝胶复合材料与紫椴素材对照，外形尺寸为 300mm（*L*）×20mm（*R*）×20mm（*T*）的纵向试件。紫椴-SiO_2 气凝胶复合材料的制备方法同第 3 章。在环境室温为 20℃、空气相对湿度为 65%的密闭容器中，将试件的平衡含水率调整至 12%左右进行测试。

如图 9-51 所示，振动试验设备为台湾产双声道声学振动测定仪，型号为 AND-AD3542 FFT ANALYZER 的快速傅里叶变换分析仪。在试样的波形节点处用弹力线将试样呈水平悬吊，实验时用小木槌敲击试件的一端或中心部，试件另一端的下方放置振动信号接收器——为一个高灵敏度、宽频带、低噪声微音器，接收信号通过前置放大器、滤波器后，由 FFT 分析仪处理可得到共振频率的预读值，由 A-D 转换器完成数字信号采集，将振动波形的离散信号数据序列传入计算机，得到基本共振频率和各高次振动阶数条件下振动特性的各项参数。参数计算公式为 $f_r=v-2L$。

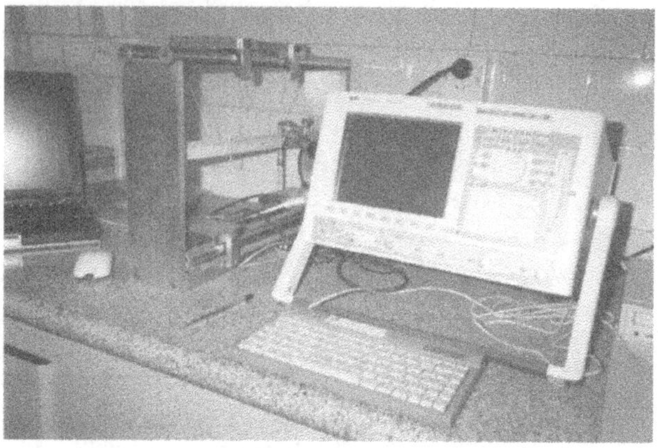

图 9-51　AND-AD3542 型快速傅里叶变换分析仪

图 9-52 和图 9-53 分别为紫椴-SiO_2 气凝胶复合材料和紫椴素材的阻尼振动现象，振幅随时间的增大按负指数规律衰减，从图 9-52 和图 9-53 中可见紫椴-SiO_2 气凝胶复合材料的振幅随时间的衰减率较素材的大，因此，紫椴-SiO_2 气凝胶复合材料的声辐射阻尼系数较小，不宜用作乐器用材，较适合用于隔声。

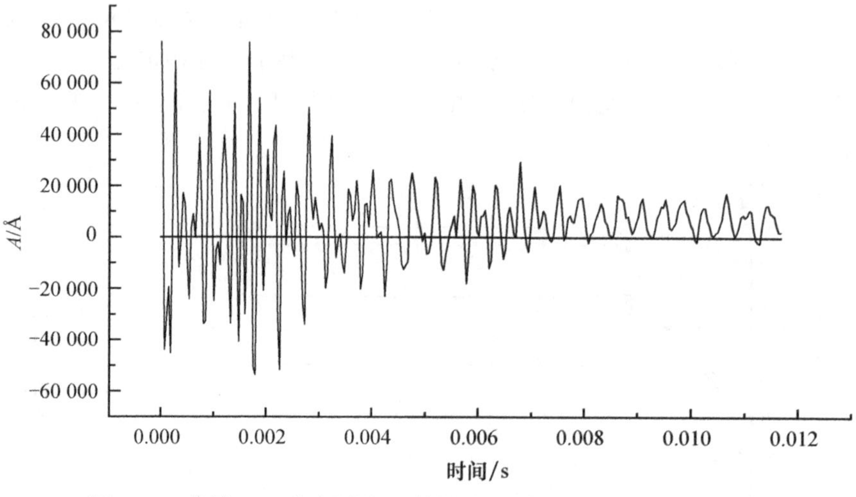

图 9-52　紫椴-SiO_2 气凝胶复合材料的阻尼振动随时间的衰减率

从图 9-54 可以看出，紫椴-SiO_2 气凝胶复合材料与素材相比具有非常小的声阻抗，这对于声音的传播，特别是两种介质的边界上反射所发生的阻力有决定意义，因此，紫椴-SiO_2 气凝胶复合材料由于 SiO_2 气凝胶的存在，具有较好的吸声结构，可探索用于特殊声学要求的场合。通过公式 $f_r=v-2L$ 计算紫椴-SiO_2 气凝胶复合材料、素材及干凝胶声音传播速度的结果见表 9-9。从表 9-9 中可见，FU1～FU3 硅气凝胶复合材料的声速只有素材的 1/8，紫椴-SiO_2 干凝胶复合材料的声速为素材的 1/2。气凝胶的杨氏模量为 $10^6 N/m^2$ 数量级，比相应非孔性玻璃态材料低 4 个数量级，其纵向声传播速率可低达 10m/s，其声阻抗可高达 10^3～10^7kg/（m^2·s），随着密度的变化而变化，因此，SiO_2 气凝胶与木材的复合对声速的传播速度有明显的减慢作用，具有独特的声学特性。FU4 硅气凝胶与 FU1 固含量相同，但声速相差一倍，这是由于 SiO_2 气凝胶的结构对声速起到决定性的作用，FU4 硅气凝胶中添加的偶联剂破坏了 SiO_2 溶胶纳米结构的形成。

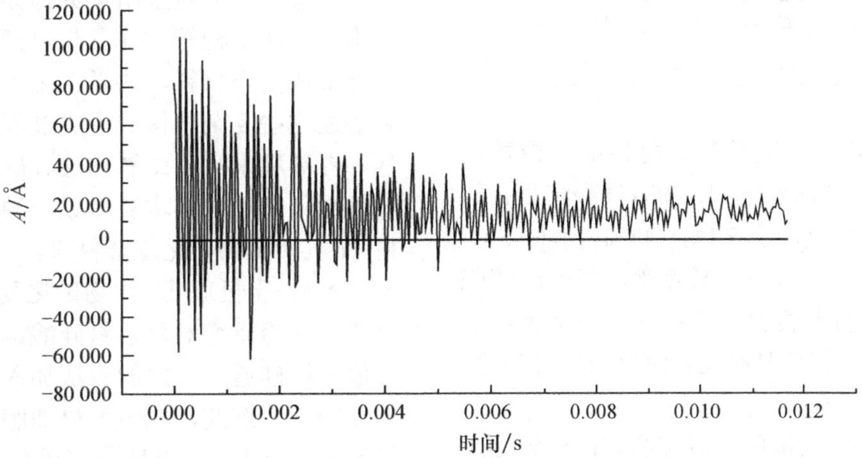

图 9-53 紫椴素材的阻尼振动随时间的衰减率

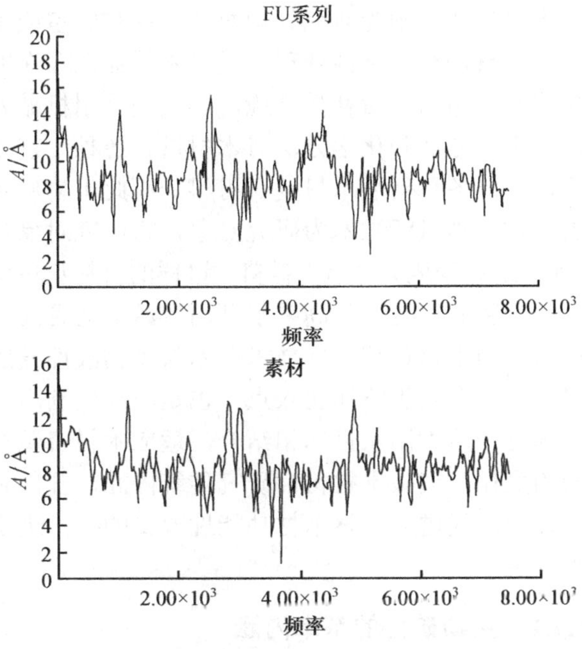

图 9-54 紫椴-SiO_2 气凝胶复合材料的阻尼振动对数衰减率

表 9-9 紫椴-SiO_2 气凝胶复合材料的声传播速度

	试件(n)	平均值/(m/s)	极小值/(m/s)	极大值/(m/s)	标准差/(m/s)
紫椴素材	10	5 499	5 280	5 805	149.0
紫椴-FU1 气凝胶	14	681	630	705	22.6
紫椴-FU2 气凝胶	14	619	585	660	22.3
紫椴-FU3 气凝胶	13	701	675	750	19.5
紫椴-FU4 气凝胶	15	1 419	1 260	1 665	128.3
紫椴-FU3 干凝胶	10	2 790	2 610	3 030	140.5

9.6.8 木材-SiO_2 气溶胶复合材料的阻燃性能研究

木材是由碳、氢、氧等元素组成的有机化合物，故有可燃性，木材的阻燃已越来越被人们所重视。木材的阻燃处理是将阻燃化学药剂注入木材，提高木材的耐火性能，使之不易燃烧，或将滞火涂料涂于表面，防止木材起火或延缓其燃烧的处理方法。采用溶胶-凝胶法制备的木材-无机质（干凝胶）复合材料据研究有一定的阻燃效果(Miyafuji and Saka，1996，1997，1998；Saka and Ueno，1997；Furuno et al.，1991，1992，1993；Mougel and Beraldo，1995)。木材-SiO_2 气溶胶复合材料作为一种新型材料有必要对其阻燃性能进行研究。本节采用TG和氧指数(OIs)试验，对木材-SiO_2 气凝胶复合材料与素材对比研究，评价木材-SiO_2 气凝胶复合材料的阻燃性能。

表 9-10 为西南桤木和紫椴-SiO_2 气凝胶复合材料及对照素材的氧指数。

表 9-10 木材-SiO_2 气凝胶复合材料的氧指数

材种	素材	FU1 气凝胶	FU2 气凝胶	FU3 气凝胶	FU4 气凝胶	FU3 干凝胶
桤木	20.5	23.8	22.0	22.9	24.4	—
紫椴	20.3	21.7	21.4	22.2	22.8	21.9

西南桤木-SiO_2 气凝胶复合材料的氧指数较素材提高了 6.8%～16%，紫椴-SiO_2 气凝胶复合材料的氧指数较素材提高了 5.1%～11%。木材-SiO_2 气凝胶复合材料在实验中不易点燃，表现出较强的难燃性，有些样品需要多次助燃，完全燃烧后保持木材原形状，仅仅是碳化，而对照素材易燃，燃烧后迅速化为灰烬。

热重分析表明，SiO_2 气凝胶能够促进碳化，这可能是其阻燃机理的重要方面。

9.7 基于生物矿化原理的木材-无机质复合材料的新探索

木材是一种天然生长的生物有机高分子复合材料，在木材性质上聚集了许多其他材料不能相比的优点，如强重比大（强度和密度的比值），绝热，干材绝缘，在适宜使用条件下能耐久，有令人喜悦的材色、结构和纹理，易于加工，是可以培育的再生材料。但从人类对木材利用的角度来看，树干中木材的材性指标并非是十分理想的，还存在某些固有的不足和缺陷之处，如易腐性、易燃性、尺寸不稳定性、各向异性、变异性等给加工和利用带来了许多棘手的问题。因此，为了克服木材的各种天然缺陷，提高木材的功能性，扩大木材的使用范围，就需要对木材进行功能性的改良。随着材料科学的进步和发展，材料复合化已成为当代材料科学发展的前沿，复合材料是现代材料科学发展的主要方向。木材加工也必须遵循这一规律走木基复合材料的发展道路，木基复合材料是木材加工技术满足市场需求和新产品开发的核心，这充分体现了木质材料工程的新的优势，也是充分合理利用、节约利用木材和扩大木材资源的技术战略（王凯和傅峰，1997）。木材科学与技术的研究与开发将不仅注重木材和木质材料基本性质的改进，还注重赋予其新的功能。国内外对木材-无机复合材料的研究十分引人注目，是近年来的木材功能性改良研究的热点之一。

生物体能从外界环境中找到各种无机物如二氧化硅、碳酸钙等并引导着这些物质定向结晶，形成形态各异的复杂结构群体如纤状结构、交错结构、叶状结构等，并且与自身生成的聚合物相结合形成复合材料，科学上用“生物矿化”一词来描述这些复杂结构的形成过程。木材本身也能从外界环境中吸收二氧化硅、碳酸钙、草酸钙等无机物，然后与其本身形成一种复合材料，即木材-无机质生物矿化复合材料。

木材-无机质 Si 生物矿化复合材料的研究是以活立木为研究对象，将硅酸钠或正硅酸乙酯或其他无机硅通过一定的方法加入木材中，在木材的细胞壁内沉淀，成为木材细胞内含物的一种，最后形成木材-无机质生物矿化这样一个复合材料。它与传统的木材改性最基本的区别是，传统的木材改性技术称为木材改性工艺学，是以伐倒后木材的死细胞为研究处理对象，在实验室或工厂对木材进行工艺性处理，是对木材业已存在的缺陷而采用的事后补救措施，一般是采用机械方法、物理方法和化学方法对木材进行各种工艺处理，形成各种新型木材复合材料。而此生物矿化复合材料是以活立木为研究对象，将研究对象从“死”细胞变成为“活”材料，这样的材料从概念上是全新的；这不但高效了利用资源，而且高度环保，为木材传统改性技术向木材生物改性发展提供了一个新思路和切入点，也是与高效利用人工林这一重大国家目标相结合，适应木材资源结构的变化，突破木材材性研究传统内涵，开创新的外延，促进人工林木材功能性改良的技术进步和发展。

9.7.1 生物矿化的基本内涵

生物矿化是指在生物体内形成矿物质（生物矿物）的过程，是生物在特定部位和一定物理化学条件下，在生物体有机物质的控制或影响下，将溶液中的离子转变成为固相矿物，具有特殊的多级结构和特殊的组装方式，引导着无机矿物定向结晶并使复合物变得坚韧的过程。

根据受生命物质的制约程度，生物矿化的作用类型可分为生物诱导矿化作用和生物控制矿化作用两种。生物诱导矿化作用是指由生物的生理活动如新陈代谢、呼吸作用等而引起周围环境物理化学条件改变而发生的生物矿化作用，这种生物矿化作用没有圈定的局限空间，没有专门的细胞组织或生物大分子引导，所形成的矿物晶体与无机化学沉淀矿物性质非常相似。而生物控制矿化作用是指由生物的生理活动引起并在空间、构造和化学三方面受生物控制的有机物质的矿化作用，其特点是有机质含量高，结晶习性独特，大小均匀，形态一致，排列规则，与无机化学沉淀矿物性质完全不同。本书所指生物矿化作用为生物控制矿化作用。

从生物矿化发生的具体位置看，总的来说，生物矿化发生在特殊的隔室之中，一般具有确定的晶体大小和取向。各种原生动物和后生动物的生物矿化位主要有胞内脂泡囊、合胞体、有机基质和生物矿物体之间、有机基质和细胞层之间、细胞层和生物矿物体之间等 6 种空间。而植物体内矿化作用主要与次生细胞壁碳水化合物和细胞膜脂类亲水基团有关，因而植物体的生物矿化位主要在细胞壁中。生物矿化位与生物进化有关，生物进化愈高级，矿化位的结构愈复杂，形式也愈多。从生物矿化的特征与分子识别看，生物无机晶体的生长是由有机界面提供空间定位和空间约束，生物无机晶体的生长受到有机界面附近化学微环境的控制，生物无机晶体的生长存在着结构与立体化学的互补。因此可以说，生物矿化最显著的特征是动态和受控的，矿化过程中的每一步骤都发生在一定的时间和精确的位置上。生物矿化中的分子识别涉及有机无机基质界面的结构、化学环境和空间状态等方面。

在植物体中生物矿化作用的过程，概括而言可以用 4 个阶段来表述：有机大分子预组织，即在矿物沉积前构造一个有组织的反应环境，该环境决定了无机物成核的位置；界面分子识别，即在已形成的有机大分子组装体的控制下，无机物从溶液中在有机/无机界面处成核；生长调制，即无机相通过晶体生长进行组装得到亚单元，同时形态、大小、取向和结构受到有机分子组装体的控制；细胞加工。因此生物矿化形成的有机/无机复合材料是在细胞参与下亚单元组装成高级的结构，这种作用发生在圈定的局限空间，通过有机质控制形成矿物的形态、排列、取向和内部构造，通过调节离子浓度、设置矿化位来控制生物晶体的核化、沉淀或生长及相变形成的生物矿物，所形成天然生物矿化材料与人工材料有很大的差别。综上所述，生物矿化作用是一种广泛而复杂的固液相间、有机物和无机物间的物理化学过程。它不仅受热力学因素如温度、压力、浓度、pH 等和动力学因素如核化、沉淀、相变等的控制，也受生物学因素如空间、构架、化学环境等的控制。

9.7.2 天然木材–无机质生物矿化复合材料中硅石及其他无机质存在的作用

很多热带木材细胞中都含有大量的二氧化硅、草酸钙、碳酸钙等无机晶体，这些矿物质不但能够维持自身正常的生命活动，而且可以影响其物理化学性质，它们在木材中起到了提高木材本身机械强度、物理力学强度，克服木材自身缺陷（如易腐性、易燃性、尺寸不稳定性、各向异性、变异性、不耐候性）等作用，木材中矿物质很少的量都会带来较高的物理力学性能的大大提高（邱坚和李坚，2003b）。木材的加工性能随着木材密度和硅含量而异，密度大或者硅含量高的木材，加工时困难；密度小或者硅含量低的木材，加工就容易。美国化学研究所的 Rowell 发现，当木材的硅含量大于 0.5%时，对木材的机械加工性能有着决定性的影响。委内瑞拉的 Noack 等研究得出，即使是密度低的木材，如果其硅含量高，机械加工也很困难。

植物的许多特性与 SiO_2 沉积有关，主要表现微结构、生理或机械保护作用，SiO_2 赋予外表皮细胞一定的物理刚性。用稻壳可煅烧成为高性能的 SiC 或 Si_3N_4 晶须，这是因为稻壳富含 SiO_2，并且 SiO_2 凝胶与多糖基质紧密键合且与多糖比例合适。因此从植物和木材的角度看，生物矿化作用形成的矿质结构可以提高植物的机械保护作用，提高木材的硬度等性质，进而提高植物或木材的综合性能。

由此可见，木材中 SiO_2 含量对木材物理力学性能起着重要的影响作用，特别是通过从自然界吸收沉积在木材细胞中的 SiO_2，其含量虽然很少，但对木材性质起到很重要的影响作用，相比人工处理木材–无机质复合材料（wood mineral composites,

WMC）显然有效得多，这必然与排列、与细胞壁有机质结合有关，有待于深入研究。

9.7.3 天然木材–无机质生物矿化复合材料中硅石和其他无机质的形态

9.7.3.1 天然木材–无机质生物矿化复合材料中硅石的存在状况

硅石（silica）是高等被子植物和裸子木材细胞内含物中广泛存在的一种无机物质，一般认为它主要以二氧化硅胶的无机物形态 $SiO_2 \cdot nH_2O$ 存在。早在1857年，Crüger 首次在金虎尾科（Chrysobalanaceas）一些种的次生木质部中发现硅粒，最常见于射线细胞中，轴向木薄壁组织细胞也有出现，偶尔也出现在纤维和导管分子的侵填体中，常呈颗粒状或颗粒团状；Amos（1952）研究表明有 400 种以上的木材具有硅石；Welle（1976）对 200 种以上的木材进行了研究，确认在 32 科约 90 属 300 种木材中存在硅粒；Richter（1980）分析了樟科植物 750 多种木材，有 400 多种木材含有无机晶体颗粒，其中 140 种含有硅石。

很多木材像紫果冷杉、白颜树、柠檬桉、土楠、毛苦梓、亚马孙热美樟、栗油果木、圭亚那炮弹果、梨状卡林玉蕊、翅形美玉蕊、革质拉美玉蕊、平果铁苏木、圭亚那摘亚木、双柱苏木、大鳕苏木、紫双龙瓣豆、牧豆树、圭亚那乳桑、柒料绿柄桑等均含有大量的二氧化硅，四川苏铁、银杏、丽江云杉、麦吊云杉、台湾云杉、臭冷杉、白皮松、樟子松、雪松、金钱松、油杉、杉松冷杉、全盖果玉蕊、猴壶正玉蕊、平果铁苏木、巴西苏木、浸斑苏木、锈色铁刀木、巴西良木豆等的轴向薄壁组织分室细胞中都沉积着大量的菱形草酸钙晶体或碳酸钙晶体等无机物质，这些无机物质可以增强其木材本身的机械强度。硅化合物中就二氧化硅来说，是质地坚硬、耐磨性很强的固态物质，这些无机物质的存在对木材硬度、物理力学强度等性质影响很大。

9.7.3.2 天然木材–无机质生物矿化复合材料中硅石和其他无机质的形态

木材中的二氧化硅属于晶体的一种，一般认为是无定形的无机化合物，通常称为硅石或硅粒。

晶体、硅石在木材细胞中的类型和形状多种多样，随树种不同，形状也有所不同。Richer（1980）对樟科及其相关属的 1500 种木材进行了分析研究，发现结晶体有以下几种形状：第一种是菱形晶体（isodiametric 或 elongated prisms），菱形晶体又分晶粒状、小的方形菱柱晶体和大的菱形晶体三种情况，樟科黄肉楠属（*Actinodaphne*）木材的木射线细胞中晶体大都是晶粒状，厚壳桂属（*Cryptocarya*）、洋樟属（*Ravensara*）木材的木射线细胞中的结晶体大都是小的方形菱柱状，尼克樟属（*Nectandra*）和安尼樟属（*Aniba*）的一些种木材的木射线细胞中的晶体大都是大的、长的菱形状。具菱形晶体的木材比较多，拉丁美洲热带地区大部分的木材轴向薄壁组织分室细胞中含菱形晶体（姜笑梅等，1999）。第二种是针状晶体（acicular crystal），此晶体呈针状，一般情况下长是宽的 20 倍，常出现在豺皮樟（*Litsea chinensis*）和尼克樟属一些木材的木射线细胞中。第三种是纺锤形晶体（spindle-chaped crystal），常出现在莲桂属（*Dehaasia*）和钓樟属的一些种（*Lindera* spp.）、恩德樟属（*Endlicheria* spp.）木材的木射线细胞中。第四种是柱状晶体（styloid crystal），在尼克樟属和绿心樟属（*Ocotea*）一些木材的射线细胞中出现。第五种是方形晶体（tabletoid crystal），在安尼樟属的一些种的射线细胞中出现。第六种是锥形晶体（pyramidal crystal），在檬果樟（*Caryodaphnopsis tonkinensis*）的射线细胞中出现。第七种是晶团状（crystalline mass），在绿心樟属一些木材的分隔木纤维中和莲桂属的木射线细胞中出现。

硅石主要有以下三种形状：第一种是光滑的粒状（smooth grain），主要存在于木姜子属（*Litsea*）、恩德樟属（*Endlicheria*）和琼楠属（*Beilschmiedia*）的一些木材中；第二种是粗糙的粒状（rough grain），主要存在于热美樟属（*Mezilaurus*）木材的木纤维细胞中；第三种是硅粒团状（aggregate），主要存在于琼楠属（*Beilschmiedia*）和土楠属（*Endiandra*）的全部木材中及厚壳桂属（*Cryptocarya*）的一些木材中。

Amos（1952）对木材中硅石的类型进行了归纳总结，认为硅石可划分为两种类型：第一种类型硅石的表面不均匀或有皱纹，折射率为 1.434，比细胞腔小；第二种类型的硅石具玻璃状或透明的外貌，称为玻璃状硅石，折射率超过 1.5。紫果冷杉木材细胞中存在的硅石形状不规则，无典型的几何形状，也缺乏典型的硅石颗粒状和不均匀的表面或皱纹，可能属于 Amos 所指出的玻璃状硅石类型。

9.7.4　天然木材–无机质生物矿化复合材料中硅石和其他无机质的分布与沉积

生物体内硅矿物主要有二氧化硅、硅胶、硅酸盐等。硅石是高等被子植物和裸子木材细胞内含物中广泛存在的一种无机物质，在各种单细胞藻类、细菌、海绵、原生动物和高等植物体内均存在（Simpson et al.，1981）。植物中的二氧化硅（通常称为蛋白石或硅石）为非晶硅（$SiO_2 \cdot nH_2O$）及其转变而来的 α-方英石（SiO_2）、α-鳞英石（SiO_2）和 α-英石（SiO_2）。

植物中氧化硅的沉积过程大多发生于细胞壁、细胞间隙和细胞导管内，它的沉积主要与次生细胞壁碳水化合物和细胞膜脂类亲水基团有关。大量研究表明，一般情况下，硅在植物中的形态和分布主要以二氧化硅胶（$SiO_2 \cdot nH_2O$）形态存在于表皮细胞和细胞壁中，其中以禾本科、木贼属、莎草科和荨麻科植物最为显著，在单细胞植物中，硅以二氧化硅胶（$SiO_2 \cdot nH_2O$）形态存在于硅藻和某些硅化金藻的细胞壁中。

硅石在木材中主要分布在木射线细胞和轴向薄壁组织细胞中，以木射线细胞中分布最普遍，在木纤维（管胞）、导管及侵填体中偶尔也能发现。Richter（1980）分析了樟科植物 750 多种木材，有 400 多种木材含有无机晶体颗粒，其中 140 种含有硅的晶体，在木材的射线薄壁细胞、轴向薄壁细胞、管胞、纤维中均有分布。其中大部分的晶体存在于射线薄壁细胞中，木射线细胞中存在着大量的硅石，只有少部分存在于轴向薄壁细胞中。

除硅石外，木材细胞中还含有其他一些无机矿物质元素。Lange（2003）研究发现，瑞典云杉（*Picea asperata* var. *swedish*）中矿物质主要在复合胞间层沉淀。Zicherman 等表明松树（*Pinus luchuensis*）中的灰分主要在复合胞间层和次生壁的内层 S3 层存在（Saka and Goring，1983）。Wultsch（1994）发现无机元素 Mn 主要存在于射线细胞中。Bergström 指出形成层中的无机元素 P 的含量比木质部的含量要高。1983 年，Saka 等利用 TEM-EDXA 法对黑云杉（*Picea mariana*）的研究表明，有 S、Cl、K、Ca、Na、Mg、Al、Cr、Fe、Ni、Si、Cu、Zn 等 15 种元素存在于半具缘纹孔膜内，其中 S、Cl、K、Ca 4 种元素存在于管胞、射线管胞和射线薄壁细胞中。1994 年，Saka 等利用 SEM-EDXA 法对日本白桦（*Betula platyphylla* var. *japonica*）的纤维、导管、射线薄壁组织 6 个不同部位的研究，发现了 11 种元素（Na、Mg、Al、Si、P、S、Cl、K、Ca、Fe、Zn），其中纤维、导管、射线薄壁组织的次生壁中只含有 3 种元素（S、Cl、Ca），射线薄壁细胞、射线薄壁组织和导管之间的纹孔膜的无定形区中存在 11 种无机元素。

9.7.5　天然木材–无机质生物矿化复合材料中硅石和其他无机质的含量情况

关于木材中二氧化硅及其他无机质含量的情况，大量的学者进行了研究分析和探讨：国内学者周崟（1994）等研究发现裸子植物紫果冷杉（*Abies recurvata*）木材细胞中含有硅的沉积物，该硅石在光学显微镜下是透明的，大小为 2～5μm，半定量的分析结果表明硅元素的含量为 93.75%、钠 1.80%、钾 0.87%、铝 1.42%、钙 2.30%。张耀丽（2003）等采用质量法定量测定了 21 种苏里南商用木材的灰分及二氧化硅含量，结果表明：铁线子、双柱苏木、上位独蕊木、圭亚那双柱苏木等树种的硅含量较高，分别为 0.934%、0.759%、0.740%和 0.698%；李叶苏木、尾状绿心樟、红色绿心樟等树种的硅含量较低，分别为 0.026%、0.035%、0.040%；蚁木及小花马蒂奥豆等树种的硅含量则分别为 0.006%、0.007%。

国外学者 Torelli 等（1995）研究表明，有些树种的二氧化硅含量仅为 0.0001%或根本不含有，而有些树种的二氧化硅含量可达 1.4%。许多植物中都含有细胞状的菱晶形草酸钙晶体，通常集中在叶子部位。例如，大黄属植物的叶子中草酸钙晶体的含量占其绝干重的 15%，苔藓类植物中草酸钙晶体的量占其绝干重的 60%以上，仙人掌植物中草酸钙的含量占其绝干重的 85%以上。

众多研究表明，硅石及其他无机质在不同树种木材中，其无机元素的种类和含量也不同，同一树木中不同高度、不同年轮分层、早晚材、心边材及不同类型细胞中硅石的含量是不同的。

9.7.5.1 不同轴向分布硅石及其他无机质的含量情况

不同树高位置的元素含量是不同的，如碱金属元素（如 K、Na）含量通常为树干的上部大于下部，碱土金属元素（如 Ca、Mg）及重金属元素 Mn 含量则多为树干的下部大于上部，另一些重金属元素 Fe、Cu 的含量则在树干中部最高，原因是碱金属元素 K^+、Na^+与其他元素相比，易溶解于树液内并最易在树干内移动，所以它们能移动至树干上部；碱土金属元素 Ca^{2+}、Mg^{2+}及重金属元素 Mn^{2+}不易溶解于树液里，移动性差，往往很快与胞壁物质键合，多停留在树干的下部。

关于硅石在木材不同轴向分布的含量情况，邱坚、杨燕等利用质量分析法对 20～30 年生人工林柠檬桉（*Eucalyptus citriodora*）木材及 10 年生山油柑（*Acronychia pedunculata*）木材中灰分和二氧化硅含量进行了测定，得出从树基部向树梢部的灰分和二氧化硅含量是自下而上逐渐减少的。

9.7.5.2 不同径向分布硅石及其他无机质的含量情况

根据 Okada（1993）对 8 种针叶树木中矿质元素分布的研究，以及片山（1987）、冈田（1988）、Okada（1988）等对 20 余种阔叶树中矿质元素分布的研究，发现无机元素的含量在心边材中有三种变化类型：类型 1 是元素含量由心材向边材逐渐增加；类型 2 是元素含量由心材向边材逐渐减少；类型 3 是元素含量在心边材界上有一峰值。

一般情况下，不同树高位置矿质元素的径向分布模式是一致的。据 Okada 等（1988）对日本柳杉（*Cryptomeria japonica*）等的研究可以说明这一点，如 K 和 Mn 的含量从心材到边材是逐渐减少的，即使在不同高度 K 和 Mn 的含量从心材到边材也是逐渐减少的。Ca 在不同树高位置的径向分布模式也不变，总是保持稳定。即这些元素即使在不同的树高位置，也将保持它们特有的径向分布。

关于硅石在木材不同径向分布含量的情况，邱坚、杨燕等利用质量分析法对 20～30 年生人工林柠檬桉（*Eucalyptus citriodora*）木材及 10 年生山油柑木材不同径向分布中灰分和二氧化硅含量进行了测定，得出：柠檬桉木材中灰分和硅石从心材到边材硅石含量呈增长趋势。一般情况下大部分矿质元素通常在靠近形成层的外部边材区有较高的含量，主要受形成层高度活性的影响，因形成层部位的细胞分裂、分化及细胞生长与矿质元素（特别是 K、Ca、Mg 等元素）的含量密切相关，因此，为了输送较丰富的元素给形成层，以满足它的生理活性需要，故靠近形成层外部边材的元素含量也较其他部位的高。而山油柑木材中灰分和硅石的这种趋势与柠檬桉木材刚好相反。

9.7.5.3 早晚材中硅石及其他无机质的含量情况

Saka 和 Goring（1983）对许多木材早材和晚材中无机元素含量进行测定得出，无论何种细胞，其早材中的无机元素含量均比晚材中的高。杨燕等利用光学显微镜对20～30年生人工林柠檬桉木材进行观察，得出：早材中硅石的含量要高于晚材，和 Saka 等的结论一致。

9.7.5.4 不同细胞类型中硅石及其他无机质的含量情况

不同类型细胞中硅石和其他无机元素的含量是不同的：Saka 和 Goring（1983）利用 SEM-EDXA 法对黑云杉（*Picea mariana*）研究发现，在黑云杉中元素总的含量在不同的细胞壁类型中有差异，以纹孔塞（2%）、半具缘纹孔壁（1%）、细胞间层（0.4%）、射线薄壁细胞壁（0.3%）、管胞次生壁（0.1%～0.15%）的顺序而减少。Saka 和 Mimori（1994）利用 SEM-EDXA 法对日本白桦的纤维、导管、射线薄壁组织的 6 个不同部位进行研究表明，胞间层中含有无机物的量比次生壁中无机物的量要多得多，射线薄壁组织和导管之间的纹孔膜的无定形区无机物的量占 0.68%，木纤维的胞间层中无机物的量占 0.54%，导管的胞间层中无机物的量占 0.48%，射线薄壁细胞占 0.15%，木纤维次生壁占 0.14%，导管次生壁占 0.10%。日本学者 Matsunaga 等（2002）对日本雪松进行了研究发现，在早材和晚材的管胞中，无机元素铜在胞间层和初生壁的分布比次生壁中的分布要多，铜还集中在管胞的纹孔塞中。铜在松脂道沉淀的量＞管胞纹孔塞的量＞半具缘纹孔膜内的量＞管胞的胞间层、初生壁内的量＞管胞次生壁的量。

9.7.6 木材中硅石及其他无机质形成的条件

9.7.6.1 环境条件对植物体及木材中硅积累的影响

树木吸收无机元素及硅主要是通过根从土壤部分、通过地上部分（叶等）从雨或大气中的悬浮颗粒中吸收、通过植株对蒸腾流内单硅酸的被动吸收来实现的。植物根从外部吸收的硅可通过质外体和共质体两条途径径向进入导管，而后输送到树干部位。细胞壁也是硅的主要运输途径。研究表明，主动吸收型植物导管内的硅浓度，有时远远高于硅的溶解度，这可能是由于硅和某些有机物质结合而存在，而后在细胞壁、细胞间及某些细胞（如硅质细胞等）内沉淀（硅质化）。Si 在木材内的长距离运输仅限于木质部，从根至地上部随蒸腾流而上升，一部分沉积于木质部导管的细胞壁，另一部分沉积于蒸腾流的终端——叶片的上下表皮细胞的外壁上。

土壤是植物中硅的供给源，土壤溶液中硅的数量和蒸腾的水量，控制着植株体内硅的数量。土壤中硅的平均含量为 33%，但土壤中的硅溶解度很低，一般无定型硅在常温下的溶解度为 100～150mg/kg，绝大部分硅是植物不能直接利用的，只有溶解在土壤溶液中的微量单硅酸 $Si(OH)_4$ 能被植物吸收利用，在低于 pH 9 的土壤溶液或天然水中溶解的硅酸基本上是单硅酸［正硅酸，$Si(OH)_4$］，它不带电荷也不解离，是高等植物和硅藻吸收硅的主要形态。因此，土壤溶液中单硅酸的含量就直接影响植物中硅的含量。土壤溶液中单硅酸的浓度又受其他因素的影响。据袁可能等研究，土壤类型、酸度、氧化铁铝含量、黏粒矿物种类、有机质含量、水分条件、温度及其他养分都会影响土壤中有效硅的含量，从而影响植物体内硅的累积。

据 Masson（1997）、种田（1989）等研究，随着土壤和大气中某些元素种类及含量增加，树内这些元素也相应增加。Okada 等认为杉木中的矿质元素含量与土壤中的有效态营养元素的含量呈正相关。本书作者通过对广西壮族自治区南宁高峰林场和东门林场的土样进行分析，得出柠檬桉树种的硅含量与土壤中的硅含量呈正相关，这一结论和 Okada、Masson、种田的结论一致。

9.7.6.2 木材与无机硅的供求

树木的生长和矿质元素（包括无机硅）的需求与反应主要由植物的遗传特性所决定，即每个树种都具有它独自的遗传基因，树种间基因型的差异导致其对元素离子的吸收或利用的不同，各种离子与树木生长的相关性也不一样，加上树木各部分的生理活性梯度或代谢梯度的差异等，这就使得不同的树木生长对矿质元素的需求与反应不一样。有的树木耐肥，需要较丰富的元素供其生长；有的不耐肥，在元素含量较低的条件下也能正常生长。根据 Takahashi 等（1990）提出植物吸收硅的模式——硅累积体（Si accumulator）主动吸收硅、排泄硅的植物（siexcluder）拒绝吸收硅、居间型（intermediatetype）植物被动吸收硅，可知：当木材与无机硅满足供与需关系时，无机硅就会被木材很好地吸收，当木材本身对无机硅具有排斥时，它就会拒绝对硅的吸收。硅主要以分子态的单硅酸 $Si(OH)_4$ 形式被高等植物吸收（纪秀娥等，1998）。一般情况下，当 $Si(OH)_4$ 进入植物体内时，其亲水羟基可与各种亲水组分通过分子间弱相互作用力形成 $SiO(OH)$单元，然后水解最后形成氧化硅 $SiO_2 \cdot nH_2O$ 溶胶，从而被植物、木材吸收。

9.7.6.3 树龄

树的年龄也是影响无机硅存在的一个因素，一般情况下无机硅不会沉淀在树木幼龄材，只有到了成熟材时才会有无机硅沉积；对于非常喜硅的树种来说，成熟材沉积的无机硅的量要比幼龄材多，边材比心材沉积的量要多。

9.7.7 新型木材–无机质生物矿化复合材料的发展前景展望

迄今为止，生物矿化的研究正处于开创阶段，是化学学科与生命科学、材料科学相互交叉、渗透、融合发展起来的多学科交汇点，它将有可能帮助人们在木材改性领域开拓一个崭新的研究天地。众多木材改性研究方法和改性研究对象是针对砍伐后的木材，在工厂对木材进行工艺处理，可以说对象是一种“死”细胞，是对木材业已存在的缺陷而采用的事后补救措施。生物矿化采用立木为研究对象，立木是生物体的一部分，是有生命的，这样的材料从概念上是全新的，它把组织结构和不同功能的细胞结合在一起，构成了一种“活”的材料。将生物矿化引进到木材改性的研究领域中，将研究对象从“死”细胞变为“活”材料，为木材传统改性技术向木材生物改性发展找到一个切入点，这不但高效利用了资源，而且高度环保，必将促进传统木材改性技术产生新的发展。此外，利用种类繁多、千变万化的木材细胞结构作为几何模板，通过溶胶-凝胶作用等进行组装合成，形成多孔的有机无机纳米特性结构材料，实现对木材进行设计及裁剪，使木材在智能材料、仿生学等高科技领域发挥重要作用。

主要参考文献

蔡宁，马荣，乔冠军，等. 2001. 木材陶瓷化反应机理的研究. 无机材料学报，4（16）：763～768

曹茂盛，关长斌，徐甲强. 2001. 纳米材料导论. 哈尔滨：哈尔滨工业大学出版社

陈龙武，甘礼华. 1997. 气凝胶. 化学通报，（8）：21～27

成俊卿，杨家驹，刘鹏. 1992. 中国木材志. 北京：中国林业出版社

杜官本，杨忠，邱坚. 2004. 微波等离子体处理西南桤木表面的ESR和XPS分析. 林业科学，40（2）：148～151

杜官本. 1999. 表面光电子能谱（XPS）及其在木材科学与技术领域的应用. 木材工业，13（3）：17，20

杜振霞，贾志谦，饶国瑛. 1999. 纳米碳酸钙表面改性及在涂料中的应用研究. 北京化工大学学报，26（2）：83～85

郭卫红，唐颂超，周达飞，等. 2000. 纳米SiO_2在MMA单体在位分散聚合的研究. 材料导报，14（10）：71～72

焦宁宁，王建明. 2001. 聚合物纳米复合材料研究进展. 石化技术与应用，19（2）：121～125

柯博，黄志杰，左美祥，等. 1998. 纳米SiO_2在涂料中的应用. 涂料工业，（12）：29，30

李坚. 1995. 走向21世纪的木质复合材料. 世界林业研究，3：34～40

李坚. 2002. 木材科学. 北京：高等教育出版社

李坚. 1993. 新型木材. 哈尔滨：东北林业大学出版社

李坚. 2003. 木材波谱学. 北京：科学出版社

李坚. 1989. 木质材料的界面特性与无胶胶合技术. 哈尔滨：东北林业大学出版社

李坚，邱坚. 2003a. 硅气凝胶在木材-纳米无机质复合材料中的应用. 中国林学会木材科学第九次学术年会论文集，12：474～479

李坚，邱坚. 2003b. 纳米科技及其在木材科学中的应用前景（Ⅱ）. 东北林业大学学报，31（2）：1～4

李坚，邱坚. 2003c. 日本在无机质复合材领域的研究. 世界林业研究，16（4）：54～56

李坚，吴玉章. 1995. 无机质复合木材与人造板. 北京木材工业，（2）：15～17

李源哲. 1962. 几种木材声学性质的测定. 林业科学，7（1）：59～66

廖秋霞，卢灿辉，许晨. 2001. 原位溶胶-凝胶制备木材-PMMA-SiO_2复合材料及其显微结构. 福建化工，（1）：21～23

刘景春，韩建成. 1998. 跨世纪高科技材料纳米SiO_2的应用领域. 化工新型材料，（7）：3～6

刘景春，韩建成. 1998. 跨世纪高新科技纳米材料一员——纳米SiO_2. 涂料工业，（1）：34～35

刘竞超，李小兵，杨亚辉，等. 2000. 偶联剂在环氧树脂-SiO_2纳米复合材料中的应用. 中国塑料，14（9）：45～48

刘磊，朱玮，赵砺. 2001. 杨木-无机硅化物复合材处理工艺初探. 木材工业，3（15）：8～11

刘盛全. 1994. 刺楸等五种树种木材声学指标及相关性质的研究. 安徽农业大学学报，21（3）：375～378

刘一星. 2001. 云杉木材声振动性能与生长轮宽度、晚材率之间关系的研究. 林业科学，37（6）：86～91

刘珍. 2000. 纳米材料制备方法及其研究进展. 材料科学与工艺，8（3）：103～108

欧玉春，杨锋，漆宗能，等. 1997. 在位分散聚合聚甲基丙烯酸甲酯-二氧化硅纳米复合材料的研究. 高分子学报，（2）：199～202

彭海源，崔永志. 1985. 速生杨木增硬处理初报. 东北林业大学学报，1（13）：144～147

钱学仁，李坚. 2003. 木材超临界流体辅助改性. 东北林业大学学报，25（4）：59～63

邱坚，李坚. 2003a. 木材-无机质复合材料的基本内涵. 中国木材，80（1）：34

邱坚，李坚. 2003b. 超临界干燥制备木材-SiO_2气凝胶复合材料及其纳米结构. 中国林学会木材科学第九次学术年会论文集，12：589～594

邱坚，李坚. 2003c. 纳米科技及其在木材科学中的应用前景（Ⅰ）. 东北林业大学学报，31（1）：1～5

邱坚，李坚. 2003d. 纳米科技走进木材科学. 国际木业，（1）：10～11

邱玉玲，董岩，姜日顺. 1993. 稀土改性杨木材质初探. 东北林业大学学报，1（21）：85～88

沈隽. 2001. 云杉属木材密度与声学特性参数之间关系的研究. 华中农业大学学报，20（2）：181～184

矢野浩之. 1989. 钢琴音板用西加云杉木材径向的音响特性. 木材学会杂志，35（10）：882～885

孙立，莫小洪，程之强，等. 1998. 用化学方法制备木材-二氧化硅纳米复合材料. 中国建材科技，7（3）：23～25

外崎真理雄. 1983. 西加云杉的声振动特性. 木材学会杂志，547～552

王恺，傅峰. 1997. 当代木材加工技术发展态势. 木材工业，11（5）：14～17

王世敏，许祖勋，傅晶. 2002. 纳米材料制备技术. 北京：化学工业出版社

王西成，程之强，莫小洪，等. 1998. 用化学方法制备木材-二氧化硅原位复合材料界面的研究. 材料工程，(5)：16～18

王西成，史淑兰，程之强，等. 2000.（Si-Al）陶瓷化木材的化学方法. 材料研究学报，14（1）：51～55

王西成，田杰. 1996. 陶瓷化木材的复合机理. 材料研究学报，10（4）：435～440

未明，黄志杰，左美群. 1998. 纳米 SiO_2 在不饱和聚酯树脂中的应用. 化工新型材料，(8)：31～32

吴人洁. 2000. 复合材料. 天津：天津大学出版社

谢征芳，肖加余，陈朝辉，等. 1999. 溶胶-凝胶法制备复合材料用氧化铝基体及涂层研究. 宇航材料工艺，(2)：30～37

徐国财，张立德. 2002. 纳米复合材料. 北京：化学工业出版社

徐国财，邢宏龙，闵凡飞. 1998. 纳米 SiO_2 在紫外固化涂料中的应用. 涂料工业，(7)：3～5

杨喜昆，杜官本. 2003. 木材表面改性的 XPS 分析. 分析测试学报，22（4）：5～8

杨勇，朱子康，漆宗能. 1999. 溶胶-凝胶法制备可溶性聚酰亚胺-二氧化硅纳米复合材料的研究. 功能材料，30（1）：78～81

杨忠. 2002. 微波等离子体处理木材表面接枝甲基丙烯酸甲酯的研究. 昆明：西南林学院硕士学位论文：63

则元京. 1982. 乐器用材的物性-钢琴音响板材的选择. 木材学会杂志，28（7）：407～413

张立德，牟季美. 2001. 纳米材料和纳米结构. 北京：科学出版社

张玉龙，李长德，张银生，等. 2002. 纳米技术与纳米塑料. 北京：中国轻工业出版社

赵振国. 2002. 接触角及其在表面化学研究中的应用. 化学研究与应用，12（4）：370～374

征茂平，金燕苹，吴桢干，等. 1999. Sol-gel 法制备 TiO_2/PVP 纳米复合材料及其表征. 金属学报，35（11）：1224～1228

郑昌琼，冉均国. 2003. 新型无机材料. 北京：科学出版社

中尾哲也. 1996. 应用板理论对木棒扭转振动的研究. 木材学会杂志，42（1）：10～15

周平，张志毅，梁树平. 2000. 毛白杨无机复合木材研究. 北京林业大学学报，6（14）：39～42

朱金伟，李春玲，张宗森. 1999. 纳米级超细 $CaCO_3$ 的生产、应用和开发前景. 江苏化工，27（6）：7～9

朱自强. 2000. 超临界流体技术——原理和应用. 北京：化学工业出版社

邹小平，张良莹，姚熹，等. 1998. 溶胶-凝胶法有机-无机精细复合材料 P（VDF/TFE）-SiO_2 的制备与显微结构. 功能材料，29（3）：327～329

Fumie T，Saka S. 1998. Antimicrobial TMSAH-added wood-inorganic composites prepared by the sol-gel process. Holzforchung，(52)：365～370

Furuno T，Shimada K，Uehara T，et al. 1992. Combination of wood and silicate Ⅱ. Water-mineral composites using water glass and reactants barium chloride，boric acid and borax and their properties. Mokuzai Gakkasishi，38（5）：448～457

Furuno T，Uehara T，Jodai S. 1991. Combination of wood and silicate Ⅰ. Impregnation by water glass and application of aluminum sulfate and calcium chloride as reactants. Mokuzai Gakkaishi，37（5）：462～472

Furuno T，Uehara T，Jodai S. 1993. Combination of wood and silicate Ⅲ. Some properties of wood-mineral composites using the water glass-boron compound system. Mokuzai Gakkaishi，39（5）：561～570

Li J Z，Furuno T，Katoh S. 2001. Preparation and properties of acetylated and propionylated wood silicate composites. Holzforchung，(55)：93～96

Miyafuji H，Saka S. 1996. Wood-inorganic composites prepared by the sol-gel process Ⅴ. Fire-resisting properties of the SiO_2-P_2O_5-B_2O_3 wood-inorganic composites. Mokuzai Gakkaishi，42（1）：74～80

Miyafuji H，Saka S. 1997. Fire-resisting properties in several TiO_2 wood-inorganic composites and their top chemistry. Wood Science and Technology，(31)：449～455

Miyafuji H，Saka S. 1998. SiO_2-P_2O_5-B_2O_3 wood-inorganic composites prepared by metal alkoxide oligomers and their fire-resisting properties. Holzforchung，(52)：410～416

Mougel E，Beraldo A L. 1995. Controlled dimensional variations of wood-cement composites. Holzforchung，(49)：471～477

Ogiso K，Saka S. 1993. Wood-inorganic composites prepared by the sol-gel process Ⅱ. Effects of ultrasonic treatments on preparation of wood-inorganic composites. Mokuzai Gakkaishi，39（3）：301～307

Ogiso K，Saka S. 1994. Wood-inorganic composites prepared by the sol-gel process Ⅳ. Effects of chemical bends between wood and inorganic substances on property enhancement. Mokuzai Gakkaishi，40（10）：1100～1106

Saka S. 1995. Wood-inorganic composites as by the sol-gel process and its topochemistry on wood property enhancement. Mokuzaikogyo，50（9）：400～406

Saka S，Goring D A. 1983. The distribution of inorganic constitution in black spruce wood as detemined by TEM-EDAX. Mokuzai Gakkaishi，29（10）：648～656

Saka S，Sasaki M，Tanahashi M. 1992. Wood-inorganic composites prepared by the sol-gel process Ⅰ. Wood-inorganic composites with porous structure. Mokuzai Gakkaishi，38（11）：1043～1049

Saka S，Yakake Y. 1993. Wood-inorganic composites prepared by the sol-gel process Ⅲ. Chemical-modified wood- inorganic composites. Mokuzai Gakkaishi，39(3)：308～314

Saka S，Mimori R. 1994. The distribution of inorganic constitution in white birch wood as determined by SEM-EDAX. Mokuzai Gakkaishi，40（1）：88～94

Saka S，Tanno F. 1996. Wood-inorganic composites prepared by the sol-gel processⅥ. Effects of a property-enhancer on fire-resistance in SiO_2-P_2O_5 and SiO_2-B_2O_3 wood-inorganic composites. Mokuzai Gakkaishi，42（1）：81～86

Saka S，Ueno T. 1997. Several SiO_2 wood-inorganic composites and their fire-resisting properties. Wood Science and Technology，（31）：457～466

Yamaguchi H. 1994. Propreties of silicic acid compounds as chemical agents for impregnation and fixation of wood. Mokuzai Gakkaishi，40（8）：830～837

Yamaguchi H. 1994. Preparation and physical properties of wood fixed with silicic acid compounds. Mokuzai Gakkaishi，40（8）：838～845

10 硅铝凝胶增强超轻质植物纤维材料

10.1 超轻质植物纤维材料结构的组成及理论

超轻质材料的形成一般都与发泡材料密切相关，是指通过在物质内部气化产生气泡，并使之成为多孔物质，通过用较少的物质，形成较大体积的物质来实现材料的轻质化。多孔的超轻质材料存在开孔结构和闭孔结构，发泡塑料、发泡橡胶等孔体均为闭孔结构；超轻质植物纤维材料则属于开孔结构。

在超轻质植物纤维材料内部结构的形成过程中，需要借助闭孔的液体气泡的生长和形成，来构建植物纤维的立体网状结构。当发泡液体去除后，保持完整的立体网状结构，形成的开孔结构是超轻质植物纤维材料的结构。

材料构成原理：将植物纤维分散于水中，形成一定浓度的浆料。通过机械搅拌的方法将气体引入纤维浆料，形成纤维与泡沫体均匀混合的发泡液体。利用泡沫体气泡的内外压差，在纤维间形成多孔的网状结构。通过脱水和干燥成型工艺，将这一结构固定定型。形成密度低于 $50kg/m^3$ 的板材或其他形状的材料。

通过对水等液体进行机械高速搅拌，可以将气体带入液体形成气泡。气泡直径与加入的表面活性剂的种类和含量有关，也与搅拌叶片的形状和速度有关。如果对纯水搅拌发泡，其中的气泡在形成后，即开始上浮逃逸。为使水中的气泡形成大小合适且稳定的泡沫体，只能通过添加表面活性剂进行控制。

10.1.1 湿泡沫的稳定性及作用

（1）普拉图（1873）假设：从气泡间液层液体的流失取决于吸附表面膜黏度影响的角度分析，液体黏度决定泡沫体的稳定性。从对表面活化剂溶液的表面黏度进行的测定，人们发现，表面黏度和泡沫寿命之间存在明确的关系。奥尔德罗伊德（1955）从流变学角度，分析了溶液泡沫体的稳定性与黏度存在关联性。

（2）马兰戈尼（1871）假设：表面活化剂改变了溶液的表面张力，使其表现出泡沫稳定性。表面活性剂在气泡-液体表面的扩张部分建立较高的表面张力（与它的静止值相比），而在压缩区建立较低的瞬时表面张力。由于这种变化，复原力立即产生以对抗干扰，使低黏度的纯表面活化剂稀溶液泡沫也具有稳定性。

（3）Gibbs（1878）提出，在泡沫液层伸展时，由于表面活化剂吸附到伸展部位而产生的表面活化剂减少，在薄层内表面张力局部上升，造成表面弹性变化。Gibbs 认为：湿泡沫表面的弹性变化也是影响泡沫稳定性的因素。

（4）杰里雅津等（1953）对湿泡沫稳定性提出了另一种解释，即正值的脱落压阻碍液层变薄。它使泡沫液膜得以稳定，进而影响了泡沫的稳定性。

在含有纤维的液体浆料中加入合适适量的表面活性剂，可以建立稳定的湿泡沫体。含有大量纤维的泡沫体溶液，通过气泡与纤维间的相互作用，可以构成由纤维和气泡混合的多孔结构形式。它是超低密度植物纤维湿坯结构，其中多孔结构为气泡的闭孔形式。气泡与纤维存在如下的相互作用。

10.1.2 气泡的作用

10.1.2.1 气泡“挤”的作用

气泡在纤维溶液内成长的过程中，由于内外压差的作用，对周围的纤维具有顶推的效果，它可以实现“挤”的作用。在平衡条件下，液体中的单个气泡采取使体系自由能最低，即气/液界面表面积最小（近于球体）的形状。气泡内外压差［即杨-拉普拉斯（Young-Laplace）公式］为

$$p_1 - p_2 = \gamma_{气/液}\left(\frac{1}{R_1}+\frac{1}{R_2}\right) \qquad (10\text{-}1)$$

式中，p_1为凹面（气泡内）压力；p_2为凸面压力。

该公式将压力差 p_1–p_2 与界面张力$\gamma_{气/液}$及两个主要曲率半径R_1和R_2联系到一起。由于小气泡的直径很小（0.1～0.5mm），因此其压差值在溶液中足以推开纤维构筑出空间。

10.1.2.2 气泡表面的纤维“拱”

由于气泡表面的吸附作用，可以将纤维吸附在气泡表面。气泡的表面吸附与其表面张力有关，表面张力的表达式为

$$\gamma = \Gamma^{s} - \sum \Gamma_{i}\mu_{i}^{s} \qquad (10\text{-}2)$$

对于非离子型表面活化剂，Gibbs 方程式表示表面张力的变化同活度的对数值，以及所吸附的表面活化剂表面剩量间的关系：

$$-\mathrm{d}\gamma = \sum RT(\Gamma_{s} - x_{s}\Gamma_{H_2O})\mathrm{d}\ln a_{s} \qquad (10\text{-}3)$$

式中，R为通用气体常数；T为热力学温度；γ为表面张力；Γ_s为表面活化剂的表面剩量；Γ_{H_2O}为水的表面剩量；a_s为表面活化剂的活度；x_s为表面活化剂的物质的量比值。

正是气泡对纤维的吸附作用，使纤维在气泡表面聚集，在气泡周围成为“拱”。图 10-1 和图 10-2 为溶液的气泡分布形式，图 10-3 为溶液中气泡与纤维的关系。

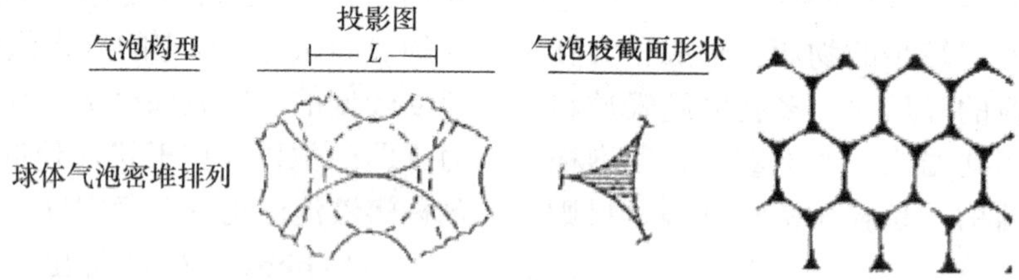

图 10-1 溶液的气泡排列示意图

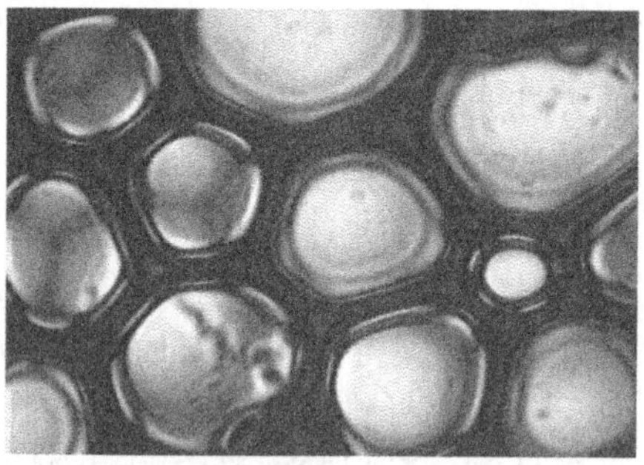

图 10-2 溶液的气泡排列

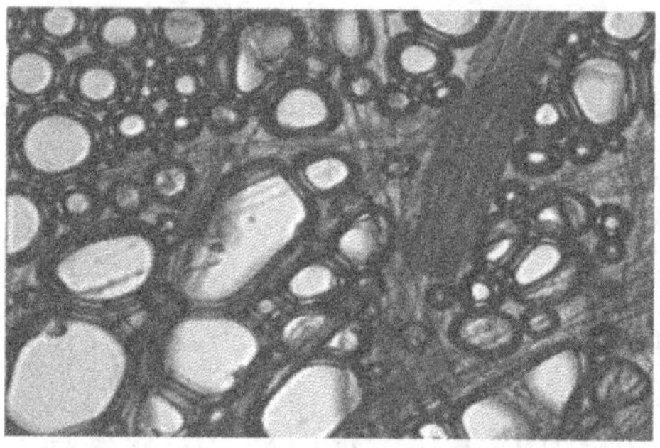

图 10-3 溶液中气泡与纤维的关系

10.1.3 材料内部纤维“取向”连接

对于采用黏性打浆工艺处理的纤维浆料，保持了纤维的长度，同时使纤维，尤其在两端充分分丝帚化，使纤维端头的羟基密度加大，形成胶料聚积（图 10-4）。而羟基之间由于水桥的作用具有一定的“引力”，在气泡表面摩擦力极低的情况

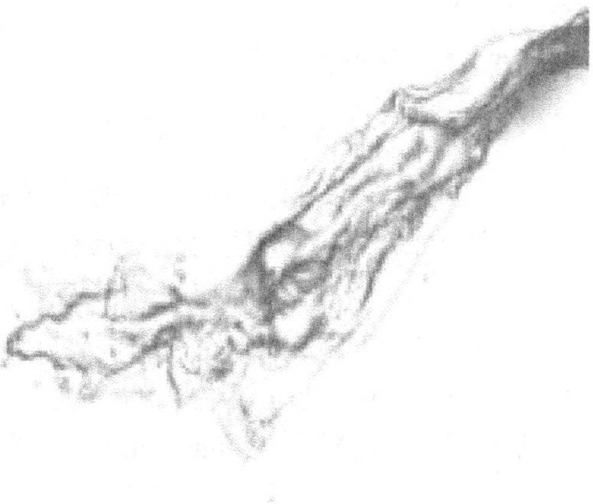

图 10-4 帚化的纤维端部的胶料吸附（400×）

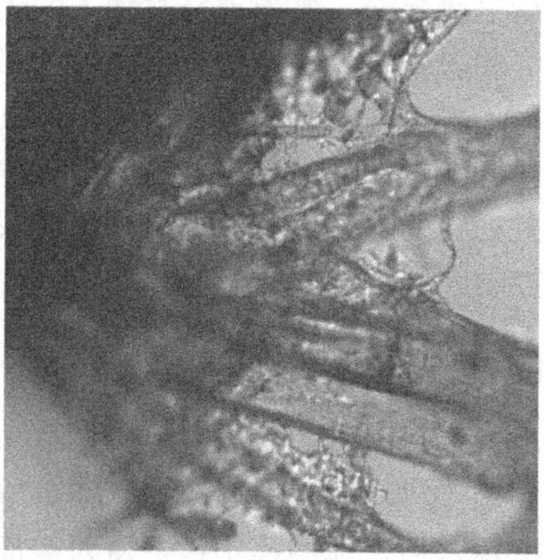

图 10-5 多根纤维在端部的连接（400×）

下纤维实现“取向”，使羟基间连接：将纤维端部汇集成节点（图 10-5），形成稳定的网状结构。

植物纤维分子是一种以纤维素为骨架物质构成的天然高分子聚合物，它是通过 β-1, 4-糖苷键将葡萄糖单元连接而成的，其分子式可以表示为：$C_6H_{11}O_5 - (C_6H_{11}O_5)_n - C_6H_{11}O_5$（$n$ 表示其聚合度），分子结构如图 10-6 所示。由图 10-6 可以看出，纤维素链上含有大量能够形成氢键或与胶黏剂结合的羟基（每个葡萄糖单元上含有 3 个羟基，分别是 C-2、C-3 位上的仲醇羟基和 C-6 上的伯醇羟基）。利用纤维为杆件，以纤维帚化后产生的氢键作用并辅以胶料的连接构成“桁架”的节点，实现材料内部的“桁架结构”，就是植物纤维基超轻质材料的理论假设模型。

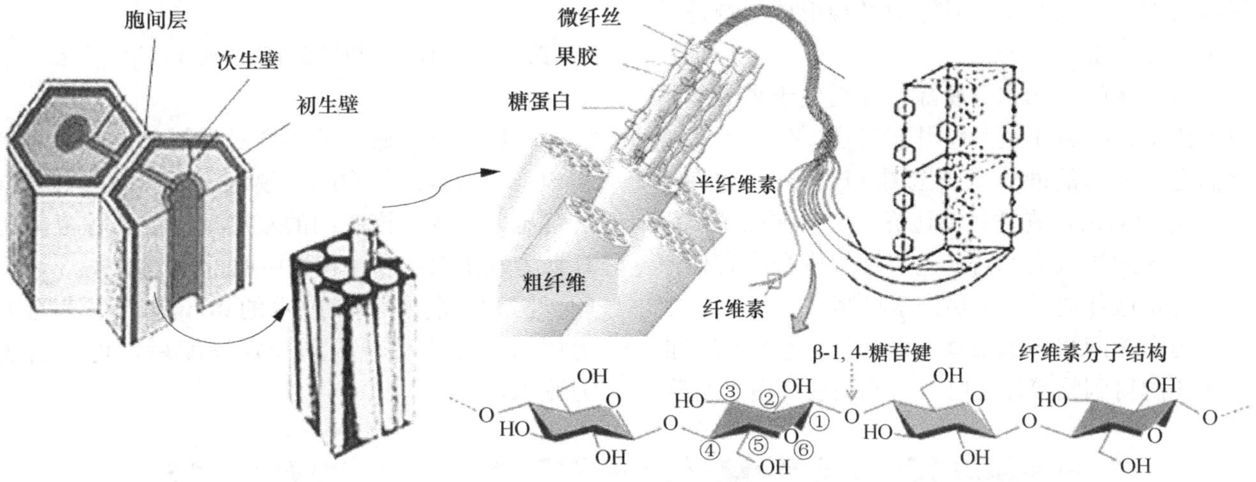

图 10-6　纤维素分子结构

依照此假设，结合前文提到的三大化学理论，可以把纤维在材料结构形成过程的“取向”进行如下的阐述：首先，纤维在羟基间形成的水桥的“引力”作用牵引下（图 10-7），借助材料内部气泡表面的摩擦力实现“取向”，使纤维间通过氢键作用，相互连接形成节点（图 10-8）。接着，通过干燥使材料内部的水分蒸发，在水桥“引力”作用下，纤维上的羟基进一步靠近，形成稳定的氢键连接，从而使材料的网状结构定型。材料的内部结构和样品图如图 10-8 所示。

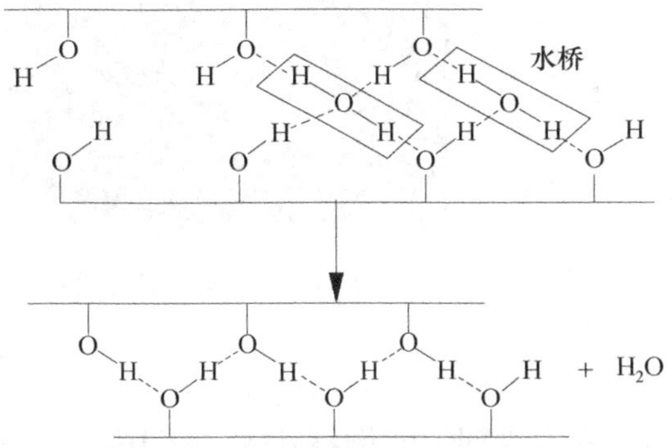

图 10-7　发泡材料中的水桥与氢键

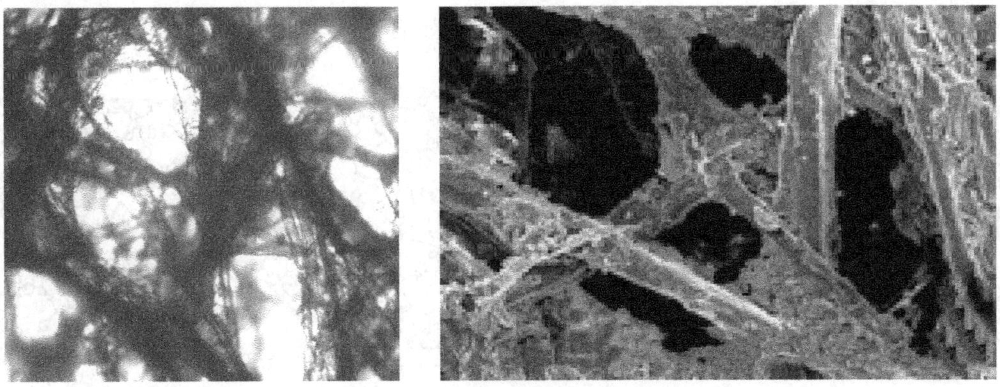

图 10-8　材料内部网状结构（100×）

10.1.4 材料脱水成型

干燥脱水过程是气泡的消除过程。当水分去除，水桥使纤维上的羟基靠近，形成稳定的氢键连接，进而形成网状结构材料（图 10-9）。

干燥过程的控制也是影响轻质材料内部结构的重要因素。如果湿泡沫大量破灭，造成泡沫体的急剧收缩，必然无法形成网状结构。因此，引导湿气泡稳定的脱水，且不对结构形成影响是另一个关键因素。

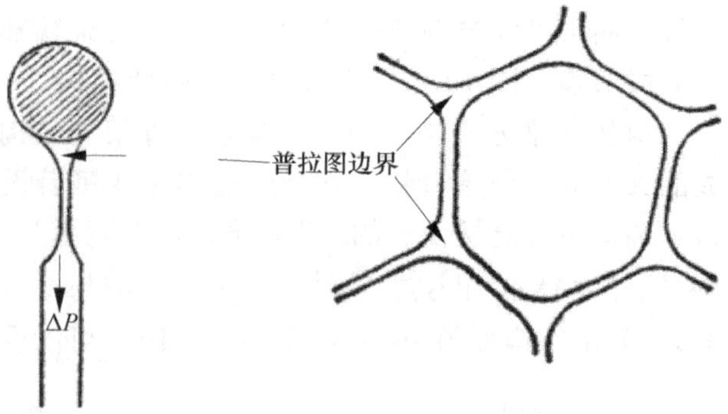

图 10-10 普拉图边界存在引导液体排除吸力 ΔP

将泡沫间层的水分脱除，先是由于重力作用下的排水，而后在吸力作用下液层（在两个气/液界面之间）内的液体向普拉图（Plateau）边界移动（图 10-10），在普拉图边界的弯月面曲率产生吸力。此边界吸力在可动的界面膜中极为有效，它通常是这种情况的主要排水机制。

当泡沫间层中的液体不断排除，使泡沫液膜不断变薄得到临界厚度时，气泡破裂。由于脱落压的作用，气泡破裂并不会对材料已形成的网状结构产生影响。气泡间的脱落压又称为杰里雅津脱落压，它由气泡膜间的双层斥力、长程范德瓦耳斯力及定向层和密积层中的位阻力构成。

因此，材料干燥脱水的第一道工序应为重力脱水。在水分脱除到一定程度后，再采用热力脱水。

(a)

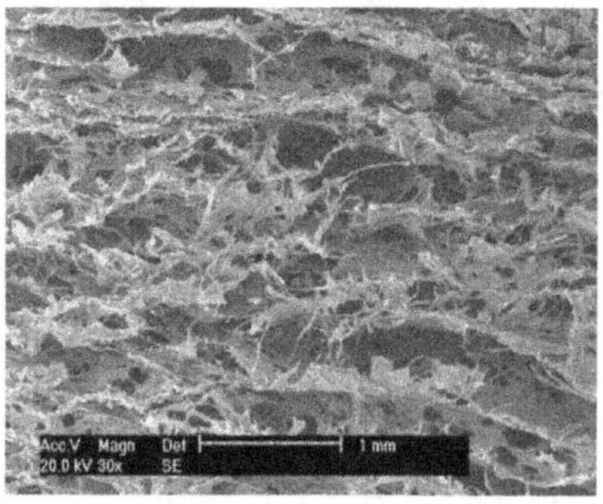

(b)

图 10-9 植物纤维基超轻质材料的内部结构［(a)］和样品图［(b)］

10.2 硅铝凝胶/植物纤维复合理论

10.2.1 硅酸钠水玻璃的特性

硅酸钠水玻璃的分子结构非常复杂，往往随着模数（水玻璃中 SiO_2 和 Na_2O 的物质的量比值 n）的不同而改变，如图 10-11 所示，硅酸盐的原子结构因硅酸盐中含有不同 Na_2O 而不同。到目前为止，已经有很多人对其结构进行了探索，并取得了显著的成果。

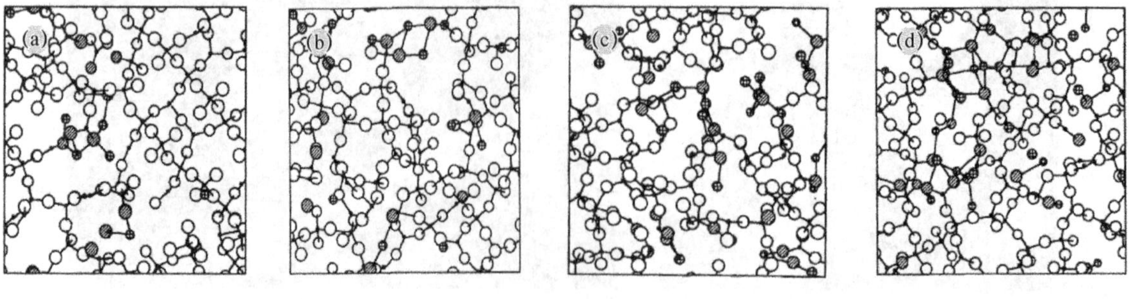

图 10-11 不同 Na_2O 含量的硅酸盐水玻璃原子结构图

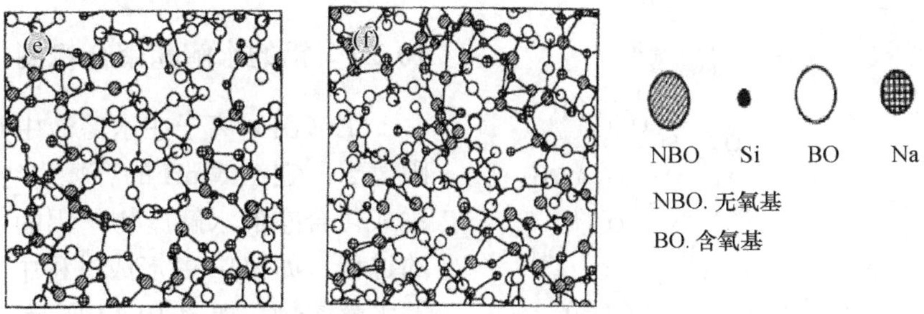

图 10-11 不同 Na_2O 含量的硅酸盐水玻璃原子结构图（续）

（a）～（f）中 Na_2O 含量分别为 5%、10%、15%、20%、25%、30%

硅酸钠水玻璃属于强碱弱酸盐，容易发生水解而使溶液呈碱性，其水解反应如图 10-12 所示。水玻璃溶液实际上是由二氧化硅聚集体构成的胶体，它能够吸附溶液中的 SiO_3^{2-}，此外还会有 2（n–x）个被电离出来的 Na^+吸附在 SiO_3^{2-} 周围。因此，硅酸钠水玻璃溶液中的胶粒结构

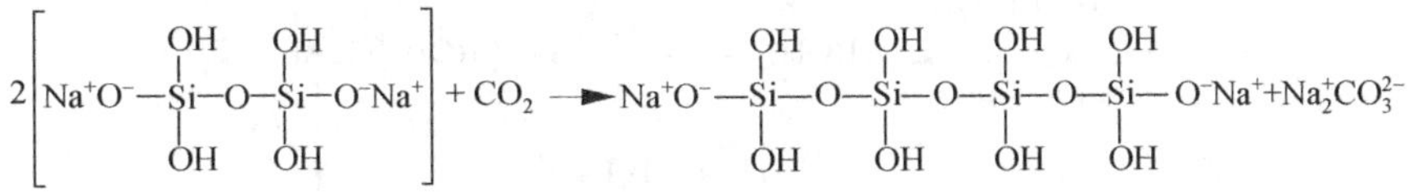

(a)

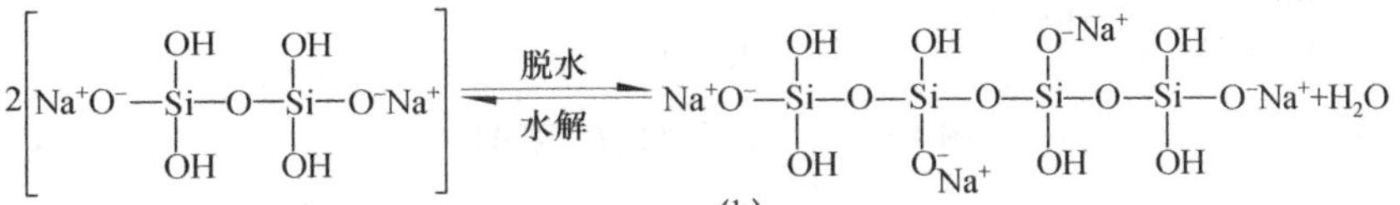

(b)

图 10-12 硅酸钠的水解作用

（a）硅酸钠与 CO_2 反应；（b）硅酸钠的水解反应

可以用式（10-4）表示。

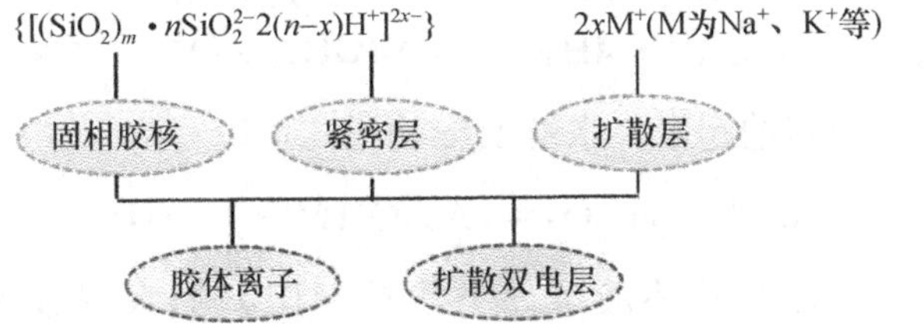

（10-4）

水玻璃凝胶的固化反应式如式（10-5）所示，表面含有较多的 Si—OH 键，当水玻璃溶胶中的水分蒸发时，硅酸阴离子容易聚集成膜。在温度升高的条件下，水玻璃溶胶中的水分子重排并对 Si—OH 键之间相互脱水缩合起催化作用，使其形成 Si—O—Si 键。硅酸胶凝聚合反应包含低聚体的形成（单分子和双分子聚合）、粒子的形成（分子间 Si—O 基团的聚合）和长链的生成（单个粒子的聚合）3 个阶段。

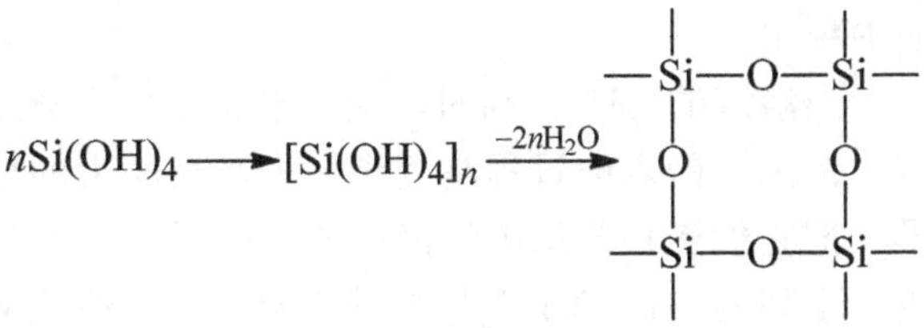

（10-5）

硅酸钠水玻璃实际上是不包含简单的偏硅酸根离子 SiO_3^{2-}，主要是 $H_2SiO_4^{2-}$ 和 $HSiO_4^{3-}$。在酸性条件下，$H_2SiO_4^{2-}$ 和 $H_3SiO_4^-$ 会逐步与 H^+结合，发生如式（10-6）的反应。在碱性和近中性溶液中，H_4SiO_4 和 $H_3SiO_4^-$ 间会发生如式（10-7）所示的氧联反应，生成硅酸二聚体。随着反应的进行，二聚体还会形成图 10-13 的胶态二氧化硅质点。在酸性溶液中，6 配位的硅酸分子还可以与正一价硅酸离子形成硅凝胶。

$$\begin{cases} H_2SiO_4^{2-} + H^+ \Longrightarrow H_3SiO_4^- \\ H_3SiO_4^- + H^+ \Longrightarrow H_4SiO_4 \\ H_4SiO_4 + H^+ \Longrightarrow H_5SiO_4^+ \end{cases} \tag{10-6}$$

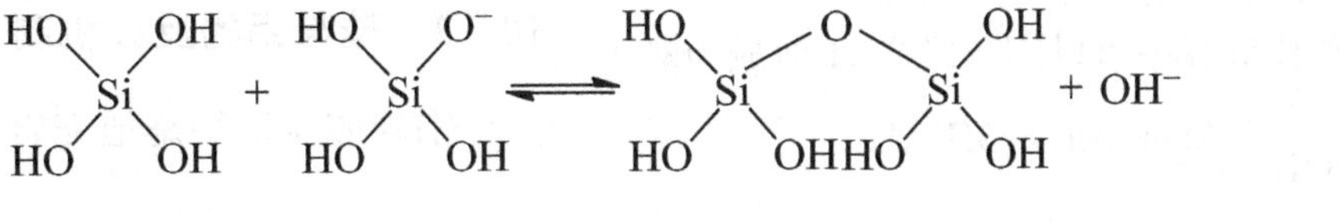

（10-7）

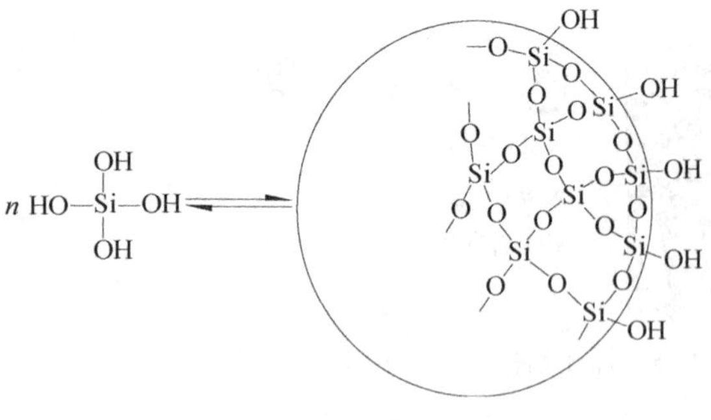

图 10-13 胶态颗粒的形成示意图

10.2.2 铝的水解和聚合机制

铝（Ⅲ）离子在水溶液中是小的带正电荷的阳离子，它在低 pH 的环境里容易产生水解反应，生成化合态的水解产物。铝的水解反应是很复杂的过程，如 Al_{13} 的形成过程中就存在很多化合态的水解产物，如图 10-14 所示。

铝离子周围总是紧密结合着 6 个配位水分子成为八面体结构的络合离子$[Al(H_2O)_6^{3+}]$，拥有一

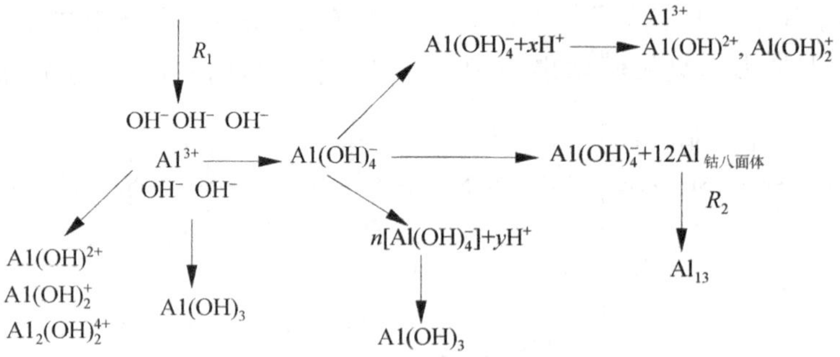

图 10-14 Al_{13} 的形成示意图

级水合层。配位水分子中荷负电的 O 朝铝离子定向，而荷正电的 H 则朝向另一方向。铝离子与水分子中的氧原子生成强键，使氢离子趋向于向溶液中释出。

当溶液的 pH 升高时，配位水即发生水解反应。铝离子的水解过程是逐步失去水合层中的质子，把它们转移给周围溶液中的水分子而本身生成一系列的 Al—OH 单核羟基络合物，各级反应式可以写为

$$Al(H_2O)_6^{3+} + H_2O \Longleftrightarrow Al(OH)(H_2O)_5^{2+} + H_3O^+$$
$$Al(OH)(H_2O)_5^{2+} + H_2O \Longleftrightarrow Al(OH)_2(H_2O)_4^{+} + H_3O^+$$
$$Al(OH)_2(H_2O)_4^{2+} + H_2O \Longleftrightarrow Al(OH)_3(H_2O)_3^{0} + H_3O^+$$
$$Al(OH)_3(H_2O)_3^{0} + H_2O \Longleftrightarrow Al(OH)_4^{-} + H_3O^+$$

上面各式若略去配位水，可以简写为

$$Al^{3+} + H_2O \Longleftrightarrow Al(OH)^{2+} + H^+$$
$$Al^{3+} + 2H_2O \Longleftrightarrow Al(OH)_2^{+} + 2H^+$$
$$Al^{3+} + 3H_2O \Longleftrightarrow Al(OH)_3^{0} + 3H^+$$
$$Al^{3+} + 4H_2O \Longleftrightarrow Al(OH)_4^{-} + 4H^+$$

归纳起来，水解反应的通式可以写为

$$xAl^{3+} + yH_2O \Longleftrightarrow Al_x(OH)_y^{(3x-y)+} + yH^+$$

在某些溶液条件下，铝（Ⅲ）的水解进程中，可能形成多羟基络合态，甚至成为由更多铝原子结合成的无机高分子化合物。例如，对羟基铝化合态的演变过程可以分解为水解和聚合两个平行过程，它们交叉进行，互为补充，相辅相成。

聚合过程 $$2[Al(OH)(H_2O)_5]^{2+} \Longleftrightarrow [(H_2O)_4Al\begin{matrix}OH\\OH\end{matrix}Al(H_2O)_4]^{4+} + 2H_2O$$

铝的聚合是在各个铝原子之间有两个羟基架桥，其余配位基由水分子配位。随着溶液 pH 的升高，在溶液中有聚合反应过程进行的同时还伴随有水解过程。

水解过程 $$[Al_3(OH)_4(H_2O)_{10}]^{5+} \Longleftrightarrow [Al_3(OH)_6(H_2O)_8]^{3+} + 2H^+$$

各铝原子间的架桥羟基在溶液 pH 升高的一定条件下，转化进程中可以部分脱去 H 而成为氧基架桥 $Al\begin{matrix}O\\OH\end{matrix}Al$ 或 Al(O, OH)Al。

10.2.3 硅与铝的反应机制

铝硅酸盐矿物是地壳岩石的主要成分，但在

水中的溶解度很低。尽管如此，铝（Ⅲ）化合态与硅酸或硅酸根的络合物在水溶液中确实存在。这种溶液一般都是介稳的，最终会成为凝胶沉淀，在高温下会结晶成沸石等矿物。单硅酸在低 pH 的溶液中以 $Si(OH)_4$ 形态存在，与大多数金属离子并不发生反应，只能与铝（Ⅲ）、铁（Ⅲ）等的羟基化合态的少数金属离子相互作用。在酸性或中性的条件下，硅和铝的反应如下。

$$Al(H_2O)_6^{3+}+Si(OH)_4 = (H_2O)_5AlOSi(OH)_3^{2+}+H^++H_2O$$

如果硅酸是初聚体形态，对 Al 的结合能力可以提高 6 个数量级。此条件下，可以发生如下反应。

$$2Si(OH)_4+2Al^{3+}+H_2O = Al_2Si_2O_5(OH)_4+6H^+$$

在碱性溶液中，硅和铝的反应物可能发生聚合反应，其反应如下。

$$(HO)_{4-x}SiO_x^{x-}+Al(OH)_4^- = (OH)_3AlOSiO_x(OH)_{3-x}^{(x+1)-}+H_2O$$

硅和铝两原子因对氧都有 4 和 6 的配位数，其具有强烈相互作用的趋势。且由于它们有几乎相同的原子直径，$Al(HO)_4^-$ 与 $Si(OH)_4$ 在几何上又相似，因此，铝离子能够进入或交换 SiO_2 的层面，从而形成带有负电荷的硅酸铝离子（图 10-15）。

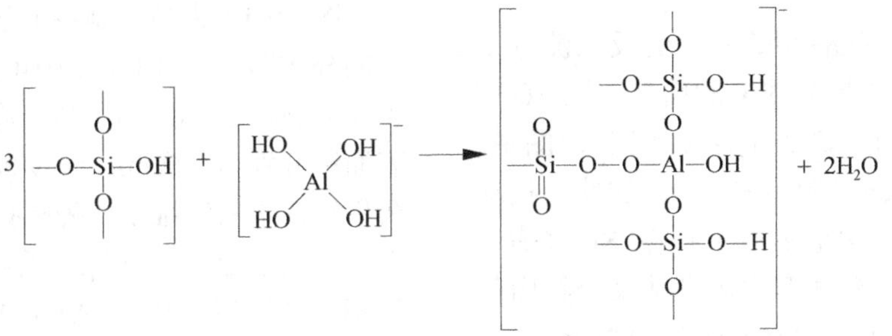

图 10-15　硅酸与铝化合态的结合

10.2.4　硅铝溶胶-凝胶的配制及其改性

将浓度为 3%的 $Al_2(SO_4)_3$ 溶液加入固定的玻璃容器中，通过搅拌器进行搅拌，使瓶内物料混合均匀。然后，将预先用稀硫酸酸化的浓度为 2.5%的 Na_2SiO_3 水玻璃溶液缓慢滴入 $Al_2(SO_4)_3$ 溶液中，加入量为 $Al_2(SO_4)_3$ 的 35%。在滴入过程中需不断搅拌溶液，使添加的 Na_2SiO_3 溶液能均匀地分散在 $Al_2(SO_4)_3$ 溶液中。加料完毕后，在常温下持续搅拌 10～15min，得到的乳白色物质即硅铝溶胶-凝胶（PASS）。试验所配制的 PASS 的具体参数设定见表 10-1，具体的配制流程如图 10-16 所示。

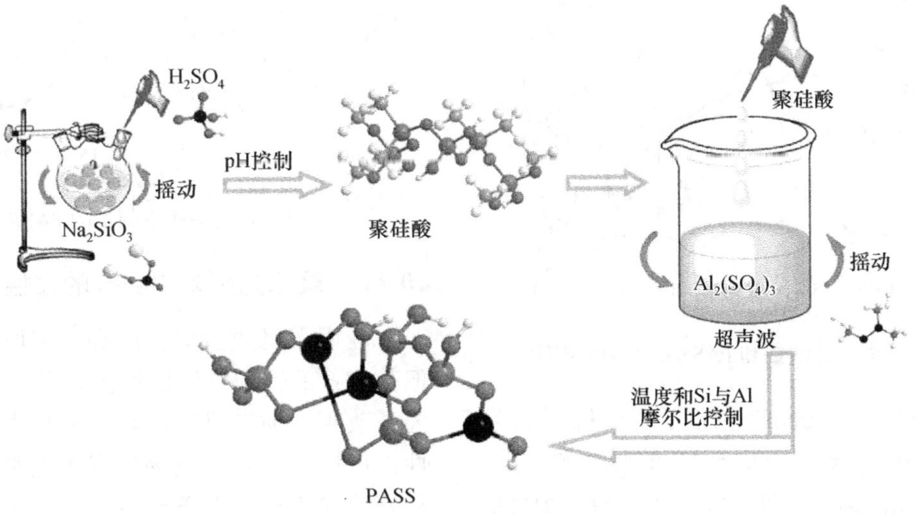

图 10-16　聚硅硫酸铝制备的流程图

表 10-1 木质纤维基超轻质材料用 PASS 响应面优化的自变量因素及水平

编码	水平				
编码变量（X_i）	−1.682	−1	0	1	1.682
Si 和 Al 摩尔比（X_1）	0.32：1	1：1	2：1	3：1	3.68：1
pH（X_2）	4.64	6.0	8.0	10.0	11.36
温度（X_3）/℃	16.36	30	50	70	83.64

$$Z_i = \frac{X_i - X_o}{X} \quad i = 1,2,3\cdots \qquad (10\text{-}8)$$

式中，Z_i 为变量参数编码值；X_i 为真实值；X_o 为中心点真实值；X 为真实值 X_i 间的步长变化值。

10.2.5 PASS 合成机制及表面化学结构分析

10.2.5.1 傅里叶变换红外光谱分析

红外光谱能为聚硅酸和硫酸铝的反应流程及 PASS 的表面化学结构提供很多的信息。图 10-17 是聚硅酸、硫酸铝和 PASS 的 FT-IR 谱图。谱图中，在 3400cm^{-1} 和 1666cm^{-1} 附近是—OH 的伸缩振动和弯曲振动吸收峰，这是溶液中存在 Si—OH、Al—OH 或 H—OH 等键形成多羟基聚合物引起的。$Al_2(SO_4)_3$ 谱图中，1104cm^{-1}、931cm^{-1} 和 606cm^{-1} 附近的吸收峰分别为 SO_4^{2-}、Al—O—Al 和 Al—OH 的吸收峰。聚硅酸谱图中，1380cm^{-1}、1114cm^{-1}、798cm^{-1}、619cm^{-1} 和 441cm^{-1} 附近的吸收峰分别为硅氧四面体、Si—O—Si 或 SO_4^{2-}、Si—O—Si、SO_4^{2-} 和 O—Si—O 键的吸收峰。

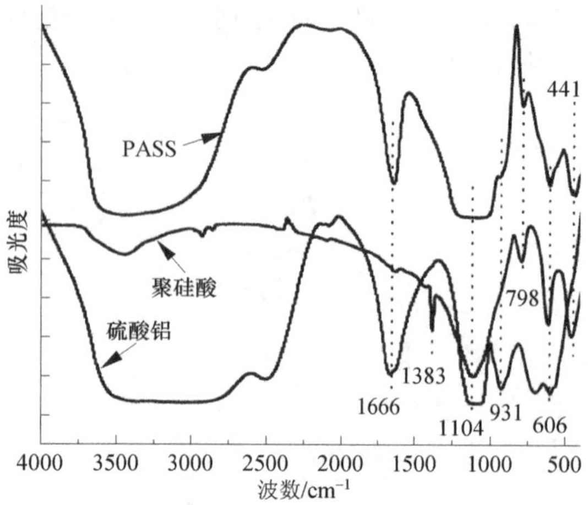

图 10-17 聚硅酸、硫酸铝和 PASS 的 FT-IR 谱图

在 PASS 谱图中，1100cm^{-1} 附近的吸收峰可能为 Si—O—Si、SO_4^{2-} 或 Si—O—Al 的吸收峰。在 967cm^{-1}和 789cm^{-1}附近的吸收峰分别是 Al—OH 的伸缩振动峰和 SiO_2 里硅氧四面体的 Si—O—Si 键产生的吸收峰。而在 618cm^{-1} 和 441cm^{-1} 附近的吸收峰是由 Si—O 键和 Al—O 键的弯曲振动引起的。与硫酸铝的 FT-IR 谱图相比，PASS 在 931cm^{-1} 附近的吸收峰减弱了，这是因为 Al—OH 与 Si—OH 键脱水缩合形成 Si—O—Al 键，导致硫酸铝溶液中 Al—O—Al 键减少。而相比于聚硅酸的 FT-IR 谱图，PASS 在 1380cm^{-1} 附近的吸收峰消失了，这是因为硅氧四面体与铝氧八面体发生反应形成了铝硅酸盐。结合红外分析，可以推断出聚硅酸与硫酸铝反应生成 PASS 的机制流程及相应的化学结构，如图 10-18 所示。

10.2.5.2 PASS 的粒径大小分析

图 10-19 为最优制备工艺条件下 PASS 粒径大小的分布图。从图 10-19 中可以看出，PASS 的粒径主要分布在 2～15μm，其平均粒径、最大粒径和比表面积分别为 7.52μm、18.98μm 和 407.85m^2/kg。众所周知，木质纤维是一种多孔材料，在其细胞壁上有很多大小为 0.1～5.0μm 的纹孔。而由图 10-19 的累积曲线可以看出，PASS 中大约有 26.02%粒径小于或等于 5.25μm 的颗粒，这也就说明有一部分 PASS 颗粒能够通过细胞壁上的纹孔进入细胞腔，甚至停留在细胞壁中，通过填充作用改善木质纤维的力学性能。

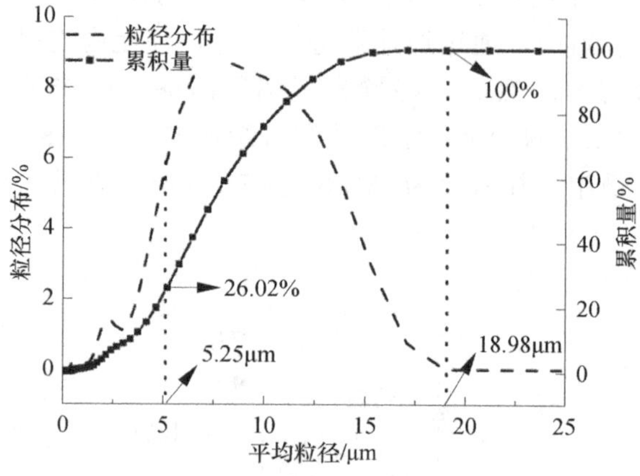

图 10-19 最优条件下制备的 PASS 的粒径大小

10.2.6 聚乙烯醇对 PASS 的改性及反应机制

硅铝无机质虽然强度高、耐腐蚀、耐高温，但其制备的物质往往脆性大，不易于加工。因此，为了改善木质纤维基超轻质材料表面无机膜的脆性，可以通过将有机物质引入无机网络，借助其良好的成膜性来改善无机物质的力学性能，同时增强有机物质的热稳定性和耐腐蚀等性能。

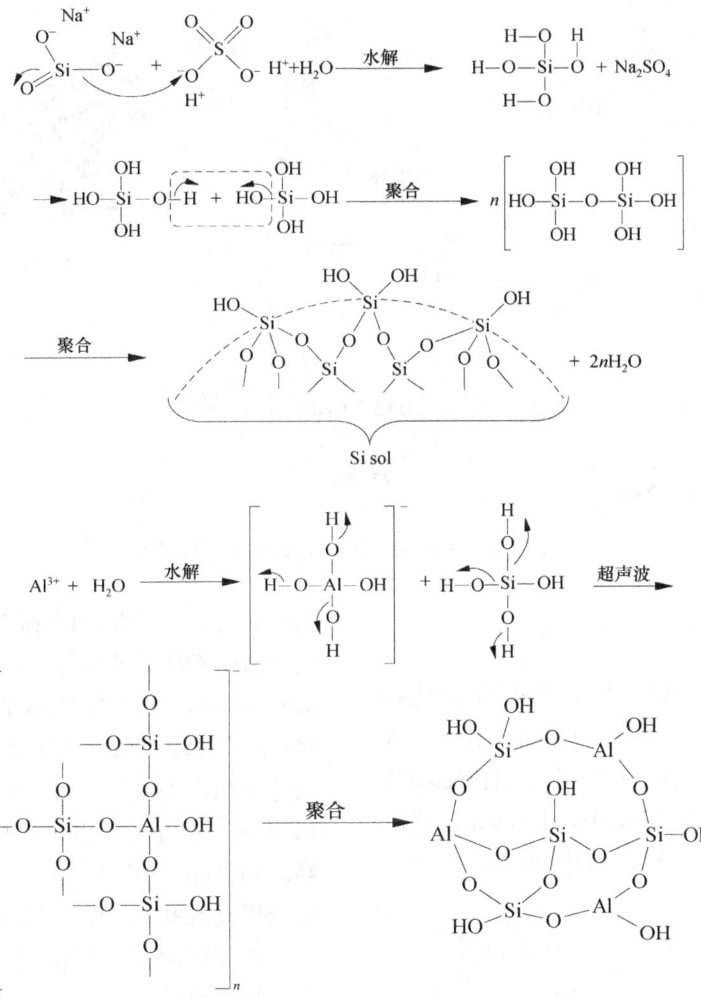

图 10-18 合成聚硅酸和 PASS 的流程图

聚乙烯醇（PVA）是一种表面带有很多羟基的长链有机物，它的每一个重复单元上含有一个尺寸小、极性强、容易形成氢键的羟基，因此它分子间作用力强、极性大，具有优良的水溶性、生物降解性、生物相容性、耐溶剂性、成膜性和黏结性等优良特性，但它的耐热水性能差，易于燃烧。其微结构、分子内及分子间氢键如图 10-20 所示。

PVA-硅铝混合液的制备流程如图 10-21 所示。

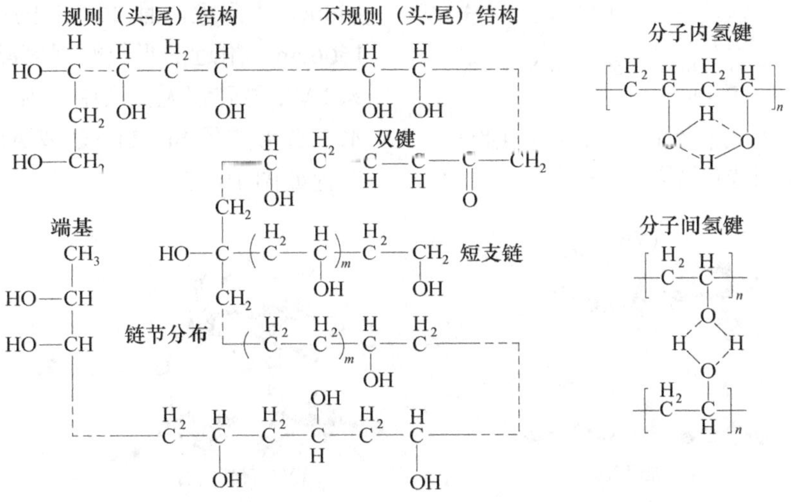

图 10-20 PVA 的微结构、分子内及分子间氢键示意图

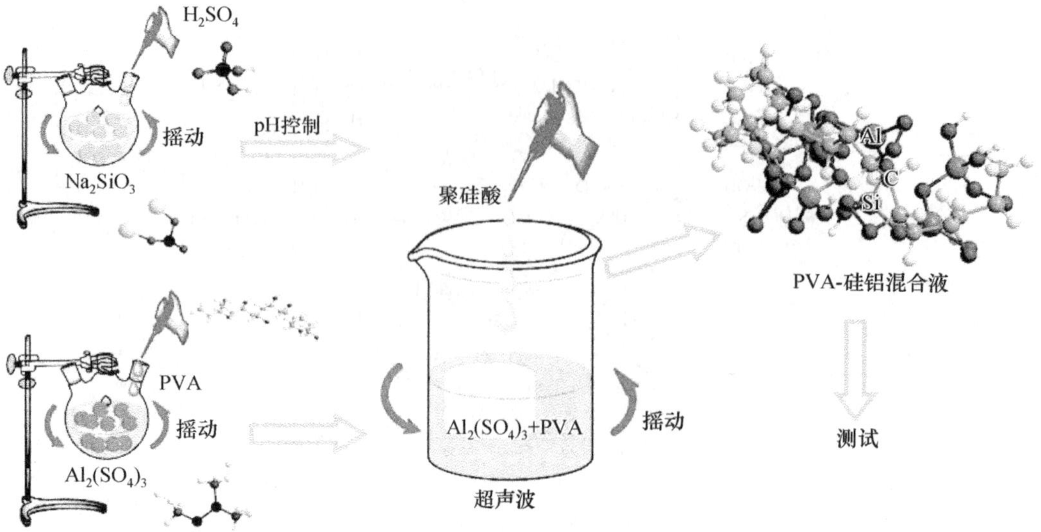

图 10-21 PVA-硅铝混合液的制备流程图

10.2.6.1 傅里叶变换红外光谱分析

图 10-22 是 PVA、PASS 和 PVA-硅铝杂化物的 FT-IR 谱图。在 3400cm^{-1} 和 1666cm^{-1} 附近的吸收峰为 PASS 和 PVA 表面—OH 的伸缩振动和弯曲振动吸收峰。在 PASS 谱图中，1080cm^{-1} 附近的吸收峰可能为 Si—O—Si、SO_4^{2-} 或 Si—O—Al

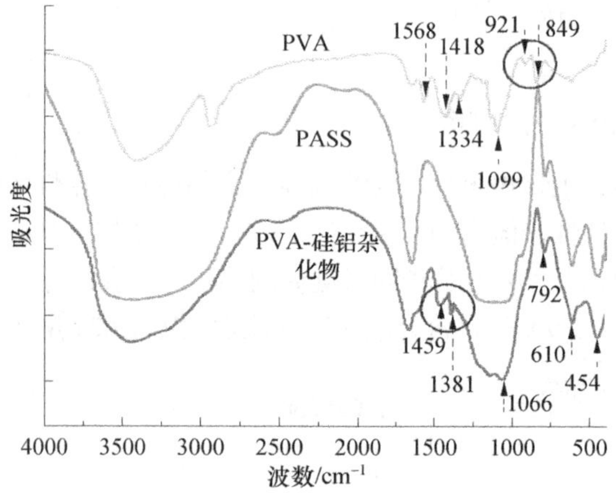

图 10-22 聚乙烯醇、硅铝溶胶和 PVA-硅铝杂化物的红外光谱谱图

的吸收峰。在 940cm^{-1} 和 789cm^{-1} 附近的吸收峰分别是 Al—OH 的伸缩振动峰和 SiO_2 里硅氧四面体的 Si—O—Si 键产生的吸收峰。而在 612cm^{-1} 和 441cm^{-1} 附近的吸收峰分别是由 Si—O 和 Al—O 键的弯曲振动引起的。在 PVA 谱图中，1418cm^{-1} 和 1334cm^{-1} 附近是—CH_2 和 C—C 键的伸缩振动吸收峰。1568cm^{-1} 和 1099cm^{-1} 附近分别是 C＝O 键的弯曲振动峰和 C—O—C 键的对称伸缩振动吸收峰。

在 PVA-硅铝杂化物的 FT-IR 谱图中，它呈现了 PASS 所有的吸收峰，且额外增加了属于 PVA 的特征吸收峰（1459cm^{-1} 和 1381cm^{-1} 附近的吸收峰）。与 PVA 的红外谱图相比，PVA-硅铝杂化物的谱图在 921cm^{-1} 和 849cm^{-1} 附近的吸收峰消失了，这意味着 PVA 与硅铝无机质发生了反应。此外，PVA 谱图在 1099cm^{-1} 附近的吸收峰红移到了 1066cm^{-1} 附近，且 PASS 的谱图在 3400cm^{-1} 和 1666cm^{-1} 附近的吸收峰强度减弱，这有可能是因为 PVA 与硅铝无机质中的 Si—OH 和 Al—OH 脱水缩合形成了 Si—O—C 或 Al—O—C 键，其反应过程如图 10-23 所示。

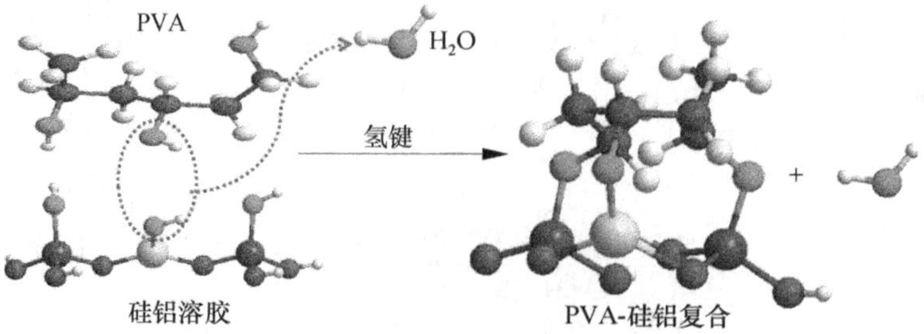

图 10-23 PVA 与硅铝溶胶-凝胶反应的流程示意图

10.2.6.2 XRD 分析

图 10-24 为 PVA、对照样及 PVA 改性样的 XRD 谱图。对照样的谱图中，18.00°、26.46°和 40.64°附近的结晶峰分别是木质纤维（101）、木质纤维（002）和木质纤维（040）结晶面的衍射峰。而从 PVA 的谱图可以看出，PVA 是一种易结晶的物质，曲线在 2θ=20.71°附近出现的结晶峰是半晶状 PVA（101）的晶面指数。对于 PVA 改性的木质纤维复合材料，2θ=18.29°的结晶峰峰形和峰位发生了变化。根据布拉格（Bragg）和斯切尔（Scherrer）方程可知，衍射角 θ 值越小，则晶面间距越大，结晶区尺寸 D 值越小。而半峰宽 B 值越小，则峰形越尖锐，结晶区尺寸 D 值越大。与对照样比较，PVA 改性样（101）晶面的衍射峰向左有小幅偏移，即 101 晶面的间距 d 增大。且其衍射峰的相对强度明显增强，峰形尖锐，半峰宽 B 显著减小，表明在 101 晶面方向上结晶区尺寸增大。由此可以推论出，PVA 与纤维素发生了物理或化学反应，使其晶体结构发生改变，晶格构成单元有序性增加，结晶区的面积增加，整齐有序性显著提高。但是，从 PVA 改性样的曲线可以明显看出，PVA 的结晶峰依然存在，这说明有部分添加到硅铝溶胶中的 PVA 未发生反应，即部分的聚合物 PVA 进入硅铝多孔网状结构中，通过交联作用存在于木质纤维复合材料中。交联作用的流程示意图如图 10-25 所示。

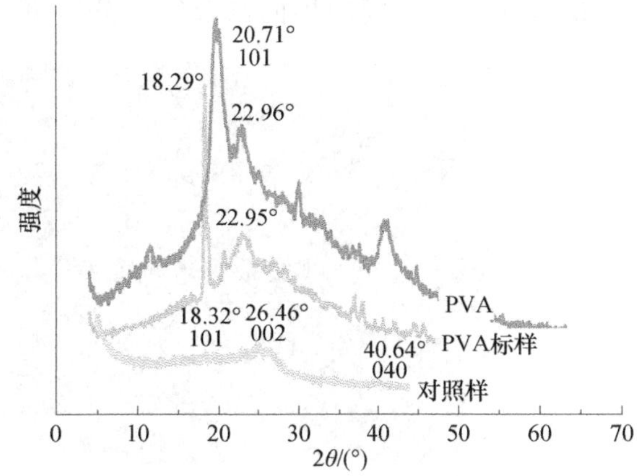

图 10-24 聚乙烯醇、对照样及聚乙烯醇改性样的 XRD 谱图

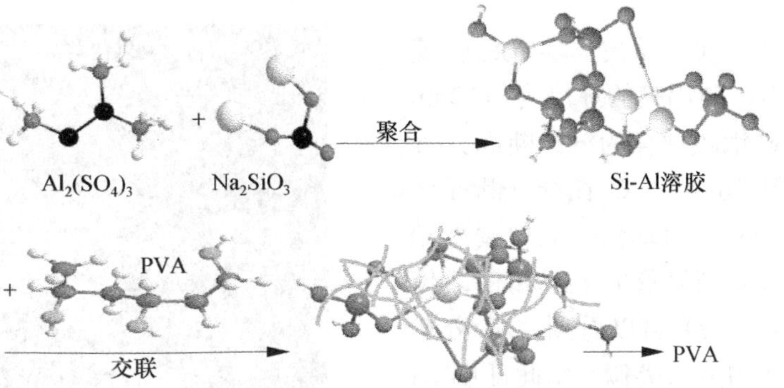

图 10-25 PVA 与硅铝溶胶-凝胶交联作用示意图

通过以上的讨论可知，添加到硅铝溶胶-凝胶中的 PVA 可能存在以下两种结合形式：一是部分 PVA 通过它们表面的羟基，与硅铝中的 Si—OH 和 Al—OH 产生脱水缩合形成 Si—O—C 或 Al—O—C 键连接；二是部分 PVA 渗透到硅铝网状结构中，与硅铝无机质通过物理交联作用连接在一起。

10.3 硅铝-木质纤维基超轻质复合材料的制备及分析

10.3.1 PVA-硅铝-木质纤维复合材料的制备

将打浆度为 34°SR 的木纤维浆料加入配制的硅铝溶胶中，控制浆浓度为 5%左右。在此基础上添加其他化学试剂。添加用量以干物质重与绝干纤维量之比表示：氯化石蜡 63.6%、防水剂 3.4%、复合胶黏剂 18.2%和发泡剂 9.1%。

PVA-硅铝-木质纤维基超轻质材料的制备流程如图 10-26 所示。

10.3.2 硅溶胶对 PVA-硅铝-木质纤维复合材料微观分析

经过 PVA-硅铝添加到纤维溶液，并完成制备工艺后，形成了完整的 PVA-硅铝-木质纤维复合材料。从图 10-27 和图 10-28 中可以得出：硅铝凝胶完全覆盖了木纤维的表面，并形成了完整的膜

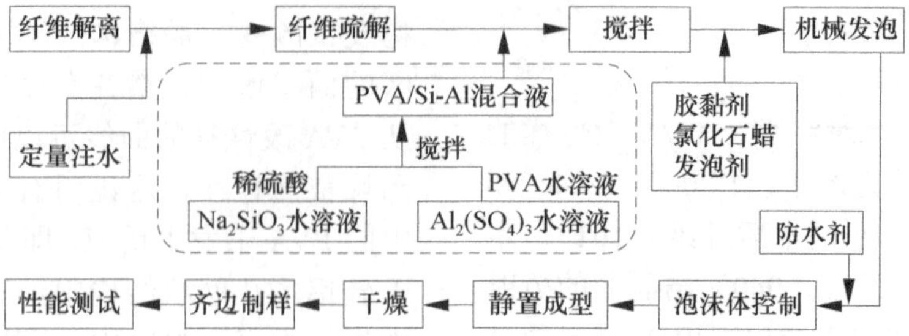

图 10-26 PVA-硅铝-木质纤维复合材料的制备流程图

体，膜与木纤维之间的界面结合得十分紧密，没有缝隙，也无明显的缺陷。

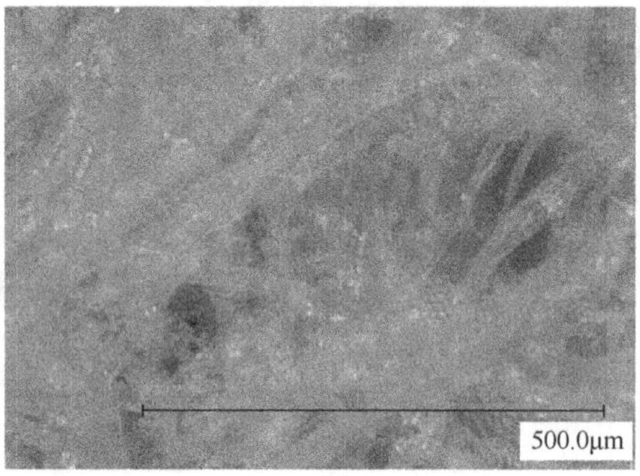

图 10-27 覆盖硅铝凝胶的木纤维（100×）

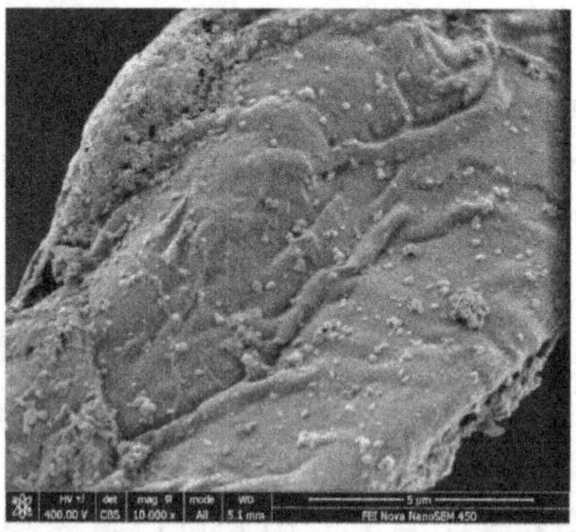

图 10-28 覆盖在纤维表面的硅铝凝胶形态（1000×）

经过处理的木纤维，其表面被一层硅铝膜覆盖，其主要成分为硅铝。硅铝膜的厚度为 110nm 左右（图 10-29）。从硅铝改性样的纤维断面元素扫描结果可以看出（图 10-30），C 在纤维断面分布均匀，而 O 整体上分布相对均匀，出现局部 O 含量较高是由硅铝无机质与氧形成硅氧和铝氧化合物引起的。由图 10-30（f）可以看到，Al 分布出现局部亮点，它与 O 的分布类似，由此证明 Al 以铝的氧化物存在于材料中。Si 和 Al 分布不均匀，它们主要分布在纤维表面和纤维细胞腔内壁上，这证明了硅铝溶胶-凝胶在纤维表面形成了一层硅铝无机膜，且部分的硅铝溶胶-凝胶通过纤维的纹孔进入细胞腔内，在纤维细胞腔内壁上形成了一层硅铝无机膜。

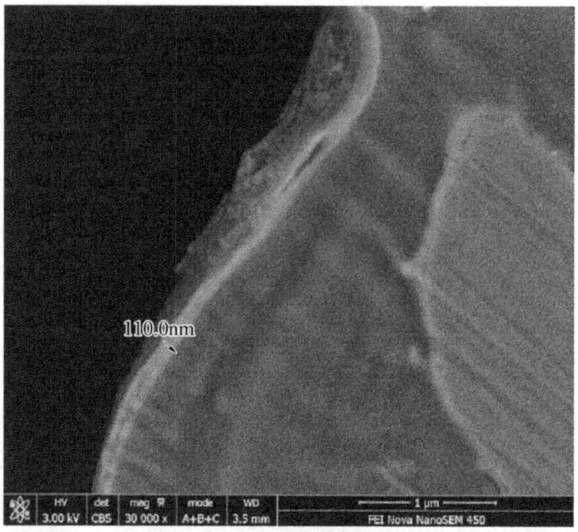

图 10-29 覆盖在纤维表面的硅铝凝胶膜厚度（110nm）（30 000×）

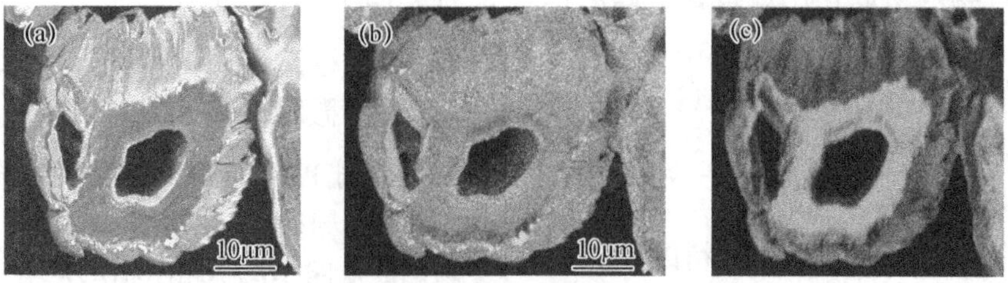

图 10-30 硅铝改性样单根纤维断面 SEM 图和其元素扫描图

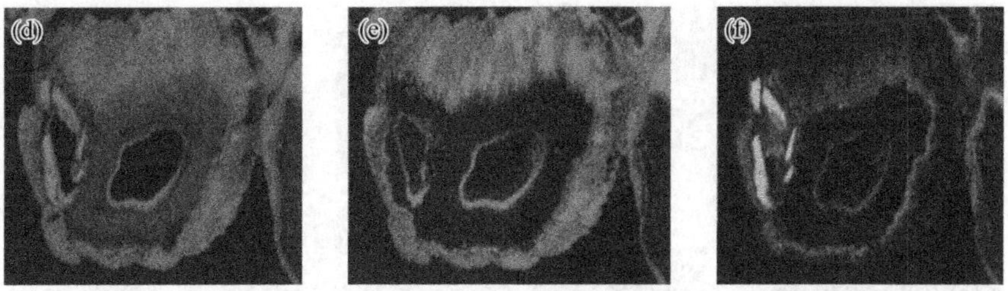

图 10-30　硅铝改性样单根纤维断面 SEM 图和其元素扫描图（续）

（a）硅铝改性样单根纤维断面 SEM 图；（b）其元素扫描图；（c）硅铝改性样断面 C 的分布图；（d）O 的分布图；（e）Si 的分布图；（f）Al 的分布图

10.3.3　硅铝膜的介孔结构

根据国际纯粹与应用化学联合会（IUPAC）的规定，孔径为 2～50nm 的多孔材料称为介孔材料。介孔材料一般可分为硅系和非硅系两大类。在硅铝凝胶材料中，沸石结构是其典型的代表。沸石的合成条件为：存在硅源、铝源和水、热条件下，可实现低温水热合成，温度为 25～150℃。当硅铝比（Si/Al）＞1.5 时，其结构属于 Y 型沸石。

介孔材料具有极高的比表面积、规则有序的孔道结构、狭窄的孔径分布、孔径大小连续可调等特点。硅基材料又可根据纯硅和掺杂其他元素而分为两类，进而可根据掺杂元素种类及不同的元素个数不同进行细化分类。杂原子的掺杂可以看作杂原子取代了原来硅原子的位置，不同杂原子的引入会给材料带来很多新的性质，如稳定性的变化、亲疏水性质的变化及催化活性的变化等。硅铝膜的微观结构是具有介孔结构的分子筛结构。从图 10-31 观察的结果看，其微孔直径为 5～50nm，符合介孔材料的特征，应属于第一代分子筛 Si/Al＜10 的类型。从图 10-31 的 TEM 图上可以看到其有序的原子分布阵列，它均符合介孔材料的特点。

图 10-31　木纤维表面硅铝膜的介孔结构（其直径为 5～50nm）（30 000×）

图 10-32 是硅铝改性样纤维断面 TEM 图，从图 10-32 中可以看出纤维表面及细胞腔内壁上均有硅铝无机膜。通过原子排布来推断物质的结构是一种很好的表征物质化学组成的方法。图 10-32（a）$_1$ 和（a）$_2$ 为硅铝无机膜中硅和铝原子两种不同的排布图，可以看出硅铝在纤维表面主要有两种分布形态，一种是矩形排列的，另一种是平行四边形排列。构筑其模拟图可以推断出，在一个黑点四周围绕 4 个白色的亮点构成的矩形原子排布图是 SiO_2。而由两个硅原子与铝原子构成的平行四边形排列的图是 Si-Al 混合物，一个单元的层状结构由两层的硅氧四面体和一层的铝氧八面体构成。每个单元的层状结构通过可交换阳离子（Na^+等）连接，从而构成了沸石的层状硅铝介孔结构。由图 10-32 中还可以看出，这种层状结构中还有羟基存在，这使得该层状结构的物质能通过与木质纤维发生脱水缩合反应形成连接。此外，硅铝改性的木质纤维基超轻质材料表面中硅铝形成的多孔层状结构如图 10-32（d）所示，这个研究结果与 Grim 和 Unuabonah 的研究结果类似。

10.3.4　表面化学结构分析

红外光谱和 X 射线光电子能谱是木质纤维及其复合材料结构表征不可或缺的工具，它可以用于物质定性及反应机制等研究。图 10-33 为硅铝溶胶-凝胶、对照样 A 和硅铝改性样 B 的 FT-IR 谱图。

由图 10-33 可知，硅铝溶胶-凝胶谱图在 3432cm^{-1} 附近有一吸收峰，这个吸收峰是—OH 的伸缩振动吸收峰，此峰较宽是因为有不同原子与—OH 相连，即 Si—OH、Al—OH 和 H—OH 等键的存在，因此产生了多羟基聚合物。在 1652cm^{-1} 附近的吸收峰是硅铝溶胶-凝胶吸附水中—OH 的弯曲振动吸收峰。在 1103cm^{-1} 和 967cm^{-1} 附近的吸收峰分别是 Si—O 键和 Al—OH 键的伸缩振动吸

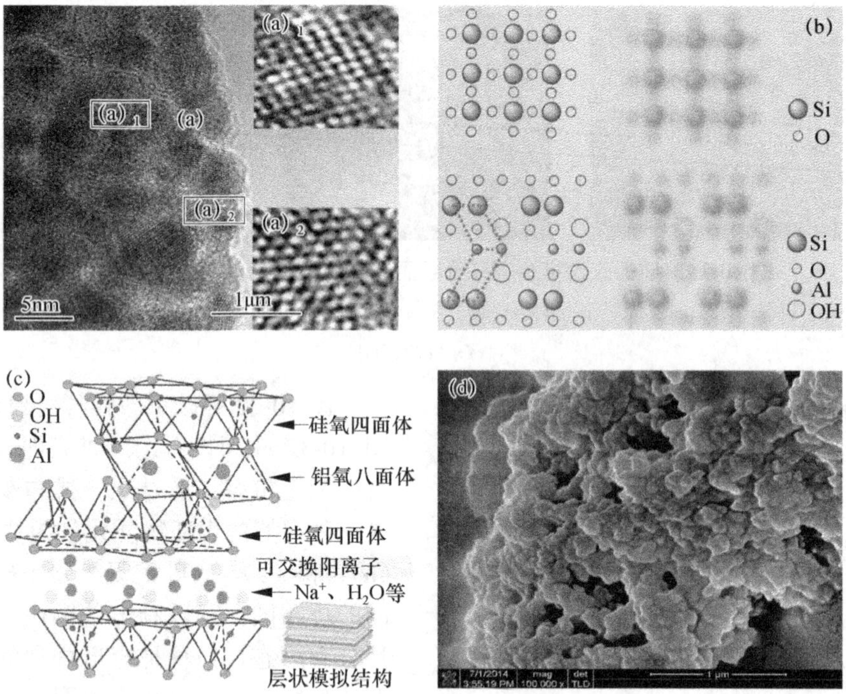

图 10-32 硅铝无机膜高倍率 TEM 图［(a)］［(a)$_1$和(a)$_2$为硅铝无机膜中两种不同的硅铝排布图］、SiO_2和硅铝混合物原子排布模拟图［(b)］、硅铝原子结构立体图［(c)］和硅铝改性样表面的层状硅铝混合物［(d)］

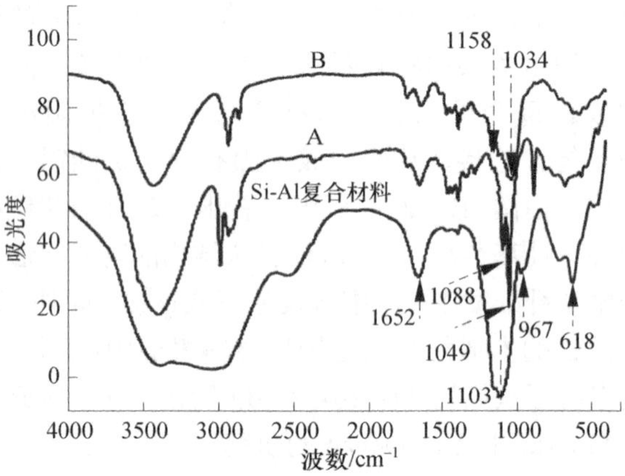

图 10-33 硅铝溶胶-凝胶、对照样 A 和硅铝改性样 B 的红外光谱谱图

收峰。在 789cm^{-1} 附近的吸收峰是 SiO_2 里硅氧四面体的 Si—O—Si 键产生的吸收峰。而在 618cm^{-1} 和 441cm^{-1} 附近的吸收峰是由 Si—O 键和 Al—O 键的弯曲振动引起的。

在对照样 A 的谱图中，3374cm^{-1} 附近的吸收峰是纤维中—OH 的伸缩振动吸收峰。在 2900cm^{-1} 附近的峰对应为纤维素分子的 C—H 键对称伸缩振动峰，1049cm^{-1} 处为 C—O 键伸缩振动峰，而在 1451cm^{-1} 和 1380cm^{-1} 处分别对应于 CH_2 和 CH_3 中 C—H 键的弯曲振动吸收峰。在 1088cm^{-1} 和 881cm^{-1} 附近为纤维素的特征峰。1736cm^{-1} 附近为半纤维素中非共轭的酮、酯和羰基中的 C═O 伸缩振动峰。在 1635cm^{-1}、1510cm^{-1} 和 1460cm^{-1} 附近的吸收峰分别为木质素中羰基共轭芳基酮 C═O 伸缩振动峰、苯环骨架伸缩振动加上 C═O 伸缩振动峰和 CH_2 的弯曲振动吸收峰。

相比于硅铝溶胶-凝胶谱图，硅铝改性样谱图中 3400cm^{-1}、1103cm^{-1} 和 967cm^{-1} 吸收峰的峰强减弱，对应于 Si—O—Si 和 O—Si—O 的 1103cm^{-1} 吸收峰向低频方向移动了大约 70cm^{-1}（1034cm^{-1} 处），这可能是因为 Si—OH 和 Al—OH 键与木质纤维发生反应生成了 Si—O—C 和 Al—O—C 键。如果硅铝溶胶-凝胶与木质纤维仅仅是以氢键的形式存在，那么该吸收峰应该向高频方向移动，因为形成氢键将使基团弯曲振动频率增加。相比于对照样，硅铝改性样的谱图中多出了 1158cm^{-1} 的吸收峰，这峰对应于 Si—O—Si、Si—O—Al 或 Si—O—C 键的弯曲振动峰。这主要是由于硅原子和铝原子的原子质量相近，在 1000～1200cm^{-1} 处经常形成叠峰。但硅铝改性样中，归属于木质素苯环骨架伸缩振动加上 C═O 伸缩振动峰消失了，这可能是羰基与硅铝无机质发生了键合引起的。木质纤维中的半纤维素和木质素均含有羰基，纤维素含有隐性羰基，它们都有可能与硅铝溶胶-凝胶发生反应。由此，可以推断硅铝与木质纤维除了形成氢键之外，还发生了脱水反应形成共价键。

为了进一步分析木质纤维与硅铝无机质的复合机制，本研究用射线光电子能谱仪检测了硅铝溶胶-凝胶、对照样 A 和硅铝改性样 B，其 XPS 谱图如图 10-34 所示。表 10-2 为硅铝溶胶-凝胶、A 和 B 样品 C1s、O1s、Al2p、Si2p 和 Cl2p 的检测结果。从图 10-34 可以看出，对照样中没有检测到硅元素，而硅铝改性样中含有 Si 和 Al，证明硅铝无机质已经停留在材料的纤维表面。此外，氧碳比（O/C）为样品中氧原子与碳原子的比率，它代表样品表面含氧基团的含量。从表 10-2 可知，A 样品中的 O/C 仅为 0.19，主要来源于纤维素分子表面的游离羟基。当硅铝溶胶-凝胶被加入木质纤维材料中时，它们的 O/C 明显增大（0.57）。这主要是因为硅铝无机质吸附在木质纤维中，引入了硅铝混合物中大量的氧，因此氧原子所占的比例显著增加。

化学位移指的是原子内层电子结合能随原子周围化学环境变化的现象。原子中的内层电子受到力的作用时，光电子能谱图反映出谱峰位置的移动。由此可以推测原子的成键情况，因为元素的化学位移同该元素的电荷分布和电负性密切相关。电负性的大小与原子的电子密度有关，当一个原子与另一个原子形成化学键会影响它们彼此的电子密度。

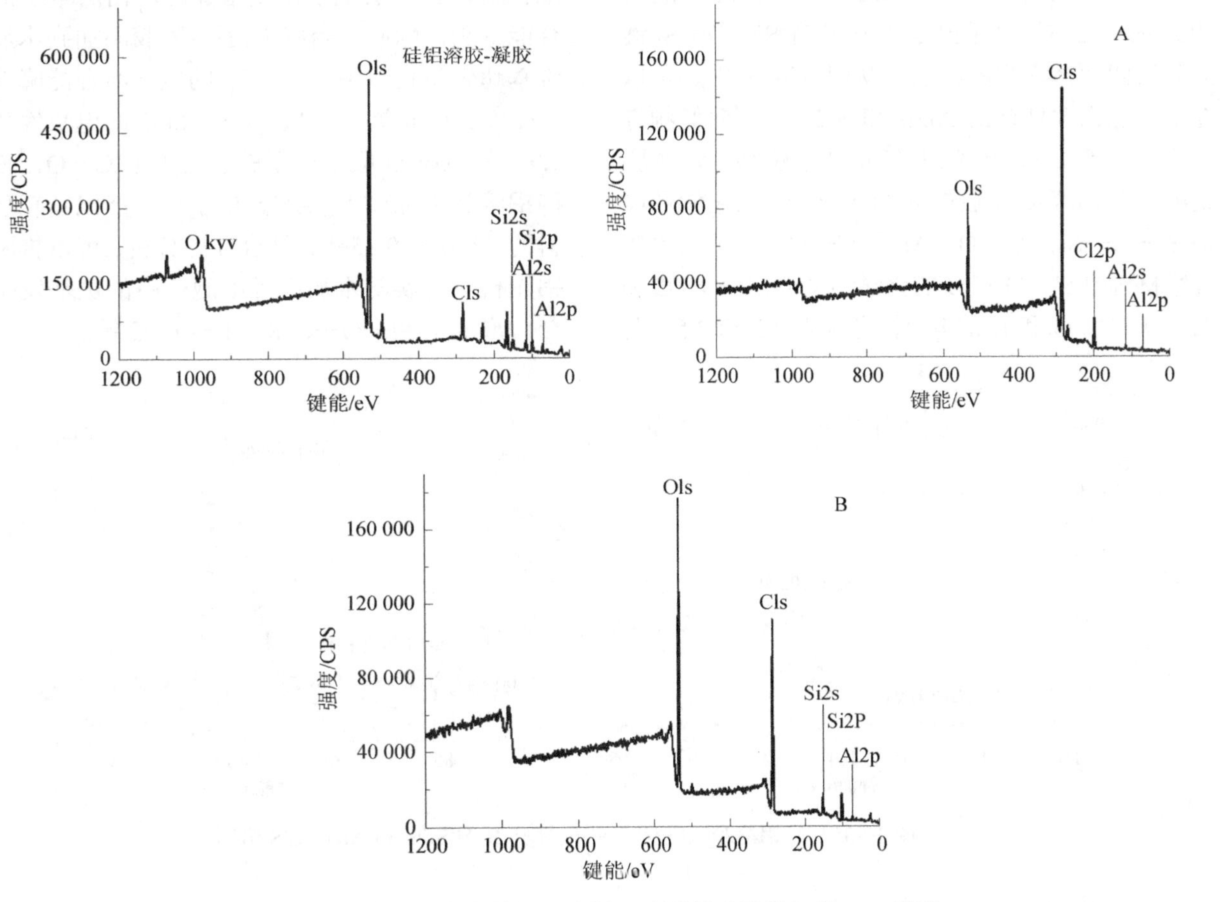

图 10-34 硅铝溶胶-凝胶、对照样 A 和硅铝改性样 B 的 XPS 图谱

表 10-2 硅铝溶胶-凝胶、对照样 A 和硅铝改性样 B C1s、O1s、Al2p、Si2p 和 Cl2p 的电子结合能和原子百分比结果

元素	Si-Al 复合材料			A（对照样）			B（Si-Al 标准样）		
	峰值/eV	强度/CPS	原子百分比	峰值/eV	强度/CPS	原子百分比	峰值/eV	强度/CPS	原子百分比
C1s	—	—	—	284.64	697 99.01	75.41	284.64	57 509.90	56.12
				286.00	110 09.60		286.05	13 073.10	
				289.05	4 203.92		289.20	3 003.24	

续表

元素	Si-Al 复合材料			A（对照样）			B（Si-Al 标准样）		
	峰值/eV	强度/CPS	原子百分比	峰值/eV	强度/CPS	原子百分比	峰值/eV	强度/CPS	原子百分比
O1s	532.31	361 543.47	61.12	532.38	37 924.81	14.66	532.4	92 088.56	32.16
Al2p	75.06	9 989.41	8.55	73.82	1 950.71	3.82	74.21	1 638.90	2.90
Si2p	102.79	14 864.03	8.39	—	—	—	102.48	7 558.73	8.81
Cl2p	—	—	—	200.29	10 578.96	4.94	—	—	—

一般情况下，Al2p 的电子结合能在 75eV 左右，Si2p 在 103eV 左右，图 10-35 中 Al2p 的电子结合能分别为 75.06eV 和 74.21eV，这是典型的由 Al_2O_3 产生的峰位。而 Si2p 的电子结合能为 102.79eV 左右，这是由 SiO_2 中含有 Si—O—Si 键的硅氧四面体产生的峰位。从图 10-35 中还可以看出，硅铝改性样的 Al2p 和 Si2p 分别向低频方向产生了 0.85eV 和 0.31eV 的化学位移。这主要是因为硅铝溶胶-凝胶中 Si、Al 和 O 的化学环境是 Si—O—Si、Al—O—Al 和 Si—O—Al，而木质纤维材料中 Si、Al 和 O 的化学环境是 Si—O—C 和 Al—O—C。O 和 C 的电负性分别为 3.5 和 2.5，两者相差 1.0；而 Si（1.8）和 O 的电负性相差 1.7，所以对于 O 而言，O—Si 吸引电子的能力大于 O—C，即硅铝溶胶-凝胶中 Si 的电子云密度小于木质纤维材料，当外层电子密度增加时，内层电子的结合能减少。因此，当硅铝溶胶-凝胶添加到木质纤维基超轻质材料中，其 Si2p 的电子结合能降低了 0.31eV。由此类推，Al（1.6）和 O 的电负性相差 1.9，其 Al—O 吸引电子的能力大于 C—O，使得硅铝溶胶-凝胶中的 Al2p 电子结合能比超轻质材料的 Al2p 大 0.85eV。结合红外分析，可以推断硅铝无机质确实与木质纤维细胞壁中的羰基发生键合，形成了 Si—O—C 和 Al—O—C 键。

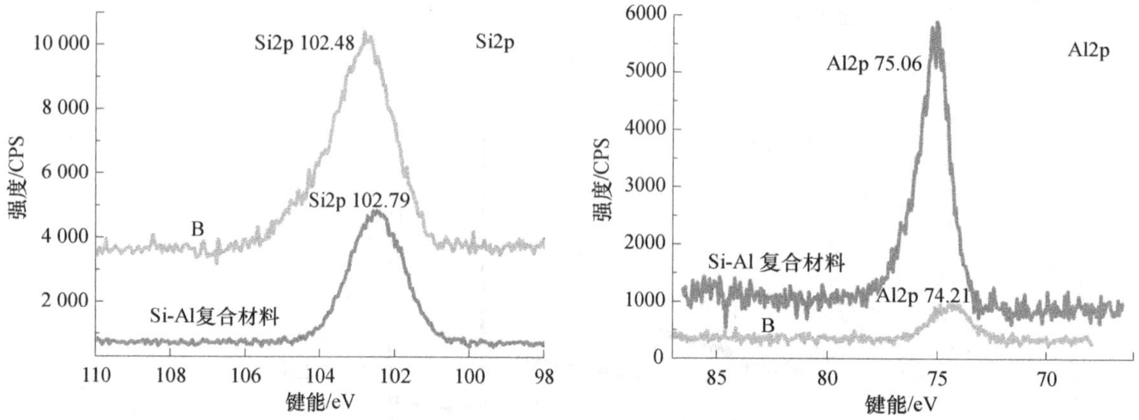

图 10-35 硅铝溶胶-凝胶和硅铝改性样 B 的 Si2p 和 Al2p XPS 谱图

核磁共振技术可以通过物质化学位移的信息来测定该物质的化学成分和分子结构。硅铝酸盐类材料主要由 Si、Al 和 O 构成，因此该类材料可以通过 NMR 测定 Si 和 Al 的变化规律及配位方式，从而推断 Si 和 Al 在材料中的存在方式。硅酸盐中的 Si 原子一般与 4 个 O 原子构成硅氧四面体 [SiO_4^{4-}]，它是硅酸盐的基本构造单元。在晶体结构中，硅氧四面体可以独立存在，也可以同氧原子相互连接构成不同形式的络阴离子，由此形成不同结构类型（骨干）的硅酸盐晶体。

在 NMR 测试中，Si 原子存在 5 种不同的环境，通过 ^{29}Si-NMR 信号可以表示它们的聚集程度，用 Q^n 表示各种结构，其中 n（0～4）为 Si—O—Si 桥氧的数量。例如，Q^0 表示该结构中不含有 Si—O—Si 桥氧，Si 原子以孤立的 SiO_4^{4-} 基团存在，如图 10-36（a）所示。Q^1 表示该结构中含有一个 Si—O—Si 桥氧，Si 原子以含有端基的硅氧基团存在，如图 10-36（b），以此类推。

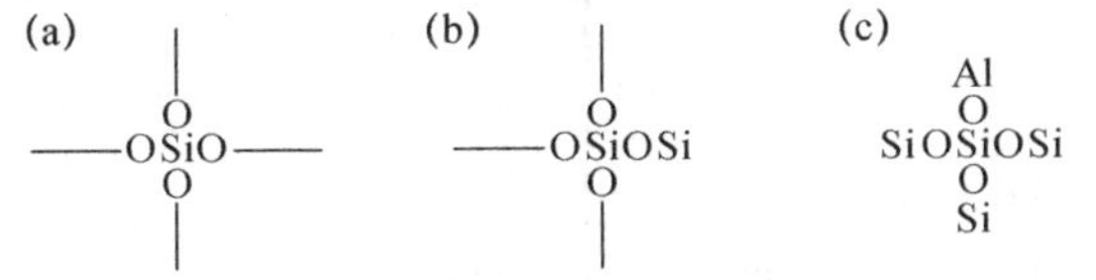

图 10-36　硅酸盐 Q^n 结构单元示意图

铝酸盐对应的 ^{27}Al-NMR 主要有：AlO_6（六次配位）、AlO_5 和 AlO_4。当硅酸盐中含有 Al^{3+}时，部分四面体中的 Si 经常被 Al 取代，其余的 Al 以非骨架阳离子的方式存在于八面体中，因此硅铝材料的结构很复杂。Al 在硅酸盐中的作用主要包括：一是以离子的形式存在，此时不对硅铝酸盐的 ^{29}Si-NMR 分析造成影响，对 Al^{3+}的分析只要进行 ^{27}Al-NMR 分析即可；二是 Al 取代部分的硅而存在，因此对这类硅铝酸盐的 NMR 检测也有 5 个 ^{29}Si-NMR 信号，用 Q^n（mAl）表示，其中 n（0～4）为 Si—O—Si 桥氧的数量，m（0～4）为 Al 取代 Si 的数量。例如，Q^4（0Al）表示每个 Si 原子周围有 4 个 Si—O—Si 桥氧，但没有 Al^{3+}取代 Si^{4+}；Q^4（1Al）表示每个 Si 原子周围有 4 个桥氧，其中一个为 Si—O—Al，如图 10-36（c）所示，以此类推。

硅酸钠、硫酸铝、硅铝溶胶和硅铝-木质纤维复合材料的 ^{29}Si-NMR 和 ^{27}Al-NMR 谱图检测结果如图 10-37～图 10-39 所示。由图 10-37 可知，硅酸钠制品中的 ^{29}Si 谱图出现了化学位移：−72.28ppm（1ppm=1×10^{-6}）、−89.72ppm 和−108.89ppm，它们存在的状态分别为 Q^2、Q^3 和 Q^4。由此可以看出，硅酸钠水溶液中的 SiO_3^{2-}会产生不同程度的聚合反应，形成含有不同桥氧个数的聚合物。而硫酸铝制品中的 Al 主要有四次配位（铝氧四面体，71.90ppm）和六次配位（铝氧八面体，0.93ppm 和−2.36ppm），其中六次配位的峰比四次配位的峰高且尖锐，因此硫酸铝中的 Al 主要是以六配位的形式存在。

结合图 10-38 和表 10-3 的结果可知，PASS 中的 ^{29}Si 谱图出现了化学位移：−87.46ppm、−91.86ppm 和−107.11ppm。对于化学位移−87.46ppm，存在的状态可能为：Q^4（3Al）和 Q^2（0Al）。而−91.86ppm 和−107.11ppm 存在的状态分别为 Q^4（2Al）、Q^3（1Al）和 Q^4（0Al）。相比于硅酸钠的 ^{29}Si 谱图可以发现，化学位移−87.46ppm 和−107.11ppm 均有所减小。这是因为 Al^{3+}和 Si^{4+}的直径大小接近，但它们与氧原子结合的作用力存在差异（即 Al—O 键与 Si—O 键的键能及键长不同），因此 Al^{3+}对材料的影响会在 ^{29}Si-NMR 谱图上反映为化学位移的变化。当硫酸铝与硅酸钠混合时，随着 Al^{3+}取代 Si^{4+}的数量增加，化学位移向减小的方向产生了移动。由于部分的 Al^{3+}取代了 Si^{4+}，因此，相比于硫酸铝的 ^{27}Al-NMR 谱图，PASS 中的六次配位的峰有所减小。PASS 中的四次配位和六次配位化学位移类似，其中六次配位的峰比四次配位的峰高且尖锐，因此硫酸铝主要还是以六次配位的形式存在，只有小部分的 Al^{3+}取代了 Si^{4+}存在于硅氧四面体中。

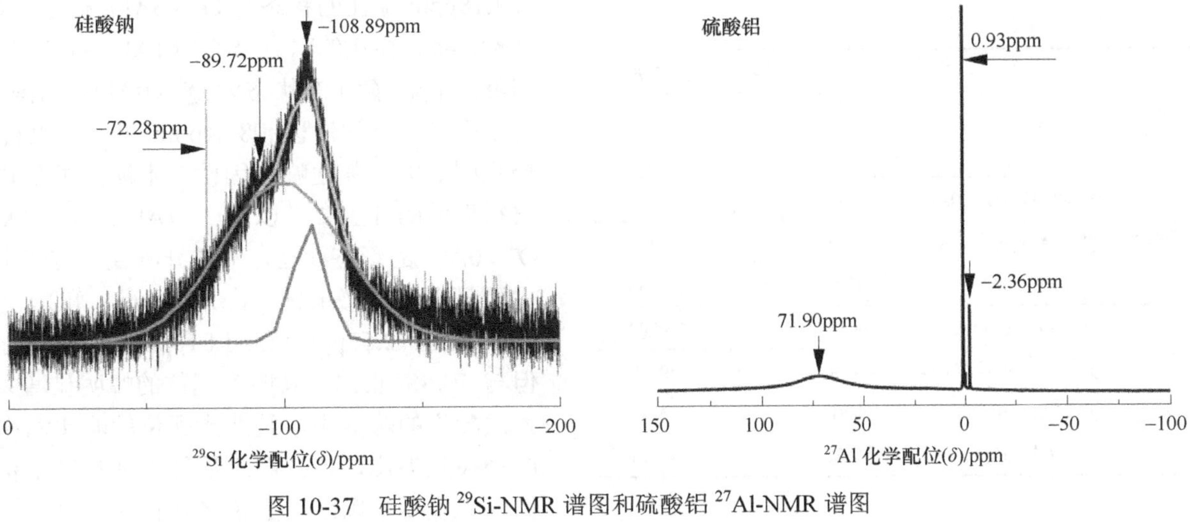

图 10-37　硅酸钠 ^{29}Si-NMR 谱图和硫酸铝 ^{27}Al-NMR 谱图

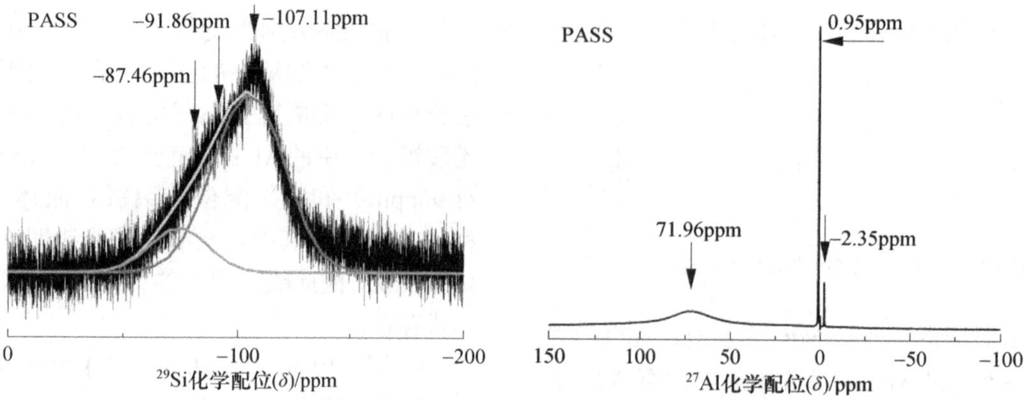

图 10-38 PASS 的 ^{29}Si-NMR 和 ^{27}Al-NMR 谱图

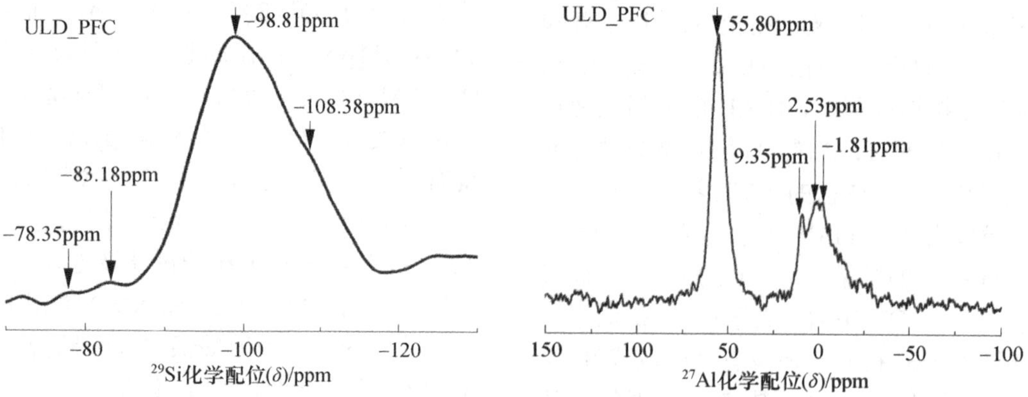

图 10-39 木质纤维基超轻质材料的 ^{29}Si-NMR 和 ^{27}Al-NMR 谱图

表 10-3 硅酸钠、PASS、木质纤维基超轻质材料的 ^{29}Si-NMR 和硫酸铝、PASS、木质纤维基超轻质材料的 ^{27}Al-NMR 拟合分峰分析表

样品	^{29}Si 主要存在形式	化学位移/ppm	Al 的不同配位数	化学位移/ppm
硅酸钠	Q^2	−72.28		
	Q^3	−89.72	—	—
	Q^4	−108.89		
硫酸铝	—	—	4	71.90
			6	0.93
				−2.36
PASS	Q^4（3Al）+Q^2（0Al）	−87.46	4	71.96
	Q^4（2Al）+Q^3（1Al）	−91.86	6	0.95
	Q^4（0Al）	−107.11		−2.35
木质纤维复合材料	Q^2（1Al）	−78.35	4	55.80
	Q^4（3Al）+Q^2（0Al）	−83.18	6	9.35
	Q^3（1Al）+Q^2（2Al）	−98.81		2.53
	Q^4（0Al）	−108.38		−1.81

由图 10-39 和表 10-3 可知，木质纤维复合材料中的 ^{29}Si-NMR 和 ^{27}Al-NMR 谱图与 PASS 呈现的结果不同，这可能是由于 PASS 与木质纤维发生反应，使材料表面的硅铝物质结构发生了变化。木质纤维复合材料中的 ^{29}Si 谱图出现的化学位移为−78.35ppm、−83.18ppm、−98.81ppm 和−108.38ppm。其中，化学位移−78.35ppm 存在的状态为 Q^2（1Al），−83.18ppm 存在的状态为 Q^4（3Al）和 Q^2（0Al），−98.81ppm 存在的状态为 Q^3（1Al）和 Q^2（2Al），−108.38ppm 存在的状态为 Q^4（0Al）。由图 10-39 可以看出，化学位移−98.81ppm 和−108.38ppm 的峰强明显大于其他峰，因此，木质纤维基超轻质材料表面的硅主要是以 Q^3（1Al）、Q^2（2Al）和 Q^4（0Al）的形态存在。木质纤维复合材料中的铝主要还是以四次配位（55.80ppm）和六次配位（9.35ppm、2.53ppm 和−1.81ppm）的形式存在。但与 PASS 相比，其四次配位的峰明显增大，而六次配位的峰减小，且四次配位的峰比六次配位的峰高且尖锐，这说明木质纤维基超轻质材料表面的铝主要是以四次配位形式存在。对于六次配位的铝，它是与硅氧四面体反应，生成了层状的

硅铝混合物，其结构如图 10-32 所示。

通过以上的分析，可以推断出 PASS 除了通过氢键与木质纤维形成连接外，还与木质纤维产生反应形成了 Si—O—C 等化学键的连接，由此可以推测出 PASS 与纤维的反应流程，如图 10-40 所示。且硅铝无机膜与纤维连接的断面结构模拟如图 10-41 所示。

10.3.5 硅铝溶胶-凝胶及木质纤维复合材料晶体结构的分析

图 10-42 为硅铝溶胶-凝胶、对照样及硅铝改性样的 XRD 谱图，从硅铝溶胶-凝胶谱图可以看出，衍射角 2θ 在 25°～60°处的衍射峰与沸石的晶体结构类似。在 2θ 为 18.34°、21.29°、22.67°和 24.58°处的衍射峰分别对应 α-$Al(OH)_3$、β'-$Al(OH)_3$、β-AlO(OH)和 α-Al_2O_3 的特征峰。这时 Al^{3+}会发生如式（10-9）的反应：

$$\begin{aligned}
&SiO_3^{2-} + 3H_2O \longrightarrow H_4SiO_4 + 2OH^- \\
&Al^{3+} + OH^- \longrightarrow Al(OH)^{2+} \\
&Al(OH)^{2+} + OH^- \longrightarrow Al(OH)_2^+ \\
&Al(OH)_2^+ + OH^- \longrightarrow Al(OH)_3 \\
&Al(OH)_3 + OH^- \longrightarrow Al(OH)_4^-
\end{aligned} \tag{10-9}$$

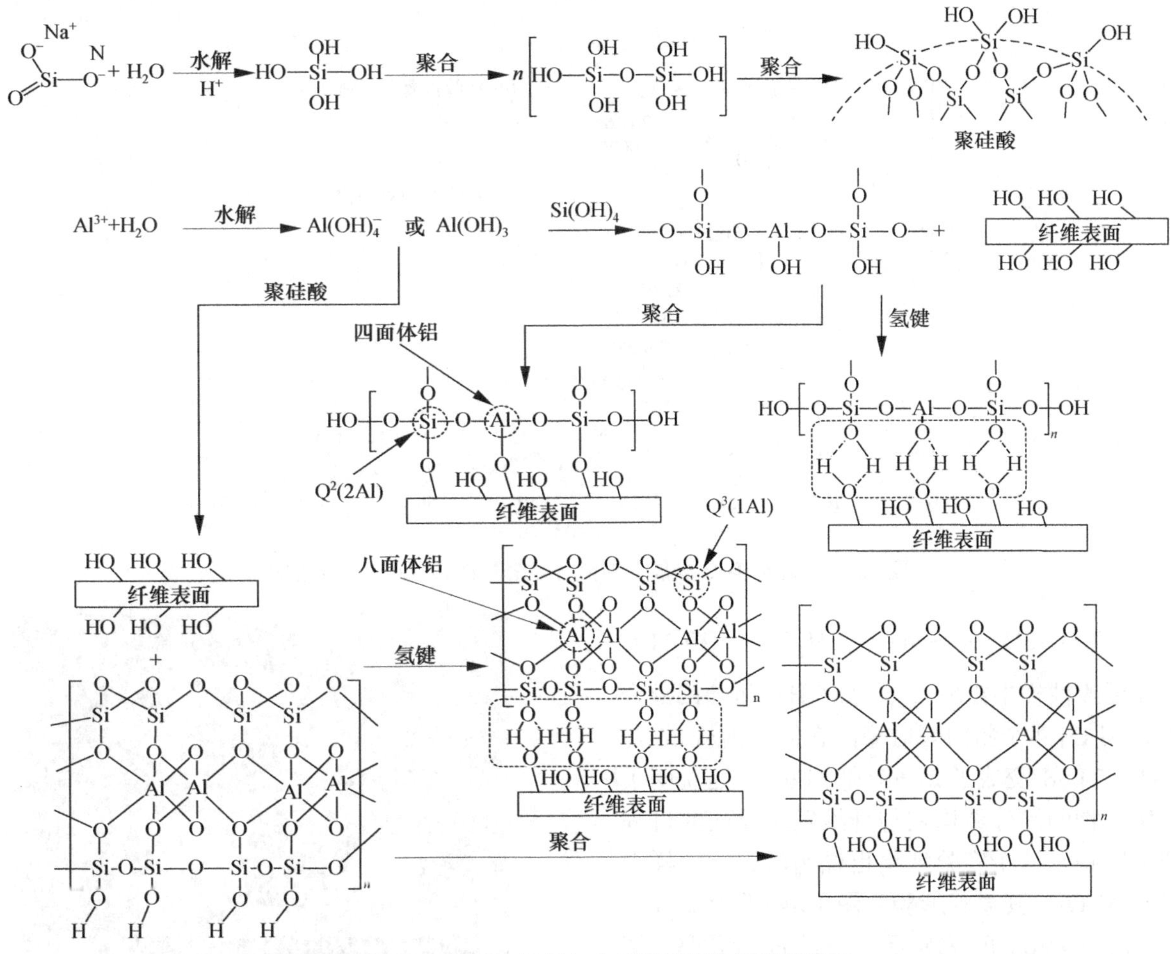

图 10-40 硅铝无机质与木质纤维反应流程示意图

当足够的 OH^-添加到溶液中时，Al^{3+}会形成团聚生成 $Al(OH)_3$。同时，$Al(OH)_4^-$也会进一步反应堆积成层状的三水铝矿[$Al(OH)_3$]。其反应如式（10-10）所示。

$$Al(OH)_3 + Al(OH)_4^- \longrightarrow 2Al(OH)_3 + OH^- \tag{10-10}$$

在对照样中，2θ 为 18.32°、26.46°和 40.64°处的衍射峰分别对应纤维素 101、002 和 040 晶面的衍射峰。与对照样相比，硅铝改性样中纤维素的特征峰峰强减弱，这是受无定形态 SiO_2 的影响。硅铝改性样中，22.67°处 β-AlO(OH)的特征峰消失了，这可能是因为发生了式（10-11）的反应。

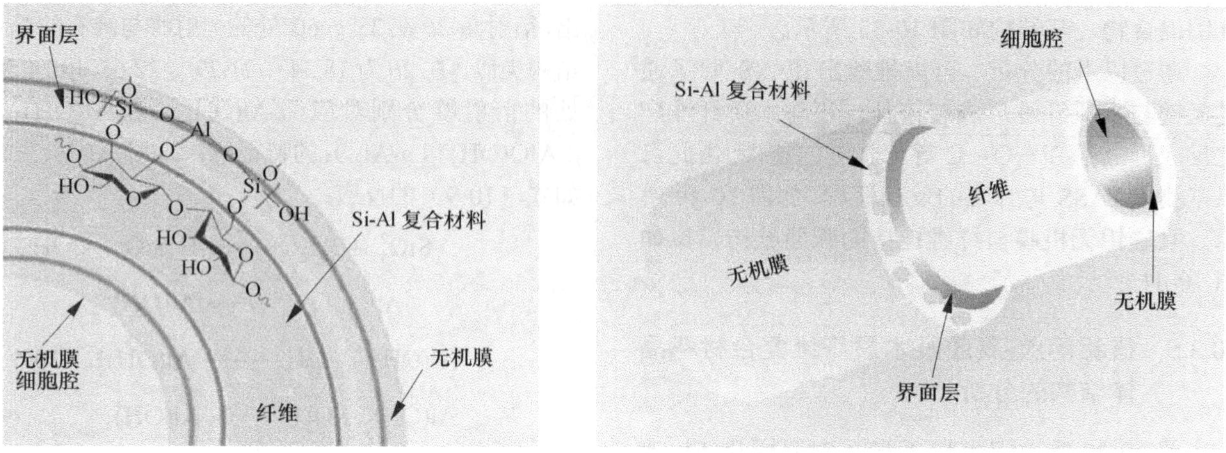

图 10-41　硅铝改性木质纤维断面结构模拟图

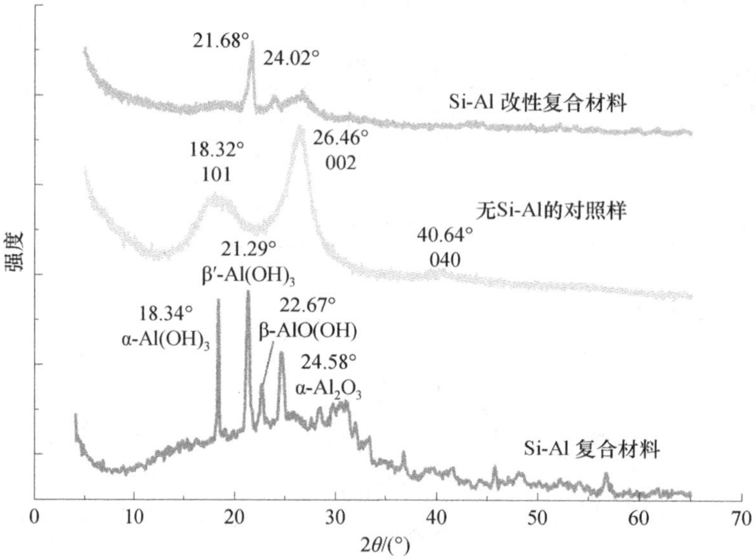

图 10-42　硅铝溶胶-凝胶、对照样及硅铝改性样的 XRD 谱图

$$AlO(OH) + 3H^+ \longrightarrow Al^{3+} + 2H_2O \qquad (10\text{-}11)$$

硅铝改性样中出现了 β'-$Al(OH)_3$ 和硅铝混合物或 α-Al_2O_3 两个新的衍射峰，它们分别从 2θ 为 21.29°和 24.58°变成了 21.68°和 24.02°。这说明了硅铝化合物的晶体结构在与纤维发生反应的过程受到了影响。这个实验结果也说明硅铝改性样中存在着 Al_2O_3，其微观形貌如图 10-43 所示。

根据 Tokoro 的研究显示，三水铝矿经常是由层状晶格堆积而成的层状块状物。其层状及六边形块状物的假设模型如图 10-44（a）所示。而硅铝改性样中的块状物及其层状结构如图 10-44（b）和（c）所示，这个结果与 Tokoro 的研究结果类似。硅铝改性样 XRD 谱图中，其余的晶体结构没有受到影响，这也就意味着材料中纤维的晶体结构没有改变。

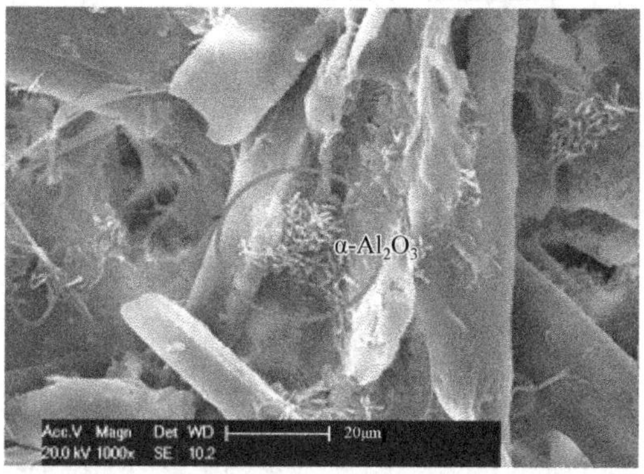

图 10-43　硅铝改性样中 α-Al_2O_3 的微观形貌图

10.4　硅铝凝胶增强超轻质植物纤维材料性能分析

10.4.1　材料热稳定的研究

硅铝凝胶形成的沸石结构，其化学表达式一

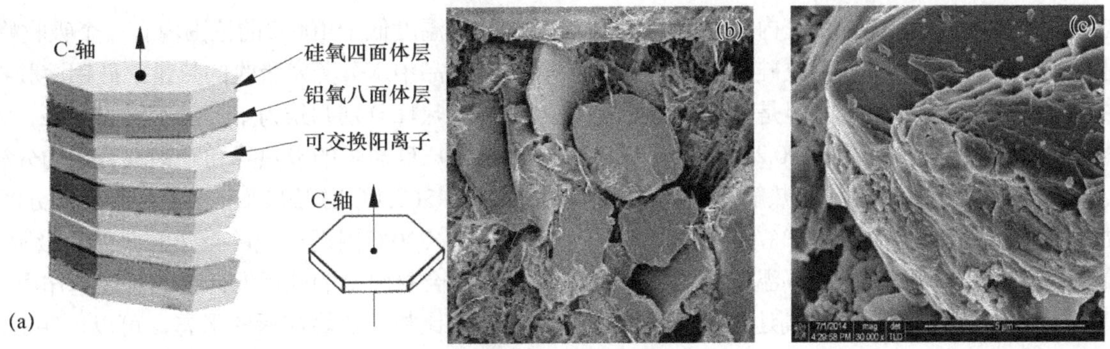

图 10-44 层状硅铝混合物及三水铝矿的结构模拟图［(a)］、硅铝改性样中的块状物［(b)］和硅铝改性样中三水铝矿的层状结构［(c)］

般为 $M_{x/n}[(AlO_2)_x(SiO_2)_y]\cdot\omega H_2O$，其中：$M_{x/n}$ 为阳离子，ω H_2O 为化学吸附和物理吸附的水分子。由于大量水分子的存在，其具有极好的热稳定性。图 10-45 是硅铝溶胶-凝胶（A）、对照样（B）和硅铝改性样（C）的热失重（TG）、热失重微商（DTG）和差示扫描热量（DSC）曲线图。从图 10-45 中可以看出，硅铝溶胶-凝胶在热解过程中总的质量损失为 28.56%，该过程可分为三个阶段：第一阶段是在 10～110℃，质量损失为 3.14%，失重较缓慢，这主要是由于硅铝溶胶-凝胶内部物理吸附水的解吸作用；第二阶段（110～350℃）失重较急剧，质量损失为 23.70%，这主要是因为硅铝溶胶-凝胶内部结合水蒸发的作用；第三阶段的质量损失为 1.72%，这是因为硅铝溶胶-凝胶在 350～500℃发生了脱羟基的作用。DTG 图中硅铝溶胶在 320℃附近出现了很小的质量损失，这说明硅酸根离子与铝离子发生反应生成了硅铝化合物。

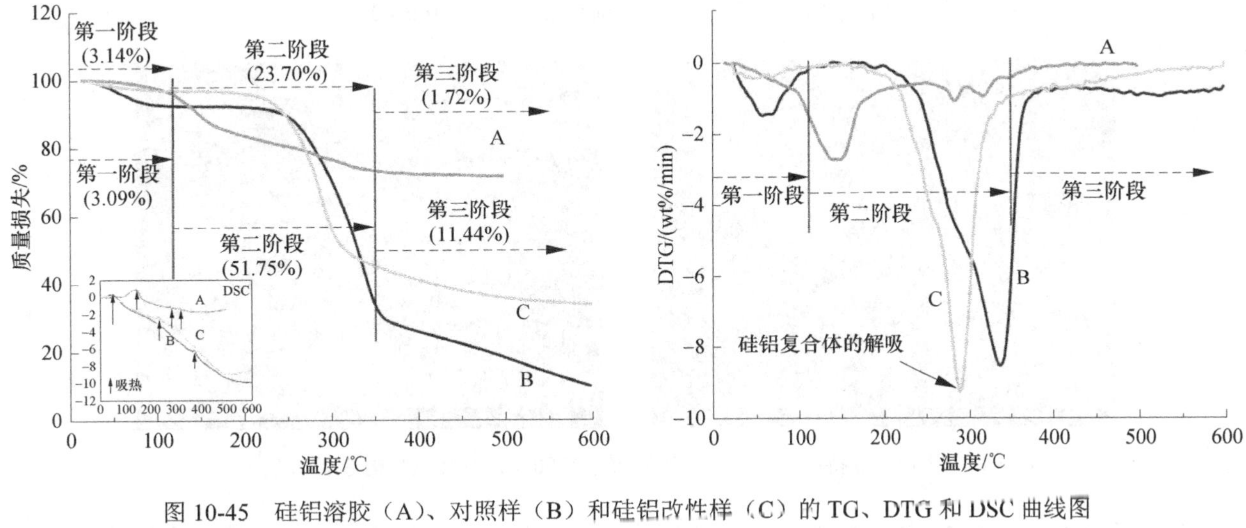

图 10-45 硅铝溶胶（A）、对照样（B）和硅铝改性样（C）的 TG、DTG 和 DSC 曲线图

硅铝改性样的热解过程可分为三个阶段：第一阶段（20～110℃）为材料物理吸附水的蒸发，这个阶段的质量损失仅为 3.09%，明显少于对照样，这说明硅铝-木质纤维复合材料比木质纤维更为疏水。第二阶段是在 110～350℃，这个阶段的质量损失急剧增加，主要是由于 Si—OH 氧化降解生成硅氧烷和纤维素脱羟基引起的质量损失。第三阶段（大于 350℃）便是残余部分芳环化形成石墨结构的结果。值得注意的是，木质纤维基超轻质材料在添加了硅铝无机质后，其热分解起始温度反而更小了。对照样的起始分解温度和质量损失急剧增加分别发生在 291.9℃和 291～354℃，而硅铝改性样分别为 256.4℃和 256～318℃。且对照样和硅铝改性样的最大质量损失率分别发生在 335.2℃和 288.1℃。这说明木质纤维基超轻质材料的热稳定性受到了硅铝无机质的影响而变得更

差，这主要是因为硅铝溶胶-凝胶内部结合水的解吸作用和 Si—OH 氧化降解生成硅氧烷引起的，它们主要发生在 200～350℃。但是，在热解过程中，对照样总的质量损失达到了 90.28%，比硅铝改性样（66.28%）多了 24.00%。在热解的第二阶段，硅铝改性样总的质量损失为 51.75%，少于对照样的质量损失（58.52%）。尤其是在高温热解阶段（大于 350℃），对照样总的质量损失高达 24.17%，明显高于硅铝改性样的 11.44%。由此推断，硅铝无机质改善了木质纤维基超轻质材料的阻燃性能。

此外，由图 10-45 的 DSC 曲线图可以看出，所有样品的热解反应是一个释放热量的过程，B 和 C 样品在温度低于 100℃的范围内有一个吸收峰，这是纤维样品中水分蒸发吸收的热量。硅铝溶胶-凝胶的三个吸热峰分别归结为水分蒸发的吸热峰、Si—OH 降解生成硅氧烷的吸热峰和硅铝混合物的分解峰。B 样品在 369.4℃出现的吸热峰是纤维素的分解峰。C 样品在 230℃附近出现的吸热峰归结为吸附在木质纤维复合材料上的硅铝混合物的脱羟基作用。

对比材料燃烧前后的形态，可以证明其所具有的阻燃特性。比较图 10-46 中两分图可知，无机膜的存在很好地保护了木纤维，使它们在高温燃烧后继续保持纤维的原始形态。同时，无机膜的完整性也说明其优良的耐高温特性（图 10-47）。

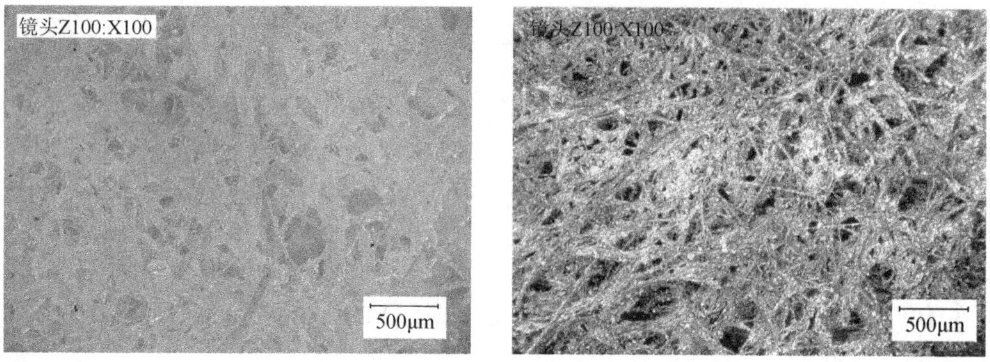

图 10-46 木纤维试件燃烧前后形态对照（100×）

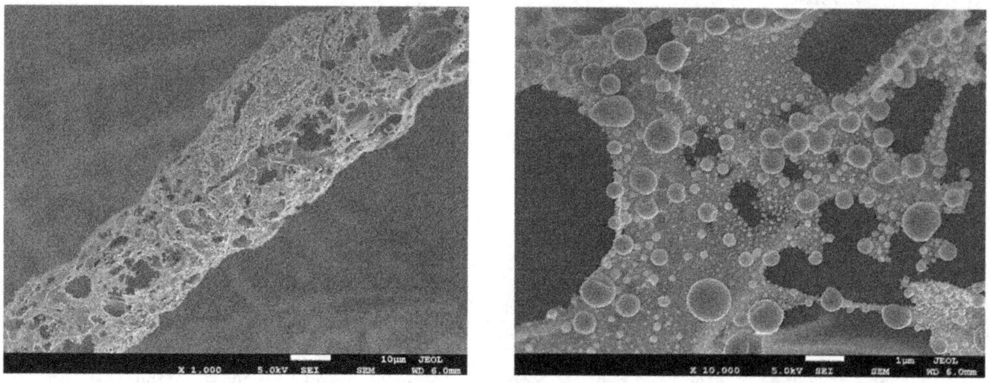
图 10-47 烧蚀后保持纤维形状的硅铝膜壳（1000×）及其微观构造（10 000×）

通过以上对硅铝溶胶-凝胶和木质纤维基超轻质材料热稳定的分析可知，当硅铝无机质添加到木质纤维基超轻质材料的制备流程中时，它们的阻燃性能得到了改善，这将拓宽木质纤维基超轻质材料的应用领域。

10.4.2 材料的耐腐防霉特性

硅铝膜对木纤维的保护，不只限于热稳定性方面。由于硅铝膜几乎全封闭地覆盖了木纤维，其介孔结构的纳米尺度隔绝了尺度在微米等级的木腐菌和霉菌，在物理性质上很好地保护了木纤维。而且，介孔材料的微生物特性，同时具有杀菌效应。沸石的笼结构除对水分有吸附作用外，研究表明它还对铜盐或铜络合物具有固定作用，使木纤维的生物稳定性得到了增强。经过处理的木纤维可达到强耐腐和 0～1 级的防霉等级，如图 10-48 和图 10-49 所示。硅铝复合材料经过国家相关部门检测，其性能见表 10-4。

图 10-48　经处理的木纤维试件具有强耐腐效果

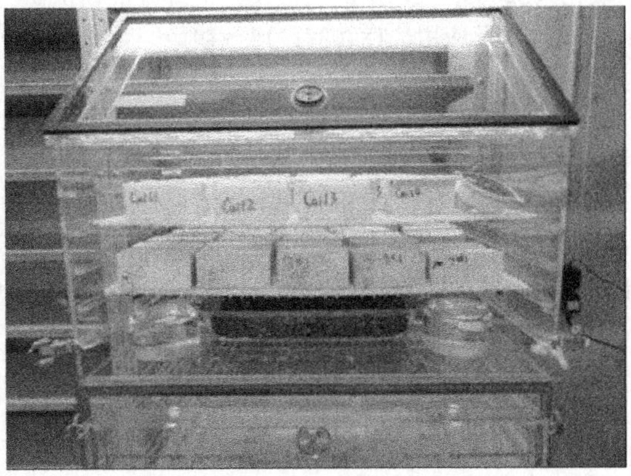

图 10-49　防霉测试试件效果

表 10-4　材料综合性能

序号	项目	单位	检测结果
1	密度	g/cm^3	0.09～0.02
2	导热系数①	W/mK	0.031～0.037
3	吸音系数①		0.61～0.73
4	防火等级		B1
5	防水疏水	接触角	95～120
6	耐腐等级	g/m^2	超强耐腐
7	内结合强度	MPa	0.145～0.172
8	弯曲强度	MPa	0.6～0.8
9	弹性模量	MPa	7.0～12.0

注：①由国家建筑材料质量监督检验中心测定

主要参考文献

高朋召，王红洁，金志浩. 2003. SiO_2溶胶-凝胶转变过程的动力学研究及应用. 复合材料学报，20（4）：122～127

郭雅妮，李硕文，同帜. 2001. 聚硅酸硫酸铝絮凝剂铝硅间的相互作用及其絮凝机理. 纺织高校基础科学学报，14（4）：323～326

黄惠忠. 2007. 表面化学分析. 上海：华东理工大学出版社

姜维娜，曹文静，徐莉，等. 2011. 硅溶胶改性杨木纤维的工艺及性能. 南京林业大学学报（自然科学版），35（1）：75～78

康永. 2011. 水玻璃的固化机理及其耐水性的提高途径. 佛山陶瓷，21（5）：44～47

李彩今，李守贵，肖丰收. 2009. 硅铝酸钠溶液中 ^{27}Al 和 ^{29}Si 的核磁共振研究. 高等学校化学学报，30（6）：1092～1094

李雪，赵海雷，李兴旺，等. 2007. 硫酸/水玻璃体系的成胶特点. 化工学报，58（2）：501～506

林兰英. 2008. 硅溶胶强化杨木复合材的制备与性能研究. 长沙：中国林业科学研究院博士学位论文

刘红，邵俊，梁晶，等. 2008. 聚硅硫酸铝的形貌结构和絮凝机理. 环境工程学报，2（4）：476～481

刘温霞，隆言泉，王启常，等. 1999. 聚合硅酸硫酸铝的铝形态及其水解稳定性. 中国造纸学报，14（1）：64～68

刘颖，张代钧. 2004. 聚合硅酸硫酸铝形态的研究. 西南交通大学学报，39（6）：810～815

聂轶苗，夏茂辉，白丽梅，等. 2012. 硅（铝）酸盐类矿物晶体的 ^{27}Al、^{29}Si 固体高分辨率核磁共振图谱解析方法. 硅酸盐通报，31（5）：1200～1203

聂轶苗，夏茂辉，牛福生，等. 2009. 利用核磁共振对矿物聚合材料中硅铝存在状态的研究. 材料导报，23（14）：216～222

邱春阳，张克铮. 2006. 溶胶-凝胶法制备二氧化硅无机膜的实验研究. 玻璃与搪瓷，34（2）：5～8

邱国民，王兴利，张克铮. 2006. 溶胶-凝胶法制备 SiO_2 无机膜的影响因素. 辽宁石油化工大学学报，26（2）：19～22

沈钟. 2014. 胶体与表面化学. 4 版. 北京：化学工业出版社

孙慧. 2008. 阻燃 PVA-SiO_2 复合纤维的制备及性能研究. 青岛：青岛大学硕士学位论文

汤鸿霄. 2006. 无机高分子絮凝理论与絮凝剂. 北京：中国建筑工业出版社

腾新荣. 2009. 表面物理化学. 北京：化学工业出版社

田立朋. 2009. 表面活性剂对二氧化硅溶胶稳定性的影响. 硅酸盐通报，28（6）：1321～1326

王秀华，孙红霞，刘守华. 2008. 硅溶胶改性有机-无机杂化纳米薄膜的制备及性能测试. 腐蚀与防腐，29（1）：25～28

严瑞暄. 1998. 水溶性高分子. 北京：化学工业出版社：42～43

杨国程. 2003. 杂多酸/PVA 超细纤维的制备、表征及性质研究. 长春：东北师范大学硕士学位论文

杨丽静，田辉平，龙军，等. 2010. 碱性硅溶胶稳定性的研究. 石油炼制与化工，41（6）：12～16

杨淑蕙. 2006. 植物纤维化学. 北京：中国轻工业出版社

应丽娜，戴礼兴. 2003. 聚乙烯醇共混及共混纤维的研究进展. 合成技术及应用，18（3）：15～19

张宇文，曾现策，徐梓晟，等. 2015. 改性水玻璃木材胶黏剂的制备及性能. 中国科技论文，10（6）：716～719

Amini M，Younesi H，Bahramifar N，et al. 2008. Application of response surface methodology for optimization of lead biosorption in an aqueous solution by *Aspergillus niger*. Journal of Hazardous Materials，154（1-3）：694～702

Borade R B，Clearfield A. 1996. Preparation of aluminum-rich beta zeolite. Microporous Materials，5（5）：289～297

Brown J N，Brown R C. 2012. Process optimization of an auger pyrolyzer with heat carrier using response surface methodology. Bioresource Technology，103（1）：405～414

Campelo J M，Luna D，Luque R，et al. 2005. Synthesis of acidic Al-MCM-48：influence of the Si/Al ratio，degree of the surfactant hydroxyl exchange，and post-treatment in NH_4F solution. Journal of Catalysis，230（2）：327～338

Campos T M B，Cividanes L S，Machado J P B，et al. 2014. Mullite crystallization using fully hydrolyzed silica sol：The gelation temperature influence. Journal of Sol-Gel Science and Technology，72（2）：219～226

Chęcmanowski J G，Szczygieł B. 2008. High temperature oxidation resistance of FeCrAl alloys covered with ceramic SiO_2-Al_2O_3 coatings deposited by sol-gel method. Corrosion Science，50（12）：3581～3589

Chen C Y，Li H X，Davis M E. 1993. Studies on mesoporous materials：I. Synthesis and characterization of MCM-41. Microporous Materials，2（1）：17～26

Chen T J，Niu M，Wu Z Z，et al. 2015. Effect of silica sol content on thermostability and mechanical properties of ultra-low density fiberboards. BioResources，10（1）：1519～1527

Chen T J，Niu M，Xie Y Q，et al. 2015. Modification of ultra-low density fiberboards by an inorganic film formed by Si/Al deposition and their mechanical properties. BioResources，10（1）：538～547

Chenakin S P，Melaet G，Szukiewicz R，et al. 2014. XPS study of the surface chemical state of a Pd/（SiO_2+TiO_2）catalyst after methane oxidation and SO_2 treatment. Journal of Catalysis，312：1～11

Erbil H Y. 2006. Surface Chemistry of Solid and Liquid Interfaces. Oxford：Blackwell

Freidenberg A S，Khvorov N V. 1989. Silica sol as an effective bond for refractory compositions（review）. Refractories，30（9-10）：614～617

Glenn G M，Orts W J，Nobes G A R. 2001. Starch，fiber and $CaCO_3$ effects on the physical properties of foams made by a baking process. Industrial Crops and Products，14（3）：201～212

Hao S，Wen J，Yu X，et al. 2013. Effect of the surface oxygen groups on methane adsorption on coals. Applied Surface Science，264：433～442

Hassan C M，Peppas N A. 2000. Structure and applications of poly（vinyl alcohol）hydrogels produced by conventional crosslinking or by freezing/thawing methods. Advances in Polymer Science，153：37～65

Hayrapetyan S S，Khachatryan H G. 2005. Control of the growth processes of the silica sols colloidal particles. Microporous and Mesoporous Materials，78（2-3）：151～157

He F，Chao S，He X，et al. 2014. Inorganic microencapsulated core/shell structure of Al-Si alloy micro-particles with silane coupling agent. Ceramics International，40（5）：6865～6874

Hsieh C H，Jain H，Kamitsos E I. 1996. Correlation between dielectric constant and chemical structure of sodium silicate glasses. Journal of Applied Physics，80：1704～1712

Huang C D，Cormack A N. 1990. The structure of sodium silicate glass. Journal of Chemical Physics，93：8180～8186

Labarre D，Laurent A，Lautier A，et al. 2002. Complement activation by substituted polyacrylamide hydrogels for embolisation and implantation. Biomaterials，23（11）：2319～2327

Li R，Pan J，Qin W L，et al. 2014. Effect of pH on characterization and coagulation performance of poly-silicic-cation coagulant. Desalination，351：37～42

Lu J J，Guo X Z，Yang H. 2008. Organic-inorganic hybrid film modified with silica and alumina sols by sol-gel method. Rare Metal Materials and Engineering，37（A02）：111～115

Mahr M S，Hübert T，Schartel B，et al. 2012. Fire retardancy effects in single and double layered sol-gel derived TiO_2 and SiO_2-wood composites. Journal of Sol-Gel Science and Technology，64（2）：452～464

Mai C，Militz H. 2004. Modification of wood with silicon compounds，inorganic silicon compounds and sol-gel systems：a review. Wood Science and Technology，37（5）：339～348

Niu M，Olle H，Wang X D，et al. 2014. Effect of Si-Al compounds on fire properties of ultra-low densities fiberboard. BioResources，9（2）：2415～2430

Niu M，Wang X D，Hagman O，et al. 2015. Morphology of burned ultra-low density fiberboards. BioResources，10（4）：7292～7301

Owusa Y A. 1982. Physical-chemical study of sodium silicate as a found sand binders. Advances in Colloid and Interface Science，（18）：57～91

Qiao G J，Ma R，Cai N，et al. 2002. Microstructure transmissibility in preparing SiC ceramics from natural wood. Journal of Materials Processing Technology，120（1）：107～110

Reddy K M，Song C S. 1996. Synthesis of mesoporous molecular sieves：influence of aluminum source on Al incorporation in MCM-41. Catalysis Letters，36（1-2）：103～109

Reddy N，Bera P，Reddy V R，et al. 2014. XPS study of sputtered alumina thin films. Ceramics International，40（7）：11099～11107

Sacristán M，Hull T R，Stec A A，et al. 2010. Cone calorimetry studies of fire retardant soybean-oil-based copolymers containing silicon or boron：Comparison of additive and reactive approaches. Polymer Degradation and Stability，95（7）：1269～1274

Salgado P R，Schmidt V C，Molina Ortiz S E，et al. 2008. Biodegradable foams based on cassava starch，sunflower proteins and cellulose fibers obtained by a baking process. Journal of Food Engineering，85（3）：435～443

Schoen R，Roberson C E. 1970. Structures of aluminum hydroxide and geochemical implications. American Mineralogist，55：43～77

Shirazi L，Jamshidi E，Ghasemi M R. 2008. The effect of Si/Al ratio of ZSM-5 zeolite on its morphology，acidity and crystal size. Crystal Research and Technology，43（12）：1300～1306

Soules T F. 1979. A molecular dynamic calculation of the structure of sodium silicate glasses. Journal of Chemical Physics，71：4570～4578

Tang B T，Wu C，Qiu M G，et al. 2014. PEG/SiO_2-Al_2O_3 hybrid form-stable phase change material with enhanced thermal conductivity. Materials Chemistry and Physics，144：162～167

Tang L R，Huang B，Lu Q L，et al. 2013. Ultrasonication-assisted manufacture of cellulose nanocrystals esterified with acetic acid. Bioresource Technology，127：100～105

Tomas M，Amaveda H，Angurel L A. 2013. Effect of silica sol on the dispersion-gelation process of concentrated silica suspensions for fibre-reinforced ceramic composites. Journal of the European Ceramic Society，33（4）：727～736

Wada M，Heux L，Sugiyama J. 2004. Polymorphism of cellulose Ⅰ family：reinvestigation of cellulose Ⅳ Ⅰ. Biomacromolecules，5（4）：1385～1391

Wu L L，Zeng L Z，Chen H B，et al. 2011. Effects of silica sol content on the properties of poly（acrylamide）/silica composite hydrogel. Polymer Bulletin，68（2）：309～316

Xia W，Yang J，Liang C. 2014. Investigation of changes in surface properties of bituminous coal during natural weathering processes by XPS and SEM. Applied Surface Science，293：293～298

Xia W，Yang J. 2013. Effect of pre-wetting time on oxidized coal flotation. Powder Technology，250：63～66

Xie Y Q，Tong Q J，Chen Y. 2008. Construction mechanism of reticular structure of plant fiber. Journal of Korea Furniture Society，19（2）：106～110

Xie Y Q，Tong Q J. 2011. Manufacture and properties of ultra-low density fiberboard from wood fiber. BioResources，6（4）：4055～4066

Yang Z L，Gao B Y，Wang Y，et al. 2012. Fractionation of residual Al in natural water treatment from reservoir with poly-aluminum-silicate-chloride（PASiC）：Effect of OH/Al，Si/Al molar ratios and initial pH. Journal of Environmental Sciences，24（11）：1908～1916

Ye L，Tang Y J，Qiu D. 2014. Enhance the mechanical performance of polyacrylamide hydrogel by aluminium-modified colloidal silica. Colloids and Surfaces A：Physicochemical and Engineering Aspects，447：103～110

Young T. 1805. An essay on the cohesion of fluids. Philosophical Transactions of the Royal Society，95：65～87

Zhang W G，Liu W M，Xue Q J. 2001. Characterization and tribological investigation of Al_2O_3 and modified Al_2O_3 sol-gel films. Materials Research Bulletin，36（11）：1903～1914

Zheng L，Wang W，Shi Y. 2010. The effects of alkaline dosage and Si/Al ratio on the immobilization of heavy metals in municipal solid waste incineration fly ash-based geopolymer. Chemosphere，79（6）：665～671

Zhou S，Wang L，Xue Q. 2011. Achieving low tribological moisture sensitivity by a-C：Si：Al carbon-based coating. Tribology Letters，43（3）：329～339

11　生物质纳米纤维复合材料

随着石油资源的大量消耗，寻找绿色、环保、可再生资源来开发新材料已经成为社会发展的必然趋势。植物纤维素是一类资源丰富、可天然再生、可生物降解的优质天然高分子材料，其特殊的晶体结构赋予了其良好的力学性能，在植物细胞中扮演骨架材料的重要角色。通过物理、化学等方法获制的纳米纤维（直径小于100nm），具有优异的力学性能、良好的透光性、富含羟基的纤维表面、特殊的网状结构，近年来吸引了众多科研工作者及企业家的目光，成为生物质材料研究领域一个新兴的热点方向。本章根据“材料-结构-性能”构效关系，介绍了生物质纳米纤维主要的制备方法与性能，简述了主要生物质纳米纤维材料如自组装薄膜、增强聚合物复合材料、功能材料、软物质材料的研究进展与发展趋势。

11.1　生物质纳米纤维的制备与性能

生物质纳米纤维因其特有的性能受到广泛关注。制备方法不同，得到的生物质纳米纤维的尺寸形貌、分子聚合度及流变等性能差异明显。本节基于常见的两类非合成纳米纤维（纤维素纳米纤丝和纤维素纳米晶体），介绍生物质纳米纤维主要的制备方法与产品性能。

11.1.1　生物质纳米纤维的分类与命名

纤维素纳米纤维家族中主要有纤维素纳米纤丝（cellulose nanofibril，CNF）、纤维素纳米晶体（nanocrystalline cellulose，NCC）、静电纺丝纤维素（electrospun cellulose，ECC）和细菌合成纤维素（bacterial nanocellulose，BNC）纳米纤维四大类。这些纳米纤维因为来源、制备方法的差异，在结构和性能上也不相同。例如，前两类纳米纤维主要来自植物纤维，分别通过机械剪切、强酸水解制取；静电纺丝纤维素纳米纤维通常需经历复杂的纺丝过程，对纤维素溶液要求很高。由于植物纤维能快速生长、天然合成、原料丰富、成本低廉，因此前两类纳米纤维具有无可比拟的资源优势。NCC通常利用强酸水解，将纤维素中非结晶区分离、脱除，最终保留结晶区纤维素分子，因此在有些文献中也称之为纳米纤维素晶须（Šturcová et al.，2005；Kvien et al.，2005）。从形态上来看，NCC与CNF近似一致，都是纳米级微细纤维，但是由于NCC基本不含纤维素非结晶区，刚性强，韧性远远不如CNF，且长径比只有CNF的1/5～1/3，在复合材料中弹性、抗冲击、抗弯性能表现相对较差（Klemm et al.，2011）。从加工制备来看，NCC的强酸水解制备过程时间较长，排放出来的废液也需进一步处理，势必增加工业化的生产成本，影响经济效益。因此，尽管CNF的研究和开发利用尚处于起步阶段，但是其优势和前景是非常令人满意的。由于这是一种新兴的纤维素纳米纤维材料，国际上有不同的命名，如microfibril、microfibrillar cellulose、microfibrillated cellulose、nanofibril、nanofibrillar cellulose及nano-fibrillated cellulose，前不久，国际标准组织才将其统一命名为cellulose nanofibril，即纤维素纳米纤丝（CNF）。

11.1.2　生物质纳米纤维的制备与解聚原理

通常，在强酸水解、机械剪切、化学氧化等作用下，可将植物纤维加工成直径为纳米级（小于100nm）的微细纤维。根据纤维形态、结构和性能的差异，植物纳米纤维可分为纤维素纳米晶体（cellulose nanocrystal，CNC）和纤维素纳米纤丝（cellulose nanofibril，CNF）（卢芸等，2015；李伟等，2010）。CNC一般通过强酸水解获得，其纤维直径分布窄、纤维素结晶度高、长径比小。CNF主要通过机械剪切的方法制备，其纤维直径分布因制备方法而异，纤维素结晶度相对较低，但纤维长径比大，在水溶液中呈天然交织状态。

1）强酸水解　早在1951年，Randy等首次通过酸水解制得CNC。植物纤维的纤维素由结晶区与非结晶区组成，非结晶区由于结构松散可被强酸降解，留下晶体排列致密的结晶区而得到棒状、刚性的 CNC（Braun et al.，2008）。目前，用于制备 CNC 的酸主要有 H_2SO_4 和 HCl，也有少量报道采用 HBr、顺丁烯二酸和 H_3PO_4 对植物纤维进行水解。迄今为止，木材、竹材、棉花、小麦秸秆、苎麻、剑麻、亚麻、棕榈、甜菜、藻类等植物纤维都可用于制备 CNC。原材料不同，得到的 CNC 形态也有差异。由木材纤维制得的 CNC 直径一般为 3～5nm，长度为 100～200nm，而由海藻类植物（如 *Valonia*）纤维制得的 CNC 长度可达到 1000～2000nm。酸水解工艺（主要包括时间、温度、酸浓度）也是影响 CNC 性能的主要因素。增大酸浓度或延长酸水解时间，CNC 尺寸逐渐减小（Martnez-Sanz et al.，2011）；酸浓度过大、水解时间过长，纤维素结晶区受到较大程度的破坏，纤维热稳定性降低，并伴随产生碳化现象。因此，对植物纤维进行酸水解制备 CNC，H_2SO_4 的质量分数一般保持在 60%～65%，HCl 浓度则为 2.5～4.0mol/L，反应温度为室温至 70℃均匀升高，反应时间则随原料的不同而有所差异。

尽管浓 HCl 和浓 H_2SO_4 都被用于酸水解制备 CNC，但水解得到的 CNC 的分子结构明显不同（图 11-1）。通过浓 H_2SO_4 酸水解制得的 CNC 表面发生磺化作用，引入了大量的磺酸（—SO_3H）基团，使得纤维表面带有较强的负电荷，因而在水溶液中由于电荷排斥作用而均匀分散。这些引入的表面电荷也会显著影响纳米纤维在水中的排列，浓 H_2SO_4 酸水解制得的 CNC 可自发形成手性相列排布，在宏观材料中表现出光的选择性吸收与旋光特性。因此，采用浓 H_2SO_4 酸水解制得的 CNC 被用作基体或模板材料，合成智能的光响应材料，已成为该领域重要的研究方向与热点（Shopsowitz et al.，2012；唐爱民等，2013）。浓 HCl 酸水解得到的 CNC 表面基团并没有太大变化，在水溶液中的分散效果较差，易团聚沉淀。

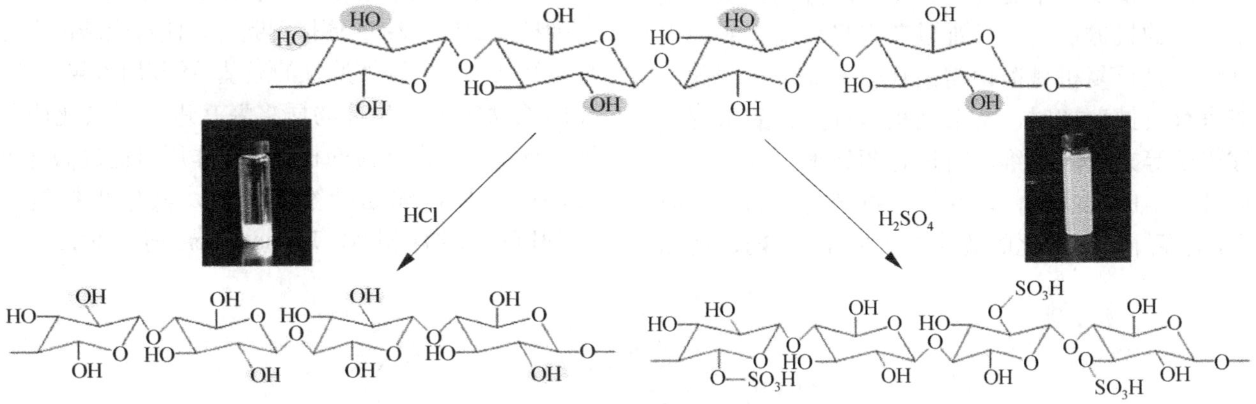

图 11-1　浓 HCl 和浓 H_2SO_4 酸水解制得的 CNC 的表面基团

2）机械剪切　通过高速机械剪切与摩擦、高强度空穴效应也可实现植物纤维的纳米化。利用该方法制备的植物纳米纤维直径为纳米级、长度可达数百纳米甚至几十微米，通常称为纤维素纳米纤丝。目前，制备 CNF 常用的设备主要有高压均质机（homogenizer）、微射流纳米均质机（microfluidizer）、超微细磨机（grinder）与高强度超声波分散仪等（Lavoine et al.，2012；卢芸等，2013）。

Herrick 等（1983）和 Turbak 等（1983）首次通过高压均质机制备得到 CNF，在碰撞、剪切和空穴效应的作用下，微纤丝间的氢键被打开，从而得到 CNF。微射流纳米均质机是一种“进化”的高压均质机，其特有的“Z”形反应腔能使物料纤维在多次碰撞的条件下发生剪切、冲击，实现植物纤维纳米化（作用原理见图 11-2）。理论上，微射流纳米均质机能提供最高可达 300MPa 的冲击强度，能加快纤维纳米化进程，也能改善纤维的物理及力学等性能。超微细磨是一种典型的通过摩擦与剪切力来制备纳米纤维的方式。原料纤维进入超微细磨机后，在磨盘磨齿之间的剪切、摩擦等外摩擦力的作用下，纤维逐级纳米化（作用原理见图 11-2）。根据上述机械剪切的特点，采用超微细磨-微射流纳米均质化联机的方法制备 CNF，这种“内外结合”的作用方式不仅能加速纤维纳米化，也提高了 CNF 尺寸的均一性，还可避免在均质剪切过程中出现反应腔堵塞现象（吴义强等，2014）。

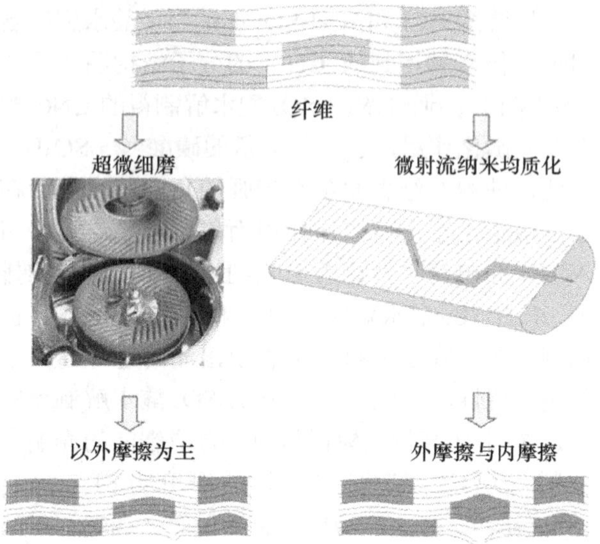

图 11-2 植物纤维超微细磨、微射流纳米均质化作用示意图

由于植物纤维的纤维素结晶区排列紧密，采用单一的机械剪切方式难以获得尺寸均一的纳米纤维，且反复机械剪切需消耗较多能量。因此，在进行机械剪切时，常采用机械打浆、酶水解、酸水解等方法对纤维原料进行预处理，降解或破坏纤维素的结晶区，增大纤维机械剪切的反应面积，提高纤维纳米化的效率与质量（Henriksson and Berglun，2007）。

3）化学氧化 化学氧化法主要有 2, 2, 6, 6-哌啶氧化物自由基（TEMPO）氧化法与高碘酸盐氧化法。植物纤维素是由 β-D-吡喃葡萄糖缩聚组成的高分子链聚合物，每个葡萄糖分子中有 3 个未反应的羟基，其中 C6 羟基反应活性最强。TEMPO 能将纤维素分子的 C6 羟基氧化成羧基（图 11-3），使纤维表面产生负电荷而形成较强的排斥力，有助于纤维的纳米化。对利用 TEMPO 氧化法制备纳米纤维展开了系统深入的研究，国内外研究者探讨了中性、酸性、碱性催化条件下的工艺流程及其反应机制，且比较了不同植物基 TEMPO 氧化纳米纤维的差异（Isogai et al.，2011）。TEMPO 氧化预处理 CNF 纳米纤维表面含有大量的羧基、羰基、羟基等官能团，不再与传统 CNF 一样呈网状交织存在于水中，而是单一均匀分布于水中，同时纤维的长径比更大，晶体结构破坏很小（Johnson et al.，2009）。

高碘酸盐是一种选择性氧化剂，它能将纤维素葡萄糖环上的 C2-C3 连接键断开，使对应碳链上的羟基转化为具有高还原性的醛基，再利用次氯酸盐、亚硫酸盐等强氧化性物质将醛基进一步氧化成羧基，纤维素表面电荷的相互排斥作用可促进微纤丝之间的分离，加速纤维纳米化，其作用机制与 TEMPO 氧化法相似。Liimatainen 等（2012）首

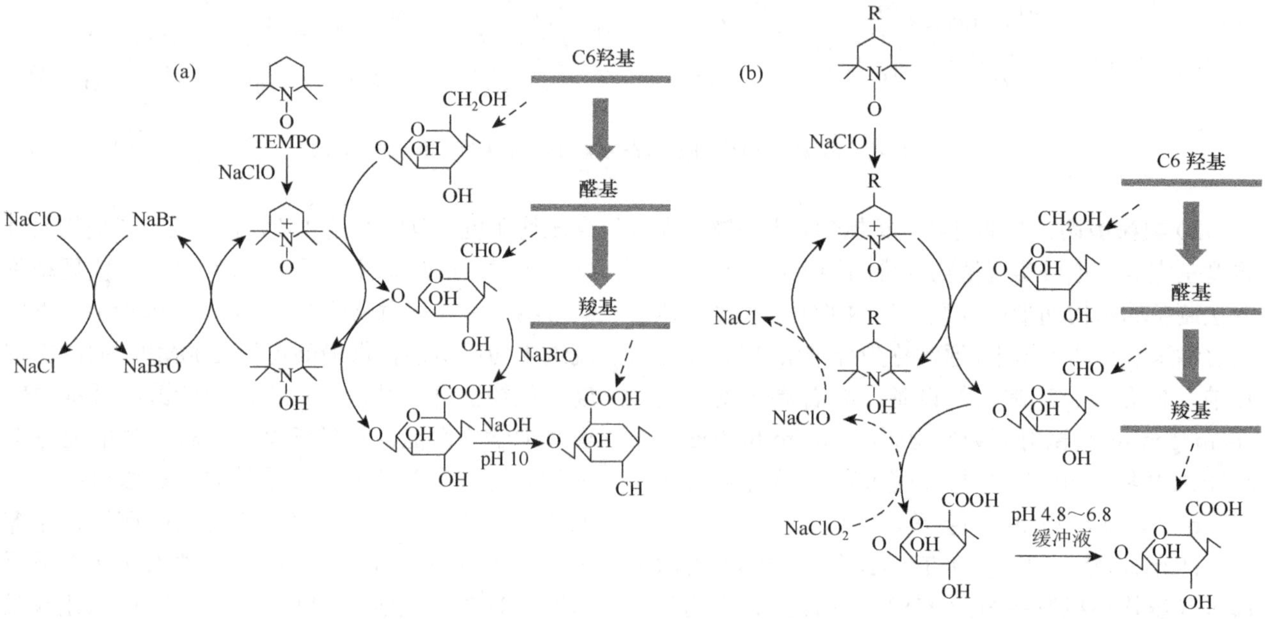

图 11-3 TEMPO 体系氧化纤维素反应机制

（a）碱性条件；（b）中性条件

次采用高碘酸钠（$NaIO_4$）、次氯酸钠（NaClO）依次氧化桦木浆纤维，再进行3～4次反复均质化处理可获得直径25～31nm的纳米纤维，但高碘酸氧化易破坏纤维素内部的晶体结构，其结晶度降低20%左右。另外，利用高碘酸盐氧化制备的纳米纤维自组装薄膜的力学强度约为TEMPO氧化纳米纤维薄膜的1/2，拉伸断裂伸长率仅为其1/10～1/6（Liimatainen et al.，2013）。

11.1.3 生物质纳米纤维的结构与特性

与传统材料的研究方式一样，科学家也采用各种仪器与设备对CNF纳米纤维的微观形态变化、晶体结构、化学成分进行了详细的分析与比较，通过这些数据进一步探明CNF纳米结构、力学性能、结晶行为、流动性能等，不仅能更加清晰地发现CNF纳米纤维制备过程纤维成分结构的变化，还能综合评价各类原材料、各种制备方法、不同预处理方式对纤维素纳米纤丝基本性能的影响，及时调控和改变制备条件与工艺，也能为该纤维材料的后续潜在应用领域探索及工业化推广利用提供数据指标。

1）表观形貌 纳米纤维的纳米尺度是判断纤维纳米化程度的基本标准，也是纳米纤维研究的主要内容之一。通过扫描电镜（SEM）、原子力显微镜（AFM）、透射电镜（TEM）能测定纳米纤维的直径大小与分布区间，但是由于纳米纤维的长度高达数百纳米甚至微米级，一般很难测得实际的长度。不同制备工艺得到的纳米纤维也具有不同的微观形貌，经过20次反复高压均质化处理的1%木质CNF呈网状交织，直径为25～100nm（Herrick et al.，1983；Turbak et al.，1983）。经过反复研磨的木质纳米纤维在1500r/min转速下反复处理5次后纤维基本达到纳米级，而后续反复处理对纳米纤维的形态影响不大，说明在高速研磨过程中，纤维纳米化主要发生在前面阶段，而后续的反复加工仅是让纳米尺寸分布更均匀，经15次反复处理后纤维直径为20～50nm，长度超过1μm（Iwamoto et al.，2007）。采用光学显微镜发现了高速搅拌过程中的“微纤丝水球”结构，从而构建高速搅拌制备纳米纤维的反应机制，场发射扫描电子显微镜（FE-SEM）观察最终的纳米纤维直径分布在15～20nm（Uetani and Yano，2011）。AFM不仅能测定纳米纤维的尺寸，还能表征纤维薄膜及纤维复合材料的表面形貌，对于分析其粗糙程度及其与水分的关系具有良好的指导作用，研究发现TEMPO预处理的CNF薄膜表面粗糙程度最小，只有1.6nm，这主要是由于此类纤维的直径为10～15nm，这个成果对于制造光滑表面CNF纳米薄膜具有很好的指导意义（Aulin et al.，2009）。

在木材细胞壁次生壁S2层，直径3～4nm的微纤丝通常聚集成15～25nm的微纤丝束，在CNF加工过程中通常得到的纳米纤维直径一般都在15nm以上，也有少量为10～15nm，但几乎没有将纳米尺寸加工到5nm以下的（图11-4），说明纳米纤维还是以微纤丝束（即纤丝）为主，因为直径在纳米材料尺度内（1～100nm），国际标准组织将该材料命名为纤维素纳米纤维，大量文献也将其直接简称为纳米纤丝（nanofibril）；同时这也是该类纳米纤维材料力学性能较微纤丝理论计

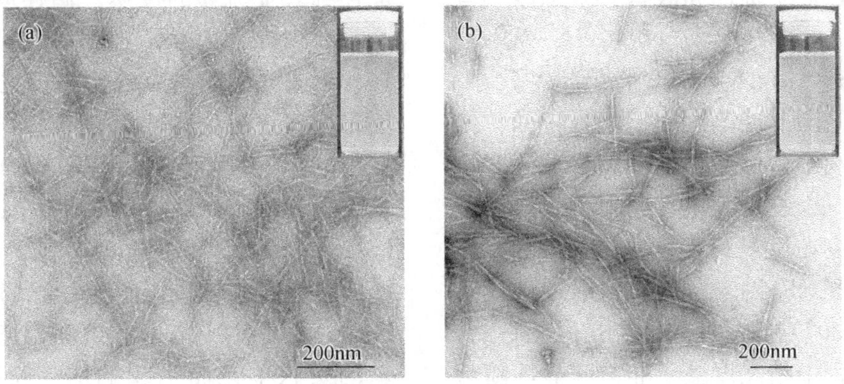

图11-4 纳米纤维透射电镜图

（a）TEMPO氧化；（b）酶解+超微细磨；插图为0.5%纳米纤维胶体

算值低的原因之一（Fahlén and Salmén，2003；Iwamoto et al.，2010）。

2）分子聚合度 分子聚合度（DP）是高分子材料中衡量高分子单体聚合程度、链长、支链结构的重要参数。高速剪切将纤维素微纤丝分开，也截断了部分纤维，必然降低纤维素分子聚合度。聚合度降低程度与加工方法、预处理及原料纤维的特性有关，一般来说，原料纸浆纤维的聚合度为1200～2000，而经过高速剪切均质化处理的纳米纤维聚合度在800以下，平均降低30%～50%（Siró and Plackett，2010）。比较发现，单一的均质化处理对纤维素分子聚合度影响不大，5次均质化处理后的纤维素聚合度从1289下降到1191，20次处理后仅下降到947（Herrick et al.，1983）。但是通过酶预处理再经20次均质化的纤维素分子普遍从1280下降到500左右，其中5%浓度酶处理纤维素降低至340（Henriksson et al.，2007a）。类似的结果也在经过TEMPO氧化预处理CNF纳米纤维中出现（Saito et al.，2005；Shibata et al.，2006；Isogai et al.，2009）。

分子聚合度的减小尽管不能直接证实纤维长度变短，却能说明纤维表面物质在一定程度上去除减少，导致纤维表面产生破损与开裂等缺陷，这是造成CNF纳米纤维力学强度下降的原因之一（Iwamoto et al.，2007），从不同CNF纳米纤维复合材料力学性能的变化中也可以看出DP下降对材料性能的影响趋势（Henriksson et al.，2008；Nakagaito and Yato，2004，2005；Henriksson and Berglund，2007b），因此，在加工制备CNF纳米纤维及其复合材料过程中，分析和评价纤维素分子聚合度的变化，对于提高和改善力学强度具有重要意义。

3）晶体形态 与木质素、半纤维素不同，纤维素具有结晶区与非结晶区交错的独特晶体结构，这是影响植物细胞壁力学强度及干缩湿胀特性的主要因素之一。通过X射线衍射分析发现，纳米纤维的结晶度在反复高速剪切后有一定程度的下降，影响到CNF纳米纤维材料的弹性模量（Iwamoto et al.，2007）。结晶度的减小是区间性的，在最初的剪切过程中结晶度减小非常明显，随着剪切次数的增加，结晶度减少缓慢，逐渐趋于平缓，这种变化也进一步印证了Uetani和Yano（2011）指出的微纤丝化通常主要发生在最初的剪切过程中。

经预处理后纳米纤维结晶状态改变不一。碱预处理纳米纤维的结晶特性较复杂，碱化处理溶解部分半纤维素和木质素之后，纤维的结晶度有所提高，经过高速剪切处理以后，结晶度从57.4%提高到71.2%（Wang and Sain，2007）。使用质量分数20%的碱化处理纤维素后使得纤维素类型发生改变，从Ⅰ型纤维转变为Ⅱ型纤维，这种转变直接促进了其薄膜的抗拉性能提高1倍。对于这种现象的解释是，在荷载状况下，强碱处理绷直了无定形区相互接触的纤维素分子链（Nakagaito and Yano，2008）。酶解预处理对纳米纤维的结晶行为影响还未见报道。结合XRD与^{13}C NMR分析，TEMPO/NaClO/$NaClO_2$氧化体系对原料纤维的晶体结构及晶体类型基本没有影响，CNF纳米纤维主要以纤维素Ⅰ型结构存在（Saito et al.，2009）。

4）流变特性 CNF在水中依靠氢键与范德瓦耳斯力结合，以稳定胶体状态存在，具有剪切变稀假塑性体流变性质，常通过分析黏度、储存模量（G'）、损失模量（G''）来评价CNF纳米纤维的胶体特性。Herrick等首次制备CNF材料时就对其黏度进行了分析，发现剪切速率、温度、高速剪切次数会影响黏度性质。剪切速率大，黏度小；温度上升（从20℃到80℃），黏度从264MPa·s下降到91MPa·s（Herrick et al.，1983）；随着高速剪切次数的增加，黏度呈指数上升，5次以后基本趋近平衡，因此黏度也和保水值一样作为衡量CNF纤维纳米程度的一个重要指标。仅以黏度不能详细表征流体的性质，储存模量、损失模量也是重要指标。通过不同的研究都得到相同的结论，在相同条件下的储存模量是损失模量的10倍，浓度每增加1%（从2%到3%），两类模量都会增为原来的10倍，但随着频率的增加，两个模量基本没有变化（Lowys et al.，2011；Pääkkö et al.，2007；Lasseuguette et al.，2008），这一现象与经典的流变学方程差异较大。正是由于CNF拥有优异的长径比，且在水中借助氢键和范德瓦耳斯力形成纳米的网状单元而引起的这一特殊流体现象。在100 000s^{-1}高剪切速率下得到了相同的结果，进一步证实了这一特殊流变特性（Iotti et al.，2011）。

对经-20℃冷冻处理的 CNF 纳米纤维研究发现，冷冻并没有明显改变材料的流体特征，这一研究结果表明 CNF 可以在冷冻条件下储存和运输，为解决纳米纤维不能在干态存储的难题提供了方法与思路（Agoda-Tandjawa et al.，2010）。

CNF 作为一种新兴纳米纤维材料，近年来取得了惊人的研究成果，随着新思想、新仪器、新方法的不断涌现，在理论、技术及应用上必将取得重大突破。特别是自人类对绿色材料的认识进入一个新的阶段以来，植物纤维的优势不言而喻，因此它必将作为一种热门材料活跃在生物质纳米材料领域。但是仍然还有许多难点急需攻克，如减少加工过程能量消耗，降低生产成本。综合机械（预磨、短化、细化）、化学（TEMPO 氧化体系、酸、碱）、生物（酶、菌等微生物）预处理方法，对原料纤维进行改性，减少高速剪切次数，降低能量耗费。此外，进一步提高 CNF 单体及增强复合材料的力学性能，最大程度地保持纤维素结晶度、分子聚合度，设计优化复合体系结构，发挥纳米纤维力学强度高的优势。

11.2 生物质纳米纤维自组装薄膜

生物质纳米纤维，尤其是纤维素纳米纤丝，具有优异的力学性能，其弹性模量为 100～150GPa（Cheng and Wang，2008；Iwamoto et al.，2009），可与碳纤维相媲美。同时，这些纳米纤维能自组装形成交织网络结构的纳米薄膜，其力学强度、比表面积、光学性能优越，在高档包装材料、防伪印刷、光学材料等领域显示出非常乐观的应用前景。

11.2.1 生物质纳米纤维自组装成膜

原料纸浆纤维经过微纤丝化后得到的CNF表面含有大量的羟基，在水溶液中相互交织成稳定的胶体。CNF 溶液失水形成干态薄膜（film 或 sheet）的过程中，相邻纳米纤维通过羟基形成氢键结合成致密结构，在此过程中不可避免地会产生毛细管张力，因此随着水分的逐渐减少，薄膜将发生明显的皱缩与变形。因此，纳米纤维自组装的方法影响和决定着薄膜的结构与性能，现阶段常采用模制法（casting）和渗滤干燥法（filtration-drying）制备植物纳米纤维薄膜。

1）模制法 对纳米纤维悬浮液进行超声波分散处理后，再通过加热的方式使溶剂蒸发，在毛细管张力的作用下，纤维逐渐靠拢，形成纳米纤维薄膜。以 TEMPO 氧化得到的 CNF 为原料，不同自组装方法对CNF 薄膜的性能具有一定的影响。通过模制法制备的 CNF 薄膜透光率高，但存在表面粗糙度大、力学性能不佳、容易发生皱缩变形的缺陷（Qing et al.，2015a）。此外，模制法的制备周期很长，需要几天甚至更长时间，难以大规模商业化生产。

2）渗滤干燥法 利用一种简易抽滤装置可使纳米纤维溶液在压力差的作用下，快速形成表面平整的纳米纤维薄膜，这种制备方法称为渗滤干燥法。与模制法相比，利用渗滤干燥法制备的纳米纤维薄膜具有表面平整、力学性能好等优点。Sehaqui 等（2010）在此方法基础上，提出了一种快速制备大尺寸、表面平整的纳米纤维薄膜的新方法。他们将抽滤制得的湿膜先夹在孔径为 50μm 的金属筛网之间，外层再包覆吸水纸板，在 93℃、7000Pa 的真空炉内干燥 10min，即可制得性能优异的纳米纤维薄膜。虽然渗滤干燥法操作复杂，但一定程度上提高了纳米纤维薄膜的整体性能，且大大缩短了制备时间，是一种很有潜力的商业化生产纳米纤维薄膜的方法。

CNF 薄膜的一个显著特征是纳米纤维天然的网状交织及径向层状结构。在 CNF 溶液中，纳米纤维之间相互交织缠结成天然的网状结构，伴随水分的去除，这些网状结构也逐渐收缩成纳米单元，赋予了 CNF 薄膜优异的力学、热稳定、复合增强等性能。在失水成膜的过程中，由于重力作用，交织状纳米纤维总是先沉积成小薄层，逐渐累积成更厚的薄膜，因此 CNF 薄膜在径向呈现出层状的结构。这种径向层状结构对 CNF 薄膜的性质影响较大，同一平面的纳米纤维结合强度优于层与层之间的纳米纤维，层与层之间的破坏可能是导致薄膜断裂的主要因素之一（Svagan et al.，2007）。CNF 薄膜吸水膨胀以后，径向层状结构更加明显，通常薄膜的径向（即厚度方向）膨胀比横向（宽度和长度方向）膨胀大得多，这主要是制备干态薄膜时纳米纤维径向收缩比横向大所引起的。这种特殊的纳米层状结构在复合材料的制备中有广阔的应用前景，结合仿生学原理制备类似于贝壳、珍珠一样的有机层与无机层交替叠加层状复合材料，能充分发挥纳米层状结构的潜力。

11.2.2 生物质纳米纤维自组装膜的结构与性能

纳米纤维的精细纳米结构可赋予其自组装薄膜良好的力学性能、光学性能、阻隔性能及热稳定性。近年来，自组装纳米纤维薄膜在储能材料、光电材料等高端领域应用发展迅速，吸引了众多研究者的广泛关注。

1）力学性能 纳米纤维在溶液中常呈天然网状交织状态，失水形成薄膜时，这些交织的纳米纤维在水平方向上逐渐收缩成微小单元，是纳米纤维薄膜优异力学性能和热稳定性的结构基础。垂直方向上，交织状纳米纤维在重力作用下逐渐沉积成小薄层，随着水分的逐渐减少，薄层则堆积形成更厚的薄膜，因此纳米纤维薄膜在厚度方向上以层状结构为主。这种层状结构对纳米纤维薄膜的力学性能影响较大，同一平面的纳米纤维结合强度高于层与层之间的纳米纤维，层与层之间的剪切破坏是导致纳米纤维薄膜断裂的主要原因之一（Svagan et al.，2007）。自组装 CNF 薄膜表面和断裂面微观结构如图 11-5 所示。

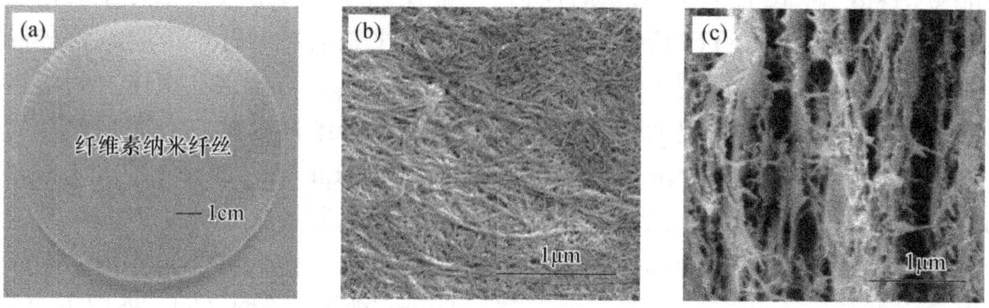

图 11-5 CNF 薄膜及其微观结构

（a）CNF 薄膜；（b）表面；（c）断裂面

CNF 薄膜的拉伸强度高于普通打印纸，也优于聚乙烯薄膜（Taniguchi and Okamura，1998）。当以甜菜根为原料制备 CNF 薄膜的力学性能时发现，其中的果胶具有胶黏剂的作用，能增大纳米纤维之间的结合强度，有利于提高薄膜的力学性能；而随着含水率的增大，抽提物及果胶易吸水软化，从而降低其力学性能（Dufresne and Vignon，1998）。用酶预处理木材 CNF 可制得纤维素聚合度为 1100、孔隙率为 28%的高韧性（15.1MJ/m^3）薄膜（Henriksson et al.，2008）。以 TEMPO 氧化木质 CNF 为原料，制备的薄膜拉伸强度高达 300MPa，拉伸断裂伸长率接近 12%（Satio et al.，2009）。表 11-1 综合比较了不同 CNF 薄膜的主要力学性能。从表 11-1 可以看出，纳米纤维加工方法和薄膜制备方法对薄膜力学性能的影响较大。

表 11-1 不同 CNF 薄膜主要力学性能的比较

纤维来源	加工方法	薄膜制备方法	最大拉伸应力/MPa	最大拉伸应变/（mm/mm）	弹性模量/GPa
针叶木浆（Henriksson and Berglund，2007）	酶预处理+15 次均质化处理	真空过滤，80℃干燥	104	2.6	14
针叶木浆（Nakagaito and Yano，2008）	酶预处理+12 次均质化处理	真空过滤，55℃干燥	214	10.1	13.2
阔叶木浆（Qing et al.，2012a）	中性 TEMPO 氧化处理	真空过滤，50℃干燥	312	11.5	6.5
桉木浆（Qing et al.，2015a）	中性 TEMPO 氧化处理+2 次均质化处理	模制	226	8.2	11.8
木浆（Qing et al.，2015a）	中性 TEMPO 氧化处理+2 次均质化处理	加压过滤，60℃干燥	232	14.2	4.25
甜菜根（Dufresne and Vignon，1998）	碱化处理+10～15 次均质化处理	模制	104	3.2	9.3

2）光学性能 由于植物纳米纤维的直径远小于可见光散射的范围，理论上它是一种理想的透光材料。研究发现，厚度为 20μm 的 TEMPO 氧化CNF薄膜在波长400～1000nm的可见光透射率很高，其中针叶木浆 CNF 薄膜的可见光透射率为 90%，阔叶木浆 CNF 薄膜的可见光透射率为 78%（Fukuzumi et al.，2009）。由于可见光在纳米纤维薄膜表面会发生一定的反射，薄膜的孔隙结构也会导致不同程度的光散射，纳米纤维薄膜常呈半透明状。同时，研究发现通过砂纸打磨、覆盖聚合物等方法可降低 CNF 薄膜表面的可见光散射，使得薄膜的透光率明显提高（Yano et al.，2005）。而在 CNF 薄膜表面均匀涂覆透明的环氧树脂层（epoxy），不仅薄膜表面粗糙度降低，其可见光透光率也提高了约 20% [图 11-6（a）]（Qing et al.，2015b；Jung et al.，2015）。这种环氧树脂保护层还能防止水分对薄膜的“攻击”，制备的复合薄膜在现代柔性电子器件中有理想的应用效果。通常，纳米纤维（尤其是浓 H_2SO_4 酸水解制得的 CNC）在溶液中随机分散，当其浓度达到一定水平时，随机分散的纳米纤维自发组织成有序的排列，形成典型的手性相列排布，其自组装形成的薄膜表现出明显的虹彩效应（Giese et al.，2015）。

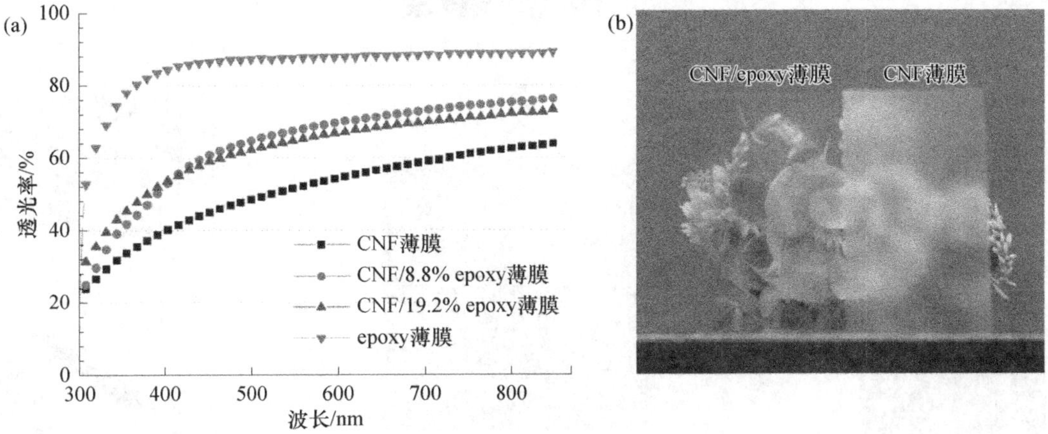

图 11-6 自组装 CNF 薄膜及其环氧树脂复合薄膜透光特性比较

3）阻隔性能 自组装纳米纤维薄膜的结构致密，能有效阻隔 O_2、CO_2 及油分子等小分子物质。Syverud 等首次研究了 CNF 薄膜的阻隔性能，结果发现，厚度为 21μm 和 30μm 的 CNF 薄膜的空气透过率分别为 13nm/(Pa • s)和 11nm/(Pa • s)，氧气透过率分别为 18.5mL/(m^2 • d)和 17.0mL/(m^2 • d)，其气体阻隔性能远优于相同厚度的高、低密度聚乙烯薄膜，略高于商业玻璃纸。尽管纳米纤维薄膜具有纳米网状结构，网络孔径为 10～50nm，但纳米孔隙之间互不相通，气流难以快速穿过，只能通过扩散作用缓慢渗过薄膜。另外，纳米纤维的纤维素结晶度相对较高，且其表面微孔与裂痕也相对较少，能进一步阻滞小分子物质渗透过其薄膜。他们还发现，将 CNF 悬浮液作为涂料涂布在传统的纸张表面，能够明显降低纸张的空气透过率。因此，纳米纤维被视为一种在包装领域中有广泛用途的材料。

然而，水分对于 CNF 薄膜的阻隔性能影响显著。在低湿环境中（相对湿度小于 50%），CNF 薄膜的阻隔性能变化不大；而在高湿条件下（相对湿度大于 70%），CNF 薄膜的阻隔性能明显降低。其主要原因是在高湿度环境中，纳米纤维之间的氢键逐渐被水-纳米纤维氢键取代，纳米纤维薄膜的致密结构被水分子破坏、膨胀，这种膨胀结构及水分子载氧、载气量的提升加速了小分子物质的渗透（Nelli et al.，2010）。由此可见，纳米纤维的纤维素结晶度、纳米纤维之间的氢键强度是决定其薄膜阻隔性能的关键。抗水、耐湿的 CNF 薄膜有望取代传统塑料包装材料，为解决“白色”污染提供新的选择与思路。

4）热稳定性 植物纳米纤维具有较好的热稳定性，其自组装纳米纤维薄膜的热膨胀系数低于 10ppm/K，因此，纳米纤维薄膜拥有优异的热稳定性。在高温条件下（约 250℃），纳米纤维薄膜不会出现明显的热降解和热膨胀，能保持稳定的结构和性能。Nogi 等以植物纳米纤维为原料制备的自组装薄膜，其热膨胀系数（8.5ppm/K）远小于塑料的热膨胀系数（50ppm/K）（Nogi et al.，2013）。将这种薄膜和高光相纸一同置于高温条件下，结果发现，随着温度的升高和时间的延长，高光相纸的颜色变化明显，而植物纳米纤维薄膜的外观颜色及微观形貌基本保持不变。植物纳米纤维薄膜优异的热稳定性有利于维持其结构和理化性能，已经引起了包括柔性电子产品在内的多领域人士的广泛关注，将发挥着日趋重要的作用。

11.2.3 生物质纳米纤维薄膜的应用

植物纳米纤维薄膜是由交织的纳米纤维在氢键作用下自组装形成的致密层状结构，拥有优异的力学、光学、热稳定及小分子物质阻隔等性能，在包装材料、防伪印刷、储能材料、光学材料及生物医药等领域有广泛的应用前景（图 11-7）。

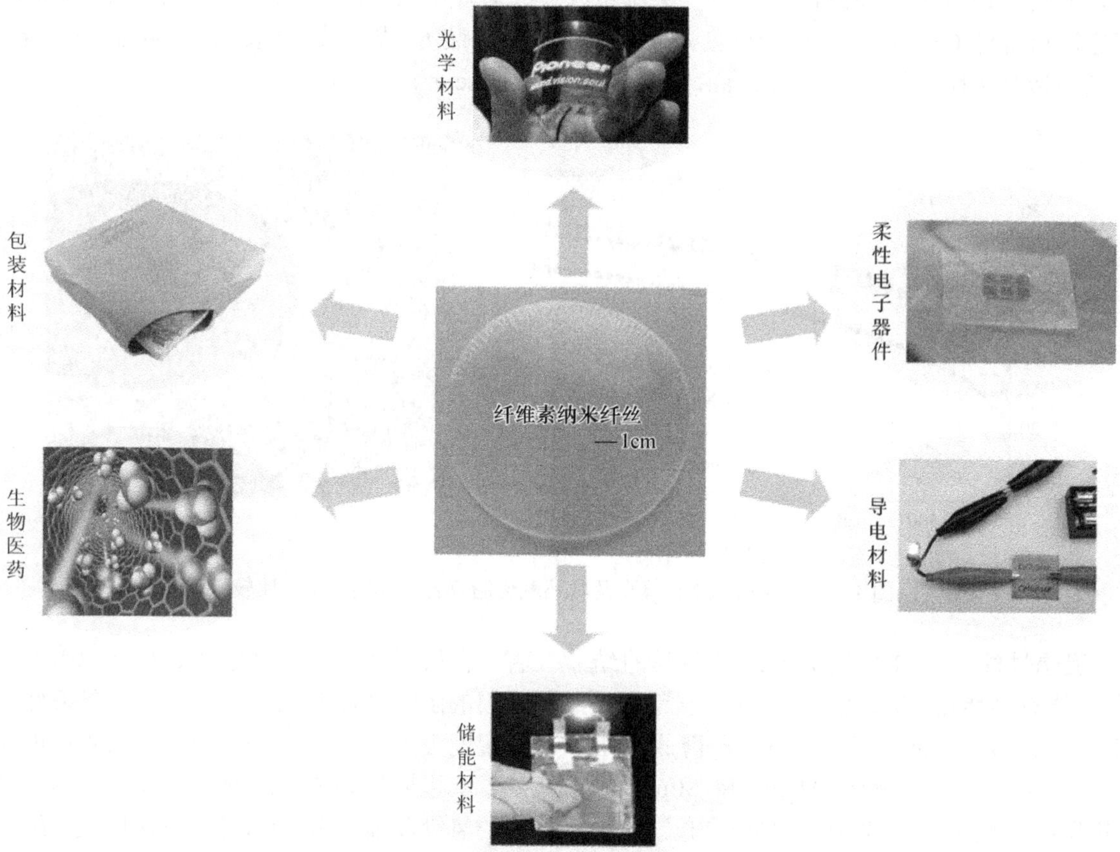

图 11-7 植物纳米纤维薄膜应用领域

（1）包装材料。植物纳米纤维薄膜的主要成分为纤维素，是一种天然可再生材料，且具有优异的抗油、抗氧、抗 CO_2 渗透能力，在高档包装材料尤其是食品保鲜领域具有非常明显的优势。

（2）防伪印刷。植物纳米纤维直径小于 100nm，其薄膜的表面粗糙度远低于普通纸张，印刷时能更清晰地反映油墨的痕迹，是一种良好的印刷纸币材料。此外，植物纳米纤维薄膜，尤其是 CNC 薄膜特有的光选择性吸收及旋光特性，可呈现出典型的虹彩效应，在防伪技术与防伪材料领域有良好的应用前景（Shopsowitz et al.，2010；吴伟兵等，2013）。

（3）光学材料。植物纳米纤维精细的纳米结构对光的散射很小，其自组装纳米纤维薄膜具有良好的光学性能。纳米纤维与透光性好的聚合物复合可制成力学、光学性能优异的纳米复合材料。例如，CNF 与聚甲基丙烯酸甲酯（PMMA）复合制成的透明薄膜不仅具有优异的光学性能，还具备良好的热稳定性与力学性能，是制备液晶（LCD）显示器件基板的理想材料（Satio et al.，2009）。

（4）导电材料。植物纳米纤维自身虽难以为电子移动提供有效的途径，但能与导电性能优异的碳纳米管、石墨、石墨烯等复合，制备出具有不同导电能力的复合薄膜。将碳纳米管与 TEMPO 氧化 CNF 复合，可制备透光率高的导电薄膜，其优越的导电、透光性能是发光二极管（LED）显示屏理想的选择（Koga et al.，2014）。将导电性能优良的银纳米线和碳纳米管涂布在 CNF 薄膜上，可得到一种网络结构均匀的导电膜。

（5）储能材料。植物纳米纤维含碳量超过 40%，碳化后是一种优良的储能材料。植物纳米纤维薄膜拥有良好的电化学稳定性、热稳定性、力学性能及多孔结构，在储能电极材料、隔膜材料领域应用前景广阔。

（6）生物医药。植物纳米纤维无明显的细胞毒性和环境毒性，且含有丰富的表面活性基团（如羟基等），是药物分子良好的载体。植物纳米纤维薄膜形成的网状结构能调节和控制药物分子的释放速率。因此，植物纳米纤维薄膜在生物制药及医用领域发挥着重要的作用。植物纳米纤维还具有良好的生物相容性，其独特的多孔网络结构有利于细胞的增殖、迁移及血管化，因此广泛应用于组织培养、皮肤修复等领域。

植物纳米纤维薄膜拥有特殊的网络结构、良好的透光性及优异的理化性能，是包装材料、防伪印刷、柔性电子器件、光学材料的理想选择。同时，由于含有丰富的活性基团，可通过化学改性接枝与纳米粒子沉积等方法修饰纳米纤维，从而赋予纳米纤维薄膜更多新的功能。然而，纳米纤维薄膜的形成是一个复杂的自组装（组织）过程，快速、连续制备性能优异的纳米纤维薄膜是解决其商业化生产的关键。此外，由于纳米纤维薄膜具有较强的吸湿、吸水特性，吸湿后的纳米纤维薄膜理化、透光、阻隔及热稳定等性能都会有不同程度的降低。因此，提高和改善纳米纤维薄膜的抗水性能是未来急需解决的另一个重要课题。

11.3 生物质纳米纤维增强聚合物复合材料

在传统生物质纤维增强聚合物复合材料（WPC）的制备过程中，纤维能有效改善聚合物的结构与性能，加工出理想的生物质复合材料。生物质纳米纤维来源于植物纤维，结构精细、性能优越，也常用来与传统聚合物复合开发高性能纳米材料。本节主要从生物质纳米纤维素的表面修饰、定向调控、增强水溶性和非水溶性聚合物，以及生物质纳米纤维增强机制进行探讨。

11.3.1 生物质纳米纤维的表面修饰与定向调控

CNF 能改善增强聚合物不仅因为其优异的力学性能，其独特网状结构也发挥着非常重要的作用。多次均质化处理后得到的 CNF 在水中呈交织状态，而进一步硫酸水解后纳米纤维交织效果明显变弱（Azizi et al.，2004）。利用这些纤维增强白乳胶时，均质化处理 CNF 增强复合材料的弹性模量是后续酸水解纳米纤维复合材料的 2～3 倍，拉伸强度是其 3～4 倍。复合材料的动态热机械性能显示，交织网状结构能够有效传递和减弱周期性消散作用，随温度上升其储存模量降低很小，而水解纳米纤维增强复合材料的储存模量急剧下降。模拟计算发现，10wt% CNF/羟丙基纤维素复合材料中由于 CNF 呈网状结构，其硬度比纤维含量 5wt%复合材料明显高许多（Zimmermann et al.，2004，2005）。上述结果说明，网状交织纳米纤维与聚合物较易形成氢键，有效传递和分散载荷，增强力学性能；同时网状交联结构也能限制聚合物分子受热剧烈运动，改善热稳定性。

在制备 CNF/高聚物复合材料时，首先要考虑的问题就是 CNF 的分散性能和界面结合力较差，而最好的解决方法就是化学改性。在制备 CNF 时对其进行化学改性，是解决这两个问题最为简易的方法。大多数的化学处理会在表面引入诸如羧基、羟基等氧的衍生物（Baek et al.，2004a，2004b；Tan et al.，2010），这些亲水基团使 CNF 易于在极性溶剂中分散。例如，用 3-氨丙基三乙氧基硅烷处理氧化得到 CNF，CNF 上的胺基进一步与环氧树脂基体反应，显著提高了复合材料的强度（Zhu et al.，2010）。Nistal 等（2011）将自制的甲基丙烯酰、乙烯基三乙氧基硅烷引入 CNF 上。CNF 上引入的乙烯基增加了其与乙烯基单体的反应活性，从而提高了 CNF 与聚合物的相容性。基于羧羟基和醇羟基与烷氧基硅烷具有良好的反应活性，很多硅烷偶联剂用于改性碳纳米材料。但改性后的纳米纤维因为羧基、羟基等基团的引入，其也易与其他官能团发生副反应（Gromov et al.，2005；Karippal et al.，2010；Wei et al.，2004），从而改变了 CNF 表面的化学性质。

11.3.2 生物质纳米纤维增强水溶性聚合物复合材料

生物质纳米纤维有很强的亲水性，易均匀分散在水溶性树脂中。其优异的力学性能、精细的纳米结构是水溶性聚合物增强的极佳材料（表 11-2）。

1）热固性树脂 Nakagaito 和 Yano（2008）首次制备 CNF-酚醛树脂复合材料，他们将干的 CNF 薄膜加压浸渍一定量的树脂，在 60℃条件下干燥 6h 后，层积热压成厚度为 1.5mm 的薄片。热压压力 100MPa、树脂添加量为 11%条件下的复合材料具有最好的力学强度，其弹性模量为 19GPa，抗弯强度为 370MPa，力学性能与铝板相当。相互交错的网状结构及纳米纤维赋予复合材料优异的力学性能，而酚醛树脂不仅充当胶黏剂的作用，也作为填料分布于 CNF 薄膜空隙之间，有效阻止载荷作用下生成的裂纹进一步延伸与蔓延，也促进应力的有效传递。CNF 添加量对酚醛树脂基复合材料的弹性模量及热膨胀性也有影响，纳米纤维添加量 80wt%时，复合材料的弹性模量是纯树脂的 4 倍，热膨胀系数为纯树脂的 1/6（10ppm/K）。由于酚醛树脂固化时发生颜色变化，类似方法用于制备 CNF-三聚氰胺树脂纳米复合薄膜。相对于纯 CNF 薄膜，复合薄膜的拉伸强度提高 50%，弹性模量提高 30%，但是由于固化后的三聚氰胺较脆，拉伸伸长量减小，其吸湿、动态黏弹性能均明显改善。这种高弹性模量（约 16GPa）低密度（约 1350kg/m^3）薄膜能用于扬声器鼓膜。因为在常温常压条件下，树脂不易进入薄膜，先将树脂与 CNF 溶液均匀混合，加压过滤，干燥、热压后再制备树脂分布均匀的 CNF-酚醛树脂薄膜，其拉伸强度高达 232MPa，拉伸断裂伸长率高达 16%，断裂韧性高达 26MJ/m^3（Qing et al.，2012b）。同时，运用 CNF 干态薄膜易吸水膨胀的特性，先将 CNF 干膜在去离子水中润胀 2h 后，再利用浓度、渗透压力差将酚醛树脂交换吸附进入 CNF 膜内，也成功制备分散均匀的 CNF-酚醛树脂纳米复合薄膜（Qing et al.，2012a）。

为充分利用 CNF 的良好透光性，采用抽真空浸渍将丙烯酸树脂浸入 CNF 干膜，得到透明的纳米薄膜，这种复合薄膜对于 600nm 以上波长可见光的透射率高达 70%；在 20～150℃的热膨胀系数为 $1.7\times10^{-5}K^{-1}$，仅为纯丙烯酸的 1/4，而弹性模量高达 7GPa。这种透明薄膜有望取代传统玻璃作为高韧性显示器屏幕材料（Iwamoto et al.，2005）。在此基础上，研究 CNF-不同丙烯酸（弹性模量不同）透明复合薄膜的性能，发现低弹性模量丙烯酸/CNF 的拉伸伸长量远远大于高弹性模量树脂复合材料（3 倍以上），热膨胀系数却明显小于后者（不到一半），为 12.1ppm/K（Okahisa et al.，2009）。研究结果进一步证明此类透明薄膜适用于制备高弹性、低热膨胀性有机发光二极管显示器基材。当然，这与商业化利用还有一定距离，首先是薄膜的吸湿稳定性、耐久性，其次是在其表面沉积其他导电层的可行性，但是作为一种天然生物质材料，其原料丰富、对环境无污染等优势非常明显。

表 11-2 纳米纤维-水溶性树脂复合材料主要的力学性能

树脂	纳米纤维	制备方法	添加量/%	最大拉应力/MPa	最大拉应变/%	弹性模量/GPa
酚醛（Nakagaito and Yano，2008）	30 次细磨+14 次均质化处理 CNF	干膜加压浸渍树脂，干燥后层积热压	11.10	370	3.30	19.00
酚醛（Qing et al.，2012b）	TEMPO 氧化 CNF	树脂与 CNF 混合制备湿膜，干燥后热压	10.00	214	12.60	4.84
酚醛（Qing et al.，2012a）	TEMPO 氧化 CNF	干膜吸水膨胀浸渍树脂薄膜，干燥热压	8.32	248	17.15	4.50
三聚氰胺（Henriksson and Berglund，2007）	酶预处理+15 次均质化处理 CNF	干膜加压浸渍树脂，干燥后热压	9.00	121	0.91	16.60
聚丙烯酸（Iwamoto et al.，2005）	细磨乙酰化 CNF	干膜真空浸渍树脂，紫外线干燥	未知	90①	5.30①	4.80①

注：①无原始数据，从相应图中计算得出

2）热塑性树脂 热塑性树脂中，聚乙烯醇与聚氨酯是两类常用的树脂。纳米纤维对聚合物具有增强作用时，同质量分数的纳米纤维-聚乙烯醇混合溶液充分搅拌后在常温条件下缓慢挥发水分得到纳米相应复合薄膜（Zimmermann et al.，2005）。比较不同尺度（微米、纳米）纤维对聚乙烯醇基材的增强效果，发现 10wt%纳米纤维增强复合材料的弹性模量提高了近 20%，而拉伸强度却小幅度降低。这种力学性质的变化是原料树脂性质，纳米纤维长径比、直径分布、方向，以及树脂与纤维的结合强度共同决定的（Cheng et al.，2007）。进一步研究发现通过对上述微纳米级纤维进行强超声波分散处理后，离心分离后得到的微细纤维对聚乙烯醇的力学强度增强效果更明显（Cheng et al.，2009）。因此，适当的纳米纤维直径、长径比不仅能决定纤维本身的力学强度，更能影响纤维在树脂中的分布、与树脂的结合，最终决定着相应复合材料的力学性能。以商业用纳米纤维（少量微纤丝束，直径为 10～100nm）、低黏度聚乙烯醇为原料采用相同的方法得到复合材料（Lu et al.，2008），发现纳米纤维的加入并没有影响到聚合物的结晶度，且添加 10wt%纳米纤维明显提高了树脂的储存模量及拉伸性能，对热稳定性也有一定改善；有些网状交织结构的纳米纤维对于提高树脂的韧性非常有效。制备方法及测试环境的相对湿度对纳米纤维-聚乙烯醇复合材料的力学性能具有显著影响，纳米纤维添加量在 5～10wt%时对聚合物的增强效果明显，且聚乙烯醇浓度也影响着纳米纤维的分布（1wt%聚乙烯醇中，1wt%纳米纤维容易发生团聚，聚合物的黏度对纳米纤维的分散有一定影响）；水分对于复合材料的力学性能影响显著，低相对湿度条件下材料的力学强度较好（Bulota et al.，2011）。

将聚氨酯树脂薄膜与纳米纤维干态薄膜相互叠加，热压制备纳米纤维-聚氨酯复合材料（层数未说明）（Seydibeyoğlu and Oksman，2008），16.5wt%复合材料的拉伸强度比纯树脂提高近 500%，弹性模量提高近 3000%，在−46℃聚合物软化点，复合材料的储存模量基本没有减少，比纯树脂高 2200%。这些显著的强化效果不仅来源于纳米纤维的优异力学强度利于与树脂大面积有效结合的尺寸结构，还源于纤维的纳米网状结构有效传递和减弱应力。

3）多糖类聚合物 淀粉是一类产量丰富的天然可再生多糖类聚合物，极易溶于水，广泛应用于食品、生物医药、化妆品、纺织等许多行业。但是它对于水分的敏感性也会限制其使用范围，同时未经处理的淀粉材料较脆，力学性能较差。因此，用纳米纤维胶体与淀粉制备“绿色”复合材料，不仅能改善其吸水特性，还能提高其力学强度。研究发现，利用马铃薯浆 CNF 改善淀粉（糊化处理）的热力学性质及吸湿特性（Dufresne and Vignon，1998），添加 5wt%的纳米纤维能明显抑制塑化淀粉薄膜的储存模量在玻璃化转变温度（−23℃）附近的迅速降低，40wt%纳米纤维改性塑化淀粉吸水率减少 20%。纳米纤维改性支链淀粉时（López-Rubio et al.，2007），CNF 不仅能充当传统的角色——增强基改善支链淀粉的力学性能，还可以替代甘油发挥塑化剂的能效，同时纳米纤维-淀粉聚合体系的糊化程度是影响材料的主要因素。将糊化温度升高到 85℃以上能促进淀粉分子的膨胀、溶解与分散，利于纳米纤维均匀分散在聚合物基体中。研究 CNF-甘油塑化淀粉复合材料时发现（Svagan et al.，2007），随着纳米纤维含量的增加，CNF-甘油塑化淀粉复合材料的弹性模量、拉伸强度明显增大，拉伸断裂伸长率迅速降低，纤维含量为 70%时，上述指标分别为 6.2GPa、160MPa、8.1%，整体性能最佳，材料具有很高的韧性，且其储存模量随着温度（−100～150℃）的变化基本保持稳定。麦秸秆也是天然的纤维材料，麦秸秆纳米纤维增强热塑性淀粉，其拉伸强度与弹性模量提高了 145%，储存模量由 112MPa 增加到 308Mpa（Alemdar and Sain，2008）。这种复合材料在包装、生物医用领域有诱人的前景，对于提高农业剩余物价值具有重要的意义。由于纳米纤维形成致密的空间网状结构对淀粉吸湿膨胀的限制，且大比表面积的纳米纤维羟基与淀粉羟基反应生成化学键，明显降低淀粉薄膜的水分扩散能力，也能降低其对水分的吸收能力（Svagan et al.，2009）。

纳米纤维对壳聚糖薄膜制备及性能也有很大的影响（Nordqvist et al.，2007）。由于纳米纤维具有很好的力学性能、强度及韧性，能够促进和壳聚糖湿膜的成型及可操作性，减少湿膜干燥时的收缩及变形，且不需要加入复杂的缓冲液。然而，纳米纤维对其相应干膜的力学性能增强效果不很明显。

11.3.3 生物质纳米纤维增强非水溶性聚合物复合材料

CNF 也常用来增强非亲水性聚合物如环氧树

脂、聚乙烯、聚丙烯及聚乳酸等。因为纳米纤维有很强的亲水性，易均匀分散在水溶性树脂中，而对于非水溶性树脂而言，纳米纤维必须经过一系列处理后，才能与树脂充分有效结合，生成新的复合材料。

1）环氧树脂 环氧树脂是一类用途非常广泛的非水溶性树脂，Lu 等（2008）先用乙醇置换出 CNF 溶液中的水，再用丙酮置换出 CNF 乙醇溶液中的乙醇，得到纳米纤维的丙酮溶液。为了使纳米纤维与环氧树脂产生化学键结合，纳米纤维丙酮溶液需加入少量的偶联剂［3-氨基三乙氧基硅烷、3-环氧丙基三乙氧基硅烷及钛酸酯偶联剂（Lica 38）］，经充分搅拌均匀后，再加入环氧树脂混合均匀，然后加入固化剂充分搅拌，抽真空除去溶液内部气泡后，采用模制方法边挥发丙酮、边固化树脂得到 CNF-环氧树脂复合材料。偶联剂有效地将纳米纤维亲水性转变为疏水性，促使其均匀分散于非亲水性环氧树脂基体中，且能产生化学键结合，其中钛酸盐偶联剂效果最好。复合材料的热稳定性、动态热机械性能都得到不同程度的改善。当利用纳米纤维增强环氧树脂-碳纤维复合材料时（Gabr et al.，2010），纳米纤维含量对复合材料层的间断裂韧性、动态热机械性能及微观结构都有影响。2%质量分数纳米纤维增强复合材料的层间断裂韧性的产生和延伸分别降低 80%、44%，纳米纤维的断裂吸收了部分断裂能量，从而提高了复合材料的层间断裂韧性。此外，复合材料的拉伸强度及动态热机械性能也在一定程度上得到改善。

2）聚乙（丙）烯 聚乙（丙）烯是强非亲水性聚合物，且在常温条件下为固态，纳米纤维较难均匀分布其中，更难与其产生化学键结合。通过对纳米纤维进行表面处理，或者采用特殊的工艺也能成功制备出分散较好的纤维增强聚乙（丙）烯复合材料。例如，先将乙烯丙烯酸低聚物枝接到纳米纤维分子上，再将极性大大降低的改性纳米纤维低聚物与聚乙（丙）烯熔融混合，模压成纳米纤维-聚乙（丙）烯复合材料。复合材料拉伸强度和弹性模量都明显增强，尤其是 5/45/50（纳米纤维/低聚物/聚丙烯质量比）复合材料的拉伸强度提高近 2 倍（Wang and Sain，2007）。然而，由于纤维与聚合物之间存在少量间隙，纳米纤维及低聚物延伸率都比较低，复合材料的拉伸断裂伸长率都有不同程度的减少，一般在 10%范围之内。或者将聚丙烯加工成较细的纤维状态，与纳米纤维溶液充分混合后，过滤、干燥去除水分，在 170℃、5MPa 条件下模压 5min 后制备得到纳米纤维-聚丙烯复合材料（Wang et al.，2006）。复合材料的弹性模量和拉伸强度都提高 80%～90%，而拉伸断裂伸长率却下降 80%～200%。这说明采用纳米纤维增强热塑性聚合物是可行的，但是如何提高纤维在聚合物中的分散程度，防止纤维团聚，以及增加纤维与聚合物的有效结合，提高不同极性物质的两相界面强度是今后这类复合材料的研究重点。

3）聚乳酸 聚乳酸是一种新型的可生物降解聚合物，采用植物基纳米纤维增强聚乳酸不仅能提高聚乳酸的性能，还能得到无环境危害的绿色材料。同时纳米纤维呈半透明状态，也能保持聚合物的色泽与颜色，增强美观效果。将纳米纤维溶液与丙酮充分搅拌后，加入聚乳酸充分混合，自然挥发掉水分与丙酮，得到干态纳米纤维-聚乳酸混合物，再经混炼、造粒、模压成复合材料。通过比较发现，丙酮分散处理后，纤维分散效果增强，复合材料的拉伸强度提高 20%，弹性模量提高近 30%（Iwatake et al.，2008）；纤维的形态尺寸对于复合材料的增强作用差异较大，细长纤维最好；纳米纤维添加量为 10wt%时，复合材料的力学强度及动态黏弹性性能综合最优。考虑到聚乳酸结晶时间较长，而低结晶度的聚乳酸在高温条件下储存模量迅速降低，强度迅速下降，严重影响复合材料的应用。聚乳酸本身的性质对复合材料性能的影响较大，如聚乳酸结晶度对纳米纤维增强复合材料的力学性能及动态热机械性能的影响（Suryanegara et al.，2009）。聚乳酸的结晶度对于 CNF-聚乳酸复合材料力学性能的影响较小，但随着纤维质量分数的增加（0～20wt%），结晶复合材料的弹性模量、拉伸强度呈明显增加趋势。值得注意的是，结晶度对于复合材料的动态热机械性能影响显著，结晶复合材料在 60～80℃（高弹态转变温度区间）的储存模量由 3GPa 降至 1GPa，而非结晶复合材料则降至 10MPa。他们还发现纳米纤维的添加也能促进聚乳酸的快速结晶，这从另一方面促进了复合材料力学及热学性质的提高与改善

(Suryanegara and Nakagaito，2010)。研究CNF-聚乳酸复合材料的力学性能发现(Nakagaito et al.，2009)，网状纳米纤维与聚乳酸分散良好，结合紧密，且随着纤维质量分数的增加(10%～90%)，复合材料的力学性能逐渐提高，90wt%CNF复合材料的拉伸强度达到180MPa，弹性模量为14GPa，接近纯的纳米纤维薄膜。在纳米纤维-聚乳酸复合材料中(Okubo et al.，2009)，纳米纤维分散良好的复合材料，其拉伸断裂伸长率是未经分散材料的3～5倍，均匀分散的网状纳米纤维在拉伸过程中能够吸收部分能量，也能阻止微裂纹的生长与延伸。

为了扩展亲水性纳米纤维增强非极性聚合物，Tingaut等(2010)对CNF进行乙酰化处理，降低或转变纳米纤维的亲水性。研究得到，4%以上乙酰化处理阻止了纳米纤维干燥时的角质化，由于纳米纤维之间未能形成很强的氢键，干燥后的粉末不仅热稳定性增强，也能重新溶于非极性溶剂中。这一发现对于制备干燥粉末状的纳米纤维提供了思路，也为此类纤维增强非亲水性聚合物提供了方法。在此基础上，他们将纳米纤维与聚乳酸溶于三氯甲烷溶液中，均质化处理后采用模制的方法得到CNF-聚乳酸复合材料。

11.3.4 生物质纳米纤维增强机制

关于纳米粒子的增强机制目前尚存在争论，主要可以归纳为以下三种理论(Zhu et al.，2005)。第一种极端的增强理论认为，增强过程仅仅是通过纳米粒子的聚集，形成可以直接转移能量的通道。与“粒子聚集”观点相对的“交互区”理论认为，聚合物链固定在纳米粒子上，这种固定作用减弱了链段的运动，形成了具有良好弹性的纳米-聚合物渗透网络。最后一种理论认为聚合物链在纳米粒子之间产生搭桥，进而形成网络结构。但是，对于纳米纤丝这种纳米粒子来说，增强理论并不局限于上述三种。含有CNF的复合材料，其内部良好地分散了包括可逆的非共价键和缠结作用在内的物理键合，这使得材料在裂纹扩展之前还可以保持一定的完整性。可逆的非共价键主要是纤维与聚合物链因具备较多的极性键而形成的氢键，如图11-8所示，这种氢键起到了“牺牲键”的作用，在产生裂纹之前有效地吸收并分散应力。缠结主要起到负载和支撑的作用。由于纳米纤维上同时存在晶区与非晶区，晶区可以有效地吸收能量、抵抗大的形变；非晶区与聚合物链缠结起到了固定分子链的作用，这使得分子链间结合更为紧密，从而在产生裂纹之前通过缠结的纤维将应力传递发散，增加了复合材料的力学强度。

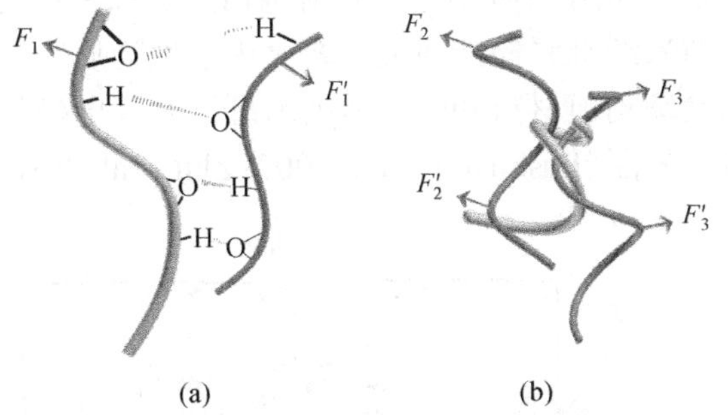

图11-8 纳米纤维与聚合物分子链间的氢键[(a)]及缠结[(b)]增强作用示意图

在纳米纤维增强聚合物复合材料的研究中，还存在许多科学难题亟待解决，如CNF制备周期过长、成本偏高，CNF-亲水性聚合物复合材料易吸湿，CNF与非亲水聚合物之间界面难融合等。基于上述研究现状，结合学科发展与技术进步，以下几个方面将是未来的主要发展方向：①采用超临界、溅射等干燥方法减少和克服CNF纳米纤维干燥过程的角质化，从根本上解决其存储与运输问题，同时也进一步促进CNF与聚合物以挤压、注射等传统方法加工成型。②利用低表面能、高疏水性聚合物对复合材料功能化处理，减少CNF-亲水性聚合物复合材料的水分敏感性，提高复合材料的耐久性及耐候性。③利用有机溶剂置换、添加偶联剂与表面活性剂、CNF乙酰基化等方法，提高CNF与非亲水性聚合物的均匀分散，使其有效结合。

11.4 生物质纳米纤维功能复合材料

生物质纳米纤维精细的纳米结构、丰富的表面活性基团、优异的力学性能、良好的生物相容性与天然的网状结构是设计先进功能材料的优选。作为纳米材料家族新成员，纳米纤维在绿色储能、柔性纳米器件、光学材料、催化吸附、智能释放等领域取得了许多突破性的进展。

11.4.1 生物质纳米纤维储能材料

纳米纤维本身具有良好的柔韧性和机械性

能，纤维之间彼此交错连接，易形成便于离子和电子传输的多孔结构。纤维表面还附有羟基、羧基等多种亲水性官能团，在电解质溶液中具有良好的保湿能力，其绿色储能材料具有广泛的应用前景。如图 11-9 所示，目前国内外研究者对生物质纳米纤维素储能研究主要集中于生物质纳米纤维素基隔膜材料和生物质纳米纤维素基电极材料两个方面（Pushparaj et al.，2007；Zhu et al.，2013）。

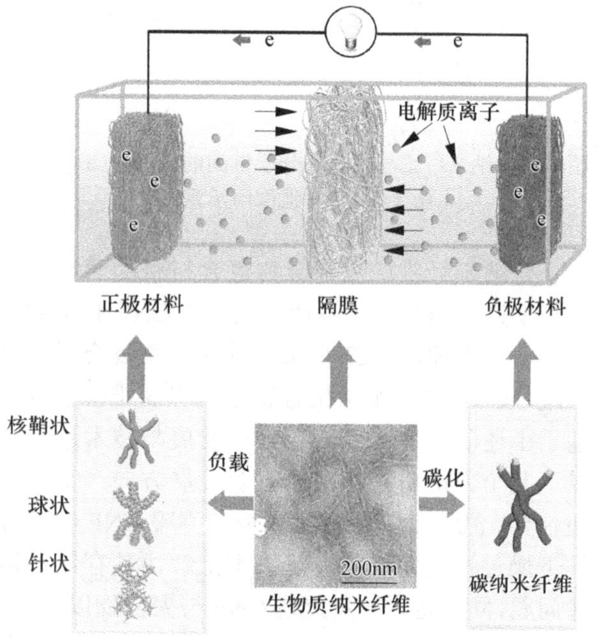

图 11-9　纳米纤维在储能材料中的应用

将纳米纤维-石墨基锂电池复合制备电池的阴极材料，这种层状的多孔材料不仅力学性能好、柔韧性好，循环充-放电多次后依然保持较高的可充电性（Jabbour et al.，2010）。为了提供更多的离子传递路径，将纳米纤维与碳纳米管混合后气凝胶化，孔状气凝胶不仅保持较高的力学强度，其 100 次循环充-放电后的质量能量密度高达 1200mAh/g（Hu et al.，2013）。由于纳米纤维在失水成膜（或气凝胶）时，自发地形成纳米孔隙结构，因此，在充-放电初期，这些材料的储存-释放电子的能力差异不明显，但随着循环充-放电次数的增多（高于 20 次），高孔隙率材料的储电能力相对较强（Chen et al.，2013）。这可能是由于反复充-放电后在电解质与电极材料表面形成隔离层，而这些隔离层在低孔隙率材料中阻滞带电离子移动的效果更明显。Wu 与团队成员利用纳米纤维优异的力学强度、表面丰富的活性基团及其成膜后的良好阻隔特性，设计出电极、隔膜一体化的锂离子电池，主要制备流程与电池基本构造见 Choi 等（2014）的研究。以纳米纤维为基体制备的上述锂电池具有较好的抗折叠能力，其放电效率在正常与折叠状态时基本一致。

为了避免正负电极之间短路，锂（钠）电池正负电极之间需要隔离膜机械隔离。在隔离正、负极时，它需保证锂离子在充-放电时能够自由移动穿越，因此呈多孔状。通过比较发现，纳米纤维自组装薄膜用于锂电池电解质隔离膜，比传统的聚乙烯隔离膜拥有更好的离子渗透能力与传递效果，对 $LiPF_6$/碳酸乙烯酯/碳酸二乙酯电解质浸润保湿能力更好，且纳米纤维分离膜具有良好的热稳定性与力学性能，充电击穿风险比聚乙烯膜低，该技术已经申请国际发明专利并向商业转化（Chun et al.，2012；Kim et al.，2013）。

储氢是绿色储能的有效方式之一。利用 2, 2, 6, 6-四甲基哌啶-1-氧自由基（TEMPO）氧化纳米纤维自组装薄膜能够选择性渗透 H_2（Fukuzumi et al.，2013），而 N_2、O_2、CO_2 等大分子气体却难以渗透，这一特殊渗透性质是由纳米纤维自组装结构的孔径所决定的。纳米纤维薄膜选择性渗透特性可以用于氢气的分离与提纯，对于绿色氢气的存储与利用具有非常诱人的市场潜力。

纳米纤维自组装薄膜延续了纤维力学性能强的特性，薄膜拉伸强度为 150～250MPa，弹性模量为 8～12GPa，拉伸断裂伸长率为 6%～10%。不仅如此，薄膜还具有良好的热稳定性与电化学稳定性，其热膨胀系数小于 8.5ppm/K，比一般的塑料（热膨胀系数 50ppm/K）耐热（Zhu et al.，2014）。因此，纳米纤维自组装薄膜在新型柔性微电子器件制备领域应用的前景惊人。在纳米纤维薄膜上可以直接“打印”太阳能电池，并且与导电介质（如碳纳米管、纳米银线等）功能化复合设计的新材料可用于触摸屏、交互式电脑等光电仪器（Hu et al.，2013）。同时在纳米纤维薄膜上也可刻蚀集成电路，该电路不仅能承受较宽范围的电压，在弯曲条件下仍能保持良好的传导效果。当在纳米纤维薄膜上设计柔性场效应晶体管时，将该材料弯曲或折叠时，该柔性晶体管的电子迁移率仅下降 10%左右（Huang et al.，2013）。

纳米纤维自身难以提供电子移动有效的途径，制备柔性微电子器件时，常将导电性优异的碳纳米管、石墨、石墨烯等与纳米纤维复合，裁剪设计具有不同导电能力的高强导电复合薄膜（Chen et al.，2013；Zheng et al.，2015；Gao et al.，2013）。纳米纤维与单壁碳纳米管剪切混合后自组装成膜，薄膜（8wt%碳纳米管）方块电阻约为300Ω/γ，该复合胶体能作为“纳米墨汁”喷墨打印在普通纸张上，形成导电电路（Koga et al.，2013）。上述导电介质与纳米纤维具有不同极性，如何提高二者之间的界面融合，改善它们在纤维中的分散程度是获取高性能导电纳米纤维薄膜的关键。由于纤维直径为10～50nm，纳米纤维薄膜的表面粗糙度很低，也能在薄膜表面直接打印导电电路（Hsieh et al.，2013）。该方法不仅加工工艺简单，还能保持纳米纤维薄膜天然的透光、高强等性能，是制备“卷对卷”柔性电子器件的良好选择。而将多壁碳纳米管改性纳米纤维气凝胶时，碳纳米管的导电特性赋予气凝胶灵敏的压感传递效果，是柔性压感材料的良好选择（Wang et al.，2013）。

11.4.2 生物质纳米纤维光学材料

由于纳米纤维直径降至10～50nm，约为可见光波长的1/8，对可见光的散射作用明显减弱，如图11-10（a）所示，纳米纤维胶体与自组装薄膜表现出良好的透光性。纤维的透光性主要由纤维直径决定，纤维表面的活性官能团、其自组装薄膜结构与表面粗糙度、纤维-纤维之间间隙等对纳米纤维及其薄膜的透光性也有重要影响［图11-10（b）］。

1）可控透光材料 相对于一般微米级纤维，可见光通过纳米纤维时发生的反向散射、前向散射与吸收显著降低，透光性随之改善。不同直径纳米纤维形成的自组装薄膜透光率、镜面透射比、浑浊度差异明显，纤维直径分别为10nm、50nm的自组装薄膜透光率高达92%～93%，然而，其镜面透射比分别约为70%、20%，浑浊度分别为49%、20%（Zhu et al.，2013）。镜面透射比、浑浊度与光的前向散射密切相关，镜面透射比低的纳米纤维薄膜光的散射度高，适用于太阳能电池基材，能提高光的有效转化，而镜面透射比低的薄膜更适于显示器等高透光、低散射要求的材料。不仅如此，通过调控纳米纤维薄膜的孔隙率、表面平整度，改变纤维-纤维之间的界面散射也能控制和改变薄膜的透光率与透光特性（Zhu et al.，2013；Nogi and Yano，2009）。

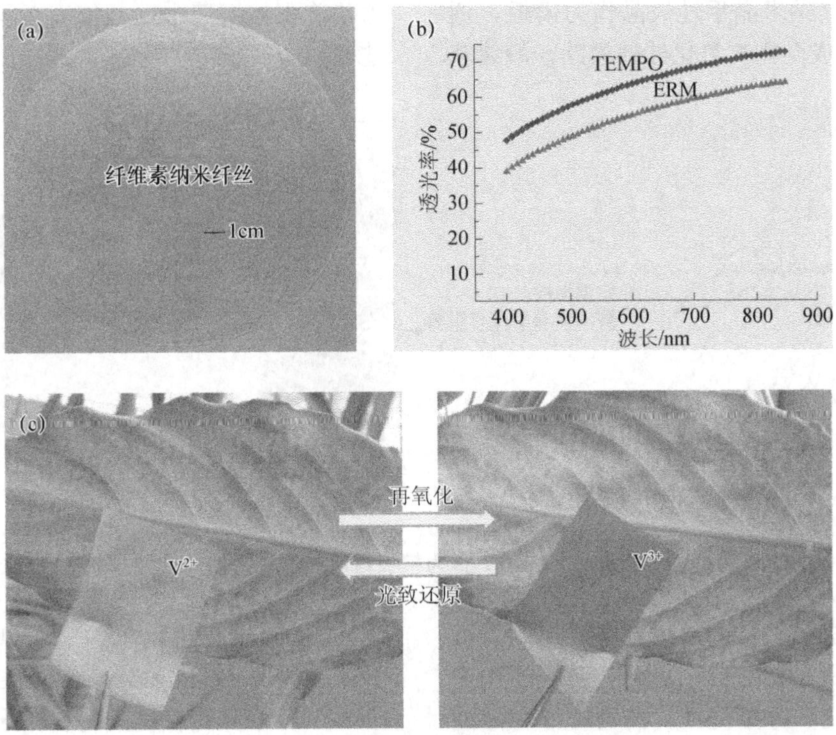

图11-10 可调控透光纳米纤维薄膜材料

（a）TEMPO氧化纳米纤维薄膜；（b）不同纳米纤维薄膜透光率；（c）光致变色纳米纤维-氧化钒薄膜，左边薄膜含有V^{2+}，右边薄膜含有V^{3+}

借助纳米纤维良好的透光性，Gutierrez 等（2012）设计出具有可逆光致变色效应的导电纳米纤维-氧化钒纳米功能材料［图 11-10（c）］。波长 368nm 的可见光辐射 30min 后，纳米纤维复合薄膜的颜色由绿色转变为淡紫色，在室温条件放置后薄膜的颜色逐渐恢复。这种可逆的光致变色效应是氧化钒中的 V^{3+}、V^{2+}在上述条件中可逆氧化还原反应引发的。虽然复合薄膜的透光率由 40% 降至 14%，毫无疑问，这种具有可逆光致变色特性的薄膜在未来人工智能窗、光电子晶体管、新型伪装隐身等领域前景广阔。在此基础上，他们还将具有光催化氧化效应的钛氧化物引入纳米纤维-氧化钒复合薄膜，设计具有光催化氧化与光致变色双重功能的纳米材料（Gutierrez et al.，2013）。

2）纤维素纳米晶为模板的手性液晶材料

纤维素纳米晶手性液晶具有原料易得、制备方法简便、结构可调的特点和特殊的手性光学性质。自然界中存在很多类手性液晶结构的物质，它们在生物体中起到了重要的作用。因此，人们期望利用纤维素纳米晶手性液晶作为模板或者结构基元来仿生构建新型的手性功能材料，从而推进它在现实生活中的实际应用。

（1）手性无机孔材料：Mann 等（2003）首先提出了利用纤维素纳米晶手性液晶作为模板，通过溶胶-凝胶法合成介孔二氧化硅的思路，最终获得的二氧化硅材料具有强烈的双折射效应，但是并没有发现明显的微观手性形貌。基于以上研究基础，国内外研究者利用纤维素衍生物的手性液晶作为结构导向剂分别独立合成了具有明显手性形貌的纤维素-二氧化硅复合物，但是煅烧后产物结构坍塌，手性不能够保持（Thomas and Antonietti，2003；Wang et al.，2010）。通过使用纤维素纳米晶体手性向列型液晶作为模板，以正硅酸四甲酯和正硅酸四乙酯作为硅源，可以合成具有左旋手性孔道分布的自支撑介孔二氧化硅薄膜材料（Shopsowitz et al.，2010）（图 11-11）。该薄膜材料具有极强的双折射性质，能够选择性地反射左旋圆偏振光。通过改变反应体系中硅源与纤维素纳米晶的比例，可以有效调节最终产物手性二氧化硅的反射峰波长，使其在可见光区与近红外区之间移动。高温煅烧纤维素纳米晶-二氧化硅复合膜，可以在材料当中产生手性分布的介孔孔道，并且使材料中手性结构的螺距收缩，反射光的波长发生显著蓝移。在纤维素纳米晶手性液晶结构拷贝到无机二氧化硅的实验过程中，纤维素纳米晶悬浮液的 pH 为其中的关键条件。当溶液的 pH（pH=2.4）接近于二氧化硅前驱体的等电位点（pH=2.0）时，纤维素纳米晶可以稳定分散于二氧化硅前驱体溶液中，且能有效抑制前驱体的缩聚过程。

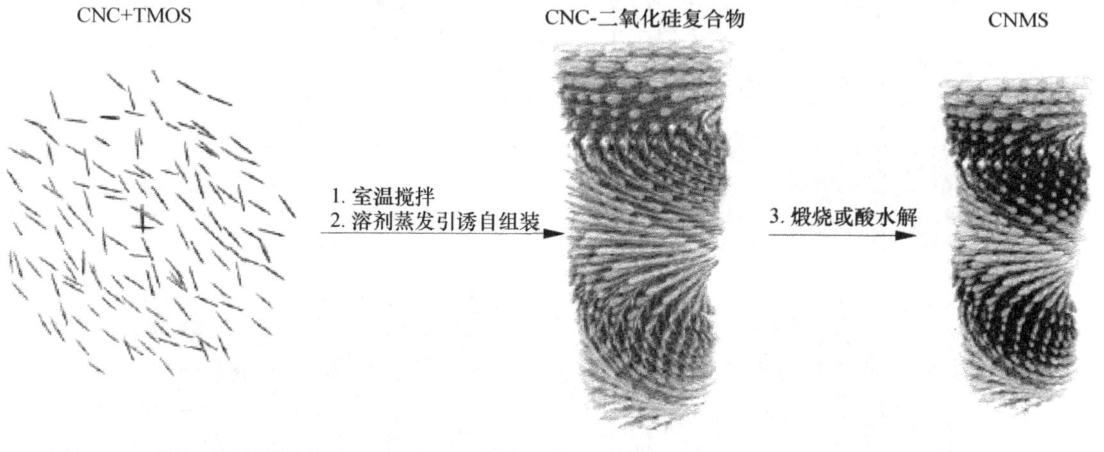

图 11-11　通过使用纤维素纳米晶（CNC）作为模板自组装合成手性向列型二氧化硅（CNMS）

（2）手性有机孔材料：具有有序结构的有机多孔材料，尤其是介孔材料，是一类新型的先进功能材料，在催化、分离提纯、药物缓释和储能等领域具有巨大的应用前景。常见的有机孔材料有金属-有机框架材料（metal-organic framework，MOF）（Feng et al.，2012）、共价有机骨架材料（covalent-organic framework，COF）（Asefa et al.，1999）、有序介孔有机硅材料（periodic mesoporous organosilica，PMO）（Meng et al.，2006）和有序介孔高分子材料（Seo et al.，2000）等。手性有机孔材料是一种新型的孔材料。它的手性既可以来自于作为骨架的有机高分子，又可以来源于其本身的孔形貌、孔道分布和材料形貌等，因此表现出比常规手性有机材料更加优异的物理和化学性质，可广泛应用于不对称催化、手性拆分、分子识别、非线性光学及传感等领域（Shopsowitz et al.，2012）。2012 年，MacLachlan 的研究组首次报道了通过纤维素纳米晶手性液晶作为模板，以有机硅源（六甲氧基二硅基乙烷和六乙氧基硅基乙烷）作为桥联高分子骨架，合成了具有长程周期性有序结构的手性介孔有机硅薄膜材料。在制备过程中，他们引入了软处理法去除模板的方式，有效保护了有机硅框架结构并且使材料的机械性能得到改善。该介孔有机硅膜具有强烈的圆双折射效应和可调的光学性质，可以用作功能性光学材料。

树脂是一种常见的高分子聚合物，它在常温下呈固态、半固态，具有软化或熔融温度范围，在外力作用下有流动倾向，被广泛应用于材料加工、气体分离和纯化等领域（Carritt，1953）。具有有序结构的介孔树脂既可以丰富介孔材料的种类，又能够对高分子纳米材料的实际应用有重要的意义。可以利用纤维素纳米晶手性液晶作为模板合成手性介孔树脂（Khan et al.，2013），选用低分子质量可溶性的酚醛树脂（A 阶酚醛树脂，Resol）作为有机高分子前驱体，参与纤维素纳米晶手性液晶的凝胶化过程中，从而将纤维素纳米晶手性结构固定，获得纤维素-Resol 复合物。A 阶酚醛树脂具有丰富的羟基，加热即可进一步交联聚合形成高度交联的 C 阶酚醛树脂。C 阶酚醛树脂具有三维网络状结构，其中一个苯环通过烷基桥或醚键和其他三个或四个苯环通过共价键的形式相连，这种骨架结构与沸石分子筛很相似。最后通过软处理的方式除去模板就可以得到具有手性结构的介孔 C 阶酚醛树脂。这种手性介孔酚醛树脂具有较大的比表面积、优良的机械性质及强烈的双折射效应，可以用作新型的柔性光学传感器。

以纤维素纳米晶为模板的手性液晶材料作为一种新兴的纳米生物材料，尤其在资源匮乏的今天，以纳米纤维素为模版开发功能材料是当前纤维素科学研究发展的趋势。纳米纤维素晶体及其接枝共聚物可以形成胆甾型液晶，利用这些特点可以仿生构建新型的手性功能复合材料。它们在无机手性介孔材料、有机手性介孔材料等领域有着一定的应用价值。

11.4.3 生物质纳米纤维催化吸附材料

纳米纤维素的结晶度高、力学强度大、孔隙率高，通过真空冷冻干燥或超临界干燥后，可形成三维网络气凝胶材料，通过化学改性等制备得到结构可控、吸附性能优异的绿色多孔催化吸附材料。

1）对空气的吸附净化处理 将生物质纳米纤维多维网络材料与负电性物质（纳米银溶胶、炭硅复合材料等）结合，实现其带永久负电性的功效，当空气中污染物质（带正电性）靠近时，可通过异种电性相吸原理高效吸附。活性炭纤维（ACF）负载生态酶、纳米银杀菌剂，合成纳米复合空气净化材料。ACF 将甲醛吸附后，负载于其上的生态酶使甲醛等有机分子迅速降解，经甲醛气体饱和吸附后的复合材料又重新进行下一个催化反应过程。将活性炭纤维和 TiO_2 催化剂同时负载于多孔纳米纤维气凝胶时，活性炭纤维和静电效果对室内空气中的低浓度有机污染物进行快速吸附，使得污染物富集在纳米纤维网络结构上，从而加速 TiO_2 光催化反应速度，同时光催化生成的微量中间副产物可以被活性炭纤维吸附而难以扩散到空气中，使之继续在催化剂表面进行反应，直至完全转化为无害的二氧化碳、水和简单的无机物，显著提高了其催化效率。

2）对工业废水的净化处理 以纳米纤维素气凝胶为载体，对其接枝共聚改性后制备得到的复合材料，对水体中的重金属离子的吸附率显著提高。含功能性基团如氨基、巯基等的材料可与金属离子形成螯合反应、络合配位、离子交换等化学反应。同时，纳米纤维多孔气凝胶材料本身具有结构完整、交错的三维网络结构，可对重金属离子形成物理吸附作用。物理-化学的双重吸附作用极大地增大了对重金属离子的吸附性能，可用于工业废水的净化处理。

3）作为催化剂的模板 纳米纤维不仅含有丰富的活性基团，易于反应生成氢键或化学键，还拥有优异的力学强度和天然的网状结构，因此，利用纳米纤维为模板或载体设计新型绿色功能材料得到研究者的广泛青睐。通过前驱体反应，各种纳米粒子如银、金、铁、镍、硫化铅、二氧化钛、氧化铝等以天然网状纳米纤维为模板，形成具有特殊电磁性、吸附性、催化性的功能材料。当以硫化亚铁/氯化钴为前驱体，在纳米纤维上生成 $CoFe_2O_4$ 磁性纳米粒子时，通过控制纳米纤维之间的结合状态合成具有电磁性的柔韧纳米纤维复合凝胶与超强纳米纤维复合薄膜（Olsson et al.，2010）。以多孔纳米纤维气凝胶为模板，采用原子层沉积的方法在纳米纤维表面沉积 TiO_2 与 Al_2O_3 纳米层，450℃煅烧 8h 后去除纳米纤维有机芯层，可获得中空的无机 TiO_2、Al_2O_3 纳米管（Korhonen et al.，2011）。由于纳米纤维在机械牵引或电磁场中能实现定向排列，这一方法也为合成中空或定向无机纳米管（线）材料提供了新思路。

以纳米纤维形成的多孔气凝胶为模板，通过原子沉积在纳米纤维表面生成 TiO_2，高温煅烧后得到中空的 TiO_2 纳米管（有氧环境）、C 掺杂 TiO_2 纳米管（无氧环境）（Li et al.，2014）。利用获得的多孔 TiO_2 纳米管材料，他们还设计出一套可用于光电转化太阳能制氢的装置（图 11-12），纳米纤维与 TiO_2 纳米管形成的毛细管作用将太阳能转换效率提高了一倍多。

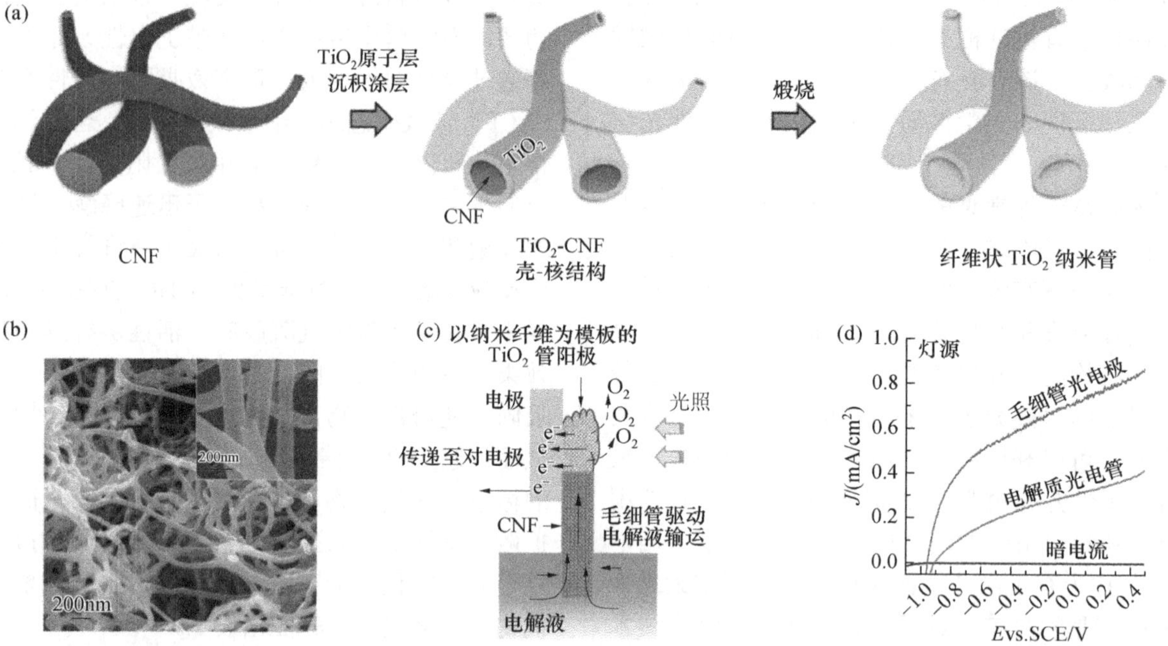

图 11-12 以纳米纤维为模板制备网状的 TiO_2 纳米管及其光电化学转化装置与效果（Sehaqui et al.，2010；Svagan et al.，2007）

（a）纳米纤维模板法制备 TiO_2 纳米管流程；（b）TiO_2 纳米管微观形貌；（c）TiO_2 纳米管阳极光电化学转化装置；（d）光电转换效率

11.4.4 生物质纳米纤维智能缓释材料

药物合成时，药物微粒的有效承载与缓慢释放是制药行业需要解决的两个关键问题。已有研究表明，利用纳米纤维特有的胶体特性能将药物有效分散，降低和防止药物团聚；纤维天然的网状结构和丰富的表面活性基团如羟基等，既能保证药物的释放与流通，也能控制其释放速率，在制药中发挥赋形剂与缓释剂的作用。

芬兰赫尔辛基大学 Kolakovic 等（2011）率先展开纳米纤维生物制药领域的研究。他们通过直接压片与湿法制粒分别制备对乙酰胺基酚药粒，比较了溅射干燥纳米纤维与常用微晶纤维用于药物赋形剂的特性。尽管都是纤维素的产物，具有相同的组成成分，纳米纤维由于直径小，其造粒效果更好，相应药粒的孔隙率小，在一定程度上减缓了药物有效成分的分解。随后，将药物与纳米纤维胶体混合后溅射干燥，发现纳米纤维能形成精细的纳米网状结构，有利于延缓药物的释放，溶解试验表明 6 个月后仍然有药物释放（Kolakovic et al.，2012）。药物释放速率由药物本质特性（亲水性、溶解性），以及药物与纳米纤维之间的结合强度共同决定。他们的系列研究还包括将药物与纳米纤维胶体自组装成薄膜状药片（Kolakovic et al.，2012）。

由于干燥方式对纳米纤维之间的结合形式及结构形态的影响，薄膜状的药片中药物团聚成较大颗粒，在水中的释放速率成明显直线状。因此，纳米纤维用于生物制药，不仅要考虑其与药物的结合形式，纳米纤维在失水时的自组装特性也不容忽视。与此同时，为了提高药物粒子与纳米纤维的结合，采用疏水蛋白［瑞士木霉疏水蛋白（HFB）］先将药物微粒包裹改性，再用具有双亲端的融合蛋白（纤维素酶蛋白）将包裹的药物微粒与纳米纤维进行组装（Valo et al.，2010，2011）。改性处理不仅提高了药物粒子在纳米纤维胶体中的分散效果与稳定性，也延缓了药物的释放。采用类似的制药方法，还探索了不同纳米纤维对丙酸倍氯米松粒子吸附剂释放的影响（Valo et al.，2013）。令人吃惊的是，药物在微晶纤维、红辣椒纳米纤维中的释放速率很快，而在细菌合成纳米纤维、TEMPO 氧化桦木纳米纤维及榅桲籽纳米纤维中的释放速率明显减缓。从这一结果可以推断，药物在纳米纤维中的结合状态和释放速率也与纤维的来源密切相关，不同来源纳米纤维的晶体结构、表面活性官能团、电荷密度都不一样，而这些因素都影响着纤维对药物的吸附与释放能力。

利用纳米纤维胶体剪切变稀流变特性，尝试用其作为组织培养基进行人体肝细胞培养（Bhattacharya et al.，2012）。这种独特的流变特性既方便培养基以注射等方式转移，同时也赋予培养基一定的结构强度，保持其设定的形状，有利于细胞的三维成长与分化。针对纳米纤维这一特殊性质，结合先进的 3D 打印技术，纳米纤维在多维组织细胞培养中具有巨大的应用潜力。

尽管纳米纤维与其他材料的结合力和界面融合并未达到理想状态，不可否认，纳米纤维的资源优势和优异的性能特点正在促进纳米纤维素基功能材料的快速发展。纳米纤维将成为功能性复合材料的重要模板与基体材料。

11.5 生物质纳米纤维软物质复合材料

生物质纳米纤维素通常与水共存形成稳定的胶体，由于该胶体含水量超过 95%，是制备软物质材料的理想选择。通过冷冻干燥、超临界干燥可以直接获得空间网络多孔的气凝胶，而采用化学交联、改性的方法则可合成具有温敏、热敏等功能的智能水凝胶。本节主要从生物质纳米纤维软物质材料的形成、性能与调控方面，概述纳米纤维水凝胶、气凝胶、碳气凝胶及其复合材料。

11.5.1 生物质纳米纤维水凝胶

水凝胶是一种经适度交联所形成的具有三维交联网络结构的新型功能高分子材料，其本身不溶于水但能显著地溶胀于水中，具有极强的保水能力。水凝胶能够感知外界环境刺激的微小变化，如 pH、温度、离子强度、磁场、电场等，并通过体积的溶胀或收缩，对这些刺激做出敏感性的响应。这一特点使它在生物酶的固定、生物医学领域、形状记忆元件、农业保水抗旱等方面有广泛的应用前景（杨韶平，2010；Chang and Zhang，2011）。

根据原料来源，水凝胶分为天然高分子水凝胶与合成高分子水凝胶。用于制备水凝胶的天然高分子包括纤维素、壳聚糖、淀粉、蛋白质、琼脂等（Zhong et al.，2013）；合成高分子水凝胶包括聚乙二醇、聚丙烯酸、聚丙烯酰胺及其衍生物、聚环氧乙烷等。传统的合成水凝胶大多是以丙烯酰胺或丙烯腈等为原料进行聚合交联，制备得到的水凝胶拥有很强的吸水溶胀能力，但是其生物可降解性差、生物毒性大，大大限制了其应用范围（Zhou et al.，2014）。制备生物质基水凝胶或在水凝胶中引入纤维素等环境友好的生物质高分子，可以提高水凝胶的生物相容性，改善其生物降解性能。纤维素是自然界中总量最多的天然高分子，其分子链上带有多个可反应的羟基，可直接交联制备水凝胶，也可以通过酯化、醚化和接枝共聚等改性后，再经过交联制备水凝胶。根据组成成分的不同，可将纤维素基水凝胶分为纯纤维素水凝胶、纤维素衍生物水凝胶和纤维素纳米纤维复合水凝胶。

纯纤维素水凝胶是通过将溶解好的纤维素溶液在凝固浴中再生，在再生的过程中氢键重组成新的网络结构，用蒸馏水洗去溶剂和凝固液即可得到纯纤维素水凝胶。Oliveira 和 Glasser（1996）将纤维素溶解在 LiCl/DMAc 体系中，制备出球状纤维素水凝胶，实验表明纤维素水凝胶的物理性质与凝固浴的组成成分有很大的关系。Li 等

（2009）用 1-烯丙基-3-甲基咪唑氯盐（AMIMCI）溶解纤维素，以蒸馏水为凝固液制备出的纤维素水凝胶具有较好的化学稳定性及较优的机械性能。

纤维素衍生物主要包括羧甲基纤维素（CMC）、甲基纤维素（MC）、羟乙基纤维素（HEC）、羟丙基纤维素（HPC）和羟丙基甲基纤维素（HPMC）等。通过物理方法（静电作用、氢键、射线辐射等）和化学方法使高分子交联形成凝胶。甲基纤维素水凝胶是软组织填充的代表性材料。Gittel 等（2015）以过硫酸铵破坏血酸氧化还原系统为引发剂，引发甲基纤维素交联成可临床使用的符合国际可注射材料标准的甲基纤维素水凝胶。当甲基纤维素质量体积分数为 2%～4%（*m*/*V*）时，水凝胶的平衡模量为（1.47±0.33）～（5.31±0.71）kPa，与人体的脂肪组织相同，且与人体皮肤组织有较好的细胞相容性。

与粉体纤维素相比，纳米纤维素具优异的力学性能、较大的比表面积及良好的生物相容性，其机械强度接近于原子的键合力，远远超出现在使用的绝大多数增强材料，可以赋予水凝胶较优的机械强度（图 11-13）（叶代勇，2007；唐丽荣，2010）。有报道表明，骨髓间充质干细胞可以在纤维素纳米纤维水凝胶上分化并维持一段时间（Torres-Rendon et al.，2015；Lou et al.，2013）。将纤维素纳米纤丝（CNF）与 PVA 复合制备水凝胶，当 CNF 含量为 5wt%时，其杨氏模量相较纯 PVA 水凝胶来说提高了 48%（Oishi et al.，2015）。用直径为 10～100nm 的 CNF 制备的 PVA 复合水凝胶的杨氏模量为 5GPa，而纯 PVA 的杨氏模量仅为 3.8GPa（Li et al.，2011）。

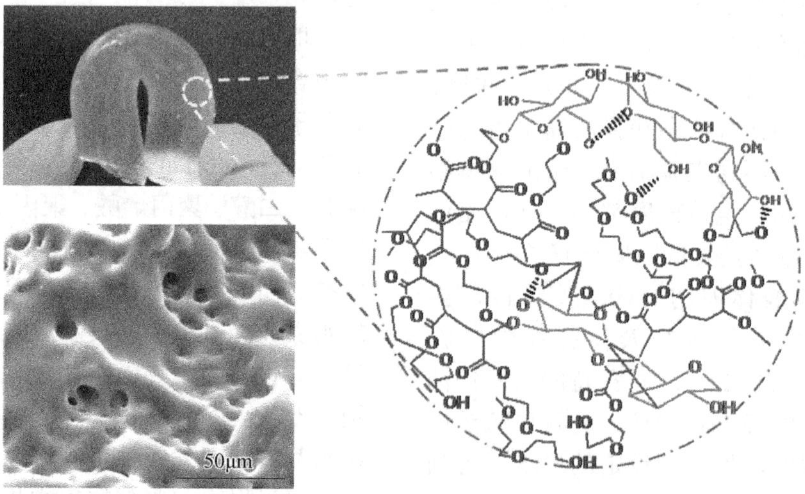

图 11-13　纳米纤维水凝胶微观结构与分子结构

针对不同的原料采用相应的交联方法（表 11-3），可以制备出具有物理或化学交联的水凝胶。基于纤维素出色的生物相容性、生物可降解性和优异的力学性能，尤其是纳米纤维素研究的进展，生物质纳米纤维水凝胶在农业、工业、食品业、组织工程、生物医学、吸附材料学等领域具有广阔的应用发展前景（Murthy et al.，2008；Kim et al.，2007；Ciolacu et al.，2012；Laurichesse and Avérous，2014），成为目前水凝胶领域的一个重要分支。

表 11-3　水凝胶交联方法分类（孙凤玲和王吟，2016）

交联种类	交联机制	交联方法	参考文献
物理交联	离子间相互作用	以 HPMC 为原料，与十二烷基磺酸钠反应，利用阴、阳离子的静电作用形成化学键，制备水凝胶	Su et al.，2008
	结晶交联	壳聚糖/PVA 共聚物中，聚酯段可结晶，高分子侧键以折叠方式进入晶体，折叠链晶体随时间和温度的变化而增稠，变得稳定	Xiao et al.，2010
	氢键交联	利用分子间的氢键，形成具有可逆性的氢键交联网状结构	Silva et al.，2008
	疏水缔合作用	聚合物亲水性大分子链上带有少量疏水基团的水溶性聚合物，由于疏水作用产生分子内和分子间缔合作用	Yang and Ding，2008

续表

交联种类	交联机制	交联方法	参考文献
化学交联	自由基聚合	通过加热等反应，产生自由基，打开不饱和烯类基团双键，引发分子间的加成反应，形成大分子	Söderqvist et al.，2005
	辐射聚合	应用高能电离射线辐射单体生成离子或自由基，形成活性中心而发生聚合反应	Jo et al.，2005
	互穿聚合网络	由两种或两种以上聚合物通过网络互穿缠结而形成一类独特的聚合共混物或聚合物合金	Liu et al.，2014
	互补基团交联	利用互补的基团，与醛交联、加成反应或浓缩反应交联	Hoare and Kohane，2008

11.5.2 生物质纳米纤维气凝胶

气凝胶是一种多孔材料，通常具有轻质、低热导率、大比表面积等特点，既是一种优异的隔热、吸音、过滤、吸尘、催化媒介材料，也能作为与聚合物复合的基体材料，近年来已经得到广泛的研究与应用。早期的气凝胶主要集中在无机材料如二氧化硅、碳酸钙等，随着纳米纤维的迅速发展，新的 CNF 基气凝胶已经悄然展开。

因为 CNF 溶液一般以稳定的胶体状态存在，即使在低浓度状态下（质量分数<1%）也呈胶体，利用纳米纤维溶液这个独特的优势，将其溶剂除去，保持原有的空间结构，即可得到“绿色”气凝胶。Jin 等（2004）最早开始这方面的研究，他将纳米纤维（纤维素纳米晶须）溶于四水硫氰酸钙溶液，将形成的混合胶体置入丙醇中溶解掉硫氰酸钙盐后得到纳米纤维溶胶，再采用冷冻干燥将胶体中的水分和其他溶剂去掉，制备出纳米纤维气凝胶。凝胶的密度和拉伸强度随着纤维含量的增加明显上升，比表面积也逐渐变大，但是在 1～3wt%时，比表面积基本一致。由于在不同的溶剂中氢键产生的难易程度不同，纳米纤维单体聚合或分散程度存在差异，经过叔丁醇溶剂置换后的凝胶比表面积（160～190m^2/g）比直接冷冻干燥的凝胶（70～120m^2/g）大。当采用常规冷冻干燥制备了酶处理 CNF 气凝胶，而采用两种方法将 CNF 溶液转化成固态——放入–180℃液态丙烷及冷冻干燥器内固化（Pääkkö et al.，2008）。结果发现这类低密度（0.02～0.03g/cm^3）气凝胶具有很好的韧性，压应变高达 70%。通过调节冷冻干燥工艺流程，可以实现对气凝胶微观形态、比表面积及微孔直径分布的调控，进而实现凝胶的裁剪与设计。他们还将所得气凝胶浸渍一定量导电聚丙胺，制备 CNF 导电性多孔复合材料，开辟了 CNF 气凝胶功能化处理的先河。

初始 CNF 溶液的固含量对于纤维气凝胶密度、比表面积及形貌等具有影响（Aulin et al.，2010）。随着纳米纤维的增加（从 0.0031%到 3.13%），气凝胶密度由 0.0053g/cm^3 直线增加至 0.03g/cm^3。然而，高密度也对应着低比表面积。例如，0.02g/cm^3 气凝胶的比表面积为 15m^2/g。用化学蒸汽沉淀法将纳米纤维气凝胶镀上 1H, 1H, 2H, 2H-全氟基三氯硅烷薄膜后，凝胶的润湿性能发生了根本改变，对非极性液体（疏油性）的接触角提高到 160°左右，基本完全疏油。在制备复合材料的过程中，研究发现改变 CNF 及胶体物质固化温度可调节 CNF-淀粉复合泡沫材料的微孔形态及微孔状态（开与合），发现淀粉发挥的是“添加剂”的作用，有助于减小泡沫孔径，较低的胶体固化温度也能减小泡沫的大小及泡沫的各向异性（Savagan et al.，2010）。Sehaqui 等（2010）研究了不同密度 CNF 气凝胶的力学性能，通过 Gibson-Ashby 泡沫金属模型成功预测了不同密度下纳米纤维的拉伸模量与抗弯模量。他们还通过溶剂交换法改变纳米纤维溶剂，降低溶剂的表面张力，得到比表面积高达 153～284m^2/g 的纤维素气凝胶，且相同条件下 TEMPO 氧化纤维凝胶表面积比酶预处理纤维凝胶大，相应的孔径直径也小一些。

CNF 气凝胶由固化后的胶体脱去大部分溶剂而成，多采用冷冻干燥使凝胶溶剂直接由固态升华成气态，或者利用超临界气体取代固态溶胶溶剂，使 CNF 保持原有的结构与形态。这种具有空间网状交织结构的气凝胶，赋予凝胶天然的多孔性质与较高的力学性能。在制备过程中，纤维来源、CNF 固含量、凝胶的冷却固化速度、凝胶溶剂的表面张力及干燥方法影响着 CNF 气凝胶的体积收缩、孔径分布、比表面积及力学性能。因为纳米纤维在失水时由于表面张力作用，相邻纤维相互缩近靠拢，形成氢键结合成微小“薄片”结构，而上述各因素从不同方面阻碍或促进着这种“薄片”的产生，如溶剂表面张力小就抑制着“薄片”结构的形成，因此常采用表面张力小的溶剂（乙醇、丙酮、叔丁醇）置换原有溶剂水，来提高凝胶的比表面积。超临界干燥利用超临界（CO_2）气体取代凝胶溶剂，能有效降低与控制纳米纤维之间的收缩，所得气凝胶保持高度的孔隙结构，但是相对于冷冻干燥来说，生产成本、生产周期及可操作性都是限制其大规模生产的缺陷。比较而言，纳米纤维气凝胶不可避免地产生“薄片”结构，因此其比表面积比无机气凝胶小，但是由于纳米纤维具有较好的力学性能，尤其是拉伸强度、韧性等优于无机气凝胶，其资源优势、环境友好特性及可再生特征无不昭示着它的巨大潜在应用前景。不同纤维素纳米纤维气凝胶的主要性能见表 11-4。

表 11-4　不同纤维素纳米纤维气凝胶的主要性能

纤维来源	固化方式	溶剂	干燥方法	密度/（g/cm^3）	孔隙度/%	比表面积/（m^2/g）	拉伸强度	参考文献
酶预处理纳米纤维	液态丙烷	水	冷冻干燥	0.02	98	66	203kPa	Pääkkö et al.，2008
酶预处理纳米纤维	真空冷冻	水	冷冻干燥	0.03	95～98	20	240kPa	Pääkkö et al.，2008
羟甲基化处理纳米纤维	液氮	水	冷冻干燥	0.03	98.2	11	未知	Aulin et al.，2010
酶预处理纳米纤维	液氮	水	冷冻干燥	0.007～0.103	未知	13～45①	0.5～7MPa①	Sehaqui et al.，2010
TEMPO-氧化预处理纳米纤维	液氮	叔丁醇	冷冻干燥	0.105	92.8	249	238kPa	Sehaqui et al.，2011

注：①无原始数据，从相应的图中计算得出

11.5.3　生物质纳米纤维碳气凝胶

以植物纤维作为碳源来合成碳纤维、石墨，比传统的沥青、聚丙烯腈经济环保，前景诱人。纳米纤维精细的纳米结构能促进纤维内部碳层石墨化，提高石墨化程度与碳纤维强度，一定条件下也能保持纳米、多孔结构。不同温度下，纳米纤维碳产物结构与性能不同，800～1500℃条件下获得的碳纳米纤维结晶结构与石墨化差异较小，而当碳化温度升至 2200℃时，晶体结构非常明显，ID/IG 值由 1.4 降至 0.7（Deng et al.，2013）。采用拉曼光谱计算发现，1500℃条件下形成的碳纤维弹性模量为 60GPa，而 2200℃的纳米纤维为 100GPa。当前驱体植物纤维直径在微米级时，纤维形成明显的芯-表结构，芯层石墨化程度较低，且石墨化程度随碳化温度上升有不同程度的改善（Kong et al.，2012）。在 1000℃碳化纳米纤维得到多孔结构碳纳米纤维，其 Brunauer-Emmett-Teller 比表面积为 377m^2/g（Luo et al.，2013）。得益于巨大的比表面积与传导特性，该材料可作为钠电池电极材料，反复充-放电后能保持较好的充电能力。

尽管采用植物纤维作为碳源，还未能如传统石油基材料一样商业化生产碳纳米纤维（Jazaeri and Tsuzuki，2013），但是资源和环境压力迫使人类寻找绿色可持续的碳源，纳米纤维也将引起高度重视。植物纤维碳化过程是复杂的碳相结构转变过程，纤维微观形态、纤维来源、晶体结构、碳化条件等因素在综合影响着碳纤维转化效率与转化质量。

主要参考文献

李伟，王锐，刘守新. 2010. 纳米纤维素的制备. 化学进展，22（10）：2060
卢芸，李坚，孙庆丰，等. 2015. 生物质纳米材料与气凝胶. 北京：科学出版社
卢芸，孙庆丰，李坚. 2013. 高频超声法纳米纤丝化纤维素的制备与表征. 科技导报，31（15）：17～22
孙凤玲，王吟. 2016. 天然生物质水凝胶吸附材料研究进展. 材料导报，30（9）：137～143
唐爱民，胡婷婷，苏霞. 2013. TEMPO 氧化纤维素/CdS 纳米复合材料的制备与表征. 中国造纸学报，27（4）：6
唐丽荣. 2010. 纳米纤维素晶体的制备、表征及应用研究. 福州：福建农林大学硕士学位论文
吴伟兵，庄志良，戴红旗. 2013. 纳晶纤维素的研究进展. 中国造纸学报，28（4）：57
吴义强，卿彦，姚春花，等. 2014. 植物纤维纳米化拆解分离与高值利用. 科技导报，32（4/5）：15
杨韶平. 2010. 环境敏感型纤维素基水凝胶的制备及其吸

附性能研究. 广州：华南理工大学博士学位论文
叶代勇. 2007. 纳米纤维素的制备. 化学进展，19（10）：1568～1575
Agoda-Tandjawa G，Durand S，Berot S，et al. 2010. Rheological characterization of microfibrillated cellulose suspensions after freezing. Carbohydrate Polymers，80（3）：677～686
Alemdar A，Sain M. 2008. Biocomposites from wheat straw nanofibers：Morphology，thermal and mechanical properties. Composites Science and Technology，68：557～565
Asefa T，MacLachlan M J，Coombs N，et al. 1999. Periodic mesoporous organosilicas with organic groups inside the channel walls. Nature，402（6764）：867～871
Aulin C，Ahola S，Josefsson P，et al. 2009. Nanoscale cellulose films with different crystallinities and mesostructures-their surface properties and interaction with water. Langmuir，25（13）：7675～7685
Aulin C，Netrval J，Wågberg L，et al. 2010. Aerogels from nanofibrillated cellulose with tunable oleophobicity. Soft Matter，6：3298～3305
Baek J B，Lyons C B，Tan L S. 2004a. Grafting of vapor-grown carbon nanofibers via *in situ* polycondensation of 3-phenoxybenzoic acid in poly（phosphoric acid）. Macromolecules，37（22）：8278～8285
Baek J B，Lyons C B，Tan L S. 2004b. Covalent modification of vapour-grown carbon nanofibers via direct Friedel-crafts acylation in polyphosphoric acid. J Mater Chem，14（13）：2052～2056
Bhattacharya M，Malinen M M，Lauren P，et al. 2012. Nanofibrillar cellulose hydrogel promotes three-dimensional liver cell culture. Journal of Controlled Release，164（3）：291～298
Braun B，Dorgan J R，Chandler J P. 2008. Cellulosic nanowhiskers. Theory and application of light scattering from polydisperse spheroids in the Rayleigh-Gans-Debye regime. Biomacromolecules，9（5）：1255～1263
Bulota M，Jääskeläinen A S，Paltakari J，et al. Properties of biocomposites：influence of preparation method，testing environment and comparison with theoretical models. Journal of Materials Science，46：3387～3398
Carritt D E. 1953. Separation and concentration of trace metals from natural waters. Analytical Chemistry，25（12）：1927～1928
Chang C，Zhang L. 2011. Cellulose-based hydrogels：present status and application prospects. Carbohydrate Polymers，84（1）：40～53
Chen X，Zhu H，Liu C，et al. 2013. Role of mesoporosity in cellulose fibers for paper-based fast electrochemical energy storage. Journal of Materials Chemistry A，1（28）：8201～8208
Cheng Q，Wang S，Rials T G，et al. 2007. Physical and mechanical properties of polyvinyl alcohol and polypropylene composites materials reinforced with fibril aggregates isolated from regenerated cellulose fibers. Cellulose，14：593～602
Cheng Q，Wang S，Rials T G. 2009. Poly（vinyl alcohol）nanocomposites reinforced with cellulose fibrils isolated by high intensity ultrasonication. Composites Part A：Applied Science and Manufacturing，40：218～224
Cheng Q，Wang S. 2008. A method for testing the elastic modulus of single cellulose fibrils via atomic force microscopy. Composites Part A：Applied Science and Manufacturing，39：1838～1843
Choi K，Cho S，Chun S，et al. 2014. Heterolayered，one-dimensional nanobuilding block mat batteries. Nano Letters，14（10）：5677～5686
Chun S J，Choi E S，Lee E H，et al. 2012. Eco-friendly cellulose nanofiber paper-derived separator membranes featuring tunable nanoporous network channels for lithium-ion batteries. Journal of Materials Chemistry，22（32）：16618～16626
Ciolacu D，Oprea A M，Anghel N，et al. 2012. New cellulose-lignin hydrogels and their application in controlled release of polyphenols. Materials Science and Engineering：C，32（3）：452～463
Deng L，Young R J，Kinloch I A，et al. 2013. Carbon nanofibres produced from electrospun cellulose nanofibres. Carbon，58：66～75
Dufresne A，Vignon M R. 1998. Improvement of starch films performances using cellulose microfibrils. Macromolecules，31：2693～2696
Dujardin E，Blaseby M，Mann S. 2003. Synthesis of mesoporous silica by sol-gel mineralisation of cellulose nanorod nematic suspensions. Journal of Materials Chemistry，13（4）：696～699
Fahlén J，Salmén L. 2003. Cross-sectional structure of the secondary wall of wood fibers as affected by processing. Journal of Materials Science，38（1）：119～126
Feng X，Ding X，Jiang D. 2012. Covalent organic frameworks. Chem Soc Rev，41：6010-6022
Fukuzumi H，Fujisawa S，Saito T，et al. 2013. Selective permeation of hydrogen gas using cellulose nanofibril film. Biomacromolecules，14（5）：1705～1709
Fukuzumi H，Saito T，Iwata T，et al. 2009. Transparent and high gas barrier films of cellulose nanofibers prepared by TEMPO-mediated oxidation. Biomacromolecules，10：162～165
Gabr M H，Elrahman M A，Okubo K，et al. 2010. Effect of microfibrillated cellulose on the mechanical properties

of plain-woven CFRP reinforced epoxy. Composite Structures，92：1999～2006

Gao K，Shao Z，Wu X，et al. 2013. Cellulose nanofiber/reduced graphene oxide flexible transparent conductive paper. Carbohydrate Polymers，97（1）：243～251

Giese M，Blusch L K，Khan M K，et al. 2015. Functional materials from cellulose-derived liquid-crystal templates. Angewandte Chemie International Edition，54（10）：2888

Gold G T，Varma D M，Taub P J，et al. 2015. Development of crosslinked methylcellulose hydrogels for soft tissue augmentation using an ammonium persulfate-ascorbic acid redox system. Carbohydrate Polymers，134：497～507

Gromov A，Dittmer S，Svensson J，et al. 2005. Covalent amino-functionalisation of single-wall carbon nanotubes. J Mater Chem，15（32）：3334～3339

Gutierrez J，Fernandes S C M，Mondragon I，et al. 2012. Conductive photoswitchable vanadium oxide nanopaper based on bacterial cellulose. Chem Sus Chem，5（12）：2323～2327

Gutierrez J，Fernandes S C M，Mondragon I，et al. 2013. Multifunctional hybrid nanopapers based on bacterial cellulose and sol-gel synthesized titanium/vanadium oxide nanoparticles. Cellulose，20（3）：1301～1311

Henriksson M，Berglund L A，Isaksson P，et al. 2008. Cellulose nanopaper structures of high toughness. Biomacromolecules，9（6）：1579～1585

Henriksson M，Berglund L A. 2007. Structure and properties of cellulose nanocomposite films containing melamine formaldehyde. Journal of Applied Polymer Science，106（4）：2817

Henriksson M，Henriksson G，Berglund L A，et al. 2007. An environmentally friendly method for enzyme-assisted preparation of microfibrillated cellulose（NFC）nanofibers. European Polymer Journal，43（8）：3434～3441

Herrick F W，Casebier R L，Hamilton J K，et al. 1983. Microfibrillated cellulose：Morphology and accessibility. Journal of Applied Polymer Science：Applied Polymer Symposium，37（9）：797

Hoare T R，Kohane D S. 2008. Hydrogels in drug delivery：progress and challenges. Polymer，49（8）：1993～2007

Hsieh M C，Kim C，Nogi M，et al. 2013. Electrically conductive lines on cellulose nanopaper for flexible electrical devices. Nanoscale，5（19）：9289～9295

Hu L，Liu N，Eskilsson M，et al. 2013. Silicon-conductive nanopaper for Li-ion batteries. Nano Energy，2（1）：138～145

Hu L，Zheng G，Yao J，et al. 2013. Transparent and conductive paper from nanocellulose fibers. Energy & Environmental Science，6（2）：513～518

Huang J，Zhu H，Chen Y，et al. 2013. Highly transparent and flexible nanopaper transistors. ACS Nano，7（3）：2106～2113

Iotti M，Gregersen Ø W，Moe S，et al. 2011. Rheological studies of microfibrillar cellulose water dispersions. Journal of Polymers and the Environment，19（1）：137～145

Isogai A，Saito T，Fukuzumi H. 2011. TEMPO-oxidized cellulose nanofibers. Nanoscale，3（1）：71

Isogai T，Yanagisawa M，Isogai A. 2009. Degrees of polymerization（DP）and DP distribution of cellouronic acids prepared from alkali-treated celluloses and ball-milled native cellulose by TEMPO-mediated oxidation. Cellulose，16（1）：117～127

Iwamoto S，Kai W，Isogai A，et al. 2009. Elastic modulus of single cellulose microfibrils from tunicate measured by atomic force microscopy. Biomacromolecules，10：2571～2576

Iwamoto S，Kai W，Isogai T，et al. 2010. Comparison study of TEMPO-analogous compounds on oxidation efficiency of wood cellulose for preparation of cellulose nanofibrils. Polymer Degradation and Stability，95（8）：1394～1398

Iwamoto S，Nakagaito A N，Yano H，et al. 2005. Optically transparent composites reinforced with plant fiber-based nanofibers. Applied Physics A：Materials Science & Processing，81：1109～1112

Iwamoto S，Nakagaito A N，Yano H. 2007. Nano-fibrillation of pulp fibers for the processing of transparent nanocomposites. Applied Physics A：Materials Science & Processing，89（2）：461～466

Iwatake A，Nogi M，Yano H. 2008. Cellulose nanofiber-reinforced polylacitic acid. Composites Science and Technology，68（9）：2103～2106

Jabbour L，Gerbaldi C，Chaussy D，et al. 2010. Microfibrillated cellulose-graphite nanocomposites for highly flexible paper-like Li-ion battery electrodes. Journal of Materials Chemistry，20（35）：7344～7347

Jazaeri E，Tsuzuki T. 2013. Effect of pyrolysis conditions on the properties of carbonaceous nanofibers obtained from freeze-dried cellulose nanofibers. Cellulose，20（2）：707～716

Jin H，Nishiyama Y，Wada M，et al. 2004. Nanofibrillar cellulose aerogels. Colloids and Surfaces A：Physicochem Eng Aspescts，240：63～67

Jo C，Kang H，Lee N Y，et al. 2005. Pectin and gelatin-based film：effect of gamma irradiation on the mechanical properties and biodegradation. Radiation Physics and Chemistry，72（6）：745～750

Johnson R K，Zink-Sharp A，Renneckar S H，et al. 2009. A new bio-based nanocomposite：fibrillated TEMPO-oxidized celluloses in hydroxypropylcellulose matrix. Cellulose，16（2）：227～238

Jung Y H，Chang T H，Zhang H L，et al. 2015. High-performance green flexible electronics based on biodegradable cellulose nanofibril paper. Nature Communications，6：7170

Karippal J J，Murthy H N N，Rai K S，et al. 2010. Effect of amine functionalization of CNF on electrical，thermal，and mechanical properties of epoxy/CNF composites. Polym Bull，65（8）：849～861

Khan M K，Giese M，Yu M，et al. 2013. Flexible mesoporous photonic resins with tunable chiral nematic structures. Angewandte Chemie International Edition，52（34）：8921～8924

Kim J H，Kim J H，Choi E S，et al. 2013. Colloidal silica nanoparticle-assisted structural control of cellulose nanofiber paper separators for lithium-ion batteries. Journal of Power Sources，242：533～540

Kim J，Lee K W，Hefferan T E，et al. 2007. Synthesis and evaluation of novel biodegradable hydrogels based on poly（ethylene glycol）and sebacic acid as tissue engineering scaffolds. Biomacromolecules，9（1）：149～157

Klemm D，Kramer F，Moritz S，et al. 2011. Nanocelloluses：a new family of nature-based materials. Angewandte Chemmie International Edition，50（24）：5438～5466

Koga H，Nogi M，Komoda N，et al. 2014. Uniformly connected conductive networks on cellulose nanofiber paper for transparent paper electronics. NPG Asia Materials，6：e93

Koga H，Saito T，Tsuguyuki K，et al. 2013. Transparent，conductive，and printable composites consisting of TEMPO-oxidized nanocellulose and carbon nanotube. Biomacromolecules，14（4）：1160～1165

Kolakovic R，Laaksonen T，Peltonen L，et al. 2012. Spray-dried nanofibrillar cellulose microparticles for sustained drug release. International Journal of Pharmaceutics，430（1-2）：47～55

Kolakovic R，Peltonen L，Laaksonen T，et al. 2011. Sprayed-dried cellulose nanofibers as novel tablet excipient. AAPS Pharm Sci Tech，12（4）：1366

Kolakovic R，Peltonen L，Laukkanen A，et al. 2012. Nanofibrillar cellulose films for controlled drug delivery. European Journal of Pharmaceutics and Biopharmaceutics，82（2）：308～315

Kong K，Deng L，Kinloch I，et al. 2012. Production of carbon fibres from a pyrolysed and graphitised liquid crystalline cellulose fibre precursor. Journal of Materials Science，47（14）：5402～5410

Korhonen J T，Hiekkataipale P，Malm J，et al. 2011. Inorganic hollow nanotube aerogels by atomic layer deposition onto native nanocellulose templates. ACS Nano，5（3）：1967～1974

Kvien I，Tanem B S，Oksman K. 2005. Characterization of cellulose whiskers and their nanocomposites by atomic force and electron microscopy. Biomacromolecules，6（6）：3160～3165

Lasseuguette E，Roux D，Nishiyama Y. 2008. Rheological properties of microfibrillar suspension of TEMPO-oxidized pulp. Cellulose，15（3）：425～433

Laurichesse S，Avérous L. 2014. Chemical modification of lignins：Towards biobased polymers. Progress in Polymer Science，39（7）：1266～1290

Lavoie N，Desloges I，Dufresne A，et al. 2012. Microfibrillated cellulose—Its barrier properties and applications in cellulosic materials：A review. Carbohydrate Polymers，90（2）：735

Li J，Lu Y，Yang D，et al. 2011. Lignocellulose aerogel from wood-ionic liquid solution (1-alkyl-3-methylimid- azolium chloride) under freezing and thawing conditions. Biomacromolecules，12（5）：1860～1867

Li L，Lin Z B，Yang X，et al. 2009. A novel cellulose hydrogel prepared from its ionic liquid solution. Chinese Science Bulletin，54（9）：1622～1625

Li Z，Yao C，Wang F，et al. 2014. Cellulose nanofiber- templated three-dimension TiO_2 hierarchical nanowire network for photoelectrochemical photoanode. Nanotechnology，25（50）：504005

Liimatainen H，Visanko M，Sirviö J A，et al. 2013. Sulfonated cellulose nanofibrils obtained from wood pulp through regioselective oxidative bisulfite pre-treatment. Cellulose，20（2）：741

Liimatainen H，Visanko M，Sirviö J A，et al. 2012. Enhancement of the nanofibrillation of wood cellulose through sequential periodate-chlorite oxidation. Biomacromolecules，13（5）：1592

Liu J，Li Q，Su Y，et al. 2014. Characterization and swelling-deswelling properties of wheat straw cellulose based semi-IPNs hydrogel. Carbohydrate Polymers，107：232～240

López-Rubio A，Lagaron J M，Ankerfors M，et al. 2007. Enhanced films forming and films properties of amylopectin using micro-fibrillated cellulose. Carbohydrate Polymers，68：718～727

Lou Y R，Kanninen L，Kuisma T，et al. 2013. The use of nanofibrillar cellulose hydrogel as a flexible three-dimensional model to culture human pluripotent stem cells. Stem Cells and Development，23：380～392

Lowys M P，Desbrières J，Rinaudo M. 2011. Rheological

characterization of cellulosic microfibril suspensions. Food Hydrocolloids，15（1）：25～32

Lu J，Askeland P，Drzal L T. 2008. Surface modification of microfibrillated cellulose for epoxy composite applications. Polymer，49：1285～1296

Lu J，Wang T，Drzal L T. 2008. Preparation and properties of microfibrillated cellulose polyvinyl alcohol composite materials. Composites Part A：Applied Science and Manufacturing，39（5）：738～746

Luo W，Schardt J，Bommier C，et al. 2013. Carbon nanofibers derived from cellulose nanofibers as a long-life anode material for rechargeable sodium-ion batteries. Journal of Materials Chemistry A，1（36）：10662～10666

Martnez-Sanz M，Lopez-Rubio A，Lagaron J M. 2010. Optimization of the nanofabrication by acid hydrolysis of bacterial cellulose nanowhiskers. Carbohydrate Polymers，85（1）：228～236

Meng Y，Gu D，Zhang F，et al. 2006. A family of highly ordered mesoporous polymer resin and carbon structures from organic-organic self-assembly. Chemistry of Materials，18（18）：4447～4464

Murthy P S K，Mohan Y M，Varaprasad K，et al. 2008. First successful design of semi-IPN hydrogel-silver nanocomposites：a facile approach for antibacterial application. Journal of Colloid and Interface Science，318（2）：217～224

Nakagaito A N，Fujimura A，Sakai T，et al. 2009. Production of microfibrillated cellulose（MFC）-reinforced polylactic acid（PLA）nanocomposites from sheets obtained by a papermaking-like process. Composites Science and Technology，69：1293～1297

Nakagaito A N，Yano H. 2008. Toughness enhancement of cellulose nanocomposites by alkali treatment of the reinforcing cellulose nanofibers. Cellulose，15（2）：323～331

Nakagaito A N，Yato H. 2004. The effect of morphological changes from pulp fiber towards nano-scale fibrillated cellulose on the mechanical properties of high-strength plant fiber based composites. Applied Physics A：Materials Science & Processing，78（4）：547～552

Nakagaito A N，Yato H. 2005. Novel high-strength biocomposites based on micro fibrillated cellulose having nano-order-unit web-like network structure. Applied Physics A：Materials Science & Processing，80（1）：155～159

Nelli M，Baschetti M G，Doghieri F，et al. 2010. Investigation of mass transport properties of microfibrillated cellulose（MFC）film. Journal of Membrane Science，358（1/2）：67

Nistal A，Palencia C，Mazo M A，et al. 2011. Analysis of the interaction of vinyl and carbonyl silanes with carbon nanofiber surfaces. Carbon，49（5）：1635～1645

Nogi M，Kim C，Sugahara T，et al. 2013. High thermal stability of optical transparency in cellulose nanofiber paper. Applied Physics Letters，102（18）：181911

Nogi M，Yano H. 2009. Optically transparent nanofiber sheets by deposition of transparent materials：a concept for a roll-to-roll processing. Applied Physics Letters，94（23）：374

Nordqvist D，Idermark J，Hedenqvist M S，et al. 2007. Enhancement of the wet properties of transparent chitosan-acetic-acid-salt films using microfibrillated cellulose. Biomacromolecules，8：2398～2403

Oishi Y，Nakaya M，Matsui E，et al. 2015. Structural and mechanical properties of cellulose composites made of isolated cellulose nanofibers and poly（vinyl alcohol）. Composites Part A：Applied Science and Manufacturing，73：72～79

Okahisa Y，Yoshida A，Miyaguchi S，et al. 2009. Optically transparent wood-cellulose nanocomposites as a base substrate for flexible organic light-emitting diode displays. Composites Science and Technology，69：1958～1961

Okubo K，Fujii T，Thostenson E T. 2009. Multi-scale hybrid biocomposite：processing and mechanical characterization of bamboo fiber reinforced PLA with microfibrillated cellulose. Composites Part A：Applied Science and Manufacturing，40：469～475

Oliveira W D，Glasser W G. 1996. Hydrogels from polysaccharides. I. Cellulose beads for chromatographic support. Journal of Applied Polymer Science，60（1）：63～73

Olsson R T，Samir M A S A，Salazar-Alvarez G，et al. 2010. Making flexible magnetic aerogels and stiff magnetic nanopaper using cellulose nanofibrils as templates. Nature Nanotechnology，5（8）：584～588

Pääkkö M，Ankerfors M，Kosonen H，et al. 2007. Enzymatic hydrolysis combined with mechanical shearing and high-pressure homogenization for nanoscale cellulose fibrils and strong gels. Biomacromolecules，8（6）：1934～1941

Pääkkö M，Vapaavuori J，Silvennoinen R，et al. 2008. Long and entangled native cellulose I nanofibers allow flexible aerogels and hierarchically porous templates for functionalities. Soft Matter，4：2492～2499

Pushparaj V L，Shaijumon M M，Kumar A，et al. 2007. Flexible energy storage devices based on nanocomposite paper. Proceedings of National Academy Sciences of the United State of America，104（34）：13574～13577

Qing Y，Cai Z，Wu Y，et al. 2015b. Facile preparation of optically transparent and hydrophobic cellulose nanofibril composite films. Industrial Crops & Products，77：13

Qing Y，Sabo R，Cai Z，et al. 2012a. Resin impregnation of cellulose nanofibril films facilitated by water swelling. Cellulose，20（1）：303～313

Qing Y，Sabo R，Wu Y，et al. 2012b. High-performance cellulose nanofibril composite films. BioResources，7（3）：3064～3075

Qing Y，Sabo R，Wu Y，et al. 2015a. Self-assembled optically transparent cellulose nanofibril films：effect of nanofibril morphology and drying procedure. Cellulose，22（2）：1091～1102

Ranby B G. 1951. Cellulose and muscle-the colloidal properties of cellulose micelles. Discussions of the Faraday Society，（11）：158

Saito T，Hirota M，Tamura N，et al. 2009. Individualization of nano-sized plant cellulose fibrils by direct surface carboxylation using TEMPO catalyst under neutral conditions. Biomacromolecules，10（7）：1992～1996

Saito T，Yanagisawa M，Isogai A. 2005. TEMPO-mediated oxidation of native cellulose：SEC-MALLS analysis of water-soluble and-insoluble fractions in the oxidized products. Cellulose，12（3）：305～315

Samir M A S，Alloin F，Paillet M，et al. 2004. Tangling effect in fibrillated cellulose reinforced nanocomposites. Macromolecules，37：4313～4316

Savagan A J，Jensen P，Dvinskikh S V，et al. 2010. Towards tailored hierarchical structures in cellulose nanocomposite biofoams prepared by freezing/freeze-drying. Journal of Materials Chemistry，20：6646～6654

Sehaqui H，Liu A，Zhou Q，et al. 2010. Fast preparation procedure for large，flat cellulose and cellulose/inorganic nanopaper structures. Biomacromolecules，11（9）：2195

Sehaqui H，Salajková M，Zhou Q，et al. 2010. Mechanical performance tailoring of tough ultra-high porosity foams prepared from cellulose Ⅰ nanofiber suspensions. Soft Matter，6：1824～1832

Sehaqui H，Zhou Q，Berglund L A. 2011. High-porosity aerogels of high specific surface area prepared from nanofibrillated cellulose（NFC）. Composites Science and Technology，71：1593～1599

Seo J S，Whang D，Lee H，et al. 2000. A homochiral metal-organic porous material for enantioselective separation and catalysis. Nature，404（6781）：982～986

Seydibeyoğlu M O，Oksman K. 2008. Novel nanocomposites based on polyurethane and micro fibrillated cellulose. Composites Science and Technology，68：908～914

Shibata I，Yanagisawa M，Saito T，et al. 2006. SEC-MALS analysis of cellouronic acid prepared from regenerated cellulose by TEMPO-mediated oxidation. Cellulose，13（1）：73～80

Shopsowitz K E，Hamad W Y，MacLachlan M J. 2012. Flexible and iridescent chiral nematic mesoporous organosilica films. Journal of the American Chemical Society，134（2）：867～870

Shopsowitz K E，Qi H，Hamad W Y，et al. 2010. Free-standing mesoporous silica films with tunable chiral nematic structures. Nature，468（7322）：422

Silva S M C，Pinto F V，Antunes F E，et al. 2008. Aggregation and gelation in hydroxypropylmethyl cellulose aqueous solutions. Journal of Colloid and Interface Science，327（2）：333～340

Siró I，Plackett D. 2010. Microfibrillated cellulose and new nanocomposites materials：a review. Cellulose，17（3）：459～494

Söderqvist L M，Albertsson A C，Ranucci E，et al. 2005. Biodegradable polymers from renewable sources：rheological characterization of hemicellulose-based hydrogels. Biomacromolecules，6（2）：684～690

Šturcová A，Davies G R，Eichhorn S E. 2005. Elastic modulus and stress-transfer properties of tunicate cellulose whiskers. Biomacromolecule，6（2）：1055～1061

Su J C，Liu S Q，Joshi S C，et al. 2008. Effect of SDS on the gelation of hydroxypropylmethylcellulose hydrogels. Journal of Thermal Analysis and Calorimetry，93（2）：495～501

Suryanegara L，Nakagaito A N，Yano H. 2009. The effect of crystallization of PLA on the thermal and mechanical properties of microfillated cellulose-reinforced PLA composites. Composites Science and Technology，69：1187～1192

Suryanegara L，Nakagaito A N. 2010. Thermo-mechanical properties of microfibrillated cellulose-reinforced partially crystallized PLA composites. Cellulose，17：771～778

Svagan A J，Hedenqvist M S，Berglund L A. 2009. Reduced water vapour sorption in cellulose nanocomposites with starch matrix. Composites Science and Technology，69：500～506

Svagan A J，Samir M A S，Berglund L A. 2007. Biomimetic polysaccharide nanocomposites of high cellulose content and high toughness. Biomacromolecules，8：2556～2563

Tan L S，Wang D H，Sihn S，et al. 2010. Nanocomposites based on vaporgrown carbon nanofibers and an epoxy：functionalization，preparation and characterization. Eur Polym J，46（7）：1404～1416

Taniguchi T，Okamura K. 1998. New films produced from microfibrillated natural fibers. Polymer International，47（3）：291

Thomas A，Antonietti M. 2003. Silica nanocasting of simple

cellulose derivatives：towards chiral pore systems with long-range order and chiral optical coatings. Advanced Functional Materials，13（10）：763～766

Tingayt P，Zimmermann T，Lopez-Suevos F. 2010. Synthesis and characterization of bionanocomposites with tunable properties from poly（lactic acid）and acetylated microfibrillated cellulose. Biomacromolecules，11：454～464

Torres-Rendon J G，Femmer T，de Laporte L，et al. 2015. Bioactive gyroid scaffolds formed by sacrificial templating of nanocellulose and nanochitin hydrogels as instructive platforms for biomimetic tissue engineering. Adv Mater，27：2989～2995

Turbak A F，Snyder F W，Sandberg K R. 1983. Microfibrillated cellulose，a new cellulose product：Properties，uses，and commercial potential. Journal of Applied Polymer Science：Applied Polymer Symposium，37（9）：815

Uetani K，Yano H. 2011. Nanofibrillation of wood pulp using a high-speed blender. Biaomacromolecules，12（2）：348～353

Valo H K，Laaksonen P H，Peltonen L J，et al. 2010. Multifunctional hydrophobin：toward functional coatings for drug nanoparticles. ACS Nano，4（3）：1750～1758

Valo H，Arola S，Laaksonen P，et al. 2013. Drug release from nanoparticles embedded in four different nanofibrillar cellulose aerogels. European Journal of Pharmaceutical Sciences，50（1）：69～77

Valo H，Kovalainen M，Laaksonen P，et al. 2011. Immobilization of protein-coated drug nanoparticles in nanofibrillar cellulose matrices-enhanced stability and release. Journal of Controlled Release，156（3）：390～397

Wang B，Sain M. 2007. Isolation of nanofibers from soybean source and their reinforcing capability on synthetic polymers. Composites Science and Technology，67：2521～2527

Wang M，Anoshk I V，Nasibulin A G，et al. 2013. Modifying native nanocellulose aerogels with carbon nanotubes for mechanoresponsive conductivity and pressure sensing. Advanced Materials，25（17）：2428～2432

Wang S，Cheng Q，Rials T G，et al. 2006. Cellulose microfibril/nanofibril and its nanocomposites. Kuala Lumpur，Malaysia. Pages Proceedings of the 8th Pacific Rim Bio-Based Composites Symposium，Advances and Challenges in Biocomposites：301～307

Wang W，Liu R，Liu W，et al. 2010. Hierarchical mesoporous silica prepared from ethyl-cyanoethyl cellulose cholesteric liquid crystalline phase. Journal of Materials Science，45（20）：5567～5573

Wei G，Shirai K，Fujiki K，et al. 2004. Grafting of vinyl polymers onto VGCF surface and the electric properties of the polymer-grafted VGCF. Carbon，42（10）：1923～1929

Xiao C，Gao F，Gao Y. 2010. Controlled preparation of physically crosslinked chitosan-g-poly（vinyl alcohol）hydrogel. Journal of Applied Polymer Science，117（5）：2946～2950

Yang Z，Ding J. 2008. A thermosensitive and biodegradable physical gel with chemically crosslinked nanogels as the building block. Macromolecular Rapid Communications，29（9）：751～756

Yano H，Sugiyama J，Nakagaito A N，et al. 2005. Optically transparent composites reinforced with networks of bacterial nanofibers. Advanced Materials，17（2）：153

Zheng Q，Cai Z，Ma Z，et al. 2015. Cellulose nanofibril/reduced grapheme oxide/carbon nanotube hybrid aerogels for highly flexible and all-solid-state supercapacitors. Applied Materials & Interfaces，7（5）：3263～3271

Zhong Q Q，Yue Q Y，Gao B Y，et al. 2013. A novel amphoteric adsorbent derived from biomass materials：Synthesis and adsorption for Cu（Ⅱ）/Cr（Ⅵ）in single and binary systems. Chemical Engineering Journal，229：90～98

Zhou J H，Wang L B，Sun G X，et al. 2014. Preparation and application of organic/inorganic nanocomposite hydrogels. Materials Review，13：1

Zhu H，Fang Z，Preston C，et al. 2014. Transparent paper：fabrications，properties，and device applications. Energy & Environmental Science，7（1）：269～287

Zhu H，Jia Z，Chen Y，et al. 2013. Tin anode for sodium-ion batteries using natural wood fiber as a mechanical buffer and electrolyte reservoir. Nano Letters，13（7）：3093～3100

Zhu H，Parvinian S，Preston C，et al. 2013. Transparent nanopaper with tailored optical properties. Nanoscale，5（9）：3787～3792

Zhu J H，Wei S Y，Ryu J，et al. 2010. *In situ* stabilized carbon nanofiber（CNF）reinforced epoxy nanocomposites. J Mater Chem，20（23）：4937～4948

Zhu Z，Thompson T，Wang S Q，et al. 2005. Investigating linear and nonlinear viscoelastic behavior using model silica-particle-filled polybutadiene. Macromolecules，38：8816～8824

Zimmermann T，Pöhler E，Geiger T. 2004. Cellulose fibrils for polymer reinforcement. Advanced Engineering Materials，6：754～761

Zimmermann T，Pöhler E，Schwaller P. 2005. Mechanical and morphological properties of cellulose fibril reinforced nanocomposites. Advanced Engineering Materials，7：1156～1161

12 生物质表面多尺度结构的形成及其仿生功能

12.1 引言

自然界的生物体经过几十亿年的物竞天择、优胜劣汰，其结构与功能已趋至完美，已实现了宏观性能和微观结构的有机统一（江雷和冯琳，2007）。从大自然给予的启发，向自然界学习，模仿自然界生物体功能中的某一方面，构筑相似甚至超越自然生物体功能的新型仿生材料，完成智能操纵的过程，获得高效、低能耗、环境和谐与快速智能应变的新材料及其新性质，研究和构筑高性能的仿生智能材料是人类发展的一个永恒课题（江雷和冯琳，2007）。

人类很早就有了仿生的思想。《韩非子》曾记载古代工匠用竹木作鸟“成而飞之，三日不下”，这可以认为是人类仿生学的先驱，也是仿生学的萌芽。虽然仿生学的历史可以追溯到许多世纪以前，但1960年9月由美国空军航空局在俄亥俄州的空军基地戴通召开的第一次仿生学会议一般作为仿生学正式诞生的标志。仿生学一词最早是由美国人斯蒂尔（Jack Ellwood Steele）取自拉丁文bio（生命方式）和词尾nic（具有……性质的）合成的，他认为：仿生学是研究模仿生物系统方式，或是以具有生物系统特征的方式，或是以类似于生物系统方式的系统科学。后来又出现了biomimetics一词，意思是模仿生物（刘克松和江雷，2009）；近年来bioinspired一词逐渐为研究者所关注，意为受生物启发而研制的材料或进行的过程。路甬祥（2004）将仿生学定义为：研究生物系统的结构、性状、原理、行为及相互作用，从而为工程技术提供新的设计思想、工作原理和系统构成的技术科学。

随着材料学、化学、分子生物学、系统生物学及纳米技术的发展，仿生学向微纳结构和微纳系统方向发展，实现结构与功能一体化将是仿生材料研究前沿的重要分支。开展仿生结构、功能及结构-功能一体化材料的仿生研究具有重要的科学意义，它将认识自然、模仿自然、在某一侧面超越自然有机结合；将结构及功能的协同互补有机结合，并在基础学科和应用技术之间架起了一座桥梁，为新型结构、功能及结构-功能一体化材料的设计、制备和加工提供了新概念、新原理、新方法和新途径。

12.2 自然界的仿生现象

12.2.1 荷叶的滴水不沾特性

“荷叶的滴水不沾”特性是自然界中植物表面超疏水性能的典型描述，该特性与荷叶表面的独特结构密切相关。Barthlott 和 Neinhuis（1997）、Neinhuis 和 Barthlott（1997）对植物叶表面的研究表明：植物叶面超疏水特性与植物叶面粗糙的微米级乳突结构和疏水的蜡质材料相关。江雷课题组经研究荷叶表面发现，荷叶表面除微米结构外，还有纳米结构存在，他们认为荷叶表面的微/纳米多级结构和低表面能的蜡质物使其具有超疏水和自清洁功能，在世界上首次提出了“二元协同纳米界面材料”的新概念。在此启发下，众多科研工作者开展了仿生“荷叶滴水不沾”特性的研究工作。江雷等（2002，2004，2005，2006）利用静电纺丝技术制备了多孔微球与纳米纤维复合结构的超疏水薄膜材料和具有类荷叶结构的聚苯胺/聚苯乙烯复合膜，该复合膜表现出高导电性和自清洁效应；还对无机金属氧化物如 ZnO、TiO_2、SnO_2 等纳米材料的光响应智能超疏水/超亲水可逆界面进行了分析研究，研究结果为智能性响应界面材料提供了新的研究思路。刘维民等（2004）在金属材料的表面如铝、铜、钢等仿生构筑具有超疏水性能的功能性薄膜，该薄膜同时具有与基材结合力强、耐酸碱、耐高低温及时效性强等特征。在材料表面仿生荷叶滴水不沾的特性构筑功能性薄膜，不仅在理论研究上有重要意义，在实际生产中同样具有重要的应用价值（郭志光和刘维民，2006；江雷，2003；赵宁等，2007）。

12.2.2 棉花的轻柔飘逸特性

棉花是锦葵科棉花属植物的种子纤维，纤维白色至白中带黄，长2～4cm。棉花纤维是唯一的天然纯净纤维素材料，纤维素含量高达95%～97%。棉花纤维由直径在100～200nm的纤丝组成，纤丝交错排列在一起，构成细胞壁的网状结构。仿生棉花的轻质飘逸特性，可将其用于生物质废弃资源（秸秆、椰壳、甘蔗渣等）高值化开发利用的研究，如分离制备高纯纤维素、轻质高强气凝胶等。Olsson等（2010）以纳米纤维气凝胶为模板，制备得到磁性气凝胶纳米材料。Korhonen等（2011）以纤维素纤维为模板，获得TiO_2气凝胶，该气凝胶在传感器、药物释放、载体等方面具有很好的潜在应用前景。浙江大学高超等（2013）制备出了目前世界上最轻的气凝胶，可漂浮在花瓣上，有着优良的弹性和吸油能力，与棉花轻柔飘逸的特性有着类似之处。仿生棉花的轻柔飘逸特性制备功能化气凝胶，探究纤维素气凝胶的形成工艺及机制，调控纤维素气凝胶的孔隙结构，制备疏水亲油性和具相反物性的纤维素气凝胶，为利用可再生的纤维素资源获得高新产品提供理论依据（徐雁，2011；隋晓锋，2008；卢芸等，2010）。同时，也为促进生物质产业向高尖端发展提供技术保障。制备的轻质高强纤维素气凝胶在吸附海上泄漏污油、太阳能电池、土壤保水剂、催化剂及载体、气体过滤材料等领域中具有较大的应用价值。

12.2.3 海鞘的环境响应特性

环境响应型材料是指在外界环境微小变化的刺激下，材料自身的某些物理或化学性质会发生动态且可逆改变的材料，因而也被称为“智能”材料或刺激响应型材料（Stuart et al.，2008）。环境响应型材料广泛存在于自然界中，自然界中的生物都会根据外界环境的改变调节自身的性质和功能。例如，海鞘根据所处环境条件的不同，通过神经控制其体内的色素细胞，快速改变身体的图案和颜色。在海鞘环境响应特性的启发下，人们开始积极探索创造与其相似且具有精巧结构和功能的环境响应型材料，发展用于环境响应型材料的合成技术和理论，这些材料可以对光、温度、pH、电、磁等外界刺激产生（多重）响应，调节自身的形状、相态、表面能、反应速率、渗透速率、亲疏水性、吸附力、识别性能等一些关键性质，广泛地应用于药物传递、生物诊断、组织工程、光学传感、微电机、涂料和纺织材料等领域（Stuart et al.，2008；Yoshida and Lahann，2008；Bawa et al.，2009；de Las Heras Alarcón et al.，2005；Gil and Hudson，2004；吕威鹏，2012）。Capadona等（2008）利用环氧乙烷、环氧氯丙烷、纤维素纳米纤维等制备了智能性的僵硬与松软状态转换材料。江雷和冯琳（2007）研究制备了热敏性及pH响应性的功能性材料，同时他们还制备了温度、pH和葡萄糖浓度多响应浸润性表面。构筑特定性质的环境响应性智能功能材料不但能满足实际应用的需求，而且将大大提升材料的设计空间，赋予材料新的功能、强化其现有性能，突破现有材料应用瓶颈，拓展其应用领域，直接与重大实际应用需求实现对接。

12.2.4 扇贝的层级结构

扇贝（scallop）为软体动物门双壳纲翼形亚纲珍珠贝目中的一科，属于贝壳的一种。贝壳的结构是典型的层级结构，一般可分为3层：最外一层为角质层，很薄，透明，有光泽，由壳基质构成，不受酸碱的侵蚀，可保护贝壳。中间一层为壳层，又称棱柱层，占贝壳的大部分，由极细的棱柱状的方解石（$CaCO_3$，三方晶系）构成。最内一层为壳底，即珍珠质层，富光泽，由小平板状的结构单元累积而成、成层排列，组成成分是多角片型的文石结晶体（$CaCO_3$，斜方晶系）（崔福斋和郑传林，2004；孙久荣和戴振东，2007；蔡国斌等，2008；胡巧玲等，2009；刘睿，2012）。对贝壳珍珠层的结构分析表明，其并不是单纯的层片结构，而可以看成两级尺度结构的耦合，是一种天然的无机-有机层级分明的复合材料，它主要是由约95%的碳酸钙和5%的有机基质构成，其抗张强度是普通碳酸钙的几千倍，贝壳轻质高强的原因和其独特的多尺度、多级次组装结构密切相关（贾贤，2007）。受贝壳轻质高强层级结构的影响，Kotov等利用层层组装技术（layer-by-layer，LBL）制备了聚乙烯醇-蒙脱土透明层状复合材料，其拉伸强度和杨氏模量较纯聚乙烯醇材料分别提高了近 10 倍和 100 倍（Tang et al.，2003；Rubner，2003；Podsiadlo et al.，2007）。Studart 等（2008）研究小组利用自下而上（bottom-up）的胶体组装技术仿生制备了陶瓷板-壳聚糖层状复合材料，该材料质量仅有钢的 1/2～1/4，但却有钢一般的强度。Saridaya 等（1990）制备了仿贝壳结构的陶瓷增韧复合材料，其断裂韧性提高了 30%。Zhang 等制备了层状 SiC/Al 增韧复合材料，其断裂韧性提高了 2～5 倍（李瑶等，2012）。通过观察研究扇贝等贝壳经自身矿化调控形成高度有序的有机无机复合结构的形成机制，仿生构筑贝壳类结构的功能材料为不同领域内的新型材料开发和研究提供了重要的发展空间，具有重要的科学意义和应用价值。

12.2.5 候鸟海龟的“千里迁徙”和“万里洄游”特性

众所周知，燕子等候鸟每年都在春季从南方飞回北方，秋季又从北方飞到南方；一些海龟从栖息的海湾游出几百几千公里后又能回到原来的栖息处。它们是如何辨别方向的？尤其是在茫茫的海洋上。候鸟海龟的“千里迁徙”和“万里洄游”特性主要是与这些动物利用地球的磁场有关。它们主要依赖地球的磁场来进行定位，候鸟体内的“导航地图”和海龟的“生物罗盘”与地球磁场产生作用，从而使它们可以丝毫无误地回到自己的栖息地。物质具有的磁性可用来进行精确定位已被现代科学技术所证实。在现代社会，通过仿生候鸟海龟的“千里迁徙”和“万里洄游”特性，研究开发了先进的高能加速器、粒子检测器、磁共振成像及现代通信技术；同时，通过仿生一些动物利用日月星辰导航，也有些动物利用海流、海水成分、地磁场、重力场等进行导航，为研制通信设备和新型导航仪器提供了启迪。

12.2.6 树根的自修复特性

树根在受伤后，经过一段时间，受伤部位可以通过生物体的自身作用而完整愈合。这种现象在许多植物中都存在，生物愈合过程存在着大量共性的东西：首先，愈合过程是由损伤而引起的，在生命机能没有受到致命伤害的情况下，损伤是启动愈合机制的最基本条件；其次，在愈合初期，损伤逐渐被由损伤刺激而产生的增生组织所填充；随后通过机体的输运、化学反应，填充在损伤部位的物质（如薄壁组织、凝块等）发生变化，强度提高，构成与周围组织的有效连接；同时愈合过程需要一定的物质及能量供应，以产生填充损伤的组织，而向损伤处实行物质供应的运输过程都有液相的参与；最后生物的愈合使损伤处的有效连接恢复（崔福斋和郑传林，2004；贾贤，2007）。受此现象启发，科学家针对工程、建筑、路面中存在的材料破坏仿生研究了自修复材料。自修复材料是一种智能材料，同时具有感知和激励双重功能。自修复材料可延长产品的使用寿命，并提升产品的安全性。关于仿生树根的自修复特性，杨红等将灌注胶液的液芯光纤埋入玻璃钢复合材料中制成兼有自诊断和自修复功能的智能材料，测得其对拉伸能力的修复达到原始值的 1/3，对压缩达到 2/3 以上（李瑶等，2012）。White 等（2001）制备了一种具有自动修复裂纹能力的聚合物材料，这种材料嵌有内装修复剂的微胶囊，每个微胶囊约有头发丝宽，这些微胶囊遇到裂纹入侵时破裂，并通过毛细作用释放修复剂到裂纹面，修复剂接触预先埋入环氧基体的催化剂而引发聚合，键合裂纹面，这种损伤诱导的引发聚合使得裂纹修复实现了就地自动控制（site-specific autonomic control）（缪钱江等，2004；阎映弟等，2013）。Wong 等（2011）仿照猪笼草的疏水策略，开发出了一种极为光滑的涂层材料，几乎能排斥包括血液、油在内的任何液体，甚至在高压、冰冻等极端环境条件下，仍能保持排斥液体或固体的能力，同时该涂层材料具有自修复功能，即使用刀子刮坏一部分，也能立即自行修复，修复后仍保持疏流性能，该材料在运输燃料和水的管道、医用导管（如导尿管和输血系统）、自动清洁窗、无菌无垢表面等方面具有广泛的应用。自修复材料是一种新型智能材料，在这方面的研究还相对较少，然而从它的功效来看，应具有广阔的应用前景，智能自修复材料对于提高产品的安全性和可靠性有着深远的意义（陈大柱等，2004；缪钱江等，2004；徐滨士等，2004；李元杰等，2005；乔吉超等，2006）。

12.3 木材表面多尺度 TiO_2 结构的形成及其仿生功能

木材作为一种天然的有机复合材料，具有结构层次分明、构造复杂有序、分级结构鲜明、多孔结构精细等特性，同时具有各向异性、低密度、高弹性、机械性能优良、来源丰富、可再生等特点，是一种多功能的环境友好型材料，与人们的生活息息相关，广泛应用于人类生活的各个领域，如室内外家具、木质建筑材料、装饰材料等。但木材同时由于本身固有的特性，也存在着一些使用上的缺陷。例如，由于木材具有大量的亲水基团和丰富的孔隙结构，长期置于潮湿环境中易产生开裂变形、霉变、腐朽、降解等缺陷，极大地限制了木材的使用范围。

近年来，在"荷叶的滴水不沾"这一自然特性的启发下，众多科研工作者开展了仿生"荷叶滴水不沾"特性的研究工作。一般而言，在材料表面构筑仿生功能薄膜，通常先在材料表面制备一层粗糙薄膜，如 TiO_2、ZnO、SiO_2、V_2O_5、CeO_2 等无机纳米材料（Li et al.，2010；Schmalzl and Evans，2003），再对薄膜用低表面能物质进行表面修饰。其中，由于 TiO_2 无毒、性能稳定、热稳定性高，并且具有抗化学和光腐蚀、光催化活性高等特点，其对水污染物和气相有机物可以进行催化，并可降解有机污染物。此外，TiO_2 价格低廉，制备成本低，是众多无机纳米材料中研究最广泛、受关注程度最高，并被认为是最有可能工业化应用的材料之一（Linsebigler et al.，1995）。在自然界中，TiO_2 广泛存在于三种结晶形态中，即锐钛型、金红石型和板钛型。其中，锐钛型和金红石型 TiO_2 是通常用于光催化中的两种不同晶体结构，而锐钛型 TiO_2 具有较高的光催化活性。锐钛型 TiO_2 的禁带宽度为 3.2eV，当吸收了能量高于 3.2eV、波长小于 388nm 的光子后，发生电子跃迁，即价带上的电子跃迁到导带，形成电子-空穴对（Thompson and Yates，2006；Yang et al.，2008）。根据此原理，TiO_2 已广泛用于光降解、光分解水、光杀菌、自清洁、超亲水与防雾等领域。例如，TiO_2 薄膜在紫外线照射下产生超亲水性，利用这种特性可制成自清洁的汽车后视镜、防雾和自清洁玻璃、陶瓷等（Fujishima and Zhang，2006；Fujishima et al.，2000）。

由此，作者提出将木材与 TiO_2 复合，以制备出表面功能性改良的木材，这不但可以提高材料防腐、阻燃等方面的性能，延长其使用寿命，而且赋予了木材特殊的功能，如超疏水、自清洁、自降解有机物、抗菌等，从而制备出智能性的功能化木材，以开阔其使用领域，拓展其使用范围。

12.3.1 仿生荷叶"滴水不沾"超疏水 TiO_2 结构薄膜的制备方法

通常，超疏水表面主要通过两个步骤构建而成：一是在材料表面构造粗糙结构；二是将粗糙表面用低表面能的物质改性。即超疏水表面主要具有两个特点：较高的表面粗糙度和较低的表面自由能。经过众多学者的大量研究，已探索出多种制备 TiO_2 薄膜的方法，如化学气相沉积法（Ding et al.，2000）、物理气相沉积法（Xiang et al.，2005）、液相沉积法（Yu et al.，2003）、溶胶-凝胶法（Antonelli and Ying，1995）、微乳液法（Ghows and Entezari，2011）、水热合成法（Yin et al.，2001）、溶剂共热法（Yu et al.，2007）、电泳沉积（Miyasaka and Kijitori，2004）、等离子体法（Wang et al.，2005）及软刻蚀（Gao et al.，2007）等方法。而这些方法中有些制备成本较高，且使用范围有限，需要复杂的工艺和特殊的实验药品。目前在木材上构建 TiO_2 薄膜的方法尚处于探索阶段，常用的方法有水热合成法、化学气相沉积法、溶胶-凝胶法等。其中，水热合成法具有其他方法不可比拟的优势。首先，可根据实验要求选择所需前驱体溶液的组成成分，控制溶液的浓度、pH、反应温度和反应时间等因素，从而控制反应结果和晶体的生长；其次，该方法需要的设备少，反应过程简单，可以通过水热合成的再结晶过程获得较高纯度的产物。总而言之，利用水热合成方法制备的 TiO_2 薄膜，其晶体缺陷少，形貌可控，其光催化活性也可调控。

疏水性 TiO_2 薄膜的制备是采用低表面能物质对粗糙的 TiO_2 薄膜进行疏水改性而获得的（Zhang et al.，2007；Han et al.，2004）。例如，Fujishima 等以勃姆石和二氧化硅为基质，通过乙酰丙酮铝粗糙化后，采用氟硅烷改性获得了超疏水的表面（Nakajima et al.，2000）；Jiang 等（2013）通过两步自组装法，先在基材上构建出氧化锌空心微球的薄膜，再通过全氟硅烷改性，从而制备出具有耐久性的超疏水表面；Nakajima 等（2001）在二氧化硅薄膜上负载二氧化硅凝胶，利用表面的双重粗糙度构建出超疏水性的薄膜。因此，含氟的长链高分子化合物可以作为制备超疏水木材的表面改性剂。

12.3.2 木材表面多尺度无机 TiO_2 纳米结构的形成及其仿生功能

12.3.2.1 实验材料

所用木材为杨木，杨木试件均无虫眼、节疤等明显缺陷。本实验选择原材料清洗过程为：先用无水乙醇超声清洗 20min；再用蒸馏水超生清洗 10min，并重复三次；放入鼓风烘箱中在 80℃条件下烘至绝干备用。实验药品有氟钛酸铵、硼酸、盐酸、无水乙醇、氨水、十七氟癸基三甲氧基硅烷（FAS-17）、十八烷基三氯硅烷（OTS）和蒸馏水等。

12.3.2.2 木材表面不同润湿性 TiO_2 薄膜结构的形成及机制分析

在室温下，将 0.4mol 的氟钛酸铵和 1.2mol 的硼酸溶于 100mL 的蒸馏水中，充分磁力搅拌 15min，用 pH 计测定制备出的混合溶液 pH 约为 6.53，呈弱酸性；然后，分别用 pH 为 1 的盐酸和 pH 为 14 的氨水调节混合溶液的 pH 至 1～14，充分搅拌一段时间后，即制得不同 pH 的 TiO_2 前驱体溶液；将前驱体溶液移入反应釜中，随后，将编号后的样品对应放入相应的前驱体溶液中；在 90℃条件下置于真空烘箱中 5h；反应完成后，取出反应釜，自然冷却至室温。将制备的样品用蒸馏水超声清洗 30min，用去离子水多次清洗之后，在 60℃条件下真空烘至绝干，即在木材表面得到不同润湿性的 TiO_2 薄膜。

图 12-1 为木材素材和在 pH 为 1～14 的前驱体溶液中制备的样品表面 SEM 图。从图 12-1（a）中可以看到原始杨木木片的表面结构光滑，没有任何其他杂质。当前驱体溶液通过盐酸调节 pH 为 1～6 时［图 12-1（b）～（g）］，木材表面被致密且均匀的 TiO_2 粒子覆盖，随着前驱体溶液 pH 的增大，TiO_2 粒子的平均粒径随之增加，由 180nm 增加至 660nm。当前驱体溶液通过氨水调节 pH 为 7～10 时［图 12-1（h）～（k）］，表面上球型和柱体的粒子共存，而大多粒子形态为球形。进一步滴加氨水调节 pH 为 11～14［图 12-1（i）～（o）］，木材表面 TiO_2 粒子逐渐消失，因此，得出如下结论：抑制在木材表面上制备 TiO_2 的前驱体溶液的 pH 为 11，此外，通过改变前驱体溶液的不同 pH，可以改变 TiO_2 粒子的形貌。

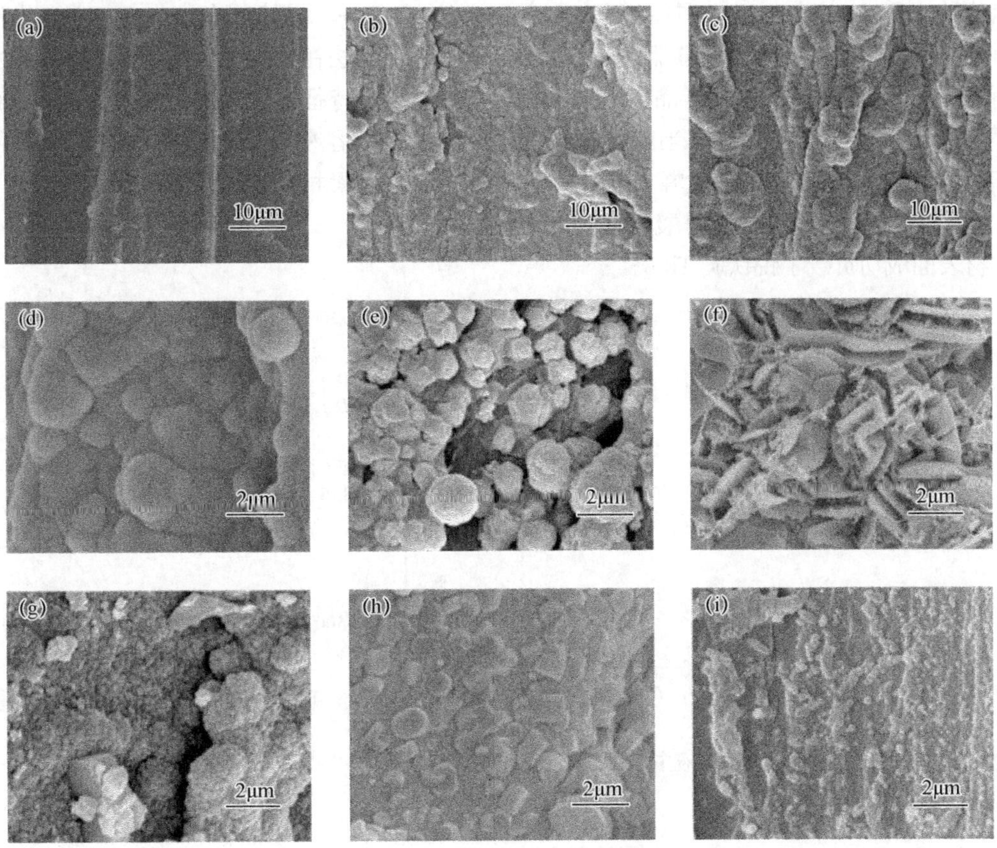

图 12-1 木材素材及制备的木材样品表面 SEM 图

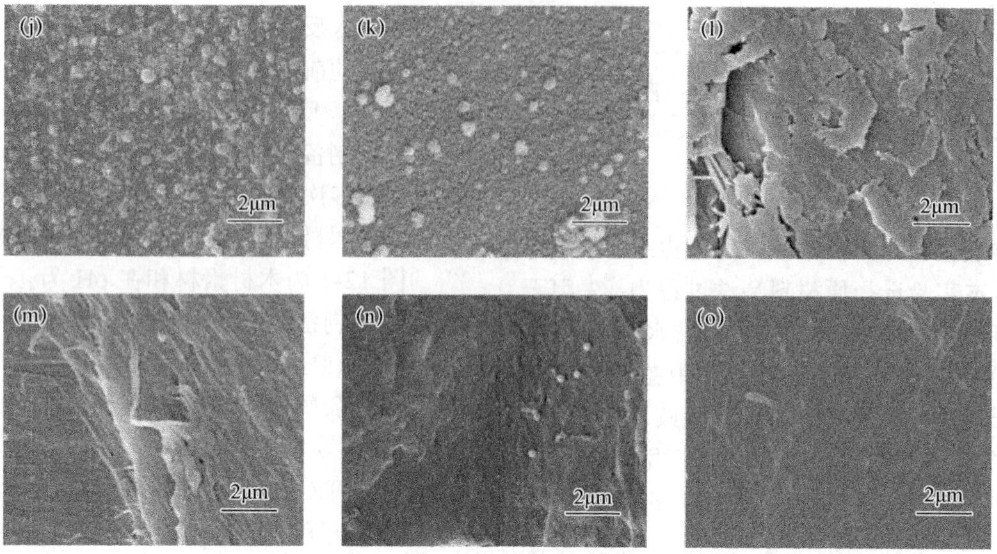

图 12-1 木材素材及制备的木材样品表面 SEM 图（续）

（a）木材素材的 SEM 图；（b）～（o）在不同 pH（1～14）的前驱体溶液中制备的样品的 SEM 图

图 12-2 给出了木材素材和在不同 pH 前驱体溶液中制备得到的木材样品的 XRD 图谱。与木材素材的 X 射线衍射图谱相比，当前驱体溶液 pH 为 1 或 6 时，除了原木材在 15°和 22°的衍射峰，图谱中可以看到很多新的衍射峰。当前驱体溶液 pH 为 1 时，25.3°、37.8°、48.0°、53.8°和 62.5°处的衍射峰与标准锐钛矿二氧化钛（JCPDS：21-1272）中 101、004、200、105 和 204 晶面完全对应，且当前驱体溶液 pH 为 6 时，衍射峰与 pH 为 1 时的木材样品图谱相似，仅仅缺少了 62.5°处的衍射峰；然而，当前驱体溶液为 8 或 14 时，处理后木材样品的衍射峰与木材素材几乎吻合。由此可知，当前驱体溶液呈酸性时，经水热处理后木材表面成功负载了锐钛矿 TiO_2。

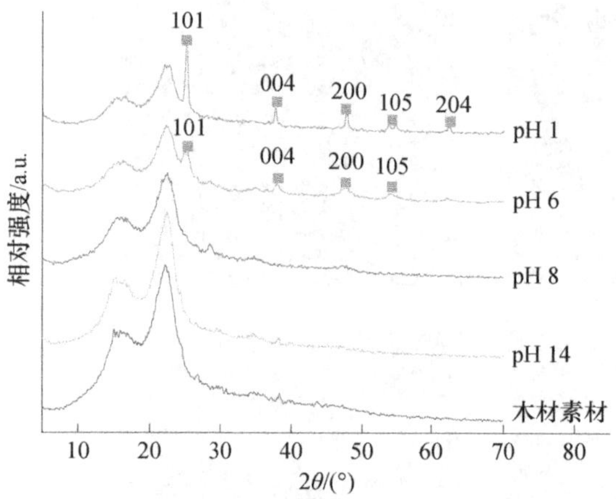

图 12-2 木材素材与在不同 pH 前驱体溶液中制备得到的木材样品的 XRD 图谱

图 12-3 给出了木材素材（a）及前驱体溶液 pH 分别为 1 和 14 时制备的木材样品的 FT-IR 谱图。可以看出，当用 pH 为 1 的前驱体溶液处理木材时（b），3380～3440cm^{-1} 波数处的羟基峰强度降低，表明 TiO_2 与木材表面羟基生成氢键而连接于木材表面；在波数为 1030～1320cm^{-1} 处出现的吸收峰为纤维素中 C—O 键的伸缩振动峰（Liu et al.，2008）。此外，在 400～800cm^{-1} 波数处可见水热合成法在木材上制备出的 TiO_2 中[TiO_6]八面配位体的特征吸收峰（Erdem et al.，2001）。然而，当前驱体溶液 pH 为 14 时（c），其样品的红外谱图与木材素材相比没有明显变化。

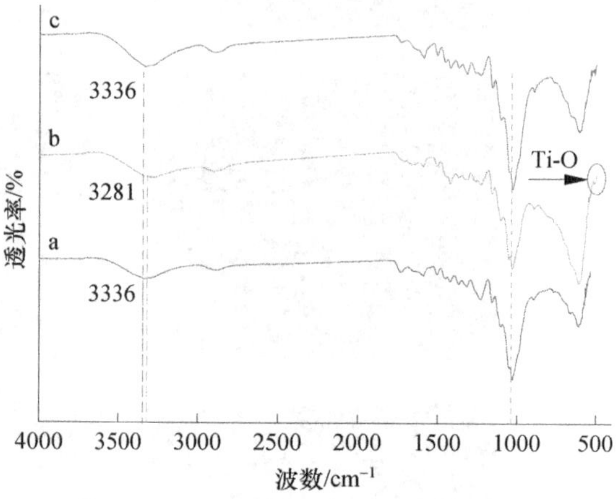

图 12-3 木材素材及制备木材样品的 FT-IR 谱图

a. 木材素材；b. 前驱体溶液 pH 为 1 时制备的木材样品；c. 前驱体溶液 pH 为 14 时制备的木材样品

图 12-4 为不同 pH 前驱体溶液下制备的木材

表面 WCA 图。从图 12-4 中可以明显看出，随着前驱体溶液 pH 由 1 增加至 14，制备的木材样品表面润湿性由亲水转变为疏水。当前驱体溶液 pH 为 1 时，样品表面呈现超亲水性，WCA 约为 4.6°；随着前驱体溶液 pH 增加至 11，样品表面开始由亲水转变为疏水，WCA 为 90.4°；进一步增加前驱体溶液 pH 至 14，样品表面疏水角达到 132.7°。

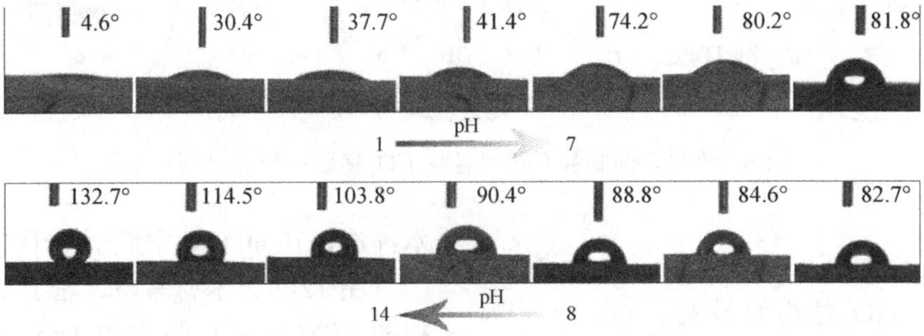

图 12-4 不同 pH 前驱体溶液制备的木材/TiO_2 复合材料表面 WCA 图

图 12-5 给出了前驱体溶液 pH 分别为 1、7、11 和 14 时制备的木材样品表面上水滴的宏观照片。当前驱体溶液 pH 为 1 时［图 12-5（a)］，几乎看不到木材样品表面上的水层，木材样品表面呈现超亲水性，该现象也与先前的分析结果相吻合；当前驱体溶液 pH 为 7 时［图 12-5（b)］，可以看到木材样品表面的水层，但其与水的接触角变大；当前驱体溶液 pH 为 11 时［图 12-5（c)］，木材样品表面的水滴明显变大；直至前驱体溶液 pH 为 14 时［图 12-5（d)］，可以清楚地看到木材样品表面的水滴呈球形。

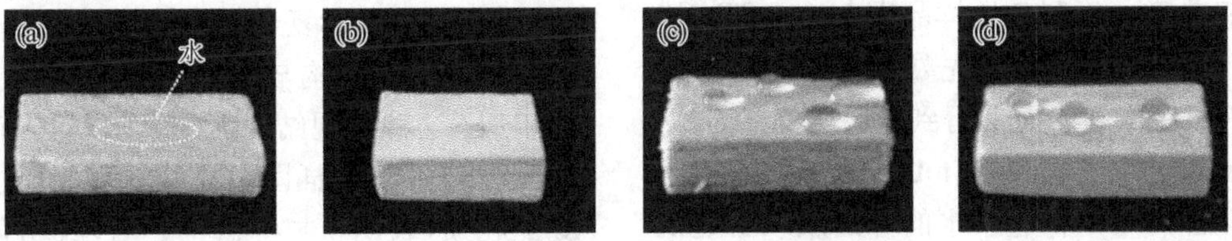

图 12-5 pH 为 1［(a)］、7［(b)］、11［(c)］、14［(b)］时制备的样品表面润湿性宏观图像

图 12-6 为木材表面制备不同润湿性 TiO_2 薄膜的形成机制示意图，解释了通过添加不同溶剂（盐酸或氨水）后，制备得到的木材样品表面润湿性变化的原因。图 12-6（b）为 TiO_2 前驱体的原始溶液及木材素材，TiO_2 前驱体的原始溶液中含有大量的$[TiF_6]^{2-}$、H^+和 H_2O 等。混合溶液中主要的反应平衡方程式为式（12-1）～式（12-3）（吴俊等，2013），式（12-1）为氟钛酸铵$(NH_4)_2TiF_6$ 的水解；式（12-2）为 H_3BO_3 与式（12-1）中生成的氟离子反应，并促进式(12-1)向右进行；式(12-3)为$[TiF_{6-n}(OH)_n]^{2-}$进一步水解生成 TiO_2。如图 12-6（a）所示，随着盐酸的加入，溶液体系中 H^+增多，促进式（12-2）向右移动，消耗更多的氟离子，并促使式（12-1）向右进行，生成更多的$[TiF_{6-n}(OH)_n]^{2-}$，式（12-3）中就会有更多的$[TiF_{6-n}(OH)_n]^{2-}$水解，产生更多的 TiO_2 与木材上的羟基通过氢键作用连接在木材表面上，并使更多的亲水基团暴露在木材表面；如图 12-6（b）所示，随着氨水的加入，溶液体系中 OH^-增多，抑制式（12-3）中$[TiF_{6-n}(OH)_n]^{2-}$水解，则式（12-1）和式（12-2）的进行也同样受到抑制，因此生成的 TiO_2 数量减少，同时，过多的 OH^-会与木材表面羟基作用，脱去水分子，减少了木材表面亲水基团的数量。从而可以得出结论：当前驱体溶液滴加酸性溶剂时，反应体系中会生成大量的 TiO_2 粒子负载在木材表面，并使更多的亲水基团暴露在木材表面；而当滴加溶剂为碱性时，过多的 OH^-抑制了 TiO_2 粒子的生成，并减少了木材表面亲水基团的数量。

$$[TiF_6]^{2-}+nH_2O \longrightarrow [TiF_{6-n}(OH)_n]^{2-}+nHF(n=0\sim6) \quad (12\text{-}1)$$

$$H_3BO_3+4HF \longrightarrow BF^{4-}+H_3O^++2H_2O \quad (12\text{-}2)$$

$$[TiF_{6-n}(OH)_n]^{2-} \longrightarrow TiO_2+2H_2O+(n-4)OH^-+(6-n)F^- \quad (12\text{-}3)$$

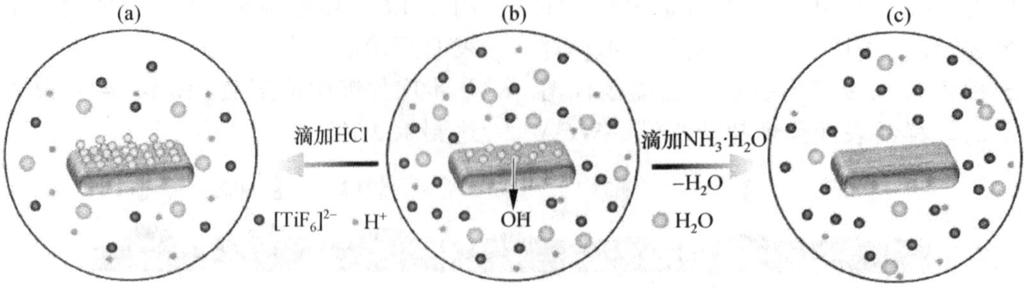

图 12-6　木材表面制备不同润湿性 TiO_2 薄膜的形成机制示意图

12.3.2.3　木材表面抗碱、抗高温高湿、耐久性超疏水 TiO_2 结构的形成

在室温下，将 0.4mol 的氟钛酸铵和 1.2mol 的硼酸溶于 100mL 的蒸馏水中，充分磁力搅拌 15min，并用摩尔浓度为 0.1mol/L 的盐酸将混合溶液的 pH 调节至 1，充分搅拌一段时间后，即制得 TiO_2 的前驱体溶液，将前驱体溶液放入反应釜中，随后，将编号的素材放入聚四氟乙烯反应釜中，在 90℃水热反应 5h，反应完成后，取出反应釜，自然冷却至室温。将制备的样品用蒸馏水超声清洗 30min，再用去离子水冲洗数次，在 60℃真空烘至绝干，即在木材表面上得到超亲水的 TiO_2 薄膜。将 100mL 无水乙醇和 0.5mL 十七氟癸基三甲氧基硅烷混合均匀，将超亲水的样品放入上述混合溶液中，室温下磁力搅拌 24h。反应结束后，用乙醇冲洗样品，以将其表面残留的化学物质清除，然后 60℃条件下烘至绝干，即得具有超疏水的木材表面。将制备的超疏水样品分别放入 pH 为 14 的 NaOH 溶液中 1 周，在功率为 36W、波长为 356nm 的紫外灯下照射 10h，再在 150℃的沸水中蒸煮 6h。反应结束后，将样品依次取出，用蒸馏水冲洗，在 60℃真空烘至绝干。

图 12-7 为木材素材、超亲水木材和超疏水木材的 SEM 图。从图 12-7（a）可知，木材素材表面结构鲜明，具有杨木的微观特征，并无其他杂项出现；经过水热反应之后，木材表面被一层致密均匀的 TiO_2 微球覆盖，表面粗糙度增加，TiO_2 粒子的平均粒径大约为 1.11μm，此外，图 12-7（b）中的插图显示除了含有 C、O 和 Au 外，还检测到 Ti 的存在，说明木材表面负载了含 Ti 的物质；图 12-7（c）和（d）中为经过 FAS-17 疏水剂修饰之后的木材-TiO_2 复合材料的 SEM 图，可以清楚地看到其表面结构与植物表面上蜡质层和乳突结构相似，这种微观结构促使了木材具有超疏水性；从图 12-7（c）的插图中显示其表面增加了含 F 和 Si 的物质，表明木材经修饰之后，成功负载了 TiO_2 和 FAS 薄膜。

图 12-8（a）为木材素材和经过 FAS-17 疏水改性的木材-TiO_2 复合材料的 FT-IR 谱图，可以看出，在 3380～3440cm^{-1} 处的峰是由于木材中的 O—H 伸缩振动引起的；在波长为 2920cm^{-1} 和 2850cm^{-1} 处出现的两个吸收峰分别是甲基和亚甲基的反对称和对称伸缩振动峰（Wang et al.,

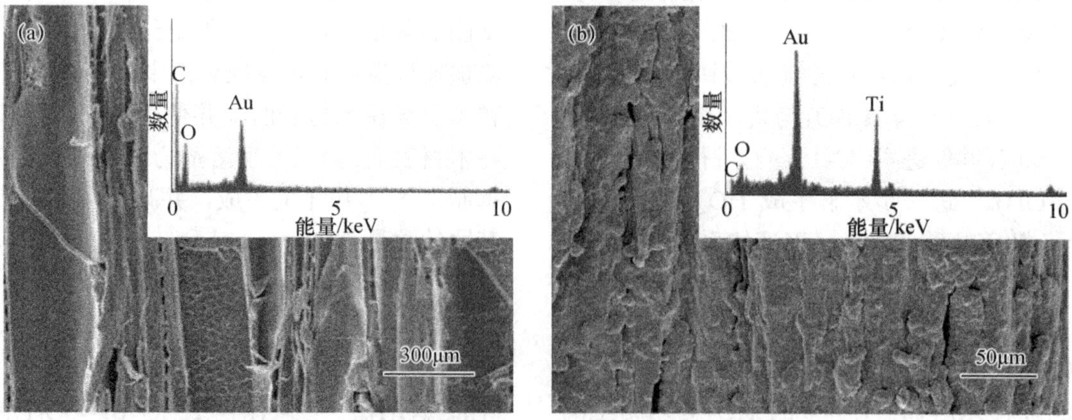

图 12-7　木材素材和木材-TiO_2 复合材料的 SEM 图

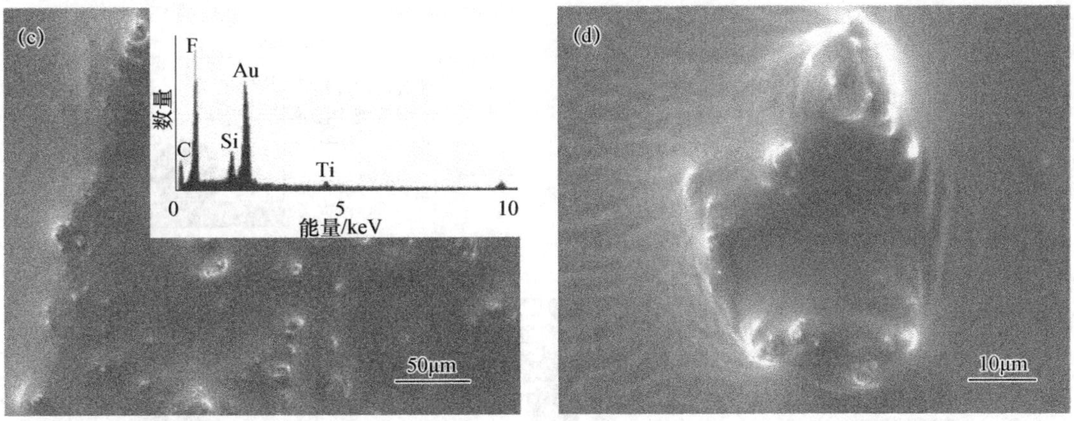

图 12-7 木材素材和木材-TiO_2复合材料的 SEM 图（续）

（a）木材素材；（b）制备的超亲水木材-TiO_2复合材料；（c）、（d）经过 FAS-17 疏水修饰后的木材-TiO_2复合材料的 SEM 图。图（a）～（c）中的插图分别对应样品的 EDXA 分析图谱

2010）；在波长为 1204cm^{-1}、1147cm^{-1}出现的吸收峰为—CF_3和—CF_2—基团中 C—F 的伸缩振动峰（Jeong et al.，2001）；以及在波长 1110cm^{-1}、604cm^{-1}处为 Si—O 的伸缩振动峰（Wang et al.，2010）。这三个特征峰都来自 FAS-17。同时，在 400～600cm^{-1}处可见到 TiO_2 的特征吸收峰，结果证明 TiO_2 及 FAS-17 成功负载于木材表面，并赋予了木材新的疏水特性。

图 12-8（a）为木材素材和木材-TiO_2复合材料的 XRD 图谱。与木材素材相比，经过水热反应后的样品图谱中增加了 25.3°、37.8°、48.0°、54.2°和 62.5°处的衍射峰，这些衍射峰分别与标准锐钛矿二氧化钛（JCPDS：21-1272）中 101、004、200、105 和 204 晶面相对应，并无其他杂项存在，结果表明木材表面负载了纯净的锐钛矿 TiO_2。

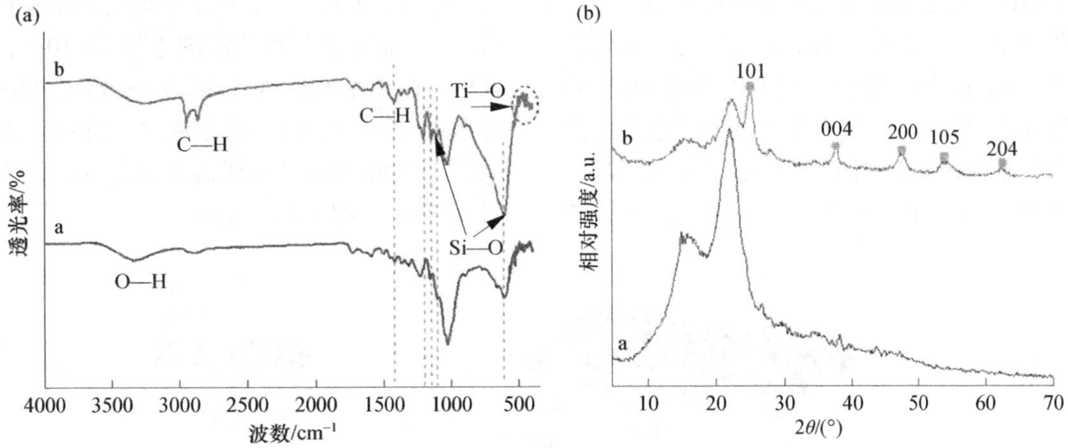

图 12-8 木材素材［(a)］和经过 FAS-17 疏水改性的木材-TiO_2复合材料的 FT-IR 谱图，以及木材素材和木材-TiO_2复合材料的 XRD 谱图［(b)］

图 12-9 给出了超疏水木材的耐久性实验图。图 12-9(a)中的木材-TiO_2复合材料的 WCA 为 6.7°，呈现超亲水性，在其宏观照片中只能看到水的痕迹，看不到液面；图 12-9（b）为经过 FAS-17 疏水改性后的木材-TiO_2 复合材料水接触角图，其 WCA 为 152.9°，呈现超疏水性，从宏观照片中可以清楚地看见样品表面球形水滴的存在。为了检验超疏水样品的耐久性能，分别将制备的样品经过以下的处理：pH 为 14 的 NaOH 溶液中浸泡 1 周、紫外灯照射 24h、150℃的沸水中蒸煮 6h，其样品表面的 WCA 均在 140°以上，表明制备的超疏水木材-TiO_2复合材料具有一定的耐久性，其表面的薄膜作为一种屏障，防止木材被腐蚀和降解，并保持优良的耐久性，从而赋予了木材抗碱、抗紫外和抗高温高湿的性能。

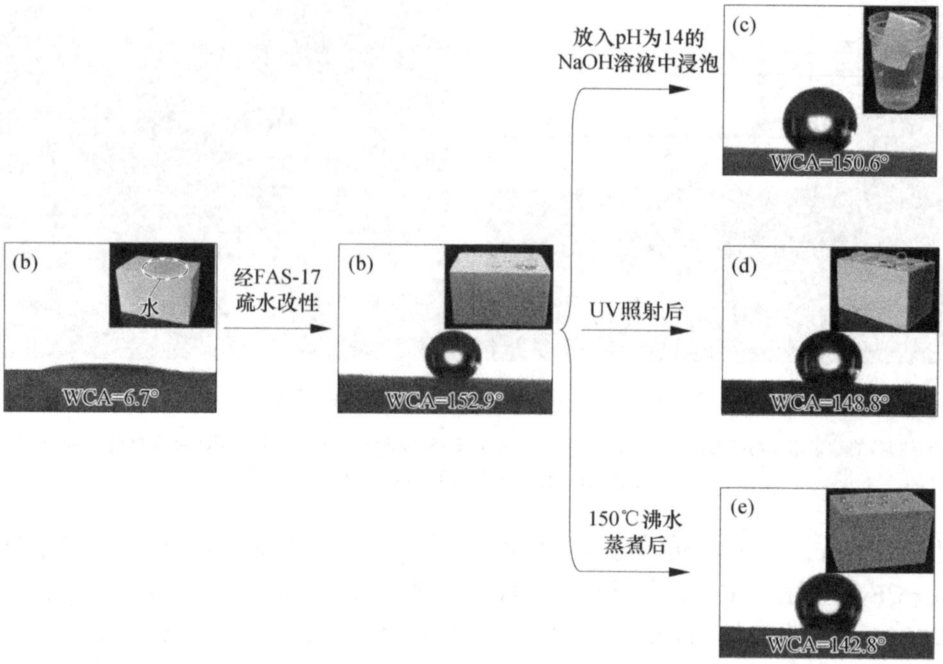

图 12-9　超疏水木材的耐久性试验图

（a）超亲水木材-TiO_2复合材料；（b）经过 FAS-17 疏水改性后的木材-TiO_2复合材料；（c）制备出的超疏水样品放入 pH 为 14 的 NaOH 溶液中 1 周；（d）制备出的超疏水样品在紫外灯下照射 10h；（e）制备出的超疏水样品在 150℃沸水中蒸煮 6h 后的样品表面与水的接触角（WCA）图片及宏观照片

图 12-10 阐述了耐久性超疏水木材表面的形成过程。图 12-10（a）显示了 TiO_2 粒子均匀紧密地负载于木材表面，通过局部放大示意图[图 12-10（b）]可以看到 TiO_2 粒子与木材表面通过氢键连接，且 TiO_2 粒子上连接着亲水基团（—OH），从而提高了木材表面的亲水性；图 12-10（c）表示经过 FAS-17 表面修饰后的样品，其最上层被低表面能的 FAS-17 覆盖，我们从其局部示意图［图 12-10（d）］可以看出，在疏水改性过程中，FAS-17 中 Si—O 键水解发生断裂，与 TiO_2 粒子通过共价键连接，最终，氟离子以薄膜的形式覆盖在木材样品的表面，从而获得超疏水的木材表面。

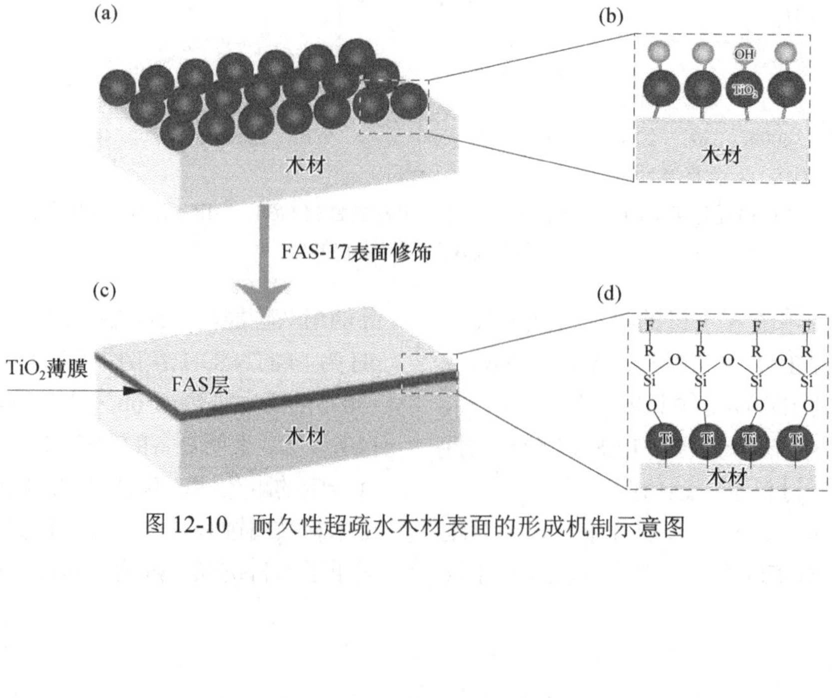

图 12-10　耐久性超疏水木材表面的形成机制示意图

12.3.2.4　木材表面光控润湿性可逆转换 TiO_2 结构的形成

在室温下，将 0.4mol 的氟钛酸铵和 1.2mol 的硼酸溶于 100mL 的蒸馏水中，充分磁力搅拌 15min，并用摩尔浓度为 0.1mol/L 的盐酸将混合溶液的 pH 调节至 1，充分搅拌一段时间后，即制得 TiO_2 的前驱体溶液，将前驱体溶液放入反应釜中，随后，将编号的素材放入聚四氟乙烯反应釜中，在 90℃水热反应 5h，反应完成后，取出反应釜，自然冷却至室温。将制备的样品用蒸馏水超声清洗 30min，再用去离子水冲洗数次，在 60℃真空烘至绝干，即在木材表面上得到超亲水的 TiO_2 薄膜。将 100mL 无水乙醇和 0.5mL 十八烷基三氯硅烷室温下混合后，将处理后的样品放入混合溶液中，室温下磁力搅拌 24h。反应结束后，用乙醇冲洗样品，以将其表面残留的化学物质清除，并在 60℃条件下置于真空烘箱中烘至绝干，即得到超疏水的木材表面。在室温且相对湿度约为 40%的大气环境下，将制备的超疏水木材放在波长为 356nm、功率为 36W 的紫外灯下照射 8h，即可得超疏水的木材表面转换为超亲水的木材表面。最后，将处理的样品在室温且相对湿度约为 40%的大气环境下，置于黑暗中 4 周，原本超亲水的木材恢复为超疏水的。

选取木材素材及负载 TiO_2 后的木材样品做研究，从图 12-11（a）和图 12-11（b）中，可以看出杨木素材表面光滑，没有任何其他的杂质，而负载 TiO_2 后，表面被一层致密均匀的 TiO_2 微球构成的薄膜覆盖。图 12-11（c）为 TiO_2 薄膜放大倍数下的表面形貌，从中可以看出，二氧化钛粒子呈球形，且平均粒径大约为 1.5μm。图 12-11（d）为负载 TiO_2 的木材表面 EDXA 谱图，从能谱图可以观察到碳、氧、氟、钛和金元素的存在，其中金元素来自扫描电子显微镜观测前喷涂的金层，氟元素可能来自二氧化钛前驱体溶液，碳元素则是木材基质中的基本元素。结果表明该微球为含 Ti 物质。

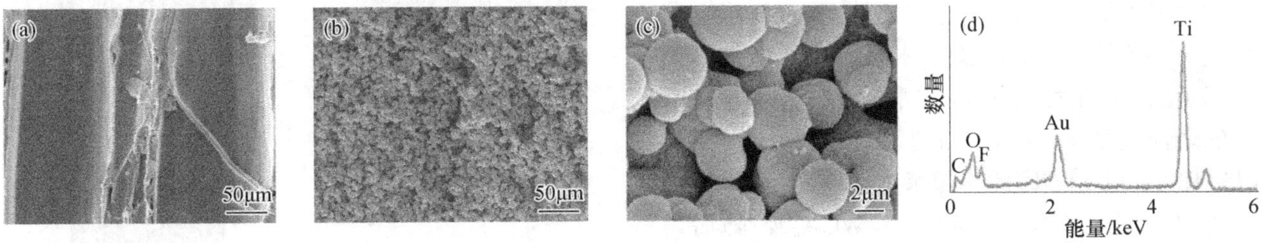

图 12-11　材料的 SEM 图

（a）木材素材电镜图；（b）负载 TiO_2 薄膜的木材表面电镜图；（c）放大倍数下的 TiO_2 粒子；（d）负载 TiO_2 薄膜的木材能谱图

图 12-12 是木材素材和负载 TiO_2 的木材经 OTS 改性后的红外光谱图。3380～3440cm^{-1} 波数段内的峰是由于木材中 O—H 的伸缩振动引起的，图 12-12（b）中该峰相对变窄，这可能是由于木材上的 OH 和沉积的 TiO_2 之间的氢键作用引起的；1320～1030cm^{-1} 是纤维素中典型的 C-O 伸缩吸收峰；图 12-12（b）中，在 2920cm^{-1} 和 2850cm^{-1} 两处的吸收峰是木材表面附着层上的长链烷基，这代表了典型的超疏水表面的结构峰；1490cm^{-1} 处变形峰是 CH_3 和 CH_2 中 C—H 键的弯曲振动峰；500～800cm^{-1} 区域存在的峰为[TiO_6]八面配位体振动产生的，这是 TiO_2 的特征振动峰，为 TiO_2 晶体表面 Ti—O 键的伸缩振动和变角振动。

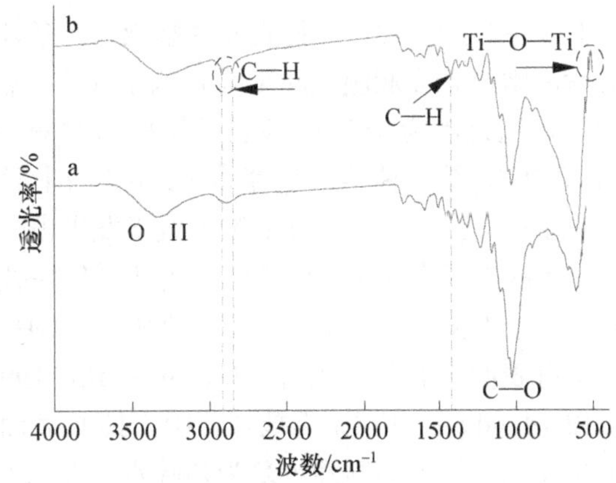

图 12-12　样品的 FT-IR 谱图

a. 木材素材；b. OTS 改性的 TiO_2 木材

接触角（WCA）测定表征了木材表面超疏水-超亲水光控可逆转换的润湿性，结果如图 12-13 所示。图 12-13（a）为木材素材的接触角，约为 52°；图 12-13（b）中经过水热反应后的木材表面接触角变为 3.8°，这是第一次由亲水转换为超亲水；如图 12-13（c）所示，当 OTS 修饰处理后，其接触角为 158°，由超亲水转变为超疏水是第二次转换；图 12-13（d）为制备的超疏水木材放在紫外灯下照射 8h 后，其表面润湿转换为超亲水，且接触角为 5.9°，这是第三次转换；图 12-13（e）为放在黑暗中存放4周后的木材表面水接触角图像，木材表面从超亲水又恢复至超疏水，接触角为 152°，这是第四次转换。因此，光控木材智能型超疏水-超亲水润湿性的可逆转换，可以通过构建一层锐钛型 TiO_2 薄膜，并加以疏水剂修饰等处理，最终实现木材表面的智能化。

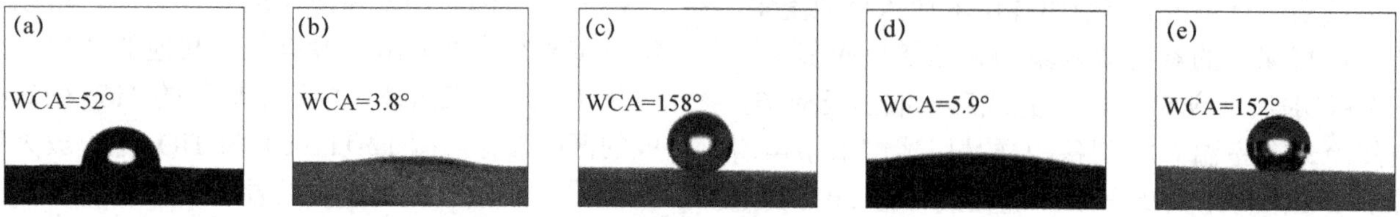

图 12-13　木材表面的接触角测定结果

（a）素材；（b）负载 TiO_2 后的木材表面；（c）负载 TiO_2 的木材经 OTS 改性后的表面；（d）紫外灯照射 8h 后由超疏水转换为超亲水的木材表面；（e）放在黑暗中存放 4 周后恢复超疏水的木材表面

本实验实现了智能型木材表面光控润湿性由超疏水向超亲水的转换。图 12-14 给出了该实验的构思，即通过构建具有光响应的无机氧化物粗糙薄膜，加之有机物表面活性剂改性，得到功能化的木材表面。首先，木材素材［图 12-14（a）］负载一层锐钛型 TiO_2 微球，木材上的羟基和 TiO_2 微球上的—OH 发生反应，在木材上构建了具有丰富的表面羟基（—OH）的超亲水无机 TiO_2 薄膜［图 12-14（b）］，因此，超亲水的 TiO_2 薄膜提高了木材表面的亲水性（$WCA_b<WCA_a$）。随后，用 OTS 改性，木材表面呈现超疏水性（$WCA_c>WCA_b$），如图 12-14（c）所示，这可能是由于薄膜表面的—OH 基团和与水解后的 OTS 中的 Si-OH 发生反应，使得木材表面羟基减少。紫外灯照射后，木材表面润湿性转换为超亲水（$WCA_d<WCA_c$），这是因为 TiO_2 薄膜表面结构的改变。众所周知，TiO_2 是一种禁带宽度为 3.27eV 的半导体材料，可在波长小于 400nm 的紫外线下发生电子跃迁，产生的电子空穴对还原 TiO_2，并生成氧空位，同时水分子占据这些氧空位，产生吸附的—OH 基团，使得表面具有超亲水性（Martin et al.，1995）［图 12-14（d）］。在黑暗存放过程中，TiO_2 表面发生了逆反应，导致润湿性恢复为超疏水［图 12-14（c）］，即木材表面的接触角增加（$WCA_c>WCA_d$）。总之，光控木材表面超疏水-超亲水可逆润湿性的转换主要是依靠 TiO_2 薄膜上表面羟基的吸附和解析来完成的。

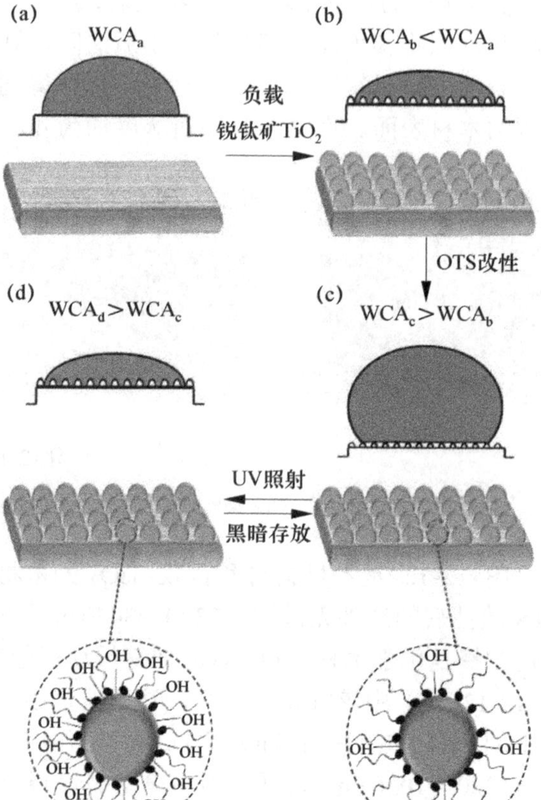

图 12-14　基于 TiO_2 薄膜的木材表面光控可逆润湿性转换的机制示意图

12.4　竹材表面多尺度结构的形成及其仿生功能

随着世界范围内的木材供需矛盾的日益加剧，

寻求新的木材替代资源已成为科研界与工业界的焦点。竹材具有生长周期短、强度高、韧性大、可再生、易加工等特点，被誉为第二森林，作为一种很好的木材代用品越来越受到重视，对其研究也越来越深入（孙芳利等，2012；吴再兴等，2014；侯玲艳等，2010）。竹材作为一种环境友好型材料，广泛应用于室内外家具、建筑、室内装修、乐器、餐饮、交通等领域，如图 12-15 所示。

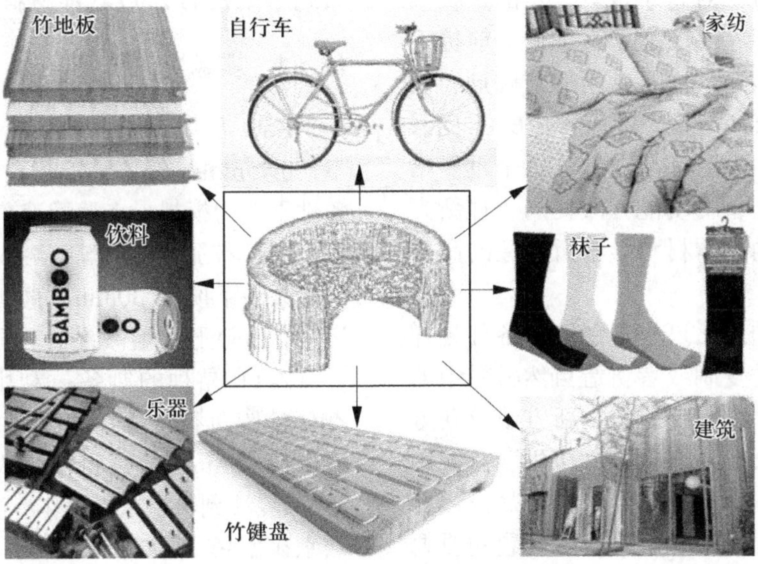

图 12-15 竹材的广泛用途

但竹材在利用过程中存在性能单一、附加值不高等问题，由于竹材表面具有大量的亲水性基团和丰富的孔结构，长期暴露在相对潮湿的环境中容易从外界吸收水分，存在易吸湿变形、易光变色、易霉变、易菌变、易燃烧等缺陷（图 12-16），从而导致其无法适用高档装饰、阻燃、耐老化等性能要求越来越高的建筑结构领域，更无法适应现代科技发展的特殊使用要求（李能等，2012；孙润鹤等，2013；张齐生和孙丰文，1999）。

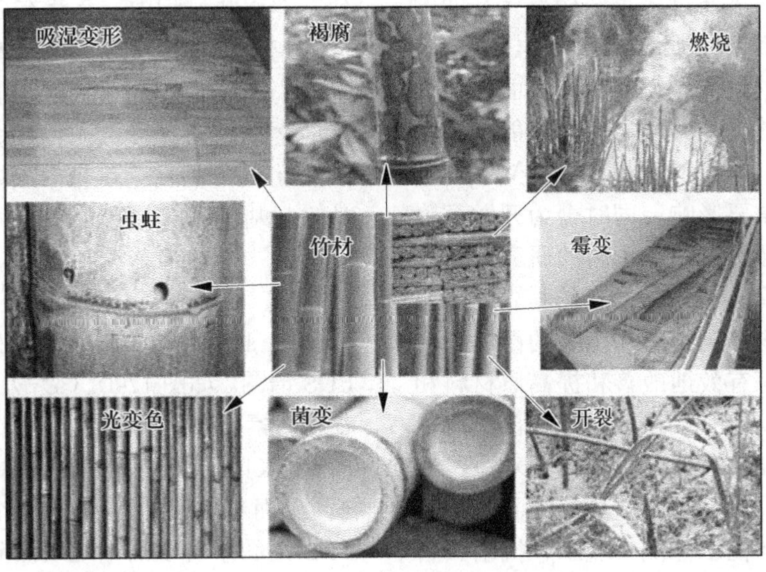

图 12-16 竹材的各种缺陷

由于竹材存在着这些固有的缺陷，人们在开发利用竹材的同时，不断地研发出各种对竹材进行功能性改良的新技术、新工艺和新方法。随着科技进步和社会飞速发展，人们对竹材的需求量越来越大，应用的范围越来越广，要求的品质也越来越高。与此同时，传统的处理竹材的技术、工艺和方法已经满足不了人们的需求。例如，目前，通过表面涂饰、热处理、化学处理、化学药剂浸注等传统的物理化学方法对竹子也有一定的防护效果，但是至今都不能在不改变竹材本色的前提下对竹材进行功能性改良，而且常用的防腐剂、表面涂饰材料等对人体和环境都有一定的不良影响。兼顾性能、成本及对环境友好这三个重要指标，将纳米技术作为竹材功能性改良的一种新方法、新手段，是国内外木材科学界所关注的高新技术之一。

自然界在长期的演化过程中创造了各种各样的高性能材料，通过复制或者仿造自然材料中的成分、结构或形成体系是新材料、新方法及新方向的灵感来源（王女等，2011）。“仿生”已被国内外政府、科研工作者、企业界等认为是设计和制备新型材料的主要途径和解决众多问题的重要途径。*Nature*、*Science*、*Nature Communication*、*Advanced Materials* 等国际一级期刊均对仿生研究做了重点报道。目前，利用先进的组装技术，将微纳功能结构单元集合成具有多级微纳结构的宏观块材是纳米材料应用研究的重要方向（刘克松和江雷，2009）。通过微纳结构功能单元有序的组装，这些纳米结构单元的新颖性质在宏观块材中不仅能够得到保留，还通过各个结构单元之间的协同和复合展现出多重性质和特殊功能。另外，仿造生物的多级微纳结构，设计和谐界面材料能够优化和提高材料的整体性质。例如，能将纳米材料科学、仿生科学与竹材进行有机交叉融合，将对竹材科学产生重要影响，同时会为开发高附加值竹质基新型功能性材料提供新的研究思路和方法（于文吉和江泽慧，2002）。在竹材表面仿生荷叶的微纳乳突结构上构筑有序组装的微纳米结构单元，一方面它可有效地改善和提高原材料和产品的性能（阻燃、尺寸稳定、装饰性能），确保产品使用的可靠性和安全性，延长使用寿命，节约资源和能源，减少环境污染；另一方面还可赋予竹材特殊的物理和化学性能（疏水、抗菌、自清洁、降解有机物等特性），从而制备新型高附加值的功能性材料，以开阔其使用领域，拓展其应用范围。

目前在竹材表面构筑 ZnO 纳米结构材料的方法主要有凝胶-溶胶法、水热法、液相沉积法、等离子体溅射法和气相沉积法等。本研究主要是采用溶胶-凝胶法结合水热法在竹材表面沉积具有微纳米结构的 ZnO 功能材料。

12.4.1 实验方法

ZnO 胶体溶液的制备工艺如下：在室温环境下，0.75mol/L 的乙酸锌溶于甲醇溶液中，在 60℃条件下磁力搅拌。上述溶液在室温条件下，按体积比 1∶1 滴加到单乙醇胺溶液中，混合后的溶液在 60℃条件下搅拌 30min，直到形成均匀稳定的胶体溶液。ZnO 胶体溶液置于室温条件下陈放 24h。

ZnO 晶种的制备：利用反复提拉浸渍法将 ZnO 溶胶负载于竹片表面。竹块浸入 ZnO 溶胶溶液保持 5min，接着将样品放在烘箱中 80℃干燥 5h。从浸渍到干燥重复操作 5 次。最后，将 0.05mol/L 六水硝酸锌、0.05mol/L 六次甲基四胺、0.06mol/L 聚乙烯醇依次溶于 250mL 的蒸馏水中，混合均匀，将负载有 ZnO 溶胶的竹块放入上述混合液中，95℃水热反应 1h。制备的样品用于接下来的水热反应。

ZnO 纳米晶体在竹材表面的生长：在前驱体溶液的制备方法为，将 0.04mol/L 的乙酸锌和 0.8mol/L 的氢氧化钠以体积比 1∶20 比例混合均匀。在水热过程中，负载有 ZnO 晶种的竹材试样放入配制的前驱体溶液中，移入反应釜，分别在温度为 30～120℃，以 5℃为间隔，反应 1h。水热反应之后，将试样取出，用去离子水清洗数次，然后在 50℃的真空烘箱中干燥 48h。竹材表面 ZnO 纳米材料的制备过程如图 12-17 所示。

12.4.2 竹材表面多尺度 ZnO 结构形成工艺

图 12-18 为竹材素材和处理之后竹材试样的 EDS 谱图。如图 12-18（a）所示，C、O 和 Au 能够在竹材素材中检测得到，C 和 O 来自于竹材基质，而 Au 来自于溅射在竹材表面用来观测 SEM 所需的喷金。而对于水热反应之后的竹材［图 12-18（b）］，EDS 谱图中可以清晰地观测到 Zn 的峰，能谱图中除了能检测到 C、O、Au 和 Zn 的峰之外，检测不到其他元素存在，由此可以确定水热反应之后竹材表面存在着 Zn 的无机物。

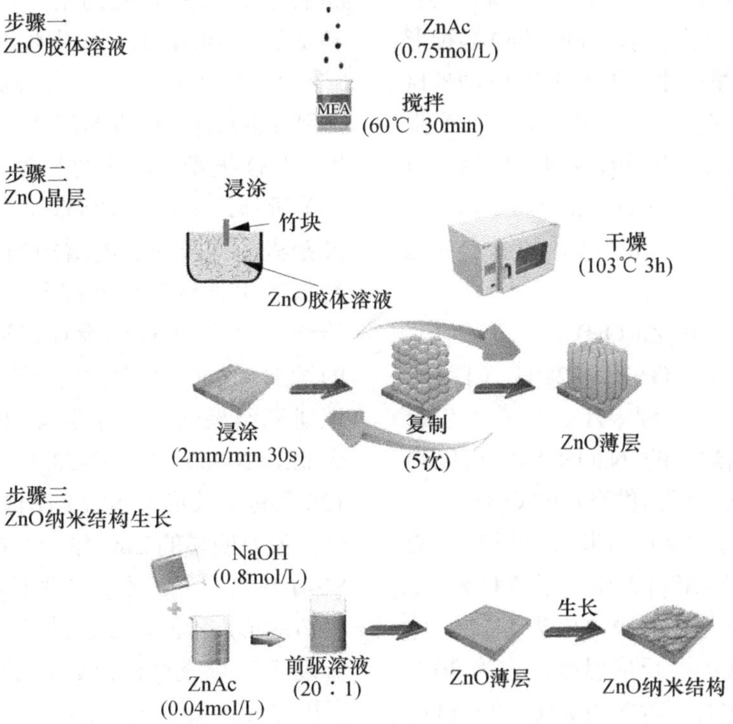

图 12-17 ZnO 纳米材料在竹材表面的制备过程

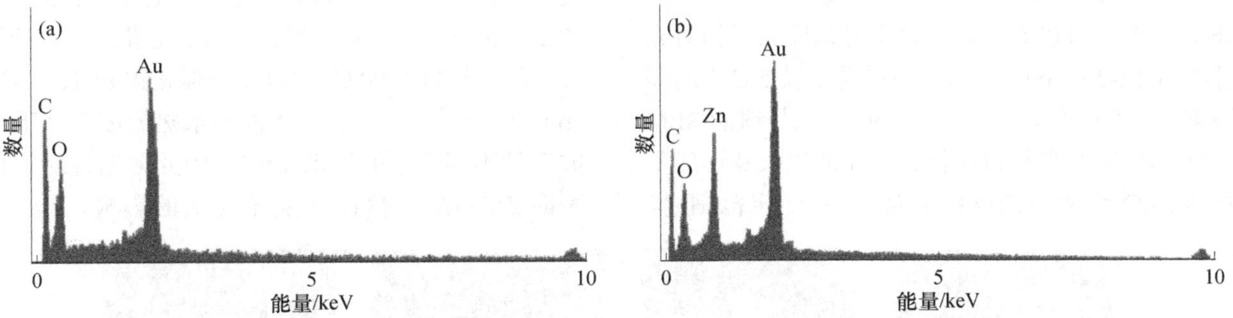

图 12-18 竹材素材［(a)］和水热处理后［(b)］竹材试样的 EDS 谱图

水热处理前后竹材试样的 XRD 谱图如图 12-19 所示。图 12-19a 所展示的是未经处理的竹子典型的 XRD 图谱。在 16°和 22°的衍射峰分别来自竹材中纤维素结晶区部分（Li et al.，2011）。但是在处理之后的竹材试样中，除了 16°和 22°处的衍射峰之外，还可以观察到其他的衍射峰。这表明在竹材表面形成了新的晶体结构。从处理过的竹材试样谱图中观测到的所有新的衍射峰都可以与标准纤锌矿氧化锌（JCPDS No.：36-1451）的峰位 100、002、101、102、110、103 和 112 一一对应（图 12-19b），并且没有检测到其他的衍射峰，表明制备的氧化锌纳米材料是纯净的氧化锌。XRD 结果表明水热法处理竹材之后，在竹材表面生成了 ZnO 纳米晶体，这与 EDS 谱图所示的结果相互对应。

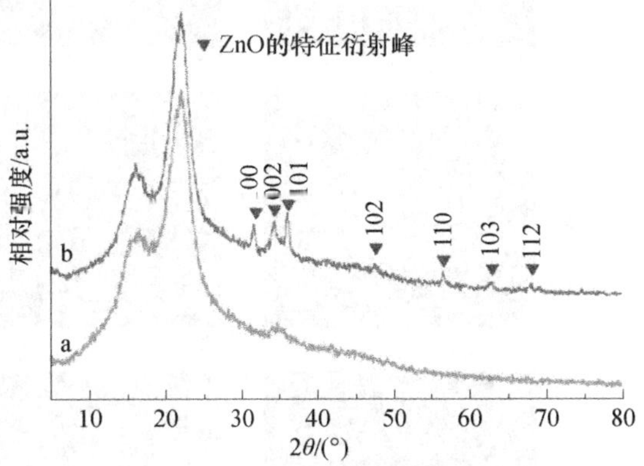

图 12-19 竹材素材（a）和水热处理后（b）竹材试样的 XRD 谱图

从原则上来说，在水热法反应过程中，ZnO 纳米材料的制备包含以下基本步骤：首先，在提拉浸渍过程之后，ZnO 晶种负载于未经处理的竹材表层。然后在碱性溶液中，负载于竹材表面的 ZnO 晶种形成晶核，最后在水热能量的作用下形成 ZnO 纳米材料（Jung et al.，2012）。在反应过程中，乙酸锌产生 Zn^{2+}，它很容易与 OH^-反应形成$[Zn(OH)_4]^{2-}$生长单元，然后分解成 ZnO 分子（Li et al.，2003）。形成 ZnO 纳米材料一种可能的化学机制表达如下（Yin et al.，2005）。

$$Zn^{2+}+4OH^- \longrightarrow [Zn(OH)_4]^{2-} \quad (12\text{-}4)$$

$$[Zn(OH)_4]^{2-} \longrightarrow ZnO+H_2O+2OH^- \quad (12\text{-}5)$$

在 ZnO 纳米材料生长过程中，OH^-的浓度也起到了很重要的作用。高浓度的 NaOH 溶液可以为 ZnO 生长成晶体的成核过程提供充足的 OH^-。

为探究生长温度对 ZnO 纳米材料形态的影响，利用水热法将 ZnO 纳米材料生长于竹材表面，将竹材在乙酸锌和氢氧化钠的摩尔比为 1∶20、体积比为 1∶20 的反应液中，反应温度设定为 30～120℃，以 5℃为间隔进行。对应的 ZnO 纳米材料在每个不同温度生长的 SEM 图像如图 12-20 所示。图 12-20（a）给出的是未经处理的竹材表面 SEM 图像，可以看出，竹材素材试样表面相对光滑。图 12-20（b）～（t）为在温度以 5℃为间隔的 30～120℃竹材表面生长 ZnO 纳米材料的 SEM 图像。ZnO 纳米材料在竹材表面的生长及形成不同的 ZnO 纳米结构依赖于温度。在一定范围内，随着水热反应温度的增加，ZnO 纳米材料长度和增长率均增加。如果水热反应温度低于 50℃［图 12-20（b）～（f）］，则竹材表面没有明显观测到 ZnO 纳米材料的形成。这表明低于该反应温度，ZnO 很难生长于竹材表面。如图 12-20（m）～（q）所示，在 85～105℃处形成的 ZnO 数量最多、最密集。当反应温度增加到 110℃时，ZnO 纳米材料的生长量与长度都会变小。这种现象可由试验结果中的 SEM 图像观察到，因为随着反应温度的增加，ZnO 纳米材料逐渐溶解于反应溶液中，该研究结果也与其他学者的研究结果相一致（Le et al.，2006）。图 12-20（t）为 ZnO 纳米材料在 120℃的生长形态 SEM 图像，它表现出模糊的图像，没有明显的 ZnO 纳米结构存在。由图 12-20 的 SEM 图像可知，不同的生长温度产生的 ZnO 纳米材料的形态不同，ZnO 纳米材料在 85℃和 105℃的温度下生长成直径为 2μm 的均匀的球状纳米结构［图 12-20（m）和（q）］。如图 12-20（o）所示，在反应温度为 95℃的条件下，得到兰花状的 ZnO 纳米材料，它们的平均大小为 200nm 宽、2μm 长。图 12-20（o）中的内插图是真实的兰花形态。针状 ZnO 纳米材料在 90℃和 100℃下制备得到［图 12-20（n）和（p）］。总之，在不同的水热温度条件下生成三种不同形态的纳米 ZnO。因此，温度对竹材表面 ZnO 纳米材料的形态有很大的影响。

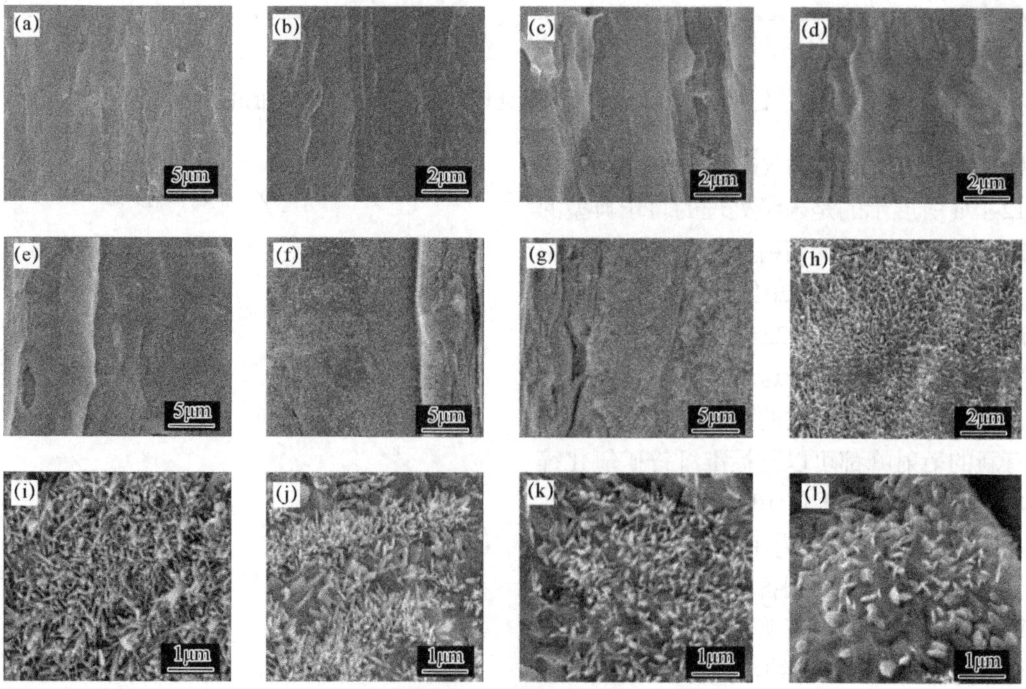

图 12-20　不同温度下竹材表面 ZnO 的 SEM 图

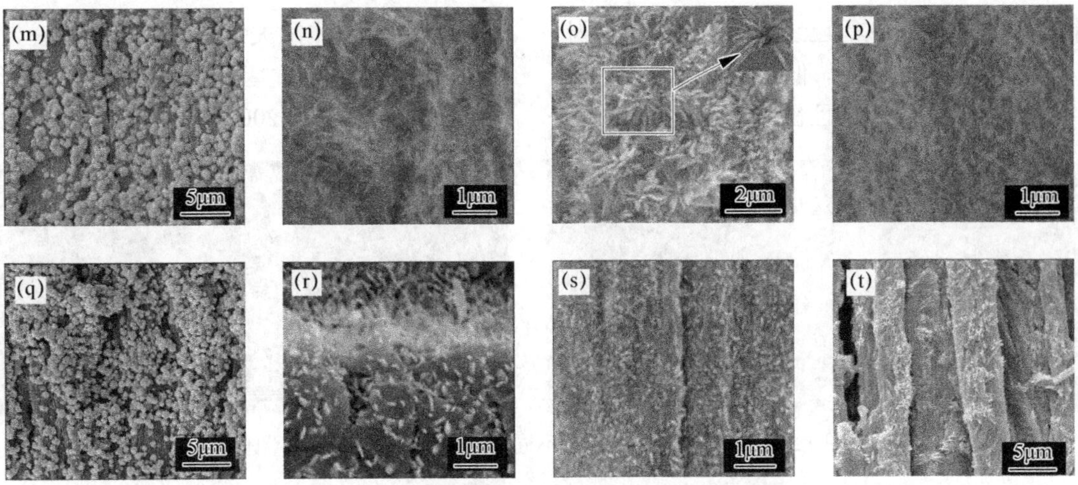

图 12-20 不同温度下竹材表面 ZnO 的 SEM 图（续）

（a）竹材素材 SEM 图像；（b）～（t）分别对应不同水热温度下（30～120℃，5℃为间距）竹材表面的 SEM 图像，（o）中的插图为真实的兰花图像

为了研究生长时间对 ZnO 纳米材料形态的影响，利用水热法将纳米材料生长于竹材表面，生长时间分别为 0.5h、1.0h、3.0h、8.0h。其他试验参数保持恒定（温度 95℃，乙酸锌 0.04mol/L，氢氧化钠 0.8mol/L）。图 12-21 展示的是 ZnO 纳米材料分别在 0.5h、1.0h、3.0h、8.0h 时的 SEM 图像。图 12-21（a）展示的是 ZnO 纳米材料生长 0.5h 的形态。很显然 ZnO 纳米结构表现为草状形态。这种草状的 ZnO 纳米材料长约 1μm，直径约为 100nm。图 12-21（b）为 ZnO 纳米材料生长 1h 时的形态。与图 12-20（a）相比，可以观察到当生长时间延长到 1h 时，ZnO 纳米材料的大小变为原来的两倍。因此，推断 ZnO 纳米材料的直径随着生长时间的增加而增大。但是，当生长时间为 3h 时，ZnO 纳米材料开始逐渐溶解，草状的纳米形态开始消失，产生模糊图像。如图 12-21（d）所示，当生长时间变为 8h 时，草状纳米形态完全消失。这种现象表明随着水热反应时间的延长，ZnO 纳米材料存在一种非定型相，最后逐渐开始溶解。

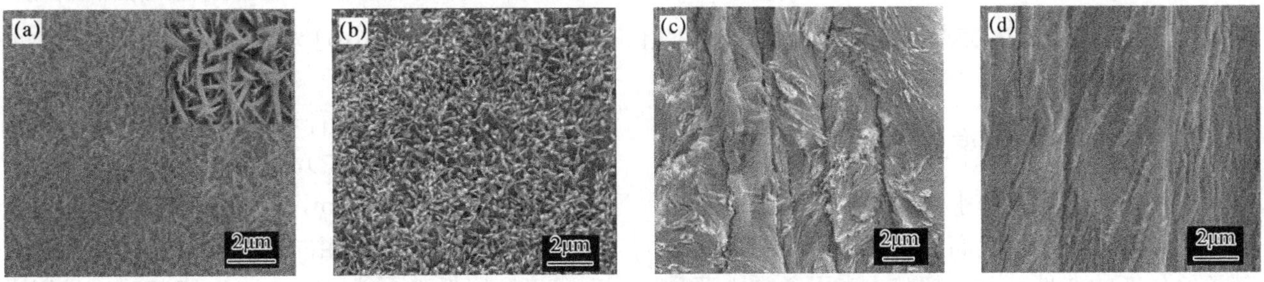

图 12-21 竹材表面 ZnO 在不同水热反应时间时的 SEM 图像

（a）0.5h；（b）1.0h；（c）3.0h；（d）8.0h

过饱和度由相同温度下饱和溶液中溶质在过饱和溶液中浓度的比决定（Yin et al.，2005）。水热反应中过饱和度可以由氢氧化钠与乙酸锌的摩尔比决定。氢氧化钠与乙酸锌的摩尔比很低时，导致高过饱和度，将会促进沉淀或者高密度成核。氢氧化钠与乙酸锌的摩尔比很高时，将会引起 ZnO 的溶解和抑制成核（Le et al.，2006）。为详细研究其影响，将氢氧化钠与乙酸锌的摩尔比设定为 5∶1、10∶1、20∶1 和 25∶1，水热温度设定为 95℃，时间为 1h。当过饱和度很高时，氧化锌和氢氧化锌在溶液中很容易形成沉淀，而且沉淀形成顺序也不能控制。当过饱和度很低时将会有很多其他生长过程产生。在图 12-22 中，当氢氧化钠与乙酸锌摩尔比从 5∶1 增加到 20∶1 时，观察到 ZnO 成核密度增加。当氢氧化钠与乙酸锌摩尔比继续增加到 25∶1 时[图 12-22（d）]，ZnO 纳米粒子完全溶解并且在原始竹材表面

上形成粗糙腐蚀界面，Le 等已经证明了该现象。因此，在 ZnO 前期生长过程中，低程度的过饱和状态足够让 ZnO 进行生长，并且在 ZnO 纳米材料形成过程中起到非常关键的作用，因为在制备 ZnO 纳米材料过程中，氢氧根离子对反应影响很大（Ahsanulhaq et al.，2008）。

图 12-22 竹材表面 ZnO 在不同前驱物配比时的 SEM 图像

氢氧化钠和乙酸锌摩尔比分别为（a）5∶1；（b）10∶1；（c）20∶1；（d）25∶1

为了阐明不同的锌盐前驱体溶液对 ZnO 纳米材料生长的影响，进一步研究了硝酸锌、硫酸锌、氯化锌和乙酰丙酮锌等不同的锌盐前驱体溶液，其他的生长条件设定为：水热温度为 95℃，水热时间为 1h，氢氧化钠与乙酸锌的摩尔比为 20∶1。图 12-23 展示的是在不同的锌盐前驱体溶液中 ZnO 纳米材料在竹材表面生长的 SEM 图像。显而易见，由 SEM 图像可知，制备的 ZnO 纳米结构材料都有相似的结构，即交联的 ZnO 纳米壁网络结构。这说明水热反应中不同锌盐前驱体溶液在决定形态上起着非常重要的作用。

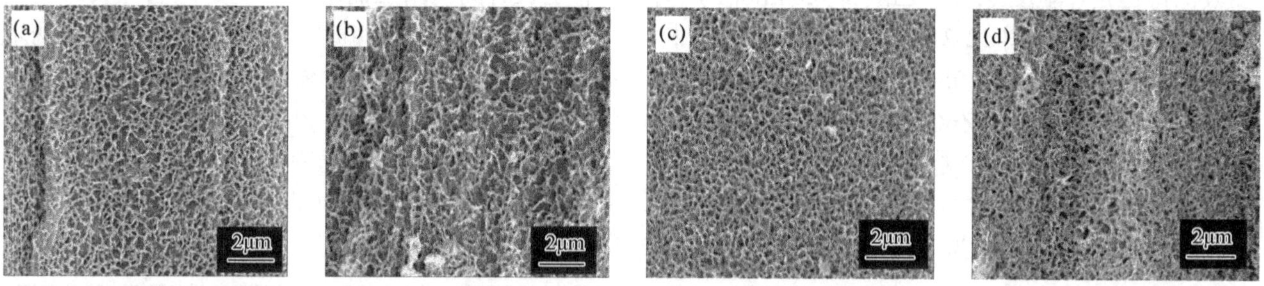

图 12-23 不同锌盐前驱体硝酸锌［(a)］、硫酸锌［(b)］、氯化锌［(c)］和乙酰丙酮锌［(d)］对竹材表面氧化锌结构的影响

12.4.3 竹材表面多尺度 ZnO 结构的仿生功能

基于荷叶表面超疏水性质，在竹材表面仿生荷叶超疏水表面，以提高竹材的固有性能，同时赋予竹材新的特性。制备超疏水表面通常由两种方法组成：在原本疏水的物质上构建粗糙的结构，或用低表面能的物质降低粗糙表面的自由能（Zhou et al.，2012）。众所周知，超疏水的表面可能不同时具有超疏油特性。超疏油比超疏水的表面有着更广阔的应用潜力，包括在液体运输、防污材料和微流体方面的应用。但是，人们发现制造具有超疏油特性的材料比制造具有超疏水表面材料更具有难度。这是因为液体油具有比水更小的表面张力，并且物体表面需要更小的表面能才能达到疏油效果（Liu et al.，2009；Tuteja et al.，2008）。为了能得到这种表面张力值低于 6mN/m 的表面（现实中不存在），—CF_3 官能团的表面张力值原则上低于 6mN/m，而且超疏油表面的制备必须遵循着与超疏水相同的设计原则：增加表面粗糙度和降低表面能（Wu et al.，2009）。我们研发了一种简单的技术来设计和生产以竹材为基础的具有超双疏性质的材料，通过利用 ZnO 增加竹材表面粗糙度和利用含氟物质降低表面自由能来实现。第一步，利用水热法在竹材表面制备大面积的玫瑰花状 ZnO 纳米材料；第二步，在负载 ZnO 的竹材表面将氟硅烷氟化于试样表面，得到一个超双疏的表面。与传统工艺相比，该方法更为简单并且更加易于操作。另外，试验制备的超双疏竹材表面不仅对水和油具有很好的抵抗性，甚至包括各种 pH 的酸碱溶液和一些腐蚀性溶液都表

现出优越的双排斥性能。此外，对制备的超双疏竹材表面的稳定性和耐久性也进一步做了研究。为降低竹材表面的自由能，利用氟硅烷（FAS-17）对制备的试样进行了表面处理。试样浸入1.0wt%的FAS-17/甲醇溶液中，在室温环境下磁力搅拌24h，取出试样，利用甲醇清洗数次，然后放入烘箱中80℃干燥5h。制备超双疏竹材表面的实验过程如图12-24所示，氟硅烷改性过程紧接其后。首先，将Si-OCH_3水解，如过程a所示，此过程的目的是将CH_3OH消除，生成Si-OH；然后，Si-OH通过氢键自行和ZnO纳米材料键合，如过程b所示。

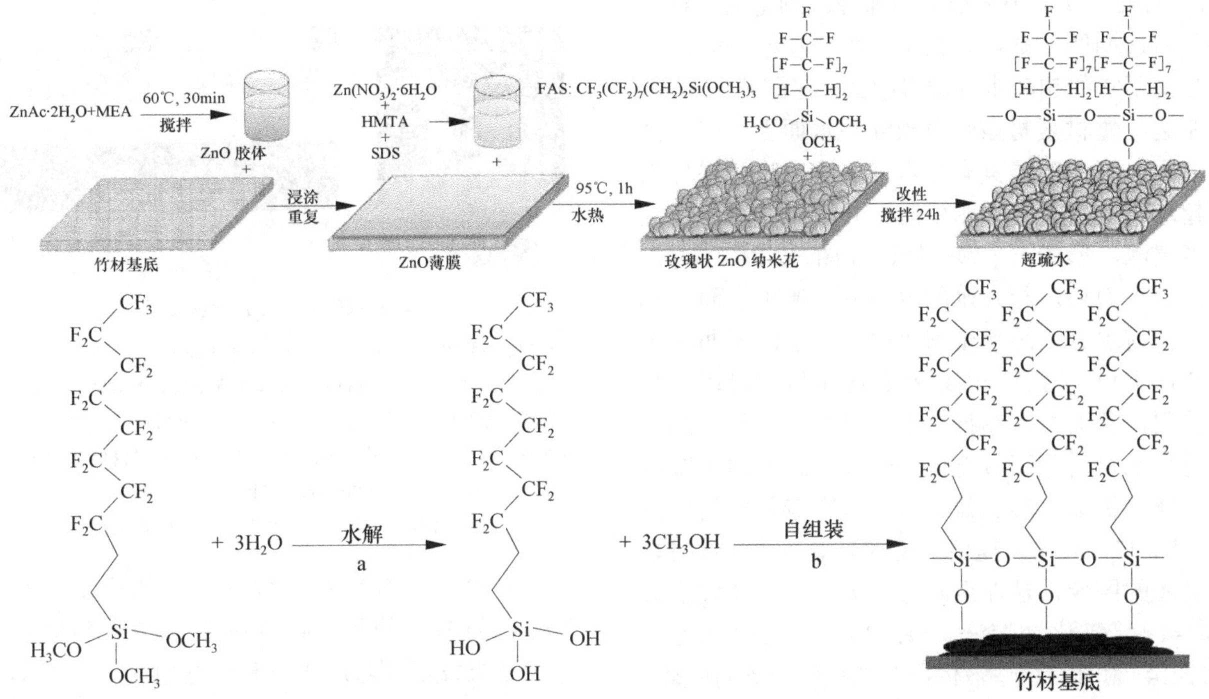

图12-24 制备超疏水竹材的实验流程图

经氟硅烷修饰的竹材试样表面没有发现明显的结构变化。然而，竹材表面的湿润性由超亲水变为了超双疏。经氟硅烷修饰之后，竹材表面对水、油，甚至包括各种pH的液体在内的腐蚀性液体均具有优良的抗腐蚀性，这可以解释为高浓度的—CF_2和—CF_3官能团降低了竹材试样的表面能，同时为制备超双疏的竹材表面提供了必要条件(Mukhopadhyay et al.，2002)。图12-25展示了几种典型液体的接触角图像，表12-1为几种液体的接触角和滑动角的值。众所周知，竹材是亲水性基质，而对于处理之后的竹材试样，如图12-25和表12-1所示，当水、盐、碱、酸和润滑油液滴滴在竹材表面时，液滴呈球形，当滑动角小于15°时很容易在竹材表面滚动。制备的超双疏表面对十六烷也具有一定的抵抗作用，接触角值接近150°。以上结果表明，该制备方法使原本为亲水性的竹材试样表面变为超双疏是可行的。

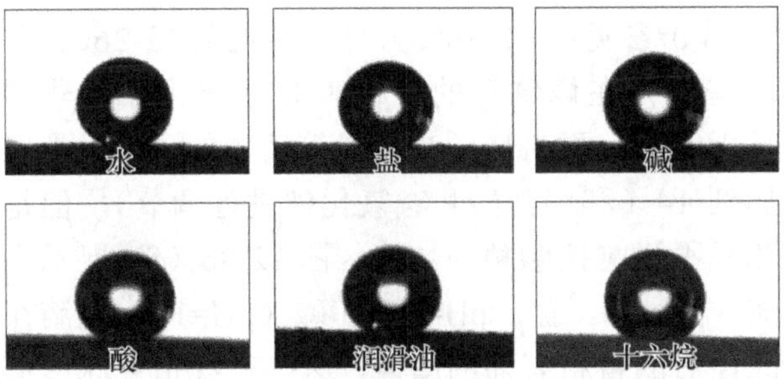

图12-25 几种典型液体的接触角图像

表12-1 超双疏竹材表面不同液体的接触角和滚动角的值

液体①	静态接触角/°	滚动角/°
水	156±1	<5
盐	155±2	<5
碱	153±1	<5
酸	152±1	<5
润滑油	151±1	15±2
十六烷	150±1	18±1

注：①本书中使用的润滑油的表面张力为31mN/m

为了更清楚地展示制备的超双疏竹材的性质，进一步对制备的竹材试样做了研究（图 12-26）。前面也提到过，竹材素材本质上是亲水的，尽管竹材的密度低、质量轻，但竹材自身是一种多孔材料，它可以吸收水分，由于其吸水性及自身的质量，它依旧会沉到水平面以下。在本试验结果中，如图 12-26（c）中所展示的那样，制备的竹材试样（右边的图）能够轻松地“站”在水的表面，这是由于它的超疏水性质引起的。在图 12-26（c）的左边，竹材素材虽然也漂浮在水面上，但是浮在液面以下，明显具有亲水性。进一步利用外力将超疏水的竹材浸入水中时，竹材试样表面存在很多气泡，形成一个银色镜面［图 12-26（a）］，当撤除外力后，超疏水的竹材立马漂出水面，不吸收任何水分，最后依旧“站”在水的表面［图 12-26（b）］，这意味着这些超疏水竹材可以在户外使用，帮助竹制品抵抗水分侵袭。另外，制备的超疏水竹材除了具有抗水性外，还对油和腐蚀性液体如机油、酸、盐、碱溶液有着稳健的抵抗性。图 12-26（d）提供了几种典型液体在竹材素材表面的图像，从左至右分别为机油、盐酸溶液（pH=1）、氯化钠溶液（pH=7）、氢氧化钠溶液（pH=14）和水，这些液体很容易被竹材素材吸收，并且这些液体在竹材表面的接触角几乎为 0。而经氟硅烷修饰后，这些液体的接触角从 0°变为 153°［0°参见图 12-26（d），153°参见图 12-26（e）］，这些液体在修饰后的竹材表面呈球状并且非常易于滚动。更奇怪的是，尽管液体的 pH 从 1 增加到 14（利用盐酸和氢氧化钠进行调节），但是几乎不影响接触角的数值。图 12-26（f）展示了酸（pH=1）、盐（pH=7）和碱（pH=14）液滴在改性后的竹材表面的图像，这些有着完美球形形状的液滴依旧站立在改性后的竹材表面，表现出稳定的润湿性。

图 12-26　超疏水表现形式

（a）利用外力将超疏水竹材完全浸入水中图像；（b）撤除外力后，超疏水浮于水面；（c）竹材素材漂浮于液面以下［左图］，超疏水竹材漂浮于液面以上［右图］；（d）（e）机油、盐酸溶液（pH=1）、氯化钠溶液（pH=7）、氢氧化钠溶液（pH=14）和水在竹材素材和超疏水竹材表面的形状；（f）盐酸溶液（pH=1）、氯化钠溶液（pH=7）、氢氧化钠溶液（pH=14）在超疏水竹材表面的侧视图

为深入分析超双疏竹材表面的稳定性和耐久性，将制备的竹材试样陈放于户内环境两个月，结果发现该超疏水竹材的接触角没有明显改变，依旧保持着完美的球形形状［图 12-27（a）］。另外，还将制备的竹材试样分别放入 pH=14 的 NaOH 溶液和 pH=1 的 HCl 溶液中在 50℃条件下浸泡 3h，实验结果发现试样表面液体的接触角依旧大于 150°［图 12-27（b）和（c）］。综合以上结果表明，改性后的竹材试样对于强酸和强碱甚至一些腐蚀性液体拥有优越的稳定性和完美的耐久性，因此，这项工作为竹资源的利用开辟了新方向，并且这种超双疏竹材可以作为户外用材，抵抗酸雨。

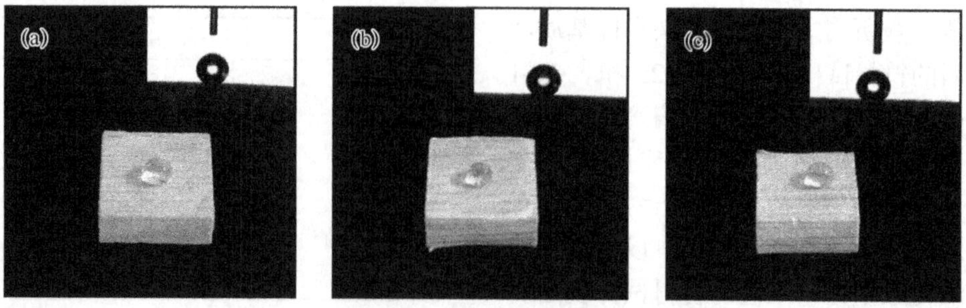

图 12-27　竹材被放置于空气中两个月后［(a)］，浸入 pH 为 1 的盐酸溶液［(b)］或 pH 为 14 的氢氧化钠溶液［(c)］中均以 50℃的条件加热 3h 后的水滴图像

12.5　结论与展望

总之，木材作为一种可再生的、多功能的天然资源环境材料，广泛应用于人类生活的方方面面，如木质建筑、室内外家具、乐器材和装饰材料等，但木材也存在着吸水膨胀导致尺寸稳定性不佳、易被细菌侵蚀、易被有机物污染等缺陷。由于这些木材固有缺陷的存在，在实际应用中较大程度地限制了木材的使用范围和领域。木材表面仿生构建超疏水表面后，将木材由亲水性转变为疏水性，实现了相反物性的转换，使得木材不再吸收外界水分，可有效缓解木材变形开裂、霉变、腐朽、降解。但目前对木材仿生超疏水性表面的结构尚缺乏系统的研究数据，仿生超疏水性表面的动力学尚未引起关注，同时现有木材表面仿生超疏水表面一般尚在实验室研究，需要精密的实验室设备和昂贵的化学物质，距离规模化生产还有很长的路要走。

主要参考文献

蔡国斌，万勇，俞书宏. 2008. 受生物启发模拟合成生物矿物材料及其机理研究进展. 无机化学学报，24（5）：673～683

陈大柱，何平笙，杨海洋. 2004. 具有自修复能力的聚合物材料. 化学通报，2：138～142

崔福斋，郑传林. 2004. 仿生材料. 北京：化学工业出版社

郭志光，刘维民. 2006. 仿生超疏水性表面的研究进展. 化学进展，18（6）：721～726

侯玲艳，安珍，赵荣军，等. 2010. 竹材表面性能研究新进展. 西南林学院学报，30（4）：89～93

胡巧玲，李晓东，沈家骢. 2009. 仿生结构材料的研究进展. 材料研究学报，17（4）：337～344

贾贤. 2007. 天然生物材料及其仿生工程材料. 北京：化学工业出版社

江雷，冯琳. 2007. 仿生智能纳米界面材料. 北京：化学工业出版社

江雷. 2003. 从自然到仿生的超疏水纳米界面材料. 化工进展，22（12）：1258～1264

李能，陈玉和，包永洁，等. 2012. 国内外竹材防腐的研究进展. 中南林业科技大学学报，32（6）：172～176

李瑶，王雷，赵金海，等. 2012. 仿生材料的研究进展. 黑龙江科学，3（1）：32～35

李元杰，律微波，孟宪铎. 2005. 微胶囊自修复聚合物材料的研究进展. 工程塑料应用，33（1）：68～70

刘克松，江雷. 2009. 仿生结构及其功能材料研究进展. 科学通报，54（18）：2667～2681

刘睿. 2012. 仿生贝壳材料的制备. 杭州：浙江大学博士学位论文

卢芸，孙庆丰，于海鹏，等. 2010. 离子液体中的纤维素溶解、再生及材料制备研究进展. 有机化学，30（10）：1593～1602

路甬祥. 2004. 仿生学的科学意义与前沿. 科学中国人，4：22～34

吕威鹏. 2012. 若干多功能环境响应型微纳米材料的合成、改性与应用探索. 天津：天津大学博士学位论文

缪钱江，方征平，蔡国平. 2004. 自修复复合材料研究进展. 材料科学与工程学报，22（2）：301～303

乔吉超，胡小玲，管萍. 2006. 自修复聚合物材料用微胶囊的研究进展. 化工进展，25（12）：1405～1409

隋晓锋. 2008. 结构可控纤维素功能材料的制备和性能研究. 北京：清华大学硕士学位论文

孙芳利，鲍滨福，陈安良，等. 2012. 有机杀菌剂在木竹材保护中的应用及发展展望. 浙江农林大学学报，29（2）：272～278

孙久荣，戴振东. 2007. 仿生学的现状和未来. 生物物理学报，23（2）：109～115

孙润鹤，刘元，李贤军，等. 2013. 高温热处理对竹材糖分含量的影响规律. Journal of Central South University of Forestry & Technology，33（6）：132～135

王女，赵勇，江雷. 2011. 受生物启发的多尺度微/纳米结构材料. 高等学校化学学报，32（3）：421～428

吴俊，王爱军，陈胜利，等. 2013. TiO_2反蛋白石结构膜材料改性及其光催化活性研究. 无机材料学报，28（3）：283～286

吴再兴，陈玉和，马灵飞，等. 2014. 紫外辐照下染色竹材的色彩稳定性. 中南林业科技大学学报，34（2）：127～132

徐滨士，张伟，刘世参，等. 2004. 现代装备智能自修复技术. 中国表面工程，17（1）：1～4

徐雁. 2011. 功能性无机-晶态纳米纤维素复合材料的研究进展与展望. 化学进展，23（11）：2183～2199

阎映弟，罗能镇，相咸高，等. 2013. 防覆冰涂层构建机理及制备研究进展. 化学进展，26（1）：214～222

于文吉，江泽慧. 2012. 竹材特性研究及其进展. 世界林业研究，15（2）：50～55

张齐生，孙丰文. 1999. 我国竹材工业的发展展望. 林产工业，26（4）：3～5

赵宁，卢晓英，张晓艳，等. 2007. 超疏水表面的研究进展. 化学进展，19（6）：860～871

Ahsanulhaq Q，Kim S，Kim J，et al. 2008. Structural properties and growth mechanism of flower-like ZnO structures obtained by simple solution method. Materials Research Bulletin，43（12）：3483～3489

Antonelli D M，Ying J Y. 1995. Synthesis of hexagonally packed mesoporous TiO_2 by a modified sol-gel method. Angewandte Chemie International Edition in English，34（18）：2014～2017

Barthlott W，Neinhuis C. 1997. Purity of the sacred lotus，or escape from contamination in biological surfaces. Planta，202（1）：1～8

Bawa P，Pillay V，Choonara Y E，et al. 2009. Stimuli-responsive polymers and their applications in drug delivery. Biomedical Materials，4（2）：22001

Bonderer L J，Studart A R，Gauckler L J. 2008. Bioinspired design and assembly of platelet reinforced polymer films. Science，319（5866）：1069～1073

Capadona J R，Shanmuganathan K，Tyler D J，et al. 2008. Stimuli-responsive polymer nanocomposites inspired by the sea cucumber dermis. Science，319（5868）：1370～1374

de Las Heras Alarcón C，Pennadam S，Alexander C. 2005. Stimuli responsive polymers for biomedical applications. Chemical Society Reviews，34（3）：276～285

Ding Z，Hu X，Lu G Q，et al. 2000. Novel silica gel supported TiO_2 photocatalyst synthesized by CVD method. Langmuir，16（15）：6216～6222

Erdem B，Hunsicker R A，Simmons G W，et al. 2001. XPS and FTITR surface characterization of TiO_2 particles used in polymer encapsulation. Langmuir，17（9）：2664～2669

Feng L，Li S，Li Y，et al. 2002. Super-hydrophobic surfaces：From natural to artificial. Advanced Materials，14（24）：1857～1860

Feng X，Feng L，Jin M，et al. 2004. Reversible super-hydrophobicity to super-hydrophilicity transition of aligned ZnO nanorod films. Journal of the American Chemical Society，126（1）：62～63

Feng X，Zhai J，Jiang L. 2005. The fabrication and switchable superhydrophobicity of TiO_2 nanorod films. Angewandte Chemie International Edition，44（32）：5115～5118

Fujishima A，Rao T N，Tryk D A. 2000. Titanium dioxide photocatalysis. Journal of Photochemistry and Photobiology C：Photochemistry Reviews，1（1）：1～21

Fujishima A，Zhang X. 2006. Titanium dioxide photocatalysis：present situation and future approaches. Comptes Rendus Chimie，9（5）：750～760

Gao X，Jiang L. 2004. Biophysics：Water-repellent legs of water striders. Nature，432（7013）：36

Gao X，Yan X，Yao X，et al. 2007. The dry-style antifogging properties of mosquito compound eyes and artificial analogues prepared by soft lithography. Advanced Materials，19（17）：2213～2217

Ghows N，Entezari M H. 2011. Fast and easy synthesis of core-shell nanocrystal（CdS/TiO_2）at low temperature by micro-emulsion under ultrasound. Ultrasonics Sonochemistry，18（2）：629～634

Gil E S，Hudson S M. 2004. Stimuli-responsive polymers and their bioconjugates. Progress in Polymer Science，29（12）：1173～1222

Han J T，Lee D H，Ryu C Y，et al. 2004. Fabrication of superhydrophobic surface from a supramolecular organo-silane with quadruple hydrogen bonding. Journal of the American Chemical Society，126（15）：4796～4797

Jeong H J，Kim D K，Lee S B，et al. 2001. Preparation of water-repellent glass by sol-gel process using perfluoroalkylsilane and tetraethoxysilane. Journal of Colloid and Interface Science，235（1）：130～134

Jiang L，Zhao Y，Zhai J. 2004. A lotus-leaf-like superhydrophobic surface：a porous microsphere/nanofiber composite film prepared by electrohydrodynamics. Angewandte Chemie，116（33）：4438～4441

Jung H J，Lee S，Yu Y，et al. 2012. Low-temperature hydrothermal growth of ZnO nanorods on sol-gel prepared ZnO seed layers：optimal growth conditions. Thin Solid Films，524：144～150

Korhonen J T，Hiekkataipale P，Malm J，et al. 2011. Inorganic hollow nanotube aerogels by atomic layer deposition onto native nanocellulose templates. ACS Nano，5（3）：1967～1974

Le H，Chua S，Koh Y，et al. 2006. Systematic studies of the epitaxial growth of single-crystal ZnO nanorods on gan using hydrothermal synthesis. Journal of Crystal Growth，293（1）：36～42

Li J，Lu Y，Yang D，et al. 2011. Lignocellulose aerogel from wood-ionic liquid solution（1-allyl-3-methylimidazolium chloride）under freezing and thawing conditions. Biomacromolecules，12（5）：1860～1867

Li J，Yu H，Sun Q，et al. 2010. Growth of TiO_2 coating on wood surface using controlled hydrothermal method at low temperatures. Applied Surface Science，256（16）：5046～5050

Li Z，Xie Y，Xiong Y，et al. 2003. A novel non-template solution approach to fabricate ZnO hollow spheres with a coordination polymer as a reactant. New Journal of Chemistry，27（10）：1518～1521

Linsebigler A L，Lu G，Yates Jr J T. 1995. Photocatalysis on TiO_2 surfaces：principles，mechanisms，and selected results. Chemical Reviews，95（3）：735～758

Liu M，Wang S，Wei Z，et al. 2009. Bioinspired design of a superoleophobic and low adhesive water/solid interface. Advanced Materials，21（6）：665～669

Liu Q，Wang S，Zheng Y，et al. 2008. Mechanism study of wood lignin pyrolysis by using TG-FTIR analysis.

Journal of Analytical and Applied Pyrolysis，82（1）：170～177

Martin S T，Lee A T，Hoffmann M R. 1995. Chemical mechanism of inorganic oxidants in the TiO_2/UV process：increased rates of degradation of chlorinated hydrocarbons. Environmental Science & Technology，29（10）：2567～2573

Miyasaka T，Kijitori Y. 2004. Low-temperature fabrication of dye-sensitized plastic electrodes by electrophoretic preparation of mesoporous TiO_2 layers. Journal of the Electrochemical Society，151（11）：A1767～A1773

Mukhopadhyay S M，Joshi P，Datta S，et al. 2002. Plasma assisted hydrophobic coatings on porous materials：influence of plasma parameters. Journal of Physics D：Applied Physics，35（16）：1927

Nakajima A，Hashimoto K，Watanabe T，et al. 2000. Transparent superhydrophobic thin films with self-cleaning properties. Langmuir，16（17）：7044～7047

Nakajima A，Saiki C，Hashimoto K，et al. 2001. Processing of roughened silica film by coagulated colloidal silica for super-hydrophobic coating. Journal of Materials Science Letters，20（21）：1975～1977

Neinhuis C，Barthlott W. 1997. Characterization and distribution of water-repellent，self-cleaning plant surfaces. Annals of Botany，79（6）：667～677

Olsson R T，Samir M A，Salazar-Alvarez G，et al. 2010. Making flexible magnetic aerogels and stiff magnetic nanopaper using cellulose nanofibrils as templates. Nature Nanotechnology，5（8）：584～588

Podsiadlo P，Kaushik A K，Arruda E M，et al. 2007. Ultrastrong and stiff layered polymer nanocomposites. Science，318（5847）：80～83

Rubner M. 2003. Materials science：synthetic sea shell. Nature，423（6943）：925～926

Sarikaya M，Gunnison K，Yasrebi M. 1990. Seashells as a natural model to study laminated composites. *In*：Lancaster. Proceedings of the American Society for Composites. Technical Conference，5th：176～183

Schmalzl K，Evans P. 2003. Wood surface protection with some titanium，zirconium and manganese compounds. Polymer Degradation and Stability，82（3）：409～419

Stuart M A C，Huck W T，Genzer J，et al. 2010. Emerging applications of stimuli-responsive polymer materials. Nature Materials，9（2）：101～113

Sun H，Xu Z，Gao C. 2013. Multifunctional，ultra-flyweight，synergistically assembled carbon aerogels. Advanced Materials，25（18）：2632

Sun T，Wang G，Feng L，et al. 2004. Reversible switching between superhydrophilicity and superhydrophobicity. Angewandte Chemie International Edition，43（3）：357～360

Sun Z，Liao T，Liu K，et al. 2013. Robust superhydrophobicity of hierarchical ZnO hollow microspheres fabricated by two-step self-assembly. Nano Research，6（10）：726～735

Tang Z，Kotov N A，Magonov S，et al. 2003. Nanostructured artificial nacre. Nature Materials，2（6）：413～418

Thompson T L，Yates J T. 2006. Surface science studies of the photoactivation of TiO_2 new photochemical processes. Chemical Reviews，106（10）：4428～4453

Tuteja A，Choi W，McKinley G H，et al. 2008. Design parameters for superhydrophobicity and superoleophobicity. MRS Bulletin，33（08）：752～758

Wang C，Piao C，Zhai X，et al. 2010. Synthesis and character of super-hydrophobic $CaCO_3$ powder *in situ*. Powder Technology，200（1）：84～86

Wang X，Li J G，Kamiyama H，et al. 2005. Pyrogenic iron（Ⅲ）-doped TiO_2 nanopowders synthesized in Rf thermal plasma：phase formation，defect structure，band gap，and magnetic properties. Journal of the American Chemical Society，127（31）：10982～10990

Wang Y，Wang W，Zhong L，et al. 2010. Super-hydrophobic surface on pure magnesium substrate by wet chemical method. Applied Surface Science，256（12）：3837～3840

White S R，Sottos N，Geubelle P，et al. 2001. Autonomic healing of polymer composites. Nature，409（6822）：794～797

Wong T S，Kang S H，Tang S K，et al. 2011. Bioinspired self-repairing slippery surfaces with pressure-stable omniphobicity. Nature，477（7365）：443～447

Wu W，Wang X，Wang D，et al. 2009. Alumina nanowire forests via unconventional anodization and super-repellency plus low adhesion to diverse liquids. Chemical Communications，（9）：1043～1045

Xia F，Ge H，Hou Y，et al. 2007. Multiresponsive surfaces change between superhydrophilicity and superhydrophobicity. Advanced Materials，19（18）：2520～2524

Xiang B，Zhang Y，Wang Z，et al. 2005. Field-emission properties of TiO_2 nanowire arrays. Journal of Physics D：Applied Physics，38（8）：1152

Xie Q，Xu J，Feng L，et al. 2004. Facile creation of a super-amphiphobic coating surface with bionic microstructure. Advanced Materials，16（4）：302～305

Yang H G，Sun C H，Qiao S Z，et al. 2008. Anatase TiO_2 single crystals with a large percentage of reactive facets. Nature，453（7195）：638～641

Yin H，Wada Y，Kitamura T，et al. 2001. Hydrothermal synthesis of nanosized anatase and rutile TiO_2 using amorphous phase TiO_2. Journal of Materials Chemistry，11（6）：1694～1703

Yin H，Xu Z，Wang Q，et al. 2005. Study of assembling ZnO nanorods into chrysanthemum-like crystals. Materials Chemistry and Physics，91（1）：130～133

Yoshida M，Lahann J. 2008. Smart nanomaterials. ACS Nano，2（6）：1101～1107

Yu J G，Yu H G，Cheng B，et al. 2003. The effect of calcination temperature on the surface microstructure and photocatalytic activity of TiO_2 thin films prepared by liquid phase deposition. The Journal of Physical Chemistry B，107（50）：13871～13879

Yu Y，Lou X，Wu H. 2007. Some recent advances in hydrolysis of biomass in hot-compressed water and its comparisons with other hydrolysis methods†. Energy & Fuels，22（1）：46～60

Zhang X，Jin M，Liu Z，et al. 2007. Superhydrophobic TiO_2 surfaces: preparation, photocatalytic wettability conversion, and superhydrophobic-superhydrophilic patterning. The Journal of Physical Chemistry C, 111 (39)：14521～14529

Zhou X，Zhang Z，Xu X，et al. 2012. Facile fabrication of recoverable and stable superhydrophobic polyaniline films. Colloids and Surfaces A：Physicochemical and Engineering Aspects，412：129～134

Zhu W，Feng X，Feng L，et al. 2006. UV-manipulated wettability between superhydrophobicity and superhydrophilicity on a transparent and conductive SnO_2 nanorod film. Chemical Communications，（26）：2753～2755

13 生物质复合材料的耐久性

由于生物质复合材料常常用于户外，对其性能要求与常规的室内用木质人造板不同，更注重其耐久性尤其是耐老化性。材料的老化作用主要有热老化、气候老化、生物降解。其中，气候因素包括太阳辐射、氧、温度、水、大气污染等；生物危害主要来自微生物、昆虫和海生钻孔动物。本章着重对目前常用的生物质-聚合物复合材料和生物质-无机质复合材料的耐老化性能予以简要介绍。

13.1 生物质复合材料的耐候性

13.1.1 紫外线辐射对生物质-聚合物复合材料制品颜色的影响

绝大部分生物质-聚合物复合材料产品是在室外条件下使用的，其耐老化性能，尤其是耐紫外线（UV）性能，对材料的使用寿命有很大影响。暴露于UV下的大部分生物质-聚合物复合材料产品使用一段时间以后，其表面化学性质都会发生变化，即产生光降解，从而导致产品表面变色，美观性下降，并影响材料的其他性能。因而，提高光稳定性是一个重要问题。

为了快速获得材料光老化数据，通常采用加速老化的方式进行研究。即将试件放在人工光源下，设定照射强度、照射时间、喷淋时间或温湿条件，经过一定次数的周期性处理后，测试试件的各种性能。光源可以采用氙弧灯或紫外荧光灯。例如，其中一种方法是将试件放置在氙弧灯老化实验机内，受到氙灯照射（108min）和氙灯照射加喷水（12min）的交替处理。不过，最能真实反映老化情况的当然是放置在室外自然条件的材料。

对复合材料颜色的变化可采用物理测色法，根据色度差参数来判定。其中，常用的表色方法是采用CIELAB三维色度空间，根据参数L^*、a^*（红度/绿度）和b^*（黄度/蓝度）客观地评定颜色变化。L^*可以定量地反映明度的变化，即褪色程度。L^*=0表示材料不反射光，L^*=100表示材料可将入射光百分之百地反射。老化后L^*值越高，意味着材料的褪色越严重（Stark and Matuana.，2003）。材料色差可用ΔE来表示，$\Delta E=[(\Delta a)^2+(\Delta b)^2+(\Delta L)^2]^{1/2}$。

目前，已经有大量实验证明老化后的生物质-聚合物复合材料经历光老化后，颜色发生了明显变化。例如，对木粉-聚氯乙烯复合材料（WF-PVC）的研究表明，与实木相比，WF-PVC复合材料的抗紫外线和耐老化能力要好得多。如图13-1所示，经历12个月的室外风化，WF-PVC复合材料的颜色改变（ΔE）值只有实木的1/3，而实木厚度的变化比WF-PVC复合材料大3倍（Chetanachan et al.，2001）。

Falk等（2000）对用作屋顶盖板的木粉-高密度聚乙烯复合材料（WF-HDPE）和木粉-聚丙烯复合材料（WF-PP）压缩成型复合板材进行紫外加速老化试验。结果表明，经过1500h的加速老化试验后，几乎所有暴露试件都发生了褪色现象，且色度反应是非线性的（图13-2，图13-3）。与1000～1500h的颜色变化相比，在最初的400h内褪色较快；PP基复合材料比HDPE基的更容易褪色。此外，木粉含量高的材料也比木粉含量低的褪色稍快，这与UV对木粉颗粒的漂白作用有关。

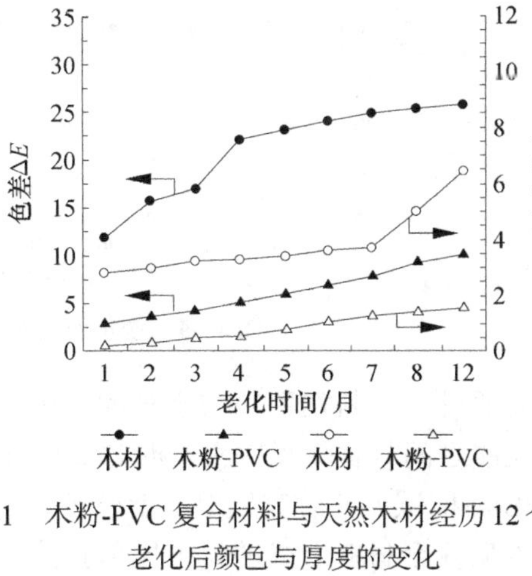

图13-1　木粉-PVC复合材料与天然木材经历12个月室外老化后颜色与厚度的变化

图 13-2 添加 50%木粉的聚丙烯试件

（a）未老化试件；（b）经 1500h 加速老化的试件

增强热塑性塑料光稳定性的常用方法是使用紫外吸收剂、着色剂等添加剂。对 PP 基和 HDPE 基复合材料添加黑色和红色颜料，都能有效地起到固色作用。与初始值相比，添加颜料的试件老化 1500h 后其光反射强度基本没有变化，且黑色颜料比红色颜料的固色能力更强一些（图 13-4）（Falk et al.，2000）。

由于加工方法不同，生物质-聚合物复合材料表面的聚合物基质保护层厚度也不同。Lundin 研究认为，2000h 后颜色变化深度可以达到 0.3mm，大于聚合物富集的表层厚度，因此可以推测，老化实验进行 3000h 以后，注射或挤出等加工方式对褪色几乎没有影响（Stark，2003；Chetanachan et al.，2001）。

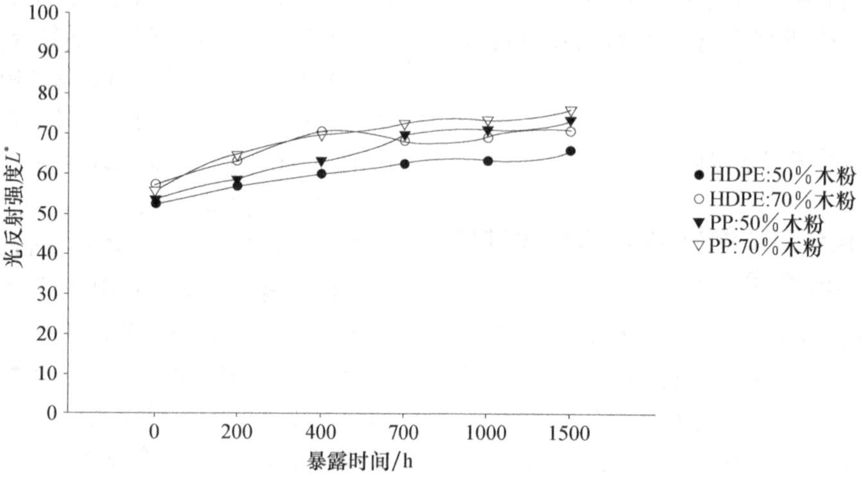

图 13-3 WF-HDPE 和 WF-PP 复合材料的褪色过程

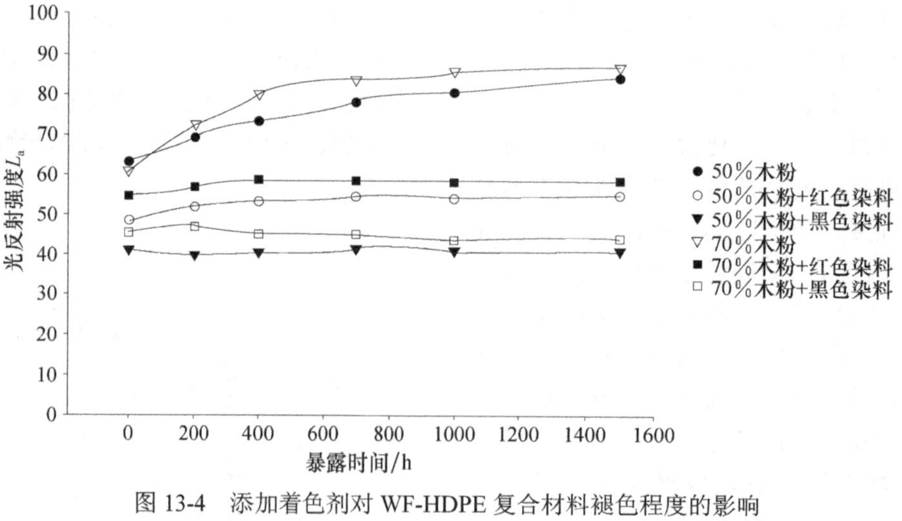

图 13-4 添加着色剂对 WF-HDPE 复合材料褪色程度的影响

除光照外，材料褪色还与水分的作用有关，水分与光照之间具有交互效应。据对 50%木粉填充 HDPE 注射试件的研究发现，紫外线照射加上喷水给木质复合材料造成的损害比单独紫外线照射或浸水要大得多。按照标准的 ASTM 测试方式，经过 3000 个周期的紫外线照射和喷水（每个周期包括 102min 的紫外线照射，然后是 18min 的紫外线照射加喷水）处理后，测试出复合材料的颜色浅了 87%。而同样周期数，每个周期 2h 只采用紫外线照射，则颜色浅了约 28%。试件浸在水中产生的颜色变化也比紫外线加喷水处理小得多。通过紫外线照射加喷水，复合材料的密度也从 1.08cm^3 降到 1.05g/cm^3，而只采用紫外线照射的，密度降到 1.07g/cm^3。暴露在紫外线照射和喷水环境一定时间后，试件厚度也变薄了，而单独的紫外线照射并不会改变厚度。研究认为，紫外线照射加喷水处理实际上会冲刷掉一层木质素，使木材降解加剧（Schut，2005）。

13.1.2 生物质-聚合物复合材料光降解的机理

生物质-聚合物复合材料制造中采用较多的是木质原料。木材的光降解源于纤维素、半纤维素、木质素、抽提物等组分的降解（Dence，1992）。木质素以多种方式经历光降解，遭受破坏后生成水溶性产物并最终形成发色官能团，如羧酸、醌、过氧羟基等，成为木材褪色（主要是发黄）的主要原因（Heitner，1993；Hon，2000）。最主要的光降解反应是苯氧-醌-氧化还原循环反应（Castellan et al.，1993；Ragaukas，1993；Zhang and Gellerstedt，1998；Agarwal，1999；Li and Ragaukas，2000），在光辐射作用下，以对苯二酚的氧化开始反应历程，生成的对位醌（发色结构）又分解成对苯二酚，使反应循环进行。

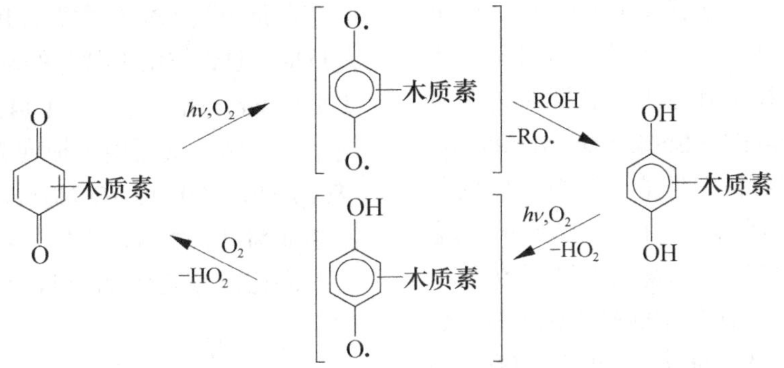

有的生产商通过添加颜料来延缓褪色，如添加灰色颜料，使颜色变化不易察觉，还有的生产商采用紫外-稳定塑料覆层与 WPC 同时挤出的方法（Clemons，2002）。

位阻氨类光稳定剂（hindered amine light stabilizers，HALS）可作为自由基接受体，广泛地用于聚烯烃类物质的保护，增加了聚烯烃类物质的室外用量（Gijsman，2002）。高密聚乙烯（HDPE）和聚丙烯(PP)也有使用它作光稳定剂的(Gugumus，2002a)。除 HALS 外，紫外吸收剂（UVA）也普遍用于聚烯烃类物质。它们的保护作用机理是吸收有害的 UV 辐射、消除热积聚。将 UVA 与 HALS 联合使用可以增强对 HDPE 的保护（Gugumus，2002b）。在生物质复合材料配方中也有的采用 HALS 作为部分紫外稳定添加剂。

利用傅里叶变换红外光谱（FT-IR）对结晶度进行分析可知，HDPE 的断链作用主要发生在最初的 500h 内，低缠绕状态的 HDPE 向材料表面迁移也在一定程度上造成褪色。在开始的 250h 内，木材填充的 HDPE 主要形成对位醌，之后的主要反应是降解成对苯二酚。对苯二酚有光漂白作用，使老化的 WPC 颜色变淡。二元酸酯基 HALS 吸收自由基的能力在 250h 以后增强，有助于防止对位醌降解成对苯二酚。因此在长期室外使用条件下，二元酸酯基 HALS 具有稳定 WPC 的能力，而且高分子质量二元酸酯比中、低分子质量的效果更好。有人认为这是由低分子质量二元酸酯表面蒸发而造成的（Muasher et al.，2006）。

于生物质和塑料组分以不同的方式分解，复合材料的光降解机理更为复杂。研究表明，经过用氙弧灯的加速老化处理，在各种光稳定剂中，包括两种不同类型的 HALS、一种 UVA、一种着色剂，UVA 和着色剂对木粉填充的 HDPE 具有更强的光稳定作用（Stark and Matuana，2003）。也有人认为，尽管紫外/抗氧化剂稳定作用不能完全防止颜色变化，但肯定可以提高表面完整性和耐候性，而混合金属氧化颜料根本不能提高颜色坚牢度（Schut，2005）。

现在很多生产厂家已不再回避老化问题，承认产品在使用过程中会有轻微褪色现象。有的公司直接告知消费者，产品在日照和潮湿状态下颜色会有轻微改变。例如，Trex 铺板在 10～12 周后达到老化颜色，如果用水管周期性地浸湿花园铺板，老化过程即使在干燥地区也会被加速。而在浓荫下使用或竖直放置的部件如立柱，会经过相当长的时间才发生褪色。

13.1.3 紫外线辐射对生物质-聚合物复合材料力学性能的影响

室外使用的生物质-聚合物复合材料经过紫外老化最终将导致力学性能下降。实验证明，表面的木质成分越多，复合材料在老化初期产生的性能损失占总损失的比例越大，而表面聚合物增多则可减少性能损失比例（Stark and Matuana，2003；Chetanachan et al.，2001）。不过力学性能开始产生下降的时间目前还有争论。有结果表明，50%木粉填充的 HDPE 在加速老化开始的 1000h 内弹性模量和强度出现下降，而另一些研究又表明初始 1000h 内弹性模量和强度变化微小，是在第二个 1000h 内才下降的（Stark and Matuana，2003）。尽管不同研究对材料性能下降发生的时间有所差异，但可以肯定复合材料经受 2000h 的老化处理后，力学强度和颜色都发生了显著改变。

注射成型的复合材料在每 1000h 老化过程中弹性模量都呈明显下降趋势，而抗弯强度在 2000h 以后才发生显著变化。挤出成型的复合材料在 2000h 以内弹性模量和抗弯强度下降显著，以后基本没有变化。不过，经历 3000h 处理老化后，两种加工方式制备的复合材料最终的性能下降幅度接近（表 13-1）（Stark and Matuana，2003；Chetanachan et al.，2001）。

表 13-1 50%木粉填充 HDPE 复合材料经加速老化后力学性能的下降幅度（%）

成型工艺	弹性模量			抗弯强度		
	1000h	2000h	3000h	1000h	2000h	3000h
注射成型	19	33	43	12	18	32
挤出成型	40	53	52	22	35	34

力学性能的下降一般被归结为表面氧化、材质结晶度改变、因吸湿导致界面分离等因素的综合作用（Stark and Matuana.，2003）。很多学者认为羰基的存在是吸收 UV 的主要原因，使聚乙烯产生光引发反应。UV 作用下羰基的降解历程可以是 Norrish Ⅰ型或 Norrish Ⅱ型，产生自由基，自由基又继续作用于聚合物，最后由于横向交联或断链作用而终止（Wypych，1995）。在 Norrish Ⅱ型反应中，羰基和乙烯基都可以生成，而发生断链现象。

高密度聚乙烯 Norrish Ⅰ型光降解反应：

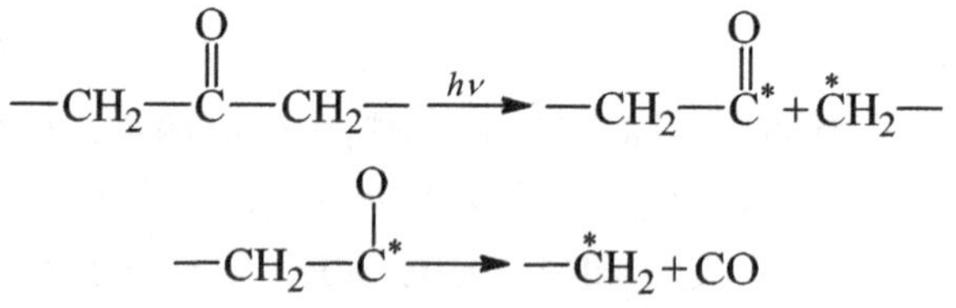

高密度聚乙烯 Norrish Ⅱ型光降解反应：

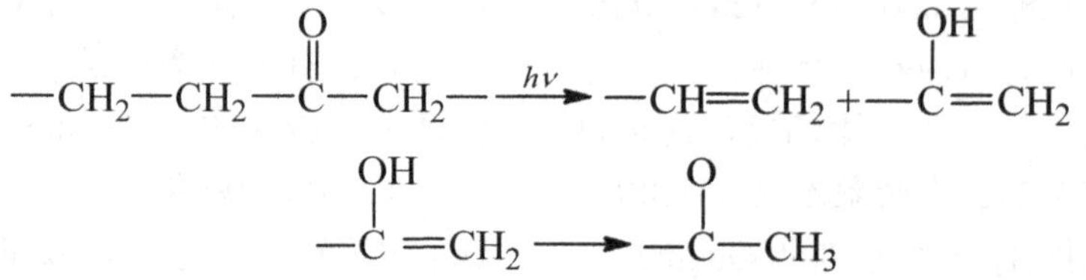

这样，当聚乙烯暴露在 UV 下时，断链和横向交联竞相发生，断链作用降低了聚烯烃的分子质量（Jabarin and Lofgren，1994；Wypych，1995）。Kaci 等（2000）认为，聚乙烯老化时结晶度增大，意味着产生了更多的—CH_3，而短链分子更易于移动和结晶化，发生脆变。另外，横向交联不影响聚合物的结晶性（Wypych，1995；Stark and Matuana，2004）。

UV 引起材料表面氧化，聚烯烃类物质中的含氧官能团引发了更进一步的光氧化。因此，在紫外线下暴露过的回收聚烯烃类物质更容易发生光氧化。PE 的持续氧化降低了拉伸强度和延伸性能（Mantia La，2004）。向塑料里添加木材成分增加了氧化点，老化后材料性能变化加大。

添加着色剂不但能够减小复合材料的颜色变化，而且有助于降低力学性能的损失。不采用着色剂的木塑复合材料，经紫外老化后，MOR 和 MOE 都呈明显的下降趋势，而着色剂的应用能够减小挠曲性能的下降幅度，尤其是黑色着色剂的效果特别明显，在试验时间内力学性能变化很小。对老化条件下使用的复合材料添加着色剂，可以起到提高耐老化的作用，但同时也要注意，着色剂本身对材料的力学性能就有不利影响（图 13-5，图 13-6）（Falk et al.，2000）。

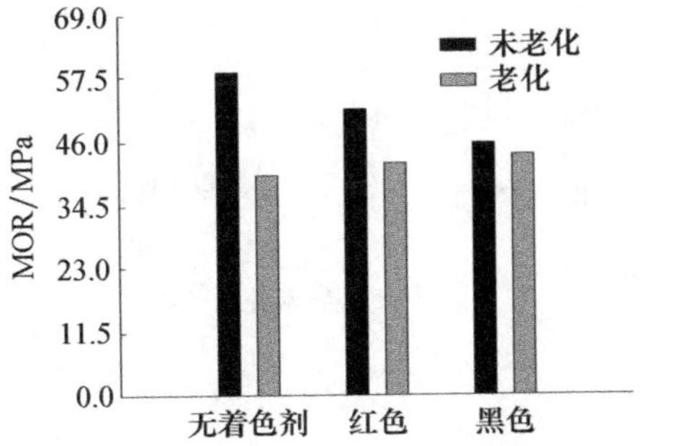

图 13-5 着色剂对木塑复合材料抗弯强度的影响

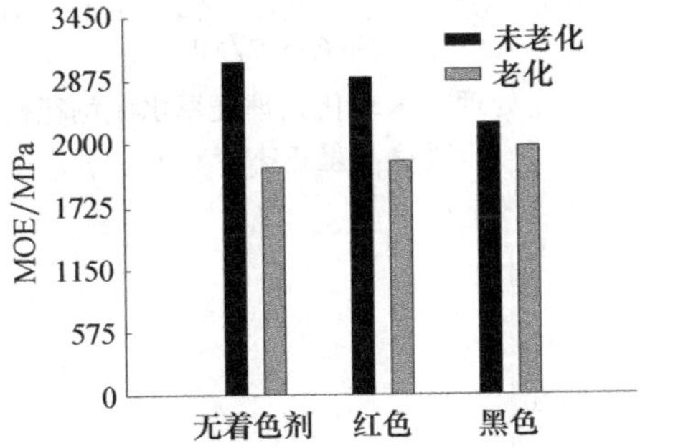

图 13-6 着色剂对木塑复合材料弹性模量的影响

13.2 水分对生物质复合材料性能的影响

13.2.1 生物质-聚合物的吸水特性及其对力学性能的影响

塑料几乎不吸收水分，在潮湿条件下具有非常强的抗菌性和尺寸稳定性，但大部分塑料在受热时伸展。木材等天然纤维的加入能够减小其热伸展性、改善其刚度等性能（Clemons，2002），但亲水的极性纤维也加大了材料的吸水性。尽管与实木相比，复合材料的吸水量要小得多，且吸水过程缓慢，通常总体水分含量不超过 2%，在潮湿条件下具有较好的耐真菌性和尺寸稳定性（Clemons，2002），但在分布上较为特殊。绝大部分水分集中分布在表层 5mm 的范围内（图 13-7）（Wang and Morrell，2004），某些使用条件下超过了木材的纤维饱和点，使材料有被真菌腐蚀的可能。目前，关于水分和温度对材料性能影响的研究已经取得了一定进展。

此外，材料的吸水性在室外自然使用条件下和实验室设定测试条件下存在一定差异。根据 ASTM D1037 规定方法测得铺板样品 24h 浸渍吸湿仅为 1%。但如果是暴露在室外风化 21 个月的板材，则吸水量至少为 15%（Schut，2005）。

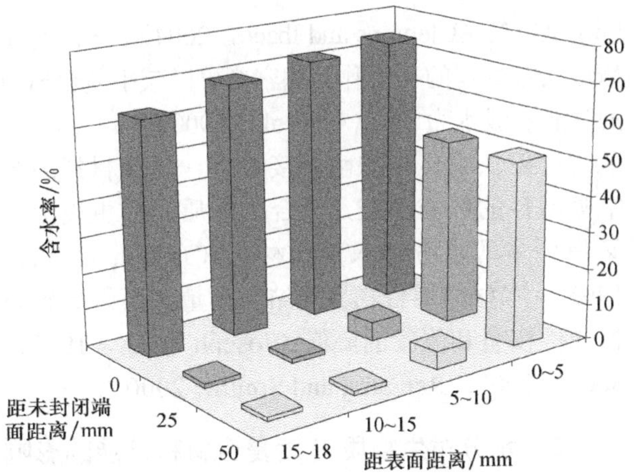

图 13-7 浸泡 90 天后一种 Trex WPC 的含水率

（以木材为基准）（Wang and Morrell，2004）

生物质-聚合物复合材料的加工方法（注塑成型、压缩、挤出）和工艺变量对材料的形态和物理性能都有很大影响，也影响着吸湿性能。对 50% 木粉填充的 HDPE 复合材料进行研究表明，挤出成型的吸水量最多，注塑成型的吸水量最少。注射成型或压缩成型的复合材料因质地致密吸水较少，而表层的聚合物含量高，孔隙少也是吸水量少的原因之一（Clemons and Ibach，2004）。

木塑复合材料的吸湿量还受到木粉含量和颗粒大小的影响（Joseph et al.，1995；Lin et al.，2002）。尽管纤维和基质材料的种类不同，但随着纤维比例的增大，复合材料的吸水量都增加（Rowell et al.，2000；Stark，2001；Nair and Thomas，2003；Tajvidi and Ebrahimi，2003）。

潮湿对木粉填充聚合物复合材料的力学性能有不利影响。在潮湿状态下，不同的木质纤维素填料表现出不同的吸水能力，这可能是由于纤维与聚合物基质之间的黏合力不同。

很多研究都揭示了力学性能与水分的关系。例如，填充 40%木纤维的 HDPE 注射复合材料在水中浸泡 2000h 后，弹性模量下降了 39%（Mapleston，2002）。类似的，填充 30%木粉的 HDPE 复合材料在沸水中煮 50h 后，抗弯强度损失了 25%（Chetanachan，2001）；65%木粉填充的 HDPE 复合材料在饱水状态下拉伸模量损失率可达到 40%（Rangaraj and Smith，2000）；50%松木粉填充 HDPE 复合材料浸泡在室温水中比循环水煮吸收了更多的水分，但水煮对材料的破坏性更大，经过 5 个室温水（27℃）浸泡、65%相对湿度放置循环处理后，抗弯强度下降了 23.5%（Clemons and Ibach，2004）。采用马来酸酐接枝处理的 PP 作为相容剂可以减小复合材料的膨胀和吸水力（Rowell et al.，2000）。

一般认为，当与水分接触时，复合材料组分中吸湿性的纤维膨胀，聚合物基质间产生裂隙，又使更多的水分渗入复合材料（Joseph et al.，1995）。木材与聚合物界面结合质量的下降导致材料弹性模量和强度的降低（Joseph et al.，1995；Stark，2001；Rangaraj and Smith，2000）。

13.2.2 水分对生物质-水泥复合材料性能的影响

生物质-水泥复合材料具有较好的耐水性。Soroushian 等（2004）对麦草水泥刨花板进行 50 个浸湿-干燥循环、300 个冻融循环或 60 天温水浸泡的处理，然后进行性能测试，结果表明这种材料的耐久性非常理想。三种处理方式都没有显著降低麦草水泥刨花板的挠曲强度，热水浸泡的试件反而有所提高（图 13-8）。图 13-9 显示了干湿循环处理前后内结合强度的正常分布，图 13-10（a）显示干湿循环前后密度的正常分布，这个图形证明干湿循环没有改变水泥麦草板密度的分布形态，对水泥麦草板吸水能力的影响也不大［图 13-10（b）］。

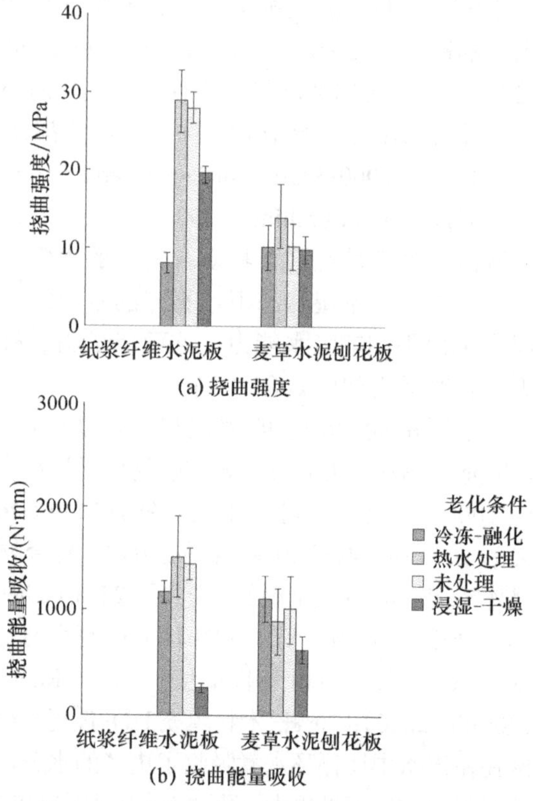

图 13-8 老化与未老化处理试件的挠曲特性（平均值和标准偏差）

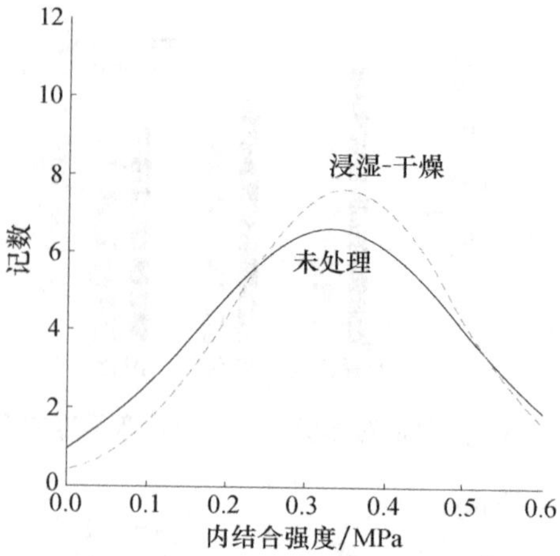

图 13-9 老化处理与未老化处理麦草水泥刨花板的内结合强度（呈正态分布）

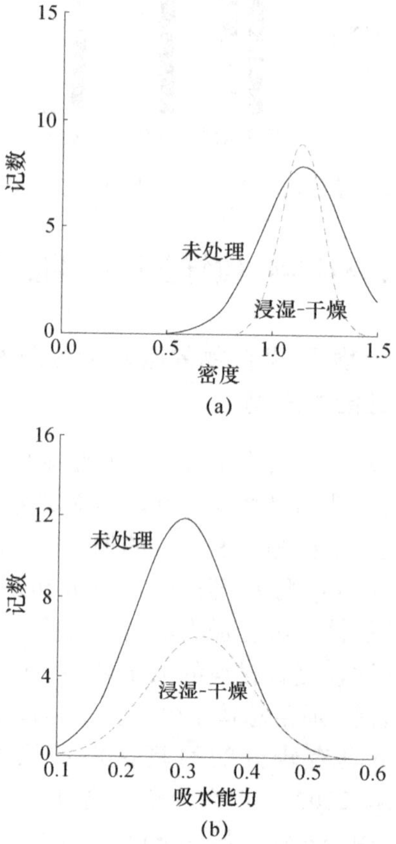

图 13-10 干湿循环处理前后麦草水泥刨花板密度和吸水能力的正态分布

长期耐老化性能是决定水泥麦草板商业价值的重要指标。长期耐老化性能之所以引起人们的重要关注，是由于水分在麦草这些纤维类剩余物中与在水泥基质里的移动不一样。在湿润状态下，木质纤维素材料的膨胀率比水泥基质大，使水泥处于内部压力下。当反复处于内部压力之下时，基质会遭受持久的损害，表现为微裂和永久变形。这种破坏的一个表现形式是在麦秸内含物与水泥基质间的界面结合破裂。在 75 倍放大镜下观察，图 13-11(a)是典型的水泥麦草板显微照片，经过 CO_2 固化、7 天湿固化、7 天 50%相对湿度的调质，但未进行任何老化处理。水泥膏体与麦草间的界面未受任何影响，只有系统初始干燥引起的有限微隙。图 13-11(b) 是干湿循环后的照片。尽管与图 8-11 (a) 相比，麦草与水泥膏体的分离有所增加，制品在反复干湿之后似乎仍保持了微结构的完整性。

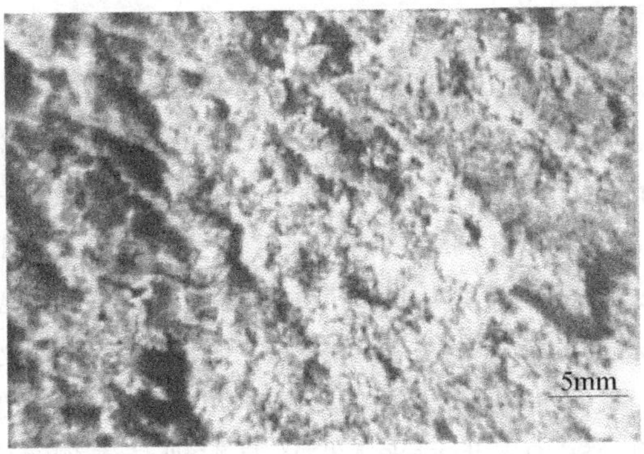

(a) 未处理试件

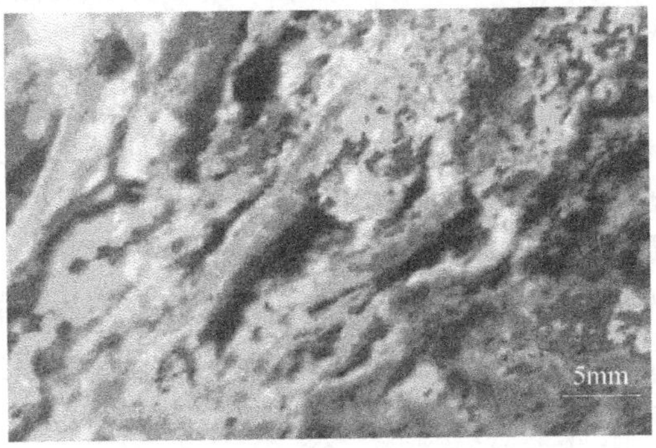

(b) 处理试件

图 13-11 水泥麦草板干湿循环处理前后（75×）的显微照片

13.3 低温对生物质复合材料性能的影响

13.3.1 生物质-聚合物复合材料的冻融稳定性

在使用过程中经历反复的冻-融对材料性能是一个严峻的考验。考察冻-融循环影响时，一般是将试材浸没在水里 24h，然后在−29℃温度下冷冻 24h，再在室温下放置 24h，如此循环多次，然后测量材料的力学性能。

Pilarski 和 Matuana（2005）对木粉-PVC 复合材料进行研究发现，冻-融循环处理对密度没有造成影响，但随木粉含量的增加，厚度膨胀和宽度变化幅度都有所改变，不过与实木等材料相比，变化率还是非常小的。5 个冻-融循环就可以显著地降低复合材料的弹性模量，从 SEM 图片中也可以看出，浸水和冻-融循环处理削弱了纤维与塑料材质间的结合，使得纤维易于脱离塑料的黏结而与之分离，在图 13-12 中可以观察到更多的孔洞。但对低木材含量复合材料的抗弯强度影响不大，这是因为木材组分所占比例大而且塑料的包覆效果差，吸湿量大。

深入研究还发现，在冻-融循环处理过程中浸水对材料力学性能的损失起到显著作用，而单纯的冷冻作用并不大（Pilarski and Matuana，2005）。

由于研究过程中采用不同规格的型材，经浸泡或冻融循环处理后力学强度变化往往表现出不同的变化规律，如表 13-2 所示（Wang and Morrell，2005；Wang et al.，2005）。尺寸较大的试材尽管在表面受到水分侵蚀，但对深层次的破坏则极其缓慢，表现出力学性能的稳定性。而尺寸小的试件在测试过程中被全部浸透、冻透，整体材料受到侵蚀、界面结合遭到破坏，力学性能呈现下降趋势。由此也说明测试方法规范性的重要性。

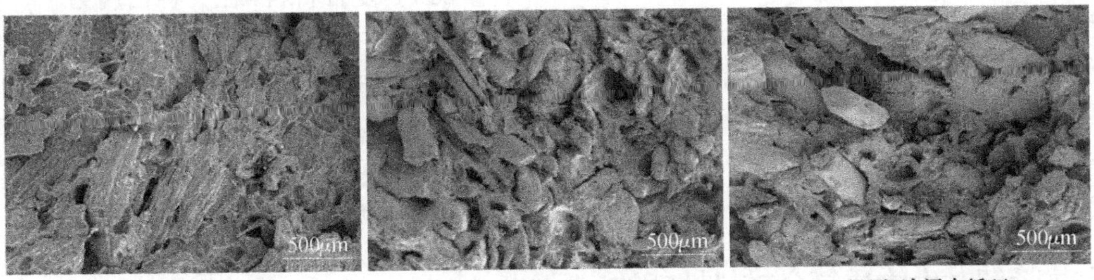

(a) 未处理的对比试件　(b) 经历5个冻-融循环(浸泡-冷冻-融化)的试件　(c) 经历5次浸水循环(无冷冻过程)的试件

图 13-12 槭木木粉-PVC 复合材料的 SEM 扫描图片

表 13-2 冻-融循环对生物质-聚合物复合材料力学性能的影响

实验材料（生物质含量/%）	试件规格/mm	冻融循环次数	MOR/MPa	MOE/GPa
木粉-HDPE（60%）	25.4×137.5×550	0	16.97	2.26
木粉-HDPE（60%）	25.4×137.5×550	1	16.36	2.26
木粉-HDPE（60%）	25.4×137.5×550	3	15.97	2.30
稻壳粉-PE（50%）	5×25×100	0	13.64	1.61
稻壳粉-PE（50%）	5×25×100	1	12.19	0.87
稻壳粉-PE（50%）	5×25×100	3	9.05	0.73

13.3.2 水泥刨花板的抗冻性

对水泥刨花板抗冻性的考察可以按以下过程进行：将水泥刨花板在常温（20±2）℃条件下浸水 24h 取出，擦去表面水分，在（–18±2）℃的温度下冷冻 4h，之后取出，在（20±2）℃的水温下融化 2h 为一个冻-融循环，共进行冻融循环 50 次。然后将冻融后的试件，在温度为 80℃的恒温干燥箱内，调湿到含水率为 10%左右，取出并冷却到常温，即做抗弯强度试验，并与未冻融的试件进行强度对比，计算抗弯强度损失率。水泥刨花板用于室外的抗冻性试验结果见表 13-3。

表 13-3 水泥刨花板的抗冻性

灰木比	成型压力/MPa	冻融次数	外观	抗弯强度		
				冻融前/MPa	冻融后/MPa	强度损失/%
3∶1	2.5	50	无变化	10.0	9.4	6.0
2∶1	3.0	50	无变化	9.2	8.8	4.3

水泥刨花板经 50 次冻-融循环后，外观无变化，抗弯强度仅降低 5%左右。这是由于水泥刨花板组成中的木质材料是多孔性物质，因树种不同，一般木材的密度为 400～800kg/m^3，而木材的孔隙率则可达 45%～75%。当水泥刨花板受冻时，内部水分结冰膨胀（体积膨胀 9%），由于木质材料内含有大量的孔隙，可显著缓和结冰产生的膨胀应力，因而水泥刨花板具有很好的抗冻性，适于室外使用（周贤康，2004）。

13.4 生物降解对生物质复合材料性能的影响

13.4.1 生物质-聚合物复合材料腐朽的可能性

传统的室外用木质材料是对木材进行压缩处理或浸渍处理，以及使用特殊处理人造板。由于存在防腐剂流失效力降低、有的还对周围环境造成污染等问题，木塑复合材料被认为是理想替代产品。人们认为，如果塑料和木材组分按一定比例混合，复合材料内存在连续的塑料相，木材颗粒应该可以被很好地封闭起来，免于潮湿或真菌的侵蚀。即使不使用防腐剂，塑料基质的拒水性和本身固有的高度耐腐朽性也可以提供足够的抗生物降解力。但后来人们还是发现，木塑复合材料表面也有真菌生长的迹象。1998 年，美国科学家 Morris 和 Cooper 提出了最有利的证明，他们在 Evergaldes 国家公园里的步道板上发现了真菌生长。此后，关于木塑复合材料耐真菌腐朽的相关研究逐渐展开。对木塑复合材料腐朽现象的各种观察结果不尽相同，有的现象明显，有的几乎察觉不到。科学家总结认为，这与木粉含量和颗粒形态都有直接关系。科学家通过电子扫描显微镜已经观察到菌丝在材料缝隙间的生长（图 13-13）（Schirp and Wolcott，2005；Pendleton and Hoffard，2002）。

木材组分的含量和颗粒大小对腐朽有很大影响，Verhey 和 Laks（2002）试验证明，50%木粉含量的 PP 复合材料，在一种白腐菌和一种褐腐菌作用下，当木粉颗粒从 20 目减小到 40 目时，腐朽引起质量损失明显下降，腐朽危险性减小。60 目以上的枫木粉和 40 目以上的松木粉，随颗粒尺寸的增大都明显地增加了 PP 复合材料的腐朽危险性，松木粉对颗粒尺寸的敏感性更大一些。这是由于塑料对小颗粒的包覆效果更好，增加了保护性，表面裸露木材的腐朽产生较小的质量损失。使用大颗粒木粉的复合材料具有较大的厚度膨胀，造成木材组分与塑料相之间结合的破坏，给真菌侵蚀提供了通道，对腐朽有加速作用。尤其是不使用偶联剂将进一步增加腐朽危险性。

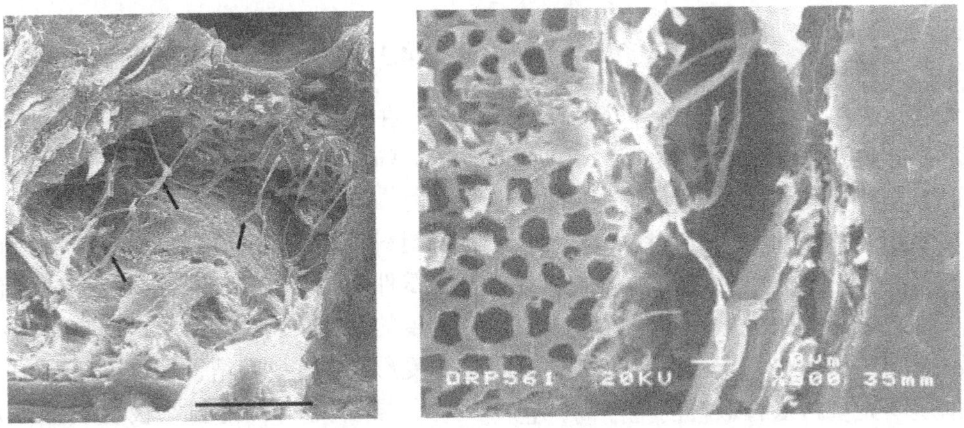

图 13-13 菌丝在 WPC 材料内部缝隙的生长情况（横杠代表 40μm）

Schrip 和 Wolcott 研究不同含量木粉(40 目枫木)填充的 HDPE 挤出加工复合材料的耐腐朽性，使用的添加剂有乙烯基双酰胺硬脂蜡、硬脂酸锌、酚类树脂和甲基/二异氰酸酯，占总质量的 6%，木粉和 HPDE 的比例分别为 49%∶45%和 70%∶24%。12 周以后检测结果显示，白腐菌 *Trametes versicolor* 对木粉含量高的复合材料造成 7%的显著质量损失（以木材组分质量为基准），而对木粉含量低的复合材料只引起 1%的质量损失。与其他研究结果近似，木粉含量低的木塑复合材料较少受真菌侵蚀。一般来说，褐腐菌更喜食针叶材，因此在他们的研究中没有发现 *Gloeophyllum trabeum* 对复合材料的破坏情况。腐朽没有引起抗弯强度和弹性模量的明显变化，水分却导致复合材料的刚度有所下降。Mankowski 和 Morrell (2000) 也证明，在 50%木粉含量的木-HDPE 复合材料中无腐朽产生，但木粉含量高时可以观察到显著腐朽现象。

墨西哥 Guadalajara 大学和美国 Oregon 州立大学合作的研究结果表明，在适当的环境下，木含量超过 50%的复合材料，霉菌吃掉的不只是表层。采用两种试验方法，一种是在实验室中用非常薄的样板涂上琼脂——微生物增长介质的凝胶，用这些样品接种不同类型的霉菌，并在潮湿环境下培养 12 周；另一种方法，称作盐块试验（ASTM D1413），即把铺板样板暴露在湿盐中一段时间。虽然这些方法听起来并不像木塑铺板在真实世界中的情况，但树叶和灰尘的聚集就能造成同样的影响。暴露在琼脂中的样板质量损失为 10%～25%，而暴露在盐中的失重为 12%～18%（Schut，2005）。

木塑复合材料通常采用挤出或压缩成型方式制造，压缩成型使制品表面有一薄层塑料基质，如果在后续加工或安装时除去这一薄层会增加室外使用条件下的腐朽危险性。挤出加工的铺板产品有时被机械加工装饰出表面木纹，这种表面摩擦，以及端部切割和安装时的砂光也使复合材料有被腐朽的高度危险性（Verhey et al.，2001）。Verhey 等用 20 目的松木粉和 PP 热压制造木塑复合材料，木粉含量为 30%、40%、50%、60%、70%。按木粉绝干重的 1%、3%、5%加入硼酸锌（ZB）。土壤掩埋法腐朽实验结果显示，塑料含量有一个临界值，低于该值木材将发生明显腐朽现象。褐腐菌和白腐菌造成的质量损失都与木材含量有直接关系。褐腐菌在试验中的几种木材含量情况下，不管试件表面塑料薄层是否去除都产生显著腐朽。而白腐菌是在木材含量达到 60%以上时才发生显著腐朽。

与耐腐朽的实木相比，与地面接触的木塑复合材料的耐腐朽性从本质上讲并没有减小，只是我们可以通过设计配方构成来提高其抗腐蚀能力。WPC 具有高度耐腐蚀性不仅是因其含水率低，其他因素也起到一定作用，如塑料基质提供了阻挡菌丝入侵的物理屏障（Schirp and Wolcott，2005）。

13.4.2 生物质-聚合物复合材料生物降解的防治

生产防腐人造板的主要方法是在制造过程中加入防腐化学药剂。最常用的在线使用防腐剂是 ZB，硼酸盐对杀灭昆虫和真菌都非常有效。ZB 与其他硼酸盐（如八硼酸二钠四水化合物）相比，水溶性小得多，这样流失得少（Laks and Manning，1994）。生物功效好，对哺乳动物毒性低，抗流失等特性使 ZB 在木塑复合材料研究中成为首选（Verhey et al.，2001）。使用 ZB 能够对木材组分提供适当保护，即使在用量很低（1%）的情况下，木材也没有明显的质量损失，说明无明显腐朽现象（Steven et al.，2001）。但气候老化增加了真菌腐朽的危险性，表现出更大的质量损失（Rebecca et al.，2003）。

另一项研究也表明，虽然木材含量的增加增大了PE 复合材料的吸湿量和真菌繁殖，通过添加碳酸铜可以有效地防止真菌感染，但对吸水性能和挠曲性能都有不利影响（Khavkne and Kazayawolko，2000）。

Beologic 公司是聚丙烯、聚乙烯、聚苯乙烯和聚氯乙烯木质填充塑料复合颗粒的生产商，已经有多年的历史。他们发现两种因素可以有效减少霉菌生长：使用抗霉菌剂或使用更长的木质纤维。Houghton 密歇根科技大学森林资源学院报道，较高的润滑剂含量也有利于霉菌生长。加入生物杀灭剂如 2%～5%的硼酸锌或 1%～1.5%的四氯异苯腈可以抑制霉菌生长（Schut，2005）。

目前已开发出综合性能较好的 Borogard ZB 防腐剂，在抗生物降解、耐热、抗紫外线破坏、抗流失、抗老化等方面都有较好的表现。将其应用于 50%～70%木含量的 HDPE 铺板复合材料，质量损失可从 10%～20%降到 1.1%。图 13-14 显示，添加防腐剂的板材没有出现木纤维被真菌腐朽后留下的孔洞（plastic technology）。

(a) 处理

(b) 未处理

图 13-14 硼酸锌处理和未处理的木粉-HDPE 复合材料铺板

13.4.3 生物质-无机质复合材料腐朽的可能性

生物质-无机质复合材料具有很好的抗腐朽性能。Goodell 等（1997）对木材-水泥复合材料产品进行白腐和褐腐土壤测试，一段时间后测试结果表明材料状况仍然良好。显微镜观察显示，只有暴露在试件表面的木刨花有真菌生长，细胞壁受到一定程度的腐朽，试件内部被水泥完全封闭起来的刨花未受影响。这要归结于木材组分所处的 pH 环境。

据研究，水泥刨花板受真菌腐朽降解的现象不是很普遍。传统的水泥刨花板抗白腐菌 *Pleurotus ostreatus* 和褐腐菌 *Coniophora puteana* 能力非常强，实际上，水泥刨花板试件在抗 *C. puteana* 测试中还增重 5%，这很可能是由于部分水泥的碳酸化作用（Dinwoodie and Paxton，1991）。Pirie 等（1990）也发现类似现象，即水泥刨花板在自然老化过程中发生持续的水化和碳酸化作用。当对 CO_2 水泥凝结杨木刨花板进行抗腐朽实验时，白腐菌 *Trametes versicolor* 和褐腐菌 *Postia placenta* 都没有引起可测量程度的木材降解。相反，在此研究中同样发现增重现象（de Souza et al.，1997）。

Okino 等（2005）按照 ASTM D 2017—81 规定方法，采用 3mm×20mm×41mm 大的 *Pinus* sp. 和 *Cecropia* sp. 试块进行抗褐腐菌 *Gloeophyllum trabeum* 和白腐菌 *Trametes versicolor* 试验，对照组试件为 25mm×25mm。经过 12 周的加速腐朽后，结果如表 13-4 所示。总的来说，两组真菌都没有侵蚀水泥刨花板，试件表面只观察到轻微的菌丝体出现，看来板材的强碱性（pH 11.3）是真菌生长的主要障碍。柏木水泥刨花板不仅没有减轻质量，反而有明显的增重现象。de Souza 等（1997）认为，这是水泥最终固化的结果。两种真菌引起的增重和两种处理方法增重没有统计差别。

表 13-4 柏木水泥刨花板经 12 周加速腐朽处理试件的质量损失（%）

实验材料	平均质量损失率	
	褐腐菌	白腐菌
柏木水泥刨花板（对照刨花）	–2.74	–3.71
柏木水泥刨花板（蒸煮处理刨花）	–2.52	–2.16

图 13-15 是光学显微镜[(a)]和 SEM[(b)～(g)] 图片（Goodell，1997），显示了 *T. versicolor* [(a) ～ (e)] 和 *G. tranbeum* [(f) 和 (g)] 菌丝覆盖和侵蚀水泥刨花板中木材组分的情况。

(a) (b) (c)
(d) (e)
(f) (g)

图 13-15 水泥刨花板被真菌腐朽的显微图片

(a) 中的短线长度为 10μm，其他图中为 1μm

(a) ——光学显微镜显示一个横切面上暴露出的松木早材，在管胞细胞腔里产生密集的结晶(C)，某些管胞被喜食细胞壁的 *T. versicolor* 所腐朽，显现降解，其他细胞也破裂，说明更严重的侵蚀（箭头）。

(b) 和 (c) ——SEM 图片显示 *T. versicolor myucelia* 占据复合材表面区域。菌丝 (H) 一般形成一个紧固的黏附层覆盖在复合材表面。

(d) 和 (e) ——暴露表面区域的松木 SEM 图片显示有丰富的结晶产生，在细胞腔里出现细胞外黏液 (S)，很多结晶体 (C) 被封闭在黏液质里，管胞细胞壁显示刻蚀(箭头)和白腐菌 *T. versicolor* 的早期生长。

(f) ——SEM 图片显示典型的 *G. tranbeum* 占据复合材料表面的菌丝层。单个菌丝 (H) 通常转变成大量的结晶 (C)。

(g) ——SEM 图片显示，除去表面的菌丝黏附层之后 *G. tranbeum* 菌丝保持依附（箭头）于水泥复合材料表面的状态，单个菌丝经常被很多细胞外的黏液物质（S）所黏附。*T. versicolor* 菌丝类似地依附于水泥及占据暴露的木材碎片上。

经过 16 周的真菌生长培植试验，水泥刨花板试件被白腐菌和褐腐菌的菌丝体所覆盖，除去表面菌丝体后所有复合材料试件都表现出良好状态。所采用的三种水泥刨花板都增加了质量，说明碳酸化作用增强（水泥与二氧化碳的内部反应）。与对比试件相比，*T. versicolor* 质量增加较多，这可能是菌丝渗透导致试块的孔隙增多，从而碳酸化增强，或者可能是由于在潮湿环境下真菌新陈代谢与水泥发生内部反应。因为真菌产生二氧化碳，是它们自身的新陈代谢活动功能，因此增加了真菌腐朽试件提供环境中的二氧化碳浓度。

G. trabeum 腐朽试件增加的质量与对比样相比差别并不明显，说明这种菌与水泥的相适应程度不如白腐菌那样大。水分可能也起了作用，它使包埋在水泥里的木材膨胀，尤其是试件表面被感染的木材刨花，这加速了水泥产生裂缝，加大了试件中的碳酸化发生量。

白腐菌腐蚀的木材水泥复合材料表面区域通过体视显微镜观察，真菌大量地繁殖于复合材料上，形成一个非常紧密的牢牢贴附在复合材料表面的乳脂状白色垫子，它也渗透进裸露的木材刨花里［图 13-15（a）～（e）］。试块表面贴附的垫子更厚，形成完整的外皮，但侧面和底面也有真菌生长。

通过光学显微镜和电子显微镜观察表明，如果刨花被水泥完全包裹，木材组分就没有真菌生长迹象。不过，表面裸露木材最终将被真菌侵蚀，主要借助木射线渗透。菌丝结成结晶体硬壳［图 13-15（f）］。通过观察可以经常显示，菌丝被细胞外黏液牢固地黏附在复合材料表面［图 13-15（g）］。

木材-水泥复合材料没有显著的质量损失，但表面有真菌生长现象，尤其是白腐菌生长，改变了表面性能，使水泥碳酸化速度加快，也增加了复合材料与获得水分的反应。被白腐菌腐朽的试块增重更多一些，显微分析表明只有白腐菌表现出明显的细胞壁真菌生长和有限的细胞壁腐朽。白腐菌试件的表面物质可观察到细胞壁变薄，但不严重。只有裸露在表面的木材组分能够接触到真菌，内部仍保持未受影响。普遍认为，真菌在腐蚀木材过程中控制着环境 pH，褐腐菌尤其能使局部环境 pH 转变到 2 或更低。一般认为这种酸性环境会引起一定的新陈代谢，这种细胞外化学机制与有机物引起的木质纤维素破坏是联系在一起的。所观察到的大量草酸盐结晶与真菌有关，堆积在木材细胞腔里，说明真菌试图压制水泥组分的高 pH，但由于显著的降解被阻止，这种努力是徒劳的（Goodell et al.，1997）。

13.5 生物质-无机质复合材料耐久性的长期考证实例

水泥刨花板具有较高的防火和耐腐朽性、较低的吸水性、良好的尺寸稳定性等特性，使它成为理想的结构应用材料，不经表面处理的水泥刨花板在室内和室外也能表现出良好的使用性能。MacVicar 等（1999）将市售的纤维增强水泥复合材料放置于不同的加速老化环境，一种是水浸-碳酸化作用-加热循环处理，另一种是水浸-加热-冷冻-融化循环处理，然后与室外自然老化 5 年的屋面材料相比较，自然老化和在 CO_2 环境下的加速老化都减少了水泥基质的孔隙、水分吸收、氮渗透性，增强了纤维素纤维-水泥复合材料的耐用性。经长期使用后的水泥刨花板与新板材相比，在以下方面表现出一定差异（周贤康，2004）。

（1）含水率。水泥刨花板的长期含水率试验结果显示，不同的灰木比、刨花形态与成型压力制造的水泥刨花板，置于室内自然环境下，板材的内部含水率随着存放年限的增长而随之降低，至 15 年，板材的含水率为 5%～7%，比经 14 天调湿的新水泥刨花板降低了 5%左右，后者含水率为 10%～12%。

（2）抗弯强度。水泥刨花板在室内的长期抗弯强度试验结果显示，不论灰木比、刨花形态、芯表层刨花用量与成型压力是否相同，水泥刨花板的长期抗弯强度均随着年限的增加而持续增长。与调湿 14 天的板材相比，其抗弯强度 5 年里提高了 5%～20%，10 年里提高了 10%～28%，15 年里提高了 12%～30%。水泥刨花板长期抗弯强度提高的原因，除了板材含水率的降低可提高强度外，普通硅酸盐水泥中矿物组成硅酸二钙的强度在后期发挥作用，而木质刨花内含的水分又为硅酸二钙的继续水化创造了条件。这是致使水泥刨花板后期强度持续增长的主要原因。

此外，他们还对龄期 10 年的水泥刨花板进行了浸水 24h 后的抗弯强度试验，并与自然吸湿的试件进行对比，试验结果列于表 13-5。从中可看出，龄期为 10 年的水泥刨花板其浸水抗弯强度比龄期 28d 的提高了 30%。按水泥刨花板的国际标准（ISO 8335—1987）与行业标准（JC/T 411—2007）对浸水抗弯强度最低为 5.5MPa 的要求，则提高了 50% 以上。因此，水泥刨花板在后期有优异的抗水性。

表 13-5 水泥刨花板浸水 24h 后的抗弯强度

灰木比	芯层刨花形态	表层刨花/芯层刨花	成型压力/MPa	抗弯强度/MPa			
				自然吸湿		浸水 24h	
				28 天	10 年	28 天	10 年
3.0：1	刨切刨花	60/40	2.5	9.38	11.49	6.66	8.58
2.5：1	刨切刨花	60/40	2.5	9.27	11.09	6.42	8.38
ISO 8335—1987	JC/T 411—2007			≥9.0		≥5.5	

（3）平面抗拉强度。平面抗拉强度是检验水泥刨花板内结合力强弱的重要指标。不同的芯层刨花形态及配合比制成水泥刨花板的长期平面抗拉强度的试验结果显示，不同的配合比下，水泥刨花板的长期平面抗拉强度与经调湿 14 天的平面抗拉强度相比，5 年的提高了 32%～87%，10 年的提高了 50%～110%；采用针棒刨花为芯层的水泥刨花板，5 年的提高了 90%～97%，10 年的提高了 110%～120%。试验结果表明，水泥刨花板的平面抗拉强度在 10 年前后已趋于稳定（15 年增加甚少）。并且至 10 年水泥刨花板的平面抗拉强度达 0.70～1.30MPa，与 JC/T 411—2007 行业标准要求的 0.3～0.5MPa 提高了一倍以上。由此可见，水泥刨花板在后期的内结合力显著增强，也相应提高了抗弯强度。

（4）吸水率与吸水厚度膨胀率。吸水率与吸水厚度膨胀率是衡量水泥刨花板尺寸稳定性的指标。不同配合比与成型压力制成的水泥刨花板，随着室内年限的增长，其吸水量与吸水厚度膨胀率都随之降低。经 15 年的板材，浸水 24h，吸水率为 8%～12%，吸水厚度膨胀率为 0.65%～0.12%。与调湿 14 天的板材相比，吸水率降低了 60%左右；调湿 14 天板材的吸水厚度膨胀率为 11%～18%。从试验结果还可看出，水泥刨花板的吸水率与吸水厚度膨胀率也于 10 年左右趋于稳定。由此可见，水泥中硅酸二钙在后期继续水化，使得板材的内结合力大幅提高，并致使板材的吸水率与吸水厚度膨胀率显著降低，因而水泥刨花板在后期具有优良的尺寸稳定性。

水泥刨花板广泛地用于公共建筑墙壁内衬、室外覆层，起防火作用的保护性基层，专用地板和隔声材料。在很多这样的应用场所，水泥刨花板已被证明是一种很有效的材料，但在少数情况下，因相对含水率变化导致的尺寸不稳定也引发了一些问题。与某些全矿物质板材相比，尽管水泥刨花板不是惰性的，但在变化的相对湿度下，水泥刨花板的性能要比其他木基板材强得多。尺寸变化主要有 4 种原因（Fan et al.，2004）：第一，水泥膏体固有的碱性给镶嵌其中的木片造成侵蚀性环境，导致降解。第二，碳酸化作用，由此在潮湿与干燥过程中造成木片与水泥浆之间的压力。水泥碳酸化时 $Ca(OH)_2$ 转变成 $CaCO_3$，在孔隙中结晶析出，减小了它的体积，在水泥和刨花之间产生不协调的剩余压力，导致产生相应的明显体积收缩。第三，水分移动进出木片和水泥的后果，或进出凝固后的骨架结构。第四，水泥刨花板制造过程中内部应力的结果。通过改性木片减小吸水性、改性水泥减小渗透性、进行表面涂刷减小或切断水分传输途径等方式，可减小水泥刨花板的尺寸变化。

水泥刨花板在国内主要用于做非承重的内隔墙，我国于 1983 年首先在多层住宅建筑中做内隔墙使用，之后，在江西、湖南、湖北、广东、福建、浙江、安徽、山东、吉林等省民用建筑的办公大楼、学校、招待所、饭店、住宅等做内隔墙进行了大量的推广使用。经调研，使用期达 19 年之久时，应用效果均良好。水泥刨花板作为非承重的外墙，国外主要用于低层建筑的外墙板，而国内使用甚少。我国研究人员曾将水泥刨花板应用于框架结构建筑的一层，墙体安装完毕后，外表面用陶瓷面砖饰面，使用近 15 年后，使用效果依然良好（周贤康，2004）。

与传统的木质人造板相比，生物质复合材料具有良好的抗生物腐蚀能力和耐候性，是性能优良的环保型室外用建筑材料。目前，科学家正在不断完善生物质复合材料的性能，开发新用途，它将在人们未来生活中发挥重要作用。

13.6 DMA 技术在生物质复合材料耐久性研究中的应用

DMA（或 DMTA）是动态力学热分析（dynamic mechanical thermal analysis）的英文缩写，它通过测定黏弹性材料在一定温度范围内动态力学参数变化，研究材料的力学性能与材料结构、分子运动、温度和时间的关系，近年来逐渐发展成为生物质复合材料研究的重要手段。

作为天然高分子材料的木材、竹材、主要农作物秸秆等生物质材料及其与合成高分子、无机质和金属复合而形成的生物质复合材料属于黏弹性材料，主要用作结构材料。对于结构材料的大多数用途而言，力学性能是最重要的。对于典型的聚合物材料，与静态力学实验相比，采用动态法不但能得到聚合物的玻璃化转变温度，而且能定量地获得聚合物在受力过程中吸收的能量，即测量消耗于聚合物分子间内摩擦的能量——内耗，更能反映材料在实际使用条件下的力学性能（Velichko Hristov et al., 2003），这一点对于其他黏弹性材料也具有普遍意义，只是内耗的机理各有不同。

13.6.1 DMA 的基本原理

通过 DMA 测定材料受到周期性应力时的机械反应，可以确定材料的黏弹性及流变性能。有些 DMA 分析仪还可以测定材料的应力松弛及蠕变行为。在施加交变力时，DMA 可同时考察温度、施力状况和频率对材料性能的影响。通过 DMA 测试，能对多种情况下材料的短、长期力学性能进行评估。

生物质复合材料等生物质材料是典型的黏弹性材料，在交变力（σ）的作用下，应变（ε）总是滞后于施加的应力，在拉伸过程中两者的关系可用下式表示。

$$\varepsilon=\varepsilon_0\sin\omega t$$

$$\sigma=\sigma_0\sin(\omega t+\delta)$$

式中，σ_0 和 ε_0 为应力和应变的幅值；ω 为交变力的角频率；δ 为应力与应变之间的相位角；t 为应力和应变的取点时间。

将应力表达式展开：

$$\sigma=\sigma_0\cos\delta\sin(\omega t+\delta)+\sigma_0\sin\delta\cos\omega t$$

应力波可分解为两部分，一部分与应力同相位，峰值为 $\sigma_0\cos\delta$，与储存的弹性能有关，另一部分与应变有 90°的相位差，峰值为 $\sigma_0\sin\delta$，与能量的损耗有关。

储能弯曲模量：$E'=(\sigma_0/\varepsilon_0)\cos\delta$

损耗模量：$E''=(\sigma_0/\varepsilon_0)\sin\delta$

力学损耗 $\tan\delta$，代表材料在每一周期中损耗的能量与最大的弹性储能之比，等于材料的损耗模量与储能弯曲模量之比，即

$$\tan\delta=\frac{\sin\delta}{\cos\delta}=\frac{E''}{E'}$$

材料的模量具有复数形式，即复数模量，可表示为

$$E^*=E'+iE''$$

其绝对值为：$|E|=\sqrt{E'^2+E''^2}$

试样受到剪切形变时也有类似的表示方式：

$$G^*=G'+\lambda G''$$

$$G'=|G^*|\cos\delta$$

$$G''=|G^*|\sin\delta$$

$$\tan\delta=\frac{G''}{G'}$$

式中，G^* 为剪切模量；G' 为剪切储能弯曲模量；G'' 为剪切损耗模量。

储能弯曲模量（G' 或 E'）、损耗模量（G'' 或 E''）及损耗角正切（$\tan\delta$）是 DMA 技术提供的三个重要参数。模量表示材料抵抗变形的能力，力学损耗是指高聚物的机械能量转变为热量的部分，用于克服分子间的摩擦力以实现分子间的相对位移，储能则为高聚物的机械能量以弹性能的形式储存起来。储能弯曲模量反映材料的刚度，损耗模量和损耗角正切反映材料的阻尼特性。

按测试原理，DMA 测量方法通常分为自由衰减振动法、强迫振动法和强迫非共振法，其中自由衰减振动法包括扭摆法和扭辫法；强迫振动法包括振簧法和悬线法等；强迫非共振法主要为动态黏弹谱法。其中动态黏弹谱法是目前研究高分子材料热力学性能使用最广泛的一种，其自动化程度高、灵敏度高，计算机的应用更提高了此法的工作效率。对于固体高聚物样品常采用强迫非共振法、扭摆法；对不易成型的高聚物熔体或黏性溶液等常将样品浸渍于扭辫仪的辫子上采用自由衰减振动法。需要提及的是 DMA 测量系统可

以根据试样尺寸和特性选择三点弯曲、压缩、拉伸、剪切、扭转、平行板、环形抽动、双悬臂梁和单悬臂梁等多种测量方法（张俐娜等，2003）。

根据测试扫描模式的不同，所得 DMA 谱图主要为温度谱、频率谱、时间谱和动态应力谱。温度谱是在固定频率下测定动态模量及损耗随温度变化的试验方式（应用最广），聚合物材料动态力学温度谱的测定与许多实际应用紧密相关。例如，玻璃化转变温度（T_g）是非晶态塑料使用温度的上限，是橡胶使用温度的下限，测定 T_g 就大致确定了该材料的使用温度极限；也可以从温度谱评价材料的耐热性、耐寒性、低温韧性、耐老化能力、阻尼、减震性能等；还可以利用温度谱研究聚合物材料的结构参数，如结晶度、分子取向、相对分子质量、交联、共混、共聚及增塑等与宏观力学性能的关系。频率谱是在恒温、恒压下，测量动态模量及损耗随频率变化的试验方式，用于研究材料力学性能对频率的依赖性。时间谱是在恒温、恒频率下测定材料动态力学性能随时间变化的试验方式，主要用于研究动态力学性能对时间的依赖性。动态应力谱是在恒温及固定频率下，测量动态应变随应力变化的试验方式，即测定试样的动态应力应变曲线，这种模式常用于评价材料及其结构对应力的依赖性，也可确定应力应变关系的线性范围，在做各种模式动态力学试验时，选择试验参数必须选择动态应力和应变在线性范围内的数据。

13.6.2 DMA 的应用

虽然动态力学试验中所测得力学参数仅为两项：①表征材料刚度的储能弯曲模量（E'）。②表征材料阻尼特性的损耗模量 E'' 或损耗因子 $\tan\delta$。但是利用上述两项参数及其随温度、频率和时间的变化而派生出一系列新的参数，能获得材料有关刚度、阻尼、特征温度、特征频率、特征时间等许多信息，在材料领域应用广泛。这里仅就 DMA 在生物质及其复合材料研究中最常见的几项应用作如下简述。

13.6.2.1 测定材料的玻璃化转变温度

玻璃化转变是高聚物的普遍现象，T_g 是表征聚合物玻璃化转变的重要参数。在发生玻璃化转变时，材料的许多性能会发生急剧变化，特别是力学性能。即使温度只在几度范围内变化，材料的模量也会改变三四个数量级，导致其使用性能发生较大改变。

测定 T_g 的方法很多，常用的有 3 种，即 DMA、热机械分析法（TMA）和差示扫描量热法（DSC）。一般情况下，材料发生玻璃化转变时，其热容（DSC 测定的基础）和热膨胀系数（TMA 测定的基础）变化不明显，而模量会发生几个数量级的变化，因而利用 DMA 测定 T_g 更容易、更灵敏（程瑞香，2005）。

生物质材料是由结晶纤维素和非结晶半纤维素、木质素等聚合物构成的。当加热到玻璃转化点温度时，材料的非结晶区部分会发生玻璃化转变，此时材料的物理力学性能会发生巨大变化。在 DMA 测试中，由于玻璃化转变发生在一个相当宽的温度区，通常从 DMA 温度谱上以内耗峰或损耗模量峰对应的温度来定义 T_g，一般将损耗角正切曲线的峰顶温度确定为材料的 T_g。

13.6.2.2 评价材料短期的耐热性

表征材料耐热性的指标应该根据实际使用条件选择合适的内容，如模量、强度、介电常数等。对于用作结构材料的生物质复合材料，在高温下保持某种水平的强度、刚度、形状稳定性是十分重要的。但由于强度测试是破坏性的，要想得到强度随温度变化的全面信息，需要制备大量的试样。采用模量等非破坏性的物理性质作为“性能”的代表来评价材料的耐热性就简便得多。在一定的观测时间内测量材料的 DMA 温度谱，然后从图谱上的特征温度，如 T_g、熔融温度（T_m）或模量不低于设计要求的温度，来评价材料的耐热性显然更科学。因为测试的结果不仅是一个温度值，而是在宽阔温度范围内模量与阻尼的变化，因此对特征温度前后的性能均有反映，而且从该温度谱上可以很方便地估算材料的耐热温度。

13.6.2.3 评价材料的耐寒性或低温韧性

用 DMA 技术来评价材料耐寒性的主要依据是测定材料低温损耗峰的位置和强度。材料的耐寒性或低温韧性，主要取决于它在低温下是否存在可运动的结构单元，而这一点可灵敏地反映在 DMA 的 $\tan\delta$-T 谱或者 E''-T 谱上。低温损耗峰所处的温度越低，低温损耗峰的强度越高，则可以预料这种材料的耐寒性越好。对许多材料的研究结果表明，凡是存在较明显的低温内耗峰的塑料，低温韧性好，低温冲击强度高。

值得指出的是，DMA 图谱不但提供了一种评价材料的耐寒性和冲击韧性的有效方法，而且相比于目前通常采用的落锤冲击强度试验，不但试样制备简单，而且重现性好。

13.6.2.4 评价材料的环境适应性

为了选择在特定环境中使用的最佳材料，或为了发挥某复合材料的特长将它应用于最佳条件下，都必须对材料的耐环境因素（水、氧、光、微生物等）影响的能力做出评价。评价内容往往包括两方面：材料老化前后的性能变化；分析造成性能变化的结构变化本质。为此，常常需要用较多试样并通过大量的实验才能完成。而采用 DMA 技术时，从 DMA 温度谱不但可迅速跟踪材料在老化过程中刚度和冲击韧性的变化，而且可以同时分析引起性能变化的结构和分子运动变化的原因。高聚物材料在老化中，主要的结构变化是交联或致密化，分子链断裂和产生新的化合物；生物质材料的结构变化往往涉及天然高分子的降解等；生物质复合材料的结构变化往往可能发生在界面层。由此引起的分子运动的主要变化是各种分子运动单元的运动活动性受到抑制或加速。这类变化常常可能在 $\tan\delta$-T 谱图的内耗峰上反映出来。例如，在木塑复合材料 DMA 谱图上，玻璃化转变峰向高温移动，原因可能为高聚物分子发生交联或致密化，分子链柔性降低，玻璃化转变峰向低温移动，则为分子断裂，分子链柔性增加；次级转变峰高度增加，代表相应分子运动单元活动性增加，反之则降低；有新峰增加代表有新的结构出现，往往预示着有化学反应发生。

13.6.2.5 表征高分子材料的阻尼特性和合理设计减振结构

在运输工具、建筑等结构中，为了吸震、防震或吸音、隔音，都要用到阻尼减振材料。阻尼材料要求材料具有高内耗，即要求 $\tan\delta$ 大。理想的阻尼材料应该在整个工作温度范围内都有较大的内耗，即要求材料的 $\tan\delta$-T 曲线变化平缓，与温度及温度坐标之间的包络面积尽量大。利用材料的 DMA 温度谱，很容易选择出适合于在特定温度范围内使用的阻尼材料。

而将阻尼材料制成减振结构时，减振效果不仅与材料力学内耗有关，还与结构的动态刚度有关，动态刚度则取决于材料的储能弯曲模量和结构的几何形状。另外，鉴于扰动频率一般都不是单一频率而是一个频段，所以设计减振结构时，需要已知材料在有关频段内的储能弯曲模量与动态力学性能谱。

13.6.2.6 对材料加工性能的评价

如图 13-16 所示，在麻纤维增强聚丙烯复合材料中，随着麻纤维含量的增加，复合材料储能弯曲模量增加，刚性增强，内耗则相反，麻纤维的增加限制了聚丙烯高分子链的运动，材料变得难以加工。在高温区，储能弯曲模量增加幅度较小，而内耗降低较为明显，内耗揭示了材料的松弛转变过程，对应分子链段运动从冻结到自由的转变，材料变得易于加工（Wielage et al.，2003）。

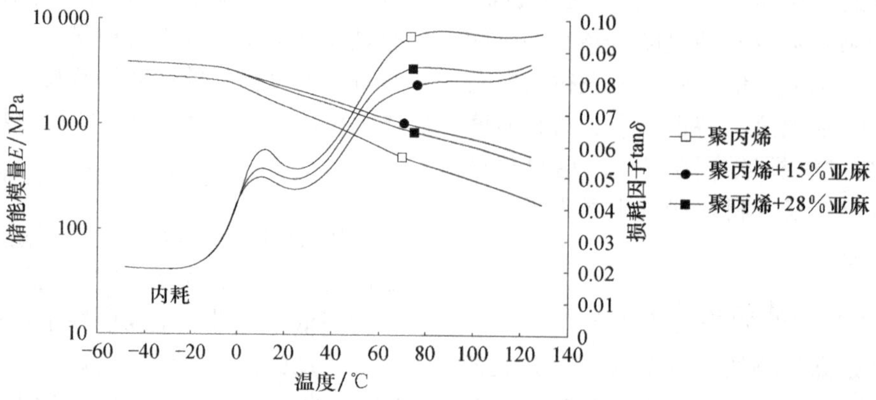

图 13-16 木粉含量对储能弯曲模量和内耗的影响

13.6.2.7 评价界面相容剂及其增容效果

在高聚物复合材料的研究中，一项十分重要的课题是提高复合材料的界面相容性，通常的方法是添加界面相容剂，以提高组元高聚物相间的界面黏结性。

图 13-17 和图 13-18 分别为添加偶联剂（马来酸酐接枝聚苯乙烯）对木粉-聚苯乙烯复合材料（木粉含量 50%）的储能弯曲模量和损耗因子的影响，由图 13-17 可见，复合材料的储能弯曲模量比未加偶联剂时的储能弯曲模量有很大的提高。表明 20%马来酸酐接枝聚苯乙烯对复合材料起到了相容剂或者是黏结剂的作用。复合材料的 $\tan\delta$ 值较未加偶联剂时有所降低，玻璃化温度也高于相应不含偶联剂的复合材料。这说明添加偶联剂以后，改善了木粉和聚苯乙烯的相容性，使得两种材料的界面结合更为紧密，从而限制了聚苯乙烯分子链的运动，同时减少了木粉和聚苯乙烯界面间的摩擦热损耗（宋永明等，2004）。

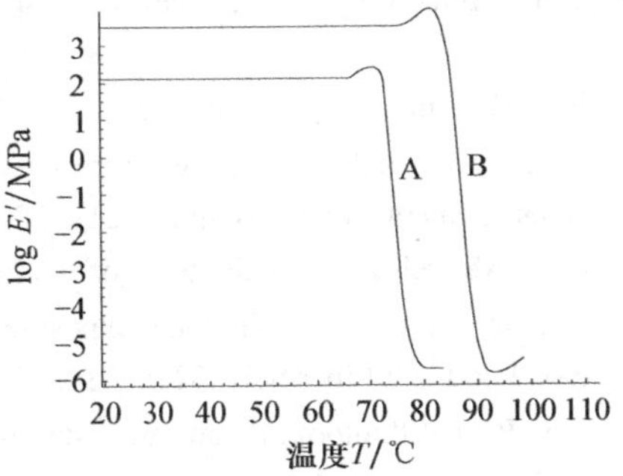

图 13-17 未加偶联剂（A）和偶联剂含量为 20%（B）的复合材料的储能弯曲模量

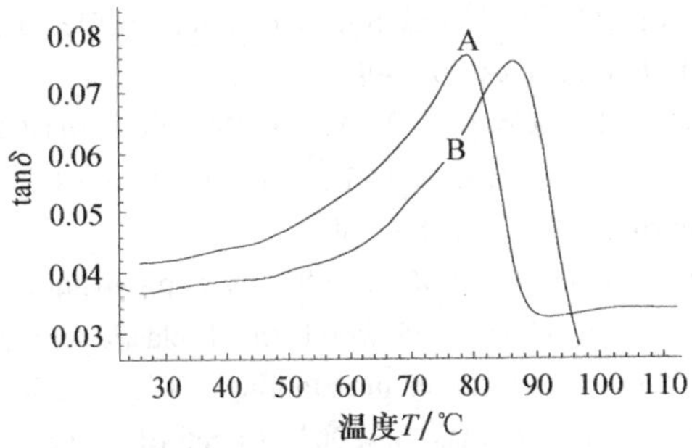

图 13-18 未加偶联剂（A）和偶联剂含量为 20%（B）的复合材料的损耗因子

13.6.2.8 研究热固性材料的固化程度和测定凝胶点

DMA 可测量出树脂固化力学响应的变化，这种变化是树脂固化过程中发生分子交联的直接结果。树脂固化后，体系的交联密度增加，T_g 相应提高，从 T_g 的相对高低可判断出树脂交联密度的大小。在高温动力学测量中，树脂的固化程度可用储能弯曲模量和相对刚度值来表示。

将黏性树脂涂于玻璃布上，在恒定的温度下采用 DMA 测量储能弯曲模量及损耗模量随时间的变化，可以反映体系黏度（模量）的变化。当发生凝胶时，体系的 E' 及 E'' 发生突变。因此，在对热固性胶黏剂的固化过程进行动态研究时，可以通过测定 E'' 极大值来确定该温度下树脂固化的凝胶点（吕斌等，2004）。

主要参考文献

程瑞香. 2005. 动态热机械分析在木材加工行业的应用. 木材工业，15（4）：28～30

过梅丽. 2002. 高聚物与复合材料的动态力学热分析.北京：化学工业出版社

吕斌，付跃进，吴盛富，等.2004.几种人工林树种单板层积材的生产试验及力学性能研究.林产工业，31（3）：13～17

宋永明，肖泽芳，王清文.2004.木粉/再生聚苯乙烯复合材料的动态、机械性质分析.东北林业大学学报，32（5）：29～31

张俐娜，薛奇，莫志深，等. 2003. 高分子物理近代研究方法.武汉：武汉大学出版社

周贤康. 2004. 水泥刨花板耐久性的研究.混凝土与水泥制品，（4）：38～40

Agarwal U P.1999. On the importance of hydroquinone-p-quinone redox system in the photoyellowing of mechanical pulps.*In*：Conference Proceedings 10th International Symposium in Wood Pulping Chemistry.（1）：694～697

Castellan A，Nourmamode A，Jaeger C，et al. 1993. Photochemistry of methoxy-p-benzoquinone and methoxyhydroquinone in solid 2-hydropxypropyl cellulose films and on filter paper：UV/VIS（UV/visible light）absorption and diffuse reflectance spectroscopy studies. Nord Pulp Paper Res，8：239～244

Chetanachan W，Sookkho D，Sutthitavil W，et al. 2001. PVC wood：A new look in construction. J Vinyl Addit Technol，7：134～137

Clemons C. 2002. 美国木塑复合材料的历史、现状及发展. 人造板通讯，（11）：19～21

Clemons C M，Ibach R E.2004.Effects of processing method and moisture history on laboratory fungal resistance of wood-HDPE composite.Forest Products

Journal，54（54）：50～58

Dence C W.1992.The determination of lignin. *In*：Lin S Y，Dence C W. Methods in Lignin Chemistry. Berlin：Springer-Verlag：33～62

de Souza M R，Geimer R L，Moslemi A A.1997.Degradation of conventional and CO_2-injected cement-bonded particleboard by exposure to fungi and termites.J Trop Forest Prod，3（1）：63～69

Dinwoodie J M，Paxton B H. 1991. The long-term performance of cement-bonded wood particleboard. *In*：Inorganic Bonded Wood and Fiber Composite Materials—Second International Conference：Moscow.45

Falk R H，Lundin T，Felton C. 2000. The effects of weathering on wood-thermoplastic composites intended for outdoor applications.Proceedings of the 2nd Annual Conference on Durability and Disaster Mitigation in Wood-Frame Housing. Madison

Fan M Z，Bonfield P W，Dinwoodie J M，et al. 2004. Dimensional instability of cement-bonded particleboard：The effect of surface coating.Cement and Concrete Research，34：1189～1197

Goodell B，Daniel G，Liu J，et al.1997.Decay resistance and microscopic analysis of wood-cement composites.Forest Prod J，47（11/12）：75～80

Gijsman P. 2002. New synergists for hindered amine light stabilizers.Polymer，43（5）：1573～1579

Gugumus F.2002a. Possibilities and limits of synergism with light stabilizers in polyolefins 1.HALS in polyolefins. Polym Degrad Stab，75（2）：295～308

Gugumus F.2002b.Possibilities and limits of synergism with light stabilizers in polyolefins 2.UV absorbers in polyolefins.Polym Degrad Stab，75（2）：309～320

Heitner C. 1993. Light induced yellowing of wood containing papers.*In*：Heitner C，Scaiano J C. Photochemistry of Lignocellulosic Materials, ACS Symposium Series, 531. American Chemical Society：3～25

Hon D N S.2000.Weathering and photochemistry of wood. *In*：Hon DNS，Shiraishi N. Wood and Cellulostic Chemistry.2nd ed.New York：Marcel Dekker：512～546

Hristov V，Vasileva S. 2003. Dynamic mechanical and thermal properties of modified polypropylene wood fiber composites. Macromolecular Materials and Engineering，288（10）：798～806

Jabarin S A，Lofgren E A.1994.Photooxidative effects on properties and structure of high density polyethylene.J Appl Polym Sci，53（4）：411～423

Joseph K，Thomas S，Pavithran C.1995.Effect of ageing on the physical and mechanical properties of sisal-fiber-reinforced polyethylene composites.Composites Science and Technology，53（1）：99～110

Kaci M，Thomas S，Cimmino S.2000.HALS stabilization of LDPE films used in agricultural applications. Macromol Mater Eng，278（1）：36～42

Khavkne M，Kazayawolko M.2000. Durability of wood flour-thermoplastic composites under extreme environmental conditions and fungal exposure. Intern J Mater，46：255～269

Laks P E，Manning M E.1994.Inorganic borates as preservatives for wood composites. Vancouver：Second Pacific Rim Bio-Based Composites Symp.Faculty of Forestry，Univ.of British Columbia

Li C，Ragaukas A J.2000.Brightness reversion of mechanical pulps.Part ⅩⅦ：diffuse reflectance study on brightness stabilization by additives under various atmospheres. Cellulose，7：369～385

Lilli M S.2004.Wood-filled plastics-they need the right additives for strength，good looks & long life. Plastictechnology，50：52～59

Lin Q，Zhou X，Dai G.2002.Effect of hydrothermal environment on moisture absorption and mechanical properties of wood flour-filled polypropylene composites. Journal of Applied Polymer Science，85（14）：2824～2832

MacVicar R，Matuana L M，Balatinecz J J.1999.Aging mechanisms in cellulose fibre reinforced cement composites. Cement Concr Compos，21：189～196

Mankowski M，Morrell J J. 2000.Patterns of fungal attack in wood plastic composites following exposure in a soil block test.Wood and Fiber Sci，32（3）：340～345

Mantia La F P.2004.Photooxidation and stabilization of photooxidized polyethylene and of its monopolymer blends.Journal of Applied Polymer Science，91：2244～2255

Mapleston P.2002.It's one hot market for profile extruders. Modern Plastics，7：49

Morris P I，Cooper P A.1998.Recycled plastic/wood composite lumber attacked by fungi.Forest Products Journal，48（1）：86～88

Muasher M，Sain M.2006.The efficacy of photostabilizers on the color change of wood filled plastic composites. Polymer Degradation and Stability，91（5）：1156～1165

Nair K C M，Thomas S. 2003. Effect of ageing on the mechanical properties of short sisal fibre reinforced polystyrene composites. Journal of Thermoplast Composite Materials，16（3）：249～271

Okino E Y A，de Souza Mario R，Santana Marcos A E，et al.2005.Physico-mechanical properties and decay resistance of *Cupressus* spp.cement-bonded particleboards.

Cement & Concrete Composites，27：333～338

Pendleton D E，Hoffard T A. 2002. Durability of an extruded HDPE/wood composite.Forest Prod J，52（6）：21～27

Pilarski J M，Matuana L M.2005.Durability of wood flour-plastic composites exposed to accelerated freeze-thaw cycling.Part 1.rigid PVC matrix.Journal of Vinyl & Additive Technology，11（1）：1～9

Pirie B J，Glasser F P，Schmitt-Henco C，et al. 1990. Durability studies and characterization of the matrix and fibre-cement interface of asbestos-free fibre-cement products. Cement & Concrete Composites，12（4）：233～244

Ragaukas A J.1993.Photoreactivity of lignin like quinoid structures. *In*：Heitner C，Scaiano J C. Photochemistry of Lignocellulostic Materials，vol.8. Washington：American Chemical Society：77～85

Rangaraj S V，Smith L V. 2000. Effects of moisture on the durability of a wood/thermoplastic composite.Journal of Thermoplastic Composite Materials，13（3）：140～161

Rebecca E I，Craig M C，Nicole M S.2003.Combined ultraviolet and water exposure as a preconditioning method in laboratory fungal durability testing.The Seventh International Conference on Woodfiber-Plastic Composites：61～67

Rowell R M，Lange S E，Jacobson R E.2000.Weathering performance of plant-fiber/thermoplastic composites. Mol Cryst Liq Cryst，353（1）：85～94

Schirp A，Wolcott M P. 2005. Influence of fungal decay and moisture absorption on mechanical properties of extruded wood-plastic composites.Wood and Fiber Science，37（4）：643～652

Schut J H. 2005. Wood-plastic composites：weathering quality Issues. Plastics Technolagy，51（9）：62～63，65，67～69

Soroushian P，Aouadi F，Chowdhury H，et al. 2004. Cement-bonded straw board subjected to accelerated processing. Cement and Concrete Composites，26（7）：797～802

Stark N M. 2001. Influence of moisture absorption on mechanical properties of wood flour-polypropylene composites. Journal of Thermoplastic Composites，14（5）：421～432

Stark N M，Matuana L M.2003.Ultraviolet weathering of photostabilized wood-flour-filled high-density polyethylene. J Appl Polym Sci，90（10）：2609～2617

Stark N M，Matuana L M. 2004. Surface chemistry changes of weathered HDPE/wood flour composites studied by XPS and FTIR spectroscopy. Polym Degrad Stab，86：109

Tajvidi M，Ebrahimi G.2003.Water aptake and mechanical characteristics of natural filler-polypropylene composites. J Appl Polym Sci，88（4）：941～946

Verhey S，Laks P，Richter D. 2001.Laboratory decay resistance of wood fiber/thermoplastic composites.Forest Products Journal，51（9）：44～49

Verhey S，Laks P. 2002. Wood particle size affects the decay resistance of wood fiber/thermoplastic composites. Forest Products Journal，52（11/12）：78～81

Wang W H，Morrell J J. 2004. Water sorption characteristics of two wood-plastic composites. Forest Prod J，54（12）：209～212

Wang W H，Morrell J J. 2005. Effects of moisture and temperature cycling on material Properties of a wood/plastic composite.Forest Products J，55（10）：81～83

Wang W H，Wang Q W，Morrell J J. 2005. Effects of accelerated soaking and freeze-thaw cycling on rice hull-PE composite. Nanning：Proceeding of International Symposium on Research & Effective Utilization of Bio-Based Materials：2～4

Wielage B，Lampke T，Utschick H，et al. 2003. Processing of natural-fibre reinforced polymers and the resulting dynamic-mechanical properties.Journal of Materials Processing Technology，139（1～3）：140～146

Wypych G. 1995. Handbook of material weathering. Toronto：Chem-Tec

Zhang L，Gellerstedt G. 1998. Quinone formation and their contribution to photoyellowing in lignin. Portugal：Fifth European Workshop on Lignocellulosics and Pulp Proceedings：285～289

附录A 纤维长度比较表

原料	分部位	部位	长度/mm 算术平均	长度/mm 最大	长度/mm 最小	长度/mm 一般	宽度/mm 算术平均	宽度/mm 最大	宽度/mm 最小	宽度/mm 一般	长宽比	质量平均纤维长度/mm
马尾松		全部位	3.61	6.33	0.92	2.23～5.06	50.0	105.4	19.6	36.3～65.7	72	4.01
	分部位	杆部 上	4.05	6.11	1.79	2.80～5.30	54.7	100.5	26.5	36.3～72.5	74	
		杆部 中	3.89	6.02	1.60	2.79～4.89	54.9	95.1	26.5	39.2～71.1	71	
		杆部 下	2.74	2.19	1.29	1.86～3.61	46.6	92.2	26.6	33.3～60.8	59	
		梢部	3.03	5.59	1.36	2.21～3.90	43.5	80.5	24.5	32.3～57.3	70	
		早材	3.86	6.27	1.75	2.94～4.78	66.6	105.4	39.2	59.6～75.5	58	
		晚材	3.94	5.98	1.38	2.74～5.06	37.0	60.8	19.6	31.4～42.1	103	
		枝部	2.39	4.07	1.01	1.80～2.94	36.3	71.1	17.6	27.9～44.1	66	
		节部	1.34	2.65	0.55	0.98～1.75	29.9	61.3	18.1	24.5～36.3	45	
红松		全部位	3.62	5.00	1.33	2.45～4.10	54.3	78.8	34.3	39.2～63.8	67	3.54
落叶松		全部位	3.41	5.16	1.60	2.28～4.32	44.4	98.0	21.1	29.4～63.7	77	3.69
鱼鳞松		全部位	3.06	4.69	1.44	1.84～4.05	51.9	80.4	24.5	39.2～68.6	59	3.18
臭松		全部位	3.29	4.75	1.31	1.75～4.05	51.9	79.4	29.5	39.2～63.7	63	3.40
云南松		全部位	4.08	8.08	1.63	2.47～5.15	42.0	62.0	24.8	33.0～53.7	97	4.48
火炬松		全部位	2.56	5.19	0.78	1.40～4.12	41.7	82.6	16.5	28.9～53.7	61	
湿地松		全部位	2.93	5.36	0.83	2.06～3.91	40.9	63.3	25.3	29.5～50.6	73	
加勒比松		全部位	2.94	4.74	1.24	1.96～3.91	44.8	86.7	20.7	28.9～62.0	66	
樟子松		全部位	2.27	3.19	1.03	1.65～2.68	41.1	73.9	25.3	29.5～50.6	55	
山杨		全部位	0.86	1.40	0.35	0.65～1.14	17.4	26.0	9.8	14.7～23.5	50	0.99
圣诞树 5 年		全部位	0.75	1.24	0.41	0.62～0.93	16.6	28.9	8.3	12.4～20.7	45	
圣诞树 9 年		全部位	0.97	1.65	0.62	0.82～1.13	16.7	33.0	8.3	12.4～20.7	58	
白皮桦		全部位	1.21	1.58	0.61	1.01～1.47	18.7	27.0	10.8	14.7～22.0	65	1.15
	分部位	边材	1.21	1.69	0.52	1.09～1.44	17.9	27.0	10.8	14.7～21.0	68	
		心材	1.03	1.56	0.46	0.77～1.27	18.0	25.5	10.8	14.7～22.1	57	
红皮桦		全部位	1.27	1.75	0.74	1.07～1.45	19.6	31.8	14.7	17.2～20.6	65	1.18
	分部位	边材	1.30	1.82	0.74	1.10～1.47	19.6	31.9	12.3	14.7～24.5	66	
		心材	1.13	1.57	0.55	0.94～1.35	18.4	25.5	13.7	14.7～22.1	62	
榲木		全部位	1.14	1.62	0.34	0.60～1.17	36.4	66.5	11.6	29.0～40.7	31	1.01
川楝		全部位	0.74	1.17	0.25	0.56～0.93	22.1	37.2	12.4	16.5～26.8	33	0.97
顶果		全部位	1.02	1.64	0.45	0.82～1.34	16.8	26.8	8.3	12.4～20.7	61	1.07
石梓		全部位	0.95	1.65	0.41	0.72～1.17	29.5	43.4	12.4	24.8～33.0	32	1.08
顶果木		全部位	1.22	1.96	0.64	0.99～1.46	25.7	41.3	10.3	20.7～33.0	47	1.20
勐岭樗木		全部位	1.35	1.96	0.74	1.11～1.59	34.9	49.6	16.5	28.9～41.3	39	1.43

续表

原料			长度/mm				宽度/mm				长宽比	质量平均纤维长度/mm
			算术平均	最大	最小	一般	算术平均	最大	最小	一般		
箭毒木	全部位		0.83	1.34	0.31	0.64～0.99	20.3	33.0	8.3	16.5～26.8	41	0.99
八宝	全部位		1.19	1.94	0.59	0.87～1.51	34.5	47.5	10.0	30.0～42.5	34	
光叶合欢木	全部位		0.89	1.31	0.49	0.73～1.07	23.7	40.0	15.0	17.5～30.0	37	
团花3年	全部位		1.21	2.06	0.62	0.97～1.34	31.1	53.7	20.7	24.8～37.2	39	1.23
团花7年	全部位		1.44	2.16	0.80	1.19～0.73	29.7	62.0	16.5	24.8～32.9	48	1.59
团花11年	全部位		1.57	2.27	0.78	1.27～0.90	30.6	47.5	16.5	24.8～37.2	51	1.80
滇杨	全部位		0.96	1.52	0.43	0.68～1.28	24.1	37.2	12.4	16.5～28.9	40	1.05
桉木雷林1号4年	全部位		0.70	0.97	0.41	0.52～0.87	13.0	20.6	8.3	12.4～14.1	54	0.97
桉木雷林1号6年	全部位		0.74	1.40	0.41	0.62～0.93	13.2	18.6	8.3	12.4～16.5	56	0.99
桉木雷林1号15年	全部位		0.88	1.34	0.56	0.72～1.03	15.3	20.6	12.4	12.4～16.5	58	1.00
柠檬桉	全部位		0.94	1.34	0.41	0.72～1.13	14.6	20.6	10.3	12.4～16.5	64	0.99
隆缘桉4年	全部位		0.71	1.19	0.41	0.57～0.89	13.1	18.6	8.3	10.3～16.5	54	0.99
隆缘桉6年	全部位		0.73	1.26	0.41	0.62～0.84	13.7	18.6	8.3	12.4～16.5	53	0.98
隆缘桉15年	全部位		0.81	1.15	0.41	0.68～0.97	14.1	22.7	10.3	12.4～16.5	57	0.99
群众杨	全部位		0.94				19.8				47.5	1.01
北京杨	全部位		0.75				21.7				34.6	
毛白杨	全部位		0.82				20.8				39.5	0.90
毛新杨	全部位		0.88				25.4				34.8	0.98
小黑杨	全部位		0.86				21.0				41	0.93
意大利214	全部位		0.88				23.5				37.5	0.97
冬瓜木	全部位		1.02				21.2				48	0.11
南洋楹	全部位		1.14				29.2				39	0.33
加杨	全部位		0.94				24.8				38	1.01
稻草	全部位		0.92	3.07	0.26	0.47～1.43	8.1	17.2	4.3	6.0～9.5	114	1.22
	分部位	茎部	1.00	2.13	0.47	0.75～1.17	8.9	20.6	4.3	6.5～12.9	112	
		裤部	0.85	2.61	0.26	0.44～1.14	8.1	12.3	4.9	5.9～9.8	105	
		叶部	0.64	1.21	0.18	0.39～0.88	6.7	9.3	4.9	5.9～8.3	96	
		节部	0.33	0.68	0.14	0.20～0.46	9.9	14.7	4.9	7.4～13.7	33	
		穗部	0.58	1.38	0.18	0.29～0.88	10.1	17.2	5.9	8.3～13.7	57	
麦草	全部位		1.32	2.94	0.61	1.03～1.60	12.9	24.5	7.4	9.3～15.7	102	1.49
	分部位	茎部	1.52	2.63	0.66	1.07～1.88	14.0	27.9	8.3	12.7～18.6	109	
		梃部	1.21	2.39	0.39	0.85～1.56	11.5	24.5	7.4	8.8～15.7	105	
		裤部	1.26	3.31	0.44	0.70～1.80	14.7	34.3	8.8	9.8～18.6	86	
		叶部	0.86	1.47	0.24	0.59～1.16	12.1	19.6	6.4	8.8～18.6	71	
		节部	0.47	1.29	0.18	0.24～0.77	17.8	43.1	8.3	9.8～27.0	26	

续表

原料			长度/mm				宽度/mm				长宽比	质量平均纤维长度/mm
			算术平均	最大	最小	一般	算术平均	最大	最小	一般		
甘蔗渣	全部位		1.73	4.97	0.42	1.01～2.34	22.5	78.4	6.8	16.7～30.4	77	2.04
	分部位	皮部	2.26	4.97	0.72	1.31～3.13	23.8	44.1	9.8	17.6～31.9	95	
		筋部	1.47	3.40	0.55	0.94～2.13	20.7	41.7	6.8	14.7～27.4	71	
		节部	0.96	1.88	0.42	0.66～1.29	32.3	78.4	11.8	20.6～44.1	29	
龙须草	全部位		2.10	5.23	0.46	1.34～2.85	10.4	21.6	4.9	8.3～12.7	202	2.47
	分部位	上部	2.04	3.94	0.71	1.44～2.63	10.2	16.2	5.4	7.8～11.8	200	
		中部	2.16	5.28	0.74	1.47～2.85	10.1	15.6	5.4	7.8～11.8	214	
		下部	1.77	4.66	0.46	1.05～2.48	10.4	19.6	4.9	7.8～12.3	170	
棉秆芯	全部位		0.83	2.15	0.29	0.63～0.98	27.7	60.8	11.8	21.6～34.3	30	1.03
	分部位	上部	0.82	1.83	0.35	0.61～1.01	24.7	47.1	11.8	18.1～31.9	33	
		中部	0.83	1.92	0.37	0.61～1.00	29.6	55.4	14.7	22.5～36.4	28	
		下部	0.76	1.69	0.29	0.59～0.94	29.2	60.8	11.8	21.6～36.4	26	
		枝部	0.78	1.44	0.33	0.53～0.92	22.9	42.6	13.7	16.3～27.6	34	
		节部	0.74	1.66	0.37	0.57～0.92	27.0	44.1	11.8	19.6～34.3	27	
高粱秆	全部位		1.18	3.40	0.24	0.59～1.77	12.1	23.5	4.9	7.4～15.7	109	1.58
	分部位	皮部	1.33	3.81	0.40	0.66～2.02	13.3	24.5	5.9	9.3～19.6	100	
		穰部	0.76	2.61	0.37	0.46～1.10	9.4	17.2	5.4	7.4～12.3	90	
		节部	0.42	1.12	0.18	0.29～0.61	14.1	49.0	5.9	8.8～18.6	30	
马莲草	全部位		1.59	3.86	0.74	1.16～2.03	9.4	12.3	4.9	8.3～10.8	170	1.82
烟草秆	全部位		1.17	9.51	0.46	0.72～1.29	27.5	63.7	7.4	19.6～34.3	43	1.36
玉米秆	全部位		0.99	2.52	0.29	0.52～1.55	13.2	29.4	5.9	8.3～18.6	75	1.31
	分部位	皮部	1.29	2.76	0.40	0.70～1.91	14.6	29.4	7.4	9.8～19.6	88	
		穰部	0.98	1.88	0.37	0.57～1.44	11.9	24.5	5.9	8.8～14.7	82	
		叶部	1.29	3.53	0.53	0.74～1.80	15.7	29.4	8.3	9.8～27.0	83	
		节部	0.64	1.25	0.13	0.40～0.92	13.4	37.8	7.6	8.8～24.8	48	
		穗部	0.70	1.55	0.28	0.42～1.10	14.3	29.4	5.9	8.8～19.6	49	
		裤部	1.34	4.62	0.37	0.73～1.90	14.2	24.5	9.8	10.8～18.6	94	
		叶柄	1.43	4.52	0.40	0.70～2.39	19.4	51.5	9.8	13.7～29.4	74	
芦苇	全部位		1.12	4.51	0.35	0.60～1.60	9.7	25.2	4.2	5.9～13.4	115	1.46
	分部位	裤部	1.27	4.37	0.31	0.69～1.75	11.2	30.2	4.2	5.9～16.8	113	
		叶部	0.58	2.93	0.29	0.54～1.10	13.3	31.5	4.6	7.6～17.6	44	
		节部	0.48	1.48	0.15	0.31～0.71	10.6	25.2	4.2	5.9～16.8	45	

续表

原料			长度/mm				宽度/mm				长宽比	质量平均纤维长度/mm
			算术平均	最大	最小	一般	算术平均	最大	最小	一般		
油包草	全部位		1.4	5.45	0.28	0.59～1.92	10.2	35.3	4.9	7.4～11.3	137	2.20
	分部位	上部	1.33	3.29	0.37	0.74～1.93	9.4	27.0	4.9	6.3～10.8	141	
		中部	1.43	12.40	0.29	0.63～1.86	10.4	41.7	4.9	5.9～14.2	138	
		近根部	0.69	1.93	0.28	0.40～0.92	11.9	20.1	2.5	8.3～15.2	50	
小叶樟	全部位		0.99	3.15	0.19	0.55～1.60	11.4	21.5	4.3	8.6～17.2	87	1.39
芨芨草	全部位		1.23	2.86	0.26	0.77～1.66	9.7	23.5	4.9	5.9～13.7	127	1.50
向日葵秆	全部位		1.01	3.12	0.39	0.59～1.56	20.9	34.3	9.8	14.7～29.4	59	1.42
蓖麻秆	全部位		0.92	9.50	0.29	0.58～0.96	26.0	46.2	10.5	21.0～29.4	35	1.41
	分部位	皮部	6.12	18.40	1.05	2.12～10.3	34.8	56.3	17.2	22.1～48.0	174	
		秱部	0.81	1.25	0.33	0.74～0.96	27.1	37.8	10.5	16.8～29.4	37	
		根部	1.02	9.30	0.48	0.70～1.00	28.1	36.7	19.6	24.5～34.3	36	
		枝部	1.05	8.50	0.35	0.42～1.18	24.2	41.7	12.8	17.2～29.4	43	
乌拉草	全部位		1.12	4.69	0.39	0.61～2.30	7.1	14.7	3.9	4.9～9.3	158	1.98
胡麻草	皮部		8.53	26.75	2.41	2.58～21.9	25.4	40.1	10.8	15.7～32.8	336	
	芯部		0.54	0.88	0.29	0.44～0.65	16.8	30.8	7.4	10.8～19.6	32	0.87
大豆秆	全部位		0.99	2.93	0.24	0.42～1.82	15.5	29.4	7.4	12.3～19.6	64	1.53
毛竹	分部位 里部	全部	2.05	4.99	0.46	1.38～2.76	16.9	32.8	7.8	12.7～22.1	121	
		上部	2.00	3.99	0.88	1.44～2.59	15.1	26.0	8.8	12.3～18.6	132	
		中部	2.02	4.49	0.70	1.40～2.65	15.1	26.5	8.8	11.8～18.6	134	
		下部	1.85	4.99	0.64	1.14～2.65	16.2	30.4	7.8	12.3～19.6	114	
		节部	1.35	3.15	0.46	0.92～1.75	16.9	32.8	7.8	14.7～24.5	80	
		隔膜	0.49	1.01	0.22	0.29～0.58	23.7	35.3	12.3	14.7～29.4	21	
慈竹	全部位		1.99	4.47	0.35	1.10～2.91	15.0	29.4	5.0	8.4～23.1	133	2.36
	分部位	上部	1.94	4.14	0.65	1.16～2.66	14.5	29.4	4.2	8.4～20.2	134	
		中部	2.04	4.16	0.40	1.39～2.82	13.5	25.2	5.0	8.8～17.6	151	
		下部	1.84	3.91	0.37	1.06～2.62	14.8	37.8	5.0	8.4～21.0	124	
黄竹	全部位		1.55	3.62	0.46	0.94～2.06	13.7	45.1	6.4	8.3～19.6	113	1.83
	分部位	皮部	1.63	3.40	0.29	0.98～2.48	13.2	30.4	6.4	8.8～19.6	123	
		里部	1.46	3.07	0.28	0.92～1.93	15.9	45.1	7.4	9.8～24.5	92	
		节部	0.95	2.48	0.28	0.50～1.29	20.7	33.9	10.8	14.7～29.4	46	
西风竹	全部位		1.87	4.16	0.39	0.92～2.76	13.2	27.9	4.9	8.3～16.8	141	2.22
	节部		0.68	1.62	0.24	0.37～1.10	17.0	41.7	9.8	9.8～24.5	40	

续表

原料			长度/mm				宽度/mm				长宽比	质量平均纤维长度/mm
			算术平均	最大	最小	一般	算术平均	最大	最小	一般		
青皮竹	全部位		1.92	3.79	0.48	1.20～2.72	16.0	31.4	5.9	9.8～22.1	120	2.21
天水小毛竹	全部位		1.10	2.80	0.31	0.57～1.66	12.0	22.1	5.9	8.8～15.7	92	1.37
贵州淡竹	全部位		1.54	4.40	0.40	0.80～2.50	12.8	24.7	4.1	8.3～16.5	120	
江西小山竹	全部位		1.69	3.70	0.47	0.92～2.47	13.2	28.9	8.3	8.3～16.5	128	
红皮草	全部位		1.58	3.06	0.66	1.05～2.06	15.7	26.5	9.8	11.3～19.6	100	1.82
狼尾草	全部位		1.25	2.59	0.52	0.86～1.64	10.9	14.2	8.3	9.8～12.3	115	1.39
荻	全部位		1.36	3.85	0.35	0.64～2.12	17.1	32.8	7.1	8.4～27.3	80	1.87
芦竹	全部位		1.28	3.41	0.46	0.70～1.79	14.6	23.5	8.4	13.7～19.6	88	1.62
芒秆	全部位		1.64	3.8	0.52	0.81～2.58	16.4	25.0	9.8	13.2～19.6	100	2.07
	分部位	壳部	2.36	8.75	0.44	0.83～3.44	15.7	28.4	7.4	9.8～19.6	150	
		秆部	1.79	4.36	0.51	0.87～2.80	16.8	30.4	7.4	11.3～23.5	106	
		秆皮部	1.85	6.12	0.53	0.87～2.76	14.5	21.6	7.4	9.8～19.6	127	
田菁	全部位		0.87				21.1				41.2	1.19
	分部位	皮部	1.93				21.6				89.5	
		秆部	0.64				21.4				29.8	
油莎草	全部位		0.80	2.88	0.26		6.9	14.5	4.1			
毛竹	全部位		2.00	5.39	0.48	1.23～2.71	16.2	33.3	7.8	12.3～19.6	123	2.31
	分部位 皮部	全部	2.02	5.39	0.48	1.38～2.63	17.2	33.3	7.8	12.7～21.1	117	
		上部	1.96	3.79	0.68	1.34～2.70	15.6	27.9	8.3	11.8～19.6	126	
		中部	2.05	5.39	0.81	1.31～2.82	14.9	25.5	8.3	11.8～18.6	138	
		下部	1.85	3.70	0.61	1.23～2.63	16.9	29.9	7.8	12.7～20.6	110	
		节部	1.20	2.74	0.48	0.81～1.49	18.6	33.3	9.8	14.2～23.0	64	
绿竹	全部位		1.94	3.61	0.55	1.30～2.76	14.7	30.4	5.9	9.8～20.6	132	2.24
	分部位	上部	1.58	2.94	0.52	1.05～2.21	13.6	28.4	6.4	8.8～19.6	116	
		中部	2.29	4.98	0.64	1.29～3.31	13.2	29.4	6.4	8.8～18.6	170	
		下部	2.00	3.78	0.48	1.11～2.67	15.2	27.0	6.4	9.8～19.6	132	
		枝部	1.62	3.59	0.46	0.92～2.48	12.5	20.6	6.4	8.3～17.2	130	
		叶部	0.83	2.21	0.37	0.53～1.11	6.9	9.8	3.9	5.9～8.8	120	
水竹	全部位		1.75	3.08	0.78	0.92～2.59	14.2	22.5	8.8	10.8～19.6	123	1.92
棉秆皮	全部位		2.26	6.26	0.53	1.40～3.50	20.6	41.2	7.8	15.7～22.9	113	2.81
	分部位	上部	2.46	6.02	0.74	1.49～3.35	19.1	30.4	9.8	15.2～22.1	129	
		中部	2.28	6.05	1.09	1.47～3.31	18.3	29.4	11.3	14.7～22.1	125	
		下部	1.29	3.17	0.53	0.94～1.56	18.1	29.4	8.8	13.7～22.1	71	
		枝部	2.60	7.78	0.83	1.27～3.28	18.0	31.8	8.8	13.2～22.1	144	
		节部	1.40	3.54	0.50	0.96～1.82	16.9	29.4	9.3	10.7～20.6	83	

续表

原料		长度/mm				宽度/mm				长宽比	质量平均纤维长度/mm
		算术平均	最大	最小	一般	算术平均	最大	最小	一般		
桑皮	全部位	7.18	21.0	2.54	3.86～10.8	15.5	23.5	8.8	10.8～22.1	463	8.62
檀皮	全部位	3.56	9.94	1.66	2.39～5.52	12.9	25.4	8.3	9.8～18.6	276	4.37
构皮	全部位	6.07	9.00	3.00	5.00～7.8	20.9	29.4	18.6	14.7～26.0	290	6.75
雁皮	全部位	3.87	5.67	2.36	3.04～4.75	20.8	29.4	14.7	17.2～24.5	186	3.98
亚麻	全部位	18.3	47.00	2.00	8.00～40.00	16.0	27.0	5.9	8.8～24.0	1140	27.96
红树皮	全部位	3.84	6.08	2.12	2.91～4.70	14.2	19.6	9.8	10.8～15.7	270	4.13
槐树皮	全部位	4.84	11.19	1.08	2.70～6.45	28.6	50.4	10.5	16.8～37.8	170	5.96
剑麻	全部位	1.87	4.33	0.60	1.13～2.66	13.4	20.7	6.2	10.3～16.5	139.5	
棉花	全部位	18.42	28.00	9.00	12.00～23.00	20.0	34.3	9.8	14.7～24.5	921	

资料来源：谢华等，1987

附录B　我国造纸原料化学成分分析表

B1　木材原料

种类	产地	水分/%	灰分/%	溶液抽出物/%					戊聚糖/%	蛋白质/%	果胶/%	木质素/%	综纤维素/%	纤维素/%	聚半乳糖/%	聚甘露蜜糖/%
				冷水	热水	乙醚	苯醇	1%NaOH溶液								
云杉	川西	10.97	0.78	1.42	2.68	0.37		12.43	11.62	0.62	1.32	28.43		46.92	1.10	4.76
紫果杉	川西	10.74	0.72	1.56	2.49	0.42		11.56	12.12	0.68	1.21	28.58		45.87	1.68	5.14
鱼鳞松	东北	9.32	0.31	0.96	2.35	0.89		10.68	11.45	0.57	1.28	29.12		48.45	0.44	5.16
毛紫冷杉	川西	11.61	0.99	1.92	4.56	0.24		14.51	10.79	0.72	1.08	31.65		45.93	0.56	4.95
臭松	东北	9.62	0.58	1.34	2.81	0.96		11.76	11.57	0.54	1.01	30.85		49.92	0.41	5.45
法式冷杉	川西	11.13	1.21	2.42	5.18	0.15		15.62	10.50	0.76	1.01	30.54		46.45	0.21	5.02
沙松	东北	9.83	0.47	1.46	3.47	0.65		12.75	10.18	0.69	1.04	30.06		49.72	0.25	5.24
真杉	福建	10.70	0.21	3.08	6.02	0.45		16.70	11.65	0.78	1.02	32.67		46.11	1.21	4.45
柳杉	浙江	10.48	0.35	1.09	2.96	0.36		21.28	11.86	0.80	1.12	32.47		48.37	0.62	5.32
马尾松	四川	11.47	0.33	2.21	6.77	4.43		22.87	8.54	0.86	0.94	28.42		51.86	0.54	6.00
落叶松	内蒙古	11.67	0.36	0.59	1.90	1.20		13.03	11.27		0.99	27.44		52.55*		
红松	东北	9.64	0.42	2.69	4.15	4.69		17.55	10.46		0.79	27.69		53.12*		
云南松	云南	9.53	0.23			2.44		11.29	8.91			24.93		48.87		
黄鳞松	广西	8.46	0.26			2.16		12.19	9.94			26.42		45.51		
马尾松	广西		0.19	0.51	1.41		1.13	11.88	10.83			29.07	73.20			
湿地松	广东						1.09					28.34	76.78			
柏木	四川	10.28	0.41	3.42	4.56	2.43		17.07	10.69	0.89	1.10	32.44		44.16	0.73	4.20
桦木	内蒙古	12.34	0.82	1.69	2.36	2.16		21.32	25.90		1.69	22.91		53.43*		
杨木	河北	11.31	0.32	1.38	2.46	0.23		15.61	22.61	0.73	1.76	17.10		43.24	0.86	0
南洋楹	广东		1.10	3.48	5.59		2.54	17.15	20.25			27.24	77.24			
冬瓜木	江西		0.74	2.45	4.32		1.58	20.83	23.48			22.57	81.21			
石梓	云南		1.04	2.08	5.54		4.54	16.30	18.54			25.77	74.27			
团花木	云南		1.08	5.09	6.78		3.18	22.17	24.68			23.62	80.08			
滇杨	云南		0.50	0.57	2.15		2.25	19.50	21.49			21.68	80.45			
加拿大杨	北京	8.49	0.75	1.42	2.36		1.60	16.16	21.31			20.93	82.05			
毛白杨	北京	7.98	0.84	2.14	3.10		2.23	17.82	20.91			23.75	78.85			
群众杨	北京	7.89	1.13	1.42	2.92		2.30	19.47	21.06			24.15	77.50			
北京杨	北京	8.08	1.02	1.88	3.24		1.64	22.00	21.25			24.14	80.32			
毛新杨	北京	8.52	0.39	2.33	4.11		3.11	22.89	24.89			17.50	82.62			
意大利-214	河北	7.57	0.65	1.56	3.26		1.89	23.11	22.64			24.52	79.71			
小黑杨	北京	7.72	1.01	2.06	3.00		1.81	19.27	21.38			23.22	80.85			
桉木	广东		0.29	2.01	3.30		1.98	12.67	10.27			27.45	77.80			

B2　竹类原料

种类	产地	水分/%	灰分/%	溶液抽出物/%					果胶/%	戊聚糖/%	木质素/%	纤维素/%	综纤维素/%
				冷水	热水	苯醇	乙醚	1%NaOH溶液					
毛竹	福建	12.14	1.10	2.38	5.96		0.66	30.98	0.70	21.12	30.67	45.50	
毛竹	湖南	6.30	1.03		7.68	5.16		27.49		23.71	26.62	52.57*	
小毛竹	甘肃天水	9.82	1.23			4.58		24.73		21.56	23.40	46.50	
毛竹	广西	9.55	0.97					23.40		22.56	25.56	43.44	
毛竹	安徽	13.44	1.55					26.46		21.91	25.31	42.33	
慈竹	四川	12.56	1.20	2.42	6.78		0.71	31.24	0.87	25.41	31.28	44.35	
白夹竹	四川	12.48	1.43	2.13	5.24		0.58	28.65	0.65	22.64	33.46	46.47	
绿竹	广东	8.25	1.78			6.60		26.86		17.45	23.00	49.55	
金竹	广西	9.21	1.17					22.43		21.29	26.24	46.18	
丹竹	广西	9.12	1.93					23.46		18.54	23.55	47.88	
黄竹	广西	9.31	2.91					26.06		17.97	22.88	49.96	
甜竹	广西	9.23	3.46					21.55		19.56	25.16	49.22	
杂竹	宁夏	6.31	1.43			5.55		29.92		23.15	22.22	41.85	
苦竹	湖南	13.44	1.51					26.38		20.77	25.33	44.55	
水竹	湖南	9.57	1.38					26.33		21.15	24.69	43.01	
空心竹	云南	9.29	2.76	5.10	5.82	1.17		25.90		22.57	20.66		76.13
实竹	云南	8.66	3.68	4.93	5.85	1.00		25.81		22.40	25.30		72.45
细实竹	云南	10.91	2.24	3.33	8.10	1.10		24.05		22.72	25.70		71.68

B3　草类原料

种类	产地	水分/%	灰分/%	溶液抽出物/%					果胶/%	蛋白质/%	木质素/%	综纤维素/%	纤维素/%	α-纤维素/%	灰分中酸不溶物/%	戊聚糖/%
				冷水	热水	苯醇	乙醚	1%NaOH溶液								
芦苇	河北	14.13	2.96	2.12	10.69	0.74		31.51	0.25	3.40	25.40		43.55			22.46
芦苇	东北	10.49	5.82				3.77	38.36			19.26		41.57			25.13
芦苇	湖北	10.50	2.23				2.39	29.86			20.72		50.15			23.40
芦苇	江苏	9.63	1.42				2.32	30.21			20.35		48.58			25.39
荻苇	湖南	9.80	2.78	7.19	8.41		4.47	39.01			19.63	74.56			1.28	23.15
荻苇	沅江	11.06	2.95	5.13	6.56		2.96	37.49			20.21	75.94			1.62	23.37
荻草	福建	13.86	2.06	4.58	12.30	0.68		27.15	0.21	4.50	23.90		40.20			26.82
麦草	河北	10.65	6.04	5.36	23.15	0.51		44.56	0.30	2.30	22.34		40.40			25.56
棉秆	四川	12.46	9.47	8.12	25.65	0.72		40.23	3.51	3.14	23.16		41.26			20.76
玉米秆	四川	9.64	4.66	10.65	20.40	0.56		45.62	0.45	3.83	18.38		37.68			24.58
小叶樟	黑龙江	5.84	2.74				6.92	43.27			18.68		39.57			20.68
高粱秆	河北	9.43	4.76	8.08	13.88	0.10		25.12		1.81	22.52		39.70			24.40

续表

种类	产地	水分/%	灰分/%	溶液抽出物/%					果胶/%	蛋白质/%	木质素/%	综纤维素/%	纤维素/%	α-纤维素/%	灰分中酸不溶物/%	戊聚糖/%
				冷水	热水	苯醇	乙醚	1%NaOH溶液								
芨芨草	内蒙古	11.12	2.95	8.30	10.54	1.69		39.62	1.08		16.52		49.14*			25.98
稻草	江苏	9.87	15.50	6.85	28.50	0.65		47.70	0.21	6.04	14.05		36.20			18.06
稻草	浙江		10.92				8.43	52.73			11.23		36.85			19.55
稻草（沙田）	安徽		13.39				3.64	45.31			11.66		39.12			22.45
稻草（泥田）	安徽		16.79				4.06	50.06			8.32		37.58			20.15
稻草	河北		14.00				5.27	55.04			11.93		35.23			19.80
稻草	丹东	11.53	14.15				6.68	48.79			9.49		36.73			21.08
稻草节子	丹东	12.25	12.85					58.04			10.11		27.46			21.67
毛苇	内蒙古	6.24	6.73				2.84	38.86			17.68		42.49			24.82
蔗渣	四川	10.35	3.66	7.63	15.88	0.85		26.26	0.26	3.42	19.30		42.16			23.51
蔗髓	四川	9.92	3.26				3.07	41.30			20.58		38.17			25.43
龙须草	广西	9.57	6.09					43.80			12.62		44.53			22.75
芒秆	湖北		3.15	8.21	10.80		6.20	38.91			19.64	73.79				17.39
芦苇	黑龙江		3.12	3.03	4.92		3.08	35.51			17.23	79.55				25.25

B4　麻类原料

种类	产地	水分/%	灰分/%	溶液抽出物/%					戊聚糖/%	木质素/%	果胶/%	纤维素/%
				冷水	热水	乙醚	苯醇	1%NaOH溶液				
线麻	河北	9.25	2.85	6.45	10.50	5.03	6.72	30.76	4.91	4.03	2.00	69.51*
青麻	河北	8.89	1.26	2.55	3.92	4.89	4.06	11.87	18.79	15.42	0.37	67.84*
剑麻	海南岛	8.83	0.64				1.41		18.87	8.51		59.78
苎麻（一级）	四川	6.60	2.93	4.08	6.29			16.81		1.81	3.41	82.81
苎麻（二级）	四川	6.70	3.01	4.27	6.66			12.18		1.47	0.62	82.32
苎麻（三级）	四川	6.22	4.78	4.20	7.09			17.46		1.96	0.19	76.40
黄麻	四川	9.40	5.15	8.94						11.78	0.38	65.32
剑麻	广西		0.47	1.57	1.94		1.18	12.88	18.52	7.78		93.44（综纤维素）

B5　树皮原料

种类（内皮）	产地	水分/%	灰分/%	溶液抽出物/%				戊聚糖/%	蛋白质/%	木质素/%	果胶/%	纤维素/%
				冷水	热水	乙醚	1%NaOH溶液					
桑皮	河北		4.40		2.39	3.37	35.47	10.42	6.13	8.74	8.84	54.81
构皮	贵州	11.25	2.70	5.85	18.92	2.31	44.61	9.46	6.04	14.32	9.46	39.08
雁皮	浙江	10.37	2.48	6.70	17.41	3.01	41.20	12.45	5.18	17.46	12.84	38.49
三桠	贵州	12.43	3.25	7.25	18.91	4.63	35.42	10.12	5.54	12.15	8.81	40.52
檀皮	安徽	11.86	4.79	6.45	20.18	4.75	32.45	8.14	4.25	10.31	5.60	40.02

资料来源：谢华等，1987

注：除水分外，以上结果都是绝干样品百分比

*用索格氯化法测得的纤维素